1 MONTH OF FREE READING

at

www.ForgottenBooks.com

By purchasing this book you are eligible for one month membership to ForgottenBooks.com, giving you unlimited access to our entire collection of over 1,000,000 titles via our web site and mobile apps.

To claim your free month visit:
www.forgottenbooks.com/free1210613

* Offer is valid for 45 days from date of purchase. Terms and conditions apply.

ISBN 978-0-428-80795-5
PIBN 11210613

This book is a reproduction of an important historical work. Forgotten Books uses
state-of-the-art technology to digitally reconstruct the work, preserving the original format
whilst repairing imperfections present in the aged copy. In rare cases, an imperfection in
the original, such as a blemish or missing page, may be replicated in our edition. We do,
however, repair the vast majority of imperfections successfully; any imperfections that
remain are intentionally left to preserve the state of such historical works.

Forgotten Books is a registered trademark of FB &c Ltd.
Copyright © 2018 FB &c Ltd.
FB &c Ltd, Dalton House, 60 Windsor Avenue, London, SW19 2RR.
Company number 08720141. Registered in England and Wales.

For support please visit www.forgottenbooks.com

PINDARI CARMINA

AD FIDEM OPTIMORUM CODICUM RECENSUIT

INTEGRAM SCRIPTURAE DIVERSITATEM SUBIECIT

ANNOTATIONEM CRITICAM ADDIDIT

CAR. IOH. TYCHO MOMMSEN
GYMN. MOENOFRANCOF. DIRECTOR

SOCIETATI GRAECAE

OLDENBURGENSI

IN

DULCIS ET FIDELIS SODALICII

MEMORIAM

PRAEFATIO.

Tria saecula et dimidium nunc exacta sunt ex quo primus Pindarus ex aedibus Aldi Manutii et Andreae Asulani soceri prodiit. Successerunt ei quadraginta amplius editiones usque ad nostram memoriam, quarum multae multa ad illustrandum atque emendandum poetam contulerunt. Attamen inter omnes editores tres eminent Germani: Erasmus Schmidius, Godofredus Hermannus, Augustus Böckhius. His tribus viris praestantissimis plus quam dici potest Pindarus debet, ab horum operibus tanquam a certo fundamento sua exstruere oportet unumquemque Pindaricae Musae studiosum. Iidem etiam crisin horum carminum naviter provexerunt nec contempserunt scriptorum codicum auxilium. Primus Er. Schmidius nonnullos codices qui ad manum erant Palatinos excussit; deinde (postquam hoc exemplum secuti Oxonienses editores et Heynius alios quosdam libros excerpserunt) G. Hermannus primus metricam interpolationem a vetustiore scriptura hinc inde distinxit; denique ab Hermannianis copiis profectus A. Böckhius ope codicum meliorum Vratislaviensium, Parisinorum aliorumque permultos locos sanavit et duplicis interpolationis ambitum ac rationem probe ostendit. Sed scripturae diversitatem neque unquam protulit integram Vir Summus nec, si fecisset, e collationibus quibus utebatur utpote magnam partem neglegentioribus rem perficere potuisset. Praeterea optimi quidam eum latebant manuscripti, tunc (ante hos 50 vel 60 annos) et ob itinerum molestiam et ob splendidissimarum bibliothecarum illiberalitatem accessu difficiles. Nunc quoniam cum multo minore et temporis et nummorum dispendio vel remotissima loca attingere licet et ad opes Ambrosianas Vaticanasque peregrinis summa cum humanitate aditus aperiuntur, ad optimorum librorum collationes perfectiores etsi non sine studio ac diligentia sed tamen multo facilius perveniri potuit.

Contigit Editori ut anno 1847 Romae in librum Ursinianum incideret, quem ceteris meliorem et vetustiorem esse cognovit, eodemque anno Florentiae optimum Triclinianorum inveniret. Decennio per quod infelicissimi casus et ipsius et patriae eum ab his studiis exulare et „peregrinum" inter cives suos esse iusserunt, exanclato anno 1858 denuo suscepit Pindarum, Lutetiam adiit, apparatum suum multa supellectile complevit. Inde sub finem anni 1860 Scholia Germani, quatenus ad Olympia pertinent, edidit simulque ad optimos quosdam codices (Par. G et Leid. C) oculos advertit de quibus in eo ipso libello fusius egit. Denique anno 1861 iterum Italiam adiit, ubi Ambrosianum codicem omnium optimum invenit, de cuius itineris fructu retulit ad Academiam Berolinensem literis, scriptis mense Augusto 1861, et in Epistola ad C. Friederichs, impressa mense Martio 1863.

Dixit Editor in praefatione ad Scholia Germani p. XIII se in editione quam pararet genera tantum distincturum, singulos vero cuiusvis generis codices praeteriturum esse. Sic in Olympiis et Pythiis integris iam digesserat apparatum, cum, mutato animo, sese ab hoc consilio revocavit. Cuius rei tres erant causae.

1. Cum a superioribus editoribus singuli libri nominati essent, omissa hac singulorum librorum nominatione ambiguum fuisset, quomodo haec nostrae editionis diversitas scripturae ad illam imperfectam antecedentium referre-

tur. Id eo plus dubitationis tulisset, quia saepenumero nostrae eorundem librorum collationes ab iis quae alii ex iisdem retulerant differebant. Haec vitia notari non poterant nisi singulis libris nominatis. Alios ut Bodleianos et Marcianos retractare non licuit; sine dubio etiam in his aliquot errores priorum collatorum faciunt, ut hi potissimum codices a reliqua lectionis diversitate dissideant. Tamen non prorsus omitti poterant quae ex his libris dudum relata habemus.

2. Omnino perdifficile est genera in omnibus libris distinere. Recentiores quidam non pauci modo cum interpolatis faciunt, modo veteres sequuntur; sunt etiam qui inter vetustiora genera fluctuent.

3. Duplex saepe est in eodem codice scriptura, sive ita ut altera a manu secunda sive ut utraque a prima manu sit. Haec diversitas generali signo quod plures libros complecteretur exprimi non poterat.

Quamobrem Editor cepit admodum invitus singulorum codicum literatim nominandorum consilium et, priore opera repudiata, ingentem atque ingratum hunc laborem suscepit. Excogitavit tamen, ut rem complicatam paullo planiorem redderet, aliud signandorum codicum systema, quo, ut mox patebit, cuius generis sint singuli libri, primo obtutu appareat. Voluit igitur traditionem carminum Pindaricorum tam quam e mss. cognosci potest accurate publici iuris facere, i. e. dare id quod ICti vocant „speciem facti". Quodsi cum in alias reprehensiones, tum maxime in perversae diligentiae omnia ad vivum resecantis crimen incurrit, id ut quodammodo verum patienter ferendum erit. Nam si otiosior et a communis vitae aerumnis ac negotiis liberior fuisset, fortasse maiore cum alacritate et viriditate (quas illa saepe abstulerunt) inter minora et maiora distinguere, supervacanea abiicere, difficilioribus omnem curam impendere potuisset. Sed etiam in minoribus criticis aliquam utilitatem afferri diligentiâ credebat. Vidit enim permulta recentiorum peccata inde descendere, quod veras librorum vel interpolatorum vel non interpolatorum lectiones ignorabant, et ex silentio priorum editorum praepropere iudicabant. Ita e nostris notis sexcenties apparebit hanc vel illam scripturam non solius Palatini C (quem Kayserus accuratissime post Böckhium aliosque tractavit) sed omnium veterum librorum esse. Potuit quidem Editor nonnulla silentio praeterire quae et ipsi inutilia videbantur. Noluit tamen sibi omne utilitatis iudicium arrogare, ideoque vel ea dedit quae aliis utilia videri posse suspicabatur et ne ab orthographicis quidem, ut a *ny* paragogico et similibus, abstinuit. Olim et haec et alia uno conspectu in „Prolegomenis" tractare in animo erat, postea cum nunquam ita otiosum se fore praevideret, ut toto animo in haec studia incumbere posset, officio sic potius defungendum esse statuit, ut unoquoque loco apponeret ea quae haberet unde alii haurirent.

Voluit etiam ex iisdem fontibus Scholia, quatenus ad rem criticam spectant, hinc inde emendatiora, explicatiora meliusve digesta proferre: in qua opera ingrata et difficili vel studiosissimum veri animus deficiat. Eiusdem generis sunt Recentiorum Scholiorum divisiones, quas cum Böckhius ob exiguam scriptorum librorum copiam perficere non potuisset, ad Scholia Germani non sine causa adiectas esse periti intelligent.

Voluit porro occasione oblata de usu grammatico et rhetorico, metrico et prosodiaco, phonetico et dialectico Pindari proferre ea quae in promptu erant, quae multae quidem et assiduae aliorum poetarum scriptorumque lectionis indigere non ignorat ut perfecta atque absoluta videri possint, tamen ut συμβολάς arti cognoscendae idoneas doctioribus haud ingrata fore sperat. Perpendere Rossbachii et Westphalii Doctrinam Metricam, examinare fragmentorum auctores reconditiores post Böckhium accurata codicum perscrutatione emendatos, omnes quos apud editores et interpretes laudatos inveniebat locos inspicere et relegere non licuit.

Voluit denique passim suas emendationes commendare, alienas aut refellere aut contueri. Sunt enim post Böckhium et Hermannum Kayseri, Bergkii, Schneidewini,

Ahrentis, Rauchensteinii aliorumque virorum ingeniosorum non pauca quae consideratione dignissima sunt. Quo nomine si quando non omnia quae prolata sunt tetigerit, si cuius hominis docti opinionem neglexerit, id non voluntati Editoris sed otii ac virium defectui ut attribuant lectores rogat. Ingens est in multis locis interpretationum et coniecturarum copia, diffusae annotationes et per multa volumina distractae, ut felicioris hominis quam huius Editoris sit ea omnia percensere et ponderare. Quamquam non deerunt qui in erroribus eiusmodi commorabuntur, si quidem bona tacere, mala acerbissime notare iam saeculi est.

Erunt etiam qui Editorem vituperent quod non plura quae aperte falsa sunt silentio praetermiserit. Ut enim olim Pauwiana ita nunc Hartungiana maximam partem falsa esse constat. Sin dicere fas est quod sentimus, nihil isto fastidioso silentio magis periculosum est nec ea erat consuetudo summorum hominum qui vel Schaeferos atque Ahlwardtos refellere dignabantur. Errores enim quo sunt confidentius prolati, eo magis non solum debiliores animos ingeniaque imperitiora allicere sed vel doctioribus fucum facere solent, cum praesertim veri aliquid passim sibi admixtum habent. Atqui Pauwius et Hartungus tametsi omnia fere exposuerunt ea cum levitate, maledicentia, amaraque optimorum hominum insectatione ut cuicunque horum studiorum dignitas cordi est ea sic prolata esse non possit quin summopere doleat, tamen multa utilia ut ad recolendas difficultates invitantia, nonnulla vero etiam bona atque egregia inesse fatendum est. Nihil nunc hae literae tam vehementer desiderant quam iudices aequos et benevolos qui sine ira et studio, sine scholae factionisve respectu vera a falsis discernere alienaque magis iuste ac humaniter metiri quam ipsi omnia pernoscere ac perficere velint. Sciant Gottschedii nostri, nullum esse blandimentum quod ad studia humanitatis magis alliciat quam ipsam humanitatem, amorem antiquitatis, reverentiam magnorum virorum, sensum pulcri et veri. Quae virtutes si iam magistros eorumque discipulos deficiunt, ut magis suam antiquitatis sapientiam obtrudere quam ipsius antiquitatis simplicem et infucatam magnitudinem commendare pueris videantur, — quid mirum, si homines tali eruditioni diffidere incipiunt?

Annotationis Criticae ea ratio est, ut supplemento notarum, quae sub textu inveniuntur, inserviat. In Olympiis tanta est codicum scriptorum copia, ut sub textu omne spatium occupet lectionis diversitas. — Numeri fragmentorum sunt Böckhiani; in ipsis fragmentis fere nihil mutavi.

Superest ut dicatur quibus adiutoribus fautoribus subsidiisque hoc opus consummatum sit. Quinque autem genera adiutorum nominanda sunt quibus Editor hoc loco gratissimum animum profitetur.

1. Christianus Octavus Rex Daniae qui rogatu Universitatis Kiloniensis Editorem per duos annos (1846—1848) iter Italicum facere iussit.

2. Academia Berolinensis quae A. Böckhio et M. Hauptio auctoribus curavit ut Editor iterum per quattuor menses (1861) Italiam viseret.

3. Senatus populusque oppidi Oldenburgensis qui non intercesserunt quin per quattuor menses supra dictos Editor a munere scholastico vacaret, cum optimi Collegae huius scholae eius vice fungerentur et officia absentis obirent.

4. Ministerium Oldenburgense quod et Monaci et Vindobonae effecit ut codices Pindarici huc transmitterentur eisque per menses atque annos integros uti liceret. Eadem cum liberalitate eximia Gottingenses ac Leidenses bibliothecarum publicarum moderatores Editori usum pretiosissimorum codicum per multum tempus concesserunt; idem fecerunt Guelferbytani rogatu Merzdorfii, huius urbis bibliothecarii optimi, qui etiam Aldinam aliosque libros Pindaricos subministravit. Porro trium Italorum de literarum republica bene meritissimorum humanitatem nuper Editor expertus est, cum Atestinas opes Mutinae, Ambrosianas Mediolani perscrutaretur. Ibi D. Caelestinus Cavedoni, hic nobilis illius bibliothecae praefecti amplissimi Gaddi et

Dozio desideriis Editoris perofficiose satisfecerunt, quemadmodum satisfecerant paucis annis ante Hasius et Claudius Parisienses benevolentia in peregrinos insignes comitatisque notissimi. Omnino ubicunque optimi et plurimi codices asservantur, Editor etiam paratissimum a bibliothecariis auxilium invenit neque eorum eius generis beneficiorum immemor erit quae olim Romae in eum Laureani aliique tunc bibliothecae Vaticanae praefecti contulerunt. Inclementiores tenacioresque eos tantum bibliothecarios invenit, qui vel paucos vel deteriores tantum libros custodiebant, ut denegando aliquid dignitatis assumere viderentur.

5. Amici beneficentissimi qui vel Theodori fratris vel ipsius Editoris gratia codices inspexerunt, ut Huebnerus et Detlefsenus; aliique ut Hagena qui sub tanto onere saepe et animum et sapientiam despondentem hortatu consilioque erexerunt et sublevarunt.

Datum Oldenburgi prid. Kal. Oct. MDCCCLXIII.

Non multo postquam haec verba scripsit tempore Francofurtum vocatus et Gymnasio huius urbis praefectus Editor tot tantisque negotiis distinebatur ut vix plagulas extremas huius operis inspicere atque emendare, nedum Annotationem Criticam consummare posset. Quod reliquum est solvet dum vacet.

Datum Francofurti ad Moenum a. d. IV Kal. Sept.
MDCCCLXIV.

A. De Pindari libris manuscriptis, sive collati sive non colla

1) Recenset primum *vetustos* codices:

Codicem, signatum		asservatum		qui continet	
editorum compendiis	numero bibl.	in scriniis bibliothecae	in urbe	textum	scholia
I. GENERIS PRIMI SIVE AMBROSIANO-VRATISLAVIENSIS.					
A Ambr. A	C. 122. inf.	Ambrosianae	Mediolani	Olymp. I — XII	Ambrosiar (olim Vrati laviensia aj pellata) s Ol. I—X
A Vrat. A¹		Rehdigeranae	Vratislav.	Ol. I. II, 1 — 80 vulg.	
II. GENERIS SECUNDI SIVE VATICANI PROPRII.					
B Vat. B	1312	Vaticanae (olim Fulvii Ursini)	Romae	integra carmina, exceptis foliis quibusdam quae perierunt; desunt nunc Ol. I, 1—31. 72—108. V, 20—57. — Pyth. I. II, 1—103. — Isth. VIII, 34—88. 115—154 vulg.	Vaticana propria
B Aug. C	565	Regiae	Monaci	Nemea integra et Isthm. I, 1—40 vulg.	nulla
B Aug. E²	492	Regiae	Monaci	fragmentum, Nem. I, 1—38 vulg. complectens	Vaticana propria
III. GENERIS TERTII SIVE PARISINO-LEIDENSIS.					
C Par. G	2774	Imperialis	Parisiis	Olympia. Pyth. I—V, 67	Vatic. mix
C Par. B²	2882	Imperialis	Parisiis	supplementum, Pyth. III, 71—106 et Pyth. IV, 100—V, 67 complectens	nulla

    1) Scholiorum apographum confecit, glossas plurimas exscripsit editor. Retulit idem de hoc codice in literis ad Academiam Berolinensem datis mense Augusto 1861; cf. etiam Epist. ad C. Friederichs, 1863 Martio. — Mirum in modum hic liber passim cum Thomanis consentit: cf. ad O. IX, 83. 99.

    2) A est apographum codicis A. Illum librum (de quo vide Bö.¹ I, XX. II, III sqq.) ipse non vidi. Glossarum specimen edidit Bö.¹ II, 49 sqq. Raro etiam in reliquis Olympiis vestigia praestantissimi archetypi apparent, ut O. VIII, 65. Cf. num. 124.

    3) De hoc libro retulit editor 1847 in An. V, 807 sqq. et 1848 in Rh. VI, 435 sq. Fluxerunt inde et maxima pars Scholiorum Veterum, inde ab editione Romana vulgatorum, et ipsius Romanae inde a Pythiis pars maxima textus. Indidem hausit m. sec. codicis Par. D(X^b). Vide ad Pyth. I et II,

VETUSTI.

, deque suis compendiis et apicibus rationes reddit editor.

ique videtur esse		contulit		antea	nunc	
tatis irca	generis	in textu	et in scholiis		nunc primum(†) nunc iterum (§)	
II.	Ambr. Vra.	integrum	integris		editor †	1
V ex.	Ambr. Vra.	integrum	integris	Gerhard. Schneider(Bö.)		
II ex.	Vat. propr.	integrum	fere integris		editor †	3
V	Vat. propr.	integrum		G. Hermann (Bö.)	editor §	4
VI	Vat. propr.	integrum		Fr. Iacobs (Bö.)	editor §	5
II ex.	Par. Leid.	integrum	raro		editor †	6
V ex.	Par. Leid.	integrum		Schickardt (Bö.)	Detlefsen (editori) §	7

ante Inscr. — Neglegentiorem huius codicis collationem adhibuit Sw.[s] 1858. — Fuit olim Fulvii Ursini. — Eodem usus est D'Orvillius; cuius schedae nunc asservantur in Bodleiana. Vide Catalogum D'Orvill. codd. 1806. Oxon.

4) 5) Vide Bö. I, XXIV.

6) De quo codice retulit editor 1860 in praefatione ad Scholia Germani. In fol. 160 (sub Pyth. IV, 181 vulg.) legitur a prima manu μιχαηλ τοῦ τριβίδη (τριγίδη) ἡ τοιαύτη βίβλος ἐστίν. Et sub illo σημειῶσαι τοῦτο ἐμὴν εἶναι συμμαρτυροῦν τὸ στιχίδιον τὴν βίβλον. Eodem usus est Gu. de Humboldt ante a. 1821; cf. Bö.[1] III, 7. — Semel quia bis eadem deinceps exarata sunt inter C et C¹ distinctum est. Cf. ad O. III, 3.

7) C est supplementum codicis Tricliniani β' atque apographum codicis C ad quem etiam N et pars codicum O et M pertinent.

XIV CODICES

Codicem, signatum		asservatum		qui continet	
editorum compendiis	numero bibl.	in scriniis bibliothecae	in urbe	textum	scholia

IV. GENERIS QUARTI SIVE MEDICEI.
1. familiae Mediceae.

D	Med. B	32, 52	Laurentian.	Florentiae	integra carmina (cum X vss. exceptis duobus versibus Nem. XI, 28 et 29 qui omissi sunt.)	Vatic. mix
D	Par. C³	2834	Imperialis	Parisiis	Nem. XI, 30—extr. Isth. I. II. III. IV, 1—32 — Isth. VII, 27 — VIII extr. — X vss.	nulla
D	Med. A³	32, 41	Laurentian.	Florentiae	Py. II. III. IV. V. — Nem. XI, 30 — extr. — Isth. I. I. II. III. IV. — Isth. VII, 27 — VIII. extr. — X vss.	nulla
D	Vat. E³	985	Vaticanae	Romae	eadem cum Med. A³	nulla
D	Ambr.F³	S.31sup.7	Ambrosian.	Mediolani	Nem. XI, 30 — extr. — Isthm. I. II. III. IV. VII, 27 — VIII extr. — X vss.	nulla

2. familiae Vaticano-Gottingensis.

E	Med. E	32, 37	Laurentian.	Florentiae	Olympia et Pythia	Vatic. mi
F	Med. C	32, 33	Laurentian.	Florentiae	Olympia et Pythia	Vatic. mi:
G	Gott.²	1	Reg. Univ.	Gottingae	Ol. II – XIV. Pyth. I—XII, 38 vulg.	Vatic. mi:
H	Vat. D	41	Vaticanae	Romae	Olympia et Pythia	Vatic. mi:
I	Guelf.²	48, 23	Ducalis	Guelferbyti	[Olymp. sec. m.] Pythia	nulla
I	Ven. B	465	Marcianae	Venetiis	Olympia et Pythia.	nulla
I	Vrat. D		Rehdiger.	Vratislav.		Vatic. mi

8) Vide Bö.¹ I, XXVI sq. Alia manus Olymp. et Pyth., alia vero Nem. Isthm. Xque versus exaravit. DDDD apographa sunt codicis D qui ex omnium librorum vetustiorum numero solus integra carmina continet.

9) Vide Bö.¹ I, XXIII; et de collatione Humboldtiana ante a. 1821 confecta ib. III, 7.   10) Vide Bö.¹ I, XXVI.   11) Cf. An V, 907.

13) Extrema pars P. XII a sec. m. adiecta est; vide ad P. XII, 26. Eam partem signavi E² etsi ex D videtur manasse; cf. P. XII, 29.

VETUSTI.

e videtur esse		contulit		antea	nunc	
:is a	generis	in textu	et in scholiis		nunc primum(†) nunc iterum(§)	
XIV	Medicei	integrum	passim in Ol. Py.; integra Scholia in Nem. et Isthm.	(Fr. del Furia in Nem. et Isthm.) (Bö.)	editor †	8
	Medicei	integrum in Nemeis et Isthmiis; in Pythiis passim		Schickardt (Bö.) in Isthm.	editor †§	9
XVI	Medicei	in Nemeis et Isthmiis; in Pythiis passim		Fr. del Furia in Nem. et Isthm. (Bö.)	passim editor †§	10
	Medicei	Isthmia			editor †	11
	Medicei	Pyth. V. Nem. et Isthmia			editor †	12
in.	Vat. Gott.	integrum	raro		editor †	13
in.	Vat. Gott.	integrum	raro		editor †	14
	Vat. Gott.	integrum	Gerhard (Bö.) in Pythiis et primis Ol.	Be. (Hy. Bö.)	editor §	15
[	Vat. Gott.	Ol. II. VII, 1—114. XIII. XIV. Py. V. XII. (in reliquis passim)	passim		editor (Py. V. XII. Kiessling) †	16
	Vat. Gott.	integrum		Böckh	editor §	17
	Vat. Gott.	in Pythiis et Ol. I		Morellus (Bö.) Gerhard (Bö.)	spec. ex Ol. II editor †	18 / 19

15) Vide Bibl. Philol. vol. I (1779), 5—39; II (1780), 45—70; praef. Heyn. 59 (LI); Bö.¹ I, XVII sq; II, V.
16) Fuit olim Musuri. Eo usus videtur esse Calliergus (una cum B), teste inscriptione folii primi: „supradictus l'indarus cum Scholiis impressus fuit Romae anno 1515 in aedibus Augustini Chisii."
17) Cf. Bö.¹ I, XIX. 18) Cf. Bö.¹ I, XXV.
19) Cf. Bö. II, V. Ipse non vidi.

Codicem, signatum		asservatum		qui continet	
editorum compendiis	numero bibl.	in scriniis bibliothecae	in urbe	textum	sch

3. familiae incertae vel mixtae.

K	Vat. G	42	Vaticanae	Romae	Olympia. Pyth. I—IV, 495 vulg.	Vatic.
L	Vat. P	902	Vaticanae	Romae	Olymp. I—X vulg.	Vatic.
M	Perus.¹	B, 43	Civitatis	Perusiae	Olympia I—XII. Pyth. I—IV	Vatic.
N	Ambr. G	E.103.sup.	Ambrosian.	Mediolani	Olympia integra	Vatic.
O	Leid. C	Q. 4	Universit.	Leidae	Olympia I—XIII	Vatic. ad C VIII

4. familiae Palatino-Caesareae.

a) prioris classis.

P	Pal. C	40	Palatinae	Heidelberg.	Olympia et Pythia	nulla recei sec.
P̣	Pal. D	356 (olim CCCLIII?)	Palatinae	Heidelberg.		lacunc P. V
Q	Med. D	32, 35	Laurentian.	Florentiae	Olympia et Pythia	Vatic.
R	Urb. A	144	Urbinatis Vaticanae	Romae	Olympia et Pythia	Vatic.

20—24) Hi codices fortasse partim ad secundam huius generis familiam, partim (NO maxime) ad tertium genus pertinent.
21) Ipse non vidi hunc librum, sed non videtur ab interpolatione liber, quam ft. m. sec. intulit. 22) 23) 24) Vide ad num. 7.

VETUSTI.

	videtur esse	contulit		antea	nunc	
s	generis	in textu	et in scholiis		nunc primum (†) nunc iterum (§)	
		Ol. II. spec. Ol. VII. Py. II, 78 — 175.			editor (et Kiessling in usum editoris) †	20
		Ol. I. VII. X			Detlefsen in usum editoris †	21
ex.	Par. Leid. in Pythiis	integrum	passim		editor †	22
ex.	Par. Leid.	integrum	passim, sed rarius		editor †	23
ex.	Parisino-Leidensis in Ol. VII —XIII; ft. Palatino-Caes. in Ol. I — VII	integrum	passim		editor †	24
	Pal. Caes.	integrum	passim	Er. Schmid. Bö. Kayser		25
			passim	Bö. et Ky.		26
	Pal. Caes.	integrum	passim		editor †	27
	max. partem Palatino-Caes. sed etiam Vaticano-Gott.	integrum			Reifferscheid in usum editoris (ipse editor sp. ex Ol. II; Kiessling Py. V. XII) †	28

25) Vide Bö.[1] I, XV sq.; II, VI; Ky. praefat.
26) Cf. Bö.[1] II, VI. VII; Ky. p. 7.
28) Saepe R ab E proximus, sed habet etiam (non semper, ut videtur, a sec. m.) Moschopulea multa.

XVIII   CODICES

Codicem, signatum		asservatum		qui continet	
editorum compendiis	numero bibl.	in scriniis bibliothecae	in urbe	textum	
S	Ambr. F¹	S.31.sup.7	Ambrosian.	Mediolani	Olympia. Pyth. II. III. IV. V	nulla (O. V XIV tia quae Amb pertir
Ş	Par. M	2783	Imperialis	Parisiis	Pyth. I — VIII	Vatic.
Ș	Gott.³	1	Universit.	Gottingae	supplementum, Pyth. XII, 39 — 56 complectens	Vatic.

b) alterius classis.

| T | Vat. C | 121 | Vaticanae | Romae | Olympia. Pythia. Nem. I. et II (perierunt P. V, 153—VII, 12 et Nem. I, 1—84 vulg.) | Vatic. |
| U | Caes. A | 130 (olim 174) | Caesareae | Vindobon. | Olympia. Pythia. Nem. I et II | Vatic. cum Germ. |

5. familiae Parisino-Venetae.

| V | Par. A | 2403 | Imperialis | Parisiis | Olympia. Pythia. Nem. I. II. III. IV, 1—111. vulg. — Nem. VI, 57—74 vulg. | Vatic. |
| W | Ven. F | IX, 8 | olim S. Joan. et Paul. nunc in Marciana | Venetiis | Olympia et Pythia | ead. (se textum |

30) Cf. de coll. Humboldtiana ante a. 1821 facta Bö.¹ III, 7. 289 (298). 300. 306. 315 al. Habet passim Tricliniana.
32) quo usus est D'Orvillius; cf. Catalog. laudat. De 32 et 33 cf. etiam ad N. II extr. notam.
33) de quo videtur loqui Bö.¹ III, p. 7. 271. 298. 335; non est mem-

VETUSTI.

	videtur esse generis	contulit in textu	et in scholiis	antea	nunc (nunc primum (†) / nunc iterum (§))	
	Pal. Caes.	Ol. II. Pyth. V. — spec. ex Pyth. II. III, IV			editor †	29
.VI rio on-er. 1)	Pal. Caes.	Pyth. V, 68—152. spec. ex Pyth. VIII			editor †	30
	Pal. Caes.	integrum suplementum		Be. (Hy. Bö.)	editor §	31
	Pal. Caes.	Ol. XIII. XIV. Py. V, 62—152. XII. Nem. I. II. — specimina ex Py. I. II. III. IV. VII. VIII. IX.	passim		editor; in Py. XII Kiessling in usum editoris †	32
IV	Pal. Caes.	integrum	integrum		editor †	33
ex	Paris. Ven.	integrum	passim	Schickardt (Bö.)	editor §	34
Cae- tra- ace- nio as	eiusd.	Ol. I. II. — Pythia		Morell. (Hy. Bö.)	(editor in Ol. II) †	35

branaceus nisi in fol. 1; in rell. bombycinus. Inde Germani Scholia edidi (ad Olympia) 1860; ubi cf. p. XXIV sq.
    34) Cf. Bö.¹ I, XXI sq. et Sch. Germ. p. XIV not. Habet V undecim apographa WX cett. In iis passim Moschopulea admixta sunt.
    55) Cf. Bö.¹ I, XXVI.

Codicem, signatum		asservatum		qui continet	
editorum compendiis	numero bibl.	in scriniis bibliothecae	in urbe	textum	scholia
X Par. D	2709	Imperialis	Parisiis	Olympia. Pythia. Nem. I. II. III. IV, 1—111	ead. (post textum)
Ẋ Est. B	II. B. 14	Estensis	Mutinae	Pythia. Nem. I. II. III. IV, 1—111. VI, 57—74	eadem
Ẍ Est. A²	III. C. 21	Estensis	Mutinae	Pythia. Nem. I. II. III. IV, 1—111. VI, 57—74	nulla
•Ẍ Ambr. B²	C. 22 sup.	Ambrosian.	Mediolani	Pyth. III—XII. Nem. IV, 1—111. VI, 57—74 (perierunt N. I. II. III)	Vatic. mix
Y Ven. D	475	Marcianae	Venetiis	Olympia. Pythia. Nem. I. II. III. IV. 1—111	eadem
Ẏ Aug. D²	486	Regiae	Monaci	Pyth. I. II. III	nulla
Ÿ Pal. G	428	Palat. Vat.	Romae	Pyth. IV, 309 usq. ad XII extr.	nulla
Z Caes. D¹	58 (olim 248)	Caesareae	Vindobon.	Olympia. Pythia. N. I. II. III	excerpta (Vatic. mi tis ab Ol usq. ad V.
Ż Vrat. B²			Vratislav.	supplementum Ol. XIV, 5—32 continens	nulla .
Z̈ Aug. D³	486	Regiae	Monaci	fragmentum Nem. 1, 1—60 continens	Vatic. mix

2) Tum *Thomanos*:

I. PRIMAE FAMILIAE.

| Γ Par. E | 2465 | Imperialis | Parisiis | Olympia (om. VI, 10—47). Pyth. I, 1—103 | rec. Tho mana |
| Γ̇ Par. O | 2820 | Imperialis | Parisiis | frgm. Ol. XIII, 117—extr. XIV. Pyth. I et II, 1—8 continens | [rec. Thom |

36) Cf. Bö.¹ III, 7. 289. 298. 300. (306). al. ex Humboldtii collatione ante a. 1821 facta.   40) Cf. Bö.¹ I, XXV.
41 et 45) Cf. Bö.¹ I, XXIV.   43) Cf. Bö.¹ III, 7. 271.

[ue videtur esse		contulit		antea	nunc	
atis ca	generis	in textu	et in scholiis		nunc primum(†) nunc iterum(§)	
V	Paris. Ven.	integrum	passim		editor †	36
V	eiusd.	Pyth. I, 1—78. Nem. IV. VI. — spec. ex Pyth. II. III. IV. V. VIII			editor †	37
85	eiusd.	Nem. IV. VI. — spec. ex Pyth. II. V. VIII			editor†	38
V	eiusd.	Pyth. III. XII. Nem. IV. — spec. ex Pyth. IV. VIII	passim		editor †	39
	eiusd.	Ol. I. — Pythia et Nem.—spec. ex Ol. II		Morell. (Hy. Bö.)	(spec. ex Ol. II editor) †	40
	ciusd.	integrum fragmentum		Hoeschel (Sm.) Fr. Jacobs (Bö.)	editor §	41
[XVI	eiusd.	Pyth. V. XII. — spec.			Kiessling. in usum editoris Py. V. XII ‡	42
V	ciusd.	integrum	passim; in permultis glossis		editor †	43
V ex.	eiusd. ?	integrum suppl.		Schneider		44
V	ciusd.	integr. fragm.		Fr. Jacobs (Bö.)	editor §	45
IV	Thomani[1]	integrum			editor †	46
IV	eiusd.	integrum			editor †	47

44) Debebam signare Z sed in notis ad Ol. XIV signatum est x^b.
46 et 47) Cf. Bö. III, p. 7 de collatione Humboldtiana ante a. 1821 facta.

XXII · CODICES

Codicem, signatum		asservatum		qui cont	
editorum compendiis	numero bibl.	in scriniis bibliothecae	in urbe	textum	
Δ	Neap. A	II. F. 5 (olim 161)	Borbonicae	Neapoli	Olympia. Pyth. I. II	r(
Δ̣	Neap. D	olim 165	Borbonicae	Neapoli		v:
Θ	Ambr. B²	C. 22 sup.	Ambrosian.	Mediolani	Olympia. Pyth. I. II	r
Λ	Med. H	32, 44	Laurentian.	Florentiae	Olympia. Pyth. I. II	re 1

II. SECUNDAE FAMILIAE.

Π	Caes. C²	144 (olim 197)	Caesareae	Vindobon.	Olymp. II, 159 vulg. usque ad XIV extr.	
Π̣	Gott.¹	1	Universit.	Gottingae	supplementum Ol. I complectens	[r(
Ξ	Vat. A	925	Vaticanae	Romae	Olympia	re
Σ	Aug. B	550	Regiae	Monaci	Olympia	r(
Τ	Ambr. D	H. 7. inf.	Ambrosian.	Mediolani	Olympia	r((t(
Φ	Ambr. H	E.77.sup.2	Ambrosian.	Mediolani	Olympia	re
Ψ	Pal. E	99	Palat. Vaticanae	Romae	Olympia	

52) Cf. Bö.¹ III, p. 7.
54) Cf. Bö.¹ I, p. 344. Ego non vidi, neque amici, quos ut Romae eu inspicerent rogaveram, viderunt. Etenim ft. alieno loco repositus est, u

THOMANI. XXIII

que videtur esse		contulit		antea	nunc
atis rca	generis	in textu	et in scholiis		nunc primum(†) nunc iterum(§)
IV ex	Thomani[1]	Olympia. — Pyth. II. spec. ex Ol. I. II. III			Detlefsen O- lympia; reli- qua editor †
IV	eiusd.		spec.		editor †
IV	eiusd. sed Moscho- puleis admixtis a sec. m.	Ol. I. — spec. ex Ol. VII. — Ol. VIII—XIV. Py. I. II	spec.		editor †
IV ex.	eiusd.	Ol. XIV. — Pyth. I. II. — spec. ex Ol. I. II. VI. VII. IX	spec.		editor †
V	Thomani[2]	integrum			editor †
V	eiusd.	integrum sup- plementum		Beck (Hy. Bö.)	editor §
V	eiusd.	integrum		Im. Bekker (Bö.)	
V	eiusd.	integrum	max. partem	Fr. Jacobs (Bö.)	editor §
V/XVI	eiusd.	Ol. I. — Ol. II et XIII ex parte	spec.		editor †
V	eiusd.	Ol. I. — spec. ex Ol. II. VII. IX			editor †
V	eiusd.	Ol. VII. — spec. ex Ol. II. XIV			Kiessling Ol. VII; rell. edi- tor †

praefecti bibliothecae Vaticanae nunc eum reperire non potuerint.
55) Cf. Bö.[1] I, XXIII sq.

CODICES THOMANI

Codicem, signatum		asservatum		
editorum compendiis	numero bibl.	in scriniis bibliothecae	in urbe	

III. TERTIAE FAMILIAE.

Ω	Mosc. A	5	typ. synod.	Moscov.?	Olympia	
Ϙ	Ciz.		schol. episcop.?	Cizae	Olympia	rec.

3) Deinde *interpolatos Moschopuleos*:

I. PRIORIS FAMILIAE.

a	Leid. B	Q. 38 (olim Voss. 135)	Universit.	Leidae	Olympia. Pyth. I. II. III. IV. V. VI, 1—4	Com. ad
b	(Bodl.) β	Barocc. 46	Bodleianae	Oxonii	Olympia. Pyth. I, 1—86	Com. ad
c	(Bodl.) γ	Barocc. 62	Bodleianae	Oxonii	Olympia. Pythia. Nem. I. II. III	Com. ad
d̲	Par. C¹	2834	Imperialis	Parisiis	Olympia. Pythia. Nem. I. II. III	n
d̲	Med. A¹	32, 41	Laurentian.	Florentiae	Olympia	
d̲	Vat. E¹	985	Vaticanae	Romae	Olympia	
e	Ottob. A	327	Ottob. Vaticanae	Romae	Olympia. Pythia. Nem. I. II. III	Com. ad

59) Vide Bö.¹ I, XIX.
60) Cf. Bö.¹ I, XVIII. 580 sq. Ex 59 s. 60 vel ex horum simili codice Aldina in Olympiis expressa est.
61) Cf. Bö.¹ I, XXI.

ET MOSCHOPULEI.

ique videtur esse		contulit		antea	nunc	
etatis :irca	generis	in textu	et in scholiis		nunc primum(†) nunc iterum(§)	
KV in.	Thomani³	integrum		Matthaei (Hy. Bö.)		59
KVI	eiusd.	integrum		G. Hermann (Hy.) Böckh.		60
KV ex.	Moschop.¹	integrum	passim	Moser. (Bö.)	editor §	61
KV	eiusd. sed in Olymp. saepe Tricliniani	integrum	passim	Oxonienses		62
KV		integrum	passim	Oxonienses		63
KV	Moschop.¹	Nem. I. II. III. — spec. ex Ol. I. II. VI. VII. VIII; Pyth. I. II. IV. V. VI. VII. VIII. X			editor †	64
KV ex.	aut Mosch.¹ aut Mosch.²	specimina ex Ol. I. II. VI. VII. IX. XIII			editor †	65
KV/XVI	aut Mosch.¹ aut Mosch.²	Olymp. I. — specimen ex Ol. VI			editor; spec. ex Ol. VI Kiessling. †	66
KV ex. orrectus 195 a ·. m.)	Moschop.¹	Pyth. V. XII. — specimina ex Ol. II et Nem. III	specimen		Kiessling Py. V. XII; rell. editor †	67

62) 63) Cf. Bö.¹ I, XVI et Coxii Catalog. Vol. I. p. 98.
64) De collatione Gu. Humboldtii cf. Bö.¹ III, 7. 298. 300. 306. 335 al.

XXVI   CODICES

Codicem, signatum		asservatum		qui continet	
editorum compendiis	numero bibl.	in scriniis bibliothecae	in urbe	textum	
f	Ambr. I	P. 67. sup.	Ambrosian.	Mediolani	Olympia. Pythia. Nem. I. II. III	n
g	Gott.⁴	1	Universit.	Gottingae	supplementum, Nem. I. II. III complectens; [m. sec. in Pyth. passim]	n

II. ALTERIUS FAMILIAE.

h	Pal. A	190	Palatin.Vat.	Romae	Olympia	
ḣ	Pal. F	319	Palatin.Vat.	Romae	Olymp. VI, 74 vulg. usque ad XIV extr.	
i	Pal. B	128	Palatin.Vat.	Romae	Olympia	pau
k	Aug. A	470	Regiae	Monaci	Olympia	Com.
l	(Bodl.) α	Laud. 54	Bodleianae	Oxonii	Olympia	Co
m	Bodl. MS. (Bodl. δ)	misc. 99 (olim 2929)	Bodleianae	Oxonii	Olympia	Com
n	Leid. A	Q. 39 (olim Voss. 128)	Universit.	Leidae	Olympia	
o	Guelf.¹	48, 23 inter Heinsii mss.	Ducalis	Guelferbyti	Olympia (prima manus)	
p	Par. F	1631, A	Imperialis	Parisiis	Olympia	

70) 72) Cf. Bö.¹ I, XIV sq.   73) Cf. Bö. I, XXIII.
74) 75) Cf. Bö.¹ I, XVI sq. et Coxii Catalog. Vol. I.

MOSCHOPULEI.

ique videtur esse :tatis irca	contulit generis	contulit in textu	contulit et in scholiis	antea	nunc (nunc primum(†) nunc iterum(§))	
IV	Moschop.¹	Pyth. VI—XII. — Olymp. I. Nem. II. — Pyth. V, 1— 56. 127—168.			editor †	68
V	eiusd.	integrum supplementum		Be. (Hy. Bö.)	editor §	69
V	Moschop.²	integrum — specim. ex Ol. II. XIV		Er. Schmid.	spec. editor §	70
389	eiusd.	Ol. VI, 74—117. Ol. XIV			editor †	71
V ex.	eiusd.	integrum — spec. ex Ol. II		Er. Schmid.	spec. editor §	72
V	eiusd. sed admixtis Triclinianis, quae fere sunt a m. sec.	integrum		Fr. Jacobs (Bö.)	editor §	73
V in.	Moschop.²	integrum		Oxonienses		74
IV	eiusd.	integrum		Oxonienses		75
V ex.	eiusd.	integrum	spec. gloss.	Moser (Bö.)	editor §	76
V	eiusd.	integrum		Böckh	editor §	77
IV	eiusd.	Ol. VI, 1—71. — spec. ex Ol. II. VI. VII. VIII. XIII			Detlefsen; specimina minora editor †	78

76) Cf. Bö.¹ I, XXI.   77) Cf. Bö.¹ I, XIX.

CODICES

Codicem, signatum		asservatum		qui continet	
editorum compendiis	numero bibl.	in scriniis bibliothecae	in urbe	textum	scholi
_p_	Par. H	2781	Imperialis	Parisiis	Olympia	Com. Mo
_p_	Par. P	2861	Imperialis	Parisiis	Olymp. I—VII, 158 vulg. Ol. VII, 176 vulg. usque ad VIII extr.	nulla
_p_	Par. I	2782	Imperialis	Parisiis	Olymp. I—VI	Com. Mo
_p_	Par. K	2782, a	Imperialis	Parisiis	Olympia	pauca r ad I—\ IX—X
_q_	Caes. B	198 (olim 228)	Caesareae	Vindobon.	Olympia	Com. Mo
_r_	Rav.	138, 1. M.	Classensis	Ravennae	Olymp. I—XIII, 96 vulg.	Com. Mo
_r_	Ven. C	466	Marcianae	Venetiis	Olympia	Com. Mo
_r_	Neap. B	II. F. 21 (olim 178)	Borbonicae	Neapoli	Olympia	nulla
_r_	Est. D	III. C. 20	Estensis	Mutinae	Olymp. II, 152 vulg. usque ad XIV extr.	Com. Mo
_s_	Lips.		Paulinae	Lipsiae	Olympia	Com. Mo
_s_	Cygn.		Cygneae	Zwickav.?	Olymp. X, 122 vulg. usque ad XIV extr.	Com. Mo
_t_	Matr. A	N. 75	Escorialens.	Matriti	Olympia	Com. Mo
_u_	Med. F	31, 5	Laurentian.	Florentiae	Olympia	Com. Mo
_u_	Med. G	32, 5	Laurentian.	Florentiae	fragmenta: Ol. I, 109—188 vulg. II. III in. — VIII extr. IX, 1—6 vulg.	nulla
_u_	Med. I	32, 36	Laurentian.	Florentiae	Olympia	Com. Mo
_v_	Vat. F (Reg.)	92	Reginae Vaticanae	Romae	Olymp. I—XIV, 16 vulg.	Com. Mo

82) vergit ad Triclin. 83) Cf. Germ. Sch. p. XVII.
85) Cf. Bö.¹ I, XXV.

MOSCHOPULEI.

ique videtur esse		contulit		antea	nunc	
?tatis ?irca	generis	in textu	et in scholiis		nunc primum(†) nunc iterum(§)	
IV	Moschop.²	specimina ex Ol. II. VI. VII			editor †	79
IV	eiusd.	Ol. VI, 1—71 vulg. — spec. ex Ol. II. VII. VIII			Detlefsen; breviora specicimina editor †	80
438	eiusd.	Ol. VI. — spec. ex Ol. II. VII			Detlefsen; specim. editor†	81
V	eiusd.	Ol. VI, 1—71 vulg. — spec. ex Ol. II. VII			Detlefsen; specim. minora editor†	82
IV	eiusd.	integrum	passim		editor†	83
IV	eiusd.	Ol. I. II. XIII			editor†	84
IV	eiusd.	Ol. I		Morell. (Bö.)		85
V	eiusd.	Ol. X. XII. — spec. ex Ol. VII			Detlefsen; specim. editor†	86
IV ex.	eiusd.	specimen ex Ol. II			editor†	87
IV?	eiusd.	integrum		G. Herrmann (Bö.)		88
	eiusd.	integrum	integr.	Jo. Aloys. Martyni-Laguna (Bö.)		89
V ex. in La- suppl.	eiusd.	O. VII. X			Hübner in usum editoris †	90
IV;XV	eiusd.	specimina ex Ol. I. II. VI. VII. VIII			editor†	91
IV	eiusd.	specimina ex Ol. I. II. IX.			editor†	92
V	eiusd.	spec. ex Ol. I. VII			editor†	93
IV/XV	eiusd.	Ol. I. — spec. ex Ol. II			editor†	94

88) Cf. Herm. apud Hy.³ III, 2, 396 sqq.; Bö.¹ I, XVIII; II, VII.
89) Cf. Bö.¹ I, XVIII; II, VII.   90) Cf. Iriarte p. 271 sq.

CODD. MOSCHOPULEI

Codicem, signatum		asservatum		qui continet	
editorum compendiis	numero bibl.	in scriniis bibliothecae	in urbe	textum	scholi
v	Vat. H	43	Vaticanae	Romae	Olymp. I—XIII, 132 vulg.	Com. Mo
v	Vat. K	16	Vaticanae	Romae	Olympia	Com. Mos ad Ol. I
r	Vat. L	40	Vaticanae	Romae	Olymp. I—XIII, 31 vulg.	Com. Mo
w	Urb. B	140	Urbinatis Vaticanae	Romae	Olymp. I—XIV, 28 vulg.	Com. Mo
ω	Ottob. B	210	Ottob. Vat.	Romae	Olympia	nulla 1
x	Vrat. B¹		Rehdigerianae	Vratislav.	Olympia (except. O. XIV, 5—32 vulg.)	Com. Mo
y	Est. C	III. A. 20	Estensis	Mutinae	Olymp. I—XIII, 158 vulg.	nulla
z	Hafn.		olim Rostgaardiensis	Hafniae	Olymp. I—XIII	recenti

4) Denique *interpolatos Triclinianos*:
  I. PRIMAE FAMILIAE.

| *a'* | Ab. Fl. (Flor.; Bened. A) | conv. 94 (olim 41) | olim Abbatiae Benedictinorum Florentinae, nunc Laurentianae | Florentiae | olim integra carmina, nunc multa folia perierunt. Supersunt haec: Ol. V, 37—57 vulg. VI. VII, 1—46 vulg. XIV. — Pyth. I. II. III (exc. 71—106). IV, 1—99. V, 159—168. VI—XII. — Nem. I—X. XI, 1—27. — Isth. IV, 33—124. V. VI. VII, 1—26 vulg. | rec. Thomano-Tricliniana |

100) Cf. Bö.¹ I, XXI. 581; habet *x* una cum gemino *y* passim veterum librorum lectiones.
102) Cf. Bö.¹ I, VII. XIX. Fluctuat inter Tricl. et Moschop.
103) De hoc libro (unde quaedam 1840 hauserat Ky. p. 54 sqq. et 75 sqq.) retulit editor 1847 in Rh. VI, 437 sq. Ex eodem, postquam folia perierunt, manarunt β' γ' $\underline{\delta}$' $\underline{\delta}$' $\underline{\epsilon}$' $\underline{\epsilon}$', et, ut videtur, *s' ζ' (η')*; cuncti enim easdem lacunas aut habent aut alienis supplementis expleverunt, quae in *a'*

ET TRICLINIANI.

[q]ue videtur esse atis ca	generis	contulit in textu	et in scholiis	antea	nunc / nunc primum(†) nunc iterum (§)	
[I/]XVI	Moschop.²	spec. ex Ol. II. VII. XIII			editor †	95
r	eiusd.	spec. ex Ol. I et VI	spec.		Detlefsen et Kiessling editori †	96
V	eiusd.	spec. ex Ol. I et VI	spec.	(D'Orvil.)	iidem eidem †	97
V	eiusd.	spec. ex Ol. II et VI			Kiessling (Ol. VI); et editor (Ol. II) †	98
r ex. iodus ser.)	eiusd.	specimina ex Ol. II. VI. XIV			editor; Kiessling ex Ol. VI †	99
r ex.	eiusd.	integrum		(Schummel, Wernike: Bö.) Schneider		100
r	eiusdem, sed passim Thomana lectione admixta	Ol. VIII. IX. X. — specimina ex Ol. I—VII. XIII			editor †	101
r	eiusdem, sed Triclinianis admixtis	Ol. I. II. III		B. G. Niebuhr (Hy. Bö.)		102
V	Tricl.¹	integrum	magnam partem exscripsit	(Ky. in Pyth. VI et in Nem. V)	editor † (§)	103

amissis foliis exortae sunt. Ex eodem, adhuc integriore, secunda Triclinianorum familia (S´ιι´´) videtur prodiisse, qui tres codices in P. III, 71—106 et P. IV, 100—367 vulg. soli videntur esse Triclinianae scripturae testes superstites: cf. ad P. IV, 57 (= 100 vulg.) et 206 (= 367 vulg.); et fortasse etiam tertia κ´λ´μ´ν´ etc. — Est igitur α´ Triclinianorum fons et origo, permature (cf. num. 110) ita ut nunc eum habemus mutilatus.

XXXII   CODICES

Codicem, signatum		asservatum		qui continet	
editorum compendiis	numero bibl.	in scriniis bibliothecae	in urbe	textum	scholia
β′ Par. B²	2882	Imperialis	Parisiis	eadem quae α′ (exc. Ol. VI XIV et Ol. V. VII fragm.)	nulla
γ′ Ambr. E	E. 8. sup. 2	Ambrosian.	Mediolani	eadem quae α′ (exc. Pyth. II. III. IV)	nulla
δ′ Par. C²	2834	Imperialis	Parisiis	Nem. IV—XI, 27. — Isth. IV, 33—124. V. VI. VII, 1—26 (et versus P. V, 159—168 alieno loco insertos)	nulla
δ′ Med. A²	32, 41	Laurentian.	Florentiae	Pyth. I. VI—XII. Nem. I—XI, 27. Isth. V. VI. VII, 1—26	nulla
δ′ Vat. E²	985	Vaticanae	Romae	eadem quae δ′	nulla
δ′ Ambr. F²	S. 31. sup. 7	Ambrosian.	Mediolani	eadem quae δ′ et δ′	rec. Thomano-Tricliniana
ε′ Ambr. B³	C. 22. sup.	Ambrosian.	Mediolani	Nem. V. VII—XI. — Isthmia (N. IV, 112—126 a m. sec. recentiss.)	rec. Thomano-Tri retractata
ζ′ Est. A³	III. C. 21	Estensis	Mutinae	Nem. IV—XI. — Isthmia	nulla
η′ Caes. D²	58 (olim 248)	Caesareae	Vindobon.	supplementum, Nem. IV. V. complectens	nulla

104) Cf. Bö.¹ I, XXII.
106) Est hic liber inter Humboldtianos: Bö.¹ III, 7. 300 etc.; cf. ib. I, XXIII.   107) Cf. Bö.¹ I, XXVI.
109) Ex hoc codice Scholia Thomano-Tricliniana (et glossas) ad Nemea et Isthmia exscripsit editor; δ′ est fidelissimum atque optime scriptum apographum codicis α′. Latitat adhuc in iisdem pars maxima Scho-

TRICLINIANI.

tatis rca	que videtur esse generis	contulit in textu	et in scholiis	antea	nunc nunc primum (†) nunc iterum (§)	
V ex.	Triclin.¹	integrum		Schickardt (Bö.)	editor (et Detlefsen) passim§	104
V	eiusd.	specimina ex Ol. V. VI. VII; Py. I. VIII; ex Nem. et Isthm. passim			editor †	105
V	eiusd.	integrum		Schickardt (Bö.) in Isthmiis	editor in Nemeis † idem in Isthmiis §	106
V ex.	eiusd.	„Nemea et Isthmia." — Isth. V. VI. — spec. ex Pyth. I. VI. VIII. XI; Nem. I. III. IV. VI. VII—XI; Isth. VII		Fr. del Furia (Bö.) in „Nem. et Isthm."	editor in Isth. V. VI. § idem in speciminibus §†	107
V/XVI	eiusd.	Isthmia. — Pyth. X. Nem. V. — Pyth. I, 1—22.			editor †	108
V	eiusd.	Isthmia — Nem. X. XI. — sp. ex P. I. VIII; Nem. IV — IX	max. partem Scholiorum et glossarum transcripsit		editor †	109
V/XV	retractat. Tricl.¹	integrum	passim Scholia transcripsit		editor †	110
185	retractat. Tricl.¹	integrum			editor †	111
V	Tricl.¹?	integr. suppl.			editor †	112

liorum Pyth. V—XII.
110 et 111) ε' et ζ' videntur esse partim (i. e. in iis quae ex α' fluxerunt) Tricliniani, partim vero (i. e. in Nem. XI, 28—63. Isthm. I. II. III. IV, 1—32. VII, 27—72. VIII) ad modum Triclinii (a discipulo eius?) interpolati. Scholia in ε' sunt Tricliniana cum glossis Tricl. consociata; ad ea, quae non ex α' sumpta sunt, nulla in ε' exstant nec Scholia nec glossemata.

xxxiv CODICES

Codicem, signatum		asservatum		qui continet	
editorum compendiis	numero bibl.	in scriniis bibliothecae	in urbe	textum	scholia

II. SECUNDAE FAMILIAE.

ϑ′	(Bodl.) C	Laud. 13 (olim C.71 et 713, A)	Bodleianae	Oxonii	Olympia. Pyth. I. II. III. IV, 1 — 367 vulg.	nulla?
ι′	Matr. C	O. 76	Escorialens.	Matriti	Olympia. Pyth. I. II. III. IV, 1 — 367 vulg.	rec. Tho.
ι″	Vrat. E	olim NBerneggeri	gymnasii Fridericiani	Vratislav.	nullum, ut videtur	recentia Tmano-Triniana ad I — IV (p vulgata n

III. TERTIAE FAMILIAE (GENERIS COMPILATI).

κ′	Aug. D¹	486	Regiae	Monaci	fragmentum, Ol. I, 1 — 17 complectens	rec. vulg (cum n Tricl.)
λ′	Perus.²	B, 43	Civitatis	Perusiae	supplementum, Ol. XIII. XIV complectens	rec. vulg.
μ′	Caes. E	219 (olim 200)	Caesareae	Vindobon.	Olympia integra	rec.vulg. notis T
ν′	Mosc. B		Universit.	Gottingae	Olympia olim integra; nunc perierunt VII, 57 — 151. VIII, 11 — 89. IX, 164 — 168. X, 1 — 6 vulg.	rec.vulg. notis T
ξ′	Par. Q	suppl. Gr. 158 (olim Sorbonae)	Imperialis	Parisiis	Olympia	rec.vulg. notis T
π′	Ven. E	478	Marcianae	Venetiis	Olympia	eadem
ο′	Bened. B	conv. 8	olim Abatiae Benedictinorum Flor., nunc Laurentian.	Florentiae	Olympia	rec. vulg. non sine T

113. 114. 115) Vide ad 103 et de 113 Bö.¹ I, XVI sq.; Coxii Catal. I. 116 — 121 et 123 — 126 tertiam Triclinianorum familiam efficiunt; olim eosdem „Genus octavum sive Compilatum" appellaveram (Sch. Germ. p. XIII) eisque annumeraveram Ambr. D quoniam recentia Scholia vulgata habet. Sed in textu Ambr. D videtur potius esse generis Thomani, ut nunc T audiat. Caeterum huius familiae criterium est διασκεύασις Commentarii Moschopulei cum Thomano-Triclinianis consociati, additis notis criticis Triclinii; cf. Sch. Germ. p. XVIII — XIX. — Ft. haec familia a discipulo

TRICLINIANI. xxxv

| ue videtur esse | | contulit | | antea | nunc | |
atis ·ca	generis	in textu	et in scholiis		nunc primum(†) nunc iterum(§)	
r	Triclin.²	integrum		Oxonienses		113
r ex	eiusd.	Ol. XI. — specimen ex Pyth. IV	specimen		Hübner in usum editoris†	114
	eiusd.		ad P. I—IV integra	Schneider edidit a. 1844		115
r	Triclin.²	integr. fragm.		Fr. Jacobs (Bö.)	editor§	116
r ex	eiusd.	integr. suppl.			editor†	117
1337 ptns	eiusd.	integrum	passim		editor†	118
IV	eiusd.	integrum	passim	(Hy.) Böckh (Gerhard)	editor§	119
IV	eiusd.	Ol. VI, 1—71. specimina ex Ol. II. VI. VII. VIII	specimen		Detlefsen Ol. VI; rell. spec. editor†	120
V	eiusd.	Ol. I		Morell. in usum Heynii (Bö.)		121
s 1352 riptus	Tricl.² et Moschop.²	spec. ex Ol. I —VII. — Ol. VIII. IX. X. XI. XII. XIII. XIV	specimina		editor†	122

fidelissimo Triclinii originem duxit, ante s. XIV medium. Nam constat codicem μ´ anno p. Chr. 1337 exaratum esse, quod cum aetate horum grammaticorum recte explorata (cf. Bö.¹ III, p. 862) conspirat. Triclinius 1316—1320 sua manu exaravit codicem Venetum Hesiodi. Interpolatio Moschopuli circa exitum s. XIII, Triclinii sub initium s. XIV facta est.
    116. 117) Cf. num. 41. 22.   118) De coll. Humboldt. cf. Bö.¹ III, 7.
    119) In O. VI pauca, in O. VII multa supplementa a manu recentissima Neo-Graeca (v´ᵇ) addita sunt   121) Cf. Bö.¹ I, XXVI.

Codicem, signatum		asservatum		qui continet	
editorum compendiis	numero bibl.	in scriniis bibliothecae	in urbe	textum	scho
ρ'	Est. A¹	III. C. 21	Estensis	Mutinae	Olympia	nul
σ'	Vrat. A²		Rhediger.	Vratislav.	Ol. II, 81—180. III—XIV.	rec. vu Ol. XIII
τ'	Caes. C¹	144 (olim 197)	Caesareae	Vindobon.	Ol. I. II, 1—158 vulg.	nul
υ'	Vat. I	920	Vaticanae	Romae	Ol. I—XII.	recenti cum Tricl.
φ'	Par. L	2787	Imperialis	Parisiis	Olympia	recer

IV. AMBIGUI GENERIS.

χ'	Ven. A	444	Marcianae	Venetiis	Olympia. Pyth. I. II. III. IV.	recenti gata
ψ'	Ven. G	IX, 9	olim S. Joa. et Pauli, nunc Marcianae	Venetiis	Olympia. Pyth. I. II. III. IV.	nul
ω'	Ambr. C	C. 32. sup.	Ambrosian.	Mediolani	Olymp. I, 87—188. II. III. V—XIV.	nul

124) Cf. num. 2 et Bö.¹ I, XX; III, IV.   125) Cf. num. 52.
126) A duabus manibus (vetustiore s. XV; recentiore s. XVI) exaratus.
127) Fluctuat inter Tricl. et Mosch.; estque a m. pr. s. XIV usque ad Ol. IX, 20; a sec. m. s. XV in reliquis (O. IX—XIV) exaratus.
128) 129) De χ' et ψ' non prorsus liquet cuius generis sint. Codex χ' maximam partem vetustae scripturae est, ut O. I, 28. 49. 89. 101. 104. P. III, 11. 28. 71 etc.; sed habet etiam interpolatam ut O. I, 80; potissimum Tricliniamam: O. I, 37. 53. 84sq. P. III, 8; passim utramque: O. I, 74. — Codex ψ' modo pure Moschopuleus est, ut O. I, 89. 104; modo Moschopulo-Tricliniana habet, ut O. I, 28. 64. 80; modo ea quae et vetusta sunt et Moschopulea, ut ib. 37. 53. 75. 84; modo denique ea quae tantum non soli vett. exhibent, ut ib. 52. 65.
130) Codex ω' recentissimus aut ex Aldina et Romana prodiit, aut

...tis ca	ue videtur esse	contulit		antea	nunc	
	generis	in textu	et in scholiis		nunc primum (†) nunc iterum (§)	
	Triclin.³	Ol. VIII, 1—52. — spec. ex Ol. I — VII.			editor †	123
	eiusd.	integrum		Schummel (Bö.) Schneider		124
	eiusd.	integr. supplem.			editor †	125
pr. m. sec. m.	eiusd.	specimina ex Ol. II. III. VI. IX.			editor; ex Ol. VI Kiessling. †	126
pr. m. sec. m.		Ol. VI, 1—71. — spec. ex Ol. II			Detlefsen ex Ol. VI; spec. editor †	127
	incerti generis	Ol. I. — Pyth. III		Ol. I Morell. in usum Heynii (Bö.)	P. III Theodorus Mommsen in usum editoris †	128
I	incerti generis	Ol. I.		Morell. in usum Heynii (Bö.)		129
I	incerti generis	Ol. I. — spec. ex Ol. II. III. V. VI. VII. VIII. X. XII. XIII.			editor †	130

(quod minus probabile videtur) archetypon fuit Romanae, unde haec expressa est, supplementis ex Aldina postea additis. Pars media, a tribus deinceps librariis exarata, Ol. III—X, 83 vulg. complectens, Romanae editionis lectiones vel maxime singulares (ut πνοιᾶς O. III, 31 = 56; O. VI, 77 ὄρος; O. VII, 34 = 61 στίλλεν ἰς) refert; principium vero et exitus codicis, quae partes quartae (ft. etiam quintae) manus sunt, plerumque Aldinam exprimunt, vel in singularibus, ut O. I, 71 ἐγγύθι; 64 θεῶν et (quod in v. l. neglexi) ἔθεσαν αὐτόν; O. II (ubi lectiones ω' adscribere oblitus sum), 42 πέφνεν οἵ; 71 νάσον; 97 κρούφιον; XIII, 20 ἔντεσσι; sed in iisdem passim Tricliniana inveniuntur, quae non sunt in Aldina, ut O. II, 26 sq. et 30 omittuntur φιλέοντι δὲ μοῖσαι et γε. Raro nec cum Ald. nec cum Rom. facit ω', ut O. I, 64 omisso τι. Liber plane singularis (sed nullius pretii) inscriptus est „Emptus Hydrunte 1606."

CODICES SCHOLIORUM

5) Quibus adduntur *Scholiorum Pindaricorum* e¦

Codicem, signatum		asservatum		qui continet
compendio	numero bibl.	in scriniis bibliothecae	in urbe	
Angel.	C. 1. 1.	Angelicae (S. Augustin.)	Romae	Scholia vetera ad Ol. Py. et h Nem.
Aug. E¹	492	Regiae	Monaci	Schol. vett. ad Isth. I et II, 1—¦
Par. N	2784	Imperialis	Parisiis	Schol. vett. ad Ol. et Pyth.
Matr. B	112	Escorialensis	Matriti	recentia vulg. ad Ol. I — X.
Vrat. C		Rehdigerianae	Vratislav.	recentia vulg. ad Ol. IV, 1—2 V. VI. VIII, 61 sqq. IX—XII
Vat. M (Resl. Vat. K)	942	Vaticanae	Romae	recentia Thomana?
Vat. N (Resl. Vat. O)	1468	Vaticanae	Romae	Commentar. Moschop.?
Vat. O (Resl. Vat. N)	1370	Vaticanae	Romae	Vitam et Commentar. Moschop.
Ven. H	IX, 27	nunc Marcianae	Venetiis	Metrica quaedam ad Ol. et Prae Pindari
Vat. Q (Vat. B Resl.)	915	Vaticanae (olim Imperialis Paris. 1811)	Romae	40 — 50 sententias Pindaricas
Vat. R (Reg. B Resleri?)	146	Reginae Vatic.	Romae	πινδάρου ῥητὰ ἐν ταῖς Ἰάνου λε σκάρεως παρεκβολαῖς
Par. R	suppl. Gr. 89	Imperialis	Parisiis	Gulonii interpretationem Lat nam interlinearem
Ambr. K	O. 64. sup.	Ambrosianae	Mediolani	Interpretationem Scholiorum L tinam Antonii Salmaciae
Matr. D		Escorialensis	Matriti	Eandem (et carminum) Vincentii Marinerii Valentini

132) Cf. Bö.¹ I, XXIV.   134) Cf. Iriarte p. 445 sqq. et Bö.¹ I, XL
135) Cf. Bö.¹ II, IV.
136—139) De his fide Resleri relatum est. In nonnullis eiusdem v. d., qui in Ph. IV, 510—531 hanc rem difficilem tractavit, erroribus nunc non

A TEXTU SEPARATORUM.

es, praeter IPΔ." non signati alii:

nique videtur esse		vel contulit	
ɪtis	generis	vel vidit tantum	
ex.	ft. generis Palatino-Caesarei²	vitam et spec. ex Ol. I. VII. XIII. Pyth. III. IV contulit editor (cf. Hy.² p. 56)	131
	Vaticani?	spec. Fr. Jacobs (Bö) atque editor	132
		spec. Pyth. editor	133
	Tricliniani³	spec ex Ol. VI Hübner in usum editoris	134
ex.	Tricliniani³	integrum Gerhard (Bö.)	135
		vidit amicus Resleri; cf. Philol. IV, 525	136
		vidit et spec. edidit Reslerus; cf. Ph. IV, 526	137
		vidit et spec. edidit Reslerus; cf. Ph. IV, 526	138
		vidit et indicavit Reslerus; cf. Ph. IV, 528	139
		vide Bö.¹ I, 344 et Reslerum in Ph. IV, 522	140
		vidit editor (et Reslerus in Ph. IV, 522??)	141
1 scr.		vidit editor	142
ɪl scr.		vidit editor (cf. Fabric. Bibl. Gr. II, 66)	143
		memorant Iriarte p. 509 et Fabr. l. l. p. 67	144

ɪet commorari (cf. Sch. Germ. p. XIV. not.), cum praesertim editor Reslero rɪɪam notitiam trium codicum (21. 96. 122) debeat. Accuratiora de sinɪɪs codicibus quos ipse vidit scire cupienti non deerit, sed prolixa uniusɪɪsque libri descriptione plagulas implere noluit.

CODICES INCERTI

6) Postremo *ii de quorum natura nihil fere c*

Codicem, signatum		asservatum		qui continere dicitur
compendio	numero bibl.	in scriniis bibliothecae	in urbe	
Bodl. s'	canon. gr. 10	Bodleianae	Oxonii	Ol. Py. Nem. Isth. et X vers Sch. quibusdam ad Ol. et P
Cant.		Collegii S. Emanuelis	Cantabrig.	Pyth. [Nem. Isthm.] („incipi thiis")
Const.		gynaecei Sultani	Constantinopoli	
Westm.		Westmonasteriensis	Londini	Ol. Pyth. Nem.
D'Orvil. A	XI. 3. 12	Bodleianae	Oxonii	Olympia cum Scholiis
D'Orvil. B	XI. 4. 17	Bodleianae	Oxonii	Olymp. I—IX.
Ferr.	29	Universit.	Ferrarae	Olympia cum gl. marg. et in
	240	Universit.	Ferrarae	Olympia
	247 olim 129	Municipii	Ferrarae	Olympia cum Scholiis rec.
Mant.	A III. 20	Lycei	Mantuae	Olympia
Neap. C	olim 48	Borbonic.	Neapoli	Pyth. I
Vat. S	1314	Vaticanae	Romae	[Ol. Py.] Nem. Isthm.?

151) Relata retuli. Non videntur tamen tres et fortasse ne duo dem sed unus tantum Pindarus Ferrarae exstare. Cum numerorum v tas et reliquae notitiae similitudo tum ea quae Detlefsenus sciscitanti r psit argumento sunt. Is bibliothecam „Municipii" eandem cum bibliot „Universitatis" et suum 29 eundem cum fratris 247 (129) esse suspic cum etiam codex 29 Aristophanis Plutum, Nubes, Ranas (et Batracho machiam) contineat, quod frater de codice 247 (129) indicaverat.

ET FALSO INDICATI.

quique videtur esse		commemoratum	
atis	generis	invenit editor:	
	similis erit Par. C vel Med. A	vide Coxii Catal. Vol. III Oxonii. 1854. 4.	145
		cf. Catalog. MSS. Angl.	146
		indicatum a Coxio in litt. ad Com. Angl. datis de itinere Orientali circa annum 1860	147
		cf. Catalog. MSS. Angl.	148
c.		vide Catal. codd. D'Orvillianorum Oxon. 1806. 4.	149
rec.		vide Catalogum eundem	150
		de quibus retulit editori Detlefsen Oct. 1862	151
	Thomani?	spec. Ol. XIV et init. Schol. miserat frater Theodorus paullo ante Detlefsenum	
ex.		indicatum a Detlefseno literis ad editorem datis 1862, Oct.	152
		vidit editor anno 1846	153
		ex quo excerpta Nem. Isthm. inter D'Orvilliana notata sunt in Catalogo	154

Codices qui nunc aut non exstant aut falsis numeris indicati non repeuntur hos inveni: apud Montefalconium in Bibl. Bibl. „Reg. Sueciae in at. 662", „Veronensem", „Patavinum", „Parmensem" (nec Veronae nec atavii nunc libri Pindarici inveniuntur, teste Theodoro fratre, ut nec Parae, ubi ipse quaesivi); apud Bö.[1] I, VIII „Norimbergensem"; apud Kayrum (p. 4) „Vat. 87" et „Par. 2596"; apud Reslerum l. l. „Par. Q 794)", „Ottob." C et D, „Reg." (Vat.) B. C. D. Nec de codicibus Petri ictorii (cf. Th. in Act. Mon. I. 3, 311; Bö.[1] II, 53) et Tho. Galii (Hy.[3] . 57) qui et quales fuerint satis constat, nisi quod ille inter meliores fuit.

7) Simplex et facilis est codicum signandorum ratio, ut lector primo oculorum obtutu cognoscat, cuius generis libri hanc vel illam lectionem exhibeant. Maioribus Latinis literis omnes libri non interpolati signantur, quos communi veterum nomine appellamus; maioribus Graecis libri et ipsi fere non interpolati sed ad peculiare Thomanorum genus intermedium pertinentes Scholiorumque recentium quae sub nomine Thomae M. feruntur additamento a veteribus satis distincti; minoribus Latinis interpolati generis Moschopulei; minoribus Graecis interpolati Tricliniani. — Quibus quattuor codicum generibus principalibus distinctis, a familiarum diversitate signis exprimenda editor abstinuit. Curavit tamen ut cognati proximi essent, quantum per ordinem dignitatis fieri poterat, nam id semper spectandum erat ut optimi et vetustissimi primum cuiusque generis locum occuparent. Ita ABCDEF plus ponderis habent quam XYZ, neque aliter in singulis familiis, ut in Parisino-Venetis codex V id est Parisinus primus multo melior et vetustior est quam qui ex eo pendent WXYZ. Porro iisdem literis apice addito plerumque apographa denotantur, ut DDDD recentiora sunt exempla ex D orta. Fors ita tulit, ut nonnulli praestantissimorum librorum in literas cognatas inciderent, ut Ambrosianus A in A, Vaticanus B in B, Mediceus E in E, Gottingensis in G, Palatinus C in P; licet in hac re commoditati lectorum non omnino consuli potuerit.

8) Ordines literarum ne alienis signis nimium turbarentur, disiungendi erant aliquot codices, quos e diversis partibus constare apparebat. Primum sex codices collectivos Parisinum tertium, Mediceum primum, Vaticanum quintum, Ambrosianum sextum, Ambrosianum secundum, Estensem primum*) in sua quemque elementa dissolvere opor-

---

*) Par. $C = \underline{d} + \underline{\delta}' + \underline{D}$ nam Par. C^1 Ol. Pyth. et I. II. III Nem. complectens est Moschop.[1]; inde a Nem. IV Par. C^2 (i. e. Tricl.[1]) et Par. C^3 (i. e. vetus cod. familiae Mediceae) alternant.

tebat, etiamsi editiones principes [et ipsas haud indissolubiles *)] indiscretas relinquere visum est; tum decem alios veteres, qui aut manifesto ex duabus tribusve partibus diversi generis compositi sunt, ut Guelferbytanus et Augu-

Med. $A = \underset{.}{d} + \underset{.}{\gamma}' + \underset{.}{D}$ Vat. $E = \underset{.}{d} + \underset{.}{\gamma}' + \underset{.}{D}$	Prima pars (Olympia) Moschopulea (Med. A^1 Vat. E^1); secunda (Med. A^2 Vat. E^2) Tricliniana, cuius lacunae expletae sunt tertia parte (Med. A^3 Vat. E^3) ex codice vetere familiae deprompta.
Ambr. $F = S + \underset{.}{\gamma}' + \underset{.}{D}$	Prima pars ex vetere codice familiae Palatino-Caesareae manavit, secunda e Tricliniano, cuius lacunae partim e Palatino-Caesareo, partim e Mediceo proprio expletae sunt.
Ambr. $B = \Theta + \underset{..}{X} + \iota'$	Prima pars e Thomano prodiit, altera e Parisino-Veneto, tertia est Triclinianus retractatus.
Est. $A = \rho' + \underset{..}{X} + \zeta$	Prima pars Triclinianus est familiae tertiae, secunda ad Parisino-Venetos pertinet, tertia est Tricl. retract. familiae primae.

*) Utraque editio princeps collectivis codicibus adnumeranda est, sed fines non tam sunt certi quam in scriptis. Prima pars Aldinae Olympia complectens (Al.^{1}) e Thomano libro tertiae familiae provenit, sed non sine interpolationis recentioris vestigiis; pars secunda Pythia et I. II. III Nemea complectens (Al.^{2}) plerumque ad Moschopuleum primae familiae referenda est, sed passim Triclinianos sequitur; tertia pars inde a Nem. IV usque ad finem (Al.^{3}) e Tricliniano retractato ($\iota'\zeta'$) manavit. Compositio Aldinae simillima est codici Ambr. B. — Prima pars Romanae Olympia complectens (Ro.^{1}) in universum est generis Tricliniani, sed admissis saepenumero aliorum generum scripturis sive e Scholiis BH sive ex ipsa Aldina depromptis; altera pars reliqua carmina complectens (Ro.^{2}) in universum est generis Vaticani proprii, ita tamen ut per quasdam carminum partes singula vel Moschopulea (Ro.^{3}) vel Tricliniana (Ro.^{4}) admittat, ex ipsa, nisi fallor, Aldina deprompta, e cuius exemplo Calliergi manu correcto pars posterior textus Romanae expressa est. Cf. vitia Aldinae in Romana iterata Nem. V, 3 = $\mathfrak{C}$ (om. γλυκεῖ' ἀοιδά); 13 (ἀποινώσας); proximas vero scripturas Vaticanas γλυκεῖαν ib. 48 et τριπλόαν 52; Tricliniana ἀεϑλονικίας N. III, 7 et τὴν τρίταν I. III, 89 ex Aldina hausta, et in I. III proximo vs. 90 ἀποστάζων ex optimo cod. Vaticano etc. etc. — Moschopulea portio (Ro.^{3}) subito incipit a Pyth. V, 53 (= 68), sine dubio ex Aldina.

stani duo (quartus et quintus), aut alienis supplementis aucti, ut bini Vratislavienses (primus et secundus), Gottingensis, Perusinus, Caesarei duo (tertius et quartus), Parisiensis secundus.*)

9) Quae disiunctio cum etiam ad manum secundam extendi potuisset, tamen, excepto Guelferbytano, ubi sec.

---

*) Guelf. $= o + I$ id est Guelf.^{1} (Moschopuleus^2 Olymp.) + Guelf.^{2} (Vaticano-Gotting. Pyth.)

Aug. $D = \varkappa' + \underset{.}{Y} + \underset{.}{Z}$ id est Aug. D^1 (fragm. Tricl.^{3} init. Ol. I. + Aug. D^2 (Py. I. II. III ex Parisino-Veneto) + Aug. D^3 (fragm. Nem. I eiusdem familiae).

Aug. $E =$ Aug. $E^1 + \underset{.}{B}$ id est Aug. E^1 (Schol. Vett. ad Isth. I. II) + Aug. E^2 (frg. Nem. I ex Vatic. secundo)

Vrat. $A = \underset{.}{A} + \sigma'$ id est Vrat. A^1 (Ambrosianus in Ol. I. II) + Vrat. A^2 (Triclinianus^3 in rell. Olympiis.

Vrat. $B = x + \underset{.}{Z}$ id est Vrat. B^1 (Moschopuleus^2) cum exiguo supplemento Vrat. B^2 (e Parisino-Veneto, ut videtur).

Gott. $= \underset{.}{\Pi} + G + \underset{.}{S} + g$ id est Gott.^{2} (pars principalis a vetusta manu, sui generis) cum tribus supplementis a rec. m.: Gott.^{1} (Ol. I ex Thomano); Gott.^{3} (Py. XII, 39 sq. ex Palatino-Caesareo); Gott.^{4} (Nem. I. II. III ex Moschopuleo^1).

Perus. $= M + \lambda'$ id est Perus.^{1} (manus vetustior, non interp.) cum supplemento Perus.^{2} (man. recent., e Tricliniano^3, Ol. XIII, XIV).

Caes. $C = \tau' + \Pi$ id est Caes. C^2 (Thomanus^3) cum supplemento praefixo Caes. C^1 (ex Tricliniano, Ol. I. II). Eadem manus in utroque ut in collectivis.

Caes. $D = Z + \eta'$ id est Caes. D^1 (Parisino-Venetus) cum supplemento Caes. D^2 (ex Tricliniano^1, Nem. IV. V).

Paris. $B = \beta' + \underset{.}{C}$ id est Par. B^1 (Triclinianus^1) cum supplemento Par. B^2 (ex Parisino-Leidensi, in parte quadam P. III. IV. V).

m. in Olympiis eadem cum prima manu in Pythiis esse videbatur, primam et secundam manum minutis literulis a et b ad eandem codicis notam supra additis distinguere praestabat. Est quidem manus secunda in permultis codicibus aperte Tricliniana, ut $B^b G^b P^b S^b \Phi a^b k^b x^b$ etc.; in aliis manifesto Moschopulea, ut Θ^b; rarius etiam ad vetustiora genera pertinet ut X^b quae manus secunda est Vaticani generis proprii. Sed nimis incertum saepe, utrum aliqua correctio a prima manu facta sit, an a secunda, an a tertia quartave; porro utrum correctio sit, an glossa, an denique duplex lectio iam consulto a prima manu simul altera supra alteram scripta. Hoc reputanti omnes unius codicis diversitates simili modo exprimere visum est. Quapropter inter P^i et P^* — G^{ac} et G^{pc} — V^a et V^b ita distinctum est, ut primum „Pal. C infra" et „Pal. C supra", secundum „Gott. ante correctionem" et „Gott. post correctionem", tertium „Par. A a prima manu" et „Par. A a secunda manu" denotaret. Verum ubi manifesto vel glossam vel antiquam scripturae diversitatem supra scribere volebat librarius, aliquoties etiam notulae gl i. e. „glossa" et vl i. e. „varia lectio" adhibitae sunt; literae vero a et b non positae nisi ubi manus vere diversa esse videbatur. Hoc non perinde est. Ut in Vaticano quae ad B^b pertinent pleraque sunt inania Triclinii commenta, quae vero in Ambrosiano ad A^{pc} et vetusta et persaepe optima, nam in A nulla est manus secunda. Etiam si qua lectio in margine notata inveniebatur, ubi eam a secunda manu profectam esse apparebat, mb; ubi non videbatur vel non liquebat, m simpliciter adiectum est. Reliqua minutis literis supra addita (ut V^{lit} i. e. „Par. A in litura"; N^{ras} i. e. „Ambr. G in rasura"; G^{ref} i. e. „Gott. post refectionem") ultro patebunt.

10) Linea transversa significat „de quo male relatum erat". Quapropter notae $\overline{BVGI\Sigma}$ $\bar{a}$ $\bar{\beta}'$ etc. ad priores editores falsa relatione de scriptura $BVGI\Sigma$ a β' etc. deceptos respiciunt; ipsi errores silentio praetermissi sunt,

sicubi de iis constabat. Ubi de veritate lectionis dubitatio exorta est, vel signum interrogationis adiectum (id nunquam pertinet alio quam ad proximam literam antegressam), vel uncis rotundis inclusum „teste Re." „teste Sm." etc. additum est. Quare $\overline{W}$? $\overline{Y}$? (duplici et erroris et dubitationis signo) significant „de WY fortasse male relatum est, ut huc potius quam illuc pertineant". Haec haesitationis signa in eos potissimum libros incidunt, quos editor ipse aut non vidit aut non perscrutatus est, ut AįLPRWYΞΩϘbchilmsϑ'σ' aliosque.

11) Unci quadrati ad collatorum silentia referuntur. Significat igitur [RWY] hoc: „RWY idem videntur praestare, quantum ex silentio collatorum editorumve colligere licet". Idem valet [r. r.] i. e. „reliqui recentes, ut videtur"; et [rell.] sive [r.] i. e. „reliqui qui collati sunt, ut videtur". In universum hoc argumentum e silentio petitum aliquanto probabilius est in codicibus accurate ad marginem impressorum collatis; cuius generis sunt omnium principalium librorum ABCDEF etc. collationes quas ipse editor confecit.

12) Virgulae et puncta post codicum compendia collocata ad lemma Scholiastae referuntur. Est A. B. CDE. idem quod „A cum lemmate Scholiastae A" „B cum lemmate Scholiastae B" C D „E cum lemmate Scholiastae E". Porro A, B, etc. idem est quod „lemma in A" „lemma in B" cui opponitur AB i. e. „textus A" „textus B". Lemmatum exputatione veritas eorum quae olim (Sch. Germ. praef. p. XX sq.) exposita sunt confirmatur; lemma enim Romanae (signatum Ro;) persaepe non est lemma scriptorum librorum, nec hi plerumque lemma a suo textu diversum habent. „Romanae et textus et lemma" signatur Ro: Quodsi aliqua auctoritas est in A, B, C, E, etc., nulla est in Ro;

13) Numeri quoque ad Scholia spectant. Sch.[1] Sch.[2] vel Sch. Rec.[1] Sch. Vet.[2] valent „primum Scholiastae

comma " „alterum" etc. Sic etiam E,¹² B, ¹B,² significant „primum et alterum lemma in Scholiis codicis Med. E" „primum lemma Sch. in Vat. B" „alterum in eodem" etc.

B.

Transeundum nunc ad alteram huius relationis partem, qua impressorum librorum compendia quibus editor usus est ordine explicantur.

†*) Act. Sax.	Acta Reg. Societatis Literarum Lipsiensis.
Ah.	Ahrens: dialect. Aeol. (D. A.) 1839 — dialect. Doric. (D. D.) 1843 — Philol. XVI, 52—59.
Al.	Aldina ed. 1513.
An.	Annales Antiquitatis ed. a Bergk. et Caesar.
† At.	Alberti, Miscellan. Observatt.
Aw.	Ahlwardti ed. 1820.
Be.	Beckiana ed. 1795.
Bg.	Bergkiana ed. prior 1842 (Bg.¹) altera 1853 (Bg.²)
Bö.	Böckhiana ed. prior vol. I. 1811, vol. II. 1819, vol. III. 1821 (Bö.¹) — de Crisi 1820—22 atque ed. altera 1825 (Bö.²).
Br.	Brubachiana ed. 1542.
† Bss.	Boissonade.
† Bth.	Bothii Carmina selecta 1784. — Interpr. Germ. Olymp. 1808.
Bu.	Buttmanni Gramm. Graec. ed. Lobeck.
By.	Bernhardy Syntaxis.
Ca.	Casaubonus („ex observatt. Is. Casauboni" in ed. Steph. tertia p. 411 sqq.) 1586.
Cm.	Camerarius.
† Co.	Commeliniana Aemilii Porti ed. 1598.
Cp.	Jacobi Ceporini ed. Cratandrina prior 1526 (Cp.¹) — altera 1556 (Cp.²)
Cr. (Cram.)	Crameri Anecdota Paris. (An. Par.) — Anecdota Oxon. (An. Ox.)
Da.	Dawesius.
Dd.	Gu. Dindorf.
De.	Detlefsen.
Di.	Dissenii ed. 1830.

*) Cruce ii libri signantur quos editor non ipse vidit.

† Do.	Donaldsoni ed. 1841 quam editionem exstare editor sero comperit.
El.	Ellendt.
Em.	Emperius.
† Fä.	Fähsii Interpr. Germ. 1804. 1806.
Fr.	Friederichs passim in Philologo 1857 sqq. — Studia Pind. 1863.
† Gd.	Gedikii Interpr. Germ. Olymp, et Pyth. 1777. 78.
Gh.	Ed. Gerhard apud Böckhium.
Gl.	Geelius.
Gö.	Göttlingus.
Gu.	Gurlitti Interpr. Germ. 1806—1818.
Hb.	Gu. de Humboldti Int. Germ. (1792 sqq.) ed. posth. 1841.
Hck.	Heckeri coniecturae apud Bg.²
Hd.	Heindorf.
Hm.	G. Hermann: Commentatio 1798 (Hm.¹) — de dialecto 1809 — Notae 1817 (Hm.²) — dissertationes 1831. 1834 (Hm.³) 1844. 1847 (Hm.⁴)*) — Act. Soc. Sax. VI, 221 sqq. (1847).
Hs.	Heimsoethii Addenda et Corrigenda 1840; Rh. V, 1 sqq. al.
Ht.	Hartungi ed. 1855 sq.
Hu.	Huschke in Matth. Misc. phil. I, 28 sqq.
Hy.	Heyniana ed. prima 1773 (Hy.¹) — altera (minor) 1797 (Hy.²) — tertia (maior) 1798 (Hy.³) — quarta (minor) 1813 (Hy.⁴) — quinta (maior) 1817 (Hy.⁵).
Ia. (Ja.)	Annales Jahniani Philol. et Paedag.**).
Ib. (Jb.)	Fr. Jacobs.
Ki.	Kiessling.
† Kn.	Karsten Ol. II. IV. Pyth. I. 1825.
Ky.	Kayseri Lectiones Pindaricae. 1840.
Le.	von Leutsch, in Philologo passim.
Ln.	Joan. Loniceri interpretatio Latina (1528) 1535 sqq.

---

*) Hm.² plerumque ad Notas editioni Hy. 1817 insertas refertur, passim vero etiam ad libellum de dialecto. Hm.³ plerumque ad dissertationes supra laudatas, interdum ad Notas refertur. Rarius numeri Hm.² Hm.³ Hm.⁴ etc. ad alia eiusdem viri immortalis scripta pertinent.

**) In laudandis Annalibus Jahnianis quinquies infelici numerationis errore volumen LXXX pro LXXXIII positum est; dico in Annot. Crit. ad O. VII, 62; et in nota ad P. III, 65 et 106; P. IV, 95 et 100. Est enim dissertatio editoris de quibusdam rebus dialecticis volumini LXXXIII inserta, anni 1861.

COMPENDIA.

Lo.	Lobeckii Paralipomena 1837 (Par.). etc.
Ma.	Matthiae Grammatica Graeca etc.
Mi.	Mingarelli Coniecturae 1772 — ex Schedis Mingarelli apud Heynium.
Mk.	Aug. Meineke.
Mr.	Moreliana ed. 1558.
Ms.	Tycho Mommsen Pindarus 1845 — Interpr. Germ. 1846 — passim in Rh. An. Ja. — Scholia Germani 1860 — Epistola ad Friederichs 1863.
Mtsch.	Mitscherlich.
Mü.	Car. Ot. Müller.
Ni.	Gr. Gu. Nitzsch.
Nu. Go.	Nuntii Literar. Gottingenses.
Ox.	Oxoniensis ed. 1697.
Pa.	Papii Lexicon.
Ph.	Philologus a Sw. et Le. editus.
† Pl.	Plantina ed. 1567.
Po.	Francisci Porti Cretensis Comm. in Pind. 1583.
Pp.	Philippi Melanchthonis interpr. Lat. a Casp. Peucero ed. 1558.
PSt.	Oliva Pauli Stephani ed. 1599.
Pw.	Corn. de Pauwii Notae 1747.
Ra.	Rud. Rauchenstein Introductio 1843 — Commentatio I. 1844 — Com. II. 1845 — in An. et Ja. passim.
Rh.	Museum Rhenanum.
Ri.	Rittershusius apud Schmidium.
Ro.	Romana editio 1515 (Romana et in textu et in lemmate *Ro:* signata est; lemma Romanae *Ro;*).
Rsg.	Reisigius.
Rst.	Rost.
Schdt.	Maurit. Schmidt.
Schf.	God. Schaeferi ed. (Hy.) 1810.
Sck.	Casp. Schwenck.
Sdt.	Leopold Schmidt, vita Pindari. 1862.
Sm.	Erasmi Schmidii ed. 1616.
Sp.	Jeremias Spigelius apud Schmidium.
Spd.	Spalding.
Sr.	Schneiderus. Plerumque Sr. significat C. E. Chr. Schneiderum, qui 1844 Apparatus Pindarici supplementum e codd. Vratisl. edidit; rarius I. G. Schneiderum qui vitam Pindari (1774) scripsit et fragmenta (1776) collegit.

IMPRESSORUM COMPENDIA.

St.	Henrici Stephani ed. prima 1560 (St.[1]) — secunda 1566 (St.[2]) — tertia 1586 (St.[3]) — quarta 1600 (St.[4]) — Interpr. Latina 1560 sqq. (St. int)
† Sü.	Süvern ed. Ol. IV. 1796.
Sw.	Schneidewini ed. prima 1843 (Sw.[1]) — altera 1850 (Sw.[2]) — tertia 1858 (Sw.[3]).
Ta.	Tafelii dilucidationes Pindaricae in Ol. et Pyth. 1827.
Th.	Thiersch. Act. phil. Mon. (1811 sq.); ed. et int. Germ. 1820.
To.	Toupius.
Ur.	Fulvii Ursini notae ad marginem ed. Rom. (quae in bibl. Vaticana asservatur) adscriptae.
Va.	Valckenaer.
Vl.	Vauvilliers.
Wa.	Wakefield.
We.	Welcker: obss. in Ol. I (1806); Rh. (1833. 1834) etc.
† Wg.	Wagneri symb. ad Pind. Argonautica. 1794.
Wie.	Wieseler.
Ws.	Wesseling.
Wü.	Wüstemann.

Asteriscus ad vulgatam exprimendam adhibitus est. Vulgata autem lectio si inde ab editionibus principibus obtinuit, Al. Ro.* signata est; si inde a sola Romana, Ro.*; si a Stephaniana secunda originem duxit, St.²*; si ab Erasmo Schmidio, Sm.*; si ab eodem, non sequente Benedicto, Sm. Ox.*; si a Beckio, de sententia Heynii, Hy. Be.*; si a Böckhio, praeeunte Hermanno, Hm. Bö.*; si ab Heynio post Beckium, Hy.²*; si a Böckhio primo, Bö.*; si a Böckhio, post secundas curas, Bö.²* etc. etc. — Quo in genere signorum voluit quidem editor diligentissimus esse, ut ambigua „vulgatae" lectionis notio finiretur, sed si quid praetermiserit, sperat fore ut lector benevolus ignoscat. Idem ut intelligat quomodo fieri possit ut duae, tres, quattuor „vulgatae" lectiones deinceps obtinuerint, temporis ordinem teneat necesse est. Nam inde ab Aldina ita sese excipiunt editiones: Al. Ro. Cp.¹ (Ln.) Br. Cp.² (Pp.) Mr. St.¹ St.² Pl. (Po.) St.³ Co. PSt. St.⁴ Sm. Bd. Ox. (Pw. Mi.) Hy.¹ (Gd. Bth.) Be. Hy.²³ (Hm.¹) (Gu.) Schf. Bö.¹ Hy.⁴⁵ (Hm.²) Th. Aw.

COMPENDIA ALIA. LI

Bö.² (Ta.) Di. (Hm.³ Hs. Ky.) Do. Bg.¹ Sw.¹ (Ra.¹ Sr. Ms.¹ Hm.⁴) Sw.² Bg.² Ht. Sw.³ (Ra.² Fr. Ms.² Sdt.)

C.

Reliqua compendia intellectu faciliora sunt, ut *r.* sive *recc.* libri mss. recentes interpolati, *vett.* non interpolati veteres; *Recc.* Scholiastae Recentes, *Vett.* Scholiastae Veteres; *Eust. Pr.* Eustathii Prooemium ed. Sw.; *Sch. Germ.*; *Sch. Thom.*; *Comm. Mosch.* Commentarius perpetuus qui in Moschopuleis invenitur; *Sch. Tricl.*; *n. l.* non liquet; *n. n.* non notavi s. non notatum est; *p. n. e.* paraphrasis Scholiastae non exstat; *p. n. h.* paraphrasis Scholiastae non habet sive non exprimit hanc vocem; *Vide ad* (*cf. ad*) „vide s. conferas notam ad" plerumque ad Annotationem Criticam refertur; *Str. 1, Ep. 2* etc. primus quisque versus Strophae et Antistrophae, secundus quisque versus Epodi etc.; (*Bg.²*) coniecit Bg.² sed non recepit; *Sch. A* sive A^{sch} Scholia Ambrosiana; *Sch. B* sive B^{sch} Scholia Vaticana propria; *Sch.* IDG!U etc. sive *Sch. U* (U^{sch}) Scholia mixta (Vaticana cum additamentis); *Sch.*¹, *Sch.*² etc. de quibus numeris supra lectores admonuimus.

Literae Graecae quae Triclinianis signandis inserviunt, accentu; literae Latinae quae Moschopuleis, cursiva quae vocatur scriptura a reliquis distinctae sunt.

ΟΛΥΜΠΙΟΝΙΚΑΙ.

ΟΛΥΜΠΙΟΝΙΚΑΙ Α'.
ΙΕΡΩΝΙ ΣΥΡΑΚΟΣΙῼ
ΚΕΛΗΤΙ.

Strophae.

[metrical scheme, 11 lines]

Epodi.

[metrical scheme, 7 lines]

B et G ἀκέφαλοι. vs. 1—19. om. B   integram Ol. I om. G.
  Inscr. Ἡ βίβλος ἥδε (αὕτη F) τοῦ λυρικοῦ πινδάρου. πινδάρου ἐπινίκιοι ὀλυμπιονίκαις. FKN — πινδάρου ὀλυμπιονῖκαι. EHQTUVXZΔΘΣΦϒαςβπος Al Bö.* — id. (addito λυρικοῦ) Ⲇ — πινδάρου ὀλύμπια μ'ν'ξ' [al.] Ro.* — om. inscr. A aliique. Cf. Bö. Ed. vol. I praefat. p. XXXIX.

ΟΛΥΜΠΙΟΝΙΚΑΙ Α'.

Στρ. α'.

Ἄριστον μὲν ὕδωρ, ὁ δὲ χρυσὸς αἰθόμενον πῦρ
ἅτε διαπρέπει νυκτὶ μεγάνορος ἔξοχα πλούτου·
εἰ δ' ἄεθλα γαρύεν
ἔλδεαι, φίλον ἦτορ,
5 μηκέτ' ἀελίου σκόπει
ἄλλο θαλπνότερον ἐν ἁμέρᾳ φαεννὸν ἄστρον ἐρήμας δι'
                                                    αἰθέρος,   10
μηδ' Ὀλυμπίας ἀγῶνα φέρτερον αὐδάσομεν·
ὅθεν ὁ πολύφατος ὕμνος ἀμφιβάλλεται
σοφῶν μητίεσσι, κελαδεῖν   15
10 Κρόνου παῖδ', ἐς ἀφνεὰν ἱκομένους
μάκαιραν Ἱέρωνος ἑστίαν,

Ἀντ. α'.

Θεμιστεῖον ὃς ἀμφέπει σκᾶπτον ἐν πολυμάλῳ

3 γαρύειν A, — γαρύεν ACD etc. (etiam in Sch. A) ‖ 4 ἔἔλδεαι EF — ἔλδεαι Uo (et Sch. U) — ἴλδεαι A etc. ‖ 5 μηκέτ' ἀελίου AACDEFILMN OPQUVWXZΓΔΘΠΣΦ Al. Sw. Bg. — μηκίθ' ἁλίου RΣΤ recc. Ro.* — μηκίθ' ἁλίου a ‖ 6 ἁμέρα E°°FNU,ν' — ἡμ. PQUΠ — ἁμ. ACD etc. ‖ φαεννὸν AA,°°CFN°°O — φαεινὸν A,P°EMVW Bö.* — φαεινὸν DNP°PQRUXZ Thom. recc. Al. Ro.* — Liquida in antiquissimis non duplicata erroris causa. ‖ 7 μὴ δ' plurimi scripti — μηδ' ὁ Al. Ro.* ‖ 8 πολύφαμος V ‖ 9 μητίεσι N° Ro.* — μητίεσσι rell. Al. Sm.* ‖ 10 ἀφνεὰν a°kx°x — ἀφνιὰν a¹x¹ [rell.] — cf. ad O. VII, 1. ‖ ἱκομένους ADEFIIM°NOP°Q¹U. Vp°Z°ΓΔΘΞΦΤΠ°Ωd°°π'τ'χ'? ψ' Al. Ro.* Hm.¹ Bö. Th. Di. Sw. — ἱκομένοι Z¹ — ἱκομένοι CQ°X°Ybcdmno?r¹revrχimq°ϑ' Hy. Be. — ἱκομεν (supra μεν est οις, supra οις est οι, teste De.) L — ἱκομ°ις Σ — ἱκομένοισι R (teste Re.) — ἱκομένοις Π¹Θb?fhiklo?q¹r°vπx'λ'μ'ν'χ'? Hm.² Bg. Ht. — ἱκομένας (compendio scriptum, permutatis compendiis terminationum οις et ας) a solus — in P haec vox in ordine omissa, in V ita erasa est, ut, quid prima manus habuerit, non liqueat. ‖ 12 Θεμίστειον Herodian. ap. Sch. Vett. ‖ σκᾶπτον A.CDEP°FNOQUΣΤΠb μ'ν'τ' [rell.] Ro.* — σκᾶπτρον E°°MVXZΓΔΘΠΦ Al. abfhilmnoqrv — σκᾶπτρον Ax ‖ πολυμάλῳ(ψ) A.CDEF[LM]NO[P]QRUV [X]Z°ΣΦP°ΠbTaknoqμ'ν'τ' [rell.] Al. Ro.* — πολυμήλῳ(ψ) ΓΔΘΠΦΖ¹ Ah. Sw. — Sch. Vet. ἀπὸ μέρους εὐδαίμων, ambigue. — Mosch. (et multi in gl.) πολυθρέμμων. — Germ. et hoc, et πολύκαρπος, de pomis, allato Hom. Il. ι, 542; cf. Sch. Germ. p. 4.

OLYMPIA I. 5

Σικελίᾳ, δρέπων μὲν κορυφὰς ἀρετᾶν ἄπο πασᾶν· 20
ἀγλαΐζεται δὲ καὶ
15 μουσικᾶς ἐν ἀώτῳ,
οἷα παίζομεν φίλαν
ἄνδρες ἀμφὶ θαμὰ τράπεζαν. ἀλλὰ Δωρίαν ἀπὸ φόρ-
μιγγα πασσάλου 25
λάμβαν', εἴ τί τοι Πίσας τε καὶ Φερενίκου χάρις
νόον ὑπὸ γλυκυτάταις ἔθηκε φροντίσιν, 30
20 ὅτε παρ' Ἀλφεῷ σύτο δέμας
ἀκέντητον ἐν δρόμοισι παρέχων,
κράτει δὲ προσέμιξε δεσπόταν,

Ἐπ. ά.

Συρακόσιον ἱπποχάρμαν βασιλῆα. λάμπει δέ ϝοι κλέος 35
ἐν εὐάνορι Λυδοῦ Πέλοπος ἀποικίᾳ·

13 ἀρετᾶν ἀπὸ πασᾶν [AC]EO? [V]fkn⁼ Al. Ro.* — ἀρετῶν ἀπὸ πασᾶν MO? R? X⁰ Z⁼ ΔΘΦΠᵇ μ'ν' — ἀρετᾶν ἀπὸ πασῶν Δο — ἀρετῶν ἀπὸ πασῶν DFINQUX⁼ Z⁼ ΓΠΣabcḍhlmn¹ qrvxϑ'τ' — ά. ἄπο π. Hy.* (in nullo ut videtur ms.) ‖ 15 μουσικᾶς AENOX⁰ [CFMΔ]Φ (Sch. B ad vs. 162 vulg.) Al. Cp.* — μουσικὰς Θ — μουσικῆς DPQRU.VX⁼ ΖΓΠΣ recc. Ro. ‖ 17 ἄπο Q ‖ 18 σοι O — τοι rell. ‖ πίσσας OUVᵖᶜ ΧΓΔΘΣΦTikq ‖ 19 ὑπο Α ‖ φροντίσι DV ‖ 20 ὅτ' ἱπ' ο ‖ ἀλφειῶ V — cf. O. VII, 15 ‖ 21 δρόμοισιν Ν ‖ 23 συρακουσίων ABCLMQUV⁼ ΧΓ¹ Φk — συρρακουσίων OZ — συρακοσίων DEPΔ — συρρακοσσίων ENV⁰ ΘΠ — συρακωσίων Φrᵒ — συρακούσιον RΓ⁼ Θ⁰ᶦ πss qᵒss Cp. — συρακόσιον TΠᵇ afnpᶜ opᶜ rμ'ν'τ' [r.r.] Al. Ro.Mr.* ‖ ἱππιοχάρμᾶν ANPQU — ἱππιοχαρμᾶν CDEFLMO¹ VΔΘΠΦrᵒ — ἱππιοχάρμαν ΑΙΟ⁼WX⁼ ΥΘᵇ q Cp. — ἱπποχάρμᾶν Β, (et B?) — ἱππιόχαρμαν Ο, — ἱππιοχαρμαν Γ — ἱππιοχάρμην Α, — ἱπποχάρμᾶν Σ — ἱπποχάρμαν RXᵖᶜ ΖΦ¹ ΤΠᵇ afnorμ'ν'τ' [r.r.] Al. Ro.Mr.* ‖ βασιλία PQUXΓΔΘΠΦ ‖ 24 ἐν ΑΑΒΕFΙLΜΝΟΧ⁰ (paraphr. Sch. D etc.; non exstat paraphr. in AB) Bö.* — om. ἐν CDPQUVXYZΓ ΔΘΞΦ — παρ' L⁰ ΡΣΠΘ⁼ΤΣ⁰ afknoqrvxμ'ν'τ' [r.r.] Al. Ro.* quae falsa est emendatio omissionis ‖ εὐάνορος supra, εὐάνορι infra habent ALNOQVZΣ — εὐάνορ|ς (oσ supra scr.) C — εὐάνορος Χ — εὐάνορι BDEF etc. Utraque lectio etiam in Sch. ([D]QU etc.; om. in AB) commemoratur. ‖ ἐποικίᾳ Q⁼ ἀποικίας Σ⁼. Etiam in Sch. ([D]QU etc.; om. in AB) v. l. ἐποικίᾳ, quam Hm. praefert (Op. VI, 52); non enim huius loci Lydiae mentionem esse unde venerit, sed coloniae, quo cum suis perrexerit Pelops.

ΟΛΤΜΠΙΟΝΙΚΑΙ Α'.

25 τοῦ μεγασθενὴς ἐράσσατο Γαιάοχος
Ποσειδᾶν, ἐπεί νιν καθαροῦ λέβητος ἔξελε Κλωθὼ   40
ἐλέφαντι φαίδιμον ὦμον κεκαδμένον.
ἦ θαυματὰ πολλά, καί πού τι καὶ βροτῶν | φάτις ὑπὲρ
τὸν ἀλαθῆ λόγον
δεδαιδαλμένοι ψεύδεσι ποικίλοις ἐξαπατῶντι μῦθοι.   45

Στρ. β'.

30 Χάρις δ', ἅπερ ἅπαντα τεύχει τὰ μείλιχα θνατοῖς,
ἐπιφέροισα τιμὰν καὶ ἄπιστον ἐμήσατο πιστὸν   50
ἔμμεναι τὸ πολλάκις.
ἁμέραι δ' ἐπίλοιποι
μάρτυρες σοφώτατοι.
35 ἔστι δ' ἀνδρὶ φάμεν ἐοικὸς ἀμφὶ δαιμόνων καλά· μείων
γὰρ αἰτία.   55

26 ποσειδᾶν AEDMOPQ[R]UX=ZΓ[Δ]ΘΠΦk=ϑ'τ' (μ'?) Al. Hy.* — ποσειδῶν [B?]CFNVXΣTafiknoqrxv' (μ'?) [recc.] Ro.* — ποσειδὼν v ‖ νιν (νὶν) omnes ‖ ἔξελε ABCDEFLMNOPQUVXZΓΔΘΠΦ Al. — ἔξελε RΠ· ΣTafklmnoqr Mr. St.* — ἔξελεν Φb=kbμ'ν'τ' [bcϑ'] Ro.* Accipiatur oportet Moschopuli emendatio, non Triclinii. ‖ **27** γρ. κεκασμένον A= ‖ **28** θαῦμα τὰ πολλὰ Α.ΑΕFNOQUVXZ=ΔΘΦTabcfhiklmnoqr=uvxϑ'μ' = ν'=o Al. Ro.* — θαῦμα ταπολλὰ DZr=Πkμ'ρcν'ρc — θαυματὰ πολλὰ BΠb Τ=rσ'τ' (gl. in EQZlq) Sm. Bö. Sw. Bg.² — θαύματα πολλὰ Q=Π=ᾱπ' Ox. Hy. Be. Th. Bg.¹ — θαύματά π. P — θαυματὰ (et θαύματα) π. CΓ ‖ καὶ (om. τι) BX — τις καὶ B,IQ,U,Xb — τοι καὶ DQ=oΠ — τοι (om. καὶ) P (Q?) — τί καὶ A — τι καὶ CD etc. ‖ φάτις ABCDEFJLM NOroPQRUVZ¹ΓΔΘχ' Al. Hm. Bg.² — φρένας WXYZ=Δb ΘbΞΠΣTa bcfhiklmnoqrruvexxϑ'μ'ν'π'τ'ψ Sm.* — φρένα Ro.* (in nullo ms.) — φάτιν Z° (Sch. Vet?) Bö.* ‖ ἀληθῆ ABCDELOPQRUVXZΓΔΘΠΣΦTafknoqμμ' ν'τ' [rell.] Al. Ro.* Greg. Cor. p. 90 — ἀλαθῆ FN Bö.* ‖ **29** διδαιδαλυ- μένοις B — δεδαλμίνως O= ‖ ἐξαπατῶσι N ‖ **30** ἄτεπιρ DQ. — ἄτε (sine πιρ?) P — om. ἅπερ Γ ‖ πάντα QX ‖ μειλίχια FNOv= ‖ θνητοῖς CM — θνητοῖσι k ‖ **31** ἐπιφέρουσα A.BCL= MNORZ· ΣΦ¹ Tabfhimnoqrvx — ἐπιφέροισα DF[P]QU[VX]Zb L[ΓΔ]ΘΠΦ· kμ'ν'τ' [rell.] Al. Ro.* ‖ τιμὴν Α¹ AC — τιμᾶν D — τιμᾶν Δo etc. ‖ **32** τὸ πολλάκις mss. Al. Ro.* — τοπολλάκις Bö.* ‖ **33** ἁμέραι E,=CNQUq=o — 'ἁμ. Θ ‖ **34** μάρτυροι DP¹Q¹Z=cΠ. ‖ **35** ἔστιν M ‖ **37** ὁπότε κάλεσε FZafhimnoqrx Al — ὁπότ' ἐκάλεσε AAB — ὁππότ' ἐκάλεσε EUX — ὁπότ' ἐκάλεσε CDNOQΣ ΘΦTakμ'ν' [rell.] Ro.*

OLYMPIA I.

υἱὲ Ταντάλου, σὲ δ', ἀντία προτέρων, φθέγξομαι,
ὁπότ' ἐκάλεσε πατὴρ τὸν εὐνομώτατον   60
ἐς ἔρανον φίλαν τε Σίπυλον,
ἀμοιβαῖα θεοῖσι δεῖπνα παρέχων,
40 τότ' Ἀγλαοτρίαιναν ἁρπάσαι

Ἀντ. β'.

δαμέντα φρένας ἱμέρῳ, χρυσέαισιν ἀν' ἵπποις   65
ὕπατον εὐρυτίμου ποτὶ δῶμα Διὸς μεταβᾶσαι,
ἔνθα δευτέρῳ χρόνῳ
ἦλθε καὶ Γανυμήδης   70
45 Ζηνὶ τωὔτ' ἐπὶ χρέος.
ὡς δ' ἄφαντος ἔπελες, οὐδὲ ματρὶ πολλὰ μαιόμενοι φῶ-
τες ἄγαγον,
ἔννεπε κρυφᾶ τις αὐτίκα φθονερῶν γειτόνων,   75
ὕδατος ὅτι τε πυρὶ ζέοισαν εἰς ἀκμὰν

37 τὸν εὐν. ἐς ἔρανον ABCDFIUVWYΣΩΘrc Φ=Tb a*dfknoqxψ'* Al. Ro.* Hm.¹ Bö.* — id. (sed εἰς) ELMNOPQXZer — τὸν εὐν. ἔρανον (om. ἐς) ΓΔΘΠΣΦΤ — ἐς εὐν. ἔραννον (om. τὸν) bczν'μ'ρ'τ'χ'Πrc Φm i. e. Tricl. (in ρ' aliisque ἔρανον) — ἐς εὐν. ἔρ. ἐς sive ἐς εὐν. τὸν ἔρ. Hm.² — τὸν εὐν. ἔρ. ἐς coni. Bg. — ἐπ' εὐν. ἔρ. ἐς Ht. || 38 φίλην DPQ || 40 ἀγλαοτριαίναν A. Bö.¹ cf. ad O. VIII, 48. || 41 dist. post ἱμέρῳ NQfo recte — post ἵπποις Θ aliique || χρυσίαισιν κ' ἀν Nrc — χρυσίαισι κἀν DPQac (in P c. gl. καὶ ἐν) — χρυσίαις κἀν CFac — χρυσίαισιν ἀν' rell., nisi quod supra ἀν' in AB est gl. (v. l. ?) ἐν; porro ἂν Ar — ἂν On Al. — om. ἀν' Aiwblχ'; denique χρυσῄησιν VWΠ — χρυσίοισιν IM — χρυσίαις Frckg cum Greg. Cor. p. 92 et Eustath. ad Iliad. α p. 19. 26. || 42 μεταβῆσαι bc || 43 δεύτερος coni. Hck. || 44 γανυμ. ABDXΣa*dfknoqm*ν'τ' St.* — γανυμ. CEFLMNOQUVZΔΘΦqr Al. Ro.* || 45 τωὔτ' A. — τωὔτ' B — τωὔτ' CFNOU. — τωὔτ' EIQ — τῷ ὔτ' D cum plurimis recc. — τωὔτότ' L — τωὔτὸ Vk — alii aliter || 46—66 perierunt in B || 46 δὲ ἀφ. A.D ELMOPQUΓΘΠΦ — δ' ἀφ. [CF]N[VX]ZΣ recc. Al Ro.* || μητρὶ NZ || ἤγαγον Ra*bcdflmnoqrvx* (omnes Mosch.) || 47 κρυφᾷ A recte || φθονερῶν τε C — φθονωτέρων Nrc. || 48 ὅτι τε(τὲ) mss. Al. Ro.* — ὅτι σι Bg.² Ht. — τὸ τὲ περισσόν gl. F more grammaticorum, τε prius in dichotomia abundare existimantium. Porro κατὰ μέλη omnes mss. (nisi quod καταμέλη iunctim DΞΣΦqz) adverbialiter. Ita etiam Bg. innixus

ΟΛΥΜΠΙΟΝΙΚΑΙ Α'.

μαχαίρᾳ τάμον κατὰ μέλη,
50 τραπέζαισί τ' ἀμφὶ δεύτατα κρεῶν 80
σέθεν διεδάσαντο καὶ φάγον.

Ἐπ. β'.
ἐμοὶ δ' ἄπορα γαστρίμαργον μακάρων τιν' εἰπεῖν. ἀφί-
σταμαι.
ἀκέρδεια λέλογχεν θαμινὰ κακαγόρος. 85
εἰ δὲ δή τιν' ἄνδρα θνατὸν Ὀλύμπου σκοποὶ
55 ἐτίμασαν, ἦν Τάνταλος οὗτος. ἀλλὰ γὰρ καταπέψαι
μέγαν ὄλβον οὐκ ἐδυνάσθη, κόρῳ δ' ἕλεν

verbis Aristidis οἶσθ' ὅτι φασὶν οἱ ποιηταὶ τὸν Πέλοπα κατὰ μέλη τμηθέντα ἑψηθέντα ἐν λέβητι συντεθῆναι πάλιν ἐξ ἀρχῆς, quae adverbium confirmant, σε non item, quod facile suppletur ut vs. 41 ad μεταβῆσαι. Vide Ra. Idem Sch. AU etc. tuentur: κατὰ μέλη τεμόντες, non addito σε. Hm. et Bö. κάτα maluerunt. || ἐπ' AACDEFILMNO.PQU.VWXYZΓΔΘΠΦϝ χ' Al. — ἀμφ' RΣΘᵇ Γaknoqrμ'ν' [rell. recc.] Ro.* — ἀμφ'] ἀντὶ τοῦ ἐπί gl. Tricl. Scripsi εἰς cum Sch.

50 δ' Athen. XIV. p. 641. — om. τ' D — τ' rell. || ἀμφὶ δεύτατα ACILP Vᵖᶜ ΧΥΠΦΤΩac[d]fiknoqrrvαxΣ'π'χ'ψ' Al.Mr. St. Be. Hy. Hm. Sw. Bg. — ἀμφιδεύτατα DEF[M]NOQ· UZΘΣΙᵇ blmμ'ν' Ro. Cp. Sm. Ox. — ἀμφιδεύτατα ἦει — ἐπὶ δεύτατα Qⁱ — ἀμφιδεύματα V̄ᵃᶜ — ἀμφὶ δεύματα W Bö. — δευρα (i. e. δεύτερα) quidam Athenaei codd. l. L; sed ibi quoque v. l. δεύτατα invenitur (vide Bg.²). || 52 ἄπορον AACDEFILMNOPQUVWXYZΓΔΘΠΣ ΦΤ Al. hkᵃᶜ ψ' Athen. l. l. — ἄπορον (α supra ον) v (codd. Athen. BP) — ἄπορα afnoqkrᵖᶜ μ'ν'τ' [rell. recc.] Ro.* cum Sch. Rec. || μακαρίων V || 53 ἀκέρδειαν P || λέλογχε AACDPQVXZΘᵖᶜ Πᵖᶜ Φᵐ Al q — λέλοχε EF MNOUΓΘᵃᶜ Φn — λέλοχεν Σ — λέλογχε ΠΤαḍfν't' (μ'?) Ro.* || κακαγόρος A.C? E? Fᵃᶜ? Uᵖᶜ Z¹ⁱ Al. Bö. — ἀντὶ τοῦ κακαγόρους δωρικῶς ἀφαιρέσει τοῦ ῦ gl. E — αἰολικόν gl. U — κακαγόρους C? DN· VWZ· Bg. Sw. — κακαγόρος PUᵃᶜ (Πᵃᶜ?) — κακὰ λέγων gl. P — ἤγουν ὁ κακηγορῶν οὐδὲν ἄλλο κερδαίνει gl. Σ — κακαγόρως Eᵖᶜ? Zᵇ Φᵇ ΦᵐΩᵇc Cp. St. Ox. Be. Hy. — κακηγόρος Fᵃᶜ? INᵖᶜ QRᵇ Υ ΓΔΘΤ· o? — κακηγόρους Fᵖᶜ IMQ· R· U? ΧΣΞΦΤⁱ ψ' cum 16 Moschopuleis (aḍḍfklmnorrqvxzΘᵇ) — κακηγόρους Ro. et 8 Tricliniani (μ'ν'π'ρ'τ'χ'Πᵇ kᵇ) — κατηγόρους O.Q· — κακηγόροις Nᵃᶜ — κακηγόρος ρ'ᵖᶜ. Laudantur haec Sch. P. II, 142 vulg., ubi κακηγόρῳ B — κακαγορία U — κακηγόρους Ro.* || 54 θνητὸν CΠ¹ || ὀλύμποιο V || 55 ἐτίμησαν MNOḍo || οὗτος om. Ạ (non A) || γὰρ om. RΣ ΓΘᵇ aḍḍhiknoqrvx — γὰρ rell. (etiam aᵖᵉf)

OLYMPIA I.

ἄταν ὑπέροπλον, ἄν οἱ πατὴρ ὑπὲρ | κρέμασε καρτερὸν
αὐτῷ λίθον, 90
τὸν αἰεὶ μενοινῶν κεφαλᾶς βαλεῖν εὐφροσύνας ἀλᾶται.

Στρ. γ΄.

ἔχει δ᾽ ἀπάλαμον βίον τοῦτον ἐμπεδόμοχθον, 95
60 μετὰ τριῶν τέταρτον πόνον, ἀθανάτων ὅτι κλέψαις
ἀλίκεσσι συμπόταις
νέκταρ ἀμβροσίαν τε 100
δῶκεν, οἷσιν ἄφθιτον
θέν νιν. εἰ δὲ θεὸν ἀνήρ τις ἔλπεται λελαθέμεν ἔρδων,
ἁμαρτάνει.

57 τὰν (om. οἱ) N^{ac} — τήν οἱ IΔΘΦΞ — τὰν οἱ rell. — ἄν οἱ Hm.* Nisi Sch. AB diserte testarentur duplex pronomen οἱ — αὐτῷ, cum Ht. coniiceres ὑπέροπλόν οἱ, τὰν πατήρ; Hm. autem recte observat has formas pronominis relativi saepius permutari. Idem accidit P. II, 7. N. V, 13. VI, 68. ‖ ὑπερκρέμασσε A.AE.LO.UVXZΔΘΦr°Π^b bcϑ´μ´ν´τ´ω´ Ro. — ὑπερκρέμμασσε N — ὑπερκρέμμασσε Π — ὑπερκρέμασε rell. Al. Cp.* ‖ κρατερὸν αὐτῷ VΠϑ´ — καρτερόνντον Hck. ‖ 58 τὸν ἀεὶ AADEFLMNOPQUVXZ ΔΓΘΠΦω´ Al. — τὸν αἰεὶ Qv° recc. Ro.* Aut hoc accipiatur, aut ἀεὶ τὸν scribatur. ‖ κεφαλᾶς [AC]EF[L]N[PVX]Z[Γ]Δar°fω´ Al. Cp. Mr.* — κεφαλῆς DMOQRUΘΠΣΦTabcdklmnoqvxμ´ν´τ´ Ro. Br. ‖ λαβεῖν A (non A) ‖ εὐφροσύνης PQ· Π^i ‖ 59 ἀπάλαμον AACDEFILMNO.PQU.VXZΓΔΘΣΦT Al. ar°cr°μ´ν´ω´ — ἀπάλαμον ΠΘ^b a°°c°°d fnoqr´τ´ [rell. recc.] Ro.* ‖ 60 ἀθανάτους AEF· L· M· N· UΓΔΘΦ^{ac} a° fr° — ἀθανάτων [A?CD]F^1 L· M· N· O [PQRV]W[X]ZΣΦr°Ta^1 r^i oμ´ν´ω´ [rell. recc.] Al. Ro.* ‖ κλέψαις A· DEQ Bö.* — κλέψας A^1 CFN etc. Al. Ro.* ‖ 61 ἀλίκεσι D — ἀλίκεσι FMNVX ZΦ — De sigmatismo cf. ad O. IX, 17. ‖ 63 οἷς C ‖ 64 θέσαν αὐτὸν AC DEFLMNOUVXZΣΠΦT — θέσσαν αὐτὸν ΓΔΘο — Ἰθέσαν αὐτὸν PQ — θέσαν (om. αὐτὸν) bck^{ae} lnqvμ´ν´τ´ — θέσσαν (om. αὐτὸν) Rafskr°Π^b [rell. recc.] Ro.* — Scripsi θέν νιν. Apparet αὐτὸν a Byzantiis deletum esse, nam R saepe facit cum interpolatis. — In O litura est inter θέσαν et αὐτὸν. ‖ δὲ om. Q^{ac} ‖ θεῶν (A° ?) τ´ω´ Al. ‖ om. τι AACDEFLMNOPQUVXZ ΓΔΘΠΣΦω´ — non om. τι [R]Tadfknoqrv Θ^b Π^b μ´ν´τ´ [rell. recc.] Al. Ro.* ‖ λαθέμεν AACEFLMN· OPQUVXZΓΘΣΠΣΦTΩ Al. Ro.* Bö.* — ληθύμεναι DN^1 — λαθέμεν acdfhiklnorrv[x]z Θ^b Φ^b ϑ´μ´ν´π´τ´ψ Sm.* — λασθέμεν q? — λασσέμεν bm — λελαθέμεν (om. τι) scripsi ‖ ἔρδων ACELMΓ ΔΘΦTabfgμ´ν´τ´ω´ Al. St. Bö.* — ἔρδων DFNO[P?]QUVXZΠΣ (a^{ac}?) dnorv Ro.* Sm. Ox. Hy.

65 τούνεκα προῆκαν υἱὸν ἀθάνατοί ϝοι πάλιν   105
   μετὰ τὸ ταχύποτμον αὖτις ἀνέρων ἔθνος.
   πρὸς εὐάνθεμον δ' ὅτε φυὰν
   λάχναι νιν μέλαν γένειον ἔρεφον,   110
   ἑτοῖμον ἀνεφρόντισεν γάμον

                                                 Ἀντ. γ'.

70 Πισάτα παρὰ πατρὸς εὔδοξον Ἱπποδάμειαν
   σχεθέμεν. ἐγγὺς ἐλθὼν πολιᾶς ἁλὸς οἶος ἐν ὄρφνᾳ   115
   ἄπυεν βαρύκτυπον
   Εὐτρίαιναν· ὁ δ' αὐτῷ
   πὰρ ποδὶ σχεδὸν φάνη.
75 τῷ μὲν εἶπε· Φίλια δῶρα Κυπρίας ἄγ' εἴ τι, Ποσεί-
                                     δαον, ἐς χάριν   120

65 οἱ in omnibus vett. et Thom. (AĄCDE.FI?ĮLMNOPQUVWXYZ⸗Γ ΔΘΠΣΞΦΤ Al.) et paucis ambiguis (q⸱rψ'ω') male post τούνεκα collocatum, in plurimis Moschopuleis (Rafgknoϛ[r]υπ) omissum, recte transposuisse videtur Triclinius. Nam hoc non invenitur nisi in ultimae recensionis libris (μ'ν'ρ' σ'τ'k⸱Z⸱Ro.*) et in Θᵇ. Utroque loco οἱ in nullo nisi ut alterum ait a m. sec. ‖ αὖτις ADFLMN Bö.* — αὖθις CEPQRUVXZ Thom. recc. Al. Ro.* — om. hic vs. in Oᵃ; Oᵇ addidit, sed omissa voce αὖτις. ‖ 67 εὐάνθεμον μ'ν'Zᵇ (omnes Tricl.?) ‖ δ' om. Cᵃ ‖ φυὴν Aᵃ ‖ 68 νιν om. Nᵃ — λάχναι μέλαν D — μιν in nullo ‖ ἔρρεφον L ‖ 69 ἕτοιμον A. Cp. — ἕτοιμον B. etc. ‖ ἀνεφρόντισεν [F]Πͅαϛορμ' Ro.* — ἀνεφρόντισε ABCDE etc. ‖ 70 πισσάτου O — πισσάτα CUΣn — πισευύτου M — πισάτου ϝ⸱ᵃᵃ ‖ 71 ἐγγύς δ' AĄB.CDEFLMNPQUVZΠͅT — ἐγγὺς δ' U,X — δ' ἐγγύς δ' O — ἐγγύθι δ' ΓΔΘΦ⸱ — ἐγγυθι δ' ω' Al. — ἐγγύθεν δ' ΣΦΤ — ἄγχι δ' R et recc. Ro.* — ἐγγύς (om. δ') scripsi ‖ οἶος DEF ‖ 72 ἄπυεν Aᵖ⸱BDEFMNO PQZΠ — ἄπυεν Aᵃᵃ CU.ΘΣΦΤ recc. [rell.] Al.Ro.* ‖ 73 εὐρυτριαίναν ABIN⸱ᵃ Oᵃᵃ — εὐρυτρίαιναν CDEFLMNᵇ Oᵖ⸱PQUXZΓΔΘΠΣΦ Al. μ'ν'τ'ω' — εὐρυτρίαιναν καλέων (intrusa glossa) V — εὐρυτρύαιναν T — εὐτρίαιναν [R]afknqυ [rell. Mosch.] Ro.* Bö.²* — εὐτρίαιναν o Bö.¹ Nec ἀγλαοτριαίνης, nec ὀρσοτριαίνης, nec ἐυτριαίνης, nec εὐρυτριαίνης apud ullum alium poetam inveniuntur. Sch. Vett. h. l. non exstant. ‖ ὁ δ' perpauci ut AZf — ὅδ' plurimi ‖ 74 πὰρ ποδὶ AĄBDEFĮ[L]NOPQUVWXYZΓΔΘΤχ'· (codd. Greg. Cor. p. 208) Bö.* — παρὰ ποδὶ CΣ — παρποδὶ ΜΦ ‖ παρὰ ποσὶ απ — πὰρ ποσσὶ ἱ — πὰρ ποσσὶ RΠͅfkoϛrυμ'ν'τ'χ'¹ [rell. recc.] Al. Ro.* ‖ ἐφάνη AĄE — φάνη rell. (et Δ,ᵇⁱˢ) — Solutio non est in reliquis. ‖ 75 τῷ μὲν εἶπεν Aᵃᵃ L — τῷ μὲν εἶπε A.B.E.MO[P]Q[R]UXΣΠͅω Al. adfnoϛrzπ'χ'

OLYMPIA I.

τέλλεται, πέδασον ἔγχος Οἰνομάου χάλκεον,
ἐμὲ δ' ἐπὶ ταχυτάτων πόρευσον ἁρμάτων 125
ἐς Ἆλιν, κράτει δὲ πέλασον.
ἐπεὶ τρεῖς τε καὶ δέκ' ἄνδρας ὀλέσαις
80 μναστῆρας ἀναβάλλεται γάμον

Ἐπ. γ'.

θυγατρός. ὁ μέγας δὲ κίνδυνος ἄναλκιν οὐ φῶτα λαμ-
βάνει. 130
θανεῖν δ' οἷσιν ἀνάγκα, τά κέ τις ἀνώνυμον
γῆρας ἐν σκότῳ καθήμενος ἕψοι μάταν,
ἁπάντων καλῶν ἄμμορος; ἀλλ' ἐμοὶ μὲν οὗτος ἄεθλος 135

ψ ω' Ro.* — τῷ μὲν ἔειπε CDF.NVZΓΔΘΣΦΤ — τῷ δ' ἔειπε μ'ν'ρ'τ'κ'Πᵇ (τῷ δ' εἶπε θ'). Ad hanc Triclinii scripturam pertinet notula μ'ν' haec τῷ [δ' ἔειπε?] γράφε διὰ τὸ μέτρον; scilicet ita Thomanam lectionem τῷ μὲν ἔειπε emendare studebat. Vulgatam Moschopuleam et optimi mss. et Sch. AB tuentur: ὁ μὲν ἀντὶ τοῦ μήν. οὐ γὰρ ἀνταποδίδοται πρὸς αὑτόν· ὁ μὲν εἶπε, ὁ δὲ ἤκουσεν. Nisi haec ipsa nota antiquae interpolationis vestigium est, pro τῷ δὲ εεῖπε. || κυπρίας q || τοι CM¹N° PQXZᵇΔᵇω' || ποσειδάων BLNO°°Δ — ποσιιδᾶον F

78 οἷς DELMQXZ — ἷς ABCFNOUV etc. || 79 ἆλιν ABENOUΓ ΘΣΦΤq°°υ Cp. Sm.* — ἥλιν Ro. Br. Mr. St. — ἰσύλιν q vitiose — ἅλιν Zᵇω' Al. — ἄλιν FQVΣafknoqr°τxμ'ν'τ' — αὖλιν CZ || 79 τε A.BCDE F[L]MNOQᵇ[R]ZR°°TΠ°° addfkmnoqττvx (cum Schol. Lycophr. 156. et Greg. Cor. p. 94.) Bö.* — om. τε B,PQUVXΓΔΘΞΠΣΦ — γε μ'ν'ρ'τ'ω' Al. Ro.* Emendatio Thomanae lectionis Tricliniana, falsa, ut vs. 75. || δέκα ἄνδρας A.BDEFLMNO — δίκ' ἄνδρας C[P]QUVX Thom. recc. Al. Ro.* || ὀλέσσας A.E — ὀλέσαις B „cod. Victorii" (Greg. Cor. p. 94) (Ca. in St.³) Sm. Hy.* — ὀλίσας E, et rell. || 80 μναστῆρας AΔB „cod. Victorii" CE LNOZΘ°°Φ°ω' Al. Bg.³ — μνηστῆρας DFMPQ°UVWXYΓΔ(Θ°°?)ΞΠΣ ΦιΤ cum Schol. Lyc. et nonnullis mss. Philostrati Im. I, 30. — ἐρῶντας [R]Qᵇ Z═Δᵇ Π╩abcdf[hi]kℓmnoqττevxϑ'μ'ν'π'τ'χ'ψ' Ro.* Interpolata lectio etiam in quibusdam Philostrati mss. invenitur. || 81 φῶτ' οὐ M || 82 οἷς A.BCDE.FLMNO.U.XΓΔΘΠΣΦdᵐ — ἰφ' οἷς F,Z (γρ. ἰφ' οἷς gl. Φ) — οἷσι Dᵃ — οἷσιν Dᵇ TΘ°°afknoμ'ν'τ'ω' [rell. recc.] Al. Ro.* — de PQRV nihil relatum est. || ἀνάγκη PQXΓΔΠ¹ΣΦ || τά AΔB¹C°° (Greg. Cor.) — τί rell. || κέ [AB]D[L]N[PQR]VT recc. Al. Ro.* — καὶ C°° EFMOUXZ (v. l. Φᵇ) (cum Sch. AB altero) — δί C?ΓΔΣΦ — δὲ] τράφεται κινας (i. e. γρ. κι, credo) gl. Σ || 84 ἄμμορος ABC[PR]UVZ Thom. recc. Al. Ro.* —

ΟΛΥΜΠΙΟΝΙΚΑΙ Α'.

85 ὑποκείσεται, τὺ δὲ πρᾶξιν φίλαν δίδοι.
ὣς ἔννεπεν. οὐδ' ἀκράντοις ἐφάψατο | ϝέπεσι. τὸν μὲν
                ἀγάλλων θεὸς
ἔδωκεν δίφρον τε χρύσεον πτεροῖσίν τ' ἀκάμαντας ἵπ-
                πους.   140
                          Στρ. δ'.
ἕλεν δ' Οἰνομάου βίαν παρθένον τε σύνευνον,
ἃ τέκε λαγέτας ἓξ ἀρεταῖσι μεμαότας υἱούς.   145
90 νῦν δ' ἐν αἱμακουρίαις
ἀγλααῖσι μέμικται,
Ἀλφεοῦ πόρῳ κλιθείς,

ἄμμοιρος Φ — ἄμορος Q^{po} — ἄμοιρος DEFMNOQ^{ao}X — ἄμμορος] ἄμοιρος αἰολικῶς gl. A ‖ οὗτος ἄεθλος (om. γ') AAB.CDE.FILMNO.PQRUVW XYZΓΔΘΠΣΞΦQ_addfk (l? m?) noqrrsvxψ'ω' Hm. Bö.* — οὑτοσὶ ἄθλός γ' Ro.* idemque refertur ex χ'[b?] — οὗτος ἄεθλός γ' refertur ex Ωss' — οὑτοσὶ ἄεθλός γ' ō?ϑ'?μ'ν̄'ρ'τ' (in μ'ν' cum gl. συνίζησις). Quae Tricliniana scriptura nunc explosa est.

85 δίδου FRX^bZΘΠΦ cum Moschop. — δίδοι rell. cum Tricl. Al. Ro.* Triclinius dialecticam formam passim reduxit, ut vs. 12. 26. 31. 94.; etiam falsis rationibus usus, ut 53. 57. 86. ‖ 86 ἔνεπεν BCν' — ἐνίεπε ΠΔπ — ἐνιέπεν AD etc. ‖ ἀκράντων et ἐπέων D^{v.l.} Ue^L — ἀκράντοισιν QΠ ‖ Scripsi ἐφάψατο | ϝέπεσι pro ἐφάψατ' ὦν ἔπεσι, nam omittunt ὦν A.BCDEFLM NOPQRUVXFΔΘΠΣΦΤ Al. — habent ὦν soli recc. Ro.* ‖ ἔπεσσι AA, ^{ro} PQUVXZΠ Tricl. Ro.* — ἔπεσι A, ^{ae}CDFILMNO[R]Y? Them. Mosch. Al. Hm. Bö.* ‖ 87 δίφρον τε χρύσεον πτ. ABDEI[L]MOPQUVWXΔΓΘ ΞΣΦΤ(μ?) Bö.* — δίφρον χρύσεον πτ. CFNYΠ — δίφρον χρύσεον ἐν πτ. RZ recc. Al. Ro.* ‖ χρύσειον CO ‖ πτεροῖσί τ' AABCDEFMNOPQRU XZΓΔΘΠΦfkquvx — πτεροῖσίν τ' [LVΣ]Ξ? Tanorμ'ν'τ'ω' Al. Ro.* ‖ 88 ἕλεν δ' C^aUZΣT recc. Al. Ro.* — ἧλε δ' rell. vett. et Thom. ‖ δὲ Σ — τε(τὲ) rell. ‖ ξύνευνον AA ‖ 89 ἃ τέκε λαγ. A.B.CDE.FIIL[M]NO .PQUVWXYΓ[Δ]ΘΠΣΦΤΩ^{csm}χ'ω' Al. Ro.* — ἧ τέκε λαγ. U, — ἃ τέκε δὲ λαγ. Zdqp^o — τέκε δὲ λαγ. Θ^badfhik[lm]noqrr[s]vxzψ' Sm.* — τέκε τε (τὲ) λαγ. bck^bϑ'μ'ν'π'ρ'τ' „Ms. Canteri" Bö.* ‖ μεμαότας ABCDEFIILM NOPQRUXYΓΔΘ^{v. l.} ΞΦΤ (Hy.) Sw. Bg. — μεμιότας Σ — μεμαώτας VW Π — μεμάωτας Z — μεμαλώτας Πre ψ' — μεμαλότας RΘ¹ Φ^m recc. Al. Ro.* ‖ 91 ἀγλαοῖσι M ‖ 91 extr. et 92 extr. distinguunt plene AF — utroque loco commate Tricl. Al. Ro.* — priore tantum, plene BOQUaq — neutro EVZo aliique ‖ 92 ἀλφειοῦ Ap^o A — ἀλφαιοῦ A^{ac}

τύμβον ἀμφίπολον ἔχων πολυξενωτάτῳ παρὰ βωμῷ.
τὸ δὲ κλέος   150
τηλόθεν δέδορκε τᾶν Ὀλυμπιάδων ἐν δρόμοις
95 Πέλοπος, ἵνα ταχυτὰς ποδῶν ἐρίζεται   155
ἀκμαί τ' ἰσχύος θρασύπονοι·
ὁ νικῶν δὲ λοιπὸν ἀμφὶ βίοτον
ἔχει μελιτόεσσαν εὐδίαν

Ἀντ. δ'.

ἀέθλων γ' ἕνεκεν. τὸ δ' αἰεὶ παράμερον ἐσλὸν   160
100 ὕπατον ἔρχεται παντὶ βροτῶν. ἐμὲ δὲ στρεφανῶσαι
κεῖνον ἱππείῳ νόμῳ

93 πολυξενωτ. B.CDFLMNQZTΘ·a²·cfω' Al. — πολυξενωτ. A.EO U. etc. || πολυξενώτατον περὶ E, || 94 τηλόθε B.Vąmoq — τηλόθεν ACE. O.U. etc. || 94 τῶν Aᵇ BDNR et omnes Moschop. — τᾶν A¹ ĄMO.U etc. Thom. Tricl. Al. Ro.* || 95 δρόμοις; πέλοπος, ἵνα C — πέλοπος cum seqq. iungunt VXq — neutra distinctione QΣ — cum prioribus AB etc. || 96 ἀκμάτ' A — ἀκμαί (om. τ') Ą — ἀκμαῖ τ' et ἀκμαί τ' C — ἀκμαί τ' rell. De vitio A cf. ad O. IX, 86. Ex Sch. AB colligi vix potest scriptum fuisse ἀκμᾷ τ' ἰσχύες θρασυπόνῳ, nam αἱ τῶν ἀκμαίων ἰσχύες et αἱ ἀκμαῖαι ἰσχύες non diversae lectionis, sed interpretationis esse videntur. || 97 ἀμφιβόητον ĄA. c. gl. περιβόητον, perperam. || 98 ἔχοι a || μελιττόεσσαν ĄABμ'ν'ρ·τ' — μελιτώεσσαν DN — μελιτόεσαν VTα || 99 γ' om. CDFN et paraphr. Sch. Vet. — γ' habent ABE etc. || ἕνεκα BRn — ἕνεκε ĄEFQVXZ²·ᶜΠ — ἕνεκεν [A?]CDNOU etc. || αἰεὶ [CD]FN Hm. Bö.* Nota eosdem libros supra omittere γ'. — ἀεὶ ĄĄBE[L]MO.PQU.R VXZΓ[Δ]ΠΣΘ[Φ]Tqfknoqvxμ'ν'τ'ω' [rell.] Al. Ro.* || ἰσλὸν A[Ą]B.EN [Θ?] Ro.* — ἰσθλὸν CDFLMO.PQRUVXZ Thom. recc. Al. In Π ft. ante corr. ἰθλόν fuit. || 100 βροτῶν ĄACDᵃ EFLMOᵃ·ᶜ RUVZᵃ·ᶜ ΓΔΘΦαḑklmnorx — βροτῶ(ῷ) DᵇNOᵖ·ᶜ [P]QXZᵖ·ᶜΠΕΤ[c]fυkᵇ[Θ']μ'ν'ρ'σ'τ'ω' Al. Ro.* — βροτῇς (sic) b — βροτὰ ḑ || στεφανῶται B — στεφανῶσαι] ται ἀντὶ τοῦ σαι gl. Ą — στεφῶσαι Ą — στεφανῶσαι omnes rell. ut videtur. Glossa Ambrosiana absurda esset, nisi στεφανῶται in ordine scribi voluisset. Sch. Vet. si exstarent, fortasse similia referrent. Hoc σ in τ commutatum Doridis, quatenus cognitam habemus, licentiam migrat, sed notabilis est duorum optimorum, qui e diverso fonte manarunt, librorum consensus, praesertim in carmine quod reconditioris dialecti vestigia complura ostendit. cf. ad 53. 82. || 101 ἱππείῳ(ω) ĄABDEFĮMNOᵖ·ᶜ PQRUVWXYZΓΔΘΣΠΣΦΤΩΘχ'ω' Al. — ἱππίῳ COᵃ·ᶜ Hm. Bö.* — ἱππικῷ(ῶ) recc. Ro.*

Αἰοληΐδι μολπᾷ
χρή· πέποιθα δὲ ξένον   165
μή τιν' ἀμφότερα καλῶν τε ϝίδριν ἅμμε καὶ δύναμιν
    κυριώτερον
105 τῶν γε νῦν κλυταῖσι δαιδαλωσέμεν ὕμνων πτυχαῖς. 170
θεὸς ἐπίτροπος ἐὼν τεαῖσι μήδεται
ἔχων τοῦτο κᾶδος, Ἱέρων,
μερίμναισιν· εἰ δὲ μὴ ταχὺ λίποι,
ἔτι γλυκυτέραν κεν ἔλπομαι   175

                                   Ἐπ. δ'.
110 σὺν ἅρματι θοῷ κλεΐξειν ἐπίκουρον εὑρὼν ὁδὸν λόγων,
παρ' εὐδείελον ἐλθὼν Κρόνιον. ἐμοὶ μὲν ὦν
Μοῖσα καρτερώτατον βέλος ἀλκᾷ τρέφει.   180

---

102 αἰοληΐδος Υ ‖ 103 πέπονθα Α ‖ ξένον Ζ•• ‖ 104 μήτι γ' D ‖
τ' ἴδριν V ‖ ἅμα καὶ ΑΑ̣BCDEFH̲IḼMNOPQRUVXYZΓΔΘΣΠΣΦΤΧ'ω'
Al. — ἅμα καὶ ᾇ — ἄλλον ἢ Θ·Π̣ʰ·ᵃ[δε]ᵈƒhịḵ[lm]ⁿoϙr¹ṛ[ᵉ]ᵛᵃᶻψ' Sm.* —
ἄλλον καὶ Π̣ʰΩϑ'μ'ν'π'ρ'τ' Ro.* — ἅμμε καὶ scripsi ‖ καιριώτερον ΑΔ ‖
105 δαιδαλωσάμεν Α — δαιδαλωσαίμεν ΑZU,q et bis in Sch. U — δαιδα-
λύσαιμεν α — δαιδαλωσέμεν (δεδ.) rell. — κοσμῆσαι, ὑμνῆσαι gl. Mosch. —
κοσμήσειν gl. Tricl. ‖ 106 θεός δ' LMO,Z ‖ ἰών; τεαῖσι Β — ἰών, τεαῖσι
DNZ Tricl. Al. Ro.* — ἰὼν τεαῖσι AEFQUIIoq Hm. Bö.* ‖ 107 κῆδος
ABDEFM·NO¹PQR¹UVXZΓ[ΔΦ]ΘΠΣΤafknorvϑ'μ'ν'τ'ω' [rell.] Al. Ro.*
— κῦδος CE=Fᵉ¹·LM¹O· (coni. Fä.) — κῦδος Rq (sed in q cum gl. φρον-
τίδα) — κᾶδος (in nullo ms.) Bö.*, recte, ut videtur, nam non multo te-
statior est dorica forma ἀλαθῆ vs. 28. Contra Fähsii coniecturam (quam
Bö. non improbat, quia ἔχων τοῦτο κῆδος frigere videretur) Sch. Vet. para-
phrasis εἰς τοῦτο σπουδάζων facit. ‖ 108 μερίμναις C ‖ εἰ δὲ καὶ μὴ EF —
εἰ δὲ μὴ E, et rell. ‖ λίποις O — λίποι rell. (et Sch. O) ‖ 109 γλυ-
κερωτέραν ἔλπ. DN — γλυκυτέραν ἔλπ. C — γλυκυτέραν κεν ἔλπ. MVnq —
γλυκυτέραν κεν ἔλπ. A[B]EF etc. (nullus ἔέλπ.) ‖ 110 κλεΐξειν ACEFQUZ[PR
L] recc. Ro.* Th. Bü.²* — κλείξειν ο — κλεΐξεῖν Xᵇ Bi. Hy. Bö.¹ — κλεΐζειν
A?BDMNOV̄X·Π — Sch. et futuro et aoristo utuntur in paraphrasi. ‖
112 μοῦσα LMO ‖ κρατ. QUVXατ' ‖ καρτερώτερον R· ‖ ἀλκᾷ(ᾱ) [ABC]
Eᵇ Fᵇ [M]Nᵇ Oᵇ [P]Q[R]U.VZ Thom. recc.* — ἀλκᾷ] τῇ ἐμῇ gl. Eᵇ —
ἀλκὰν DEᵃ·ΠN·Oᵃ Ht. — ἀλκὰν] κατὰ gl. Oᵇ — E Sch. Vet. τὸ δὲ τρέφει
ἀντὶ τοῦ ἀλκὴν αὔξει non multum consequitur. Aliud Sch. Vet. dativum
explicat dativo δυνάμει, quae glossa passim invenitur, ut in ΖΣα.

OLYMPIA I.

ἐπ' ἄλλοισι δ' ἄλλοι μεγάλοι. τὸ δ' ἔσχατον κορυ-
φοῦται
βασιλεῦσι. μηκέτι πάπταινε πόρσιον.
115 εἴη σέ τε τοῦτον ὑψοῦ χρόνον πατεῖν, | ἐμέ τε τοσσάδε
νικαφόροις 185
ὁμιλεῖν, πρόφαντον σοφίᾳ καθ' Ἕλλανας ἐόντα παντᾷ.

113 om. ἐπ' ΑΑΒCDEFILMNOPQRUXYZΓΔΘΞΠΣΦΥα — ἐν V —
ἐπ' Θ τ·afknoqrυΠ⁵ μ'ν'σ'τ'ω' [rell. recc.] Al. Ro.* ‖ δὲ ἄλλοι PQτ' ‖
115 σε (om. τε) V (refertur idem ex I qui fort. cum W confusus est) —
σέ τε ABCDE.FNO.U. etc. — δέ σε coni. Bg. e Schol. — Germ. τε
agnoscit. ‖ ὑψοῖς D ‖ ἐμὲ δὲ DN — ἐμέ τε (Tricl. ἐμὲ τὲ) rell. — In
utraque paraphr. Sch. Vet. δὲ vulgata lectio est; altero loco τὲ in U. ‖
Hic locus facit ut vs. 28 φάτις 57 ὑπὲρ κρέμασσι 86 ἔπεσσι scribi non
possint. ‖ τόσσα δὲ ΒΠ — τοσάδε DMNZΔΘΣΦᾷ ‖ νικηφόροις U. ‖
116 πρόφαντον ΑΒΕΙΜΟ,U.ΓΘΣ,ΦΤγ — πρόςφαντον C — πρόφαντον FNO[P]
Q[R]Xᴘ·Z recc. Al. Ro.* — πρόςφαντον Χᵃᵒχ²ᵉᵒ — πρόσφατον X, — πρόφατον
Πᶚη — προφατὶν Σ ‖ σοφίαν θ'μ'ν' [rell. Tricl.] c. gl. κατὰ σοφίαν Ro.* —
σοφίᾳ(α) omnes vett. Thom. Mosch. Sm.* Dativum exprimit paraphr.
Sch. Vet. ἐν σοφίᾳ. ‖ ἕλληνας EFQXZ ‖ παντᾶ A — παντα C?DENQ
XΓ[Δ]Σϕα[ς]f[m]ακᵇ τ'[θ']ω' Al. Ro.* — παντα BFMORUVZΘΠΤbchikl
noqrυμ'ν' — πάντας A¹ — πανταχοῦ Dᵇ kᵖᶜ e glossa — Ut vs. 47 e solo
A enotavi κρυφᾷ (adscripto iota), ita h. l. e solo P enotatum est παντᾷ,
idemque I habet. His optimis testibus et Ahrentis rationibus (DD. 368.) pa-
rendum est.

Subscr. τέλος τοῦ Θηβαίου ἱέρωνος EF — id. (sed συρακουσίου supra
Θ. adscripto) Q — τέλος τοῦ συρακουσίου Θηβαίου ἱέρωνος I — Cf. Sch.
Germ. p. XVI. — ὕμνου τέλος ἱέρωνος συρακουσίου μ'ν'σ' (Tricl.) — τέλος
τοῦ πρώτου ὕμνου πινδάρου V — τέλος O aliique — nulla subscr. in ABC
TU al. Thom. Mosch.

ΟΛΥΜΠΙΟΝΙΚΑΙ Β'.

ΘΗΡΩΝΙ ΑΚΡΑΓΑΝΤΙΝΩ
ΑΡΜΑΤΙ.

Strophae.

Epodi.

OLYMPIA II.

Ἀναξιφόρμιγγες ὕμνοι,   Στρ. ά.
τίνα θεόν, τίν' ἥρωα, τίνα δ' ἄνδρα κελαδήσομεν;
ἤτοι Πίσα μὲν Διός· Ὀλυμπιάδα δ' ἔστασεν Ἡρακλέης 5
ἀκρόθινα πολέμου·
5 Θήρωνα δὲ τετρᾱορίας ἕνεκα νικαφόρου
γεγωνητέον, ὄπιν δίκαιον ξένων, | ἔρεισμ' Ἀκράγαντος, 10
εὐωνύμων τε πατέρων ἄωτον ὀρθόπολιν·

καμόντες οἳ πολλὰ θυμῷ   Ἀντ. ά 15
ἱερὸν ἔσχον οἴκημα ποταμοῦ, Σικελίας τ' ἔσαν
10 ὀφθαλμός, αἰὼν δ' ἔφεπε μόρσιμος, πλοῦτόν τε καὶ
                                                          χάριν ἄγων   20
γνησίαις ἐπ' ἀρεταῖς.
ἀλλ' ὦ Κρόνιε παῖ Ῥέας, ἕδος Ὀλύμπου νέμων
ἀέθλων τε κορυφὰν πόρον τ' Ἀλφεοῦ, | ἰανθεὶς ἀοιδαῖς 25
εὔφρων ἄρουραν ἔτι πατρίαν σφίσιν κόμισον

15 λοιπῷ γένει.   τῶν δὲ πεπραγμένων   Ἐπ. ά.

2 θιῶν ERVWir ‖ τίνα δ' ἥρωα AEFN^ac ‖ τίν' ἄνδρα CDGHIM N^pc OQRSUXΓΔΣΞΩδn Al. — τίνα ἄνδρα c — τίνα δ' ἄνδρα A[B]E[F] Σ^ac Υ[W]Zakoq[x]μ'ν'τ'[θ'] Ro.* ‖ κελαδήσωμεν OP¹ Q^pc SU(N^b?) ‖ **3** ἤ, τοι AA — ἤτοι O — ἤτοι A,O, rell. Al. Ro.* — ἤτοι Sm.* ‖ πίσσα B, (et Sch. B) O.U.ZΓΔ ‖ **4** ἀκροθίνια CN^ac (Zenodot.) — ἀκροθίνιον E, — ἀκρόθινα rell. Cf. O. X, 57. et N. VII, 41 ‖ **5** θήρωνα τετραωρίας A.A θήρωνα δὲ τετραωρίας a — θήρωνα δὲ τετραορίας rell. ‖ εἵνεκα ΓΔΣ ‖ νικαφόροις C¹ — νικηφόρου M ‖ **6** ὄπιν B^a? G^ac H^a — ὀπὶ (ὀπί) rell. Scripsi ὄπιν. ‖ ξίνων Hm.² Bö.²* — ξίνον mss. Al. Ro.* ‖ **7** δὲ Σ solito errore — τε (τὲ) rell. ‖ ὀρθόπολιν A.ADN.O^ac ‖ **10** ὀφθαλμοί MSWZ¹[V?] op^c (coni. Pw.) male ‖ δ' ἔφεπε ACDNO,U, Ro; (cum Sch. Vet.) — τ' ἔφιπε rell. Al. Ro.* — Optimis testibus parco, praesertim cum alterum τε et praecedat et sequatur. ‖ μόρσιμος. πλοῦτον (μόρσιμος, πλοῦτον) mss. Al. Ro.* — μόρσιμος, ἐπ' ὄλβον coni. Hy. (Bg.²) — μόρσιμος, ὁ πλοῦτον Hm. Bg.¹ Ht. ‖ **13** τὶ ἀλφ. A — τε ἀλφιοῦ A — τἀλφεοῦ q ‖ **14** σφισιν [F]Za[l]no[r]μ'ν'τ'[θ'] Al. Ro.* — σφισι omnes rell. vett. et Thom. cum bcmkqx ‖ κόσμησεν O^ac O.Q¹ S^m (cum gl. U κοσμεῖσθαι ποίησον) — κόμησον PO^pc Z^m — κόμισσον CEMSΓΔ — κόμισον A.BDNQ^a etc. ‖ **15** τε Σ — δὲ rell.

Mommsen, Pindar.

ἐν δίκᾳ τε καὶ παρὰ δίκαν ἀποίητον οὐδ᾽ ἂν
χρόνος ὁ πάντων πατὴρ δύναιτο θέμεν ἔργων τέλος·
λάθα δὲ πότμῳ σὺν εὐδαίμονι γένοιτ᾽ ἄν.
ἐσλῶν γὰρ ὑπὸ χαρμάτων πῆμα θνάσκει   35
20 παλίγκοτον δαμασθέν,

ὅταν θεοῦ Μοῖρα πέμψῃ   Στρ. β'.
ἀνεκὰς ὄλβον ὑψηλόν. ἕπεται δὲ λόγος εὐθρόνοις
Κάδμοιο κούραις, ἔπαθον αἳ μεγάλα· πένθος δὲ πιτνεῖ
κρεσσόνων πρὸς ἀγαθῶν.   [βαρὺ 40
25 ζώει μὲν ἐν Ὀλυμπίοις, ἀποθανοῖσα βρόμῳ   45
κεραυνοῦ τανυέθειρα Σεμέλα, φιλεῖ | δέ νιν Παλλὰς αἰεί,
καὶ Ζεὺς πατὴρ μάλα, φιλεῖ δὲ παῖς ὁ κισσοφόρος. 50

16 ἐνδικά τε (κα τὶ) DEFZ — ἐν δίκᾳ(α) (omisso τε) CΓΔΣ — ἐν δί-
κᾳ(α) τε(τὶ) rell. || καὶ om. W || οὐδὲ (omisso ἂν) A quod possit defendi
|| 17 ἁπάντων k*c q — ὁ πάντων kpc rell. || δύναται EM || 18 λάθη D ||
γένοιτ᾽ ἄν. omnes — γένηται paraphr. A· || 19 ἐσλῶν ΑΔB.PV[WX]kpc ἴσο
sμ' Sm.* — ἐςλῶν ατ — ἐςλῶν τ' — ἐσθλῶν rell. Al. Ro.* || θνήσκει
CDFN || 20 πολύγκοτον M || 21 ὅτ᾽ ἂν U || πέμψῃ ΑΔ (cum paraphr.
A αὔξησῃ) — πέμποι C*c? — πέμπῃ(η) rell. (cum paraphr. B ἀναφέρῃ et
ἄγῃ). Reposui aoristum, ut ἀκούσῃ a Bö. I. IV (V), 13 reductum est. ||
22 ἀναβᾶσ᾽ F* OPQ¹SU — γρ. ἀναβᾶσα N* — ἀνεβάσ᾽ Σpc — ἀνεκᾶσ᾽
M — ἀνεκᾶσ Q* — ἀνέκασ᾽ Sm — ἀνεκὰς ΑΑΒCDEF¹ G[H]RV[WX]ZΓΔ
Σ* recc. Al. Ro.* — ἂν ἱκὰς coni. Hy. — ἀνακὰς coni. Sw. || γὰρ ΑΔ —
δὲ A,Α, rell. || 23 πάθον ΑΔ — ἔπαθον rell. || δὲ πιτνεῖ omnes mss. Al.
Ro.* cum gl. et Sch. (καταπίπτει, ἀφανίζεται, ἡττᾶται, κρύπτεται, καταφέ-
ρεται, καταβάλλεται) excepto Moschopulo qui ἠφανίσθη in paraphrasi ha-
bet — δὲ πίτνει Mi. — δ᾽ ἐπίτνει Be. Bö.* — δ᾽ ἐπιτνεν Hm. Di. Prae-
sens est generalis sententiae, quae simul rem factam indicat. || 24 κρεισσ.
DNZ¹ qpc || πρὸς mss. Al. Ro.* — πρὸ inter Sch. B (non in A) hiatu
intolerabili; πρός est ὑπὸ ut recte ait Sch. || 25 ζώοι M — ζωή D*c E.
N. — ζώει rell. || κ᾽ ἂν C, — μ᾽ ἂν C — μὲν ἐν rell. — οὖσα ΑΔ
(Δ*c?) — οῖσα rell. || τανέθειρα Αlit. Α || 26 νιν CD*c N. — μιν AB etc.
|| ἀεὶ P || Inter 26 et 27 additur versus φιλέοντι δὲ μοῦσαι in A.Α —
φιλέοντι δὲ μοῖσαι BCDEFGHNO,PQRSUVWXZΓΔΞΣΩaddhiemnoqsuvx
τ᾽ Al. — φιλέοντι σε μοῖσαι O — φιλέοντι δὲ μοῖσαι bc — φιλέοντι καὶ
ζεὺς μοῖσαι πατήρ (sic cum 27 confus.) M — omittunt hunc vs. Tricliniani
[S']μν´ρ´ Ro.*. Exstat Scholion cui Triclinii nomen praefixum est, in quo
hic grammaticus verba illa a se expulsa esse testatur. || 27 ζεῦ G? Σq ||

OLYMPIA II.   19

λέγοντι δ' ἐν καὶ θαλάσσᾳ   'Αντ. β'.
μετὰ κόραισι Νηρῆος ἁλίαις βίοτον ἄφθιτον
30 Ἰνοῖ τετάχθαι τὸν ὅλον ἀμφὶ χρόνον. ἤτοι βροτῶν γε
                              πέρας οὐ   55
κέκριταί τι θανάτου,
οὐδ' ἡσύχιμον ἁμέραν ὁπότε παῖδ' ἀελίου
ἀτειρεῖ σὺν ἀγαθῷ τελευτάσομεν· | ῥοαὶ δ' ἄλλοτ' ἄλλαι
εὐθυμιᾶν τε μέτα καὶ πόνων ἐς ἄνδρας ἔβαν.

35 οὕτω δὲ Μοῖρ', ἃ τὸ πατρώϊον   Ἐπ. β'. 65
τῶνδ' ἔχει τὸν εὔφρονα πότμον, θεόρτῳ σὺν ὄλβῳ,

om. φιλεῖ EF || παῖς AḄ — ταῖς rell. Forma Aeolica in optimo libro notabilis, sed nulla est in antistrophicis solutio. || κισσηφόρος Cᵃ

28 λέγουσι M || θαλάττη Σ — θαλάσσῃ Aˢ Aᵃᶜ ΓΔ — θάλασσα M QSUⁿ — θαλάσσα(ᵩ) A¹ et rell. || 29 νηρίως A.ABD¹ N¹ OU — νηρέος C¹ E FGHMRVΓΔΣ — νήρεος W — νηρῆος C·D·N·[P]QSXZ recc. Al. Ro.* || 30 ἤτοι (ἦ τοι) BCDEGIMN¹ U.VZΓΣ — ητοι W — ἤτοι (ἦ τοι) AN·O. X etc. || γε AACDᵘᵗ EFG[M]O.PQ[R]SU.VZΓ[Δ]Σbcτμ′ν′τ′ Al. Cp. St. Bö. Hm.* — τε Dᵃᵉ?N — om. γε BXaghiknoqrsvp′ Ro. Br. Mr. Sm.* || 31 πείρας AAB.CDEFGHMNO.PQSU.VWZΓΣk¹q — πείρας μ′ν′τ′σ′kⁿ Al. Ro. Br. Mr. — πείρας X[R?]anov[rx] Cp. St.* Acquiescendum esset in correctione metrica Byzantiorum, nisi praestaret verba βρ. γε κέκριται | πέρας οὔ τι θ. transponere βρ. γε πέρας οὐ | κέκριταί τι θ. || 32 ἡσύχιμον Aᵃ (non gl. sed v. l.) — ἀσύχιμον EF.MO.QSU.Zᵃᵉ Σn — ἀσύχιμον A¹A, [Ạ]B.CD[GH]E,NOʳᵉVXZᵇᵉΓ[Δ]akoqrμ′ν′τ′ Al. Ro.* || ἡμέραν DMNOVWZ — ἀμέραν QSU — ἀμέραν A[ABCH]EFGX Thom. recc. Al. Ro.* || παῖδ' ἀελίου AACDG[H]MNOUXZΓΔΣ Sw. Bg. — παῖδα ἡλίου P — παῖδ' ἡλίου QS — παῖδ' ἀλίου [B]EFRV recc. Al. Ro.* || 33 τελευτήσομεν V Wkⁿ || τ' AḀ — δ' rell. (paraphr. AB δέ) || ἄλλοτ' ἀλλοῖαι CʳᵉDNᵃ — ἄλλοτε ἄλλαι E.R || 34 -μιῶν BCNX Al. cum omnibus (8) Mosch. — μιᾶν AD etc. Triel. Ro.* || μετὰ MΣo Bö.* — μέτα omnes rell. mss. Al. Ro.* Ambigua est paraphr. Α μετὰ εὐθυμιῶν τε καὶ μόχθων. Quominus μετὰ ad εὐθυμιᾶν suppleatur (schemate notissimo; cf. ad O. I, 104) nescio an intercedat καί. Sed sunt talia tam tenaci complexu a poetis prolata ut praepositio utroque valeat. || τε om. F || μέτα om. E || εἰς EFMRZ || 35 ἅτε (vel, quod malit, ἅ τὰ) πατρώϊα Hm. — ἃ τὸ π. (adverb.) scripsi — ἅτε (ἅ τε) πατρώϊον mss. Al. Ro.* nisi quod μοῖρα τε Ạ (supra ἥτις) Oᵃ — μοῖρά τε E, — μοῖραι τε U || 36 τόνδ' Cᵃᶜ Fᵃᶜ Oᵃ Qᵃᶜ Z¹ bcl Ro.* — τῶνδ' rell. Al. Cp. Sm.* (cum Sch. Vett. et Recc.) — τοῦδ' non credo a Sch. ullo lectam esse || Distinxi post ὄλβῳ

2*

ΟΛΥΜΠΙΟΝΙΚΑΙ Β'.

ἐπί τι καὶ πῆμ' ἄγει παλιντράπελον ἄλλῳ χρόνῳ·
ἐξ οὗπερ ἔκτεινε Λᾶον μόριμος υἱὸς 70
συναντόμενος, ἐν δὲ Πυθῶνι χρησθὲν
40 παλαίφατον τέλεσσεν.

ἰδοῖσα δ' ὀξεῖ' Ἐρινὺς   Στρ. γ'.
ἔπεφνέ οἱ σὺν ἀλλαλοφονίᾳ γένος ἀρήιον·   75
λείφθη δὲ Θέρσανδρος ἐριπέντι Πολυνείκει, νέοις ἐν ἀέθλοις
ἐν μάχαις τε πολέμου
45 τιμώμενος, Ἀδραστιδᾶν θάλος ἀρωγὸν δόμοις·   80

37 ἄλλος χρόνος A¹Ą — ἄλλω(ῳ) χρόνω(ῳ) Aª et omnes rell. (cum Sch. B etc.) — Sch. A ἐπάγει δή τι (cod. δὲ τί) χρόνος ἀντὶ χρόνου, ἀντὶ τοῦ ἐπήγαγεν. ‖ **38** ἐξοῦπερ quatuor Mosch. (noqr). Cf. O. VI, 71. ‖ ἔκτεινε Fªª (aut Fᵖᵉ) VW ‖ λαῖον AĄBCDEFGHNOQSUVWXZΣaknoqμ´ν´ [rell.] Al. Ro.* — λᾶον Hm. Bü.* ‖ μόριμος υἱός A.Ą.B.CDEFGᵃᶜ HMNPQSU VWXZΓΔᵃᶜΣarᶜamᵈᵖᶜnoqrᵖ Al. — μόρμος ὁ υἱός Oᵃᵉ? — μόρσιμος ὁ υἱός Oᵛᵉ — μόριμες υἱός ν´ — μόριμος υἱός [R?]Gᵖᵉaᵃᶜᵈᵖᵉqᵃᶜkυ[rs]μ´τ´ [rell. recc.] Ro:* Interim permanendum est in hac Byzantiorum correctione metrica, praesertim cum ex Sch. A quamvis confuso apparere videatur, Alexandrinos quoque σ partim addidisse partim omisisse. ‖ **39** συναντόμ. CDEᵛᵖᵉ? FGHMNᵃᶜOQᵛᵉ?RSᵖᶜ?UVWXZΓΔΣaν´ Al. — συναντόμ. A[ĄB]Eᵃᵒ?Nᵖᵉ Qᵃᶜ?Sᵃᶜ?knorq[x]μ´τ´ Ro.* ‖ **40** τελίσας EFR (γρ. καὶ τέλεσε gl. E) — τέλεσεν AĄCDHOQSVWXZΓΔΣnoxv´ Al. — om. N (ἐτέλεσεν Nᵃˡ) — τελίσσειν BGUakqμ´ [rell.?] Ro.* (Sch. B εἰς πέρας ἤγαγεν) ‖ **41** ἰδοῦσα AĄ Ro.* — ἰδοῖσα omnes rell. mss. Al. Sm.* ‖ ὀξὺ Oᵃᶜi(ν´ᵃᵉ?) ‖ ἐρινὺς EGHNᵖᵉVW Sw. Ht. — ἐριννὺς A[Ą].B.CDFMNᵃᶜO[P]QRSUXZΓ[Δ]Σ recc. Al. Ro.* Cf. Hm. ad Soph. Antig. p. XIXsqq. Lo. Proll. Path. p. 225 ‖ **42** πίφνεν οἱ A[Ą]co — πίφνε οἱ B — πίφνέν οἱ M — πίφνεν οἱ ΩQ Al. — πίφνί οἱ CDEFHNOUΔΣ — πίφνε´, οἱ Γ — πίφνε οἱ GIRVWXZᵃᶜΞ — πίφνιν ἱοί (ἱοί) ağkᵃᵉnqrsυνᵃᶜxᵃᶜ Ro.* — ἐπεφνέ οἱ [P]QSZᵇkpᶜυpᶜzᵈ´ μ´ν´ρ´τ´ Hy. Hm. Bü.* Tres igitur perboni libri Aldinae rationi subscribunt, tres alii Triclinianae, Moschopuleae nulli. ‖ **44** ἐριπέντι AĄBCDEFGHM NOPQ[R]SUVWXZΓΔΞΩx Al. Bü.* — ῥιπέντι (ut videtur) o — ἐριπόντι aḍḍknqrsυμ´ν´τ´ [rell. recc.] W? Ro.* ‖ ἐριπέντος πολυνείκους FᵍˡOᵍˡQᵍˡ — πολυνείκει (sed o id est ιος supra ει) CUᵃᶜ — πολυνείκους DN (e glossa ortum) ‖ νέοις δ' ἐν O.U, — νέοις ἐν rell. vett. et Thom. cum Mosch. Al. Sm.* — νέοις (om. ἐν) θ´μ´ν´ Ro.* Tricliniana scriptura ferri posset, si scriberetur νέοισιν, quod in nullo ms. inveni, ut nec ἀέθλοισιν; est ἀέθλοισιν ἐν μ. in Mr. St. Ox; perperam. ‖ **45** ἀδραστείδαν B.DEFG[H]I[M]NRU. VX[Δ?] Al. Ro.* — ἀδραστειδᾶν AC?O.Qᵇ?Γ — ἀδραστειδᾶν AS (ἀντίπτω-

OLYMPIA II.

ὅθεν σπέρματος ἔχοντα ῥίζαν πρέπει | τὸν Αἰνησιδάμου
ἐγκωμίων τε μελέων λυρᾶν τε τυγχανέμεν.   85

Ὀλυμπίᾳ μὲν γὰρ αὐτὸς   Ἀντ. γ'.
γέρας ἔδεκτο, Πυθῶνι δ' ὁμόκλαρον ἐς ἀδελφεὸν
50 Ἰσθμοῖ τε κοιναὶ Χάριτες ἄνθεα τεθρίππων δυωδεκα-
ἄγαγον· τὸ δὲ τυχεῖν   [δρόμων   90
πειρώμενον ἀγωνίας, ἀφροσυνᾶν παραλύει.   95
ὁ μὰν πλοῦτος ἀρεταῖς δεδαιδαλμένος | φέρει τῶν τε
καὶ τῶν
καιρὸν, βαθεῖαν ὑπέχων μέριμναν ἀγροτέραν,   100

55 ἀστὴρ ἀρίζηλος, ἐτυμώτατον   Ἐπ. γ'.

εις. τὴν αἰτιατικὴν ἀντὶ [τῆς] γενικῆς. gl. A) — ἀδραστιδᾶν E, — ἀδραστιδᾶν
PZ — ἀδραστιδᾶν Wkoqrnϑ' — ἀδραστιδᾶν Σμ'ν' Sm.* — ἀδραστιδᾶν m —
ἀδραστιδῶν τ' — ἀδραστιδανων (ιδανῶν, ιδανῶν) hnaᵃᵉqᵃᵉ (orta ex ἰδαν cui
ὧν gl. suprascripta est; sic enim rxqpᵃᶜ) || δόμοιο A — δήμοις n (Sch. A)
— δήμων Cᵃ — δόμοις C¹ et rell.
46 ὅθε σπέρματος Baᵃ ᵐⁿʳ || ἔχοντα Eᵃ Nᵃ Pᵃ Qᵃ (Aristarch.) — ἔχοντι
AB.CDE¹N¹P¹Q¹ etc. (Didym.) — ἔσχοντι A — ἔχουσι glossa (non varia
lectio) est in AOVZkn aliisque || Post ῥίζαν non dist. CᵃFᵃOq — com-
mate DEPπ — plene omnes rell. || 47 τε μελέων τε QS || λυρᾶν (om.
τε) D — λυρῶν τε M || 48 ὀλύμπια et γέρα iungit Greg. Cor. p. 100 (ex
Hy.) || 49 ὁμόκληρον B,NOkᵃᵒ || εἰς OXZ || 50 κοινᾷ? || ἄνθεα M ||
δυακαίδεκα δρόμων Oᵃᵒ — δυόδεκα δρόμων BUᵇV — δυώδεκα δρόμων o —
δυωδεκαδρόμων F Al. — δυωδεκαδρόμων Γ — δυωδεκαδρόμων A[C]D etc. ||
52 δυσφροσύναν παραλύει ABDEFGHIMNP?RUVXZΓΔΣΨᵉᵐᵡᵣᵖᵒ — id.
(sed ὧν supra αν, et [παρ]α supra παρ) O — id. (sed ην supra αν, σ supra
ην) C — τὰς δυσφροσύνας παραλύει QS (estne hoc in P?) — δυσφροσύνας πα-
ραλύει Wrᵇ — δυσφορὰν παραλύει Σ solus — παραλύει δυσφορὰν δορβ
παραλύει δυσφρόνων abᵐᵒᵈiknoqrvxᵃᶜψᵐμ'ν'ρ'ᵃσ' Al. Ro.* — παραλύει δυ-
σφρενᾶν Dd. Sw. Bg.² — ἀφροσυνᾶν παραλύει scripsi cum Sch. || 53 ὁ μὲν
U. (cum gl. δὲ) Z — ὁ μῶν W — ὁ μὴν Σπ — ὁ μὰν rell. — (δυσφό-
ρων) πόνων Ht. male — ὁ μῆν περισσός. gl. A || δαιδαλμ. DEFᵃᵒGHNVZ
qᵃᵒ — δεδαλμ. OUΣxσ'τ' — ὁ δαιδαλμ. Fᵖᵒ — δαιδαλωμ. M. — δαιδε-
δαλμ. Γ — δεδαιδαλμ. ABCX[PQRSΔ] recc. Al. Ro.* || δὲ A — δὲ Σ —
τε rell. || 54 ἄκροτ. Hck. || 55 -ζηλος mss. Al. Ro.* Be. Bö.² * — ζα-
λος Hy. Bö.¹ || ἐτυμότατον A (cum gl. ἀληθέστατον) QᵃᶜS — ἐτυμώτατον
BCDEFGᵃHKMNOPQᵖᵒRUVWXZΓΔΣΞ (it.) Ψωᵇψᵃᵘ'ᵐ Al. — ἐτήτυμον

ΟΛΥΜΠΙΟΝΙΚΑΙ Β'.

ἀνδρὶ φέγγος, εἰ δέ νιν ἔχων τις οἶδεν τὸ μέλλον·
ὅτι θανόντων μὲν ἐνθάδ' αὐτίκ' ἀπάλαμνοι φρένες   105
ποινὰς ἔτισαν, τὰ δ' ἐν τᾷδε Διὸς ἀρχᾷ
ἀλιτρὰ κατὰ γᾶς δικάζει τις ἐχθρᾷ
60 λόγον φράσαις ἀνάγκᾳ.

ἴσαις δὲ νύκτεσσιν αἰεί,   Στρ. δ'.
ἴσαις δ' ἀμέραις ἀέλιον ἔχοντες, ἀπονέστερον   110

(in nullo ms.) Ro.ᵐ Bö.* — ἀληθινὸν η — ἀλαθινὸν a[bc]ḍḍehik[ḷṇ]oṛṛ̃ṣq
[rs]uνυϝιoῳx[ϑ']μ'ν'ξ'σ'τ'υ'φ'Gᵐᵇ Uᵇ Ro.* — ἀλατινὸν Zᵐᵇ. Est hoc inter
certissima interpolationis indicia. Genuinam scripturam et mensuram Pin-
daro vindicavimus olim in An. V. p. 909; inde reposita est a Sw.² ˢ Bg.² —
Byzantios coniecturam suam ἀλαθινὸν e paraphrasi B (ἀληθινὸν) sumpsisse
existimo. Paraphr. A ἕτοιμ.... corrupte, sed postea ἀληθινώτατον, cum
textu consentiens.
    56 εἰ δὲ omnes mss. Al. Ro.* || νιν A.CN — μιν B.DEF etc. ||. ἔχων
AB.CDᵃ EFGᵃ HMNO.¹ PQ.SU·VW (ι supra ων) XZ,ΓΞΣ·Ψυ ϸν'ᵐ Bö.* —
ἔχω Δ? — ἔχοι ZΣᵃᶜ?ω — ἔχει RDᵇ Gᵇ Oᵃ Uᵇ Δᵇ a[bc]ḍḍehik[ḷṇ]noṛṛ̃ṛr[s]
uᵃ ϛνω[x][ϑ']μ'ν'ρ'[σ']τ'υ'φ' Al. Ro:* || ante εἰ δὲ omnes mss. plene di-
stinguunt; omittunt soli DEΔ punctum || μιν, ἔχων QS || post τις (τίς)
commate interpungunt BDGHMNOQSVWXZΓE recc. Al. Ro.* — non
interpungunt ACEFU || οἶδε vett. Thom. ἀποkηϙυ' Al. Ro.* — οἶδεν ἀ·οο
τμ'ν'τ' Sm.* || post μέλλον plene ABFHNQU al. — commate [V]SZ —
non dist. CDEOX || 57 αὗτις Ra. Sw. Bg. — αὐτίκ' omnes mss. Al. Ro.*
cum Sch. || ἀπάλαμοι a solus || 58 τᾷ διὸς CDᵃᵃ?Gᵈ OPQSUΣᵖᵃ —
τᾷδε (τάδε, τᾶδε) διὸς rell. (nisi quod haec verba omissa sunt in O ubi tamen
est gl. ἤγουν ἐν ζωῇ) || ἀρχῇ(ῆ) NVWΓΔΣΨ¹ Al. || 59 κατὰ γῆς ANU
aehkinoqrx (omnes de quibus constat Moschopulei) — καταγᾶς Γτ — κατὰ
γᾶς [BC]DEF etc. Thom. Tricl. Al. Ro.* || ἐχθρᾷ(ᾶ) ... ἀνάγκᾳ(α) BDEF
[GMR]U cum plurimis recc. Al. Ro.* — ἐχθρᾷ ... ἀνάγκη CHNOQSV
WΔΣΨ — ἐχθρὰ (in ἐχθρᾷ mutatum) ... ἀνάγκα A — ἐχθρὰ ... ἀνάγκα
Zh — ἐχθρὰ ... ἀνάγκη Γ — ἐχθρᾶς ... ἀνάγκας Comm. Mosch. — ἐχ-
θρᾶς ... ἀνάγκης q (in kᵃᶜ ἀνάγκας in rᵃ ἀνάγκης) || 60 φράσαις B¹ Nᵃᶜ
Hy.* — φράσασ' M — φράσσαις h — φράσας ABˢ etc. Al. Ro.* || 61 62 ἴσαις
δὲ νύκτ.... ἴσαις δ' ἐν ἀμ. A.CDEFGHMNOPQSVW — ἴσαις δὲ ἐν νύκτ...
ἴσαις δ' ἐν ἀμ. B — ἴσαις δ' ἐν νύκτ.... ἴσαις δ' ἐν ἀμ. UZΓΔΣΨ·
Al. — ἴσον δ' ἐν νύκτ.... ἴσαις δ' ἐν ἀμ. Ξ?Ω? — ἴσον δὲ νύκτ.... ἴσον
δ' ἐν ἀμ. DᵇHᵇ (coni. Bö.) — ἴσον δὲ νύκτ.... ἴσον δ' ἐν ἀμ. R?ω —
ἴσον δὲ νύκτ.... ἴσα δ' ἐν ἀμ. kp̄q — id. (sed ἴσα δ' ἀμ.) ṣ — ἴσα δὲ
νύκτ.... ἴσα δ' ἐν ἀμ. ḍ (similiter ἴσᾳ — ἴσᾳ δ' ἀμ. coni. Bg.) — ἴσον

OLYMPIA II.

ἐσλοὶ δέκονται βίοτον, οὐ χθόνα ταράσσοντες ἔγχερος ἀκμᾷ
οὐδὲ πόντιον ὕδωρ
65 κενεὰν παρὰ δίαιταν· ἀλλὰ παρὰ μὲν τιμίοις
θεῶν, οἵτινες ἔχαιρον εὐορκίαις, | ἀδακρυν νέμονται
αἰῶνα· τοὶ δ' ἀπροσόρατον ὀκχέοντι πόνον.

ὅσαι δ' ἐτόλμασαν ἐστρὶς   Ἀντ. δ'.
ἑκατέρωθι μείναντες ἀπὸ πάμπαν ἀδίκων ἔχειν

δὲ νύκτ. ... ἴσα δ' ἐν ἀμ. X=Zᵇa[δc]ẻehi[hm]no[r]uvvw[x][θ']μ'ν'ξ'[σ']τ'υ'φ' Ro.* — Tricl. notula (in μ'ν'ξ' exstat) ἴσον γράφε καὶ ἴσα, ἵν' ὀρθῶς ἔχῃ τὰ κῶλα πρὸς τὸ μέτρον. || 61 νύκτισιν AHNWXZΓΔΣΨ↙x — νύκτεισιν A,O<u>F</u>7 — νύκταισσιν q — νύκτισσιν BCDEFGMPUVaađknowμ'ν'τ' [rell.] Al. Ro.* || ἀεὶ BP — αἰεὶ A[C]D etc. || 62 ἡμ. OZ — ἀμ. NU.τ' — ἁμ. A.B etc. (et O,) || ἥλιον Aᵃ Nᵃ Hᵇ — ἅλιον CFN=QS — ἅλιον A¹B DENᵖ᛫ORUVXZΓΣαknoρxμ'ν' [rell.] Al. Ro.* — ἀέλιον Sw. (in nullo ut videtur scripto) || ἀπονέστερον ἄμοχθον, A glossa adscripta quae supra scribi debebat — ἀπονέστατον CN — ἀπονέστερον rell. — ἀπαθῆ χωρὶς πόνου gl. E — ἄπονον gl. Tricl. — ἀμοχθότερον τῶν ἐν τῷ βίῳ gl. Mosch. recte.

63 ἐσλοὶ ABEFGH[V]WΔₐDᵇ?μ'ρᶜ St. Bö.* — ἐσθλοὶ CDMNOPQ RSUXZΓΔᵇΣ recc. Al. Ro.* Sm.* || δέκονται A(Pᵃ?) Wü. Bg.² — δέρ**μονται** BCDᵃEFGᵃHIMNOP¹QSUVWXZᵃΓΔᵃΞΣ — νέμονται recc. Al. Ro.* || βίοτον omnes mss. Al. Ro.* || Scripsi ἔγχερος ἀκμᾷ — ἐν χερὸς ἀλκᾷ Bᵇd̶pᵐ — ἐν χερὸς ἀκμᾷ AB,CDGHIOPQSU.ΓΔΞΨQ Al. Hm. Bö.* — id. (sed χειρὸς) EFMN — om. ἐν interpolati, ita: ἀκμᾷ χειρῶν Rv — ἀρχᾷ χειρῶν δ=ᵃᵃ — ἀρχᾷ χειρῶν ἀλκᾷ z (i. e. ἀλκᾷ in marg. ut est in o) — ἀλκᾷ χειρῶν đᵒᵐ — ἀλκᾷ χερῶν ađknqευιωμ'ν'τ'Gᵇ [rell. recc.] Ro.* || **65** κενεὰν A.B.CᵇDE.FGHMO.PQSUVWXᵃᵃΔΣο — καινεὰν Cᵃ — κιναιὰν Z — κενὰν XPᵃR — κοινὰν σᵐ — κενεὸν (et περὶ) Schol. Arat. 110. — κενὰν aδknqευμ'ν'τ' [rell. recc.] Al. Ro.* || ταμίοις BDᵃ || **66** εὐορκίαισιν DHΓΔΣ arsi soluta. || **67** τοῖς δ' A, — τοὶ δ' (τοί δ') rell. (et A) || ἀπροσούρατον C — ἀπροόρατον Oᵃᵃ — ἀπροσόρατον A[B]C,D etc. || ὀκχέοντι ACᵃᵃ?E.ᵃᶜMN.ᵃˢOᵃᵃQᵃᵃSᵃᵃVWXZᵃᵃ? — ὀκχέοντι BCDEᵖᵃFGHNᵖᶜOᵖᶜ[P]Qᵖᶜ[R]Sᵖᵛ UZᵖᶜΓΔΣ recc. Al. Ro.* Sm.* — ὀχέοντι O, Mr. St. || **68** δ' ἐτόλμησαν O,MXΓΔkᵃᶜn — δὲ ἐτόλμησαν N — δὲ τόλμασαν o — δ' ἐτόλμασαν rell. || ἐστρεῖς aᵃᶜ — ἐς τρὶς Tricl. Al. Ro.* — ἐστρὶς rell. (ut videtur) Bö.* || **69** ἑκάτερθι Cᵃ — ἑκατέρωθι Cᵇ — ἑκατέρωθεν O — ἑκατέρωθι A[B]DEF etc. — ἔνθεν gl. A — εἰς τὰς β' καταστάσεις ἔν τε τῇ κατὰ γῆν καὶ τῇ ὑπ' αὐτῶν(?) ζωῇ καὶ διαγωγῇ gl. E || ἄπο Σ || ἐχέμεν CN soluta arsi — ἔχειν AB etc.

70 ψυχάν, ἔτειλαν Διὸς ὁδὸν παρὰ Κρόνου τύρσιν· ἔνθα
νᾶσος ὠκεανίδες   [μακάρων
αὖραι περιπνέοισιν· ἄνθεμα δὲ χρυσοῦ φλέγει,   130
τὰ μὲν χερσόθεν ἀπ' ἀγλαῶν δενδρέων, | ὕδωρ δ' ἄλλα
                    φέρβει,
ὅρμοισι τῶν χέρας ἀναπλέκοντι καὶ στεφάνους,   135

75 βουλαῖς ἐν ὀρθαῖσι Ῥαδαμάνθυος,   Ἐπ. δ'.
ὃν πατὴρ ἔχει [χθονὸς] ἑτοῖμον αὐτῷ πάρεδρον,

70 ψυχᾶν N¹Q¹ || ἔστειλαν AB.CDEFGHIMNO.PQSUVWXᵇZΓΔΣ
aᵃᶜdn — ἔτειλαν [R?]Xaʳᵒkoϱυμ´ν´τ´ [rell. recc.] Al. Ro.* || πύρσιν Vᵃᵃ W
cf. O. I, 50. In V saepe π et τ vix possunt distingui. || **71** νᾶσον ABC
DᵃEFH[M]NOPQRᵃSUVWXᵇZ[Δ]ΣΞoxᵉ Ro.* Ht. — νῆσον Γ — νάσιν
Ω — νάσον Al. — νάσους a — νάσους Dᵇnqᵃz — νᾶσος Gkmq¹sx¹θ´μ´ν´
σ´τ´ (Ca. in St.³) Be. Bö. Bg. — νάσος [Rᵇ?] rυxᵃzᵐ Sw. cf. Ah. D. D. 30.
— νᾶσος] ἀντὶ νήσους gl. Gᵐ — νήσους gl. k — νᾶσος χρὴ γράφειν διὰ
τὸ μέτρον Tricl. gl. marg. — νήσους paraphr. AB et paraphr. Rec., sed se-
mel in primo commate BU νῆσον praestant, ubi Ro.* (et O) νήσους ||
72 παραπνείουσιν A — περιπνέοισαν Bᵃ, — περιπνέοισαι Bᵇ — περιπνέοισιν
CD¹GHᵃ?IOPQUS (Hy.) Bö.* — περιπνέουσιν DᵃEF?HMNRVWXZ[Δ]Σ
Ψ recc. Al. Ro.* — περιπνέουσι Γᵖᵒ (πλ. a. c.) — περιπέουσιν coni. Ca. ||
73 χρυσόθεν B,E,Eᵃᶜ D — χερσόθεν A[BC]Eᵖᵛ F. etc. — χερσόθε, κ' coni.
Pw. — χερσόθι, τάδ' coni. Mi. || δένδρων N — δενδρίων k — δενδρῶν
rell. — δενδρέων θ' Ht. || **74** ὅρμοισι (ους supra οισι) EHNQSrπ — ὁρ-
μοῦσι a — ὅρμοισι] ἀντιπτ[ωτικῶς] ὅρμους καὶ στεφάνους gl. A — ὅρμοισι
rell. || post τῶν dist. PVaᵇ Al. || χέρας Dn — χέρας (ιν supra ας) C —
χερσὶ E²¹Nᵇklq¹ — χερσὶν hᵃᶜrᵃxᵃ — χέρας σὶν a — χέρας A[B]C¹EF?
G[HM]NO.P[QRSW]U,VXZΓ[Δ]Σaʳᵒhᵛᵒoqᵃr¹x¹kᵇμ´ν´σ´τ´ [rell. recc.] Al.
Ro.* — ἐν ταῖς χερσὶν gl. A — κάρα Ht. || στεφάνοις CᵃFᵃN¹XZΓ[Δ]Σ
aϱʳᵒkvᵒoqᵃr¹x¹GᵇHᵇRᵇRᵉμ´ν´σ´τ´ Al. Ro.* Ht. — στεφάνους ABC¹DE
F¹GᵃHᵃMNᵃOPQRᵃSUVWΣᵃΣΨᵍᵃᶜhkᵃᵒq¹rᵃvxᵃ — ἤτοι τὰς κεφαλὰς gl.
F — τὰς αὐτῶν κεφαλὰς gl. Σ (quae pertinet ad Σᵐ, non ad Σ) — κροτά-
φους coni. Kn. — κεφαλὰς (Pw.) Bö.* — στεφάνας coni. Hm. — ἀναπλέ-
κοντ' ἐϋστεφάνοις coni. Bg. || **75** βουλαῖς ἐν ὀρθαῖσι AB.E.F.GHMOPQ
SU.VWZΔΣΨ Ro; — id. (sed ὀρθῆσι) Γ — βουλαῖς ἐν ὀρθαῖς (E,F,Q,
in pr. lemm.) RXa[bc]đhikᵃ[lm]nopϱθqruνυυw[x] Al. Ro.* — βουλαῖς ὀρ-
θαῖς (om. ἐν) θ´μ´ν´σ´τ´kᵇ — βουλαῖς δικαίαις (O,U, in pr. lemm.) — βου-
λαῖς ὀρθαῖσι D — βουλαῖσιν ὀρθαῖς C, — βουλαῖσιν ὀρθαῖσι CN || **76** ὃν
ὁ πατὴρ E,F,N || ἔχει γῆς ἑτοῖμον ACᵃ — ἔχει γᾶς ἑτοῖμον C¹ — ἔχει
γᾶς ἑτοιμον BDEFGHMO.UVWXZ·Γ[Δᵃᶜ]ΞΣ Al. — ἔχει, γᾶς, ἑτοῖμον

πόσις ὁ πάντων Ῥέας ὑπέρτατον ἐχοίσας θρόνον.   140
Πηλεύς τε καὶ Κάδμος ἐν τοῖσιν ἀλέγονται·
Ἀχιλλέα τ' ἔνεικ', ἐπεὶ Ζηνὸς ἦτορ
80 λιταῖς ἔπεισε, μάτηρ·

ὃς Ἕκτορ' ἔσφαλε, Τροίας   Στρ. έ. 145
ἄμαχον ἀστραβῆ κίονα, Κύκνον τε θανάτῳ πόρεν,
Ἀοῦς τε παῖδ' Αἰθίοπα. πολλά μοι ὑπ' ἀγκῶνος ὠκέα
ἔνδον ἐντὶ φαρέτρας   [βέλη 150
85 φωνάεντα συνετοῖσιν· ἐς δὲ τὸ πᾶν ἑρμηνέων

(παῖς supra γᾶς) N — ἔχει γᾶς ἕτοιμόν γε PQS — ἔχει ἕτοιμον (om. γᾶς) B, — ἔχει χρόνος ἕτοιμον [R]đg Bö.* — ἔχει χρόνος ἕτοιμον ar° — ἔχοι χρόνος ἕτοιμον π — ἔχει χρόνος ἕτοιμον a[bc]đđ[hi]k[lm]noqr[sv]x[s']μ'ν'τ'Uᵇ Zᵈ Δᵇ Ro.* — Tricl. not. χρόνος χρὴ γράφειν, οὐ γῆς, ἵν' ἔχῃ πρὸς τὰ μέτρα ὀρθῶς. || αὑτῷ ACDEFGH°OPUV°[WX]đkno°°?gr°°g Ox.* — αἲ. et αὐ. B — αὑτῷ constat esse in aor°?υμ'τ'ΣVᵇ Hᵇ (de NQZΔr°° non item) Al. Ro.*

77 πάντων, ῥέας A || ὕπατον ἐχοίσας παῖς θρόνον ABCDE°FGHMN OPQᵘᵘ°Rᵃ SUᵇ VWX — id. (sed θρόνος) UᵃΔᵃΣ — id. (eraso παῖς) Eᵇ Rᵇ Δᵇ — ὑπέρτατον ἐχοίσας παῖς θρόνον Γ solus — ὑπέρτατον ἐχοίσας θρόνον Zađđđngoguμ'ν'τ' [rell. recc.] All Ro.* — Tricl. not. οἱ γράφοντες ὕπατον ἀγνοοῦσι τὰ μέτρα. || 78 τοῖσι V — τοῖσι Wo || ἀλέγεται Σ c. gl. συναριθμεῖται — ἀλέγοντι θ'ᵃ || 79 ἀχιλία ABHΔ et Bᵒᶜʰ — ἀχιλλέα CD EFG[M]NOPQ[R]SUVXZΓΣ recc. Al. Ro.* || δ' N — τ' rell. — Sch. B καὶ — δὲ || ἔνεικ'''. ἐπεὶ A || 80 comma post ἔπεισε Nε Cp. Sm.* — non dist. rell. || μῆρ ENOQXq — μήτηρ SZkᵃᶜ || 81 ἕκτορα σφάλε A quod haud credas neglegentiae deberi sed antiquitus traditum esse. — ἕκτορ' ἔσφηλε VWXZ — ἕκτορ' ἔσφαλε [BC]D etc. || τροίας omnes mss. Al. Ro.* Τρύας Bö.²* || post (non ante) τροίας dist. [B]S Ro. Mr. — utroque loco V — neutro DEF recc. Cp. St. — ante (non post) τρ. AC Sm.* recte || 82 εὔμαχον enotavi ex A, sed est gl. A ἀκαταγώνιστον et α saepius in A vix discerni potest ab ευ || δὲ N, — τε rell. (et N) || 83 τε om. N || αἰθίοπ̣,πα μ'ν'τ' (commentum Triclinii) || σκυθικά quod e Sch. A coniectum est, metro repugnat. || 84 φαρέτρης MN || 85 φωνάντα AΩᵇq — φωνάιτ' ἀ A. — φωνάεντα B — φωνάεντα CDEFPᵒGHINOPQRSUᵒVWZΓΔΣΣiđ — φωνάιτα Ωᵃ Al. — φωνήεντα h — φωνάοντα X — φανάεντα O, — φωναίεντα Fᵃᶜ — φωνεῦντα Uᵇ koᵃᶜ? x Eustath. 775, 48 (1237, 61) et Prooem. 2. Cram. Anecd. III, 247, 27. — φωνᾶντα apoᵃᵒ?rμ'ν'τ' [rell. recc.] Al. Ro.* || τὸ πᾶν [ACEFQRS]Vᵃ kᵃᶜ x Be. Hy. Sw. Bg. — τοπᾶν arᵃ(Vᵇ?) Bö.²* — τόπαν Bö¹. — τοπὰν rⁱ — τὸ πᾶν BDGH[MN]OPUWXZΣnoqμ'ν'τ'kᵇ Al. Ro.* Mire quidam ἄσκοπα μὲν inculcat, Neo-Pauwius.

χατίζει. σοφὸς ὁ πολλὰ ϝειδὼς φυᾷ· | μαϑόντες δέ,
λάβροι 155
παγγλωσσίᾳ κόρακες ὥς, ἄκραντα γαρύεται

Διὸς πρὸς ὄρνιχα ϑεῖον. Ἀντ. ε'.
ἔπεχε νῦν σκοπῷ τόξον. ἄγε ϑυμέ, τίνα βάλλομεν 160
90 ἐκ μαλϑακᾶς αὖτε φρενός; εὐκλέας ὀϊστοὺς ἱέντες; ἐπί τοι
Ἀκράγαντι τανύσαις 165
αὐδάσομαι ἐνόρκιον λόγον ἀλαϑεῖ νόῳ,
τεκεῖν μή τιν' ἑκατόν γε ϝετέων πόλιν | φίλοις ἄνδρα μᾶλλον 170
εὐεργέταν πραπίσιν ἀφϑονέστερόν τε χέρα

86 φυὰν B^ach? || λαῦροι AE^ao || 87 παγγλωσσία(α) ABEG[HM]OQ
[R]SVΣaoq Ro.* — παγγλωσία(α) (G teste Be.) NUYZ^p^ Gbehrxμ'ν'σ'τ' —
πγλωσσία D — πάγλωσια Z^ao — παγλωσία Al. — παγιλωσίαι C^ao —
παγγλωσίαι Cp·F — παγγλωσσίαι W Greg. Cor. p. 93. Canter. || ὡς VW
Z — ὡς (ὣς) ABetc. || γαρύετον mss. Al. Ro.* || 88 ὄρνιϑα A¹ C^b NE^r U^o V
W^ar k^o — ὄρνιχα A^a [B]C^b DEF[GHM]O[PR^b]QSU^b XYZΓΠΣaoqμ'ν'k^b
[rell.] Al. Ro.* — ὄρνικα cod. Voss. Gr. Cor. p. 97. || 89 ἔπεσχε N. ||
dist. post τόξον plene ADFQSU^b ZΠaqrμ'ν' Al. Ro. Mr. St. (Sch. Vet. et
Rec.) — non dist. BEOU^a VΣkn Cp. Sm. Ox. sed in B ita protractum
est ν, ut finiri sententiam indicet — commate Hy.* — ante τόξον commate in-
terpungit o (non post τ.) || 90 ἐκ — φρενός cum ἱέντες iungunt AN et Sch.
A — cum βάλλομεν B et Sch. B — neutro loco dist. plurimi mss. et Sm.* ||
ἱέντες HOUWΠΣkoqυμ'ν'σ' — ambiguo spiritu Van — duplici C — ἱέντες
A[B]DEFNQSXYZ etc. — ἰόντες Δ || 91 ἀκράγαντι AB.CD^a EF¹ [GH]I
M[N]O.PQSU.ΔΣ[bcϑ'] Al. Ro.* — ἀκράγαντα D^b F² IRU,WXYZΩahikim
ο? qrszxxμ'ν'σ' || τανύσαις AB.CDE,MOPQ¹ SVWo — τανύσαις EFIN X^a
YZakηqrγμ'ν [rell. recc.] Al. Ro:* — τανύσοις Δ? — τανύσας HIX^r ΓΣ
ΠΣ (σας') Ψ (Sch. O. II, 16 in BU) — τανύσσας G̃. (nisi ft. text. σᾳς)
U^a — τανύσσον (G teste Bö.) Q^a et τάνυσον N¹ U^b, utrumque e glossa ||
92 αὐδάσομεν B^a (G,H, altero loco) Q^a* g^ao (Schol. O. II, 16 in G) Bö.² —
αὐδάσομαι A.B^b C.DE.[F]GH[M]NO.P[QRS]U.VWXYZ[ΓΔ]ΠΣakoqrpμ'ν'
[rell. recc.] (Schol. O. II, 16 in BU) Al. Ro.* Bö.² * || ὄρκιον (om. ἐν) C.N.
— μεϑόρκιον A, — ἐνόρκιον] καὶ μετὰ ὅρκου gl. A — εὐόρκιον μ'ν' — ἐνόρκιον
A[B[DE.F etc. — glossae ἔνορκον, ἐνώμοτον, ἀληϑέστατον, διώμοτον || λόγον (ad-
dito ν) Π || ἀληϑεῖ CDGOQSVWΔkηqμ'ν'σ' Ro.* — ἀληϑῆ Γ^ao — ἀλαϑῆ
Π — ἀλαϑεῖ ABEFHINUXYZΣao[r]^kb Al. Cp. St.* || νόῳ V — νόον
Γ^ao || 93 γε ἐτέων A. Sm.* — ἐτέων (om. γε) A̱, — τ' ἐτέων C^ao et Schol.
O. II, 16 in BGU etc. — γ' ἐτέων rell. omnes. || 94 τὸ πραπίσιν A — sine
τε rell. — τι πράπιν? cf. Ah. D. Ae. p. 113 sq. et P. II, 61. || πραπίσιν
ἀφϑονώτερον N

95 Θήρωνος. ἀλλ' αἶνον ἐπέβα κόρος   Ἐπ. έ.
   οὐ δίκᾳ συναντόμενος, ἀλλὰ μάργων ὑπ' ἀνδρῶν,   175
   τὸ λαλαγῆσαι θέλων κρύφον τε θέμεν ἐσλῶν καλοῖς
   ἔργοις, ἐπεὶ ψάμμος ἀριθμὸν περιπέφευγεν,
   καὶ κεῖνος ὅσα χάρματ' ἄλλοις ἔθηκεν,   180
100 τίς ἂν φράσαι δύναιτο;

95 ἐπέβα AB.CDE.F.GHIKMN.O.PQRSU.VWXYZΓΔΠΞΣΤΩ Al. —
ἐπαίβα ᵧ — ἐπίβασι Λ, — ἐπίβησι paraphr. A — ἐπεβούλευσε gl. EF — ἔβα
α[bc]ddhik[lm]nopρ̅ρ̅ρ̅ρ̅ρ̅qr[s]uvw[xzϑ]μ'ν'ξ'υ'φ'[σ'] Ro:* — Interpolatam lectionem exemplis editores firmare studuerunt, sed tamen abiicienda est ut emendatio metrica quae in ipsum metrum peccat. Vide ad vs. 55. In Α, perhibetur esse ἐπέβαλε, vitiose, ut vs. 93 γε omissum. || 96 συναντώμενος CD?F¹NOQʳᵉRV WXYZΓ⁻ΔΣkᵃᶜnq — συναντόμενος AD?EFᵇIUQᵃᵒSUΓ¹Πακʳᵒομ'ν' [rell.] Al. Ro.* || μαργῶν ἑπ' ᵦ || 97 τὸ λαλαγῆσαι θέλων omnes mss. Al. Ro.* Ah. Sw. Bg. — τε λ. θ. Bth. — τὰ λ. θ. Be. — τι λ. θ. (Pw.) Be. — τὸ λ. ἐθέλων Bö.* || κρυφίον τε θέμεν ABCDEFGHIMNOPQRSUVWX YZʳᵒ[Γ]ΔΠΣΘno Ro; — id. (sed κρούφ.) Al. — κρύφον τε θέμεν Zᵃᶜ ad kqrvwμ'ν' [rell. recc.] Ro.* (Aristarch.) — κρύφον τιθέμεν Hm. || ἐσλὸν Α?BEGHIPVWΓΔΣΠΣλ — ἐσθλὸν CDNOQRSUXYZᵃ ᵃˢ iʳᵒnρq¹ ʳᵃ vb x ρᵉ Al. — ἐσλῶν Α?Fᵘˢ μ'ʳᵉ St. Bö.* — ἐσλῶν Zᵇ a¹[bc]dᵢᵃᶜ k[lm]ogˢ r¹ svᵃ x [ϑ] μ'ᵃν'[σ'] Ro.* — gl. τὸ ἀγαθὸν PQ — in A compendia ita ligata sunt ut utrum ἐσλον et ἐσλων iunctim an ἐσλῶν vel ἐσλὸν solum sit non liqueat. || καλοῖς ABCDEFGHIMN[OQUS]RVWXYZΓΔΣaˢ iknρqˢ ʳᵃ μ'ν'[bclmxΣ'] Al. Ro.* — καλοῖς Gᵃᵒ?kᵃᶜ?a¹oq¹ʳ¹sz (Mi. Hy.) Bö.* — om. καλοῖς Π — de P non liquet || 98 ἐπὶ Wᵃᶜ — ἐπει ν' — ἐπεὶ AEFNOUVXYZΣ aᵛknoqμ' [rell.] Al. Ro.* — ἔπι coni. Bg. || ἀρθμὸν μ'ν'σ' cum gl. διὰ τὸ μέτρον. Correxit Tricl., ne arsis solveretur. Ostendit sollertiam critici. Vide ad vs. 15. || περιφεύγει A — περιπέφευ... Bμ' — περιπέφευγε CD EFGHMNOPQRSUVWXYZΓΠΣν' — περιπέπτυκε W — περιπέφυγεν Δ?ak oqrv Al. Ro.* — πέφυγεν (om. περι) nx || 99 κἀκεῖνος ABCDEFGHᵃ Π MNOPQRSUVWXYΓΔΣΠΣ — κἀκεῖνος ZHᵇΩ Al. — κεῖνος Ro.* (nullus ms.) — ἐκεῖνος ahknoqrvμ'ν' [rell. recc.] Sm.* || ὅσα ACDEF[IMRW]N VZ recc. Al. Ro.* — ὅσσα BGHOQUSXYΓΔΠΣ || χάρματα ἄλλοις ϱθ' || ἄλλοισι θῆκε ft. Qᵃᶜ || ἔθηκεν AZΓ[ΔΠ]Σaknoρμ'ν' [rell. recc.] Al. Ro.* — ἔθηκε G — ἔθηκε BCDEFHINOPQʳᵖRUVWXYq

Subscr. τέλος Θήρωνος ἀκραγαντίνου F antiquo more — ὕμνου τέλος Θήρωνος ἀκραγαντίνου DGQSTUVXμ'σ' Tricliniano more — ρπβ q (i. e. numerus versiculorum 182; incluso additicio φιλέοντι δὲ μοῖσαι 181 computari debebant) — nulla subscr. in ABCE etc.

ΟΛΥΜΠΙΟΝΙΚΑΙ Γ'.

ΘΗΡΩΝΙ ΑΚΡΑΓΑΝΤΙΝΩ.

ΕΙΣ ΘΕΟΞΕΝΙΑ.

Strophae.

‒́ ⏑ ‒ ‒ ⏑ ⏑ ‒ ‒́ ⏑ ‒ ‒ ‒́ ⏑ ‒ ‒́ ⏑ ⌣
‒ ‒́ ⏑ ⏑ ‒ ⏑ ⏑ ‒ ‒́ ⏑ ⌣
‒ ‒́ ⏑ ‒ ‒ ⏑ ⏑ ‒ ‒́ ⏑ ‒ ‒́ ⏑ ‒ ‒́ ⏑ ⌣
‒ ‒́ ⏑ ‒ ‒ ⏑ ⏑ ‒ ‒́ ⏑ ‒ ‒́ ⏑ ‒ ⏑ ⏑ ‒ ‒ ‒́ ⏑ ⌣
5 ‒́ ⏑ ‒ ‒ ‒́ ⏑ ‒ ‒ ‒́ ⏑ ‒ ⏒

Epodi.

‒́ ⏑ ‒ ⏒ ‒́ ⏑ ‒ ‒ ‒́ ⏑ ‒ ⌣
‒́ ⏑ ‒ ‒́ ⏑ ‒ ‒ ‒́ ⏑ ‒ ‒ ‒́ ⏑ ⌣
‒́ ⏑ ‒ ‒́ ⏑ ‒ ‒ ⏑ ⏑ ‒ ‒ ‒́ ⏑ ⌣
‒́ ⏑ ‒ ‒́ ⏑ ‒ ‒́ ⏑ ‒ ⏒ | ‒́ ⏑ ⏑ ‒ ‒́ ⏑ ⌣
5 ‒́ ⏑ ‒ ‒́ ⏑ ‒ ‒́ ⏑ ‒ ⏒

Στρ. α'.

Τυνδαρίδαις τε φιλοξείνοις ἁδεῖν καλλιπλοκάμῳ θ' Ἑλένᾳ
κλεινὰν Ἀκράγαντα γεραίρων εὔχομαι,
Θήρωνος Ὀλυμπιονίκαν ὕμνον ὀρθώσαις, ἀκαμαντοπόδων 5

Inscr. τῷ αὐτῷ ἅρματι. Θεοξένια. AC — τῷ αὐ. ά. εἰς θ. N — τῷ αὐ. στησιχόρεια (ια cod.) εἰς θ. O — τῷ αὐ. εἰς θ. BDEF[GM]PQU VXZΓΔΠΣanoq Al. — τῷ αὐ. Θήρωνι εἰς θ. μ'ν' Ro.*

1 φιλοξείνοις [A]DG[M]NPU.VXZ[Rᵇ]ɑhikno[x] Al. Sm.* — φιλοξείνοις B.CE.F.OQ.Rᵃ?ΓΠΣqμ'ν'σ' Ro.* ‖ ἁδεῖν BCE.F.[M]NO[P]Q.UVZΓ Δbnopμ'ν'σ' Al. Ro.* Bö.* — ἁδεῖν AGXΣq[x] Sm.* — ἅδειν Π — αἰδειν B,? — ᾀδεῖν D? — ἀδεῖν a ‖ ἱλήνη A — ἱλάνα V ‖ 2 κλεινὴν Bᵃbckoqx ‖ 3 -σαις AB (Pw.) Hy. Be.* — σας rell. Al. Ro.*

OLYMPIA III.

ἵππων ἄωτον. Μοῖσα δ' οὕτω μοι παρεστάκοι νεοσίγαλον
εὑρόντι τρόπον
5 Δωρίῳ φωνὰν ἐναρμόξαι πεδίλῳ

Ἀντ. α'.

ἀγλαόκωμον. ἐπεὶ χαίταισι μὲν ζευχθέντες ἔπι στέφανοι
πράσσοντί με τοῦτο θεόδματον χρέος,
φόρμιγγά τε ποικιλόγαρυν καὶ βοὰν αὐλῶν ἐπέων τε
θέσιν
Αἰνησιδάμου παιδὶ συμμῖξαι πρεπόντως, ἅ τε Πίσα με
γεγωνεῖν· τᾶς ἄπο 15
10 θεόμοροι νίσοντ' ἐπ' ἀνθρώπους ἀοιδαί,

Ἐπ. α'.

ᾧ τινι, κραίνων ἐφετμὰς Ἡρακλέος προτέρας, 20
ἀτρεκὴς Ἑλλανοδίκας γλεφάρων Αἰτωλὸς ἀνὴρ ὑψόθεν

4 μοῖσαι C — μῦσα X ‖ ποι ABC¹EFGNRUVXZΓΔᵃᶜ?ΠΣᵃᶜaknqμ'ν'
(etc.) Al. Ro.* — ποί ο — τοι DORΔᵇΣᵖᶜ St. Hm. Bö.* — τοι et ποι (alterutram e corr.) Q — που C — μοι scripsi ‖ παρέστα μοι ABCEFG[M]NOPQ[R]
UVXZΓΔΠΣankroϙ μ'ν' (etc.) Al. Ro.* Hm. Bö.² * — παρέσται μοι D — παρέστη μοι kᵃᶜqἰ — παρέστα μοι Bö.¹ qui hoc ex o refert; mihi codice o iterum
inspecto librarius παρέστα μοι voluisse, sed paullo obtusiore calamo exarasse videtur. Scripsi παρεστάκοι. ‖ νεοσίγηλον A, ‖ 5 δωρίᾳ Γ¹ΔΠRᵇ ‖ 6 ἀγλαόκωμον DFNᵃ Oᵃᵉ ΓΔΣᵃᵉ kᵃᶜ Mr. ‖ ἐπιστ. AB,E,F,UVΠσ' Al. — ἔπι, στ. N —
ἐπὶ, στ. Q.Γ — ἐπὶ στ. CEFOΣᵖᶜ? — ἔπι, στ. D — ἔπι στ. GXZΣᵃᶜ?aknoϙ
μ'ν' Ro.* ‖ 7 θεόδματον BCN.O.RXaknoϙxz — θεόδματον A.DEFGPQU.V
Z[ΓΔ]ΠΣkᵇ μ'ν'ϙ'σ'ω' Al. Ro.* ‖ 8 δὲ Σ solito vitio — τε(τὲ) rell. (etiam Π) ‖
9 αἰνισ. DGOPU¹VXΓΕΠkᵃᵉ ‖ πὰρ παιδὶ Bᵃ — παιδὶ (sine πὰρ) Bᵇ et
rell. ‖ συμμίξαι mss. Al. Ro.* — συμμῖξαι Sw. Ht. ‖ Θήρωνος B —
πρεπόντως rell. ‖ με γεγωνεῖν mss. Al. Ro.* — με γεγωνεῖ Pw. Em. — ἐ
γεγωνεῖν Ht. Non opus. Cf. O. I, 104. ‖ πῖσα Aᵃᶜ — πίσσα DGO,U.XΓΔΠΣ
‖ 10 θεόμοροι AMPRZΓaᵖᵉ kμ'ν'σ'ρ' (cum gl. Tricl. συνίζησις) Al. — θεόμοιροι A,B.CDEFGNOQUVXΔΠΣ — θεόμηροι Schol. Il. ζ, 110. — θεύμειροι ο — θεύμοροι aᵃᵉnϙ[x]ω' Ro.* ‖ νίσοντ' A.BCDENOPQVΓΔᵖᵉ Bg.²
— νίσσοντ' C¹EFGUXZΔᵃᶜ?nμ'ν'[σ'] Al. Ro.* — νήσοντ' ΞΠ — νήσσοντ'
Σ — νείσοντ' M — νείσονται Schol. Il. ξ, 410. — νείσοντ' akmϙoxz ‖
ἀνθρώποις Σ solus ‖ αἱμαὶ aᵃ — ἀοιδὰς n — ἀοιδαὶ rell. ‖ 12 ἐλαν. EFᵃᵉ
R ‖ γλεφ. BDᵖᶜ?EFGᵖᶜ?Oᵖᶜ Rᵃ Vᵖᶜ Δ Hy.* — βλεφ. ACDᵃᶜ?Gᵃᶜ?NOᵃᶜ
PQRᵇUVᵃᶜXZΓΠΣaknoϙxμ'ν'σ' [rell. recc.] Al. Ro.* Bg.²

ΟΛΥΜΠΙΟΝΙΚΑΙ Γ'.

ἀμφὶ κόμαισι βάλῃ γλαυκόχροα κόσμον ἐλαίας· τάν ποτε
Ἴστρου ἀπὸ σκιαρᾶν παγᾶν ἔνεγκεν | Ἀμφιτρυωνιάδας, 25
15 μνᾶμα τῶν Ὀλυμπίᾳ κάλλιστον ἀέθλων.

Στρ. β'.

δᾶμον Ὑπερβορέων πείσαις Ἀπόλλωνος θεράποντα λόγῳ, 30
πιστὰ φρονέων Διὸς αἰτεῖ πανδόκῳ
ἄλσει σκιαρόν τε φύτευμα ξυνὸν ἀνθρώποις στέφανόν τ'
ἀρετᾶν.
ἤδη γάρ αὐτῷ, πατρὶ μὲν βωμῶν ἀγισθέντων, διχόμη-
νις ὅλον χρυσάρματος 35

13 ἀμφι D.ΧΓ ‖ βάλῃ(η) ABCEFGMNO*P[R]VXZΓΔΣΠΣΩΩaknpoqsxz(θ'?) Al. Hm. Bö.* — βάλλῃ(η) DOᵇQU — βάλλοι ν' — βάλοι [bc][l?] μ'σ' Ro.* — Optativi suasores nulli nisi Tricliniani. ‖ τήν A ‖ σκιερᾶν ΑΓn Al. — σκιερῶν Ω — σκιαρῶν μ'ν'σ' — σκιαρὰν U — σκιαιρᾶν Z — σκιαρᾶν B.[C]DE.F[GMN]O.PQ[R]U,ΠΣakoq Ro.* ‖ 14 πηγῶν M — πηγᾶν B,E,F,NQR — παγῆν Cᵃᵒ? — παγᾶν [AB]Cᵖᵉ DEF etc. ‖ ἔνεγκε E — ἔνεγκεν FR — ἔνεκεν (sic) MZ — ἔνεικεν ΠΣ — ἔφερεν s — ἔνεικεν [A]B QZ=ομ'ν' [rell.] Al. Ro.* ‖ -νίδας ABCDEFG*NMOPQUVZΓΔᵖᵉ ΠΣ — νιάδας ΧΔᵃᵉ?Gᵇ aknoqμ'ν' [rell. recc.] Al. Ro.* ‖ 15 μνῆμα MX ‖ ὀλυμπίων MNOQU — ὀλυμπίᾳ(α) AB.CDEFGR*VXZΓΠΣ Bo; — οὐλυμπίᾳ [Δ?]Rᵇ aknoqμ'ν' [rell. recc.] Al. Ro.* ‖ ἀέθ. ABCDEFMNOPQUVXZΓΔ ΣΠΣ (σ'rᵉᵃⁿ Δ?) Al. Bg.² — ἀέθ. Gaknoqxμ'ν'σ' Ro.* ‖ post ἀέθλων plene interpungunt ABDFᵇNMUΣᵇ Fr. — commate aoq Al. Cp.* — non interp. EFᵃOQZηημ'ν' Ro. ‖ 16 δῆμον B,Vxpᵒ ‖ -σαις [A]BGrᵒ? Pw. Hy.* — σας rell. ‖ λόγῳ(ω) AB[C]DEFGI?MNOPQ[R]UVXZΓΔᵃ ΠΣsᵈ (Sch. Vet.) Bö.* — λόγω Π — ,όγε Σakno?qsμ'ν'ω'Gᵇᵐ Uᵇ Zᵇ Δᵇ [r.r.] Al. Ro.* ‖ post λόγῳ plene AFᵃᵉ NV Bö. — non dist. BDEFᵖᵉ QZ Al. Ht. — commate U Di. — colo Sw. — de rell. mss. n. l. ‖ αἰτεῖ ABᵃᵉENΩΩaknoqsxsμ'ν'σ'ω' Ro.* αἰτει Bᵖᵉ CF?IQᵉ R?ZΠΣΣ Sm.* — αἰτεῖ GOVΓ? — ἔτει DPQ¹Oᵃᵉ U cum Eustath. 381, 27. et Greg. Cor. 227. — ἄιτει Koene Be. Hm. (Bg.) idemque refertur esse in cod. Reg. Greg. Cor. l. l. — αἰτῶν Ht. ‖ 18 ἄλσει CF — ἄλσει F, et rell. — ἔμμεν coni. Hm. — δοῦναι sive αἰεί coni. Bg. ‖ σκιερὸν CDNOPQΩΩsz Al. — σκιαρὸν ABEFG[MRV]UXZΠΣ[ΓΔ] recc. Ro.* ‖ στέφανόν τ' ἀρετᾶν AB?DGIOQVΓΔΣ Bö.* — id. (sed τῶν) CEFN RZΠΣ — id. (sed τᾶς) B?Χaknoqxμ'ν'ᵖeᵖ σ'ω' Al. Ro.* — id. (sed ταῖς) M zν'ᵃᵉ — τ' ἀρετᾶν στέφανον Bg.² ‖ 19 αὐτῷ A.B,DEFUVaknq Ro.* — id. (sed ὕ supra) COQZΣ (cum gl. ἀντὶ αὐτοῦ δωρικόν in QZ) — αὐτῶν Δ, (non Δ,) vitiose — αὐτῶι G — αὐτῷ [B]ομ'ν' Al. Mr.* (cum gl. Tricl. αὐτῷ τῷ ἡρακλεῖ) ‖ ἁγιασθ. UΧΓΠkn

20 ἑσπέρας ὀφθαλμὸν ἀντέφλεξε Μήνα,

Ἀντ. β'.

καὶ μεγάλων ἀέθλων ἁγνὰν κρίσιν καὶ πενταετηρίδ' ἁμᾶ
θῆκε ζαθέοις ἐπὶ κρημνοῖς Ἀλφεοῦ·
ἀλλ' οὐ καλὰ δένδρε' ἔθαλλεν χῶρος ἐν βάσσαις Κρο-
νίου Πέλοπος.   40
τούτων ἔδοξεν γυμνὸς αὐτῷ κᾶπος ὀξείαις ὑπακουέμεν
αὐγαῖς ἀελίου.

25 δὴ τότ' ἐς γαῖαν πορεύεν θυμὸς ὥρμα   45

Ἐπ. β'.

Ἰστρίαν νιν· ἔνθα Λατοῦς ἱπποσόα θυγάτηρ
δέξατ' ἐλθόντ' Ἀρκαδίας ἀπὸ δειρᾶν καὶ πολυγνάμπτων
μυχῶν,
εὖτέ νιν ἀγγελίαις Εὐρυσθέος ἔντυ' ἀνάγκα πατρόθεν 50

20 μήνη D?OPQX — μῆνα C^{ac} oq — μῆναι U? — μήνα A[B]C^r·EF etc.
|| **21** μεγάλων A — μεγάλων rell. cum paraphr. D (in AB n. e. p.) || ἁμᾶ U^{ac}X
Ωakmogn (Moschopulei) Al Br. Mr. To. Be. — ἁμα η — ἁμᾶ Σ — ἁμᾶ vett.
Thom. Triel. Ro. Cp. St.* Bö.* — ἁμᾷ Hy. recte. Cf. Ah. D. D. 272. || **22** ζα-
θέων σ — ζαθέον V^{ac}? || ἀλφεοῦ omnes || **23** δένδρ' DOΣamo — δέν-
δρε' ABC etc. || ἔθαλλεν; A — ἔθαλλεν CEGXZΞΠΣ recc. Hm. Bö.* —
ἔθαλεν FURΩ Al. — ἔθαλλε, N — ἔθαλλι BDOPQV[ΓΔ] Ro.* — δέν-
δρεα θάλλε(ν) in nullo ms. || om. ἐν P solus — habent ἐν rell. (etiam Q)
|| βάσσαις A CNZ — (βήσαις, βήσαις in Sch. A) — βάσσαις rell. || **24** ἔδο-
ξεν AZΞΩabcdemnosxzμ'ν'τ' Al. Bö.* — ἴδοξε BCD[EFGMN]O.P[Q]RU[V
XΓΔΠ]Σkg Ro.* || ἀελ. ACΞ Sw. Bg. (in C ἀελ. nisi fallor) — ἀλ. D
E^{ac}?F^{ac}Qa — ἠλ. MNU? — ἀλ. BE^{pc}F^{pc}G^{ut} O?RVXZΓ[Δ]ΠΣknogμ'ν'
[rell.] Al Ro.* || **25** πορεύεν A Pw. Be. Hy. — πορεύειν rell. — βορείαν
Ht. || ia C sub litera ς vocis θυμὸς alia litera latere videtur || ὥρμα
A (cum gl. ἐκίνει) (Bö.) Ht. — ὥρμαι|ν' ΠΣ — ὥρμαι|ν' omnes rell. ||
26 Ἰστρίαν νιν. AB.CDE.F.G.N O.PQ.RU.VZΞΠΣ Sm.* Sw. Bg. —
Ἰστριάν νιν. D^{ac}?MΓΔ — , Ἰστρία νιν (Aristarch. in Sch. A) in nullo ms. Ht.
— Ἰστριανήν. B^sG^sXZ,Σ^s?Ωakmnoszμ'ν'σ'ω' [rell. recc.] Al Ro.* || Λα-
τοῦς Σ || ἱπποσία Nbcq^{ao} || **27** δέξει' GZⁱΣΠ — δέξατ' [ABC]DEF etc. ||
πολυγνάκτων CR^a qμ'ν'σ'ω' Ro.* (Tricl.) — παλιγγνάπτων N^{ac} — παλιγγνάμ-
πτων N^{pc}UΠ — πολυγνάμπτων rell Al Mr. St.* || **28** μιν omnes (con-
stat de 28) — νιν scripsi || -σθέως M·O?U?ZΓ^a — -σθῆος Π || ἔν-
τυε ἄν. Z

ΟΛΥΜΠΙΟΝΙΚΑΙ Γ'.

χρυσόκερων ἔλαφον θήλειαν ἄξονθ᾽, ἄν ποτε Ταϋγέτα
30 ἀντιθεῖσ᾽ Ὀρθωσίᾳ ἔγραψεν ἱεράν.

Στρ. γ'.

τὰν μεθέπων ἴδε καὶ κείναν χθόνα πνοιαῖς ὄπιθεν Βορέα 55
ψυχροῦ. τόθι δένδρεα θάμβαινε σταθείς.
τῶν νιν γλυκὺς ἵμερος ἔσχεν δωδεκάγναμπτον περὶ τέρμα
δρόμου
ἵππων φυτεῦσαι. καί νυν ἐς ταύταν ἑορτὰν ἵλαος ἀντι-
θέοισιν νίσεται 60
35 σὺν βαθυζώνου διδύμοις παισὶ Λήδας.

29 χρυσόκερων A — χρυσόκερον n^{ac}q — χρυσόκερων rell. || θήλ.
ἵλ. CN || 30 ὀρθωσίᾳ(α) ὑγρ. omnes mss. Al. Ro.* — ὀρθωσίας ὑγρ. Bg.
et Ah. coni. — „ὀρθωσίᾳ", „ἔγραψεν", „ἱεράν" Ht. Non opus. Vide ad
O. XIII, 34. || ἔγραφεν C || ἱεράν ABCDEFGMNO[P?Q]RUVZΓΔΠΣ
aknoqρ'υ'π Sm.* — ἱράν Ωθσκμ'ν'ω' Al. Ro.* Bö.* Cf. ad P. IV, 5. ||
31 εἶδε ABC^{ad}EFGMOQRUVXZΓΔΠΣahik^a mnoqπ Al. — θε C^r·DN[bcl]
k^b[θ']μ'ν'[σ'] Ro.* (cum gl. Tricl. διὰ τὸ μέτρον) || καὶ κείναν Bö.* —
κάκείνην CR^k? — κἀκεῖνος Σ^{ac} — κἀκείναν Z St.* — κἀκείναν ABDEF
etc. rece. Al. Ro.* || πνοιαῖς AB.CD.GNO.Q^a R^{po}U.VXZΓΔΠΣΩθahnoqρ
κσμ'ν'σ' Al. Bg.² cum Greg. Cor. 220 (99). — πνοιαῖς EFMR^{ac} — πνοιῶν
Q^b? — πνοιᾶς ω' Ro.* (nullus alius ms.) || ὄπιθεν ACEFMO[P]Q^k[π]
Sm.* cum Gr. Cor. l. l. — ὄπιθεν a — ὄπιθε Br^{ac}G?V — ὄπισθε B^{ac}
G? — ὄπισθεν D.G.NU?XZΓΔΠΣknoqμ'ν'σ'ω' Al. Ro.* Cf. ad O. II, 70. ||
βορέαο Aln cum codd. Gr. Cor. l. l. — βορέου CD^{ac}NUk^b — βορέα [B]EF
[G] etc. || 32 δένδρεα θάμβαινε A (idem coni. Bg.) — δένδρεα θάμαινε OP
— id (sed θάμενε) D^{ac} — id. (sed θαύμενε) C^r·D^{ro} — id. (sed θαύμενε)
C^{ac} — δένδρεα θαύμαζε k (e glossa) — δένδρ' ἐθαύμαινε F^b — δένδρεα
θαυμαίνει Bö.¹ — δένδρεα θαύμαινε BEF^aG etc. rece. Al. Ro.* Bö.² * —
δ. θαύμανε Ky. — Paraphr. ἐξεπλάγη Sch. B — ἐθαύμαζε Comm. Mosch.
et gl. A. Cf. N. III, 50. || 33 μιν A. — νιν omnes rell. || ἔσχε ABC
DEFG[M]N[O?P?]QRUVWXZΣΠkq Mr. St. — ἔσχι, Γ — ἔσχεν anoμ'ν'
[rell. rece.] Al. Ro. Cp. Sm.* || δωδ. omnes — δυωδ. (Bg.) nullus || -απτον
EN^{ac}Rqμ'ν'σ' (Tricl.) — -αμπτον rell. Al. Ro.* || δε (enclitic.) PQ^a — δὲ
O^a — τὸ U — om. C^a — περὶ omnes rell. (etiam C^bO^bQ^b) || δρόμου M
|| 34 καὶ νῦν vett. Thom. knoq Al. Ro.* — καί νυν αμ'ν' Sm.* || εἰς
A contra usum poetae || ταύτην D,MXΓΔΠΣ || ἑορτὴν O¹ — ἀρετὰν V¹
— ἑορτὰν O^aV_a rell. || ἵλ. Z Cp. || νίσεται A.B.CDE.F.G.NPQRV Bg.²
— νίσσεται A,XZUΔ^{ac}Σmn^{ac} Al. Ro.* — νήσεται ΓΔr^oΣΠΣ — νείσεται
Mbcl — νείσσεται a^{ac}knoqπθ'μ'ν'σ' || 35 διδύμοις AX^bkozμ'ν'ρ'σ' Ro.* —

OLYMPIA III.

’Αντ. γ'.

τοῖς γὰρ ἐπέτραπεν Οὐλυμπόνδ' ἰὼν θαητὸν ἀγῶνα νέμειν 65
ἀνδρῶν τ' ἀρετᾶς πέρι καὶ ῥιμφαρμάτου
διφρηλασίας. ἐμὲ δ' ὦν πᾳ θυμὸς ὀτρύνει φάμεν Ἐμμενίδαις
Θήρωνί τ' ἐλθεῖν κῦδος, εὐίππων διδόντων Τυνδαριδᾶν,
ὅτι πλείσταισι βροτῶν 70
40 ξεινίαις αὐτοὺς ἐποίχονται τραπέζαις,

’Επ. γ'.

εὐσεβεῖ γνώμᾳ φυλάσσοντες μακάρων τελετάς.
εἰ δ' ἀριστεύει μὲν ὕδωρ, κτεάνων δὲ χρυσὸς αἰδοιέστατον· 75
νῦν δὲ πρὸς ἐσχατιὰν Θήρων ἀρεταῖσιν ἱκάνων ἅπτεται
οἴκοθεν Ἡρακλέος σταλᾶν. τὸ πόρσω | δ' ἐστὶ σοφοῖς
ἄβατον

διδύμμοις anqsx — διδύμεισι ER — διδύμοισι BCDFGMNOPQUVXZΓΔΞ
ΠΣΩΩ Al. — διδύμνοις (in nullo ms.) Hm.² Bö.* || παισὶ διδ z (?)
36 ἐπέτραπεν ABO? ΠΣaknoqμ'ν'ω' [rell. recc.] Ro.* — ἐπέτρεπεν CDE.
F.GMNPQRUVXZΓΔΞΩs Al. || ὀλ. NO Al. — οὐλ. ABC etc. || 37 τε A —
om. QX — τ' rell. || ἀρετᾶς A¹ E.Ok¹q — ἀρετᾶς A ͣ k ͨ rell. || περὶ Σ ᵇ
Πko — om. Σ ͣ — πέρι rell. Cf. O. II, 34. || 38 διφραλ. ΔΠΣkr ͨ —
διφρηλ. rell. || ἐμὶ δὲ ὦν A, — ἐμί δ' ὦν (pauci ἐμὲ) AB etc. || πᾳ ox
— πᾶι B,E. — id. (sed ι in litura) BV — πᾷ Ḡ. — πᾶ:- C — πᾶ
A ͬ ͤ DFNO.PQ.RU.XΓΠΣk ᵘᶦᵗ σ' — πῆ sive ποῖ A ͣͨ? — om. πᾷ M — πὰρ
nq ͣͤ Bö.* — πα Zaqr ͨ μ'ν'ω' Al. Ro.* Ky. Bg.¹ Sw. — πᾶς Bg.² — ἔμπα
Ht. (pro ὦν πα). Glossae ποῦ AES — πῆ Q πῃ Nkμ'ν' — περισσόν N —
ἀργόν P quae pertinent ad πᾳ. Ad πὰρ pertinet gl. παρακινεῖ in n || 39 κῦδος γ' A || τυνδαριδᾶν N || 40 ξειν. AB.CDE.F.GMNOPQRUVXΓΔΠΣ Al.
Ro; — ξειιν. Zaknoqr ͨ μ'ω' [rell. recc.] Ro.* || 41 φυλαττ. ΠΣ || 42 ὁ δὲ
ΠΣ — δὲ (sine ὁ) rell. || αἰδοιέστατος ANOZbcn ͣͨ — αἰδοιέστατον BCD
EFG etc. || 43 δὲ ADMOr ͨ ΓΔΠ (cum Sch. AB) Ro; Sw. — γε BCEFG
NO ͣͨ QRUVXZΣ recc. Al. Ro.* (cum Sch. OU et Comm. Mosch.) ||
44 ἡρακλέους A contra usum poetae || στηλᾶν AB.QXZak ͣͨ noqμ'ν'ω' Al.
Ro.* — στηλῶν A ͣ MOkr ͨ — σταλῶν N — σταλᾶν CDEFGPRUVΓΔΞΞΠ
Bö.* In paraphr. Sch. U τῆς στήλης legitur. || πρόσω B,FN, — πρόσσω
M — πόρσω rell. (etiam BN) || ἐστὶ A[B]CNk Mr. — ἐστι σ' — ἐστι
MOZΣομ'ν' [rell.] Al. Ro.* St.*   Est copula.

Mommsen, Pindar.

ΟΛΥΜΠΙΟΝΙΚΑΙ Γ'.

45 κἀσόφοις.   οὐ μὰν διώξω· κεινὸς εἴην.

45 κἀσόφοις omnes ‖ οὐ μὰν scripsi cum Th. — οὔ μην (δὴ supra μην) A — οὔ μὴν Σ — οὐ μὴν BCᵇ[Δ?]a*knoqm'n'w'* [rell. recc.] Ro.* (cum gl. *n* οὐ μὴν ἀντὶ τοῦ οὐδαμῶς) — οὔ νιν Cᵃ N — οὐ μιν DEFGO[P]QUVXZΓΠΩ Al. Ro.ᵐ Cp.ᵐ Br.ᵐ Bü.* (cum gl. Q αὐτὸ τὸ πόρσω) — οὐ μὴ Mi. ‖ κεῖνός Uᵃ Q, Ro. Cp. (cum gl. A κενὸς. ἐκεῖνος ὁ ἀνήρ.) — κεῖνος Dᵃᶜ oᵐ — κοινὸς Oᵃᵒ Rᵇ? — κεινὸς ABCDᵖᶜ etc. Al. Br. Mr.* ‖ εἴη a Sch. lectum esse putant quidam.

Subscr. τέλος Θεοξενίων. EFQS — ὕμνου τέλος Θεοξένια. U — τέλος τοῦ παρόντος ὕμνου. V — ὕμνου τέλος Θήρωνος. Gᵇ — ὕμνου δευτέρου τέλος Θήρωνος. μ'ν' — nulla subscr. in ABCD etc.

ΟΛΥΜΠΙΟΝΙΚΑΙ Δ'.

ΨΑΥΜΙΔΙ ΚΑΜΑΡΙΝΑΙΩ

ΑΡΜΑΤΙ.

Strophae.

```
  ⏑ ⏑ −́ ⏑ ⏑ − ⏑ − −́ ⏑ − − ⏑ ⏑ − −́ ⏑ − − ⏕
  ⏑ ⏑ −́ ⏑ ⏑ − −́ ⏑ ⏑ − −́ ⏑ −́ ⏑ ⏑ − − ⏑ − ⏕
  − −́ ⏑ ⏑ − −́ ⏑ ⏑ − − 
  − −́ − −́ − −́ ⏑ − − ⏑ −́ ⏑ ⏑ -
5 ⏑ −́ ⏑ − ⏑ − ⏕
  − −́ ⏑ −́ ⏑ ⏑ − −́ ⏑ −
  −́ ⏑ −́ ⏑ ⏑ − ⌢⏑ −́ ⏑ ⏑ − − −́ ⏑ − ⏖
  − −́ ⏑ ⏑ − −́ ⏑ − 
  ⏑ ⏑ −́ ⏑ − ⏑ ⏑ − ⏕
```

Epodus.

```
  − −́ ⏑ ⏑ − ⏑ − ⏕
  −́ ⏑ ⏑ ⏑ ⏑ − − 
  ⏑ −́ ⏑ ⏑ ⏑ − − 
  − −́ ⏑ ⏑ − ⏑ − − ⏑ ⏖
5 ⏑ −́ ⏑ −́ ⏑ ⏑ − −́ ⏑ − 
  −́ ⏑ ⏑ ⏑ − − 
  − −́ ⏑ ⏑ − − 
  ⏑ −́ ⏑ ⏑ − ⏑ − −́ ⏑ − 
  ⌢⏑ −́ ⏑ ⏑ −́ ⏑ − 
  ⏑ −́ ⏑ − ⏖
```

Inscr. ψάμμιδι x. ἅρματι. A — ψαύμιδι x. ἵππαις. CFGNOQVXZΓ anoqμ'ν' [rell. recc.] Al. Ro.* — ψαύμιδι μακαρίνῳ ἵπ. νικήσαντι. M — ψαύμιδι καμαριναίῳ (καμαρίνῳ B) ἵπ. νικ. τὴν ὀγδοηκοστὴν δευτέραν ὀλυμπιάδα τεθείππῳ. παιδὶ ἄκρωνος. BDEP (Sch. U ubi ο$\overline{β}$ est pro $\overline{πβ}$) — id. (sed ψαύμιῒ) ΔΠΣ — ψ. κ. ἀπήνῃ. Bö.* (in nullo ms.)

3*

ΟΛΥΜΠΙΟΝΙΚΑΙ Δ'.

Στρ.
Ἐλατὴρ ὑπέρτατε βροντᾶς ἀκαμαντόποδος Ζεῦ· τεαὶ
γὰρ ὧραι
ὑπὸ ποικιλοφόρμιγγος ἀοιδᾶς ἑλισσόμεναί μ' ἔπεμψαν
ὑψηλοτάτων μάρτυρ' ἀέθλων.
ξείνων δ' εὖ πρασσόντων ἔσαναν αὐτίκ' ἀγγελίαν
5 ποτὶ γλυκεῖαν ἐσλοί.
ἀλλ', ὦ Κρόνου παῖ, ὃς Αἴτναν ἔχεις,
ἶπον ἀνεμόεσσαν ἑκατογκεφάλα Τυφῶνος ὀμβρίμου,
Οὐλυμπιονίκαν δέκευ
Χαρίτων γ' ἕκατι τόνδε κῶμον,

1 τεαί γαρ OQ — τεαί γὰρ U — καὶ τεαί γὰρ M || ὧραι mss. et edd. cum Sch. AB (de temporibus Iovis festivis iusto ambitu redeuntibus; gl. N καιροί) — Ὧραι Sü. Bö.¹² || 2 ἰλ. FVΠΣ — ἰλ. rell. || ἐλισσόμεν' αἷ μ'ν' || μ' ἔπεμψαν omnes || 4 ξείνων omnes || πραττόντων A — πρασσόντων rell. (etiam A,) || 5 ἐσθλοί ABEFGPQV[X]μ'ʳᶜ St. Hy.²* ἐσθλοί CDNORUZ[MΔ]ΓΞΠΣaknoqxμ'ᵃᵒν'σ' [rell. recc.] Al. Ro.* Sm.* || 6 ἀλλὰ κρόνου ABDEFGMO.PQRU.VX*ZΓΔΞΠΩak*mnoqx Al. (cum paraphr. in Sch. BO) — ἀλλ' ὦ κρόνου [C]NXᵇkᵇμ'ν'σ' Ro.* (cum paraphr. in Sch. AU et Comm. Mosch.) — ἀλλ' ὦ κρόνιε lemma Com. Mosch. in Ro. sola (non in aq, ubi nullum est lemma, ut nec in μ'ν', ubi ἀλλ' ὦ κρόνου legitur) || 7 ἵππον A.CᵐFᵃᵒNV̄.iq — ἵππον Ckᵃᶜ — 'Ἶπον D — Ἶπον G. n?ox — ἶπον BEFMO.PQ.UXZΓ[Δ]ΠΣakʳᵉμ'ν'[σ'] Al Ro.* || ἀνεμ. AB CDEFGMNO.PQ.[R]U.VXZΓΔΞΠΩ Al. Bö.* — ἠνεμ. aknoqμ'ν' [rell. recc.] Ro.* || -όεσσαν PΠ || ἑκατογ|κεφάλα Λaokᵇμ'ν' Ro.* — ἑκατογ|κε-φάλου kₐq — ἑκατοντακεφάλου R? — ἑκατο|κεφάλα M — ἑκατον|κεφάλου N — ἑκατόν|κεφάλα O — ἑκατον|κεφάλα BCDEFGPQUVXZΓΠΣ Al. || ὀβρ. ABDGMNOQVᵇ?noqμ'ν' [al. recc.] Ro.* Hm. — ὀμβρ. CEFIP[R]UVXZΓ ΔΞΠΣΩak Al. Bö.* || 8 ὀλυμπιονίκαν ABCDEFNOPQRUXZΓΔΠΣ Al. — ὀλυμπιονίκᾶν G — ὀλυμπιονίκᾶν V — οὐλυμπιονίκαν aknoqμ'ν' [rell. recc.] Ro.* Bg.² — οὐλυμπιονικᾶν (coni. Bö.) Bg.¹ — οὐλυμπιονίκα (coni Bö.). Recte accusativum non moverat Bö. Est ὀλυμπιόνικον in paraphr. Sch. OU ubi AB Ro.* ὀλυμπιονίκην. || δέξαι A.B.CDEFG.MNO.PQ.RU.VXZΓΔΞ ΠΣ Al. (in P cum gl. δέχου) — δέκευ Ω(?)aknoqμ'ν'Gᵇ [rell. recc.] Ro.* || 9 χαρίτων γ' ἕκατι A — χαρίτων δ' ἕκατι VΓ — χαρίτων θ' ἕκατι BCD EFGMNOPQ.U.XZΔΞΠΣΩ Al — χαρίτων ἕκατι ak[n]oqμ'ν' [rell. recc.] Ro.* || τὸν δὲ DM || καὶ ὦμον Cᵃᶜ — κῶμον Cᵖᶜ rell.

OLYMPIA IV.

Ἀντ.
10 χρονιώτατον φάος εὐρυσθενέων ἀρετᾶν. Ψαύμιος γὰρ ἵκει
ὀχέων, ὅς, ἐλαίᾳ στεφανωθεὶς Πισάτιδι, κῦδος ὄρσαι 20
σπεύδει Καμαρίνᾳ. θεὸς εὔφρων
εἴη λοιπαῖς εὐχαῖς· ἐπεί νιν αἰνέω μάλα μὲν
τροφαῖς ἕτοιμον ἵππων,
15 χαίροντά τε ξενίαις πανδόκοις 25
καὶ πρὸς ἡσυχίαν φιλόπολιν καθαρᾷ γνώμᾳ τετραμμένον.
οὐ ψεύδει τέγξω λόγον·
διάπειρά τοι βροτῶν ἔλεγχος· 30

ἅπερ Κλυμένοιο παῖδα   Ἐπ.
20 Λαμνιάδων γυναικῶν
ἔλυσεν ἐξ ἀτιμίας.
χαλκέοισι δ' ἐν ἔντεσι νικῶν δρόμον 35

10 ὕμνον χρονιώτατον. φάος A (glossa intrusa) || εὐρυσθενῶν EFR — εὐρυσθενᾶν M — εὐρυσθενίων D || ἀρετῶν NZkqx || ψαύμιος AB.CDE FGOPQ[R]U[Γ]ΔΞΠΣΩadchiklnoqx Al. Hy.* (cum gl. in U ἰωνικόν ἐστι) — ψαύμιδος Zμ′ν′σ′[ϑ′]G^b (Tricl.) Ro.* — de MN n. l. || ἵκει γὰρ O, (paraphr. Sch. BOU) — γὰρ ἵκει rell. — τε νίκας Ht. || ἵκει C? — ἵκει B.EF^mGIN?O.PQ.U.V¹XΓΔΞΠΣΩ Al. Bö.* — ἥκει ADMRV° Zaknoqxμ′ν′ [rell. recc.] Ro:* — ἥκει Fpc? || 12 μακαρ. MO — μαρ. aa — χαμαρ. rell. || -ινᾳ [B]oμ′ν′ Al. Mr.* — ίνα omnes rell. || ἔμφρ. Γk — ἰφρ. N — εὔφρ. rell. || 13 νιν ACNXZ (coni. Bö.) — μιν BDEFGOQUVΓΠΣak noqxμ′ν′ [rell.] Al. Ro.* || 14 ἑτοῖμον AC,N Al. Ro.* Bö.* — ἕτοιμον BCD EFGMOPQU.VXZΓΔΠΣ recc. Ox. Hy. Be. || 15 ξεν. ABCDEFGMNO PQ[R]UVXZΓΔΠΣ Pw. Bö.* — ξειν. Σ recc. Al. Ro.* || 16 ἡσυχίαν omnes 31 mss. Al. Ro.* — ἀσ. Hy.* — 'Ασ. Bg.³ || φιλόπτολιν A solus. Cf. O. II, 7. || γνώμη(η) ΓΔΠΣaknoqx — γνώμᾳ(α) vett. Tricl. Al. Ro.* || τεθρ. Cp. Mr. St. || 17 ψευδεῖ G. — ψεύδει A.B.D.E.F.MO.U.VXZ.ΓΠΣk^ac n oqxν′ — ψεύδει [C]N?Q[Δ?]akpcμ′[σ′] Al. Ro.* || λέξω M — τεύξω Σ — τέγξω Π — τέγξω A.B.C etc. || 19 ἅπερ (sine καί) AD^ac NZ recc. Ro.* — ἥπερ C, — ἅτε C — ἅπερ καί B.D^pc EFGMOPQRUVXΓΔΞΣΩ Al. — ἅπερ κε(κλυμ.) Π — paraphr. A habet καί, paraphr. B non habet καί. || 20 λημνιάδων G.Z, || γυναικᾶν bc || 22 χαλκέοισι ABCDEGIMOU[R]XZΓΔΞ ΠΣ Br.= Bö.* — χαλκέοισιν (omisso δ') A, — χαλκέεσσι F — χαλκοῖσι VΩ Al. — χαλκέεσσι NP — χαλκοῖσιν (sed non omisso δ') σ′ Ro.* —

ΟΛΥΜΠΙΟΝΙΚΑΙ Δ'.

ἔειπεν Ὑψιπυλείᾳ μετὰ στέφανον ἰών·
Οὗτος ἐγὼ ταχυτᾶτι·
25 χεῖρες δὲ καὶ ἦτορ ἴσον.
φύονται δὲ καὶ νέοις ἐν ἀνδράσιν πολιαὶ   40
θαμάκι παρὰ τὸν ἁλικίαις
ἐοικότα χρόνον.

χαλκοῖσι akoq[xlmbcϑ']μ'ν' Sm.* — χαλκοῖς n — χαλκίοις G,O,Q.U,Z, — χαλκείοις C,E,Qᵃ ‖ ; ἐν ἔντεσιν] A, (omisso δ') — δ' ἐν ἔντεσι BDE.F. GOQ,UVXZΓΔΞΠΣΩanoxkᵖᶜμ'σ' [al. recc.] Al. Ro.* — δ' ἐν ἔτεσι M — δ' ἐν ἔντεσσι CPQ — δι' ἔντεσί ν' — δ' ἔντεσσι C,Nᵖᶜ — δ' ἔντεσι A Nᵃᶜ Rᵏᵃᶜ q ‖ δρόμων Ro.* — δρόμον mss. Al. St.*

23 ὑψιπύλεια Σᵃᶜ?ϑ'μ'ν' (sed hi Tricl. cum gl. τῇ) — ὑψιπυλείᾳ(α) rell. cum Sch. ‖ στεφάνων M — Sch. AB ἐπὶ τῷ (τὸ U) στεφανωθῆναι (στεφθῆναι A) ‖ 24 οὗτος μὲν ἐγὼ A — οὗτος ἐγὼ A,BC etc. ‖ non ante sed post ταχυτᾶτι interpungunt ABDXΓΠk?μ' (cum Sch. A et Apollon. de pron. 332, C.) Hy.* — sine dist. Cᵃᶜ FGOᵃᶜ UV?k?qν'σ' — non post sed ante ταχυτᾶτι interpungunt Cᵖᵉ E[M]N?Oᵖ•PQZ?anox Al. Ro.* cum Sch. D (quod non legitur in B) et Comm. Moschop. ‖ 25 χέρες CPQZ Σkᵖᶜμ'ν' (Tricl.?) — χεῖρες [A]BD[EF]G[MN]OUVX[ΓΔ]ΠΣakᵃᶜnoqx [al. recc.] Al. Ro.* ‖ ἴσον ABCDEFGI?MNOPQUVXZ — ἶσον Γ[ΔΠ]Σakno? q [al. Mosch.] Al. Ro.* — ἶσσον ϑ'kᵇμ'ν' (Tricl.) — ἴσσον Bth. (hexam. heroic.) ‖ 26 om. δὲ A,Δ,Σ et paraphr. A — habent δὲ ABC etc. cum Comm. Mosch. ‖ ἀνδράσι [A]BCDEFG[MN]OPQRUVXZΓ[Δ]no Al. Ro.* Bg.¹ — ἀνδράσι ΠΣ — ἀνδράσιν aksqϑ'μ'ν' Hm. Bö.* Bg.² ‖ θαμάκι. A (coni. Bg.¹) — θαμὰ καὶ rell. (θαμᾶ καὶ R θαμαὶ καὶ xᵃᶜ) — θαμα καὶ Bg.² (in nullo ms.) ‖ παρὰ τὸν [A]B[CDEF]G[MN]O[Q]UZΓ[Δ]ΠΣao Al. Ro.* Bg.² — παρὰ τὸν τῆς P — παρὰ τῆς X — πὰρ τὸν knqsxμ'ν'σ' Bg.¹ ‖ ἁλικίαις AV (cum gl. A ἐν ταῖς) — ἁλικίαν Rᵃᶜ? — ἁλικίας rell.

Subscr. ὕμνου τέλος ψαύμιδος καμαριναίου. GTVXμ'ν' — ὕ. τ. ψ. ἐκ καμαρίνης. QSU — τέλος ψάμμιδι καμαρίνου. εἶδος πρῶτον. (sic) F — μβ̄ (numerus versiculorum) q — nulla subscr. in ABCDE etc.

ΟΛΥΜΠΙΟΝΙΚΑΙ Ε'.

ΨΑΥΜΙΔΙ ΚΑΜΑΡΙΝΑΙΩι

ΑΠΗΝΗι.

Strophae.

≥ – ´ ⌣ ⌣ – ´ ⌣ ⌣ – ´ ⌣ – ⏓
≥ – ´ ⌣ ⌣ – ´ ⌣ ⌣ – ´ ⌣ – ⏓
≥ – ´ ⌣ ⌣ – ´ ⌣ ⌣ – ´ ⌣ – ⏓
⌣ ⌣ – ´ ⌣ ⌣ – ´ ⌣ ⌣ – ´ ⌣ – ⏓

Epodi.

≥ – ´ ⌣ ⌣ – ⌣ ⌣ – ⌣ ⌣ – ⌣ ´ ⌣ – ⌣ – ⏓
≥ – ´ ⌣ ⌣ – ⌣ ⌣ – ⌣ ⌣ – ´ ⌣ – ´ ⌣ – ´ ⌣ – ⌣ – ⏓

Ὑψηλᾶν ἀρετᾶν καὶ στεφάνων ἄωτον γλυκὺν   Στρ. α'.
τῶν Οὐλυμπίᾳ, Ὠκεανοῦ θύγατερ, καρδίᾳ γελανεῖ
ἀκαμαντόποδός τ' ἀπήνας δέκευ Ψαύμιός τε δῶρα·

Inscr. τῷ αὐτῷ ἀπήνῃ καὶ κέλητι καὶ τεθρίππῳ. AC — τ. αὐ. τε. ἀπ. καὶ κέ. ΓΔΠΣm — τ. αὐ. ψαυμιδι τε. ἀπ. καὶ κέ. μ'ν'σ' Ro.* — τ. αὐ. ἀπ. καὶ κέ. BDGMNOPQUVXZ^{rc}anoq Al. — τ. αὐ. ἀπήνᾳ κέλητι. EZ^{ao} — τ. αὐ. ἀπ. κέ. Ἰθυφαλλικόν. F (cf. Inscr. Ο. III.) — τ. αὐ. τεθρίππῳ καὶ κέ. x — τ. αὐ. ψ. ἀπήνη Ηy. — ψ. καμ. ἀπήνη. Βö.*

1 γλυκύ Ht. — γλυκὺν mss. Al. Ro.* ‖ 2 ὀλ. ABCDEFGMNOPQU VXZΓΠΣ Al. — οὐλ. aknoqμ'ν' [r. r.] Ro.* ‖ γελανῆι Q ‖ 3 om. τ' Β,Ε,F, Ro, ημ'ρ'σ' (Tricl.) — habent τ' [A]B[CD]EF etc. ‖ ἀπήνης Β,Ε, F,MO.PQRUXoσ' — ἀπήρας [A]B[C]DEF[G]NQ,U,[V]ΖΠ[ΓΔΣ]aknημ'ν' [r. r.] Al. Ro:* ‖ δέχευ N — δέκευ rell. ‖ ψαύμιος AB.CDEFGMNOPQ [R]UVXZΓΔΠΣahikℓnoq[x] Hy. — ψαυμίδος μ'ν'ρ'σ'Ζ^b (Tricl.) Ro.*

ΟΛΥΜΠΙΟΝΙΚΑΙ Ε'.

Ἀντ. α'.

ὃς τὰν σὰν πόλιν αὔξων, Καμάρινα, λαοτρόφον
βωμοὺς ἓξ διδύμους ἐγέραιρεν ἑορταῖς θεῶν μεγίσταις
ὑπὸ βουθυσίαις ἀέθλων τε πενταμέροις ἀμίλλαις,

Ἐπ. α'.

ἵπποις ἡμιόνοις τε μοναμπυκίᾳ τε. τὶν δὲ κῦδος ἁβρὸν
νικάσαις ἀνέθηκε, καὶ ὃν πατέρ᾽ Ἄκρων᾽ ἐκάρυξε καὶ
τὰν νέοικον ἕδραν.

Στρ. β'.

ἵκων δ᾽ Οἰνομάου καὶ Πέλοπος παρ᾽ εὐηράτων
σταθμῶν, ὦ πολιάοχε Παλλάς, ἀείδει μὲν ἄλσος ἁγνὸν
τὸ τεόν, ποταμόν τε Ὤανιν, ἐγχωρίαν τε λίμναν,

Ἀντ. β'.

καὶ σεμνοὺς ὀχετούς, Ἵππαρις οἷσιν ἄρδει στρατόν,

4 καμαρίναν ABCDEFGMNOPQRUVXZΓΔΠΣπx Al. — καμαρῖνα I — καμάρινα akoqs Hm. Bö.* — καμαρίνα μ'ν'ρ'[σ']kᵇ Ro.* || λαοτρόφους M || 5 ἐγέραιρεν A — ἐγέραρεν CGᵇNᵇOᵇZⁱᶦᵗ aknoqμ'ν' [r. r.] Ro.* — γέραρεν BDEFGᵃMNᵃQRUVXΔΠΣ — γάραρεν Oᵃ Γ — 'γέραρεν Al. || 6 ὑπὸ omnes — ἐπὶ Ky. || πενταμέτροις A, et Sch. A — πεμπαμέροις Q.ᵃᵉ?ν'σ' Sw. Bg.² — πενθαμέροις EFᵃᵉR — πιμθαμέροις Fʳᶜ — πεμπτημέροις q — πεμπταμέροις AB.[C]DE,F,[GM]N[OP]Q.ʳᶜ?[UVX]Z[ΓΔ]ΠΣ[akn]o[x]μ'ρ' [r. r.] Al. Ro.* (idem defendit Comm. Mosch.) || 7 ἡμ. μον. (om. τε) G || -κίας γε A, — κίαις τε Fᵃ — κίᾳ τε AB etc. || τοὶ δὲ booᵃᵉ?σ' — τὶν δὲ (τίν δε) rell. || 8 νικήσας AGOPQU[M]XΓ[Δ]ΠΣanöqxμ'ν'σ' [r. r.] Ro.* — νικάσας BCDEFRVZΣΩ Al. — νικάσαις Hy.* (in nullo ms.) || πατέρα A, || ἄκρωνα ERπ || ἄκρωνα κάρυξε n solus || ἐκήρυξε A.GΠ? — ἐκάρυξε B[C]DEF etc. || 9—24 perierunt in B || 9 ἥκων A — ἵκων M Hy.* — ἵκει P solus — ἰκών Ξ — ἰκών (ἰκών) CDE.F.GNO.Q[R]UVXZᵃΓ[Δ]Π ΣΩaᵃxᵃ Al. Ro:* — ἰλθών aⁱbchiklmnoq[s]xⁱθ'μ'ν'ρ'σ'Zᵇ Ro.ᵐ (cum not. Tricl. ἰλθών γράφε διὰ τὸ μέτρον). Paraphr. B ἐλθών et παραγενόμενος quae vertendo aoristo ἰκών inserviunt. || οἰνομάον P || εὐηλάτων CDEᵐNᵃᵉ — εὐηράτων AEFNᵖᶜ etc. (sed passim corrupte εὐκράτων, εὐκρατῶν) || 11 ὄανον A.D?EFGIUᵖᶜΓⁱΔΞΠΣ — ὄανιν CDᵃ?MNOPQ.Uᵃᵉ RVXZᵐΓᵃ — ὤανον Aᵃᵉ?Zakᵉnoq[x]ν' [al. r.] Al. Ro.* — ὤαννον kᵇμ'ⁱˡᵗρ'σ' (Tricl.) — ὤανιν (in nullo ms.) Ro; Bö.* || χωρίαν (om. ἐγ) Gᵃ Uᵃ

κολλᾷ τε σταδίων θαλάμων ταχέως ὑψίγυιον ἄλσος, 30
ὑπ' ἀμαχανίας ἄγων ἐς φάος τόνδε δᾶμον ἀστῶν·

Ἐπ. β'.

15 αἰεὶ δ' ἀμφ' ἀρεταῖσι πόνος δαπάνα τε μάρναται πρὸς ἔργον 35
κινδύνῳ κεκαλυμμένον· ἠῢ δ' ἔχοντες σοφοὶ καὶ πολίταις ἔδοξαν ἔμμεν.

Στρ. γ'.

Σωτὴρ ὑψινεφὲς Ζεῦ, Κρόνιόν τε ναίων λόφον 40
τιμῶν τ' Ἀλφεὸν εὐρὺ ῥέοντα Ἰδαῖόν τε σεμνὸν ἄντρον,
ἱκέτας σέθεν ἔρχομαι Λυδίοις ἀπύων ἐν αὐλοῖς, 45

20 αἰτήσων πόλιν εὐανορίαισι τάνδε κλυταῖς   Ἀντ. γ'.
δαιδάλλειν, σέ τ', Ὀλυμπιόνικε, Ποσειδανίαισιν ἵπποις 50

13 κολλᾷ(ᾶ) τε omnes mss. Al. Ro.* — κολλᾷ δὲ (Bg.²) Ht. || ταχέως om. M || ὑψίγυον ADEFᴾᵒGOPQ.RUVXΓΠΣ Al. — ὑψίγυον Z — ὑψίγυον N?Cp. — ὑψίγυιον Fᵃᶜ Maqᵃ xᵉ — ὑψίγυιον A,[C]I?knoᵃ?q¹x¹μ'ν'[σ'] Mr.* — ὑψήγυιον Ro. — ὑψίζυγον o¹ — ὑψίπυργον Sch. A || **14** ὑπ' ACDE.F.GIMN¹OP¹Q¹RUVXZΓΠΣk — ἐπ' q — ἀπ' Nᵃ Pᵃ Qᵃ [Δ?]ano [x]μ'ν' [σ' r. r.] Al. Ro.* — Paraphr. CD ἐξ habet; cf. N. I, 35. || ἀμηχανίας ADE.[M]NORU· VΠΣaknoqxμ'ν'σ' [r. r] Ro.* — ἀμαχανίας Cᵃᶜ F. GPQUXΓΔ Al. Be. Hy.* — ἀμηχανίης Z — ἀμαχανίαις Cᵃᶜ || τόν τε U || **15** ἀεὶ Mn Al. Sm. Ox. — αἰεὶ rell. || **16** κεκαλυμμένος A, et Sch. A — κιχαλασμένον (Sch. B ad I. III, 52.) — κεκαλυμμένον [ABC]D etc. || εὖ δ' ἔχοντες ACNO?QΓΔΠΣ Al. — εὖ δὲ ἔχ. A,DE.F.G[M]O?PQ,RU.VXZ aknoqa'μ'ν' [r. r.] Ro.* — ἠῢ δ' ἔχ. Hm. Bö.²* || ἔχοντε Nᵇ Qᵃᵉ || ἔδοξεν Z¹ || ἔμμεναι AMO — ἔμμενον aᵃᵉ || **17** ναίων om. s || λόφων σ' || τιμῶντος ἀλ. M || ἀλφεὸν omnes || συρρυρρέοντα. A — εὐρυρέοντα knq — εὐρὺ ῥέοντα NPaoxa'μ'ν'σ'kᵇ Ro.* — εὐρυρέοντ' XZ — εὐρυρρέοντ' O — εὐρὺ ῥέοντ' CDEFGMQ[R]UVΓΔΠΣ Al. Hy.* Reposui vulgatam, quamquam dubitanter; id. prima brevi. || **19** ἠαπύων a — ἠπύων (α supra) q — ἠπύων bckimnoxa'θ'μ'ν'σ' — ἀπύων A.IOU.ZΠΣ [rell. vett. et Thom.] Al. Ro.* || ἐναύλοις inter Sch. || **20** -ρίαις A. — ρίασιν aᵃᵉnoqx — ρίαισι rell. (etiam aᵖᵉk) || τάν τε Π — τήνγε l — τήνδε Naᵃᵉ knoqx — τάνδε IZaᵖᵉ μ'ν' [rell.] Al. Ro.* || **21** δαιδάλλειν COZaᵃᵉ μ'ν'σ' || σέ τ' omnes mss. et edd. — paraphr. A αἰτήσω δέ σε — paraphr. [B?]CD etc. καί. || οὔλυ. DOᵇ — ὄλλυ. kᵃᵉ — ὄλυ. A etc. || ποσειδωνίοισιν Aaᵃᵉ?bchikimnoqxa'θ' ἐπιτερπόμενον φέρειν γῆρας εὔθυμον ἐς τελευτάν,

Ἐπ. γ'.
υἱῶν, Ψαῦμι, παρισταμένων. ὑγίεντα δ' εἴ τις ὄλβον
ἄρδει,   55
ἐξαρκέων κτεάτεσσι καὶ εὐλογίαν προςτιθείς, μὴ μα-
τεύσῃ θεὸς γενέσθαι.

— ποσειδονίοισιν Z — ποσειδανίοισιν CDEFGI[M]NO[P?]Q^{ac}?UVXΓ[Δ]Π Σαρ^c μ'ν'[σ'] Al. Ro.* — ποσειδανίαισιν [P?]Qp^c Bö.* (cum Sch. [B]CD etc.; sed paraphr. AD etc. τοῖς [non ταῖς] ἵπποις)
22 εἰς OPQUX*kq* contra usum poetae — ἐς [A]CDEF[GM]NVZ[ΓΔ] ΠΣano[xa']μ'ν'[σ']k^b [r. r.] Al. Ro.* || τελευτὴν c || 23 ψάμμι F^{ac}F, — ψαῦμιν M || ὑγίεντα U,Γn Bg.² (cum Aristarcho) — ὑγίεντα ACDE etc., analogia adiectivorum, quorum Pindarus amantissimus fuit. || ἄρδοι (Sch. A et Ap^e) — ἄρδειν q — ἄρδει AD etc. (et Sch. A^{ac}) || 24 ἐξαρκῶν *ahik*-*lmnoqx* (id est omnes qui collati sunt Moschopulei, de more huius grammatici) P (teste Sm.) Q? (ubi haec vox male scripta est) — ἐξ ἀρχίων C^{ac}O^{ac}ΓΠ — ἐξ ἀρχῶν Al. — ἐξαρχίων [A]Cp^c[DEFGMN]Op^cU[VX]Z[Δ[Σ[bc]k^b[a'ϑ]μ'ν'[σ'] Ro.* || κτιάνεσι A — κτιάτισι CN^{ac}VZΠΣαμ' — κτεάτεσσι A,[DEFGM] Np^cO[PQR]U[XΓΔ]*knoqv*' [r. r.] Al. Ro.* || προτιθεὶς CP^{ac}Q — προθεὶς O

Subscr. τέλος. DQSU — ὕμνου δευτέρου τέλος ψαύμιδος. α'μ'ν'σ' — nulla subscr. in ACEFG etc.

ΟΛΥΜΠΙΟΝΙΚΑΙ ϛ'.

ΑΓΗΣΙΑι ΣΥΡΑΚΟΣΙΩι
ΑΠΗΝΗι.

Strophae.

Epodi.

Inscr. ἀγησίᾳ συρακουσίῳ ἀπήνῃ. ACNO (in NO pp) Cp. Sm.* — id. (sed συρακοσ.) o Bö.* — ἀ. συρακουσ. ἀπ. υἱῷ σωστράτου. EMQUVXZanq Al. (in EM pp) — id. (addito νικήσαντι τὴν πϛ ὀλυμπιάδα) F — ἀ. σ. υἱ. σω. ἀπ. BPβα'μ'ν'σ' Ro. Mr. St. (in P pp) — ἀ. σ. υἱ. σω. νικήσαντι ἀπ. ΔΛΠΣ — ἀ. σ. υἱ. σω. ἀπ. ὡς δὲ ἔνιοι στυμφηλίῳ υἱῶ: D

ΟΛΥΜΠΙΟΝΙΚΑΙ ϛ'.

Στρ. α'.

Χρυσέας ὑποστάσαντες εὐτειχεῖ προθύρῳ θαλάμου
κίονας, ὡς ὅτε θαητὸν μέγαρον,
πάξομεν· ἀρχομένου δ' ἔργου πρόσωπον
χρὴ θέμεν τηλαυγές. εἰ δ' εἴη μὲν Ὀλυμπιονίκας,   5
5 βωμῷ τε μαντείῳ ταμίας Διὸς ἐν Πίσᾳ,
συνοικιστήρ τε τᾶν κλεινᾶν Συρακοσσᾶν· τίνα κεν φύγοι
                            ὕμνον
κεῖνος ἀνήρ, ἐπικύρσαις ἀφθόνων ἀστῶν ἐν ἱμερταῖς ἀοι-
                        δαῖς;   10

Ἀντ. α'.

ἴστω γὰρ ἐν τούτῳ πεδίλῳ δαιμόνιον πόδ' ἔχων
Σωστράτου υἱός. ἀκίνδυνοι δ' ἀρεταὶ
10 οὔτε παρ' ἀνδράσιν οὔτ' ἐν ναυσὶ κοίλαις   15
τίμιαι· πολλοὶ δὲ μέμνανται, καλὸν εἴ τι πονηθῇ.
Ἀγησία, τὶν δ' αἶνος ἑτοῖμος, ὃν ἐν δίκᾳ

1 εὐτυχεῖ CZΓ̀ δcikηgxμ'ν'ξ'σ'φ' Al. — εὐτοιχεῖ Mm — εὐτειχεῖ AB etc.
‖ θαλάμῳ M ‖ 2 ὡς ὅγι N^b cum gl. τέκτων — ὥς τε C — ὡς ὅτε (ὡς
ὅ, τε) rell. ‖ θηητὸν D ‖ 3 πήξωμεν (ο supra) N ‖ ἀρχομένου omnes
mss. Al. Ro.* Bö.* (cum Sch. B Plutarch. Eustath. et optimis mss. Lu-
ciani [BNa] Hipp. c. 7.) — ἀρχομένους Sm.* (cum vulg. lect. Lucian. l. l.
et Iulian. Orat. IX, 116.) ‖ 5 βωμῷ (supra οὐ) A ‖ μαντείῳ (supra ου)
N ‖ πίσσᾳ(α) B,OUΓΔbcꞵ ‖ 6 -στήρ A.B. etc. (omnes mss.) Al. Sm.*
— στής Ro:* (cum paraphr. Sch. B, Comm. Mosch. „Sch. δlm'') ‖ om.
τᾶν ΓΔa'γ'μ'ν'ξ'ρ'σ'φ' (Tricl.) ‖ συρακουσᾶν AOVXΓΣaknoqa'μ'ν' [r. r.] Ro.*
συρρακουσᾶν MQ — συρακοσᾶν ΔΠΩ Al. — συρακοσσᾶν BCDEFGP[R] Bö.*
— συρρακοσσᾶν U^ao — συρρακουσσᾶν U^po — συρρακουσῶν Z — συρρακου-
σῶν N — Paraphr. BO etc. καὶ συνοικιστὴς τῶν συρακουσίων ‖ κεν] καὶ AΣ
xιBΔ^ao ‖ φύγοι [A]B[C]DEF[M]N[R]Z[a]k[n]o[a']μ'ν' [r. r.] Ro.* — φύγε q^ao
— φύγη GOPQUVXΓΔΞΠΣq^po Al. ‖ 7—26 interierunt in Γ ‖ 7 - σαις C
Q^ao? Hy. Be.* — σας rell. ‖ ἐν om. V^po ‖ ἱμερταὶ ἀοιδαὶ C^ao ‖ 10 οὔτ'
ἐν ἀνδράσιν A solus ‖ οὔτ' ἐν ναυσὶ A[B]D[M]VX[Δ]ΠΣaϕknoqa'γ'μ'ρ' [r. r.]
Al.Ro.* — οὔτ' ἐναυτὶ (sic) q — οὔτε ναυσὶ OGEFOPQRUZηgν' ‖ 11 πονηθῇ
C solus — πονᾳθῇ rell. ‖ 12 ἑτοῖμος AB[C]Naϕknoqa'μ'ν'σ' St. Bö.* — ἕτοι-
μος P — ἔτοῖμος Ro: — ἕτοιμος B,DE.F.G.IMO.[Q]U.VXZΠΣ Al. Cp. Mr. Sm.*

OLYMPIA VI.   45

ἀπὸ γλώσσας Ἄδραστος μάντιν Οἰκλείδαν ποτ᾽ ἐς Ἀμ-
φιάρηον   20
φθέγξατ᾽, ἐπεὶ κατὰ γαῖ᾽ αὐτόν τέ νιν καὶ φαιδίμας
ἵππους ἔμαρψεν.

Ἐπ. α΄.
15 ἑπτὰ δ᾽ ἔπειτα πυρᾶν νεκρῶν τελεσθέντων Ταλαιονίδας
εἶπεν ἐν Θήβαισι τοιοῦτόν τι ϝέπος· Ποθέω στρατιᾶς
ὀφθαλμὸν ἐμᾶς,   25
ἀμφότερον μάντιν τ᾽ ἀγαθὸν καὶ δουρὶ μάρνασθαι. τὸ καὶ
ἀνδρὶ κώμου δεσπότᾳ πάρεστι Συρακοσίῳ.   30
οὔτε δύσηρις ἐὼν οὔτ᾽ ὦν φιλόνεικος ἄγαν,

13 γλώσσας A Hy.* — γλώσσης CDEFG[M]NOQRUVXZ[Δ]aknopṛp̱
p̱qxa'μ'ν'ξ'σ'φ' Al. Ro.* — γλώττης ΠΣ — de BP n. l. — γνώμας Hck. ‖
οἰκλείδαν [M?P?]Παρϙ Al. Cp. Sm.* — οἰκλείδην Nᵖᵒ — ὄικλείδην Nᵃᵒ —
ὄικλείδαν ABCDEFGOQRUVXZΣaᵃᶜbcḍklmnoxa'γ'ϑ'μ'ν'ρ'σ' Ro. Mr. St. (cum
gl. Tricl. συνίζησις) ‖ ἀμφιάραον ACᵖᶜG̅ᵃ[bcl]nˢ qˢ Al. Cp.* — ἀμφιάρωι
M — ὀμφιάρηον BCᵃᵒDEFG̅ᵇNOPQ[R]UVXZΔΞΠΣahikmn¹ oṛp̱p̱q¹ xa'ϑ'
μ'ν'ξ'σ'φ' Ro. Hm. Bö.* Cf. Bö. de Crisi § 27 p. 333 et Sw.¹ ‖ 14 ἰφθέγ-
ξατ' A — φθέγξατο. MOᵃᵒ? — φθέγξιτ', Z¹ ‖ κατα γαῖ' BOU —
κατάγι A, vitiose — κατὰ γαῖαν Qᵃᵒ — κατὰ γαῖα Cᵃᵒ — κατα γαῖ' AC
D etc. ‖ νιν omnes ‖ φαιδίμους EFMNRZp̱ (cum Sch. A) — φαιδίμας
AOUΣkoμ'ν' [rell.] Al. Ro.* (cum Comm. Mosch.) ‖ 15 ταλαον. AEFUᵃᵒ
VᵇΔΣkηq — ταλαιον. OVᵃ — ταλατον. Π — ταλαϊον. [BC]D[M]N[P]Q
UᵖᶜXZaḍoa'γ'μ'ν'ρ' [r. r.] Al. Ro.* ‖ 16 Θήβησι A — Θήβαισι CN recc.
Al. Ro.* — Θήβαις γε PQ — Θήβαις (sine γε) BDFFG̅MORUVXZΔΞΠ
Σp̱ ‖ τοιοῦτό τι B ‖ 17 ἀμφότερα NZ¹ φ' (in N cum gl. τέρων) ‖ om.
τ' AM ‖ δορί Ap ‖ 18 πάρεστι (sine νῦν) ABCDEFGNOPQUV[X]ZΔ
ΞΠΣΩϘ Al. Bö.* — πάρεστιν ἐν M — νῦν ἐστί ϙ — νῦν πάρστι α[bc]dḍ
[ki]kᵖᶜ[lm]op[p̱]eϙa'γ'[ϑ']μ'ν'ο'ρ'[σ'φ'] Ro.* — νῦν πάρστη qᵃᶜ — νῦν παρέστη
qᵖᶜ — νῦν πάρεστι Rnp̱p̱ioxν'ᵃᶜ?ξυ' ‖ συρακοσίῳ(ω) BD[VX]Δa[l]ϙωa['ϑ']μ'
Mr. Sm.* — συρρακοσίῳ Nᵇ — συρακουσίῳ(ω) ACEFGZΠΣbcḍḍhikmnoᵖᶜ
p̱p̱qṛ:ν'ξ'υ'ω' Al. Ro. Cp. St. — συρακουσία ϙ — συρρακουσίῳ(ω) Nᵃ QUO —
συρακουσίων Moᵃᵒ ‖ 19 οὔτε δύσερις ἐὼν οὔτ' ὦν (et ὦν iunctim) φιλόνεικος
ἄγαν. A. (cum gl. οὖν) — id. (sed ὦν solum) B.DEFMNRQ.U.ᵃᶜXZΣΞ —
id. (sed ὦν solum) CG.VPUᵖᶜΔΠ — id. (sed δύσηρις et ὦν) Ωaᵐ Al. Bö.*
— οὐ φιλόνεικος ἐὼν οὔτ' ὦν δυσέρις τις ἄγαν dhiᵖᶜkqrυϙx' — id. (sed
ὦν) addiᵃᶜ[lm]nopp̱p̱p̱p̱ϙ? xxω' Ro.* — id. (sed [om. ὦν] οὔτε δυσ.) ϙ — οὐ
δυσερίς τις ἐὼν οὔτ' ὦν φιλόνεικος ἄγαν a'γ'ϑ'μ'ν'ξ'ο'π'ρ'σ'υ'φ'ψ'ὀcPᵇ ab? kᵇ

ΟΛΥΜΠΙΟΝΙΚΑΙ ς'.

20 καὶ μέγαν ὅρκον ὀμόσσαις τοῦτό γέ Ϝοι σαφέως   35
μαρτυρήσω· μελίφθογγοι δ' ἐπιτρέψοντι Μοῖσαι.

Στρ. β'.

*Ω Φίντις, ἀλλὰ ζεῦξον ἤδη μοι σθένος ἡμιόνων,
ᾇ τάχος, ὄφρα κελεύθῳ τ' ἐν καθαρᾷ
βάσομεν ὄκχον, ἵκωμαί τε πρὸς ἀνδρῶν   40
25 καὶ γένος· κεῖναι γὰρ ἐξ ἀλλᾶν ὁδὸν ἀγεμονεῦσαι
ταύταν ἐπίστανται, στεφάνους ἐν 'Ολυμπίᾳ
ἐπεὶ δέξαντο· χρὴ τοίνυν πύλας ὕμνων ἀναπεπτάμεν
αὐταῖς·   45
πρὸς Πιτάναν δὲ παρ' Εὐρώτα πόρον δεῖ σάμερον ἐλθεῖν
ἐν ὥρᾳ·

ἅ τοι Ποσειδάωνι μιχθεῖσα Κρονίῳ λέγεται   Ἀντ. β'.
30 παῖδα Ϝιόπλοκον Εὐάδναν τεκέμεν.   50

20 ὀμόσσαις CP Bö.* — ὀμόσσας ABDGQRU? ḍk? a'μ'ν'ᵃᵒ Mr. St.* — ὀμόσσας EFU? VXaᵖᵉk? nqᵖᵉⁿ'ᵖᶜ Al. Ro. Cp. — ὀμόσας ΝΟΠΣp — ὀμώσας Z — ὀμόσας Μᵃᵉoqᵃᵉ || σαφῶς EFGRVZᵣ ρμ'ν'ξ'σ' — σοφέως p — σαφέως A[BC]D etc. (etiam a'γ'ρ') || **21** ἐπιτρέψουσι V — ἐπιτίρψοντι Aƀc — ἐπιτρέψαντι ρξ' — ἐπιτρέψοντι rell. || **22** φίντις omnes || **23** αἲ τάχος A. E (cum gl. ὡς Α ἢ Ε) — αἲ εἰσ τάχος B (glossa intrusa) — αἲ τ. CDMN — αἲ τ. G — ᾆ τ. V — ᾷ τ. OU — ᾷ τ. FQXIIΣ — ᾷ τ. Δ Al. Hy. Be.* — ἦ τ. Zaƌknoppqa'o'ω' Ro. Cp. — ἦ τ. ϸγ'μ'ν'ξ'σ'φ' — ἦ τ. ϸx Mr. St.* || **24** βήσομεν B, — βάσωμεν Aᵃᵒ? kᵃᵉ? pq Ro.* — βάσομεν ABC etc. Al. Sm.* || **25** καὶ γένους a || 'κεῖναι Nᵖᶜ || om. γὰρ Q || ἀλλαν ABE.F[M]Nⁱ OU. VZΣⁱᵉᵉkoa'μ'ν' [al. r.] Al. Ro.* — ἀλαν C — ἄλλαν a — ἀλλαν (ων supra) q — ἀλᾶν Ξ — ἄλλων Εᵉ Nᵉ cipenkᵉ a'ᵉ μ'ᵉ ξ' (et gl. passim) — ἀλλᾶν D F,G.PQΔ Bö.* — ἀλλᾶν Π — Cf. Sw.¹ || ἡγεμ. CDMNᵣ — ἀγεμ. Fᵃᵉ QX — ἀγαμ. G — ἀγαμ. Zᵃ — ἀγεμ. A[B]EFpᵒ etc. || **26** om. ἐν a || **27** ὕμνον Dᵃ Al. || ἀναπεπτάμεν' A (cum gl. A et paraphr. Sch. [D]U etc. ἀναπετάσαι) — ἀναπιτνάμεν rell. (cum paraphr. Sch. B et Comm. Mosch. ἀνοίγειν et cum gl. et Comm. Mosch. ἀναπεταννύειν et cum gl. Tricl. ἀνοιγνύναι) || **28** σάμερον ἐλθεῖν Bq (Bg.²) — σάμερον ἐλθεῖν AB,CDE.F.G. MNOPQRUVXZΔΞΠΣΩahinoppῥϸex Al. — σήμερον ἐλθεῖν k — σάμερόν γ' ἐλθεῖν a'γ'μ'ν'ξ'o'ρ'σ'φ'kᵇ Ro.* — σάμερόν μ' ἐλθεῖν Bü.* || **29** ποσειδάωνι CE,F.[M]NO.PQU,VXZᵃᵒΠΣkpιρρ Ro.* — ποσειδάωνι AB.DE[G]UZᵣᵒ Γahinoqμ'ν'kᵇ [r. r.] Al. Sm.* || κρονίωνι ARᵃ || **30** παῖδα ἰόπλοκον Bg.² παῖδ' ἰοπλόκαμον A.BCDEFG[M]NOPQRUVXZΓ[Δ]ΞΠΣΩ¹ Al. Cp. St. (cum

OLYMPIA VI.

κρύψε δὲ παρθενίαν ὠδῖνα κόλποις·
κυρίῳ δ' ἐν μηνὶ πέμποισ' ἀμφιπόλους ἐκέλευσεν
ἥρωϊ πορσαίνειν δόμεν Εἰλατίδᾳ βρέφος, 55
ὃς ἀνδρῶν Ἀρκάδων ἄνασσε Φαισάνᾳ, λάχε τ' Ἀλφεὸν
οἰκεῖν·
35 ἔνθα τραφεῖσ' ὑπ' Ἀπόλλωνι γλυκείας πρῶτον ἔψαυσ'
Ἀφροδίτας.

Ἐπ. β'.

οὐδ' ἔλαθ' Αἴπυτον ἐν παντὶ χρόνῳ κλέπτοισα θεοῖο
γόνον· 60
ἀλλ' ὁ μὲν Πυθῶναδ', ἐν θυμῷ πιέσαις χόλον οὐ φα-
τὸν ὀξείᾳ μελέτᾳ,
ᾤχετ' ἰὼν μαντευσόμενος ταύτας περ' ἀτλάτου πάθας 65

Sch. B) — παῖδ' ἰοβόστρυχον Ω* G♭a[bc]hiknoq[impp̄p̄p̄xa'θ']μ'ν'[ξ'σ'φ'] Ro. Mr. Sm.* ǁ εὐάδνιν ο'ᵐ ǁ τεκέσθαι (κέμεν supra) A
31 κρύψαι A¹ Dᵘᵗ[M]NXΓΔᵘᵗ Π[h]kpp̄qν,'¹ Al. Ro.* (cum paraphr. Sch. BCD etc.) — ἔκρυψε N*Σ, (ψε in ψαι mut. in Σ) — κρύψε Aᵃ BEFGOP Q[R]UVZaino[xa']μ'ν'ν,'ᵃ[σ' r. r.] k♭ Sm.* ǁ om. δὲ p ǁ γρ. καὶ παρθενία k⁼ ǁ 32 ἐκέλευσε M ǁ 33 δόμον M ǁ ἐλατ. V ǁ 33ᵃ sq. βρέφος. ὃς B — βρέφος. ὃς ACDEFGMNOPQRUVXZΓΔΞΠΣΩahilmnop̄p̄qsx Al. Hm. Bö.* = βρέφος γ'. ὃς α'γ'[θ']μ'ν'ο'ρ'σ'φ'[pbc]k (an k♭?) Ro.* ǁ 34 λάχε τ' ACN reec. Ro.* — ἐλάχετ' Al. — ἔλαχε τ' BMOQUVXZΔΞΩ — ἔλαχέν τ' DEFGRΓΠΣ ǁ 35 -δίτη C,¹ — δίτης MOQq¹p̄k♭μ'ν'ξ'σ' — δίτας rell. (etiam α') ǁ 36 οὐδ' ἔλαθ' (οὐ δ' ἔλαθ') omnes (nullus οὐδὲ λάθ') — οὐκ ἠδυνήθη οὖν (non δὲ) λαθεῖν gl. B et Sch. B ǁ dist. post χρόνῳ (non ante ἐν) DFQΣaq Al. Ro.* — ante ἐν (non post χρ.) U — neutro loco ABCEGVZoμ'ν' Mr. Bö.* (cum Sch.) ǁ κλέπτουσα N ǁ 37 πυθῶν' ἐν Dᵘᵗ GOᵃᶜ UVXΓΔΠΣᵘᵗ — πυθῶναδ' ἐν A.BCEFOpᵒ PQZoqxa'ᵃᶜ? μ'ν'σ' Al. Ro.* — πυθώναδ' ἐν Makna'pᵉ ο' Bö.* — πυθῶνάδ' ἐν (in nullo ms.) St. Sw. Bg. Ht. ǁ πιέσαις Bö.* — πιέσσαις C. — πιέσσας ANC — πίσσας M — πιέσας B.DEFG etc. Al. Ro.* ǁ μελέτῃ BXZaknorp̄p̄qxa'μ'ν'ξ'σ'φ' — μελέτᾳ ACDEF[M]NO[P]Q[R]UV[ΓΔΠ]Σ (ft. in nullo rec.) Al. Ro.* ǁ dist. ante (non post) ὀξ. μελ. CDGNa♭μ'ν' Al. Ro. Mr. Ht. — post (non ante) id. n Cp. St.* — neutro loco ABEFQVZaᵃᵒ oq ǁ 38 ταύτης A — ταύται M — ταύτας rell. ǁ περ ACEFN*Z*ΠQ Al. Hy. — πέρ' BDGOPQUVXknoqpᵒ ευ'ν'Z♭ Ro.* — πέρ' N♭ΓΣax[a']σ' Bö.* — παρ' Mqᵃᵒ — ὑπὲρ R — περὶ p — paraphr. A et Comm. Mosch. περὶ — paraphr. BCD etc. ὑπέρ. ἀτλάτου Oaqᵃᶜ — ἀθλάτου o — ἀτλάντου Zbc — ἀτλάτου rell. (cum

ΟΛΥΜΠΙΟΝΙΚΑΙ ς'.

ἁ δὲ φοινικόκροκον ζώναν καταθηκαμένα
40 κάλπιδά τ' ἀργυρέαν, λόχμαις ὑπὸ κυανέαις
τίκτε θεόφρονα κοῦρον. τᾷ μὲν ὁ Χρυσοκόμας 70
πραΰμητίν τ' Ἐλείθυιαν παρέστασέν τε Μοίρας·

Στρ. γ'.

ἦλθεν δ' ὑπὸ σπλάγχνων ὑπ' ὠδῖνός τ' ἐρατᾶς Ἴαμος
ἐς φάος αὐτίκα. τὸν μὲν κνιζομένα 75
45 λεῖπε χαμαί· δύο δὲ γλαυκῶπες αὐτὸν
δαιμόνων βουλαῖσιν ἐθρέψαντο δράκοντες ἀμεμφεῖ
ἰῷ μελισσᾶν καδόμενοι. βασιλεὺς δ' ἐπεὶ 80
πετραέσσας ἐλαύνων ἵκετ' ἐκ Πυθῶνος, ἅπαντας ἐν οἴκῳ
εἴρετο παῖδα, τὸν Εὐάδνα τέκοι. Φοίβου γὰρ αὐτὸν φᾶ
γεγάκειν

Sch. AB et gl. O ubi est ἀνυπομονήτου) ‖ πάθης AN — πάθη Σ — πά-θους BM — πάθας rell.

39 ἡ δὲ cq ‖ καταθηκομένα M ‖ **40** κάλπιδα τ' (πιδά τ') CD⁼MO UV⁼ᶜΠΣo — κάλπιδά τ' A[B]D⁼ᶜ? EF etc. ‖ λόχμαις ὑπὸ κυανέαις A (cum gl. ὕλαις et σκοτειναῖς) — λόχμας (λόγχμας RZo⁼ᵒμ') ὑπὸ κυανέας rell., quod gen. sing. existimat Sch. B, acc. plur. Comm. Mosch. ‖ **41** τίκτει E,F, — τίκτε rell. (et EF) ‖ τᾶι C⁼ᵒ — τοῦ U⁼ᶜ — τῇ NU⁼ — τῇ(ῆ) bερα'μ' ν'ἔ'σ'φ' (Tricl.) — τὰ U⁼ — τᾷ(ᾷ) ABCP⁼U, etc. ‖ δὲ Q — μὲν ὁ rell. (et Q,) ‖ -κόμης ER ‖ **42** εἰλείθυιαν παρέστασέ τε A.B.CMNOUΓΔΠ — id. (sed σύν τε) DEFGI? R⁼VZΣΣΩ Al. — εἰλείθυιαν παρέστασέν τε PQ Ky. Sw. Bg. — εἰλείθυιαν συμπαρέστασέ τε X — id. (sed σύν τε) I? — εἰλείθυιαν συμπαρέστασέν τε a⁼q⁼ — ἐλευθὼ συμπαρέστασέν τε poq¹⁼ᵒ[σα]'μ' ν'ὁ'[σ']ᵃᵇ R⁰M, [r. r.] Ro:* — id. (om. τε) k — Not. Tricl. ἐλευθὼ γράφει καὶ μὴ εἰλείθυιαν. οὕτω γὰρ ἁρμόζει τῷ μέτρῳ. ‖ **43** ἦλθεν F recc. Hy.* — ἦλθε AB.C.DE.F,GMNO.PQRU.VXZΓ[Δ]ΠΣk Al. Ro.* ‖ ἀπὸ C, et corrupt. Sch. A (vide Bü.) — ὑπὸ rell. Cf. N. I, 35 et O. V, 14. ‖ ἀπ' corrupt. Sch. A — ὑπ' A.B etc. ‖ omittunt τ' AM ft. recte. ‖ **44** ante (non post) αὐτίκα dist. DOQX⁼Σ — utroque loco plene E — post (non ante) id. ABC etc. (cum Sch.) ‖ **45** δύω EGOPUVXΔΣΠπ ‖ om. δὲ C⁼ᵒ — αὐτὸν om. C ‖ **46** βολ. M ‖ ἐν ἀμεμφεῖ Δ,² — ἀμελφεῖ OU⁼ᵒ — ἀμεμφεῖ AA,¹B.O,UP⁼U, etc. ‖ **47** -σσῶν A⁼Δ,FM — σσᾶν A¹F etc. ‖ κηδ. B, F,ἡμ'ν'σ'ω' Ro:* — καδ. ABEFMNO?UZΓΔΠΣkεσα'γ'ρ'ο' [rell.] Al. Sm.* ‖ **49** ἤρετο PΞΣ — αἴρετο (supra η et gl. ἠρώτησε) Γ — εἴρετο AB[C]DEF G etc. (etiam Π[Δ?]) ‖ ἄπαιδα M ‖ τέκοι omnes ‖ φοίβῳ EF¹R ‖ φᾶ Fp⁼(ᵃᶜ¹)GUVΠΣ — φα (η supra) k — φᾶ ABC etc. ‖ γεγάσκειν R

OLYMPIA VI.

Ἀντ. γ΄.

50 πατρός, περὶ θνατῶν δ᾽ ἔσεσθαι μάντιν ἐπιχθονίοις
ἔξοχον, οὐδέ ποτ᾽ ἐκλείψειν γενεάν.
ὣς ἄρα μάνυε. τοὶ δ᾽ οὔτ᾽ ὦν ἀκοῦσαι
οὔτ᾽ ἰδεῖν εὔχοντο πεμπταῖον γεγεναμένον. ἀλλ᾽ ἐν
κέκρυπτο γὰρ σχοίνῳ βατείᾳ τ᾽ ἐν ἀπειράτῳ,
55 ἴων ξανθαῖς τε καὶ παμπορφύροις ἀκτῖσι βεβρεγμένος ἁβρὸν
σῶμα· τὸ καὶ κατεφάμιξεν καλεῖσθαί νιν χρόνῳ σύμ-
παντι μάτηρ

Ἐπ. γ΄.

τοῦτ᾽ ὄνυμ᾽ ἀθάνατον. τερπνᾶς δ᾽ ἐπεὶ χρυσοστεφά-
νοιο λάβεν

50 πατρός γε. A — πατρός. (sine γε) rell. ‖ περὶ AB.C.DEF**F,G[M]N OPQ**U**VXZ[ΓΔ]ΠΣα[ᾳ]ποα'μ'ρ*ν' Al Ro.* — περι O,q — περὶ E,F**Q** U**U,κ**μ'** Bö.* ‖ θνη. k ‖ δ'] γ' n ‖ ἐσσ. A ‖ 51 οὐδέποτἐκλείψειν (sic) A — οὐδέποτἐκλείψει A, ‖ 52 ὡς Σqυ' — om. ὡς M — ὡς rell. ‖ μάνυε C ‖ τοἰδ' (τοί δ') mss. Al. Ro.* — τοί δ' Mr. St.* ‖ οὐ τῶν A, ‖ ἀκοῦσαι omnes ‖ 53 γεγεναμένον A — γεγεναμένον [B.]CDE.F.G[M]NO[P] QRUVXZ[ΓΔ]Σ recc. Al. Ro.* — γεγενόμενον Π — γεγραμμένον U, — γεγεννημένον Ah. (D. D. 339.) Sw.²³ ‖ 53 sq. ἀλλ' ἐκρύπτετο A — ἀλλ' ἐκρύπτετο GO**PQUV**ΓΔΠΣ — ἀλλ' ἐγκικρύπτετο (sic) O**?V**?X — ἀλλ' διεκρύπτετο U, — ἀλλ' ἐκρυπτο (sic) O, — ἀλλ' ἐγκέκρυπτο BC.DE F[M]NQ,RZΣᵇ recc. Al. Ro.* — ἀλλὰ κέκρυπτο Hm. — ἀλλ' ἐν κέκρυπτο Bö.* ‖ 54 σχίνῳ BQ* (cum Comm. Mosch. in vulg.) — χρόνῳ Q¹ — χύνω O** — σχοίνῳ(ω) rell. (cum Comm. Mosch. in mss. ut in t) ‖ βατείᾳ(α) A.B.CD?EF.GMNOPQ.RUVZΓΔΠΣ Al. (cum Eustath. ad Il. β, 351.) — βατείαν D?E, — βατία(ᾳ) X recc. Ro.* ‖ om. τ' Q (non Q,) ‖ ἀπειράτῳ(ω) A,D**EF**O,X recc. Ro.* — ἀπειράντω V — ἀπειράντῳ(ω) AB.CD**E, F**GMNOQUZΓΔΣΠΕΩ* Al. (Sch. in B) ‖ 55 ξανθαῖς τε [καὶ] A, — ξανθαῖσί τε καὶ A — ξανθαῖσι καὶ omnes rell. mss. Al. Ro.* ‖ βεβραγμένος Σ? Σ — βεβρεγμένος rell. (etiam [ΓΔ]Π) ‖ 56 καὶ om. B, Ro; ‖ -ξεν A.X recc. Ro.* — ξε BCDEFGMNOPQRUVZΓΔΠΣ Al. ‖ νιν ACN — μεν q — μιν rell. ‖ μήτηρ EN?R ‖ 57 ὄνομα. A, — ὄνομ' B,¹ME.F.RZio ὄνυμ' ABB,²CDGNOPQUVXΓ[Δ]ΠΣκηφα'μ'ν' [r. r.] Ro.* — ὄνυμ' α — ὃν ὑμ' Al. ‖ χρυσεοστ. N ‖ λάβ ABDOPQVXZΣr* — λάβεν CEF[G] N[R]UΓ[Δ]ΠΣ** recc. Al. Ro.*

Mommsen, Pindar.

ΟΛΥΜΠΙΟΝΙΚΑΙ ς'.

καρπὸν Ἥβας, Ἀλφεῷ μέσσῳ καταβὰς ἐκάλεσσε Πο-
σειδᾶν' εὐρυβίαν,
ὃν πρόγονον, καὶ τοξοφόρον Δάλου θεοδμήτας σκοπόν, 100
60 αἰτέων λαοτρόφον τιμάν τιν' ἑᾷ κεφαλᾷ,
νυκτὸς ὑπαίθριος. ἀντεφθέγξατο δ' ἀρτιεπὴς 105
πατρία ϝόσσα, μετάλλασέν τέ νιν· Ὄρσο, τέκος,
δεῦρο πάγκοινον ἐς χώραν ἴμεν φάμας ὄπισθεν.

Στρ. δ'.

ἵκοντο δ' ὑψηλοῖο πέτραν ἀλίβατον Κρονίου· 110
65 ἔνθα ϝοι ὤπασε θησαυρὸν δίδυμον
μαντοσύνας, τόκα μὲν φωνὰν ἀκούειν
ψευδέων ἄγνωτον, εὖτ' ἂν δὲ θρασυμάχανος ἐλθὼν

58 ἀλφιῶ a — ἀλφεῶ(ῳ) rell. ‖ μέσῳ(ω) A.CDMOQRVXZhϱq — μέσ-
σῳ(ω) [B]EFGN[P?ΓΔ]ΠΣκομ'ν' [r. r.] Al. Ro.* ‖ -ισι ACDMNOPVZΓΔ
ορμ'σ' — ισσι BEFGQUXΠΣakhqv'b [r. r.] Al. Ro.* ‖ ποσειδᾶν' AZ
recc. Ro.* — ποσειδῶνα F** MRΠ — ποσσειδῶνα EF** — ποσσειδᾶνα PU
V — ποσσειδᾶνα BDGOQXΓΔΣ — ποσειδᾶν' CN Al. Hy.* ‖ θεοδμάτου
ANZ — θεοδμήτας Oa',μ'ν'σ' Ro.* fortasse recte — θεοδμάτας B[C]DEF
[G]M[P]QU[VXΓΠ]ΔΣa[bchi]hk[lm]noπa'γ'[θ']o'ρ' Al. Sm.* ‖ 60 λαότροφον
U b Zanoqkr**a'μ'ν'ρ**ο'σ' Ro.* — λαοτρόφον A.B.CDE.F.GINO.[PQR]U**U,
V.Xk**ν'**ο[x] Ro; Al. Mr. St.* — utrumque A** ‖ ἑᾷ A**CDEF**GNVZ
Γna'μ'ν'σ' — ἑᾷ Ar**OUXΠΣaoρo' [rell?] Al. Ro.* ‖ 61 ἀντεφθήξατό δ'
G ‖ 62 :όσσα A — όσσα F,UΣaληx — όσσα rell. (in I πατρία όσσφ) ‖
μετάλλασσέν τε A,**F,² Th. (= μιτψκισεν) — μετάλλασσέ τε AB,¹E,¹²F,¹
U. — μετάλασέν τε V — μιτάλασσά τε V,¹ — μετάλασσέ τε MNO, —
μετάλλασί τε BB,²EFOPQRV,²XΣr** — μετάλλασέν τε A,r**CDG.ZΓ
[Δ]Σ**ahkoqa'μ'ν' [r. r.] Al. Ro.* Hm.² — μετάχιασέν τε Π solito sphal-
mate ‖ νιν AB**?B,¹²E,²F,²O,¹V,² — μιν Br**CDEE,¹FF,¹G.MNO[P]
Q[R]U.VXZΓ[Δ]ΠΣahkoqr**μ'ν' [r. r.] Al. Ro. Ro;¹²* — μιν q** ‖ verba
μιτ. τε νιν(μιν) om. n ‖ τέκος B, — τέκνον A.BCD etc. ‖ 63 χῶραι A.
Mr**O,Ur**V, recc. Ro.* (cum Sch. A) — χώραν M**Mr. — χόραν a —
χῶρόν B — χώρον CDEFGINOPQRU**VXZΓΔΠΣab'Al. ‖ ὄπιθεν C. —
ὄπιθι B, — ὄπισθεν rell. ‖ 64 ἀλίβ. ABG?N.V.ZΓΠΣkgbca'μ'ν'ρ'σ' Ro.
Mr. — αλίβ. γ' — ἀλίβ. U, — ἀλίβ. CDE.F.G**?OUQanov' [rell.] Ro;
Al. Cp. St.* — ἠλίβ. (Comm. Mosch.) ‖ 66 -σύνης M ‖ φωνῶν M —
φωνᾶς (et νᾶς) R — φωνῆν Γ — φωνὰν rell. ‖ ἀκούειν Hy. — ἀκούειν mss.
Al. Ro.* Bö.* ‖ 67 ἄγνωτον AM — ἄγνωστον rell. ‖ εὖ ἂν (om. δὲ) Ro.*

Ἡρακλέης, σεμνὸν θάλος Ἀλκαϊδᾶν, πατρὶ 115
ἑορτάν τε κτίσῃ πλειστόμβροτον τεθμόν τε μέγιστον
ἀέθλων,
70 Ζηνὸς ἐπ' ἀκροτάτῳ βωμῷ τότ' αὖ χρηστήριον θέσθαι
κέλευσεν.

Ἀντ. δ'.

ἐξ οὗ πολύκλειτον καθ' Ἕλλανας γένος Ἰαμιδᾶν 120
ὄλβος ἅμ' ἕσπετο· τιμῶντες δ' ἀρετὰς
ἐς φανερὰν ὁδὸν ἔρχονται. τεκμαίρει
χρῆμ' ἕκαστον· μῶμος ἐξ ἄλλων κρέμαται φθονεόντων 125
75 τοῖς, οἷς ποτε πρώτοις. περὶ δωδέκατον δρόμον

(in nullo ms.) — ἐσ τ' ἄν δε N^ao — εὖτ' ἄν δὲ (12 vett. εὖ τ' ἄν δε) rell. mss. Al. Sm.* ‖ Θρασυμήχ. BCG^bp̄ — Θρασυμμάχ. N — Θρασυμάχ. ADEF etc.
68 ἀλκιδᾶν imo — ἀλκαϊδᾶν rell. — ἀλκεϊδᾶν Hm. ‖ 68 sq. πατρὶ δ' A — πατρὶ θ' BCDEFGMNOQRUVXZΓΞΠΩ Al. — πατρὶ θ' ΡΔΣ — πατρός θ' (ὃς θ' ὡ' — om. πατρός p̄^ao) recc. Ro.* — πατρὶ (om. θ') Hm. Bö.* (in nullo ms.) ‖ 69 κτίσει B — κτίσοι EFR ‖ πλειστόβρ. BF,^aoh k^ao q Ro;¹ ‖ τετθὸν ΓΔ ‖ τε μέγιστόν τε B ‖ 70 βωμοῦ V, ‖ om. τότ' αὖ ἴρ^ao ‖ αὖ AG^b? α[h]knq[α']μ'ν' [r. r.] Ro.* — ἂν A, — αὖτοι Ω AL — αὐτῷ(ῶ) BCDEFGMNOPQRUVXZΓΔΞΠΣο ‖ θισθ' ἐκέλευσεν OX — θέσθαι κέλευσέ νιν. A — θέσθαι κέλευσεν UZΣκομ'ν' [rell.] Al. Ro.*
‖ 70—72 interpungunt (plene) post κέλευσεν (non post ἰαμιδᾶν) BOQV^ao XZΣ Al. (cum Sch. AB) Hm. — id. (sed commate post ἰαμιδᾶν posito, ut obiectum dignoscatur) AU — post ἰαμ. (non post κελ.) plene EGq — neutro loco o — utroque, plene CFPV^ao Παμ'ν' Ro. — de rell. mss. n. l. ‖
71 ἐξοῦ x ‖ Ἕλλην. Q ‖ -δῶν DNX ‖ 72 ὄλβος ἅμ' ACD^ao? ᾶ^a kno[x] [rell. Mosch.] Ro.* — ὄλβος ἅμ' q — ὄλβος δ' ἅμ' A,BDEFGMNOPQUV XZΓΔΠΣα'γ'μ'ν'ρ'σ'α^b Al. ‖ ἐσπ. CGN?q — ἐπ. M ‖ τιμῶντας V ‖ ἀρετὰν EF^an ‖ 73 ἔρχεται N¹ ‖ 74 ἐκ. an ‖ .μῶμος δ' ἐξ (δὲ ἐξ C,) omnes (38) mss. de quibus constat —. μῶμος ἐκ δ' Sm.* Hm. (Di.) Sw.³ — Μῶμος, ἐκ δ' Ht. — ·μῶμος ἐξ Bö.* Bg. ‖ 75 τοῖς δ' οἷς M — τοῖς οἷς rell. — τοῖσιν (οἷσιν) Hm. Cf. ad O. III, 4. ‖ πρῶτον BC^ao[M]N^a OPQX rece. (cum paraphr. Sch. A) Bö.* Sw.³ — πρώτοις A.C^rc DEGN^b RVZΓΔ ΞΠΣΩ Al. Pw. Hy.* — utrumque F ‖ ἐπὶ Ro. Mr. (in nullo ms.) — περὶ omnes 36 mss. Al. Cp. St.* (παρὰ O^a V?) ‖ δωδ. omnes ‖ 75 sq. δρόμον γ' α'μ'ν'ρ'[θ'σ'δc] Ro.* — δρόμον (sine γ') ACDEFGMNOPQ[R]UVX ZΓΔΞΠΣΩQahiklmnoqx Al. Ro.* — de B n. n.

4*

ΟΛΥΜΠΙΟΝΙΚΑΙ ϛ'.

ἐλαυνόντεσσιν αἰδοία ποτιστάζει Χάρις εὐκλέα μορφάν.
εἰ δ' ἐτύμως ὑπὸ Κυλλάνας ὄροις, Ἀγησία, μάτρωες
   ἄνδρες   130

Ἐπ. δ'.

ναιετάοντες ἐδώρησαν θεῶν κάρυκα λιταῖς θυσίαις
πολλὰ δὴ πολλαῖσιν Ἑρμᾶν εὐσεβέως, ὃς ἀγῶνας ἔχει
   μοῖράν τ' ἀέθλων   135
80 Ἀρκαδίαν τ' εὐάνορα τιμᾷ· κεῖνος, ὦ παῖ Σωστράτου,
σὺν βαρυγδούπῳ πατρὶ κραίνει σέθεν εὐτυχίαν.
δόξαν ἔχω τιν' ἐπὶ γλώσσᾳ ἀκόνας λιγυρᾶς,   140
ἅ μ' ἐθέλοντα προσέρπει καλλιρόοισι πνοαῖς·

76 ἐλαόντεσιν C solus || -τεσσι OΣa* — τισιν GPQUX — τισσιν A[B]D etc. || αἰδοῖα O.no || ποτιστάζει ABE.[M]NO* R[Δ]Πακoqμ'ν' [r. r.] Ro; Cp.* — ποτὶ στάζει Σ Ro. — ποτιστάξει [B,?]CDFGO^b O,PQ.U.V.XZ Al. Ky. Sw. — ποτὶ στάζει F,* Γ¹ ᾱ — ποτὶ στάξη F,¹ Γ* — ποτιστάξῃ Bg. || εὐκλεᾶ ABDEGMN (cum Sch. A) — εὐκλεᾶ Q — εὐκλίαν X — εὐκλέα CFO etc. || μορφά. C — μορφήν. ANOoq — μορφὰν s. μορφᾶν D — μορφάν. [B]EF etc. — μοῖραν Hck. || 77 ἐτ. Oa || ὑπὸ] ἀπὸ V, || κυλλήνας A* Q* || ὄρος Γ*?[b?]ω' Ro:* nullius fidei lectio — ὄρους ΖΣs¹? — ὄρους ks¹ (Comm. Mosch.) — ὄρει X — ὄρει ᾱr* — ὄροις A.BCEGIO*?Q^b U.ΓΔΠΣΣ?Ω?Qᾱ**kl Al. Hm. Bö.* — ὄροις B,DE,F.MNO^b?Q* PVchino p̄qxa'θ'μ'ν'σ' — σφυροῖς Hck. || μήτρ. C, || 78 ἐδώρησαν AB** recc. Ro.* δώρησαν B,B** CDEF.G.NO.PQRUV.X.ΖΓΔΠΣ Al. Ro; — δοείπαν M·(ᾱo) — (ἐδωρήσαντο Sch. B et gl. N) || κήρ. F, || 79 πολλαὶ δὴ U. || πολλαῖσι CVO** || 80 τιμᾶν, A — τιμᾷ (ᾰι, ᾳ, ᾱ,) rell. — τιμῇ ft. Eustath. Pr. § 21. p. 11. || 'κεῖνος NXΓ — ἐκεῖνος n — κεῖνος ABC etc. || παῖς A || 81sq. εὐτυχίαν καὶ δόξαν N**O || 82 ἔχων A,** O.U,V,V** n (cum Sch. A¹ Sch. U¹²) — ἔχω AB.CDE.F. etc. (cum Sch. A² Sch. B¹² gl. n {φέρω}) || τίν' ἐπὶ A.CDEFG[M]NQU^p* V,ΓΠΣaoxa'μ'ν' Ro. Cp. — τίν ἐπὶ V — τὶν ἐπὶ F,U,U**Mr. — τιν'ἰ'ἐπὶ B de more suo — τὶν ἐπὶ q — τιν' ἐπὶ O[X]Zkn Al. St.* Cf. Bu. G. G. I, p. 124. not. || γλώσσας o — γλώσσαν MΠΣ — γλῶσσαι U — γλώσση; A — γλῶσσα F** O** Q* Z — γλώσσᾳ(α) [B]CDEF^v* etc. || ἀκόνας λιγυρᾶς (ἀκόνα λιγυρᾷ E,F,) omnes — λιγ. ἀκόν. (Bg.) Ht. Non opus. Cf. O. III, 30. || 83 ἅ μ' ἐθέλοντα omnes — ἅ μ' (=μοι) ἐθέλοντι ft. Sch. B || προσέρπει A.BCE*FG¹MNOPQ [R]UVXZΓΔΠΣΩᾱ^b bchik** lno¹p̄x¹ Al. Be. Bö. Ky. Sw. — προσέρπει D — προσέλκοι E* — προσέλκει G¹ Z* Ω** ᾱ**[m?]nm o* p̄m xr kr* a'[S']μ'ν'ρ'[σ']

OLYMPIA VI.

ματρομάτωρ ἐμὰ Στυμφαλίς, εὐανθὴς Μετώπα,

Στρ. ε'.

85 πλάξιππον ἃ Θήβαν ἔτικτεν, τᾶς ἐρατεινὸν ὕδωρ   145
πίομαι, ἀνδράσιν αἰχματαῖσι πλέκων
ποικίλον ὕμνον. ὄτρυνον νῦν ἑταίρους,
Αἰνέα, πρῶτον μὲν Ἥραν Παρθενίαν κελαδῆσαι,   150
γνῶναί τ᾿ ἔπειτ᾿, ἀρχαῖον ὄνειδος ἀλαθέσιν

90 λόγοις εἰ φεύγομεν, Βοιωτίαν ὖν. ἐσσὶ γὰρ ἄγγελος ὀρθός,
ἠϋκόμων σκυτάλα Μοισᾶν, γλυκὺς κρατὴρ ἀγαφθέγκτων
ἀοιδᾶν·   155

Ἀντ. ε'.

εἶπον δὲ μεμνᾶσθαι Συρακοσσᾶν τε καὶ Ὀρτυγίας·

Ro.* Di. Ta. Bg. Ht. || καλλιρρόοισι ACNO.QUk⁰ᵖᵍ Ro; || om. πνοαῖς
p͠ — πνοαῖς CNO — ῥοαῖς U, (cum Sch. A¹² Sch. U¹²) (coni. Bö. Bg.²)
— πνοαῖς rell.

84 στυμφηλὶς Fᵖ⁰ || 85 ἔτικτε AB.CE.MNOPQRX — εν [D]FGUV
ZΓ[Δ]ΠΣ recc. Al. Ro.* || τῆς ΓΔΠΣ⁰⁰ || 86 πίωμαι Gᵇ — πίομαι
(πῖομαι Tricl.) omnes rell. || αἰχμηταῖσι DO⁰ᵘᵗQX recc. Ro.* — αἰχμα-
ταῖσι AB.[C]E.F.GMNPUVZ[Γ]ΔΞΠΣΩ Al. Hy.* || 87 ὄτρυν[ον] G ||
88 αἰνέας Δ, || ἥρᾳ παρθενίᾳ Bᵖ⁰ — ἥραν παρθενίαν A.B⁰⁰CD etc. ||
89 τ᾿] δ᾿ η || ἔπειτα MO⁰ || ἀληθέσι C? — ἀλαθέσι ABC?DFGOQU
XΓ[Δ]ΠΣδckh′ — ἀλαθέσισιν (sic) ο — ἀλαθέσιν ENPVZ[ασητκα'θ']μ'
[σ'] Hy.* || 89 sq. dist. post λόγοις (sed nec post φεύγ. nec post ἔπειτ᾿)
Bπᵃ´ Al. (cum Sch. A Sch. B² Comm. Mosch.) — post ἔπ. et post φεύγ.
(non post λόγοις) Cp. Sm.* — id. (sed etiam post ὄνειδος) N — id. (sed
sine dist. post ἔπειτ᾿) AZ St. (cum Sch. B¹) — omnino non dist. CDEFG
OQUVΠΣακοqμ'ν' Ro. Mr. || 90 φεύγωμεν E — φεύγοιμεν α — ἐκφεύγο-
μεν Cp. (cum Galen. Protr. 7.) — φεύγομεν Aᵘᵗ[BCD]F etc. || ὗν F
ὖν V⁰⁰? — ἦν η — σῦν Galen. l. l. — ὗν rell. || ἐσὶ ΔΣ⁰⁰ || 91 μοι-
σᾶν NOO,⁰⁰ || κρατὴρ ABCDEFGMNOP[R]VZΓ⁰⁰ΔΞΠΣΩ Al. Be. Sw.²³
Bg.² — κρητὴρ QUXΓ⁰⁰ recc. Ro.* Hy. Bö. Ht. || ἀφθόγγων A — ἀγα
(mutil.) p͠ — ἀγαθθίκτων CDEQ⁰ᵘᵗ?XΠΣk⁰⁰ᵍ — ἀγαφθέγκτων FNQUVZ
αkⁿ⁰⁰ᵖᵇμ'ν' [rell.] Al. Ro.* || ἀοιδῶν NOᵍ || 92 εἶπον St.³ Bö.* — εἶ-
πον omnes mss. Al. Ro.* (etiam St. ¹²⁴) || δὴ δη p͠ || μεμνῆσθαι CNO ||
συρακουσᾶν AΓα[bchi]k[im]noq[x]α'[θ']ν' Cp.* — συρακουσσᾶν μ'σ' Ro.
συρακουσῶν in laterculo Syracusis reperto; cf. An. IV, 616. — συρακοσσᾶν
BDEFGPQ[R]UVXΔΞ Ri. Bö.* — συρρακοσσᾶν C — συρρακοσᾶν Z
συρακοσᾶν B,ΠΣΩ Al. || χαθαρῶ in laterculo l. l.

ΟΛΥΜΠΙΟΝΙΚΑΙ ς'.

τὰν Ἱέρων καθαρῷ σκάπτῳ διέπων,
ἄρτια μηδόμενος, φοινικόπεζαν
95 ἀμφέπει Δάματρα, λευκίππου τε θυγατρὸς ἑορτάν, 160
καὶ Ζηνὸς Αἰτναίου κράτος. ἀδύλογοι δέ νιν
λύραι μολπαί τε γινώσκοντι. μὴ θραύσοι χρόνος ὄλβον
ἐφέρπων.
σὺν δὲ φιλοφροσύναις εὐηράτοις Ἀγησίᾳ δέξαιτο κῶμον 165

Ἐπ. ς'.

οἴκαθεν οἴκαδ' ἀπὸ Στυμφαλίων τειχέων ποτινισόμενον,
100 ματέρ' εὐμήλοιο λείποντ' Ἀρκαδίας. ἀγαθαὶ δὲ πέ-
λοντ' ἐν χειμερίᾳ 170

93 σκάπτῳ(ω) ACEGNO[P]QUVXZΠΣ[bcl]π[θ'] Ro.* (cum laterculo
l. l.) — σκάπτρῳ(ω) BDFMRΓΔakikποορχα'μ'ν'σ' Al. ‖ 95 δάμητρα A¹B?
C? Al. (recte?) — δήμητρα Aᵇ B? — δάματρα B? C? DEF[GM]OQ ͣ [R]Vᵃ [X]
[ΓΔΠ]Σakrᶜnoq [al. r.] Ro.* (cum laterculo l. l.) — δάματραν NPQᵇ UVᵇ
Zμ'ν'σ' ‖ λευχίππου in laterculo l. l. ‖ ἑορτὰς A — ἑορτὴν O — ἑορτὰν
rell. (cum laterculo l. l.) ‖ 96 ἀδ. F.Nᵃᵉ QU. — ηδ. bc — ἀδ. A[BC]D etc.
‖ νιν ACNOΣ Bö.* — μιν BDEFG[M]PQRUVXZΓ[Δ]Π recc. Al. Ro.* ‖
97 μολπαί] πολλαί C ‖ γιν. ABCDEFG[M]NOPQRUVXZΓ[ΔΠ]Σa[bcki]
k[lπ]noq[x]a'[θ']μ'ν'[σ'] Al. Ro.* Bg.² — γιγν. p̃ (teste De. — in nullo alio,
ut videtur) Bö.* ‖ θραύσοι A.B.CDE.F.[GM]NO.PQ.RU.V XZΓ[ΔΠΣkπ
oqμ'ν' [r. r.] Al. Ro.* Bg. — θρασύσοι a (fortasse, sed n. l. quid p. c. vo-
luerit; a. c. ft. θράσσοι fuit; ft. nihil aliud est nisi θραύσοι) — θραύσει
Hm. — θράσσοι (Bö.) Sw. Ht. ‖ 98 εὐηράτοις A¹ Nᵃ ? hᵃᵉ l vitiose — εὐη-
ράταις μ'ˢ male — εὐηράτοις Aᵃ BC etc. ‖ ἀγησίας X ‖ extr. plene dist.
ABCFGXa'μ'ν' Al. Ro. — commate [N]Σaq Cp. Mr.* — om. dist. DEOQ
VΠπο Bö.* ‖ 99 ποτινισόμενον AB.CDE.F.G.IM¹ NO.PQRVXΠΣ Bg.² —
ποτινισσό. UZ[ΓΔ] Al. Ro.* — ποτινεισό. Mᵃ — ποτινεισσό. akπnoqxa'μ'
ν'σ' — προσνεισσό. C ‖ 100 μητέρ' ANOakᵉᵒ πnoρq Al. — ματέρα V —
ματέρ' rell. ‖ εὐμήλοιο omnes mss. Al. Ro.* Be. Bü.* — εὐμάλοιο Hy. ‖
λιπόντ' ABCDEGIMNOQUXΓΔΣ — λιπόντ(ος supra τ, α supra ος) F —
λοιπὸν τ' V — λοιπόν τ' Π — λειπόντ' Z — λίπον τ' Al. — λείποντ' akπoq
μ'ν' [r. r.] Ro.* ‖ ἀρκαδίης NO? — ἀρκαδίαν Rᵇ Ht. — ἀρκαδίας (ἀρκάδας CU?
V? vitiose) rell. ‖ ἀγαθαί δι CV — ἀγαθαί γε? ‖ πέλοντ' ἐν χειμ. [B]D[G]
NO[P]QU[VXΓΔΠ]Σ recc. Al. Ro.* — πέλον ἐν χειμ. o — πέλονται ἐν
χειμ. I? — πέλονται τ' ἐν χειμ. C — πέλονταί γ' ἐν χειμ. A — πέλονται
χειμ. (om. ἐν) EFI?MRZ

OLYMPIA VI.

νυκτὶ θοᾶς ἐκ ναὸς ἀπεσκίμφθαι δύ' ἄγκυραι. θεὸς
τῶνδε κείνων τε κλυτὰν αἶσαν παρέχοι φιλέων.   175
δέσποτα ποντόμεδον, εὐθὺν δὲ πλόον καμάτων
ἐκτὸς ἐόντα δίδοι, χρυσαλακάτοιο πόσις
105 Ἀμφιτρίτας, ἐμῶν δ' ὕμνων ἄεξ' εὐτερπὲς ἄνθος.

101 ἀπεσκῆφθαι A — ἀπεσκίμφθαι [B]CDEFG̅O̅ᵇQUVᵃᶜZΓ[Δ]knoϱsa' (cum Eustath. ad Il. π, 1102, 35 [= 925, 33]) Al. Ro.* Bö.² * — ἀπεσπῖμφθαι P Bö.¹ — ἀπεσκύμφθαι RX — ἀπεσκάμφθαι Nᴘᶜ — ἀπεσκίφθαι Oᵃ — ἀπεσκάφθαι Nᵃᶜ — ἀπεσκίμφαι Ξp̅x (cum Comm. Mosch.) — ἀπεκίμφαι Ξa — ἀπεσκήθαι Σᵐ — ἀπεσκίφθαι MVᴘᶜΩμ'ν'σ' ‖ δύο ἄγκ. Qc ‖ **102** τῶν, δ' ἐκείνων A — τῶν τ' ἐκείνων ōᵃᶜ — τῶνδε κείνων P Bö.² * — τῶν τε κείνων (coni. Hy.) Bö.¹ — τῶν δ' ἐκείνων B.CDE.F.[GM]NO.Q U.RV[X]ZΓ[Δ]ΠΣaknōᴘᶜqa'μ'ν' [r. r.] Al. Ro.* ‖ om. τε F, ‖ κλυτὴν bc — γλυκεῖαν τ' M — κλυτὰν Uᵃ Γ — κλυτὰν rell. (Paraphr. καλλίστην.) ‖ παρέχει C¹G (teste Be.) N¹Oᵃ U?VXZ¹Γ?qᵃᶜ — παρέχοι [AB]Cᵉ DEF[G?M]Nᵉ Oᵇ[PQR]U?Zᵉ Γ?[Δ]ΠΣaknoϱᴘᶜxa'μ'ν' [r. r.] Al. Ro.* ‖ interp. post φιλέων, plene A[C]DEGN[Q]ZΣ?o Hy.* — interp. post παρέχοι, plene Π? aϱxa'μ'ν' Al. Ro.* — neutro loco dist. BFOUVkn ‖ **103** ποντόμεδον mss. Al. Ro.* Bg.² — ποντομέδων (Bö.) Bg.¹ Ht. ‖ 103 sqq. ‖ εὐθυνε πλόον. καμάτων ‖ δ' ἐκτὸς ἐόντα δίδοι. χρυσαλακάτοιο πόσις ‖ ἀμφιτρίτας. ἐμῶν ὕμνων δέξ' εὐτερπὲς ἄνθος :- ‖ A ‖ εὐθυνε A — εὐθὺ δὲ Z — εὐθὺν δε MNUX — εὐθὺν δὲ rell. ‖ **104** δ' ἐκτὸς A — ἐκτὸς rell. ‖ δίδου RXᵇZ akᵃ noϱ̄qxa'μ'ν'σ' [r. r.] Ro.* — δίδοι ABCDEFGIMNOPQUVXᵃΓ[Δ?]ΠΣ kᵇ Al. Hy.* ‖ χρυσηλ. O? — χρυσιλ. ΓΔ — χρυσολ. ΣO? — χρυ|λ. Π ‖ πόσις τ' (πόσις ω̄' Am.) Mi. ‖ **105** -τρίτης O ‖ δ' om. A solus ‖ δέξ' AMNOᵘᵗ (in N cum gl. [δέξ]αιτ') — ἄεξ' rell. ut videtur omnes ‖ εὐτερπὲς A[BCM]N[OPQUV]Z[ΓΔ]kᴘᶜno[xa']μ'ν'[σ' r. r.] Al. Ro.* — εὐτρεπὲς abcϱ̄q — εὐερπὲς D — εὐπρεπὲς EFGRXΣiᵃᶜ

Subscr. συρακοσῶν ὀρπηκος ἀγησία τέρμα ἀπήνης. GTV — συρακουσῶν ὀρπ. ἀγ. τ. ἀπ. QS — συρρακουσῶν ὀρπ. ἀγ. τ. ἀπ. U — τέλος. Dᵃᶜ — τέλος. ἀπήνης(?) ἀγησία συρακουσίω. Dᴘᶜ — ὕμνου τέλος ἀγησίου συρακουσίου. a'ρ' — id. (sed συρακουσίῳ male) μ'ν' — nulla subscr. in ABCEFM NOXZΓΔΠΣaknoϱ Al.

ΟΛΥΜΠΙΟΝΙΚΑΙ Ζ'.

ΔΙΑΓΟΡΑι ΡΟΔΙΩι

ΠΥΚΤΗι.

Strophae.

⏑⏑–́ – –́ – ⏒ –́ ⏑⏑ ⏖
–́ ⏑ – ⏒ –́ ⏑ – – –́ ⏑ ⏓
– –́ ⏑ ⏓
⏒ –́ ⏑ – – –́ – – –́ ⏑⏑ – – ⏑⏑ – – –́ ⏑⏑ – ⏓
5 –́ ⏑⏑ – ⏑⏑ – –́ ⏑⏑ – –́ ⏑⏑ – ⏓
⏑⏑ –́ ⏑ – –́ ⏑⏑ – –́ ⏑⏑ – ⏓

Epodi.

–́ ⏑⏑ – – ⏑⏑ – – –́ ⏑⏑ – – ⏑⏑ – – –́ ⏑ ⏓
–́ ⏑ – – –́ ⏑ – – –́ ⏑⏑ – – –
⏑⏑ –́ ⏑⏑ ⏓
⏓̆́ ⏑ –́ ⏑⏑ – ⏑⏑ – ⏒ –́ ⏑⏑ – ⏑⏑ ⏓
5 –́ ⏑ – – –́ ⏑ – ⏒
–́ ⏑⏑ – ⏑⏑ – ⏑ ⏓̆́ – ⏒ –́ ⏑⏑ – ⏑⏑ ⏓
⏑⏑ –́ –́ ⏑⏑ – ⏑⏑ – – –́ ⏑ ⏓
–́ ⏑ – – –́ ⏑ – – –́ ⏑ ⏓

Inscr. δι. ῥο. πύ. CEMXΓο Cp. St.* — δ. ῥ. π. υἱῷ δαμαγήτου. A — δ. ῥ. παιδὶ δημαγήτου νικήσαντι τὴν οϑ̄ ὀλ. Δ (fere idem Σ) — δ. ῥ. πύ. νικ. [τὴν] οϑ̄ ὀλ. QUVamna'μ'ν'σ' Al. Ro. Mr. — id. (sed νικητῇ pro πύκτῃ) c — id. (sed ξϑ̄ ὀλ.) Nᵃ — id. (sed οζ̄ ὀλ.) DOPZq — id. (sed πη̄ ὀλ.) Fᶠᵘᵗ — de BGΠ n. n.

Metr. Vs. 3 et 4 Epod. ft. ita coniungendi sunt:

⏑⏑ –́ ⏑⏑ – | ⏓̆́ –́ ⏑⏑ – ⏑⏑ – – –́ ⏑⏑ – ⏑⏑ ⏓   Cf. ad vs. 74.

OLYMPIA VII.

Φιάλαν ὡς εἴ τις ἀφνεᾶς ἀπὸ χειρὸς ἑλὼν   Στρ. α'.
ἔνδον ἀμπέλου καχλάζοισαν δρόσῳ
δωρήσεται
νεανίᾳ γαμβρῷ προπίνων οἴκοθεν οἴκαδε, πάγχρυσον κο-
                                      ρυφὰν κτεάνων,   5
5 συμποσίῳ τε χάριν, κᾶδός τε τιμάσαις ἐόν, ἐν δὲ φίλων
παρεόντων θῆκέ νιν ζαλωτὸν ὁμόφρονος εὐνᾶς·   10

                                                       Ἀντ. α'.
καὶ ἐγὼ νέκταρ χυτόν, Μοισᾶν δόσιν, ἀεθλοφόροις
ἀνδράσιν πέμπων, γλυκὺν καρπὸν φρενός,   15
ἱλάσκομαι,
10 Ὀλυμπίᾳ Πυθοῖ τε νικώντεσσιν. ὁ δ' ὄλβιος, ὃν φᾶμαι
                                      κατέχοντ' ἀγαθαί.
ἄλλοτε δ' ἄλλον ἐποπτεύει Χάρις ζωθάλμιος ἀδυμελεῖ 20

1 ὡσεί DE.FP Sm. Ox. — ὡσ εἰ A.[BC]F, etc. ‖ ἀφνεᾶς A — ἀφνειᾶς rell. ‖ χειρὸς omnes et paraphr. Sch. AB etc. — χηλοῦ coni. Bg. ‖ 2 ἔνδον ἀμπέλου ABCDEFG[H]KL[M]NOPQRUVXZΓ[Δ]ΠΣΨΩabc[hi]klm noqstx (cum Athen. XI, 504, A.) Al. Ro.* Bö.* — ἀμπέλου ἔνδον a'ϑ'μ'ν'ρ' σ' Ox. Hy. ‖ καχλάζοισαν A. — καχλάζοισαν rell. ‖ δρόσον Sch. Hermog. T. V, 487. — om. Athen. l. l. — δρόσῳ rell. ‖ 4 νεανίᾳ mss. (cum Athen. l. l.) Al. Ro.* Bö.* — νεανίᾳ (in nullo ms.) Sm.* ‖ πάν|χρυσον Dn ‖ -φὴν NO — φᾶν Γq ‖ 5 συμποσίῳ A¹ — συμποσίου A* rell. ‖ κῆδος ν' ‖ om. τε ΜΔϑ' — καὶ κᾶδος X — κᾶδος(δός) τε rell. Cf. ad O. I, 64. ‖ -σαις Cao DOao Q Bö.* — σας rell. ‖ ἰὸν CUZΓ — ἰὸν EFVal. — ἰὸν AButt etc. ‖ ἐν Sw. — ἂν O — σὺν Bb — ἐν rell. ‖ 6 νιν ACN O — om. n — μιν rell. (in B charta lacera) ‖ ζηλ. B?V·kⁿ — ζαλ. A.[C]D etc. ‖ 7 ὡς καὶ ἐγὼ M ‖ μοισῶν C ‖ ἀεθλ. ACNO — ἀθλ. rell. ‖ 8 -σι vett. Thom. ἰο Al. — σιν ακηρμ'ν' [r. r.] Ro.* ‖ 8 sq. φρενὸς (om. γ') ACDEFGHKL·?MNOPQRUVZΓΔΣΠΣΨΩabcklnopρϑqrtvx Al. Hm. Bö.* — φρενὸς (om. γ') B — φρενὸς δ' X — φρενός γ' a'[ϑ']μ'ν' ρ'σ'Lb? Ro.* ‖ 10 ὀλ. ABCDEFGHKLMNOPQRUVXZΓ[Δ]Ξ?ΠΣΨpk·b a'ϑ'μ'ν'σ' Al. Ro.* — οὐλ. ahiknopq[bclmx] Sm.* ‖ τε πυθοῖ τε NO ‖ ὁ δ' AB.C.EFGH[MN]Q.UZΓΣab oa'μ'ν' Al. Ro.* — ὁ δ' Opⁿ — ὁ δ' DF, Oⁿ [V?X?]Πακηϑq St.* ‖ φῆμαι A·Q· ‖ -ονται ἀγ. ο ‖ 11 ἄλλοτ' ἄλλον A.R ‖ ἐποπτεύοι A, — ἐποπτεύει ΠΣ ‖ ζωοφθάλμιος C.NOao ‖ ἀϑ. Q?

θαμὰ μὲν φόρμιγγι παμφώνοισί τ' ἐν ἔντεσιν αὐλῶν.

Ἐπ. α'.

καί νυν ὑπ' ἀμφοτέρων σὺν Διαγόρᾳ κατέβαν τὰν ποντίαν
ὑμνέων παῖδ' Ἀφροδίτας Ἀελίοιό τε νύμφαν   25
15 Ῥόδον, εὐθύμαχον
[15] ὄφρα πελώριον ἄνδρα παρ' Ἀλφεῷ στεφανωσάμενον
αἰνέσω πυγμᾶς ἄποινα   30
καὶ παρὰ Κασταλίᾳ, πατέρα τε Δαμάγητον ἀδόντα Δίκᾳ,
Ἀσίας εὐρυχόρου τρίπολιν νᾶσον πέλας
20 ἐμβόλῳ ναίοντας Ἀργείᾳ σὺν αἰχμᾷ.   35

12 ἄμα A, Ht. (is ἄμα τ' ἐν invexit) — θαμᾶ AD**?G — θαμα H — θαμὰ BCDEFKLMNOPQ**RUVX*Z*ΓΔΣΠΣΨ Bö.* — θ' ἁμὰ Q**X**Z** — θ' ἁμα aknoθqa'μ'ν' [r. r.] Al. Ro.* ‖ παμφώνων τε A, — παμφώνοισίν τ' V — παμφώνοισί τε D — παμφώνοισί τ' A[B]CEF etc. ‖ haplographia om. ἐν A,?B.C.D.EFG.KLMPQ.RU.V**XZΓΔΠΣΨ — non om. ἐν ACNO.V** recc. Al. Ro.* ‖ 13 καὶ νῦν AB.CDE.F.G.[H]L[MN]OPQRU.V.XZΓ[Δ]ΠΣΨkno Al. Ro.* — καὶ νυν Ka** — καί νυν a**qa'μ'ν' Sm.* ‖ om. τὰν C ‖ ποντίαν omnes ‖ 14 ἀφροδίτας (της C,O,V,**) omnes ‖ ἀελίοο N* — ἀελίου O ‖ 15 εὐθύμαχον A ft. recte — εὐάμαχον A, — εὐθυμάχαν rell. (cum Sch. B¹D¹ etc. ‖ εὐθ. cum ῥόδον coniungunt A Ro. Mr. Sm. Ox. (Bg.² typogr. vitio) — ambigue (om. dist.) CFU*k* — distinguunt ab eodem rell. mss. (cum Sch. AB etc.) Cp. St. Hy.* ‖ 16 ἀλφεῷ A — ἀλφειὸν M — ἀλφειῶι ΠΣ — ἀλφειῷ(ῶ) rell. mss. Al. Ro.* ‖ 18 πατέρα δὲ F,¹O,U.X. — πατέρα (om. τε) FE.² — π. τε AB.F,²HQV.aknoqa'μ' — π. τε [C]DEE,¹[GMN]OZΣν' Al. Ro.* — paraphr. Sch. B δὲ καὶ — Comm. Mosch. καί ‖ ἀδόντα AB.E.F,GHIOQRUV,Xν'** — ἀδόντα ΓΔΠΣΨ — ἀδόντα FV — ἀδόντα CDKL[M]NPZΞ?πo?a'μ'ν'p**σ' Al. Ro.* Bö.* — ἀδόντα a[bc*l*m]o?k?q[x] St. Sm.* ‖ δίκῃ μ'ν'σ' — δίκας M — δίκαι V,²¹ — δίκᾳ(ᾳ) rell. (etiam ἀ) ‖ 19 -χώρου A.B,¹²C,DEFKL¹[M]O.RU.V.ZΓ[Δ]ΠΣΨkng Ro.* — χώροιο CN Ro; — χόροιο PQ — χόρου BF*p*?GHL Xa[bc]hi[*l*m]o[*x* a'θ']μ'ν'[σ']k*b* Al. Sm.* ‖ νῆσον C,E,O,U, — νᾶσον A.B.F.CEOU etc. ‖ 20 ἐμβόλῳ ACDE.F,GU*Vacna*¹? (cum Sch. U) Ro. Cp. Sm. Hy. Be. — id. (*u* supra) FOQΣΠιq — ἐμβόλων NU*ΔΩ*kμ'ν' — ἔμβολα B,¹U,V, — ἐμβολει B,* (aut hoc aut ἐμβόλοι α'*) — ἐμβόλῳ [B]ZΞ?os?a'¹? (cum Sch. B) Mr. St. Ox. Bö.* — ἀβόλῳ (supra ἀ est s) *x* — ἔμβολον Theotim. apud Sch. A ‖ νίοντας Ro. Cp. Mr. — νέμοντας Sch. U — ναίοντας mss. Al. St.* ‖ ἀργείων E,F,U Ky. — ους X* — ψ P — α(ᾳ) rell. (etiam EFU, X**X,Q) ‖ αἰχμῇ(ῆ) ADQX,ΔΠΣμ'ν'σ' — ἀ ⁎ — ᾷ(ᾷ) [B.C]E.F. etc. (etiam α')

[20] ἐθελήσω τοῖσιν ἐξ ἀρχᾶς ἀπὸ Τλαπολέμου   Στρ. β'.
ξυνὸν ἀγγέλλων διορθῶσαι λόγον,
Ἡρακλέος
εὐρυσθενεῖ γέννᾳ. τὸ μὲν γὰρ πατρόθεν ἐκ Διὸς εὔχον-
ται· τὸ δ' Ἀμυντορίδαι   40
25 ματρόθεν Ἀστυδαμείας. ἀμφὶ δ' ἀνθρώπων φρασὶν
ἀμπλακίαι
[25] ἀναρίθμητοι κρέμανται· τοῦτο δ' ἀμάχανον εὑρεῖν,   45

                                                   Ἀντ. β'.
ὅ τι νῦν ἐν καὶ τελευτᾷ φέρτατον ἀνδρὶ τυχεῖν.
καὶ γὰρ Ἀλκμήνας κασίγνητον νόθον   50
σκάπτῳ θένων

21 τοί νῦν C (deleto acuto) — τοίνυν D⁼ᶜ kq Ro.ᵐ Cp.ᵐ — τολνιν ο? — τοῖσιν A.B.C.Dᵖᶜ E.F.[GH]I[M]NOPQ.U.V[X]Z[ΓΔΠ]Σa h i n μ' ν' [r. r.] Al. Ro.* || 22 ἀγγέλων CDᵃᵃFᵃᶜ?NO(P teste Sm.) UVXZΓΠΣkmnq ᵃᶜ μ' ν' σ' Ro. Br. Mr. — ἀγγέλλων ABDᵖᶜEFᵖᵉ[G]H[M]Q[R]aoqrᵉ[bcixθ']a' Cp. St.* (cum Sch. Vet. et Rec.) || 22sq. λόγον (λόγον B) sine γ' omnes mss. Al. Ro.* Hy.* λόγων Sm. Oz. — λόγον γ' Pw. (ad modum Triclinii) || 24 τό δ' plurimi mss. Al. Ro.* — τὸ, δ' A — τὸ δ' pauci ut [B]Fᵖᵉ U.Σ Mr.* || -ρίδα G(ᵃᵃ?) — ρίδα E?F¹ || 25 φρασὶν AB.Dᵃᶜ E¹F¹HKL·Γ¹Π·Σᵃᶜ Hm. Bö.* — φρεσὶν ἢ M — φρεσί P — φρεσὶν CD¹E,Eᵃ F,F·GL¹NOQRUVXZΓ·Π¹Σᵖᵉ Ψ recc. Al. Ro.* || ἀμπλ. omnes — ἀμβλ.? || 26 ἀναρίθμητοι ABCDEF G[H]IKL[M]NOPQRUVXZ[Δ]ΠΣakᵃ qxμ' ν' σ' Al. Ro.* Bö.* — μηται n — ἀνάριθμοι oᵃᵒ — ἀναρίθματοι ΞΨkᵇa' Hy. || ἀμήχ. A.B,E,¹LMU,²X. ZΣ,knta',θ'μ',ν', — ἀμάχ. [B]CDE.F.G[H]KNOPQRU.V.[ΓΔ]ΠΣΨaoqa'μ' ν' [r. r.] Al. Ro.* || 27 ἐν (om. καὶ) AΞ¹ kᵃᶜ — καὶ (om. ἐν) oᵃᵉ — ἐν καὶ BCDEFGHI?MNOPQ[R]UVXZΓΔΠΣΩQaomnoᵖᶜ?ḇqstzkᵖᵒθ'μ'ν'σ' Al. Be. Bö.* (cum Eust. Pr. p. 5; cf. O. II, 28) — καὶ ἐν (in nullo quantum constat ms.; etsi de bhil non diserte relatum est) Ro.* —, εἰ κᾶν Hm. Ht. || φέρτερον A (cum gl. κρεῖττον) — φέρτατον rell. (cum paraphr. AB) || 28 ἀλκμήνης B,CMν'ᵇ — ἀλκμήνας A.[B]C,DEF[GHM]NO[P]Q[R]U.[VX]Z [ΓΔΠ]Σ recc. Al. Ro.* || 29 σκάπτρω(ψ) Rahikmnoq — κάπτω G — σάπτω Eᵃᵒ — σκάπτω(ψ) A[B]CDEFNOQU.ZΠΣμ'ν'ᵇ [rell.] Al. Ro.* Cl. O. I, 12 || θενών (Bu.) Sw. Ht. (cum Sch. Thom. βαλών) — θένων omnes mss. et rell. edd. (cum Sch. Vet. Comm. Mosch. Sch. Germ. gl. ONZQᵇΣkqμ' al. ubi τύπτων vertitur)

ΟΛΥΜΠΙΟΝΙΚΑΙ Ζ'.

30 σκληρᾶς ἐλαίας ἔκταν' ἐν Τίρυνθι Λικύμνιον ἐλθόντ' ἐκ
    θαλάμων Μιδέας
[30] τᾶςδέ ποτε χθονὸς οἰκιστὴρ χολωθείς. αἱ δὲ φρενῶν
    ταραχαὶ   55
παρέπλαγξαν καὶ σοφόν. μαντεύσατο δ' ἐς θεὸν ἐλθών.

                                                    Ἐπ. β'.

τῷ μὲν ὁ Χρυσοκόμας εὐώδεος ἐξ ἀδύτου ναῶν πλόον
εἶπε Λερναίας ἀπ' ἀκτᾶς ὄρσαι ἐς ἀμφιθάλασσον   60
35 νομόν, ἔνθα ποτὲ
βρέχε θεῶν βασιλεὺς ὁ μέγας χρυσέαις νιφάδεσσι πόλιν,
[35] ἀνίχ' Ἁφαίστου τέχναισιν   65

30 ἔκταν* (om. ἐν) BOPQRX — ἔκτανεν (om. ἐν) DEFGHKLMVZΠΣΩ
akinoqxv'ᵇ Al. Bg. Sw. — ἔκταν' ἐν ACNUΓ[Δ]Ψ[bchlm]ǧμ'[σ'] Ro.* ‖ μιδ.]
μηδ. ΝΓΠΣΨ Al. — μιδ. Δ ‖ 31 -ιστὴς Mkᵃᵒ? nqᵃᵒ? — ηστὴρ Zo ‖ 32 παρ-
έπλαξαν D[M?]ΠΣa[bchi]knqx[Θ']μ'ν'σ' Al. Ro.* Ox. Be. — παρέπλαγξαν Α.
BCEFGHKLNOPQRUVX[Γ]Δλnο Sm. Hy.* — παρέμπλαγξαν Ψ — παρέπλεγ-
ξαν Z ‖ -σαντο OPU (cum gl. P ἠρώτησαν) — σατο rell. (etiam O.U,) ‖ ἐς θεοῦ
coni. Sm. ‖ 33 ναοῦ N — ναῦ R ‖ 34 ἐπ' U — ἀπ' rell. (etiam U, et Sch.
U) ‖ ὄρσαι ἐς] εὐθὺν' εἰς Α — εὐθυν' ἐς CEEₚNRQᵇZ — εὐθὺν' ἐς
DFK — εὐθὺν' ἐς E,ᵃᵒGHIMOₚ.Q, — id. (αι supra) P — εὐθὺν ἐς Qₐ —
εὐθύνες Π — εὐθύναις O, — εὐθῦν' ἐς B.OᵃᵒUΓ Ro; Al. Ro.ᵐ Cp.ᵐ (cum
Sch. B) — εὐθῦναί (ε supra αι) ex L Ιθυνι ex tᵒ relatum est — εὐθῦν'
ἐς V? — εὐθύς ἐς ex Δ relatum est — εὐρὺν ἐς Ω¹ — εὐθὺν ἐς X.ΕΨ
(porro εὐθὺν) F,G,N,U,) Hm. Bö.* (quod ut traditum agnoscit notula Tri-
cliniana, nisi ea est corrupta) — στέλλε ἐς Ωᵃ ἀπόρρει' πθ'μ'ν'σ' — στέλε
ἐς k — στέλλε ἐς q — ἡ στέλλ' Gᵐ rec. m. — στέλλεν ἐς ω' Ro.*
(in nullo alio ms. ut videtur) — στέλλου ἐς (in nullo ms., nisi ut glossa sit
in Zkqμ'ν') notula Tricl. etiam legi posse dicit — scripsi ὄρσαι ἐς (nisi ἄραι
ἐς malis) ‖ 35 νόμον Cp.² — νομόν rell. ‖ post νομόν dist., plene ABCᵣₑDE
FGNQUVΠanoqμ'ν' Al. Ro.* — non dist. OΣk — colo Mr. St.* — com-
mate Hy.* ‖ 35sq. ποτε βρέχει Α, — ποτε βρέχε omnes rell. — (ποτ' ἐβ.
nullus) ‖ 36 χρυσέαις E,F,μ'σ' (Tricl. in μ' cum gl. συνίζησις) Bö.* — χρυ-
σαῖς aknoθq[x r. r.] Ro.* Moschopulea consuetudine — σέαισι AB.CDGHK
NOPQ.RUVXZΓΔΠΣ — σαίσσι Ψ — σεαῖσι EF Al. — σέαισιν LM ‖
37 ἀνίχ' A,E.FRₑZ — ἠνίκα F, — ἠνίχ' D — ἀνίχ' Q. — ἀνίχ' A[BC]
etc. ‖ ἀφ. Ε, — ἠφ. CE?Nkᵃᵒ? — ἀφ. A.[B]D etc. ‖ -αις E,F,
αισιν Z Bö.* — αισι ABCDEFOPUΣaknoqμ'ν'ᵇ [rell.]

OLYMPIA VII.

χαλκελάτῳ πελέκει πατέρος Ἀθηναία κορυφὰν κατ'
ἄκραν
ἀνορούσαισ' ἀλάλαξεν ὑπερμάκει βοᾷ·
40 Οὐρανὸς δ' ἔφριξέ νιν καὶ Γαῖα μάτηρ. 70

τότε καὶ φαυσίμβροτος δαίμων Ὑπεριονίδας   Στρ. γ'.
[40] μέλλον ἔντειλεν φυλάξασθαι χρέος
παισὶν φίλοις,
ὡς ἂν θεᾷ πρῶτοι κτίσαιεν βωμὸν ἐναργέα, καὶ σεμνὰν
θυσίαν θέμενοι 75
45 πατρί τε θυμὸν ἰάναιεν κόρᾳ τ' ἐγχειβρόμῳ. ἐν δ'
ἀρετὰν
ἔβαλεν καὶ χάρματ' ἀνθρώποισι Προμαθέος αἰδώς· 80

38 -ελάτα A, — ηλάτω(ψ) E.F.MRU,Z — ελάτψ(ω) A[BCD] etc. ||
πατέρος] πατρὸς A || ἀθηναία ABC⁻ᵃᵉDEFHKLMNOPQRUVXΓΔΠΣΨην'ᵇ
Al. — ἀθαναία Cpᵉ[G]Zkoqμ' [r. r.] Ro.* — in a litura est ut non liqueat utrum
velit || κορυφᾶς κατ' ἀκρᾶς Nᵃᵉ? Opᵉ || 39 ἀνορού.] ἐνορού. Eᵃᵉ F (cum gl.
ἐνορμήσασα) || -σαις' Cᵃᵉ? Dᵃᵉ? Oᵃᵉ? Bö.* — σουσ' E (sic) — σασα Q —
σᵃσ' ABCDFG[H]KL etc. || βοᾷν kᵃᵒq (cum gl. κατὰ, quasi accusativum
vellent scribere) || 40 δ' ἐφρ. omnes || νιν omnes || μῆρ EFGOQUVZ
ΓΠΣ — μήτηρ Xkˡ — μάτηρ A[BC]Dkᵉᵒμ'ν' [rell.] Al. Ro.* || 41 φαυ-
σίβροτος E,Hᵃᵉ Oᵃᵉ RZᵃᵉ kᵃᵉqᵃᵉᵉ[bᵒˡ?] Ro.* — φαυσίμβροτος μ'ᵃᵉν'ᵃᵉ — φαυ-
σίμβρετον C, — φαυσίμβροτες AB.CDEF.GHpᵉ MNOpᵉ PQU.V.XZpᵉ ΓΔΣΠ
ΣΩΩakᵃᵉmnostxpᵉ θ'μ'pᵒν'pᵉ σ' Hm. Bö.* || 42 μᾶλλον M || ἔντειλεν GIU
ἔντιλε H — ἐτείσιλα A — ἐνετείλατο A, — ἔντειλι BCDFMNOQRXZΓ
[Δ]μ'ν'σ' Al. Br. Mr. St. — ἔτειλε k — ἔτειλεν n — ἔντειλεν EVΠΣaoq[x]
[al. r.] Ro. Cp. Sm.* || 43 -σὶ G — σι ABCDEHMNOPQUVXZΓΔΠΣk
oθ' Al. — σὶν Fanqμ' Ro.* || 44 θεᾷ(ῶ) Mᵘᵗ PX (cum Sch. U gl. P τῇ
ἀθηνᾷ) — θεὰ D — θεᾷ(ᾶ) A[B]CEFG etc. (cum Soh. ABO) || πρῶτον
CZᵃᵉ? — πρῶτοι rell. — πρῶτα Hek. Cf. O. VI. 75 || θέμεναι B, — θει-
μέναι (cum gl. τελεῖν) O || 45 πατρί τε BDHᵇakn || ἰάναι. (om. ἰν) BDpᵉ
HVΓaᵖᵉ — ἰάναι ἰν KL — ἰάνειεν X — ἰάναιεν A[C]Đᵃᵉ EF etc. || ἐγχείβρ.
ABQU.V.XZ — ἐγχειβρ. D[C]EF etc. Cf. O. VI, 13. || -βρόμῳ (ν supra) DN
|| ἀρετᾶν A,F, || 46 ἔβαλε AB.DEFMNOPRUVXΓν'ᵇ Al. — ἔβαλλι Q —
ἔβαλλεν x — ἔβαλεν CGHU,V,ZΠΣ recc. Ro:* || προμ. mss. Al. Ro.* Hy.
Bö. Bg. Ht. — Προμ. Mr.* Dl. Ra. Sw. || -αθέως A.BPQUXkᵇμ'σ'ᵃᵉ Ro.*
(cum Sch. U) — ηθέος R — αθέος CDEFGHMNVZΓΔΠΣaknoq[x]σpᵉν'ᵇ
[r. r.] Al. Sm.* || αἰδῶς A, Ht. — αἰδώς A etc.

ΟΛΥΜΠΙΟΝΙΚΑΙ Ζ'.

Ἀντ. γ'.

[45] ἐπὶ μὰν βαίνει τι καὶ λάθας ἀτέκμαρτα νέφος,
καὶ παρέλκει πραγμάτων ὀρθὰν ὁδὸν   85
ἔξω φρενῶν.
50 καὶ τοὶ γὰρ αἰθοίσας ἔχοντες σπέρμ' ἀνέβαν φλογὸς οὔ·
τεῦξαν δ' ἀπύροις ἱεροῖς
ἄλσος ἐν ἀκροπόλει. κείνοισι μὲν ξανθὰν ἀγαγὼν νεφέλαν 90
[50] πολὺν ὗσε χρυσόν· αὐτὰ δέ σφισιν ὤπασε τέχναν

Ἐπ. γ'.

πᾶσαν ἐπιχθονίων Γλαυκῶπις ἀριστοπόνοις χερσὶ κρατεῖν.
ἔργα δὲ ζωοῖσιν ἑρπόντεσσί θ' ὁμοῖα κέλευθοι   95
55 φέρον. ἦν δὲ κλέος
βαθύ. δαέντι δὲ καὶ σοφία μείζων ἄδολος τελέθει.
φαντὶ δ' ἀνθρώπων παλαιαὶ   100

47 τι] τε A, Bö.² Di. Bg.¹² (errore typographico) — τί B,GMU.VX Σμ' — τὶ Π — τι ABOZ etc. || ἀτέκμαρτον A.[B]CDEFG[HM]NOPQRU VXZΓ[Δ]ΠΣabchiklmnoqstxv'ᵇϑ'μ'σ' Al. Ro.* (cum Sch. et gl.) — ἀτέκμαρτα Sm.* Cf. O. I, 32. P. II, 81. || 48 sq. ὁδὸν γ' [bcϑ']μ'σ' Ro.* — ὁδὸν (om. γ') ABCDEFGHKLMNOPQRUVXZΓΔΞΠΣΨΩQakimnoqrxv'ᵇ Al. Hm. Be. Bö.* Fulcrum Triclinianum est, ut vs. 8 sq. || 50 καίτοι γὰρ noq Ro.* — καὶ τοὶ γαρ C — καιτοὶ γὰρ V, — καὶ τοὶ γὰρ A.B.DEFGHNPQ.VXZΓΞ ΠΣakxμ'σ' Al. Pw. Bö.* (cum Sch. et gl.) || αἰθούσαις A, — αἰθούσσας EG.V. — ἰθούσας F, — ἡθούσας F¹ — αἰθούσας A[B]C.DE.F*[HMN]O P[Q]RU.XZΓ[Δ]ΠΣ recc. Al. Ro.* — αἰθοίσας (in nullo ms.) Bö.* || δ' ἐν ἀπύροις kᵇμ'σ' (Tricl?) — ἀπύροις (om. δ') q — δ' ἀπείροις A¹Zᵃᵃ — δ' ἀπύροις AᵃBC etc. || 51 κείνοισι μὲν ξανθ. ἀγ. νεφέλαν ζεὺς ABCDEF GHIMNOPQRUVXZΓΔΞΩv'ᵇ Al. — id. (om. μὲν) ΠΣ — id. (om. ζεὺς) kᵇ[ϑ']μ'σ' (Tricl.) Ro.* Ky. — κείνοις μὲν ξ. ἀγ. νεφ. abcklmnoqx (Mosch.) — κείνοις ὁ μὲν ξ. ἀγ. νεφ. Mi. Bö.* Ra.² || 52 ὗσε AH — ὗσαι Nᵃᵃ Oᵃᵃ || σφιν A.E.RoqᵃᵃΘ' Mr. St. — σφισιν F.INΔΠΣμ' [rell.] Al. Ro.* Sm.* || τέχνᾶν DEFHV? — τέχνᾱν BMᵃᵃN¹Oᵃᵃ ΓΔΠΣ (cum Sch. Thom.) — τέχναν AB,[C]E,F,[G]Mᵃᵃ N¹ Oᵃᵃ[P]QUXZ recc. Al. Ro.* || 53 πᾶσᾶν KF GHZ — πασᾶν BCᵃᵃΓΠΣ — πασῶν D?NO? — πᾶσαν Cᵃa — πᾶσα A[MP]QUVX recc. Al. Ro.* || χερσὶν q — σι rell. (etiam ano) || 54 ἑρπ. nq?v'ᵇ — ἑρπ. rell. (etiam ao) || ὅμοια Aμ'ᵃᵃ — ὁμοῖα rell. || 56 ἄδολος omnes — ἀδόλου Ht.

OLYMPIA VII.

[55] ῥήσιες, οὔπω ὅτε χθόνα δατέοντο Ζεύς τε καὶ ἀθάνατοι,
φανερὰν ἐν πελάγει Ῥόδον ἔμμεν ποντίῳ,
60 ἁλμυροῖς δ᾽ ἐν βένθεσιν νᾶσον κεκρύφθαι. 105

ἀπεόντος δ᾽ οὔτις ἔνδειξεν λάχος Ἀελίου· Στρ. δ'.
καί ῥά νιν χώρας ἀκλάρωτον λίπον,
[60] ἁγνὸν θεόν.
μνασθέντι δὲ Ζεὺς ἄμπαλον μέλλεν θέμεν. ἀλλά νιν
οὐκ εἴασεν· ἐπεὶ πολιᾶς 110
65 εἶπέ τιν᾽ αὐτὸς ὁρᾶν ἔνδον θαλάσσας αὐξομέναν πεδόθεν
πολύβοσκον γαῖαν ἀνθρώποισι καὶ εὔφρονα μήλοις. 115

58 dist. ante (non post) οὔπω, plene ABGHΣᵃᶜ*kn*'ᵇ — ibid. commate
DΠaoϱμ' Al. Ro.* Bö. Di. Bg. — et ante et post οὔπω dist. Nᵃᵃ V ? Σᵖᵒ ?
Cp. Sm.* — post (non ante) οὔπω dist. Nᵖᵒ P Ky. Sw. — neutra parte
CEFOUZn — n. l. de MVXΓΔ al. ‖ χθόνα δατ. omnes ‖ 59 ἔμμεναι
AMN — ἔμεν EFRZ ‖ 60 ἁλμυροῖς A[P ?]Rabckoq[xσ'] Al. Ro.* — ἁλ-
μυροῖς μ'ν' — ἁλμυρᾶν n̄ — ἁλμυροῖσι B.CDEFG.HKLMNOQ.UV.XZΓΔ
ΞΠΣΨ ‖ δ᾽ ἐν omnes ‖ βένθεσι Aᵃᶜ CDMNORVXZ[Δ]ΠΣΞΨaoμ'ν'σ'
Ro.* — βάθεσι KΓ — βέθεσσι E — βάθεσσι F — νέφεσι Q — βέν-
θεσσι Aᵖᵒ BGHLPU — βένθεσιν bchnqx Al. Sm.* ‖ 61 ἔνδειξε ABCEF
Gᵃᶜ NMᵖᵒ OPQRUXZΓΔ — ἐνυπέδειξε Mᵃᶜ — ἔνδειξιν DGᵖᵒ HVΠΣ recc.
Al. Ro.* ‖ 62 μιν omnes — νιν scripsi ‖ χώρας] χλωρᾶς A ‖ 62 sq. λεί-
πον A — λίπον B — λίπον CDE.F.GHKLMNOPQRUVXZ[Γ]ΔΞΠΣΨΩ
akiέᵃᶜ knoqstx Al. Hy.* — λίπονθ᾽ [bc]kpᵃ[θ']μ'ν'σ' (Tricl.) Ro.* ‖ 64 μνασθ.
omnes ‖ om. δὲ HᵃᶜNΠΣ ‖ ἄμπαλον AB.C.DEFG[HM]NO,PQ.Rᵖᵒ V.XZ
ΓΔ]ΠΣaknoq[x]μ'ν'σ'ᵖᵒ Al. Ro.* Ky. Sw. Bg. (cum Eustath. ad Il. 64, 42;
ad Od. 1434, 29.) — ἔμπαλον U — ἄμπελον ORᵃᶜ Ωtσ'ᵃᶜ — ἀμ πάλον Bö.*
‖ μέλλε B,QX — μέλε N — μέλει Γ — μέλθεν O — μέλλων Ω — μέλ-
λεν ABCDE.F.[G]H[MPRU]VZΠΣ recc. Al. Ro.* ‖ νιν A.Ḍ, — μιν omnes
rell. Al. Ro.* ‖ εἴασαν O male ‖ 65 εἶπέν τινα NO — εἶπέν τιν᾽ EFR —
εἶπέ τιν᾽ (τίν᾽) rell. ‖ θαλάσσης ABQUVZΠΣΨaknoqx Al. — θαλάσσας
CEF[G]HKLNO[P]RΓ[Δ]μ'ν'σ' Ro.* — θαλάσας DM ‖ αὐξομένην DCNO
— αὐξανομέναν PQUX — αὐξομέναν A[B]EF[GHMV]Z[ΓΔ]ΠΣ recc. Al. Ro.*
‖ πεδόθε B — πεδόθεν A etc. ‖ 66 πολύβυσσον OO,ᵃᶜ — πολύβοσκον
A.B.C etc. (etiam O,ᵖᵒ) ‖ αἶαν G auctore Hy. Nec ego nec alii notavi-
mus ex eodem codice neque ex ullo alio. ‖ ἀνθρώποισιν n — ἀνθρώποισι
rell. (et aoq) ‖ ἔμφρονα V. — εὔφρονα ABC.DEFGO.PQUXZΓΔΠΣΞΩ [rell]
Al. Ro.* — Vide Bö. ‖ μήλοις ABC.DEFGMNO.PQ.[R]UVXZΓΔΞΠΣΩ
acknoqtxθ'μ'ν'σ' Al. Ro. Mr. Bö.* — μάλοις Cp. St. Sm. Ox. Hy. sed in
nullo ms. de quo diserte relatum est, quanquam de *b* et *m* tacent Ox.

ΟΛΥΜΠΙΟΝΙΚΑΙ Ζ'.

’Αντ. γ'.

[45] ἐπὶ μὰν βαίνει τι καὶ λάθας ἀτέκμαρτα νέφος,
καὶ παρέλκει πραγμάτων ὀρθὰν ὁδὸν   85
ἔξω φρενῶν.
50 καί τοι γὰρ αἰθοίσας ἔχοντες σπέρμ' ἀνέβαν φλογὸς οὔ·
                        τεῦξαν δ' ἀπύροις ἱεροῖς
ἄλσος ἐν ἀκροπόλει. κείνοισι μὲν ξανθὰν ἀγαγὼν νεφέλαν 90
[50] πολὺν ὗσε χρυσόν· αὐτὰ δέ σφισιν ὤπασε τέχναν

’Επ. γ'.

πᾶσαν ἐπιχθονίων Γλαυκῶπις ἀριστοπόνοις χερσὶ κρατεῖν.
ἔργα δὲ ζωοῖσιν ἑρπόντεσσί θ' ὁμοῖα κέλευθοι   95
55 φέρον. ἦν δὲ κλέος
βαθύ. δαέντι δὲ καὶ σοφία μείζων ἄδολος τελέθει.
φαντὶ δ' ἀνθρώπων παλαιαὶ   100

47 τι] τε A, Bö.² Di. Bg.¹² (errore typographico) — τί B,GMU.VX
Σμ' — τὶ Π — τι ABOZ etc. || ἀτέκμαρτον A.[B]CDEFG[HM]NOPQRU
VXZΓ[Δ]ΠΣabchiklmnoqstxv'ᵇϑ'μ'σ' Al. Ro.* (cum Sch. et gl.) — ἀτέκμαρτα
Sm.* Cf. O. I, 82. P. II, 81. || 48 sq. ὁδὸν γ' [bcϑ']μ'σ' Ro.* — ὁδὸν (om.
γ') ABCDEFGHKLMNOPQRUVXZΓΔΞΠΣΨΩQakimnoqrxv'ᵇ Al. Hm. Be.
Bö.* Fulcrum Triclinianum est, ut vs. 8 sq. || 50 καίτοι γὰρ πος Ro.* —
καὶ τοι γὰρ C — καιτοὶ γὰρ V, — καὶ τοὶ γὰρ A.B.DEFGHNPQ.VXZΓΞ
ΠΣakxμ'σ' Al. Pw. Bö.* (cum Sch. et gl.) || αἰθούσαις A, — αἰθύσσαις
EG.V. — ἰθούσας F, — ἠθούσας F¹ — αἰθούσας A[B]C.D.E.F*[HMN]O
P[Q]RU.XZΓ[Δ]ΠΣ recc. Al. Ro.* — αἰθοίσας (in nullo ms.) Bö.* || δ'
ἐν ἀπύροις kᵇμ'σ' (Tricl?) — ἀπύροις (om. δ') q — δ' ἀπείροις A¹Zᵃᵃ —
δ' ἀπύροις A*BC etc. || 51 κείνοισι μὲν ξανθ. ἀγ. νεφέλαν ζεὺς ABCDEF
GHIMNOPQRUVXZΓΔΞΩν'ᵇ Al — id. (om. μὲν) ΠΣ — id. (om. ζεὺς)
kᵇ[ϑ']μ'σ' (Tricl) Ro.* Ky. — κείνοις μὲν ξ. ἀγ. νιφ. abcklmnoqx (Mosch.)
— κείνοις ὁ μὲν ξ. ἀγ. νιφ. Mi. Bö.* Ra.² || 52 ὗσε AH — ὗσαι Nᵃᵃ Oᵃᵃ
|| σφιν A.E.Roqᵃᵃϑ' Mr. St. — σφισιν F.INΔΠΣμ' [rell.] Al. Ro.* Sm.*
|| τέχναν DEFHV? — τεχνᾶν BMᵃᵃN¹Oᵖᵖ ΓΔΠΣ (cum Sch. Thom.) —
τέχναν AB,[C]E,F,[G]Mᵛᵉ N*Oᵃᵃ[P]QUXZ recc. Al. Ro.* || 53 πᾶσαν EF
GHZ — πασᾶν BCᵃᵃΓΠΣ — πασῶν D?NO? — πάσαν Cᵖᵃ a — πᾶσαν
A[MP]QUVX recc. Al. Ro.* || χερσὶν q — σὶ rell. (etiam ano) || 54 ἑρπ.
ηq?v'ᵇ — ἑρπ. rell. (etiam ao) || ὁμοια Aμ'ᵃᵃ — ὁμοῖα rell. || 56 ἄδολος
omnes — ἀδόλου Ht.

OLYMPIA VII. 63

[55] ῥήσιες, οὔπω ὅτε χθόνα δατέοντο Ζεύς τε καὶ ἀθάνατοι,
φανερὰν ἐν πελάγει Ῥόδον ἔμμεν ποντίῳ,
60 ἁλμυροῖς δ' ἐν βένθεσιν νᾶσον κεκρύφθαι.   105

ἀπεόντος δ' οὔτις ἔνδειξεν λάχος Ἀελίου·   Στρ. δ'.
καί ῥά νιν χώρας ἀκλάρωτον λίπον,
[60] ἁγνὸν θεόν.
μνασθέντι δὲ Ζεὺς ἄμπαλον μέλλεν θέμεν. ἀλλά νιν
                                                 οὐκ εἴασεν· ἐπεὶ πολιᾶς   110
65 εἶπέ τιν' αὐτὸς ὁρᾶν ἔνδον θαλάσσας αὐξομέναν πεδόθεν
πολύβοσκον γαῖαν ἀνθρώποισι καὶ εὔφρονα μήλοις.   115

58 dist. ante (non post) οὔπω, plene ABGHΣ^{ac} kν'^b — ibid. commate DΠaoϱμ' Al. Ro.* Bö. Di. Bg. — et ante et post οὔπω dist. N^{ac} V ? Σp^c ? Cp. Sm.* — post (non ante) οὔπω dist. N^{pc} P Ky. Sw. — neutra parte CEFOUZπ — n. l. de MVXΓΔ al. || χθόνα δατ. omnes || 59 ἔμμεναι AMN — ἔμεν EFRZ || 60 ἁλμυροῖς Δ[P'']Rabckoq[xσ'] Al. Ro.* — ἁλμυροῖς μ'ν' — ἁλμυρᾶν π̄ — ἁλμυροῖσι B.CDEFG.HKLMNOQ.UV.XZΓΔ ΞΠΣΨ || δ' ἐν omnes || βένθεσι A^{ac}CDMNORVXZ[Δ]ΠΣΞΨaoμ'ν'σ' Ro.* — βάθισι ΚΓ — βίθισσι E — βάθισσι F — νέφεσι Q — βίνθεσσι A^{pc} BGHLPU — βίνθεσιν bchnqx Al. Sm.* || 61 ἐνδειξε ABCEF G^{ac} NM^{pc} OPQRUXZΓΔ — ἰνυπίδειξε M^{ac} — ἔνδειξεν DG^{pc}HVΠΣ rece. Al. Ro.* || 62 μιν omnes — νιν scripsi || χώρας] χλωρᾶς A || 62 sq. λεῖπον A — λίπον B — λίπον CDE.F.GHKLMNOPQRUVXZ[Γ]ΔΞΠΣΨΩ aki^{ac} knoqstx Al. Hy.* — λίπονθ' [bc]kp^{ac}[θ']μ'ν'σ' (Tricl.) Ro.* || 64 μνασθ. omnes || om. δὲ H^{ac} NΠΣ || ἄμπαλον AB.C.DEFG[HM]NO,PQ.R^{pc}V.XZ Γ[Δ]ΠΣakηoq[x]μ'ν'σ'ν^c Al. Ro.* Ky. Sw. Bg. (cum Eustath. ad Π. 64, 42; ad Od. 1434, 29.) — ἔμπαλον U — ἄμπελον OR^{ac}Ωtσ'^{ac} — ἆμ πάλον Bö.* || μέλλε B,QX — μέλε N — μέλεν Γ — μέλθεν O — μέλλων Ω — μέλλεν ABCDE.F.[G]H[MPRU]VZΠΣ rece. Al. Ro.* || νιν A.Ą, — μιν omnes rell. Al. Ro.* || εἴασαν O male || 65 εἰπόν τινα NO — εἰπόν τιν' EFR — εἰπέ τιν' (τίν') rell. || θαλάσσης ABQUVZΠΣΨaknoqx Al. — θαλάσσας CEF[G]HKLNO[P]RΓ[Δ]μ'ν'σ' Ro.* — θαλάσας DM || αὐξομένην DCNO — αὐξανομέναν PQUX — αὐξομέναν A[B]EF[GHMV]Z[ΓΔ]ΠΣ rece. Al. Ro.* || πεδόθε B — πεδόθεν A etc. || 66 πολύβυσσον OO,^{ac} — πολύβοσκον A.B.C etc. (etiam O,^{pc}) || αἶαν G auctore Hy. Nec ego nec alii notavimus ex eodem codice neque ex ullo alio. || ἀνθρώποισιν π — ἀνθρώποισι rell. (et aoq) || ἔμφρονα V. — εὔφρονα ABC.DEFGO.PQUXZΓΔΠΣΞΩ [rell.] Al. Ro.* — Vide Bö. || μήλοις ABC.DEFGMNO.PQ.[B]UVXZΓΔΞΠΣΩ acknoqtxθ'μ'ν'σ' Al. Ro. Mr. Bö.* — μάλοις Cp. St. Sm. Ox. Hy. sed in nullo ms. de quo diserte relatum est, quanquam de b et π tacent Ox.

ΟΛΥΜΠΙΟΝΙΚΑΙ Ζ΄.

Ἀντ. δ΄.

ἐκέλευσεν δ᾽ αὐτίκα χρυσάμπυκα μὲν Λάχεσιν
[65] χεῖρας ἀντεῖναι, θεῶν δ᾽ ὅρκον μέγαν   120
μὴ παρφάμεν,
70 ἀλλὰ Κρόνου σὺν παιδὶ νεῦσαι, φαεννὸν ἐς αἰθέρα νιν
πεμφθεῖσαν ἑᾷ κεφαλᾷ
ἐξοπίσω μέρος ἔσσεσθαι. τελεύταθεν δὲ λόγων κορυφαὶ 125
ἐν ἀλαθείᾳ πετοῖσαι. βλάστε μὲν ἐξ ἁλὸς ὑγρᾶς

Ἐπ. δ΄.

[70] νᾶσος, ἔχει τέ νιν ὀξειᾶν ὁ γενέθλιος ἀκτίνων πατήρ,
πῦρ πνεόντων ἀρχὸς ἵππων· ἔνθα σοφώτατα μιχθεὶς 130
75 τέκεν ἑπτὰ Ῥόδῳ
ποτὲ νοήματ᾽ ἐπὶ προτέρων ἀνδρῶν παραδεξαμένους

67 ἐκέλευσε A.Kr**Rμ´ν´σ´ — ἐκέλευσιν aknoq[x] Ro.* — κέλευσεν C. NΠΣ Al. — κέλευσε B.DE.F.GK**LMN,O.PQ.UVXZΓΔΨ ǁ δ᾽ om. N — non om. δ᾽ rell. (et N,) ǁ λάχεσι O?P Ro. Br. — λάχεσιν A.[BCD] etc. Cp. Mr.* ǁ 68 ἀνατεῖναι N.OPQUV.Xq? Al. — ἀν᾽ τεῖναι K — ἀντιτεῖναι F, — ἀντείναι ΓΨ — ἀνθεῖναι Mr. St. — ἀντεῖναι AB.CDE.F[GM]L Q,RXZΠΣ recc. Ro. Cp. Sm.* ǁ ὅρκου O ǁ θεῶν Θ᾽ ὅρκον μέγαν, μὴ παρφάμεν, Ht. ǁ 69 παρφίμεν A,N**O — παραφάμεν (fl. βάμεν?) ο — πὰρ φάμεν P — παρφάμεν A[BCD] etc. — (παρβάμεν Sm. Aretium coniecisse existimabat.) ǁ 70 φαεινὸν ABCr**DE.F.GIKLMN.OPQ.RUV.ΓΔΠΣ Bö.* — φαενὸν B,C**U,X.ZΨaknoqx Al. Ro.* — φανερὸν μ´ν´σ´ (cum gl. συνίζησις) — φανὸν Hm. ǁ εἰς CPkq — ἐς rell. (etiam [a]o[n]) ǁ νιν CN? — μιν rell. ǁ ἑᾷ(ᾷ) FKL**MNU**VXZΓΨηqν´σ´ — ambiguo spiritu CEQakom´ — ἰᾷ(ᾷ) A.DLr**OUr**RΠΣ [rell.] Al. Ro.* ǁ 71 ἐξ ὀπίσω D ǁ μέρος AB•C — γέρας Bl DEFGKL[M]NOPQRUVXZ Thom. recc. Al. Ro.* ǁ ἔσεσθαι ao (aut h aut i) [bcm] Sm.* — ἔσεσθαι ABCDEFG[MN]OPQRUV XZΓ[Δ]ΠΣklnqxθ´μ´ν´σ´ Al. Ro.* ǁ τελεύτασθεν B•B,C,E, — τελεύτασεν A.Bl CDEF.GKLNNOPQ.RUVXZ[ΓΔ]ΠΣΨ recc. Al. Ro.* ǁ τελεύτασάν δὲ Q,V, — τελεύτασάν τε U, — τελεύτασαν δὲ rell. ǁ λόγου V ǁ 72 ἀληθείᾳ(ᾳ) BFKLMNOPQUXZΓΔΨak**mnoqxμ´σ´ Ro. Mr. — ἀλαθείᾳ(ᾳ) A CDE[G]RVΠΣkr*[bclθ´] Al. Cp. St.* ǁ πετοῖσαι AN** Ro.* — πετοῖσαι ἰ** — πετεῖσαι h — πετοῖσαι BMNr*RUΔΠΣεr*c kom´ [rell.] Al. Ox.* ǁ 73 μιν omnes — νιν scripsi ǁ ὁ om. k ǁ 74 πυρπν. DVΓΠΣ — πῦρ πν. rell. (etiam Ψ) ǁ ἵππον (voluitne ἵπποιν?) Σ** ? cum gl. λάμπου καὶ φαίδωνος. ǁ ἔνθα Σ ǁ 74 sq. Transposui verba ἔνθα Ῥόδῳ ποτὲ μιχθεὶς τέκεν ἑπτὰ σοφώτατα νοήματ᾽ etc. ǁ 75 τέκεν omnes ǁ 76 νοήματα B,k**n — νοήματά τ᾽ M

OLYMPIA VII.

παῖδας· ὧν εἷς μὲν Κάμειρον,   135
πρεσβύτατόν τε Ἰάλυσον ἔτεκεν, Λίνδον τ'. ἀπάτερθε
δ' ἔχον,
[75] διὰ γαῖαν τρίχα δασσάμενοι πατρωΐαν,
80 ἀστέων μοῖραν, κέκληνται δέ σφιν ἔδραι.   140

Στρ. ε'.

τόθι λύτρον συμφορᾶς οἰκτρᾶς γλυκὺ Τλαπολέμῳ
ἴσταται Τιρυνθίων ἀρχαγέτᾳ,
ὥσπερ θεῷ,

77 μὲν om. B — μὲν rell. (etiam B,bis) — non est in paraphr. AB ‖ κάβειρον Bech — κάμιρον Aech et in paraphrasi et in vs. Hom. Il. β, 656. Sw. — κάμειρον omnes reliqui ‖ 78 πρεσβύτερόν τε NXXech — πρεσβύτατός τε (Schol. Vet. v. l.?) — πρεσβύτατόν τ' Cm' — πρεσβύτατόν τε A B.[D]EF etc. ‖ ἰάλυσον Zμ' — ἰάλυσσον DRU — ἰαλυσὸν Δaρc Al. — ἰάλυσον AEFNQaaenoq [rell.] Ro.* — ἴλυσον Aech vitiose ‖ τίκεν ADFG. KLMZ Al. — τίκε BCENOPQRUVXΓΔΠΣΨ — ἔτικεν aknoqμ' [rell. recc.] Ro.* ‖ δ' COX — τ' A[BDEF]G etc. ‖ et ante et post λίνδον τ' plene interpungunt AGμ' non male. Cf. Germ. Sch. p. 36. (i. e. „ad hunc etiam Lindum") — ante (non post) id. Uoq Ro. — post (non ante) id. BDOZΣb Bö.* — pr. commate, tum plene Nab Al. — utroque loco commate Cp. — neutro CEFQVΣaΠn ‖ ἀπάτερθεν (om. δ') M — ἀπάτερθεν δ' Cao — ἀπάτερθε δ' A[B]Cpc rell. ‖ ἔχοντα B — ἔχοντι CDEF GKLMNOPQRUVXZΓΠΣΨ Al. — ἔχον Δ[Δ?] recc. Ro.* — ουσι supraser. gl. NZΠΣ — 79 διὰ γᾶν A — διαγαῖαν OUΓ — διὰ, γαῖαν NQ ‖ τριχθὰ A.N — τριχᾶ MXkaeq (Aech τριχῆ) — τριχὰ OQUVZamnox (in anec τριχάδας) Al. — τριχα (s. a.) Ro. — τρίχα [BC]DEF[G]I[ΓΔΠ]Σkpc μ'σ' Cp.* — De forma Homerica cf. Il. o, 89 τριχθὰ δὲ πάντα δίδασται, τριχθὰ de Rhodiis ib. β, 668 sed τρίχα ib. 655. — Vide ad O. II, 7. 19. ‖ δασάμενοι B,C,F,acNOQUVXΓΔΠΣ Al. — δασσάμ. A.[B]DE.FF,pc[GM] U,V,Z recc. Ro.* — διαδασσόμενοι paraphr. A ‖ πατρώων E,F, — πατρῷαν AB.CDEFGKLNOQU.RVXΓΔΠΨ — πατρῷαν MZac, πατρῴαν ZpcΣ Al. — πατρωΐαν μ' — πατρῴαν aknoq [r. r.] Ro.* ‖ ante (non post) πατρ. dist. D?F?ObVa'μ' Al. Cp. St.* — post (non ante) E (C?) Bö.* — neutro loco AB.GNOaQU.XZΓΔΠΣknoq Ro. Mr. ‖ 80 κέκληνται δέ σφιν ἔδρα. A, (non Δ) ‖ κέκεινται O ‖ σφισιν V, ‖ ἕδρας a ‖ extr. non dist. CO QVΣenqμ' Al. — plene ABEFao Ro.* ‖ 81 τληπολέμῳ AN — τλαπολέμου Σ (Gb rec. m.) — τλαπολέμων M — τλαπολέμῳ(ψ) DEFQ [rell.] Sch. Vet. et Recc. ‖ 82 ἵσταται Sm. — ἴσταται rell. ‖ τιρυνθίῳ h ‖ 83 θεοῖς A

ΟΛΥΜΠΙΟΝΙΚΑΙ Ζ'.

[80] μήλων τε κνισάεσσα πομπὰ καὶ κρίσις ἀμφ' ἀέθλοις.
τῶν ἄνθεσι Διαγόρας 145
85 ἐστεφανώσατο δίς, κλεινᾷ τ' ἐν Ἰσθμῷ τετράκις εὐτυ-
χέων,
Νεμέᾳ τ' ἄλλαν ἐπ' ἄλλᾳ, καὶ κρανααῖς ἐν Ἀθάναις. 150

Ἀντ. ε'.
ὅ τ' ἐν Ἄργει χαλκὸς ἔγνω νιν, τά τ' ἐν Ἀρκαδίᾳ
ἔργα, καὶ Θήβαις, ἀγῶνές τ' ἔννομοι 155
[85] Βοιωτίων,
90 Πέλλανά τ'· Αἴγινα τε νικῶνθ' ἑξάκις· ἐν Μεγάροισίν
τ' οὐχ ἑτέρου λιθίνα

84 μάλων Α[b?] Al. Ro. — μήλων BCDEFGMNOPQUVXZΓΔΞΠΣ acklmnoqxϑ'μ'σ' Bö.* — Vide Simonid. fr. 137 = 247 Bg. et Ah. D. D. p. 158. ‖ κνισάεσσα AFGOPQUVXΓΔΞΠΣ Bg. Sw. Ht. — κνισάεισα Z — κνισσάεσσα C.DE.MN** — κνισσάεσσα Β.Ν^p.R rec. Al. Ro.* ‖ πομπῇ C,V? ‖ ἐπ' ἀέθλοις N — ἀμφαέθλοις A,UΓΠ — ἀμφ' ἀέθλοις k ‖ ἄνθεσσι A — ἄνθεσιν Ro. Cp. St. — ἄνθεσι A, etc. Mr. Sm.* ‖ **85** καὶ στεφάνῳ D^b ΓΔ^ult ΞΠΣΨ cum Schol. Thom. — ἐστεφάνωτο NV — ταυτᾶ ἐστεφάνωτο G — ἐστεφανώσατο ABCD^a?EFKL[M]O[P]QRUXZ recc. Al. Ro.* ‖ κλεινῷ AZ — κλεινὰ V^1V, — κλινᾷ NOU. — κλεινᾶ(ᾳ) B.C. etc. ‖ τοι ἐν C — τ' ἐν rell. (et C,) — **86** νέμεα EF. — νεμέα(ᾳ) rell. (et E,) ‖ ἄλλαν ἐπ' ἄλλαν E,FZ — ἄ. ἱ. ἄλλοις F, ‖ κρανααῖσιν (om. ἐν) L? — κρανααῖσιν ἐν C — κραναᾶς ἐν A.B.E.F.KNORUZΣΨ [rell.] recc. Al. Ro.* ‖ ἀθήναις C,D?LMOμ'σ' — ἀθάναις A.CD?E.F.KPQRU.ZΣΨko [rell.] Al. Ro.* ‖ **87** ὅ, τ' ACENo al. — ὅ τ' al. — ὅτ' Σ Al Ro. Br. — U^sch ὅτι ὁ ἐν, male ‖ ἀργεῖ A.CDV — ἄργει B.C,?E.FV, etc. ‖ νιν (νὶν) A.NO(U^sch quater) — μιν (μὶν) BCDEFGKLM[P]QRU[V]XZ[ΓΔ]ΠΣΨ recc. (B^sch quater) (Ro.^sch quater) Al. Ro.* ‖ τὰ δ' ex Ξ refertur — τά τ' A.B.CDE.F.G etc. (omnes mei) ‖ **88** δ' U, — τ' rell. (et U) ‖ **89** βοιωτίων A — βοιωτίας C — βοιωτῶν B.DE.F.GKLMNOPQRUVXZΓΔΠΣΨσ' Al. — βοιώτιοι akno qμ'ν' [rell. recc.] cum Comm. Mosch. Ro.* ‖ **90** πελλάνα τ' αἰγινά τε A. DKLMOQU.V.ΧΓΩΩσ' Al. — πελάνα τ' αἰγινά τε ΔΞΠΣΨ — πελλήναι τ' αἰγιναί τε N — πηλάνᾳ τ' αἰγινά τε Z — πελλάνα τ' αἰγίνα τε B.E.F. G.PR — πέλλανά τ' αἰγίνα τε C solus cum Bö.* — αἴγινα πελλάνα τε aknoqxμ'ν' [rell. recc.] Ro.* ‖ μεγάροισι δ' A — μεγάροισί τ' (σι τ') BCDE GO^sch PQRUVXΓΔΠΣσ' Al Ro.* St.^2* — id. (sed τε) MN — μεγάρροις|σίν τ' * — μεγάροισίν τ' FO^aso Zknoqxμ'ν' (Sm.) Ox.* — μεγάρεσσίν τε Mr. St.^1 ‖

ψᾶφος ἔχει λόγον. ἀλλ', ὦ Ζεῦ πάτερ, νώτοισιν Ἀτα-
                    βυρίου   160
μεδέων, τίμα μὲν ὕμνου τεθμὸν Ὀλυμπιονίκαν,

Ἐπ. ε'.
ἄνδρα τε πὺξ ἀρετὰν εὑρόντα, δίδοι τέ ϝοι αἰδοίαν χάριν
[90] καὶ ποτ' ἀστῶν καὶ ποτὶ ξείνων. ἐπεὶ ὕβριος ἐχθρὰν 165
95 ὁδὸν εὐθυπορεῖ,
σάφα δαεὶς ἅ τε ϝοι πατέρων ὀρθαὶ φρένες ἐξ ἀγαθῶν
ἔχρεον. μὴ κρύπτε κοινὸν   170
σπέρμ' ἀπὸ Καλλιάνακτος· Ἐρατιδᾶν τοι σὺν χαρίτεσ-
                    σιν ἔχει

οὐχ' AEFU cf. Buttm. Gr. Gr. I, 95. II, 370. et Steph. Thes. s. v. ||
ἑτέρου A — ἕτερον rell. || λιθίνη Vp°
91 ψῆφος ΓΔkacq — ψεῦφος Π || νώτοισι ΓΣ — νῶ¦τοῖσι Π ||
92 ὕμνον F c. gl. τὸν — ὕμνου rell. (etiam E) || ante (non post) ὀλ. dist.
AOpeanoq Al. Cp.* (cum Comm. Mosch. et Sch. U) — post (non ante) id.
dist. BDFGMNPQ Hy.* — utrumque Sch. A — post plene, ante commate
Zμ'ν' Ro. (Tricl.) — non dist. CEUVXΓΠΣk || **93** ἀρετᾶν A, || δίδου AZp°
abcklmnoqtx — δίδοι [B]C[DEFGM]N[OPQRUVXZΓΔΠΣϑ']μ'ν'[σ'] Al.
Ro.* (in CNμ'ν' aliisque u supra) || δὲ Uech — τε A[BC]DEF etc. (paraphr.
B et Comm. Mosch.) || τοι C¹ — οἱ A[B]C° etc. (τιοι μ') || αἰδοῖαν E,F.
OUVXZν'ac — αἰδοίαν rell. || **94** καὶ ποτ' BGp°xb — καὶ πότ' O Hy. —
καί ποτ' DEFGacNVZ — καὶ ποτ' A[CM]QUXΓΠΣak?noqxa μ'ν'σ' Al. Ro.*
Bö.* || ἐχθρᾶς qae || **95** sq. : σάφα B —.σάφα ACFNQZΣqμ'ν' — σάφα
GEo —, σάφα a Al. Ro.* || **97** ἔχρειον A cum gl. ἱμαντεύοντο — ἔχραον
rell. || ; μὴ B —, μὴ QZao — μὴ UVq —. μὴ ACDEFMNΣ [rell.] ημ'ν' Al.
Ro.* || τὸ κοινὸν C, || **98** ἐραστειδᾶν A — ἐραστειδῶν Δ, — ἐραστει-
δᾶν B.C.DE.F.G.KMNOPQRU.V.XZp°ΓΠΣΨaecσ' Al. Ro; — ἐρισειδᾶν
M, — ἐραστειδᾶν L — ἐρατιδᾶν ZaeΔ — ἐρατιδῶν bc — ἐρατιδᾶν akn
opeqxμ'ν' [rell. recc.] Ro.* || post (non ante) ἐρ. dist. C — ante (non post)
ἐρ. dist. plene DEGZΣaoημ'ν' Al. Philippus Melanchthon. Bö.* — id. (sed
commate) FO[QV] Cp. St.* — neutro loco [A?B?]NUq Ro. Mr. || τὶ, A
— τοι. O — τοι rell. ut videtur (in Q fortasse τὶ) || χαρίτεσσιν ΓΠΣ ||
98 sq. Θαλίας ἔχει A — ἰ. Θ. rell. || ante (non post) ἔχει dist. EFaδμ'ν'
Cp. Mr.* — post (non ante) ἔχει dist. NQ Ro. Br. (in Q etiam commate
post Θαλίας) — neutro loco (sed post Θαλίας) V — omnino non dist. BC
DGUΣkηq Al. Philippus Melanchthon. Canter. Be. Hm. Bö.* — ante Θα-
λίας ἔχει plene A

5*

θαλίας καὶ πόλις· ἐν δὲ μιᾷ μοίρᾳ χρόνου
100 [95] ἄλλοτ' ἀλλοῖαι διαιθύσσοισιν αὖραι.   175

99 πόλις M ‖ δὲ om. NOQU — δὲ habent A.E.F.UZΔομ'ν' [rell.] Al. Ro.* cum Sch. B ‖ μιᾷ(ᾷ) μοίρᾳ(α) A.C recc. Al. Ro.* — om. μιᾷ C, μοίρᾳ(α) μιᾷ(ᾷ) B.DE.F.G.KLMNOPQRUVX.ZΓΔΠΣΨσ' Al. ‖ 100 ἄλλοτε δ' NOQUX. — ἄλλοτε τ' EFR — ἄλλοτε P? (etiam δ'?) — ἄλλοτ' AZΣ [rell.] recc. Al. Ro.* ‖ διαιθήσσουσιν MN — διαθύσσουσιν k*q — διαι-θύσσουσιν ABDEF[G]OPQRUV[X]Z[ΓΔ]ΠΣankpο ομ'ν' [rell.] Al. Ro.* — in C litura, sed non habuit οισιν — διαιθύσσοισιν Bö.* (in nullo ms.)

Subscr. τέλος διαγόρου ῥοδίου πύκτου. GTU — id. (sed διαγόρα) V — id. (om. ῥοδίου) FKL — ὕμνου τέρμα διαγόρου τοῦ πύκτου. Qσ' — τέλος τοῦ πρὸς διαγόραν ῥόδιον πύκτην ὕμνου. X — ὕμνου τέλος διαγόρου ῥοδίου. μ'ν' — nulla subscr. in ABCDEMNO[P]RSZ Thom. Moschop. Al.

ΟΛΥΜΠΙΟΝΙΚΑΙ Η'.

ΑΛΚΙΜΕΔΟΝΤΙ ΑΙΓΙΝΗΤΗι

ΠΑΙΔΙ ΠΑΛΑΙΣΤΗι.

Strophae.

$$\begin{array}{l}
\text{─́} \cup \text{─} \text{─} \text{─́} \cup \cup \text{─} \cup \cup \text{─} \smile \text{─́} \cup \smile \\
\text{─} \text{─́} \cup \text{─} \text{─} \text{─́} \cup \cup \text{─} \cup \cup \text{─} \smile \\
\text{─́} \cup \cup \text{─} \text{─́} \cup \cup \text{─} \cup \cup \text{─} \text{─} \text{─́} \cup \cup \text{─} \cup \cup \text{─} \smile \\
\text{─́} \cup \cup \text{─} \cup \cup \text{─} \smile \text{─́} \cup \smile \\
5 \quad \text{─́} \cup \cup \text{─} \cup \cup \smile \\
\cup \cup \text{─́} \text{─} \text{─́} \cup \smile \\
\text{─́} \cup \text{─} \text{─} \text{─́} \cup \smile
\end{array}$$

Epodi.

$$\begin{array}{l}
\text{─} \text{─́} \cup \cup \text{─} \cup \cup \text{─} \text{─́} \cup \smile \\
\text{─́} \cup \cup \text{─} \cup \cup \text{─́} \smile \text{─́} \cup \cup \text{─} \cup \cup \smile \\
\text{─́} \cup \cup \text{─} \text{─} \smile \text{─} \smile \\
\text{─́} \cup \cup \text{─} \text{─́} \cup \smile \\
5 \quad \text{─́} \cup \cup \text{─} \text{─} \text{─́} \cup \cup \text{─} \cup \cup \text{─} \smile \\
\text{─́} \cup \cup \text{─} \smile \text{─́} \cup \cup \text{─} \cup \cup \text{─} \smile \text{─́} \cup \smile \\
\text{─́} \cup \text{─} \text{─́} \cup \cup \text{─} \text{─́} \cup \smile \\
\smile \text{─́} \cup \text{─} \text{─} \text{─́} \cup \smile
\end{array}$$

Inscr. ἀλκιμέδοντι παλαιστῇ. καὶ τιμοσθένει παλαιστῇ. καὶ μελησίᾳ παγκρατιαστῇ νέμεα. αἰγινήταις. νικήσασιν ὀλυμπιάδα: ΑΔ — ἀλκ. παιδὶ παλ. καὶ τιμ. παλ. νέμεα καὶ μελ. ἀλείπτῃ παγκρατιαστῇ νέμεα αἰγ. νικ. ὀλ. ΝΟ (in Ο νικήσαντι) — ἀλκ. παιδὶ παλ. καὶ τιμ. καὶ μελ. παγκρατιαστῇ. C — ἀλκ. π. π. κ. τιμ. παλ. νεμίᾳ. μελησίᾳ ἀλείπτῃ. ΒΕ — id. (sed νέμεα καὶ μελ. ἀλ.) Q — id. (sed παλ. τιμ. παλ. νέμεα καὶ μ. ἀ.) ΓΔΘΙΙΣ (in Σ παλαισταῖς νέμεα α μ. ἀ.) γο' — ἀλκ. π. παλ. τιμ. παλ. νεμέα μελ. ἀλ. ο — ἀλκ. π. π. κ. τ. π. νέμεα καὶ μελ. ἀλ. ΧΖᵇ Al. — id. (om. ἀλείπτῃ) Ζᵃ — id. (om. νέμεα) Pc Ru. — ἀλκ. παλ. κ. τ. παλ. καὶ μελ. ώ — ἀλκ. π. παλ. ὀλύμπια. καὶ τιμ. παλ. νέμεα. καὶ μελ. διδασκάλῳ ἀλείπτῃ. UV — ἀλκ. π. π. κ. τ. παλ. τῷ ἀδελφῷ αὐτοῦ. νέμεα μελ. ἀλ. D — ἀλκ. π. π. καὶ τιμ. παλ. ἀδελφῷ αὐτοῦ νέμεα καὶ μελ. ἀλ. an͡qu — id. (sed νεμέᾳ) μ'ν'ρ' — om. inscr. ux — ἀλκ. π. π. Hy. — ἀλκ. αἰγ. π. π. Bö.*

ΟΛΥΜΠΙΟΝΙΚΑΙ Η'.

Στρ. α'.

Μᾶτερ ὦ χρυσοστεφάνων ἀέθλων Ὀλυμπία,
δέσποιν᾽ ἀλαθείας, ἵνα μάντιες ἄνδρες
ἐμπύροις τεκμαιρόμενοι παραπειρῶνται Διὸς ἀργικεραύνου, 5
εἴ τιν᾽ ἔχει λόγον ἀνθρώπων πέρι
5 μαιομένων μεγάλαν
ἀρετὰν θυμῷ λαβεῖν,
τῶν δὲ μόχθων ἀμπνοάν·

Ἀντ. α'.

ἄνεται δὲ πρὸς χάριν εὐσεβείας ἀνδρῶν λιταῖς· 10
ἀλλ᾽ ὦ Πίσας εὔδενδρον ἐπ᾽ Ἀλφεῷ ἄλσος,
10 τόνδε κῶμον καὶ στεφαναφορίαν δέξαι. μέγα τοι κλέος
αἰεί,
ᾧτινι σὸν γέρας ἕσπετ᾽ ἀγλαόν· 15

1 χρυσοστεφάνων A.Vo' ‖ ὀλυμπία ABCDEFG̅[M]N¹OQRUVXZΠΣ κδqgσ̅ Al. Ro.* — οὐλυμπία ΓΘΞΩahinο'μ'ν'ρ' Nᵃ Sm.* ‖ 2 ἀληθείας BCG.NPQ.U.XΠΣakᵃᶜmnoqxo'σ' — ἀλαθείας ADE.FOVZ[MΓΔ]Θykᵖᶜμ' ν'ρ' Al. Ro.* ‖ 3 περιπειρῶνται Σ — παραπειρώμεναι Vᵃᶜ — παρατειρῶνται aᵖᶜ ‖ ἀργικ. BEFGNᵃᶜRUVΓΔΘΠΣ — ἀργοκ. M — ἀρτικ. Cᵃᵃ — ἀργικ. ACᵖᶜDNᵖᶜ?O[PQ]Z recc. Al. Ro.* ‖ 4 ἀνδρῶν N — ἀνθρώπων rell. ‖ περιμ. EM — περὶ μ. ΝΣ ‖ 6 ἀρετὴν DQ ‖ βαλεῖν Aᵃᶜʰ — λαβεῖν A rell. ‖ 7 τῶνδε Cᵖᶜ UVΣ Bg.¹ — ἔκ τε Hm. ‖ ἀμπνοιαν O ‖ 8 ἄνεται δὲ A.B.C. DE.F.G.IMNOPQᵖᶜ[R]U.VXZΓΔΘΞΠΣΩxᵃ y Al. Bö. Hm.* — ἄνεται δὲ Qᵃᶜlxᵃ[σ'?] Ro.* — πληρέονται (sine δὲ) abchiklmnoqsxΘ'μ'ν'ρ'ο' Gᵇ — πληροῦνται Ωᵃ ‖ εὐσεβίας ABCDEFGIMNOPQRUV̄XZΓΔΘΞΠΣᵃᶜΩxᵃ y Al. — εὐσεβιῶν δ᾽ abcdhiklmnopqsxΘ'μ'ν'ρ' — εὐσεβίων (sine δ᾽) Ro.* — εὐσεβίας Bö.* — εὐσεβίαις ft. v. l. in Schol. ‖ λιταῖς A[B]CDEFGI[M]N¹O[P]Q[R]UV[X]Z[ΓΔ]Θᵃᶜ Π[y] Al. Ro.* Bö.* — λιταῖς Σ — λιταί Asclepiadis lectio Nᵃ Gᵇ Θᵖᶜ abchiklmnoqs[xσ']Θ'μ'ν'ο'ρ' Be. Hm. ‖ ἄνεται δὲ, πρὸς χάριν εὐσεβείας ἀνδρῶν, λιταῖς. dist. N — non dist. rell. ‖ 9 πίσσας A,M OU, ‖ ἀλφειῷ NU — ἀλφιῷ a — ἀλφειῶ(ῷ) rell. ‖ ἄλσος ἔχων, A — ἄλσος C. ‖ 10 στεφανοφ. Mᵘˡᵗ VZnρ' Al. Mr. St. — στεφανηφ. NOPXU — στεφαναφ. AB etc. Ro. Cp. Sm.* ‖ τι QU,σ' Ro.* — τοι A.B.CDEFG.MNOPQ,UVXZ[Γ]ΔΘΞΠΣΩᵇ recc. Al. Hy.* ‖ γέρας pro κλέος et κλέος pro γέρας Uᵃᶜʰ ‖ ἀεὶ M ‖ ἕσπετ᾽ ABCEᵖᶜ?MORV St. Bg.¹ Ht. — ἕσποιτ᾽ DᵘˡᵗFᵖᶜ?ΓΔΘx — ἕποιτ᾽ Σ — ἕσπητ᾽ ο' — ἕσπητ᾽ Eᵃᶜ?GNQU XZΠΣ recc. Al. Ro.*

ἄλλα δ᾽ ἐπ᾽ ἄλλον ἔβαν
ἀγαθῶν, πολλαὶ δ᾽ ὁδοὶ
σὺν θεοῖς εὐπραγίας.

15 Τιμόσθενες, ὔμμε δ᾽ ἐκλάρωσεν πότμος   Ἐπ. α΄.
Ζηνὶ γενεθλίῳ· ὃ σὲ μὲν ἐν Νεμέᾳ πρόφατον,   20
Ἀλκιμέδοντα δὲ πὰρ Κρόνου λόφῳ
θῆκεν Ὀλυμπιονίκαν.
ἦν δ᾽ ἐσορᾶν καλός, ἔργῳ τ᾽ οὐ κατὰ ϝεῖδος ἐλέγχων   25
20 ἐξένεπε κρατέων πάλᾳ δολιχήρετμον Αἴγιναν πάτραν·
ἔνθα Σώτειρα Διὸς ξενίου
πάρεδρος ἀσκεῖται Θέμις,

                  Στρ. β΄.
ἔξοχ᾽ ἀνθρώπων. ὅθι γὰρ πολὺ καὶ πολλᾷ ῥέποι,   30

12 ἐπ᾽ ἄλλων ΑΣ (A c. gl. ἀνθρώπων) — ἐπ᾽ ἄλλου kq — ἐπ᾽ ἄλλαν C^a — ἐπ᾽ ἄλλο Θ^ro — ἐπ᾽ ἄλλους o^s — ἐπ᾽ ἄλλον A,[B]C^b EF etc. cum Sch. A || 13 πολαὶ γμ΄ || 14 εὐπραγίας ABCDEFGI[M]NOPQ[R]U VXZΓ[Δ]ΘΞΩΩγx^s σ΄ Al. Ro.* Hm. Bö.* — om. Π — εὐπραξείας Σ — εὐπραξίας Θ^b ahiknoqsx^1 μ΄ρ΄ο΄ [rell. recc.] Sm.* || 15 ὔμμε A[BG]NUΣ[m ꟗ] Mr. St.* — ὔμμι CDE.F.[M]OQU,VXZΓ ? Θ abcklnoqμ΄ρ΄ο΄ Al. Ro. Cp. — ἄμμι Π || δὲ κλάρ. B.E^ac ? E,F^a F,GNQUVXΓΔΘΠΣy[x]akoqo΄ρ΄σ΄ [rell. recc.] Ro.* Hm. — id. (sed κλήρ.) c — id. (sed om. δὲ) n — δ᾽ ἐκλάρ. A.CDE^rc F^b MOPZΩμ΄ Al. Bö.* — δ᾽ ἐκλήρ. C, || -σε vett. Thom. Al. a^a kqσ΄ — σεν a^b νομ΄ρ΄ο΄[s]y [rell. recc.] Ro.* || 16 σὲ μὲν ἐν (sine ὅς) A^as B.FG^ac N^ac PQUVX^s σ΄ (in F cum gl. ὅς, in P c. gl. ὃς ζεὺς) Ro.* — ὃς σὲ μὲν ἐν A^re CDEG^pe IN^pe OX^b ZΓΔΘΞΠΣΩγx^pc Al. — ὃ σὲ μὲν ἐν (quod scripsi) E^ac ? — ὃν μὲν ἐν (om. σὲ) ahiknoqx^ae μ΄ο΄ρ΄ (G^b i. e. Tricl.) Sm.* — ὅς σ᾽ ἐν μὲν Bö.^1 — ὅς σὲ μὲν (om. ἐν) Bö.^2 Di.* || πρόφαντον ABCD^ac E.F.GMNOPQ.UVXZ^pc Θxp^c γgμ^ac Al. Ro.* — προφαντόν Dv^c Γ — πρόφατον Z^ac ΠΣaikr^c nοχr^c μ΄ρ΄ο΄ Sm.* — πρόσφατον k^ao — προφανῆ coni. Sw. || 17 ἀλκιμέδοντι ΠΣ || δὲ om. bc || παρὰ AC^ac ? DEFGMN ? UVXZ πxr^c ο΄ — πὰρ [B]C^pc ? O[P]QΓΠΣ[Θ,Δ]akqx^ac μ΄[ρ΄ r. r.] Al. Ro.* || λόφον X — λόφων ar^c — λόφω(ψ) rell. || 18 ἔθηκεν A || 19 ἐς ὁρᾶν NQ || καλὸν M || τι M — τ᾽ rell. || κατ᾽ A.CD^b G^ac N^ac OUVXΓΘΣο΄ Al. — κατὰ BD^ac ? EFG^pc [M]N^pc [P]Q recc. Ro.* || 20 ἐξέννεπεν A — ἐξέννεπε A,B.M NO Ro; — ἐξένιπε CDEF[GP]Q[R]U.VX Thom. recc. Al. Ro.* — ἐξένεπεν Z || πόλη CDμ΄ || κρ. πάτραν δ. αἰ. πάλᾳ Hm. || 23 ὅθι Sch. AB — ὅ, τι ACEFV al. Ro.* — ὅτι BNOQanoqμ΄ Al. || πολὺ, A || πολλᾷ ACDE-

ΟΛΥΜΠΙΟΝΙΚΑΙ Η΄.

ὀρθᾷ διακρῖναι φρενὶ μὴ παρὰ καιρόν,
25 δυσπαλές. τεθμὸς δέ τις ἀθανάτων καὶ τάνδ᾽ ἁλιερκέα
χώραν
παντοδαποῖσιν ὑπέστασε ξένοις   35
κίονα δαιμονίαν·
ὁ δ᾽ ἐπαντέλλων χρόνος
τοῦτο πράσσων μὴ κάμοι·

                                                              Ἀντ. β΄.

30 Δωριεῖ λαῷ ταμιευομέναν ἐξ Αἰακοῦ·   40
τὸν παῖς ὁ Λατοῦς εὐρυμέδων τε Ποσειδᾶν,
Ἰλίῳ μέλλοντες ἐπὶ στέφανον τεῦξαι, καλέσαντο συνεργὸν
τείχεος, ἦν ὅτι νιν πεπρωμένον
ὀρνυμένων πολέμων   45
35 πτολιπόρθοις ἐν μάχαις

F.GMNOPQRU.VXZΓΔΞΠΣΩbcknoˣsoʹσʹ Al. Ro.* (cum Sch. A et Comm. Mosch.) — πολλᾷ B.a[lm]oʹq[ϑ]μʹρʹ Sm.* ∥ ῥέποι AB CDE.F.GM·NO Q·RU.VmV·X.Z·ΓΔΘΞΠΣ (Sch. BU. Germ.) — ῥέπει MʹQʹVʹZʹ rece. (Schol. Vett. in Ro. et Sch. Recc. cum gl. ΘΣ) Al. Ro.* — ῥέπον Sch. A[B]?
24 ὀρθὰ UΘqoʹ Ro. — ὀρθᾷ(ᾶ) rell. Cp.* — ὄρθᾳ Al. ∥ διακρῖναι A (cum gl. διαχωρίσαι) Schol. — διακρινεῖ P — διακρίνειν rell. ∥ παραχαιρὸν D — παράκαιρον q ∥ **25** τιτθὸς Γ ∥ post ἀθ. plene dist. [B]Θ Al. Ro. Mr. — commate A Sm. Ox. Bö.²* — non dist. CDEF etc. cum Cp. St. Hy. Bö.²* ∥ τὰν δ᾽ (om. καὶ) Σ solus ∥ **26** παντοδαποῖσιν ὑπέστασε AZ Ro.* Hy.* — παντοδαποῖσι ὑπέστασε C — παντοδαποῖς ὑπέστασεν FGV — παντοδαποῖς ὑπέστασε BDEMNOPQRUXΓΔΘΠΣΞ Al. [y]xʹσʹ?ρʹ? — παντοδαποῖσι ὑποίστασε k — παντοδαποῖς ὑποίστασε abclmnoqϑʹμʹoʹ Be. ∥ ξείνοις N ∥ **28** ὁ δ᾽ AENZΟΠ Cp. — ὁ δ᾽ A,FQ etc. ∥ χρόνους ρʹ ∥ **29** πράσσον Σ ∥ κάμῃ bc ∥ **31** τε om. UV — ποτε kq — τε (τὲ) rell. (etiam ano et gl. Vk καὶ) ∥ ποσειδῶν Zʹabclmnoqxy (id. est omnes de quibus constat Moschopulei) — ποσειδάων M — ποσειδᾶν rell. vett. Thom. Tricl. Al. Ro.* ∥ **32** ἐπιστέφανον E.F.Q.U.Xoʹq (gl. q περιτείχισμα) — ἐπὶ στέφανον A.NOZΣΘnomʹρʹ [rell.] Al. Ro.* — ἐπὶ, στέφανον ay ∥ τεῦξαι AB.CDE.F.G.[M]NO[P]Q[R]VXZΓ[Δ]ΠΘy[ϑʹσʹ] Ro.* — τεῦξε Q,U. — τεύξαι Σ Al. — τεύξειν abclmnoqxμʹoʹρʹ (cum gl. k κατασκευάσειν et Comm. Mosch. ἐπιτεύξειν) ∥ καλέσσ. Xk ∥ **33** ἦν δ᾽ R ∥ μιν A — νιν (νὶν) rell. ∥ πεπρωμένη A, — πεπρωμένον A et rell. ∥ **35** πολιπόρθοις M — πολιπόρθοις U

OLYMPIA VIII.

λάβρον ἀμπνεῦσαι καπνόν.

γλαυκοὶ δὲ δράκοντες, ἐπεὶ κτίσθη, νέον Ἐπ. β'.
πύργον ἐσαλλόμενοι, τρεῖς, οἱ δύο μὲν κάπετον, 50
αὖθι δ' ἀτυζομένω ψυχὰς βάλον·
40 εἷς δ' ἀνόρουσε βοάσαις.
ἔννεπε δ' ἀντίον ὁρμαίνων τέρας εὐθὺς Ἀπόλλων·
Πέργαμος ἀμφὶ τεαῖς, ἥρως, χερὸς ἐργασίαις ἁλίσκεται· 55
ὡς ἐμοὶ φάσμα λέγει Κρονίδα

36 λαῦρον ACN.Q.U.V.Xσ' — λάβρον BDEF[GM]O[R]ZΓ[Δ]ΘΠΣ recc.
Al. Ro.* — λάυβρον y — λάμβρον Ξ ‖ ἀποπν. N — ἰμπν. N,kq — ἀναπν.
EFRXZ — ἀμπν. rell. ‖ κακὸν V^ech — καρπὸν k — καπνὸν rell. ‖ 37 λευκοί δε N — γλαυκοί δε CU ‖ ante (non post) νέον dist. ABΘP^c Πμ'ρ' St.²* — post (non ante) νέον dist. CEFn Al. Cp. Bö.²* — neutro loco dist. DGNOQUVXZΓΘ^ac Σακοϙο'y Ro. Mr. St.¹ Bö.¹ ‖ 38 πῦργον DEFΘ — πύργου a^ao? — πύργον Δ[B] etc. ‖ ἐσαλόμ. D^ac NQ^ac Zk — ἐσαλευόμ. Π — ἐσαλώμ. μ' ‖ γε τρεῖς Α. — τρεῖς rell. ‖ οἱ μὲν δύο, Α — δύο μὲν (om. οἱ) M — οἱ δύο μὲν, rell. ‖ κάπετον ΑD^ac?F^a EM[R]VZΞΠ^ac ak^ac oq[x]y Al. Ro. Cp. Sm.* (Sch. A) — κάππετον BCDP^c?F^b GP^c?ΟPQUXΓΔΘΠP^c Σ πο'σ' — κά κάππεσον N — κάπτετον kP^c μ'ρ' — κάπεσον St.²* — κάπισσον Mr. St.¹ ‖ 39 αὖ Β — αὖθις k^ac — αὖθι rell. (et B^b) ‖ δ' ἀτυζόμενοι AMOQ abcklmoqexyθ'¹ μ'ο'ρ' — δ' ἀτιζόμενοι Ωnη Al. — δ' ἀτυζομένῳ [Β] D^ac E·F·G^llt?PQUXZΞ(?)[σ'?]Θ'·Ro.* — δ' ἀτιζομένῳ DP^c ΓΘ — δατιζομένῳ CNVΔΠ·Σ¹ — δατιζομένοι Π¹Σ·G^a — δ' ἀτυζομένοι Ε¹F¹ — δ' ἀτυζώμενοι R ‖ ψυχὰς ABCP^c DEFGMNOPQ[R]UVXZΣ^b ΓΔΘΞ[Π]y (σ'¹ id. est A?) ΩΩ Al. Bö.* — ψυχαί Σ^a — ψυχὰ .. C^ac (sub σ alia litera fuit) — πνοὰς aknoqy^m Θ·σ'·μ'ρ' [rell. recc.] Ro.* — Tricl. τὸ πνοὰς κάλλιον διὰ τὸ μέτρον ἢ τὸ ψυχὰς. ‖ βάλλον GNPQVX — βάλλων Σ — βάχιων Π — βάλον Δ[B]CDEF etc. ‖ 40 δ' ὀρουσε A. (cum Sch. A) — δ' ἀνόρουσε Β (cum Sch. B) — δ' ἐπόρουσε O — δ' ἐσόροσε C^ac — δ' ἐσόρουσε CP^c DEF[GM]N[P]Q[R]UVXZ Thom. recc. Al. Ro.* cum Sch. plurimis (εἰζῆλθεν) ‖ βοάσαις DQV^ac Bö.* — βοάσας G — βοώσας P¹ U — βοήσας P^a — βοάξας Ξ — βοάσας A.BCEFMNORV^pc XZΓ[Δ]ΘΠΣ recc. Al. Ro.* ‖ ante (non post) βοάσ. dist. Β — neutro loco OQnq — post (non ante) id. ACDEF etc. ‖ 41 ἔνεπε δ' ἀντίων C, — ἔννεπε δ' ἀντίον A. [B]C etc. ‖ ὁρμαινῶν V — ὁρμαίνων nox ‖ 42 πέργαμος (ε supra ος) Q ‖ τεᾶς Sm. — τεαῖς omnes reliqui ‖ χειρὸς AMc ‖ ἁλίσκ. Qn ‖ extr. dist. commate ACΘa^b Ox. — non dist. EGN[M]OΣnq Al. — plene BDF QVZa^a oyμ' Ro. Mr. St.¹ — unco Cp. Sm. Hy. — colo o' St.²* Bö.* ‖ 43 ὡς APΣΣk Al. (cum Sch. P καθά) — ὡς [BCD]EFG[M]NO[QR]UV[X]ΠΓΔ Θ] recc. Ro.* ‖ λέγει φάσμα O ‖ κρονίου P

ΟΛΥΜΠΙΟΝΙΚΑΙ Η'.

πεμφθὲν βαρυγδούπου Διός·

Στρ. γ'.

45 οὐκ ἄτερ παίδων σέθεν, ἀλλ' ἅμα πρώτοις ἄρξεται 60
καὶ τετράτοις. ὡς ἄρα θεὸς σάφα ϝείπαις
Ξάνθον ἤπειγεν καὶ Ἀμαζόνας εὐίππους καὶ ἐς Ἴστρον
ἐλαύνων.
Ὀρσοτρίαινα δ' ἐπ' Ἰσθμῷ ποντίᾳ
ἅρμα θοὸν τάνυεν, 65
50 ἀποπέμπων Αἰακὸν
δεῦρ' ἀν' ἵπποις χρυσέαις,

Ἀντ. γ'.

καὶ Κορίνθου δειράδ' ἐποψόμενος δαιτακλυτάν.

44 πεφθὲν Cn — πεμφὶν Δ^ao Θ^ao k^ao x || βαρυκτύπου Ab — βαρυκούπου k^ao — βαρυδούπου E^ao F^ao — βαρυγδούπου [BCD]E^pc F^pc etc. || **45** πρώτοισιν BDEFG.[M]NOPQ.RU.VXZΓΔΘΠ Al. (σ' = Ạ?) Ro. Cp. Ro;[1] — πρώτοις A.B,[1,2] CU,[2] Ro;[2] Σ recc. Mr. St.* || **46** τίτρασι θ' — τετάρτοις B,[2]E.F.NQRV^pc Z^pc a^pc bc — τετράτοις ABB,[1][CDGM]OUV^ao?[X]ΣΣ knoqμ' [rell.] Al. Ro.* || ὡς ἄρα XΣΣk — ὡς ἄρα [A]B.CDEFGNOP[Q]UVΓ[Δ]ΘΠnoqμ'[σ' r. r.] Al. Ro.* — ὡς ἄρα αγο' Bö.* — ὡς ἄρα x || σάφα et σαφὲς A — σάφ' M — om. o^a — σάφα rell. || εἴπαις C^ao — εἴπας G^pc — εἴπας G^ao — εἴπας MNQRU^ao ΘΠΣ (sed in ΘΣ cum gl. εἰπών) — εἴπας AB.C^pc DEFOVXZΓ recc. Al. Ro.* || extr. plene NQq Al. Ro. — non dist. CDVΣn — commate ABGEFOUZaoμ' Cp.* || **47** ξάνθον τε A — ξάνθον δ' D^Ut O^Ut ΓΔΠΣ — ξάνθον (sine δ') A,EFQ [rell.] recc. Al. Ro.* || ἤπειγε AB.CDE,F^pc MNOPUVXZΓΔΘΠ (σ' = Ạ?) — ἤπηγε Q — ἤπειγεν A,EF^ac F,[G]ΖΣ recc. Al. Ro.* — ἄπειγεν a^ac || ἐσ E^pc R — καὶ rell. (etiam E,E^ac?) — ἐν F ἐς inter καὶ et ἀμ. suprascriptum est (glossa) || εὐίπποις B — εὐίππους A[C]DEF etc. (in Δ ους in litura) || καὶ (om. ἐς) B — ἐς (om. καὶ) n — καὶ εἰς q — καὶ ἐς A[C]D etc. || Ἴστρον DΣ || **48** ὀρσοτριαίνα B. — ὀρσοτριαίναν q^ac — ὀρσοτριαινα U — ὀρσοτρίαινα A.C.DE FU, etc. || ἐπ' Ἰσθμῷ(ῷ) ποντίᾳ(α) AB.C^pc E,^bis G.NPQU.VXZΓ,[1] Π,[1] Θ^iuxta ΣΩ Al. (Be.) Bö.* — id. (sed ποντίῳ) C^ao — id. (sed ἐπισθμῷ) D — ἐπ' Ἰσθμὸν ποντίαν EF[M]OΓ,[a] Π,[a] Θ^iuxta recc. (etiam a^ao k) Ro.* Bg.[2] — Schol. utrumque agnoscit. || **49** τάνυεν Bö.* (vitiose) — τάνυσεν Za^pc — τάνυε R — τάνυεν rell. et Bg.* || **51** ἀν ADΘ^pc n Hy. — om. A, — ἀν ἐν a (est gl. ἐν in AN x al.) — ἐν c — ἀν' BEFQN etc. [rell.] || **52** δειρὰ δ' X — δειρά δ' Σ (cum gl. „δείρη flexuosus locus") Al. — δειράδα A, et Sch. A

OLYMPIA VIII.

τερπνὸν δ' ἐν ἀνθρώποις ἴσον ἔσσεται οὐδέν. 70
εἰ δ' ἐγὼ Μελησίᾳ ἐξ ἀγενείων κῦδος ἀνέδραμον ὕμνῳ,
55 μὴ βαλέτω με λίθῳ τραχεῖ φθόνος·
καὶ Νεμέᾳ γὰρ ὁμῶς
ἐρέω ταύταν χάριν, 75
τὰν δ' ἔπειτ' ἀνδρῶν μάχαν

Ἐπ. γ'.

ἐκ παγκρατίου. τὸ διδάξασθαι δέ τοι
60 εἰδότι ῥᾴτερον· ἄγνωμον δὲ τὸ μὴ προμαθεῖν·
κουφότεραι γὰρ ἀπειράτων φρένες. 80
κεῖνα δὲ κεῖνος ἂν εἴποι
ἔργα περαίτερον ἄλλων, τίς τρόπος ἄνδρα προβάσει

— δειράδαις n — δειράδ' rell. ‖ ἐποψόμενος omnes, sed in Σ gl. „ἐπιτηρήσας spectaturus" in μ' gl. Tricl. θεασάμενος; gl. Mosch. est ἐπιτηρήσων. ‖ δαῖταν κλυτάν MZ^ao — δαῖτᾶ κλυτάν q — δαῖτα κλυτάν rell. omnes 53 δ' om. A, — δ' A et rell. ‖ ἀνθρωπίνοις Θ^n¹kq — ἀνθρώποις rell. (etiam aon) ‖ ἴσον vett. (excepto Z) — ἴσον Z Thom. recc. Al. Ro.* ‖ ἔσται ΓΔΘΠΣ — ἔπεται N — ἔσεται B.DERZk^ao — ἔσσεται ACFG [M[OQUV[X] recc. Al. Ro.* ‖ οὐδ' ἐν. EF ‖ 54 μελησίᾳ A (Sch. A²)B. ΔΞοex Bö.* — μελησία A, (Sch. A¹)CDEFGNOPQU.VXZΓΘΠΣΩahik^aon gy Al. — μειλησία (u supra a) k^pe[Θ']μ'ο'σ' (μ' cum gl. τοῦ et notula διὰ τὸ μέτρον) Ro.* ‖ ἐξαγ. D^aΕΠΣο' ‖ κῦδος DE ‖ ὕμνους Σ — ὕμνον N^aoO — ὕμνων A^peEZ^pc (cum Sch. A¹) — ὕμνῳ A^ao[B]Z^aoογ^bμ' Al. Mr.* (cum Sch. A²) — ὕμνῳ CDFG^re[M]N^poQUV[XΓ]ΘΠaknqy^ao' (u supra ω in a^b) Ro. Cp. — ὑμνῶν Sch. B? ‖ 55 βαλλίτω AG — βάλετο y ‖ 56 νεμέᾳ(α) et ὁμῶς omnes ‖ 57 ταύτην XQ,ΓΔΘΠΣ ‖ 58 τὰν δ' A[BC]EF[G]OΘ recc. Cp.* — τάν δ' (τάνδ') DMNQU Al. Ro. — τὴν δ' Π ‖ μάχαν omnes ‖ extr. dist. plene ADU (in A etiam plene post χάριν) ‖ 59 ἐκ παγκρατίου AB.¹C^peD⁺EFG¹MNO¹P¹Q[R]UVXZΓΔΘΠΞ?Σ Al. Ro.^m Ro.; Bö.* — ἐν παγκρατίῳ(ω) B⁻C^aoD¹E.G⁻O⁻P⁻U, recc. Ro.* ‖ δέ τοι τί B. — δέ τι A¹E.F⁻F,Ra^s — δέ τοι A⁻A,CDF¹[GM]OV^b Thom. recc. Al. Ro.* — τοι (om. δὲ) NPQUV⁻XZ ‖ 60 post εἰδότι (non post τοι) dist. yμ' Ro. Mr. post τοι (non post εἰδότι AQο' Al. Cp. St.* ‖ ῥαίτερον omnes scripti Al. Ro.* — ῥαίτερον Hy. — ῥάτερον Bö.* ‖ 62 'κεῖνα ΓΠ ‖ δὲ κεῖνος A.B. E.F.GMOΠΣΩaok Al. Bö.* — δεκεῖνος q — δὲ ἐκεῖνος y — δὲ δ' ἐκεῖνος z — δ' ἐκεῖνος ὡς U — δ' ἐκεῖνος CDNU,QVXZ[ΓΔ]Θημ'ο'[σ'] Ro.* ‖ εἴπη MUV⁻.

ΟΛΥΜΠΙΟΝΙΚΑΙ Η'.

ἐξ ἱερῶν ἀέθλων μέλλοντα ποθεινοτάταν δόξαν φέρειν. 85
65 νῦν μὲν αὐτῷ γέρας Ἀλκιμέδων
νίκαν τριακοστὰν ἑλών·

Στρ. δ'.

ὃς τύχᾳ μὲν δαίμονος, ἀνορέας δ' οὐκ ἀμβλακών,
ἐν τέτρασιν παίδων ἀπεθήκατο γυίοις, 90
νόστον ἔχθιστον, καὶ ἀτιμοτέραν γλῶσσαν, καὶ ἐπίκρυ-
φον οἶμον,
70 πατρὶ δὲ πατρὸς ἐνέπνευσεν μένος
γήραος ἀντίπαλον.
Ἀΐδα τοι λάθεται 95
ἄρμενα πράξαις ἀνήρ.

Ἀντ. δ'.

ἀλλ' ἐμὲ χρὴ μναμοσύναν ἀνεγείροντα φράσαι
75 χειρῶν ἄωτον Βλεψιάδαις ἐπίνικον,

64 ἄθλων B ‖ dist. post ἀέθλων, non post προβάσει Fªγμ'ο' cum Comm. Mosch. — post προβ. (non post ἀ.) ABCQΘΣ Al. Ro.* — utroque loco aᵇ — neutro DEGNOVZηοq Bö.* ‖ ποθεινοτάτην ΒΓΔΘ ‖ 65 νῦν μὲν γὰρ A. (σ id est A) — νῦν μὲν omnes reliqui — νῦν γὰρ coni. Bö. ‖ 66 ἑλών a solus ‖ 67 ἀηνορέας μ' — νορέας k — ἀ ἀνορέας Q ‖ ἀμβλακών Qᵃᶜοᵃᶜ — ἀμπλακῶν Z — ἀμπλακὼν rell. (et Qᵖᶜοᵖᶜ) ‖ 68 τέταρσι E,Q, — τέτρασι ABCDEF[MN]OQUVXZΓΔΘΞΠΣxμ'ν'ο'σ' Al. Ro.* — τέτρασί G — τέτρασιν aknoqy Mr. Hy.* ‖ ἐπιθ. N e glossa ‖ γένοις Π — γύοις C — om. Qᵃ ‖ 69 ἀτιμωτ. xy Ro. Cp. ‖ γλῶτταν Ωxy[Θ']μ'ν'σ'ο' Ro.* — γλῶσσαν A.BCDEFGMNO[P]Q[R]UVXZΓΔΘΞΠΣabcklmnoq Hy.* — γλῶσαν Al. ‖ κατ' „quidam" apud Bö. (nescio qui sint) — καὶ omnes scripti et editi cum Sch. ‖ οἶμον AB.EG.OQ.Xᵃᶜ?Γ — οἶμον CDFM[N] U.VXᵖᶜ?ZΘΠΣaonyⁱμ'ν' [rell. recc.] Al. Ro.* — οἶχον yᵃ — ambiguo spiritu kq ‖ 70 ἐπέπν. N ‖ -σι ABCDEFᵖᶜGNPQ.U.RVXZΓΘbckᵃᶜlmnoq Al. — σιν Fᵃᶜ ΠΣany[Θ']kᵖᶜμ'ν'ο' Ro.* ‖ 71 γήρως ο' ‖ 73 ἄρμενα ABC DOᵃᶜV?XZΓ?ΠΣknpq Ro.* — ἄρμενοι M — ἄρμενα EF[G]NOᵖᶜPQ[R]U Θαομ'ν'ο' Al. St.* — ἀρμένα y ‖ πράξαις C Pw. Hy.* — πράξας omnes reliqui Al Ro.* ‖ 74 μνημοσύνην M — μνημοσύναν ADEᵃᶜFNZk — μναμοσύνην R — μναμοσύναν [BC]Eᵖᶜ E,F,OQUΘΠΣομ'ν'ο' [rell.] Al. Ro. ‖ κἀνεγείροντα V — ἀνεγείροντα omnes reliqui (etiam k̂) ‖ 75 ἐπινίκιον FMZ ΓΘᵃᶜ — ἐπίνοικον xy

ἕκτος οἷς ἤδη στέφανος περίκειται φυλλοφόρων ἀπ'
  ἀγώνων.   100
ἔστι δὲ καί τι θανόντεσσιν μέρος
κἄννομον ἐρδόμενον·
κατακρύπτει δ' οὐ κόνις
80 συγγόνων κεδνὰν χάριν.   105

Ἑρμᾶ δὲ θυγατρὸς ἀκούσαις Ἰφίων   Ἐπ. δ'.
Ἀγγελίας, ἐνέποι κεν Καλλιμάχῳ λιπαρὸν
κόσμον Ὀλυμπίᾳ, ὅν σφι Ζεὺς γένει
ὤπασεν. ἐσλὰ δ' ἐπ' ἐσλοῖς   110
85 ἔργα θέλοι δόμεν, ὀξείας δὲ νόσους ἀπαλάλκοι.

76 πέρι κεῖται aac? k || φυλοφόρων V — φυλλοβόλων Q — φυλλο-
φόρων A. etc. (etiam Q,) || ἔστι καὶ θαν. (om. δὲ et τι) B — ἔστι δὲ καὶ
θαν. U, — ἔστι δέ τι καί τι θαν. V — ἔστι δὲ καί τοι θαν. Uacq — ἔστι
δὲ καί τι θαν. rell. || -τεσσι A.BCDEGMNOQRU.XZΓΔΘκορσ' Al. —
τεσσὶ V — τεσιν ΘbΠΣxy — τεσσιν F? anqμ'ν'ο' Ro.* || 78 καννόμον
AEGpcUVpcXZac?ΓΘan Sm. Ox. Hy. — κἀννόμον BacCDFΠΣδ — ἀννό-
μον y — κἄννομον Bpc[M]Nac? Cp. — κἅννομον St. — καννομον Npc — κἀν
νομον g — κἂν νόμον ΘbΩQapchikqx Al. Ro. Mr. — κἂν νόμον OPQΞ?aac
πεμ'ν'ο'σ' Bö.* — καὶ νόμον Gac?Zac? || ἐρδ. et ἔρδ. iunctim BΘο' — am-
bigue ko — ἐρδ. ACDEGMNOPQVΓ?[Δ]ΠΣg Mr. St. Bö.* — ἔρδ. FU
XZanqxyμ'ν'σ' Al. Ro. Cp. Ox. Be. Hy. || ἐρδομένων Sm. Pw. Hm. Κy.
(non in mss.) || 80 κιναὰν A, — κεδνὰν A et rell. || 81 ἕρμα A, — ἐρ-
μᾶο(υ) x — ἑρμοῦ ο' — ἑρμᾶ A et rell. || -σαις Hy.* (in nullo ms.) —
σας G — σας rell. || ἰφ. Vut — ὁ ἰφ. U — ὀφ. P — ἰφ. rell. || 82 ἐν-
νέποι ABDEFaGpcMNOQRΓnq — ἐννέπει F¹ — ἐνέποι C?Gac[P?]UV[X]
Z[ΔΘ]ΠΣakομ'ν'ο' [rell. recc.] Al. Ro.* || κε BΘbxy — κεν A[C]D etc. ||
83 ὀλυμπίᾳ cum ὃν iungunt ZΘ || ὃν σφι ζ. γ. ὤπασεν ApcBFacPZ Bö.*
— id. (sed σφιν) AacCDEpcFpcGMNpcOQRVXΓΘΞΠΣΩ — id. (sed ὃ
σφιν) Nac — id. (sed ὅσσφιν) Eac cum gl. marg. γρ. ὃ ἀντὶ τοῦ ὅτι — id.
(sed ὃν φιν) U — id. (sed σφιν ζεῦ) Ω Al. — ὃν σ[φιν] ζεὺς γέ ὤπασε
Δ (φιν a m. sec.) — ὅν σφιν ὤπασε ζ. γ. ποqxο' — id. (sed σφι) g — id.
(sed ὃν) a — id. (sed οὗ) y — id. (sed ὤπασιν) kbμ'ν'σ' Ro.* || 84 ἐσλὰ δ'
(ἐσλά δ') ἐπ' ἐσλοῖς AB.E.F.GM[P]Q.VXZΔΘakα Al. St. Hy.* — ἐσθλὰ
δ' (ἐσθλά δ') ἐπ' ἐσθλοῖς CD.NORU.ΓΣΘb anoqxykbμ'ν'σ'ο' [rell recc.] Ro.
Cp. Mr. Sm. Ox. — ἐσθλὰ δ' ἐπ' ἐςλοῖς Π || 85 ἔργα θέλ. omnes scripti
et Al. Ro.* Bg. — ἔργ' ἐθίλ. Bö.* || θέλει Oq¹μ' || δόμεν' A || νού-
σους Γ || ἀπαλάλκει ΡΣ (cum gl. Σ ἀποσοβεῖ αὐτῶν)

εὔχομαι ἀμφὶ καλῶν μοίρᾳ Νέμεσιν διχόβουλον μὴ θέμεν·
ἀλλ᾽ ἀπήμαντον ἄγων βίοτον   115
αὐτούς τ᾽ ἀέξοι καὶ πόλιν.

86 ἀμφὶ τῶν κ. C — ἀμφικ. E.F⁎⁎ϙο' — ἀμφὶ κ. rell. (et C,Fʳᵒ ‖
μοῖραν D — μοῖρα F ‖ μὴ om. ΠΣ ‖ 87 ἀπήματον ΠΣ — ἀπήμαν τὸν
γ ‖ ἴχων A¹ — ἄγων Aᵃ et rell. ‖ βίωτον ΠΣ — βίοτον rell. — βιοτάν
Hm. ‖ 88 ἀέξει RVΓ¹ μ'ν'σ' (Sch. A αὔξει — gl. Tricl. εἴθε αὔξει) —
ἀέξοι rell. (et Γᵃ)

Subscr. τέλος ἀλκιμέδοντος FGQTUV — τέλος OS — ὕμνου τέλος
ἀλκιμέδοντος μ'ν' — nulla in ABCDE etc.

ΟΛΥΜΠΙΟΝΙΚΑΙ Θ'.

ΕΦΑΡΜΟΣΤΩ ΟΠΟΥΝΤΙΩ

ΠΑΛΑΙΣΤΗι.

Strophae.

```
    ᴗ ᷉ ᴗ ᴗ – ᴗ ᷉
    ᴗ ᷉ ᴗ ᴗ – ᴗ – ᷉ ᴗ ᷉ ᴗ ᴗ – ᴗ – ᴗ – ᷉
    ᷉ ᴗ ᷉ ᴗ ᴗ – ᴗ ᷉ ᴗ ᷉ ᴗ ᴗ – ᷉
    ᷉ – ᷉ ᴗ ᴗ – ᴗ ᷉ – ᷉ ᴗ ᴗ – ᷉
5   ᷉ ᴗ ᷉ ᴗ ᴗ – ᴗ ᷉ ᴗ ᷉ ᴗ ᴗ – ᷉
    ᷉
    – ᴗ – ᷉ ᷉ ᴗ ᴗ – – ᷉ ᴗ ᴗ – ᷉
    ᷉ ᴗ ᷉ ᴗ ᴗ ᴗ – ᴗ ᷉
    ᴗ ᷉ ᴗ ᴗ – ᷉
    ᴗ ᷉ ᴗ ᴗ – ᴗ – ᷉ ᴗ ᷉
10  – ᷉ ᴗ ᴗ – ᷉ ᴗ – ᷉ ᷉ ᴗ ᴗ – ᷉
```

Epodi.

```
    ᴗ ᷉ ᴗ – ᴗ – ᴗ –
    ᴗ ᴗ ᷉ ᴗ – ᴗ – ᴗ – ᷉
    ᴗ ᴗ ᷉ ᴗ ᴗ – ᴗ ᷉
    – ᷉ – ᷉ ᴗ ᴗ – ᴗ ᷉
5   ᷉ ᴗ ᴗ – ᷉ – ᷉ –
    – ᷉ – ᷉ ᴗ ᴗ ᴗ ᷉
    – ᷉ ᴗ ᴗ – ᴗ ᷉ ᴗ ᷉ ᴗ ᴗ – ᷉
    – ᷉ ᴗ – ᷉ ᷉ ᴗ ᷉ ᴗ ᴗ – ᷉ ᷉ ᴗ ᷉ ᴗ ᴗ – ᷉
```

Inscr. ἐφ. ὀπ. παλ. νικήσαντι τὴν π̅α̅ ὀλ. Fᵐᵇ — ἐφ. νικήσαντι ἐν ὀλυμπία. n — ἐφ. ὀπ. παλ. omnes rell.

ΟΛΥΜΠΙΟΝΙΚΑΙ Θ'.

Τὸ μὲν Ἀρχιλόχου μέλος   Στρ. α'.
φωνᾶεν Ὀλυμπίᾳ, καλλίνικος ὁ τριπλόος κεχλαδώς,
ἄρκεσε Κρόνιον παρ' ὄχθον ἀγεμονεῦσαι
κωμάζοντι φίλοις Ἐφαρμόστῳ σὺν ἑταίροις·
5 ἀλλὰ νῦν ἑκαταβόλων Μοισᾶν ἀπὸ τόξων
Δία τε φοινικοστερόπαν σεμνόν τ' ἐπίνειμαι   10
ἀκρωτήριον Ἄλιδος
τοιοῖσδε βέλεσσιν,
τὸ δή ποτε Λυδὸς ἥρως Πέλοψ   15
10 ἐξάρατο κάλλιστον ἕδνον Ἱπποδαμείας·

πτερόεντα δ' ἵει γλυκὺν   Ἀντ. α'.
Πυθῶνάδ' ὀϊστόν· οὔτοι χαμαιπετέων λόγων ἐφάψεαι

2 φωνᾷ ἐν (φωνᾶ ἐν) BDpc|ac? Eac Fac MNac U,Vac? Xab? ἰπoqμ'ν'ac o' Sm. Ox. (ft. cum Sch. B² p. 209, 9) — φωνᾶεν AC.Dac|pc? EpcFpcG.NpcO[P]Q.[R]UVpcZΓ[Δ]ΘΠΣaac?[bch]k[mx]yϑ'μ'pc[σ'] Al. Ro.* (cum Sch. AB¹ et Sch. Rec. et glossis permultis) || dist. post (non ante) ὀλ. AFQ Cp. Sm. Ox. Bö.* — ante (non post) ὀλ. a Πy. Be. — neutro loco plurimi mss. Al. Ro. || κεχλαδώς A. — κιχλαδώς B.[C]D etc. (nisi quod δας Nac? U — δὴς EMNO (κελαδὴς) U, (et Sch. U)) || 3 ἄρκεσεν MF || Κρονίῳ παρ' ὄχθῳ Sm. — κρόνιον παρ' ὄχθον (ὄχθὸν B ὄχθην Z) rell. || ἀγεμ. UΠπ — ἄγαμ. No' || 4 φίλοι BΓ (nisi B φίλος habet) — φίλοις A.[C]D etc. || 5 ἑκατηβ. A,ΓΔΘΠkac — ἑκατιβ Σ — ἑκατοβ. U,ποϑ'¹ — ἑκατομβ. O — ἑκαταβ. o' — ἑκαταβ. A[BCD]E.F. etc. || 7 ἀκροτ. Zπγμ' Al. || ἠλ CQac — 'ἄλ. A, — ἄλ. [B]GVXΘΣΠαποqxγo' Al. Ro. — ἄλ. ADEF[M] NO[P]Q¹[R]UZΓ[Δ]kμ'ν' [r. r.] Cp.* || 8 τοῖσ' δε (δε) ΓΔΘΠΣ (Thom.) — τοιοῖς δ' ἐν D — τοιοῖσδε rell. vett. et recc. Al. Ro.* || βελέσσι Eνl, e, b Q — βέλισσι NcP — βέλισι OX — βέλισιν VZac — βέλεσσιν Zpc Sm.* (cum Sch. BGU etc. ¹ ²) — μέλισι ABC,DQ,Γ Mr. St.¹ — μέλισιν G̅U̅Π̅Σ̅ν' — μέλισσι MN¹ St.²* — μέλεσσιν CEFΔΘabc[hi]klmnoq[x?]yϑ'μ'σ' Al. Ro. Cp. (ft. cum Sch. AC qui in paraphr. τοιοῖσδε ποιήμασι habent) || 9 τὰν Vpc — τὰ M — ὁ G — τό, (τὸ) AB[C]DVac etc. || 10 ἐξήρατο Mault lmnoqx y — ἐξαίρετον (?) U — ἐξάρατο A.[BC etc.]Zμ'ν' Al. Ro.* || ἕδνον BCEFGa? MNPQXZ?Γ?xyo' (cum Sch. B¹ Sch. U²) — ἕδνον A.DOUV?GbΣΠΘak noqμ'ν' [rell.] Al. Ro.* (cum Sch. U¹) || 11 ἵει C.NO (ἵε) QVXΠΣkoo'μ'ν' σ' — ἵει A.[B]DEF etc. Al. Ro.* || 12 πυθῶνάδ' μ'ν'σ' (Tricl.) Ro. Cp. Bö. — πυθῶναδ' rell. mss. (vett. Thom. Mosch.) Al. Mr. Sm. Ox. — πυ-

ἀνδρὸς ἀμφὶ παλαίσμασιν φόρμιγγ᾽ ἐλελίζων 20
κλεινᾶς ἐξ Ὀπόεντος. αἰνήσαις ἓ καὶ υἱόν·
15 ἂν Θέμις θυγάτηρ τέ Ϝοι σώτειρα λέλογχεν 25
μεγαλόδοξος Εὐνομία, θάλλει δ᾽ ἀρεταῖσιν
ἔν τε Κασταλίᾳ παρὰ
Ἀλφεοῦ τε ῥέεθρον·
ὅθεν στεφάνων ἄωτοι κλυτὰν 30
20 Λοκρῶν ἐπαείροντι ματέρ᾽ ἀγλαόδενδρον.

ἐγὼ δέ τοι φίλαν πόλιν   Ἐπ. α΄.
μαλεραῖς ἐπιφλέγων ἀοιδαῖς,

θῦνάδ᾽ (in nullo ms.) St. Hy. Sw. Bg. || -ψαι ABDEFGMNO[R]UXZΓ ΔΘ· Bö.* — ψαι (ε supra inter ψ et αι adscript.) V — ψαι (η supra) Π ΣΞ — ψη PΘᵇaknq[x]yo′ Ro. Cp. — ψη CQoμ′ν′[σ′] Mr.* — ψᾳ ΩΩ Al. 13 -σιν CO recc. Al. Ro.* — σι ABDEFGMNQUVXZΓΘΠΣ || ἐγχελίζων (vel similiter ἐχελ. ἐνχελ. — υἷς — ύζ — ἱξ) NOUQ·?VΓΔΘ ΠΣx· Al. — ἐγλιλ. G — ἐλιλ. A.[BC]DEF etc. recc. Ro.* || 14 κλειτᾶς A — κλεινᾶς (κλεινοῦ O) rell. || αἰνήσαις omnes (excepto Γ qui ἴσας aut ἠσας habet et Σ ex quo ὅσαις relatum est). Non dist. ante αἰνήσαις AEF OQUΣo′ (cum Sch. A ubi participio ἐπαινέσας redditur); commate Cp. Mr. Sm. Ox. Hy. (eodem sensu); colo Bg.; plene B[C]GN[VX]ZΘ recc. Al. Ro. Br. St. Bd. Pw. Be. Bö. Sw. — gl. [αἴνεσ]ον in P aliisque || 15 λέλογχεν FZᵖᶜ recc. Al. Ro.* — ογχαν aˢ — οχεν Zᵃᶜⁿ — οχι OVΓΔΠ — ..χι G — ογχι ABCDEMNQRUXΘΣ || 16 μεγαλόδωρος ΓΔΘᵃᶜΠΣΞ (Thomani) — μεγαλόδοξος (ὁδόξως Eᵃᶜ?Fᵃᶜ?MO) vett. et recc. Al. Ro.* || 16 sq. ἀρεταῖσιν | ἐν τε A¹ Bö.* (cum Sch. A) — ἀρεταῖς ῖ|σόν τε (σον τε) A·BCEFGMNOQRUVXZΠΣᵃᵃᶜnoxy — id. (sed ῖσσον) Dᵇᶜ — id. (sed ἴσον) Γ[Δ]Θᵃᵇ[lm]q Al. Br.* — id. (sed ῖσσον) k (an kᵇ?)Θ′μ′ν′σ′ (Tricl.) Ro. Cp. — ἀρεταῖσι′σόν τε ft. unus Sch. A legit (ed. Bö. p. 211, 20), ubi τὸ σὸν ῥέεθρον, καστάλια, καὶ τὸ τοῦ ἀλφεοῦ invenitur in A (non τὸ ἴσον ῥ. καστάλιας ut ex A relatum est). Idem scripsit Bg.² || 17 κασταλίᾳ(ᾳ pauci ut AC) omnes mss. Al. Ro.* (cum Sch. B¹) — κασταλίας e Sch. B² (p. 211, 18) et e Sch. A (ib. 20) coniectum est a Ky. Ah. al., sed de Sch. A falluntur; vide supra. || 17 sq. παρ᾽ ἀλφεοῦ BDᵃᶜEFGM (ἰου) ORUVXZΓΔΠ ΣΞ — παρ᾽ ἀλφειοῦ ACDᵖᶜ?[N]PQ recc. Al. Ro.* — παρὰ | ἀλφεοῦ Bö.* || 19 ὅθι B || ἄωτοι omnes || κλεινὰν(ᾶν) ΓΔΘΠ — κλειτὰν(ᾶν) NOPQ·U ΧΣ — κλυτᾶν AZ — κλυτὰν [BC]DEFG[M]Qᵇ[R]V recc. Al. Ro.* || 20 ἐπαείρονται C· || μητέρ᾽ M?N || 21 δὲ (om. τοι) A — δέ τι V — δέ τοι rell. (et V,)

Mommsen, Pindar.

καὶ ἀγάνορος ἵππου 35
θᾶσσον καὶ ναὸς ὑποπτέρου παντᾷ
25 ἀγγελίαν πέμψω ταύταν,
εἰ σύν τινι μοιριδίῳ παλάμᾳ
ἐξαίρετον Χαρίτων νέμομαι κᾶπον· 40
κεῖναι γὰρ ὤπασαν τὰ τέρπν'· ἀγαθοὶ δὲ καὶ σοφοὶ
κατὰ δαίμον' ἄνδρες

ἐγένοντ'. ἐπεὶ ἀντίον Στρ. β'.
30 πῶς ἂν τριόδοντος Ἡρακλέης σκύταλον τίναξε χερσίν, 45
ἀνίκ' ἀμφὶ Πύλον σταθεὶς ἤρειδε Ποσειδᾶν
ἤρειδέν τέ νιν ἀργυρέῳ τόξῳ πελεμίζων

24 πάντα AB recc. Al. Ro.* Sm.* — παντᾶ D — πανταχοῦ M — πάντᾳ xy — παντᾷ [C]EFGINO[P]Q[R]UVX[ΓΔ]ΠΣΘ* St. Hy.* — παντᾷ Z ‖ **25** πέμψω omnes (cum Sch. B²) — paraphr. Sch. B¹ ἐκπέμπω ‖ ταύτην ΓΠΣcv'¹ ‖ **26** μοιριδίου n (cum gl. Moschop. μοίρας κρείττονος βοηθείᾳ) ‖ παλάμῃ ckᵃᵒ (an kᵖᵒ?) μ'ν'σ' ‖ **27** ἐξαίρετον τῶν NM — ἐξαιρέτων Mr. Pl. Co. ‖ **28** κεῖναν aᵖᵒ ‖ ὤπασαν PQ ‖ τερπνά. ἀγαθοὶ ABE FGORUVXZΓΔΘΠΣα (τρε.) clmnoqxyo'ᵃᵒ Al. — τέρπν' (τερπν') . ἀγ. CD [N]M[P]Q[b]k[θ']μ'ν'ο'ᵖᶜ[σ'] Ro.* ‖ om. καὶ k(kᵇ?)μ'ν'σ' ‖ ἀγαθοὶ δὲ φύσει καὶ σοφοὶ κτλ. Aristid. II, 35 ‖ δαίμονα ἄνδρες BGMNᵃᶜOU.VXΓΔΘΠΣ — δαίμον' ἄν. [AC]DEFNᵖᶜ[P]Q[R]Z recc. Al. Ro.* ‖ **29** ἐγένοντο. ἐπεὶ BD EFGMNORUVXZ[ΔΘ]ΞΠΣΩ recc. Al. Ro.* — ἐγένοντ'. ἐπεὶ A Bö.* — id. (, ἐπεὶ) C — id. (om. dist.) PQΓ ‖ **29sq.** ἀντίον ‖ πῶς ἂν τρ. A.BB,¹² CDE.F.G.MNOPQ.RU,¹VXZΓΔΘΞΠΣxᵖᵉy Ro;² (divisio in quibusdam [ut in MV] ἀν|τίον πῶς ἄν) Ky. Bg.² — ἐναντίον ‖ πῶς ἂν τρ. U — ἔναντ' ἂν πῶς ἂν τρ. ΩΩ Al. — ἔναντ' ἂν πῶς τρ. recc. Ro.* — ἀντία πῶς ἂν τρ. (in nullo ms) Hm. Bö.* (cum Ro;¹ sed hoc ἀντία ex ἀντίον [ita B, syllaba ον ligatis literis scriptâ] corruptum est) ‖ **30** σκυτάλην k(kᵇ?)μ'ν'σ'ο' (Tricl.) Ro.* — σκύταλον AB[C]D (om. λ) EF[G]MNO[P]Q[R]UVXZΓΔ[Θ]ΞΠΣ Ωᵃ abclmnoq[x]yθ'(?) Al Ox.* — σκυτάλαν Ωᵇ ‖ χερσὶ (D?) PORVXZ χερσὶν ABCD?EFG etc. ‖ **31** ἡνίκ' AG,Gᵃᶜ?OR — ἀνίκ' Q. — ἀνίκ [BC]DEF etc. — ἀνίκα c ‖ πύλου BᵐD?F,E,Oᵃᵒ? — πύλον AB[C]D?EF [GM]NOᵖᶜ[P]Q.[R]U.V[X]Z etc. ‖ ἤρειδε k(kᵇ?)μ'ν'ο'σ' (Tricl.) Ro.* — ἤρηδε Al. — ἤρεισε D — ἤρεισδε A.B[C]E etc. Sm.* (passim ἤρει δὲ ut in UΣ et ἤρειδὲ ut in FΘ) ‖ ποσειδῶν ORXᵃᶜZᵉ recc. Ro.* — ποσειδᾶν AB CDEF[G]MN[P]QU[V]XZ¹ΓΔΘΠΣ Al. Be. Hy.* ‖ **32** ἤρειδὶν(δεν) τί recc. Ro.* — ἤρεισέ τε OPQXZ¹ — ἤρειδὲ(δε) τί ABCDEFGMNRUVZᵉ et

OLYMPIA IX.

Φοῖβος, οὐδ' Ἀΐδας ἀκινήταν ἔχε ῥάβδον, 50
βρότεα σώμαθ' ᾇ κατάγει κοίλαν ἐς ἀγυιὰν
35 θνασκόντων; ἀπό μοι λόγον
τοῦτον, στόμα, ῥῖψον· 55
ἐπεὶ τό γε λοιδορῆσαι θεοὺς
ἐχθρὰ σοφία, καὶ τὸ καυχᾶσθαι παρὰ καιρὸν

μανίαισιν ὑποκρέκει.   Ἀντ. β'.
40 μὴ νῦν λαλάγει τὰ τοιαῦτ'· ἔα πόλεμον μάχαν τε
           πᾶσαν 60
χωρὶς ἀθανάτων· φέροις δὲ Πρωτογενείας
ἄστει γλῶσσαν, ἵν' αἰολοβρόντα Διὸς αἴσᾳ 65
Πύρρα Δευκαλίων τε Παρνασοῦ καταβάντε

Thom. (in his ἤριδέ τε, ἤρει δὲ τί etc.) Al. — ἤρειδεν δὲ Hm. Sw. Bg. || μιν omnes mss. et edd. — νιν scripsi || ἀργυρῷ(ῶ) a⁻ᵇhilmnoqxyΘᵇ (ratione Moschopulea) Cp. Sm. Ox. — ἀργυρέῳ(ω) vett. Thom. k(kᵇ)c (an θ'?)μ'ν' o'[σ']aᵇ (Tricl. cum gl. συνίζησις) Al. Ro. Br. Mr. St. Hy.* || πολ. omnes — πελ. (coni. Bg.) scripsi.

33 ἀΐδας a || ἀκινάταν aᵃᵒ — ἀκίνητον Q¹ — ἀκινήτας Ζ¹ — ἀκινή-ταν rell. (et Q⁻Z⁻aᵖᶜ) || ἔχει Gᵇ?EF.MR — ἔχοι ἂν Nᵃᵒ — ἔχιν oᵃᶜ — εἴχεν Nᵇ — ἔχε rell. (et Nᵖᵒoᵖᵒ) || ῥάβδον A — ῥᾶβδον EF.ᵖᵒ?OPQUV Xʳ⁻GΘμ'ν'σ' (Sch. in U) — ῥαῦδον M — ῥαύδον Al. — ῥάβδον [BC]DF F,ᵃᵉ?[G]NX⁻⁻ZΠΣaknoq[xy] [r. r.] Ro.* (Sch. in Ro.) || 34 σώμαθ' ᾇ OΣΘ⁻oq Al. — θ' ᾗ Mᶜ — τ' ἄ y — θ' ἄ (ᾇ pauci ut BNP) rell. (τα ᾇ Sm.) — gl. Mosch. δι' ἧς — gl. Tricl. ἐν ᾗ || κατάγῃ RUX || ἐς A.Ạ,CD E.F.G,M (cum Sch. D et Sch. Rec.; in B h. l. lacuna in Sch.) — πρὸς [B]GN O[P]Q.[R]UV[X]Z[ΓΔ]ΘΠΣ recc. Al. Ro.* || 35 θνησκ. BNᵃ⁻bclmnoqxy (Mosch.) (θ'?) — θνασκ. A[C]DEF[G]M (om. σ) O[P]Q[R]UV[X]Z[ΓΔ]ΘΠ Σaᵇ k(kᵇ?)μ'ν'[σ']o' (Tricl.) Al. Ro.* || ἄπο A || 36 ῥῖψον O Sw. Bg. — ῥίψον A[B]C etc. || 37 τόγε om. N || 38 σοφίη A, — σοφία A etc. || 40 interp. et post λαλάγει plene et post (non ante) ἔα plene G — post ἔα plene QX⁻ (ΠΣ hi lacunā) — omnino non distingunt BCDEFOUVkoo' — ante ἔα interpungunt Aᵘˡᵗ NXᵇ Zʳᵃˢ ΓΘanqyμ'ν' Ro.* || τὰ om. R || μάχην ΓΔΘ || 41 φέρεις MR || 42 ἄστεϊ ABCDEFGMNOQRUVXZΓΘΠΣ (id est omnes vett. et Thom. de quibus constat) — ἄστυ πο' — ἄστει akoqγμ'ν' [r. r.] Al. Ro.* || γλῶσαν a — μοῖσαν Hck. || αἶσα AG.QUZᵖᶜoᵃᵒ (in A sequitur plena distinctio) || 43 παρνασοῦ BDEF'NXZΓΔΘΠᵃᶜqxyo' Al. Bö.* (cum Sch. BU) — ἄσους θ' — ασσοῦ ACG[M]OPQRUVΞΠʳᵉΣΩaknoμ'ν' [σ' r. r.] Ro.* Bu. Ky.

84   ΟΛΥΜΠΙΟΝΙΚΑΙ Θ'.

δόμον ἔθεντο πρῶτον, ἄτερ δ' εὐνᾶς ὁμόδαμον
45 κτισσάσθαν λίθινον γόνον·   70
λαοὶ δ' ὀνόμασθεν.
ἔγειρ' ἐπέων σφιν οἶμον λιγύν,
αἰνεῖ δὲ παλαιὸν μὲν οἶνον, ἄνθεα δ' ὕμνων

νεωτέρων. λέγοντι μὰν   Ἐπ. β'. 75
50 χθόνα μὲν κατακλύσαι μέλαιναν
ὕδατος σθένος, ἀλλὰ
Ζηνὸς τέχναις ἀνάπωτιν ἐξαίφνας
ἄντλον ἑλεῖν. κείνων δ' ἔσσαν
χαλκάσπιδες ὑμέτεροι πρόγονοι   80

43sq. καταβάντες δόμον A — καταβάντες ἐς δόμον O — καταβάντι δόμον rell. (gl. κατελθόντες Σμ' al.; plurali etiam Sch. utuntur) ‖ 44 δὶ εὐνᾶς B.DE F.GMNO*PQRU.VXΓΔΘΠΣ — δ' εὐνὰς AZ — δ' εὐνᾶς CO[b] recc. Al. Ro.* ‖ post (non ante) ἄτερ δ' εὐνᾶς dist. Dμ'ν' ‖ -δημον Mμ'ν' ‖ 45 κτισάσθαν AE, N.OQXΓ (σάθαν) [Δ]ΘΠΣ Mr. St. Sm. Ox. — κτησάσθην CM — κτησάσθαι V[a]? — κτήσασθαι(?) R — κτησάσθαν B.DEF.[G]I?UV[b]Z recc. Al. Ro. Cp. Br. Hy.* ‖ 46 λαοί] λαοὶ Sw. ‖ ὠνύμασθεν C — ὀνόμασαν ΠΣ — ὀνόμασθεν A[B]DEF etc. ‖ 47 σφίσιν AC — σφιν B.C,DEF etc. ‖ οἶμον AEF.G.OQΓΠΣ — οἶμον et οἶμον coniuncta habet B. — οἶμον A,C. DMNPUVXZ[Δ]Θ recc. Al. Ro.* Th. Sw. Bg. — οὖρον Gd. Bö. Di. Ht. — Scholiasta B (et Recentior) in paraphrasi ὁδόν, Scholiasta A (et Recentior) in interpretatione (non in paraphrasi) ὕμνον; ex Sch. B τὸν τῶν ἐπέων λιμένα. καθόρμισον εἰς τὸν ὕμνον τοῦτον coniectum est hos interpretes ὅρμον legisse. Quod secus est. ‖ 49 μάν] μὰν Xln ‖ 50 μὲν om. M ‖ κατακλῦσαι AFNVXομ'ν' — κατακλύσαι [B]CDE etc. ‖ 52 τέχνας a[so] ‖ ἄμπωτιν A.B.C.DE.F.GMNOPQRUVXZΓΔΘΠΣΣΩQ Al. Ro.[m] Cp.[m] (cum Sch. Vet.; gl. ἀνάκοσιν in AP) — ἀνάπωσιν ahinoqrxy [r. Mosch.] Ro. Br. Mr.* — ἀνάπωτιν k(k[b]?) μ'ν'ο'σ' (Tricl. cum gl. ἀνάπωσιν, ἀναρρόφησιν) Bö.* — ἄμπωσιν Cp. ‖ ἐξαίφνας A.[C] Al. Ro.* — ἐξαίφνης BDEFGMNOQRUVXZabcklmnoqxyo'θ'μ'ν'σ' — de Phi aliisque n. l. ‖ 53 'ελεῖν Θ — om. ἑλεῖν O — λαβεῖν imo — ἑλεῖν rell. (etiam anq) in A cum gl. τὸ πλῆθος τοῦ ὕδατος λαβεῖν ‖ .κείνων] .κἀκείνων A ‖ δ' omnes ‖ ἔσαν AB.CDEFG.MNO[P]QRU.VX.ΓΘ.ΠΣ — ἦσαν E,F,Z — ἦσαν X[b] — αἶσαν xy — ἔσσαν aknoθ[b]μ'ν'ο' [r. r.] Al. Ro.* ‖ 54sqq. verba ὑμέτ. πρόγ. commatibus intercludunt μ'ν' — alii aliter, sed non interpungunt post πρόγονοι (quae Bg. ratio est) rell. mss.; plurimi (ut ABDNE) omnino non

OLYMPIA IX. 85

55 ἀρχᾶθεν Ἰαπετιονίδος φύτλας
κοῦροι κορᾶν καὶ φερτάτων Κρονιδᾶν, ἐγχώριοι βασιλῆες
αἰεί,

πρὶν Ὀλύμπιος ἀγεμὼν   Στρ. γ'. 85
θύγατρ' ἀπὸ γᾶς Ἐπειῶν Ὀποέντος ἀναρπάσαις ἔκαλος
μίχθη Μαιναλίαισιν ἐν δειραῖς καὶ ἔνεικεν
60 Λοκρῷ, μὴ καθέλοι νιν αἰών, πότμον ἐφάψαις,   90

interpungunt; commatibus ἰαπ. φυτλ. includunt a^b Al.; post φύτλας tantum distinguunt CNΣ; ita ἀρχᾶθεν, ἰαπετιονίδεις, φύτλας κοῦροι κουρᾶν, καὶ Q || ἡμίτ. C^{ac}? C,ΠΣ — ἀμίτ. in A legi possit, sed est (me arbitro) ὑμίτ. in A (ut in A,) pariter atque in rell. et in Sch.

55 ἀρχᾶθεν ENZ || Ἰαπετιονίδεις DQ. — Ἰαπετιονίδος ABC.G.MNOPU.V XZΓΔΘ^{a}ΠΣ Al. (cum Sch. B) — Ἰακετιωνίδος R — Ἰαπιτιονίδος E.F. recc. Ro.* — id. (sed ίδης) Θ^b || 56 κοῦροι κουρᾶν καὶ φερτάτων κρονιδᾶν ABCDEF GMPQRUVZΔΟΠΣΞ?Ω?Ω? Ai. — id. (sed φερτάταν) X — κοῦροι κουρᾶν. φερτάτων κρονιδᾶν (ὧν supr.) NΓ (in Γ ιδᾶν) — κοῦροι κουρῶν, φαρτέρου κρονιδῶν O — (Lemma prius: κουρῶν] U, — κούραν] A,^{2} — κοῦροι κουρᾶν B,E,F,G, — κοῦροι κουρῶν] C, — κοῦροι κούρων] N, — κούρων δὲ] A,^{1} — Lemma alterum: καὶ φερτάτων] B, — καὶ φερτάτων κρονιδᾶν] Ro; C,? — φερτάτων κρονιδᾶν] C,?E,F,U,) — κοῦροι κορῶν τε φερτάτων τε κρονιδᾶν anoscy (l?m?) (Mosch.) — κοῦροι κορῶν τε φερτάτων κρονιδᾶν q — κοῦροι κορᾶν τε φερτάτων κρονιδᾶν (κρονιδῶν μ'ν') [bc]k[S']μ'ν'ο'[σ'] Ro.* (Tricl.) — κοῦροι κόραι τε φερτάτων Λελέγων Hm.^{2} Sw. || χώριοι (om. ἐγ) ΟΠ || αἰεὶ omnes || extr. plene dist. ABCEFGNVZΣΘakoσμ'ν'ο' Ro.* — non dist. DOQUny Al. — commate Hm. Bg. Sw. || 57 ἀγ. DFQ — ἡγ. O — ἀγ. AB. etc. || 58 θυγατέρ' AC — θύγατερ' X — θύγατρ' BDEFG·MN.O[P]Q[R]UV ZΓΔΘΞΠΣΩ Al. Bö.* — τὰν παῖδ' aknoqG^{b}μ'ν'ο' [r. r.] Ro.* (cum not. Tricl. παῖδα γράφε διὰ τὸ μέτρον, οὐχὶ θυγατέρα, καὶ ὀποῦντος, οὐ μὴν ὀπόεντος.) || γῆς Q,almnoqxy (Mosch.) — γᾶς rell. (γᾶν E,) || ὁπόεντος ABCDEFGI?MNO[P]Q[R]UVZΓΔΟΠΣΞΩ Al. Bö.* — om. X — ὀπούντος akno?q Θ^{b}μ'ν' [r. r.] Ro.* (cum not. Tricl.; vide supra.) — ὁπούντος ο' || ἀναρπάσαις B^{i}Bö.* — ἀρπάσαις A, — ἀρπάσας AV — ἐναρπάσας Al. — ἀναρπάσας B·CD etc. || ἔκηλος Ccx — ἔκαλος EFZ — ἔκαλος A[B] etc. || post (non ante) ἔκ. dist. [B]FQΘao Al. Ro.* Ox. — ante (non post) id. Sm. Hy.* — neutro loco ACDEOVΣnqμ'ν'ο' Di. Sw. Ht. || 59 μίχθη omnes mss. Al. Ro.* Hy.* — μίχθε (barbar.) Sm. Ox. || μεναλ. A || ἔνεικεν CFZ recc. Al. Ro.* — ἔνεικε ABDE G.MNOPQRU.VX ΓΘ·ΠΣ || 60 καθέλοι νιν C — καθέλη (om. μιν) O — καθέλοιμι A, — καθέλοι μὴν Π — καθέλοι μιν (μὶν) AB[D] etc. || μιν ναίων Sch. A || ἐφά-

ΟΛΥΜΠΙΟΝΙΚΑΙ Θ'.

ὀρφανὸν γενεᾶς. ἔχεν δὲ σπέρμα μέγιστον
ἄλοχος, εὐφράνθη τε ϝιδὼν ἥρως θετὸν υἱόν,
μάτρωος δ' ἐκάλεσσέ νιν
ἰσώνυμον ἔμμεν,
65 ὑπέρφυτον ἄνδρα μορφᾷ τε καὶ
ἔργοισι. πόλιν δ' ὤπασεν λαόν τε διαιτᾶν.   100

ἀφίκοντο δέ ϝοι ξένοι,   Ἀντ. γ'.
ἔκ τ' Ἄργεος, ἔκ τε Θηβᾶν, οἱ δ' Ἀρκάδες, οἱ δὲ καὶ
    Πισᾶται·
υἱὸν δ' Ἄκτορος ἐξόχως τίμασεν ἐποίκων   105

ψας omnes mss. Al. Ro.* — ἐφάψαις Hy.* ‖ ante (non post) πότμον ἐφάψας interp. μ'ν' — post (non ante) id. FN — utrinque a Al. Ro.* (cum Comm. Mosch. et ft. Sch. A) — neutra parte ACEGOQΘΣποqγο' Bö.*
61 ὀρφανῶν τε γενεᾶς] U, — ὀρφανῶν γενεᾶς O¹U — ὀρφανὸν γεν. rell. ‖ ἴχε Aᵖᶜ?BEᵖᶜGMNOP[Q|RV[XΓΔ]Θᵃ ΠΣ Mr.* — ἔσχε DEᵃᶜ?FU — ἴσχεν CkϑΊμᵃᶜ — ἔχεν A?ZΩΩanoqxyΘᵇ μ'ρᵛο'σ' Al. Ro. Cp. Br. Bö.* ‖ 62 δὲ ἰδὼν Q (cum paraphr. Sch. B Ro. p. 221, 1) — τ' ἰδὼν A — τε (τὲ) ἰδὼν B.CD etc. (cum paraphr. Sch. U) ‖ 63 μάτρωος aᵃᶜ — μάτρφος Z Al. Mr. — μάτρωος A.B etc. ‖ δὲ καλέσσε xy — δ' ἐκάλεσσε A,CF,ᵃ G.MN.OPQ.RU.VXΓΘᵃ ΠΣ — δ' ἐκάλεσσε ABDE.FF¹,Z recc. Al. Ro.* ‖ νιν A.C — μιν rell. ‖ 64 ἰσώνυμον k(kᵛ?)μ'ν'ο'σ' (TricL) Ro. Cp. Br. — ἰσώνυμον (B ἰσ.) vett. Thom. Mosch. Al. Mr.* ‖ ἔμμεν' A — ἔμεν Γ — ἔμμεν r. ‖ 65 ὑπέρφυτον A — ὑπέρτατον ΓΔᶦⁱᵗ Θᵃ Σ (cum gl. Σ ἐξοχώτατον) — ὑπέρφαντον MOV — ὑπέρφατον BCDEF etc. Al. Ro.* Sm.* — ὑπέρβατον (sic) Mr.* ‖ om. τε O ‖ 66 ἔργ. α ‖ ὤπασε vett. Thom. ο' Al. — ὤνπασε (sic) q — ὤπασεν recc. Ro.* ‖ λαῶν τε ΘΩ Al. — λαὸν τε AN — λαὸν τὸ O — λαόν τ' ἐς EᵃF — λαόν τε BCDEᵇGIM[P]Q[R] UVXZΓΔΞΠΣyᵐ Pw. Hm. Bö.* — λεών τε recc. Ro.* ‖ 67 δὲ οἱ] δ' οἱ k — δὲ οἱ Mr. — δίοι a ‖ ξένον Γ ‖ 68 οἵ δ' ABCDEGN — οἱ δ' FO [P]QUXZΓΘᵃ ΠΣΩΩxy Al. Br. Mr. St. Hm. Bö.* (cum Sch. Vet.) — ἠδ' et οἱδ' iunctim V — ἠδ' ΜΞ — δ' (om. οἱ) Π — ἰδ' (ἰδ') recc. Ro. Cp. Sm.* (cum Sch. Rec) ‖ οἱ καὶ (om. δὲ) OPRX — οἱ δὲ (om. καὶ) DNQ — ἠδὲ καὶ VᵖᶜM — ἰδὴ καὶ ο' — οἱ δὲ καὶ AB[C]EFGUVᵃ?Z Thom. recc. Al. Ro.* ‖ πισσάται ORΓ — πισάται ABCDEFMNQUVXΘᵃ ΠΣ aᵃᶜn — πισᾶται G?PZ rell. recc. Al. Ro.* ‖ 69 υἱὸν δ' A.BE.G.N.OQ UVZ — υἱὸν δ' CDFMQ,U,X Thom. yᵐ Al. Bö.* — υἷα δ' recc. Ro.* ‖ ἄκτ.] ἐκτ. OΣᵃᶜ — ἔκτ. Π ‖ τίμησεν O ‖ ἐπ' οἴκων ACᵃᶜMNᵃᶜOUVΓΠΣ — ἐποίκων [B]Cᵖᶜ D[EFGPQRX]Nᵖᶜ Z[Δ]Θ recc. Al. Ro.*

OLYMPIA IX.

70 Αἰγίνας τε Μενοίτιον· τοῦ παῖς ἅμ' Ἀτρείδαις
Τεύθραντος πεδίον μολὼν ἔστα σὺν Ἀχιλλεῖ
μόνος, ὅτ' ἀλκάεντας Δαναοὺς τρέψαις ἁλίαισιν   110
πρύμναις Τήλεφος ἔμβαλεν·
ὥστ' ἔμφρονι δεῖξαι
75 μαθεῖν Πατρόκλου βιατὰν νόον.   115
ἐξ οὗ Θέτιος γίννος οὐλίῳ νιν ἐν Ἄρει

παραγορεῖτο μή ποτε   Ἐπ. γ'.
σφετέρας ἄτερθε ταξιοῦσθαι
δαμασιμβρότου αἰχμᾶς.
80 εἴην εὑρησιεπὴς ἀναγεῖσθαι   120
πρόσφορος ἐν Μοισᾶν δίφρῳ·

71 τευθρανος Sm.* — τευθραντος mss. Al. Ro.* Bö.* ‖ μολῶν BE
F∞GMNOUVΘ∞Σ — μολὼν ACDFᴾᶜ[P]QUᴾᶜ?XZ etc. ‖ ἔστα δὲ σὺν
O ‖ ἀχιλεῖ AZxy ‖ 72 ἀλκάεντας A. — ἀλκάντας BGMOUVXΓΣ —
ἀλκαντας DENQΘ*q — ἀλκῆντας π — ἀλκάντων Π — ἀλ'κάντας Al. —
ἀλκᾶντες CFZ[Δ?] recc. Ro.* ‖ -ψαις B¹D — ψας AB•CE etc. ‖ -σιν
[Α]CF? recc. Al. Ro. Br.* — σι rell. vett. (BDEF? etc.) et Thom. Cp. ‖
73 πρή. kᵃᶜμ'ν' Ro. Br. Mr. ‖ ἔβαλε AP — ἔβαλεν MNOQRUVX Al. — ἔμ-
βαλεν [BC]DEF[G]Z Thom. recc. Ro.* ‖ 74 εὔφρ. Σοᵃ (I?) (cum Sch. A)
‖ 75 βιαταν AC — βιοταν N•V•ΓΔO Al. — βιωτὰν V•• — βιατὸν qᵃ —
βιατὰν καὶ P — βιατὰν rell. (etiam V♭ cum gl. marg. βιητήν) ‖ 75sq. νόον
γ' [bc]k[l?]μ'ν'o'[σ'] (Tricl.) Ro.* — νόον. B — νόον. ACDEFGMNOPQ[R]
UVXZΓΔΘΞΠΣΩQahimnoqxyϑ? Al. Hm. Bö.* ‖ ἐξοῦ aox — ἐξ οὐ Al.
— ἐξ οὗ rell. (etiam I) ‖ 76 Θέτιδος R ‖ γόνος οὐλία C¹ — γόνος οὐλίω(ψ)
rell. mss. (et Cᵃ) — γοῦνος οὐ. Mi. — γ' ἴνις οὐ. Bth. — γ' οὐλίῳ γόνος
Hm.¹ Bö.* — υἱός οὐ. (Bö.) Ht. — Θετιόγνητος οὐ. Sw. — βλαστὸς οὐ.
Hm.² — γ' ὄζος οὐ. Bg. — γίννος οὐ. Ah. (in idem et ipse incidi) ‖ νιν
EFGMNOPQ[R]UVXZΓΔΘΞΠΣΩαᵖᵒ Al. Bö.* — μιν A.BCD recc. Ro.*
‖ om. ἐν CO ‖ 77 παρηγ. Gʳᵉᶠ Raᵃᶜ? ‖ 78 ταξιοῖσθαι NPRUX — εἶσθαι
M — οὖσθαι A.B.[C]DEFGOQVZ Thom. recc. Al. Ro.* ‖ 79 -βρότας
B¹ — βρότους M — βρότου AB•C etc. (δαμασιβρότου E) ‖ αἰχμῆς Cbc ‖
80 εὔρεσ. A.C.DE,¹²F,GG,¹²MN.OQRUU,¹²VXZΓΔΘ•ΠΣmnoϑ'ο'• Al.
(cum lemmate Sch. Rec. in Ro.) — εὔρησ. [B.]EFΘ♭[bcx]yk[l]μ'ν'o'¹[σ']
Ro:* (cum lemmate Sch. Rec. in μ'ν') — εὔρησ. aq ‖ ἐναγεῖσθαι ΓΔᵘᵗ
ΘΠ — ,ἀναγεῖσθαί τι A — ἀναγεῖσθαι [B.CD etc.] NOZΣ recc. Al. Ro.*

ΟΛΥΜΠΙΟΝΙΚΑΙ Θ'.

τόλμα δὲ καὶ ἀμφιλαφὴς δύναμις
ἕσποιτ' αἰεί. ξενίᾳ δ' ἀρετᾷ τ' ἦλθον
τιμάοροι Ἰσθμίαισι Λαμπρομάχου μίτραις, ὅτ' ἀμφό-
τεροι κράτησαν 125

85 μίαν ἔργον ἀν' ἀμέραν.   Στρ. δ'.
ἄλλαι δὲ δύ' ἐν Κορίνθου πύλαις ἐγένοντ' ἔπειτα χάρμαι,
ταὶ δὲ καὶ Νεμέας Ἐφαρμόστῳ κατὰ κόλπον· 130
Ἄργει τ' ἔσχεθε κῦδος ἀνδρῶν, παῖς δ' ἐν Ἀθάναις·
οἷον ἐν Μαραθῶνι συλαθεὶς ἀγενείων 135
90 μένεν ἀγῶνα πρεσβυτέρων ἀμφ' ἀργυρίδεσσιν·
φῶτας δ' ὀξυρεπεῖ δόλῳ
ἀπτῶτι δαμάσσαις

82 ἀμφιλαβὴς Cp. ‖ 83 ἕποιτο ΜΝΓΔΘΠΣ (Thom.) Bg.¹ — ἕσποιτο [BC]DE.FᵖᵒGQ[R]UVXZ recc. Ro.* Bg.² — ἕσποιτο Fᵃᵒ? ο' — ἕσποιτ' αἰεί. A (cum Sch. Vet. διαπαντὸς) optime — ἕσποιτο. αἰεί Al. ‖ ξενία Δ, — προξενία(q) A[BC] etc. ‖ ἀρετά A·A, — ἀρετῇ E,F,G,Q, — ἀρετᾷ(ᾷ) A¹[BCD]EFGQ etc. ‖ τ' ἤλυθον AB.CDE.FGMNOPQ.RU.VXZΓΔΘΠΣ Al. — τ' ἦλθον soli recc. Ro.* ‖ 84 Ισθμίαις O ‖ μίτραισιν A (et in Sch. A μίτραισι) ‖ 85 ἔργου AQᵃᵒ? — ἔργον rell. (Qᵘᵗ) ‖ ἀναμέραν Eᵃᵒ Fο' — ἐν ἀμ. xy — ἀν' ἠμ. Dᵃk?n — ἀν' ἀμ. A[BC]DᵇEᵖᵒ etc. ‖ 86 δύο ἐν B.DE.FGMOPQ.RUVXZΓΔΘΠΣ — δύο, (om. ἐν) N — δύ' ἐν A[C] recc. Al. Ro.* ‖ ἐγένοντο δ' D — ἐγένοντο Γᵃᵒ ο'ᵃᵒ — ἐγένοντ' rell. ‖ χάρμα A. (et Sch. A) ‖ 87 τᾶ δὲ A. (Α, τὰ δὲ si recte relatum est; Α,ᵃᵒ habet τάδε) — ταὶ δὲ [BC]DEF etc. ‖ καὶ om. M Sm. ‖ 88 ἔσχιθι A.[B.]CD E.FN[P]QVZano[xy]Gᵇ [r. r.] Al Ro.* — ἔσχισθι X — ἔσχετι O — ἔχισθι G.ᵃU, — ἔχισθι Aᵃᵒ?C,U — ἔχισθαι Q,R — ἔσχι F,MΓᵇᵉᵏgQ' μ'ν'σ' — ἔχι κε ΠΣ — ἔχισκι Δ — ἔσχισκι Θ ‖ κῦρος Hck. — κῦδος rell. ‖ παῖδ' Gᵃ ‖ ἀθήναις Γ'?Θᵃᵒ aᵃᵒ?q — ἀθάναις omnes rell. ‖ 89 οἷον (sine δ') A.RZν' Hy. — οἷα δ' Sm. Ox. — οἷον δ' B.[C]DE.F.G.[M]NO PQ.UVX Thom. rell. recc. Al. Ro.* Bö.* (cum Sch. B) ‖ συληθ. O — συλληθ. N — σῦλ' ἀνθεὶς Ah. in Ph. XVI, 53. ‖ ἀγένειον ft. cum ἀγενείων iunctim A — ἀγενείων rell. (cum Sch. AB) ‖ 90 μένοι N ‖ -δεσσι (δισι pauci) vett. Thom. — δισσιν recc. Al. Ro.* ‖ 91 ὀξυρεπεῖ A.Bᵃᵒ?Z recc. Ro.* — ὀξυερπεῖ MOQQ,¹RU.VXZΓΔΘ·ΠΣ Al. — ὀξυρρεπεῖ B.CD E.F.GNQ,ᵃ Θᵇ qo' ‖ 92 δαμάσσαις BD Hy.* — δαμάσαις Cᵃᵒ? — δαμάσας A[M]RVX[Δ]Θᵃ ΠΣ[i]knoqμ'ν'ο'σ' Al. Ro.* — δαμάσσας B·Cᵖᵒ EFGN OPQUZΓΣᵃᵒ?aℓx[y]Θᵇ Sm. Ox.

OLYMPIA IX.

διήρχετο κύκλον ὅσσα βοᾷ, 140
ὡραῖος ἐὼν καὶ καλὸς κάλλιστά τε ῥέξαις.

95 τὰ δὲ Παρρασίῳ στρατῷ   Ἀντ. δ'.
θαυμαστὸς ἐὼν φάνη Ζηνὸς ἀμφὶ πανάγυριν Λυκαίου, 145
καὶ ψυχρᾶν ὁπότ' εὐδιανὸν φάρμακον αὐρᾶν
Πελλάνᾳ φέρε· σύνδικος δ' αὐτῷ Ἰολάου
τύμβος εἰναλία τ' Ἐλευσὶς ἀγλαΐαισιν. 150
100 τὸ δὲ φυᾷ κράτιστον ἅπαν· πολλοὶ δὲ διδακταῖς
ἀνθρώπων ἀρεταῖς κλέος

93 ὅσσα βοᾷ ADGG,¹ᵃNOQᵃᵃUᵃᵃ?U,VX — ὅσσα βοᾷ Cq (ft. cum gl. A φημῄ. σὺν τῇ) — ὅσα βοᾷ ΓΘᵃΠΣ — ὅσσᾶ βοᾷ B — ὅσσα βοᾷ A,E. F[M]QQ,ᴾᶜUᴾᶜ?μ'ν'ο' Ro. Cp. — ὅσσα βοᾷ Z — ὅσσα βοᾷ k — ὅσσα. βοᾷ a — ὅσσα βοᾷ Θᵇno[x]y [al. recc.] Al. Br.* (cum Sch. AB Comm. Mosch. glossisque plurimis). || 94 ὁραῖος xy || ὢν ΓΔΠΣ — ἐὼν A.[BC]DE.F etc. || κᾶλλός a — καλλός q — καλός rell. || κάλλιστα δὲ Nᵃᵃ Oy (στα δὲ y) || ῥέξαις BC·D Hy.* — ῥέξας Pσ' — ῥέξας ACᵇEF etc. || 95 τᾳδε A. — ταδὲ U || παρασίῳ(ω) B,O[Δ]Θ·nᵃᵃ Ro: Br. Mr. St. — παρρασσίῳ Q.U. — παρνασίῳ ο' — παρρασία Z — παρρασίῳ(ω) A.BC etc. Al. Cp. Sm.* || 96 φάνη C || πανήγυριν ABEFGOQRXZΓΔΘΠΣabcℓmnopxy (Mosch.) — πανάγηριν V — πανάγυριν [C]D[M]NUk[ϑ']μ'ν'ο'[σ'] (Tricl.) Al Ro.* || λυκίου ΔΘbc || 97 ψυχρᾶν AᵃᵃDG.ᵃ MNᵃᵃU,Xᵃ Θᵃᶜ Mr. (cum Sch. BD ad Nem. X, 82) — ψυχρᾶν Aᴾᶜ B[C]EFNᴾᶜO[PQR]UVXᵇZΓΘνᶜ Σ etc. Al. Ro.* St.* (cum Sch. ad h. l.) || ὁπότ' R || αὐραν (Sch. BD ad N. X, 82) — αὐρᾶν omnes rell. (cum Sch. ad h. l.) || 98 πέλανα P — πελάνα RXο' (cum Sch. BΣ ad h. l. et cum Sch. D ad N. X, 82) — πελάνα Q — παλλάνα O — πελλάνα Zo St.* (cum gl. E ἐν τῇ) — πελλάνα A.[B]CDEFG[M]NUV Thom. recc. Al. Ro.* (cum Sch. B ad N. l. l.) || φέρᾳ] παρέχει (Sch. BD Ro. ad N. l. l.) || αὐτοῦ et αὐτῷ iunctim B (αὐτοῦ ft. Sch. B) — αὐτῷ(ῷ) rell. || 99 ἐναλία A.BC.DE.F.G.MNᴾᶜN,OQ.RU.VX ΓΔΘ·ΠΣ Al. — ἐνναλία Nᵃᵃ — εἰναλία Z recc. Ro:* || τ' omnes mss. Bo; Al. Cp.* — γ' Ro. Br. || ἔλευσις G.U,X (cum Sch. G) — ἔλευσις rell. || ἀγλαΐαισι μέμιχται ΑΓΔᵃᶜΘΠΣ — ἀλίαισι (?) μέμιχται Ξ — ἀγλαΐαισιν. μέμιχται Ω Al. — ἀγλαΐαισι BCD?GMNOPQRVXZΔᴾᶜk — ἀγλαΐαισσι D?EF? — ἀγλαΐσι U — ἀγλαΐαισιν F? recc. Ro.* || 100 φυᾷ V — φυὰ A, — φυᾷ(ᾶ) rell. || κάρτιστον Sm. (quod defendi possit; cf. ad O. XIII, 78) — κράτιστον omnes mss. Al. Ro.* Ox.* || πολὺ A¹A, (οι supra in textu) — πολλοὶ rell. (cum paraphr. Sch. A)

ΟΛΥΜΠΙΟΝΙΚΑΙ Θ'.

ὤρουσαν ἀρέσθαι. 155
ἄνευ δὲ θεοῦ σεσιγαμένον
οὐ σκαιότερον χρῆμ' ἕκαστον. ἐντὶ γὰρ ἄλλαι

105 ὁδῶν ὁδοὶ περαίτεραι, Ἐπ. δ'.
μία δ' οὐχ ἅπαντας ἄμμε θρέψει 160
μελέτα· σοφίαι μὲν
αἰπειναί· τοῦτο δὲ προσφέρων ἄεθλον,
ὄρθιον ἄρυσαι θαρσέων,
110 τόνδ' ἀνέρα δαιμονίᾳ γεγάμεν
εὔχειρα, δεξιόγυιον, ὁρῶντ' ἀλκάν·
Αἰάντειόν τ' ἐν δαιτὶ ϝιλιάδα νικῶν ἐπεστεφάνωσε βωμόν.

102 ὤρουσαν ἀρέσθαι A optime (coni. Bg.² ex Aristid. II, 35 ubi αἱρεῖσθαι legitur) — ὤρουσαν ἀνελέσθαι BCDEFGMNOPQRUVXΓΔΘ·ΠΣ — ὤρουσαν ἑλέσθαι Qᵛᶜ?Z recc. Ro.* || **103** ἄνευ δὲ θεοῦ A.[B,]C,D,F.G. [M]N.OPQ.[R]UVXZΓ[Δ]Θ.ΠΣ[bc]k[l]q[θ']μ'ν'[σ'] Ro.* Th. (Di.) Ky. Sw.* — ἄνευθε θεοῦ (in nullo ms.) Bö. — ἄνευθε δὲ θεοῦ BCDEΩasmnoy Al. || **103** sq. σεσιγαμένον γ' οὐ κμ'ν'ο'[σ'] (Tricl.) Ro.* — σεσιγαμένον οὐ B — σεσιγημένον οὐ B, — σεσιγαμένον οὐ ACDEF.G.MNOPQ[R]U.V⸗X.ZΓΔΘ ΣΠΣΩΩabcImnoqsxy (Mosch.) θ'? Al. Hm. Bö.* — σεσιγαμένον ὡς Vᵃᵉ || **105** περαίτερα A, — περαίτεροι E — περαίτεραι A[BCD]F etc. || **106** οὐχ' ADEFQ.UVΘy || ἄμμε F[GM]Nᵖᶜ[P]Q[R]UVXZᵐ Thom. recc. (o'ᵖᵉ ἄμμε) Al. Ro.* (cum Sch. AB etc.) — ἅμε E — 'ἁμέρα B (ρα supra lineam) — ἁμέρα B, — ἅμα sive ἅμε A — ἅμα CDNᵃᶜOZ Cf. O. I, 104. || θρέψοι D?Vᵃ || **107** σοφίαι μὰν Sm.* (in nullo ms.) — σοφίας μὲν ν'ᵃᵉ Bö.¹ — σοφίαι μὲν omnes mss. Al. Ro.* Bö.²* || **108** τοῦτον C — τοῦτο rell. (etiam Cᵖᵉ?) || προφ. A, (et paraphr. Sch. A) — προσφ. A[BCD]EF etc. || ἄεθλον A.B.CDEFGMNO[P?]Q.RU.VXZΓΔΘΠΣ Al. Bg. — ἆθλον recc. Al. Ro.* || **109** ὄρουσαι A — ὤρουσαι Bᵃ?B,[M]N Ro:* — 'ρ.:σαι Bᵃ (prima et tertia litera nunc perierunt) — ὤρῦσαι aᵃᶜBᵇ (rec. m.) — ὤρυσαι CDEFGᵃ OPQ[R]UVXZ Thom. recc. Al. St.* — ὄρυσαι Gᵇ (rec. m.) — ἄρυσαι (γάρυσαι) Ah. in Ph. XVI, 54 || θαρρῶν η — θαρσῶν aliᵘmoqxyΘᵇ (Mosch.) — θαρσέων A.[B]CD etc. (omnes vett. Thom. Tricl.) || **110** ἀνέρα] ἀνδρα A || δαιμονίᾳ(ᾳ) A.BCDEFGᵃMNO[P]Q[R]UVXZΓΔΘΠΣΞΩy Al. Hm. Bö.* (cum Sch. B et gl. A) — δαιμονίως recc. Ro.* || **111** ὁρῶν τ' Hm.² || ἀλκὴν D || **112** αἰάντειόν τ' ἐν δαιτὶ οἰιλιάδα νικῶν A.Cᵃ?DF (Fᵃᶜ ἄδι) G·?M (ἄδι) NPQ.R (ἄδαν ἰκὼν) Vᵃ(Vᵇ ἄδαν) XZ (όδα) ΓΘ·ΞΠΣ — id. (sed ἰλι.) B.C¹Eᵃᶜ (Eᵖᵉ ἄδαν) E,F,Gᵃ? — id. (sed ον δ' ἐν et ἰλι.) Oᵃᶜ (Oᵖᵉ ἄδαν) (X, aut Sch. X) — id. (sed ὄν δ' ἐν et ἰολι.) U — αἰάντειον γ' ἐν δαιτὶ οἰλιάδα

OLYMPIA IX.

νικῶν Δ (teste De.) — αἰάντειόν τ' ἐν δαιτὶ ὅς τ' Ἰλιάδα νικῶν ΩΩ? Al. — αἰάντειόν γε δαιτὶ ὅς τ' οἰλιάδα νικῶν a**e**i? kno**b**(I?)Θ**b**σ' — id. (sed ἰλι.) i? xyμ' ν'**b**ο'υ' — id. (sed vitiose ἰλιάκα) ο**a** — in G**b**a rec. m. ὅς ειολίδα; quid a pr. m. fuerit n. l. — αἰάντειόν τε δαιτὶ ὅς τ' etc. a**pc**hs [ft. alii recc.?] — αἰάντειόν γε δαιτὶ ὅς τ' Ἰλιάδα νικῶν Ro.* — Αἰάντειόν γε δαίθ' ὃς Οἰλιάδα νικῶν Sm. — id. (sed Αἰάντεόν γε) Ox. — id. (sed Αἰάντεών τε) Hy. Be. — Αἰάντεόν τ' ἐν δαίθ' ὃς Ἰλιάδα νικῶν Bö. Di. — id. (sed Οἰλιάδα) Th. — Αἰάντεόν τ' ἐν δαιτὶ ὃς Οἰλιάδα νικῶν Hm.¹ (δαιτὶ ὃς synizesi) — Αἰαντέων ἐν δαιτὶ Ἰλιάδα νικῶν Hm.² (ad Eur. Iph. A. 1127) — id. (sed δαιτὶ ὅς synizesi) Ky. — id. (sed δαίθ' ὅς) Sw. — Αἴαν,τεόν τε δαιτὶ, Ἰλιάδα, νικῶν Hm.³ — Αἰάντεόν τ' ἐν δαίθ' ὡς Ἰλιάδα νικῶν Bg.² — id. (sed Αἰαντέων) coni. Bg.³ — Αἰάντιόν θ' ὃς δαιτὶ Οἰλιάδα νικῶν Ht. Reposui optimorum librorum scripturam; maiore ante Αἰάντ. interpunctione invecta, quae invenitur in ABCEF GNOPQVX aliisque ‖ ἐπὶ στεφ. s — ἐπιστ. V**ac**ο**ac**ο' — ἐπιστ. rell.

Subscr. τέλος ἐφαρμόστου. DFGQSTUV — τέλος τοῦ πρὸς ἐφαρμόστον ἐπινικίου ὕμνου. X — ὕμνου τέλος ἐφαρμόστου ὀπουντίου. μ'σ' — nulla subscr. in ABCE etc.

ΟΛΥΜΠΙΟΝΙΚΑΙ Ι΄.

ΑΓΗΣΙΔΑΜΩι ΛΟΚΡΩι ΕΠΙΖΕΦΥΡΙΩι

ΠΑΙΔΙ ΠΥΚΤΗι.

Strophae.

```
   ⏑ ⏑ ´⏑ ⏑ – ´⏑ ⏑ – ≏ ⏑ ≍
   ᴗ ´⏑ – ´⏑ ⏑ – ⏑ ≍
   ᴗ ´⏑ ⏑ – ≏ ⏑ – ≏ ⏑ – – ´⏑ – ´⏑ ⏑ – ⏑ ⏑ ≍
   ᴗ ´ ´⏑ – ≏ – ´⏑ – ⏑ ≍
5  ᴗ ´⏑ – ´⏑ ⏑ ≍
   ᴗ ´ ´⏑ ⏑ – ⏑ ≍
```

Epodi.

```
   ⏑ ´⏑ ⏑ ≏ ´⏑ ⏑ ⏑ – – ´⏑ ⏑ ≏ ≍
   ⏑ ´ ´⏑ ⏑ ⏑ – – ⏑ ≍
   – ´⏑ ⏑ ≏ ´⏑ ⏑ – ´⏑ ⏑ – ⏒ – ≍
   – ´⏑ ⏑ ⏑ – ´⏑ ⏑ ⏑ – ´⏑ – –
5  – ´⏑ ⏑ ⏑ – ⏑ ≍
   – ´⏑ – – ⏑ ≍
   ⏑ ⏑ ´⏑ ⏑ ⏑ ≍
   – ´⏑ ⏑ – ⏑ ⏑ – ⏑ ≍
   ⏑ ´⏑ – ≏ – ´⏑ ≏ ´⏑ – ´⏑ ⏑ ≍
```

Inscr. Est decimum carmen in mss. Al. Ro.* — undecimum apud Bö.* || ἀγ. λο. ἐπ. πύκτῃ. A Hy. Be. — ἀγ. λο. ἐπ. παιδὶ πύκτῃ. BGPQ VZ^{ao}ΔΘΣa^a *kqxγμ'σ'* Ro.* Bö.* — ἀγ. λο. ἐπ. πύκτῃ παιδί. NO — ἀγ. παιδὶ λο. ἐπ. πύκτῃ. U — ἀγ. λο. ἐπ. ἀρχεστράτου παιδὶ πύκτῃ. XZ^{rc}Ω a^b δc Al. — id. (sed παιδὶ ἀρχ. πύ.) ν´^b — ἀγησίδαμον υἱὸν ἀρχ. νικήσαντα ἐν ὀλυμπία. n — ἀγ. λο. ἐπ. ἀρχεστράτῳ (sic) κέλητι νικήσαντι τὴν πβ ὀλυμπιάδα F^b — ἀγ. λο. ἐπ. DEF^a — ἀγησιδάμῳ ο — ἀγ. λο. παιδὶ πύκτῃ. Π

Metr. Epod. 3 est ft. – ⏒ ≏ ⏑ – ≏ ⏑ – ´⏑ ⏑ – ⏒ – ≍ (cf. Bg.¹ Bg.²)

OLYMPIA X.

Τὸν Ὀλυμπιονίκαν ἀνάγνωτέ μοι   Στρ. α΄.
Ἀρχεστράτου παῖδα πόθι φρενὸς
ἐμᾶς γέγραπται. γλυκὺ γὰρ αὐτῷ μέλος ὀφείλων ἐπι-
    λέλαθ᾽. ὦ Μοῖσ᾽, ἀλλὰ σὺ καὶ θυγάτηρ   5
Ἀλάθεια Διός, ὀρθᾷ χερὶ
5 ἐρύκετον ψευδέων
ἔνιπὰν ἀλιτόξενον.

ἕκαθεν γὰρ ἐπελθὼν ὁ μέλλων χρόνος   Ἀντ. α΄.
ἐμὸν καταίσχυνε βαθὺ χρέος.   10
ὅμως δὲ λῦσαι δυνατὸς ὀξεῖαν ἐπιμομφὰν τόκος ὀπαδέων.
            νῦν ψᾶφον ἑλισσομέναν

2 ἀρχιστρ. ΑΧΠ — ἀρχιστρ. rell. (etiam Sch. A) ‖ 3 ἡμᾶς ap•eR Al. — ἁμᾶς Mi. — ἐμᾶς rell. mss. Ro.* (cum Sch. Vet et Rec.) ‖ Post (non ante) ὦ μοῖσ᾽ dist. ABEZσ᾽ — ante (non post) ὦ μοῖσ᾽ dist. Vp•? aboy[CNQ] (cum Sch. A et Rec.) Al. Ro. — utroque loco Ὀμ΄ν΄b Cp.* — neutro DFGΘΣΠa•ηρο΄ ‖ μοῖσα F•cOQ.θ΄ — μοῦσ᾽ ν΄b ‖ ἀλλὰ σὺ (om. καὶ) PQRXΠ — ἀλλὰ καὶ (om. σὺ) k•c — ἀλλὰ καὶ σὺ καὶ Γ — ἀλλὰ σὺ καὶ AB.[C]DEFG. etc. — in N καὶ deletum et rursus supra positum est ‖ 4 ἀλάθ. omnes ‖ ὀρθὰ A•Θ• — ὀρθᾷ(ᾷ) A¹ etc. ‖ verba ὀρθᾷ χ. ἐρ. ψευδέων omissa sunt in Qa et in R post ἔνιπὰν ἀλιτόξενον posita ‖ χειρὶ BEFMQbΓΔΘ — χερὶ ACD[GP]NOUVXZΠΣ recc. Al. Ro.* ‖ 5 ἐρύσατον ab ‖ 6 ἔνιπᾶν X.Z•• ‖ ἀλιτόξενον X. — ἀλιτοξένον Θ• — ἀλιτόξενον rell. (in F ante ἀλ. plene interpunctum est) — ἀλιτοξένων Mi. ‖ 7 ἔκαθι ABE. — ἕκαθεν B,CDF.G etc. — ἕκαθεν Θ•cΠ ‖ 8 ὑπελθὼν k solus (ft. O••) — ἐπελθὼν A.B. etc. (cum Sch. Vet. et Rec.) ‖ μέλλων] μέγας N• — μίλων a ‖ 8 ἐμὸν ABC.DuuEFGLNOPQ[R]UVXZΓΔΘ•Ξ ΠΣΩk•• (σ΄ an A?) Al Ur. Bö.³* (cum Sch. AB etc.) — εἰμὸν M — ἁμὸν αποχυμ΄ν΄ — ἁμὸν Θbkp•ρο΄ Ro.* ‖ καταισχύνει ABCDEFGILMNOPQR UVXZΓΔΘ•ΠΩ Al. (cum Sch. AB etc. et glossis EF al.) — καταισχύνει Σ — καταίσχυνε (quod Bö. teste Ξ „agnoscere videtur"; non credo) Bö.* — κατείσχυνε σ΄ — κατήσχυνε aknoργΘbμ΄ν΄ο΄ [r. r.] Ro. Cp. (κατήσχυνε Br.*) cum Sch. Rec. ‖ βραχὺ A¹ — βαθὺ A• etc. (cum Sch. BD etc. et gl. N πολὺ) ‖ καταισχύνει ἔνον (ἐύ)? ‖ 9 ὁμῶς μ΄ ‖ δέ γε A, — δὲ (sine γε) A etc. ‖ ὀξείαν A ‖ ἐπὶ μομφὴν A — ἐπὶ μομφὰν EFMNQRVXZ••ΓΠ Σqν΄? — ἐπιμομφὰν [B]CDLOUZp•ΔΘaknom΄ [r. r.] Al. Ro.* ‖ τόκος ὀπαδῶν scripsi — τόκος θνατῶν ABDEFILMNOQUVXZΓΔΘ••ΞΠΩ Al. — τόκος θνατῶν Σ — γε τόκος θνατῶν CPZ — γε. (omiss. τ. θν.) B — ὁ

ΟΛΥΜΠΙΟΝΙΚΑΙ Γ´.

10 ὄπα κῦμα κατακλύσσει ῥέον,   15
ὄπα τε κοινὸν λόγον
φίλαν τίσομεν ἐς χάριν.

νέμει γὰρ Ἀτρέκεια πόλις Λοκρῶν Ζεφυρίων,   Ἐπ. α´.
μέλει τέ σφισι Καλλιόπα
15 καὶ χάλκεος Ἄρης. τράπε δὲ Κύκνεια μάχα καὶ ὑπέρβιον 20
Ἡρακλέα· πύκτας δ᾽ ἐν Ὀλυμπιάδι νικῶν
Ἴλᾳ φερέτω χάριν

τόκος θνατῶν Θρc — ὁ τόκος ἀνδρῶν a — ὁ τόκος ἀνδρῶν knoqγμ´ν´ο´σ´ [r. r.] Ro.* — τόκος ὁ θνατῶν Hm.¹ — τόκος ὀνάτωρ Hm.²Bö.² * ‖ ἑλισσομέναν G.IVᵇX**?ZΓ**?ΠΣο´ — ἑλισσομένην Q,¹X, 10 ὄπα A, (et Sch. A)GQ**Δq — ὅπως MVᵇ (gl. in ANOa etc.) — ὅπα B.CD etc. — ὄπα xy — ὥσπερ gl. A — καθὰ gl. NᵇP ‖ κύματα G**V** ‖ κατὰ κλύσει A — κατακλύσει A,BDE.FGLMNPQRUVXZΓΔΘ**ΞΠΣΩhikmnoq**xyμ´ν´ο´σ´ (cum Sch. Vet. et Rec.) — κατακλύσεις C — κατακλύσῃ O — κατακλύσσει aqr*Θᵇ Al. Ro. Cp. Br. St.² * — κατακλύζει Mr. St.¹ Pl. (cum Sch. Germ.) ‖ 11 ὄπα τε (τὲ) AG.X,Γ?Θ — τόπα τε X — ὁπότε Z — ὄπα (sine τε) E,Q, — ὄπα τε (τὲ) BCD etc. — ὅπως gl. Aq al. — ὅταν gl. GP ‖ 12 τίσωμεν Cᵖc ‖ ἐς om. G. ‖ 13 νέμεται C, — νέμει (sine γάρ) P? — νέμει γάρ rell. (et C) ‖ ἀτρέκεια (ἀχ supra) πόλις (ιν supra) A — ἁ τραχεῖα πόλις Δ, (Didym.) — ἀτρέχεια πόλιν Sr. — ἀτρέκεια πόλις A¹EE,²F* — ἀτρέκειαν πόλιν F¹Al. — ἀτρέκειαν πόλις Cᵇ(Fª?)LNOᵖcPQ.RXΓªΘ* (cum parte Sch. BQX al.) — ἀτρέκεια πόλιν Aª?B.Cª DE,¹E,²G.O**U.VZΓ¹[Δ]Θ¹ΠΣ recc. Ro.* (cum parte Sch. ABI etc.) ‖ ἐπιζέφ. ABGILN**UVXZΓΔΘΠΣ — ἐπὶ ζεφ. M Al. — ζεφ. (om. ἐπὶ) CDE.F.Nᵖc OQ[PR] recc. Ro.* ‖ 14 μέλλει BCDG**LMNOUV XΠΣqx**ο´ (etiam inter Sch. A) — μέλει AEFGᵖc[PQR]Z[ΓΔΘ]aknoxᵖc[y]μ´ν´[σ´] [r. r.] Al. Ro.* ‖ σφι A.Z (etiam in Sch. A) — σφῖσι O — σφίσι rell. (etiam inter Sch. A) ‖ 15 χάλκειος Δ ‖ τρέπε Σ (cum gl. εἰς τροπὴν ἔφερε) — τράπεν ο´ — τράπε A[B]C[D]E.F. etc. ‖ κυκνέα A.B. CDE.F.GLN.OPQ.U.X.Zᵖc ΓΔΘΠΣ — κυκνάα M — κυανέα Z** — κυκλεία ẕ** — κυκνεία (Mᵇ i. e. λ´) [V? non credo] akᵖ**noqμ´ν´ο´ [r. r.] Al. Ro.* — κύκνεια Hm.¹ Bü.¹ — κυκνεῖα Hm.² ‖ μάχη A,ο´** ‖ καὶ μ. καὶ k — μ. (om. καὶ) EF — μ. καὶ rell. (καὶ in a) ‖ 16 ὀλυμπιονικῶν A — ὀλυμπία νικῶν Bª CNᵖcOPQRΣn — ὀλυμπιάδι νικῶν qv´ — ὀλυμπιάδει νικῶν a**? g** — ὀλυμπιάδι νικῶν DEFG[LM]N**?U (δι supra) VXZ[ΓΔΘ]Παᵖckomʹ ο´Bᵇm [r. r.] Al. Ro.* ‖ 17 ἴλᾳ(α) BDGΠknoqγμ´ν´ο´ [r. r.] Ro.* (cum Sch. B ubi etiam in priori commate est ὁ Ἴλας) — ἵνα a — ἰόλα A.CE.F.LM NOPQ.RU.VXZΔΘΣ (cum Sch.¹ Vet. ὁ ἰόλας in vulg. ubi U ὁ ἰόλαος) —

Ἀγησίδαμος ὡς
Ἀχιλεῖ Πάτροκλος.
20 θήξαις δέ κε φύντ' ἀρετᾷ ποτὶ
πελώριον ὁρμάσαι κλέος ἀνὴρ θεοῦ σὺν παλάμᾳ. 25

ἄπονον δ' ἔλαβον χάρμα παῦροί τινες, Στρ. β'.
ἔργων πρὸ πάντων βιότῳ φάος.
ἀγῶνα δ' ἐξαίρετον ἀεῖσαι θέμιτες ὦρσαν Διός, ὃν ἀρ-
χαίῳ σάματι πὰρ Πέλοπος 30
25 βωμῶν ἑξάριθμον ἐκτίσσατο,

(ὕλᾳ(a) (in nullo ms.) Sch. Rec. in Ro. (Cp.=), sed ibi quoque in codd. (ut in μ') ὕλας — ὕλα — ὕλᾳ legitur.)
19 ἀχιλεῖ A.BFG[L]N^{pc}P[VΓ]Θak[y]μ'^{pcc}σ' [al. r.] Mr. Sm.* (cum Sch. B) — ἀχιλλεῖ CDE[M]N^{ac}OQRUXZ[Δ]ΠΣhinoqμ'^{ac}ν' Al. Ro. Cp. Br. St. ‖
20 θήξαις A^{1}BC^{1}DO^{ac} Bö.* — θήξας A^{c}EFGL[M]NO^{pc}PQRUVXZ Thom. recc. Al. Ro.* ‖ δὲ καὶ ACEFGLMN^{ac}?OPQ^{ac}?RUV^{a}XZΓΔΘΞ ΠΣ — δέ γε V^b — δέ κε [B]DN^{pc}Q^{pc} recc. Al. Ro.* ‖ φύντ' AG^a (cum gl. A ἀναβλαστήσαντα) — φύντ' B.D?N^{ac}?O^a „cod. Vict." Cp.^{m} Hy.* (cum Sch. BCD etc. τὸν φύντα πρὸς ἀρετήν) — φῶτ' CEFLMN^{pc}O^{b}PQR UVXZΓΔΘΠΣ recc. Al. Ro.* (cum gl. et Sch. Rec. ἄνδρα et τινά). De dativo cf. ad O. I, 89. ‖ ἀρετᾷ a^b — ἀρετᾶ(ᾷ) rell. ‖ ποτὶ A — ποτὶ (, ποτὶ a^{b}μ'ν') rell. (cum Sch.) ‖ **21** ὁρμάσαι BCDEEQ^{ac}Ξ? Bö.* (cum Sch. Vet.) — ὁρμᾶσαι et ὁρμάσαι iunctim N^a — ὁρμᾶσαι AGMOQ^{pc}R^{a}UV ZΓΔΘΠΣ — ὡρμάσαι Ω Al. — ὅρμασε R^b — ὥρμασε B^{mb}N^{b}Xaknoq[y]μ'^{pc}?ν'^{pc} [r. r.] Ro.* — ὥρμασε μ'^{ac}ν'^{ac}σ' — ὥρμησε P̄ ‖ παλάμαις AC N^{ac}?O — παλάμῃ(η) ΠΣ — παλάμᾳ(a) rell. (etiam Sch. C) ‖ **22** δ' ἔλαβε R — δ' ἔλαβον omnes rell. ‖ παῦροι τινὲς (παῦροί τινες) ABCNOP^c recc. Al. Ro.* — παῦρον τινὲς O^{ac} — τινὲς παῦροι DEFGLMPQ.RUVXZΓΔΘ ΠΣ ‖ **23** ἔργων Ḡ^{ac}N^{ac}?Ωy^{ac}? Al. Hy.^{2}* — ἔργων AB[C]DEFG^{pc}L[M] NOPQ[R]UVXZΓ[Δ]ΘΞ[Π]Σ recc. Hm. Bö.* — ἔργῳ .g' solus ‖ ἐτέων προπάντων coni. Bg. ex Sch. A (ubi ἁπάντων τῶν ἐτῶν τοῦ βίου legitur) ‖ βίῳ τὸ A, — βιώτῳ RΣΠ — βοιότῳ o^{ac} — βιότῳ [BG]Zμ'ν' Mr.* — βιότῳ (ου supra) C — βιότω ADEF etc. ‖ **24** ἐξαίρετον omnes — ἐξήριτον coni. Hm. ‖ θέμιστες A (ft. cum Sch. B) — θέμιδες (gl. A) Ox. — θέμιτες rell. ‖ σάματι B.CEE,^{1}F.^{ac}[G]N^{ac}?U?XZ[Δ]Σ^{ac}? akp^{c}noq^{ac}?yμ'ν' [al. r.] Al. Ro.* — σήματι A^{a}F^{pc}LMN^{pc}PQQ,^{pc}RΘ^{a}Σ^{a}k^{ac}n^{a}q^{pc} — μνημείῳ gl. A — σώματι A^{1}A,D.E,^{2}N^{ac}?N,OQ,^{ac}U?U,VX,ΓΘ^{1}ΠΣο' ‖ παρὰ F ‖ **25** βωμῶν 'ἐξάριθμον ἐκτ. (omissa voce ἡρακλῆς) A (cum gl. τῶν et ἐξ βωμῶν ἀριθμὸν ἔχοντα quae etiam in Sch. B leguntur) — βωμὸν 'ἐξάριθμον

ἐπεὶ Ποσειδάνιον
πέφνε Κτέατον ἀμύμονα,

πέφνε δ' Εὔρυτον, ὡς Αὐγέαν λάτριον   Ἀντ. β'.
ἀέκονθ' ἑκὼν μισθὸν ὑπέρβιον   35
30 πράσσοιτο, λόχμαισι δὲ δοκεύσαις ὑπὸ Κλεωνᾶν δάμασε
καὶ κείνους, Ἡρακλέης ἐφ' ὁδῷ·
ὅτι πρόσθε ποτὲ Τιρύνθιον   40
ἔπερσαν αὐτῷ στρατὸν
μυχοῖς ἥμενοι Ἄλιδος

ἰκτήσαθ' (ἰκτίσαθ') ἡρακλέης CNO — βωμῷ(ῶ) 'ἐξάριθμον ἡρακλέης ἰκτ. B. DF¹G (in F ὸν supra βωμῶ et ω supra ἐξάριθμον) — βωμὸν 'ἐξάριθμον ἡρακλέης ἰκτ. Eᵃ Fᵃ LM (κλέος?) PQ.RU.VXZΓΔΘ•ΞΠΣ Al. — id. (sed βωμων) E¹ — ad omissionem (sive transpositionem) vocis ἡρακλέης pertinet etiam E,F,G, al. ubi est ἰκτίσσατ' (ἰκτίσσατο. F,) ἐπεὶ ποσ. — in A, est βωμῶν et βωμὸν iunctim et 'ἐξάριθμον — βίη ἡρακλέος ἐξάριθμον ἰκτ. ο (ubi vox ἐξάρ. ad I pertinere videtur) — βίη ἡρακλέος ἰκτ. aikᵘᵗⁿqxyΘᵇ μ'ν'ο' Bᵐᵇ (Mᵇ i. e λ') [r. r.] Ro.* (in Tricl. cum nota οὕτως ἄμεινον γράφεσθαι· βίη ἡρακλέος. οἱ γὰρ γράφοντες ἑτέρως οὐκ ὀρθῶς γράφουσιν.)) — 'ἐξάρ. A.N — ἐξάρ. B.Cᵃᶜ Eᵃᶜ FMRVᵖᶜ XZΓ?Θᵃ Π Al. — ἐξαριθμὸν Vᵃᶜ — ἐξάρ. Cᵖᵒ DEᵖᵒGILOPQUΓ?ΔΣ — ἐξώρ. Σ || ἰκτίσσατο ABEF.GLVΔΘΠaiko μ'ᵖᵒο'σ' [al. r.] Al. Mr.* — ἰκτίσσατ' E,G, — ἰκτίσσετο Z — ἰκτίσατο D [M]PQRU.XΓΞΣ[ʰ]πxy μ'ᵃᶜ Ro. Cp. Br. — ἰκτίσαϑ' Cᵖᵒ N — ἰκτήσαϑ' Cᵃᵃ O — ἰκτήσατο ν'

26 ποσειδάνειον BMX — ποσειδώνειον xy — ποσειδόνιον aklmnoqΓΘᵇ R (Mosch.) — ποσσειδάνιον E.F — ποσειδάνιον ACDF,[GL]NO[P]Q.U[V] Z[Δ]Θ•ΠΣμ'ν'ο'[σ'] Al. Ro.* || 27 κτεάτον Vᵃ || 28 ὥστ' A — ὡς Θ — ὡς rell. || αὐγέα E,Gᵃᶜ G,MQ.UU,¹ᵖᶜ VX.ΖΞΠΣ — αὐγέαν AB.C.DEF.Gᵖᶜ [L]NO[P?]U,¹ᵖᶜ U,²Γ[Δ]Θ recc. Al.Ro.* || 29 ἀέκων S' Cᵃ Oᵃᶜ — ἀέκονθ' A BCᵇ DEFG[L]MNOᵖᶜ PQ[R]UVXZΓΔΘΞΠΣΕΩΩ Al. Hy.* — ἄκωνθ' qᵃᶜ — ἄκωνθ' recc. Ro.* || 30 λόχμησι Cᵖᵒ — λόχμαισί Nᵖᶜ — λόγχμ. Nᵃᶜ Rᵃᶜ Θ — λόχμαισι A.[B]Cᵃᶜ?[DEF etc.] recc. Al.Ro.* || -σαις AB¹ Bö.* — σας A,Bᵃ CD etc. || κλεονᾶν ΘΠΣ — κλεανῶν M — κλιωνῶν bc || δάμασῖ B — δάμασεν FZ — δάμασσε P — δάμασι rell. || κἀκ. Z Sm.* — κἀκ. St. — κἀκ. rell. mss. Al. Ro.* — καὶ κ. Bö.* || ἡρακλῆς E || ὁδοῦ R || 31 πρόσθιν CNO — πρόσθι AB etc. || 32 αὐτοῦ ΔΘΠΣ — αὐτ.. Σ — αὐτῶ a — αὐτῷ [B]GUZxγμ'ν' Al. Br.* — αὐτῶ ACDEF etc. || 33 μυχοῖσιν St. || ἄμμενον Ro.* (operarum vitium?) — ἄμενον BΩQabcik lmnoqxyμ'ν'ο'σ' Al. Hy. — ἥμινον ACDEFGLMNOPQUVXZΓΘΞΠΣ Bö.¹

OLYMPIA X.

Μολίονες ὑπερφίαλοι. καὶ μὰν ξεναπάτας Ἐπ. β'.
35 Ἐπειῶν βασιλεὺς ὄπιθεν
οὐ πολλὸν ἴδε πατρίδα πολυκτέανον ὑπὸ στερεῷ πυρὶ 45
πλαγαῖς τε σιδάρου βαθὺν εἰς ὀχετὸν ἄτας
ἵζοισαν ἑὰν πόλιν.
νεῖκος δὲ κρεσσόνων
40 ἀποθέσθ᾽ ἄπορον.
καὶ κεῖνος ἀβουλίᾳ ὕστατος
ἁλώσιος ἀντάσαις θάνατον αἰπὺν οὐκ ἐξέφυγεν. 50

ὁ δ᾽ ἄρ᾽ ἐν Πίσᾳ ἕλσαις ὅλον τε στρατὸν Στρ. γ'.

ἥμενον Δ — ἥμενον R — (καθεζόμενον paraphr. BU etc. — καθήμενον gl. AFNOPΩν' alii cum Comm. Mosch. — διάγοντα gl. Σσ') — ἡμένῳ Th. — ἥμενοι (Hy.) Bö.²* ‖ ἀλ. ABEF[P]Q[R]Γ∆μ'ν'[σ']Zpc Ro.* — ἀλ. CDM NOUVZacΘΠΣaknoqxyo' — de G n. l.
34 μολίωνες A — μολίοννες a — μολίονες Ro. ‖ ξειναπ. A.CNacN,O — ξεναπ. B.Npc etc. ‖ 35 ἐπ. βασ. A[C]NOZ recc. Al. Ro.* — βασ. ἐπ. B.DE.F.GLMQUVXZΓ∆Θ⋅ΠΣ ‖ ὄπιθεν om. V ‖ -σθεν AB?CDEFM NacOQRUXZΓ∆ΘΠΣbckaclmnoqν'σ' Al. Ro.m Br.m — θεν B?[G]LNpc[P] a[xy]kpcμ'o'[θ'] Ro.* ‖ 36 οὐ πολλὸν om. R ‖ εἶδε ABCDEFGMOUV XΓ∆ΘΠΣ Al. — ἴδε Dpc?[L]N[P]Q[R]Z recc. Ro.* ‖ στερρῷ NO ‖ 37 πλαγαῖς omnes ‖ σιδήρου A[B,]C.LMN.O Ro; — σιδάρου [B]DEF[GP] Q[R]U[VX]Z Thom. recc. Al. Ro.* ‖ ἐς [B.]LNV Ro; Cp. — εἰς A.[B C]DEF etc. ‖ ὀχητὸν L ‖ ἄτης C.NOV — ἄτα LZac? — ἄταις o' — ἄπας y — ἄτας ABDEF etc. ‖ 38 ἵζησαν Q — 'ἵζοισαν A — ἵζ. DOV Zqyo' — ἵζ. [BC]EF etc. ‖ ἐὰν CDEacΣqyxo'σ' — ἐὰν A[B]EpcF etc. ‖ 39 τὲ G,U. — δὲ A.B.[C]DEFG etc. — paraphr. Sch. Vet. γὰρ — Comm. Mosch. δὲ ‖ κρεισσόνων A.NacN,Zn — κρεσόνων LQ ‖ 41 κάκ. Z St.* — κακ. q — κἀκ. rell. mss. Al. Ro.* — καὶ κ. Bö.* ‖ ἀβουλίαις A.BC. DEFGLMNOPQ.RUVX.ZΓ∆Θ⋅ΠΣ Al. Ro; Ky. (cum gl. Σ ταῖς αὐτοῦ ἀφροσύναις) — ἀβουλίᾳ(ᾳ) aknoqyΘbμ'ν'o' [r. r.] Ro.* (ft. cum Sch. ABU etc.) ‖ ὕστερος Γ ‖ 42 ἁλώσιμος Cb GacMQpcR — ἁλώσιμος EacQao — ἁλώσιες AVXnoyo' — ἁλάσιος a — ἁλώσιος B?C⋅DEpcFGpc[L]NOUZ[Γ]∆ ΘΠΣkqμ'ν' [r. r.] Al. Ro.* ‖ ἀντιάσας ABCDEFGILMNOPQRUVXZΓ ∆ΟΞΠΣΩΩ Al. — ἀντήσας aknoq[xy]μ'ν'o' [σ' et r. r.] Ro* — ἀντάσαις Bö.* ‖ 43 ὅ δ' (ὅδ') AB.CDE.G[M]NOQ.Zacknoqμ'ν'o'σ' Al. Ro. Cp. Br. — ὁ δ' FG,UΘΣapcq Mr.* — n. l. de LRVXΓ∆Πx aliisque ‖ ἄρ G.U X. — ἂν A — ἄρα D — ἄρ' Σ — ἄρ' rell. ‖ ἐν] ἂν a ‖ πίσσα(ᾳ) C.Ok

λαίαν τε πᾶσαν Διὸς ἄλκιμος
45 υἱὸς σταθμᾶτο ζάθεον ἄλσος πατρὶ μεγίστῳ· περὶ δὲ
πάξαις Ἄλτιν μὲν ὅγ᾽ ἐν καθαρῷ 55
διέκρινε, τὸ δὲ κύκλῳ πέδον
ἔθηκε δόρπου λύσιν,
τιμάσαις πόρον Ἀλφεοῦ

μετὰ δώδεχ᾽ ἀνάκτων θεῶν. καὶ πάγον   Ἀντ. γ'.
50 Κρόνου προςεφθέγξατο· πρόσθε γὰρ   60
νώνυμνος, ἃς Οἰνόμαος ἄρχε, βρέχετο πολλᾷ νιφάδι.
ταύτᾳ δ᾽ ἐν πρωτογόνῳ τελετᾷ

μ'ν'σ' — πίσα(q) A[B]DEF etc. ‖ ἴλσαις BB,¹ Bö.* — ἰάσας A (cum gl. συναγαγών) — ἴλσας L[M]NOV? Zno Ro. Cp. Br. — ἔσας y — ἴλσας C? DE.F.G.[P]Q.RUX[ΓΔ]ΘΠΣakqμ'ν'ο' [r. r.] Al. Mr.* ‖ ὅλον] ἴλον Θ ‖ ὅλον τε om. Π ‖ τε om. CGNOQ, — non om. AB (τῖ) DEFQU etc.

44 λαῖαν B — λαῖαν ACDEFGᵃNOQRUV̄XZ¹ΓΘᵃΞΠΣ — λαίαν L (teste De.) P (teste Ky.) Δ (teste De.) Bö.* (in nullo ms. quem ipse inspexi) — de M n. l. — λεῖαν Gᵃᵇ Zᵃ — λεῖαν Pˢ¹·Θᵇ akηqyμ'ν'ο' [al. r.] Al. — λειάν ο (cf. Hesych.) — λεῖάν Ro.* — Tricl. not. λεῖαν γράφε καὶ μὴ λαῖαν διὰ τὸ μέτρον. — λᾶαν Ah.? ‖ ἄλκ. V Al. ‖ 45 σταθμᾶ τε A,a — σταθμᾶ τε τὸ E, — σταθμᾶ τὸ F, — σταθμεῖτο Q? — σταθμᾶτο rell. (et AFEQ,noq) ‖ ζάθιον Pᵃᶜ? Σ ‖ ἄλσος C. — ἄλσος Δ,O — ἄλσος A[B]DE.F. etc. ‖ μεγίστωι. y ‖ πάξαις A,B.D Hy.* — πάξας AC.E.F.G. etc. ‖ ἅλιν Cᵐᵃᵉᵒⁱ (v. l. apud Vet. Sch. ft. antiqua vulg. ante Aristodemum) — ἄλτιν [B?]Q.Θᵇ aᵖᶜmnoxy Mr. — ἄλτι q — ἄλτι Oᵃᶜ — ἄλτιν E, — ἄλτιν A.B,CD.EF.G.[LM]NOᵖᶜ[PR]UVX.ZΓ[Δ]Θ·ΠΣkμ'ν' [r. r.] Al. Ro. Br. Cp. St.* (lectio Aristodemi, Leptinis, Dionysii aliorumque apud Sch. AB etc.) ‖ ὅ δ' (ὁ δ') Oaᵃᶜbclmoq(θ'?) — ὅ γ' rell. (etiam aᵖᶜkn) ‖ 46 τὸ δ' ἐν COR (cum Sch. U) — τό γε qᵛᶜ — τό δὲ rell. (etiam C,qᵃᶜ) ‖ 46 sq. δάπεδον θῆκε ABCDEFGLMNOPQRUVXZΓΔΘΠΣ Al. (cum Sch. U — est etiam in lemmate δάπεδον in CEF'NQUX al.) — πέδον ἔθηκε akηqyμ'ν'ο' [r. r.] Ro.* ‖ 48 τιμάσαις A.BB,¹B,²C¹D Bö.* — τιμάσας Cᵃ EFG etc. — ἀγάλλων Hm. ‖ πόρον] ποτὶ R ‖ ἀλφεοῦ omnes ‖ 49 δώδεκα δ' D — δώδεκα η — δώδεχ' omnes rell. ‖ ἀθανάτων CᵃNO — ἀνάκτων [A]B. Cᵇ etc. ‖ 50 πρόσθεν Σ ‖ 51 νώνυμον ABEGᵃᵉ?MNOᵖᶜUVXΓΔΘΞΠΣ Al. (Bö.) (cum gl. ἀνώνυμον in ANΘ¹Σ et ἀκλεὲς Θᵃ quae etiam in Sch. Thom. inveniuntur.) — νώνυμος CDFGᵖᶜ?LOᵃᶜPQRZoo' [al. r.] Ro.* (cum gl. ἀνώνυμος in FP) — νώνυμνος ahkmηq[x]yμ'ν'[σ'] Hy.* (cum Comm. Mosch.) — νώνυμνον Sch. Thom. (i. e. νωνύμνως) ‖ ἃς A (cum gl. ἕως) —

OLYMPIA X.

παρέσταν μὲν ἄρα Μοῖραι σχεδὸν 65
ὅ τ' ἐξελέγχων μόνος
ἀλάθειαν ἐτήτυμον

Ἐπ. γ΄.

55 χρόνος. τὸ δὲ σαφανὲς ἰὼν πόρσω κατέφρασεν,
ὅπα τὰν πολέμοιο δόσιν
ἀκρόθινα διελὼν ἔθυε, καὶ πενταετηρίδ' ὅπως ἄρα 70
ἔστασεν ἑορτὰν σὺν Ὀλυμπιάδι πρώτᾳ

ἧς anoqxy — ἆς F,ao — ἆς rell. vett. Thom. Tricl. (cum gl. πόλεως N
ἧς et ἥστινος χώρας Z χώρας Θbμ'ν' ἕως E) ‖ ἆς νώνυμος R ‖ ἄρχεν A
κμ'ν'ο'σ' Ro. Cp. Br. — ἄρχεν D Al. — ἄρχε OZ — ἦρχε Cac? — ἄρχ[B]
CpcE.F.G.[L]MN[P]Q.RU[VX] Thom. Mosch. Mr.* ‖ βρέχετο δὲ πολλᾶ
Cpc — sine δὲ rell. (et Cac) ‖ πολλὰ ὁ' Al. ‖ ταύτᾳ(α) δ' ἐν B.CpcDE.
I[N]OPQ[R]Zaacκμ'ν'[σ'] Ro.* — ταύτῃ δ' ἐν Aapcq — ταύτῃ τ' ἐν L —
ταύτῃ δ' ἐν Gb? — ταῦτα δ' ἐν CacC,F.GaX.noyo' Al. — ταὶ τ' ἐν V?
— ταῦτ' ἐν MV? — ταῦτθ' ἐν Γ — ταῦθ' ἐν ΔΟΠΣ (in Θ cum gl.
ἐνταῦθα κατὰ συγκοπήν) ‖ τελευτᾶ(ᾶ) A,CFacF,E,NacOacRkac — τελευτῇ
C, — τελετῇ c — τελετᾶ D — τελετᾶ(ᾶ) A[B]EFpc etc.

52 ἀρ UΘb? — ἀρ GMQVXΓ — αἱ R — ἄρα NacO — ἀρ Npc (cum
gl. δαί) — om. ἄρα ΠΣ — ἄρα A[BC]DEF etc. ‖ μοῦσαι M ‖ 53 ὅ τ']
ὅ τε, A — ἰτ' M — ὅ, τ' BVXZa — ὅ, τε δ' N ‖ μόνος ΓιΘaΠιΣ —
— νόμος Oac — μόνος rell. (et ΓaΘιΠa) ‖ 54 ἀλήθ. ACac — ἀλάθ.
BCpcD etc. ‖ ἐτήτυμος XbZ1 ‖ 55 τὸ δ' ἐσ ἀφανὲς C.DE·G·N.OUΠ
Al. (similiter Append. Stob. 77.) — τὸ δ' (τό δ') ἐσαφανὲς V. — τὸ δὲ
σαφὲς Xq — τὸ δὲ σαφανὲς AB.E¹FG¹G,[MP]Q.[R]X,ZΓ[Δ]ΘΣ recc. Ro.*
(cum gl. σαφὲς in multis) — utrumque in Sch. Vet. et Germ. ‖ πρόσω
AB.CDpc?EFGLMNOPQRUVXZΓΔΠΣ Al. (cum Stob. l. l.) — πόρσω Θ
— πόρσω Dac? recc. Ro.* ‖ -ζεν Q — σεν rell. ‖ 56 ὅπα. A — ὅπα
DG — .ὅπᾶ B — .ὅπα (ὅπα) rell. (ὅπα αy) — gl. CbNa ὅπου gl. Nb
ὅπως ‖ τὴν C. — τὰν [A]B etc. ‖ πολέμοιο ApcB.[C]DE,F.GG,²I[L]MN
O[PQR]VXZiiiΓpc[Δ]ΘΠΣab Al. Sm.* — πολέμιος Aac?Gac — πολέμιον
E — πολέμου G,¹kσ' — πολέμου δὲ aacbclmnoqxyθ'μ'ν'ο' Ro.* (cum Comm.
Mosch.) — πολέμου γε aac? ‖ 57 ἀκροθίνια E — ἀκρόθυνα D — ἀκρό-
θινα A.[BC]FNQ etc. (in Tricl. ἀκρόθῖνα cum gl. cruce signata (Mosch.)
ἀντὶ μιᾶς συλλαβῆς) ‖ ἔθυεν. A — ἔθυε. BEFNUV al. Ro. Br. Mr. — ἔθυε,
ZΘabn Al. Cp. St.* — ἔθυε [C]DGOQ alii Bö.* ‖ -τήρει δ' ΠΣ ‖ ὅπου
O¹ — ὅπως AOa etc. ‖ ἀρ' ACRVZapc — ἀρ' NpcO (Nac ἄρα στ.) —
ἄρεα M — ἄρα [B]EF etc. ‖ ἔστ. E ‖ -σαν OacZaco' ‖ -τὴν QX ‖
σὺν ABCDEFGNOPQ[R]UVXZΓΔΞΠΣ Bö.* — de LMΘ n. l. — ἐν ak

7*

νικαφορίαισί τε.
60 τίς δὴ ποταίνιον
ἔλαχε στέφανον
χείρεσσι ποσίν τε καὶ ἅρματι,
ἀγώνιον ἐν δόξᾳ θέμενος εὖχος, ἔργῳ καθελών;   75

σταδίου μὲν ἀρίστευσεν εὐθὺν τόνον   Στρ. δ'.
65 ποσσὶ τρέχων παῖς ὁ Λικυμνίου
Οἰωνός· ἵκεν δὲ Μιδέαθεν στρατὸν ἐλαύνων· ὁ δὲ πάλᾳ
κυδαίνων Ἔχεμος Τεγέαν· 80

ποϱ[γ]μ'ν'ο'G^b [r. r.] Al. Ro.* || πρῶτος B?V* — πρῶτα B?DE**GU^{rc}Θ Π**qσ' — πρῶτα(ᾳ) AC etc.
59 νικηφ. ALM — νικαφ. A, etc. || 60 τίς C.knqa?o? Al. || πρωταίνιον U (cum Sch. Germ.) — ποταίνιον B (cf. Sch. Germ. p. XXIII) — ποταίνιον A. etc. || 61 ἔλαχε AB[C]DEFG[L]MNOUVZΓΔΘΞΠΣΩΩ „cod. Vict." Al. Hm. Bö.* (cum Sch. Vet.) — ἔλαβε B,?PQRX — γε λάχε a* hποϱγΘ^b μ'ν'ο' [r. r.] Ro.* — τ' ἔλαχε a^b || 62 -ισι CDFMNOZΓν' — ισσι A[B]E etc. || ποσίν F recc. Ro.* — ποσσί M — ποσί rell. vett. Thom. Al. || ἅρμασιν B recc. (ἅρμ. ο') Ro.* — ἅρμασι Γρ*?Σ — ἅρματι ACDEFGLMNOPQ[R]UVXZΓ**ΔΘ*ΞΠ „cod. Vict." Al Bö.* (cum Sch. AB etc.) | 63 ἔνδοξα A. (et Sch. A) — ἐν δόξᾳ(ᾳ α) B.CEF**GV* recc. Ro.* — ἐν δόξῃ O — δόξαν (om. ἐν) M — ἐν, δόξαν U — ἐν δόξαν PΞ (ἐν?) Σ — ἐνδόξαν DF^{rc}LNQRV^{b}X?ZΓΔΘΠΩ Al. (cum gl. τιμήν in ΘΣ) — Tricl. not. οἱ γράφοντες ἐνδόξαν οὐ καλῶς γράφουσιν. || 64 στάδιον μ. ἀ. εὐθύτονον omnes mss. (εὐθύπονον X* οy) Al. Ro.* (cum Sch. et gl.) — id. (sed εὐθύδρομον) Sm. Ox. — σταδίου μ. ἀ. εὐθὺν πόνον Hm. Bö.^{1} — id. (sed εὐθὺν τόνον) Th. Bö.^{2} * — στάδιον μ. ἀ., εὐθὺν τόνον Bg.^{2} — στάδιον μ. ἀ. εὐθύτονον ἂν (ἂμ) (cf. O. VIII, 54. Sch. Vet. διαδραμών, sed ibi B δραμών sine δια) arsi soluta? || 65 ποσὶ CDNOQZΓΘΞπxγο' Hm. — ποσσὶ A[B]EFG etc. || 66 ἵκε AΞ — ἵκε B.CO? — ἵκε EGLPQUV?XZΣ Al. — ἵκε ΔΘ*Π — ἧκε MRV?Θ^b qo' — ἵκεν DF Bö.* — ἵκεν NO** ? — ἧκεν aκnoμ'ν' [r. r.] Ro.* || μηδιάθεν A. — μηδιάθεν L**?N^{rc}qp? Ro. — μηδίαθεν M — μιδίαθεν Z — μαδίαθεν RU. — μαδίαθεν C^{b}PQX (cum gl. C^b μηδίας) — μιδίαθι BG** ? — μιδίαθι C*DEFGO etc. Al. Cp.* (cum gl. C* μιδέας) — Sch. A ἀπὸ μηδίας et ἀπὸ μηδιάων || στρατὸς Ζι || πάλῃ A — πάλαι U. — πάλη q^i — πάλα(ᾳ) rell. || τέγαιαν PQRUVX — τέγαιαν A — τεγιαν C* — τεγιαν N**OZ Bö.^{2}* — τέγεαν B.C^{b}DEF G.L[M]N^{rc} Thom. recc. Al. Ro.*

OLYMPIA X.

Δόρυκλος δ' ἔφερε πυγμᾶς τέλος,
Τίρυνθα ναίων πόλιν·
ἀν' ἵπποισι δὲ τέτρασιν

70 ἀπὸ Μαντινέας σᾶμ' Ἁλιρρωθίου·   Ἀντ. δ'.
ἄκοντι Φράστωρ ἔλασε σκοπόν·   85
μᾶκος δὲ Νικεὺς ἔδικε πέτρῳ χέρα κυκλώσαις ὑπὲρ
   ἁπάντων, καὶ συμμαχία θόρυβον

67 δ' ἔφερε π. τ. A[L?]NO Bö.* — δ' ἔφερεν π. τ. C — δὲ φέρε
ἄπο π. τ. Β — δὲ φέρε π. τ. DGMPQRUVXZᵃᶜ?ΓΔΘΞΠΣΩ — δὲ φέρεν
π. τ. EFZᴾᵉ?Ω Al. — δὲ τέλος π. φέρε aknoqm'ν' [r. r.] Ro.* || verba
πυγμᾶς usque ad τέτρασιν omissa in sy || 69 ἀνίπτοισι καὶ τέτρ. Α (ἐν
supra ἀν) — ἀνίπτοισι δὲ τέτρ. Α, — ἀν' ἵπποισιν τέτρ. (omisso δὲ) F —
ἀν' ἵπποισι τέτρ. (om. δὲ) Ε — ἀνίπποισι τέτρ. G², — ἀν' ἵπποις τέτρ. F,²
— ἐφ' ἵπποις δὲ τέτρ. F,¹ — ἀν' ἵπποις δὲ τέτρ. κμ'ν'σ' — ἐν ἵπποισι δὲ τέτρ.
CᵇΘ·aᵃᶜ?q Mr. St. — ἀνίπποισι δὲ τέτρ. GG,¹ — ἀν' (ἄν, ἀν) ἵπποισι δὲ
τέτρ. B.Cᵃ C,D etc. Al. Ro. Cp. Br. Sm.* || 70 σᾶμ'ἁλιρρωθίου.ς Α (ς in fine
deletum est; a. c. fuit σᾶμ'ἀλ.) — ἁλιρρωθίους Α, et Sch. A — in Sch. A
leguntur praeterea ἁλιρρωθίον, ἁλιρρόθιος, ἁλιρρόθιοι, ἁλιρρωθίω, ἁλιρρόθιος
— σᾶμ' ἁλιρρωθίου B.Cᵃ Dᵖᵒ E,F, (σάμ') G.IMPQ.UVXᵡX,ΔΘΠω' Al. Ro.*
— id. (sed ἁλι.) Vᵃ?Γ — id. (sed ἄλλι.) ΞΣ — id. (sed ἁλιρρώθιον) Oᴾᵒ
(fuit ὁθιος a. c.) — σᾶμα δ' ἁλιροθίου Ε — σάμα δ' ἁλιροθίου F — σῶμ'
ἁλιρρωθίου Ν (cum gl. P et ft Dᵃᶜ) — σῆμ' ἁλιρρωθίου Cᵇ — σῆμαλ-
λιρρωθίου L — σῆμα ἁλιρρωθίου (ος supra μα) Ζ — [σῶμ'?] ἁλιρρώθιον
Ν, — σᾶμ' ἁλιρρόθιον R — σᾶμα ἁλιρρόθιον v. l. in Sch. F (ubi Ε σῆμα
ἁλιρρωθίου) — σάμος ἁλιρρόθιος v. l. in Sch. F (ubi Ε σάμος ἁλιρρωθίου)
— σᾶμ' ηειδετο Xᵃ (casu conflatum e vet. et rec. lectione, nam interpolati
omnes σᾶμος (σῆμος), non σᾶμα scribere voluerunt) — σῆμος ηειδετο Gᵇᵐ
ahikmnoqsxy Sm. — σάμος ηειδετο Ωκμ'ν'ο'[σ'] Hy. cum not. Tricl. οὕτως
ἄμεινον γράφεσθαι, ηειδιτο. ὃς δ' ἄλλως γράφει, οὐ καλῶς γράφει. — σάμος
ἀειδετο Ox. — σάμος ὡλιρρωθίου Bö.* || 71 ἄκοντι δὲ φρ. ABCDEFGILM
NOPQRUVXZᴾᵒΓΔΞΠΣΩ Al. — ἄκοντι φρ. (sine δὲ) Zᵃᶜahinoqsxy (Mosch.)
— ἄκοντι φράστωρ δ' κμ'ν'ο'σ' (Tricl.) Ro.* Hm. Bö.* — κἄκοντι φρ. (sine
δὲ) Sm. Ox. Hy. (in nullo ms., ut videtur) || ἤλασε Ζ || 72 μᾶκος] πέτρῳ
Sm. Ox. || δὲ νικεὺς Α, (id. coni. Mk) Sw.²ᵇ — νικεὺς (om. δὲ sed lacuna
ante hanc vocem admissâ) A (etiam Sch. A ὁ νικεύς) — δ' ἐνικεὺς B.CD
etc. || πέτρῳ] μᾶκος Sw. Ox. || χεῖρα Ν, || -σαις A.BD (cum Sch. B)
Hy.* — σασ' Μ — σας CE.F.[G]L etc. || ἁπάντων AB.CDEFG[L]MNO
PQ[R]UVXZΓΔΘΞΠΣ[Ω]Ω Al. Bö.²* — ἅπαντας aknoqm'ν'ο' [r. r.] cum
not. Tricl. ὑπὲρ ἅπαντας γράφε καὶ μὴ ὑπὲρ ἁπάντων· οὕτω γὰρ ἔχει πρὸς

ΟΛΥΜΠΙΟΝΙΚΑΙ Γ.

παραίθυξε μέγαν. ἐν δ' ἕσπερον 90
ἔφλεξεν εὐώπιδος
75 σελάνας ἐρατὸν φάος.

ἀείδετο δὲ πᾶν τέμενος τερπναῖσι θαλίαις   Ἐπ. δ'.
τὸν ἐγκώμιον ἀμφὶ τρόπον.
ἀρχαῖς δὲ προτέραις ἑπόμενοι καί νυν ἐπωνυμίαν χάριν 95
νίκας ἀγερώχου, κελαδησόμεθα βροντὰν
80 καὶ πυρπάλαμον βέλος
ὀρσικτύπου Διός,
ἐν ἅπαντι κράτει
αἴθωνα κεραυνὸν ἀραρότα·
χλιδῶσα δὲ μολπὰ πρὸς κάλαμον ἀντιάξει μελέων, 100
85 τὰ παρ' εὐκλέϊ Δίρκᾳ χρόνῳ μὲν φάνεν·   Στρ. ε'.

τὴν σύνταξιν ὀρθῶς.) || -χίᾳ A[D]FZομ'[ο'] Mr.* (cum Sch. A gl. Tricl. et Comm. Mosch.) — χίας X, — χία B.CEG[M]NOQUVXΣΘakηqηv' (cum Sch. B) Al. Ro. Cp. Br. Bö.*
73 παρίθηξε AB?MOPQ¹RUXΠΣ(G♭?) Mr. St. Pl. Co. — παρέθηξε͂ Nᵃ — παρέθυξε Vo' — παραίθυξε. N¹ — παραίθυξε CDEFG[L]Q∘ZΓᵖ∘[Δ] recc. Cp. Sm.* — παράθυξε h — παραίθιξε Γᵃ∘Θ — παραίθυζε Al. — παραίθηξε Ro. Br. || om. μέγαν N || 74 ἔφλεξ' PQRUVXΓΔΠΣ — ἔφλεξεν AB.[C]D etc. || ὤπιδος (om. εὐ) R || εὐώπιδος μέγαν σελ. N || 76 αἴδετο πᾶν Eqn (in qᵃ᪄ ἄειδε τὸ πᾶν) — ἄειδε δὲ τὸ πᾶν Grashoff — ἀείδετο δὲ πᾶν A.B.C.DE,F. etc. || -πνᾶσι EFᵃᶜ — πνῆσσι c || θαλίαισι CNO — θαλείαις LMU || 78 ἀρχαῖσι δὲ πρ. X Mr. St. — ἀρχαῖσι πρ. Nᵃᶜ || ἑπ. B?MQUVXaᵖᶜbclmηqy — ἑπ. C?o' — ἑπ. AB?B,C?DEFG etc. (etiam aᵃᵒko) || om. καὶ xy — καὶ rell. mss. Al. Ro.* — καί Bö.* || νῦν mss. Al. Ro.* — νυν Bö.* || ἐπωνύμαν N¹Oᵃ∘ — ἐπώνυμον Nᵃ || 79 ἀγ. νί. O || ἀγερρώχου EF || -σώμεθα LMo || 80 καίπερ πάλαμον Nᵖᶜ — καὶ πάλαμον Z — καὶ πῦρ πάλαμον DΘ — καὶ πυρπάλαμον CFOᵖᶜ — καὶ πῦρ Oᵃ∘ || 81sq. διὸς ἐν B — διὸς (om. ἐν) NO — διὸς γ', ἐν κμ'ν'ο'[σ'] Ro.* — διὸς ἐν (διός. ἐν διός, ἐν) ACDEFG[L]M[P]Q[R]UVXZΓΔΘΞΠΣΩ Ωanoqexy Al. Hm. Bö.* || 83 αἴθωνα RΠΣqηv'ᵃᵒ || ἀρηρότα κμ'ν'ο'σ' Ro.* (Tricl.) — ἀραρότα vett. Thom. Mosch. Al. Ox.* || 84 μολπῇ R — μολπὰς xy || ἀντιάζει Ạ, (non A,) CE,F,F?I̱,Oᵃ∘Q.U. (cum Sch. I) — ἀντιάσει M (cum Sch. U) — ἀντιάξει A.[B]DEG.[LN]Oᵖᶜ[P]VZ Thom. recc. Al. Ro.* (cum Sch. ABQU etc.) — ἀντιάξοι R || 85 εὐκλεῖ AB.C.DE. F.G.I?MNOᵘˡPQRUVX.ZΓΔΘΠΣ — εὐκλέει Al. — εὐκλέϊ recc. Ro.* ||

OLYMPIA X.

ἀλλ' ὦτε παῖς ἐξ ἀλόχου πατρὶ
ποθεινὸς ἵκοντι νεότατος τὸ πάλιν ἤδη, μάλα δέ τοι
       θερμαίνει φιλότατι νόον· 105
ἐπεὶ πλοῦτος ὁ λαχὼν ποιμένα
ἔπακτὸν ἀλλότριον,
90 θνάσκοντι στυγερώτατος·

καὶ ὅταν καλὰ ϝέρξαις ἀοιδᾶς ἄτερ,   'Αντ. ε'.
Ἀγησίδαμ', εἰς Ἀΐδα σταθμὸν   110
ἀνὴρ ἵκηται, κενεὰ πνεύσαις ἔπορε μόχθῳ βραχύ τι
  τερπνόν. τὶν δ' ἀδυεπής τε λύρα

φάναι ΕΘ (in E ιν supra αι) — φάναιεν (E?) F — φαναν Vp° — φάνω
Nᵃ? — φάνα GQᵃᶜUVᵃᶜ?ΧΓΠΣ? — φάνη ΔΣ? — φάνεν Α[BC]E·Nᵖᵒ
Qᵖᶜ etc. (gl. ἐφάνη passim)

86 ὥστε (ὥς τε) omnes mss. (etiam ν'ᵖᵒ) [nisi quod ἄλλως τε R et
ἄλλος τε Θ] Al. Ro.* — ὦτε Bö.* (non in ν') — ὦτε ν'ᵃᶜ (merum vitium, quod
librarius statim ipse correxit). Cf. Sch. N. VI, 45. vulg. Eustath. Pr. p. 13.
|· 87 ἵκοντι ABCDE.F.G.I?[LP]MNOQ.[R]UVXZΓΔΘΞΠΣΩ Al. Bö.* —
ἥκοντι X, recc. Ro.* ‖ νεότατος A·CᵇF·NO (sed in O corrupt. νεότατ'
cum gl. νεότητος) Hm. Bö.* (cum Sch. A) — νεότητος C, — νεώτατι QV¹
— νεότατι A¹BCᵃDEF¹G etc. ‖ τοὔμπαλιν A.BEFI?LMQRUV?XZΓΔΘ
ΠΣΩq — τοὔμπαλιν Al. — τ'οὔμπαλιν D — τοὔμπαλιν G — τούμπαλιν
P — τ' ἄμπαλιν V? — τ' ἔμπαλιν N — δ' ἔμπαλιν C — ἔμπαλιν C,O
— τὸ πάλιν (τοπάλιν αγμ'ρον'σ') recc. Ro.* (Tricl. cum not. οὕτως ἔχει
πρὸς τὸ μέτρον ὀρθῶς.) ‖ δέ τι NO — δέ οἱ (Bö.) Bg. Sw. — δέ τοι
rell. mss. Al. Ro.* ‖ φιλότητι Vaᵖᵒ ‖ νέον GᵃL¹NPQᵃᶜU — νόον rell.
(et GᵇNᵐ) cum Sch. Vet. et Rec. ‖ 88 ἐπεὶ ὁ πλοῦτος ὁ G.LMNPQ.RU.
VXΓΔΘΞΠΣΩ Al. — ἐπεὶ πλοῦτος ὁ A.B.[C]DEFOZ recc. Ro.* ‖ 90 θνή-
σκοντι C. ‖ 91 ὡς ὅταν Mᵖᵒ — οὕτως καὶ ὅταν Σ — καὶ ὅτ' ἀεὶ F, —
καὶ ὅτ' ἂν A,EF — καὶ ὅταν ΑΕ, rell. ‖ καλὰ μὲν ΑΒ.C.DE.F.G.ILMN
OPQRU.VZΓΔΘΠΣ Al. — καλὰ (sine μὲν) X recc. Ro.* ‖ ἕρξαις [B,] Ro;
Ox.* — ἕρξαις B — ῥέξας A — ἕρξαι ν'σ' — ἕρξαι μ' — ἕρξας C.DG.?
MNPQRU.ᵃᶜ?VΓΔΣnoq Al. Ro.* — ἕρξας E.F.G.?LOUᵖᵒ?X.ZΘakxy ‖
ἀοιδῆς A ‖ 93 πνεύσαις B¹ Hy.* — ἐμπνεύσας O — πνεύσας AB·C etc. ‖
ἕσπερε M — ἔσπορε U ‖ βραχὺ] βραδύ et βραχὺ in Sch. A ‖ τὶν δὲ ἀδ.
A — τίνα δ' ἀδ. M — τίν δ' (τὶν δ') ἀδ. rell. ‖ ἀδ. VII — ἠδ. Q, —
ἀδ. rell. ‖ om. τε GLMNPQRUVXZΓΔΘΠΣ — non om. τε AB.[C]DE
FO recc. Al. Ro.*

γλυκύς τ' αὐλὸς ἀναπάσσει χάριν. 115
95 τρέφοντι δ' εὐρὺ κλέος
κόραι Πιερίδες Διός.

ἐγὼ δὲ συνεφαπτόμενος σπουδᾷ, κλυτὸν ἔθνος Ἐπ. ε'.
Λοκρῶν ἀμφέπεσον μέλιτι
εὐάνορα πόλιν καταβρέχων· παῖδ' ἐρατὸν δ' Ἀρχε-
         στράτου 120
100 αἴνησα, τὸν εἶδον κρατέοντα χερὸς ἀλκᾷ
βωμὸν παρ' Ὀλύμπιον,
κεῖνον κατὰ χρόνον
ἰδέᾳ τε καλὸν
ὥρᾳ τε κεκραμένον, ἅ ποτε

94 ἀναπάσσει A,B.Cᵃ.Dᵖᶜ? E.Fᵃᶜ Nᵃᶜ OX recc. Ro.* (cum Sch. ABD etc.) — ἀναπτάσσει Dᵃᵒ? G•G.Q,U,ᵃᶜ (cum Sch. GU al.) — ἀναπλάσσει ACᵇ Dᵇ Fᵖᵒ Gⁱ ILMNᵖᶜ PQRUU,ᵖᶜ VZΓΔΘΠΞ Al. (non in Sch.) — ἀναπλάττει Σ ‖ 95 τρέφοντι AB.[C]DEFG.Π.LMNOPQ.[R]U.VX,ZΓΔΘ? ΞΠΣΩΩω' Al. Hm. Bö.* (cum paraphr. Sch. ABIU etc.) — τρέφουσι XZ•E,F,Θ? — ἔχοντι (ἔχουσι Θᵇq) recc. Ro.* (cum paraphr. Sch. Vet in Ro.) ‖ 97 ἐγώ τε CNO (cum Sch. A καὶ αὐτὸς ἐγώ, sine δέ) — ἐγὼ δὲ A.B.DEF etc. (cum Sch. B καὶ αὐτὸς δὲ ἐγώ) ‖ om. ἔθνος V ‖ 98 -χρὸν Zq ‖ ἀμφέπεσον omnes mss. Al. Ro.* — ἀμφίπεσον coni. Bg. — ἀμφιπεσών (et καταβρέχω) Ht. ‖ 98sq. μέλιτι δ' κμ'ν'ο'[σ'] Ro.* (Tricl.) — μέλιτι (sine δ') ABCDEFG[L]MNOP Q[R]UVXZΓΘΞΠΣΩΩanoqsxy Al. Bö.* — μέλισι Π ‖ 99 . κατὰ βραχέων, (sic) ο' ‖ post καταβρέχων plene distinguunt ABCFOQΣanoy Al. — commate μ'ν' Ro.* — non dist. DEGVΘq ‖ παῖδ'] παῖδ' Hm. ‖ ἐρατὸν δ' ἀρχ. Θᵇanoqsy (Mosch.) Hm. Bö.* — ἐρατόν τ' Di. — ἐρατὸν ἀρχ. omnes vett. et Thom. cum κμ'ν'ο'[σ'] (Tricl.) Al. Ro.* ‖ 100 αἰνήσας A — αἰνίσας EF — αἴνησα [BC]D etc. (cum Sch. Rec.) — Sch. Vet. p. n. e. ‖ χειρὸς ακrᶜnoq[xy]ο' (Mosch.) Al. Mr.* — χειρὸς omnes vett. et Thom. cum kᵃᶜμ'ν'σ' (Tricl.) Ro. Cp. Br. ‖ ἀλκῇ ΔΘ ‖ 102sq. χρόνον γ' κμ'ν'[σ'] (Tricl.) Ro. Br.* — χρόνον. (sine γ') B — χρόνον (sine γ') A.CDEFG[LM N]OPQ[R]UVXZΓΘΞΠΣΩΩanoqsxyο' Al. Cp. Hm. Bö.* ‖ 103 καλιὸν (sic) A, — καὶ καλὸν R — καλὸν rell. (et A) ‖ ὥρᾳ κεκρ. Z ‖ 104 κεκραμμένον DΓnxyμ'ν'σ' ‖ ἅποτ' ABCDE.F.G.ILMNOPQ.RUVXZ[Γ]ΔΘΞΠ Σ Al. Hy. (cum Sch. Vet.) — ἅποτε Hm.² Bö.* — ἅτ' recc. Ro.* — ἅτε ποτ' Hm¹.¹ — ἂ πότμον Bg.²

OLYMPIA X.

105 ἀναιδέα Γανυμήδει μόρον ἄλαλκε σὺν Κυπρογενεῖ. 125

105 γανυμήδεϊ A — γαννυμήδεϊ CO — γαννυμήδεος N — γαννυμήδους Z — γαννυμίδει BDEFGMPQUVXΓΘΞΣ₂ — γανυμίδει Π — γανυμήδει (LΔ teste De.) recc. Al. Ro.* — γανυμμήδεϊ Bg.² ‖ μόρον scripsi — θάνατον ABCDEFGL[M]NOPQRUVXZΓΔΘΠΣ recc. Al. Ro.* — τὸν πότμον Sm.* — πότμον Hm. Bö.* (idem ex ΞΩ₂ relatum est Böckhio) — om. Bg.² ‖ ἅτε γανυμήδει ἀναίδητον |πότμον Hm.

Subscr. τέλος ἀγησιδάμου. D — τέλος. QSUV — ὕμνου τέλος ἀγησιδάμου λοκροῦ ἐπιζεφυρίου. μ'ν' — nulla subscr. in ABCEFGMNOT etc.

ΟΛΥΜΠΙΟΝΙΚΑΙ ΙΑ'.

ΑΓΗΣΙΔΑΜΩ ΛΟΚΡΩ ΕΠΙΖΕΦΥΡΙΩ

ΠΑΙΔΙ ΠΥΚΤΗι.

Strophae.

```
  ‒‿ ‒ ‒ ‒‿ ‒ ‿ ‒ ‿ ‒
  ‒‿ ‒ ‒ ‒‿ ‒ ‿ ‒ ‿
  ‒‿ ‒ ‿ ‒‿ ‿ ‿
  ‒‿ ‒ ‿ ‒‿ ‿ ‒‿ ‒ ‿ ‒ ⏒
5 ‒‿ ‒ ‒ ‒‿ ‒
  ‒‿ ‒ ‒ ‒‿ ‒ ‿ ‒‿ ‿ ‒ ‿ ‿ ⏒
```

Epodus.

```
  ‒‿ ‒ ‒‿ ‒ ‒‿ ‒
  ‒‿ ‒ ‒ ‿ ‿ ‒
  ‒‿ ‒ ⌢‿ ‿ ‒ ‒ ‒‿ ‿ ‒
  ‒‿ ‒ ‒‿ ‒ ‒‿ ‒
5 ‒‿ ‒ ‒ ‒‿ ‒ ‒‿ ‒
  ‒‿ ‒ σ ‿ ‒
  ‒‿ ‒ ‿ ‒ ‒‿ ‒ ‒‿ ‿ ⏒
  ‒‿ ‒ ‒ ‒‿ ‒
  ‒‿ ‒ ‿ ‒‿ ‒ ‒‿ ‿ ‒ σ
```

Inscr. Est undecimum carmen in mss. Al. Ro.* — decimum apud (Mi. Gu.) Bö.* ‖ τῷ αὐτῷ τόκος. ABCDEGNOPXZΓΔΘΠΣ a m η ro' AL — πινδάρου τόκος. F — ἀρχὴ τόκου. V — τόκος Qo — τῷ αὐτῷ ἀγησιδάμῳ. τόκος. μ'ν'σ' Ro.* — τοῦ αὐτοῦ (sic) ἀγησιδάμῳ νικήσαντι ἐν πυγμαχίᾳ υἱῷ ἀρχεστράτου. n — om. inscr. Ukx — τῷ αὐτῷ ἀγησιδάμῳ. Hy. — ἀγ. λοκρῷ ἐπιζεφυρίῳ παιδὶ πύκτῃ. Bö.*

OLYMPIA XI.

Ἔστιν ἀνθρώποις ἀνέμων ὅτε πλεῖστα   Στρ.
χρῆσις, ἔστιν δ' οὐρανίων ὑδάτων
ὀμβρίων, παίδων νεφέλας.
εἰ δὲ σὺν πόνῳ τις εὖ πράσσοι, μελιγάρυες ὕμνοι
5 ὑστέρων ἀρχὰ λόγων
τέλλεται καὶ πιστὸν ὅρκιον μεγάλαις ἀρεταῖς.

ἀφθόνητος δ' αἶνος Ὀλυμπιονίκαις   Ἀντ.
οὗτος ἄγκειται. τὰ μὲν ἁμετέρα
γλῶσσα ποιμαίνειν ἐθέλει·
10 ἐκ θεοῦ δ' ἀνὴρ σοφαῖς ἀνθεῖ πραπίδεσσιν. ὁμῶς ὧν 10

1 om. ἀνθρώποις V (cum gl. τοῖς ἀνθρώποις) — ἐν ἀνθρ. ὁσο*ᵃᵒ — ἀνθρ. rell. ∥ ὅτι V[Θ]Σ Sm.* — ὅτι Γ — ὅτε rell. mss. Al. Ro.* Bö.* ∥ πλεῖστα ADαxo'σ' al. Al. — πλείστα Eπν' al. Ro.* (cum Sch. BD etc. et Rec.) — πλείστᾳ μ' — πλεῖστα et πλείστα q — πλεῖστα et πλείστα FΘo ∥ **2** ἐστι A.BDEGIMNOPQRUVXZΓΔΘΠk Al. — ἐστινCFΣ? recc. Ro.* ∥ 2sq. ante (non post) ὀμβρ. dist. DG — post (non ante) id. BZ μ'ν' al. Ro.* (cum Sch. A) — neutro loco ACEFOQΘanoqo' Al. ∥ **3** Νεφέλας Ox.* — νεφέλας mss. Al. Ro.* Di. Sw. Bg.² Ht. (cum Sch. Vet. et Rec.) ∥ **4** συμπόνω ΠΣ — σὺν πόνω(ω) rell. — σὺν μόχθῳ Hm. ∥ πράττει Σ (cum gl. εὐτυχεῖ) — πράττοι Π — πράσσει Μ¹ Hy.²* — πράσσοιτο ? — πράσσων C (cum gl. ἤγουν εὐτυχῶν, νικῶν) — πράσσοι AB.DEFGM·N OPQ[R]UVXZΓ[Δ]Θ recc. Al. Ro.* Bö.* (cum Sch. AQ etc.) — πράσσῃ Ht. (cum Sch. B) ∥ μελίγαρυς ἀοιδή coni. Sm. ∥ ὕμνοι om. Co. Pl. ∥ **5** ἀρχὰ A (cum Sch. ABD etc.) — ἀρχάς qᵃᵒ? ṛ — ἀραάl M — ἀρχαιο (λόγων) σ' — ἀρχαί BCDEFGNOᴵᴵᵗUVXZΓΘΠΣaknoqʳᶜ μ'ν' [rell.] Al. Ro.* (cum Sch. Rec. et gl. Θ ἀφορμαί) ∥ **6** τέλουνται Xᵐᵇ — τέλονται Z — τέλλονται E (et gl. passim) — τέλεται RΓ — τέλλεται ABC etc. (cum Sch. AB etc.) ∥ dist. ante (non post) τέλλεται O (plene) Hy.¹ (commate) Hy.²* (colo) — post (non ante) idem plene ABEFGVΠkομ'ν'o' Al. — id. commate [MN]Θaᵇ*? Ro.* Hm. Bö.¹ — neutro loco dist. [C]DQUZΣaⁿq Bö.²* ∥ **7** ἀφθόνατος E,F, St.* — ἀφθόνητος A.B[C]DFFG. etc. Al. Ro.* Bö.* ∥ **8** ἔγκειται ABCDEFGIMNOPQRUVXZΓΔΘΞΠΣΩΩnt Al. — ἄγκειται akoqsɛΘb[ι']μ'ν'o' [r. r.] Ro.* (cum Sch. A et Rec.) ∥ ἀμετέρη (sive τέρῳ?) A¹ — ἀμιτέρα Aᵃ — ἀμετέρα [BGVΓ]E?F,PUZO?ΠΣ[anʳxo'] kʳᵉᵒ Al. Ro.* — ἡμετέρα Cᵃᵒ C,NO — ἀμετέρα E?FQ — , ἀμετερα q — ἀμέτερα DMXΘ?kᵃᵒμ'ν'σ' — ἡμέτερα Cʳᶜ ∥ **9** θέλει A,X — ἐθέλει A etc. ∥ **10** δ' om. A, (non A) ∥ **10**sq. ἀνθεῖ πραπίδεσσιν. ἴσθι νῦν ABDFGΙ MPQRΓΔΘΣω' Al. — id. (sed δεσσι.) E.UVZ — id. (sed δεσι) XΠ — ἀνθεῖ πραπίσιν. ὅμως ὧν | ἴσθι νῦν C — ἀνθεῖ πραπίδεσσιν. | ὅμως ὧν ἴσθι

ἴσθι νῦν, Ἀρχεστράτου
παῖ, τεᾶς, Ἀγησίδαμε, πυγμαχίας ἕνεκεν
κόσμον ἀμφὶ στεφάνῳ χρυσέας ἐλαίας   Ἐπ.
ἀδυμελῆ κελαδήσω,
15 τῶν Ἐπιζεφυρίων Λοκρῶν γενεὰν ἀλέγων.   15
ἔνθα συγκωμάξατ'· ἐγγυάσομαι
μή νιν, ὦ Μοῖσαι, φυγόξεινον στρατὸν
μηδ' ἀπείρατον καλῶν,
ἀκρόσοφόν τε καὶ αἰχματὰν ἀφίξεσθαι. τὸ γὰρ
20 ἐμφυὲς οὔτ' αἴθων ἀλώπηξ   20
οὔδ' ἐρίβρομοι λέοντες διαλλάξαιντο ἦθος.

νῦν NO — ἀνθεῖ ἰσαεὶ (ἰς ἀεὶ) πραπίδεσσιν. | ἴσθι νῦν α[b]c[hi]k[lm]nοq[rs] tx ι'[ϑ']μ'ν'ο'σ' Ro.* — id. sed ἰσαεὶ ἀνθεῖ s — ἀνθεῖ πραπίδεσσιν ἰσαιεί. | ἴσθι νῦν Bg.² — ἄνθησεν ὁμῶς πραπίδεσσιν. | ἴσθι νῦν Ht. — ἀνθεῖ πραπίδεσσιν ὁμοίως. | ἴσθι νῦν (Bö.) Bg.³
12 ἕνεκε BD — ἕνεκε Eᵖᶜ — ἕνεκεν C — ἕνεκε(ν) Eᵃᶜ Fᵃᶜ — ἕνεκεν AFᵖᵒ etc. ‖ 13 ἀμφὶ A solus — ἐπὶ (ἐπι) rell. mss. Al. Ro.* — paraphr. Sch. Vet. διά ‖ χρύσας Z ‖ 14 ἀδ. Fᵖᵒ Nᵃᶜ? Q σ' — ἠδ. ο — ἀδ. A etc. ‖ 15 ζεφ. A, — ἐπιζεφ. A etc. ‖ 16 συγκομ. E,ΠΣn — ἐγκωμ. O ‖ -άζετ' EᵃOR — άζατ' Σn — άξειτ' Π — άξατ' A.BCDE¹ etc. ‖ ἐγκυάσ. E.R — ἐκκυάσ. O — ἐγγύσ. Al. — ἐγγυασ. rell. ‖ Interpunctio :ἔνθα συγκωμάξατ'. ἐγγ B — .ἔνθα συγκωμάξατ'. ἐγγ Γαᵉμ'ν'ο' Ox. — .ἔνθα συγκώμαξατ'· ἐγγ Mr. St. Sm. — Haec cum Sch. AB etc. consentit ratio. — ,ἔνθα συγκώμαξατ'. ἐγγ aᵇq Al. — .ἔνθα συγκωμάξατ', ἐγγ N? OᵇXᵇZ Ro. Cp. Br. Hy.* — .ἔνθα συγκωμάξατ' ἐγγ CGN?Oᵃ UVXᵃΠ — ἔνθα συγκωμάξατ' ἐγγ ADEFQΣno ‖ 17 νιν Cᵃᶜ? — τιν' Th. — μεν A BCᵘ etc. ‖ μοῦσαι ANPQ.RX.ᵒᵃᶜ ‖ -ξεινον ACNOΞ — -ξενον B.DEF G etc. ‖ 18 μὴ δ' ABCDEFG etc. (plurimi) Al. — μὴ δ' Oᵃᶜ Q Ro.* — μηδ' Ox. Bö.* ‖ ἀπέραντον M — ἀπέρατον Vᵖᵒ — ἀπείρατον [A]B[C]DEF etc. ‖ 19 ἀκρόσοφόν τε ABCDGMNOQUVXZΓΕΠΣaeᵃ¹ mˢ — ἀκρόσοφον δὲ EF[P?R?Θ?]Δaktmno[q]rμ'ν' [r. r.] Al. Ro.* (cum Sch. Rec.) — Sch. D (om. in B) ἀλλὰ in paraphrasi habet. ‖ αἰχματὰν A[BC]NOΠΣkμ'ν' [ι'σ'] Ro.* — αἰχματὴν EF — αἰχμητὴν Zn — αἰχματὰν DGMPQRUV XΓΔΘabclmoqrtxϑ'?ο' Al. ‖ 20 εὐφυὲς AMU, ‖ οὔτ' αἴθων omnes ‖ ἀλ. C?U ‖ 21 οὔτ'] οὐδ' A. (cum Sch. A) recte? ‖ -το, ἦθος Q — το ἦθος omnes (nullus τ' ἦθος)

Subscr. τέλος τόκου. DFGQSTUV (cum ms. Angelican.) — τέλος τοῦ τόκου. μ'ν'σ' — nulla subscr. in ABCEMN etc.

ΟΛΥΜΠΙΟΝΙΚΑΙ ΙΒ'.

ΕΡΓΟΤΕΛΕΙ ΙΜΕΡΑΙΩ

ΔΟΛΙΧΕΙ.

Strophae.

```
  –⏑ – – –⏑⏑ – – ⏑⏔
  –⏑ – – –⏑⏑ – – –⏑ –
  –⏑ – – –⏑ – – –⏑ –
  –⏑ – – –⏑⏑ – – ⏑⏔
5 –⏑ – – –⏑ –⏑⏑ – –
  –⏑ – ⏓⏑⏑ – – – – –⏑ – – –⏑⏔
```

Epodus.

```
  –⏑ – ⏑⏑ –⏑ – – –
  –⏑ – – –⏑⏑ – –
  –⏑ – – –⏑ –
  – –⏑ – – –⏑ – –
5 –⏑ –⏑ –⏑ –⏑ – –
  –⏑ – –⏑ – –⏑ –
  –⏑ – –⏑ – –⏑ – –⏑ – – –
```

Inscr. ἐργοτελεῖ A.n — ἐργοτελῆ B (etiam Sch. A nominativum ἐργοτελής et dativum ἐργοτελῆ praestat) — ἐργοτέλ. rell. ‖ ἐργοτέλης. ο — ἀρχὴ ἐργοτέλους. V — ἐργοτέλει. P — ἐργοτ. ἱμ. δολιχεῖ. CNOΠ — ἐργοτ. ἱμ. δολιχεῖ. καὶ ἴσθμια καὶ πύθια. ΑΔ — ἐργ. ἱμ. δολιχεῖ ὀλύμπια καὶ ἴσθμια καὶ πύθια. ΘΣ — id. (sed δουλιχεῖ) r — ἐργ. ἱμ. δολιχεῖ πύθια καὶ ἴσθμια. Dᵇ — ἐργ. ἱμ. δολιχοδρόμῳ πύθια καὶ ἴσθμια. Dᵃ Q — id. (addito νικήσαντι (τὴν) ὅς ὀλυμπιάδα) BEFGaqhπo' (τὴν in EF solis, in F ζ erasum est, in Bo' ft. ξ vitiose pro ζ) — id. (add. νικήσαντι solo) Z — ἐργ. ἱμ. δολιχοδρόμῳ ὀλύμπια καὶ πύθια καὶ ἴσθμια. Al. — ἐργ. ἱμ. δολιχοδρόμῳ ὀλύμπια. b? — ἐργ. τῷ υἱῷ τοῦ φιλάνορος. c? — ἐργ. υἱῶ φιλάνορος. ὃς ἐν τῇ ὀλυμπία νικήσας, καὶ δὶς ἐν πυθῶνι (sic) n — ἐργ. ἱμ. δολιχοδρόμῳ. ΧΓκμ'ν' Ro.* — ἐργ. ἱμ. ἀπήνῃ. Bg.² ‖ Sch. A ἐργοτελεῖ] ὀλυμπιάδα μὲν ἐνίκησεν οζ. καὶ τὴν ἑξῆς οθ. πυθιάδα δὲ κε. καὶ ἴσθμια ὁμοίως. Recte: cf. vs. 18 et Pausan. VI, 4, 7.

Λίσσομαι, παῖ Ζηνὸς Ἐλευθερίου,   Στρ.
Ἱμέραν εὐρυσθενέ᾽ ἀμφιπόλει, Σώτειρα, τύχα.
τὶν γὰρ ἐν πόντῳ κυβερνῶνται θοαὶ
νᾶες, ἐν χέρσῳ τε λαιψηροὶ πόλεμοι
5 κἀγοραὶ βουλαφόροι. αἵ γε μὲν ἀνδρῶν
πόλλ᾽ ἄνω, τὰ δ᾽ αὖ κάτω ψευδῆ μεταμώνια τάμνοι-
σαι κυλίνδοντ᾽ ἐλπίδες·

1 in septem libris (ψὶ(ψε) D♭PQ.SU — τε (σὲ supra) V — σι Z) quod voci λίσσομαι praefixum legitur nihil est nisi crux quam ornamenti distinctionisve causa initio carminum praeponere solebant librarii, mixta cum s' numero, qui lectorem ad scholion (eodem numero signatum) referre debebat. Glossa σε auxit confusionem. In N crux ✝ et ῑ apparent; in D a vet. m. sunt Λ et ε supra, idemque ε scholio huc pertinenti praefixum est; sec. m. in textu crucem et accentum addidit, ut nunc speciem vocis ψὲ habeat. Nihil eiusmodi est in A.B.[C]E.F.G etc. ‖ om. παῖ N^ac O^ac (Bg.² coni. λίσσομαί σε ζ. ἐλ. i. e. per Jovem) — παῖ rell. (et N^pc O^pc) cum Sch. AB etc. Parechesis eiusmodi non offendit. ‖ 2 ἱμέραν εὐρυσθενέ᾽ AB^pc Θ^s(b¹) a^s q^s rx^s (cum gl. U et Sch. AB¹) Hm. Bö.* — ἱμέρᾳ εὐρυσθενέ᾽ (σθένε᾽) B^ac D♭ EF¹GMN^pc P (ἤμ.) QRUXΓ[Δ]Θ¹ Πα¹ nq¹ x¹ μ′ν′ο′ Al. Mr. — id. (sed ἱμέρᾳ scriptum) ko [al. r.] St.* — ἱμέρ᾽ εὐρυσθενέ᾽ VΣ₂ Ro.* — ἱμέρ᾽ εὐρυσθέν᾽ Ω — ἱμέρᾳ[ι] εὐρυσθενεῖ D^a ? — ἱμέρα εὐρυσθενεῖ Z — ἱμέρα εὐρυσθενέος C^a F·N^ac ? ΟΞ (cum Sch. B² ?) — ἱμέρας εὐρυσθενέος C^b — Comm. Mosch. et dativum et accusativum explicat. Cf. P. IV, 158. ‖ ἀμφιπόλει AU,VΣao′ (etiam in Sch. [D]HT [non in BU] et in altero commate Comm. Mosch. cum gl. a) Br. Hm.* Idem indicat Sch. A (ubi ἀμφίπυλιν corruptum esse videtur ex ἀμφιπολεῖν) — ἀμφὶ πόλει B¹CDEFG. [M]NOPQRUXZΓ[Δ]ΘΠΣnoq[r]μ′ν′ω′ [r. r.] Al. Ro.* (etiam in Sch. BG etc. ut et in priore commate Comm. Mosch. et in glossa Mosch. μ′ν′) — ἀμφὶ πόλιν B^s (ft. hoc voluit Sch. A ἀμφίπυλιν?) de qua diversitate scripturae non recte relatum est in An. V, 908, compendio syllabae ιν a typotheta male intellecto. ‖ τύχᾳ A — τύχα rell. Qui de Pace (vel Salute potius) haec acceperunt, fortasse ἀμφιπολεῖν, Σώτειρα, τύχᾳ legerunt. Cf. P. VIII, 1 sq. ‖ 3 τὶν] τινι O¹ — τοὶ O^s ‖ 4 λαψ. V ‖ 5 κἀγοραὶ μὲν β. G ‖ βολαφ. C^a — βουλοφ. OZn — βουληφ. σ′ ‖ αἵτε μὲν π — αἱ δὲ μὲν Θ·σ′ — αἵ γε μὲν rell. (et Θ¹) ‖ 6 πολλὰ̈́νω G.VΓ — πόλ᾽ ἄνω ΠΣ ‖ ταὶ δ᾽ Sm.* — τά δ᾽ BDE.[M]MQUVXZΓΠakoqxμ′ν′ο′σ′ Al. Ro. Cp. Br. — τὰ δ᾽ A[C]FG.ONQ,ΔΘΣn Mr. St. Hm. Bö.* ‖ ψευδῆ ABC.DE.FG.[M]NOQ.RUVX.ΖΓΘΠΣakmnoqxμ′ν′ο′σ′ (i. e. omnes mss. de quibus constat) Al. Ro. Cp. Br. (cum Sch. ABG etc. Comm. Mosch. et Sch. Thom.) — ψεύδη

σύμβολον δ' οὔ πώ τις ἐπιχθονίων　　　'Αντ. 10
πιστὸν ἀμφὶ πράξιος ἐσσομένας εὗρεν θεόθεν·
τῶν δὲ μελλόντων τετύφλωνται φραδαί.
10 πολλὰ δ' ἀνθρώποις παρὰ γνώμαν ἔπεσεν,
ἔμπαλιν μὲν τέρψιος, οἱ δ' ἀνιαραῖς　　　15
ἀντικύρσαντες ζάλαις ἐσλὸν βαθὺ πήματος ἐν μικρῷ
πεδάμειψαν χρόνῳ.

υἱὲ Φιλάνορος, ἦτοι καὶ τεά κεν,　　　'Επ.
ἐνδομάχας ἅτ' ἀλέκτωρ, συγγόνῳ παρ' ἐστίᾳ　　20
15 ἀκλεὴς τιμὰ κατεφυλλορόησε ποδῶν,

Mr.* (in nullo nec ms. nec Sch.) || τάμνοισαι A.CDEFGMNO[P]Q[R]UV XZΓΔΘΞΠΣar° Al. Bö.* (cum Sch. A) — τάμνουσαι (in Sch. CUX) — τέμνουσαι (in Sch. B Ro.) — τέμνοισαι Bac knoqμ'ν'o' [r. r.] Ro.* || -δονται N — δοντι Ovc — δοντ' rell.
7 -βωλον M — βουλον RU,Zo' || δ'] γὰρ R || 8 πράξηος (sic) A || ἐσομ. CF?NacΓ || εὗρε ACDEGMOQacUVXΓΔΘΠΣbc — εὑρε B — εὗρεν CFQPcZ recc. Al. Ro.* || Θεόθε B solus || 9 δὲ] γὰρ Qa (ut v. l., non ut gl.) || τετύφλωται EacFacRZac?S' — τετύφλονται P — τετύφωνται Al. — τετύφλωνται rell. (etiam EFZ pc.) || φραδαί A.[C]n Bö.* — φράσαι ν'ac (ft. μ'ac) — φράδα. R? — φράδαι PUZaoqμ'ν'Pc [rell.?] Al. Ro.* || 10 ἀνθρώποισι A || παρὰ omnes ut videtur || γνώμην B,?U || ἔπεσον Z¹ — ἔπεσαν O (cum gl. ἐπῆλθον) — ἔπεσε B, — ἔπεσσεν Bμ'ν'σ' — ἔπεσεν rell. (cum gl. ἐπίβη in Mosch.) || 11 οἱ δ' DaQUVXZΓΘko?μ'ν'σ' Al. Ro.* — ἐν δ' O (cum gl. aut οἱ ἕτεροι aut οἱ δ' ἕτεροι) — οἱ δ' A[BC]Da?EF[G]MNΣ[anq]o?o' Mr.* || ἀνιεραῖς DV || 12 ἐσλὸν ABEF GM[P]QUVΠ[Θ] Al. St. Be. Hy.²* — ἐσθλό. R — ἐσθλὸν CDNOXZΓ ΔΣ recc. Ro.* Sm. Ox. Hy.¹ || παῖδ' ἄμειψαν (sic) A — παιδάμειψαν Π Σ — πεδάμειψαν B¹CDEFG[MN]OUXΓ[ΔΘ] recc. Al. Ro.* — μετήμειψαν QaV̄b ut (est gl. in O) — ποτάμειψαν Ba — προσάμειψαν PQ¹RZ (in P cum gl. ἠλλάξαντο τοῦ πήματος) || 13 ἤτοι ABCGOUVaXZΠΣn — ἤτοι et ἦτοι iunctim EFN — ἦτοι DVbΓ [rell.] recc. Al. Ro.* || om. καὶ Nac O (ft. ἡ postea insertum) Ξ || τέα κεν ACacΠΣ — τεὰ μὲν Z || 14 -χαις ΕΠ — χας rell. || συγγόνων Σo (o'Pc ut mihi videbatur) — συγγενεῖ Ht. — συγγόνω(ῳ) A[BC]DEFG. etc. || παριστία F,U. (cum Sch. Germ.) || 15 τίμα A || -φυλορρ. q¹ — φυλορ. Δ — φυλλορρ. CQRUΘ — φυλλορ. A.[BD] etc. || -χόησε Bg.¹ ex Phrynicho (collato Bekk. An. I, 71. 11.) — ρόησεν Hm. Bg.² — ρόησε mss. et rell. edd.

εἰ μὴ στάσις ἀντιάνειρα Κνωσίας σ' ἄμερσε πάτρας.
νῦν δ' Ὀλυμπίᾳ στεφανωσάμενος   25
καὶ διὲκ Πυθῶνος Ἰσθμοῖ τ', Ἐργότελες,
θερμὰ Νυμφᾶν λουτρὰ βαστάζεις, ὁμιλέων παρ' οἰκείαις
                                            ἀρούραις.

16 εἰ κε μὴ a᠔ᵇ — ἢ μὴ U — εἰ μὴ rell. ‖ κνωσσίας A.MNOo — κνωσίας BCDEFG[P]Q[R]UVXZ Thom. recc. Al. Ro.* ‖ σ' ἄμερσε A lb. Be. Bg. Sw. (cum Sch. D) — ἄμερψε NOᵃ — ἄμερσε BCDEFGMO¹P QRUVZ Thom. recc. Al. Ro.* — ἄμαρσε X ‖ δ' ἐν ὀλυμπία A — δ' ὀλύμπια Vᵃᶜ Z — δ' ὀλυμπία(ᾳ) rell. ‖ 18 δι' ἐκ πυθῶνος A optime — δὶς ἐν πυθῶνι recc. Ro.* Ht. — δὶς ἐν πυθῶνος Σ — δὶς ἐκ πυθῶνος BCD EFGMNOPQRᵃUVXZ[ΓΘ]ΔΞΠ Al. Be. Hy.²* — Sch. Vet. καὶ ἐν ὀλυμπίᾳ καὶ ἐν πυθίᾳ καὶ ἐν ἰσθμῷ nihil de duplici victoria Pythia, quam Recc. commemorant. Vide ad Inscr. ‖ ἰσθμεῖ τ' aq ‖ ἐργότελες omnes ut videtur ‖ 19 θερμᾶν Aᵃ?A,F,M ‖ νυμφῶν Q. ‖ λουτρᾶν A — λουτρᾶ Γ ‖ βαστάζοις Σ (cum gl. ὑψοῖς) — gl. ἀνυψοῖς Q ‖ ὁμιλέων omnes ‖ οἰκ. παρ' ἀρ. aᵖᶜᵍᵇ — παρ' οἰκεῖαι ἀρούραι qᵃᵒ — παρ' οἰκείαις ἀρούραις rell.

Subscr. τέλος ἐργοτέλους. FGQTUV (et ms. Angelican.) — τέλος. S — ὕμνου τέλος ἐργοτέλους ἱμεραίου. μ'ν'σ' — nulla subscr. in ABCDEN etc.

ΟΛΥΜΠΙΟΝΙΚΑΙ Γ΄.

ΞΕΝΟΦΩΝΤΙ ΚΟΡΙΝΘΙΩ.

ΣΤΑΔΙΟΔΡΟΜΩι ΚΑΙ ΠΕΝΤΑΘΛΩι.

Strophae.

Epodi.

Inscr. ξενοφῶν. ο — ξενοφῶντι κορ. σταδιοδρόμῳ καὶ πεντάθλῳ. νικήσαντι (τὴν) οϑ ὀλυμπιάδα. DEFGPQUTVZΔΘΠΣϒabchlmqxo' Al. — ξεν. κορ. σταδιοδρ. πεντ. νικήσαντι. Oʳᶜ — ξεν. κορ. πεντάθλῳ. CNOᵃᵒ — ξεν. κορ. σταδιοδρ. καὶ πεντ. Γκμ'ν'σ' Ηγ.* — ξεν. κορ. σταδιεῖ, δρόμῳ, καὶ πεντάθλῳ. Βο.* — om. inscr. in Βπrλ'

Metr. Epod. 5 disiunxerat Bö.ˢ* ita

Mommsen, Pindar.

ΟΛΥΜΠΙΟΝΙΚΑΙ ΙΓ'.

Τρισολυμπιονίκαν   Στρ. α'.
ἐπαινέων οἶκον ἄμερον ἀστοῖς,
ξένοισι δὲ θεράποντα, γνώσομαι
τὰν ὀλβίαν Κόρινθον, Ἰσθμίου
5 πρόθυρον Ποσειδᾶνος, ἀγλαόκουρον.
ἐν τᾷ γὰρ Εὐνομία ναίει, κασιγνήτα τε, βάθρον πολίων,
                        ἀσφαλὴς
Δίκα, καὶ ὁμότροφος Εἰρήνα, τάμι' ἀνδράσι πλούτου, 10
χρύσεαι παῖδες εὐβούλου Θέμιτος.

ἐθέλοντι δ' ἀλέξειν   Ἀντ. α'.

1 τρὶς ὀλ. B (cum Sch. B) — τρισολ. C.DEFG.[H]N. etc. || ἐπαί-
νων TX — ἐπαινῶν Rᵃ — ἐπαινέων rell. || 2 ἄμερον F? || 3 ξεινοισί τε
CO — ξένοισί τε N — ξείνοισι δὲ BDGHPQTUVZΔΘΞΠΣΤ — ξένοισι
δὲ EF[R]ZΓ recc. Al. Ro.* (cum Sch. Vet. μὲν — δὲ) || 4 ὄλβιον R ||
5 ποσειδάνος BCN?ORᵃΞΩkᵃ Mr. St. — ποτιδάνος DEFGHQTUV (in E
cum gl. ἀττικόν) Sw. Bg. — ποτειδῶνος RᵇΓ[Δ]ΘΠΣkⁱλ'μ'ν'σ'ω' Al. Ro.
Cp. Sm.* Ht. — ποσειδῶνος N?Tāblmnoqrsx (S'?) || 6 ἐν τᾷδε γὰρ B.
Dʳᵉ EFGHIOʳᶜ RTU.XZ (τᾷδε) ΓΔΘΠΣΤλ'ᵉ Ro; — ἐν τᾷ γὰρ CDᵃᵃNOᵃᵃP
QΞΩahinoq [rell. Mosch.] ω' (τᾷ) Al. Sm.* — ἐν τῇ γὰρ C, — ἐν τᾷδε δ'
Vkλ'μ'ν'ο'σ' (Tricl.) Ro.* || ναίει] κάλει aᵃᵃ || κασιγνηταί τε BDᵃT recc.
Al. Ro.* (cum Sch. Rec.) — κασιγνητά τε R — κασιγνήτα τε CDᵇEF
(ἥτά τε) GHNOP¹QTUV̄XZ (τὲ) ΓΔΘᵃΠΣ — κασιγνήτη τε ex Ξ relatum
est; η gl. supra τα in PZ singularem numerum intelligendum esse indicat;
idemque in Sch. Vet. (ἡ) ἀδελφὴ apparet. || Δίκα, πολ. ἀσφ. βάθρον, Sm.
Hm. || πολήων O — πόλιων T || ἀσφαλὴς BCDEFGHN?OPQRTUVX
ZΓΔ?ΘΠΣaknoqμ'ν'ο'ᴵᴵᵗ [r. r.] Al. Ro.* Hy. Ky. (cum Comm. Mosch.) —
— ἀσφαλῆς Δ? — ἀσφαλὲς N?o'ᵃᶜ?Ω (qui si habet vere ἐς, non multum
auctoritatis huic scripturae affert; in N literae detritae sunt) Sm. Ox. Bö.*
(Sch. B ambiguum est) || ante (non post) ἀσφαλὴς distinguunt CNOUZΘ
— post ἀσφ. nullus ms. || 7 δίκη F || ὁμότροφος CᵃN¹ORᵃ (cum Sch.
BU Ro.) Ox. Ky. — ὁμότροπος [B]DEF etc. (cum gl. P ὁμόζυγος et Comm.
Mosch.) || εἰράνα COow' [al. r.?] Al. Ro.* — εἰρήνα BEFGNPQRTUVX
Zᵃᵐᵏᵃˣˡ'μ'ν'ᵃᶜᵒ'σ' — εἰρηναία l — εἰρήνη DHΓΔΘΠΣΤanqv'ᵃᶜ? || ταμίαν
ἄν. T — ταμίαι | ἄν. omnes rell. (ἀνδράσι ΘΠΣ) — τάμι' ἄν. scripsi ||
8 εὐβόλου EΓτο' || 9 ἀλέξειν C.ω' PSt. Ba. Bö.² * — ἀλεξεῖν B.DEFG
HN.OPQRTUVXZ Thom. recc. Al. Ro.* Sm.* Bg.²

OLYMPIA XIII.

10 ὕβριν, κόρου ματέρα θρασύθυμον.
ἔχω καλά τε φράσαι, τόλμα τέ μοι
εὐθεῖα γλῶσσαν ὀρνύει λέγειν.
ἄμαχον δὲ κρύψαι τὸ συγγενὲς ἦθος.
ὔμμιν δέ, παῖδες Ἀλάτα, πολλὰ μὲν νικαφόρον ἀγλαΐαν
ὤπασαν
15 ἄκραις ἀρεταῖς ὑπερελθόντων ἱεροῖς ἐν ἀέθλοις,
πολλὰ δ' ἐν καρδίαις ἀνδρῶν ἔβαλον

Ἐπ. α'.

Ὧραι πολυάνθεμοι ἀρχαῖα σοφίσμαθ'. ἅπαν δ' εὑρόν-
τος ἔργον.

10 κούρου EF⁰ᵃR⁰ᵃ ‖ ὕβριν, κόρου θυγατέρα θρ. Ht. — ὕβριν κόρου, ματέρα θρ. CGHQTVΠρμ'ο' (cum gl. Η κόρου] θυγατέρα et cum Comm. Mosch. et Sch. Germ. et gloss. Tricl.) — ὕβριν, κόρου ματέρα, θρ. Nᵇ Cp. Sm.* — ὕβριν, κόρου, ματέρα θρ. O — sine dist. BDEFN⁰ᵃUZΘΣaknoq Al. Ro. Mr. St. ‖ θρασύθυμον CDᵇHNOXΓΔΘΠΣΤ Al. — θρασύβουλον Dᵃ — θρασύμυθον BEFG[PQR]TU[V]Z recc. Ro.* ‖ 11 τε] τοι B ‖ 12 εὐθεῖαν Eʳ⁰Rᵃ ‖ 13 κρύψαι Γ ‖ 14 ὑμμῖ δὲ B.G. — ὕμμι δὲ CN.T? — ὕμι δὲ T — ὕμμι δ' ὦ Δ — ὕμμι δ' ὦ Θ — ὕμι δὲ P — ὕμμι δὲ EFOQU.VXZ — ὕμμιν δὲ DHΓΠΣΤknoqλ'μ'ν'ο'σ' Ro. Cp. Sm. — ὑμῖν δὲ R Al. — ὕμμιν δὲ aσ[x] Mr. St. Hy.* ‖ ἀλάτα EF — ἀλάτου T?V — ἀλλάτα ΓΠ — ἀλείτα X — ἀλίτα s ‖ 14sq. ὤπασάν γ' [bcθ'?]kλ'μ'ν'ο'[σ'] Ox. Hy. — ὤπασάν τ' Ro. Mr. St. (in nullo ms.) — ὠπάσαντ' Sm. ὤπασαν (sine particula) BCᵇ (Cᵃ σεν) DEFGH[N]O[P]Q[R]TUVXZΓΔΘΣΠ ΣΤΩQadknoq[r]sκτω' Al. Cp. Bö.* ‖ 15 ὑπερελθοῦσιν (σῖν aᵃ dr) aᵃbcdhilm noqrsxΘᵇT (Mosch.) (cum Comm. Mosch. in abckmqs) — [ὑπερελθ]οῦσι glossa suprascr. in CᵇEFHᵇI — ὑπερελ..... Nᵗⁱᵗ — ὑπερελθόντων BCD EFG.HIO[P]Q[R]T.UVXZ[Δ]Θ[Π]Σaᵇ kμ'ν'ο'[θ'λ'σ']ω' Al. Ro.* cum not. Tricl. (ὑπερελθόντων χρὴ γράφειν, οὐχ' ὑπερελθοῦσιν· οὕτω γὰρ ἔχει πρὸς τὸ μέτρον ὀρθῶς.) et cum gl. EHk (νικησάντων) O (τὸ πᾶν ἐνεγκαμένων τῆς νίκης) Σ (ὑπερβαλλομένων τοὺς ἄλλους). Idem in Sch. BD etc. et in Sch. Thomano reperitur; idemque in Comm. Mosch. interpolatum legitur in mss. Triclinianis μ'[ν'] Ro. Triclinius enim, a Moschopulo dissentiens, vulgatam reduxit. ‖ ἐν ἀέθλοις G,¹²I,?ZΞ Bö.* Hm. — ἐν ἀέθλοισι BCDEF GHNOPQRT.UVXZΓΘ⁰ᵃω' Al. — εἰν ἀέθλοισιν akoqλ'μ'ν'ο' [r. r.] Ro.* ‖ 16 κραδ. G ‖ -λον EFNUZΠΣn ‖ 17 ὦραι τ ‖ σοφίσματα. ἅπαν BCEFGHN⁰ᵃTUVXZΓΘ⁰ᵃ?ΠΣΤk⁰ᵃ — τ'. ἅπαν D — τα. πᾶν Nᵖ⁰ PQRU,² (inter Sch. B,H,²T,²U,² Ro;²) — θ'. ἅπαν recc. Al. Ro.* (ἅπαν] H,²T,¹ Ro;¹)

ΟΛΥΜΠΙΟΝΙΚΑΙ ΙΓ'.

ταὶ Διωνύσου πόθεν ἐξέφανεν 25
σὺν βοηλάτᾳ χάριτες διθυράμβῳ·
20 τίς γὰρ ἱππείοις ἐν ἔντεσσιν μέτρα,
ἢ θεῶν ναοῖσιν οἰωνῶν βασιλῆα δίδυμνον ἐπέθηκ'· ἐν δὲ
       Μοῖσ' ἀδύπνοος, 30
ἐν δ' Ἄρης ἀνθεῖ νέων οὐλίαις αἰχμαῖσιν ἀνδρῶν;

ὕπατ' εὐρὺ ϝανάσσων   Στρ. β'.
[25] Ὀλυμπίας, ἀφθόνητος ἔπεσσιν 35
25 γένοιο χρόνον ἅπαντα, Ζεῦ πάτερ,
καὶ τόνδε λαὸν ἀβλαβῆ νέμων

18 ταὶ] τ'αἱ Fᵃ — αἱ τοῦ Ν — καὶ Ht. || διωνύσου ahiorskᴅᶜoʼˢ [σʼ al. r.] Sm.* — διωνύσσου Mr. St. — διονύσσου QRU.Θ — διονύσου B.C.DEFG.NOT Uᴘᶜ?VXZΓ[Δ]ΠΣΤkᵃᵉⁿqxλʼμʼνʼoʼ¹ Al. Ro:* || ποθὲν ΠΣ (V teste Bö. ποθὶν ego non notavi) — πόθιν B c:c. || ἐξέφανεν BCE[H]TᵇVZΣ Hy.* — ἐξέφανε DFGNOQTᵃUXΓΔΘᵃΠQωʼ Al. — ἐξέφαναν RTΘᵇ aknoqrstlʼμʼνʼoʼσʼ [al. r.] Ro.* — ἐξεφάνασαν (η supra να) n (e glossa; gl. F et Tricl. ἐξεφάνησαν; gl. O ἐφανέρωθεν; gl. Z ἐξέλαμψαν; gl. Mosch. ἐλαμπρύνθησαν) || 19 βοηλάτῳ C.O? — βοηλάται (η supra αι) B — βοηλώτα (sic) Π — βοηλάτα(ᾳ) DEFGN?O?PQ etc. (etiam Sch. C βοηλάτην accusativum praestant; gl. P βοῦς ἐλαύνοντι) || Χάριτες ΔιΘ. Bg.² (collato We. An. Institut. Archaeol. I, 400) — Χάριτες διΘ. Hy. Bö. — χάρ. διΘ. rell. Sw. Ht. || 20 τίς γὰρ B.CDEFG.H.N.OPQ[R]T.U.VXZΔ[ΘΞ]ΠΣΤωʼ Al. Ro; Hy.* (cum Sch. Vet.) — τίς δὲ Γ recc. Ro.* — τίς δ' ἄρ' Hm. || ἱππείοις ΠΣΤ || ἐν om. G,U, || ἔντεσι B.CDEFG.HNOPQRTU.VXZΓΔΘΠΣΤx Ro; — ἔντεσσι Iωʼ Al. — ἔντεσιν kᵃᵒq — ἔντεσσιν anorkᴘᶜλʼμʼνʼoʼ [σʼ al. r.] Ro.* || 21 ναοῖσι ΠΣ || βασιλέα [B,]U,?Ro; Hm.¹ Bö.²* — βασιλῆα mss. (etiam C,G,) Al. Ro.* Bö.¹ Hm.² || δίδυμνον Bö.¹ Hm.² — δίδυμον mss. Al. Ro.* Hm.¹ Bö.²* || ἐπέθηκ'. ἐν δὲ BCDEF(G,)HNP[R]TUXΓΞΣΩωʼ Al. Br.ᵐ Hm. Bö.²* — ἐπέθηκε δ' ἐν G — ἐπέθηκε | ἐν δὲ O — ἐπέθηκεν. ἐν δὲ DVZΔΘᵃΠΤ — ἔθηκʼ. ἐν δὲ, recc. Ro.* Bö.¹ || ἀδύνοος Τ — πνόος Τ, rell. || 22 αἰχμῆσιν PQTU — μᾶσιν Dᵃ — μητῆσιν Xᵃ — μαῖσιν B CDᵇEFGH etc. || 23 ὕπατι CᵃGHRᵃTUVXΠΣΤk — ὕπατʼ [B.]CᵇDEF [N]O[Rᵃ]Z[ΓΔ]Θ recc. Al. Ro.* || εὐρυαν. E || 24 οὐλ. οʼ || ἀφθόνατος [Δ?]Θ Al. Ro:* — ἀφθόνητος BC.DEFG.HN.OPQ[R]TU.VXZΓΞΠΣΤab cklmnoqrstxϑʼλʼμʼνʼoʼσʼ Bö.* || ἔπεσσι NO — ἔπεσι EFRΣΤ — ἔπεσι τυγχάνοιεν (intrusa glossa) Π — ἔπεσιν Ro; — ἔπεσσι BCDGHPQTU.VXZ ΓΔ Al. — ἔπεσσιν Θ recc. Ro.* || 25 μένοιο B solus, male || 26 sq. νέμων ξενοφῶντος, εὔθυνε Cμʼνʼoʼ — sine dist. NOanoq Bö.* — νέμων, ξενο-

OLYMPIA XIII.

Ξενοφῶντος εὔθυνε δαίμονος οὖρον·
δέξαι τέ Ϝοι στεφάνων ἐγκώμιον τεθμόν, τὸν ἄγει πεδίων
 ἐκ Πίσας, 40
[30] πενταέθλῳ ἅμα σταδίου νικῶν δρόμον· ἀντεβόλησεν
30 τῶν ἀνὴρ θνατὸς οὔπω τις πρότερον.

δύο δ᾽ αὐτὸν ἔρεψαν   Ἀντ. β΄. 45
πλόκοι σελίνων ἐν Ἰσθμιάδεσσιν
φανέντα· Νεμέᾳ τ᾽ οὐκ ἀντιξοεῖ·
[35] πατρὸς δὲ Θεσσαλοῖ ἐπ᾽ Ἀλφεοῦ
35 ῥεέθροισιν αἴγλα ποδῶν ἀνάκειται,
Πυθοῖ τ᾽ ἔχει σταδίου τιμὰν διαύλου τ᾽ ἀελίῳ ἀμφ᾽
 ἑνί, μηνός τέ Ϝοι 50
τωὐτοῦ κρανααῖς ἐν Ἀθάναισι τρία Ϝέργα ποδάρκης

φῶντος εὔθυνε BVZΘΠ etc. Al. Ro.* cum Sch. Vet. (in Sch. C ξενοφῶντι, in Sch. G ἴθυνε, in π εὔθυνον) 27 δαίμονα Δ¹Θ (sed gl. Θ τῆς τύχης) ‖ 28 τί οἱ CNOᵘᵗ (cum Sch. Vet.) — δέ οἱ [B.]DEF etc. ‖ ἐγκώμιον. τεθμόν. τόν, ἄγει B ‖ πίσσας COΓ?Θ — πίσσα. (ης supra) N — πίσης b ‖ 29 πενταέθλῳ(ψ) BC DEFGHNOTUVXᵇZʳ·ΓΔΘΠΣΤ Bg. — πενταέθλων Xª Zᵃᶜ — πενταέθλω(ψ) [P]Q[R] recc. Al. Ro.* ‖ δρόμον. ἀντεβόλησε Bª CDEFGHINOPQRTUV XZΓ[Δ?]Θª ΞΠΣΤ (ἀντιβ. in Q) — id. (sed σιν) Ω?ω'? Al. Bö.* (cum Sch. Vet. et Etym. M. 112, 50) — δρόμον. οὐκ ἀντεβόλησεν recc. (-βούλ. bστ - σι Θᵇ s) Ro.* Hm.² — δρ. οὐκ ἀβόλησαν Hm.¹ ‖ 30 θνητὸς P solus ‖ πρότερος CNO (cum paraphr. Sch. B, ubi alii [ut U Ro.] πρότερον) — πρότερον [B]DEF etc. ‖ 32 πλόκοι] in Sch. B init. pro νῦν ςέφανει legitur γρ'. στέφανοι. ‖ ἐν om. E ‖ -σσι vett. et Thom. — σσιν (σιν λ') recc. Al. Ro.* ‖ 33 νέμεά τ᾽ BDEFNOUZT recc. Al. Ro.* Be. Hm. Bö.* — νίμεα τ᾽ Cᵃᶜ Γ[Δ?]ΘΠΣ? — νιμία τ᾽ Cʳ·GHQTVX Sm.* ‖ 34 πατρός δε Cᵃᶜ DQTUV ‖ Θεσσαλοῖο ἐπ᾽ B.C?DEFGH̄PQRU.VXZΓΔΘΞΠΣΤ — Θεσσαλοῖ᾽ ἐπ᾽ C?NOᵇ Ah. Bg. Sw. — Θεσσαλ.... T — Θεσσαλοῦ ἐπ᾽ recc. Al. Ro:* ‖ 35 -σι Pn ‖ αἴγλα E ‖ ἄγκειται ΔΘΠΤ ‖ 36 δ᾽ CNO (cum paraphr. Sch. B Ro.) — τ᾽ B.DEF etc. ‖ , τιμὰν, σταδίου V ‖ τἀλίῳ B. — τ᾽ ἀλίῳ FGHª QVΣ — τ᾽ ἀλίω(ψ) Cª PTUXZ — [τ᾽?] ἠλίῳ R — θ᾽ ἀλίω(ψ) Cᵇ DEHᵇ NOΓ[Δ]ΘΠΤ recc. Al. Ro.* — τ᾽ ἀελίῳ Bg.² ‖ τί οἱ B.CDEF etc. (omnes) — paraphr. Sch. B Ro. etc. δέ habet ‖ 37 τωὐτοῦ B.GHΘʳ· — τωυτοῦ CDFNZΘᵃᵃ Al. — τωὐτοῦ ΠΣ — τ'ὐτοῦ Γ — τωὐτοῦ οο᾽ Cp.* — τωὐτοῦ q — τῶυτοῦ rell. recc. Ro. — ταὐ-

ἀμέρα θῆκε κάλλιστ' ἀμφὶ κόμαις, 55

Ἐπ. β'.

[40] Ἑλλώτια δ' ἑπτάκις· ἐν δ' ἀμφιάλοισι Ποσειδᾶνος τεθ-
μοῖσιν
40 Πτοιοδώρῳ σὺν πατρὶ μακρότεραι
Τερψίᾳ ἕψοντ' Ἐριτίμῳ τ' ἀοιδαί. 60
ὅσσα τ' ἐν Δελφοῖσιν ἀριστεύσατε
[45] ἠδὲ χόρτοις ἐν λέοντος, δηρίομαι πολέεσσι περὶ πλήθει
καλῶν, ὡς μὰν σαφὲς

τοῦ EOPQRUV — τ' αὐτοῦ TX ‖ κρανααῖς ἐν omnes ‖ ἀθάναισιν F — ἀθήναισι N — ἀθάναισι (ναστ O) rell. ‖ τρία μὴν ἔργα Θ[b] kq[λ']μ'ν'σ' Ro.* — τρία μὰν ἔργα anors[x al. r.] ω' Al. Sm.* — id. (sed μὴν) σ — τρία ἔργα BCDEFG[H]NOPQ[RT]UVXZΓΔΘ*ΞΠΣ Bö.* ‖ ποδαρκὶς B. — ποδάρκης Va — ποδαρκὴς CDEFG etc. (contra praeceptum Arcadii et Etym. M.) 38 ἡμίρα B.C.ENOΣalmnoqrx Ro; — ἀμέρα σ' — ἀμέρα DE,FG[HP RT]QUVXZΓΘ[ΔPbc]kμ'ν'[θ'λ'σ'] Al. Ro.* ‖ 39 ἰλλώτια B.C,[1 2]EFG. HTUVXZΠΣanoqrτλ'ο' (Bg.²) (cum Sch. in BCGU al.) — ἰλλώτια CDN, (N ambigue) O[PR]Q.Γ[Δ]Θkμ'ν'σ' Al. Ro.* (cum Sch. Vet. in D et Ro. et cum Sch. Thom. in Σ) ‖ δ'] δὲ HΣ — θ' Γ ‖ ἐν δ'. Σ — ἐν (om. δ') Γ ‖ ποσειδᾶνος CΔΘΩ St. Sm. Hy. — πο...δ.νος B (perforatâ chartâ) — ποτειδᾶνος B,ΠΣkλ'μ'ν'σ'ω' Al. Ro.* Ox. Be. Bö.* — ποτιδᾶνος (δάνος) DE.FG.PQ[R]TU.VXZ[1]Γ Sw.²³ Bg.² — ποσειδῶνος NOZ·abchoqrx σ' ‖ -σι|πτ. vett. et Thom. cum o' Al. Ro.* — σιν|πτ. aknoqλ'μ'ν' [r. r.] Ox.* ‖ 40 ποτοδ. Npo ‖ 41 [τερψ]ίαι[θ'] B* — τερψία θ' N* — γρ. τέρ-ψαις N[bc] — τερψίσσθ' D — τερψίες D[cc]? — τέρψιες (om. θ') C[cc]E.FG. HI?TU.VXZΓΔΘΠΣ (Sch. Vet. in paraphrasi τε omittit) — τέρψιές θ' (plurimi τέρψιεσθ') B[1] C[pc] Oakorμ'ν'ο' [r. r.] Al. Ro.* Be. Hy. — τέρψιεσθ' q — τέρψιες δ' n — τέρψιές γ' PQ — τέρψιες γε (γ in rasura) R — Τερ-ψίᾳ θ' Sm. Ox. Bö.* Hm. Est nominativus τερψίας in B et Ro. in Sch.² [ubi GHITU al. ἐρξίας vel ἐρξίας] et genitivus τερψίου in BIU al. in Sch.¹ [ubi Ro. τερψίονος]. Utraque igitur scriptura, et Τερψίᾳ et τέρψιες, iam in Sch. Vet. invenitur; num vero θ' olim legerint dubium est; hiatus in da-tivis ferri potest, ut O. III, 30. ‖ ἕψοντ' T — ἔχοντ' V — ἔψονται U,Z — ἔψοντ' rell. mss. Al. Ro.* Ky. Sw. Hm.² Bg. — ἔπονθ' Hm.¹ — ἔσποντ' Bth. Bö. Di. ‖ ἐρίτιμοι (ἐρίτιμοι T) τ' sive ἐρίτιμοί τ' omnes mss. Al. Ro.* Be. Hy. — Ἐριτίμῳ τ' Sm. Ox. Bö.* (cum parte Sch. Vet.) ‖ 42 ὅσα τ' (ὅσά τ') G.HQTVXZΓΔΘΠΣν' Al. — ὅσ' R — ὅσσα τ' (ὅσσά τ') [B.C]DEFNOU recc. Ro.* ‖ -φοῖσι HΓ ‖ -σατο E ‖ 43 ἠδὲ E ‖ πολέεσσι DF — πολέσι BEGHQRTU.VXZΓ[Π]Σ Al. Sm. — πόλεσιν Θr — πόλεσσιν bc — πολέσιν B,CNOaknoqxo'μ'ν'σ' [r. r.] Ro.* Ox.* — πολίεσσι

οὐκ ἂν εἰδείην λέγειν ποντιᾶν ψάφων ἀριθμόν. 65

45 ἕπεται δ᾽ ἐν ἑκάστῳ　　　　　　　　　　Στρ. γ΄.
μέτρον. νοῆσαι δὲ καιρὸς ἄριστος.
ἐγὼ δὲ ϝίδιος ἐν κοινῷ σταλεὶς
[50] μῆτίν τε γαρύων παλαιγόνων　　　　　　　　　70
πόλεμόν τ᾽ ἐν ἡρωΐαις ἀρεταῖσιν
50 οὐ ψεύσομ᾽ ἀμφὶ Κορίνθῳ, Σίσυφον μὲν πυκνότατον
παλάμαις ὡς θεόν,
καὶ τὰν πατρὸς ἀντία Μήδειαν θεμέναν γάμον αὑτᾷ, 75
ναῒ σώτειραν Ἀργοῖ καὶ προπόλοις.

[55] τὰ δὲ καί ποτ᾽ ἐν ἀλκᾷ　　　　　　　　Ἀντ. γ΄.
πρὸ Δαρδάνου τειχέων ἐδόκησαν

Hm.² — πόλισιν (Bg.²) ‖ ὡς Ro. Cp. ‖ μὰν [B]CDᵃ[EF] (G. ita ego notavi) H?NO[PQR]TU.V[X]Zaknq[r]o'μ'ν' [r. r.] Al. Ro.* (in O c. gl. λίαν) — μὴν Dᵇ (G notante Be.) H?ΓΔΘΞΠΣmo

44 οὐ κὰν plurimi mss. ‖ εἰδοίην Elʹ — εἰδήειν T ‖ λέγων EZⁱ ‖ ποντιᾶν BGᵃᵒ — ποντίαν F ‖ ψᾶφον DᵃFOᵃUᵃ (in F c. gl. τὴν) ‖ 45 δ᾽ ἐκάστω (om. ἐν) C.NO? — δ᾽ ἐν κάστω(ῳ) κλ'μ'ν'σ' — δ᾽ ἐν ἑκάστω(ῳ) rell. — δὲ ϝιχάστῳ? (Sch. Vet. non habet ἐν in paraphrasi quae omissa est in B) ‖ 46 μέτρω TUVᵇX — μέτρων Sᵃᵒ ‖ 47 δὲ recc. Al. Ro.* Bö.²* — γὰρ (Hy.) Bö.¹ — δ᾽ ἄρ᾽ Ky. — δ᾽ ἄτ᾽ Hm.² — δ᾽ B.C.DEFG.HNOP QRTU.VXZΓΔΘΠΣ — paraphr. Sch. Vet. δὴ οὖν, Sch. Rec. δὲ ‖ ἰδίοτος Q ‖ 48 μᾶτιν NO ‖ 49 τε ἐν N ‖ ἡρώαις BᵃDEGHPQRTUVXZ ΓΔΘᵃΠΣ — ἡρωᾶσι F (c. gl. λ[είπει] supra ι) — ἡρωΐαις BᵇᵃCNⁱⁿᵗO recc. Al. Ro.* ‖ ἀρεταῖς P — αἶσι HV — αἶσιν rell. ‖ 50 ψύδομαι Cᵃ — ψεύσομαι BCᵇDEFGHNOQRTUVXZΓΔΘΠΣx — ψεύσομ᾽ aknoqrl'μ'ν'o' [r. r.] Al. Ro.* ‖ κορίνθω(ῳ). σίσυφον BCDEFHRᵃ[Rᵇ]ΓΘΣ[ΔΠ] recc. Al. Ro.* — κορίνθου. σίσυφον NO — κορίνθω. οὐ σίσυφον GHᵃᵃPQRᵃSTUVX Z ‖ παλάμαις λέγων ὡς F (e glossa) ‖ 51 ἀντίαν Bᵃᵒ ‖ πατρὶ R ‖ γάμον (sine τὸν) BCDEFGHNOPQ[R]TUVXZΓΔΘᵃΞΠΣ Bö.* — τὸν γάμον Θᵇaknoqrl'μ'ν'o' [r. r.] Al. Ro.* ‖ αὑτᾷ et αὐτᾷ iunctim B — αὐ αὐτᾷ ΠΣ — αὐτᾷ(ᾆ) Zᵃᵒ?Θᵇakol'μ'ν'o'ρᵒ Ro.* — αὐτᾷ(ᾆ) CDʳᵒEFGHᵖᵒNOP TᵖUXᵇZᵖᵒ?ΓΘᵃnroᵃᶜ Al. Bö.²* — αὐτὰ Dᵃᵒ — αὐτῶ Hᵃᶜ?T?Xᵃ? — αὐτῇ (ην?) Q — αὐτῇ o — αὐτὴν R — αὐτὸ q ‖ 52 ναΐ] ἀΐ q — καὶ oᵃᵒ ‖ προσπ. CᵖᵒDFᵖᵒNOʳᵒPQRᵃTUVXZΓΔΘΠΣn — προπ. [B.]Cᵃᵒ EFᵃᵒ G[H]OᵃᵒQᵃᵒ? recc. Al. Ro:* ‖ 53 τᾶ δὲ TVXᵃ ‖ 54 πρό] πρὸς δ (ft. q) ἐδόκασαν (aᵃᵒ?) Cram. Anecd. Par. I, 285.

ΟΛΥΜΠΙΟΝΙΚΑΙ ΙΓ'.

55 ἐπ' ἀμφότερα μαχᾶν τάμνειν τέλος, 80
τοὶ μὲν γένει φίλῳ σὺν Ἀτρέος
Ἑλέναν κομίζοντες, οἱ δ' ἀπὸ πάμπαν
[60] εἴργοντες· ἐκ Λυκίας δὲ Γλαῦκον ἐλθόντα τρόμεον Δα-
ναοί. τοῖσι μὲν 85
ἐξεύχετ' ἐν ἄστεϊ Πειράνας σφετέρου πατρὸς ἀρχὰν
60 καὶ βαθὺν κλᾶρον ἔμμεν καὶ μέγαρον·

Ἐπ. γ'.

ὃς τᾶς ὀφιώδεος υἱόν ποτε Γοργόνος ἦ πόλλ' ἀμφὶ
κρουνοῖς 90
Πάγασον ζεῦξαι ποθέων ἔπαθεν,
[65] πρίν γέ ϝοι χρυσάμπυκα κούρα χαλινὸν
Παλλὰς ἤνεγκ'· ἐξ ὀνείρου δ' αὐτίκα

55 ἐπαμφότερα CFΘοχν' ‖ τάμνειν CDNOρc (in N cum notula τάμνειν ἀντὶ τοῦ τέμνειν, τρόπον τοῦ ā εἰς ᾱ) — τάμναις Οac — τέμνειν [BGHRT X]EFQUVZ Thom. recc. Al. Ro.* ‖ **56** φίλῳ γένει σὺν PRac Bg.¹ — γένει σὺν Νac — γένει σὺν φίλῳ Νρc — γένει φίλῳ(ῳ) σὺν omnes rell. mss. (et Rρc) Al. Ro.* Bg.² ‖ ἀτρέος BCDEFGHIV(Zac?)ΓΞ Bö.* — ἀτρέως NOQRSTUXZρc[Δ]ΘΠΣ recc. Al. Ro.* ‖ **57** οἱ δ' BC.DEGNOQT UVZΓΘΠκrλ'μ'ν'σ' Al. Ro. Cp. — οἱ δ' Hη Sm. — οἱ δ' a — οἱ δ' FXZac?Σφο' Mr. St. Ox.* ‖ δ' ἀπὸ, πάμπαν Bρc — δ' ἀπόπαμπαν Bac? — δ' ἀποπάμπαν DEFGN.QTU.VΓΘΣ — δαποπάμπαν ο' — δ' ἀπὸ πάμπαν C.HXZ recc. Al. Ro.* ‖ **58** εἴργ. λ' — εἴργ. omnes rell. ‖ δὲ] γὰρ π (gl. in επλ' etc. cum paraphr. Sch. Vet.) — δὴ Sm. ‖ οἱ δαν. aacq ‖ μὲν mss. Al. Ro.* Ox. Bü.* — μὰν Sm. Pw. Be. Hy. ‖ **59** ἐξεύχεται ἐν Dac?Z ‖ ἐν] ἀν O — om. ἐν ΠΣρc (fuerit in Sac ἐξεύχετο ἄστει?) ‖ ἄστει BDEFGHPQRTU.VXZΓΘ·ΠΣ Al. — ἄστεϊ CNO recc. Ro.* ‖ πατρὸς (sine μὲν) BC.DEFGH.II.NO.[PR]QTUVXZΓΔΘ·ΣΠΣ (cum Cram. Anecd. Par. I, 235) — μὲν πατρὸς recc. Al. Ro.* — δὲ πατρὸς B,G,U, Ro; (sed hoc δὲ non ad lemma sed ad Scholiorum contextum pertinet) ‖ **60** κλῆρον λ' ‖ **61** τῆς Νq — τὰς VΠΣκ ‖ ἢ et ἡ iunctim T ‖ πολλα ἀμφὶ HGΔΘ·ΠΣ — πολλἀμφὶ BGπ — πολλἀμφὶ OTΘbaqλ'ο'σ' Al. — πόλλ' ἀμφὶ CDEFNQUVXZκομ'ν' [rell.] Ro.* ‖ κρουνᾶν q — κρούναν π κρονοῖς x ‖ **62** πήγ. Rcλ' ‖ -θε BEFGHPQRTUVXΓΔΘ·ΠΣο' — θεν CDNOZ recc. Al. Ro.* ‖ **63** γί οἱ] τί οἱ CO — γε, οἱ N — γέοι H — paraphr. non habet particulam (ϝοἷ?) ‖ **64** [ἤνεγκ]εν N — ἤνεγκε Oλ' — ἤνεγκ' rell.

OLYMPIA XIII.

65 ἦν ὕπαρ· φώνασε δ'· Εὕδεις, Αἰολίδα βασιλεῦ; ἄγε δὲ
   φίλτρον τόδ' ἵππειον δέκευ, 95
καὶ Δαμαίῳ νιν θύων ταῦρον ἀργᾶεντα πατρὶ δεῖξον.

[70] κυάναιγις ἐν ὄρφνᾳ   Στρ. δ'. 100
κνώσσοντί ϝοι παρθένος τόσα ϝειπεῖν
ἔδοξεν· ἀνὰ δ' ἔπαλτ' ὀρθῷ ποδί.
70 παρκείμενον δὲ συλλαβὼν τέρας,
ἐπιχώριον μάντιν ἄσμενος εὗρεν,
[75] δεῖξέν τε Κοιρανίδᾳ πᾶσαν τελευτὰν πράγματος, ὥς τ'
                                ἀνὰ βωμῷ θεᾶς   105
κοιτάξατο νύκτ' ἀπὸ κείνου χρήσιος, ὥς τέ ϝοι αὐτὰ
Ζηνὸς ἐγχειχεραύνου παῖς ἔπορεν   110
75 δαμασίφρονα χρυσόν.   Ἀντ. δ'.

65 εὕδεις UZΠ ‖ ἄγε (sine δὲ) mss. Al. Ro.* — σὺ δ', ἄγε, Hm.² — ἄγε δὲ scripsi (cum Sch. Vet.) ‖ τόδε ΔΘ ‖ ἵππιον Γ ΔΘ — ἵππειον Ro. Mr. St. — ἵππειον rell. mss. Al. Cp. Sm.* ‖ δέκευ CΓΔΘk[λ'σ']μ'ν' [al. r.] Ro.* — δέχευ BDGH^ac NOPQRTUVXΠΣa mnoqsx — δίχου EFH^pcZ (gl. passim) ‖ **66** καί, τοι (sive ἤ, τοι) δαμαίῳ B, ‖ νιν COΓΘ^ac Ξ Bö.² * — μιν BDFFGHNPQRTU.[VX]Z[Δ]ΠΣ recc. Al. Ro.* ‖ ἀργᾶντα B.C.EFGHI?NO.PQTV.XZΓΔΘΞΠΣο? Bö.* Hm.¹ — ἀργάντα RU.Ω Al. (Germ.) — ἀργὸν τῷ Ω — ἀργὸν recc. Ro.* — ἀργᾶν (collato Aesch. Ag. 116) Hm² Bg.² ‖ **67** κυάναιγις B. (cum Sch. B) — κυαναιγις (s. a.) F — κυαναιγίς δ' E — κυαναιγὶς C.DG etc. ‖ ὄρφνῃ δς ‖ **68** κνώσσοντί (κνώσοντί PΣ) οἱ mss. Al. Ro.* — ὑπνῶντί οἱ Pw. (Hy.) Be. — πνέοντί οἱ Hm.² ‖ τόσα DFH^ac Sm.* — τόσσα BOEGH^pc NOPQRTUVXZ Thom. recc. Ro.* ‖ ἔδοξεν ἄνδοξεν E (F^ac?) ‖ ἄνα, ἀνά, ἀνὰ mss. ‖ ἔπαλτο DNO — ἐπαλτ' (s. a.) q — ἔπαλτ' rell. mss. Al. Ro.* Bö.¹ Hm.² Sw.²³ Bg.² — ἐπᾶλτ' Bö.² Di. Sw.¹ Bg.¹ Ht. — De dativo cf. ad O. I, 89. ‖ **70** παραχ. D^ac NPQTXΠn ‖ **71** εὗρε vett. ΓΔ — εὗρεν recc. ΠΣ[Θ] Al. Ro.* ‖ **72** δεῖξέ τε B — ξέν τε EF[H] recc. Ro.* — ξέ τοι V — ξέ τε rell. vett. Thom. Al. ‖ εὑρεῖν δεῖξαι τε n ‖ κοιρανίδα CE ‖ **74** κοιτάζετο q ‖ ἀπ' ἐκείνου omnes mss. (ἀπ' ἐκ. Z^ut) Al. Ro.* Bg.² — ἀπὸ κείνου Bö.* ‖ χρήσιος mss. (χρύσιον [cum gl. τὸν χρυσοῦν] n) Al. Ro.* ‖ ὥς (ὡς) τέ οἱ BCDEFG[H]NO[P]Q[RT]UVXZΓΔ ΘΞΠΣΩ Al. Bö.* — ὅππως τέ οἱ Θ^b aknoqλ'μ'ν'ξ'ο' [r. r.] Ro. Ox.* — ὅπως τέ οἱ Cp.* ‖ **74** ἔπορεν CFNOZ recc. Al. Ro.* Sm.* — ἔπορε [B]D EGHQRTUVXΓΔΘ^ac ΠΣ Mr. St. ‖ **75** δαμαήφρονα O ‖ χρυσὸν B^ut CDE

ΟΛΥΜΠΙΟΝΙΚΑΙ ΙΓ'.

ἐνυπνίῳ δ' ᾇ τάχιστα πιθέσθαι
[80] κελήσατό νιν, ὅταν δ' εὐρυσθενεῖ
καρταίποδ' ἀναρύῃ Γαιαόχῳ,
θέμεν Ἱππείᾳ βωμὸν ἐγγὺς Ἀθάνᾳ. 115
80 τελεῖ δὲ θεῶν δύναμις καὶ τὰν παρ' ὅρκον καὶ παρὰ ϝελ-
πίδα κούφαν κτίσιν.
ἤτοι καὶ ὁ καρτερὸς ὁρμαίνων ἕλε Βελλεροφόντας, 120

FG[H]NOQ[PRT|UVXZ[Γ]ΔΘΠΣ*anoq* [al. r.] Al. Cp. St. Hy.* — χρυσοῦν *klm*Θ'λ'μ'ν'ό'σ' Ro. Br. Mr. Sm. Ox. — χρυσὴν Ξ — χρυσόν γ' Pw.
76 δ' ᾇ Ε — δ' ᾇ Ky. Hm.² (collato O. VI, 23) Sw.²² Bg.² Ht. —
δαί CDᵃ NOPT.UU,ᵖᵃ V — δὴ F — δε (s. a.) B — δὲ B,Dᵇ Gᵃ HQRU,ᵃᶜ
XZΓΔΘ.?ΞΠΣ Ro; — δ' ὡς η — δ' ὡς Gᵇ Tᵇ Θᵇ *akoqμ'ν'ο'* [r. r.] Al. Ro.*
|| πιθέσθαι B.CENOΓ Ro; — πιθέσθαι Q·8ΔΘ — πίθεσθαι GHTV
almnoqx (gl. π πιστεύειν) — πιθίσθαι DF[P]Q¹[R]UXZΠΣ[*bc*]*k*[Θ'λ']μ'ν'[σ']
Al. Ro.* — πύθεσθαι ο' || 77 κελλ. NOΓΔΠΣη — κεκλ. λ' — κελεύσ.
R. || νιν CNOΓΔΘ — μιν [B]DEF etc. || ὅτ' ἂν EF || δ'] δὲ H,T, ||
78 κραιταίποδ' B — κραταίποδα O (cum Sch. BGHT) — κραταίποδ' CD
EFGHINPQRTUVXZΓΔΘ — κραταιὲ ποδ' (πόδ') ΠΣ — καρταίποδ' (καρ-
τώπ. η) recc. Al. Ro.* || ἀναρύῃ(η) BC.DEFGHINᵖᵒOᵖᵒPQRTU.VXZ
(cum Sch. BHT etc.) ΠΣΩ Al. — ἀραρύη Nᵃᵒ?Oᵃᵒ? — ἀναρρύη ΓΔΘ·Ξ
ἀνερύη(η) aᵃᵒo?qxo' St.²⁴ Bd. (Comm. Mosch. in q[a] aliisque Moschopuleis)
— ἀνερύη π — αὐερύη(η) aᵖᵒ? Ro: Cp. Mr. St.¹³ PSt. Bö.* — αὖ ἐρύη
Be. Hy. — αὐρύη Sm. Ox. λ'(?) — ἀν'ρύη Θᵇ k — ἀνρύη(η) μ'ν̄'σ' Hm.
(cum Comm. Moschopuleo [contaminato] in Triclinianis μ'ν' etc.) || γαιαόχῳ(ω)
BCᵇ DEF (ὡχω) GH (ἀοχω) INOPQR (ἀοχος) TUVXZΓΔΘΠΣ Al. Be. Hy.
— γαόχω Ξ — γαιηόχου Cᵃ? — γεαόχῳ(ω) recc. Ro.* Bö.* || 79 ἱππείᾳ(ᾳ)
BC.ᵃ DEFGHI?NO.[P?]QRTUVXZΠΣ[*bc*]*k*[Θ'λ']μ'ν'[σ'] Al. Ro.* — ἱπ-
πείω Cᵇ — ἱππίᾳ(α) ΓΔΘ*almno?qsxxo'* Hm. Bö.* || ἐγγὺς NOP (cum gl.
Θ πλησίον) Hm.³ recte. — εὐθὺς [B]C.DEF[GH]Q[R]S[T]U[VX]Z etc.
(etiam Θ) || ἀθάνᾳ(ᾳ) omnes || 80 τελεῖ θεῶν D Bö.* — τέλλει θεῶν
Hm.² Sw.²³ — τελεῖ δὲ θεοῦ C, — τελεῖ δὲ θεῶν B.CEFG.H.IN (δε) OPQ.
RT.UVXZΓΔΘΞΠΣ — πληροῖ θεῶν ΩΩ Al — πληρεῖ θεῶν *ab* — πληρεῖ δὲ
θεῶν aᵃˣ — πληροῖ δὲ θεῶν k*noprqμ'ν'ξ'ο'* [r. r.] Ro:* (in Tricl. cum notula
διὰ τὸ μέτρον πληροῖ γράφε, οὐ τελεῖ.) || ὅρκον] ὅρμον V solus vitiose — gl.
Mosch. ἤτοι τὴν δεομένην βεβαιώσεως. || καὶ τὰν παρ' ἐλπίδα BCDEFGHNO
QRTUVXZΓΣ Al. — καὶ τὰν παρελπίδα ΓΔΘΠ — καὶ παρελπίδα ο' — καὶ
παρὰ ἐλπίδα *aknoqμ'ν'* [r. r.] Ro.* — τοι παρά τ' ἐλπίδα Ht. || 80sq. κτῆ-
σιν (sine γ') BCDEFGHINOPQRTUVXZΔΘᵃᵒΞ?ΠΣΩ?Ω? Al. — κτίσιν
(sine γ') ΓΓΘᵖᵒΞ?*almno?qsx* Bö.* — κτίσιν γ' [*bc*]*k*[Θ'λ']μ'ν'[σ'] Ro.*
(Tricl.) || 81 ἤτοι omnes 31 mss. de quibus constat Al. Ro. Mr. St. Bd. —
ἤτοι [R?*x*?] Cp. Sm. Ox.* || ἕλε BCDEF (ἷλε) G[H]NO[P]Q[R]TU (ἷλε) VX

[85] φάρμακον πραΰ τείνων ἀμφὶ γένυι,

Ἐπ. δ'.

ἵππον πτερόεντ᾽· ἀναβὰς δ᾽ εὐθὺς ἐνόπλια χαλκωθεὶς
ἔπαιζεν.
σὺν δὲ κείνῳ καί ποτ᾽ Ἀμαζονίδων
85 αἰθέρος ψυχρᾶς ἀπὸ κόλπων ἐρήμου   125
τοξόταν βάλλων γυναικεῖον στρατόν
[90] καὶ Χίμαιραν πῦρ πνέοισαν καὶ Σολύμους ἔπεφνεν. δια-
σιωπάσομαί ϝοι μόρον ἐγώ· 130
τὸν δ᾽ ἐν Οὐλύμπῳ φάτναι Ζηνὸς ἀρχαῖαι δέκονται.

ἐμὲ δ᾽ εὐθὺν ἀκόντων   Στρ. ε'.
90 ἱέντα ῥόμβον παρὰ σκοπὸν οὐ χρὴ

ΖΓΤΔΘΞΠ(ἴλη) ΣΩ Al. Bö.* — ἴλαβεν Bᵇaᵃ knosuιλ'μ'ν'ξ'o' Ro.* Sm.* —
ἴλαβε Mr. St. — [ἴ]λε μιν aᵇ (hoc supra ἴλαβεν positum est) — ἴλε μὲν Hm. ||
81 sq. dist. post (non ante) φάρμακον QZΠΣq — dist. post φάρμακον πραΰ DF
82 πραΰν Z || τεῖνον B·B,* — τείνων B¹ B,¹ C.DEFG etc. || ἀμφιγέν.
VXσ' || γένυϊ BC.DEFG.HNOTUVΓΓ.ΔΘ·ΞΠΣΩmo' Al. — γένυϊ XZ —
γένυι B, Hm. Bö.* — γένυν ko — γίνυ' aᵇm' — γίνυ Θᵇ aᵃ nq[λ']ν'σ' [al. r.]
Ro :* || 83 -εντ'] -εντα NObckλ'μ'ν'o'σ' Ro. (Tricl.) || ἀναβὰς omnes || ἐνό-
πλια] ἀέρια Eustath. Opusc. 349. || -ζε B.C,DEFʳᶜGHPQTU.VZΓΓΔΠΣ
— ξε CFᵃᶜNORXΣ Mr. St. Bd. — ξεν ΘbcknΛ'μ'ν'σ' Ro: Br. Co. Pl. — ζεν
a[ἰm]oq[x]o' Al. Cp. Sm.* || 84 δὲ ἐκείνω ΗΓΓΔΘΠΣ — δ' ἐκείνῳ(ω) rell.
mss. Al. Ro.* — δὲ κείνῳ Bö.* || ἀμάζον' ἰδὼν Ξ solus(?) || 85 ἐρήμου
omnes mss. Al. Ro.* Ht. — ἐρήμων Hm. Sw.²³ Bg.² || 86 βάλλεν (Bö.)
Sch. Vet.? — βάλεν UV — βάλλε Z — βάλε QB·STX (cum gl. T ἐτρω-
σεν) — βάλων P — βαλλὼν C — βάλλων BDEFGHNO Thom. recc. Al.
Ro.* || 87 χείμεραν CRZ — χίμαιραν Πkλ'μ'ν'σ' Ro. Mr. — χίμεραν
Tq¹ — χιμέραν Xo' — χίμαιραν BDEF etc. Al. Cp. St.* || πυρην. ΓΓ ||
πνέοισαν] πνέουσαν B, — πνειοῦσαν N || -νεν CFZ recc. Al. Ro.* Sm.*
— νε rell. vett. et Thom. Mr. St. || διασωπάσομαί οἱ μόρον ἐγώ B.CDEF
GHIN.O (πήσ) O,PQRTU.VXZΓΓΔΘΞΠΣΩ Al. Bö.* — διασωπάσομαι
αὐτῷ(ῷ) μόρον ab? c? hilmnoq.ε (σιω) xϑ'? (Mosch.) — διασιγάσομαι αὐτῷ(ῶ)
μόρον kλ'μ'ν'o'[σ'] Ro.* (Tricl.) — διασιωπάσομαι μέν οἱ μόρον Hm.² —
διασιγάσομαί οἱ μόρον ἐγώ Ht. — Cf. Germ. Sch. p. 64, not. 3 || 88 ὀλ.
omnes vett. et Thom. n Al. — οὐλ. recc. Ro.* || ἀρχεῖαι kλ'μ'ν' Ro.
(Tricl.) Mr. St. Ox.* — ἀργεῖαι σ' — ἀρχαῖαι B[CDF]EGHNOP[QR]TU
VXZΓΓΔ?]ΘΞΠΣΩa[hi]noqsvo' Al. Cp. Sm. Hm. Bö.* — ἀχαῖα x ||
δεκ. C Bö.* — δέχ. omnes rell. mss. (δέονται Π) Al. Ro.* || 89 εὐθὺς N,
n || 90 ἱέντα CHNOTVλ' — ἱέντα [B.]DEFG. etc.

[95] τὰ πολλὰ βέλεα καρτύνειν χεροῖν. 135
Μοίσαις γὰρ ἀγλαοθρόνοις ἑκὼν
Ὀλιγαιθίδαισίν τ᾽ ἔβαν ἐπίκουρος
Ἰσθμοῖ τά τ᾽ ἐν Νεμέᾳ. παύρῳ δ᾽ ἔπει θήσω φανέρ᾽
                                ἀθρό᾽, ἀλαθής τέ μοι 140
95 ἔξορκος ἐπέσσεται ἐξηκοντάκι δὴ ἀμφοτέρωθεν
[100] ἀδύγλωσσος βοὰ κάρυκος ἐσλοῦ.

τὰ δ᾽ Ὀλυμπίᾳ αὐτῶν   Ἀντ. ε΄.
ἔοικεν ἤδη πάροιθε λελέχθαι·   145
τὰ δ᾽ ἐσσόμενα τότ᾽ ἂν φαίην σαφές·

91 καρτύνειν [BCH]NO[P]Q[RΠΣΔ]a[k]η[λ']μ'ν'ο' [al. r.] Al. Ro.* — κρατ. DEFG?TUVXZΓΓΘbcoq ‖ 92 μοίσαισι B.C.DEFGHINOPQRTU. VXZΓΓΔΘΠΣ Al. Ro; — μούσαις λ' — μοίσαις aknoqμ'ν' [r. r.] Ro.* ‖ ἑκὼν B.CDEFG.HNOPQRTUVXZΓΓΔΘΞΠΣΩ Al. q (glossa in recc. multis) — ἑκων ak̄oσxμ'ν'ο'σ' [r. r.] Ro: Cp. St.* — ἑκων λ' — ἑκὼν n (in nullo alio quod sciam ms., nisi quod eadem glossa refertur ex P) Mr. Pw. Hy.* ‖ 93 -δαισί τ' (δισι τ' E) vett. et Thom. — δαισίν τ' (δεσίν τ' knλ'μ'ρcν'σ' Ro.) recc. Al. Cp.* ‖ -ρον Γ ‖ 94 τά τ'] τ' D — τά γ' λ' ‖ ἐπιθήσω B.C.N,OacGb|ref. n (sed gl. η βραχεῖ δὲ λόγῳ) (paraphr. Sch. Vet. in B Ro. ἐπιθήσω καὶ ποιήσω) — ἐπιθήσω ο — ἐπαθήσω Σ — ἐπαθήσω Al. — ἔρπει θήσω R — ἐπιθήσω Θ — πειθήσω ο' — ἐπει θήσω DEFGᵃᶜG,[H]NOPc[P]Q[T]U.VXZΓ[ΓΔ]Πakϱμ'ν' [r. r.] Ro.* (in Sch. Vet. verba ἐπιθήσω καὶ omissa in U Bö.) ‖ φανερἀθρό᾽ BGHRTUV — φανερ᾽ ἀθρό᾽ knλ'σ'. — φάνερ᾽ ἀθρό᾽ ο — φανέρ᾽ ἀθρό;' CDEFNO (ἀθρόα) [P]QXZ etc. ‖ ἀληθὴς O.Q — ἀλλαθὴς ΠΣn ‖ τ᾽ ἐμοι Σ — τ᾽ ἐμοι n — τέ μοι rell. ‖ 95 ἐξ ὅρκος B Pw. — ἐξ ὅρκ̆ᵒˢ V — ἐξόρκος Dᵃaq — ἔξορκ|||| O — ἔξορκος [C]DᵇEFG[HNPRT]QUXZ [Thom.] noμ'ν'ο' [r. r.] Al. Ro.* ‖ ἀπέσσ. EFacZac? — ἐπέσσ. [B]CDFpcZpc etc. ‖ ἀνθόρκιος ἔσσεται Ht. ‖ ἐξηκ. DVΓΓxσ' ‖ -άκι] ἀδι V ‖ δ᾽ BCDEFGHNOPQ RTUVXZΓΔΘ·ΞΠΣΩΩ Al. — γὰρ recc. Ro.* — δὴ Hm. Bö. ‖ -θεν (sine γ') BCDEFGHPQ[R]TUVXZ[Γ]ΓΔΘΞΠΣΩΩalmnoqsx Al. Bö.* — θι O — de N n. l. detritâ chartâ — θέν γ' [bc[k[θ']λ'μ'ν'[σ'] Ro.* (Tricl.) ‖ 96 ἀδ. PQ.ΔΘac Al. — 'ἀδ. Γ — ἡδ. c — ἀδ. rell. ‖ βοᾶ Gac G,OQac kacο' ‖ κήρ. B,NO — κάρ. B etc. ‖ ἐσθλοῦ CNORTᵇΓΘacbckbπλ'ν' — ἐσλοῦ B.DEFGH[P]QTaUVXZΓ[Δ]ΘPcΠΣa (ἐσλοῦ) kaoq (ἰσ λοῦ) μ'iitο' Al. Ro.* ‖ 97 οὐλ. Πλ'ο' — ὀλ. rell. ‖ 98 ἔοικε X ‖ 99 τὰ δ᾽ [C]NO (Σ?) ; Bö.* (cum Sch. Vet.) — τά τ' PΘa — τά τ' BDEFG.HQ.TU.VXZ

100 νῦν δ' ἔλπομαι μέν, ἐν θεῷ γε μὰν
[105] τέλος· εἰ δὲ δαίμων γενέθλιος ἕρποι,
Δὶ τοῦτ' Ἐνυαλίῳ τ' ἐκδώσομεν πράσσειν. τὰ δ' ὑπ'
ὀφρύϊ Παρνασίᾳ, 150
ἐξ ἄρατ'· ἐν Ἄργει, κἂν Θήβαις· ὅσα τ' Ἀρκάσιν ἄσσον
μαρτυρήσει Λυκαίου βωμὸς ἄναξ,

Ἐπ. ε'.
105 Πελλανά τε, καὶ Σικυών, καὶ Μέγαρ', Αἰακιδᾶν τ'
εὐερκὲς ἄλσος,

[ΓΔ]ΓΠΣnoqλ'μ'ν'σ' [r. r.] Al. Ro.* Ky. || ἰσόμ. V || φαίη Vλ' — φαίνε
(sic) X⁰ || σαφῶς abo's
100 ἔλπ. Xk || om. μὲν GHQRTUVXΠΣ — μὰν NO — μὲν BCDE
FZΓΓ[Δ]Θ recc. Al. Ro.* || γε μάν] γε μὲν NO — μὰν (om. γε) V ||
101 δὲ om. PTX || δαίμων ὁ γεν. B.CDEFG.IOPQ.RUVXZΓΔΘΞΠΣΩ — n.
n. de HTΓ — δαίμων γεν. N recc. Ro.* || ἕρπων O¹ — ἕρπει Nᵖᶜ Qᵃᶜ X —
ἕρποι Z — ἕρποι [B]C etc. || 102 διΐ omnes mss. (διὶ P?) Al Ro.* —
Δὶ Bö.* || τοῦτ' BCDG,HNOUV Thom. recc. Al. Ro.* — τῶτ' (τῶ τ')
Fᵛ¹ (cum gl. καὶ τῷ) P (cum gl. τινί) QRTXZᵘᵗGᵇ|ᶦᵉᶠ — ω̄' Q, — τό, τ'
EF — τάτε Eᵛ¹ (γρ. καὶ τάτε) || τ' om. G — τε Q, — τ' rell. (et G,)
|| ἐκδ.] ἐνδ. λ' — ἰδ. o'ᵃ || ὑπ' CN.O (Bg.) — ἐπ' rell. (etiam
C,O,) || παρνασίᾳ(α) Bᵃᶜ B,DFNT*XΓΓΔ (σίαι) Θᵃ ΞΩsoᵃᵒ Al. Ro; Bö.*
— σσίᾳ(α) Bᵖᶜ CEGHOPQRTᵇ UVZΠΣ aknoqΘᵇ[λ']μ'ν'ο'ᵖᶜ [r. r.] Ro.*
|| 103 ἐξ ἄρατο ἐν ἀργεῖ δ' B solus, quod (omisso δ') reposui — ἐξ,
ἄργει θ' C solus ....' ν ἄργει δ' G (detrita verba, fortasse ante
ἐν olim plura praemissa) — ἐν ἄργει θ' N (εἴ?) OΘᵃⁱᵖᵃ Al. — ἐν ἄργει δ'
DEF (G? vide supra) HPQᵖᶜ|ᵘᵗ RTUVXZΓΓΔΘᵃ|ᵃᵒ ΞΠΣ (Ω?) — ἀμφ' ἄργει
θ' a(aᵇ?)hénoq [x al. r.] Θᵇo'ᵇ|ᵘᵗ (Mosch.) Sm.* — ἀμφ' ἄργει τε, κλ'μ'ν'
σ' (o'ᵃᵉ?) Ro.* (Tricl.) || ὅσσα (ὅσα EFNᵃᵉq Mr. St.) καὶ ἐν (om. ἐν R) Θή-
βαις mss. Al. Ro.* — aut καὶ (omissis ὅσσα et ἐν) aut κἂν scribendum esse
videtur || ὅσα τ' EFHΓΓΔΘΠΣΩ Al. Bö.* — ὅσα τε (τε) recc. Ro.*
— ὅσσα τ' Bᵃ CDG.NOPQ.RTU.VXZΞ || ἐν ἀρκάσι, G, — ἐν ἀρκάσιν
ἀνάσσων R — ἀρκάσιν, ἀνάσσων BΓΓΘΠ — ἀρκάσιν ἀνάσων EFZ — ἀρ-
κάσιν ἀνάσσων CDGHINOPQRTUVXΔΣ Al. — ἀρκάσ' ἀνάσσων akoqx
(s. a.) λ'μ'ν'[σ' r. r.] Ro.* — ἀρκάσ ἀνάσσων πο' — ἀρκάς ἀνάσσων Hm.¹ Bö.*
— ἀρκάσιν ἄσσον scripsi || 104 βωμός BCDEFGHO[PR]QUVXᵇZΓΓ[Δ]
ΘΠΣanoq [al. r.] Al. Ro.* — charta detrita in N — διός TXᵃZᵐ — βω-
μοῖς km'ν'σ' || . ἄναξ. km'ν'σ' — . ἄναξ,— Ro. — , ἄναξ, Cp. Mr. — ἄναξ.
BEOVao — ἄναξ, [C]NZΘqο' — ἄναξ QUΣn aliique. || 105 πελλανα (s.
a.) λ' — πελλάνα Cᵃᵒ RZq — πελλάνα B.Cᵖᵒ DEFG etc. Al. Ro.* — πέλ-

[110] ἅ τ' Ἐλευσίς, καὶ λιπαρὰ Μαραθών,
τᾱί θ' ὑπ' Αἴτνας ὑψιλόφου καλλίπλουτοι
πόλιες, ἅ τ' Εὔβοια. καὶ πᾶσαν κατὰ
Ἑλλάδ' εὑρήσεις ἐρευνῶν μάσσον' ἢ ὡς ἰδέμεν. ἀλλὰ
κούφοισιν ἐκνεῦσαι ποσίν.
110 [115] Ζεῦ, τελέαν αἰδῶ δίδοι καὶ τύχαν τερπνῶν γλυ-
κεῖαν.

λανά (in nullo scripto) Hm. Bö.* ‖ συκιῶν EFZ — συκυῶν ΔΘΣ⁰ ‖ αἰακι-
δῶν FOZamnoqxo' — αἰολιδῶν N — αἰακιδᾶν rell. ‖ ἄλσος C?O
107 θ'] δ' O ‖ ὑψηλ EFZΘ⁰ΠΣo ‖ -φῷ O ‖ 108 ἅ τ'] ἥ τ'
B, — αἴ, τ' F ‖ εὔβοιαν καὶ TV ‖ καθ' B.CDEFG.HNOQRTUVXZΓ
ΓΔΘΠΣ — κατὰ recc. Al. Ro.* ‖ 109 μάσσον BCDE¹FG.HN.O¹QRT
U.VXZΓΤΘ⁰ΣΠΣ — μάσσον' E⁰Θ⁰ akoqμ'ν'ο' [r. r.] Al. Ro.* (cum
Sch. Vet.) ‖ ἰδεῖν U, ‖ ἀλλὰ B.CDEFG.H etc. (omnes libri scripti) Al.
Ro.* (in Π ἀχέα solito vitio, cf. VI, 62) — ἀνὰ Mi. Hm.¹ — ἆνα, Pw.
Bö.* — σὺ δ', ἄνα, Hm.² ‖ -σί (σι) BCGHNOQRTUVXZΓΔΘΠΣαπο
qx Al. Mr. St. — δὶ N, — σὶν (σίν) DEFk[λ']μ'ν'ο'[σ'] Ro. Cp. Sm.* ‖
extr. non dist. BCDEGOQUVXZΓΓΘΣΠakηqμ' [r. r.] Al. Ro.* — com-
mate dist. Hy.* — plene FNoo' Ky. Sw. Bg. Ht. ‖ 110 τέλεαι. Β — τέ-
λειαι Σ — τέλεις. CᵇDEFGHNOPQᵃ|ᵘⁱ?TUVXZΓΓΔΘ· ΠΣΩox Al. (Sch.
Vet.) — τέλει' Bö.* — τέλειεν Qᵇ|ᵘⁱ? — τέλει. (τέλει,) Cᵃ recc. Ro.*
(Sch. Rec.) „fac ut exeam" — τέλε' Cm. — τελέαν scripsi de coniectura
collato Sch. Vet. et P. VIII, 25. O. II, 65. An τελέαι τελέαι (pro τελέεσαι)
a τελοῦμαι (fut. med. v. τέλλω) i. e. „perficies mihi"? cf. ἐφάψεαι O. IX,
12. ‖ αἰδῶ (ἀλδῶ Ω Al.) τε δίδοι BCDEFGHI (δίδου) NOPQ[R]TUVX
(αἰδώ) ZΓΓΔΘΣΠΣΩΏ (x sine τε?) Al. (Germ. paraphr.) — αἰδῶ δίδοι
Bö. (ft. in x sed in nullo alio ms.) — αἰδῷ τε δούς Cm. — αἰδῷ(ῷ) διδούς
recc. Ro.* (Hm.) (in Tricl. cum notula μὴ δίδοι γράφε, ἀλλὰ διδούς·
οὕτω γὰρ κάλλιον.) — αἰδῶ τε δός Hm.² ‖ γλυκείαν EFVZ

Subscr. τέλος ξενοφῶντος. DFGQTUV — ὕμνου τέλος ξενοφῶντος
κορινθίου. λ'μ'ν'σ' — τέλος τοῦ τρισκαιδεκάτου εἴδους. p — τ. τ. τρ. τῶν
ὀλυμπίων εἴδους. Ro. (ut semper) — nulla subscr. in BCENO etc.

ΟΛΥΜΠΙΟΝΙΚΑΙ ΙΔ'.

ΑΣΩΠΙΩ ΕΡΧΟΜΕΝΙΩ
ΠΑΙΔΙ ΣΤΑΔΙΕΙ.

Inscr. ἀσ. ὀρχ. Σ — ἀσ. ὀρχ. σταδιεῖ. ο — ἀσ. ὀρχ. παιδὶ κ — ἀσ. ὀρχ. παιδὶ σταδιεῖ. Sm.* — ἀσ. ὀρχ. παιδὶ κλεοδάμου σταδιεῖ. c (δήμου) αʹμʹνʹ — ἀσ. ὀρχ. σταδιεῖ παιδὶ κλεοδάμου. CNXΓ Ro.* (in Γ δήμου) — ἀσ. ὀρχ. στ. π. κλ. νικῶντι τὴν ος̄ ὀλυμπιάδα. DGPQTUVZ (in D om. τὴν) — id. (sed νικήσαντι) ΓΘ̄ρο ΛΠ — ἀσωπίῳ ὀρχομενία (Fρο νίω) στ. π. κλ. νικήσαντι (F νικῶντι) τὴν ος̄ ὀλ. (F ὀγδοηκοστὴν ἑκτὴν) EF (cf. vs. 17) — ἀσωπίχῳ ὀρχ. ς. π. κλ. νικήσ. τὴν ος̄ ὀλ. ΔΘ⁰⁰ Al. — id. (om. τὴν) ενερχο' (in g ἐρχομενίῳ) — deest inscr. in Bπο'

Metr. Vs. 5 et 17, utrinque deleto γάρ, et vs. 17 Hermanni emendatione λυδῷ probatâ, aliter constitui ac Bö.* (‒ ⏑ ⏑ ‒ ⏑ ‒ ⏑ ‒ ‒ ‒́ ⏑ ‒ ⏑ ‒) et Hm. (Bg.) (‒́ ⏑ ⏑ ‒ ‒ ‒́ ⏑ ‒ ‒́ ⏑ ⏑ ‒ ⏑ ‒) fecerunt.

ΟΛΥΜΠΙΟΝΙΚΑΙ ΙΔ΄.

Καφισίων ὑδάτων   Στρ. α΄.
λαχοῖσαι αἴτε ναίετε καλλίπωλον ἕδραν,
ὦ λιπαρᾶς ἀοίδιμοι βασίλειαι
Χάριτες Ἐρχομενοῦ, παλαιγόνων Μινυᾶν ἐπίσκοποι,   5
5 κλῦτ᾽, ἐπεὶ εὔχομαι. σὺν ὔμμιν τά τε τερπνὰ καὶ
τὰ γλυκέα γίνεται πάντα βροτοῖς,
εἰ σοφός, εἰ καλός, εἴ τις ἀγλαὸς ἀνήρ.   10
οὐδὲ γὰρ θεοὶ σεμνᾶν Χαρίτων ἄτερ
κοιρανέοισιν χοροὺς οὔτε δαῖτας· ἀλλὰ πάντων ταμίαι

1 καφησίων E.HTYXΓΓ[Δ]ΘΛΠΣΩkπα΄[λ]μ´ν´ο´σ´ Al. Ro.* Ox. — κ[ηφη]σίων G^b|ref — καφισσίων DQRU — κασιφίων q — καφισίων B.[C]F NPZabchhilmos[x] Sm. Hy.* ‖ ὕδατα R ‖ 2 λαχοῖσαι | αἴτε B.CDEFG HNPQRTUVXZ[Γ]Γ[Δ]ΘΛΠΣΩachnoqssx Al. Ta. Ky. Hm.¹²³ (cum Sch.) — λαχοῖ|σαι. αἴτε κα´[λ´]μ´ν´ο´[σ´] Ro.* — λαχοῖσαν αἴτε [Σ?] Bö.* — λαχοῖσαι, ὦ ταί Bg.¹ — λαχοῖσαι, ταίτε Bg.² — θάλλοισαν αἴτε Ht. ‖ ναίεται T·UV¹ — ναίονται T, — ναίετε B.CDE.FG.H[NP]Q[R]T^bV·XZ Thom. recc. Al. Ro.* — νέαιτε ο´ ‖ καλλίβωλον C·ctqs·ο´ — καλλίπωλον B.C,C^bDEFG etc. — Sch. Rec. utrumque; Sch. Vet.¹ εὔγειον; Sch. Vet.² de equestribus studiis Orchomeniorum loquitur. ‖ 4 ἐρχομενοῦ Σq Cavedoni (Bö.) — ὀρχ. rell. (ὀρχουμ. F) ‖ παλαιγόνων ΓΓ — παλαιγόνῶν A ‖ μινυῶν NΣ^{ss} ‖ 5 εὔχομαι] εὐχόμεσθα Hm.³ ‖ σὺν γὰρ ὑμῖν τὰ τερπνὰ B.DFG.H[N]RT.U.VXZ[ΓΔΘ]Δα[h]οqα´[λ´]μ´ν´ [r. r.] Al. — id. (sed ἡμῖν) E.ΓΠΣπ — σὺν γὰρ ὕμιν τὰ τερπνά τε C (C^b ὑμῖν) P (ὑμί) Q (ὑμι) Σ — σὺν γὰρ ὑμῖν τά τε τερπνὰ Hm.¹ — σὺν ὑμῖν γὰρ τά τε τερπνὰ Bö.¹ Th. — id. (sed ὔμμιν) Bö.² Di. Sw. Ht. — σὺν γὰρ ὔμμιν τά γε τερπνὰ Hm.² — σὺν γὰρ ὔμμιν τά τε τερπνὰ Hm.³ Bg.³ Etiam Sch. B Ro.* τὰ ἐπιτερπῆ τε καὶ ἡδέα ubi τε om. U Bö. — delevi γὰρ ‖ 6 τὰ γλυκέα γίνεται B.C.DEFGHNQRT.UV XZ[Γ]Γ[Δ]ΘΛΠΣhkοα´μ´ν´ο´[απχλ´ο´ r. r.] Al. Ro.* Bg.¹ — γλυκέα γίνεται (om. τὰ) q — τὰ γλυκέα γίγνεται (in nullo libro scripto) Bö.* Hm.²³ Ht. — τὰ γλυκέ᾽ οἴγνυται coni. Bg. — τὰ γλυκέ᾽ ἄνεται Ky. Bg.² Sw.²³ ‖ πάντα om. q ‖ 7 κεὶ σοφός Bg.² (e Sch.) — εἰ σοφός rell. ‖ ἢ καλὸς ἢ τις (coni. Bg.²) Hm.³ ‖ 8 οὔτε γὰρ θεοὶ σεμνᾶν χαρίτων ἄτερ omnes mss. (οἱ θεοὶ D — χαρίταν θ´ Ox.) Al. Ro.* Hm.¹ Bö.² Di. — id. (sed οὐδὲ) Sw.¹²³ Ms. — οὔτε γὰρ θεοί | τί χ. ἅ. Bö.¹ — οὔτε γάρ πω θεοὶ σ. χ. ἅ. Th. — οὔτε γὰρ θεοὶ ἁγνᾶν χ. ἅ. Ky. Bg.¹ — id. (sed οὐδὲ) Ht. — οὔτε θεοὶ ποτε σ. χ. ἅ. Hm.² — id. (sed. οὐδὲ) Ra. cf. Rh. 4, 542. — οὐδὲ σεμνᾶν ἄτερθεν χαρίτων θεοὶ Hm.³ — οὐδὲ θεοὶ γάρ σ. χ. ἄτερ Bg.³ ‖ 9 κοιρανέοντι omnes mss. Al. Ro.* Hm.¹²³ Bg.¹² Ht. (Sch. B ἔχοντι, gl. T βασιλεύοντι) — κοιρανέοισιν Bö.² Di. Sw.¹²³ ‖ χοροὺς] χορὸν (χορῶν?) C^b ‖ οὔτε]

OLYMPIA XIV.

10 ἔργων ἐν οὐρανῷ, χρυσότοξον θέμεναι παρὰ
Πύθιον Ἀπόλλωνα θρόνους,
ἀέναον σέβοντι πατρὸς Ὀλυμπίοιο τιμάν.

ὦ πότνι᾽ Ἀγλαΐα   Στρ. β'.
φιλησίμολπέ τ᾽ Εὐφροσύνα, θεῶν κρατίστου
15 παῖδες, ἐπακοοῖτε νῦν, Θαλία τε
ἐρασίμολπε, ἰδοῖσα τόνδε κῶμον ἐπ᾽ εὐμενεῖ τύχᾳ
κοῦφα βιβῶντα· Λυδῷ Ἀσώπιον ἐν τρόπῳ
ἔν τε μελέταις ἀείδων ἔμολον,
οὕνεκ᾽ Ὀλυμπιόνικος ἁ Μινυεία

οὐδὲ Hm.² ‖ δαίταις] δαιτὸς Cᵇ ‖ ταμίαι] τάμιαι Q⁰⁰ (recte? cf. O. XIII, 7) — τίμιαι P — τιμίαι TX⁰⁰ (sed gl. T διοικηταί) — ταμιεῖαι ΠΣ

10 ἐνουρανίων Hm.² ‖ 10 sq. παρὰ πύθιον] παρὰ τὸν Πύ. Mi. Hm.¹ — παρὰ Πυθώϊον Hm.² — σχεδὸν πὰρ Πύθιον Hm.³ ‖ 11 ἀπόλλωνος Cᵃ ‖ 12 ἀένναον BCDE.FGHNQRTUVXZΓΔΘΛΠΣbchkrᶜoxᵇ (etiam Sch. B H etc.) — ἀέναον ahk⁰⁰[lm]nqa'[θ'λ']μ'ν'o'[σ' al. r.] Al. Ro.* ‖ 13 ὦ πότνι' P[Ξ?] Bö.* (Hy.) Hm.³ — πότνι' (sine ὦ) C.NQR recc. Al. Ro.* — πότνα (sine ὦ) B.DE.FG.HT.U.VXZΓΓΔΘΛΠΣxᵇ (T cum gl. ὦ) ‖ 14 -μολπα U — μολπαί ΠΣ ‖ τ' C[NP]Q[RΓΓΘ] recc. Al. Ro.* — τε BDEF GHTUVXZΔΛΠΣxᵇ ‖ κρατίστου] κράτισται Sch. Vet? ‖ 15 ἐπάκοοι νῦν BB,²CDEPᶜFG[N]PQRT (detrit.) UVXZ[Γ?] recc. Al. Ro.* — ἐπήκοοι νῦν B,¹T,¹ Ro;¹ — ἐπήκοοι γίνεσθε C, — ἐπάκουσι νῦν Δ(?) — ἐπάκουοι νῦν E⁰⁰?H?ΘΛΠΣ — ἐπάκοιοι νῦν Γ — ἐπάκουαι νῦν H? — ἐπάκοος γενεῦ Hm.¹ Bö.* Sw. — ἐπάκοοι τανῦν Hm.² Th. — ἐπάκοοι γε νῦν Th. coni. — ἐπάκοοι τὸ νῦν Hm.³ — ἐπακοοῖτέ νυν Bg.² — ἐπαΐοιτε νῦν Ht. ‖ Θαλία (om. τε) V — Θάλεια τε B (et Sch. B) — Θάλειά τε CN — Θαλλία τε ΠΣ — Θαλία τε D[E]FGH[P]QR[T]UXZ Thom. recc. Al. Ro.* ‖ 16 ἐρασίμολπον coni. Bg.² ‖ ἰδοῦσα N — εἰδοῖσα Θ ‖ ἐπ'] ὑπ' N ‖ εὐγενεῖ PQR TUVXΓ⋅Δ¹Θ¹Λxᵇ — εὐμενεῖ [B]CDEFGH[N]ZΓ⋅Δ⋅Θ⋅Σ recc. Al. Ro.* (cum Sch. Vet.) — εὐμευνεῖ Γ — εὐμμενεῖ Π ‖ 17 κούφα DFΛπ ‖ λυδίῳ(ω) γὰρ omnes scripti (excepto n qui γὰρ omittit) Al. Ro.* Hm.³ — λύδῳ γὰρ Pπ. Hm.¹ — λυδῷ γὰρ Hm.² Bg.² — λυδίῳ δ' Hm.⁴ Bö.* ‖ ἀσώπιον E — ἀσώπιχον rell. (Fυχον) In Inscr. EF soli ἰω, rell. ἴχω ‖ 18 ἐν μελέταις τὸ (τε pauci) B̄ (cum gl. ὅρα τὸ μέτρον) DE.FGHT.U.VXZΓΓ[Δ]ΘΛ ΠΣ recc. Al. Ro.* — ἐν μελέταις τ' CN?PQ[R] (Ξ?) Hm.¹ Bg.² Sw.²³ — — ἐν μελέταις (om. τ') B,N? — μελέταισίν τ' coni. Bö.¹ — μελέταις ἐν τ' Bö.¹ — ἔν τε μελέταις Hm.²³ Bö.² * Ht. ‖ ἔμολον BCDEF[GH]NPQ[RT] UVXZΓΓΔΘΛΞΠΣΩΩ ahmnoqesxᵇ Al. Bö.* — ἔμελλον E, (sed E in paraphrasi ἦλθον) — μόλον ka'[λ']μ'ν'o'[σ'] Ro.* (Tricl.) ‖ 19 οὕνεκ' BCDFG

Mommsen, Pindar. 9

ΟΛΥΜΠΙΟΝΙΚΑΙ ΙΔ'.

20 σεῦ ϝέκατι. μελανοτειχέα νῦν δόμον
Φερσεφόνας ἐλθέ, ϝαχοῖ, πατρὶ κλυτὰν φέροισ' ἀγγελίαν, 30
Κλεόδαμον ὄφρ' ἰδοῖσ', υἱὸν εἴπῃς ὅτι ϝοι νέαν
κόλποις παρ' εὐδόξου Πίσας
ἐστεφάνωσε κυδίμων ἀέθλων πτεροῖσι χαίταν.   35

HQXΘΛᵃᶜⁿᵍˣᵇ — οὕνεκα Σ — οὕνεκα Π — οὕνεκ' ENRTUVZΓΛᵖᶜ recc.
Al. Ro.* — ἕνεκ' m ‖ ἀ [B]N[PQR]TUXΓΓ[Δ]ΛΠΣᴾᶜa[h]nko'ᴾᶜ[λ]μ' (de
ν' n. l.) Cp.* — ἀ DEFG.HVXΘΣᵃᵃqo'ᵃᶜ Al. Ro. Br. — ἴα C — ἡ C,U, —
, ὦ Ht. ‖ μινυεία Cᵖ•Γ Bö.* — μινυείη C, — μινύεια rell. mss. Al. Ro.*
20 σεῦ ἕκατι (in E sὖ in litura — E, σοῦ — B, σοῦ ἕνεκεν?) mss.
Al. Ro.* — σεῖο ἕκατι· Bg.² ‖ μελαντείχεα C.DE.FG.HNQT,U,¹²Z
ΓΔΛΠΣΨaᵇxᵇ Al. — μελεντείχεα TUVX — μελαντειχεα (s. a.) ΓΘ
n. n. de B — μελαντειχέα (P?R?) aᵃᵉbc[h]lmnoqa'ϑ'[λ]μ'ν'ο'[σ'] Ro.*
Hm.¹²³ Th. Bg.¹² Ht. — μελανοτειχέα (in nullo scripto) Bö. Di.
Sw. ‖ νῦν om. T,U,k[λ]μ'ν'σ' Ro.* — νῦν τὸν E, — νῦν B.[C]DEF[G]H
N[PR]QTUVXZΓ[Γ]ΔΘΛΠΣΨᾱbchlmnoqxᵇa'ϑ'ο' Al. Be. Hy.* ‖ 21 περσ.
CHᵃᵉNPRZ¹ΠΣ¹nq — φερσ. B.DEFG.Hᵖᵒ QTU[VX]Z÷[Γ]ΓΔΘΛΣ•Ψaρο
κα'λ'μ'ν'ο' [r. r.] Al. Ro.* ‖ ἐλθὲ B.DEFG.HPTU.VXZΓΓΔΘΛΠΣ[Ψ]ΩΩ
aᵇ(s?)xᵇ Al. Bö.² Di. Sw. — ἐλθε C — ἐλθ' NQR (Ξ?) Bg.² — ἰθι
aᵃ[bchhilm]noqka'[ϑ'λ]μ'ν'ο'[σ'] Ro.* Bö.¹ Hm.¹² Th. Bg.¹ Ht. — (φερ-
σεφόνειον) ἰθ' Hm.³ ‖ ἀχοῖ] ἀχοὶ Q•T, — ἀχεῖ λ' — ἠαχῆ ΠΣ ‖ πα-
τρί. VX — . πατρὶ BCQUΓΣ — , πατρὶ ΝΛαᵇκα'μ'ν' Al. Ro.* — πατρὶ
DEFZΘaᵃqo' ‖ φέροις FVXᵃZᵃᵒ?o' — φέρουσ' N — φέροισ' rell. ‖
21sq. ἀγγελίαν κλεοδάμῳ, ὄφρ' B — ἀγγελίαν. κλεοδαμον ὄφρ' rell. mss. Al.
Ro. Br.* — ἀγγελίαν, κλεοδαμον ὄφρα Cp.¹² Sm.* — ἀγ. κλεύδαμον ὄφρ'
Bö.* Hm.² ‖ 22 ἰδοῖσα „hi P" (teste Sm.) — ἰδοις, bcnqxᵇo' — ἰδοῖς'.
a — εἰδοῖσ' Σ — ἰδοῖσ' rell. (ἰδοῦσ' ft. N) ‖ εἴποις PQZλ' — εἴπεις h
— εἴπῃης Π — εἴπῃης(ης) rell. ‖ νέον BHᵛˡ|sˡaᵃmⁱoqq (in ao est νέρη αν
hinc νίαναν in h) — νέαν CDEFGH¹IN[PRT]QUVXZ[Γ]Γ[Δ]ΛΘΠΣaᵇm•n
a'λ'μ'ν'ο' [al. r.] Al. Ro.* ‖ 23 κόλποις EFNZᾱᵇsᵇ Bö.* — κόλποισι BC
DGHPQRTUVX Thom. ᾱᵃoq [al. r.] Tricl. Al. Ro.* Hm.¹²³ — κόλποι-
σιν n ‖ παρευδόξοιο V — παρ' εὐδόξοιο omnes rell. mss. Al. Ro.* Hm.¹²³
παρ' εὐδόξου Bö.* ‖ πίσσας FH?ZΓΓΘΛΠΣh?ϑ' ‖ 24 -σε] σεν Π ‖
χαίταν NQᵃTZΓΛ¹Σahkᵃᶜⁿqo' — χαίτα m — χαίταν BCDE etc.

Subscr. ὕμνου τέλος ἀσωπίχου ὀρχομενίου. α'λ'μ'ν' — id. (sed ἀσω-
πίου) σ' (Cf. Inscr. et vs. 17.) — nulla subscr. in BCDEFG etc.

Subscr. Olymp. πινδάρου ἐπινίκιοι ὀλυμπιονίκαι. B — πινδάρου ὀλυμ-
πιονίκαι. a — π. τέλος ὀλυμπιονίκων. DG — τ. π. ὀλυμπιονίκων. QTUV —
π. ὀλυμπιονίκων, τέλος. Xxᵇ — τέλος ὀλυμπιονίκων. Θq — τέλος ὀλυμπίων.
ΔΛο'ᵇ — τέλος τῶν ὀλυμπίων ὕμνων πινδάρου. α'μ'ν'σ' (Tricl.) — τέλος τῶν
δεκατεσσάρων ἐπινικίων τοῦ πινδάρου. ν'ᵇ — τέλος πέφυκεν πινδάρου σοφωτάτου.
ο'ᵃ — τέλος τῶν ὀλυμπιάδων. (sic) ω'

ΠΥΘΙΟΝΙΚΑΙ.

ΠΥΘΙΟΝΙΚΑΙ Α'.

ΙΕΡΩΝΙ ΑΙΤΝΑΙΩ

ΑΡΜΑΤΙ.

Strophae.

[metrical scansion marks]

Epodi.

[metrical scansion marks]

Integra Pyth. I periit in B; sed videntur Ro. et X⁵ inde manasse.

Inscr. Pyth. πινδάρου πύθια. Γα' Ro. — ἀρχὴ πυθίων. ὑπόθεσις πυθίων. DU — ὑπόθεσις πυθίων. P — ἀρχὴ πυθίων. IVXZΘΛ — πινδάρου πυθιονῖκαι Ya Al.

Inscr. Pyth. I. ἱέρωνι, αἰτναίῳ, συρακουσίῳ, ἅρματι. Ro. — ἱέρωνι αἰτν. ἢ συρ. ἅρμ. πύθια ... ογ. G — ἱέρ. αἰτν. ἢ συρ. ἅρμ. πύθ. CDEIPΘ — id. (om. πύθια) Λ — ἱέρ. αἰτν. καὶ συρ. ἅρμ. πύθ. Γ — ἱέρ. συρ. νικήσαντι τὴν κθην πυθιά[δι] ἅρματι. XZ — ἱέρ. συρ. ἅρματι. εἶδος πρῶτον. Xa — id. (sed μέλος α') Al. — ἱέρ. συρ. ἅρματι. α' — om. inscr. QUVY

Metr. Epod. 5 Moschopulus ita descripsit [scansion], Triclinius vero [scansion]. Epod. 7 Moschop. ita exorsus est [scansion], Tricl. recte [scansion].

ΠΥΘΙΟΝΙΚΑΙ Α'.

Στρ. α'.

Χρυσέα φόρμιγξ, Ἀπόλλωνος καὶ ἰοπλοκάμων
σύνδικον Μοισᾶν κτέανον· τᾶς ἀκούει μὲν βάσις, ἀγλαΐας
  ἀρχά,
πείθονται δ' ἀοιδοὶ σάμασιν,   5
ἀγησιχόρων ὁπόταν προοιμίων ἀμβολὰς τεύχῃς ἐλελιζομένα.
5 καὶ τὸν αἰχματὰν κεραυνὸν σβεννύεις
ἀενάου πυρός. εὕδει δ' ἀνὰ σκάπτῳ Διὸς αἰετός, ὠκεῖαν
  πτέρυγ' ἀμφοτέρωθεν χαλάξαις, 10

Ἀντ. α'.

ἀρχὸς οἰωνῶν, κελαινῶπιν δ' ἐπί ϝοι νεφέλαν
ἀγκύλῳ κρατί, γλεφάρων ἀδὺ κλάϊστρον, κατέχευας·
  ὁ δὲ κνώσσων   15
ὑγρὸν νῶτον αἰωρεῖ, τεαῖς
10 ῥιπαῖσι κατασχόμενος. καὶ γὰρ βιατὰς Ἄρης, τραχεῖαν
  ἄνευθε λιπὼν

1 φόρμιξ DX•ΓΘΛα'϶'϶̣' ‖ post (non ante) ἀπόλλωνος distinctum est in Zaa' Al. Ro. Br.* Gd. — ante (non post) id. in D[EFG]I? Cp. Sm.* (cum Sch.) cf. Hy. Hm. — neutra parte in CQUVXYΘ ‖ 3 σήμασι DC, ‖ σάμασιν ἀγησιχόρων, ὁπόταν U — rell. ut vulg. cum Sch. ‖ 4 ἀγ. a Bg.¹ Ht. — ἀγ. rell. et Bg.² ‖ ὁπότ' ἂν F ‖ προυοιμίων a (Mosch.) — τῶν φροιμίων Sm.* — προοιμίων rell. mss. Al. Ro.* Bö.* ‖ 5 αἰχμητὰν PQXΓΓΛ^ac? ‖ σβεννύης(ης) Ro. Br.* — εις mss. Al. Cp. Sm.* ‖ 6 ἀενάου CDEFG^acG,MQRUVXXYZΓΓΛ^ac϶' — ἀενάου G^pcIΘΛP^ca' Al. Ro:* — αὐνάου a ‖ εὕδει C^acFQU?YZΓ — σκάπτρῳ(ω) IRa'϶'϶̣' — σκήπτω Q — σκάπτῳ(ω) CDEF etc. ‖ ἀετὸς DE, ‖ πτέρου γ' Ϧ' ‖ χαλάξαις C• X^b Ro.* — χαράξας bc — χαλάξας C^bDEFGHIMPQRUVWX•XYYZ ΓΓΘΛαα'϶'϶̣'Ϧ' Al. (cum Sch.) ‖ 8 ἀγκύλω C^acM^mY male ‖ γλεφ. C¹E FGH¹• U^pcVWX•¹Γ¹•ΓΘΛabcḍa'β'Ϧ'϶̣' Al. Hy.* — βλεφ. C•DII^b[M]PQR U^acXX•YYZΓ•a'b• Ro.* ‖ ἀδὺ G^bQ ‖ κλᾶστρον C. — κλαΐστρον DEF GHIPRUVX^acXYZΓΓΘΛ Al. Ro.* — καῖστρον Q — κλᾶθρον M?X^pc — κλεῖθρον C^abM? — κλαΐστρον μὰν a (Mosch.) — κλαῖστρον ἱγ. Sm. — κλάϊστρον a'϶'϶̣' — κλαϊστρον Ox.* cf. Hymn. Hom. in Merc. 146. et Ah. D. D. 140 sq. ‖ κατέχεσας C^b — κατέχευσας QUXXYZΓΘΛabc Al. — κατέχευας C.•DEF[GH]I[MPRVΓ]a'϶[϶̣'] Ro.* ‖ 10 κατασχόμενος C[M]Z¹ Ro.* — καταγχόμενος DEFGIPQUVXXZ•ΓΓΘΛαα'Ϧ'϶̣' Al.

PYTHIA I.

ἐγχέων ἀκμάν, ἰαίνει καρδίαν 20
κώματι, κῆλα δὲ καὶ δαιμόνων θέλγει φρένας, ἀμφί τε
Λατοΐδα σοφίᾳ βαθυκόλπων τε Μοισᾶν.

Ἐπ. α'.

ὅσσα δὲ μὴ πεφίληκε Ζεύς, ἀτύζονται βοὰν 25
Πιερίδων ἀΐοντα, γᾶν τε καὶ πόντον κατ' ἀμαιμάκετον,
15 ὅς τ' ἐν αἰνᾷ Ταρτάρῳ κεῖται, θεῶν πολέμιος, 30
Τυφὼς ἑκατοντακάρανος· τόν ποτε
Κιλίκιον θρέψεν πολυώνυμον ἄντρον· νῦν γε μὰν
ταί θ' ὑπὲρ Κύμας ἁλιερκέες ὄχθαι
Σικελία τ' αὐτοῦ πιέζει | στέρνα λαχνάεντα· κίων δ'
οὐρανία συνέχει, 35
20 νιφόεσσ' Αἴτνα, πάνετες | χιόνος ὀξείας τιθήνα·

12 κώματι C.X*[MS'?] Ro: (cum Sch. in C et Ro.) — κώμῳ(ω) DE. FG̅.HIQRU.V.X¹X.YZΓΓΘΛabca'δ'ᵐ Al. (cum Sch. in EGUVX etc.) || verba κώματι. κῆλα δὲ καὶ om. Pδ'ᵃᵒ || δὲ γὰρ καὶ Cᵇ || λατοΐδα [CG]D Al. Ox.* — λατοΐδα EF[H]I[M]QUVXX[Y]ZΓΓΘΛaa' Ro.* (in α' cum gl. συνίζησις) || **13** ὅσα FT || -κεν α' (Tricl.) — κε rell. || ἀτύζονται [C]EF*[R] X*ΓΘΛaa' [r. r.] Al. Ro:* Bö.²* (cum Sch.¹ in Ro. et cum Plutarch. Qu. Symp. IX, 14, 6; adv. Epic. 13; de superst. 5) — ἀτύξονται I — ἀτύζονται Γ — ἀτύζενται Y — ἀτύζοντα M — ἀτύζηται DG — ἀτύζεῖται U — ἀτύζεται FPQVWX¹ΧYYZ Bö.¹ Ht. (cum Sch.² [in DEGQU Ro. etc.] ἀπὸ κοινοῦ τὸ ἀτύζεται; eadem glossa est in G ad vocem κεῖται adscripta) — gl. G ἀποστρέφεται (idem in Sch.¹ GU al., ubi Ro. ἀποστρέφονται habet) — gl. U μισοῦσιν. Cf. O. II, 84; X, 85; I. IV, 12 etc.; Matth. Gr. Gr. § 300 || **14** πιερίδαν EFR || αΐοντα VX — δ' αΐοντα Y — , ἀνιόντα Cp. — αΐοντα, rell. || **15** ὅς τ'] ὥς τ' MU·Y || **16** ἑκατοντοκάρανος GIa'ᵖᵃ — ἑκατοντακάρηνος VXZa — ἑκατοντακάρανος CDEF[H?MP]Q[R]UX[Y]ΓΓ (ἑκαντοτακάρ.) ΘΛa'ᵃᵒ? Al. Ro.* || **17** -ψε CDE.GRVZ*ΓΓ Ro. Br.* — ψαι Fᵘˢ Z¹ — ψεν H[[MP]QUXΘΛaa' [r. r.] Al. Cp. Sm.* || πολυώνυμόν τ' a Al. (Mosch.) — id. (sine τ') rell. Cf. Metr. || **18** -κὲς CM — κέας Z — κίες rell. || post ὄχθαι plene dist. U || **19** -νήεντα Γ — νᾶεντα V — νᾶντα s. νάντα Γ || **20** post (non ante) πάνετες interpunctum est in CMQUᵇ?XZa Al. — ante (non post) id. Cp. Sm.* — neutra parte DEFGIU*VYΘΛ Ro. Br.* — utrumque apud Sch. | ὀξεῖα M — ὀξεία α'* || τιθάνα CMYUˢᶜʰ — τιθήνα DEFG.[H]I[P]Q[R]UVXZΓ[Γ]ΘΛᵖᵒ[α' r. r.] Al. Ro:* — τιθῆνα X Aᵃᵉ — cf. Ah. D. D. 134 et ad O. XIII, 7

ΠΥΘΙΟΝΙΚΑΙ Α'.

Στρ. β'.

τᾶς ἐρεύγονται μὲν ἀπλάτου πυρὸς ἁγνόταται 40
ἐκ μυχῶν παγαί· ποταμοὶ δ' ἁμέραισιν μὲν προχέοντι
ῥόον καπνοῦ
αἴθων'· ἀλλ' ἐν ὄρφναισιν πέτρας
φοίνισσα κυλινδομένα φλὸξ ἐς βαθεῖαν φέρει πόντου
πλάκα σὺν πατάγῳ. 45
25 κεῖνο δ' Ἀφαίστοιο κρουνοὺς ἑρπετὸν
δεινοτάτους ἀναπέμπει· τέρας μὲν θαυμάσιον προσιδέσθαι,
θαῦμα δὲ καὶ παρεόντων ἀκοῦσαι, 50

Ἀντ. β'.

οἷον Αἴτνας ἐν μελαμφύλλοις δέδεται κορυφαῖς
καὶ πέδῳ, στρωμνὰ δὲ χαράσσοισ' ἅπαν νῶτον ποτικε-
κλιμένον κεντεῖ. 55
εἴη, Ζεῦ, τὶν εἴη ϝανδάνειν,

21 ἁγν. DYΓ ‖ 22 πηγαί EPQR — παγαί [C]DF etc. ‖ δ' ἀμ.] δ'
ἀμ. Q — δαμ. Y ‖ -σι CDEFGIMPQRUVXXYZΓΘΛα' Al. Ro.* — σιν
a (Mosch.) Ox.* ‖ μὲν om. VXZ ‖ προχέοντι M — προχέουσι Q ‖
23 αἴθων' CMIᵖᵒXᵣᵃ aa' Al. Ro.* — αἴθνων' bc — αἴθωνα C,DEFGIᵐR
ΓΓΛ — αἴθωνα Θ — αἴθωνος QUVX⁼⁼XYZ (cum gl. Z καυστικοῦ, sed gl.
U est κουστικόν) ‖ ἀλλ' ἂν' ΘΛ ‖ -σιν a (Mosch.) Ox.* — σι CDEF
GI[M]PQRUVXXYZΓΓΘΛα' Al. Ro.* ‖ 24 κυλινδομένας coni. Th. ‖ εἰς
bc ‖ 25 κρουνὸς Al. ‖ ἑρ. omnes ‖ 26 προσιδέσθαι CEᵛ¹[M]Xᵇ Ro.*
(cum Gell. N. A. 17, 10. et cum vet. codice Macrobii Sat. 5, 17) Bö.²* —
ἰδέσθαι Gᵍ¹ Hᵉ¹VWXᵛ¹XYZ — πυθέσθαι C,DEFGHIPQRUXYZ⁼ΓΓΘΛ
τι ἰδέσθαι abcd Al. (Mosch.) Bö.¹ — τι πυθέσθαι a'β'θ'ϝ'Gᵇ? (Tricl.) —
paraphr. Sch. ἰδεῖν — (θαυματὸν ὄντα ἰδέσθαι et θαῦμα περισσὸν ἰδέσθαι
coni. Ky.) — (τέρας γᾶς θαυμάσιον μὲν ἰδέσθαι Ht. temere) ‖ παρεόντων
CM (cum cod. vet. Macrobii 5, 17 [teste Sw.] et cum Sch. U ubi τῶν παρ-
όντων καὶ ἑωρακότων est in paraphr.) Ht. — παρόντων Gᵇ|ʳᵉᶜ. — παρ' ἰόν-
των Xa — παριόντων DEFGᵃ?[H]I[PR]QUVXYZ[ΓΓ]Θλα'ϝ' [rell.] Al. Ro.*
(cum gl. U παρερχομένων et cum Sch. Vet. in C Ro. etc. τῶν παριόντων καὶ
ἑωρακότων) — Gell. l. c. in optimis mss. ΠΑΡΕΝΤΩΝ; hinc παρε[ό]ντων in
ed. Hertzii ‖ ἀκοῖσαι (vet. cod. Macrobii l. c.) — ἀκοῦσαι omnes rell. ‖
28 στρωμνὰσ δὲ V ‖ ἅπαντα ΓΓ ‖ 29 εἴη ζεῦ εἴη τιν Ro. Br. Mr. St.¹
εἴη ζεῦ τὶν (τίν) εἴη mss. Al. Cp. St.²* ‖ ἁνδάνειν omnes mss. (ἀνδαίνειν
Y) Al. Ro.* — ἀνδάνειν (in nullo ms.) Sm.*

PYTHIA I.

30 ὃς τοῦτ᾽ ἐφέπεις ὄρος, εὐκάρποιο γαίας μέτωπον, τοῦ
    μὲν ἐπωνυμίαν
κλεινὸς οἰκιστὴρ ἐκύδανεν πόλιν
γείτονα, Πυθιάδος δ᾽ ἐν δρόμῳ κάρυξ ἀνέειπέ νιν ἀγγέλ-
λων Ἱέρωνος ὑπὲρ καλλινίκου 60

Ἐπ. β΄.

ἅρμασι. ναυσιφορήτοις δ᾽ ἀνδράσι πρῶτα χάρις 65
ἐς πλόον, ἀρχομένοις πομπαῖον ἐλθεῖν οὖρον· ἐοικότα γὰρ
35 καὶ τελευτᾷ φερτέρου νόστου τυχεῖν. ὁ δὲ λόγος
ταύταις ἐπὶ συντυχίαις δόξαν φέρει, 70
λοιπὸν ἔσσεσθαι στεφάνοισί νιν ἵπποις τε κλυτὰν

30 -πεῖς] ποις UVX⁼ᵒX̣ZΓΓ || γαίῃ D — γαίης G,U, — γαίας rell. || **31** οἰκηστὴρ I — οἰκιστὴς R || -νε CDEGQUVXX̣YZΓΘΛ Ro.* — νιν FHIaa' [r. r.] Al. Ox.* || **32** κάρυξ CDF[M]QXΓΛ Ro.* Sw. — κάρυξ Θ — κάρυξ EIRVX̣YZaa' Al. Sm.* Bg.¹² || νιν omnes (in U ἀνέειπεν) || ἀγγέλων FPQUVΓΓΛ — ἀγγέλλων ὡς (ἁς) DGᵘᵗ — ἀγγέλλων CE I etc. || ὕπερ X̣ZΘΛ Al. Cp. Sm. || **33** ἀνδράσι omnes -σιν Aw. || πρώτοις par. Sch. — πρῶτον abc — πρῶτα CDG1V⁼ᵒ?X̣ZΓΘΛ Al. Ox. — πρῶτα Cᵖᶜ?QUV⁼ᵖX̣YΓa' [rell.] Ro.* Hy.* || **34** εἰς πλεῖν (Sch. ad N. I, 49 vulg. p. 432, 17 in B Ro. etc.) — ἐς πλόον (Sch. ad N. I, 49 in U) rell. || ἐσχομ. (Sch. ad N. I, 49 in BU Ro.) CMΥΓ Sm.* — ἀρχομ. DEFG[H]I[P]Q[R]UVXX̣Z[Γ]Θλαα' [r. r.] Al. Ro.* Pw. Hy.* || post (non ante) ἀρχ. dist. a (Mosch.) Al. Ro.* — ante (non post) id. Pw. Hy. — nulla dist. in mss. Bö.* || **34**sq. γὰρ | καὶ τελευτᾷ(ᾷ) (om. ἐν) Cᵃ PQXᵐΓΓa'β' (Tricl.) Bg.² — γὰρ | ἐν καὶ τελευτᾷ(ᾷ in GIZ) Cᵇ DEFGHIMRUWXX̣YYZΟΓ — γὰρ | ἐν καὶ τελευτᾶν V⁼ᵒ (V⁼ᵒ τελευτῇ) — γὰρ | καὶ τελευτᾶν Bö.* Sw. — δ᾽ ἐν | καὶ τελευτᾷ Hm. Aw. — γὰρ | κἂν (St.* κἂν) τελευτᾷ(ᾷ) a (Mosch.) Ro.* — γὰρ, | κἂν τελευτᾶν Ht. || **35** φερτέρου Cⁱ Eʰ Ηᵖᶜ IMPΥXᵐ Ro.* Bg.² (cum gl. F καὶ κρείττονος) — φερτέρα (a in GZa'ᵇ) Cᵇ DEⁱ FGH⁼ᵒ IQRUVW XX̣YZΓΘΛabca'β' Al. — φερτέραν (Di.) Bö.* Sw. — φερτερᾶν Ht. || ὁ λόγος est hoc dictum (vide ad O. VII, 91); δόξαν φέρει (O. VI, 82) fidem facit || **36**sq. φέρει; λοιπὸν ἔσ. C — φέρει. λοιπὸν ἔσ. Z — φέρει, λοιπὸν ἔσ. Θ [aliique ut VM] Cp. Sm.* (cum Sch.) — φέρει λοιπὸν ἔσ. D GIQXY etc. Al. Ro. Br.* Bö.* — φέρει λοιπὸν. ἔσ. U — φέρει λοιπὸν, ἔσ. Ht. male || **37** ἔσσι. Xᵇ Ro.* [θ'?] — ἔσι. omnes rell. mss. Al. || , στεφάνοισιν, ἵπποισί τε Xᵇᵐ Ro. Br.* (in Xᵐ κατ᾽ ἐμὲ ἵπποισί τε) — στεφάνοισιν, ἵπποισίν τε Cp. Sm. — στεφάνοισιν ἵπποις τε CDEFGHIMPQR UXX̣YYZΓΘΛ — στεφάνοισιν ἱππεία τε VW — νιν στεφάνοισιν ἵπποισίν

καὶ σὺν εὐφώνοις θαλίαις ὀνυμασταν.
Λύκιε καὶ **Δάλοι᾽** ἀνάσσων | Φοῖβε, Παρνασῷ τε κράναν
Κασταλίαν φιλέων,   75
40 ἐθελήσαις ταῦτα νόῳ | τιθέμεν εὔανδρόν τε χώραν.

Στρ. γ'.

ἐκ θεῶν γὰρ μαχαναὶ πᾶσαι βροτέαις ἀρεταῖς,   80
καὶ σοφοὶ καὶ χερσὶ βιαταὶ περίγλωσσοί τ᾽ ἔφυν. ἄνδρα
δ᾽ ἐγὼ κεῖνον
αἰνῆσαι μενοινῶν, ἔλπομαι
μὴ χαλκοπάραον ἄκονθ᾽ ὡσείτ᾽ ἀγῶνος βαλεῖν ἔξω πα-
λάμᾳ δονέων,   85
45 μακρὰ δὲ ῥίψαις ἀμεύσασθ᾽ ἀντίους.

τε abcd (Mosch.) Al. — ἐν στεφάνοισί τε ἵπποις τε Γα'β'δ' (θ'?) (Tricl.)
— στεφάνοισί τε ἵπποις τε Ox. Hy. — στεφάνοισί νιν ἵπποις τε (Hy.) Bö.*
(cum Sch.; cf. U vs. 32.) — στεφάνοισί τ᾽ ἐν ἵπποις τε Hm.¹ — στεφάνοισι
σὺν ἵπποις τε Hm.²
38 θαλείαις CMY — θαλλίαις U — θαλίαις DEF etc. || ὀνυμασταν
DEFG?HIRV?ΓϜΘLa'β'δ' — ὀνομασταν CG?M[P]QUV?XXYZa Al. Ro.*
|| 39 δάλοιο C,DE.F.GHIPQRUVWXXYZΓϜΘL Al. Ro.* — δάλι᾽ C**
MY — δάλοι᾽ Cᵖᶜa'β'δ' (Tricl.) Sm. Ox. Bg.² Ht.; cf. ad O. XIII, 34 —
δαλίου θ'? (erit δάλι᾽ et ου supra, ut in rell. Tricl.) — δάλου abc (Mosch.)
Hy.* Sw. — an δαλοῖ ab obsoleto δηλώ, ut πυθοῖ a πυθώ? at Sch. τῆς
δήλου βασιλεύων in paraphrasi. || παρνασῷ τε (ῷ IZa' Al. Br.) CDFI[M]
WXXYYZaa' [r. r.] Al. Ro.* Sm. Ox. — ασσῷ τε (ῷ I) EGIHPQRΓϜΘ
Λ Mr. St. Hy. — παρνασοῦ τε Bö.* (in nullo ms., nam ου in CIP aliisque
supra scriptum interpretationis, non lectionis est) — gl. Z τῷ ὄρει. Genitivum
agnoscere videtur Scholiasta; sed dativus aut poëtice pro genitivo usurpatus
est aut de loco. || ante (non post) παρνασῷ τε distinguunt mss. et (Sch.
in Ro. U etc.); in Sch. (304, 26) distinctio a Be.* perperam mutata est. ||
40 εὔανδρόν τε (εὔαδρ. M — δρῶν τε Al.) omnes mss. Al. Ro.* — δρεῖν τε
Sm. — δροῦν τε Hm. || χώραν FIΛ || 41 θεοῦ C, || μαχ. omnes ||
42 καὶ χερσὶ καὶ σοφοὶ βι. CMY || βιῆται P — βιηται GⁱIQUVX*YZΓ
ΓϜΘLabca'θ' Al. — βιαταὶ CD[EF]G*[R]Xᵇ Ro.* || ἔφην UΘΛ || 43 ἔλ-
κομαι D — ἔλπομαι MYΓ? — ἔλπ. rell. (cum Sch.) || 44 -πάρειον E.R
— πάρηον Fᵇ|ᵘᵗ — πάραον rell. (-πάραον Bg.²) || ὡς ὅστ᾽ Vᵇ — ὡσ εἴτ᾽
GY — ὡσείτ᾽ CD etc. || ἀγῶνος, βαλεῖν a Al. — sine dist. rell. || om.
ἔξω VYZᵃᵃ || 45 μακραί (μακρὰν?) δὲ ῥ. C — μακραὶ δὲ ῥ. M — μακρὰ
δὲ ῥ. EG.PQU — μακρὰ δὲ ῥ. D — μακρὰ δὲ ῥ. E,F.IJRU,VWXYYZΓϜ

εἰ γὰρ ὁ πᾶς χρόνος ὄλβον μὲν οὕτω καὶ κτεάνων δόσιν
εὐθύνοι, καμάτων δ' ἐπίλασιν παράσχοι. 90

Ἀντ. γ'.

ἦ κεν ἀμνάσειεν, οἵαις ἐν πολέμοισι μάχαις
τλάμονι ψυχᾷ παρέμειν', ἀνίχ' εὑρίσκοντο θεῶν πα-
λάμαις τιμάν,
οἵαν οὔτις Ἑλλάνων δρέπει, 95
50 πλούτου στεφάνωμ' ἀγέρωχον. νῦν γε μὰν τὰν Φιλο-
κτήταο δίκαν ἐφέπων
ἐστρατεύθη· σὺν δ' ἀνάγκᾳ νιν νόσου
καί τις ἐὼν μεγαλάνωρ ἔσανεν. φαντὶ δὲ Λαμνόθεν ἕλκει
τειρόμενον μεταβάσοντας ἐλθεῖν 100

Θλα[δc] Al. Ro.* Hy.* — μακρὰ δ' ἔκρ. α'β'δ'θ' (Tricl.) Ox. || -ψαις
X⁵ Ro.* — ψας rell. mss. (et Xᵃ) Al. || -σεσθ' C⁰EFIMRV[X]ΥΓΓΘΛ
ᾱbca' Hy. Aw. — σασθ' C⁵DGPQUZ Ro.* Be. Bö.* (cum Sch. et Eu-
stath. pr. 9 et cum gl. E ἀποδιῶξαι) || ἀντίους] ἐναντίους CFMΥ — ἀντία QΘ
46 εἰ γὰρ DEG.QZ — εἰ, γὰρ Ro. — εἰ, γὰρ Ro; — εἰ γὰρ a ||
ἐπίκλησιν C, || extr. plene dist. Sch. Vet. cum mss. plurimis Cp.¹ Hy.*
— commate C (cum Sch. Rec. [Thom. Tricl.] apud Sr. p. 4) Cp.² — non
dist. Al. Ro. Br. — colo Mr.* || 47 ἦ κεν Vᵃ — ή κεν G.ᵃX — ἦ κεν
C.DE. etc. || ἂν μήσειεν P — ἂν μνήσειεν C,Q — ἂν μνάσειεν CDE.F.G
I[M]RT,U.VXΥZΓΓΘΛaa' [rell.] Al. Ro.* — ἀμμνάσειεν Sm.* — ἀμνά-
σειεν Bö.* (cum Sch.) || οἴαισιν πολέμοιο Hck. || 48 τλήμ. D || ἀνίχ'
VΥ Al. || -κοιντο Xᵇ — κοιτο ΓΓΘΛα'β'δ' (Thom. Tricl.) Mi. Vl. Bö.¹
(in Γ cum gl. εὑρίσκε) — κετο U — κοντο CDE.F.GI[I]M[P]Q[R]TU,V
[WY]XYZα Al. Ro:* Bö.²* (cum Sch. ἀνεκτῶντο) || εὕρισκεν παλάμαισι θεῶν
coni. Bö.¹ || θεῶν παλάμαισι CDEFGIIMUVWXYΥZΓΓΘΛ — de P n.
L — θεῶν παλάμαις Iᵖᵉ (i. e. ο'ʳ) αα' [r. r.] Al. Ro.* || vs. 49 om. G ||
49 δρέποι UΓ — δρέπων I — δρέπει rell. || 50 verba νῦν γε μὰν om. θ' —
-κτήτοιο Cᵃᵉ — κτήταιο Xᵇ — κτήτω Xᵃ — κτήτου VZ — κτήταο CᵖᵉD
E.F. etc. || ἐφέρπων MΥ || 51 ἀνάγκα (α GIα') μιν φίλον (φίλειν F⁰I)
omnes mss. (etiam in lemmate, ut in CEFGUV Ro;*) Al Ro.* — ἀναγ-
καίᾳ φίλον Hm. (Op. VII, 113) Sw. Bg.¹ Ht. (idem lemmatis vice fungitur
in ed. Bö. Sch., coniecturā ut videtur illatum; nam Ro. Br. PSt. lemma
ἀνάγκα μιν φίλον offerunt, Ox. Be. Hy. ἀνάγκᾳ φίλον mutilum, ut emen-
datio illa lemmatis vitio operarum Oxoniensium niti videatur) — ἀνάγκᾳ
μὴ φίλον Ra. Bg.² — ἀνάγκᾳ νιν νόσου scripsi c Sch. Vet. || 52 ἔσανε
EFGPQRUVXΥZΓΓΛ Ro. Br.* — ἐσανί θ — ἴσαν. α — ἐσανιν CDI[M]

ἥρωας ἀντιθέους Ποίαντος υἱὸν τοξόταν·   Ἐπ. γ.
ὃς Πριάμοιο πόλιν πέρσεν, τελεύτασέν τε πόνους Δα-
    ναοῖς,   105
55 ἀσθενεῖ μὲν χρωτὶ βαίνων, ἀλλὰ μοιρίδιον ἦν.
οὕτω δ' Ἱέρωνι θεὸς ὀρθωτὴρ πέλοι
τὸν προσέρποντα χρόνον, ὧν ἔραται καιρὸν διδούς.   110
Μοῖσα, καὶ πὰρ Δεινομένει κελαδῆσαι
πίθεό μοι ποινὰν τεθρίππων. | χάρμα δ' οὐκ ἀλλότριον
    νικαφορία πατέρος.   115
60 ἄγ' ἔπειτ' Αἴτνας βασιλεῖ | φίλιον ἐξεύρωμεν ὕμνον·
τῷ πόλιν κείναν θεοδμήτῳ σὺν ἐλευθερίᾳ   Στρ. δ'.
Ὑλλίδος στάθμας Ἱέρων ἐν νόμοις ἔκτισσ'. ἐθέλοντι δὲ
    Παμφύλου   120

α' Al. Cp. Sm.* || om. δὲ E,F,U, || ἕλκει D — ἕλκεῖ M || τεινόμ. Y
|| μεταλλασσοντας E.F.IX^bΓΘΛασα' (θ' μεγαλλά-) Bo; (cum gl. α' Z ζητη-
σοντας et Sch. Vet. ἐπιζητήσοντας) Hy. — μεταλάσσοντας C.U.V. PSt. Pw.
Be. — μεταλλάσσοντας DG.MPQRXΨZΓ Al. Ro.* Bg.² — μεταβάσοντας
scripsi cum Ky.
54 ὅς] ὁ ft. Q^{ac} recte? || -σι EMPQRUΓ Ro. Br. Mr. St.¹ — σιν
CDF[G]I[V]XΨZΘΛα[α'] Al. Cp. St.²* — σιν. X^b || -τασάν τε X^b (con-
tra Sch.) — τασά τε V·U — τασέ τε CEMPQRV¹X·ΨΓΘΛ Ro. Br.
Mr. St.¹ — τησέ τε Z — τησίν τε α — τασίν τε DF[G]I[α'] Al. Cp. St.²*
|| πόνον IΘΛ — πολλά(ούς) PQ¹ || δαναῶν M || 55 μοιράδ. U || 56—60 om.
W (seorsum scripta in V; cf. ad O. I, 50) || 56 δ' Ἱέρωνι θεὸς ὀρθωτὴρ
(τῆς CMU) πέλοι omnes mss. Al. Ro.* Hy.¹ (in α cum gl. συνίζησις) ||
57 τὸν ποτιέρπ. α (Mosch.) Al. — τόν γε προσέρπ. α'β'θ' (Tricl.) — τὸν
προσέρπ. omnes vett. Ro.* — Vide ad Metr. || verba ὧν ἔραται alii apud
Sch. Rec. cum ὀρθωτὴρ alii (ut Vet. Sch.) cum καιρὸν coniungunt — mss.
plurimi non dist. — ante (non post) ὧν ἰ. CZΘΛ Al. Ro. Br.* Di. Sw.
Ht. — utrimque Cp. Sm.* — post (non ante) in nullo ms. || 58 μοῖρα
Q^{ac} || πὰρ Z[α'] Al. Ro:* — παρά C^{ac}DE.F.GIRUX^{mb}ΓΘΛ — πὲρ α —
περὶ C^{pc}MPQVX·Y — paraphr. Sch. παρά tuetur || δινομ. EFR || -ένους
M — ένη C^{ac} — ίνην Y? — ένη Al. — ένα(ω?) V — ένει C^{pc}DEF etc.
(cum Sch.) || 59 πίθεο α'β' (Tricl.) Mi. (Hy.) Bö.* — πιθεο omnes vett.
Thom. Mosch. (α) Al. Ro.* || δὲ οὐκ CEFGIPQRXΓΘΛ Ro. Br. — δ'
ὁ ἐκ Y — δ' οὐκ [DM]VZ recc. Al. Cp. Mr.* || -ρία IZ || 60 -ρομεν
C^{ac}?PQ·R || 61 κλεινὸν CE.FMRY — κειναν D — κεῖναν V· — κείναν
F,GJ[P]QU. etc. (cum Sch.²) — non redditur in Sch.¹² || -δμήτω MY

PYTHIA I. 141

καὶ μὰν Ἡρακλειδᾶν ἔκγονοι
ὄχθαις ὕπο Ταϋγέτου ναίοντες αἰεὶ μένειν τεθμοῖσιν ἐν
    Αἰγιμιοῦ,
65 Δωριεῖς. ἔσχον δ᾽ Ἀμύκλας ὄλβιοι   125
Πινδόθεν ὀρνύμενοι, λευκοπώλων Τυνδαριδᾶν βαθύδοξοι
    γείτονες, ὧν κλέος ἄνθησεν αἰχμᾶς.

        Ἀντ. δ΄.

Ζεῦ τέλει᾽, αἰεὶ δὲ τοιαύταν Ἀμένα παρ᾽ ὕδωρ   130
αἶσαν ἀστοῖς καὶ βασιλεῦσιν διακρίνειν, ἔτυμον λόγον
    ἀνθρώπων.
σύν τοι τίν κεν ἁγητὴρ ἀνήρ,

— δματω(ψ) [C]D etc. Cf. ad O. III, 7. VI, 59 || **62** ὑλῖδος C, — ὑλλιδος CIU••ᵇa || ἔκτισεν. ἰθίλ. CMΥ (Ε,²F,²M, ἰθίλ.) — ἔκτισσ᾽. ἰθίλ. Bö.* (hoc loco recte, puto; cf. ad O. II, 97) — ἔκτισε. θίλ. DEFGIPQRXZ ΓΘΑ Ro. (cum E,¹F,¹G,U, Ro; θίλ.) — ἔκτισσε. θίλ. Vaa' [r. r.] Cp.* Bg.² || παμφίλου VΓΘΑ — παμφύλω EFR — παμφύλου rell. (et E,F,) **63** καὶ μὰν (μὲν Υ) ἡρακλειδᾶν (δῶν D) omnes mss. Al. Ro.* — χάλκᾶς ἡςακλείας Ht. (ex Sch. ut ait) || **64** ὑπὸ EFIQUZAa Al. Ro:* — ὕπο D [alii] Sm.* || νέμοντες MY — νάοντες QUXY — ναίοντες [C]D[EF]GI YZ etc. (cum Sch.) || αἰγιμίου Xᵇ αἰγιμιοῦ rell. || **65** δωριν̄.ς Ro. vitiose (η̄ fracto) — δωριῆς CDGPᵃᶜQUVXZΘΑa Cp. Br. Mr. St.¹ — δωριῆς Μ Υa' Al. St.²* — δωριεῖς EFIPᵖᵒRXᵇᵐΓ (cum Sch. Vet. et Rec.) — δωρίοις Hm. Bö.* || ἀμάκλας VX || comma post ὄλβιοι delevi cum CGI Ro. Br. Mr. St. || **66** πίνδοθεν a Al. Cp. || ὀρνύμενον D || βαθύδοξον Μ || αἰχμῆς CM || **67** ζευσ (sic) Θ || τέλει᾽. Xᵇ Ro: Br. — τέλει᾽, a[a᾽] Al. Hm. Bö.* — τέλεις. ZC,G,U,Θ, — τέλει᾽ CEFGIMPUXᵃᶜΓΘΑ Mr. St.² — τελείαις (apostrophum et spiritum lenem pro compendio syllabae αις [᾽] accepit librarius) Υ — , τέλει᾽ Cp. — τέλει DQ St.²* —, τέλει· Sm. Ox. — , τέλει Hy. Be. — Sch. ὦ ζεῦ τέλειε || αἰὲν MY — αἰεὶ CD EF etc. Cf. ad O. III, 4 || δὲ τοιαύταν (Iᵖᵒ ft. δέ τοι τὰν) omnes mss. — — πόροις τοίαν Ht. — παράσχου τάνδ᾽ coni. Ht. (at ubi in Ro. Sch. est παράσχου, ibi in D παρέχειν (U παρέχει) legitur) — δὲ δὸς ταύταν? || **68** -σι CEᵖᵉ[M]PQRUVX[Y]ZΓΘΑ Ro.* — σιν DEᵃᶜF[G]Ia[a᾽] Al. Ox.* || διακρίνειν omnes — gl. F ὥστι (cum Sch. Vet.) — δίδοι κρίνειν? || **69** τίν] τις Cᵃ?MY Cf. ad O. IX, 17 || ἁγητὴρ Xᵇ Ro:* — ἀγητὴρ CEM ἀγητὴρ F — ἀγιστὴρ I — ἀγιστὴρ P(?)a Al. — ἀγιστὴρ DGQUVXΥZΓ ΘΛa᾽Ϟ᾽

70 υἱῷ τ' ἐπιτελλόμενος, δᾶμον γεραίρων τράποι σύμφωνον
    ἐς ἡσυχίαν.   135
λίσσομαι νεῦσον, Κρονίων, ἅμερον
ὄφρα κατ' οἶκον ὁ Φοίνιξ ὁ Τυρσανῶν τ' ἀλαλατὸς ἔχῃ,
ναυσίστονον ὕβριν ἰδὼν τὰν πρὸ Κύμας· 140

οἷα Συρακοσίων ἀρχῷ δαμασθέντες πάθον,   Ἐπ. δ'.
ὠκυπόρων ἀπὸ ναῶν ὅ σφιν ἐν πόντῳ βάλεθ' ἁλικίαν, 145
75 Ἑλλάδ' ἐξέλκων βαρείας δουλείας. ἐρέομαι

70 τ'] γ' Bth. Bö.[1] — omittitur particula in paraphrasi; cf. ad O. XIII,
34; Bö.[2]* vulgatam defendit allato N. XI, 45. || ἐπιτελλόμενος C || γεραί-
ρων (sine τε) C[a] E (I[pc] = ο?) I[R] (W?Y?) ac[a']β'϶' (Hy.) Hm. Bö.* —
τε γεραίρων C[b]DFGI[ac]MPQUVX[a]X[b]YZ[Γ]ΘΛ Al. Ro. Br.* — τε γέρων
Cp. Sm.* — τ' ἀγείρων Ht. || τρέπει V[b]Yac[d]rc — τράποι CD etc. —
Sch. ἐπιτρέπει διαπαντὸς optativo interpretando convenit; cf. ad O. XI, 10 ||
ἐς CMYa'β'϶' Sw.* (cum Sch.) — ἐφ' a[d] Al. Cp.* (Mosch.) — om. praep.
DEFGIIPQRUVWXYZΓΘΛ Ro. || ἠσ. CDEFGI[M]PQUVXYZΓΘΛa[d]
a' [r. r.] Al. Ro.* — ἄσ. (in nullo ms. ut videtur) Hy.* || 71 ἅμερον cum
prioribus iunctum in Ca Al. (Mosch.) Ro. (contra rell. mss. et edd. et contra
Sch. Vet. et Tricl. a'ι'') — ἅμερος Ht. (Ra.) || 72 φοίνιξ ERa[a' r. r.] Al
Cp. Sm.* Bg. — φοῖνιξ CDFGIMPQUVXYZΓΘΛ Ro. Br.* Sw. Ht. Vide
annot. Sw.[1] || ταρσ. GIPQ[1]ΓΘΛ — τυρσ. [C]DEFG[ach][M]Q[e] etc. || -λητ.
CEFG[ac]? IIMRXYYΓΘΛa' — λατ. DG[pc]?[P]QUV[1]W(α϶ὸς)Za Al. Ro.* ||
ἔχοι CE(F[ac]?)MR || post (non ante) ναυσ. ὕ. interpunctum in Ro. Br.
Mr. St.[1] (Ln.), male — ante (non post) id. [C]DG[MVX]ZΓΘΛa[a'] Cp.
Sm.* (cum Sch. Vet. et Rec.) — non dist. EFIQUY St.[2]* || 73 συρα-
κοσίων D[G]IΘ[ac]a[a' r. r.] Ro. Br.* Sm.* — συρακουσίων EF[ac]RVZ(ο?϶'?)
Al. Ro; Cp. St.[2]* — συρρακουσίων CF[pc]QV,ΓΛ — συρρακοσίων PU.XO[pc]
|| 74 ὠκ. ἀ. ν. cum prioribus iungunt EZ Ro.* — cum sqq. FΘΛa' Hy.*
(cum Sch. Vet. et Tricl.) — neutra parte dist. CIQUV — de rell. n. l.
|| ὅ σφιν (ὅς φιν, ὅσφιν, ὅ,σφιν) C.DFGIMPUV[ac]XYZ[ac]Θ (Bö.) Ky. —
ὅ σφι Q[ac] — ὅ σφε Q[pc] — ὅς σφιν C[b]EV[pc]Z[pc]ΓΛa[a' r. r.] Al. Ro:*
cf. ad O. VIII, 16. || βάλετ' C[a]?EFQR — βάλεθ' (λλ VZ) C[b]D[G]I etc.
— βάλεν Hek. Ht. (C[a]?) || ἁλικ. EFQ — ἡλικ. MUVYZac — ἁλικ. C
D[G]IXΓ[Θ]Λ[a'] Al. Ro.* || 75 δουλείας CDEFGI[M]PQRUVXYZΓΘΛ
(a'?)β' Ro.* — δουλίας a Al. (Mosch.) Hy.* Notavi ex a' βαρείας; aut
meus error est aut librarii; nam voluit certe δουλείας, non βαρείας scribere.
|| αἱρέομαι DF.G.IIPQU.VX[YY]ZΓa'β'϶' Ro:* Bd. Ox. Hy.* (cum Vet. Sch.[1]
αἱροῦμαι καὶ ἀποδέχομαι — Sch.[2] λαμβάνω καὶ λογίζομαι — Sch.[3] αἱροῦμαι
.... λαμβάνω .... in a' est αἴρ. et in Sch. Rec. (a'ι'') αἱρέομαι καὶ προκρίνω)

PYTHIA I.

πὰρ μὲν Σαλαμῖνος Ἀθαναίων χάριν
μισθόν, ἐν Σπάρτᾳ δ᾽ ἐρέω πρὸ Κιθαιρῶνος μάχαν, 150
ταῖσι Μήδειοι κάμον ἀγκυλότοξοι,
παρὰ δὲ τὰν εὔυδρον ἀκτὰν | Ἱμέρα παίδεσσιν ὕμνον
Δεινομένεος τελέσαις,
80 τὸν ἐδέξαντ᾽ ἀμφ᾽ ἀρετᾷ, | πολεμίων ἀνδρῶν καμόντων. 155

Στρ. ε'.
καιρὸν εἰ φθέγξαιο, πολλῶν πείρατα συντανύσαις

— αἱρ. CE.RΘ (et Sch. E ubique αἱροῦμαι) — ἱρ. (Γᵇ = o?) A Mi. (cum Sch. Vet. ad vs. 79 = 152 in Ro. ἀπὸ κοινοῦ τὸ ἐρέομαι, ὅ ἐστιν ἐπιθυμῶ ubi U αἱρέομαι omissis verbis ὅ ἐστιν ἐπιθυμῶ) — ἀρ. ᾱ Al. (Mosch.) — ἱλέομαι Sm. — ἀρέομαι (in nullo scripto) Da. VI. Hm. Bö.* — ἀρύομαι Kuhn. ad Aelian. V. H. XIII, 23 — gl. F ἡγοῦμαι καὶ ἀποδέχομαι — gl. E τουτέστι τὴν μάχην τῆς σαλαμῖνος εἰς μισθὸν καὶ εἰς σωτηρίαν τῆς ἑλλάδος (ex Sch.³)
76 παρὰ G || ἀθην. CDG[M]PQYΓA Al. Ro.* — ἀθαν. EFΠ[RU]VWXYZΘ [recc.] Bö.* || χάρις Cᵃ? || 77 σπάρτη CMY || δ᾽ ἐρέω (om. τὰν) E¹F Sm.* Hm. Sw. Bg.² Ht. — δ᾽ αἱρέω EᵃR — δ᾽ αἱρέω τὰν PQ (in P sine τὰν?) — δ᾽ ἐρέω τὰν CDGΠ[M]UV[W]XYZΓΘΑα'β'[Ϡ'] Al. Ro.* — δὲ ῥέω τὰν Y — δ᾽ αὖ ἐρέω ac (Mosch.) cf. ad Metr. — δ᾽ ἐρέων (Bth.) Bö.* — Sch. Vet. αἱροῦμαι καὶ ἀποδέχομαι (debebat ἐρωτῶ dicere, nam ἐρέω est idem quod ἐρέομαι interrogo) — Sch. Rec. ἐρέω δὲ καὶ λέξω — τ᾽ ἐρέω Ky. || 78 μήδειοι κάμον EF[R]α[c]d Al. Ro.* Be. Hm. Bö.* Cf. ad O. VII, 89 — μῆδοι κάμον CDGΠMPQUVWXYYZΓΘΑ — μῆδοι μὲν κάμον α'β'Ϡ' (Tricl.) Ox. Hy. || 79 πὰρ δὲ (παρ δὲ, περ δὲ W) CᵃDE.F.GIM PQRU.V.WXYZΓΘΑ Ro: Br. Mr. St.¹ — πὰρ᾽ δὲ Cᵇ — πὰρ δέ γε a[c] d Al. (Mosch.) Cp. St.² * cf. ad Metr. — παρὰ δὲ [α'β']Ϡ' (Tricl.) Hy.* — Sch. paraphr. καὶ παρὰ in U παρὰ δὲ in Ro. || τὴν E,QU, || εὔανδρον Cᵃ?EᵃFᵃM.Qᵇ? — ἔνυδρον Cᵃ? — εὔυδρον CᵇDEᵇE,Fᵇ F,[G]I[P]QU. etc. (cum Sch. Vet. et Rec.) || παίδεσιν IRXᵃΓΘΛα || -νεος CDEFGΠ[M]PQRUVWXYYZΓᵘⁱᵗΘᴾᶜΛα'[β'Ϡ'] Ro.* (in Tricl. cum gl. συνίζησις) — νους Θᵃᶜ — νευς ac Al. (Mosch.) Sm.* — νεος Sch. (ubi U νους) || τελέσαις [M]XᵇYa Al. Ro.* — ἐσσαις CᵃDᵃᶜEᵃᶜFGPQUV[W]Y — ἐσσας CᵇDᴾᵒ EᴾᶜIXᵃΓ — ὑσσας Λ — ἰσας IRZΘα' — participium Scholia Vett. et Recc. tuentur; gl. V [τίλεσ]αν de optativo somniavit (cum Hy. et Ht.). — τελέσαιμ' Pw. (Hy.) || 80 ἐδίξαντο ΓΘ || καμόντων EFR quod ferri possit: cf. ad O. I, 59; sed vide Sch. || 81 -σαις C[M]Xᵇ Ro.* — σσας P(G?) — -σας DEFGΠQRUVWXYYZΓΘΑαcα'Ϡ' Al.

ἐν βραχεῖ, μείων ἕπεται μῶμος ἀνθρώπων. ἀπὸ γὰρ
κόρος ἀμβλύνει   160
αἰανὴς ταχείας ἐλπίδας·
ἀστῶν δ' ἀκοὰ κρύφιον θυμὸν βαρύνει μάλιστ' ἐσλοῖσιν
ἐπ' ἀλλοτρίοις.
85 ἀλλ' ὅμως, κρέσσων γὰρ οἰκτιρμοῦ φθόνος,
μὴ παρίει καλά. νώμα δικαίῳ πηδαλίῳ στρατόν·   165
ἀψευδεῖ δὲ πρὸς ἄκμονι χάλκευε γλῶσσαν.

Ἀντ. ε'.

εἴ τι καὶ φλαῦρον παραιθύσσει, μέγα τοι φέρεται,   170
πὰρ σέθεν. πολλῶν ταμίας ἐσσί· πολλοὶ μάρτυρες ἀμ-
φοτέροις πιστοί.
εὐανθεῖ δ' ἐν ὀργᾷ παρμένων,
90 εἴπερ τι φιλεῖς ἀκοὰν ἀδεῖαν αἰεὶ κλύειν, μὴ κάμνε λίαν
δαπάναις·   175

82 μεῖον C[M?] || 83 αἰανὸς D^b IU·V·X·ZΓΘΛa'β'Θ' (Tricl. cum Sch. et gl. ποταπός; σκοτεινός.) — ἀγανοῖς W — αἰὰν καὶ M — αἰανὴς C D·E.F.GI[P]Q[R]U¹V¹X¹Ya[c] Al. Ro.* — Sch. et gl. Q διηνεκής || ἀπάδις (W?)X^m Ro.* (in X^m ita: ἐν ἄλλῳ, ταχείας ἐλπίδας· καὶ ἐν ἄλλῳ, ταχείας ἀπάδις) — ἐλπίδας CDEFGIPQRU.VXYZΓΘΛacda'β'Θ' Al. Be. Hm.² Bö.* — ἐλπίδας Υ — ἐλπίδος M — Sch. Vet. (et gl EΘ) διανοίας; Sch. Rec. ἐλπίδας; Sch. U ἐλπὶς ἔργον διανοίας, ὅθεν καὶ δέδεκτο τὸ ἐνεργούμενον ἀντὶ τοῦ ἐνεργοῦντος, καὶ τὸ αἰτιατὸν ἀντὶ τοῦ αἰτίου, i. e. cogitatum pro cogitatione. Argutiae Germani. — ἀπίδας (praecordia) Pw. Hm.¹ (Rh. 3, 12) — Vide Hm.² Sunt quidem X^b et Ro. optimi testes, ex B derivati. || 84 ἐσλ. EFGI[P]QUV[X]Z[Γ]Θa[c] Al. Ro.* — ἐσθλ. CDMRYa'Θ' || 85 κρεῖττον E, — κρεῖσσον DE·F.MY — κρείσσων E¹R — κρέσσων D[G] I[P]QUV[X]Z[ΓΘ]Λa[a' r. r.] Al. Ro:* — κρέσσον ι," || -μοῦ CD?EF [G]IM[R]ΓΘΛa' (cum Stobaeo et Pallada; vide Bö.¹) Bö.* — μῶν IPQU VWXYΥZa[c] Al. Ro.* — μὸς Θ' || 86 παριεὶς Sm. || 87 φαῦλον E,F, || μέγα τι ER || post φέρεται distinxi cum a Al. (Mosch.) et Sch. Tricl. || 88 πολλοὶ δὲ μ. Γ || -ροισι C.DE.FG.IMPQRUVXZΓΘΛ Ro: — ροις (I^b = o) a[ca'Θ'] Al. Cp.* In Sch. Vet. U ποσειδώνιος pro Sidonio (Dionysio). || 89 παραμ. D^∞G — παρ' μ. C· — πὰρ μ. M — ὁ παρμ. Υ — παρμ. C^b D^p·EF etc. || 90 ἀκοὴν ER || ἡδ. EFPQRVX·Z — ἀδ. Υ — ἀδ. CD[G]IMX^b[ΓΘ]Λa[a' r. r.] Al. Ro.* || ἀεὶ vett. Thom. Tricl. Ro.* — αἰεὶ a Al. (Mosch.) Hm. Bö.*

PYTHIA I. 145

ἐξίει δ' ὥσπερ κυβερνάτας ἀνὴρ
ἱστίον ἀνεμόεν. μὴ δολωθῆς, ὦ φίλος, εὐτραπέλοις κέρ-
δεσσ'· ὀπιθόμβροτον αὔχημα δόξας 180

οἷον ἀποιχομένων ἀνδρῶν δίαιταν μανύει   Ἐπ. ϛ'.
καὶ λογίοις καὶ ἀοιδοῖς. οὐ φθίνει Κροίσου φιλόφρων
ἀρετά·
95 τὸν δὲ ταύρῳ χαλκέῳ καυτῆρα νηλέα νόον 185
ἐχθρὰ Φάλαριν κατέχει παντᾷ φάτις,

91 ἐξιεὶς Pw. ‖ ὥσπερ (ὥς περ) C.[M?]Ya[c] Sm.* — ὥστε DEFG.I
PQRU.VXZΓΘΛa'[Θ'?] Al. Ro:* — paraphr. Sch. ὥσπερ ‖ **92** ἱστ. DE
GMYZ — ἱστ. FQRΘA etc. ‖ ἀνεμόεν πετάσαις CMVᵇXᵇY — ἀνεμόεν
πετάσας DEFGIIPQRUV•WX•YZΓΘΛ Al. (in Sch. U corrupto legitur
ἱστίον πετάν[υ]νσον; vitium ex gl. πέτασον s. πετάσαις (optativo) ad ἐξίει
adscriptâ ortum esse videtur) — ἀνεμόεν. (om. πετ.) Ro.* recte (cum Sch.
Vet. [ut videtur] ἴα πρὸς τὸ πνεῦμα τὸ ἱστίον) — ἀμπετάσας (non αἰς) āc͞d
a'β̄'ȳ'δ̄'ϑ̄' (omisso ἀνεμόεν) cum Sch. Rec. ‖ δολωθεὶς F,U,ΘΛ (cum para-
phr. Sch. in U) — θῆς (ϑῆς) rell. (cum paraphr. Sch. in Ro. etc.) ‖ φίλε
(om. ὦ) Ro.* — ὦ φίλε omnes mss. (etiam Ḡ) Sm.* — ὦ φίλος (in nullo
ms.) Hm. Bö.* (collato N. III, 76) — ὦ φίλ', ἰϋτρ. Bg.² ‖ κέρδεσιν εὐ-
τραπέλοις CᵇDᶜE.GP (κέρδαισιν) QRUV[X]YZΓΘΛa'ϑ' Al. Ro.* — κέρδε-
σιν ἐντραπέλοις CᵃDᵃ?F.IM — εὐτραπέλοις κέρδεσ' ac — εὐτραπέλοις κέρ-
δεσσ' Ox.* — Sch. ambigue τῇ ἐχθροτάτῃ φιλοκερδείᾳ ‖ ὦ φίλε, κέρδε-
σιν εὐτρέπτοις? (εὐτράπτοις, εὐτράτοις, εὐτρήτοις, εὐτμάτοις) ‖ ὀπισόμβρ. U.
VZᵃᶜ? Al. Ro. Cp. — ὀπισθόμβρ. CDᵖᶜEᵖᶜF.GIMPQRXYZᵖᶜΓΘΛ Ro ;
Br.* — ὀπισθόβρ. Eᵃᶜ — ὀπισόβρ. a'ϑ' cum Sch. Rec. (Tricl.) — ὀπιθόμβρ.
DᵃᶜG,?a (Mosch.) Sm.* ‖ καύχ. (G?)Vᵃᶜ?PQ (ex glossâ) — αὔχ. rell.
(etiam ḠVᵇ) ‖ 92sq. δόξας: οἷον C.DᵃEᵃᶜE,FGᵃᶜG,QZΘA Al. Ln. —
δόξας οἷον DᵇEᵖᶜGᵖᶜIUa[a' r. r.] Ro.* — ambiguo spiritu V (a. c. οἷ) Γ
— Sch. Vet. (ὅπερ μόνον) et gl. F ὅπερ καὶ μόνον utrumque conciliant: vide
P. II, 14 — gl. EZ est μόνον — Thom. et δολωθείς et οἷον voluit, ita: ne
sinas te, Hiero, tali famâ fraudari, qualis .... — Sch. Rec. (Tricl.) οἷον
καὶ μόνον ‖ **94** φθινεῖ Sm. Hm. (de more epico) — φθίνει rell. Cf. P.
IV, 265. V, 128. (112) I. VII, 46 et Hy. Bö.² ‖ **95** καυστῆρα PQ e gl.; cf.
ad O. VI, 67 ‖ νηλ. ν ad priora applicant UZa Al. Ro. Br.* — ad se-
quentia Ea' Sm. Ox. — sine dist. [C]DF[G]IQVΛ [al. mss.] Cp. Be. Hy.*
— νηλεενόαν Hm. ‖ **96** ἐχθρούς M — ἐχθεᾶ Y — ἐχθρὰ rell. — Sch.
αἰσχρὰ quae vox semel (I. VI, 22) apud Pindarum legitur. ‖ πάντα EFRa'
— παντᾷ G recte; cf. ad O. I, 116 — παντᾶ [C]DIQUZΘΛa [al. mss.] Al. Ro.*

ΠΥΘΙΟΝΙΚΑΙ Α'.

οὐδέ νιν φόρμιγγες ὑπωρόφιαι κοινωνίαν
μαλθακὰν παίδων ὀάροισι δέκονται.   190
τὸ δὲ παθεῖν εὖ πρῶτον ἀέθλων· | εὖ δ᾽ ἀκούειν δευτέρα
                      μοῖρ᾽· ἀμφοτέροισι δ᾽ ἀνὴρ
100 ὃς ἂν ἐγκύρσῃ, καὶ ἕλῃ, στέφανον ὕψιστον δέδεκται. 195

97 μιν omnes — νιν scripsi, ut vs. 98 δέκονται; utrumque contra libros.
|| φόρμιγγες vett. Thom. Ro.* — φόρμιγγές τε α[c?] Al. (Mosch.) — αἱ
φόρμιγγες α'β'Θ' (Tricl.). Vide ad Metr. || ὑπωρόφιαι CM || μαλθακᾶν
CMY — μαλθακὰν rell. (cum Sch.) || **98** δέχονται omnes mss. Al. Ro.*
— δέκονται Bö.* cf. ad O. XIII, 88 || **99** εὖ δὲ παθεῖν τὸ Sm. Ox Cf. ad
Metr. || ἀέθλων vett. Thom. Tricl. Al. Ro.* Bg. (in Tricl. c. gl. συνίζησις)
— ἄθλων ac Ox.* — ἀέθλῳ v. l. apud Sch. Rec. (οἱ δὲ πολλοὶ ἀγνοοῦντες
(καὶ) ἀέθλω χωρὶς τοῦ ν γράφουσιν) || ςέφ. cum prioribus iungit Z

Subscr. τέλος Q — τέλος τῆς πρώτης ᾠδῆς Y — ὕμνου τέλος ἱέρωνος συρακουσίου. α'ξ' — nulla subscr. in CDEFGIMTUV etc.

ΠΥΘΙΟΝΙΚΑΙ Β'.

ΙΕΡΩΝΙ ΣΥΡΑΚΟΣΙΩ

ΑΡΜΑΤΙ.

Strophae.

[metrical scheme]

Epodi.

[metrical scheme]

Dimidium carminis (vs. 1—56) periit in B sed videntur Ro. et X^b manasse ex B olim adhuc integro.

Inscr. Ἱέρωνι συρακουσίῳ νικήσαντι ἅρματι. F — τῷ αὐτῷ Ἱέρωνι ἅρματι. Pa' Ro.* — Ἱέρωνι τῷ αὐτῷ ἅρματι. C — τῷ αὐτῷ Ἱέρωνι. Q — τ. αὐ. ἱ. νικήσαντι ἅρματι Γ — τῷ αὐτῷ ἅρματι. XYZΘ^{pc}a Al. — τῷ αὐτῷ. DEIUVΘ^{ac}Λ — ἱ. σ. ἅ. Bö.*

Metr. Strophae vs. 4 si undecimam syllabam brevem habet, hoc metro [scheme] str. 1 τετραορίας (quemadmodum N. VII, 93; cf. ad O. II, 5) legendum est et antistr. 4 λύκοιο

Μεγαλοπόλιες ὦ Συράκοσαι, βαθυπολέμου   Στρ. α'.
τέμενος Ἄρεος, ἀνδρῶν ἵππων τε σιδαροχαρμᾶν δαιμόνιαι
    τροφοί,
ὔμμιν τόδε τᾶν λιπαρᾶν ἀπὸ Θηβᾶν φέρων
μέλος ἔρχομαι ἀγγελίαν τετραορίας ἐλελίχθονος,
5 εὐάρματος Ἱέρων ἐν ᾇ κρατέων
τηλαυγέσιν ἀνέδησεν Ὀρτυγίαν στεφάνοις,   10
ποταμίας ἕδος Ἀρτ.μιδος, ᾆς οὐκ ἄτερ
κείνας ἀγαναῖσιν ἐν χερσὶ ποικιλανίους ἐδάμασσε πώλους. 15

ἐπὶ γὰρ ἰοχέαιρα παρθένος χερὶ διδύμᾳ   Ἀντ. α'.
10 ὅ τ' ἐναγώνιος Ἑρμᾶς αἰγλᾶεντα τίθησι κόσμον, ξεστὸν
    ὅταν δίφρον   20

(λυκόο) (cf. P. VIII, 55); str. 2 ἐς et str. 4 διαβολιᾶν cum omnibus mss.;
antistr. 1 ἐριβίαν, antistr. 2 ἐπί (cf. vs. 11 et P. I, 7 ἐπί οἱ κατέχευας ἀγ-
κύλῳ κρατί et O. XIII, 35. fr. 242, 3; duplex asyndeton venustius quam
simplex: Amor illicitus [multos] perdidit. Venit ad hunc quoque. Nubi se
ad latus posuit.), antistr. 3 πάροθε (Dorice a πάρος ut ἔμπροθεν, ὄπιθεν?)
cum perpaucis libris; sed str. 3 ἀπένειμ' (e Sch. 320, 26; cf. I. II, 47.) vel
ἀπέδωκ' (pro παρέδωκ', cf. N. VII, 44) e coniectura. Sed multa sunt quae
hisce singulis scripturis obstent, ut servato metro str. 2 εἰς et str. 4 διαιβο-
λιᾶν (consentiente Theognidis loco) emendare praestet.

1 συράκοσαι IXa[ca'] Al. Ro. Br.* — συράκουσαι CE,F,Z Cp. PSt. —
συρράκουσαι M — συρρακοσαι Δ — συράκοσσαι DEFGQRUVY̲Γ̲Σ̲' —
συρράκοσσαι ΘΛ ‖ βαθυπτολ.. DG.ΙΔΘΛ Cf. ad O. II, 7 ‖ 2 ἵπων D ‖
σιδηρ. CE.F,RUVY̲Zac Al. — σιδαρ. DFI[GMP]QX Thom. Tricl. Ro.* ‖
3 ὔμμιν CDEFI[M]QUVXZΓΔΘΛ Al. Ro.* St.¹ Hy.¹ Be. — ὕμμιν [G?
P?R?]a[a'] Mr. St.²* Hy.²* ‖ -ρᾶν E,F, — ρῶν E ‖ 5 ἐν αἷ Δ ‖ 7 ἕδος
GIMVXZ (cum Sch. G) — ἕδος CDE.F. etc. ‖ τᾶς omnes mss. Al. Ro.*
— ἇς Hm. Bö.* Cf. ad O. I, 57 — an οὐ τᾶς? ‖ 8 εὐαγαναῖσιν MQ —
ἀγαναῖσιν rell. (Cᵇ εὐ et ἐπιτηδείαις supra scripsit) ‖ de ἐν vide ad O. II,
63 et Rh. XVIII, 303. Possis tamen ἐγχερσι scribere, de κέντρῳ; cf. ἀγανὰ
βέλεα. ‖ om. χερσὶ Cᵃ ‖ -ασσε CEFIRUX — ασσι DGQ etc. ‖ 9 ἐπεὶ
MY̲ ‖ ἰοχ. α'ρο ‖ χερὶ DEFGIPQRUXΘΛ Ro.* — χερὶ CM[V]Y̲Z
a[ca'] Al. Sm.* ‖ 10 Ἑρμῆς Cᵃ? ‖ αἰγλάεντα Ι Bg.² — αἰγλήεντα U —
αἰγλάντα DG•PQ — ἀγλάντα (sic) X — ἄγλαντα Zᵐ — αἰγλᾶντα [C]EFG¹[M]
V etc. ‖ 11sq. ἐγκαταζευγνύῃ ἅρματα, σθένος ἵππιον construit Ht. (Rs.) non recte.

PYTHIA II.

ἔν θ' ἅρματα πεισιχάλινα καταζευγνύῃ
σθένος ἵππειον, ὀρσοτρίαιναν εὐρυβίαν καλέων θεόν.
ἄλλοις δέ τις ἐτέλεσσεν ἄλλος ἀνὴρ
εὐᾳχέα βασιλεῦσιν ὕμνον, ἄποιν' ἀρετᾶς.
15 κελαδέοντι μὲν ἀμφὶ Κινύραν πολλάκις
φᾶμαι Κυπρίων, τὸν ὁ χρυσοχαῖτα προφρόνως ἐφίλησ'
Ἀπόλλων,

Ἐπ. α'.

ἱερέα κτίλον Ἀφροδίτας· ἄγει δὲ χάρις φίλων πότ τινος
ἀντὶ ϝέργων ὀπιζομένα·
σὲ δ', ὦ Δεινομένειε παῖ, Ζεφυρία πρὸ δόμων
Λοκρὶς παρθένος ἀπύει, πολεμίων καμάτων ἐξ ἀμαχάνων

11 τ' ἅρματα C^(ac)DG.MV — τ' ἅρμ. C^(pc)XYZ — θ' ἅρμ. E.F.IQU etc.
| 12 ἵππειον CDEGI[M]PQRUVXZΔΘΛα' Al. Ro.* — ἵππιον a (Mosch.)
— ἵππιον F Hy.²* ‖ ὀρσοτρίαιναν omnes ‖ ἐριβίαν U — ειριβίαν P¹ —
εὐριβίαν P*Q — εὐρυβίαν rell. Cf. ad Metr. ‖ 13 -ισεν CDEFGIPQRU
Z^(ac)ΔΘΛ — ἰσσεν [M]VXYZ^(pc)a[α'] Al. Ro.* ‖ 14 εὐαχία CEF¹[IR]Q^(pc)
VX[Y]YZa[c] Al. Ro.* (cum gl. Z εὔηχον et gl. Q εὔρυθμον et cum Sch.
Vet. εὐηχῆ καὶ εὔρυθμον; nihil amplius U praestat) — εὐαχέα DF·GIPQ^(ac)
UΔΘΛα'β' (cum gl. G ἐφ' ᾧ ἐστιν αὐχεῖν [id. Sch.² in Ro.] et gl. Tricl.
εἰς ὃν ἐστι καλῶς αὐχήσασθαι τὸν ἔχοντα) — manus conciliatricula Callierigis
ad Sch. Vet. εὐηχῆ καὶ εὔρυθμον addidit ἢ ἐφ' ᾧ ἐστιν αὐχεῖν; aut ipse
Sch.; cf. P. I, 93 — εὐϝαχία Ht. ‖ ἀρετῆς DGIPQUXΔΘΛ — ἀρετᾶς
[C]EF[MRVY]Z [αα' r. r.] Al. Ro.* ‖ 15 κινύραν (ρα M) CDE,MΔΘΛ —
κινύραν C,EF[G]I[P]QUV[X]Z recc. Al. Ro.* ‖ 16 φῆμαι D ‖ ὁ D —
·ὁ Q Cf. O. XIV, 19 ‖ -χαίτας CDEFGI[M]PQRUVXZΔΘΛα' Ro.*
Ox. Hy.¹ — χαῖτα a Al. (Mosch.) — χαῖτα Ri. Sm. Hy.²* ‖ ἐφίλησ'
CDEFGI[M]PQ[R]UVWXYYZΔΘΛα'[β']θ' Ah. Sw. Ht. — ἐφίλασ' a[c]
Al. (Mosch.) Ro.* Bg. ‖ 17 κτίλον Q (c. gl. σύντροφον καὶ συνήθη e Sch.
Vet.) ‖ -δίτης X ‖ χάριν E,F, ‖ ποίτινος V — ποί τινος QRc Pw.
Hy. Fr. — πότ τινος scripsi e Sch. — ποίτινος CDE.F.GI[M]PUXZΔΘΛ
aa'[θ'] Al. Ro.* Bd. Ox. (cum Sch. Vet. et Rec.) — ποίνιμος Sp. Sm. Be.
Hm. Bö.* — Paraphr. Sch. Vet. et Rec. (et gl. DEG) ἀμειπτική — gl. V^b
ἀνταμειπτική — gl. C ἀντιδικτική — Κy. τίμιον coni. ‖ -να] νη C,G, ‖
18 δὲ ὦ EF — om. δ' ὦ Λ ‖ δινομ. ER ‖ -νειε] νου X^m — νου· Z ‖
19 ἀμηχ. X Ro.* — ἀχ. a — ἀμαχ. [C]DEFGI[MP]QUVZΘΛ etc. Ox.*

20 διὰ τεὰν δύναμιν δρακεῖσ' ἀσφαλές.
θεῶν δ' ἐφετμαῖς Ἰξίονα φαντὶ ταῦτα βροτοῖς   40
λέγειν ἐν πτερόεντι τροχῷ
παντᾶ κυλινδόμενον·
τὸν εὐεργέταν ἀγαναῖς ἀμοιβαῖς ἐποιχομένους τίνεσθαι.

                                                Στρ. β'.

25 ἔμαθε δὲ σαφές. εὐμενέσσι γὰρ παρὰ Κρονίδαις   45
γλυκὺν ἑλὼν βίοτον, μακρὸν οὐχ ὑπέμεινεν ὄλβον, μαι-
              νομέναις φρασὶν
Ἥρας ὅτ' ἐράσσατο, τὰν Διὸς εὐναὶ λάχον   50
πολυγαθέες· ἀλλά νιν ὕβρις εἰς ἀfάταν ὑπεράφανον
ὦρσεν· τάχα δὲ παθὼν ἐοικότ' ἀνήρ

20 δρακοῦσ' EF^ac? R — δρακόε W — δρακοῖσ' V^b XYYZ (Λ^ac?) α (Hy.) — δρακεῖσ' [C]DE,F,F^pc G.I[MP]QU.V^a[Δ]ΘΛc[α'] Al. Ro.* Be. Hy.²* — δραμεῖσ' S' Ox. Hy.¹ — gl. D θιασαμένη gl. Q βλέπουσα || -λῶς PQZ^mac Al. (Mosch.) — λές [C]DE.F.G.I[MR]U.VXZ[Δ]ΘΛ[α']θ' Ro.* (gl. Z ἐλεύθερον) || 21 δ'] τ' F || 22 ἐν πετρόεντι Ro.* — εὐπτερόεντι M — ἐν πυρίονι c — ἐν πυρόεντι α (Hy.) — ἐν πτερόεντι rell. Sm.* (cum Sch.) || παντᾶ Z — παντᾶ rell. || -δούμενον EF || 24 -βαῖσι D || ὑπερχομένους G^b Q^b VWXYYZαc (Mosch.) || 25 ἔμαθεν DFG.IVZYΔΘΛ — ἔμαθε [C]E.[MPR]QU.Xα[α' r. r.] Al. Ro.* || -νέσι C[M]PQR Al. Ro.* — νέσσι rell. Ox.* || 26 ἐλὼν C — ἐλὼν V — 'ἐλὼν Z — ἔλων I || δ' οὐχ' E^pc R — γ' οὐχ α[c]d Al. (Mosch.) Sm. Ox.* — οὐχ [C]DE^ac[F]GI[MP]QUVWXY[Y]ZΔΘΛ[α']β' Ro.* Bd. Hm. Bü.* || φρασὶν C^a DF^1 G^a I^a V WYΔΘΛα'¹β' (Sm.) Ox. Hy.¹ Hm. Bö.* — φρεσὶν C^b EF^a G^b I^b [M]PQR UXZαdα'^a Al. Ro.* Be. Hy.²* || 27 ἐράσατο C[Y]cS' Ro.* — ἐράσσατο rell. Ox.* || 27 sq. λάχοντο πολ. C^ab PQ — λάχον τολ. G^pc — λάχον πολ. CDE[F]G^ac etc. || verba λάχον usque ad ὑπεράφανον omissa in M || 28 -θιος D^pc EG^ac IIPQRUWZΔΘΛα'β' (in P cum gl. θαυμαστοῦ διός) — θιὶς CD^ac G^pc VXYα Al. Ro.* — p. n. e. || νιν omnes || ἰς C.DE,G I[P?]QUV.XZΔΘΛα Al. Ro:* Bd. — ἰπ' EFR — εἰς (c? fl. θ'?) [α'β'] Sm. Ox.* (in Sch. εἰς) — Adde hoc εἰς ad O. I, 48 (sed cf. etiam Metr.). Est ἰς pro εἰς in mss. N. V, 11. (cf. O. X, 37. P. III, 11) || ἄταν C^ac — ἀάταν Be. Hy.²* Th. — αὐνάταν W — ἀνάτην U^ach — ἀνάταν Θ — ἀν.αυάταν Λ^Ht — εὐάταν E,² — ἀνάταν C^pc C,DEE,¹[F]GI[P]Q[R]UV.XZΔ recc. Al. Ro.* Bö.* (cum Sch. Vet. et Rec.) || ὑπερφίαλον CVWXYYZ — ὑπεράφανον DE[F]G.I[IPR]QU[ΔΘ]Λ recc. Al. Ro.* (cum Sch. U [Germ.]) || 29 -σι· G — σιν. [C]F^a M[VX]YZ recc. Ox.* — σι DEF^b IQRUΔΘ Λ Al. Ro.*

PYTHIA II.

30 ἐξαίρετον ἕλε μόχθον. αἱ δύο δ᾽ ἀμπλακίαι   55
φερέπονοι τελέθοντι· τὸ μὲν ἥρως ὅτι
ἐμφύλιον αἷμα πρώτιστος οὐκ ἄτερ τέχνας ἐπέμιξε
θνατοῖς·

Ἀντ. β'.

ὅτι τε μεγαλοκευθέεσσιν ἔν ποτε θαλάμοις   60
Διὸς ἄκοιτιν ἐπειρᾶτο. χρὴ δὲ κατ᾽ αὐτὸν αἰεὶ παντὸς
ὁρᾶν μέτρον.
35 εὐναὶ δὲ παράτροποι ἐς κακότατ᾽ ἀθρόαν   65
ἔβαλον, ποτὶ καὶ τὸν ἵκοντ᾽· ἐπεὶ νεφέλᾳ παρελέξατο,
ψεῦδος γλυκὺ μεθέπων, ἄϊδρις ἀνήρ·
εἶδος γὰρ ὑπεροχωτάτᾳ πρέπεν Οὐρανίδα   70
θυγατέρι Κρόνου· ἆντε δόλον αὐτῷ θέσαν
40 Ζηνὸς παλάμαι, καλὸν πῆμα. τὸν δὲ τετράκναμον
ἔπραξε δεσμόν,

30 ἴχ· ΠΜΥΔΘΛ — ἴσχ· CDE.FG.PQRUVWXYZa' Ro.* Bd. — ἴλε a Al. (Mosch.) Sm. Ox.* — ἴσχιν Cp. Cf. O. I, 56 et V, 16 ‖ ἀμβλ. Iac — ἀμπλ. Ipc et rell. ut videtur omnes Cf. ad O. VII, 25. ‖ **31** τὸ μὲν] μέγας Ht. ‖ **31**sq. ὅτι τ' CDEFG.[IMP]QRUV[WYY]XZ[ΔΘ]Λa' Al. Ro.* Ht. — ὅθην a (Mosch.) — ὅτ' I — ὅτι γε Pw. Be. (male) — ὅτι (om. τ') Hm. Bö.* ‖ **33** τε] δὲ Be. ‖ -θέσιν CM — θίσσιν IΘΛ ‖ **34** καθ᾽ ἑαυτὸν FPQU.ΔΘΛ — καθ᾽ αὐτὸν Cpc C,DE.G.I[M]RVXYZaa' Al. Ro.* — καθ᾽ αὑτὸν Cac — κατ᾽ αὐτὸν Th. Bö.2* ‖ **35** εὐναὶ GY ‖ κακότητ' CMPQRVXYZa — κακότατ' DE[F]GIU[Δ]ΘΛ[a'] Al. Ro.* ‖ ἀθρόαν C¹D[EF]GI[M]UVX[Y]Z¹[ΔΛ]Θa[a'] Al. Ro.* — ἀθρόως PQZ° — ἀθρόω C° — ὀρθάν G^vl (v. l. in Sch. U; hi „ἔνιοι" ft. ὅρθιον s. ὀρθίαν legerunt) ‖ **36** ἔβαλλον Λ ‖ ποτὶ καὶ τὸν ἵκοντ' C¹DEFGHIKPQUVX YZΔΘΛaa' [rell.] Al. Ro.* — ποτὶ κ. τ. ἴ. C°M — ποτὶ κ. τ. ἱκόντ' R (teste Be.) Interpunctionem novavi; τὸν est pro ὅν ‖ ἐπὶ Ga — ἐπεὶ rell. Cf. Metr. — p. n. e. ‖ νεφέλα (id. est nom. propr.) C — νεφέλα(ε) rell. ‖ **38** -νία Al. Ro.* [c?] — νίᾳ Mr.* — νίαν C°M° — νιῶν C°Mb — νιᾶν DEGIIPQ[R]UVWXYYZΔΘΛa[a']β'θ' Hm. Bö.* — ἴδα reposui (e Sch. τῇ ὑπερεχούσῃ τοῦ οὐρανίου Κρόνου θυγατρί) ‖ **39** ἄντε E.[P?Ra'] Al. Ro:* — τάν τε CMVXYZa — ἄν ποτε DΘ (in Θ τάν supra) — ἄν ποτε GIQU.ΔΛ — ἄν γε Pw. (Hy.) Be. — ft. ἄν ποτε δόλον νιν θέσαν? (Bu. I, 290) at Seb. ἥντινα habet sine ποτε ‖ αὐτῷ M ‖ **40** ζηνός] διὸς M ‖ τετράκναμον omnes

ΠΥΘΙΟΝΙΚΑΙ Β'.

Ἐπ. β'.
ἐὸν ὄλεθρον ὅγ'· ἐν δ' ἀφύκτοισι γυιοπέδαις πεσὼν τὰν
    πολύκοινον ἀνδέξατ' ἀγγελίαν. 75
ἄνευ Ϝοι Χαρίτων τέκεν γόνον ὑπερφίαλον,
μόνα καὶ μόνον, οὔτ' ἐν ἀνδράσι γερασφόρον οὔτ' ἐν θεῶν
    νόμοις·
τὸν ὀνύμαξε τράφοισα Κένταυρον, ὃς
45 ἵπποισι Μαγνητίδεσσιν ἐμίγνυτ' ἐν Παλίου   85
σφυροῖς, ἐκ δ' ἐγένοντο στρατὸς
θαυμαστός, ἀμφοτέροις
ὁμοῖοι τοκεῦσι, τὰ ματρόθεν μὲν κάτω, τὰ δ' ὕπερθε
    πατρός.

θεὸς ἅπαν ἐπὶ Ϝελπίδεσσι τέκμαρ ἀνύεται, Στρ. γ'. 90
50 θεός, ὃ καὶ πτερόεντ' αἰετὸν κίχε, καὶ θαλασσαῖον
    παραμείβεται

41 ἰὸν omnes ‖ .ὅ γ' ἰν ἀφ. DGM — .ὃ δ' ἰν ἀφ. R — .ὃ δ' ἰν δ' ἀφ. E — .ὄγ' ἰν δ' ἀφ. CIPUZΘΛa' Ro. — ὄγ' ἰν δ' ἀφ. V Al. — ὄγ'. ἰν δ' ἀφ. a Cp.* (ἰν δ' ἀφ. initium lemmatis in EGV Ro. etc.) — ,ὄγ'. ἰν δ' ἀφ. Hy. Be. — ὄγ'· ἰν δ' ἀφ. Bö.* ‖ ἀφύκτοις C, ‖ -πέδαισι CMVXYZ (αἰδίσι) ‖ ἀνεδίξατ' vett. Thom. Tricl. Al. Bo.* Ox. Bd. (in I ἐδίξατ' — in Θ' om. vox) cum Sch. — ἀνδίξατ' ac (Mosch.) Sm. Hm.² Bö.* — ἀνεδείξατ' Be. — ἀνδείξατ' Mtsch. Hm.¹ Ht. ‖ 42 ἄνευ οἱ C.DDE.G.IKMU.V.WΘΛa'β' Hm. Bö.* (Aristarch.) — ἄνευ δέ οἱ IXX YYZa Al. — ἄνευ δ' οἱ PQS Ro:* Aw. ‖ τίκε G — τίκεν DE[R]VXY Za[a'] Al. Hm. Bö.* — τίκε CI[M]PQU[Θ]Λ Ro.* ‖ 43 ἀνδράσι DE[F] GI[PR]QU[ΔΘ]Λa[a'] Al. Ro.* — ἀνθρώποισι CMVWXYZ ‖ νόμοις] νομοῖς Λ Hy. ‖ 44 ὀνύμαζε CEIMRΘ — ὀνύμαξε D[GP]QUVXYZ[ΔΛ] a[a'] Al. Br.* — ὀνύμαξεν Ro. Cp. ‖ τραφοῖσα a Al. (Mosch.) ‖ 45 ἵπποις E,Θ — ἵπποισι Cac ‖ ἰν ἂν apud Galenum ‖ 46 ἐγένετο E.R ‖ στρατοὶ Y ‖ 47 post (non ante) ἀμφοτέροις dist. a' (Tricl.) Ro. Br. Mr. — ante (non post) id. Za Al. (Mosch.) Cp. St.* — plurimi ut CEGVUΘ neutra parte distinguunt ‖ 49 ἅπαν] πᾶν Aw. pessime; vide Bö. de Crisi § 30. ‖ ἐπ' ἐλπ. Aw. Ht. male ‖ τέκμωρ CMV· — τέκμαιρ' Y ‖ 50 καὶ om. in D ‖ -τ' ἀλητὸν a Al. (Mosch.) Sm. — τ' ἀετὸν IWY — τ' ἀλετόν [C]DE.[F]G.I[MP]Q[R]UV.XYZΔΘΛ[a'] ·Ro.* Ox. Hm. Bö.* — τα ἀετόν Hy. ‖ κίχεν Hy.

δελφῖνα, καὶ ὑψιφρόνων τιν᾽ ἔκαμψε βροτῶν,   95
ἑτέροισι δὲ κῦδος ἀγήραον παρέδωκ᾽. ἐμὲ δὲ χρεὼν
φεύγειν δάκος ἀδινὸν κακαγοριᾶν.
εἶδον γὰρ ἑκὰς ἐὼν τὰ πόλλ᾽ ἐν ἀμαχανίᾳ
55 ψογερὸν Ἀρχίλοχον βαρυλόγοις ἔχθεσιν   100
πιαινόμενον· τὸ πλουτεῖν δὲ σὺν τύχᾳ πότμου σοφίας,
ἄριστον.

Ἀντ. γ´.

τὺ δὲ σάφα νιν ἔχεις, ἐλευθέρᾳ φρενὶ πεπαρεῖν,   105
πρύτανι κύριε πολλᾶν μὲν εὐστεφάνων ἀγυιᾶν καὶ στρα-
τοῦ. εἰ δέ τις

51 τινὰ DDEGIKMPQRSUΔΘΛ — τίν᾽ CV[X]XYZaa' Al. Ro.* — τιν᾽ Bö.* ‖ ἔκαμψε DDE[F]G[M]PQRSV[X]XYZa Al. Ro.* — ἔκαμψεν Κa' Hm. (qui hoc ν ante βρ. pronunciari μ dicit) Λw. — ἔκναμψε CU — ἔκναψε IΔ — ὄκναψε ΘΛ ‖ **52** ἑτάροισι VXXYa — ἑτέροισιν D — ἑτέροισι CD[EF]GI[MP]Q[R]SUZΔΛ[a'] Al. Ro.* ‖ παρέδωκε δ᾽ ἐμὲ ER — παρέδωκεν. ἐμὲ C^ao — Cf. ad Metr. ‖ **53** δᾶκος CM ‖ κακηγοριᾶν DDEGIK MPQRSUZ=ΘΛaa'β' — id. (ιαν) Δ — id. (ιῶν) I — κακαγοριᾶν CW Hm.¹ Bö.* (cum Sch. in Ro. ubi est τὰς κακαγορίας) — κακαγορίαν V Al. Ro. Br.* — , κακαγορίαν Cp. Sm.* Aw. Hm.² (cum Sch. U ubi est τὴν κακηγορίαν) — κακουργεᾶν XXYYZ Cf. O. I, 53 ‖ **54** ἑκὰς C. ‖ ταπόλλ᾽ C^b Λ Bö.²* — τὰ πολλ᾽ Ya — τὰ πολλ᾽ rell. ‖ ἀμηχ. CEMQVXYZΘ — μαχ. D — ἀμαχ. E,[G]IU rell. ‖ **55** βραχυλόγοις (Sch. Germ.) ‖ βαρυλόγοις a [a' rell. recc.] Al. Ro.* — οισι M — οισιν CDEGIPQRUVXZΔΘΛ ‖ ἔχθεσιν α[a' r. r.] Al. Mr.* — ἔχθεσι vett. Thom. Ro.* — ἔπεσιν (v. l. U in Sch. Vet.) ‖ **56** πότμου, σοφίας ἄριστον. DGPU[a'?] Bö. Hs. Bg. (hoc non est in Scholiis nisi ft. in secundo commate p. 321, 3 ubi ἡ οὕτως recte praefigitur in U) — πότμου σοφίας, ἄριστον. [E?]PQYa Al. Ro.* (cum Sch. Vet. et Rec. Tricl.) Hm. — sine dist. CIVXZΘΛ Di. Sw. — πότμου, σοφίας ἄωτος. (Bg.¹) — πότμος σοφίας ἄριστος. Ht. — Sch. Vett. optimi τὸ πλουτεῖν σοφίας iungunt cum Hm. ‖ **57** B rursus incipit ‖ σάφα] τάχα M ‖ νιν] νυν I^ao — νῦν M ‖ πεπορεῖν G^b V·XX·YY·a͡d (Mosch.) Po. Bu. Sr. Be. Hy²* — πεπαρεῖν B.CDDE[F]G·HI[MP]Q[R]SUV¹[W]X¹Y¹ Z[Δ]ΞΛa'[β'ϑ'] Al. Ro.* Bö.* (cum Sch. Vet.) ‖ **58** inter πρύτανι et κύριε distinctum est in QUa Al. St.* — non dist. in BDEGIVZΘΛ [al.] Ro.* Bö.* ‖ πολᾶν H — πολλῶν U, ‖ μὰν a[c?] Al. (Mosch.) Sm.* — μὲν BCDEGIIM[P]Q[R]UVXYYZ[Δ]ΘΛa'β' Ro.* Hm. Bö.* ‖ ἔυστ. XYZ ‖ ἀγυιᾶν V¹XXYYZ — ᾶν rell. (et V•)

ΠΥΘΙΟΝΙΚΑΙ Β'.

ἤδη κτεάτεσσί τε καὶ περὶ τιμᾷ λέγει 110
60 ἕτερόν τιν' ἂν' Ἑλλάδα τῶν πάροιθε γενέσθαι ὑπέρτερον,
χαῦνα πραπίδι παλαιμονεῖ κενεᾷ.
εὐανθέα δ' ἀναβάσομαι στόλον ἀμφ' ἀρετᾷ
κελαδέων. νεότατι μὲν ἀρήγει θράσος 115
δεινῶν πολέμων· ὅθεν φαμὶ καὶ σὲ τὰν ἀπείρονα δόξαν
εὑρεῖν,

Ἐπ. γ'.
65 τὰ μὲν ἐν ἱπποσόαισιν ἄνδρεσσι μαρνάμενον, τὰ δ' ἐν
πεζομάχαισι· βουλαὶ δὲ πρεσβύτεραι 120
ἀκίνδυνον ἐμοὶ ϝέπος σὲ ποτὶ πάντα λόγον
ἐπαινεῖν παρέχοντι. χαῖρε. τόδε μὲν κατὰ Φοίνισσαν ἐμπολὰν 125
μέλος ὑπὲρ πολιᾶς ἁλὸς πέμπεται·

59 ἤδη om. ER — habent ἤδη rell. (et E,) ‖ κτεάτεσσί B.DDE[FG]I[Π]K[PR]QSU[Δ]ΘΛ[α'β'] Ro.* — κτεάντεσσί Al. — κτεάνοισι CMVWX XΧYYZa*d* Cf. ad O. V, 24 ‖ **60** τῶν] τὰν W solus ‖ πάροιθε Xª (vide ad Metr.) — πάροιθεν DG — πάροιθε rell. (et Xᵇ) ‖ **61** χαῦνα D(?) — χαῦνα(ᾳ) ΕΙQΘΛ rell. ‖ κενεά Ι Pw. Hm. (collato O. X, 93) Bö.* — κενεᾶ(ᾳ) BCEG[MP]QRUVXYZ[Δ]ΘΛαα' [r. r.] Al. Ro.* — κενεᾶ D (cf. ad O. II, 65) — Restitui κενεᾷ et scripsi χαῦνα (collato N. VIII, 45) quamquam Sch. et χαύνᾳ et κενεᾷ legit. ‖ **62** εὐανθεῖ στόλῳ inter Scholia in U, ubi B Ro. εὐανθῆ στόλον (321, 29) ‖ -βοᾶσ. Xª — βάσσ. U,¹² — βήσ. M — βάσ. rell. (et Xᵇ) ‖ **64** τὰν] τὴν QU ‖ **65** ἐν om. E ‖ -σόοισιν UVª — σόισιν Q — σόαισιν BCD etc. (et V¹) ‖ ἀνδράσι BC D etc. (omnes mss.) Al. Ro.* — ἄνδρεσσι Hm. Bö.* (cf. P. V, 60=68) ‖ -χαις Ro.* — χαισι BDDE[F]GHI[Iª]K[P]Q[R]SU(Yᵃᵃ?)Z[Δ]ΘΛ[α'β'θ'] Sm.* — χοισι C[ᵇᵉMVWXΧYYac ‖ -τεροι CªC,M — τεραι rell. (et Cᵇ) ‖ **66** ἐμοί] ἐμὸν R (v. l. memorata in Sch. Rec. εὔρηται καὶ ἐμόν) ‖ ποτὶ πάντα BCDDE[F]GHIJK[M]PQRSUVWXΧΧYYZΔΘΛ (in G cum gl. ἀ supra πάντα) Ro.* — ποτί ῥ' ἅπαντα (ποτί ῥα πάντα) ac Al. (Mosch.) Hy. — ποτὶ ἅπαντα α'β'[θ'] (Tricl.) Sm. Ox. Hm. Aw. (hiatu ft. propter consonam voci ἅπαντα olim praefixam tolerabili; cf. ad vs. 79) — ποτὶ σὲ πάντα Bö.* — σὲ ποτὶ πάντα Bg.¹² Ht. — (τὸ κατὰ πάντων ἐγκωμιάζειν σε paraphr. Sch.¹ — πρὸς πάντα λόγον ἐπαινεῖν paraphr. Sch.² in B sed in U ante ἐπαινεῖν legitur ὥστε, in Ro. σε. — In Rec. Sch. et apud Germ. ποτὶ (πρὸς) πάντα λόγον [nihil aliud] saepius repetitur; Tricl. aut σε aut αὐτάς subaudiri iubet.) De voce λόγος cf. ad O. VII, 90 sq. ‖ **67** τόδε] τότε M ‖ **68**sq. πέμπεται τὸ Καστόρειον, σὺν δ' Ht.

τὸ Καστόρειον δ' ἐν Αἰολίδεσσι χορδαῖς θέλων
70 ἄθρησον χάριν, ἑπτακτύπου
φόρμιγγος ἀντόμενος.   130
γένοι' οἷος ἐσσὶ μαθών. καλός τοι πίθων παρὰ παισὶν αἰεί.

Στρ. δ'.

καλός· ὁ δὲ Ῥαδάμανθυς εὖ πέπραγεν, ὅτι φρενῶν
ἔλαχε καρπὸν ἀμώμητον, οὐδ' ἀπάταισι θυμὸν τέρπεται
ἔνδοθεν·   135
75 οἷα ψιθύρων παλάμαις ἕπετ' αἰεὶ βροτῷ.
ἄμαχον κακὸν ἀμφοτέροις διαβολιᾶν ὑποφάτιες,   140
ὀργαῖς ἀτενὲς ἀλωπέκων ἴκελοι.

69 θέλων omnes mss. Al. Ro.* Bg. — ἱκὼν Bö.* (paraphr. Sch. interpretamentum ἱκὼν habet, idem est in gl. EF ἤγουν ἱκών) — gl. C ὀριγόμενος — θέλων paraphr. U (Germ.) — θέλων καὶ ἀποδεχόμενος Sch. Rec. Cf. ad O. II, 97 || **70** ἄθρησον] καὶ κροῦσον gl. C || post χάριν plene dist. BI (cum Sch¹) || **71** ἀντώμενος DDFGHIKPQSUΔΘΛ — ἀντόμενος B[C]E[MRVX]XX[Y]Zaa' [r. r.] (in Tricl. cum gl. διὰ τὸ μέτρον) || **72** γένοιο δ' B,CDDEFGHIJMPQRSUV.WXYZᴾᶜΔΘ.Λaḍ(Θ'? potius c) Al. Ro.* — γένοι δ' BXYZᵃᵃ — γενοῦ δ' Mi. — γένοι' α'β' (c? potius Θ') (Tricl.) Sm.* || οἷός ἐσσι EGHIᴾᶜ — οἷος ἐσσι DF — οἷος ἐσσὶ BCIᴾᶜ etc. || καλός τοι mss. Al. Ro.* Sm.* Bö.²* (cum lemmate Tricliniani Scholii; cumque Galeno de us. part. I, 22) — καλός τις (hoc esse in Θ' Oxx. referunt; ego in nullo ms. inveni) St.²* (Hy.) Bö.¹ — καλῶς τις Bth. — καλός· καὶ Ht. || πίθων omnes — πίθηκος Galen. || ἀεὶ (ἀιεί) BE,FGHIK[M]P QSUΔΘΛ Ro.* — αἰεὶ (αἰεί) [C]DDE[R]VXXXYZaa' [r. r.] Al. Sm.* — εἴη Bth. || distinctionem post (non ante) αἰεί posui cum Ba' et cum Galeno; distinctio ante αἰεί nec in ullo scripto nec in editis ante Sm. reperitur. || **74** ἀμώμητον (ἀμωμητὸν U) mss. Al. Ro.* Bö.* (cum Sch. DU etc. quod omissum est in B) — ἀμμώμητων Ib. Hy.²* || **75** αἰεί] ἀεὶ R || βροτῶν mss. Al. Ro.* Ta. Ky. Bg.² (cum Sch. Vet. ut videtur) — βροτῷ Hd. Bö.* Sw. Ht. Cf. O. I, 100 || **76** διαβολιᾶν mss. Al. Ro.* — κακαγοριᾶν Aw. — διαβολιᾶν Bg.² Ht. (Bg. confert Theogn. 324) Cf. ad Metr. || ὑποφάντιες E,R (a φαίνω, recte?) Bg.¹ — ἀποφάτιες Q — ὑποφάτιες omnes rell. mss. (cum Sch. Vet. in BU Ro. et cum EQ,) Al. Ro.* Bg.² (cf. Lo. Parall. 441, ubi ὑποφήτιες recte formatum esse ostenditur a φάω, non a φάτις) — ὑποφάτορες Bth. Ht. — ὑποφαύτιες Bö.* — (ὑποφύστιες Bg.²) — Sch. Vet. ἑρμηνευταὶ καὶ διάβολοι παρὰ τὸ φατίζειν καὶ λέγειν — gl. F ὑποφάσεις, διδάσκαλοι — gl. α' ὑποβολεῖς διαβολιᾶν || **77** ὁρμαῖς M || ἀλωπ. CU | -πεκίων R || ἴκ. B. DEFGH?IMQUVXYΔΘΛ(α'ᵃᵒ?) — ἴκ. CH?TZaa' [r. r.] Al. Ro.*

κέρδει δέ· τί μάλα τοῦτο κερδαλέον τελέθει;
ἅτε γὰρ εἰνάλιον πόνον ὀχεῖσας βαθύ   145
80 σκευᾶς ἑτέρας, ἀβάπτιστός εἰμι, φελλὸς ὣς ὑπὲρ ἕρκος
ἅλμας.

ἀδύνατα δ' ἔπος ἐκβαλεῖν κραταιὸν ἐν ἀγαθοῖς   'Αντ. δ'.
δόλιον ἀστόν· ὅμως μὰν σαίνων ποτὶ πάντας, ἀγὰν πάγχυ
διαπλέκει.   150

78 κερδοῖ Hu. Hm. Th. Bö.²* — κέρδοι Θ vitiose — κέρδει rell. mss. Al. Ro.* Ky. Fr. (cum Sch. Vet., etsi verba ἀλλὰ ἐν (Ro. καὶ U ἐν) κέρδει τοῦτο ποιοῦσιν, εἶτα ἡ ἐπαγωγή non leguntur in B) ||, κέρδει τε. — Be. || Post κέρδει δὲ distinctum est commate in I Al. Ro.* aliisque — colo in EZ — spatio in D — semicolo[;] in HPX (cf. ad O. VII, 97) — non dist. est in BQUΘΛα [aliisque] Bö.¹ (Astutiae = astutis hominibus) (Ky.) Sdt. || τί τοῦτο μάλα C.MV.WXXXYYZO, — τί μάλα τοῦτο B.DDE.[F]GHI[I]K[PR]QSTU[Δ]ΘΛα[c]α[α'β'Ϛ'] Al. Ro.* (in B, et Al. τι) || κερδαλέου R || τελέθει] . τί δή οἱ B solus. || 79 ἐνάλιον (ἐνάλιος E,) omnes vett. et Thom. Al. Ro.* Be. — εἰνάλιον αα' [r. r.] Sm.* Cf. etiam vs. 66 et ad O. II, 65 || ὀχοίσας B Ro.* — ἐχοίσας CDDEFGHIJKMPQ[R]U VWXYYZΔΘΛαcα'β' Al. Bö.* — ὀχεοίσας reposui cum Aw. Cf. ad O. II, 68 || βαθύ omnes (etiam I) Cf. ad O. VII, 47 || βαθυσκευᾶς DZ — βαθυσκευῆς Q || 80 om. φελλός Gª Hª Qᵃᶜ U — φίλος T — φελλός rell. (etiam Gᵇ Hᵇ Qᵖᶜ) || ἕρκος Cᵖᶜ C,MVWXXYYΘᵇ ac Ro; — ἕλκος Cᵃᶜ — ἕλκος IAᵃᶜ — ἕρκος BDDEFGIK[PR]QSU.[Δ]Θª Λᵖᶜ[α'] Al. Ro:* — εὗρος Hm. ||, φελλὸς ὣς ὑπὲρ ἕρκος ἅλμας. [B]CEMQ[V]YZΘΛ Aw. — id. (sed ὥς,) α' Ro.* —, φίλλος ὣς ὑπὲρ ἕρκος, ἅλμας. Bth. Bö.* —, φελλὸς ὥς, ὑπὸ ἕρκος ἅλμας Ht. Cf. Ra. in Ja. LXXVII, 402. — nulla dist. in DI || ἅλμας α || 81 ἀδύνατον (om. δ') Sm. (Bö.) — ἀδύνατον δ' C,DDSZ (supra in FQα') Al. Ro:* — ἀδύνατα δ' B.CE.F¹G.IM[PR]Q¹U.VWXXYY[Δ]ΘΛ αα'β' [r. r.] Ox.* — ἀδύνατος (om. δ' ἔπος) I — δὲ om. Sch.² in BU et Sch.¹ in U — habent δὲ Sch.² in U et Sch.¹ in Ro. et B (Sch.² in B Ro. non exstat) || 82 μὰν] μὲν PQU || ἄγαν mss. Al. Ro.* (cum Sch. Rec. et cum gl. P λίαν) quod nonnulli ab ἄγη (primā brevi), invidia, factum esse volebant; hi ad singularem producendi licentiam confugere debebant; cf. 76 — ἆρα Pw. male — ἄταν Hy. Be. Ky. — ἀγὰν (fracturam, flexuram — caudam?) Bö.* Hm. Ra.¹² (collato ὄφεος ἀγή Arat. Phaenom. 688) — ἄγραν (Bg.² i. e. rete) — πάντα πάντ' αἰῶνα διαπλέκει sive (quod invexit) πάντας αἰῶ πάντα διαπλέκει Ht. (e Sch.) || διαπλέκει mss. Al. Ro.* — διαπλέκε (imperativo) v. l. in Sch. semibarbaro (325, 1) quod in B Ro. omissum est; exstat in [D]GU etc.

PYTHIA II.

οὔ ϝοι μετέχω θράσεος. φίλον εἴη φιλεῖν·
ποτὶ δ' ἐχθρὸν ἅτ' ἐχθρὸς ἐὼν λύκοιο δίκαν ὑποθεύ-
σομαι,   155
85 ἄλλ' ἄλλοτε πατέων ὁδοῖς σκολιαῖς.
ἐν πάντα δὲ νόμον εὐθύγλωσσος ἀνὴρ προφέρει,
παρὰ τυραννίδι, χὠπόταν ὁ λάβρος στρατός,   160
χὤταν πόλιν οἱ σοφοὶ τηρέωντι. χρὴ δὲ πρὸς θεὸν οὐκ
ἐρίζειν,

Ἐπ. δ'.

ὃς ἀνέχει τοτὲ μὲν τὰ κείνων, τότ' αὖθ' ἑτέροις ἔδωκεν
μέγα κῦδος. ἀλλ' οὐδὲ ταῦτα νόον 165

83 οὔχ οἱ θ' ‖ μετέχων M ‖ -σιος U — σεως YZ*ᵃᶜ ‖ εἴην U ‖
84 δὲ ἐχθρὸν IΔΘ ‖ ἐών] ἰὼν Hu. Aw. ‖ λύκου E, ‖ δίκην Epo QRS
— ἔχθραν a (lapsu calami) — δίκαν rell. (et E,) — om. δίκαν E*ᵃᵒ ‖
ὑποθήσομαι M ‖ 85 σκολιοῖς MQ*ᵃᵒ ‖ 86 ἐν] ἐς α' — ἀν' Po. — ἀν Be.
— ἐν. D ‖ νόμον Cᵘᵗ K[R]U,VXXYZa Al. Hu. Bö.* — paraphr. Sch.
ἀρχὴν (non in B ea exstat) — νόμον E — νομὸν B.DFGI[P]QSU[Δ]ΘΛa'
Ro.* — νεμεῖν D ‖ 87 χ' ὠπότ' ἀν B — χ' ὁπόταν DG St.¹ Co. Pl.
— χὠπόταν a Sm.* — χὠπόταν Cp. Bö.²* — χὠπόταν Bö.¹ Th. — χ'
ὠπόταν CEFIQUVXYZΔΘΛa' Ro. Br. Mr. St.²* Bd. — χ' ὠπόταν Al. ‖
λαῦρος BDG Ro.* — λάβρος CEFIMPQ[R]UVXYZΘΛaca'θ' Al. Sm.*
Bö.²* — λᾶβρος I*ᵃᵒ? — λαύρος Bö.¹ Cf. ad O. VIII, 36 ‖ 88 χ' ὤτ'
ἀν B — χ' ὅταν St.¹ Co. Pl. — χὤταν a Sm.* — χὤταν [C?] Cp. Bö.*
— χὤταν Bö.¹ Th. — χ' ὤταν DEFGIMQ[R]UVXYZΔΘΛa' Al. Ro.
Br. Mr. St.²* Bd. (in FUV ft. χῶταν) ‖ πάλιν R ‖ τηρέοντι BCEIMRU
ZΔΘΛa' Ro.* — τηρεώντι V — τηρέωντι D[F]G[P]Q[X]Y[a] Al. Hy. Be.*
‖ 89 ἀνέχει BCEF[P]Q[R]VXXXYZ[Δ]Λaa' Al. Ro.* — ἀν ἐχει MΘ —
— ἀνέχῃ G, (hoc Sch. om. in B Ro.) — ἀνέχῃ DDGI[U,] (sed gl. G ὑψη-
λοποιεῖ) — ἂν ἔχῃ U ‖ τοτὲ BCEF*ᵃᵒIMPQRSUVZ*[Δ]ΘΛa' Al. Ro.*
— τότε E,Fpo K — ποτὲ DDXXXYZ¹ a (eadem gl. in Pa') Hm. Bö.* (non
persuadet Hm. τοτὲ μέν .... τοτὲ δέ Homericum Pindaro abiudicans; est ποτέ
e glossa in his mss. deterioribus) — paraphr. Sch. πολλάκις ‖ τὰ κείνων
B[C] St.* — τὰ 'κείνων Ua' Ro. Br. Mr. — τ' ἀκείνων F — τἀκείνων DE.
GHIMQU,VXYZΘΛa Al. Cp. ‖ τοτὲ δ' αὖθ' (τοτὲ in multis) BCDDEF
GI[M]PQSUVXXYpc ZΘA Al. Ro.* Be. — τότε δ' αὖθ' Y*ᵃᶜΔ (teste De.)
— ποτὲ δ' αὖθ' K (ποτὲ glossa est in Pa') — τοτὲ δ' αὖθις U, — ἰδ'
αὖθ' a (Moschop.) — τότ' αὖθ' α'β' (Tricl.) Hm. Bü.* — τοτ' αὖ δ'
Sm. Ox. — τότ' αὖ δ' Hy. — Sch. paraphr. ἄλλοτε δέ ‖ ἔδωκέ B
— κεν GHI[VX]YZa[a' r. r.] Sm.* — κε CDEMRQUΔΘΛ Al. Ro.*

ΠΥΘΙΟΝΙΚΑΙ Β'.

90 ἰαίνει φθονερῶν· στάθμας δέ τινος ἑλκόμενοι
περισσᾶς ἐνέπαξαν ἕλκος ὀδυναρὸν ἑᾷ πρόσθε καρδίᾳ,
πρὶν ὅσα φροντίδι μητίονται τυχεῖν.   170
φέρειν δ' ἐλαφρῶς ἐπαυχένιον λαβόντα ζυγὸν
ἀρήγει· ποτὶ κέντρον δέ τοι
95 λακτιζέμεν τελέθει
ὀλισθηρὸς οἶμος. ἀδόντα δ' εἴη με τοῖς ἀγαθοῖς ὁμιλεῖν. 175

89 sq. νόσον ἰαίνει B, — νόον ἰαίνει [BC]DD̠E.GI[PR]QSU[ΔΘ]Λa Al. Ro.* Hy.* (cum Sch. Vet.) — νόον (om. ἰαίνει) M — ἰαίνει νόον FK — νόον γ' ἰαίνει α'β' (Tricl.) — γε νοῦν ἰαίνει Sm. Ox. **90** φθονερὸν K — φθονερῶν rell. (cum Sch.) ∥ στάθμαν Θ — στάθμης F ∥ τινας C¹ ∥ ἑλκόμενος BCᵃᶜ[M]V¹X¹X̠¹Y[c?] Al. Ro.* Hy. Be.* — ἑλκόμενοι Cᵖᵒ D̠ᵃ EFG.HI[K]PQ[R]SUV·X·X̠·ΖΔΘΛaa'Ͽ' Ox. Bö.* (cum Sch. Vet. et Rec. [Tricl.]) — ἑλκόμενοι D̠ᵇ — ἑλκόμενον D̠ — ἑλδόμενοι Ky. Singularem ii qui haec ad Bacchylidem referri putabant intulisse videntur. Sw.¹ cum grammaticis deberi existimat, ob ἑᾷ. ∥ **91** περισσᾶν M — σσᾶς rell. (cum gl. ἑτεροῤῥεπούς in α') ∥ ἐνέπαξεν BCᵃᶜ[M]VX·X̠¹ Al. Ro.* Be. Hy.²* — ἐνέπαξαν Cᵖᵒ DD̠E.FG.[H?]I[K]PQ[R]SUXᵇ X·YΖΔΘΛa[α'?β'?]Ͽ' Ox. Bö.* (cum Sch. Vet. et Rec.) ∥ -νηρὸν D ∥ ἑᾷ(ᾶ) D̠ᵇ FIUΘ ∥ -σθεν DMUVXYZa'Ͽ' — σθι [BC]E[FGH]I[KPRS]Q [Δ]Θλa[c] Al. Ro.* ∥ **92** μητίονται CDEGHI[M[P]Q[R]SUVWXX̠YZ [Δ?]ΘΛaca'β'Ͽ' Al. Be. Hm. Bö.* (cum gl. C βούλονται gl. α' βουλεύονται) — μητίοντι D̠ — μητύονται FK — μηχανῶνται B? Ro. Br.* Ox.* (cum Sch.?) — μηχανᾶται Cp. Sm. — μητίωνται Th. coni. ∥ **93** δὲ ἑλ. DD̠E. FGIKPQRSUΔΘΛ — δ' ἑλ. [B.]CU,VXX̠[Y]Za[α' r.r.] Al. Ro.* ∥ **93** sq. ζυγὸν ἀρήγει [B]CDD̠EFGI[K[MR]PUVWXX̠YZ[Δ]ΘΛ(Ͽ'?) Al. Bö.* — ζυγόν, ἀρήγει QS — ζυγόν γ' ἀρήγει asd̠a'β' Ox. Hy. (ex β' τ' pro γ' relatum est) — ζυγόν μ' ἀρήγει Sm. ∥ **95** λακτισέμεν Al. — λακτισδέμεν CMVWXX̠YY a d̠ — λακτιζέμεν B.DD̠E.FGI[I]K[PR]QSU.Z[ΔΘ]Λa' Ro.* ∥ **96** οἶμος B — ambiguo spiritu I — οἶμος DGHQ?Uaᵖᵒ — οἴμος CDEM[R]VXYZ [Δ]ΘΛad̠aᵃᶜ Al. Ro.* ∥ ἀδόντα BCa' Ro.* Bü.* (cum nota Tricl. [α'] οὐ χρὴ γράφειν ᾁδοντα, ἀλλ' ἀδόντα· τοῦτο γὰρ ἁρμόζει τῷ μέτρῳ.) — ᾁδοντα Mr. — ᾄδοντα EV Sm. Hy.²* — ᾁδοντα DD̠FGHIKQSUXXYZΔΘΛad̠ Al. — ᾁδοντα Ox. Hy.¹ Be. — ᾁδοντα M St. (canentem) — de cϽ' n. 1.

Subscr. τέλος Ἱέρωνος. GTU — τέλος. QVX — τέλος τῆς δευτέρας ᾠδῆς. Y — τέλος τοῦ β'. X̠ — ὕμνου δευτέρου τέλος Ἱέρωνος. α' — nulla subscr. in BCDD̠EFIKM etc.

ΠΥΘΙΟΝΙΚΑΙ Γ'.

ΙΕΡΩΝΙ ΣΥΡΑΚΟΣΙΩ

ΚΕΛΗΤΙ.

Strophae.

≟⏑–‒≟⏑⏑‒‒⏑⏓
≟⏑–‒≟⏑⏑‒‒⏑⏑‒‒≟⏑‒‒≟⏑⏓
–≟⏑⏑‒‒⏑⏓
≟⏑⏑‒⏑⏑‒⏑⏑‒‒⏑⏑‒≟⏑⏑‒≟⏑‒‒≟⏑⏑⏓
5 ≟⏑–‒≟⏑⏑‒‒⏑⏑‒‒≟⏑⏓
≟⏑⏑‒⏑⏑‒≟⏑‒‒≟⏑‒‒≟⏑⏓
≟⏑⏑‒⏑⏑‒‒≟⏑‒◡

Epodi.

≟⏑–‒≟⏑⏑‒⏑⏑⏓
≟⏑–‒≟⏑‒‒≟⏑⏓
≟⏑–‒≟⏑⏑‒⏑⏑‒‒≟⏑⏓
≟⏑‒◡≟⏑⏑‒⏑⏑‒◡
5 ≟⏑⏑‒⏑⏑‒‒≟⏑‒‒≟⏑⏓
≟⏑⏑‒⏑⏑‒‒≟⏑‒‒≟⏑⏓
≟⏑⏑‒⏑⏑‒‒≟⏑⏑‒⏑⏑⏓
≟⏑–‒≟⏑‒⏑⏑‒‒≟⏑‒◡
⏑⏑≟⏑‒‒≟⏑‒‒≟⏑⏓

Inscr. ἱέρωνι. TUV — ἱέρωνι συρρακουσίω. F — ἱέρωνι νικήσαντι κέληπ τὴν κγ̄ καὶ κζ̄ πυθιάδα XYZ — τῷ αὐτῷ. CI — τῷ αὐτῷ κέληπι. DEPQ? Xαα'β' Al. (in Al. κέληπι) — τῷ αὐτῷ ἱέρωνι, κέληπι. Ro.* — ἱερ. συρ. κέλ. Bö.* — de BGM n. n.

Metr. Hm.³ Str. 6 in duos disiungit, ita ≟⏑⏑‒⏑⏑‒≟⏑‒‒≟ ⏑⏓ | –≟⏑⏓ cui divisioni vs. 52 et 105 non sine violentia accedere iubentur; offendit praeterea γε in principio versûs 98.

ΠΥΘΙΟΝΙΚΑΙ Γ'.

Ἤθελον Χείρωνά κε Φιλυρίδαν,   Στρ. α'.
εἰ χρεὼν τοῦθ' ἀμετέρας ἀπὸ γλώσσας κοινὸν εὔξασθαι
    ϝέπος,
ζώειν τὸν ἀποιχόμενον,
Οὐρανίδα γόνον εὐρυμέδοντα Κρόνου, βάσσαισί τ' ἄρχειν
          Παλίου Φῆρ' ἀγρότερον, 5
5 νόον ἔχοντ' ἀνδρῶν φίλον· οἷος ἐὼν θρέψεν ποτὲ   10
τέκτονα νωδυνίας ἅμερον γυιαρκέος Ἀσκληπιόν,
ἥρωα παντοδαπᾶν ἀλκτῆρα νούσων.

τὸν μὲν εὔιππου Φλεγύα θυγάτηρ   Ἀντ. α'.

1 κε] κεν CM ‖ φιλυρ. D^{ac}I (cum Sch. BG passim) Bg. Sw. Ht. (vide Sw.¹) — φιλλυρ. B.CD^{pc}DEFG[MP]QRUVXYZa[α'β'χ' rell.] Al. Ro.* (cum Sch. GU passim; rarius hoc in Sch. B) ‖ 2 -σσης XZ ‖ αὔξ. C,^{ac} ‖ 4 -δοντος CE·F·I·MQ·R (cum Sch. Ro.) — δοντα BDDE¹F¹ GH¹[P]Q¹UV[X]XYZ recc. Al. Ro.* (cum Sch. BU etc. et Sch. Rec. apud Sr. p. 17, ubi altera non lectio, sed interpretatio commemoratur. Fuerunt enim qui εὐρυμέδοντα Doricum genitivum haberent, unde orta est glossa εὐρυμέδοντος. Hinc illa lectio.) ‖ βάσσει CMχ' — βάσαισι Ro; — βάσσαισι rell. (ισι F¹PQUα'β') ‖ φᾶρ' P¹ ‖ 5 νοῦν ca'β'θ' (Tricl.) Sm. Ox. Bö.* (cum Sch. Vet. et Rec.) — νόον vett. et a Al. Ro.* Hy. Bg.² — γνώμ' Hm.⁸ („non ausus νώμ'") — λῆμ' Ky. ‖ νοῦν δ' ἔχοντ' ἀνδρῶν, φύσιν οἷος Ht. temere ‖ φίλων Y ‖ ἔθρε. P Ro.* — θρέ. rell. mss. Al. Ox.* ‖ -ψῖ B — ψεν FGIVXY recc. Al. Sm.* — ψαι χ' — — ψε CDDEMQRUX ‖ 6 τέκνον ἀνωδ. BP¹QU.XXYā Al. Ro.* PSt. — τέκνον Ἀνωδ. St.²³⁴ (cum Sch. Germ.) — τέκτον' ἀνωδ. CDDE.G^bIMRV^b Yβ' Sm.* (Bd. Ἀνωδ.) (cum Sch.¹ B Ro.) — τέκτονα ἀνωδ. Z — τεκτονάνωδ. FG^a?V^a — τέκτονα νωδ. F,G^a?G,IP·α' Hm. Bö.* (cum Sch.² [quod omissum est in B Ro.] et v. l. apud Germ.) ‖ -νίας mss. (in Z litura est in ς) Al. Ro.* (cum Sch. Vet. et Sch. Germ.) Hm.⁸ Bg.¹² Ht. — νιᾶν Hm.¹² Bö.* Sw. ‖ -νίας ἰατρικῆς W (e gl. PV ἰατρικῆς supra ἀνωδ. adscripta) ‖ γυαρ. CVXXZ ‖ -κέος mss. Al. Ro.* Hm.⁸ Bg.² (cum Sch.) — κέων Hm.¹² Bö.* Sw. — κέοντ' Bg.¹ — κέτας (Sw.) — κίας Ht. Vide Bg.² ‖ ἀσκλαπιόν BCDDFGIPQV[X]XYZα'β' Al. Ro.* Ah. Sw.²³ Bg.² — ἀσκληπιόν EMRU (quod reposui; cf. N. III, 54) — ἀσκλήπιον Hm. Bö.* Gö. Ht. (contra praeceptum Arcadii; vide Sw.¹) ‖ 7 ἄρωα B Ro.* — ἥρωα omnes rell. mss. Al. Hy.²* ‖ -πῶν Bα'β' ‖ ἀλεκτ. BEF Al. Ro.* Bd. — ἀλκτ. rell. mss. Sm. Ox.* ‖ 8 φλεγυία [B]CEQUVXXYZc Al. Ro.* (cum Sch. CU) — φλεγύα DDFGIa [al.] St.* — φλεγία M — φλεγία a'β'χ' (cum gl. α' et cum Sch. Rec. Tricl.)

PYTHIA III. 161

πρὶν τελέσσαι ματροπόλῳ σὺν Ἐλειθυίᾳ, δαμεῖσα χρυ-
σέοις   15
10 τόξοισιν ὑπ' Ἀρτέμιδος,
εἰς Ἀΐδαο δόμον θαλάμῳ κατέβα τέχναις Ἀπόλλωνος.
χόλος δ' οὐκ ἀλίθιος   20
γίνεται παίδων Διός. ἁ δ' ἀποφλαυρίξαισά νιν
ἀμπλακίαισι φρενῶν, ἄλλον αἴνησεν γάμον κρύβδαν πα-
τρός,   25
πρόσθεν ἀκειρεκόμᾳ μιχθεῖσα Φοίβῳ,

15 καὶ φέροισα σπέρμα θεοῦ καθαρόν.   Ἐπ. α'.
οὐκ ἔμειν' ἐλθεῖν τράπεζαν νυμφίαν

9 πρὶν] πλὴν E ‖ τελέσσαι B[c] Al. Ro.* — τελέσαι C.DDE.FGI MPQRUV.XYZaa'β'Θ'χ' Ro; ‖ εἴλει. CM ‖ **10** τόξοις Q ‖ ὑπ' mss. Al. Ro.* — ὕπ' Hm. Bö.* ‖ **11** εἰς ἀΐδαο BCDDE.F.GI[M]PQRU,VXX ZYχ' [al. vett.] Al. Ro.* — ἐσαΐδαο U — εἰς ἀΐδα aa'β'Θ' Ox.* ‖ δόμον ἐν θαλάμῳ (ἐνθαλάμῳ a) omnes mss. Al. Ro.* — μύχιον θάλαμον (Bg.²) — δόμον ἐκ θαλάμων Ht. (ἐκ θαλάμῳ Pw.) male — non movi ἀΐδαο, sed delevi ἐν; cf. O. VI, 58 et ad O. I, 89 ‖ **12** γίν. B.CDEFG.IPQRUVXXYZ a'[β'χ'] Ro.* Bg.¹² — γίγν. Ma Al. Bö.* Sw. Ht. ‖ ἀδ' [B.]EIQUXX Zaa' Al. Ro.* Sm. — ἁ δ' [CDGVY] St. Bd. Ox.* (cum Sch. Vet.) ‖ -ξασά omnes mss. Al. Ro.* — ξαισά Sm.* ‖ νιν CMVXXYZa Bö.* — μιν BDE.F.G.I[P?]QRU.a'β'χ' Al. Ro.* ‖ **13** ἀμβλ. et ἀμπλ. iunctim I — ἀμπλ. rell. Cf. ad O. VII, 25 ‖ σιν [C]aa'β' Hm. Bö.* — σαι U — σε rell. ‖ κρύβαν B, — κρύβδα Zχ' ‖ verba κρ. π. BCDFGQVYZaa' aliique et Ro.* Bö.* Sw. Ht. cum antecedentibus consociant (cum Sch. Vett., contaminatis in ed. Bö.) — ambigue EIU Al. (neutrâ parte dist.) et Mr. St. Hy. Be. (utrâque aequaliter) — cum sqq. (in nullo scripto) Sm.* Bg.² ‖ **14** ἀκειρ. B[C]MVWXXYYZ Bö.* Sw. Ht. — δ' ἀκειρ. ac? — ἀκερσ. DEFGI[I]PQRUa'[β'χ'] Al. Ro.* Ky. Bg.² ‖ μιγεῖσα PQ ‖ **15** hunc versum cum antecedentibus coniungunt FV Al. Ro. Br. Mr. St.¹ Hy.* Fr. (cum Sch. Vett.) — cum sqq. BDI?QZ Cp.¹ Sm. Bg.² Ht. — ambigue CEMUXYa Cp.² St.²* ‖ -ουσα XX,ᵃᵒ ‖ **16** οὐ χ' — οὐδ' (in nullo scripto) Al. Hm. Bö.* Sw. — οὐκ BCDE.G.IMP[Q]RU.[VXY]XZ [recc. a'?] Ro.* Kյ. Bg.² Ht. (cum Sch. Rec.) — Sch. Vet.¹ οὐκ.... οὖν — Sch. Vet.² οὐ γάρ (in B Ro.) ubi U οὐχ sine particula habet ‖ ἔμεινεν DGE,F,U, ‖ νυμφίαν Ia[c] Sm. Ox.* — νυμφιδίαν [B]CDDEFGMPQRUVXXYa'β'Θ'[χ'] Al. Ro.* Bd. Pw. (X δίας) — ὧν γάμου?

ΠΥΘΙΟΝΙΚΑΙ Γ'.

οὐδὲ παμφώνων ἰαχὰν ὑμεναίων, ἅλικες 30
οἷα παρθένοι φιλέοισιν ἑταῖραι
ἑσπερίαις ὑποκουρίζεσθ' ἀοιδαῖς· ἀλλά τοι
20 ἤρατο τῶν ἀπεόντων. οἷα καὶ πολλοὶ πάθον. 35
ἔστι δὲ φῦλον ἐν ἀνθρώποισι ματαιότατον,
ὅστις αἰσχύνων ἐπιχώρια παπταίνει τὰ πόρσω,
μεταμώνια θηρεύων ἀκράντοις ἐλπίσιν. 40

ἔσχε τοιαύταν μεγάλαν ἀάταν Στρ. β'.
25 καλλιπέπλου λῆμα Κορωνίδος. ἐλθόντος γὰρ εὐνάσθη
ξένου
λέκτροισιν ἀπ' Ἀρκαδίας. 45
οὐδ' ἔλαθε σκοπόν· ἐν δ' ἄρα μηλοδόκῳ Πυθῶνι τόσ-
σαις ἄϊεν ναοῦ βασιλεὺς

17 ἅλικες EF || 18 παρθένοι a (Mosch. ut thesis produceretur) || -θοισιν BCDG^a IMa'[β'χ'] Ro.* — θουσιν EFG^b PQRUVXXYZa Al. || 19 ὑποκορ. XXYZ^{ao} — ὑπὸ κουρ. Hy. || 20 ἤρατο V || 22 sq. μεταμώνια in Ro.* cum τὰ πόρσω coniungitur — non dist. BEIUa Al. — cum sqq. CDFQ V etc. St.* || 23 μεταμάνια I || 24 ἔχε MP || τοι ταύταν B.C^p DEFG IQUV.Waa'β' Al. — τοι ... αὐτα ... X^{ut} — τοι ταῦτα Z — τοιαῦτα Υχ' — τοιαύτας (ης?) C^{ao} — τοιαύταν I[M?R?] Ro:* (cum Sch. Vet. etiam in mss. BU etc.) || -άλην CMR || ἀάταν a Hy. Be. — ἀνάταν W? — ἀβάταν Al. — ἀπάταν Pw. male — ἀνάταν omnes vett. et Tricl. (etiam W?Y) Ro.* || 25 λῆμμα CDG^p^c?MPQUχ' Al. Ro. Br.^m Mr. — λῆμα BE.F. G^{ac}?IXZ [rell.] Cp. Br. St.* || 26 sub ἀπ' in C^{ao} alia vox fuit || 27 οὐκ B, — οὐδ' (οὐ δ') rell. || μηλοδ. C^{ao}?D^bE.F.GIP¹QUa'β'¹χ' — μαδοδ. D^a — μηλαδ. a — μαλοδ. Hy.²⁴ — μηλοδ. [B]C^{pc}[M]P^c[R]V.XXY (λωδ.) Zβ'^s Al. Ro.* Hy.¹³⁵ Be. Hm. Bö.* — (Sch. B Ro. τῇ πολλὰ ὑποδεχομένῃ θύματα — gl. G idem, sed θαύματα — an θρέμματα voluerunt?) || τόσσαις, ἄϊε C (etiam in E,F,^{1 s}F,² τόσσαις) — id. (ἄϊεν) Bö.* — τόσαις ἄϊε M (etiam C, τόσαις) — τόσσας ἄϊε DEFGIIPQ^{pc}RUa'β'χ' (commate intermedio in D^bIUβ' al.) — τόσσας ἄϊεν WXYYZa Al. — τόσσσ ἄϊεν X — τόσσσ, ἄϊεν V (supra σσ legitur ασ ab ead. m.) — τόσσ' ἐσάϊε B Ro. Cp. Mr. St. Bd. (τόσσ' ἐσάϊε PSt.) — τόσσα ἐσάϊε Br. — τόσσ' ἐσάϊεν Ro; — τόσσ' ἄϊε B,X,^b — νείσσας (νήσσας?) ἄϊε Q^{ao} — τόσσ' εἰσάϊεν Sm. Ox.* Duplex erroris causa, et σσ pro αις scriptum, et τόσσ" compendium (i. e. τόσσαις) male intellectum. Gl. ad τόσσας sunt τυχών (D^bV cum Sch. Vet.), ἐπιτυχών (F), ἐντυχών (EG); ad ἄϊε[ν] vero ᾔσθετο (EQ cum Sch. Vet.), ᾐσθάνετο (V). Cf. Eustath. Pr. p. 9 || ναοῦ] ναῷ Ht. de Templo personato, male

PYTHIA III.

Λοξίας, κοινᾶνι παρ' εὐθυτάτῳ γνώμαν πιθών, 50
πάντα ϝίσαντι νόῳ· ψευδέων δ' οὐχ ἅπτεται· κλέπτει
τέ νιν
30 οὐ θεὸς οὐ βροτὸς ἔργοις οὔτε βουλαῖς.

καὶ τότε γνοὺς Ἴσχυος Εἰλατίδα   Ἀντ. β'. 55
ξεινίαν κοίταν ἄθεμίν τε δόλον, πέμψεν κασιγνήταν
μένει
θύοισαν ἀμαιμακέτῳ
ἐς Λακέρειαν. ἐπεὶ παρὰ Βοιβιάδος κρημνοῖσιν ᾤκει παρ-
θένος. δαίμων δ' ἕτερος 60

28 verba κοιν. π. εὐθ. cum sqq. coniungunt C[M]ΧΥΖaa' Al. Ro.* Pw. Hm. recte — neutra parte disiungunt BDEF?IQUV — cum antecedd. (nullus scriptus) Be. Hy. Bö.* ‖ κοινᾶνι X.Χ[Y]ΥΖ¹a Al. Ro.* — κοινᾶνι BC.DE.F.G.ΠΜ[P]QRU.V.WZªα'β'χ' Bö.* — ξυνᾶνι Va. ‖ γνώμαν πεπιθών B.D (= Dᵇ?) DEFᵃᵉ?G.Πχ' Ro.* Bd. (cum Sch. Vet. Est γνώμαν in B, sed Sch. B omittit comma in quo πεπιθών iteratur; est id in [D]EF U etc.) — γνώμα(ᾳ) πεπιθών C (Dª?) FᵘˡMPQRU.VWXΧΥΥΖac Al. (in PQ?X virgulâ interpositâ — μᾳ in Z solo — μαι in U — μη in U, — in P cum gl. βουλῇ) — gl. G πείσας (ad πιθών relatum recte) — gl. Dᵇ καταπεισθείς (Sch. Vet. πεισθείς) recte, si referas non ad πιθών solum sed ad coniunctum γνώμαν πιθών; etenim, qui suae opinioni apud Mentem persuasit, ei mente persuasum est — γνώμαν πυθών α'β'(θ') Tricl. (pro πυθόμενος dictum esse opinatus?) — γνώμαν πιθών Sm.* Th. Hm. Bu. Bg.¹² — γνώμᾳ πιθών Bö. Di. Sw. quod nec traditum est nec Graecum nec nisi superflua addit (quo tamen accepto Bg.² coniicit πάντα τ' ἴσαντι frigide) — γνῶ δ' αὐτόθεν Ht. temere. Librarii ad πεπιθών scribendum invitati sunt loco I. III, 90, qui similis esse videbatur sed re vera alienissimus est. Deus ope Mentis (auctoris) sibi iudici (opinanti) persuadet. Invenit hoc consilium apud nullum alium quam apud Mentem suam divinam. ‖ extr. dist. FΧ Z aliique Ro.* Hy.²* — non dist. BCEIQUΥa aliique Be. Al. — non sustuli comma, ut dativus νόῳ ad dativum κοινᾶνι appositus sentiretur ‖ **29** πάντ' ἄισ. QᵃᶜU ‖ δ' om. EªF.R (δὲ non est in paraphr. Sch. Vet. sed apud Germ.) ‖ οὐχ' DEF (ft. plures) ‖ τέ νιν (in nullo scripto) Bö.* — δέ μιν U — τέ μιν BCDE.FG etc. ‖ **31** Ἰσχύος BªCᵃᶜ?a Al. (cum Sch. B) — Ἴσχυος BᵇCᵛᶜ[D]EFG etc. (cum Sch. Ro. U etc.) ‖ **32** ξειν. BC.DEFGI[M]PQRU.VXΧΥZ Al. Ro:* — ξειν. a[α'β'χ' r. r.] Sm.* Cf. ad O. II, 65. ‖ κοίταν α'ᵘˡ ‖ ψεῖ BG — ψεν D[VY]ΧΥΖa[α'β'] Al. Sm.* — ψαι Qᵃᵃ — ψε CEFI[M]PQᵇᶜRUχ' Ro.* ‖ **33** θύοισαν Υ ‖ -κότῳ B? ‖ **34** εὐλαέιρ. XΧΥ — εὐκαίρ. Z ‖ μοιβ. B — βοιβ. rell. (et Sch. B)

ΠΥΘΙΟΝΙΚΑΙ Γ΄.

35 ἐς κακὸν τρέψαις ἐδαμάσσατό νιν· καὶ γειτόνων
πολλοὶ ἐπαῦρον, ἁμᾷ δ' ἔφθαρεν. πολλὰν ὄρει πῦρ ἐξ
         ἑνὸς   65
σπέρματος ἔνθορον ἀΐστωσεν ὕλαν.

ἀλλ' ἐπεὶ τείχει θέσαν ἐν ξυλίνῳ   Ἐπ. β΄.
σύγγονοι κούραν, σέλας δ' ἀμφέδραμεν
40 λάβρον Ἁφαίστου, τότ' ἔειπεν Ἀπόλλων· οὐκέτι   70
τλάσομαι ψυχᾷ γένος ἁμὸν ὀλέσσαι
οἰκτροτάτῳ θανάτῳ ματρὸς βαρείᾳ σὺν πάθᾳ.
ὣς φάτο· βάματι δ' ἐν πρώτῳ κιχὼν παῖδ' ἐκ νεκροῦ 75
ἅρπασε· καιομένα δ' αὐτῷ διέφαινε πυρά·
45 καί ῥά νιν Μάγνητι φέρων πόρε Κενταύρῳ διδάξαι   80

---

35 -ψαις B Ro.* — ψας CDEFGI͞M[P]QRUVWX̱X̱YYZaa'β'χ' [r. r.] Al. || -άσσατο BCDGIMPQUVX̱X̱YZaa'β'χ' Al. Hm. Bö.* — ασατο E FR Ro.* || νιν omnes || 36 ἁμᾷ Al. — ἁμᾶι — ἁμᾶ rell. — Sch. Vet. inter ἁμᾶ et ἁμᾷ ambigunt; cf. Ah. DD. 372 et O. I, 47. 116. III, 21 etc. || δ'] γ' CM || -ρε CEFMQR Ro.* — ρον X̱ — ρον BDGIUV etc. Al. Sm.* || πολλὰν(άν) δ' ἐν B.C.DEFGI͞MPQRU.V̄WX.X̱ȲȲZa'β'χ' Al. (πολὰν C) — πολλά δ' ἐν D,E,F,Q, — πολλὰν τ' (in nullo scripto) Ro:* — πολλὰν δ' a (sine ἐν) Mosch. Bö.²* — Sch. B ἔμπεσον ὕλην πολλὴν φθείρει (om. ὄρει), ubi Ro. ἔμπεσον ὄρει ὕ. π. φθείρει, sed U ἔμπεσον, ἐν ὄρει ὕ. π. φλέγει. — Sch. [B]X͟b Ro. περιττεύει ὁ, τε. ubi GUX͟a aliique ὁ δε. Delevi particulam. || ἐξ om. α'β' (Tricl.) || 37 ἔνθορον Sr. (i. e. ἔγ-xυον: dub. lect. Nic. Th. 99) || ὕλην Dᵖᵒ?Q || 39 δ' om. Dᵃ || ἀμφ' ἔδρ. D || -μεν Z[α'] Bö.* — με BCDEF etc. a || 40 λαῦρον BERX͟b — λάβλον I — λάβρον CDEFG etc. || ἠφ. U — ὑφ. M || -στω Z¹ || τότε εἶπεν BDE.F.GIPQRUa'β' — τότ' εἶπεν U, — τότ' ἔειπεν [CM]V[X̱X̱]YZa[χ'] Al. Ro.* || οὐκ ἔτι D Cp. Sm.* — οὐκ ἔτι V — οὐκέτι [BC]EFIQUX̱X̱ YZa [rell.] Al. Ro. Br.* Bö.* || 41 ἐμὸν EFQRZ — ἁμὸν Cᵃᶜ Dᵃ Fᵃᶜ?M — ἀμὸν [B]Cᵖᵉ Dᵇ Fᵃᵒ? IU [rell.] Al. Ro.* || ὀλέσσαι BGIX͟b recc. Al. Ro.* Bd. Ox.* — ὀλέσσαι Sm. — ὀλέσαι CDEFMPQRUVX̱·X̱YZ || 42 βαρείᾳ om. F || 43 βάμμ. X. (et Sch. X) — βήματα M || πρώτῳ] τριτάτῳ Aristarch. — τρίτῳ Ht. || νεκροῦ σώματος W (a gl.) || 44 διέφανε Cᵇ ĊD MPQ Bö.²* — διέφαινε B.C.ᵃ D,E.F.GG,? I[I]RUV[WY]X.X̱YZa[cϑ'χ'] Al. Ro:* Ox.* (cum Sch. Rec. Tricl.) — διέφηνε(ν) U,G,? — διέχαινε Sm. Bd. Ht. — διέβαινε Pw. — Sch. Vet. διεσχίσθη || πυραί. F || 45 νιν scripsi; cf. Ia. LXXX, 44sqq. — μιν mss. Al. Ro.* quod in epica locutione ft. fe-

πολυπήμονας ἀνθρώποισιν ἰᾶσθαι νόσους.

τοὺς μὲν ὦν, ὅσσοι μόλον αὐτοφύτων   Στρ. γ΄.
ἑλκέων ξυνάονες, ἢ πολιῷ χαλκῷ μέλη τετρωμένοι   85
ἢ χερμάδι τηλεβόλῳ,
50 ἢ θερινῷ πυρὶ περθόμενοι δέμας ἢ χειμῶνι, λύσαις ἄλ-
λον ἀλλοίων ἀχέων   90
ἔξαγεν, τοὺς μὲν μαλακαῖς ἐπαοιδαῖς ἀμφέπων,
τοὺς δὲ προσανέα πίνοντας, ἢ γυίοις περάπτων πάντοθεν
φάρμακα, τοὺς δὲ τομαῖς ἔστασεν ὀρθούς.

ἀλλὰ κέρδει καὶ σοφία δέδεται.   Ἀντ. γ΄. 95
55 ἔτραπεν καὶ κεῖνον ἀγάνορι μισθῷ χρυσὸς ἐν χερσὶν φανεὶς
ἄνδρ᾽ ἐκ θανάτου κομίσαι
ἤδη ἀλωκότα· χερσὶ δ᾽ ἄρα Κρονίων ῥίψαις δι᾽ ἀμφοῖν
ἀμπνοὰν στέρνων κάθελεν   100

rendum est ut O. VII, 62. ‖ -pē B — pev DGIUVXX̣[Y̱]Z Ro.* Bd. —
pā [CCEF]MPQ[R]a[χ'] Al. Sm. Ox.*
46 νοῦσους B — νούσους GI ‖ 47 ὅσοι IVXX̣Y̱Z Al. ‖ 48 ξυνάονες
B — ξυνάονες Ro. Mr. — ξυνάοροι Tricl.? (ξυνάορε Θ' — ξυνάονοι Q⁸⁰?)
— ξυνάοντες Cᵃ MX·X̣YZ — ξυνάοννες I — ξυνάονες Cᵃ[DEF]GQᵖ·UXᵇ
[rell.] Al. Cp. Br. St.* ‖ 49 χερμαδίω a ‖ 50 -σαις BDᵃ GIXᵇ Ro.* —
σας CDᵇEFIMQRUVWX·X̣Y̱Zaχ' Al. ‖ 51 ἐξάγε B — ἐξάγειν a —
ἐξάγεν Xᵇ X̣YZ — ἐξάγε Xᵃ — ἔξαγεν CDGI[M]VU. Al Ro.* — ἔξαγε
EFPQRχ' ‖ ἐπ᾽ ἀοιδ. EIRZ — ἐπῳδ. F ‖ 52 περιάπτων BDFGPᵇRU
V[W]XY[Y]Y.Za Al. Ro.* Bd. Pw. Hy. Be. — περάπτων CCEIIMPᵃ Q
Sm. Ox. Bö.* — προσάπτων Hm.¹ — πέρι | ἄπτων et (ἄκη [olim τινὶ] | πάν-
τοθε) pro (πάντοθεν | φάρμακα) Hm.³ ‖ 55 ἐτραπε B — πεν DGIU[VX]X̣
Y̱Z[a]cΘ' Ox.* — πε CEFPQRχ' Al. Ro.* — ἔστραπτε M ‖ κἀκεῖνον
MZ Mr. St.* — κἀκεῖνον rell. mss. Al. Ro.* — καὶ κεῖνον (in nullo scripto)
Bö.* ‖ -σὶν a[cΘ'] Sm.* — σι vett. (et χ') Al. Ro.* ‖ 56 κομίσσαι [B]
CCDEFGIU⁽ᵉ?VXX̣[Y̱]Zᵖᵉχ' Ro.* — κομίσαι MPQ[R]Ua Al. Sm.* ‖
57 ἰαλ. BCCDEFGI[M]QRUV (ἱα) XX̣[Y̱]Zaχ' (i. e. omnes mss. de quibus
constat) Al. Ro.* Bd. — ἀλ. Sm. Ox.* ‖ ψαις B. Ro.* (cum Sch. B Ro.)
— ψες G — ψας C.CDE.F.G,IIMPQRU.V.WX.X̣Y̱Zaχ' Al. Ro;² (cum
Sch. U) ‖ δ' C.E.FMR — δι'' D — om. δι' C — δι' [B]F,[G]I[P]QU etc.
‖ ἀμπνοὰς Sm. ex Clem. Alex. Coh. p. 25 — οὰν rell. — p. n. e. ‖ καθ-
εῖλεν [B]CCDDEFGI[M]PQRUVXX̣[Y̱]ZΘ' Ro.* Bd. — καθέλεν [acχ'?] Sm.
Ox.* — ἔβαλε(ν) Tricl. (cf. Sch. Rec. apud Sr. p. 18) — κάθελεν scripsi; cf. O. I, 26

ὠκέως, αἴθων δὲ κεραυνὸς ἐνέσκιμψεν μόρον.   105
χρὴ τὰ ϝεοικότα πὰρ δαιμόνων μαστευέμεν θναταῖς
       φρασίν,
60 γνόντα τὸ πὰρ ποδός, οἵας εἰμὲν αἴσας.

μή, φίλα ψυχά, βίον ἀθάνατον   Ἐπ. γ'.
σπεῦδε, τὰν δ' ἔμπρακτον ἄντλει μαχανάν.   110
εἰ δὲ σώφρων ἄντρον ἔναι' ἔτι Χείρων, καί τί ϝοι
φίλτρον ἐν θυμῷ μελιγάρυες ὕμνοι
65 ἁμέτεροι τίθεν· ἰατῆρά τοί κέν νιν πίθον   115
καί νυν ἐσλοῖσι παρασχεῖν ἀνδράσιν θερμᾶν νόσων
ἤ τινα Λατοΐδα κεκλημένον ἢ πατέρος.
καί κεν ἐν ναυσὶν μόλον Ἰονίαν τάμνων θάλασσαν   120

58 ἐνέσκηψῖ B — id. (ψε) PQURχ' Ro.* — id. (ψεν) I Pw. Hy. Be. (cum Euseb. Pr. Ev. 3, 121 a Bg.³ laudato) — ἐνέσκιμψε Cᵃᵉ ĊD ͣ EFGMV XẌYZ (-ημψεν in Cᵖᵉ Dᵇ) — ἐνέσκι ψε Al. — ἐνέσκιμψεν a (Mosch.) Bö.* — Sch. BU Ro. ἐνσκῆψαι — Sch. V ἐνσκίμψαι — Cf. ad O. VI, 101 ‖ 59 θνατοῖς MQR ‖ φρεσί BCDEFGI[I]MPQRUV[W]XẌ[Y]YZa[β'?]χ'ᵃ Al. Ro.* — φρασίν a'[β'?] (Tricl.) — χερσί χ'¹ — φρασίν (in nullo scripto) Bö.* Cf. ad O. VII, 24 ‖ 60 γνόντα BDEFGP[R]U ͣ VXᵃ Y̌ recc. Sm. Ox.* (cum Sch. B γινώσκοντα) — γνόντας CI[M]QUᵇ Xᵇ Z Al. Ro.* Bd. (cum Sch. Ro. U γινώσκοντας) ‖ ποδός omnes (etiam ft. olim [nam nunc exesa linea est] Sch. B) — πόδας Sch. (in Ro. U)? ‖ ἦμεν Cᵖᵉ M — εἰμεν R — ἐμὲν D (Dᵃᵉ ft. ἁμὲν) — εἰ μὲν Al. — εἰμὲν B? Cᵃᵉ EF[G]I[P]QUV etc. ‖ 62 δὲ (δὶ, δε) BDE.FIQ RU — δὴ χ' — δ' [C]F,MẌZa [rell.] Al. Ro.* — Sch. ἀλλὰ μᾶλλον ‖ μηχ. CMVZ ‖ 63 ἔναιεν ‖ ἔτι B.CDEFGI[M]PQRUVX ͓ X[Y]Z ͓ χ' Al. Ro.* Bd. — ἔναιον ‖ ἔτι Z ͓ — ἔναι|εν ἔτι Xᵇa'β'θ' (Tricl.) — ἔναι' ‖ ἔτι a[ο] (Mosch.) Sm. Ox.* ‖ καί τί οἱ vett. et Mosch. Al. St.* (τοι pro τι X̌ Mr.) — . τί τέ οἱ a'β' (Tricl.) ‖ 64 ἐν om. CDEFIMQRUVZa'β'χ' — ἐν non om. [BGY]XẌa Al. Ro.* ‖ 65 ἁμέτ. EF — ἀμέτ. DQU — ἁμέτ. IX̌ [rell.] Al. Ro.* (ambiguo spiritu Za) ‖ τοί κε ER — τοί καί QUX̌ — τί κε χ' — τί κεν ἄν I (e gl.) — τοι (τοί) κεν (κάν) [B]CDF etc. ‖ νιν (in nullo scripto) Bö.* quod adde ad Ia. LXXX, 45 — μιν omnes mss. Al. Ro.* ‖ 66 καὶ νῦν vett. et Mosch. (καί νῦν Z) Al. Ro.* Bd. — νῦν τε a'β' (Tricl.) — καί νῦν Sm. Ox.* Cf. ad O. III, 34 ‖ ἐσθλοῖσι CMRX̌ — ἐσθλ. rell. (in B σῖ — in Fχ' σιν — in Al. Ro. ἐςλ.) ‖ -ᾶσιν D[a'β'] Pw. Hy. Be.* — ἀσι [B]CEFGI[M]QUX[Y]Zχ'a Al. Ro.* — de PRV n. l. ‖ 67 ἥντινα U. ‖ λατοΐδαν F — λητοΐδα DX̌, ‖ hyperdorice κεκλαμένον a

PYTHIA III.

Ἀρέθουσαν ἐπὶ κράναν παρ' Αἰτναῖον ξένον,

70 ὃς Συρακόσσαισι νέμει βασιλεύς,   Στρ. δ'.
πραῢς ἀστοῖς, οὐ φθονέων ἀγαθοῖς, ξείνοις δὲ θαυμα-
στὸς πατήρ,   125
τῷ μὲν διδύμας χάριτας,
εἰ κατέβαν ὑγίειαν ἄγων χρυσέαν κῶμόν τ' ἀέθλων Πυ-
θίων αἴγλαν στεφάνοις,   130
τοὺς ἀριστεύων Φερένικος ἕλ' ἐν Κίρρᾳ ποτέ·
75 ἀστέρος οὐρανίου φαμὶ τηλαυγέστερον κείνῳ φάος   135
ἐξικόμαν κε βαθὺν πόντον περάσαις.

ἀλλ' ἐπεύξασθαι μὲν ἐγὼν ἐθέλω   Ἀντ. δ'.
Ματρί, τὰν κοῦραι παρ' ἐμὸν πρόθυρον σὺν Πανὶ μέλ-
πονται θαμὰ

68 ἐν] ἂν ἐν χ' ‖ -σῖ B — σιν αα'ᵇ[β'] Pw Hy.* — σι CDEFGI [M]PQRUXX[Y]Zα'ᵉχ' Al. Ro.* — de V n. n. ‖ τέμνειν mss. Al. Ro.* — τάμνειν scripsi ‖ **69** -θουσαν mss. Al. Ro.* (cum Sch. BE etc.) — Θοισαν Bg. Sw. Ht. Non movi traditum, quum de etymo non liqueat; cf. O. VII, 50 ‖ **70** συρακόσσαισι νέμει BE[G]I[P]QU[VXY]X recc. Al. Ro.* — id. (συρρ.) Eᵃᵉ? — id. (αις σι) Z — id. (όσαισι) F — συρρακόσαισι νέμει D — συρακούσαισι νέμει R — συρρακούσαισι νέμει CM — συρακόσ-σας ἔνεμεν Ht. — Sch. B καὶ ταῖς συρακούναις βασιλεύει dativum confirmat (ibi Ro. male intellectis compendiis τῶν συρακουσῶν βασ.) ‖ βασιλεύς cum prioribus coni. BQUXa Ro.* Ht. (cum Sch. BU Ro. etc.) — cum sqq. Da' St.* — non disiungunt CEFV Al. Bö.* ‖ **71** οὐ δὲ φθ. U ‖ ξείνοις δὲ BCE F[M]V[WXXY]YZa Al. Ro.* — ξείνοις τὸ D — ξείνοις τε α'β' — ξένοις τε (τὲ) GIIPQUχ' — ξένοις [δὲ?] R — Sch. B Ro. τοῖς τε ξείνοις ubi U omittit τε. Recte se habet δὲ in trichotomia; cf. ad O. II, 2; estne τε e glossa ortum? ‖ **73** αἰγλοστεφάνων Ht. ‖ **74** ἔλε̄ B — ἔλεν DFGIUV XXYZ recc. Hm.¹² Bg.² — ἔλε CEPQR Al. Ro.* — ἔλε M — ἔλλε χ' — ἔλ' ἐν (Pw. Hy.) Bö.* Sw. Ht. Ex Sch. Vet. (ποτὲ ἐν τῇ κίρρᾳ) non multum efficitur; sed cf. O. VII, 30 ‖ **75** κείνῳ] τήνῳ M contra huius poetae usum — ἐκεῖνο Uᵃᵉ ‖ **76** κὲ (κε̄?) B — κεν CDIMQUVXXYZχ' — κι FG? aa'β' Al. Ro.* — om. κε(ν) E ‖ πόντον BDEFGIPQ[R]U recc. Al. Ro.* — πόρον CMVWXXYYZ (idem ex I refertur) — Sch. τὸ πέλαγος ‖ περήσας α'β'θ' — περάσας CDIQMRXYXᵃᵉZᵃᶜaχ' Al. — περάσσας EFP UVXᵖᵉZᵖᵉ — περάσσαις B Hy. — περάσαις Ro.* Be.Hm. Bö.* ‖ **78** μέλ-πονται CMVXXYZ Al. Ro.* Bd. — μέλπονται BDEFGI[PR]QU recc. Sm. Ox.* ‖ θαμᾶ R — θαμὰ BCDEFGI etc.

ΠΤΘΙΟΝΙΚΑΙ Γ΄.

σεμνὰν θεὸν ἐννύχιαι.   140
80 εἰ δὲ λόγων συνέμεν κορυφάν, Ἱέρων, ὀρθὰν ἐπίστᾳ,
μανθάνων οἶσθα προτέρων·
ἓν παρ᾽ ἐσλὸν πήματα σύνδυο δαίοντι βροτοῖς 145
ἀθάνατοι. τὰ μὲν ὦν οὐ δύνανται νήπιοι κόσμῳ φέρειν,
ἀλλ᾽ ἀγαθοί, τὰ καλὰ τρέψαντες ἔξω.

τὶν δὲ μοῖρ᾽ εὐδαιμονίας ἕπεται.   Ἐπ. δ΄. 150
85 λαγέταν γάρ τοι τύραννον δέρκεται,
εἴ τιν᾽ ἀνθρώπων, ὁ μέγας πότμος. αἰὼν δ᾽ ἀσφαλὴς
οὐκ ἔγεντ᾽ οὔτ᾽ Αἰακίδᾳ παρὰ Πηλεῖ

79 σεμνὸν D**?Y ‖ θεᾶν a. θεῶν C** — θεᾶν β΄ ‖ 80 ἐπίσται B (ex ΕΠΙϹΤΑΙ ortum) — ἐπίστασαι R — ἐπίστᾳ DG Bö.* — ἐπίστα C[E F]I[MP?]Q[R]UV etc. ‖ πρότερον F* ‖ 81 ἐσθλὸν R (cum Sch. ad O. I, 97 vulg. in U Ro. et cum Sch. P. III, 141 in U) — ἐσλὸν rell. (cum Sch. O. I, 97 in AΔ | Sch. P. III, 151 in BU Ro. | Sch. P. V, 74 in BGU Ro.) ‖ πήματα] πῆμα (Sch. P. V, 74 in GU) (Sch. P. III, 151 in U) ‖ σύνδυο B (cum Sch. B ad P. III, 141) — σύνδυο [C]MPQVXXIa Al. Ro. Br. Mr. St. Bd. Bö.* (cum Sch. A [et Ro.] ad O. I, 97 et cum Plut. Consol. ad Apoll. p. 330 Hub.) — σὺν(σύν) δύο DEFGIRUZ Cp. Sm. Ox. Hy. (cum Sch. O. I, 97 in UA | Sch. P. III, 141 et 151 in U | Sch. P. V, 74 in BGU Ro.) — de α΄β΄ n. L ‖ δίοντι (Sch. ad O. I, 97 in AΔ) — δίονται Eut (cum Sch. O. I, 97 in IU Ro. et cum Sch. P. V, 74 in GU) — δίδονται (Sch. P. V, 74 in B Ro.) — δαίνυνται (Plut. l. L ubi „Dübner δαίονται" Bg.²) (praestaret δαίνυντι) — δαίονται DI — δαίονται BCFGQUVX YZ [rell.] Al. Ro.* (cum Sch. Rec. Tricl.) — Sch. Vet. ἀπομερίζουσιν — δαίοντι scripsi; cf. P. IV, 184 ‖ 84 τίν δε, τίν δὲ, τὶν δὲ mss. — τὶν δ᾽ ἁ R ‖ 85 λ[ ]γέταν B* — λεγέταν C,V^b X·X·X·X (λεγέτην in Sch. CVX) — λεγετάν V, — λέγεται V** — λεγέτα X¹X¹ — λαγέτα Y¹ — λαγέταν B^b C DE.F.GIQU.X.^b Y*Z [rell.] recc. Al. Ro:* (λαγέτην in Sch. Ro.) ‖ γάρ τοι BC^b DDGI[P]Q[R]SUV,X,*[α΄β΄χ΄] Ro.* (in D τοι supra lineam, in C^b cum gl. καὶ σοί) — γάρ (γάρ, γαρ) (omisso τοι) C^a EFMVXX,^b XXXYZ Ro; — γάρ που a Al. — δὲ E,F, (ad Sch. contextum pertinens?) — γὰρ τοι (Bg.²) ‖ τύρανον a ‖ 86 σ᾽ ὁ Bg.² — ὁ mss. Al. Ro.* — gl. G αἴτινα ἀνθρώπων, βλέπει καὶ σέ ‖ 87 οὐκ ἔγεντ᾽ οὔτ᾽ DDGI[PR]QSa'[β΄ θ΄χ΄] Sm. Ox.* — οὐκ ἐγένετ᾽ οὔτ᾽ B,CEF[M]UVXXXXYZ Al. Ro.* Bd. Mi. (in FB, ἐγένετο) — id. B? (sed οὔτε) — γείνετ᾽ οὐθὲν ao (Mosch.) ‖ πάρ Al. Ro.* Bd. — παρὰ mss. Sm. Ox.*

PYTHIA III.   169

οὔτε παρ' ἀντιθέῳ Κάδμῳ· λέγονται μὰν βροτῶν   155
ὄλβον ὑπέρτατον οἳ σχεῖν, οἵ τε καὶ χρυσαμπύκων
90 μελπομενᾶν ἐν ὄρει Μοισᾶν καὶ ἐν ἑπταπύλοις   160
ἄϊον Θήβαις, ὁπόθ' Ἁρμονίαν γᾶμεν βοῶπιν,
ὁ δὲ Νηρέος εὐβούλου Θέτιν παῖδα κλυτάν.

καὶ θεοὶ δαίσαντο παρ' ἀμφοτέραις,   Στρ. ε'. 165
καὶ Κρόνου παῖδας βασιλῆας ἴδον χρυσέαις ἐν ἕδραις,
                        ἕδνα τε
95 δέξαντο· Διὸς δὲ χάριν
ἐκ προτέρων μεταμειψάμενοι καμάτων ἔστασαν ὀρθὰν
                        καρδίαν. ἐν δ' αὖτε χρόνῳ 170
τὸν μὲν ὀξείαισι θύγατρες ἐρήμωσαν πάθαις
εὐφροσύνας μέρος αἱ τρεῖς· ἀτὰρ λευκωλένῳ γε Ζεὺς
                        πατὴρ   175
ἤλυθεν ἐς λέχος ἱμερτὸν Θυώνα.

100 τοῦ δὲ παῖς, ὅνπερ μόνον ἀθανάτα   Ἀντ. ε'.
τίκτεν ἐν Φθίᾳ Θέτις, ἐν πολέμῳ τόξοις ἀπὸ ψυχὰν
                        λιπὼν   180
ὦρσεν πυρὶ καιόμενος

88 γε μὰν BCDDEFGH[M]PQRUVW?XXYYZ Ro.* — μὰν (om. γε) ac [α'β']θ'[χ'] Sm. Ox.* ‖ **90** -μέναν Cᵃ MUᵃᶜᵒ α'β' ‖ μοῖσαν U ‖ om. ἐν E ‖ **91** γᾶμε B — γᾶμεν CEFIUV[X]XY?Zaa'[β'] Ox.* — γᾶ μὲν Al. — γάμεν DGY? — γάμε St. — γᾶμε C[M]P[Q?]Rχ' Ro.* Sm. Bd. ‖ **92** ὁ E ‖ νηρέως I?MQRY ‖ **94** ἴδον omnes ‖ ἕδνα B.C.DF.GIMQU.V⁼⁼?X.XY Zα' (cum Sch. BC Ro. et cum Sch. Rec.) — ἕδνα E.[P?R?]Vᵖᶜ V,a St.* (cum Sch. U sed U saepe hoc nomine peccat, ut vs. 96 ἔστασαν habet). Cf. O. IX, 10 ‖ **94** sq. τ' ἰδέξ. C, Ro; — τι ‖ δέξ. omnes rell. ‖ **98** αὐτὰρ R ‖ γε om. D — τι Mr. St. Bd. (potest ita accipi Q sed credo eum voluisse γε) — γε rell. mss. (etsi de B n. n.) Al. Ro.* Sm. Ox.* — Sch. non exprimit γε (sed ἀτὰρ per δὲ) — γ' αὖ Hm.³ ‖ **99** ἤλθεν C[M?]VX XYZ — ἤλυθεν [BGPR]DE.F.IQT.U recc. Al. Ro.* ‖ **100** ἀθάνατος EF ἀθανάτα B.[C]D (Fᵃᶜ s. Fᵖᶜ?) [G]I etc. Nihil novavi, ut nec O. VI, 59 ‖ **101** λιπὼν] βαλὼν Hck. ‖ **102** ὦρσεν ἐν πυρὶ BDE.F.GIPQU.Zᵖᶜ (quod non persuadet Pindarum voluisse ὦρσ' ἐν scribere, etsi ἐν πυρὶ καίειν legitur apud

ἐκ Δαναῶν γόον. εἰ δὲ νόῳ τις ἔχει θνατῶν ἀλαθείας
ὁδόν, χρὴ πρὸς μακάρων 185
τυγχάνοντ᾽ εὖ πασχέμεν. ἄλλοτε δ᾽ ἀλλοῖαι πνοαὶ
105 ὑψιπετᾶν ἀνέμων. ὄλβος οὐκ ἐς μακρὸν ἀνδρῶν ἔρχεται,
οἷς, πολὺς εὖτ᾽ ἂν ἐπιβρίσῃ, ἕπηται. 190

σμικρὸς ἐν σμικροῖς, μέγας ἐν μεγάλοις   Ἐπ. ε΄.
ἔσσομαι· τὸν δ᾽ ἀμφέποντ᾽ αἰεὶ φρασὶν

Hom. Il. ω, 38) — ὦρσε πυρὶ CM — ὦρσεν πυρὶ VXXYZ⁺⁺ recc. Al. Ro.*
Cf. N. X, 35 et Sch. Germ. p. V ubi adde h. l. et P. I, 35; IV, 64; N. I, 68.
193 τίς B.C.E,F. etc. (plurimi) Ro: Br. — τὶς Y Al. Mr. St. — τις
E aliique Cp. Sm.* || θνατῶν omnes || ἀληθ. EF || **104** εὖ, πασχέμεν
B || πνοαὶ CMVX,X⁺⁺? — πνοαὶ BD[EFG]I etc. || **105** - πετῶν BD Ur.
— πεταν [C]EFGI etc. || vs. 189 vulg. omissus est in V⁺W (cf. O. I, 50)
|| ὄλβος δ᾽ B.CDE.F.G.Π[M]PQRU.V⁺V,XXYZ&σχ᾽[θ᾽?] Al. Ro:* —
ὄλβος (sine δ᾽) α΄β΄ (Tricl.) Sm.* || ὄλβος ἀνδρῶν ἐς μακρὸν | οὐκ ἔρχεται,
| ἄσκετος Hm.³ — id. (sed | οὐκ ἀσφαλὴς | ἔρχεται,) Ra. || ἐς omnes ||
ἀνδρῶν. ἔρχεται | ὃς F — ἀνδρῶν ἔρχεται | ὃς BEIU Al. Br. St.¹ — ἀν-
δρῶν ἔρχεται. | ὃς Va St.²* — ἀνδρῶν ἔρχεται, | ὃς CDQXYZ Ro.* Mr. Hy.*
|| **106** ὃς omnes mss. (nisi quod in I sub ς videtur esse ρ) Al. Ro.* — οἷς
scripsi (nisi οὓς ob O. VI, 71; N. X, 37 malis) || πολύς] πολλοῖς E ||
nec ante nec post πολὺς dist. mss. Al. Mr. St.³Sm.* Bö.²* — ante πολὺς
Be. Bö.¹ — post πολύς Ro.* St.¹²⁴ PSt. Bd. Ta. || εὖτ᾽ ἂν omnes mss.
Al. Ro.* || ἐπιβρίσας mss. (ἐπιβρήσας E,F,⁺⁺ — ἐπιβρύσας M — ἐβρίσας
C⁺⁺ — ἐπομβίσας a) Al. Ro.* — ἐπιβρίσαις Bö.* — ἐπιβρίσῃ scripsi, duce
Sch. Vet.; cf. Ja. LXXX, 42 et ad O. XIII, 34 || ἕπεται FPQUZ — ἕπη-
ται BCDEGI[MR]VXXYaa'β'χ' Al. Ro.* || post ἐπ. plene dist. BCDEF
IQU[V]Xα[α΄] Cp. Mr. St.¹ PSt. Hy.²* — commate St.²³⁴ Bd. — colo
Sm. Ox. Hy.¹ Be. — non dist. YZ Al. Ro. Br. — Recentiora emendandi
pericula: , οἷς πολὺς εὖ τ᾽ ἂν (Hy.) — τῳ, πολὺς Be. — , ἐς πολὺ Hm.¹ —
, οὗ, πολὺς Bö.¹ — , ὃς πολὺς αἶσαν (Th.) — vulgatam defendebant Hm.²
Aw. Ta. — , πάμπολυς (Di. Bö.) — , θευμορος (Ky.) — , ἄσκετος (ἄπλετος)
Hm.³ (Bg.) Sw. — σῶς, πολὺς Em. — , ὃς πολὺς εὖ τ᾽ ἂν Bg.³ (relapsus
ad ieiunum commentum Heynii) — καὶ πολὺς Ht. (in quod et ipse incide-
ram, ut esset „vel multus"; at hoc subtumidum est) || **106** ἔσσομαι IMχ'
|| τὸν (om. δ᾽) Bö.³ vitio typogr. (iterato in Di. Sw.¹²⁵ Bg.¹ Ht.) — τόνδ᾽ D
MPQX Al. Ro. Br. — τὸν δ᾽ rell. || ἀμφ.] ἀφ. UVXXYZ Ro. Cp. ||
ἀεὶ DEFIQRUα'β'χ' Ro; — αἰεὶ B.Za [rell.] Al. Ro.* || φρασὶ BC⁺DE
F¹G?ĪVW̄?X⁺Ȳ?Ȳχ' Ro. Cp. Sm.* — φρεσὶ C⁺F⁺MP?QRUX⁺Za Al.
Br. Mr. St. Bd. Be. Hy.³* — φρεσὶν P?α'⁺ — φρασὶν α'¹β' Hm. Bö.*
Cf. ad O. VII, 25.

PYTHIA III.

δαίμον' ἀσκήσω κατ' ἐμὰν θεραπεύων μαχανάν.
110 εἰ δέ μοι πλοῦτον θεὸς ἁβρὸν ὀρέξαι,
ἐλπίδ' ἔχω κλέος εὑρέσθαι κεν ὑψηλὸν πρόσω.
Νέστορα καὶ Λύκιον Σαρπηδόν', ἀνθρώπων φάτις,
ἐξ ἐπέων κελαδεννῶν, τέκτονες οἷα σοφοὶ
ἅρμοσαν, γινώσκομεν. ἁ δ' ἀρετὰ κλειναῖς ἀοιδαῖς
115 χρονία τελέθει. παύροις δὲ πράξασθ' εὐμαρές.

195

200

205

109 μηχ. CPQRZ Al. || **110** δέ μοι omnes || πλοῦτον] πότμον Ht. || αὑρὸν Bᵃ || ὄρεξεν R || **111** εὑρ. FVX^(ac) — δ' εὑρ. R || κεν] καὶ C^a V — κἄν M || προσώπω PUV^b X^a XYZ^(ac) — προ.... Q — πρωαν (= πατρώαν) M — πόρσω X^b — πρόσω [BC]DEFGI[R]V^a recc. Al. Ro.* || **112** φάτις] φρασὶν Ht. male || nulla dist. in [B]CDEI[M]VXYZaa' Al. Ro.* PSt. Bd. — post σαρπηδόν' commate St.^(ac) — post φάτις F (colo) Q (puncto) U (commate) — et post σαρπ. et post φάτις, virgulis, Sm. Ox.* || **113** κελαδεν|νῶν BDEGUX^(pc) XYZ recc. Ro.* Sm.* (cum Sch. Rec.) — κελαδεν|νῶν C^(pc) — κελαδει | νῶν C^(ac)?I Mr. St. — In Sch. B bis repetitur κελαδεῖν ubi vulg. est κελαδεινῶν — κέλαδε | νῶν C^b M (cum gl. κέλαδε] ὕμνησε) — κέλαδεν | νῶν FVX^(ac) Al. (gl. V ἐννοίων) — κέλαδεν. | νῶν Q — κέλαδεν | τῶν R || **114**. γινωσκομένα δ' ἀρετὰ B.CDE.F.G.IMPRU.VX.XYZaa' [rell.?] Al. Ro:* Bd. (in X,^a C, μένη δ' ἀρετὴ) — . γιγνωσκομένα δ' ἀρετὰ Q — , γινώσκομεν. ἁ δ' ἀρετὰ (in nullo scripto de quo diserte relatum est) Sm. Ox.* Bg.² — , γιγνώσκομεν. ἁ δ' ἀρετὰ Bö.* Turbatus hic locus est formâ φάτις quam nominativum esse opinati maximopere laborabant (iam Sch. Vet.); cf. O. I, 28. X, 13 et Sch. Germ. p. VI

Subscr. τέλος. Y (explicit codex) — τέλος τοῦ τρίτου [τῶν] πυθίων [εἴδους]. X — ὕμνου τρίτου τέλος ἱέρωνος. α' — nulla subscr. in [BC]DE[F] GI etc.

ΠΥΘΙΟΝΙΚΑΙ Δ'.

ΑΡΚΕΣΙΛΑ‚ ΚΥΡΗΝΑΙΩ‚

ΑΡΜΑΤΙ.

Strophae.

```
  ´⌣ – – ´⌣⌣ – ⌣⌣ ᴗ̣
  ´⌣ – – ´⌣ ⌣ – ⌣⌣ – – ´⌣ – – ´⌣⌣ – ⌣⌣ ᴗ̣
  ´⌣ – – ´⌣⌣ – ⌣⌣ – – ´⌣ – – ´⌣ – σ
  ´⌣ – – ⌣⌣ – ⌣⌣ – σ ´⌣ – σ
5 ´⌣ – – ⌣⌣ – – ´⌣ – σ ´⌣ ᴗ̣
  ´⌣ – – ´⌣ ⌣ – ´⌣⌣ – ⌣⌣ – ⌣⌣ ᴗ̣
  ´⌣ – – ´⌣ ⌣ – ´⌣ – – ´⌣ ᴗ̣
  ⏓⌣ – σ ´⌣ – σ
```

Epodi.

```
  – ⌣ – – ´⌣ ⌣ – ⌣⌣ – – ´⌣ – – ´⌣ ᴗ̣
  ´⌣ – – ⌣⌣ – ⌣⌣ – ´⌣ – – ´⌣⌣ – ⌣⌣ ᴗ̣
  ´⌣ – – ´⌣ – – ´⌣ ⌣ – ⌣⌣ ᴗ̣
  ´⌣ – – ´⌣ – – ´⌣ – – ´⌣⌣ – ⌣⌣ ᴗ̣
5 – ´⌣⌣ – ⌣⌣ – ⌣⌣ – – ´⌣ – σ
  ´⌣ – – ´⌣ – – ´⌣⌣ ᴗ̣
  ´⌣ – σ ´⌣ ⌣ – – ´⌣ – – ´⌣ – σ
```

Σάμερον μὲν χρή σε παρ' ἀνδρὶ φίλῳ   Στρ. α'.
στᾶμεν, εὐίππου βασιλῆϊ Κυράνας, ὄφρα κωμάζοντι σὺν
               Ἀρκεσίλᾳ,

Inscr. ἀρκεσίλᾳ κυ. ἄρ. C(D?) — ἀρκεσιλάω(ψ) κυ. ἄρ. EFIPQUVX Zaa'β' [rell.] Al. Ro.*

1 μὲν om. F,XₐZ ‖ σε om. E ‖ 2 στάμεν' BD Ro. Br.* — στάμεν GIPQRUVXZ Cp. PSt.* — στᾶμεν CEFa[a'β'] Al. Bö.* ‖ κυράνας omnes

PYTHIA IV.

Μοῖσα, Λατοίδαισιν ὀφειλόμενον Πυθῶνί τ' αὔξης οὖρον
    ὕμνων,   5
ἔνθα ποτὲ χρυσέων Διὸς αἰετῶν πάρεδρος
5 οὐκ ἀποδάμου Ἀπόλλωνος τυχόντος ἱέρεα
χρῆσεν οἰκιστῆρα Βάττον καρποφόρου Λιβύας, ἱερὰν 10
νᾶσον ὡς ἤδη λιπὼν κτίσσειεν εὐάρματον
πόλιν ἐν ἀργινόεντι μαστῷ,

καὶ τὸ Μηδείας ἔπος ἀγκομίσαι   Ἀντ. α'. 15
10 ἑβδόμᾳ καὶ σὺν δεκάτᾳ γενεᾷ Θήραιον, Αἰήτα τό ποτε
    ζαμενὴς

3 λατοΐδ. [B]CDEF.[G]IQRUX.Zaa' (in a' cum gl. συνίζησις) Al. Ro.* Bd. — λητοΐδ. M — λατοΐδ. (in nullo, ut videtur, ms.) Sm. Ox.* ‖ -αισιν] -εσσιν M — -εσιν Z ‖ αὔξαις CM ‖ 4 χρυσίων F^ac — σέων F^pc F, rell. ‖ διὸς αἰετῶν B.CE.FG.I[M]PQRUVXZ Ro:* Bd. (Hm?) (Hy.¹) lege primi systematis ut vs. 5 τυχόντος — διὸς ἀετῶν DF, — διὸς ἀιητῶν a Al. (Mosch.) Sm. Ox.* Bö.* — ἀετῶν ζηνὸς α'β' (Tricl., cum nota ἀετῶν ζηνὸς γράφε, οὐχὶ διὸς αἰετῶν [ita a' — ἀετῶν ι"]· οὕτω γὰρ ἁρμόζει τῷ μέτρῳ.) Mi. — διὸς ὀρνίχων (Mi. Da.) Be. Hy.²* (contra hoc Hm. recte laudat P. I, 6) ‖ 5 ἀποδήμου I — ἀπὸ δάμου D.MUZ^ao ‖ τυχόντος ἱέρεα B.DEF.GII?[M?]PQ^pc RVW?XY? Ro.* Bd. Hy.²* (cum Sch. Vet.) (dist. ante ἱέρ. in [VF] Cp. Bd. Hy.²* — post ἱέρ. in [B] Ro. Br. Mr. — neutra parte in DEG?IP?Q) — τυχόντος ἱερέα C?Q^ao Z Al. — τυχόντος ἱέρεια U St. Pw. Be. — τυχόντος γ', ἴρεα a (Mosch.) — τυχόντος ἱερά α' (Tricl. cum nota (καὶ) ἱερὰ γράφε, οὐχὶ ἱέρεα· οὐ γὰρ οἰκείως ἔχει τῷ μέτρῳ) — τυχόντος γ', ἱέρεα Sm. Ox. Hy.¹ — τυχόντος ἱρέα Bö.* — τυχόντος Πυθία Aw. male — τυχήσαισ' ἱέρεα (epice) conieci olim, sed Sch. οὐκ ἀποδημοῦντος τοῦ θεοῦ ἀλλὰ παρόντος et τυχεῖν ita constructum N. I, 49 (VII, 11?) vulgatam videntur tueri. Quae tamen adhuc displicet. ‖ 6 -σιν] -σι PR (ft. recte) ‖ 7 ῆσον F, ‖ κτίσσ. EFGI[a'β'] Be.* — κτής. D — κτίσ. BC[M]QRUVXZa Al. Ro.* ‖ 8 ἀργινόεντι B.[C]DE.F.G.I[M]PQ[R]U.VX Za [al.] Al Ro:* Sw.²ˢ Bg.² (cum Sch. Vet.) — ἀργήεντι α'β' (Tricl. cum Sch. Rec. et cum gl. a' οὕτως οἰκείως ἔχει τῷ μέτρῳ) — ἀργάεντι Hm. Bö.* Ht. Non opus thesi producta, cf. 4. 5. nec de mensura syllabae γι constat ‖ 9 ἀγκομίσαι|θ' BDEFGI[P]Q[R]U[VX]Za Al. Ro.* — ἐγκομίσαι|θ' CM — ἀκομίσαιθ'| α'β' — ἀγκομίσαι B, Ro; — ἀγκομίσαι (= σαιτο) G, — ἐκκομίσαι E^sch (postea in eodem ἀγκομίσαιτο) — ἀγκομίσαι τε U, — paraphr. Sch. Vet. ἀνακομίσειεν: cf. ad O. III, 26; N. VIII, 38. ‖ 10 Θήραιον [BG]IQ[PUVXa'] Ro.* — Θηραῖον CDEF.MZa Al. ‖ αἰήτα I

ΠΥΘΙΟΝΙΚΑΙ Δ'.

παῖς ἀπέπνευσ᾽ ἀθανάτου στόματος, δέσποινα Κόλχων.
εἶπε δ᾽ οὕτως
ἡμιθέοισιν Ἰάσονος αἰχματᾶο ναύταις·   20
Κέκλυτε, παῖδες ὑπερθύμων τε φωτῶν καὶ θεῶν·
φαμὶ γὰρ τᾶσδ᾽ ἐξ ἀλιπλάκτου ποτὲ γᾶς Ἐπάφοιο κόραν 25
15 ἀστέων ῥίζαν φυτεύσεσθαι μελησίμβροτον
Διὸς ἐν Ἄμμωνος θεμέθλοις.

Ἐπ. α΄.

ἀντὶ δελφίνων δ᾽ ἐλαχυπτερύγων ἵππους ἀμείψαντες
θοάς,   30
ἀνία τ᾽ ἀντ᾽ ἐρετμῶν δίφρους τε νωμάσοισιν ἀελλόποδας.
κεῖνος ὄρνις ἐκτελευτάσει μεγαλᾶν πολίων
20 ματρόπολιν Θήραν γενέσθαι, τόν ποτε Τριτωνίδος ἐν
προχοαῖς   35
λίμνας θεῷ ἀνέρι ϝειδομένῳ γαῖαν διδόντι

11 ἀνεπν. I ‖ 12 ἡμιθέοις τοῖς α΄β΄Θ΄ (Tricl.) — ἡμιθέοισιν rell. ‖ αἰχματᾶο B[C]EFV[α΄?] Al. Hy. Be.* — αἰχμάταο DGQRUβ΄ — αἰχμάτοιο P — αἰχμητᾶο a Ro.* Sm.* — αἰχμητᾶο XZ Bd. — αἰχμήταο St. ‖ 14 ἀλιπλάκτου B.FG.IPQ[R]UZα΄β΄ Bö.* (cum Sch. BG etc.) — ἀλιπλάτου D — ἀλιπλέγκτου(?) CM — ἀλιπλάγκτου B,ac?E.F,VXα Al. Ro:* (cum Sch. Ro.). Sw.¹ laudat Lo. ad Soph. Ai. 598 et Mü. in Nu. Go. 1838, 112. Persuadet ferme Lo.; cf. ad O. VI, 101. ‖ κούραν U ‖ 15 μελισίμ. VZ μελλησίμ. X.ᵃ — μελησίμ. [BGPQRα΄β΄]DEFUX.ᵇ a Al. Ro.* — μελισόμ. CMZᵃᶜ? ‖ 16 hunc vs. omittit Bᵃ ‖ ἐν om. DG — habent rell. (et G,) ‖ ἄμμονος V ‖ 18 ἀνία V ‖ ἐρετμᾶν PU (de Q n. n.) ‖ νωμάσοισιν BDGI [PU]α΄[β΄] Ro.* — ἄσουσιν EFQRa Al. — ἄσσοισιν CVᵃᶜXᵇ — ἄσσουσιν MVᵖᶜX.ᵃ Z ‖ 19 μεγάλων CM — μεγάλαν BDEGIP[Q]RUVXZaa΄ [rell.] Al. Ro.* (in α΄ est ων supra αν) — μεγαλᾶν F Bö.* Hm. — Cf. Bu. I, 145 ‖ 20 μητρ. CF?EI?VX.ᵇ Za Al. (in FI est μ̄ρ.) — ματρ. DQ [rell.] Ro.* ‖ Θήραν E ‖ τὴν B.Xᵇ? — τὸν δή M — τὸν [C]DEFG.I[PR]QU.VXZ a[α΄β΄] Ro:* — Sch. B Ro. ὅνπερ ὄρνιν, λέγει δὲ τὴν βῶλον ... (U τόν ποτε τὸν ὄρνιν, ὅ ἐστι τὴν βῶλον ..) hincne τὴν e gl. τὴν βῶλον ortum? an τάν .... γαῖαν iungi potest? ‖ 21 θεῶ(ῷ) ἀνέρι εἰδομένω(ῳ) omnes; plurimi dativum intellexerunt (iota subscr. habent B[G]Zα΄ Al. Mr.* Hm. Bö.*; rell. mss. et Ro.* omittunt, ut assolent) et hunc dativum cum δέξατο consociaverunt (Pp. Sm.* Hm.*) quem Tricl. (ἡ δοτικὴ τῷ θεῷ πρὸς τὸ καταβάς ἐστίν) et St. cum καταβάς coniunxerant (cf. O. VI, 58. P. III, 11. etc.).

PYTHIA IV.

ξείνια πρώραθεν Εὔφαμος καταβὰς
δέξατ'· αἴσιον δ' ἐπί ϝοι Κρονίων Ζεὺς πατὴρ ἔκλαγξε
βροντάν· 40

ἀνίκ' ἄγκυραν ποτὶ χαλκόγενυν Στρ. β'.
25 ναΐ κρημνάντων ἐπέτοσσε, θοᾶς Ἀργοῦς χαλινόν. δώδεκα
δὲ πρότερον
ἀμέρας ἐξ Ὠκεανοῦ φέρομεν νώτων ὕπερ γαίας ἐρήμου 45
εἰνάλιον δόρυ, μήδεσιν ἀνσπάσσαντες ἀμοῖς.
τουτάκι δ' οἰοπόλος δαίμων ἐπῆλθεν, φαιδίμαν 50

Etiam Sch. Vet. dativum exprimit. Sed fuerunt etiam qui hunc casum vel genitivum Doricum esse statuerent (cum Hy. Be.) vel dativum pro genitivo absoluto haberent, nam C⁰ Q supra εἰδομένῳ scribunt ου (C⁰ gl. τοῦ ποσειδῶνος [C⁰ τῷ ποσειδῶνι] et Q gl. ος supra διδόντι).

22 ξένια Q¹ Al. — ξεινηΐα U — ξείνια Q⁰ et rell. ‖ πρώρ. mss. Al. Ro.* — πρώρ. Bg. Sw. Ht. ‖ εὔφημος CDEFIMQRUVX⁰⁰? Zaa'β' — de GP n. n. — εὔφαμος [B]X⁰ Al. Ro.* ‖ καταβάς omnes ‖ **23** δέξαιτ' D (C⁰⁰?) ‖ αἴσιμόν τ' M (C⁰⁰?) — αἴσιόν τ' M⁰⁰ (C⁰⁰?) — αἴσιον δ' B. C⁰ etc. (Sch. αἴσιον δέ) ‖ ἐπεί οἱ C⁰⁰? — ἐπὶ σοί M ‖ -γξεν Q ‖ **24** ἄγγ. D⁰⁰E (non E,) ‖ **25** ναΐ Al. Ro. ‖ κριμάντων G⁰ — κριμνάντων BGP⁰G,I⁰⁰ ‖ ἐπέτοσσι CI — ἐπέτυχε M (gl. F) — ἔποσσε B⁰ — ἔτοσσε E — γρ. ἔτισσε E⁰⁰ (c. gl. ἐπεκύρωσε) — ἐπέτοσσε Bᵇ[D]FG etc. Rarior vox vitia contraxit ut P. III, 27 ‖ θοάς D — θοάν θ' ‖ **26** 'φέρομεν Ht. ‖ ὕπερ V [a'β'] Sm. Ox.* — ὑπὲρ rell. ‖ ἐρήμου EF¹ (cum Sch. Vet. κατὰ τῶν νώτων [ita B] τῆς ἐρήμου καὶ ὁμαλῆς γῆς) — ἐρήμῳ F⁰ — ἐρήμων DIQ [rell.] Al. Ro.* Non displicet ἐρήμου quod reposui, sed maxime placeret ἐρήμας, collato O. I, 6, cui puto non adversari O. XIII, 85. An etiam h. l. poeta de Tellaris deserto eiusque deserti tergis loquitur? ... Sch. Tricl. ἄραντες ἐπὶ νώτων ... καὶ ... δι' ἐρήμου γῆς πορευόμενοι .... ‖ **27** ἐνάλ. [B]CDE FGIMPQRUVXZ Al. Ro.* — εἰνάλ. aa' [r. r.] Sm.* Cf. ad P. II, 79 ‖ μήδεσσιν B.DEFGQVXZ Al. Ro:* Bd. — μήδεσσι R — μήδεσιν CMPU [a'β'θ'?] Sm. Ox.* — μήδεσ' a[c?] (Mosch.) ‖ ἀνσπάσαντες B.CGIMR VX⁰a'β' Ro:* — ἀσπάσαντες P — ἀσπάσαντες Q — ἀνασπάσαντες DE FUX⁰Z⁰ Al. (Mosch.) — ἀνσπάσσαντες Mi. Hy.* (at cf. vs. 4) ‖ ἀμοῖς B.D EFGI[P]QU[V] Al. Ro.* — ἀμοῖς X?Z?aa' — ὠμοῖς CM male (peius etiam si ὤμοις voluissent). Sch. Vet. τοῖς ἡμετέροις βουλεύμασιν ‖ **28** τουτάκι δ'] τουτάκι' F, — τουτάκι δ' U — an δ' expungendum? Sch. Tricl. apodosin h. l. incipere ait, si verba ἀνίκ' etc. protasin feceris, ἀσυνδέτως. Sed habet idem Tricl. etiam vulgatam structuram, ut verba ἀνίκ' etc. cum anteceden-

ἀνδρὸς αἰδοίου πρόσοψιν θηκάμενος· φιλίων δ' ἐπέων
30 ἄρχετο, ξείνοις ἅτ' ἐλθόντεσσιν εὐεργέται
δέπας ἐπαγγέλλοντι πρῶτον.   55

ἀλλὰ γὰρ νόστου πρόφασις γλυκεροῦ   Ἀντ. β'.
κώλυεν μεῖναι. φάτο δ' Εὐρύπυλος Γαιαόχου παῖς ἀφ-
                                                        θίτου Ἐννοσίδα
ἔμμεναι· γίνωσκε δ' ἐπειγομένους· ἂν δ' εὐθὺς ἁρπά-
                                                ξαις ἀρούρας   60
35 δεξιτερᾷ προτυχὸν ξένιον μάστευσε δοῦναι.
οὐδ' ἀπίθησέ νιν, ἀλλ' ἥρως ἐπ' ἀκταῖσιν θορὼν

tibus coniungantur. Facit optionem. δ' in apodosi ferri potest ut O. III, 43. Cf. P. IV, 270. ‖ οἰοπ. C ‖ -θεν Dac (Mosch.) Ox.* — θε rell. vett. et Tricl. omnes. Cf. vs. 5

29 πρόσωψιν CM ‖ 30 ἄρχετο B.FP[R]X^b Ro.* Ky. Bg. Sw. Ht. (cum Sch. Vet. — in B. ἄρ.) — ἄρχεται CDEGI[M]QUVWX·YZa[α'β'] [al. r.?] Al. Be. Bö.* ‖ ξείνοις B[P]a[α'β' r. r.] Al. Sm.* — ξίνοις CDE FGI[M]QRUVXZ Ro.* ‖ 31 δεῖπνον D — δεῖπν' rell. scripti et impressi. (cum Sch.) In antistrophicis arsis soluta est (exceptis vss. 54 et 108 qui a n. pr. excusantur); laborat verborum structura, frigent omnia. Quare χάριν conieci et δέπας; hoc scripsi. Hospes hospiti primum poculum bonis verbis nuntiat vel propinans auspicatur. Cf. Hom. Il. ι, 202 sqq. Scholia idem vitium contraxerunt cum textu. ‖ ἐπαγγέλοντι CDVa Al. (cf. ad vs. 8. 16.) — ἀπαγγέλλοντι R — ἐπαγγέλλοντι [BEFG]I[P]Q]U]XZ[α'β'] Ro.* — par. Sch. ἐπαγγέλλονται ‖ 32 γλυκερᾶς QR ‖ 33 κώλυε vett. Al. Ro.* κώλυεν a[α'β' r. r.] Ox.* ‖ φᾶτο QR ‖ γαιάοχε M ‖ ἐνοσ. FUZ ‖ 34 γίγν. [B?]DF.G.[P]QX^b Al. Ro:* — γίν. B,CE.IMRUVX·Zaa' Bg.^12 ‖ ἂν δ' [B]E Mr. St.^1 PSt. Sm. Bö.* — ἀν' δ' Cp. Br. — ἀν δ' rell. ‖ -ξαις BX^b Ro.* — ξας CDEFGI]?M[P?]QRUVW?X·Y?Zaca'β'Θ' Al. ‖ 35 προτυχὼν B¹C^ac?MX (quae videtur esse lectio a Chaeride improbata) — προστυχὸν F^acIP^bR — προτυχόν B·Cp·?DEF^pc G.P^acQUVX,Za[α'β'] Al. Ro:* (hanc Chaeridis lectionem fuisse omnes mss. testantur, non παρατυχόν; id enim est interpretamentum lectionis προτυχόν) ‖ ξείνιον [B]C DEFI[M]PQRUVXZ Ro.* Bd. Ox. Hy.¹ — de G n. n. — ξένιον a[α' r. r.] Sm. Hy. Be.* ‖ μάτευσε Iα'β' ‖ 36 νιν B.CDE.FG.I[M]PQRUVXZaa' [rell. mss.] Al. Ro.* Bu. — μὲν coni. Hy. — ἐν Hm.²* — ἐν Hm.¹ Bg. — οἱ Ht. — αὐτῷ gl. P — Sch. B οὐδ' ἀπίθη αὐτὸν πεποίηκε πρὸς τὴν ὑποδοχὴν ὁ εὔφημος (ubi U οὐκ ἀπιθῆ αὐτὸν omisso subiecto ὁ εὔφημος); cf. P. III, 28; i. e. non indocilem se gessit, transitive. Etiam Tricl. transitive, sed ita: Eurypylus eum (Euphemum) haud indocilem habuit [sibi]. Qui vero

PYTHIA IV.

χειρί Fοι χεῖρ' ἀντερείσαις δέξατο βώλακα δαιμονίαν. 65
πεύθομαι δ' αὐτὰν κατακλυσθεῖσαν ἐκ δούρατος
ἐναλίαν βᾶμεν σὺν ἅλμᾳ,

Ἐπ. β'.

40 ἑσπέρας ὑγρῷ πελάγει σπομέναν. ἦ μάν νιν ὤτρυνον
θαμὰ 70
λυσιπόνοις θεράποντεσσιν φυλάξαι· τῶν δ' ἐλάθοντο
φρένες·
καί νυν ἐν τᾷδ' ἄφθιτον νάσῳ κέχυται Λιβύας 75

νιν dativum esse credunt, N. I, 66 teneant; qui accusativum, ft. structurâ
simili verbi ἕπεσθαι utantur. Utut est, nihil novavi. || ἀκταῖσι D — ἀκταῖσιν a Al. Ox.* — ἀκταῖσ Q — ἀκταῖσι rell. mss. Ro.* (et B,) || Δορῶν B,¹DTU; cf. P. IX, 119.
37 -σαις BX^b Ro.* — σας CDEFGIMQUVX^a Zaa'β' Al. || 39 ἐναλίον D,F, (cf. Eurip. Andr. 855. Hel. 534. Arist. Th. 325 al.) — ἐναλία B CDE,FG.PQ,RU.V?X.a Ro.* -- ἐναλία EQ — ἐναλίᾳ IMZa'[β'] Al. Mr.* Th. Ta. Ky. Lo. (ad Ai. 138) Bg.² (cum Sch. Vet.² et gl. P τῇ θαλασσίᾳ ἄλμῃ) — ἐναλίαι V? — ἐναλίαν (Th.) Hm.³ Ra. Ms. (Rh. IV, 544) quod scripsi cum Sch. Vet.¹ συμφερομένην τοῖς κύμασιν; apud Pindarum haec adiectiva composita in ιος maxime mobilia esse solent, etsi pauca exempla ut P. IV, 80; N. IV, 78; fr. 97, 1. 4 in contrariam partem afferre licet — ἐναλίου (Io. Fr. Meyer) Bö. Di. Bg.¹ Sw. Ht. || βᾶμεν G. — βάμεν B,CDF^ac I MPQ.U. — cum utroque accentu B — βᾶμεν D,E.F,F^pc[V]X.Z[aa'β' r. r.] Al. Ro:* || 39sq. ἑσπέρας cum antecedentibus coniungunt CUVa Al. Be. Th. Di. Sw. Ht. — cum seqq. (nullus ms. ut videtur, nisi ft. a'β') Cp. St.* Bö.¹² Bg.¹ (Sch. Vet.² Sch. Rec.¹) quod reposui — neutra parte disiungunt BEFIQZ Ro. Br. Mr. Bg.³ — utraque (adverbialiter) [D] Hy. (Sch. Vet.¹ Sch. Rec.³) || 40 ἑσπέρας D — ἐς πέρας Hck. || ὑγρᾶς F (non male) — ὑγρὰς D, — ὑγρῷ(ῳ) [BC]DE.FQ etc. — Sch. Vet.² τῷ πελάγει τῆς δυτικῆς θαλάσσης recte; friget ὑ. π. σπ. separatum; vide Bö.¹ || σπωμ. CMP QUZ^b«B^ba'β' — ὠσμ. R — σπομ. B^a D[EF]GI[VX]a Al. Ro.* || ἦ Al. || νιν B.DEF.G.ΠPQ[R]UX,^bZ^bma'β' Ro; Sm. Ox.* — μιν C[M]V̄X^b(W̄? Ȳ?) ᾱ Al. Ro.* Bd. (μὶν) — μοι X^a — μεν Z^a || ὄτρ. BCE^ac?FI[M]V XZa Al. Ro.* — ὤτρ. DE^pc?GPQ[R]Ua'β' Bö.* Cf. ad vs. 82 || θαμᾶ CMRVXZ (in C aut θαμᾶ et θαμά iunctim, aut θαμᾶι) — θαμά BDEF GI etc. || 41 λυσιπόνοισι CMVX^a Z — νοις rell. — λησιπ. (Th.) || -εσσι vett. Al. Ro.* — εσσιν [P?V?a]a' [r. r.] Pw. Ox.* || δ' ἐλαθ. omnes || 42 καί νῦν B.CDDEFG.I[M]PQRU.V[X]Za Al. Ro.* Bd. — καί νυν [a'β'] Sm. Ox.* cf. ad O. III, 34. P. III, 66. || ἀφθίτω(ῳ) DIR (cum Sch Vet.) ἄφθιτον omnes (ut videtur) rell. (cum Sch. Rec.) || λιβύης R

ΠΥΘΙΟΝΙΚΑΙ Δ'.

εὐρυχόρου σπέρμα πρὶν ὥρας. εἰ γὰρ οἴκοι νιν βάλε
    πὰρ χθόνιον
Ἄιδα στόμα, Ταίναρον εἰς ἱερὰν Εὔφαμος ἐλθών,
45 υἱὸς ἱππάρχου Ποσειδάωνος ἄναξ,   80
τόν ποτ' Εὐρώπα Τιτυοῦ θυγάτηρ τίκτε Καφισοῦ παρ'
    ὄχθαις·

τετράτων παίδων κ' ἐπιγεινομένων   Στρ. γ'.
αἷμά Ϝοι κείναν λάβε σὺν Δαναοῖς εὐρεῖαν ἄπειρον. τότε
    γὰρ μεγάλας   85
ἐξανίστανται Λακεδαίμονος Ἀργείου τε κόλπου καὶ Μυ-
    κηνᾶν.
50 νῦν γε μὲν ἀλλοδαπᾶν κριτὸν εὑρήσει γυναικῶν
ἐν λέχεσιν γένος, οἵ κεν τάνδε σὺν τιμᾷ θεῶν   90
νᾶσον ἐλθόντες τέκωνται φῶτα κελαινεφέων πεδίων
δεσπόταν· τὸν μὲν πολυχρύσῳ ποτ' ἐν δώματι   95
Φοῖβος ἀμνάσει θέμισσιν

43 εὐρυχόρου BFGIV·ᵃa Sm.* — χώρου CDE[M]PQRUVᵖᶜXZa'β'
Al. Ro:* (cum Sch. Vet.) — εὐρύχωρον B, ‖ εἰ γὰρ om. Ro. ‖ οἴκοι B ‖
νιν B.DEFGI[IP]Q[R[U.V¹X.[WY]Z recc. Al. Ro:* — μιν CMV· ‖ παρχθ.
DEFIUV ‖ **44** ἄιδα BCDGI[M]QRU[VX]Zaa' Al. Ro.* (in a' cum gl. συνί-
ζησις) — ἄιδα EF — ἄιδα Bö.* ‖ εὔφαμος omnes ‖ **45** ποσειδάονος BPQRU
X Ro.* St.²* — άωνος [C]DEFGIM[V]Z recc. Mr. St.¹ Sm.* ‖ **46** ποτε PQ
‖ εὐρώπη F, ‖ τίκτε CMVXZ recc. Al. Ro.* — τίκτει BDEFGIPQRU (in
Sch. U [Germ.] τίκτοι) — Sch. Vet. ἐγέννησε ‖ καφισσοῦ IU — καφίσου
Al. — καφισοῦ [BC]DEFQa [rell.] Ro.* ‖ **47** τετάρτων EF.Rᵃ — τετρα-
πόδων (sic) E, ‖ κ' om. M ‖ **48** κείναν DV ‖ εὑρείαν P — εὑρεῖαν M
X ‖ **49** -σταντο R ‖ μηκυνᾶν CDQa — μηκηνᾶν Iᵃᶜ Z ‖ **50** μὰν B.CDE.
F.G.I[M]PQRU.VX.Z Al. Ro:* — μὲν acaʹβʹϑʹ Pw. Hy. Be.* ‖ **51** λέ-
χισσι [B]DEIQRUa'· Ro.* Bd. — λέχισσι F — λεχίσσι V — λεχίσι Xᵃ
— λεχίσσι CMXᵇZ — λέχισιν aa'ᵇ [r. r.] Al. Sm, Ox.* ‖ κεν] κε B.
— κε Xᵇ ‖ τάνδε] τάδε B·B,¹ᵃᶜ — τάνσι P (cum gl. εἰς τήνδε) male,
vel ob sigmatismum, cf. ad O. IX, 16 sq. ‖ **52** -φίων EF·I? ‖ **53** πότ' [B]
CDIUa Al. Ro.* — ποτ' EF etc. St.* ‖ **54** ἀμνάσει B.DFPRUXᵇZ·a
[β'] Ro: Sm. Hy. Be.* cum Sch. Rec. — ἀμνάσει CMQVX·Z¹(ϑʹ?) Al.
Cp.* Bd. Ox. Bö.* (in M σι) — ἀμμάσει a — ἀναμάσει Ec Co. ‖ θέ-
μισσι BCᵇE.F[M]QXᵇa Al. Ro:* — θέμιστι B,F,UX·Z — θέμιστιν D —
θέμισσιν C·GI[UV] Ox.*

55 Πύθιον ναὸν καταβάντα χρόνῳ   Ἀντ. γ'.
   ὑστέρῳ νάεσσι πολεῖς ἀγαγὲν Νείλοιο πρὸς πῖον τέμενος
                    Κρονίδα.
   ἦ ῥα Μηδείας ἐπέων στίχες. ἔπταξαν δ' ἀκίνητοι
                    σιωπᾷ   100
   ἥρωες ἀντίθεοι πυκινὰν μῆτιν κλύοντες.
   ὦ μάκαρ υἱὲ Πολυμνάστου, σὲ δ' ἐν τούτῳ λόγῳ   105
60 χρησμὸς ὤρθωσεν μελίσσας Δελφίδος αὐτομάτῳ κελάδῳ·
   ἅ σε χαίρειν ἐς τρὶς αὐδάσαισα πεπρωμένον

55 πυθικὸν U — πύθινον R ‖ 55 sq. χρόνω(ῳ) δ' B.CDEFG.ΠΜΡQ
RUV.WXX,ᴾᶜYZacaʹβʹϑʹ Al. Ro:* (i. e. omnes mss. cum Sch. Vet.; in
plurimis [ut in BDFQUZaaʹ] plene ante χρόνῳ interpunctum est, ut in Ro.
Br. Mr. Hm. Bö.¹; commate in [VM] Cp. St. Ox. Hy.¹; non dist. [C]E Al.
negligenter) — χρόνῳ (om. δ') X,ᵃᶜ Sm. Hy.²* Th. Bö.²* (sine dist. Sm.
Th. Di. Sw. Bg.² Ht.; commate anteposito Bd. Hy. Bö.² Bg.¹) — ,χρό-
νῳ γ' (Pw.) Be. ‖ 56 ὕστερον E¹G,¹²MZ (cum Sch. U¹² χρόνῳ δὴ ὑστε-
ρον) — ὑστέρων Vᵃᵉ — ὑστέρῳ(ω) rell. (etiam EᵃGUVᴾᶜV, cum Sch. Ro.
B etc. χρόνῳ δὴ ὑστέρῳ) ‖ post ὑστέρῳ comma posuit Th. ‖ . πολεῖς Β
— , πολεῖς Ro. Br. Mr. — πολεῖς rell. (πολλεῖς U — πολλαῖς R) — ποτ'
εἰσ(ανάγει) Hm.⁴ — Sch. Vet. πολλοὺς ἄνδρας ‖ ἀγαγεῖν CMVᵇ Th. Bö.²*
Ht. — ἀγαγὲν Eᴾᶜ PQV ᵃ ?Xᵃ Za Al. Ro.* Bg.² recte (etiam Sch. Vet.¹² [et
gl. E ἀγαγεῖν] infinitivum tuentur) — ἀγαγεῖ BXᵇ — ἄγαγεν Eᵃᶜ Faʹβʹ Bö.¹
(contra Sch.) — ἄγαγε DGΠU (ex I αγαγε refertur) — ἀνάγει Hm.¹²³ Est
δ' antiquitus intrusum a metricis, puto, ut ϑ' vs. 9 ob hiatum. ‖ νείλου α
‖ πῖον IR ‖ -νίδου P ‖ 57 Incipit lacuna Triclinianorum αʹβʹγʹ ob foliā
codicis αʹ inde ab hoc loco usque ad P. V, 110 amissa. Nulla quidem la-
cuna est in ϑʹιʹχʹ sed cum ιʹχʹ (de χʹ qualis sit n. l.) nondum inspecti sint,
nihil superest nisi Sch. Tricl. apud Sr. (ex ιʹʹ) p. 23—32, unde pauca de
eius scripturis colliguntur, et quae apud Ox. ex ϴʹ relata sunt. ‖ 57.
ἦ ῥα DFPV St.² Bd. Hy.² Hm. Bö.²* — ἦρα Mr. St.¹ — ἦ ῥὰ
B.CEG.I[M]QUX.Za Al. Ro:* St.²ᶜ PSt. Sm. Ox.* — αἶ ῥα Bö.¹ — ταὶ
ῥα Ht. — οὕτως ἐλίχθη gl. P — Sch. Vet. ἔφη ἡ τῆς μηδείας στιχομυθία
et οὕτως εἰρήκασιν οἱ τῆς μηδείας λόγοι schemate Pindarico — „sane" St.*
‖ ἦ ῥα μηδεία γ' ἐπέων στίχας Ma. ‖ ἔπτασαν PQR (in P cum gl. συν-
εστάλησαν) ‖ 58 πυκνὰν EF ‖ 59 πολύμναστε R ‖ 60 χρησμός] χρυ-
σός Qᵃᵉ ‖ ὄρθωσε R Al. — ὤρθωσε [B]CÇDEFGᵃᶜ[M]PQUVXZ Ro.*
— ὄρθωσεν I — ὤρθωσεν Gᴾᶜ[a] Ox.* Cf. ad vs. 82 ‖ 61 ἅ] ἥ V, ‖
ἐστρὶσ B, Bö.* — εἰς τρὶς BCDEF etc. ‖ -σαισαι B — σαισα Bö.* —
σασα rell. mss. Al. Ro.*

ΠΥΘΙΟΝΙΚΑΙ Δ'.

βασιλέ᾽ ἄμφανεν Κυράνᾳ, 110

Ἐπ. γ'.
δυσθρόου φωνᾶς ἀνακρινόμενον ποινὰ τίς ἔσται πρὸς θεῶν.
ἦ μάλα δὴ μετὰ καὶ νῦν, ὦτε φοινικανθέμου ἦρος ἀκμᾷ,
65 παισὶ τούτοις ὄγδοον θάλλει μέρος Ἀρκεσίλας· 115
τῷ μὲν Ἀπόλλων ἅ τε Πυθὼ κῦδος ἐξ ἀμφικτιόνων
ἔπορεν
ἱπποδρομίας. ἀπὸ δ᾽ αὐτὸν ἐγὼ Μοίσαισι δώσω 120
καὶ τὸ πάγχρυσον νάκος κριοῦ· μετὰ γὰρ
κεῖνο πλευσάντων Μινυᾶν, θεόπομποί σφισιν τιμαὶ φύτευθεν.

62 βασιλέα R ‖ ἄμφᾶνε B — ἄμφανε DEFGIPQRU Al. Ro.* — ἄφανεν CM? — ἄμφανεν [C]VXZa[cϑ'] Ox.* ‖ κυρᾶνᾶσ B — κυράνασ F Q*°Ra[c] Al. Ro.* — κυρήνᾳ ϑ' — κυράνᾳ CÇDEFGΠM[P]Q*°UVWXYZ (cum Sch. Vet.) Be. Hm.* ‖ **63** δυσαϑρόου C*ÇM — ϑυσιρόου B* — ϑυσϑρόου B*C*GI etc. ‖ **64** μετὰ, καὶ νῦν I Ro. — μετὰ, καὶ νῦν, Br. Mr. — μετὰ καὶ. νῦν U — μετὰ καὶ νῦν B.CDEFMQVZa Al. — μετὰ καὶ νῦν, Cp. St.* — Sch. non iungit μετά cum καὶ νῦν sed μετά aut (recte) adverbialiter intelligit (postea) μετὰ τοὺς ἀπὸ εὐφήμου ἑπτακαίδεκα, aut (male) cum παισὶ consociat. — μέτα κ. ν. (= μέτεστι) Pw. — μέγα κ. ν. Wg. (Hy.) ‖ ὦστε B[P?]UX* Al. Ro.* — omissum est ὦστε in CÇDEFGΠMQRVWX*YZϑ' — πού γε ac (Mosch.) — ὦτε Bg. Sw. Ht. Cf. O. X, 86 ‖ ἦρος ἀκμᾷ(ᾶ) C[ÇEF]M[U]VWXYZa Al. Ro.* — ἦρος ἐν ἀκμᾷ(ᾶ) BDGΠPQ R Ur. — τε ἦρος ἐν ἀκμᾷ ϑ' (Tricl. cum Sch. ι'' apud Sr. p. 23, ut videtur) — gl. G ὦστε ἐν ἀκμῇ ἔαρος — Sch.¹ ὦσπερ ἐν τῇ τοῦ φοινικοῦ.... ἔαρος ἀκμῇ... Sch. Ro. B² ἐν ἔαρι (ubi alii [UG?] ὡς ἐν ἔαρι) ‖ **65** παισὶ τούτοις B.CDEF.G.Π[MP]Q[R]U.VWXYZa[c] Al. Ro:* (i. e. omnes vett. et Mosch., cum Sch. Vet.) Bö. Hm.²* — παισὶ τούτου ϑ' (Tricl.) Hy. Be.* — τοῖο παισὶν Hm.¹ — παισὶν οὕτως Em. — ἔπισσι τούτοις Ht. male. Dativus (commodi) poeticus huic genti pro genitivo huius gentis usurpatus est; quem cave contingas. Sch. Vet. ἐν τούτοις τοῖς πασίν, ubi B*° primo impetu ἐν τοῖς τούτου παισίν scripserat; quod illico ipse retractavit; hoc nihil Tricliniano commento adstruat. ‖ μίλος C*MPQ — μέρος BC*[Ç]D EFGI[R]UVXZa[cϑ'] Al. Ro.* (cum Sch. Vet.) ‖ **66** ἀμφικτυόνων omnes mss. (D -υώνων) Al. Ro.* (cum Sch. Vet. et Rec. in mss. et edd.) Ky. — — ἀμφικτιόνων Bö.* (cum optimis mss. N. VI, 40 (44); I. III, 26) ‖ **68** νάκος MU ‖ **69** σφισι vett. Al. Ro.* — σφισιν a[cϑ'] Ox.* — [σφι]σιν B,

PYTHIA IV.

70 τίς γὰρ ἀρχὰ δέξατο ναυτιλίας;　　　　Στρ. δ'.
τίς δὲ κίνδυνος κρατεροῖς ἀδάμαντος δῆσεν ἅλοις; θέσφα-
　　　　　　　τον ἦν Πελίαν　　125
ἐξ ἀγαυῶν Αἰολιδᾶν θανέμεν χείρεσσιν ἢ βουλαῖς ἀκάμ-
　　　　πτοις.
ἦλθε δέ ϝοι κρυόεν πυκινῷ μάντευμα θυμῷ,　130
πὰρ μέσον ὀμφαλὸν εὐδένδροιο ῥηθὲν ματέρος·
75 τὸν μονοκρήπιδα πάντως ἐν φυλακᾷ σχεθέμεν μεγάλᾳ,
εὖτ' ἂν αἰπεινῶν ἀπὸ σταθμῶν ἐς εὐδείελον　135
χθόνα μόλῃ κλειτᾶς Ἰωλκοῦ,

ξεῖνος αἴτ' ὦν ἀστός. ὁ δ' ἄρα χρόνῳ　　Ἀντ. δ'.
ἵκετ' αἰχμαῖσιν διδύμαισιν ἀνὴρ ἔκπαγλος· ἐσθὰς δ'
　　　　　　ἀμφοτέρα νιν ἔχεν,　140

70 τίς μὲν θ'ί", (Tricl.) — τί γὰρ a — τίς (om. γὰρ) I — τίς γὰρ rell. (cum Sch. Vet.) ‖ ἀρχὴ ᵇ δέξατο Bᵃ B,(C?) — ἀρχ' ἰδ. CU, — ἀρχ' ἰδ. DEFᴾᶜF,G.IPQRUVᵃX.ᵃZ — ἀρχὴ δέξατο Bᵇ Vᵇ X.ᵇ a[cθ'] Ro.* — ἀρχὰ δέξατο E,Fᵃᶜ? Ro; Ur. Ox.* — (ἀρχὰν δ. Ln.) — ἀρχ' ἐγένετο M (e gl.) quod de intellectu (cum Pp. fuit) ft. verum est; cf. Hom. Il. τ, 290; idem Sch. Vet. τίς γὰρ ἀρχὴ τοῦ πλοῦ [ἐγένετο]; videtur voluisse. ‖ ναυτιλλίας C ‖ **71** ἄλλοις DMUXᵃZ — δεσμοῖς P (e gl.) — ἄλλης c — ἅλης a — ἅλοις GIQVXᵇZᵐ [rell.] Al. Ro.* ‖ πέλιαν Cᵃ VXᵃ ‖ **72** χείρεσιν ΔZ ‖ ἀκνάμπτοις BDE FGPQUVXZ Al. Ro.* — ἀγνάμπτοις Iļ — ἀκάμποις (C teste De.) M — ἀκνάπτοις a — ἀκάμπτοις [C] (C teste Bö.) Hm. Bö.* Cf. I. III, 71; O. III, 27. 33. ‖ **73** οἱ κρυόεν] ὀκρυόεν M — Sch. φρικτὸν ‖ **74** παρὰ μέσον Ro.* — παρμέσον DEFV Al. — πὰρ μέσον B(C)IMPQ[U]XZa Sm.* ‖ **75** μονοκρήπιδα B.ᵃᶜ E.VX.ᵃ Z[a] Al. Ro:* — μονοκρηπῖδα Bᴾᶜ CDFᵃᶜ PQRU.Xᵇ (cum Uˢᶜʰ) — μονοκρηπίδα Fᴾᶜ F,IBˢᶜʰ — μονοκρηπίδα G ‖ -χῇ R ‖ **76** εὐδείαλον Q ‖ **77** χλυτᾶς PQRUZ — κλειτᾶς BCDEFGIMVXa [r.] Al. Ro.* ‖ **78** ξεῖνος omnes ‖ αἴτ' VXᵃ Zᵃᶜ? — εἴτ' Cᵇ Th. — αἴτ' BCᵃ DE F. G.I[M]PQ[R]UX,Xᵇ Zᴾᵒa [r.] Al. Ro.* ‖ ὦν BE.FIX.ᵇZ (cum Sch.¹ BU Ro.*) Mr.* — ὧν [C]C[D]F,[G.M]PQ[RUV]X.ᵃa ("libri omnes" ait Bö.) Al. Ro.* Be. Hy.²* (cum Sch.² in U et gl. F οὖν) cf. O. VI, 19 ‖ ὅδ' B.D EGQXZ Ro.* — ὁ δ' [C]FIMP[UVa] Al. Mr.* ‖ ἄρα B.CEFGI[M]PQ RUV[X]Za Al. Ro:* — ἄρα D — ἆρα Bö.* ‖ **79** -αίσιν Fa[cθ'] Ox.* — αῖσι BCCDEGI[M]QRUVXZ ‖ ἐσθὰς δ'(ἃς δ')] ἰθὰς δ' Cᵃ M — ἰςὰς δ' I — ἰσθὴς δ' R — ἐσθλὰς δ' Xᵃ ‖ scripsi ἀμφοτέρα cum EF (utraque: cf. N. VII, 94 et Sch.¹ ἐσθὴς δὲ διπλῆ συνεῖχεν αὐτόν) — ἀμφό-

ΠΥΘΙΟΝΙΚΑΙ Δ'.

80 ἅ τε Μαγνήτων ἐπιχώριος ἁρμόζοισα θαητοῖσι γυίοις,
ἀμφὶ δὲ παρδαλέᾳ στέγετο φρίσσοντας ὄμβρους·
οὐδὲ κομᾶν πλόκαμοι κερθέντες ᾤχοντ' ἀγλαοί, 145
ἀλλ' ἅπαν νῶτον καταΐυσσον. τάχα δ' εὐθὺς ἰὼν
σφετέρας
ἐστάθη γνώμας ἀταρμύκτοιο πειρώμενος 150
85 ἐν ἀγορᾷ πλήθοντος ὄχλου.

τερόν rell. (et E,F, ι'',) cum O. VI, 17 et Hom. passim || μιν mss. Al. Ro.* (in B μι est, et ν supra) — νιν Bö.* || ἴχεν BCᵃ[ÇD]E.GIP[QRV]XZa[cϑ'] Sm.* — ἴσχεν CᵇF[M]U Al. Ro.*

80 ἐπιχείρ. M || γυίοις E || 81 δὲ omnes — Ob Sch. καὶ ἡ παρὰ Χείρωνος παρδαλέα, ἣ ἔσκεπε καὶ ἀπήλλαττε (hoc U; in B Ro. ἀπήλυγε) cave credas fuisse τε; Sch. textum non ad verbum exprimit || παρδαλίᾳ Gᵘˢ¹Ι Wa. Hm. Bö.* — παρδάλεα C (cum gl. δερή) — παρδαλία BD[EFMP]Q [R]UVXZa [r.] Al. Ro.* — παρδάλε', ἅ ex Sch.? cf. ad O. XIII, 7. || 82 κομᾶν (aut Cᵃ aut Cᵇ) [Ç]I[EFM]V,a[r.] Al. Ro.* — κόμᾶν V — κόμαν B.(Cᵇ? Cᵃ?) DG.QRUX.Z || καρθ. Cᵃ — κερθ. [B]C¹ etc. || οἴχοντ' BC [ÇD[EF]GI[M]PQRUVXZa[r.] Al. Ro.* Th. — ᾤχοντ' Bö.* O. VI, 38 omnes mss. ᾤχετ' (BCINU Al. ᾦχετ'), sed est in hoc carmine omissio augmenti syllabici tam frequentior multo quam non-omissio, ut etiam de temporali ὤτρυνον (40) et ὤρθωσεν (60) scrupulus iniiciatur rectene an secus Bö.¹ (I, XXXVIII) de hoc augmenti genere disputaverit. V. Cl. omnia verba ab οἰ et ὀ incipientia augmentum semper admittere, quae vero ab αἰ incipiunt idem semper abiicere existimat. Librariorum incuriâ modo periit augmentum modo male additum est, cf. vs. 86 al. al. || 83 καταΐυσσαν P — κατέδυσσαν Q — κατήδυσσαν R — κατέθ[υσσον] M — καταΐυσσον [BCÇEF]GIUVXZa[r.] Al. Ro.* || 84 ἀταρβύκτοιο E, — ἀταρμύκτοιο Hm.³ Ah. Sw. Ht. — ἀταρβάκτοιο BCÇDEFGIMPQRU.VXZac ϑ' [rell.] Al. Bö.²* (Ç - τοις) (cum Sch. Tricl.; et Vett. Sch. in U; sed ἀταρβήκτοιο habent in DG etc.; in B Ro. hoc Sch. omissum est) — ἀταρβήτοιο F, (apud Tzetz. Lyc. 175 etiam hoc) — ἀταρβάτοιο (in nullo ms. ut videtur) Ro.* (cum Tzetz. Lyc. 175) Aw. Bg. — Persuadent Hm.³ et Sw.¹ et quem ille advocat Bentleius ad Hor. Carm. I, 3, 18 (cum Porsono ad Eur. Hec. 958); confirmat autem hanc opinionem E, et literarum μ et β permutandarum facilitas: cf. O. IX, 8. P. III, 34 al. Etiam apud Hesych. ἀτάρβητος et ἀτάρμικτος videntur esse permutata, sed de ταρμύξασθαι (φοβηθῆναι) apud eundem constat, de ταρβάζω vel ταρβύζω quod sciam non item. Hoc si Graecum esset, etiam ἀταρβύκτοιο (cum E,) apud Pindarum scribere liceret. — Sch. et gl. ἀφόβου, ἀταράχου, ἀκαταπλήκτου || πειρόμ. I 85 ἀγορῇ M

Ἐπ. δ'.

τὸν μὲν οὐ γίνωσκον· ὀπιζομένων δ' ἔμπας τις εἶπεν καὶ τόδε·
Οὔ τί που οὗτος Ἀπόλλων, οὐδὲ μὰν χαλκάρματός ἐστι
πόσις   155
Ἀφροδίτας· ἐν δὲ Νάξῳ φαντὶ θανεῖν λιπαρᾷ
Ἰφιμεδείας παῖδας, Ὦτον καὶ σὲ, τολμάεις Ἐφιάλτα
ϝάναξ.
90 καὶ μὰν Τιτυὸν βέλος Ἀρτέμιδος θήρευσε κραιπνόν,   160
ἐξ ἀνικάτου φαρέτρας ὀρνύμενον,
ὄφρα τις τᾶν ἐν δυνατῷ φιλοτάτων ἐπιψαύειν ἔραται.

τοὶ μὲν ἀλλάλοισιν ἀμειβόμενοι   Στρ. ε'. 165
γάρυον τοιαῦτ'· ἀνὰ δ' ἡμιόνοις ξεστᾷ τ' ἀπήνᾳ προ-
τροπάδαν Πελίας
95 ἵκετο σπεύδων· τάφε δ' αὐτίκα παπτάναις ἀρίγνωτον
πέδιλον
δεξιτερῷ μόνον ἀμφὶ ποδί. κλέπτων δὲ θυμῷ   170

86 οὐκ ἐγίν. B. Ro; — οὐ γίν. C[Ç]E.F,I[M]RVXZa[r. r.] Al. Ro.* Bg.
— οὐ γίγν. DFG.[P]QU. Bö.* || ἔμπας] εἶδος Ht. contra mss. et Sch. ||
καί τις R || εἶπε καὶ vett. mss. Al. — εἶπεν καὶ a[cϑ'] Ro.* — εἴπεσκεν
(Hy.) Ht. || 67 οὔ τοι που CCM || χαλκαρμάτας E || ἐστι DMV —
ἐστὶ EQX*Z || 86 -δίτης R || λιπαρᾶς B* — λιπαρᾷ(ᾳ) rell. (cum Sch.)
:| 89 ἐφιάλτ' CMX*Z — ἐφιάλτ' ÇV — ἐφιάλτα Ea Bö.¹ — ἐφιάλτα
B.DFGIPQU Al. Ro. Br.* Bd. Bö.²* (cum Sch. BGU Ro. etc.) — ἐπιάλτα
(Sch. Hom. Od. λ, 308; cf. Cram. Anecd. Par. III, 472) Cp. Br.ᵐ Sm.
Ox. Hy. || 90 κραιπνόν] καπνὸν F — τερπνὸν CCM — Tricl. ambigit, utrum
κρ. cum ὀρνύμενον an vel cum βέλος vel cum θήρευσε consociare praestet. ||
91 ἀκινάτου R || 92 τᾶν [B]DF[G]I[P]Q[U]Xᵇ Al. Ro.* — τῶν CEMRV
X*Za || ἐρᾶται Bö.¹ Bg.² — ἔραται mss. et rell. edd. || 94 ἐπὶ δὲ B —
ἐπὶ δ' G* — ἀνὰ δ' (ἀνά δ', ἀνα δ') CD[EF]G¹I etc. — paraphr. Sch.
ἐν || τ'] τε (τὲ) BDEFGIQRU || -πάδαν BDF[G]IU?Xᵇ Al. Ro.* —
πάδιν Q? — πάδην CÇEMRV (αδην) X*Za || 95 δ' αὐτίκα, B Cp. Sm.
Ox. — δ', αὐτίκα Hy. Be. — δ' αὐτίκα (sine dist.) rell. || παπτήνας B
St.²* Bd. — παπτήνας CCDEFGIIPQRUVWXYZa[cϑ'] Al. Ro.* Sm. Ox.
(fl. recte; cf. Ia. LXXX, 43) — παπτήναις Pw. Hy. Hm. Th. — παπτάναις
(Hy.) Bö.* || 96 δεξιτερὸν R

ΠΥΘΙΟΝΙΚΑΙ Δ'.

δεῖμα προσέννεπε· Ποίαν γαῖαν, ὦ ξεῖν᾽, εὔχεαι
πατρίδ᾽ ἔμμεν; καὶ τίς ἀνθρώπων σε χαμαιγενέων πο-
λιᾶς   175
ἐξανῆκεν γαστρός; ἐχθίστοισι μὴ ψεύδεσιν
100 καταμιάναις εἰπὲ γένναν.

τὸν δὲ θαρσήσαις ἀγανοῖσι λόγοις   Ἀντ. ε'.
ὧδ᾽ ἀμείφθη· Φαμὶ διδασκαλίαν Χείρωνος οἴσειν. ἄν-
τροθε γὰρ νέομαι   180
πὰρ Χαρικλοῦς καὶ Φιλύρας, ἵνα Κενταύρου με κοῦραι
θρέψαν ἁγναί.
εἴκοσι δ᾽ ἐκτελέσαις ἐνιαυτοὺς οὔτε ϝέργον   185

97 post δεῖμα dist. BGZa Ro.* St.* — non dist. CEFIQU Ur. Al. Mr. Hy.* — et ante et post δεῖμα D ‖ προσέννεπε α[cϑ'] Al. Ro.* — προσένεπε BZ¹ — προσήνεπε·D — προσήνεπε CCEFGIPQRUVXZ· ‖ γαῖαν τ' ὦ EF ‖ ξεῖν' (nullus ut videtur scriptus nisi ϑ') Ro.* — ξεν' BCCDEFGIMPQRUVXZac Al. Cf. ad O. II, 65 ‖ εὔξεαι I¹ ‖ 98 ἔμμεναι R — ἔμμεν' D ‖ -γενέων] -πετέων I — γαίων D ‖ πολιᾶς] σκοτία; Ht. ‖ 99 κεν α [r. r.] Ro.* — κε vett. Al. ‖ ἐχθίστοισι] ἐχθίστοις σε Mi. Ht. — αἰσχίστοισι Hck. ‖ -εσιν DG Bö.* — -εσσιν P — -εσσι QR· — -εσι BC[CEF]IMR¹[UVX]Z Al. Ro.* ‖ 100 -άναις CCMVX[c?] Al. Ro:* — άνας BDEFGIQRU.Zaϑ' (ft. recte; cf. Ia. LXXX, 43) — άνας G, — in V est gl. ης; etiam in Sch. Ro. [B] μὴ μολύνης; sed in G ibidem μὴ μολύνας; fuisse videntur qui colo ante εἰπέ posito vel καταμιάναις optativum haberent, vel καταμιάνης scriberent. Comma ante εἰπέ est in B FQZ Ro.* ‖ γένναν U ‖ 1 θαρσήσαις BXᵇ Hy.²* — θαρσήσας CCMVᵖᶜ? WX· YZa[cϑ'] Al. Ro.* — θαρρήσας DEFGIIQRU — Cf. ad O. IX, 16 sq. ‖ 2 -λίας ϑ' (sed Sch. Tricl. -λίαν ut omnes rell.) ‖ οἴσειν omnes (nullus οἰσεῖν); cf. Bu. Gr. Gr. I, (406) 407 not. — Sch. κομίζειν Cf. O. XIII, 9 ‖ ἀντρόθεν BXᵇ?R — ἄντροθε EFᵃᶜX. — ἄντροθεν CCDIMQV — ἄντροθε Fᵖᶜ[U]Za Al. Ro:* — ἄντρο G. ‖ ναίομ. Cᵃᶜ — νείομ. CM — νέομ. rell. (et Cᵖᶜ) ‖ 3 -χλοῦς B[C]CDEF.GIIMQᵖᶜ[R]UVWX.YZacϑ' Ur. Mr. Bö.* (cum Sch. Pind. et Sch. Arist. Pac. 312) — χλᾶς PQᵃᵒ? — χλῆς Cpᵃ — χλοῖς cᵐ Al. Ro. Br. St.* ‖ φιλύρας CCM ‖ κοῦραι] κόραι PQRU ‖ 4 εἴκοσι C ‖ -ίσαις B.X.ᵇ[ϑ'] Al. Ro:* — ίσας G — ίσας CDEFIIQR UX·Zᵃᶜac — ίσαις VWYZᵖᶜ ‖ οὔτ᾽ BCCDEFGIMPQRUVXZ Ro.* — οὔτε aϑ' Al. Sm.*

PYTHIA IV.

105 οὔτ᾽ ἔπος ἐντράπελον κείνοισιν εἰπὼν ἱκόμαν
οἴκαδ᾽, ἀρχαίαν κομίζων πατρὸς ἐμοῦ βασιλευομέναν
οὐ κατ᾽ αἶσαν, τάν ποτε Ζεὺς ὤπασεν λαγέτᾳ   190
Αἰόλῳ καὶ παισί, τιμάν.

Ἐπ. ε΄.

πεύθομαι γάρ νιν Πελίαν ἄθεμιν λευκαῖς πιθήσαντα
 φρασὶν
110 ἀμετέρων ἀποσυλᾶσαι βιαίως ἀρχεδικᾶν τοκέων·   195
τοί μ᾽, ἐπεὶ πάμπρωτον εἶδον φέγγος, ὑπερφιάλου
ἀγεμόνος δείσαντες ὕβριν κᾶδος ὡσείτε φθιμένου δνο-
 φερὸν   200
ἐν δώμασι θηκάμενοι, μίγα κωκυτῷ γυναικῶν
κρύβδα πέμπον σπαργάνοις ἐν πορφυρέοις,

105 ἐντρ. BC.C̄DEFḠ.ḤPQRU.VWX.YZacϑ´ Al. Ro.* Bd. Bc. (cum Sch. B) — ἐτρ. ą̃ — εὐτρ. M Ro; Sm. Ox. Hy.* (quae scriptura nec a Sch. nec a mss. confirmatur) — ἐκτρ. (Hy.) Bg.² (ex Sch. G¹U¹ etc. ὁ ἐκτρέψαιτο ἄν τις; totum hoc comma Sch. omissum est in B) — gl. DG al. οὐκ ἀχαριστήσας αὐτοῖς πάρειμι νῦν — gl. PZ κακόν, ἀπαίδευτον, αἰσχρόν (cum Sch. U etc.). Recte Sch. G²U² etc. ὁ ἄν τις ἐντραπείη i. e. quod quem pudore afficit. || κείναισιν Pw. || ἱκέμαν Q || **6** ἀρχὰν ἀγκομίζων St. Sm. Bd. Ht. (cum Chaeride apud Sch., ubi in C est ἀν κομίζων) — ἀρχαίαν (ἀρχαὶ ἀν Q) κομίζων (καινίζων BD·G·) mss. Al. Ro.* Ox.* (cum Sch. et gl. Z τὴν ἀρχήν; cf. Lob. Parall. 298 sq.) || κομίξων Hck. — Sch. ἀνακομιούμενος || **7** -σι vett. Al. Ro.* — σιν α[cϑ´] Ox.* || **9** νιν CC̄MVW̄X·Ȳ?Zā[c?]đ Pw. Bö.* — μιν B.DEFG.ḤPQU Al. Ro.* || πειθήσαντα BE Mr. St. Bd. — πιθ. FG.IZa [rell.] Al. Ro.* Sm. Ox.* || φρασὶν CCDEFGIMᴾᶜVa[cϑ´] (X· φασὶν) Ox. Bö.* — φρεσὶν BMᴾᶜUXᵇZ Al. Ro.* Hy. Bc. — φρεσὶ X, — φρεσσὶ P — φρεσσὶν QR || **10** ἁμ.] ἀμ. DIQ || -τέραν B· (lectio ante Chaeridem) — τέρων B¹ etc. (Chaeridis lect.) || βιαίως Cf. ad O. VII, 47 || ἀρχεδίκαν B·Zᴾᶜ Cp. (lectio ante Chaer.) — ἀρχεδικᾶν B¹ etc. (Chaeridis lect.) (in PQ ἀρχαὶ δικᾶν; in DRU ἀρχαιδικᾶν) || τοκήων B || **11** ὑπερφυάλου U || **12** ἄγ. Q — ἠγ. CC̄VX·Zac Al. || ὡς εἴτε Cᵃᶜ?Eᴾᶜ VZ — ὡσεὶ τε Xᵇ || **13** δώματι Eᵃᵉ Fᵃᶜ || μίγα Cᵃᶜ?D?Eᴾᶜ FGḤP QVWX·Ya Hm. Bö.* (gl. F μεμιγμένη; gl. P μικτικῶς) — μέγα CEᵃᵉM Z — μέτα R — μετὰ BCXᵇ[c?ϑ´] Al. Ro.* — Sch. σὺν || κωκυτῷ omnes mss. (nisi quod IMZ! Hm. Bö.* κωκυτῷ) || **14** κρύβδα aϑ´ Sm.* — κρύβδαν vett. Al. Ro.*

ΠΥΘΙΟΝΙΚΑΙ Δ'.

115 νυκτὶ κοινάσαντες ὁδόν, Κρονίδᾳ δὲ τράφεν Χείρωνι δῶκαν. 205

ἀλλὰ τούτων μὲν κεφάλαια λόγων   Στρ. ς'.
ἴστε. λευκίππων δὲ δόμους πατέρων, κεδνοὶ πολῖται,
    φράσσατέ μοι σαφέως·
Αἴσονος γὰρ παῖς ἐπιχώριος, οὐ ξείναν ἱκοίμαν γαῖαν
    ἄλλων.   210
Φὴρ δέ με θεῖος Ἰάσονα κικλήσκων προσηύδα.
120 ὣς φάτο. τὸν μὲν ἐσελθόντ' ἔγνον ὀφθαλμοὶ πατρός.
ἐκ δ' ἄρ' αὐτοῦ πομφόλυξαν δάκρυα γηραλέων γλε-
    φάρων·   215
ἂν περὶ ψυχὰν ἐπεὶ γάθησεν ἐξαίρετον,
γόνον ἰδὼν κάλλιστον ἀνδρῶν.

καὶ κασίγνητοί σφισιν ἀμφότεροι   Ἀντ. ς'. 220

---

115 κοινώσ. MR Co. ∥ τράφε C*ᵃ* — τράφειν Q*ᵃ* Ht. — τράφεν a Al. St. Bd. — τράφεν BC*ᵇ*D etc. Ro.* Sm. Ox.* Cf. O. I, 3. ΠΙ, 25. etc. ∥ **17** λευκίππους Q.U. — λευκίππων DIZ [rell.] Al. Ro.* (cum Sch.) ∥ πολῖται EI Cp. ∥ φράσατε ÇIMUVXZ ∥ **18** αἴσωνος PRX ∥ post (non ante) ἐπιχ. interpunctum est in BZa Al. Ro.* Ht. (cum Sch. BU etc.) — neutra parte in CDEFIQUV Be. Di. Sw. — utraque Hy. — ante (non post) Bö. Th. Bg. ∥ ζεῖναν E ∥ ἱκόμην BR — ἱκόμαν CD[EF]GIMPUVXZa [rell.] Al. Ro.* — ἱκόμαν Q — paraphr. Sch. (in BU Ro.) ἥκω (U ἥκων) — γε ἱκόμαν Pw. — ἐφικόμαν s. ἀνικόμαν Mi. — ἐσικόμαν (Hy.) — ἱκοίμαν Hm. Bö.* — ἴκωμ' ἂν Th. — ἂν ἵκων Rsg. ∥ ξεῖνος χθόν' ἱκόμαν ἐς ἄλλων Ht. temere ∥ **19** -ηὔδα EFU — -αὔδα (Sw.) — ηὔδα rell. ∥ **20** ὣς φάτο Q ∥ εἰσελ. vett. mss. Al. Ro.* — ἐσελ. a[cϑ'] Sm.* De contrario vitio cf. P. II, 28 ∥ ἔγν... B (detritis literis) — ἔγνον ŲW?Y?aϑ' (Hy.) Be.* — ἔγνων CDEFG[M]PQRUVW?XY?Z[c?] Al. Ro.* — ἔγνω (ὀφθαλμὸς) Sm.* ∥ **21** παμφ. c ∥ -ξαν] -ξε M — ξ R — ἀπεβράσθη paraphr. Sch. B — Cf. ad P. I, 13 ∥ γαραλ. Z¹ ∥ γλεφ. BC*ᵃᵒ*[C]DEFGV Xac ϑ' Al. Ro.* Ox.* — βλεφ. Cp*e*IMPQUZ St.* ∥ **22** πέρι (i. e. valde) Hm.³ Sw. Bg. — περὶ mss. et rell. edd. (cum Sch.) ∥ verba ἂν περὶ ψυχὰν cum antecedentibus consociant Ro. Br. Mr. Ht. — cum sqq. mss. Cp. St.* (cum Sch.) recte ∥ ἐξαίρετον (i. e. ἐξαιρέτως) cum antecedentibus copulant BQ Ro.* (cum Sch.) recte — cum sqq. C[D]VZ[a] Al. Be. Hy.²* Bö. Bg. Ht. male — ambigue (sine dist.) EFIU Di. Sw. ∥ **24** σφισιν BX*ᵇ* a[cϑ'] Al. Hy.²* (cum Sch. Tricl.) — σφίσιν Ro.* — σφίν et σφῖν iunct. D — σφιν CÇEFGIMQRUVX*ᵃ*Z

PYTHIA IV.

125 ἤλυθον κείνου γε κατὰ κλέος· ἐγγὺς μὲν Φέρης κράναν
Ὑπερῇδα λιπών,
ἐκ δὲ Μεσσάνας Ἀμυθάν· ταχέως δ᾽ Ἄδματος ἷκεν
καὶ Μέλαμπος,
εὐμενέοντες ἀνεψιόν. ἐν δαιτὸς δὲ μοίρᾳ 225
μειλιχίοισι λόγοις αὐτοὺς Ἰάσων δέγμενος,
ξείνι᾽ ἁρμόζοντα τεύχων, πᾶσαν εὐφροσύναν τάνυεν, 230
130 ἀθρόαις πέντε δραπὼν νύκτεσσιν ἔν θ᾽ ἀμέραις
ἱερὸν εὐζωᾶς ἄωτον.

Ἐπ. ς'.
ἀλλ᾽ ἐν ἕκτᾳ πάντα λόγον θέμενος σπουδαῖον ἐξ ἀρχᾶς
ἀνήρ 235

125 ἤλαθον a ‖ φέρης Z — -ρηῖδα a (Hy.) Be.* — ρῇδα Hm. Bö.* — ρηῖδα vett. mss. Al. Ro.* (Ox. „συνίζησις τῶν ηϊ" ft. ex Θ'? ‖ 26 μεσάνας BC.CDF,GTV. Ro; — μεσσάνας [B,?EFMX]IUZa Al. Ro.* ‖ ἀμυνθάν B. (id Sch. B) (ft. recte) — ἀμυθάν C[C]D[EF]GI[MP]Q[R]TUV [Θ'] Al. Ro:* — ἀμυθών XZac ‖ ἄδμητος CR ‖ ἧκε B. — ἧκε Qac? Ro.* — ἧκεν [Θ'] Sm.* — ἵκεν DEFacGITU — ἵκε CCFpoMQpoVXZ — ἵκε PR — ἵκεν ac (Mosch.) Al. Bö.* ‖ μελάμπους FpoQRU — μελάμπος IT — μελαμπος E — μίλαπος a — μέλαμπὸς Z [rell.] Al. Ro.* ‖ post μίλαμπος distinctionem omittunt BCDEFIMQUVZ Ro. Br.* Bd. Hy.* Ra. Bg.12 Sw.23 (qui ἀνεψιόν cum ἵκεν coniungunt) — distingunnt a Al. Cp.12 Sm. Ox. Di. Ht. ‖ 27 εὐμενέοντος V solus (cum gl. φιλοφρονοῦντος) — εὐμενέοντ᾽ ἐς (Hy.) — εὐμενέοντες omnes rell. (cum gl. G εὐμένειαν ἄγοντες) ‖ ἀνεψιοί R Ht. — ἀνεψιῷ Pw. — ἀνεψιόν omnes rell. ‖ 29 ξείνι᾽ c ‖ τεύξων CCM ‖ πᾶσαν εὐφ. B (egregie confirmans coniecturam Bg.2 πᾶσαν ἐυφ.) cum Sch. πᾶσαν εὐφροσύνην ἐξέτεινεν — πᾶσαν εἰς εὐφ. CC — πᾶσαν ἐς ἐνφ. DDEFGI[IM]PQR[U]V[W]X[Y]Z Al. Ro.* Be. Bg.2 — πᾶσαν ἐν εὐφ. acΘ' Ox. Hy. Bö.* (Byzantiorum scriptura) ‖ -σύνην R ‖ τάνυε. DD — τάνυῖ. G — τάγυεν. BC etc. (τ᾽ ἄνυεν, Ro.) ‖ 30 δρέπων R (gl. F) ‖ νύκτισσί τ᾽ Mi. — νύκταισιν U — νύκτεσιν R — νύκτεσσιν rell. ‖ ἔν τ᾽ ἀμ. EF — ἔν τ᾽ ἀμ. CMVXXZ — ἔν θ᾽ ἀμ. [B]D[G]I[PU]Qa [rell.?] Al. Ro.* ‖ 31 εὖ ζωᾶς BCDDGIMQ — εὐζωᾶς [EFU]VXZa Al. Ro.* — εὐζώας (Bg.2). Nota hoc in Sch. reddi simpliciter τῆς ζωῆς neque ullo alio loco inveniri vocem εὐζωά; est εὐζωΐα apud Aristotelem et Recc. ‖ 32 post πάντα et post σπουδαῖον interpungunt Pw. Hm. Sw. — Contra faciunt Sch. ὅλον τὸν λόγον (et B, πάντα λόγον consocians) et D ubi ante (non post) πάντα distinctum est; cf. ad O. VII, 90 sq; plurimi mss. omnino non interpungunt (CDa post ἀνήρ) ‖ λόγον om. E ‖ ἀρχῆς EFc

ΠΤΘΙΟΝΙΚΑΙ Δ'.

συγγενέσιν παρεκοινᾶϑ'· οἱ δ' ἐπέσποντ'. αἶψα δ' ἀπὸ κλισιᾶν
ὦρτο σὺν κείνοισι. καί ῥ' ἦλϑον Πελία μέγαρον·
135 ἐσσύμενοι δ' εἴσω κατέσταν. τῶν δ' ἀκούσαις αὐτὸς ὑπαντίασεν   240
Τυροῦς ἐρασιπλοκάμου γενεά· πραΰν δ' Ἰάσων
μαλϑακᾷ φωνᾷ ποτιστάζων ὄαρον
βάλλετο κρηπῖδα σοφῶν ἐπέων· Παῖ Ποσειδᾶνος Πετραίου,   245

ἐντὶ μὲν ϑνατῶν φρένες ὠκύτεραι   Στρ. ζ'.
140 κέρδος αἰνῆσαι πρὸ δίκας δόλιον, τραχεῖαν ἑρπόντων πρὸς ἐπίβδαν, ὅμως·

133 - ἴσσι BXZ Ro.* — ἴσι CCDDEFGIMPQRUV Al. — ἴσιν a[c ϑ'] Sm.* || παρεκοιν. Cᵇ[C]DD[EF]GIP[QRU]Zᵖᵉacϑ' Sm.* — πᾶσι κοιν. BCᵃVXZᵃᵉ Al. Ro.* — πᾶσ' ἴκοιν. M — ποτικοιν. Pw. (Hy.) — Sch. paraphr. ἐκοινώσατο || οἵδ' CEIQ al. — οἱ δ' [B]DFMU. al. || ἄμ' ἕσποντ' U. — ἕσποντ' D — ἐπέσποντ' IQZ [rell.] Al. Ro.* — verba Sch. 358, 22 ἐπέσποντο καί omissa sunt in B (in U hoc comma non legitur) || **34** ἦλϑον [BEFGPRU]DIQᵖᵉXZa[cϑ'] Al. Ro.* — ἠλ... Qᵃᵉ — ἦλϑιν V — ἦλϑε CCM || πελία μέγαρον BCCDEFGII?[M]PQ[RU]VW?XY?Z Al. Ro.* Bd. Bö.* (ex IWY refertur μεγάρων) — πελία μέγαρόν δ' ᾱ[σ] (Mosch.) Sm. — μέγαρον πελία δ' ϑ'? (Tricl.) Ox. — μέγαρον πελία ϑ'? (Tricl.) Hy. || **35** ἐσσύμενον R || ἔσω vett. omnes Al. Ro.* Bd. — εἴσω a[c?]ϑ' Sm. Ox.* || τῶν ἀκούσαις Bᵃ — τῶν δ' ἀκούσαις B,Bᵇ Ro.* (cum Sch.) — τῶν δ' ἀκούσας CCDEFGIIMQRUVWXYZaϑ' Al. — de P et c n. l. || αὐτὸς omnes mss. et edd. (B, αὐτός,) — αὐτοῖς Sch.? || ὑπηντίασεν B, Ox. Hy. — ὑπηντίασε B Ro.* (E?F?M?) — ὑπαντίασε CCD GIIPQRUVWXYZ — ὑπαντίασεν a Al. Bö.* || **36** .... ιπλοκάμου B — [ἐ]λασιπλοκάμου Cᵃ — καλλιπλοκάμου C — ἐρασιπλοκάμου B,CᵇD etc. || γέννα DPQR — γέννᾳ Zᵇ — γενιᾶ X.•Z•|ᵖᶜ Ro; — γενεᾶ B.[CCM]EFG.I [U?]VX.ᵇZ•|ᵃᶜa[cϑ'] Al. Ro.* || verba πραΰν δ' Ἰάσων μαλϑακᾷ (vs. 243 vulg.) omissa in PQᵃᶜ || πραΰν δ' BDEQᵖᶜUV — πραΰν δ' F Ro. Br. || **37** μαλϑακὰ φωνᾷ et μαλϑακᾷ φωνᾷ iunctim V || **38** βάλιτο I || κρηπῖδα CDFI[M]PQUVXZ Ro. Cp. Br. — κρηπίδα [BE]Ga Al. Mr.* || ποσιδᾶνος EG. — ποσειδᾶνος [CC]DDF.IM[P]QUV Al. Hy.²* — ποτειδᾶνος ϑ'? Ox. Hy.¹ Be. — ποσειδῶνος B.RV,X.Za[c] Ro.* || **40** τρηχ. ϑ' || ἑρπ. omnes || πρός om. R || ἐπιβδαν C? Bg.² — ἐπίβδαν B.C?D etc. || ὅμως. BCCG?Va Sm. Bd. Pw. (Hy.) Be.* — ὅμως U — .ὅμως, Q — .ὅμως D

ἀλλ' ἐμὲ χρὴ καὶ σὲ θεμισσαμένους ὀργὰς ὑφαίνειν
λοιπὸν ὄλβον.   250
εἰδότι τοι ϝερέω· μία βοῦς Κρηθεῖ τε μάτηρ
καὶ Θρασυμήδεϊ Σαλμωνεῖ· τρίταισιν δ' ἐν γοναῖς   255
ἄμμες αὖ κείνων φυτευθέντες σθένος ἀελίου χρύσεον
145 λεύσσομεν. Μοῖραι δ' ἀφίσταντ', εἴ τις ἔχθρα πέλει
ὁμογόνοις, αἰδῶ καλύψαι.   260

οὐ πρέπει νῶιν χαλκοτόροις ξίφεσιν   Ἀντ. ζ'.
οὐδ' ἀκόντεσσιν μεγάλαν προγόνων τιμὰν δάσασθαι.
μῆλά τε γάρ τοι ἐγὼ
καὶ βοῶν ξανθὰς ἀγέλας ἀφίημ' ἀγρούς τε πάντας,
τοὺς ἀπούραις   265

FI — ,ὅμως. E (cum Sch.) recte — δ' ὅμως X Al. — δ'. ὅμως Z — δ' ὅμως. [c?Θ'?] Ro.* Ox.
141 χρὴ om. C — χρὲ C̱ ‖ Θεμισαμ. MR^{ac} ‖ ὀργὰς] ὀρθὰν Hck. ‖ 42 τοι] σοι M ‖ χρητεῖ I ‖ 43 -μήδεϊ [B]DEFGI[M[PQRUX^bZ Ro.* Bd. — μηδεῖ CVX^a — μήδεϊ a[cθ'] Sm. Ox.* ‖ τρίταισι δ' ἐν γ. vett. (I δὲ ἐνγ.) Al. Ro:* — τρίταισιν δ' ἐν γ. a[c?] (Mosch.) Pw. (Hy.) Be.* — τρίταις δὲ ἐν γ. θ' (Tricl. hiatu) ‖ 44 ἄμμες B^aa[cθ'] Al. Ro.* — αμμες X^b — ἄμες V — ἄμες MX^aZ — ἀμὲς BⁱCDEFGIQU (cf. Ah. DD. 258) — ἐμαῖς R — de PC̱ n. l. Cf. O. I, 104. IX, 106. ‖ 45 λεύσομεν BCC̱EFG^{ac}IMRU — λεύσσομεν DG^{pc}[PQ]XZa[cθ'] Al. Ro.* — λεύσσομαι Vd ‖ ἀφίσταντ' B.I[θ'?] Tricl. Cp. St.* (cum Sch. Vet. et Rec.) — ἀφίσταιντ' VXZa Al. Ro. Br. Mr. Po. (Chaeridis lect.) — ἀμφίσταντ' C C̱DEFGMQU — de PR n. l. — ,ἀφιστῶσαι, Ht. ‖ ἐχθρὰ C^aM ‖ πέλει] πέλοι ft. Chaeris maluit — πέλη Ht. ‖ 46 ,αἰδῶ καλύψαι. mss. et edd. (P αἰδὼ) cum Sch. Vet. et Rec. — .αἰδῶ καλύψαι Hm.⁴ —, αἰδοῖ καλύψαι. Hm.⁵⁶ — ·αἰδὼς καλύψαι. Bg.¹ — ·αἰδὼς καλέψαι. (Bg.²) — ,αἰδῶ κάλυψαν. Ht. Sch. ὥστε subaudit, ut O. VII, 27. N. X, 72 ‖ 47 νῶϊν B.C [C̱]MV.X Al. Ro.* Bd. — νῶν EG^{ac}?Ι Ur. — νῷν G^{ac}?G, (W?Y?) Sm. Ox. Be. Hm.¹³⁴⁵⁶ Bö.* — νῶιν Hy. — νῶι Z — νὼ G^{pc}QU.ac (ex c refertur νῷ) — νὼ DFPR Hm.² Bg. Sw.¹ Ht. — Sch. οὐ προσῆκον οὐδὲ δίκαιον ἡμῖν ἀμφοτέροις ‖ -τόροις [θ'?] Xp^c? Ro.* — τόροισι C,DGIPQUV.X^{ac}X,Z^a — τέροισι B.CC̱EFMRZ^b — τέροις ac Al. ‖ -φεσι MUV — φεσσιν Z ‖ 48 -εσσι vett. Al. Ro.* — εσσιν a[c?θ?] Pw. Hy.* ‖ μεγάλων C^aCM ‖ προγόναν B ‖ μᾶλα Hy. — μῆλα mss. Al. Ro.* Bö.* ‖ τε om. a ‖ 49 ξανθὰν R ‖ τοὺς [CC̱M]VXZa[c] Al. Ro.* — οὒς BDEFGIPQRUθ' ‖ ἀπούρας omnes mss. (V ἀποὔρας) Al. Ro.* (ft. recte; cf. Is. LXXX, 43) — ἀπούραις Bö.*

150 ἁμετέρων τοκέων νέμεαι, πλοῦτον πιαίνων·
κού με πονεῖ τεὸν οἶκον ταῦτα πορσύνοντ᾽ ἄγαν·
ἀλλὰ καὶ σκᾶπτον μόναρχον καὶ θρόνος, ᾧ ποτε Κρη-
θεΐδας
ἐγκαθίζων ἱππόταις εὔθυνε λαοῖς δίκας,
τὰ μὲν ἄνευ ξυνᾶς ἀνίας

Ἐπ. ζ΄.

155 λῦσον, ἄμμιν μή τι νεώτερον ἐξ αὐτῶν ἀνασταίη κακόν.
ὣς ἄρ᾽ ἔειπεν. ἀκᾷ δ᾽ ἀνταγόρευσεν καὶ Πελίας· Ἔσομαι
τοῖος. ἀλλ᾽ ἤδη με γηραιὸν μέρος ἁλικίας

270

275

280

150 ἁμ. Q — ᾽ἁμ. D || τοκήων PQRU || νέμεαι C°D[EF]GI[MP]Q
[R]UXᵐ|ᶜ|ᵇ Za[cϑ᾽] Al. Cp. Ur. Br.ᵐ Mr.* — νέμεν C°VX° — νύμες BXᵇ|ᶜ
Ro. Br. — Sch. par. νέμῃ || **51** κού με] οὐ μὲν V, — κου μὲ B — κού μὲ
Iᵃᶜ || πονεῖ] δονεῖ Ht. — Sch. par. ἀλγύνει || **52** ἀλλά (om. καί) PQR
— ἀλλὰ σύ (Bg.) — ἀλλὰ καί rell. omnes. Non redditur in Sch. prius καί.
Duplex rarum sed non inauditum: cf. ad O. XIII, 87 || -τον] -τρον R ||
θρόνον FG°IJURᴾᵉϑ᾽ Hm.³ (Bg.) — θρόνος BCCDEGᵇMPQR°°VXZa[c]
Al. Ro.* || ποτ᾽ ὁ D || κρηθεῖδας (-θείως M) vett. Al. Ro.* — κρηθεῖ-
δας a[cϑ᾽] St.* || **53** ἱππότας Bᵃ (ft. recte) — ἱππόταις B¹ etc. (cum gl.
G θεσσαλοῖς) — Sch. nec ἱππότας nec ἱππόταις exprimit || λαοῖσι omnes
vett. Al. Ro.* — λαοῖς a[cϑ᾽] Sm.* || post δίκας plene interpungunt BI
Qa Ro.* Bg.² — ibidem commate V Hy.* Ht. — non dist. CDEFVZ Al.
|| **55** λύσον C[M] Cp. || ἄμμι vett. Al. Ro.* (ἄμμι Z solus) — ἄμιν α —
ἄμμιν [c?ϑ᾽?] Ox.* || ante (non post) ἄμμι[ν] interp. P et Sch.¹³ Ky.
(quod invexi) — post (non ante) ἄμμι[ν] dist. BCEFGIMQUVXZa Al. Ro.*
— non dist. D — Cf. ad vs. 184 sq. || -σταίη P·Q· — σταίη [R] Ah.
Sw. Bg.² Ht. — στήσῃς B°°CCDGI[M]UVWXYZa[cϑ᾽] (in Z Mr.* ῃς)
Al. Ro.* (non in Sch.) — στήσῃ BᴾᶜIP¹Q¹ Cp.ᵐ Be. Hy.²* Th. — στήῃ
(in nullo ms.) Hm. Bö. Di. — στῇ σοι Ky. — στήσας EF quae lectio ad
ἀναστάσαις participium scribendum videtur invitare, ut vs. 100 μὴ ... κα-
ταμιάναις εἰπέ fuerat. Ad activum ducit Sch. 360, 30 γενήσομαι τοιοῦτος
οἷος μηδὲν ἀναστῆσαι ἄδικον καὶ νεώτερον (ita B Ro.) ubi U habet ἀναστήσῃ.
Sch. 360, 24 et ἀνασταίη et ἀναστήσῃ (στάσῃ) olim lectum fuisse testatur.
|| **56** ἀκᾷ δ᾽ ἀνταγ. G (Sm.) — ἀκᾶ δ᾽ ἀγ. PQ — ἀκᾶ δ᾽ ἀντ᾽ ἀγ. D —
ἀκᾶ δ᾽ ἀνταγ. BCEFI etc. (cum Sch. ut videtur) — ἀκασκᾶ δ᾽ ἀγ. Bg.²
(contra Sw. ad Eustath. Pr. p. 11) || -σε vett. Al. Ro.* — σεν a[cϑ᾽]
Ox.* || πελλίας C || **56** sq. ἔσσομαι τοιοῦτος BC.CDEFG.PQRU.V.X.Z
Al. Ro.:* — ἔσομαι τοιοῦτος IM Bd. — ἔσομαι τοῖος acϑ᾽ Sm. Ox.* (By-
zantiorum emendatio) || **57** γερ. DGIPQU || ἁλικ. QU

PYTHIA IV.   191

ἀμφιπολεῖ· σὸν δ᾽ ἄνθος ἥβας ἄρτι κυμαίνει· δύνασαι
                             δ᾽ ἀφελεῖν
μᾶνιν χθονίων. κέλεται γὰρ ἐὰν ψυχὰν κομίξαι
160 Φρίξος ἐλθόντας πρὸς Αἰήτα θαλάμους,   285
δέρμα τε κριοῦ βαθύμαλλον ἄγειν, τῷ ποτ᾽ ἐκ πόντου
                             σαώθη

ἔκ τε ματρυιᾶς ἀθέων βελέων.   Στρ. η΄.
ταῦτά μοι θαυμαστὸς ὄνειρος ἰὼν φωνεῖ. μεμάντευμαι
                             δ᾽ ἐπὶ Κασταλίᾳ,   290
εἰ μετάλλατόν τι. καὶ ὡς τάχος ὀτρύνει με τεύχειν
                             ναῒ πομπάν.
165 τοῦτον ἄεθλον ἑκὼν τέλεσον· καί τοι μοναρχεῖν
καὶ βασιλευέμεν ὄμνυμι προήσειν. καρτερὸς   295
ὅρκος ἄμμιν μάρτυς ἔστω Ζεὺς ὁ γενέθλιος ἀμφοτέροις.
σύνθεσιν ταύταν ἐπαινήσαντες οἱ μὲν κρίθεν·   300
ἀτὰρ Ἰάσων αὐτὸς ἤδη

158 ἀμφὶ πόλει U male || σοῦ δ᾽ Sm. || ἀντικρυμαίνει (sic) V ||
ἀφ.] ἀμφ. MΘ᾽ || **59** κίλλεται Q || ᾽ἐὰν B — ἐὰν Cᵃ || κομίσαι R ||
60 φρίξος I — φρύξος Θ᾽ (cum Sch. Tricl.) — ξίφος Xᵃ — φρίξος rell. (et
Xᵐᵇ) || ἐλθόντα [Θ᾽?] St.* — ἐλθόντας mss. Al. Ro.* (Hy.) Be.* —
Sch. singularem in paraphrasi habent || **61** -μαλον [B]DGIRZ Ro.* —
μᾶλλον (sic) M — μαλλον [CCEFP]QU[VX]α[cΘ᾽] Al. St.* || ποτε ἐκ Z
|| **62** ἐκ τῶν B. Ro.:* — ἐκ τε Bᵇ[CC]D etc. Al. St.* || μητρυᾶς EF —
μητρυιᾶς F,G.IPQRU. — ματρυᾶς B.Vᵃ — ματρυιᾶς [CC]DE,[M]Vᵇ X.Za
[cΘ᾽] Al. Ro.* || βουλέων DQᵃᶜZ — βελῶν E.F — βελέων B.[CCGMPU
VX]IQᵖᶜ[acΘ᾽] Al. Ro.* (cum Sch. BHU etc. ubi hoc allegorice pro
βουλευμάτων ἢ λόγων [ita BGHU etc., non λόχων, quod vitium est Ro.]
positum esse dicitur; cave igitur βολέων [= ἐπιβουλῶν] coniicias) || **63** ἰὼν
ἐλθὼν R || φωνεῖ mss. Al. Ro.* — φώνει Sch.? (ἔλεγεν paraphr.) || **64** μεταλλητόν τι α — μετάλλαττόν τι U — μετααττόν τι V — μετάλατόν τι X
|| ὀτρύνει σε [B?c?] Ro.* Bd. — ὀτρύνει με rell. mss. (ut videtur) omnes
Al. Sm. Pw. Ox.*. Praestet omissio pronominis, ut in oraculo ambiguo;
ft. (si per Bu. Gr. Gr. II, 301 licet) τετεύχειν? — Sch. paraphr. omittit
pronomen || **65** -σσον [B]CDEFGPQUVXZ Ro.* Ox. — σον B,IMα Al. Sm.
Pw. (Hy.) Be.* || **67** ὅρκος Z || ἄμμιν Πα Mr. St. Hm. Bö.* — ἄμμι BC[C]D
EF etc. (in Fᵃᶜ ἄμμι) Al. Ro.* Sm.* || μάρτυρ I solus || **69** αὐτὰρ BCG,H,
I[M]PQRUVXZ Al. Ro.* Bd. Pw. Be. — ἀτὰρ D[EF]Gα[cΘ᾽] Sm. Ox. Hy.*

ΠΥΘΙΟΝΙΚΑΙ Δ'.

170 ὤρνυεν κάρυκας ἐόντα πλόον   Ἀντ. η'.
φαινέμεν παντᾷ. τάχα δὲ Κρονίδαο Ζηνὸς υἱοὶ τρεῖς ἀκαμαντομάχαι
ἦλθον Ἀλκμήνας θ' ἑλικοβλεφάρου Λήδας τε, δοιοὶ δ' ὑψιχαῖται   305
ἀνέρες, Ἐννοσίδα γένος, αἰδεσθέντες ἀλκάν,
ἔκ τε Πύλου καὶ ἀπ' ἄκρας Ταινάρου· τῶν μὲν κλέος   310
175 ἐσλὸν Εὐφάμου τ' ἐκράνθη σόν τε, Περικλύμεν' εὐρυβία.
ἐξ Ἀπόλλωνος δὲ φορμικτὰς ἀοιδᾶν πατὴρ
ἔμολεν εὐαίνητος Ὀρφεύς.   315

Ἐπ. η'.
πέμπε δ' Ἑρμᾶς χρυσόραπις διδύμους υἱοὺς ἐπ' ἄτρυτον πόνον
τὸν μὲν Ἐχίονα, κεχλάδοντας ἥβᾳ, τὸν δ' Ἔρυτον. ταχέες

170 ὤρνυεν Bö.* — ὤρνυε R (teste Re.) — ὄρνυ IPQS' — ὄρνυε EUZ — ὄρνυε B — ὄρνυεν C[C]DFG[M]VXa[c] Al. Ro.* Cf. 40. 82.; ὄρνυεν existimo Pindaricum fuisse || κάρ. omnes || . τᾶς ante ἐόντα inculcant Cᵃ M || ἐνόντα Sm. (concessam navigationem) contra mss. et Scholiorum fidem || **71** παντᾷ GI — πάντᾶ B — πάντα Ro.* — παντᾶ [CD]EF etc. St.* Cf. O. I, 116 || -ίδα Cᵃᶜ || ἀκ. τρεῖς CÇM || **72** ἀλκμάνας BD Al. Ro.* Ah. (cf. P. III, 7) — ἀλκμήνης H,?R — ἀλκμάνας [CC]EFG.IM[P]Q UVX.ZacS' Hy. (in Q compendii vitio ἥναν) || τ' ἐλ. D — τἐλ. U — τ' ἐλ. BEFGIQ — θ' ἐλ. C[CM]VXZa[cS] Al. Ro.* — gl. μελανοβλ. δηλονότι adscripsit Ur. (cf. λιγνύς fuligo, caligo) || -φάρου] -φάρων D || δυοί δ' B || **73** ἐνοσίδα IZ || **74** τῶν] τῷ Sch. (Hy. iudice) || **75** ἐσθλὸν R solus || εὐφάμου τ' ἐκρ. omnes || **76** φορμικτὰς CCMVXZ (etiam in Sch. V) — φορμιχτὰς B.DEFGI[P]Q[R]Ua[cS'] Al. Ro:* || **76** sq. post δὲ tantum dist. BC — ἔμολεν, εὐαίνητος, ὀρφεύς. ita dist. U — sine omni dist. DEFI etc. (quos secutus delevi comma post ἔμολεν) || **78** ἑρμῆς RV, || χρυσόρραπις vett. — χρυσόραπις a[cS'] Al. Ro.* || ἄτρητον DQᵃᶜ || πόνον] πόντον Eᵖᶜ — πλόον I || **79** κεχλάδοντας BCV.[X] Hy.ᵃ* — καχλάδοντας B, — κεχλαδόντας E.Fa[c] Ro:* — κεχλαδότας DG.H.IMPQRU.Z S' (cum Sch. Tricl.) || εὔρυτον [B]DEFGIQUVXZa Al. Ro.* — ἔρυτον [CÇ] Sm.* (ex Apollon. Rh. I, 52) — de MPcS' n. l. || apud Sch. 363, 16 BGU κυδρός (Ro. κυδνός) in fr. Alcman.

PYTHIA IV.

180 ἀμφὶ Παγγαίου θεμέθλοις ναιετάοντες ἔβαν·   320
καὶ γὰρ ἑκὼν θυμῷ γελανεῖ θᾶσσον ἔντυνεν βασιλεὺς
      ἀνέμων
Ζήταν Κάλαΐν τε πατὴρ Βορέας ἄνδρας πτεροῖσιν   325
νῶτα πεφρίκοντας ἄμφω πορφυρέοις.
τὸν δὲ παμπειθῆ γλυκὺν ἡμιθέοισιν πόθον ἔνδαιεν Ἥρα,

185 ναὸς Ἀργοῦς μή τινα λειπόμενον   Στρ. θ'.
τὰν ἀκίνδυνον παρὰ ματρὶ μένειν αἰῶνα πέσσοντ', ἀλλ'
      ἐπὶ καὶ θανάτῳ   330

79 sq. ταχέες δ' B.CCDE^{ao}FGIIMP̄?QRSU (cum Sch. DFGQU al. ταχύτατοι et gl. F [ταχ]εῖς) — ταχέως δ' E^{pc}?P? (teste Ky.) V[WXY]XX XZa[cθ'] Al. Ro:* Bg. Ht. (cum Sch. [B]E Ro. ταχύτατα) — ταχέως (om. δ') Bö.* Cf. Sch. Germ. p. XX. Adverbium ταχέως ob insequens θᾶσσον displicet. || 80 παγκαίου XZa Al. Ro. Cp. Br. || vocem θέμεθλα omittunt B^aDGPQ^{ao}U — θέμεθλα B^bC[C]EFIMQ^{pc}RSVXXXXZa[cθ'] Al. Ro.* (quae scriptura, ft. ad lacunam explendam e vs. 16 ascita, et metro et usui loquendi adversatur) — θεμέθλοις Bö.* — θέμεθλ' οἱ Bg.² — olim πρὸς ὁρμάν conieci ex Sch. in quo nec θέμεθλα nec θεμέθλοις expressum est || 61 θᾶσσον C || ἐντυῖ B — ἔντυεν DEFGPU Ro.* — ἔνδυεν I — ἔντυε C^bCQR — ἐντυ|τυνε C^a — ἔντυ M — ἔντυνε VXZ Al. Be. — ἔντυνεν a Hy.²* || 82 ζήταν καὶ κάλαΐν τε E.F (non F,) || -σι vett. Al. Ro.* — σιν a Mi. Hy.* || 83 πεφρίκοντας [B]C[C]E.V.[X]Za[c] Al. Ro.* — πεφρίκοτας M — πεφρικοτας D — πεφρικότας B,FGIPQRU. θ' || 84 παμπειθῆ B.I[CCM]V[X]Za[c] Al. Ro.* — παμπληθῆ DEFGIP QRUθ' (cum P^{sl} βαρὺν, μέγαν et cum Sch. Tricl. πολύν) — Sch. Vet. p. n. e. || ἔοις B, — ἔοισιν [D?V?]a[cθ'] Al. Ro.* — ἔοισι BCCEFGIMPQR UXZ || πόθον γ' a[c] (Mosch.) Al. Ro.* — πόθον (om. γ') B.CCDEF. G.IIMPQRUVWXYZθ' (i. e. omnes vett. et Tricl.; in B πόθον,) Bö.* Cf. Bg.² ad P. III, 6. || ἔνδαιεν B,C^bCDE^{pc}F.G.IPQ^{pc}RU.a[cθ'] Al. Ro.* Bg.² (cum Sch. Vet. ἐνέκαιεν et ἐπέκαε (καιε) καὶ ἐνέβαλεν ἐπιθυμίαν) — ἔνδεεν Q^{ac} — ἔδαιεν BC^aE^{ac}E,MVWXYZ (gl. M ἀνῆπτε, ἀνήγειρε) — πρόσδαιεν Bö.* — (ἔοις ἐν πόθον) δαίεσκεν Hm. — τόνδ' αὖεν Em. Sw.²³ — (ἔοις πως ἔρωτ' ἔνδαιεν Ht. ubi languet πως) || 84sq post ἥρα (non post ἀργοῦς) interpungunt BDIQ — post ἀργοῦς (non post ἥρα) [D]FZa Al. Ro.* — neutro loco CUV aliique — utrumque apud Sch. Vet. in GU aliisque, sed in Sch. Vet. B Ro. et apud Tricl. (ι") ναὸς ἀργοῦς cum antecedentibus, non cum sqq., consociatur. Nihil igitur novarem, nisi alia essent quae alteram verborum structuram commendant: [τοῦτον] τὸν πόθον, μή τινα [ἀπο]λειπόμενον ναὸς ἀργοῦς etc.; cf. 155 || 85 ναοῦς B || 86 τὰν B.[C]C[EF]G.Π

φάρμακον κάλλιστον ἑᾶς ἀρετᾶς ἄλιξιν εὑρέσθαι σὺν
    ἄλλοις.
ἐς δὲ Ϝιωλκὸν ἐπεὶ κατέβα ναυτᾶν ἄωτος,   335
λέξατο πάντας ἐπαινήσαις Ἰάσων, καί ῥά Ϝοι
190 μάντις ὀρνίχεσσι καὶ κλάροισι θεοπροπέων ἱεροῖς
Μόψος ἄμβασε στρατὸν πρόφρων. ἐπεὶ δ' ἐμβόλου 340
κρέμασαν ἀγκύρας ὕπερθεν,

χρυσέαν χείρεσσι λαβὼν φιάλαν   Ἀντ. θ'.
ἀρχὸς ἐν πρύμνᾳ πατέρ' Οὐρανιδᾶν ἐγχεικέραυνον Ζῆνα,
    καὶ ὠκυπόρους   345
195 κυμάτων ῥιπὰς ἀνέμων τ' ἐκάλει, νύκτας τε καὶ πόν-
    του κελεύθους

M[P]Q[RU]VWXYZa Al. Hy. Be.* (cum Sch. DGU etc.) — τὴν (τὸν?) D
— τὸν Ro.* Ox. — τόνδ' Sm. Bd. — τόν γ' Pw. ‖ ματρὶ [BV] Ro.*
μρὶ R — μητρὶ Ma — μητέρι CCDGᵃXZ — ματέρι EFGᵇIQU Al. ‖ πεσ-
σόντ' PQR — πίσσοντ' Z — πισσόντ' CᵇFᵃᶜ — πίσσοντες Xᵃ (τα Xᵇ) --
πίσσοντ' [B]CᵃDEFᵖᶜGI[M]UVa[cθ'] Al. Ro.*
87 ἰᾶς] ἰᾶς B ‖ ἀλ.] ἀλ. CD?MXZa Al. ‖ -ιξιν] -ηξιν CCM —
υξιν XZ — ιξιν Al. ‖ εὑρ. Vᵃᶜ ‖ 88 εἰς δ' E, ‖ δ' Ἰωλκὸν B.CDEF.
G. etc. (vett. omnes) [c?] Al. Ro:* — δὲ Ἰωλκὸν aθ' (Sm.) Ox. (Bg.) recte
(cf. N. III, 34.) — δ' Ἰαωλκὸν Sm. Hy. Be.* (cf. N.. IV, 54) ‖ κατέβαν αὐ-
τῶν CMXᵇ Al. — κατέβαιν' αὐτῶν Z — κατέβη ναυτ... B — κατέβαν ναυ-
τῶν a — κατέβα ναυτῶν CPQ?RUVXᵃ Ro.* — κατέβαν ναυτᾶν DE —
κατέβα ναυτᾶν G — κατέβα ναυτᾶν FIQ? Bc. Hy.ᵃ* cum Sch. Vet. ‖ ἄω-
τον E Ht. — ἀώτοις U — ἄωτος rell. Cf. Ra. in Ja. LXXVII, 394 ‖
89 -νισας θ' — νήσαις B[P?] Ro.* — νήσας Cᵇ[C]DEFGIIM[P?]QRU
VWXYZa[c?] Al. (ἐπαινήσας Cᵃ) ‖ 90 ὀρνίχεσσιν ἐν κλάροισι θ' (Tricl.
cum Sch. Tricl. apud Sr. p. 27; Bö. coni. ὀρ. ἐν κλάροις τε) — ὀρνίχεσσι
κλάροισί τε I solus (Bö. coni. ὀρ. κλάροισίν τε) — ὀρνίχεσσι καὶ κλάροισι
rell. vett. et Mosch. Al. Ro.* (ὀρνίχεσι CC; in B haec linea tineis exesa
propemodum periit. Sch. Vet. ὀρνισί τε καὶ κλήροις) ‖ θεοπρεπίων BFII[M?]
PQ?RUXZacθ' Al. Ro.* — θεοπροπίων [CC]DEGV Sm.* — Sch. par.
μαντευόμενος ‖ 91 μόψος] μόμψος XZᵃᶜa Al. (cum Sch. X) ‖ ἄμβαισε B
‖ δ'] δὲ I ‖ ἐμβούλου VZᵃᶜ (non V,Zᵖᶜ) ‖ 93 -ρεστι CQᵃᶜZᵃᶜ ‖ φιά-
λαν] ἄγκυραν Bᵃᶜ ‖ 94 ἐν] δ' ἐν V ‖ -δᾶν] -δῶν EXᶜ ‖ 95 ἀνέμους
BCCDEFGIIMUVWXYZaθ' (in B plene dist. ante ἀνέμους) — ἀνέμων [P
R]Q[c?] Al. Ro.* — p. n. e. ‖ τ' ἐκ. omnes

ἄματά τ' εὔφρονα καὶ φιλίαν νόστοιο μοῖραν·
ἐκ νεφέων δέ Ϝοι ἀντάϋσε βροντᾶς αἴσιον 350
φθέγμα· λαμπραὶ δ' ἦλθον ἀκτῖνες στεροπᾶς ἀπορη-
   γνύμεναι.
ἀμπνοὰν δ' ἥρωες ἔστασαν θεοῦ σάμασιν 355
200 πιθόμενοι· κάρυξε δ' αὐτοῖς

Ἐπ. θ'.

ἐμβαλεῖν κώπαισι τερασκόπος ἀδείας ἐνίπτων ἐλπίδας·
εἰρεσία δ' ὑπεχώρησεν ταχειᾶν ἐκ παλαμᾶν ἄκορος. 360
σὺν Νότου δ' αὔραις ἐπ' Ἀξείνου στόμα πεμπόμενοι
ἤλυθον· ἔνθ' ἁγνὸν Ποσειδάωνος ἔσσαντ' εἰναλίου τέ-
   μενος,
205 φοίνισσα δὲ Θρηϊκίων ἀγέλα ταύρων ὑπᾶρχεν 365
καὶ νεόκτιστον λίθων βωμοῖο θέναρ.

196 ἄμα. C[ÇM]ERa[cθ'] Cp. Br.ᵐ Mr.* — ἄμμα. Q — 'ἄμμα. B — ἄμα. DFGIPUVXZ Al. Ro. Br. ‖ νόστοιο] νόστιμον a ‖ **97** ἀντάυσι CᵃM — ἀντάυοισι R — ἀντάϋσιν I — ἀντάϋσε [B]Cᵇ etc. ‖ βροντᾶς Z ‖ **98** ἀκτίνες B ‖ ἀπορρη. BEFMQUZ Ur. (ἀπόϝρη.?) — ἀπο ρη. Mi. — ἀπορη. [CÇD]GI etc. ‖ **99** ἀνπνοὰν F — ἐν πνοὰν Pw. ‖ ἴστ. EIZ ‖ δ' οἱ ἥρωις ἔσταν θ' (Tricl.) ‖ σάμασιν EFVXZa Al. Ro.* Bü.* — σάμασι BCCDGIMP[QU]R Mr.* ‖ **200** πιθ. vett. omnes Al. Ro.* Bd. Pw. — πιθ. a[c?θ?] Sm. Ox.* ‖ κάρ. omnes ‖ **1** ἀδ. omnes ‖ **2** -σι BG — σιν [VX]Z[a] Hy.²* — σι CÇDEFI[M]PQR[U] Al. Ro.* ‖ ταχειᾶν BD[EF]GIPQRU Sm. Hy. Bc.* (cum Sch.) — τραχειᾶν C[M]VXZa[c?θ'?] Al. Ro.* Bd. Ox. (εἶαν Z Al.) ‖ **3** ἀξείνου BEFᵃᶜGI[P]Q[R]U?VXZ[θ'] Al. Ro.* — εὐξείνου CÇDFᵖᶜU?ac ‖ **4** ποσει. omnes ‖ -δᾶνος B — δάσνος FP — δῦνος U — δάωνος CDEGI[M]Q[R]VXZa[cθ'] Al. Ro.* ‖ ἔσσαντ' BCDIMVXZa Al. Ro. — ἴσαντ' Ç — ἴσαντ' Q — ἔσσαντ' [EF R]GU Cp.* — gl. G ἐδείμαντο, ἔκτισαν — Ur. adscr. gl. ἐκτίσαντο ‖ ἐναλίου vett. omnes — εἰναλίου a[cθ'] Al. Ro.* Cf. ad P. II, 79 et O. II, 65 ‖ **5** ὑπῆρχι CÇM — ὑπᾶρχι BDGIPQRU — ὑπᾶρχιν EFᵃᶜZᵃᶜ — ὑπᾶρχιν Fᵖᶜ G, VZᵖᶜa[cθ'] Al. Ro.* — ὑπῆρχιν V,X (in Sch. G ὑπῆρχον) ‖ post ὑπ. plene dist. BIV Al. Ro.* — commate Z — non dist. CDEF GQU Bü.* ‖ **6** θεόκτιστον Ro.* (Calliergis inventum?) — νεόκτιστον mss. Al. Be. Hy.* ‖ λίθων βωμοῖο θέναρ θ'" (οὕτω γὰρ ἁρμόζει τῷ μέτρῳ) Tricl. Ox. Hy.* — λίθον βωμοῖο θέναρ Fᵖᶜa[c?] Mosch. (Sm.) — λίθου βωμοῖο θέναρ Sm. — λίθινον βωμοῖο θέναρ BCÇDEFᵃᶜGIPQRUVX Al. Ro.* Pw. Be. — λίθοιο βωμοῖο θέναρ M — λίθινον βωμῶν θέναρ Z —

13*

ΠΥΘΙΟΝΙΚΑΙ Δ'.

ἐς δὲ κίνδυνον βαθὺν ἱέμενοι δεσπόταν λίσσοντο ναῶν,

συνδρόμων κινηθμὸν ἀμαιμάκετον   Στρ. ι'. 370
ἐκφυγεῖν πετρᾶν. δίδυμαι γὰρ ἔσαν ζωαί, κυλινδέ-
  σκοντό τε κραιπνότεραι
210 ἢ βαρυγδούπων ἀνέμων στίχες· ἀλλ' ἤδη τελευτὰν
  κεῖνος αὐταῖς
ἡμιθέων πλόος ἄγαγεν. ἐς Φᾶσιν δ' ἔπειτεν   375
ἤλυθον, ἔνθα κελαινώπεσσι Κόλχοισιν βίαν
μίξαν, Αἰήτᾳ παρ' αὐτῷ. πότνια δ' ὠκυτάτων βε-
  λέων
  380

λίθεον βωμοῖο θέναρ (Bö.) — θέναρ βωμοῦ λίθινον Aw. Ra. (Bg.) — βω-
μοῦ θέναρ apud Cram. An. Par. III, 209 laudatur — paraphr. Sch. Vet.
nec λίθων (λίθου) nec λίθινον exprimit, sed βωμοῖο θέναρ ibidem confirma-
tur || explicant codices θ'ι' nec de Triclinianis in reliqua huius carminis
parte (207—299) constat nisi ex vestigiis Scholiorum ex ι'' a Sr. editorum
207 λίμ. CEFZac St.¹²³ Pl. Co. || δεσπότα a || λίσσοντι V ||
8 σύνδρομον E (idem a. c. videntur voluisse IQZ) || **9** δίδυμαι DEFG.IU.
X,pc Bö.* (de more Pindari, cum Sch. in G) — δίδυμοι [B]C[ÇM]PQRV
XX,ac Za[c] Al. Ro.* (contra poëtae usum, cum Sch. in [B]U Ro.) || ἔσαν,
ζωαί, Sm. Ox. || κυλιδ. E || τε] δὲ Iac || κραιπνότερον I (Sch. ταχύτε-
ρον) — κραιπνὸν D || **10** 'κεῖνος Z || αὐτῶν Ga || **11** ἤγαγεν Iac || φᾶ-
σιν [EF]G.IUa[c] Ro:* (cum Sch. GU Ro.) — φάσιν BCDMQRV.X.Z
Al. (cum Sch. B) || 11sq. δ' ἔπειτ' ἀνήλυθον B (ft. recte: cf. Sch. Germ.
p. VI) — γ' ἔπειτ' ἐνήλυθον C — δ' ἔπειτ' |...ἤλυθον D — δ' ἔπειτ'
ἐν ἤλυθον E — δ' ἔπειτεν ἤλυθον Fac G¹IU Be. Hm. Bö.* (in U vitiose
ἔπειπεν) — δ' ἔπειτα ἤλυθον Fpc G·χ' — δ' ἔπειτ' ἐνήλυθον [M]Gb PQRV
Xa[c] Al. Ro.* — δ' ἔπειτ' ἐλήλυθον Z — ἔπειτ' ἐσήλυθον Hy. — par.
Sch. ἦλθον || **12** -πεσι CCMQU. — ποισι I || -χοισιν [C?]a[c?] Hy.
Be.* — χοισι rell. vett. Al. Ro.* (Ro. σι,) || μίξαν Sw. Bg. Ht. || **13** αἰ-
ήτα παρ' ἄστει coni. Bg., cui vulgata de vitio videtur esse suspecta, etiam
ob Sch. παρ' αὐτῷ τῷ ταχεῖ αἰήτῃ. Sed ταχεῖ cum manifesto corruptum
sit ex βα[σι]λεῖ, nihil est quod moveamus, interpunctione excepta. Posui
enim comma post μίξαν, et alterum comma (pro colo) post ἤλυθον, quae
Be. et Hy. ratio erat (consentientibus CFU). Plurimi mss. (BDEIQVZa)
et edd. (Al. Ro.* Bö.*) post ἤλυθον plenius distinguunt, non interpungentes
post μίξαν. || ὠκυτ. BDEFGI I? PQRUV,X, Ro. Br.* Bd. (cum Sch. Tricl.
qui ὠκ. βε. cum ποικ. ἰυγ. coniungit) — ὀξυτ. CÇMV[W]X[Y]Za[c] Al. Cp.
Sm. Ox.* (cum Sch. [B]GU Ro. etc.). In G supra ὠκυτ. legitur γρ. quasi
alteram scripturam addere voluisset librarius; sed non perfecit id quod voluit.

ποικίλαν ἴυγγα τετράκναμον Οὐλυμπόθεν
215 ἐν ἀλύτῳ ζεύξαισα κύκλῳ

μαινάδ᾽ ὄρνιν Κυπρογένεια φέρεν   Ἀντ. ί.
πρῶτον ἀνθρώποισι, λιτάς τ᾽ ἐπαοιδὰς ἐκδιδάσκησεν
            σοφὸν Αἰσονίδαν·   385
ὄφρα Μηδείας τοκέων ἀφέλοιτ᾽ αἰδῶ, ποθεινὰ δ᾽ Ἑλ-
            λὰς αὐτὰν
ἐν φρασὶ καιομέναν δονέοι μάστιγι Πειθοῦς.   390
220 καὶ τάχα πείρατ᾽ ἀέθλων δείκνυεν πατρωΐων·
σὺν δ᾽ ἐλαίῳ φαρμακώσαισ᾽ ἀντίτομα στερεᾶν ὀδυνᾶν
δῶκε χρίεσθαι. καταίνησάν τε κοινὸν γάμον   395
γλυκὺν ἐν ἀλλάλοισι μίξειν.

214 τετράκναμον᾽ C — τετρακνάμον M — τετρακνάμον᾽ F Sm.* — τε-
τράκναμον BDEGI[I]PQ[R]UV[W]X[Y]Za Al. Ro.* Hm. Bö.* — utrumque
apud Sch. Vet. (Sch. Tricl. τετράκναμον solum) || ὀλ. vett. Al. Ro.* —
οὐλ. a[c] Sm.* || **15** -ξαισα B Bö.* — ξασα omnes rell. mss. Al. Ro.* ||
16 μαινάδα ὄρνιν B — μαινάδα ὄρνιν DGIQRU || φέρε B — φέρι EFQU ||
17 excidit in M || τ᾽ ἀοιδὰς U (et Sch. U) — τ᾽ ἐπ᾽ ἀοιδὰς VZ — τ᾽
ἐπαοιδὰς rell. (cum Sch. Vet. in [B] Ro.) — de hac scripturae diversitate
videtur disputare Sch. Tricl. apud Sr. p. 28 || ἐκδιδάσκησε [B?]FI — ἐκ-
διδάσκησεν DG̅Ua[c] Al. Sm.* (κεισεν Al.) — ἐδιδάσκησεν Ro.* — ἐδιδάσκησε
B(?) — ἐκδιδάσκοισα EFQR — διδάσκουσα Cᵇ — διδάσκησα C — διδά-
σκησε VXZᵖᵒ — διδάσκεισι Zᵃᶜ -- Sch. par. ἐξεδίδαξεν — suspecta vul-
gata et de forma et de sigmatismo: cf. ad O. IX, 16; coniicias ἐκδίδ-ξεν
τὸν (i. e. τοῦτον τὸν) vel νῦν vel καὶ (i. e. καίπερ); nisi deditā operā serpen-
tium sonos imitatur poeta, ut in Σίσυφος, vafritiae indicandae causa; cf. P.
XII, 21 || -νίδα D || **18** μήδειαν Bc. || δ᾽] Θ᾽ Gᵇ || αὐτὴν R || **19** φρε-
σὶ DURXZ Al. Ro.* St.²* -- φρασὶ BCEFGIMPQVa St.¹ Bö.* || **20** δείκ-
νυεν α[c] Ox.* — υε vett. omnes Al. Ro.* || πατρώων vett. omnes Al. Ro.*
(M ἀων — Z Al. Mr.* ῳων) — πατρωΐων a[c] Sm.* || **21** -σαισ᾽ B(C?
M?Vᵃᶜ?) Bö.* — σασ᾽ rell. (in CMQVZ vitiose) rell. Al. Ro.* || ἀντί-
τονα Sp. Sm. || στερεῶν D — στιρρᾶν Fᵖᵒ — στερᾶν EFᵃᶜ || **22** χρί-
ζεσθαι U || **23** ἐν om. CC̣MZ || ἀλληλ. EF — ἀλαλ. C || μίξαι Bg.
Sw. Ht. — μίξαι C[C̣M]Gᵃ?V[X]Za[c] Al. Ro.* (cum Sch. GU μιγῆναι) —
μίξειν BDEFGIPQRU (in P ξει — in DR ξιν) cum (Sch. B Ro. μίξειν)

ΠΥΘΙΟΝΙΚΑΙ Δ'.

Ἐπ. ί.

ἀλλ' ὅτ' Αἰήτας ἀδαμάντινον ἐν μέσσοις ἄροτρον σκίμ-
ψατο
225 καὶ βόας, οἳ φλόγ' ἀπὸ ξανθᾶν γενύων πνέον καιομέ-
νοιο πυρός,   400
χαλκέαις δ' ὁπλαῖς ἀράσσεσκον χθόν' ἀμειβόμενοι·
τοὺς ἀγαγὼν ζεύγλᾳ πέλασσεν μοῦνος. ὀρθὰς δ' αὔ-
λακας ἐντανύσαις   405
ἤλαυν', ἀνὰ βωλακίας δ' ὀρόγυιαν σχίζε νῶτον
γᾶς. ἔειπεν δ' ὧδε· Τοῦτ' ἔργον βασιλεύς,
230 ὅστις ἄρχει ναός, ἐμοὶ τελέσαις ἄφθιτον στρωμνὰν
ἀγέσθω,   410

κῶας αἰγλᾶεν χρυσέῳ θυσάνῳ.   Στρ. ια'.
ὣς ἄρ' αὐδάσαντος ἀπὸ κροκόεν ῥίψαις Ἰάσων εἷμα
θεῷ πίσυνος

24 ἐν om. Q^{ac} ‖ μέσοις CCDMRVXZ ‖ σκίμψ. omnes ‖ 25 οἳ
φλόγ' ἀπὸ ξανθᾶν γενύων πνέον omnes mss. (ξανθῶν EF — γανύων Z) Al.
Ro.* Ox. Hy. Bg.³ — id. (sed πνεῦν) Hm.¹² (Elem. Doctr. Metr. p. 53)
Bü.²* — id. (sed γενῦν) Dd. — id. (sed γνάθων πνεῦν) Bö.¹ — οἳ φλόγ'
ἀπὸ πνεῖον γενείων (om. ξανθ.) Sm. — οἳ γενύων ξανθᾶν φλόγα πνεῦν Hm.³
Ht. (id. Aw. sed φλόγ' ἔπνεον) — οἳ γενύων ξανθᾶν ἄπο πνεῖον (Bg.² omisso
φλόγ'). Sch. par. vulgatam tuetur; aut hanc tene aut γνάθων (γνύων?) scribe.
‖ 27 τούς δ' I ‖ -σσεν a Hy.* — σσε (σε D) vett. Al. Ro.* ‖ μοῦνος
omnes ‖ ἐκτ. Hck. — ἐντ. rell. (cum Sch.) ‖ -σαις B. Ro; Ox.* — σας
omnes rell. ‖ 28 ἀναβωλακίαις F^{ac} Pw. — ἀνὰ βωλακίαις E. — ἀνὰ βω-
λακίας F^{pc}I^{ac}P Sr. Bü.* — ἀναβωλακίας BC.[C]DG.I^{pc}[M]QRUV[X]Za[c]
ί'', Al. Ro.* (cum Sch. Vet.) — ἀνὰ βώλακας, ἐς Ht. (non male; Sch. ἐπ'
ὀργυιὰν explicat) ‖ ὀργυιαν B^aC^aC,G^aIV. (cum Sch. B) — ὀργυίαν B^bE^{pc} —
ὀργυιὰν C^bDEF^{pc}G^b[M]PQRUXZa[c] Al. Ro.* — ὀρόγυιαν Hm. Bü.* ‖ σχίζε
B — σχίζεν VXZ — σχίζων RU — σχίζι [CCEFM]DGIQa[c] Al. Ro.*
(σχίσι Mr.) ‖ 29 γᾶς Z ‖ -πεν a[c] Al. Ro.* — πε B.CCDEFG.IMQRUVXZ
Ro; ‖ 30 ὅτις C ‖ τελέσσαις BCC?MV^a — τελέσαις [P?] Be. Hy.²*
— τελέσας DIRUa[c] Sm. Ox. Hy.¹ — τελέσας EFGQV^bXZ Al. Ro.* ‖
31 κώας D ‖ χρυσῶ VXZ — om. χρυσέῳ CC[M?] — habent χρυσέψ(ω)
[B]D.EF[G]I[M?PR]QUa[c] Al. Ro.* (cum Sch. Vet. et Rcc.) — χρυσέοις
(θυσάνοις) Hck. ‖ 32 ἄρ'] δ' ἄρ' X ‖ αὐδάξ. M — αὐδάσ. rell. (in B
supra αὐ est litera, quae aut β aut ζ aut ξ legi potest) ‖ κροκόεν B. (cum

PYTHIA IV.

εἶχετ' ἔργου· πῦρ δέ νιν οὐκ αἰόλει παμφαρμάκου ξείνας ἐφετμαῖς. 415
σπασσάμενος δ' ἄροτρον, βοέοις δήσαις ἀνάγκαις
235 ἔντεσιν αὐχένας ἐμβάλλων τ' ἐριπλεύρῳ φυᾷ
κέντρον αἰανὲς βιατὰς ἐξεπόνησ' ἐπιτακτὸν ἀνὴρ 420
μέτρον. ἴυξεν δ' ἀφωνήτῳ περ ἔμπας ἄχει
δύνασιν Αἰήτας ἀγασθείς.

Ἀντ. ια'.

πρὸς δ' ἑταῖροι καρτερὸν ἄνδρα φίλας 425
240 ὤρεγον χεῖρας, στεφάνοισί τέ νιν ποίας ἔρεπτον, μειλιχίοις τε λόγοις

Sch. Vet. ut videtur; cf. N. I, 38) — κρόκεον rell. omnes || -ψαις BC[Ç]M [P?]V^{ac} Be. Hy.* — ψας DEFGIQRUV^{pc}XZa[c] Al. Ro.*
233 νιν omnes || οὐκ αἰόλλει mss. Al. Ro.* (M οὐκαιόλλει — Al. οὐ καὶ ὄλλει) — οὐκ αἰολεῖ (Hy.¹) — οὐκ αἰόλει Pw. Bc. Hy.²* — οὐκ ἐόλει Bö.* Cf. O. XIII, 78. || ξείναις R — ξείνας omnes rell. || **34** σπασσάμ. I Be. Hy.* — σπασάμ. B.CÇDEFG.[M]PQRUVXZa[c] Al. Ro:* || βοέοις δήσαις ἀνάγκαις scripsi (ope mss. et Sch.) i. e. βοέοις (= βοέαις) ἀνάγκαις loris (instrumentali casu, per metaphoram) alligavit cervices ἔντεσιν (sc. ἀρότρου) i. e. ad aratrum (dativo poetico termini, de quo vide ad O. I, 89) || βοέοις B?B,C,DEFGIM?PQRUV,XZa[c] Al. Ro:* Bg.² (Sch.) — βοείοις E,F,G, — βοέους CÇV Bö.* Hm.³ Ht. || δήσαις Hy. Be.* — δήσας G — δῆσας IZ — δῆσας C,DE.F.G,PQRUV,X, Al. Sm.* — δῆσεν B?B,CÇ[M]VWa Ro:* — δῆσ' ἐν XY — δησέν γ' Pw. || ἀνάγκαις PQ^{ac}?RU Ht. (paraphr. Sch.) — ἐν ἀνάγκαις E^{pc}F — ἐν ἀνάγκας E^{ac} — ἀνάγκας B?B,C[Ç]DGI[M]Q?V[W]X[Y]Za[c]ι" Al. Ro:* (Sch. Rec.; etiam apud Sch. Vet.) — ἀνάγκᾳ (Sch.?) Hm.³ Bg. Sw. || Quid B in textu habuerit non liquet, exesis propemodum literis. || **35** ἐμβάλλων B?[P]QUa [c] Al. Ro.* — ἐμβαλων D — ἐμβαλών(ὤν) B^mCÇEFGIMRVXZ || τ'] δ' I || **36** post αἰανές plene dist. BDIQ (commate Sm. Ox.*) — post βιατάς dist. Ua Al. Ro. Br. Mr. — neutro loco dist. CEFVZ Cp. St. Bd. Bö.* || -νησ' (νησι P) mss. Al. Ro.* Bg.² — νασ' Hm. Bö.* (contra omnes libros) Cf. Sch. Germ. p. XXII sq. || ἐπὶ ταχτὸν IU — ἐπίταχτον M — ἐπίχτατον Z || **37** ἠύ. I^{ac}VV,^{pc}X.Za Al. Ro:* Bd. — ἴυγ. U. — ἴυ. B.CÇDEFG. I^{pc}MPQRV^{ac} Sm. Ox.* || -ξι B — ξι B,CÇDEGIPQRUV,^{ac} Ro; — ξεσ M — ξεν FG,U,V.X.Za[c] Al. Ro.* || ἀμφων. CÇM || ἄχιι E — ἐχιι U || **38** δύναμιν EFQ*R || **39** ἐταῖροι a[c] Sm.* — ἐταίροι E — ἔταροι C — ἰτάροι [B]FPQ^{pc}RZ Al. Ro.* — ἔταροι ÇGI^{pc}MQ^{ac}UVX St. — ἕτεροι DI^{ac} || κρατ. V^{ac}X || φιλίας XZ || **40** νιν scripsi — μιν mss.

ἀγαπάζοντ'. αὐτίκα δ' Ἀελίου θαυμαστὸς υἱὸς δέρμα
    λαμπρὸν
ἔννεπεν, ἔνθα νιν ἐκτάνυσαν Φρίξου μάχαιραι·   430
ἤλπετο δ' οὐκέτι Fοι κεῖνόν γε πράξασθαι πόνον.
κεῖτο γὰρ λόχμᾳ, δράκοντος δ' εἴχετο λαβροτατᾶν
    γενύων,   435
245 ὃς πάχει μάκει τε πεντηκόντορον ναῦν κράτει,
τέλεσεν ἂν πλαγαὶ σιδάρου.
                                    Ἐπ. ια'.
μακρά μοι νεῖσθαι κατ' ἀμαξιτόν· ὥρα γὰρ συνάπτει·
    καί τινα   440
οἶμον ἴσαμι βραχύν· πολλοῖσι δ' ἅγημαι σοφίας ἑτέροις.
κτεῖνε μὲν γλαυκῶπα τέχναις ποικιλόνωτον ὄφιν,
250 Ἀρκεσίλα, κλέψεν τε Μήδειαν σὺν αὐτᾷ, τὰν Πελίαο
    φόνον·   445

Al. Ro.* || ἔριπτον Pw. Ht. — ἔρεπτον mss. Al. Ro.* (cum Sch. Vet. et Rec.)
Hm. || μειλιχίοις τε] ποικιλίοις τε PQ — μειλιχίοισί τε EF
   242 ἔννεπεν. BC[CMX]VZa[c] Al. Ro.* — ἔννεπ'. DEFGIPQRU || νιν
omnes || φρύξου E || 43 οὐκέτι omnes || γε πράξασθαι vett. Al. Ro.*
— πεπράξεσθαι a (coni. Klotz ad Tyrtaeum) — γε πράξεσθαι Hm. || πό-
νον] φόνον R || 44 λόχμη. B, — λόχμᾳ P || λαυρο. EW(?) — λαβρο.
rell. (etiam V) || -τάταν [BC]CEF[M]PVZa[c] Al. Ro.* — τάτης W(?)
— τάτων DIQRUX (in R τάων?) — τατῶν G — τατᾶν Hm. Bö.* || 45 - το-
ρον [B]C[C]Dpc?I[M]QXa[c] Al. Ro.* — τερον D?EGP?UVZ (cum Sch.
GU) — τουρον D?F || 46 τίλισεν (schemate) scripsi (cum Sch. I" et Sch.
Vet.) — τέλεσσαν BDEFGPQU (v. l. apud Sch. Vet.) — ἐτέλεσαν VXZ —
τίλσαν [CC]M]X,a[c] Al. Ro.* || ἂν V Ro. || πληγαὶ [BM?]PQRV[WY]
XZa[c] Al. Ro:* — πλαγαὶ [CC]DEFG.IIU Bc. Hy.* || σιδήρου CC[M]P
QRV[WY]XZa[c] Al. Ro:* — σιδάρου BDEFG.IIU Hy.²* || 47 μακρὰν
μοι V || νοεῖσθαι U || κατ' ἀμ. F || συνάπτειν EFac || 48 οἶμον DG
UV — οἶμον [BCM]EFQXZa[c] Al. Ro.* — ambiguo spiritu I — gl. M
ὕμνον γινώσκω Cf. O. IX, 47 || ἴσημι βραχύ R || verba οἶμ. ἴσ. βρ. omit-
tit·Qac — verba ἴσ. βρ. omittit U || πολλοῖς BPRU. — πολλοῖσι B,G.
IZ etc. || δ' ἄγ. Cª?Z || ἑταίροις PQRU || 49 sq. ὄφιν γ' a (Mosch.?)
Pw. Be. || 50 ἀρκεσίλα (sine ω) I Bö. Di. Ht. (cum Sch. B Ro., ubi omit-
titur ω; in I ω supra scriptum non ad lectionem pertinet, sed est solennis
vocativorum indicatio) — ὦ ἀρκεσίλα FUXac — ὦ 'ρκεσίλα [B]C[C]DEG
M]PQ[R]VXpcZa[c] Al. Ro.* Hm. Th. Bg. Sw. (cum Sch. GU etc., ubi

ἐν τ' Ὠκεανοῦ πελάγεσσι μίγεν πόντῳ τ' ἐρυθρῷ
Λαμνιᾶν τ' ἔθνει γυναικῶν ἀνδροφόνων·
ἔνθα καὶ γυίων ἀέθλοις ἐπεδείξαντο κρῖμ' ἐσθᾶτος
ἀμφίς, 450

καὶ συνεύνασθεν. καὶ ἐν ἀλλοδαπαῖς   Στρ. ιβ'.
255 πρῶτ' ἀρούραις τουτάκις ὑμετέρας ἀκτῖνας ὄλβῳ δέ-
ξατο μοιρίδιον

est ὦ in paraphrasi) ‖ -ψε τε CCEFG,IMQU — ψετο R — ψε̄ τε B — ψεν τε DGVXZa[c] Al. Ro.* ‖ αὐτᾷ(ᾶ) [B]EFV[X]Za[c] Al. Ro.* Hm. (ipsâ iuvante cf. Hom. Il. γ, 439) — αὐτῇ(ῆ) DGIPQRU — αὐτῷ(ῶ) CCM (coniectura in Sch. GU etc. [quod omissum est in Sch. B Ro.] memorata, ut suppleas τῷ δέρει) ‖ σὺν αὐτᾷ μάν, π. φ. Hm.¹ — συνευνατᾶν, π. φ. coni. Th. — σὺν ᾇ τεῦξεν π. φ. Ht. ‖ τὰν omnes ‖ πελίαο φόνον [B]DU,X,Vᵃᶜι'', Al. Ro:* Bd. Be. Hy.* Bö. Hm.² (Chaeridis emendatio) — πελία φόνον MP — πελιάφονον Q — πελιαφόνον R — πελίαο φόνον G (tres scripturae coniunctae; G, πελιαοφόνον habet; Didymus enim haerebat, utrum πελιαοφονον oxytonon an paroxytonon esset) — πελιαοφόνον C.EFIIUVᵖᶜXYZa[c] Sm. Ox. (lectio ante Chaeridem, et Didymi)

251 ὠκεανῷ U,¹² ‖ πιλάγεσι CMa — πιράτεσσι Hck. ‖ μίγε M — μίγε CC — μίγε̄ B ‖ 52 λαμνιᾶν BDEFGIIPQ[R]U. Be. Hy.* — λημνιᾶν CC[M]V[W]X[Y]Za[c] Al. Ro.* ‖ ἔθνη Cᵃᵒ? ‖ 53 ἀέθλοις omnes (cum paraphrasi Sch. Vet. ἐν τοῖς ἀγῶσιν) — ἀέθλους Ht. ‖ ἐπεδείξαντο κρίσιν omnes mss. Al. Ro.* (nisi quod P teste Ky. ξατο) Aw. Bg.² — ἐπέδειξαν κρίσιν γ' Pw. — id. (sed κρίσίς) Hm.¹ — id. (sed κρίσιν τ') Bg.¹ (id. Ht. sed is ἀέθλους pro ἀέθλοις scribit) — ἐπεδείξαντ' ἀγῶν' Bö.* — id. (sed ἀκμάν) Ky. — id. (sed ἄποιν') Bg.² coni. (ut coniungatur ἀμφὶς ἄποινα ἐσθᾶτος) — ἐπεδείξαντο κρῖμ' Hm.² Aut hoc aut vulgatum κρίσιν circumscribere videtur Sch. Vet. verbis τὴν ἀνδρείαν καὶ τὴν κρίσιν. Nam ἐπεδείξαντο κρίσιν zeugma est pro ἐπεδείξαντο τὴν ἀνδρείαν et ἐποιήσαντο τὴν κρίσιν. Cf. Aesch. Suppl. 382 (397) ‖ ἐσθῆτος G,U,X, — ἐσθῆτ' C, ‖ ἀμφίς] ἀμφὶ Cᵇ (cum gl. περὶ) — γρ. ἀμφ.. Cᵐ — ἄμφω M — ἀμφὶ non lectionis, sed interpretationis esse ex Sch. Vet. et Rec. apparet; ambigunt enim utrum ἀμφίς h. l. pro χωρίς an pro ἀμφί s. περὶ usurpatum sit. ‖ 54 -νασθι DEI — νασθαι FQ¹ — νασθον U ‖ 55 περ ἀρούραις. τουτάκις Ba[c] Ro.* (in Ro.* sine distinctione, in Mr. παρ') — περ ἀρού-ϝαισι. τουτάκις CCDEFGIIMPQRUVWXYZ Al. (sine dist. in CEMPQU — commate in F — plene in DGIVXZ — porro τοσίακις in Z (Zᵐ τουτάκις) — παῖς -| περ in IZ) — (ἀλλοδαπαῖσ)ι περ ἀρούραις τ. Pw. — περ ἀρούραισιν τ. Be. male — (ἀλλοδαπαῖσ)ίν γ' ἀρ. τ. Hm.¹ — ταῖς δ' ἀ. τ. (Hy.) —

ἆμαρ ἢ νύκτες. τόθι γὰρ γένος Εὐφάμου φυτευθὲν
λοιπὸν αἰεὶ 455
τέλλετο· καὶ Λακεδαιμονίων μιχθέντες ἀνδρῶν
ἤθεσιν ἔν ποτε Καλλίσταν ἀπῴκησαν χρόνῳ 460
νᾶσον· ἔνθεν δ' ὔμμι Λατοίδας ἔπορεν Λιβύας πεδίον,
260 σὺν θεῷ, τιμαῖς ὀφέλλειν, ἄστυ χρυσοθρόνου

σπέρμ' ἀρ. τ. Hm.² Bö.* (contra omnes mss. et Sch., nam in Sch. G etc. [omisso in B Ro.] σπέρμα explicandae voci ἀκτῖνας inservit; U ἀκτῖνας] τοὺς προγόνους, τὰ σπέρματα. Alioqui Scholia Vett. nec ἀκτῖνας, accusativo, nec ἆμαρ ἢ νύκτες, nominativo, legissent.) — πρῶτ' ἀρ. τ. (tunc primum) scripsi et verba καὶ ἐν ἄλλ. π. ἀ. cum sequentibus coniunxi, quamvis ft. disiungenda sint (videntur enim disiuncta esse a Vett.), ut pro καὶ ἐν scribas τότ' ἐν et πρῶτ' pro περ; olim σπάρτ' (= ἐσπάρη) in eadem verborum iunctura coniecream, impersonaliter. ‖ ὑμετέρας omnes, nisi quod omissum est in R ‖ ἀκτῖνας omnes mss. (ἀκτίνας BB,ᵃᶜF) cum Sch. Vet. Al. Ro.* Bg.² — ἀκτῖνος Hm. Bö.* (me arbitro pessime) ‖ ὄλβου [B]E (Fᵃᵉ?) V[WY]XZa[c] Al. Ro.* — ὄλβον CCM — ὄλβῳ(ω) DFᵖᶜGΠPQRU cum Sch. GU etc. [omisso in B Ro.] ubi ἐν s. σύν subauditur; aut ὄλβῳ aut ὄλβου legit Sch. B Ro. (σὺν εὐδαιμονίᾳ). Dativum ut magis poeticum scripsi; lectio ὄλβου ex ὄλβω pro genitivo habito (Be.) orta est; recte ὄλβῳ cum iota subscripto GΠ‖
255 ἆμαρ C ‖ νύκτες BC¹[PR]V[W] St.* (cum Sch.) rectissime — νυκτός C·CDEFGΠMQUZ·ι" Bg.² (cum Sch. Tricl.) — νύκτας XYZ¹a[c?] Al. Ro.* (Mosch.) — Byzantii μοιρίδιον pro substantivo (τὸ πεπρωμένον gl. Z) acceptum nominativum esse existimarunt; iidem ἦμαρ ἢ νύκτας (νυκτός) adverbialiter ceperunt; utrumque perperam, nec confirmatum in Sch. B Ro., quamquam multi (non optimi) libri vett. νύκτας (νυκτός) habent. Nulla autem offensio est in plurali νύκτες; cf. N. VI, 6. Adverbialiter accepta verba ἦ. ἢ ν. frigidissima sunt. ‖ 56 εὐφάμου omnes ‖ ἀεὶ CMVXZ ‖ 57 τέλλεται E — τέλλετε B ‖ 58 ἴθεσιν R — ἤθεσιν rell. mss. Al. Ro.* — ἤθεσι Bö.* ‖ . ἄν ποτε B.CCDEFG.IMQUVX.Zacι" Al. Ro. Br. Mr. (Tricl. utrum ἄν pro ἐάν an pro ἥντινα dictum sit, ambigit) — ἄν ποτε IWYU,R (Sch. in BU Ro. χαῖρις βούλεται γράφειν ἔν ποτε ἀντὶ τοῦ ἄν ποτε ubi G ἀντὶ τοῦ ἄν ποτε) Hm.³ pro ἀνὰ — ἀν' ποτε Be. — ἔν ποτε (i. e. εἰς, Chaeridis emendat.) Cp. St.* Hy. Ht. quod ab hoc carmine non magis alienum est quam vs. 265 περ' pro περί — τὰν ποτε Bö.* (collato Herod. IV, 147 al.) — τὰν τότε coni. Bg.² ‖ καλλίστα Eᵃᶜ? ‖ ἀπῴκισαν BVXZ (ft. recte si scripseris τάν, cf. Herod. I, 94; sed obstat thesis in antistrophicis semper producta) ‖ 59 ἔνθα δ' EF ‖ ὔμμι B.G, Ox.* — ὔμμι DEF GIPQUV, Sm. — ὑμμῖν R — ὔμμιν CCMVᵃᶜZ Ro.* — ὔμμιν VᵖᶜX.a Al. Mr. St. ‖ λατοΐδας omnes mss. Al. Ro.* Bd. Pw. — λατοΐδας Sm. Ox.* ‖ -ρῖ BG — ρεν [VX]Za[c] Al. Ro.* — ρι CCDEFIMQRU ‖ **60** σὺν

διανέμειν θεῖον Κυράνας 465

ὀρθόβουλον μῆτιν ἐφευρομένοις. Ἀντ. ιβ'.
γνῶθι νῦν τὰν Οἰδιπόδα σοφίαν. εἰ γάρ τις ὄζους ὀξυ-
τόμῳ πελέκει
ἐξερείψῃ κεν μεγάλας δρυός, αἰσχύνῃ δέ ϝοι θαητὸν
εἶδος· 470
265 καὶ φθινόκαρπος ἐοῖσα διδοῖ ψᾶφον περ' αὐτᾶς,
εἴ ποτε χειμέριον πῦρ ἐξίκηται λοίσθιον·
ἢ σὺν ὀρθαῖς κιόνεσσιν δεσποσύναισιν ἐρειδομένα 475

θεῶν] σὺν θεῷ (i. e. consensu Iovis) Sch. quod reposui || ἄστυ τε I — κάστυ Da. Be. Ht. — ἄστυ (sine particula) omnes rell. mss. Al. Ro.* Hy.* Sch. GU etc. (omissum in Ro. B) ἐλλείπει ὁ τε, ἵν' ᾖ· ἄστυ τὸ χρυσοθρόνου, ubi G τε (non δὲ) habet. In Sch. B Ro. paraphrasi est καὶ διοικεῖν; fortasse expulsum τε a metricis ob χρυ correptum; cf. N. VII, 78. Sed obstat solutio h. l. insolita, nec sine vi rhetorica asyndeton positum est: πεδίον ὀφέλλειν, ἄστυ διανέμειν. — Bg.² ὀφέλλειν. Ἄστυ χρυσοθρόνου διανέμων θεῖον Κυράνας, ὀρθόβουλον μῆτιν ἐφευρόμενος, γνῶθι κτλ. contra omnes mss. et Sch.

262 ἐφευρημ. RX || 63 ὀξυτόμῳ C[CMWXY]Va[c] Al. Ro.* — ὀξυτάτῳ B.DEFG.ΠPQRUZ (in P cum gl. τμητικῷ) — p. n. e. || 64 ἐξερίψαι BCCEFMV¹ (Eac ψε) — ἐξερείψαι DGIPQRUV·XZa[c] Al. Ro.* (ἐξέρ. U — ρείψαι XZ — s. a. V) — gl. G ἐκρίψειεν, ἐκκόψειεν — Sch. par. περικόψει et ἐκκόψει (ubi U ἐκκόψεις) — ἐξερείψῃ scripsi cum Bg.² || κε (καὶ V) vett. mss. — κεν a[c] Al. Ro.* — μὲν Hm. Sw. Ht. — (ἐξερείψει)εν Th. || -άλης F || αἰσχύνη(η) BCCDEFGIIMPQUVWXYZ (Bö.) Bg.² (cum Sch. Vet. in BG [καταισχύνη — U ὑνῆς — Ro. ὑνει] et cum Sch. Tricl.) — αἰσχύνει R — αἰσχύνοι a[c] (Moschop.) Al. Ro.* || 65 φθινόπωρος Sch. in B Ro. (ubi GU etc. φθινόκαρπος) || διδοῖ Al. Ro. Br. Mr. — διδοῖ mss. Cp. St.* || ψῆφον PQRU || περ' Cpc IPAl. Sm.* Bö.* (cf. O.VI, 38) — περὶ BCac CUVXZ — παρ' Qac — περ Dut EFGI?[M]Qpc W? Y? ad Be. (non reiecto accentu; hi voluerunt πὲρ pro περί) — περ (enclitice) Ro.* Hy.²* male — Sch. par. περί || αὐτᾶς Al. Bö.* atque omnes (quos ipse vidi) mss. (nisi quod ambiguus spiritus est in CDI); etiam in Sch. BGU Ro. p. 372, 36 αὐτῆς, ubi nunc legitur αὐτῆς — αὐτᾶς (refertur ex CIJVWY sed in V est αὐτᾶς) Ro.* || 66 extr. comma habent [DUa]Z Al. Ro.* Sm. Ox.* Ht. — nihil CEFIQV — colon [B] Mr.* Hm. Bö.* (cum Sch. Vet., ut videtur) — de rell. n. l. || 67 -θαῖσι PQU || κιόναισι P — νεσι R alit — νεσσι CGIUZ [rell. mss.] Al. Ro.* — νεσσιν Bö.* || δεσποσύνοισιν coni. Bg.²

μόχθον ἄλλοις ἀμφέπει δύστανον ἐν τείχεσιν,
ἑὸν ἐρημώσαισα χῶρον·

Ἐπ. ιβʹ.
270 ἐσσὶ δ' ἰατὴρ ἐπικαιρότατος, Παιάν τέ σοι τιμᾷ φάος. 480
χρὴ μαλακὰν χέρα προσβάλλοντα τρώμαν ἕλκεος ἀμ-
φιπολεῖν.
ῥᾴδιον μὲν γὰρ πόλιν σεῖσαι καὶ ἀφαυροτέροις·   485
ἀλλ' ἐπὶ χώρας αὖτις ἕσσαι δυσπαλὲς δὴ γίνεται ἐξα-
πίνας,
εἰ μὴ θεὸς ἁγεμόνεσσι κυβερνατὴρ γένηται.
275 τὶν δὲ τούτων ἐξυφαίνονται χάριτες.   490
τλᾶθι τᾶς εὐδαίμονος ἀμφὶ Κυράνας θέμεν σπουδὰν
ἅπασαν.

τῶν δ' Ὁμήρου καὶ τόδε συνθέμενος   Στρ. ιγʹ.

268 ἀμφέπῃ (Hy.) Be. (Bg.²) Ht. (non opus) — ἀμφέπει omnes (ut videtur) rell. (cum Sch. Rec.) — p. vet. n. e. „ἀμφέπει respondet praegresso διδοῖ" Bö. ‖ δύστηνον BE (recte?) ‖ τείχ.] τύχ. CM ‖ -εσσιν CD[ac]VZ[pc] ‖ **69** ἰὸν DZ ‖ -σαισα B Bö.* — σᾶσα G — σασα omnes rell. mss. (ἐρημώσα V) Al. Ro.* ‖ **70** hinc apodosin verborum εἰ γάρ τις κτλ. (vs. 263) orditur Triclinius, allato δή in apodosi O. III, 43., ut vs. 265—269 amplificationis intermediae sint. Non male. ‖ ἐσί I ‖ ἰατὰρ E (cf. vs. 172 et P. III, 7; Sch. Germ. p. XXII) ‖ **71** χρὴ καὶ μ. M ‖ χεῖρα omnes vett. mss. Al. Ro.* — χέρα a[c] Sm.* ‖ βάλλοντα (om. προσ) CC MV]X?]Z ‖ τραῦμα CC — om. M — τρῶμαν DF[pc] ‖ ἕλκος M ‖ **72** ἀφαυρ. BD[EF]GIP[QR]Ua[c] Sm. Ox. Hy.* — φαυρ. CCMVZ Al. Ro.* Bd. Pw. Be. — φαυλ. X ‖ **73** αὖτις DEFGII[P]Q[R]U Bö.* — αὖθις [B?]C[C] MV[WXY]a[c] Al. Ro.* Cf. O. I, 66 et ad N. III, 56 ‖ ἕσσαι CDFI?Z ‖ γίνεται omnes mss. Al. Ro.* Bg.¹² — γίγνεται Bö.* ‖ ἐξ ἀπίνας DI — ἐξαπίνης C[ac]?X ‖ ἐξαπίνας cum antecedentibus coniungunt FIZa [aliique] Al. Ro. Br.* Ht. (Pindarus vix repente, vix ex improviso haec mala sanari posse dicit) — cum sqq. Hy. Be.* (nullus, quantum constat, ms.) — utrinque dist. D? Cp. — neutra parte BCEUV — de GMQ n. n. — p. n. e. ‖ **74** ἁγεμ. C[ac]DQX ‖ -νεσι CCI ‖ κυβερνητὴς R ‖ **75** τὶν δὲ τοῦδ' ἐκ θεῶν ὑφ. Ht. (ex Sch.² sed is ὑπὸ θεῶν ft. de suo addidit) ‖ **76** σπουδὴν BCCDMVXZa — σπουδᾶν [EF]GIQ[PRU] Al. Ro.* ‖ **77** καὶ] ἢ VX*

ῥῆμα πόρσυν'· ἄγγελον ἐσλὸν ἔφα τιμὰν μεγίσταν
πράγματι παντὶ φέρειν. 495
αὔξεται καὶ Μοῖσα δι' ἀγγελίας ὀρθᾶς. ἐπέγνω μὲν Κυράνα
280 καὶ τὸ κλεεννότατον μέγαρον Βάττου δικαιᾶν
Δαμοφίλου πραπίδων. κεῖνος γὰρ ἐν παισὶν νέος, 500
ἐν δὲ βουλαῖς πρέσβυς ἐγκύρσαις ἑκατονταετεῖ βιοτᾷ.
ὀρφανίζει μὲν κακὰν γλῶσσαν φαενᾶς ὀπός, 505
ἔμαθε δ' ὑβρίζοντα μισεῖν,

Ἀντ. ιγ'.

285 οὐκ ἐρίζων ἀντία τοῖς ἀγαθοῖς,
οὐδὲ μακύνων τέλος οὐδέν. ὁ γὰρ καιρὸς πρὸς ἀνθρώ-
πων βραχὺ μέτρον ἔχει.

278 πόρσυνον F? (cum gl. τίμησον) — πόρσυν a — πόρσαιν' Ht. ǁ
ἐσθλὸν DR ǁ ἔφαν U — ‛ὃ φᾶ coni. Bg.² (qui non Hom. Il. o, 207 sed
cyclici alicuius poetae versum a Pindaro laudari existimat. Non credo.) —
ἔφα rell. (ἔφᾶ G) ǁ τιμᾶν μέγιστα πράγματα apud Cram. An. Par. III, 286
ǁ -σταν] -στην PQ ǁ πράγματα G ǁ παντὶ] ποτι R ǁ 79 μοίσας δι'
ἀγγελία ὀρθᾶς Qᵃ (cf. Sch.¹ et Sch.²) contra metrum. Vide Sch.³ et
Triclinium. ǁ κυρἀνᾶν B, ǁ 80 τὸ] τὸν F ǁ κλεινότ. Ro.* — κλεεινότ.
U — κλεινότ. PQRZᵃᶜ — κλεενότ. I Al. — κλεεννότ. BD[CEF]GMV[X]
Zᵖᶜa Sm.* ǁ βάττου μέγαρον omnes vett. Al. Ro.* (βάττον P) — μέγαρον
βάττου a[c] Sm.* ǁ δικαιᾶν (duplici accentu) C,ᵖᶜDEFGVX,Z Ro. (etiam
in Sch. utrumque) — δικαίαν [B]C[ÇM]QUa[c] Al. Cp.* — δικαιᾶν C,ᵃᶜΠ
WXY Hm. Bö.* De δικαίαν falso pro δίκην habito cf. Lob. Parall. 299 ǁ
81 δαμοφίλον Be. (Hy.) — δαμοφίλουσι D — δαμοφίλου rell. (cum Sch.) ǁ
πραπίδαν a ǁ -σι vett. Al. Ro.* — σιν a Pw. Hy. Be.* ǁ 82 -σαις B
CMVW Bö.* — σας DEFGIQRUXZa[c] Al. Ro.* ǁ -ετῇ U — ἐτεῖ B
ǁ βιωτᾷ(ᾶ) Al. Ro. ǁ extr. plene dist. mss. (de BCFᵖᶜIQUVZa constat) Cp.*
Sm. Ox. Hy. (cum Sch.) — commate St. Bd. Be. Hm. Bö.* — non dist.
Al. Ro. (DEFᵃᶜ) ǁ 83 verba ὀρφ. μ. κ. (vs. 504 vulg.) omissa in D ǁ
φαενᾶς BCᵇCIM — φαεννᾶς CᵃDEFG[P]Q[R]UV[X]Zaˡⁱᵗ[c] Al. Ro.* Cf.
O. I, 6 ǁ ὁπός CZ ǁ 85 κοὐκ QRU(Z?) (ortum ex χ̄ signo huic vs. prae-
fixo?) ǁ ἐξερίζων CM ǁ 86 μηκ. R ǁ οὐδ' ἐν EF Cf. O. VIII, 53 ubi
iidem codices duo eandem vocabulorum divisionem exhibent ǁ ὁ] ὃ Cᵃᶜ ǁ
ἔχει.] ἔχων, Sm.

εὖ νιν ἔγνωκεν, θεράπων δέ ϝοι οὐ δράστας ὀπαδεῖ.
       φαντὶ δ' ἔμμεν   510
τοῦτ' ἀνιαρότατον, καλὰ γινώσκοντ' ἀνάγκᾳ
ἐκτὸς ἔχειν πόδα. καὶ μὰν κεῖνος Ἄτλας οὐρανῷ 515
290 προσπαλαίει νῦν γε πατρῴας ἀπὸ γᾶς ἀπό τε κτεάνων·
λῦσε δὲ Ζεὺς ἄφθιτος Τιτᾶνας. ἐν δὲ χρόνῳ
μεταβολαὶ λήξαντος οὔρου   520

                                               Ἐπ. ιγ'.
ἱστίων. ἀλλ' εὔχεται οὐλομέναν νοῦσον διαντλήσαις
       ποτὲ

287 νιν omnes || ἔγνω PQR — ἔγνωκε͞ B — ἔγνωκε [B,]CCDEFGI [M]UVXZ Al. Ro.* — ἔγνωκεν a Pw. Hy. Be.* || οἱ] τοι (tibi Arcesilao Damophilus fidus minister est) Bg.² coniecit; contra faciunt Scholia. || ante οὐ comma (male a Mr. Bc. Hy.* invectum) delevi cum BCDEFGMU VXZa Al. Ro.* St.* — distinctum est ante οὐ in solo Q — Oratio conformata est ut in illo χόλος δ' οὐκ ἀλίθιος γίνεται παίδων Διός (P. III, 11), ut οὐ δράστας sit pro πιστός. Construens igitur haec verba cum Ln. et St. („et sequitur eam tanquam famulus non fugax") intelligo ita: Opportunitatem (modestiam) Damophilus sectatur fideliter, ad tempora constanter se fingit, non deserit ea, sed bene scit „suum cuique"; cf. P. III, 109; N. III, 75. Non recte Pp. (et Philippum secuti multi alii) δράστας et θεράπων separans vertit: „et sequitur eam ut minister, non ut fugator" quae sententia obscura et (ut dicam quod sentio) ferme ridicula est. Ne unus quidem Sch. Vett. oppositionem inter θεράπων et δράστας fieri iubet. Ambigunt quidem non sine causa, primum utrum idem an diversum subiectum habeant ἔγνωκε et ὀπαδεῖ; deinde quid utriusque verbi subiectum sit, utrum καιρός an Δαμόφιλος. Est gl. καιρόν ad νιν et altera ὁ καιρός ad θεράπων adscripta in eodem codice Z. Fortasse confidentius disputassent, si καιρόν h. l. (ut saepenumero) ethicum intellectum habere vidissent. || ὀπαδεῖ E^ac || **88** ἀνιαρώτ. C^ac?CDGIMPQRZ — ἀνιαρότ. [B]C^pcEFV[UXac] Al. Ro.* || -ατον] -ατος V || γιγν. BF Bö.* — γιν. CCDEGIMPQRUVXZ a[c] Al. Ro.* || **90** προπαλ. I || ἀπὸ γᾶς ἀπὸ E — ἀπο γᾶς ἀπό Q — ἀπο γᾶς, ἄπο Ro.* — ἀπὸ γᾶς ἀπό BCCD?FGIUVXYZa Al. Bö.* (X γῆς — Z γᾱς) || **91** λύσε DE.QVX. || ἄφθιτον EI — ἀφθίτους Bg.² coni. — ἄφθιτος rell. (epitheton ornans dei, qui homini opponitur, ut vs. 33 de Neptuno) || τιτᾶνας DE || **93** ἱστίων DEFM De collocatione genitivi vide ad P. II, 56 || οὐλ. et νοῦσ. omnes || -σαις B. Bö.* — σας omnes rell. mss. Al. Ro.*

οἶκον ἰδεῖν, ἐπ᾽ Ἀπόλλωνός τε κράνᾳ συμποσίας ἐφέπων
295 θυμὸν ἐκδόσθαι πρὸς ἥβαν, πολλάκις ἕν τε σοφοῖς 525
δαιδαλέαν φόρμιγγα βαστάζων πολίταις ἡσυχίᾳ θιγέμεν,
μήτ᾽ ὦν τινι πῆμα πορών, ἀπαθὴς δ᾽ αὐτὸς πρὸς ἀστῶν. 530
καί κε μυθήσαιτο ποίαν, Ἀρκεσίλα,
εὗρε παγὰν ἀμβροσίων ἐπέων, πρόσφατον Θήβᾳ ξενωθείς.

294 κράνᾳ] κυράνα DG quod in Scholio suo recte convellit Triclinius ||
95 ἐκδιδόσθαι EF — ἐκδοῦσθαι Z¹ || πολλάκις cum sequentibus consociant EFIZa[c aliique] Al. Ro.* (cum Sch. Vet.) quae traiectio adverbii audacior quidem, sed multo magis poetica est quam frigida postpositio; praeterea πολλάκις ad generale illud θυμ. ἐκδ. πρ. ἥ. minus aptum est quam ad speciale βαστ. δαιδ. φ. — cum antecedentibus CQ [ft. plures] Be. Hy.²* — neutra parte distinguunt BDUV || ἕν τε] ἔνθε Al. Ro. — an ἕν γε (asyndeto)?
|| **96** δαιδαλέοις DQ⁼|¹? || ἡσυχίας IQ⁼ — ἡσυχίᾳ(α) rell. mss. Al. Ro.* (cum Sch. Vet. cf. ad O. I, 89) — ἀσυχίᾳ Hy.²* || **97** ὦν] ὧν „aliqui" apud Sm. || ἀπαθῆ VX⁼ || **98** κε] με R || μυθήσαιτο ποίαν B.DF.FG IḦP?]QRUι″, Ro; (in R σατο?) — μυθήσαιθ᾽ ὁποίαν C[C]MV⁼[WY]X Za[c] Al. Ro.* (V¹ ὁπείαν — CM ὁποίαν) — melioribus libris obtempero || ἀρκεσίλαι EF — ἀρκεσίλα B.CDGIMQRUVXZa Al. Ro.* Bö.¹² Th. (cum gl. ὦ in IZ et cum Sch. Vet.) — ἀρκεσίλα (in nullo scripto, ut videtur) Mr. St.* Aw. Di. Hm.³* — utramque scripturam commemorat Tricl., sed (recte) praefert vocativum || **99** πηγὰν Q || πρόσφατον cum sqq. coniungunt [B]C[M]Za Al. Ro.* Bö.* (cum Sch. Vet.) — cum antecedd. Be. Hy.²* (quod probat Tricl.) — neutra parte dist. DFEIQUV

Subscr. τέλος ἀρκεσιλάου EGTU — nulla subscr. in BCDFIMQ VX etc.

ΠΥΘΙΟΝΙΚΑΙ Ε'.

ΑΡΚΕΣΙΛΑι ΚΥΡΗΝΑΙΩι
ΑΡΜΑΤΙ.

Strophae.

[metrical scheme, 10 lines]

Epodi.

[metrical scheme, 9 lines]

Epicae dialecti vestigia apparent: 37. 46. 63. 65. 75. 79. 80. 96. 107. In Triclinianis libris hoc carmen non exstat, exceptis vss. 110—116. Perierunt enim folia usque ad vs. 109 in α' cuius apographa sunt reliqui quos novimus Tricliniani. Scholia eiusdem grammatici interierunt, sed inde a vs. 110 exstant inedita in α'ϱ'(ε')

Inscr. τῷ αὐτῷ· CIV — τῷ αὐτῷ ἅρματι. CXZaf Al. — τῷ αὐτῷ ἀρκεσιλάῳ. DEFGPU — τῷ αὐτ. ἀρκ. κυρ. ἅρμ. S — τῷ αὐτ. ἀρκ. ἅρμ. Ro.* — ἀρκ. κυρ. ἅρμ. Ox.* — omissa in BDQd

Metr. Bö.[2] auctore hoc carmen 116 versus habet, (Hm.[3]) Sw. 124

PYTHIA V.

Ὁ πλοῦτος εὐρυσθενής,   Στρ. α'.
ὅταν τις ἀρετᾷ κεκραμένον καθαρᾷ
βροτήσιος ἀνὴρ πότμου παραδόντος αὐτὸν ἀνάγῃ
πολύφιλον ἐπέταν.
5 ὦ θεόμορ' Ἀρκεσίλα,
σύ τοί νιν κλυτᾶς
αἰῶνος ἀκρᾶν βαθμίδων ἄπο

(etiam Bö.[1] 124, sed alia divisione), Bg.[2] 132, Ht. 156; ex vetere descriptione 168 versus erant; ex Hermanni (Hm.[1]) 140. Vs. 7 Str. (ex descriptione Bö.[2] quam sequimur) in duos ita − ⌣ ⌣ | − ⌣ ⌣ ⌣ − ⌣ ≃ dividunt Hm.[3] Sw. Bg.[2]; vs. 10 Str. disiunxerat Bö.[1] ita ⌣ ⌣ − ⌣ ⌣ ⌣ − ⌣ ⌣ − ⌣ ⌣ − | ⌣ ⌣ − ⌣ ⌣ − ⌣ ⌣ ≃; eundem nuper Bg.[2] ita disposuit ⌣ ⌣ − ⌣ ⌣ − ⌣ ⌣ − ⌣ ⌣ ≃ | ⌣ ⌣ ⌣ ⌣ − ⌣ ⌣ − ⌣ ≃. Mihi potius iusto distractiores hi numeri videntur esse, ut nesciam, an 6 et 7 Str. unum versum efficiant, hoc metro: ⌣ ⌣ ⌣ ⌣ − ⌣ ⌣ − ⌣ ⌣ − ⌣ ≃, cui simile est 1 Epod. — Quo pacto vs. 16 συγγενής τ' legi potest (τε tertio loco posito ut IV, 295) et vs. 35 λόφον defendi exemplis nonnullis, ut P. III, 6. — Epod. 1 ft. cretico terminatur, ut 21 λαθέτω (a λήθω), 50 ἴσσεται, 79 ἐνδυκέως (a δέδυκα et apud Homerum ft. ἐνδυκέως), 108 εἴσοδοι scripserim, non sine librorum auctoritate, sed invito Moschopulo, qui vs. 50 anapaestum invexit. Pendet haec questio e mensura vocis ἐνδυκέως, quae incertae originis est: Lob. Proll. Path. 332; Technol. 59 sq. — Epod. 9 a Tricl. aliter descriptum fuisse ex α'ξ' vs. 116 apparet.

1 ὁ om. in QRU*d* (neglecto rubro) || 2 ὅτ' ἄν F || ἀρετᾷ(ᾶ) omnes mss. Al. Ro.* (cum Sch.) — ὀργᾷ Hm.[3] — ἀρχᾷ (Bg.) Ra. Ht. (invito Sw.[1] et me ipso in Rh. IV, 544). Solutio in hoc carminum genere non offendit; cf. ad O. II, 15. || 3 αὔξιν, ἀνάγῃ Ht. — αὐτὸν ἐπάγῃ Hck. — αὐτὸν ἀνάγει, Z — αὐτὸν, ἀνάγῃ QS Mr. Sm. Ox.* — , αὐτὸν ἀνάγῃ Ro.* — αὐτὸν ἀνάγῃ(η) BCDEF etc. St. Bd. Bö.* (ἀνάγκη DUc) || 4 ἐπέτην CC — ἐπέταν E, || 5 θεόμοιρ' BCCDDEFGIPQRSUVXZa*df* Al. Ro:* Bd. (θεόμοιρε B,G, Ro; etc.) — θεόμορ' Sm. Ox.* (in nullo ms. sed cf. O. III, 10) || hunc vs. cum antecedentibus iungunt CEFQSZ*f* Al. Ro.* Bd. — ambigue BD (utrinque plene distinguentes) — cum sqq. I V Sm. Ox.* (cum Sch. Vet. cuius initium est in B σύ, φησίν, ὦ ἐκ θεοῦ ταύτην ἔχων τὴν μοῖραν, ἀρκεσίλα ... αὐτὸν ... μετέρχῃ.) || 6 νιν BCPcDPF.G. PV[WY]YX.Za*df* Al. Ro:* Ta. Di.* (cum Sch. et gl. F πλοῦτον) — νυν C*c*CE.H?IQRSU.*e* Bö.[1] Th. (merum vitium, ad quod librarios invitavit praegressum τοί) — νῦν Bö.[2] Bg.[1] Ht. || 6 sq. κλυτὰν αἰῶν' Bg.[1] Ht. male || 7 ἀκρᾶν BDDGIV?Y Hm. Bö.* (cum Sch.) — ἄκραν C[C]EFPQ SUXZa*df* Al. Ro.* (in Z ων supra)

ΠΥΘΙΟΝΙΚΑΙ Ε΄.

σὺν εὐδοξίᾳ μετανίσεαι
ἕκατι χρυσαρμάτου Κάστορος·
10 εὐδίαν ὃς μετὰ χειμέριον ὄμβρον τεὰν καταιθύσσει
μάκαιραν ἑστίαν.

σοφοὶ δέ τοι κάλλιον   Ἀντ. α΄. 15
φέροντι καὶ τὰν θεόσδοτον δύναμιν.
σὲ δ᾽ ἐρχόμενον ἐν δίκᾳ πολὺς ὄλβος ἀμφινέμεται·
τὸ μέν, ὅτι βασιλεὺς
15 ἐσσὶ μεγαλᾶν πολίων·
ἔχει συγγενὴς
ὀφθαλμὸς αἰδοιότατον γέρας

8 σὺν mss. Al Ro.* Hm Bö.* — ξὺν Sm.* ‖ εὐδοξίᾳ] σοι δοξίᾳ G εὐσοιδοξία E — σοι εὐδοξία F — σοὶ δοξία U ‖ -νίσεαι BDDFPc GIPQRSU (R σαιε) Bg.² — νίσεαι EFac — νίσσεαι Cpc[C]V[X]Zadf Al. Ro.* (Cac σσαιαι). Vide ad O. III, 10 ‖ 10 εὐδίαν. ὃς B (cum Sch.²? cuius lemma in B est ὃς μετὰ χ. [sine εὐδίαν]) — . εὐδίαν ὃς B,¹CD etc. Al. Ro.* Hm.² Bö.²* (cum Sch.¹) — εὐδιανὸς Sr. Hm.¹ Bö.¹ (collato O. IX, 97) substantivum, quod praedicati est („factitivum"), cum pondere praemissum et transpositum est — εὐδίᾳ? cf. ad O. XIII, 34 ‖ τεὰν [B]DDEFGHI[P]QRSUadef Al. Ro.* (cum Sch.) — ἐὰν CÇ — ἑὰν VXYZ ‖ -ύσει f ‖ ἑστίαν a ‖ 11 δ᾽ ἔτι B.DDE.F.[P?]G.HIQ.SUZ Ro:* — δέ τι CÇRVX. Y AL — δέ τοι adef (Moschop.) Pw. Hy. Be.* — p. n. h. — Cf. N. II, 6 ‖ καλλίονα QS (ex gl. καλλίονα ἀγαθά?) ‖ 13 σέ τ᾽ D ‖ ἐνδίκα af — καὶ δίκα I ‖ 15 ἐσι DDI — ἐσσι B.FacGU ‖ μεγαλᾶν DPFGHQac? Be. Bö.* — ἁλᾶν [B]EPQpcR[S]V?apc?df Al. Ro.* (P* ων) — ἁλῶν CÇ V?XYZa ‖ extr. colon posui, ut melius sentiretur, verba ἔχει ... φρενί totius periodi parti priori interiecta esse ‖ 16sq. ἔχει συγγενὴς ὀφθαλμὸς omnes mss. Al. Ro. Br. Mr. Be. Bö.* (cum Sch.), in solo R est ἔχει τὸ σ. ὀ. (ex gl.?) et in Z συγγονῆς — ἔχει συγγενὴς δ᾽ ὀφθαλμὸς Cp. St.* Hy. Th. — ἐπεὶ σ. ὀ. Hm.² Sw. — ἔχεις συγγενὲς ὀφθαλμῷ Bg.¹ (idem ὀφθαλμοῖς σεμνότατον coni.) — ἔχει συγγενὲς ὀφθαλμὸς Ra. — ἔχων συγγενὲς, ὅσσοις Ht. Si quid novarem (nam asyndeton, quod amplificantis est, haud intolerabile, etsi γάρ commodum fuisset), potius συγγενής τ᾽ scriberem, quod olim proposui in Rh. IV, 544 sq. Vide ad Metr. — Sch. U in paraphrasi ante ἔχει addit τοῦτο δὲ ὅτι, non recte; debebat potius ad illustrandum asyndeton ἔχει γάρ adhibere. ‖ 17 αἰδοιόστατον omnes mss. Al. Ro.* Bd. (in Eac αἰστ?); idem paraphr. Sch. — αἰδοιότατον Sm. Ox.*

PYTHIA V.

τεᾷ τοῦτο μιγνύμενον φρενί·
μάκαρ δὲ καὶ νῦν, κλεεννᾶς ὅτι
20 εὖχος ἤδη παρὰ Πυθιάδος ἵπποις ἑλὼν δέδεξαι τόνδε
κῶμον ἀνέρων,

Ἀπολλώνιον ἄθυρμα. τῷ σε μὴ λαθέτω Ἐπ. α′.
Κυράνα γλυκὺν ἀμφὶ κᾶπον Ἀφροδίτας ἀειδομένα.
παντὶ μὲν θεὸν αἴτιον ὑπερτιθέμεν,
φιλεῖν δὲ Κάρρωτον ἔξοχ᾽ ἑταίρων,
25 ὃς οὐ τὰν Ἐπιμαθέος ἄγων

19 κλενᾶς PQS — κλενᾶς R — κλεενᾶς B,IVXZ Al. — κλεεννᾶς [B C|DDEFGUa[cdf] Ro.* ‖ 20 ἑλὼν] ἑλαύνων XZ ‖ δέδεξο DD — ι|δίδεξ]ο H* ‖ 21 μή σε omnes vett. Al. Ro.* (etiam Sch.) — μή μιν acdef .Mosch.) Ox. — σε μὴ Sm.* Hy. Be.* ‖ 22 κυράνα Sch et omnes mss. Al. Ro.* Bd. (sq. commate in [B|Sf Al. Ro.* Bd. — in Z cum gl. ἡ) — , κυράνᾳ, Sm. Ox. — κυράνᾳ Hy.* — , κυράναν Ht. (non hoc vult Sch.¹) |. ἀειδομένα e Sch. scripsi cum Bd. — ὁμίνη F*P?R (g!. F ὑμνουμένη Sch. ἀνυμνουμένη) — ἀειδόμενον [BCD]EF¹IZ [rell.]. Al. Ro.* Ox.* Cf. οὗ pro ἅ vs. 46 ‖ extr. plene dist. [BD]EF¹I[QSV]Zf Al. Ro. Cp. Mr. Bd. (cum Sch.) — commate Br. St. Be. Ht. — colo (Sm.) Ox. Hy. — non dist. C Gd. Hm. Bö.* Cum nominativo reduxi maiorem interpunctionem. Sensus est: „Propter hanc victoriam Pythiam scito nunc cantari Cyrenen (cf. P. VIII, 25) circa hortum Veneris. Semper diis (ut nunc Apollini, Veneri, Cyrenae) prima gratia habenda est, tum vero hominibus quoque" etc. Infinitivus ut in praecepto generali, ad modum Hesiodi, optime huic loco convenit; sed nihil impedit quin ad imperativum redeat poeta, ubi ad specialia revertitur, ut non adsentiar Aristarcho φιλεῖν pro φιλεῖ emendanti, si quidem haec eius est emendatio. ‖ extr. non dist. CEQ — commate SZ Be. Sw. — colo St.* Ox. Bö.² Di. Bg. Ht. — plene [BDV]FIf Al. Ro.* Sm. Bd. Hy.²* ‖ 24 φιλεῖν omnes mss. Al. Ro.* (ft. Aristarchi coniectura) Sw. Ht. — φιλεῖ (ft. lectio Ante-Aristarchea, sed in nullo ms.) Hm. Bö.* — Sch. B ἐπὶ παντὸς πράγματος δεῖ, φησί, τῷ θεῷ τὴν αἰτίαν ἀνάπτειν[,] ὑπερτιθεῖν τε καὶ φιλεῖν. οὕτως ἀρίσταρχος. ἀντὶ τοῦ φιλεῖ. καὶ σὺ τοίνυν κτλ. Ita etiam Ro. nisi quod punctum post ἀρίσταρχος omisit. Inde non apparet Aristarchum lectionem traditam mutavisse; ft. structuram primus recte exposuit. Tantum constat lectionem φιλεῖ unquam exstitisse non posse probari; ideoque (non quo φιλεῖ displiceat) reposui φιλεῖν. Cf. O. XIII, extr. P. I, 67 sq. ‖ ἑτέρων IR — ἑταίρων rell. ‖ 25 οὔτ᾽ ἂν [B,]E,U. Ro; ‖ ἐπιμηθέος B[C?]CDDE.FG.HIPQ.RSU.VX.YZa[c]def Al. Ro.* (i. e. omnes

14*

ΠΥΘΙΟΝΙΚΑΙ Ε'.

ὀψίνοον θυγατέρα Πρόφασιν Βαττιδᾶν
ἀφίκετο δόμους θεμισκρεόντων,
ἀλλ' ἀρισθάρματον
ὕδατι Κασταλίας ξενωθεὶς γέρας ἀμφέβαλε τεαῖσιν
κόμαις   40

30 ἀκηράτοις ἀνίαις   Στρ. β'.
ποδαρκέων δωδεκαδρόμων τέμενος.   45

libri, de quibus constat) — ἐπιμηθέως B, Ro; — ἐπιμαθέος Hy.²* collato O. VII, 46, sed hoc carmen de dialecto discrepat
26 ὀψινόον PQRS^ac (cum Sch.¹) Ky. (Bg.) quod reposui accentu mutato — ὑψινόου C^a C¹ — ὀψινόου [B]C^c DDEFGHI etc. (cum Sch.² quae paraphrasis recentior est quam Sch.¹) || βαττιαδᾶν [B]DDEFGHIPQRSUV XYZ Al. Ro.* — ιάδων C^ac C — ιαδῶν C^pc — ιδᾶν acdef (Moschop.) Sm.* Cf. ad O. II, 97 || **27** ἀφίκετο omnes mss. Al. Ro.* Bg.² (cum Sch. παρεγένετο) — ἀφῖκται Hm.³ Bg.¹ Sw. Ht. Cf. ad vs. 2 || θέμις κρ. Al. Hm. (ad Soph. O. C. 1189) — θεμικρ. Ht. — θεμισκρ. rell. (θεσμισκρ. D^ac D) || -κερόντων Ro.* (vitiose) — κρεόντων mss. Al. Br.^m Hy. Be.* (c. Sch. P et gl. GZ etc.) || **29** ὕδατι] — κράνα Sck. — ὑγρᾶ Ms. in Rh. IV, 554 sq. sed vide ad vs. 2 || ξυνωθεὶς B (ft. εν compendio scriptum non recte legi) invito metro — ξεν. omnes rell. — p. n. e. nisi generalior ἐν πυθῶνι παραγεγονώς || τεαῖσι vett. (ταῖσι EF) Al. Ro.* — σιν adf Pw. Hy. Be.* || **30** ἀκηράτοισιν B.DDEFGHIPQRSU (ταισιν H? — τησιν I — τισιν ! W?Y?) — ἀκηράτοις CCVXYZa[c]def Al. Ro; Cp.* — ἀκηράτοι Ro. (vitiose) || ἀνίαισι B.CC etc. (vett. mss. -οισι P?) Al. — ἀνίαις a[c]def (Mosch.) Ro:* || **31** ποδαρκέων Scholiastae participium esse existimant, nisi ii ἰπαρχέων (πεδαρκέων s. ποταρκέων quod Bö. coniecit, beatus G. W. Nitzsch dilectissimus magister probavit) ante oculos habuerunt. Claudicat (etiam accepto ἄν) oratio sine participio, nec satis aptum ποδαρκής ad currum ob equorum crura tralatum. Tunc (contra Sch.) divisim δ. δρόμων scribendum est. Si ἰπαρχέων vera lectio est, hoc de praebendo intellige et compara ἄνδρα μοίσαισι δώσω, θῆρας φόβῳ etc. Nam auriga non habenis curriculum sed habenas curriculo illaesas praebet. Cf. N. VI, 62. — gl. P τρέχων (ad ποδ.) — E, ποδαρκέων δρόμων — U, ποδαρκέων τέμενος || iunctim δυωδεκαδρόμων [B]GP^c Ro.* Ox. (cum Sch. Vet. ut videtur, sc. ἁρμάτων) — δωδεκαδρόμων C — δωδεκαδρόμων Cacdf Al. Hy.²* Ht. — δωδεκαδρόμον V^a X^b Z^a? (Hy.) Be. — δυωδεκαδρόμον G^ac? Z^pc Bd. Bg.² — divisim δυώδεκα δρόμων DDIIPQSU(Y?) — δώδεκα δρόμων EFRV¹ Hy.²* Hm.²³ Aw. — δώδεκ' ἂν δρόμων Th. Bö.²* (invitis Sch. qui praepositionem non legerunt, sed subaudiverunt) || τέμενος mss. Al. Ro.* (cum Sch.; gl. F κατὰ τὸ) — θέμενος

PYTHIA V.

κατέκλασε γὰρ ἐντέων σθένος οὐδέν· ἀλλὰ κρέμαται,
ὁπόσα χεριαρᾶν
τεκτόνων δαίδαλ' ἄγων
35 Κρισαῖον λόφον,
ἄμειψεν ἐν κοιλόπεδον νάπος   50
θεοῦ· τὸ σφ' ἔχει κυπαρίσσινον
μέλαθρον ἀμφ' ἀνδριάντι σχεδόν,

coni. Bö. — πτάμενος Ht. Caeterum Hm.²⁸, qui ποδαρκέων genitivum accipit, non desiderat participium, sed lyricâ audaciâ vss. 30 et 31 explicationis causa ad γέρας additos esse existimat; collato O. XIII, 37 sq.
32 -κλασεν I ‖ -μανται VXZ^ac ‖ 33 χαιρ. XZ — χαρ. D ‖ 34 τεκτόνων δαιδάλματ' omnes mss. Ro.* Bd. Ox. Hy. (Al. δαιδάματ') — (χεριάρα) τέκτονος ἀγάλματ' Sm. Ra. — τεκτόνων δαίδαλ' Pw. Hm. (collatis Hom. Il. τ, 13. 19 et Od. τ, 227) Be. Bö.* (δαιδάλματα rarioris vocis interpretationem esse Hm. vidit; Sch. ποικίλματα) — τεκτόνια δαίδαλ' Hm.³ (collato I. III, 81, ut χεριαρᾶν pro substantivo sit) — τεκτόνι' ἀγάλματ' coni. Bg.¹ Sed vide ad vs. 2 ‖ 35 λείπει ἡ εἰς gl. E ‖ κρισσ. IR ‖ λόφον? Cf. ad Metr. ‖ 36 ὄμειψ' ἐν κ. Bg.¹ — ἄμειψεν κ. (ἐν om.) a Ht. — ἄμειψεν ἂν Ri. Sm. Be. (ἀν') Hm.¹³ Ra. — ἄμειψεν ἐν omnes mss. (excepto a) Al. Ro.* Ox. Hy. Bö.* Hm.² — Sch. et gl. E κατὰ τὸ — gl. F ἐφερε et εἰς ‖ 33 — 37 varie interpunguntur: post ἄγων commate QSf Ro.* — non dist. BCDEFIVZ Al. Hy.* Ht. | post λόφον plene IQS^ac — non dist. BCDEFVZf Al. Ro.* — commate Ht. | post ἄμειψεν dist. commate S Be. Hy.²* — non dist. rell. mss. Al. Ro.* Bö.* | post θεοῦ commate Ro. Br.* — colo F[;] Sm. Ox.* Bö.* -- plenius rell. mss. Al. Cp. Bd. Hy.²* — ante θεοῦ colo Ht. | Sch. existimo κρ. λ. cum ἄγων, κοιλ. ν. cum ἄμειψεν (i. e. ἔδραμε non ἔφερε) consociasse, idemque voluisse IQS^ac. Quos secutus sum, etsi est cur κρισαίων λόφων ἀμ. ἐν κ. ν. coniungere malis. Hm.³ iunxit ἄγων ἐν νάπος. ‖ 37 . τό σφ' B.CCDDE.FGHPQ.RSUV. WX.YZa[c]f Ro.* Bd. (Hy.) Hm. Bö.* — τόσ' Al. (mero sphalmate operarum?) — τόσσ' Br.^m Sm. Ox.* male — Sch. ὅπερ τὸ ὄχημα non recte (nisi ἐπεὶ pro ὅπερ voluit); St. „quem ipsis [currum]" σφ' pro σφι accepit; non recte — „Nunc ipsum tenet" Pp. — gl. P (ad τό) διὰ τοῦτο (cum Hm.* „propterea"); gl. FP (ad σφ') αὐτὸ τὸ ἄρμα s. ἄρμα αὐτό — καί σφ' Ky. — τῷ σφ' Ra.¹ (cui deo dicata continet etc.); cf. Rh. IV, 545 — · θεοῦ δέ σφ' Ra.² — · θεοῦ τοί σφ' (Bg.²) — · θεοῦ τε σφ' Ht. Utrumque Scholiis repugnat, sed non displicet (Ht. melius est), cum praesertim κρισαίων λόφων probaveris. ‖ 38 σχεδόν cum sqq. coni. Ht. (contra BEISVZf et, ut videtur, contra Sch.) — neutra parte dist. CDFQ — Cf. de hoc pleonasmo O. I, 74. X, 52. XIII, 103 et de τήϊ καθίσσαν ad O. I, 89

ΠΥΘΙΟΝΙΚΑΙ Ε'.

Κρῆτες ὃν τοξοφόροι τέγεϊ Παρνασίῳ κάθεσσαν, τοῦ μο-
νόδροπον φυτόν.   55

40 ἑκόντι τοίνυν πρέπει   Ἀντ. β'.
νόῳ τὸν εὐεργέταν ὑπαντιάσαι.
Ἀλεξιβιάδα, σὲ δ' ἠΰκομοι φλέγοντι Χάριτες.   60
μακάριος, ὃς ἔχεις
καὶ πεδὰ μέγαν κάματον
45 λόγων φερτάτων
μναμήϊ'. ἐν τεσσαράκοντα γὰρ   65

39 τέγει vett. (de B n. n. — ϛέγει F⁸) — τέγεϊ af Al. Ro.* — ὑψει gl. Q — ὅρει Sch. Intellige (cum St. Sm.) summum montis quasi solarium sive culmen, in quod defixerint statuam. ‖ -νασίῳ(ω) BCEFRSUaf Al. Bö.* cum Sch. B — νασσίῳ(ω) CDGIPQV[X]Z (cum Sch. G) Ro.* ‖ καθέσσαντο, μονόδροπον φυτόν. BDEFGPQSVXZf Al. Ro.* (non dist. QSV Al.) Hm.¹⁸ Bg. quod ft. defendi potest; cf. Bg.² ad P. III, 6 — καθέσαντο, μον. CC — καθέσσαν|τὸ μον. IURa (vitiose ut Z vs. 46) — καθέσσαντο, τὸ μόν. (et θ' οἱ μ.) Pw. — κάθεσσαν τῷ μον. Mi. Bc. — κάθεσσαν θεῷ μον. Hm.² — κάθεσσαν, τὸν μονόδροπον, φυτόν. Bö.¹² Di. Bg.¹ (nullus ms. ante φ. interpungit) — κάθεσσαν, τὸν μονόδροπον φυτόν. (Hm.³) Th. Hm.⁴ Sw. — κάθεσσάν τοι μονόδροπον φυτόν. Aw. — κάθεσσαν τοῦ μονοδρόπου φυτοῦ. Ky. — κάθεσσαντο ξύλον μονόδροπον Ht. Media forma usitata quidem (Callim. in Del. 309; in Dian. 233 etc.) in talibus, sed ob ipsum usum vulgariorem facile expellere poterat rariorem activam. P. non vult dicere de suo posuerunt. sed exquisitius et vivacius defixerunt in culmen montis. Scripsi τοῦ μ. φ., i. e. huius (ipsius saltus Parnassii) plantam singularem. Sch. nihil confirmant nisi μονόδροπον nec multo plus ex ineditis meis apparet. ‖ **41** -έτην CG¹ — ετηκότες (sic) R — έταν rell. (et G⁸) ‖ ὑπ.] ἀπ. R ‖ -ιᾶσαι Q?RS ‖ **43** ante ὅς non dist. vett. mss. (excepto S) — dist. [recc.?] Al. Ro.* (cum Sch. qui τυγχάνεις supplet) ‖ **44** πεδὰ C¹CDGF⁸H¹IIPQSTV⁸ (Sm.) Ox.* — μετὰ [B]C⁸EF¹Gᵇ?H•R UVᵇ[W]X[Y]YZa[c]e Al. Ro.* ‖ **46** μναμήϊ'. Bö. Hm.²* — μναμήϊα. D H•I — μνημήϊα. EFH¹Ī (T μνημήϊαι:) — Sch. μνημεῖα — μναμεῖ'. Bg.¹ Ht. — μνημήϊαον G (sic) — μνημήϊον. BPQRSU — μναμήϊον C[C]V|WXY| YZa[c]e Al. Ro.* Aw. — μναμῆον Hm.¹ Bg.² — μναμεῖα. | Hm.³ Sw. Elisio scripturâ non expressa vitium generavit; cf. etiam vs. 22 et de η pro α Sch. Germ. p. XXII ‖ τετράκοντα γὰρ a (Moschopuli emendatio infelix) τεσσαράκοντα γὰρ | τὰ γὰρ Z (Cf. vs. 39) In Sch. G (et U?) est μ̄η̄ (48), non μ̄ (40); omissum est hoc comma in B Ro.

PYTHIA V.

πετόντεσσιν ἀνιόχοις ὅλον
δίφρον κομίξαις ἀταρβεῖ φρενί,
ἦλθες ἤδη Λιβύας πεδίον ἐξ ἀγαθέων ἀέθλων καὶ πα-
    τρωΐαν πόλιν.   70

Ἐπ. β'.

50 πόνων δ' οὔ τις ἀπόκλαρός ἐστιν οὔτ' ἔσεται·
ὁ Βάττου δ' ἕπεται παλαιὸς ὄλβος ἔμπαν τὰ καὶ τὰ
    νέμων,
πύργος ἄστεος ὄμμα τε φαεννότατον   75
ξένοισι. κεῖνόν γε καὶ βαρύκομποι
λέοντες περὶ δείματι φύγον,

47 πετόντ. [B]DG[P]QRS[T]Uα[c] Al. Ro.* — πεντόντ' EFHI — πεκόντ. V — πεντότ. B,XYZ — πετρότ. e — gl. G συνοῦσιν ἢ πεσοῦσιν — gl. EFZ πεσοῦσι[ν] ‖ -ισσιν] -ισσί V̄ — ισιν HI ἀν.] ἀ|ἀν. T — ἀν. I?QS ‖ -χοις BDEFGIPQRSUace Mr. Sm.* — χοισιν CVXYZ Al. Ro.* St.* Bd. ‖ **48** -ξαις BCac[P?]VW Be.* — ξας C**DEFGHIIP?]QRSTUXYYZace Al. Ro.* ‖ ἀταρβεῖ φρενί cum sqq. iungunt Z et Hy.²* — sine dist. EI Hy.¹ Be. — cum antec. BCDFQSV Al. Ro.* Bö. Hm.²* (cum Sch.] ‖ extr. expl. CC ‖ **49** ἦλθεν PQRS·S TU (criterium huius generis librorum) — ἦλθες [B]DEFGHIS·V[X]YZα[c] e Al. Ro.* (cum Sch. etiam in U) ‖ ἀγαθέων scripsi (cf. P. IX, 71; N. VI, 35, utroque loco de Pythiis; Sch. ἐνδοξοτάτων idem voluit, fere ut Sch. N. VI ἀγαθίᾳ reddit θαυμασίᾳ) — ἀγαθῶν BDEFGH?Π?PQRSSTU (ex I σθῶν relatum est) — ἀγανῶν VXYYZ male — ἀγλαῶν a[c]e Al. Ro.* Emendatio Moschopulea non indocta quidem, sed tamen falsa est. Ἄεθλα, certamina, Pindaro sunt κύδιμα, ἔνδοξα, ἱερά, ἔσχατα, ὑψηλότατα, μεγάλα, etiam νικαφόρα et χρυσοστέφανα; sed non ἀγλαά, i. e. corusca, etsi hoc per synecdochen (propter coronarum splendorem) victoriis attribuitur N. XI, 20. Illud tumidum fuisset. ‖ πατρῴαν (πατρῶαν) omnes vett. Ro.* — πατρῴαν Al. Mr.* Bd. — πατρωΐαν a[c]e (Mosch.) Sm. Ox.* Apud Sch. pro ἐπί- δοξον scribe ἐπιχώριον. ‖ **50** πόνον a ‖ ἐστί D — ἐστι V — ἐστί T ‖ ἔσσται HIV? ae Al. Ro.* — ἔσσεται BDEFGPQRSSTUV?XYZ Vide ad Metr. ‖ **51** ἔμπαν τὰ B.DE¹FGHIΙPQSSTᵘᵗUVᵘᵗW Ro; Bö.* (cum Sch. BGUV Ro. — I ἐμπὰν τὰ — ἔμπαντα Tˡⁱᵗ Vᵘᵗ W) — ἐμπὰς τὰ E·RX[Y]YZα[c]e Al. Ro.* ‖ **52** τε om. PQRSS — habent rell. (etiam [T]U) ‖ φαεννότ. I ‖ **53** ξείν. BDEFGHIPQRSSTUVZ — ξῖν. XYα[c]e Al. Ro.* recte ‖ **54** δείγματι D ‖ φύγον a[c]e (Moschop.) Sm.* (cum Sch. Vet.

55 γλῶσσαν ἐπεί σφιν ἀπένεικεν ὑπερποντίαν·
ὁ δ' ἀρχαγέτας ἔδωκ' Ἀπόλλων   80
θῆρας αἰνῷ φόβῳ,
ὄφρα μὴ ταμίᾳ Κυράνας ἀτελὴς γένοιτο μαντεύμασιν.

ὁ καὶ βαρειᾶν νόσων   Στρ. γ'. 85
60 ἀκέσματ' ἄνδρεσσι καὶ γυναιξὶ νέμει,
πόρεν τε κίθαριν, δίδωσί τε Μοῖσαν οἷς ἂν ἐθέλῃ,
ἀπόλεμον ἀγαγὼν
ἐς πραπίδας εὐνομίην,   90
μυχόν τ' ἀμφέπει
65 μαντήιον· τῷ Λακεδαίμονι
ἐν Ἄργει τε καὶ ζαθέᾳ Πύλῳ

ἔφυγον) — φεύγον U — φεύγων T — φεῦγον [B]DEFGHIQRSSVXYZ [rell. vett.] Al. Ro.*

55 γλῶτταν [B? haud credo] Ro.* — γλῶσσαν [B,¹²³]DEFG.HIPQRSS TU.VWXYYZace Al. Ro;¹²³ Be. Bö. Hm.²* Cf. O. VIII, 69 ǁ σφισιν EF[B,¹] Ro; U,²³ ǁ ἀπένεικεν] ἐπένεικεν U,²³ — ἀπένειμεν R — Sch. διεκόμισε ǁ 56 ἔδωκ' B.DEFGHIPQSSTUVWXYYZ Sm.* — ἕως (teste Ki.) sive ἕως' (teste Re.) R — δῶκεν a[c]e (Mosch.) Al. Ro:* ǁ 57 θηρσὶν αἰνὸν φόβον F•|v¹ ǁ 58 μὴ ταμία] μὴ τα τῷ μία T — μὴ τῷ ταμία PQR — μὴ τω ταμία S — μὴ τῷ ταμία S (criterium huius generis) — gl. HZ aliorumque τῷ (hinc illud vitium) ǁ 59 ὁ omnes ǁ 60 ἄνδρεσι I X ǁ 61 πόρε B. — πόρεν DE.FG.ITUVXZa[c] Al. Ro:* — πόρε PQ.R SS ǁ 63 εὐνομίην QRSS Ro. Br. Mr. (recte; cf. 46. 65. 75) — εὐνομίαν B[DEF]GHI[P?]TU[VX]YZa[c]e Al. Cp. St.* ǁ 65 μαντήιον. τῷ(ῶ) καὶ λακ. B.DEFG. etc. (omnes mss.) Al. Ro.* Ox. Hy. — μαντήιον: τῷ κε λακ. Sm. — μαντήιον· τῷ λακ. Pw. Be. Hm.¹² Bö.* — μαντεῖον· | τῷ καὶ λακ. Hm.³ Sw. Bg.² (μαντεῖον Bg.³) — μαντεῖον· τῷ λακ. Bg.¹ Ht. Ex Sch. non liquet, utrum καὶ agnoscat necne. Mihi καὶ (per se haud incommodum) e gl. in textum venisse videtur ut τῷ vs. 58, ἐς vs. 72 et saepe particulae aliae; glossa vero e Sch. (ambiguo) male intellecto fluxisse; nam Sch. verbis ᾧ τῷ χρησμῷ καὶ τοὺς ἡρακλείδας καὶ τοὺς αἰγιμιοῦ παῖδας etc. duas partes colonorum fuisse dicit (cf. ad P. I, 65); hinc et … et. ǁ λακεδαίμον' Pw. Be. male ǁ 66 ἐν ἄργει τε (τὲ) καὶ B.DE.FGHIPQRSSTUae Hm. Bö.* — ἐν (ἰν) τ' ἄργει καὶ V[W]X[Y]YZ Al. Ro.* (Zao τε?) — ἐν τ ἀργεῖ καὶ Ox. Hy. — ἔν τε καὶ ἄργει Pw. Be. male

PYTHIA V.

ἔνασσεν ἀλκάεντας Ἡρακλέος 95
ἐκγόνους, Αἰγιμιοῦ τε. τὸ δ᾽ ἐμὸν γαρύεται ἀπὸ Σπάρ-
τας ἐπήρατον κλέος.

ὅθεν γεγενναμένοι   Ἀντ. γ'.
70 ἵκοντο Θήρανδε φῶτες Αἰγεῖδαι,   100
ἐμοὶ πατέρες, οὐ θεῶν ἄτερ· ἀλλὰ μοῖρά τις ἄγεν

67 ἔνασιν DITU — ἔνασσεν G ‖ ἀλκάεντας Bg.² — ἀλκάντας [B] EF[T]UV[X]Y]Zᵃᶜa[c]e Al. Ro.* (Zᵖᶜ ἀλκάτας Al. ἀλκᾶν τὰς) — ἀλκάντας DGHIPR — ἀλκάτας QSS ‖ -κλέους R ‖ 68 comma post ἐκγόνους (deletum a Hy.*) reposui cum BDISZ [al.] Al. Ro.* Vide Sch. et ad P. I, 65 ‖ μίου EFᵃᶜQRS — μιοῦ DFᵖᶜIZ [rell.?] Al. Ro.* — μίου (Sch. Ro.). Cf. P. I, 64 ‖ γαρύετ' B.Dᵘᵗ E.FHIJVWXYYZ Al. Cp. Br.ᵐ St. Bd. (γαρύεται V,X, cum Sch. καυχᾶται εἶναι et cum gl. F κηρύττεται) — γαρυετ' U — γαρύατ' G. (in textu γαρύτ'ᵃ) — γαρύεντ' PQ.RSST (P cum gl. λέγουσι; S cum gl. καυχᾶται) Mr. Ro; — γαρύοιτ' a[c]e (Moschop.) Sm. Ox. Pw. — γαρύεν τ' Ro. Br. — , γαρύεν τ' Hy. (pro γαρύειν τὸ) — , γαρυέν τ' coni. Hy. (et praedixit, sc. Apollo!) — γαρύοντ' (Sm.) Be. Hm.¹²³ Bö.* Ht. — , γαρύειν (Hm.⁴ in Act. Sax. VI, 221 sq.) Sw.²³ — , γαρύεν‖ Bg.² (iam Pp. „meum est, sonare"). Scripsi γαρύεται, solutione arsis (cf. ad vs. 2) quae meis auribus h. l. suavissime sonat. Fortasse tamen insolentior aliqua forma dialectica latet. Etiam Schmidiana inventa γαρύοιτ' (egregie a Sm. defensum, sed saeculis ante occupatum a Mosch.) et γαρύοντ' (cuius idem Sm. primus auctor exstitit) minime contemnenda. De recentioribus, adversantur Sch. Gl. mss., adversatur concinnitas verborum. Et quis hercle τ' ultro infinitivo additum esse sibi persuadebit? Contra, lectio quorundam γαρύεντ' e signo productionis, male post elisionem invectam syllabae ετ' imposito, facilius explicatur. Cf. Germ. Sch. p. XXIII. ‖ Σπαρτῶν Hck. ‖ extr. commate dist. Hm.³ Bg. Sw. — non dist. EQV — plene BDFISZ [al.] Al. Ro.* Bd. — colo Sm.* Ht. ‖ 69 γεγεναμ. IU.SZ Al. Ro.* — γεγ.. ..αμένοι D — γεγενναμένοι EFQ.STa [rell.?] Sm.* (cum Sch.) — κεκοιναμένοι Hm.⁴ Sw.²³ ‖ 70 ἥκοντο T ‖ Θήραν δὲ EF — Θήραν δὲ GTZ -- Θήραν. δε QSᵃᶜ ‖ ante φῶτες distinguunt Hm.² Bg.¹ Sw.¹ (ut φ. aly. non cum ἵκοντο sed cum γαρύοντ' consocietur, contra Sch. auctoritatem et mss. consensum) — φῶτες solum cum praecedentibus iungit T male ‖ αἰγεῖδαι a[c] Al. Sm. Ox.* — αἰγίδαι I — αἰγείδαι rell. vett. Ro.* (αἰγεῖδ' E, — αἰγείδαι δ' G,U,) ‖ 71 ἄγεν BDGIUTa Sm. Ox.* — ἀγέν Al. — ἄγεν EFPVXZ Ro.* — ἄγε QSS Mr.* — ἄγ' ἐν (ἄγ' ἐς) Mi. Cf. P. III, 51

πολύθυτον ἔρανον.
ἔνθεν ἀναδεξάμενοι,
Ἄπολλον, τεᾷ,
75 Καρνήϊ᾽, ἐν δαιτὶ σεβίζομεν 105

72 πολύθυτον ἐς ἔρανον [B]DFGHIPQRSṢTUVXYZ Al. Ro.* Bd. Pw. — πολύθυτον ἔρανον Eae (Mosch.) Mi. (Hy.) Be. Hm. Bö.* — πολύθυτον ἐς ἔραν Sm. — p. n. e. — gl. G εἰς τὴν πολύκοινον θυσίαν εἰς θήραν. Explicaverunt igitur (quod gl. ἐς in textum delapsa confirmat) hunc accusativum Veteres, quemadmodum κρισαῖον λόφον ἄγων vs. 35, et εἰς et αὑτούς subaudientes. Videtur huius carminis indolem decere structura eiusmodi audacior (quae verborum ἐλθεῖν, ἱκέσθαι, μολεῖν, καταδραμεῖν, καταβαίνειν [N. III, 25], προσέρπειν [O. VI, 83] aliorumque intransitivorum cum accusativo loci coniunctorum licentiam aliquanto excedit); neque aliter ft. se habet vs. 10 τεὰν ἑστίαν, i. e. εἰς τ. ἑ. Verum si πολ. ἔρ. non agmen est quod ducitur, sed actio ad quam vel potius locus quo ducitur agmen; ac si is locus Thera est: ἔνθεν solita rectione ad proxima refertur, omniaque optime progrediuntur, modo ne σεβίζομεν de Thebanis Carneis accipias. Loquitur poeta de Cyrenaico festo, quo Cyrenae gloria celebratur, ut vs. 22; ipse praesens, puto, inter gentiles; quae etiam Bg.² opinio est (collato Callim. in Ap. 71) et mea olim prolata in Pi. p. 16 sq. Quem locum vide et Ra. An. V, 735. Constructio illa accusativorum κρισ. λόφ. et πολ. ἔρ. minus dura videri possit, si non solum ἡγεῖσθαι sed etiam ἄγειν (cf. P. II, 17) a poetis persaepe sine casu poni reputaveris. Sin secus videbitur, vel ἐς θήραν vel ἐς θήραν τε καὶ κυρήνην mente addendum erit, prout σεβίζομεν aut de Cyrenaeis aut de Thebanis intellexeris. || πολ. ἔρ. cum antecedd. coni. BDFG IQSVZ [rell.] Al. Ro.* (in fine dist. plene mss. Al. Ro.* Sm.* Aw. (cum Sch.); colo Bö. Th. Bg.; commate Bd. Hm.¹²³ Di. Sw.¹) — neutra parte disi. E (is codex saepius interpunctionem omittit) — cum sqq. coni. Hy. Be. Hm.⁶ Sw.²³ Ht. (Bg.²) (non assentiente Sch. DGU etc. [om. in B], nam is, quid ad ἀναδεξάμενοι subaudiendum sit, haeret) || 73 - μέναν Hm.⁶ Sw.²³ (contra mss. et Sch. etsi satis ingeniose) — μένοι, σ᾽ (Bg.²) || 74 τεᾷ (ἆ, ᾶι TU) BDEFGHPQRṢTUVWXY (cum Sch.) Bö.* Hm.⁶ Bg.¹² Sw.²³ — τί᾽ Zpc (quid Zac habuerit n. l.) — τεά ṢXYa[c]e Al. Ro.* Hm.¹²³ Sw.¹ Ht. (Moschop.) male. Dudum invenustam vulgatam (quae ex Al. fluxit) expulissent, si eam interpolationis esse novissent; nam ṢXY non liberi sunt ab infectione. Vocativi in mss. a reliqua oratione non solent disiungi. || 75 καρνεῖ᾽ ἐν δαιτὶ BDac EFGHIPQRSṢUVWXYẒ Ro; Bg.¹ Ht. — καρνεί᾽ ἐν δαιτὶ, Dpc — κρανεῖ᾽ ἐν δαιτὶ T — καρνεῖα. ἐν δαιτὶ a[c]e (Moschop.) — καρνεῖ. ἐνθαι τι (sic) Al. — καρνεῖα ἐν δαιτὶ Ro. Br. Mr. Be. (fluxit Ro. h. l. ex Al.) — καρνεῖα, ἐν δαιτὶ Cp. St.* — καρνεῖα | ἐν δαιτὶ Hm.³ Sw. — καρνήϊ᾽ ἐν δαιτὶ Bö.¹ Hm.² (i. e. καρνήϊα) — ,καρνήϊ᾽, ἐν

PYTHIA V.

Κυράνας ἀγακτιμέναν πόλιν·
ἔχοντι τὰν χαλκοχάρμαι ξένοι
Τρῶες Ἀντανορίδαι. σὺν Ἑλένᾳ γὰρ μόλον, καπνωθεῖ-
σαν πάτραν ἐπεὶ ϝίδον 110

ἐν Ἄρει. τὸ δ᾽ ἐλάσιππον ἔθνος ἐνδυκέως   Ἐπ. γ΄.
80 δέχονται θυσίαισιν ἄνδρες οἰχνέοντές σφε δωροφόροι, 115
τοὺς Ἀριστοτέλης ἄγαγε, ναυσὶ θοαῖς

δαιτὶ Bö.²* (i. e. καρνήϊε; collato P. VI, 50 sq.) —, καρνεῖε, | ἐν δαιτὶ Hm.⁴ Sw.²³ Bg.² Egregie hunc locum constituit Böckhius; accusativus τεὰ καρνεῖα ex interpolatione metrica profectus est; τεὰ tam apud καρνεῖα superfluum quam τεᾷ apud δαιτὶ necessarium, quod sine additamento eiusmodi summopere friget. Epicae formae huic carmini propriae. || σεβίζομεν, Hm.¹²³ Sw.¹ (Hm. verba κυρ. ἀγ. π. cum ἄγεν ἔρανον coniunxerat, i. e. εἰς κυρήνην, ut interiecta verba ἔνθεν.... σεβίζομεν ad Thebanos spectarent. Cui rationi et Sch. obstant, et ἀλλά.) — σεβιζον ἄν Be. — σεβιζέμεν Pw. Hm.⁴ Sw.²³ Ingeniose; sed adversus Sch. et mss. et admodum luxatâ structurâ: „ut urbs Cyrenaica festum praeclarum sacrorum inde (a Thera) reciperet (ἀναδεξαμέναν) et in tua comissatione, o Carnee Apollo, celebraret" (Hm.⁴) nec sine tumore. Metuo ut σεβίζω ἔρανον Pindarice dictum sit; sed scio nullum nec auditorem nec lectorem potuisse quin σεβίζω κυρήνην s. κυρήνας πόλιν coniungeret. || Totum locum ft. ita intellexit Sch. B (ubi non leguntur verba p. 384, 3—5) „Mea gloria Spartâ oriunda, unde nati Aegidae mihi cognati Theram [et deinde Cyrenas] occupaverunt; non sine deorum voluntate [iuncticam Heraclidis]; etenim fatum [eos, Heraclidas] duxerat ad (ἐς) epulum sacrum [Aegidarum prope Thebas]; unde postquam [ea sacra] recepimus [praesentes nunc Aegidae gentiles, inter quos ipse poeta sedeo] tuâ, Apollo Carnee, in comissatione Cyrenes urbem praedicamus." Hoc si verum est (nihil enim affirmo), verbis ἀλλὰ μοῖρά τις ἄγεν regreditur poeta narrando, non progreditur.

76 κυράνας τ᾽ (Bg² coni.) || ἀγακλυμ. Hck.   -ιμένα πόλις· Ht. || 78 ἀντην. G,I?Q,U,S,VWXYYZ=ac — ἀντιν. Z¹e — ἀνταν. [B]DE.FGH I[P]QRSSTU Al. Ro.* || ἴδον [B|Iᵖᶜ VXYZa[c]e Al. Ro.* — εἶδον DEF GHᵃᵉ PQRSSTU || 79 ἄρει] ἄργει R || δὲ λάσ. a || ἐνδικέως Dᵖᶜ E — ἐνδικαίως IRU || 80 δέχονται BEFV[W]ae Al. Hy. Be.* — δέχονται DG HI|PQRSSTUXYYZ Ro.* Bd.* — δέχοντο Sm. || ἰχν. PQRSS Ro.* — οἰχν. BDEFGHI|TUVWXYYZace Al. Hy. Be. IIm. Bö.* (cum Sch.) || -τές σφε] -τέσφε Dᵃᶜ Iᵃᶜ TU || ἄνδρας οἰχνέοντας σφι δωροφόρους Ht. Ra. (cum Sch.³). Vulgatam confirmant Sch.¹² || 81 τούς] τὰ R || ἤγαγε B — ἄγαγεν B,TIZ — ἄγαγε DEFGH etc.

ΠΤΘΙΟΝΙΚΑΙ Ε'.

ἁλὸς βαθεῖαν κέλευθον ἀνοίγων.
κτίσεν δ' ἄλσεα μείζονα θεῶν, 120
εὐθύτομόν τε κατέθηκεν Ἀπολλωνίαις
85 ἀλεξιμβρότοις πεδιάδα πομπαῖς
ἔμμεν ἱππόκροτον
σκυρωτὰν ὁδόν, ἔνθα πρυμνοῖς ἀγορᾶς ἔπι δίχα κεῖται
    θανών. 125

μάκαρ μὲν ἀνδρῶν μέτα   Στρ. δ'.
ἔναιεν, ἥρως δ' ἔπειτα λαοσεβής.
90 ἄτερθε δὲ πρὸ δωμάτων ἕτεροι λαχόντες ἀΐδαν 130
βασιλέες ἱεροὶ
ἐντί· μεγάλαν δ' ἀρετὰν

83 κτίσε EFGPQRSSTU Ro. Cp. St.²* — κτίσεν [B]DHI[VX]YZa
[c]e Al. Br.* Ox.* ‖ δ' vett. Al. Ro.* — τ' ae (Mosch.) — p. n. e. ‖
ἅλ. D ‖ 84 εὐθύτομον B.DE.FG. etc. (omnes mss.) Al. Ro.* Bd.* (Hm.
confert I. V, 22) — εὐθύτονον Sm. (Sch. εὐθυτενῆ καὶ λείαν habet in Ro.
[B], sed εὐθυτελῆ in U) — εὐθύτομα Ro; ‖ -κεν] -κε PTU ‖ 85 omis-
sus in I ‖ ἀλεξιμβρ.] ἀλξιμβρ. EF^ao ‖ 86 ἔμμεν [B]EFa [al.?] Ro.* —
ἔμμεν' DGIQSUVXZ [al.?] Al. ‖ ἵπποκ. T ‖ 87 πρυμνῆς I ‖ ἐπιδίχα
[B]DE.FG.IPQ.RSS[T]UVXZa Al. Ro.* — ἔπι δίχα Ri. Sm.* Hy. Be.*
(cum Sch., ut videtur). Dubito num recte disiunxerint; antiquissimi poe-
tae modo τρίς modo ἐστρίς, modo δίχα modo διάνδιχα dicunt; ft. etiam
noster ἐπιδίχα pro δίχα dixit. Vellem h. l. respexisset Lo. (Path. I, 621 sq.)
ubi διὰ τρίχα et ἐπὶ τρίς tractat, quae recentiora composita ft. librarios ad
ἐπιδίχα scribendum commoverunt. Attamen Sch. non constat ambigere,
utrum ἔπι δίχα an ἐπιδίχα verum sit; haeret ft. utrum vel δίχα vel ἐπιδίχα
ad priora ([ἐπὶ] πρυμνοῖς ἀγορᾶς) referatur, ut extremum terminum fori
accuratius describat (ἐπὶ τῷ διορίζοντι τὴν ἀγορὰν ἄκρῳ), an ad sequens κεῖ-
ται, ut generalius accipiatur (δίχα τῶν ἄλλων ἡρώων). Illud quidem ad ἐπι-
δίχα cum πρυμνοῖς ἀγορᾶς coniunctum, hoc ad ἔπι δίχα referri potest, quae
opinio videtur esse Bg.² Ideo non reposui vulgatam. ‖ 88 μετὰ Al. —
μετά T — μέτα rell. ‖ 89 ἔναιεν vett. Ro.* — ἔνναιεν af Al. (Mosch.)
contra huius carminis legem ‖ 90 ἄτερ δὲ Ş ‖ 91 βασιλέες. ἱεροὶ ἐντί. f
(Mosch.?) — βασιλέες, ἱεροὶ ἐντί. U — βασιλέες ἱεροὶ ἐντί. BEF etc. —
p. n. e. ‖ 92 et 94 genitivo μεγαλᾶν δ' ἀρετᾶν... ῥανθεισᾶν WXY Br.
Mr. Ky. Sw.¹²³ Bg.² (cum Sch.¹) — id. (sed μεγάλαν) Z — id. (sed μυ-
γάλαν) B.DE.FPQ.RSS (ἀρετῶν B? — μεγάλου E,); cf. Bu. G. G. I, 145.
— gen. et accus. μεγαλᾶν δ' ἀρετᾶν... ῥανθεισᾶν V — μεγάλαν δ' ἀρε-

δρόσῳ μαλθακᾷ
ῥανθεῖσαν ὕμνων ὑπὸ χεύμασιν
95 ἀκούοντί ποι χθονίᾳ φρενί,

τᾶν... ῥανθεῖσαν G.ac Hac Iac Iac TU, — μεγαλᾶν δ' ἀρετᾶν... ῥανθεῖσαν Al. — μεγάλαν δ' ἀρετᾶν ... ῥανθεῖσᾶν Ro. — accusativo μεγάλαν δ' ἀρετάν(άν) ... ῥανθεῖσαν Gpc Ipc Ipc Ua[c]ef (Mosch.) Cp. St.* Th. (cum Sch.²) — μεγαλὰ δ' ἀρετὰ ... ῥανθεῖσα Bö.¹² Di. (non recte; „debebat virgulâ distinguere post ἀρετὰ" (Hm.²) ut esset sententia generalis) — μεγαλᾶν δ' ἀρετᾶν ... ῥανθεῖσι Hm.² Aw. (Di.) — μεγαλᾶν δ' ἀρετᾶν ... ῥάνθεν Bg.¹ (i. e. ῥάνθησαν) — id. (sed ῥάνθεν) Ht. ǁ post ἐντί commate, post χεύμασιν plene dist. Bö.¹² Di. (non recte) — inversâ ratione (plene post ἐντί, non dist. post χεύμασιν) mss. Sch. et rell. edd. (nisi quod D neutra parte, Z et Sw.¹²³ Bg.¹ commate utraque) sed comma post χεύμασιν est in VS gl. Al. Pw. Ox. Hy.; sustulerunt hoc comma Bg.² Ht.

93 μαλθακᾷ(ᾶ)] -ακῶ T — ακαῖ Iac? ǁ 94 κώμων θ' BDEFGHI[I| PQRSSTUV[W?] Ro. Br.* Bd. Hm.³ Bg.¹² — κώμων (om. θ') X[Y?]Y Za[c]ef (Moschop.) Al. Bö.¹² Hm.²* Sw. Ht. — , κῶμόν θ' Cp.¹² (cum Sch.²?) — , ὕμνον θ', Sm. — ὕμνων θ' Ox. Pw. Hy. (cum Sch.¹?) — ὕμνων (om. θ') Be. ǁ ὑπὸ χεύμασιν [B]EPUVXYZ Ro.* Bö.¹²* ὑποχεύμασιν DFGHIQRSSTā[c]ef Al. (Moschop.) St. Bd. Ox. Pw. Hy. Hm.¹²³ Aw. — ὑπὸ χευμάτων Sm. — ὑποχεύμασίν τ' Be. (-σίν γ' Pw.) ǁ 95 ἀκούοντί ποι omnes mss. Al. Ro.* Hm.¹² Aw. Th. Bg.² — ἀκούοντί τοι Bö.¹² Di. Sw.¹²³ — ἀκούοντί που Hm.³ (cum Sch. uno; in rell. Sch. non exprimitur particula) — ἀκούοντί τε Bg.¹ — ἀκούει κλέος Ht. (contra Sch. quae [κατ]ἀκούουσι bis in par. habent). De τοι cf. ad O. III, 4; sed videtur consensus mss. et Sch. utroque loco suadere, ut ποι Pindaricum pro που fuisse credamus. ǁ Cum antea Hm.³ de metro, Bg.² de constructione persuasissent; regressus nunc ad Moschopuli et Schmidii Oxoniensiumque iudicium, haec teneo in loco vexatissimo: 1, nec ῥανθεισᾶν nec κώμων nec θ' diserto Scholiorum testimonio esse confirmatum; 2, iisdem vocibus ῥανθεισᾶν κώμων metrum turbatum esse; 3, accusativum μεγάλαν ἀρετὰν ῥανθεῖσαν in paraphrasi B (quae accuratior est reliquis) diserte exprimi; 4, eundem accusativum et structurae verborum ob appositum σφὸν ὄλβον commodissimum et metro (quod ultimam vocis ῥανθεισᾶν in antistrophicis non tuetur) exaequando opportunissimum esse; 5, omnia sanari igitur, si κώμων θ' cum ὕμνων commutaveris, ut μεγαλὰ ἀρετὰ ῥανθεῖσα δρόσῳ μαλθακᾷ, ὕμνων ὑπὸ χεύμασιν, i. e. victoria [Arcesilai] carmine celebrata, sit ipse κῶμος s. ὕμνος, quem audire putantur (ποι = puto) demortui, suam felicitatem etc.; 6, videri μεγάλαν ambiguum quibusdam et librariis et Scholiastis fraudem fecisse, deinde κώμων e gl. ortum, denique θ' post invectum genitivum ἀρετᾶν ῥανθεισᾶν male additum esse. ǁ Distinxi post φρενί (cum SV f Al. Ro.* Th. Bg.²), post ὄλβον (cum BEFQSf Al. Mr.* Aw.), post χά-

ΠΥΘΙΟΝΙΚΑΙ Ε'.

σφὸν ὄλβον, υἱῷ τε κοινὰν χάριν,
ἔνδικόν τ' Ἀρκεσίλᾳ. τὸν ἐν ἀοιδᾷ νέων πρέπει χρυ-
σάορα Φοῖβον ἀπύειν, 140

ἔχοντα Πυθωνόθεν   Ἀντ. δ'.
τὸ καλλίνικον λυτήριον δαπανᾶν
100 μέλος χαρίεν. ἄνδρα κεῖνον ἐπαινέοντι συνετοί.
λεγόμενον ἐρέω·   145
κρέσσονα μὲν ἁλικίας
νόον φέρβεται
γλῶσσάν τε· θάρσος τε τανύπτερος

ριν (cum Z solo qui post ἀρκεσίλα[ν] non dist.); hoc enim mihi magis videbatur poeticum esse quam καὶ Θεῷ ἀργεσίλᾳ κοινὰν ἔνδικόν τε χάριν coniunctum; sic triplex epexegesis melius sentitur. — post φρενὶ et post υἱῷ τε Cp. — nullo loco dist. Bö. Sw. Bg.¹ (cum oligodiaereticis DI aliisque) 96 σφὸν ὄλβον] σφιν ὄλβον I (cum Sch.¹? habent Sch. et αὐτοῖς et αὐτῶν; σφιν ferri potest) — πάνολβον, Ht. — σφός alibi non invenitur apud Pindarum, sed epicis formis haec oda insignis est || 97 σίλα. [B]B,¹²DE FGG,²I^ac?[P?R]S[T]UVXZ^ac af (in I^ac gl. ὤ fuit) Al. Ro.* — σίλᾳ. (I^pc deletâque gl. ὤ) St.* — σίλαν QSZ^pc Ro;¹ — σιλάου Ro;² — σίλαον G,¹ (non male, omisso τὸν, ut ἔνδικον [adv.] cum πρέπει iungatur). Videtur σίλα diverse acceptum diversitatem scripturae et interpretationis traxisse. Sch.¹ vocativum in paraphrasi addit; Sch.² non perspicue loquitur, sed genitivum sive dativum legisse videri potest; Sch.³ ita disserit quasi ἀρκεσίλαον ἐν legerit cum G,¹ (et cum dist. Z); Sch.⁴ denique diserte agnoscit relativum τόν. Vide quam sint ambigua saepe et fallacia quae e Sch. repeti possunt. || 99 extr. non dist. BDEFIQSTVZf [al. mss.] Al. Bd. Hm. Bö.* (ut λυτ. adiectivum sit) — dist. commate Ro.* Ox.* || 100 μέλος] μένος I || χάριεν [B]DEF Q?SUV[X]Zf Ro.* (attice, an aeolice?) — χαρίεν I Al. Sm.* || ἐπαιν. a[c]ef Al. Ro.* (Mosch. emend.) — αἰν. BDEFGHI[I?]PQRSSTUVXY Z[W?Y?] — p. n. e. || 102 ἁλικ. QS^ac || 103sq. φέρβεται· γλῶσσαν δὲ Sm. Be. — φέρβεται ὅστις, γλῶσσάν τε U — φέρβ καὶ γλῶσσαν, (om. τε) Ht. — φέρβεται· γλῶσσαν (om. τε) Bg.¹ — φέρβεται γλῶσσάν τε rell. || γλῶσσαν τε cum antecc. coni. GSTXaef Al. St.²⁴ PSt. Hm.³ Sw. Bg.² [cum Sch.?] — cum sqq. D[EF] Ro.* St.¹³ Ox.* — ambigue: BIV [utrinque plene]; Z Bd. [utrinque commate]; QS [non dist.] || 104 θράσος QSSUZ (S σσ) || τε omnes vett. Al. Ro.* — δ' αὖ aef (Mosch.) — δὲ Sw.²⁸ Ht. (cum Sch. ut videtur; in B^ech U^ach est τὸ δὲ θάρσος sine κατά). Lubrica quidem pleraque argu-

PYTHIA V. 223

105 ἐν ὄρνιξιν αἰετὸς ἔπλετο·   150
ἀγωνίας δ᾽, ἕρκος οἷον, σθένος·
ἔν τε Μοίσαισι ποτηνὸς ἀπὸ ματρὸς φίλας, πέφανταί
  θ᾽ ἁρματηλάτας σοφός.

ὅσαι τ᾽ εἰσὶν ἐπιχωρίων καλῶν ἔσοδοι,   Ἐπ. δ'. 155
τετόλμακε. θεός τέ ϝοι τὸ νῦν τε πρόφρων τελεῖ δύ-
  νασιν·
110 καὶ τὸ λοιπόν, ὁποῖα, Κρονίδαι μάκαρες,

menta de particulis e Sch. repetita; sed commodissimum Sw. inventum non spernerem, nisi (mihi) male sonaret. || -πτερας Z*° — πτέροις Sm. — p. n. h.

105 ὄρνυξιν DGIPTU*a*f* || αἰετός omnes || ἔπλετ᾽ BDGHIRSTU — ἔπλετ᾽. EFQS — ἔπλετο. VXYZa[c]ef Al. Ro.* || 106 non dist. BDEF QSVZ PSt. — post ἕρκος If Al. Ro.* Pp. — post οἷον St. — post δ᾽ et post οἷον Ln. Sm.* Hm. („robur certaminis ut fulmen belli") — Sch. B Ro. videtur non tam „ἀγωνίαις δ᾽ legisse" (Hy.) quam οἷον quod exclamationis est cum οἷον quod comparationis est confudisse; cf. ad P. I, 93. - Sch. HTU etc. vulgatam legit: ἀγωνίας δ᾽ ἕρκος ἀντὶ τοῦ ἀγώνων ὀχύρωμα, θαυμαστὸν ἔχει τὸ σθένος; etiam gl. Z (ad σθένος) ἔχει τό. Duplex igitur fuit et interpunctio et interpretatio: altera, quam nunc sequimur (cum Ln. St. Hm.); altera antiqua vulgata „ad propulsandum in certaminibus, quantum ei robur!" quam Mosch. a Vett. sumpsit; cf. O. IX, 93 || οἷον] οἱ TVp° || 107 ποτηνός B.EFG.HIPQRSSp°TUVXYZa[c]ef Al. Ro.* — πτηνός DDSªc — ποτανός Hy.²* (in nullo ms.). Singulare hoc η (cf. P. VIII, 34; N. III, 80; VII, 22 ubi ā in omnibus mss. est), sed non movendum; cf. ad init. carm. || -λάτης DDGXY — λάτας [B]EFHI etc. || 108 ὅσσαι B.DDEFGHIPQ RSSUV.X.YZ Ro; — ὅσαι a[c]ef Al. Ro.* || εἴσοδοι B,F — ἰσόδοι Eªc — ἔσοδοι [B]DDEPc E,G.HI etc. || 109 τὸ νῦν vett. [cf] Al. Ro.* — τονῦν Bö.* || τε] γε Sm. Bd. Be. || δύνασι B? — δύναμιν Xb || 110 Tricliniani denuo incipiunt: cf. ad init. carm. || τὸ λοιπόν [B]DDFG.H.Iªc P? Q.[S]Vªc X,Zf? Al. Ro.* — τολοιπόν E.IPcS?U.VPcV,af?a'ǧ Bö.* || λοιπὸν ὦ κρονίδαι [B]DDEFGHIPQRSSUVWXYYZ Al. Ro.* (ὦ DD; dist. ante ὦ ISZ) — λοιπὸν ἂν ὦ κρονιάδαι Sm. — λοιπὸν ὦ πλεῖστα κρονίδαι Gb acef·(Mosch.) Ox. — λοιπὸν ὑμεῖς γε κρονίδαι α'ǧ (Tricl. cum nota οὐ χρὴ γράφειν ὦ κρονίδαι, ἀλλ᾽ ὑμεῖς γε κρονίδαι, ἵν᾽ οἰκεῖον ᾖ τὸ κῶλον τοῖς πρὸ αὐτοῦ τοιούτοις κώλοις); cf. Sch. Germ. p. IV — λ. ἀεί γε, κρ.Pw. Be. — λ. ἔπειτα, κρ. Hm. — λ. ἐς αἰεί, κρ. Bs. — λ. ὄπισθε, κρ. Bö.* — λοιπόν, ἃ πλεῖστα, κρ. Aw. (Moschopulo, non Pindaro emendato: „quae sunt maxima") — λ. ὁμῶς, μάκαρες ὦ κρ. Bg.² — λ. ἅπασι, κρ. Bs. — λ. ὁμοῖα,

ΠΥΘΙΟΝΙΚΑΙ Ε'.

διδοῖτ᾽ ἐπ᾽ ἔργοισιν ἀμφί τε βουλαῖς 160
ἔχειν, μὴ φθινοπωρὶς ἀνέμων
χειμερία καταπνοὰ δαμαλίζοι χρόνον.
Διός τοι νόος μέγας κυβερνᾷ
115 δαίμον᾽ ἀνδρῶν φίλων. 165
εὔχομαί νιν Ὀλυμπίᾳ τοῦτο δόμεν γέρας ἐπὶ Βάττου
γένει.

χρ. μ. Ht. ingeniose. Desideratur enim obiectum verbi ἔχειν. Ex Sch. non multum certi efficitur, nisi videri fuisse qui καὶ τὸ λοιπὸν cum antecedentibus coniungerent, et reliqua explicationis causa addita haberent. Sch.¹ BGHU verbis ... τελεῖ τὰ (hoc U) κατὰ δύναμιν καὶ εἰς τὸν μεταταῦτα χρόνον interpretationem terminat; ubi Ro.* male μέλλοντα ταῦτα (Be.* ταῦτά). Sch.² B Ro. ἐπεὶ εὐκταίως νῦν ἔχει αὐτῷ τὰ παρὰ τῶν θεῶν, οὕτω καὶ εἰς τὸ μέλλον. ὦ Κρονίδαι οὖν, φησί, μὴ ἐάσητε...; ubi nunc μέλλον, ὦ κρονίδαι, φησί, legitur; omittitur autem οὖν in [G]HU. Quo deleto hic Sch. coniungere videtur θεὸς τὸ νῦν τε τελεῖ δύνασιν (τὰ κατὰ δύναμιν [αὐτοῦ] Sch.) καὶ τὸ λοιπὸν μὴ φθ. ἀν. χ. κατ. δαμαλίζοι (μὴ ἐάσητε μαρανθῆναι) χρόνον (τὰ πράγματα αὐτοῦ, τὸν βίον Sch.³). Sin verba ita construi poterant, ὅσ᾽ ὢν κε vel ὁποῖα (qualiacunque) post τὸ λοιπὸν inseri debent; ubi διδοῖτε optativus (nisi indicativus est ut τιθεῖ) non offendit; cf. Kr. Gr. Gr. § 54, 14 not. 4; constructio autem eadem est cum vs. 108 ὅσαι. Sin minus, alia obiecta verbi ἔχειν quaerenda sunt, ut ἅπαντα, ἃ ταῦτά, ὀνητά vel simile quid, quod ad notionem incrementum (capere) accedat. Acquiescerem tamen in Ht. ὁμοῖα, nisi constructioni potissimum consulendum fuisset.

111 τε om. F || 112 ἔχειν] τυχεῖν Ht. || 113 δαμάζοι χρ. PQRSS — δαμαχίζοι χρ. X·Y·Z (ζει Z?) — δαμαλίζοι χρ. [B]DEFGHIṢᵐUVX¹Y¹ a[c]ef[a'δ'] Al. Ro.* (χρό ον I) — δαμ. θρόνον Hck. — χάμαι ὄλβον χέοι Ht. (cf. Sch. et Hm.) || 114 διὸς δέ τοι U — διός τε VXYZ — διός τι He — διός τοι (διόστοι) [B]DD etc. — par. Sch. δέ || μέγα VXYZᵃᶜ — μέγας rell. (etiam ĪZᵖᶜ) — p. n. h. || 115 φιλίων B || 116 εὔχομαι οὐλυμπίᾳ τε τούτῳ S•a'[δ'] Tricl. — εὔχομαί νιν ὀλυμπία[ᾳ] τοῦτο omnes rell. (cum Sch.; in HᵃᶜIᵃᶜ ὀλύμπια) || τωὐτὸ (Bg.²) || ἐπί, a'δ' (Tricl. cum nota καὶ ἐπὶ τῇ ὀλυμπίᾳ. ἐνταῦθα γὰρ τὸ ἐπί. ἤγουν ὥσπερ ἔδωκεν αὐτῷ ἐν τῇ πυθίᾳ) — ἐπὶ Pw. Gu. Aw. Bö.²* (i. e. ἐπιδόμεν = addere) — ἐπὶ Dae Al. — ,ἐπὶ, QS — ἐπὶ. S — ,ἐπὶ DIf Ro.* — ἐπὶ B.EFG H[P]RUVXYZ Hy. — ἔτι (Hy.) Bc. Hm. Bö.¹ Th. Ht. (cum Sch.?). Reduxi adverbium ἐπὶ insuper ut P. IX, 124.

Subscr. τέλος. U — ὕμνου δευτέρου τέλος ἀρκεσιλάου. Sa' (Tricl.) — nulla subscr. in BDDE[F]GI etc.

ΠΥΘΙΟΝΙΚΑΙ ϛ'.

ΞΕΝΟΚΡΑΤΕΙ ΑΚΡΑΓΑΝΤΙΝῼ.

ΑΡΜΑΤΙ.

Strophae.

[metrical scheme, 8 lines]

Ἀκούσατ'· ἦ γὰρ ἑλικώπιδος Ἀφροδίτας   Στρ. α'.
ἄρουραν ἢ Χαρίτων
ἀναπολίζομεν, ὀμφαλὸν ἐριβρόμου

Nullum carmen glossis pro textu inculcatis magis foedatum est quam hoc. Vide 4. (7). (14). 46. 47. 48. 50.

Inscr. om. Q — ξεν. ἀκρ. ἅ. rell. mss. Al. Ro.* Bö.¹²* (cum Sch.) — Θρασυβούλῳ ἀκρ. ἅ. Aw. Ht.

Metr. „Coniungi possunt vss. 1 et 2." Bö. — Vs. 6, si βοώπαν verum est, a ⏑ ⏔ incipere debet. Vide ad vs. 24.

1 ἦ [D]EGHI[P?Q]RU[VX]Zaˢᶜ (cum gl. GH ὁ ἦ ἀντὶ τοῦ δή; id. Sch. BGHU Ro. etc. [etsi BU ibi ῆ habent et Ro. male ἤ]; paraphr. G H γὰρ δή [sed B Ro. ibi omittunt δή]; Uˢᶜʰ ναὶ γὰρ δή; gl. Zaˊ et Germ. Sch. ὄντως) Hy. Be. Bö. Th. Aw. Bg.¹² — ῆ [B.]Fa[c]faʳᵖᶜ Al. Ro.* Di. Sw. Ht. (satis argute, sed minus poetice) ‖ -δίτης QRU ‖ 2 ἤ] ὁ ῆ ἀντὶ τοῦ καὶ gl. H ‖ 3 ἀναπολίζομεν mss. Al. Ro.* Ox.* (cum Sch. Vet. et gl. Z et Germ.) — ἀναπολήσομεν Sm. Ht. ‖ ὀμφαλὸν] ὀφθαλμὸν videtur legisse Sch. Vet. (in BGHU Ro.), unde olim conieci ὄμμα τόδ'; sed nunc

χθονὸς ἐς ναὸν προσοιχόμενοι·
5 Πυθιόνικος ἔνθ' ὀλβίοισιν Ἐμμενίδαις
ποταμίᾳ τ' Ἀκράγαντι καὶ μὰν Ξενοκράτει
ἑτοῖμος ὕμνων
θησαυρὸς ἐν πολυχρύσῳ
Ἀπολλωνίᾳ τετείχισται νάπᾳ·

10 τὸν οὔτε χειμέριος ὄμβρος ἐπακτὸς ἐλθών, Στρ. β'.
ἐριβρόμου νεφέλας

video esse hoc Sch. vitium, cum paullo infra paraphr. Sch. in BGU Ro. ὀμφαλόν, in H tantum ὀφθαλμόν exhibeat. ‖ ἐρίβρομον Ht. (contra Sch. et mss.)
4 ἐς ναὸν (ἐσναὸν) mss. omnes Al. Ro.* Bd.* (cum Sch. et gl. Z τοῦ ἀπόλλωνος) — ἐς νεὼν Sm. — ναὸν ἐς Pw. — ἀέναον Hm.¹² * — (Λw. ἐς ναὸν ἱερὸν ol.) — ἐς νάϊον Hm.³ (ad Eur. Ion. 117 et Op. VI, 288) Sw.¹ — ἐς λάϊνον Bg.¹² Sw.²³ (egregie, sed contra Sch. et mss.) — εὐδαίδαλον coni. Bg.² (talia multa commenti sumus, ut ἑλλάνιον, εὐήλατον, εὐδείελον, εἰς αἴσιον etc. quae nec minus nec magis probabilia sunt; nam ex Bacchylideo εὐδαίδαλος ναός nihil consequitur) — ἀγνοῖο νῦν Ht. temere. Antiqua labes, quae Byzantios movit, ut antistrophica mutarent, orta ft. ex gl. ναόν voci ὀμφαλόν subscriptä, ut vs. 46 πάτρωϊ; cf. Germ. VII. Quamquam igitur omnino nos nescire quid expulsum sit fateri praestat, tenui id quod a mss. proximum est. Sin ἐς ναὸν glossa fuit vocis nunc expulsae, οἶκον θεοῦ, οἴκημα θεοῦ, ἱερὸν δόμον, ἐς θεοῦ δόμον scribi potest, quod a Sch. paraphrasi propius abest quam vel νάϊον vel λάϊνον. ‖ παροιχ. Da. Be. ‖
5 voce πυθ. terminatur a Moschopuleorum praestantissimus ‖ 7 ἑτοῖμος V XZ[c]f Cp.* — ἕτοιμος P — ἔτυμος I — ἕτοιμος BDEFGQUa' Al. Ro. ‖ ὕμνων mss. omnes Al. Ro.* (cum Sch.³ .... τὸν οὖν τῶν ὕμνων θησαυρὸν ... et cum par. Germ.) — γρ. [καὶ] ἵππων G·¹H·¹ (cum Sch.¹ .. ὁ ὑπὲρ τῆς τῶν ἵππων νίκης πυθιόνικος θησαυρός, τουτέστιν ὁ ὕμνος ... et Sch.² τὸν| τὸν ὕμνον, ὃν καὶ θησαυρὸν εἶπεν ... et Sch.⁴ τὸν] ὅντινα τὸν ὕμνον ...; hi igitur non legerunt ὕμνον, sed θησαυρὸν [ἵππων] metaphorice pro ὕμνον dictum esse existimabant). Ft. vulgata orta e gl. ὕμνος s. ὕμνων supra vocem θησ. scriptâ ‖ -χισται] -χηται ex Etym. M. et Zonara (τεῖχος, τειχῶ, ἀφ' οὗ φησὶ πίνδαρος τετείχηται) laudat Bö.¹ (ad fr. 284), sed I. IV, 44 conferri iubet Bg.² addens Gaisfordium τετείχισται scripsisse. ‖ ἀπολλωνίαν νάπαν E, ‖ νάπη G¹ — νάπᾳ G· roll. ‖ 10 οὔτε VXZ[cf] Al. Ro.* cum Sch. — οὐ B.DE.FG.IP[Q?]RU Ro; — οὐχὶ α'ᵇ|ᵘⁱᵇ' (Tricl.; quid α'ᵃ habuerit n. l.) ‖ χειμέρ. U ‖ ἀπακτός (cum gl. ξενικός) sic Z (in Sch. H ἀπελθών)

PYTHIA VI.

στρατὸς ἀμείλιχος, οὔτ᾽ ἄνεμοι ἐς μυχοὺς
ἁλὸς ἄξοισι παμφόρῳ χεράδι
τυπτόμενοι. φάει δὲ πρόσωπον ἐν καθαρῷ
15 πατρὶ τεῷ, Θρασύβουλε, κοινάν τε γενεᾷ
λόγοισι θνατῶν
εὔδοξον ἅρματι νίκαν
Κρισαίαις ἐνὶ πτυχαῖς ἀπαγγελεῖ.

12 ἄνεμοι EPQR Bö.¹² Di. (cum Sch.) — ἄνεμος [B]DFGI[UVX]Z [cf] Al. Ro.* Th. Aw. Hm³* || ἐς omnes || 13 ἄξοισι BDEFGΠPQRU VWXYZ (EF σιν — XZᵃ ουσι) cum Sch. et Germ. (et gl. Z) Bö. Hm.* — ἄξοι cf (Mosch.) Ox. — ἄξει α'[β'] (Tricl.) Al. Ro.* Hy. Be. — ἄξει Sm. || παμφόρῳ(ω) [B]DE.FG.I[PR]QU.VXᵇZ[cf] (Xᵃ -οδω) Al. Ro.* — πολυφόρῳ B, Ro; eadem est interpretatio Sch. Vet. — Germ. τῇ παμφόρῳ καὶ τῇ πολυφόρῳ καὶ παμμιγεῖ — gl. Z πολλῷ — πολυφθόρῳ Hm.¹ (coll. N. VIII, 31; I. IV, 49) — παμφόροις α'β' (Tricl.) || χεράδι [B.]DE.FG.I[I] PQUV[W]X[Y]Z[c]f Al. Ro.* Hm. Bö.* (cum Sch. et Eustath.; συρφετῷ gl. FZ et Germ.) — χεράσιν α'β' (Tricl.) — χοιρ. Dᵃ — χερμ. Fᵃ — χαράδι R (Sw. laudat Ah. D. D. 118 qui ex tabulis Heracleensibus I, 12. 25 χαράδεος genitivum affert) — χεράδει Be. Hy. (cum grammaticis quibusdam apud Etym. M.; Schol. Vict. Hom.; Eustath. [qui χεράδι praefert]; cf. Bö.¹) || π. χ. virgulis inclusum Hy.¹ — praemissā virgulā [c]f Al. Ox. Be. Hy.²* — praefixo puncto B — non dist. DEFIQUVXZa' Ro.* Bö.* || 14 τυπτόμενοι BDEFG.ΠPQUc Bö.¹² Di. (cum Sch. B Ro. τύπτοντες καὶ στρέφοντες; Sch. GH τυπτόμενοι ἀντὶ τοῦ τύπτονται [sic]; et cum Germ.) — τυπτόμενος VWXYZfa'β' Al. Ro.* (Tricl. cum nota παμφόροις καὶ χεράσιν γράφε καὶ τυπτόμενος, διὰ τὸ μέτρον· καὶ ἄξει, πρὸς τὸ ἄνεμος ἀποδιδούς) — θρυπτόμενον Pw. — τυπτόμενον Da. Hy. Hm.¹²³ Th. Aw. (Di.) Bg.* — κρυπτομένους Hck. — Etym. M χέραδος... οὐδέτερον.... καὶ πίνδαρος τὴν δοτικὴν εἶπε· χεράδι σποδέων. Hinc Be. γε σποδέων; Hy. coni. δὴ σποδέων (quod ipse improbat); sed Bö. emendat in Etym. M ς' πυθίων. Alii (Da. Hy. Hm.) hoc ad alium Pindari locum pertinere credunt. Intelligo cum Sch. propulsantes, non cum Bö. illisi; cf. de usu formae mediae P. I, 24. (κυλινδομένα ubi Sch. εἰσκυλίει) 48. 74. al. || πρόσωπον] ἔχων ὁ ὕμνος gl. Z cum Sch. recte (contra Hm.³) || 15 κοινάν BDEFPQ[R]UW? Ro.* (cum Sch.) — κοινάν (νὸν, νᾶν) G (iunctis compendiis) — κοινά Al. — κοινᾷ(ᾶ) ΠVXYZcfa'β' || 16 θνητ. X || 17 ἐνδ. Z || ἁρματινίκαν I („plurimi" Bö.) Al. Ro.* Bd. (ἁρμ. Ro.) — ἁρματονίκαν c — ἅρματι νίκαν GZ [mei omnes, ut videtur] Mr.? St.³ Sm. Ox.* || 18 κρισαίαισιν ἐνὶ πτυχαῖσιν BDEFGΠQRVWXYZ (σαισιν D — χρυσαί. Iac) Al. — id. (sed πτυχαῖς) PY — id. (sed χαισι) V — id. (sed ἐν) U — κρισαίαις ἐνὶ πτυχαῖς cf (Mosch.) Bg.² coni. recte — κρισαίαι-

15*

ΠΥΘΙΟΝΙΚΑΙ ς'.

σύ τοι σχέθων νυν ἐπιδέξια χειρὸς ὀρθὰν   Στρ. γ'.
20 ἄγεις ἐφημοσύναν,
     τά ποτ' ἐν οὔρεσι φαντὶ μεγαλοσθενεῖ
     Φιλύρας υἱὸν ὀρφανιζομένῳ
     Πηλεΐδᾳ παραινεῖν· μάλιστα μὲν Κρονίδαν,
     βαρυόπαν στεροπᾶν κεραυνῶν τε πρύτανιν,
25 θεῶν σέβεσθαι·
     ταύτας δὲ μή ποτε τιμᾶς
     ἀμείρειν γονέων βίον πεπρωμένον.

ἔγεντο καὶ πρότερον Ἀντίλοχος βιατὰς   Στρ. δ'.

σιν ἐν πτυχαῖς [α'β'] (Tricl.?) Ro.* ‖ -ελεῖ [fa' r. r.] Al Ro.* — ἴλει DQRV (cum Sch. Ro.) — ἴλλει BEFGIUXZ (cum Sch. BGH?)
19 νῦν B. (cf. ad O. III, 34) — νυν Bg.² (cum Sch. τοίνυν) recte; desideratur nexus eiusmodi; de ἄγειν emphatice sine casu usurpato vide ad P. II, 17 — νιν DE.FGIPQRUVXf[a' r. r.] Al. Cp. Sm. Ox.* — νὶν Z Ro: Br.* (gl. Z αὐτήν) ‖ ἐπὶ δεξιὰ VWXYZf Al. Be. — ἐπιδέξια [BDEF]GI [IPQR]U[α'] Ro.* (gl. G ἐπιδεξίως) ‖ **20** εὐφ. [B?]QRU Ro.* — ἐφ. D EF [rell]. Al. Sm.* ‖ **21** τά β'(?) Sm. Hm. Bö.* — τό α'ᵃ(β'?) cum nota Tricl. ἐφημοσύνην γράφε καὶ τὸ ποτε, ἵν' οἰκεῖον ᾖ τῷ μέτρῳ. τὸ δὲ τό ποτε ἀττικόν ἐστι ... ἀλλὰ καὶ υἱ' ὀρφανιζομένῳ, καὶ πηλεΐδᾳ διαλελυμένως γράφε. οὕτως ἔχει γὰρ τὸ μέτρον ὀρθῶς. — τάν [B]DEFGI͞P [Q]R[U]VWXYZ[cf]α'ᵇ Al. Ro.* Bd.* Ht. (cum Sch.) — ὄρεσι τάν ποτε (om. ἐν) Da. (in quod et ipse incidi) ‖ ποτ'] ποτε R ‖ ἐν ὄρεσι PQ Ro.* Bd.* — ἐν οὔρεσι BDEFG[R]U[VX]Z[cf] Sm. Hy. Be.* — ἐν οὔρεσιν Ia' Al. ‖ -σθενῆ Qᵃᶜ? Bg.² — σθενεῖ rell. — p. n. h. ‖ **22** φιλύρας PQ RU ‖ υἱόν vett. et Mosch. Al. Ro.* — υἱ' α' (Tricl.; vide supra) Sm. — παῖδ' Be. ‖ **23** πηλεΐδᾳ α' (Tricl.; cum gl. διὰ τὸ μέτρον; vide supra) Sm. Ox.* — πηληΐδα Al. Ro.* — πηλεΐδᾳ(α) BDEFGIPQRUVXZcf ‖ μὲν [B]DEF[G]I[PQR]U[α'f r. r.] Ro.* (cum Sch.) — δὲ VWXYZ Al. ‖ -ίδην Z — ίδαν rell. mei (etiam WY?) ‖ **24** βαρυόπαν [B]DG[I]U[α'β'] Ro.* (cum Sch. [B] Ro. μεγαλόφωνον) — βαρυόπᾶν FV — βαρυοπᾶν EWXYZcf — βοώπαν PQR (cum Sch. GHU etc. μεγαλόφθαλμον); cf. Eustath. p. 768, 43; βοῶπις a quibusdam explicatur μεγαλόφωνος; cf. Hesych. ‖ γρ. στεροπᾶ κεραυνῷ τε gl. G — στεροπᾶν κεραυνῶν τε omnes mss. Al. Ro.* (cum Sch.) ‖ **25** θεὸν B — θεῶν rell. (cum Sch. ut videtur: παρὰ τοὺς ἄλλους θεούς). Est quod placeat in accusativo ut magis poetico: cf. N. V, 38 ‖ **26** ταύτας] θείας Be. — κεδνᾶς s. κλειτᾶς (Ht.) Cf. Sch. et Hm. ‖ **27** ἀμοίρειν R ‖ **28** ἐγέντο α'β' (Tricl.) Sm. Bö. Hm.* — ἐγένετο rell.; cf. P. III, 87 ‖ πρότερος α'β' (sed gl. Tricl. εἰς τὸ παλαιόν) — πρότερον rell. (Sch. τὸ παλαιόν)

PYTHIA VI.

νόημα τοῦτο φέρων,
30 ὃς ὑπερέφθιτο πατρός, ἐναρίμβροτον
ἀναμείναις στράταρχον Αἰθιόπων
Μέμνονα. Νεστόρειον γὰρ ἵππος ἅρμ' ἐπέδα
Πάριος ἐκ βελέων δαϊχθείς· ὁ δ' ἔφεπεν
κραταιὸν ἔγχος·
35 Μεσσανίου δὲ γέροντος
δονηθεῖσα φρὴν βόασε παῖδα ϝόν·

Στρ. ε΄.

χαμαιπετὲς δ' ἄρ' ἔπος οὐκ ἀπέριψεν· αὐτοῦ
μένων δ' ὁ θεῖος ἀνὴρ
πρίατο μὲν θανάτοιο κομιδὰν πατρός,

30 ὑπέρφθιτο Rf ‖ ἐναρίμβροτον [B]G[P]QU[VX]Z[c]df Al. Ro.* Ox.* (d^{ac} ομον) cum Sch. et gl. GZ — ἐναρήμβροτον EF — ἐναρίβροτον DI (cf. O. VI, 101; P. III, 58) — ἐναριμβρότων α'β' (Tricl.) Sm. Da. ‖ **31** ἀναμείναις (in nullo ms.) Bö.* — ἀναμείνας Z^{ma}'[β'] Al. Pw. Hy. Be.* (recte? cf. Ja. LXXXIII, 43) — ἀμμείνας [B]DFGΠPQRVWXYZ[c]f Ro.* — ἐμμείνας E — ἀμύνας Sm. — par. Sch. ὑπομείνας ‖ στράταρχον] ἀρχόν α'β' (Tricl. cum gl. ἀρχοντα) ‖ στρατάρχου ... μέμνονος B? ‖ **32** νεστόρειον [c]f[α'] Al. Ro:* — νεστόρεον DE.FIPQRU.VX.Z — de BG n. n. ‖ **33** δαχθείς B — Sch. τρωθείς ‖ ὅδ' mss. Al. Ro.* — ὁ δ' Sm. Ox.* — ὁ δ' Mr.* Hy.^{2}* ‖ ἐφέπεν α' Al. Bö.* — ἔφεπε vett. et Mosch. Ro.* ‖ **34** κρατερὸν PQR ‖ **35** μεσαν. PUVX.Zα' ‖ δονηθ. BDEFGΠPQUVWXYZef Ah. Sw.* — δοναθ. [α'β'] (Tricl.) Al. Ro.* ‖ βόασε [B]DEFGΠQ[R]UVWXYZα'β' Al. Ro.* — φώνησε P — βέασιν f Sm. ‖ παῖδ' ἰὸν Aw. male ‖ **37** ἆρ V'Xf Al. Ro. ‖ ἀπέριψε P? — ἀπέριψεν D?V [c]fα' Al. Sm. Ox.* (in Tricl. cum gl. διὰ τὸ μέτρον) — ἀπέρριψεν BEFG IQRUXZ Ro.* Fuerit ἀπέϝριψεν. ‖ αὐτούς. f — αὐτοῦ (sine dist.) Ro. — αὐτοῦ. Ox.* — αὐτοῦ (sine dist.) DEGVX? Al. — αὐτοῦ. BFIQUZα' Cp.* — . αὐτοῦ (i. e. in loco) (Hy.) Hm. Bö.* (eleganter; recte?) — Sch. BU οὐ μάταιον δὲ τὸν λόγον ἑαυτοῦ ἔρριψεν, ὑπομείνας γὰρ κτλ. ubi Ro.* αὑτοῦ habet. Gl. Z πατρός. Sch. igitur αὐτοῦ pro ἑαυτοῦ habuit; nec alibi adv. αὐτοῦ apud Pindarum legitur [etsi saepe apud Homerum]; ft. μένων cum pondere primo loco positum, ut ultimo P. IV, 33. ‖ **38** δὲ (om. ὁ) DG[U?] Be. (Hy.) — δὲ ὁ Br.* — δ' ὁ BEFIZ (rell.] Al. Ro. Cp. Sm.* — ὁ (om. δ') Bg.^{3} — Sch. par. γὰρ habet.

40 ἐδόκησέν τε τῶν πάλαι γενεᾷ
ὁπλοτέροισιν, ἔργον πελώριον τελέσαις,
ὕπατος ἀμφὶ τοκεῦσιν ἔμμεν πρὸς ἀρετάν.
τὰ μὲν παρίκει·
τῶν νῦν δὲ καὶ Θρασύβουλος
45 πατρῴαν μάλιστα πρὸς στάθμαν ἔβα,

40 ἐδόκησέ τε τῶν omnes scripti (etiam G,U,[c]*fa'* sed in *a'* cum gl. ἀντὶ μιᾶς; cf. 4. 13. 22. 31.) Ox. Hy. — ἐδόκησε τῶν Al. — ἐδόκησεν τῶν Ro:* (vitium ex Al. manavit; B, non exstat; hinc idem vitium etiam ad Ro; propagatum) — δόκησεν δὲ τῶν Sm. Bd. — ἐδόκησεν δὲ τῶν Be. Ht. — ἐδόκησέν τε τῶν Hm. Bö.* — Sch. B Ro.* ἔδοξεν οὖν (ubi U[G?] Bü. οὖν omittunt) — paraphr. B[G] Ro.* ἔδοξε δὲ (cum Germ.) ‖ Sch.¹ et Sch.³ non legerunt τοῖς πάλαι sed coniunxerunt τῇ τῶν παλαι γενεᾷ cum ἐδόκησεν, ut Germ. facit: ἐδόκησε τῇ γενεᾷ τῶν πάλαι εἶναι ὕπατος πρὸς ἀρετὴν ἐν τοῖς ὁπλοτέροις; nescio an (cum Sch.²?) τῶν πάλαι cum ὕπατος, γενεᾷ cum ὁπλ. consociandum sit: „Veterum Ant. summus pietate videbatur posteris (Theocr. XVI, 45 sq.), nunc viventium Thr. summus pietate videtur." ‖ **41** -ροισι D ‖ τελέσαις B Bö.* — τελέσσαις V** — τελέσας [P?Qc]I*fa'*[β'] Al. Ro.* — τελέσσας DEFGRUVᴾᶜXZ ‖ **42** τοκέεσι P — τοκέεσιν QR ‖ ἔμμεν omnes ‖ **43** παρίκει BEFᵃᵃV Bö.* — παρήκει D Fᴾᶜ GIPQRUXZ*fa'* [r. r.] Al. Ro.* — gl. Z παρῆλθεν ‖ **44** τῶν νῦν δὲ [c]*f*[a' r. r.] Al. Ro.* — τῶν δὲ νῦν B.E.FG.IPQRUVᵃᵃXZ Ro; (Vᴾᶜ τῷ?) — τὰ δὲ νῦν D ‖ **45** πατρῴαν (ῴαν F Ro. Br. — ῴαν Zaꞌ Al. Mr.*) omnes ‖ πρός] πρός (i. e. πατρός) U ‖ **46** πάτρωί τ' ἐπερχόμενος ἀγλαΐαν ἔδειξεν | ἅπασαν BDEFGI[Ị]PQRUV[W]X[Y]Z (B πάτρῳ — Fᵃᵃ πάτρῳ — E τ' ἀγλ. et ξε | — R ὥπασαν?) Al. Ro.* — πάτρωί τ' ἐπερχόμενος ἀγλαΐαν ἔδειξεν (om. ἅπασαν) [c]*fa'*? Sm.* — id. (sed πάτρῳ τ' ἐπερχ.) Hm. Bö.* — id. (sed πάτρωί τ' ἐρχ.) [a'?]β' — id. (sed πᾶσάν τ' ἐπερχ.) Ht. — πάτρῳ τ' ἐπερχ. ἀγ. ἅπασαν (Bg.³ „i. e. omne decus patrui imitans"). gl. a' τῷ πάππῳ. οἱ δὲ, τῷ θείῳ Θήρωνι. — Sch. B πάτρῳ, (ubi Ro. GU πάτρωί,) τῷ πρὸς πατρὸς Θείῳ Θήρωνι (ead. gl. Z). ἐπερχόμενος οὖν πρὸς τὴν τοῦ θείου ἀγγελίαν (sic U; ἀγλαΐαν, BG Ro.*) καὶ κατα (κατὰ om. G) τὸν κόσμον ἑαυτοῦ ἴσον ἀπέδειξεν. ἢ οὕτως· ἀντὶ τοῦ πάτρωι ποιητικῶς [λέγει B]. τὸν γὰρ Θήρωνα λέγειν θέλει τὸν ἀδελφὸν ξενοκράτους (gl. F τῷ ἀδελφῷ τοῦ ξεν.). In Sch.¹ si vox κόσμον respondet voci ἀγλαΐαν, ἀγγελίαν in antecedentibus pro ἀγλαΐαν recte se habet. In Sch.² Be.* emendavit ἀντὶ τοῦ θείῳ, πάτρωί ποιητικῶς. Nescio an haec omnia (quae nunc confusa leguntur) olim non de πάτρῳ sed de diversa potestate vocis πατρῴαν disputata fuerint, quam alii ad patrem Xenocratem, alii vero ad patruum Theronem, alii denique (Sch.³ τὴν πρὸς τοὺς πατέρας ἑαυτοῦ στάθμην) generalius

PYTHIA VI. 231

πάτρῳ τ' ἐπερχόμενος ἀγλαΐαν ἔδειξεν.   Στρ. ς'.
νόῳ δὲ πλοῦτον ἄγει,
ἄδικον οὔθ' ὑπέροπλον ἥβαν δρέπων,
σοφίαν δ' ἐν μυχοῖσι Πιερίδων·
50 τίν τ', Ἐλέλιχθον, ἃς εὗρες ἱππείας ἐσόδους,

ad patros retulerint. Displicent initia πατρῴαν et πάτρῳ proxima. Hinc proficiscenti πάτρωϊ interpretatio vocis πατρῴαν, init. vs. 45 subscripta, ad textum init. vs. 46 delapsa esse videbitur. Verum ἄπασαν, quod init. vs. 47 in vett. legitur, cum init. vs. 46 restitutum metro repugnet, et ipsum e gl. insertum sit necesse est. Ft. ὁ μὰν τ' ἐπερχόμενος ἀγλ. ἔδ. (olim ἴσαν τ', ὅλαν τ' proposui: Germ. p. VII) — At Byzantiorum Schmidiique emendatio habet quo defendatur. Nam ἄπασαν solum et numeros turbat et otiosum est, nec exprimitur in Sch. Sed πάτρῳ et ἔδειξεν in Sch. apparent. 47 δὲ om. B, || πλούτῳ E^{ac}E, || ἄγειν D || 48 , ἄδικον] ἀδινόν: Sm. Cf. Sch. et ad O. I, 104 ubi adde Eust. § 12 || οὔτε BDEFGIPQRU VXZfa' Al. Ox. (cum Eust. § 12) — οὐθ' Ro. Br.* Hy. Be.* — οὔτ' Cp. — οὐδὲ Sm. — οὐδ' Bd. || ὑπέροπλον ἥβαν vett. Tricl. Al. Ro.* Hy. Be.* (cum Sch. Aristid. III, 54 [p. 334] laudat. a Sw.^{1} Bg.^{2}) — ὑπείροπλον ἥβαν cf (Mosch.) Ox. — ἥβαν ὑπέροπλον Sm. — ὑπ. ἀνάταν Hm.^{3} (coll. P. II, 28) — ὑπ. ὕβριν Eustath. (Pr. § 12) — ὑπ. ἐπέταν Ky. — ὑπ. ἀπό νιν (i. e. ὄλβον) Ra. — ὑπεράφανον ἀκμὰν olim (Rh. IV, 546) conieci (ex Sch. ὑπερήφανον... ἥβην), quod adhuc placet; ὑπέροπλον non agnoscitur nisi in Sch. P semibarbaro — ὑπέροπλον ἀγανῷ Ht. temere || δρέπων] διέπων E, — gl. F ἔχων || 49 -οισιν X || 50 τίν] τήν DV? || τε BDE FG.R (E τέ) — τ' PQUVXZ[c]f[a'] Al. Ro.* — δ' I (Sch. δὲ, sed hoc δὲ om. in U) || ἐλελίχθον E^{ac}a' (E^{po} ἴχθον') — ἐλάσιχθον? apud Eustath. Pr. § 16 p. 7 || ὀργαῖς πάσαις ὅσον ἱππίαν ἔσοδον B — ὀργαῖς πάσαις ὃς ἱππείαν ἔσοδον DEFGHPQRSUVWXYZ Al. Ro.* (W ὀργεῖν — Al. πασαῖς — dist. ante ὃς QRX Ro.* — εἴσοδον QSU Ro.* — εἴσοδον | εὗρες R (e gl.) — ἐσ ὁδὸν V*[V^1 ἔσοδον]) — εὗρές θ' ὃς ἱππείαν ἔσοδον cdfa'^{b}? (Mosch.) (in f εὗρεσθ' et ἱππείαν; de c non prorsus constat; a'^{m} εὗρες adscripsit [expuncto ὀργαῖς] et ἐς in ὃς commutavit) — id. (sed ἱππίαν) Ox. — ὀργαῖς ἐς ἱππείαν ἔσοδον a'^{a} β' (Tricl. cum gl. ταῖς ὁρμαῖς ταῖς εἰς τὴν ἱππικὴν ἅμιλλαν) Hm. Bö.^{12} Di. Sw. (sed Bö.* ἱππίαν) — ὀργαῖς ὅλαις, ἐς ἵππιον εἴσ|οδον, (om. μάλα) Sm. — ,ὀργᾷς πάλαι ὃς ἵππειον ἔσοδον (μαλ') Pw. — ὀργαῖς, ὃς ἱππίαν ἔσοδον| εὗρες, (om. μάλα) Be. — ,ὀργαῖς ὃς εὗρες ἵππιον εἴσ|οδον, (om. μάλα) Hy. — ,ὅσθ' εὗρες ἱππίαν ἔσοδον, (Bö.) (Di.) (ex Sch.) Ta. — ,ὅς θ' εὗρες ἱππίας ἐσόδους (Bö.) Th. (ex Sch.) — ,ὀργᾷς ὃς ἱππίαν ἐς ὁδόν, Bg.^{1} — ,ὃς θῆκας ἱππίαν ἔσοδον, Bg.^{2} — ,ὁρμᾷς ὃς ἱππείας ἐς ὁδόν, Ht. — ,ἃς (ὡς) εὗρες ἱππίας ἐσόδους, ego nuper (Germ. p. VII) ex B et Sch. B οὓς εὗρες ἱππείας ἐσόδους (ubi Ro.

μάλα ϝαδόντι νόῳ, Ποσειδᾶν, προσέχεται.
γλυκεῖα δὲ φρὴν
καὶ συμπόταισιν ὁμιλεῖν
μελισσᾶν ἀμείβεται τρητὸν πόνον.

οὖς et εἰσόδους; in GU est ὃς εὗρες ἱππείαν ἴσοδον [U εἴσοδον], τουτέστιν ἱππικὰς ἁμίλλας· ἵππιος γὰρ ὁ θεός). Potest quidem illud ὅσον (i. e. quod attinet ad) etiam favere Triclinio (cuius emendationem Hm. nesciens iteravit); possis scribere ἐς πᾶσαν l. l.; sed teneo pluralem cum Sch. (coll. P. V, 108) et ἃς εὗρες (nisi malis ἃς θ᾽ εὗρες), quamvis ὀργᾷς ὅς (Pw. Bg.[1]) si exemplis comprobare possem, valde arrideret. Sch. autem nihil nec de isto ὀργαῖς πάσαις (quod prorsus inutile est) nec de verbo εὗρες subaudiendo dicunt, sed gl. F(R) est εὗρες, gl. E ἐξεῦρες, gl. G diserte ἔξωθεν τὸ εὗρες. Ex his gl. et Sch. sua hausit Mosch., sed non crediderim eum de rariore aliqua forma in -σθα desinente (Ah. D. A. 129) cogitasse. Ad ὀργαῖς gl. Z ὁρμαῖς, ad ἱπ. ἰσ. gl. E ἱππικοὺς ἀγῶνας. Inveniri ὀργάς et ὀργήν (hoc sensu) etiam in prosa Lexica ostendunt; praeterea Sch. et gl. saepius poeticam orationem imitantur; quare ὀργαῖς πάσαις interpretationem vs. 51 μάλα ἁδόντι νόῳ esse existimo, ut ὅσον ad ἃς (quod attinet ad eos quos invenisti aditus studii equestris) pertinuit, quod (cum εὗρες) e mss. excidit.

51 μάλ᾽ Ro.* — μάλα mss. Al. Ox.* || ἁδόντι Z Bö.* — ἁδόντι B V^b X[c]ƒ Al. Ro.* — ἄδοντι B,DFIPQUV• — ἄδοντι EG — ἀδῶντι Ṣa'β' — gl. F ἀρέσκοντι. Cf. ad O. VII, 18 || ποσιδᾶν EG — ποσειδᾶν B.DE••? FIPQ[R]U[VX]Z[c]ƒa' Al. Ro.* (σειδαν P) || προσέχεται Sm. Hy. Be.* — προσέρχεται B.DEFGIPQRṢUVXZ[c]dƒa'β' Al. Ro.* (etiam Sch. BGU Ro.* προσέρχεται καὶ προσοικειοῦται). Refertur προσέχεται ex IWY, quos ego non vidi. || 52 extr. plene dist. E — minus plene B || 53 ὁμιλῶν Pw. || 54 ἀμ.] διέρχεται gl. F — ὑπερνικᾷ gl. E — ἐναλ[λ]άσσει gl. Z — παραβαλλόμενα παραπορεύεσθαι Sch. B Ro. ubi GU παραλλάσσειν καὶ παραπορ. (παραπολ. U) || τρ.] ἐπίπονον gl. Z

Subscr. τέλος ξενοκράτους. U — τέλος. E — ὕμνου τέλος ξενοκράτους ἀκραγαντίνου. α' — nulla subscr. in BDFGI etc.

ΠΥΘΙΟΝΙΚΑΙ Ζ΄.

ΜΕΓΑΚΛΕΙ ΑΘΗΝΑΙΩ

ΤΕΘΡΙΠΠΩι.

Strophae.

```
  _ ᷑ _ ‿ ‿ ᷑ ‿ _
‿ ᷑ _ · _ ᷑ ‿ ‿ ᷑ ᷑ ‿ _
  _ ᷑ _ _
  _ ᷑ ‿ ‿ _
5 ‿ ᷑ ‿ ᷑ ᷑ _ _
  _ ᷑ ‿ ‿ _ ᷑
  ‿ ᷑ ᷑ ‿ ᷑
  ᷑ ᷑ ‿ _ ᷑
```

Epodus.

```
  ᷑ ‿ ᷑ ‿ _ ᷑ ᷑ ‿ _
  ‿ ᷑ _ · ‿ _ ᷑ ‿ _
  ᷑ ‿ ‿ ᷑ _ ᷑ ᷑ _ ᷑
  ᷑ ‿ ‿ _ _ ᷑ ‿ _ ᷑ ‿
5 _ ᷑ ‿ _ ᷑ ‿ _
  ‿ ᷑ ‿ ‿ _ _
```

Inscr. μεγ. ἀθ. τεθρ. [B?] Ro.* (cum Sch.) — μ. ἀ. ἵπποις. Xƒ — μ. ἀ. ἵπποις. ὀλύμπια. ἴσθμια. πύθια. DGΠPV̄WXYZ — μ. ἀ. ἵπποις, ὀλύμπια. πύθια. ἴσθμια. Ua΄β΄ Al. — id. (om. πύθια) E — μ. ἀ. νικήσαντι ὀλύμπια ἴσθμια: (om. ἵπποις et πύθια) F — μ. ἀ. κέλητι. Bg.² (ex V̄ Böckhio relatum erat ἵππῳ; ego ἵπποις enotavi) — om. inscr. Q

Metr. Coniunxit Bg.² str. 5 et 6 ita ‿ ᷑ ᷑ ᷑ ‿ _ _ _ ᷑ ‿ ‿ dulcissimo sono, sed minus recte — Str. 1 Bö.¹ Hm.² Sw.²³ _ ᷑ _ ‿ ‿ _ ‿ ᷑ ‿ _ ᷑; Str. 2 et 3 Tricl. ‿ ᷑ _ _ _ ᷑ _ | ‿ ᷑ ‿ ᷑ ‿ _ _ ᷑ _ _. De exitu str. 2 vide ad v. 10.

ΠΥΘΙΟΝΙΚΑΙ Ζ'.

Κάλλιστον αἱ μεγαλοπόλιες Ἀθᾶναι   Στρ.
προοίμιον Ἀλκμανιδᾶν εὐρυσθενεῖ γενεᾷ,
κρηπῖδ' ἀοιδᾶν
ἵπποισι βαλέσθαι.
5 ἐπεὶ τίνα πάτραν, τίνα τ' οἶκον
αἰᾶν ὀνυμάξομαι

1 [ὠ]ς κάλλ. U, ‖ μεγαλοπόλιες omnes mss. (etsi de α' in Bö.¹ᵐ n. n.) Al. Ro.* Bö.²* — μεγαλοπτόλιες Bö.¹ Hm.² Sw.²³ Ht. ‖ ἀθῆναι D Cf. ad O. VII, 38 ‖ 2 προοίμιόν τ' α' (Tricl. male, ob ἐριχθέως vs. 10) ‖ ἀλκμαν. DEFGI[Q?]UVXZα' Hy. Be.* — ἀλκμαιν. cf Al. Br.ᵐ Ox. (f ἀλμ.) — ἀλκμαιαν. P Ro. — ἀλκμαιων. R — ἀλκμαιον. [B] Cp.* Pw. ‖ -ιδᾶν] -ιδῶν QR ‖ ἐρισθ. α'β' (Tricl.) Bö.¹ Hm.² Th. Ky. ‖ -εὐρυσθ. vett. Mosch. Al. Ro.* Bö.²* (cum Sch.); cf. Metr. ‖ dist. post πρ. (non post γεν.) Z Hy. — post γεν. (non post πρ.) Q Al. Ro.* (cum Sch. BU Ro.* κάλλιστόν ἐστι προοίμιον τῇ εὐρυσθενεῖ γενεᾷ (hoc om. Bö.) τῶν ἀλκμαιονιδῶν αἱ ἀθῆναι, ὥστε κρηπῖδα κτλ.) — post ἀλκ. tantum U — utrimque f Be. — non dist. BDEFIV[α'] Bö.* ‖ 3 κρηπῖδ' DEFIPQUVXZ Ro.* Ox. — κρηπῖδ' [Βα']f? Mr.* Hy.* ‖ -δῶν I? ‖ ἵπποις BDEFGI PQRUVWXYZcf Ro. Cp. — ἵπποισι [α'β'] Al. Br.* ‖ 5 τίνα τ' οἶκον [B]EFGI[Q]UVXZ[c]fα'β'? Al. Ro:* (cum Sch. BU Ro.* τίνα τὸ (τε) οἶκον) — τίνα κατ' οἶκον R — τίνα δ' οἶκον P Bg.¹ Ht. Ra. — τίνα γ' οἶκον β' (sic apud Bö. relatum est) — τίν' οἶκον DG,U, (vitiose; cf. O. II, 2) — τίνα οἶκον (in nullo ms.) Bö.* — τίνα οἶκόν τ' (δ') Bg.² Non opus. ‖ 6 αἰᾶν scripsi, i. e. γαιάων; cf. Hom. Od. μ, 404; I. III, 73; de structura Hom. Il. ρ, 372; subest locutio ποῦ γαίας εὑρήσω; Pind. αἰάων scripserat (Ah. D. A. 110), quod postquam antiquitus in αἰῶν cessit (nisi Pind. vere αἰῶν scripsit; nam multa hercle quae dialecti sunt ignoramus) fraudem fecit interpretibus, ut alii circa dativum αἰῶνι explicandum frustra laborarent, alii τ' αἰων (= ἀίων; ita Pp.), alii ναίων et ναίοντ' emendarent. Vide Sch. ubi lectio ναίων in Ro. (non in B qui verba ὁ δὲ δίδυμος ἁπλούστερον ἀκούει omittit) Didymo, in mss. (GU) Apollonio [εἰδογράφῳ] tribuitur. Ft. Apollonii inventum Didymus probavit. — ναίων omnes mss. Al. Ro.* (in Z cum gl. ἐγὼ οἰκῶν ἐν τῇ ἑλλάδι e Sch.) — ναίοντ' Sm. Ox.* (e Sch.²³ [οἰκοῦντα]; defensum a Hm. ut pro ναιόμενον dictum, allato Hom. Il. β, 626; a Bö. constructione selectâ „Cuius patriae, cuius domus clarioris habitatorem nominem" argutius quam verius, fere cum Sm.) — μαίων (quasi hoc esset μώμενος) Pw. — κλείων Th. — αἰνέων Ky. — λαῶν Sw.¹²³ — θνατῶν (Sw.) — de Bg.² cf. Metr. — φαίην Ht. ὑμνέων Ra.¹ — ἔργοις Ra.² (Ia. LXXI, 280) — νικῶντ' Ra.³ (Ia. LXXXIII, 39) Quae novem inventa recentiorum, utut maximam partem ingeniosa, tamen ad unum omnia falsa. Ostendunt, quanto si non feliciores tamen cautiores in talibus fuerint veteres critici, optimo iure. ‖ ὀνυμ.] ὀνομ. Dᵃᶜ U. ‖ -αξο-

PYTHIA VII.

ἐπιφανέστερον
Ἑλλάδι πυθέσθαι;

πάσαισι γὰρ πολίεσι λόγος ὁμιλεῖ   Ἀντ.
10 Ἐρεχθέος ἀστῶν, Ἄπολλον, οἳ τεόν γε δόμον   10
Πυθῶνι δίᾳ
θαητὸν ἔτευξαν.
ἄγοντι δέ με πέντε μὲν Ἰσθμοῖ
νῖκαι, μία δ᾽ ἐκπρεπὴς

μαι Ζα'β' Al. Ro.* Sch. — ἄξω E^{pc}F^{ac}G^bcf (e gl.; an emendatio?) — ἄζω E^{ac} — ἄξαι BD.E,F^{pc}G,IPQ.RU.VWXY (quod pro infinitivo accipientes exposuerunt per εἰπεῖν Germ., addito δυνήσεται gl. F male; est procul dubio emendandi periculum) — ἄξαι (Bö. Bg.²) — ὀνομαστὸν ἂν Ht. — ὀνυμάξομεν Ra. Non erat sollicitanda vulgata, iam a Tricl. eruta e Sch. ubi et ipsum ὀνυμάξομαι bis diserte iteratur, et idem ft. per εἴπω et εἰπεῖν δυνήσομαι explicatur. De forma media cf. Bu. II, 85; P. I, 24; VI, 14 al. Sin ναίων non Apollonio sed antiquae traditioni deberi et vere Pindari fuisse crederem, ναίων ὀνυμάξομαι pro ναίων ὀνομασθήσομαι acciperem, ut poeta sese Atheniensem fingeret: „Quam patriam, quam domum illustriorem habitans dicar, auditu Graeciae?"
7 -ρρον E || 8 ἰλλ.] ἠλ. s. ἠλ. V || πυθ.] ὥστε ἀκοῦσαι μαθεῖν τινά Z^{s1} || 9 πάσεσι I — πάσαισι R || πολίεσι [cf]α'[β'] Al. Ro.* Bö.²* coll. Bu. I, 178 — πολίεσιν I^{ac} Ro; — πόλεσιν EFG, — πολίεσσι VW Bö.¹ Hm,² Sw.²³ Ht. — πολλιέσσι XYZ — πολέεσσιν R — πολίεσσιν BDGI^{pc}IQU — de P n. n. || ὁ λόγος BDEFGIPQRU (Sch. ὁ λόγος καὶ ἡ φήμη) — λόγος (om. ὁ) V[W]X.[Y]Z[cf]α'[β'] Al. Ro.* (gl. Z ἡ φήμη) — Probato articulo erit ⏑ ⏔ ⏑ ⏔ ⏑ ⏠ ⏑ ⏠ ⏑ – –; et vs. 1 αἵ γε? an μεγαλοπτ.? || 10 -θέος [B]E^{pc}?FVXZ[c]f Al. Ro.* — θέως DEGIPQ RUα' (Tricl.: cf. v. 2 et Metr.) solito vitio: O. VII, 46; XIII, 56 al. || ἀπόλλων [cf] Al. Ro.* Ox.* — ὦ ἀπόλλων Sm. — ἄπολλον B.DEFG.I[P] Q[R]U.VX.Ζα'β' Bö.* Cf. Metr. et v. 2 || τεόν γε δόμον [R?c]f (Mosch.) Ox.* — τεόν τε δόμον [B.]DE.FGI[I]PQUα'β' Ro:* — τε' (i. e. τεὸν) δόμον V — τε δόμον W — τεὸν δόμον XYZ Al. — p. u. h. τε — τεὸν δόμον ἐν Ht. non male — τεὸν μέγαρον Ra. (Ia. LXXXIII, 40) coll. O. VI, 2. Redundare quidem particula videtur, sed omissio in V etc. manifesta est haplographia. An dittographia in rell. est, ut vs. 2 γενεᾷ synizesi iambum efficiat et trochaicus sit exitus quemadmodum P. X. str. 6; VIII, str. 6. 7 ita ⏓ ⏑ ⏓ ⏑ ⏔ – ⏑ – ⏑ –? Cf. P. X, 11 || 11 διὰ EQR || 13 προτρέπονται ἐπὶ τὸν ὕμνον U^{sch}Z^{s1} || δέ με mss. Al. Ro.* Sch. — τέ με Ky. || Ἰσθμοὶ E^{ac}V || 14 νίκαι EF^{ac}PQX — νῖκαι rell. mss. Al. Ro.* Sch. — tanquam glossema expulit Bg.² coll. O. VII, 86; vide Metr.

15 Διὸς Ὀλυμπιάς,
δύο δ᾽ ἀπὸ Κίρρας,

ὦ Μεγάκλεες, ὑμαί τε καὶ προγόνων.   Ἐπ. 15
νέᾳ δ᾽ εὐπραγίᾳ χαίρω τι· τὸ δ᾽ ἄχνυμαι,
φθόνον ἀμειβόμενον τὰ καλὰ ϝέργα.
20 φαντί γε μὰν οὕτω κεν ἀνδρὶ παρμονίμαν   20
θάλλοισαν εὐδαιμονίαν
τὰ καὶ τὰ φέρεσθαι.

15 -πίας [B]DE.FG.I[I]PQRV[W]X[Y]Z[cf] Al. Ro.* — πίοις U (Sch. ἐν [τῇ] ὀλυμπίᾳ) — πιάς α'β' (Tricl.) Ws. Va. Gu. Bö.* — ἠγ. ἐν ὀλυμπίᾳ γενομένη Zs¹ || 16 δοιὼ ἀπὸ α'β' (c. gl. διπλαῖ, ἠγ. δύο). Tricl. ut vs. cum antistrophico aequaret, dualem Homericum invexit, deleto δ'. Sch. δύο δέ || ὑμῶν PQ R Ht. — ὑμαί [B]DEFGIU etc. (Sch. hoc per ὑμῶν exponit, sed est αἱ σαί (hoc Zs¹): Sdt. coll. Sch. P. VIII, 66 [88]) || 18 εὔπρ. δὲ νέᾳ Pw. Be. male || νέᾳ [B,]Ia' Al. Br.* — νέα BDEFQUVᵇXf Ro. Cp. — νῦν Vᵃ W Z (gl. νῦν e Sch. ἐπὶ τῇ νῦν εὐτυχηθείσῃ νίκῃ χαίρω in textum venit) — gl. Z τῇ νῦν νίκῃ || χαίρω τι. τὸ δ᾽ B.DG̃ᵃU[c]df Al. Ro.* Hm.²³* Sch. — χαίρω. τί τόδ᾽ FG̃ᵇIPQSX.Za'β' Bö.¹² (τόδ᾽ in Z cum gl. κατὰ) cui falsae interpunctioni consuetudo librariorum τί pro τι et τό δ᾽ pro τὸ δ᾽ signandi occasionem dedit; est enim non solum [· τί] in FG̃ᵇI etc. sed etiam [τί.] in B — [τί,] in Ro. (τι, Cp.*) — [τί] in V sine dist. — [τί.] in U (U, om. τι) — [· τι] in Eᵖᵉ (E,Eᵃᶜ τι sine dist.); porro τόδ᾽ non solum F G̃ᵇI etc. habent, sed etiam vel idem vel τὸ δ᾽ DG̃ᵃUf Al. Ro. Cp. — τόδε Br. — τὸ δὲ Mr. — τὸ δ᾽ St.* Vide P. VIII, 32. 61. 76. etc.; P. IX, 87. 116 etc. Vulgatam egregie confirmat Sch. B Ro.* (Aristarch.) . . . ὅθεν καί φησιν, ἔν τινι (aliquatenus) χαίρειν. τὸ δὲ ἄχνυσθαι κτλ., quo cognito Hm.³ non dubitasset an Aristarchus ft. χαίρω τό· τὸ δ᾽ legisset. Etenim Bö. ibi tacite dederat φησι τὸ μὲν χαίρειν, ex G ut videtur, nam U habet φησι· τὸ μὲν χαίρω, τοδ᾽ ἄχνυμαι. Rectissime autem Hm.³ dixerat sensum esse partim gaudeo partim doleo; pertinet enim h. l. ad σχῆμα ἀπὸ κοινοῦ de quo vide ad O. I, 104 et Eust. Pr. § 12. — χαίρω τι, τὸ δ᾽ Ht. — χαίρω. τί δὲ τόδ᾽ Ra. (Ia. LXXXIII, 40). Neutro opus. || 19 τὰ om. Ht. || κεν] κε καὶ c — καὶ f || παρμονίμαν EFI[R]USdf Al. Cp. Br. St.²³⁴ Bd. Hm. Bö.* Sch. (et gl. Z παραμένουσαν) — πὰρ μονίμαν [B]DGPQVX Za' [al.] Ro. Mr. St.¹ PSt. Sm.* Ox.* (πὰρ, in α') — παρμενέμεν Ht. || 21 θάλοισαν P || 22 gl. Z καλὰ καὶ κακὰ (cum Sch.)

Subscr. τέλος. U — ὕμνου τέλος μεγακλέους ἀθηναίου. α' — nulla subscr. in BDEF etc.

ΠΥΘΙΟΝΙΚΑΙ H'.

ΑΡΙΣΤΟΜΕΝΕΙ ΑΙΓΙΝΗΤΗι

ΠΑΛΑΙΣΤΗι.

Strophae.

Epodi.

In hoc carmine η pro ᾱ passim probatum est Byzantiis; cf. vss. 4. 15. 30. 34. 40. 54. (56.) 59. 61. (73). 89.

Inscr. om. Q — de BF n. n. — ἀριστομένει. I — ἀρ. αἰγ. παλ. Xfa' Al. Ro.* — ἀρ. αἰγ. παλ. νικήσαντι πύθια. E — ἀρ. αἰγ. παλ. νικήσαντι [τὴν] λε͞ πυθιάδα. D͞G͞PQUVZ (D ὀλ[υμπιάδα]) cum Sch. B[G]HT U Ro.* ubi λβ̄ scribendum esse existimat Mü. Aeg. 177 sqq. Contra κ͞η Hm.³ praefert, sed in G͞ non est λη̄ sed λε̄. Ft. ο͞ε ὀλυμπιάδα scribendum, tempus pugnae Salaminiae.

Metr. In Str. 5 post quintam syllabam incisionem etiam vs. 45 fieri voluit et sextam ubique, etiam vs. 92, producendam esse statuit Hm.³ — Ep. 3 in Bö.¹ post caesuram inter nonam et decimam syllabam incidentem disiunctus legitur, invito auctore. — De Ep. 6 diu sub iudice lis erat; nunc (post Bö.) actum esse videbatur, donec Hm.³ eum ad trochaeos semantos hoc metro ⌣́ — ⌣́ — | — ⌣́ ⌣ ⌣ — ⌣ — ⌣ — σ revocaret. Nos Bö. (et Hm.²) sequimur.

ΠΥΘΙΟΝΙΚΑΙ Η'.

Φιλόφρον Ἡσυχία, Δίκας   Στρ. α'.
ὦ μεγιστόπολι θύγατερ,
βουλᾶν τε καὶ πολέμων
ἔχοισα κλαῗδας ὑπερτάτας,
5 Πυθιόνικον τιμὰν Ἀριστομένει δέκευ.
τὺ γὰρ τὸ μαλθακὸν ἔρξαι τε καὶ παθεῖν ὁμῶς
ἐπίστασαι καιρῷ σὺν ἀτρεκεῖ·

τὺ δ', ὁπόταν τις ἀμείλιχον   Ἀντ. α'. 10
καρδίᾳ κότον ἐνελάσῃ,
10 τραχεῖα δυσμενέων

1 φιλόφρων RU, ‖ ἡσυχία B.DE.FG.IPQRUVXZ[c]dfa'β' Al. Ro:* ἀσυχία Hy.²* ‖ 2 μεγαλόπολι c ‖ 3 βουλῶν [B,] Ro; — βουλᾶν mss. Al. Ro.* ‖ τε (τὶ)] δὶ U, male; cf. ad O. XIV, 5 ‖ 4 ἔχοισα B.DEFG. [PU,] Ro.* — ἔχουσα ΠQRUVWXYZcfa' Al. Ro; ‖ κλαῗδας [c?]f (Mosch.) Mr. St.¹ Sm. Hm. Bö.* — κλαῖδας EF Ro. — κλᾆδας DG. Aw. — κλᾶδας BΠ?PRU — κλεῖδας B,¹Q — κλείδας B,² Ro; — κλαίδας VW?[X]Y? Z Al. Cp. Br. St.²* (τὰς κλ. Al.) — κληῖδας α'β' (ex β' apud Bö. τὰς κλ. relatum est; ego ex α' non hoc enotavi, sed gl. συνίζησις). Possit defendi κληῗδας ut in Aeolico carmine: cf. P. V ante Inscr. ‖ -τάτους D? ‖ 5 τιμᾶν Q ‖ -μένους D* — μένει D¹ rell. — Sch. B Ro. παρ' ἀριστομένους (-μένει U) ‖ δέκευ omnes ‖ 6 ἔρξαι BDG[P]UX=Zda'β' Al. Ro.* (Sch. ποιῆσαι gl. Z πρᾶξαι) — ἔρξαι EFIQcf — ἄρξαι VX ‖ ὅπως B — ὁμῶς omnes rell. nec Sch. ὅπως ἐπίστασαι (Aesch. Pr. 374) coniunxit ‖ 7 ἀτρεκεῖ omnes, cum Sch. qui in BGU Ro. τὸ ἀτρεκεῖ ἀντὶ τοῦ ὁμοτρεκεῖ habet, ubi Bö.* (cum U al. l.) ὁμοτρεκεῖ edidit. Etiam gl. G ὁμοτρεκεῖ. Disputat Sch. non de κ in χ commutando (licet τρεχει a τρίχειν derivet), sed de ἀ pro ὁμο accipiendo. — Ζε¹ ἀληθεῖ ἠγ. εὐκαίρως (a. c. ἐγκαίρως) — Bö. „iusto tempore" recte. ‖ 8 ὁπότ' ἂν B — ὁππότ' ἂν B,¹ — ὁππόταν Ro:* — ὅταν B,²G,²U,² Ro;² — ὁπόταν DE.FGG,¹I etc. Al. Sm.* ‖ τις om. VXZª ‖ 10 sq. non dist. DFIUV Hy.* — post κράτει commate, ut hoc cum δυσμενέων iungatur f Al. Sm.* (Mosch. cum Sch. Vet.; idem in interpretatione St.*) — post ὑπαντ. solum commate B Ro.* — post δυσμ. solum plene E — τραχεῖα, δυσμενέων, ὑπαντιάξασα, κράτει τιθεῖς Q — — , τραχεῖα δυσμενέων (i. e. σκληρὰ πολεμίοις), ὑπαντιάξασα (gl. αὐτῷ [τῷ] κότῳ) κράτει (gl. τῇ σῇ ἰσχύι) τιθεῖς Z (Tricl.? „viribus tuis" Ln.) — δυσμενέων ὕβριν consociat Ra. — Germ. δυσμενέων cum τις coniunxit, aut ut participium epicum aut ut genitivus esset, et τραχεῖα (sic) cum καρδίᾳ; κράτει exposuit ἐν κράτει more suo.

PYTHIA VIII. 239

* ὑπαντιάξαισα κράτει τιθεῖς
ὕβριν ἐν ἄντλῳ. τὰν οὐδὲ Πορφυρίων μάθεν 15
παρ᾽ αἶσαν ἐξερεθίζων. κέρδος δὲ φίλτατον,
ἑκόντος εἴ τις ἐκ δόμων φέροι.

15 βίᾳ δὲ καὶ μεγάλαυχον ἔσφαλεν ἐν χρόνῳ. Ἐπ. α΄. 20
Τυφὼς Κίλιξ ἑκατόγκρανος οὔ νιν ἄλυξεν,
οὐδὲ μὰν βασιλεὺς Γιγάντων· δμᾶθεν δὲ κεραυνῷ
τόξοισί τ᾽ Ἀπόλλωνος· ὃς εὐμενεῖ νόῳ 25

11 -ξαισα [B] Ro.* — ξασα DEFGIIQRUVWXYZcfa′ Al. || κρατὶ Sch.¹ (κεφαλῇ explicans) — ἐν κράτει U — κράτει rell. || τιθεῖσ᾽ [B] cᵇ Ro. Br. Mr. (Sch.² in Ro.*; Sch.¹ in U τιθεῖσα) — τιθεῖσ᾽ (εἰς?) εἰ P? Qᵃᵉ — τιθεὶς (εἰσ) EFᵃᵉ (cᵃ?) f (Sch.² in U; Sch.¹ in B Ro.* τιθείσ.) — τιθεῖς (εἰσ) DFᵖᶜGIQᵖᶜVXZcᵃ [α′] Cp. St.*, (Sch.¹ in G Ox.*; Sch.² in [B]G Ox.*) || 12 οὔτε Bth. — οὐ δὲ Al. — οὐδὲ B.[DEF]G. etc. cum Sch. || μάθεν B.[D]GI[U]VXZfla′] Al. Ro:* (cum Sch.¹²) — μάθε BEFPQR — φύγεν Pw. — λάθεν Ma. || 13 om. δὲ VXZ Sch. || φίλτατόν γ᾽ α′β′ (Tricl.) Al. Ro.* (Al. γε) — φίλτατον (sine γ᾽) BDEFGIIPQ[R]UVWXY Zdf Be. Bö.* || 14 τος] -τες B — τοι Al. || ἐκ δόμων] γρ. καὶ εἰς δόμον Gᵃˡ — Sch. ὅταν τις παρ᾽ ἑκόντος λαμβάνῃ || φέρει V¹f¹ — φέροι V²f² rell. || 15 βία B.DEF?G.IIPQ[R]U.VW[X]Y[c]fa′β′ Al. Ro.* Be. Hm. Bü.* Sch. — βίᾳ Z Hy. male (de Z cf. O. IX, 63; P. IV, 290 al.) || ἔσφηλεν cf (Mosch. consulto; cf. Tricl. κλῃῖδας v. 4) — ἔσφαλλεν G — ἔσφαλεν IZ [rell.] Al. Ro.* || 16 ἑκατόγκρανος Sm. Ox. Πy.* — πολυκάρα-νός τ᾽, α΄ (nescio an idem sit in β΄, ex quo Böckhio ἑκατόγκρανός γ᾽ relatum est) Tricl. male (α΄ cum gl. ὁ ἑκατὸν ἔχων κεφαλάς) — πολυκάρανος (sine τ᾽) Ro.* Bd. Be. — ἑκατοκάρηνος cf (γκ c?) Mosch. (vide supra de η) - - ἑκατοκάρανος Al. — ἑκατοντοκάρανος BFI — ἑκατονταχάρανος DEP QRUVXZ (in D ut videtur κρανος; in V κα|νος, sed ρ supra α, alterum α supra ρ) — p. n. c. — Corruptela ft. ex ἑκατόᵃκρανος orta, dittographiâ. Cf. O. II, 63; IV, 7 al. || νιν scripsi cum Aw. — μιν omnes mss. et edd.; an ob sonorum οὖ et μ̄ concordiam praelatum? Quo nomine οὔ μιν διώξω O. III, 45 defendi potest. Paraphr. Sch. non exstat sed gl. Q τὴν ἡσυχίαν, non male, si admiseris insolitum ἄλεξεν, cf. Hom. Il. π, 688; gl. Z αὐτὸν τὸν δία. Refertur ab intt. recc. (a St. inde) ad βίαν, sed βία in Sch. exponitur ἡ τοῦ σώματος ἰσχύς quod minus bene convenit in οὔ μιν ἄλυξεν. || ἄλεξεν I — ἄλυξεν rell. (Zᵉ¹ ἐξέφυγεν) — p. n. e. || 17 μάν] μὲν R || δμᾶθε E. F male — δαμᾶθεν B — δμᾶτεν I — δμᾶθεν DG.Q etc. — Qᵍˡ Zᵉˡ ἐδαμά-σθησαν || κεραυνῷ Qᵃᶜ — κερκυνῷ D

Ξενάρκειον ἔδεκτο Κίρραθεν ἐστεφανωμένον
20 υἱὸν ποίᾳ Παρνασίδι Δωριεῖ τε κώμῳ.

ἔπεσε δ᾽ οὐ Χαρίτων ἑκὰς   Στρ. β'. 30
ἁ δικαιόπολις ἀρεταῖς
κλειναῖσιν Αἰακιδᾶν
θίγοισα νᾶσος· τελέαν δ᾽ ἔχει
25 δόξαν ἀπ᾽ ἀρχᾶς. πολλοῖσι μὲν γὰρ ἀείδεται   35
νικαφόροις ἐν ἀέθλοις θρέψαισα καὶ θοαῖς
ὑπερτάτους ἥρωας ἐν μάχαις·

τὰ δὲ καὶ ἀνδράσιν ἐμπρέπει.   Ἀντ. β'.
εἰμὶ δ᾽ ἄσχολος ἀναθέμεν   40
30 πᾶσαν μακραγορίαν
λύρᾳ τε καὶ φθέγματι μαλθακῷ,
μὴ κόρος ἐλθὼν κνίσῃ. τὸ δ᾽ ἐν ποσί μοι τράχον

19 -κειον] -κιον E (non E,) || κίρραθεν E^{pe} || **20** ποίᾳ(α) mss. Al. Ro.* Ox. Be. Hm. Bü.* (D^{ao} ποῖα — I ποίει — πώα Z) — πόα Sm. Hy. Aw. || παρνασίᾳ(α) [B]DEFGIPQRUVXZ[c]ʃ[a'] Al. Ro.* (σσ Hy.²* et Hm.) — παρνασίδι Bö. Hm.* (coll. O. IV, 11 et Aesch. Ch. 559) || δωριεῖ E (non E,) || **21** ἔπεσε [B]DGI·VXZ[cfa'] Al. Br.* — ἔπεσσι EFI¹ PQ U Ro. Cp. — οὐχὶ ἔπετε P^{et} Cf. O. VII, 72; P. V, 47 et ad O. IX, 16sq. || **22** ἀρεταῖσι R || **22**sq. ἀρετῶν κλεινῶν Q^{ei} || **23** -κιδῶν R || **24** θίγουσα EF — θιγοῖσα Bu. Bg.¹² — θίγοισα [B]DGI[PQR]UVXZ[c]ʃ[a'] Al. Ro.* (cum Sch.) — Z^{et} ψαύσασα (hoc enim voluit; cod. ψαύσουσα). Cf. ad O. VII, 18 || τελέαν E^{ac}F — τελίαν E^{pc} rell. || δ᾽ ἔχει om. D — δ᾽ om. E^{ac}F — par. Sch. ἀλλὰ || **25** ἀπαρχάς D — ἀπαρχᾶς Ro. || πολλοῖς R || **26** νικαφόρους E non male, sed E h. l. solito vitiosior est — p. n. h. || ἀέθλοις DEI || -ψαισα B Hy.²* (etiam [P]W?) — ψασα D EFGIIQRUVXYZ[c]fa' Al. Ro.* || **28** τὰ δὲ καὶ ἐν BDEFGII?PQR?U solito vitio, quod exemplum adde ad P. III, 102 et Germ. Sch. p. V — τὰ δὲ καὶ (om. ἐν) VWXXXYZc? df (Hy.) Bö.* recte (W παρὰ pro τὰ) — τὰ δὲ ἐν (om. καὶ) α'β'γ' (Tricl.) Al. male — τὰ καὶ ἐν (om. δὲ) Ro.* (in nullo scripto). — Sch. διαπρέπει δὲ καὶ ἐν ἀνδράσιν. G^{el} καὶ ἐν τοῖς πολιτικοῖς ἀνδράσι διαπρέπει. Z^{e1} ἤγ. οὐ μόνον ἥρωας ἔθρεφεν ἀλλὰ καὶ ἄνδρας ἀρίστους διαπρέπει. Cf. ad P. VII, 18 et O. I, 104 || **30** μακρηγ. D^{ac}XZcf — μακραγ. [B]D^{pc}EF[G][PQR]UV[a'] Al. Ro.* Vide P. II, 53 et O. I, 53. || **32** κνίσῃ(η) B.DEFII[PR]QUVWXYZ[a'] Ro.* Hm.¹² Bö.* — κνίσσῃ(η)

PYTHIA VIII.

ἴτω τεὸν χρέος, ὦ παῖ, νεώτατον καλῶν,
ἐμᾷ ποτανὸν ἀμφὶ μαχανᾷ.

35 παλαισμάτεσσι γὰρ ἰχνεύων ματραδελφεοὺς   Ἐπ. β'.
Ὀλυμπίᾳ τε Θεόγνητον οὐ κατελέγχεις,   50
οὐδὲ Κλειτομάχοιο νίκαν Ἰσθμοῖ θρασύγυιον·
αὔξων δὲ πάτραν Μιδυλιδᾶν, λόγον φέρεις

f Al. (Mosch.) Hy. Hm.² Ht. cf. Metr. — G^ut κνίσῃ vel κνίσῃ (a. c. κινήσῃ?) || τὸ δ' (τόδ') QVXZ || μοι [B]E.F I^po P[QR]U.VXZ[c]fa' Al. Ro.* — μου DG.I^ac — Sch. (ad priora) μὴ προσκορὴς ὀφθῇ ὁ λόγος μου (hoc B Ro.* ubi nunc φάνῃ editur; in U est ὀφθῶ, omisso ὁ λόμος μου). — Sch.¹ μὴ κόρος ἐπιδράμῃ μου τοῖς ποιήμασιν (sic BGHTU; sed quia haec linea in B lituris foedata ac lectu difficillima erat, Ro.* μοι scripsit, omisso. τ. π., male). ὃ νῦν ἐξείληφα ἔργον τὸ ἐν (sic BGHTU; sed Ro.* ἔργον. τὸ δὲ ἐν) ποσί μοι (hoc BHT; sed μου GU Ro.) τρέχον, τουτέστι τὸ πρόσφατον. — Sch.² τὸ νῦν παρὰ ποσί μοι (sic B; sed G[H] Ro. μου; U σοι) ὀφλημα τοῦτο νῦν τρέχον κτλ. Apparet hos Vett. non μου sed μοι legisse; minus apertum est an τόδ' pro τοῦτο, non pro τὸ δ' acceptum voluerint. Sch.² ita interpungendum est ὑπερθέμενος, φησί, τὸ παρεκβάσει περὶ αἰγίνης εἰπεῖν, μὴ κόρος ἐπιδράμῃ μου τοῖς ποιήμασιν, ὃ νῦν ἐξείληφα ἔργον τὸ ἐν ποσί μοὶ τρέχον, τουτέστι τὸ πρόσφατον, (τί δέ ἐστι τοῦτο; ἡ νίκη ... ταύτην) ὑμνήσω. || 32 sq. τράχον ἴτω BEIPVW Hm.¹² Bö.* — τραχὸν ἴτω DFGIQU — τρέχον ἴτω RXYZ^ac cdf (-ων YZ¹) (ead. gl. in FGQ) — ἴτω τράχον α'β' Al. Ro. Cp. (Tricl.) — ἴτω τρέχον Br.* — F^sl δωρικόν, ἐπερχόμενον — I^sl τὸ προκείμενον χρέος ἐλθέτω τὸ σὸν ὅ σοι ὀφείλω ὡς ἡμετέρῳ παιδί. Distinctum est post τρ. in DGIQV Ro. Cp. Br. Sm. Ox. commate; in Mr. St.¹² (et sic vertit St.) plene; ante τρ. in Bd. male. Non dist. BEFPUZdfa' Al. (St.²⁴ PSt. casu?) Hy.* (cum Sch.²; etiam Sch.¹?)

33 om. τεὸν P? — non om. rell. || καλῶν (λὸν?) D || 34 ἐμᾷ VX^ac || ποτανὸν omnes || μηχ. [B]PQR Ro. Br. Mr. — μαχ. DEFGI[U] etc. Al. Cp. St.* || 35 -μάτεσσι B^a?DE.FG.I[IPQR]U.[α'β'] Ro.* — μάταισι B¹ B, Ro; — μάτισι H,V — μάτισί τε W — παλαίσμοσί τε X.YZ — μασὶν τε cf (Mosch.) — ματέσιν τε Al. || γὰρ ἰχνεύων mss. Al. Ro:* Ht. — γὰρ ἰχνέων (Sm.) Pw. Hm.¹ Bö.* — γὰρ οἰχνέων Hm.² Th. Ky. (i. e. μεθέπων) — παριχνέων (Bg.²). — Sch. ... γὰρ ... μεταδιώκων καὶ ζηλῶν. Videtur τοιαῦτα vs. 55 non minus singulare, ut apud Pindarum. || -δέλφους QR || 36 οὐλ. α' (Tricl.) || Θεόγνητόν τ' α' Al. || κατ' ἐλ. V || 37 κλειτ. [D] EGIVXZfa' Al. Hy. Be.* (Sch. B Ro.) — κλιτ. c — κλυτ. [B]FPQRU Ro.* (Sch. U) || -μάχον (sic) VXZ^ac — μάχου Z^po || νίκην R || 38 post μιδ. dist. QZf Al. Ro.* Ht. — non dist. BUEUV Hy.*; post φέρεις non dist. DZf Al. Ro. St.* Ht. — dist. BEFQUV Cp.* Bö.*; post τὸν dist.

τὸν ὅνπέρ ποτ' Ὀϊκλέος παῖς ἐν ἑπταπύλοις ἰδὼν   55
40 υἱοὺς Θήβαις αἰνίξατο παρμένοντας αἰχμᾷ,

ὁπότ' ἀπ' Ἄργεος ἤλυθον   Στρ. γ'.
δευτέραν ὁδὸν Ἐπίγονοι.   60
ὧδ' εἶπε μαρναμένων·
Φυᾷ τὸ γενναῖον ἐπιπρέπει
45 ἐκ πατέρων παισὶ λῆμα. Θαέομαι σαφὲς   65
δράκοντα ποικίλον αἰθᾶς Ἀλκμᾶν' ἐπ' ἀσπίδος
νωμῶντα πρῶτον ἐν Κάδμου πύλαις.

FQZ*f* Al. Ro.* — non dist. BDEUV St. Bö.* Reposui interpunctionem Stephani cum (Mosch. Sch.) Ht. || de λόγος vide ad O. VII, 90 sq.
39 ποτε οἰκλ. Z*ac*c?*f* (ποτε οἰκλ. Ox.) || **40** Θήβαις υἱοὺς Sm. Be. — Θήβαις γόνους Aw. Non opus. || ἠνίξατο (ἤν. B.DFG.Ua' Mr.*) omnes mss. (etiam V̄.) Al. Ro:* (cum Sch.) — αἰνίξατο Bö.* || παραμ. DEG || **41** om. ἀπ' VXZ Al. || ἤληθον (sic) V || 41 et 42 cum praegressis coniuncti in Sch. et in DEFIQVZ*f*[α'] Al. Cp. Sm.* (ut in Ln. Pp. St.*int.*); cum sqq. in Mr.*; ambigue in BU Ro. Br. || **43** ὧδ' εἶπε G,a'β' Al. Ro.* (Tricl.) — ὧδε δ' BDEFGIIPQRU.VWXYZ — τῇδ' c?*f*(Mosch.) — ὅδε δὲ E, contra legem carminis — Sch. (om. in B) ὁ δὲ ἀμφ. || μαρν. cum sqq. coni. Sm.* (laudato N. I, 25) — cum antecc. BGIUZ*fa'* Al. Ro.* Hm. Bö.* (cum Sch. sed hoc Sch. om. B) — ambigue DEFQV || **44** post γενν. plene dist. QU Al. male || ἐπιπρέπει [BEFG]I[PQRa'] Al. Ro.* (cum Sch. B Ro.*) — ἐπιπρέπει DUVX.Z*f* (cum Sch. U ubi bis hoc ἐπιπρέπει iteratur) sed iidem non habent φυά, sed φυᾷ(ᾶ) cum rell. et cum Sch.; ἐπιπρέπει est cernitur: Hm. (coll. Hom. Od. ω, 252) || **45** ἐκ πατέρων] ἑκατέρων ᾰ. || παισὶ BDEFGIPQRUVXZ — παισὶν [c]*fa'* Al. Ro.* — παῖ, σοὶ Hm.³ (cf. Metr.) sed Sch.² diserte exprimit τοῖς παισὶν et Sch. U τοῖς ἐπιγόνοις. || λῆμα cum sqq. coniungendum esse coni. Bg²; ft. cum Sch. GU ubi lemma est λῆμα Θαέομαι, nec Sch.¹ et Sch. U in paraphrasi verborum φυᾷ etc. tangunt vocem λῆμα; sed BIQVZ*fa'* et Sch.² λῆμα cum praegressis consociant; non dist. DEF — F*s*¹ ἡ ἀνδρεία — Z*s*¹ φρόνημα — Sch.² προθύμημα || Θαέομαι B*s*EV.W Hy. Bc.* — Θηέομαι Sm. — Θειάομαι c*fa'β'* Ox. — Θεόμαι E, — Θεάομαι B.¹DFG.I[I]PQRU.XZ — gl. FZ βλέπω — Sch. θεωρῶ || extr. plene dist. α' || **46** ἀλκμᾶν' [BDEF] IU[α'] Cp.* — ἀλμᾶν' *f* — ἀλκμᾶν DG.V*ac* Al. Ro. — ἀλκμάν V*pc*X*s*X, — ἀλκμάν' X*b*Z — ἀλκμᾶον'? || ἐπ' om. R || **47** νωμῶντα vett. et Mosch. Al. Ro.* — νέμοντα a'β' Pw. (Hy.) cum nota Tricl. νέμοντα γράφε διὰ τὸ μέτρον || κάδμου πρῶτον ἐν πύλαις Aw. Poeta vel audaciores correctiones admittit, et in Aeolicis carminibus ante δν, γλ, βλ passim. || ἐν] ἐκ D

PYTHIA VIII.

ὁ δὲ καμὼν προτέρᾳ πάθᾳ   Ἀντ. γ'.
νῦν ἀρείονος ἐνέχεται   70
50 ὄρνιχος ἀγγελίᾳ
Ἄδραστος ἥρως· τὸ δὲ ϝοίκοθεν
ἀντία πράξει. μόνος γὰρ ἐκ Δαναῶν στρατοῦ
θανόντος ὀστέα λέξαις υἱοῦ, τύχᾳ θεῶν   75
ἀφίξεται λαῷ σὺν ἀβλαβεῖ

55 Ἄβαντος εὐρυχόρους ἀγυιάς. τοιαῦτα μὲν   Ἐπ. γ'.
ἐφθέγξατ' Ἀμφιάρηος. χαίρων δὲ καὶ αὐτὸς
Ἀλκμᾶνα στεφάνοισι βάλλω, ῥαίνω δὲ καὶ ὕμνῳ,   80
γείτων ὅτι μοι καὶ κτεάνων φύλαξ ἐμῶν
ὑπάντασεν ἰόντι γᾶς ὀμφαλὸν παρ' ἀοίδιμον,   85

48 ποτέρα(ᾳ) DI^{ac}U ‖ 49 Ἀρείονος We. (Bg.²) — ἀρείονος mss. et edd. cum Sch. et gl. ‖ 51 sq. δὲ οἴκοθεν γ' α'β' Be. (Tricl.) ‖ 52 μόνος B.DEFG.I[P]Q[R]U.VXZ Ro; Hm.¹² Bö.* — μοῦνος [c]ƒα'[β'] Al. Ro.* Hm.³ Ht. Cf. Metr. et ad O. VIII, 1. ‖ 53 -ξαις B Bö.* — ξας rell. omnes ‖ τάχα θέων VX·Z· — τάχα θεῶν cƒ — τύχα(ᾳ) θεῶν [B]DEF [G]I[P]QUX^{bm}Z^b[α'β'] Al. Ro.* — τύχη θεῶν R — p. n. h. ‖ 54 λαῷ(ῶ) BDEFGIIPQRUVWXYZcƒ Pw. (Hy.¹) Be. Hm. Bö.* — λεῷ α'β' Al. Ro.* (ex α' λεῷ enotavi). Vide Tricl. vs. 4 ‖ 55 ἄβ. V^b ‖ -χόρους B[c]ƒ Al. Sm.* — χώρους EFGPQRV.X,Z^bα' Ro.* — χώρου DIUXZ· ‖ γυιάς R ‖ verba τοιαῦτα μὲν ἐφθ. ἀμ. (vs. 78 vulg.) omittit G^{ac} sed habet G^m (ut rell.) cum nota στίχος οὕτω κείμενός ἐστι ‖ de mensura vocis τοιαῦτα vide ad O. XIII, 78 ‖ 55 sq. μὲν δὴ ϕθ. α'β' (Tricl.) — μὲν δ' ἐϕθ. Al. Ro. Br. Mr. Sm. Ox. — μέν γ' ἐϕθ. Pw. — μέν τ' ἐϕθ. Be. — μὲν ἐϕθ. vett. mss. et Mosch. Cp. St. Bd. Hy.²* ‖ 56 -ατο D ‖ -άραος DPQRU Aw. — ἄρηος [B]E.FGIVXZ[c]ƒ[α'β'] Al. Ro ‖ Cf. O. VI, 13 ‖ 57 ἀλκμάνα D — ἀλκμᾶνα omnes rell. ‖ βάλλων I^{ac} ‖ ὕμνῳ XZ cui repugnat ipsa gl. Z ἀναχοήν τινα δίδωμι αὐτῷ, ὡσεὶ μύρῳ ἔρραινον ϛακτῷ ‖ 58 interp. post μοι plene α' (ἐστίν, non ὧν subaudivit Tricl.; gl. Z ὅτι ἀμϕ. πλησίον οἰκεῖ ἐμοῦ, ἤγ. τὸ μαντεῖον αὐτοῦ [πλησίον] ἐστίν) — commate Ro.* Sm.* — non dist. vett. et Mosch. Al. St. Bö.* ‖ interp. post ἐμῶν plene ƒ — commate Qα' Cp. Sm. Ox.* — non dist. rell. mss. Al. Ro. Br.* Bö.* ‖ 59 ὑπάντασεν Sm. Hy. Bg.² (idem ex P relatum est a Ky.) — ὑπάντασεν Sm. Hy. Bg.² (idem ex P relatum est a Ky.) — ὑπαντίασεν BDEFGIQ RUV̄XZ (V̄ ὑπαντίασεν) Al. Ro.* Be. — ὑπαντίασ' cƒ (Mosch.) Ox. — ὑπήντησέ τ' Sα'β' (Tricl.: cf. vs. 4. 54) — ὑπάντασί τ' Bö.* Hm.³ — Ex Sch.¹ προσυποτίθεται δὲ ὅτι καὶ ὑπήντησε ... (sumit praeterea eum vel

16*

60 μαντευμάτων τ' ἐφάψατο συγγόνοισι τέχναις.

τὺ δ', ἑκαταβόλε, πάνδοχον   Στρ. δ'.
ναὸν εὐκλέα διανέμων   90
Πυθῶνος ἐν γυάλοις,
τὸ μὲν μέγιστον τόθι χαρμάτων
65 ὤπασας· οἴκοι δὲ πρόσθεν ἁρπαλέαν δόσιν
πενταεθλίου σὺν ἑορταῖς ὑμαῖς ἐπάγαγες.   95
ἄναξ, ἑκόντι δ' εὔχομαι νόῳ

occurrisse...) et paraphrasi Sch.² ὅτι δή μοι ... γείτων ἐστί καὶ φύλαξ τῶν ἐμῶν κτημάτων, καὶ ὅτι ... ἀπήντησι Triclinius videtur et constructionem suam et emendationem collegisse, sine causa. Cf. O. X, 42; XIII, 87. ‖ γᾶς α'β' Sm. Hy.* (Tricl.) — γαίας BDEFGIPQRUVWXYZcf Al. Ro.* Ox.
60 τ' [R]Z[cfa'] Al. Ro.* Hy. Be.* — τὶ BDEFGIUVX (I τι) Ox. — δὶ PQ (P teste Ky. δ') — Sch.¹² καὶ ‖ ἐφάψαιτο U ‖ μάντις, χρησμῶν τ' ἀμφ' ἅψατο Hm.³ Cf. Metr. Apud Sch. verba (καὶ τῆς μαντείας ἐφήψατο) καὶ αὐτὸς ὢν μάντις manifesta sunt dativi συγγόνοισι τέχναις interpretatio „iisdem quibus et pater usus erat artibus." Languet μάντις. ‖ συγγενέσσι Ht. ‖ τέχνας olim a Sch.² lectum esse suspicatur Bg.² At Sch.² corruptum est. Videntur alii (Sch.¹) συγγ. τ. pro instrumentali accepisse („congenita arte" vel „patria [paterna] arte") cum gl. Z συγγενικαῖς, ἐκ προγόνων γὰρ ἦν μάντις (Tricl.); alii vero (Sch.²) συγγόνοισι de personis· et pro dativo commodi, ut inde penderet instrumentalis τέχναις („in usum eorum qui non naturā, sed arte gentiles sunt" i. e. poetarum, lepide) cum distinctione Mosch. (ƒ συγγόνοισι· τέχναις.). Coniungo μαντ. cum ἐφαψ. (Sch.¹² St.* Ta. Bg.), non cum συγγ. τ. (Ln. Pp. Bö.*) ‖ 61 τὺ δ' (τύ δ' plurimi) omnes ‖ ἑκατηβ. UV,X.Zcf Ro; — ἑκατοβ. IR — ἑκαταβ. B.DE.FG.[PQ]V[a'] Al. Ro.* ‖ 63 γυιάλοις VXZ ‖ 64 τὸν μὲν U (e gl.; Z¹ τὸν μέγ. ἀγῶνα) — τὸ (om. μὲν) E ‖ τόθι Sch. et gl. pro demonstrativo accipiunt, Bg.² pro relativo ‖ 65sq. πενταεθλίου δόσιν Be. ‖ 66 πενταεθλίου BDEFGIPQRU[VX]Z[c]ƒ Al. Ro.* (Bö.) Th. Bg.² — πενταθλίου [a'] Hm. Bö.¹²* ‖ ὑμαῖς] Sch. et Z¹ ταῖς σαῖς; Q¹ ὑμετέραις ἢ ταῖς σαῖς ‖ ἐπαγες ƒ — ἐπάγες F — ἐπάγαγες rell. ‖ extr. non dist. plurimi mss. Al. Ro.* — commate Hy.* Bg.² — plene E Bö.²* ‖ 67 τ' ἄναξ. α'β' Al. Pw. (Tricl. ideo post πενταεθλίου plene distinxit) — γ' ἄναξ. Sm. — ὦναξ. BGII? — ὦ 'ναξ. QU — ὦναξ DRZ — ὦναξ. Vᵐᵃ Ox. — ὦναξ Vᵖᵉ XYc?ƒ — . ἄναξ E optime — ἄναξ F — ἄναξ, Ro. Br. Mr. — — ἄναξ. Cp. St. Bd. — , ἄναξ. Hy.* — , ὦ 'ναξ. Be. — . ἄναξ, Bö.²* — , ὦναξ, Bg.² Praemissus cum pondere vocativus turbavit librariorum circulos. Etiam Sch.¹² cum sqq. coniungunt ἄναξ; ὦ ex gl. solita invectum est: cf. P. IV, 250 (O. IV, 6?) ‖ δὴ εὐχ. Bg.² crasi

PYTHIA VIII.

κατά τιν' ἁρμονίαν βλέπειν   Ἀντ. δ'.
ἀμφ' ἕκαστον, ὅσα νέομαι.
70 κώμῳ μὲν ἀδυμελεῖ
Δίκα παρέστακε· θεῶν δ' ὄπιν   100
ἄφθονον αἰτέω, Ξέναρκες, ὑμετέραις τύχαις.

68 κατά τιν' omnes mss. Al. Ro.* Ox. Ky. Sw.²³ Ht. (cum Sch.)
— κατὰ τίν' Sm. — κατὰ τὶν Pw. (Hy.) Be. Hm. Bö.* (Hm. = σὲ ut apud
Theocritum et Corinnam; Pw. (Hy.) Bö. Bg. = σοί i. e. τὴν σοῦ ἁρμ.) —
κατά τιν f^ac Hy. || βλέπειν omnes mss. (sed βλέπειν σὲ D adscripta glossa)
Al. Ro.* (cum Sch. ἐφορᾶν) — ἔπειν Ky. Ht. — πλέκειν s. βαλεῖν Ra. ||
De loco vexatissimo nunc sic statuo. Εὔχομαι non est glorior (Ky. Ra.)
vel affirmo (Ky. Ms. [Rh. IV, 347] Sw.² cum Sch.² in B et Ro. [ἤτοι]
διαβεβαιοῦμαι καὶ εὐχ., ubi ἤτ. διαβ. καὶ omittunt Bö. U[G]) sed precor
(Sch.¹ Ln.*). Rectissime Ky. (qui de h. l. optime meritus est) et τιν' re-
stituit et (coll. P. II, 34) ἁρμονίαν (P^t σειρὰν, τάξιν, „congruentiam" Em.)
idem esse dixit cum μέτρον [et καιρός]; omnino enim haec verba subito in-
teriecta, ut in tot aliis carminibus (cf. O. IX, 80; P. I, 29; N. VIII, 35) pie-
tatis et admonitionis sunt, ne certorum quorundam finium modum homo
excedat, neve deorum invidiam excitare videatur; ideo ἄφθονον reposui pro
ἄφθιτον. Restat constructionis ambiguitas, quam etiam diversitas inter Sch.¹
et Sch.² et apud Triclinium (Z^el ἤγουν μετὰ ἁρμονίας καὶ ῥυθμοῦ [ἐμὲ] ποι-
εῖν ὅσα ἂν ποιῶ· ἢ [σὲ] βλέπειν, ὦ ἄπολλον, ὅσα ἂν ποιῶ) prodit: utrum
homo an deus sit ὁ βλέπων. Mihi sensus „Precor, o rex, ut semper in
unaquaque re (quaecunque tracto) ad congruentiam (modestiam) quandam
lubenti animo circumspiciam" facilior aptiorque videtur esse quam (hy-
perbato) „Precor, o rex, ut propitio animo respicias, quaecunque in una-
quaque re modestiâ quâdam observatâ percurro." Conturbatus hic locus
ideo, quod intt. ἁρμονίαν ad solum poetae canticum retulerunt; quippe Pind. e
persona poetae loquens tamen amplectitur victorem ceterosque || 69 ,ὅσσα
B — ὄσσα rell. vett. — ὅσα [c]ƒ[a'] Al. Ro.* || νέομαι mss. Al. Ro.*
cum Sch. (ἐπέρχομαι et ἔρχομαι) et gl. μετέρχομαι εἰς τὸ ὑμνεῖν (F), μετέρ-
χομαι (Z) — νέμομαι Mi. Be. (Bö.) Ht. (coll. P. V, 13) || 70 ἀδ. Q ||
71 -κεν α' Al. — κε vett. Mosch. Ro.* || δ' ὄπιν] ὄπιν δ' Sm. — δὲ ὄπιν
Ox. || 72 ἄφθονον Cp.¹² (cum G^el γρ. καὶ ἄφθονον) quod Sch. par.
(ἀνεπίφθονον) confirmat. — ἄφθιτον omnes mss. Al. Ro. Cp.¹²m Br.* (F^el
ἄφθαρτον; Z^el διηνεκῆ) quod Germ. per ἄφθονον explicat, argutius || ξεν-
αρκες vett. Mosch. Al. Ro.* Hm.¹² Bö.* (ξυν. X^a) — ξείναρκες α' (Tricl.)
Sm. Ox. Aw. Hm.³ Ht. — ξενάρκει' Pw. Bc. — ξεινάρκει' Hy. Cf. Metr.
|| ,ὑμ. Q || 72 sq. τύχαισιν. εἰ τις α'β' (Tricl.) — Sch. B Ro. εὐχαῖς
(ubi HTU recte τύχαις) — τύχαις. εἰ γάρ τις vett. Mosch. Al. Ro.* (τὶς
εἰ γὰρ Pw. Be.)

ΠΤΘΙΟΝΙΚΑΙ Η'.

εἰ γάρ τις ἐσλὰ πέπαται μὴ σὺν μακρῷ πόνῳ,
πολλοῖς σοφὸς δοκεῖ πεδ' ἀφρόνων   105

75 βίον κορυσσέμεν ὀρθοβούλοισι μαχαναῖς·   Ἐπ. δ'.
τὰ δ' οὐκ ἐπ' ἀνδράσι κεῖται· δαίμων δὲ παρίσχει,
ἄλλοτ' ἄλλον ὕπερθε βάλλων, ἄλλον δ' ὑποχείρων   110
μέτρῳ καταβαίνει. Μεγάροις δ' ἔχεις γέρας,

73 ἐσλὰ R ∥ πέπηται E (Q⁰ᶜ s. Qᵖᶜ) ∥ μὴ ... B (exesis literis) — μὴ σὺν rell. vett. [f?] Be. Hy.* — μὴ ξὺν [c?] Al. Ro.* — σὺν οὐ α'β' (Tricl.) ∥ πόνῳ DEFGIJPQRUV·Z³ [α'?]β' Ro.* Δw. Th. Bö.²* (Sch.¹² B Ro.* etc.) — de B n. l. exesis literis — χρόνῳ V¹WXYZ¹ cf Hm.¹² Bö.¹ ∥ 74 σοφοῖς R ∥ πεδ' ἀφρόνων Eᵃᶜ Gᵃᶜ PQ[R]VXZ[α'β'] Al. Cp. Br. Hy.²* (cum Sch.¹ ἐν ἄφροσι; Sch.² in B Ro.* οἱ πολλοὶ τῶν ἀφρόνων ubi Bö. cum GHU ἀνθρώπων scripsit) — πεδαφρόνων [B]DEᵖᶜGᵖᶜI[c]f Ro.* Mr.* — πεδ' ἀφρόνων FU (Bö.) — Eε¹ μετα — Fε¹ μετά — Zε¹ μετά δωρικῶς — παραφρόνων Ht. — πεδ' εὐφρονᾶν coni. Bg.² Vett. partim σοφὸς πεδ' ἀφρ. partim πολλοῖς πεδ' ἀφρ. consociaverunt. Cf. ad O. II, 52 ∥ 75 κηρυσσέμεν DQR (gl. E κηρύσσειν, ἄξειν (sic) eodemque errore in Sch. BU Ro. τὸν βίον κηρύσσειν) — κορ. rell. et Sch. GH (κορύσσειν τουτέστιν αὔξειν) ∥ μηχ. c — μαχ. rell. (etiam f) ∥ 76 τάδ' (τά δ') DE.FG.IQUVXZf Al. Ro; τὰ δ' [B?] Ro.* — ταῦτ' α'β' (Tricl. ubique anacrusin productam statuit: cf. 36.) ∥ ταῦτα δ' X, ∥ οὐκέτ' Z ∥ δαίμων θεὸς (Sm.) ∥ 77 . ἄλλοτε δ' B.DEFGIJP?QRUVWX.YZ Ro: Br. Mr. (om. dist. in DIQU; in P om. δ'?) — . ἄλλοτ' [cfa'β'] Al. Cp. — ,ἄλλοτ' St.* (cum Sch. ut videtur) ∥ ἄλλων ὑπ. E ∥ ὕπερ VZᵃᶜ — ὑπὲρ X ∥ post βάλλων dist. B EFI[α'] Al. Ro.* (commate mss. Cp. Sm.* — semicolo St. — plene Al. Ro.) — non dist. DQUVZƒ ∥ ὑπὸ χεῖρα, Ht. — ὑπὸ χειρῶν omnes rell. ∥ extr. non dist. mss. Al. Ro. Br.* Hy.* — commate Cp. Sm. Ox. — plene Bg.² ∥ μέτρῳ(ω) B.D¹FG¹I[IP]Q[R]Uα'β' Ro:* (cum Sch. Tricl.) — μέτρον D·E.G·V.WX.YZcf Al. Be. — Sch. B Ro. ambigue; in Sch. G (om. in B Ro.) Bö. ὑπὸ χειρῶν μέτρα dedit, sed ibi μέτρον est in U. De dativo poetico cf. ad O. I, 89; VI, 58; P. III, 11 ∥ καταβαίνει. μεγάροις δ' [cfα' β'] Al. Ro.* Ox.* — καταβαίνει. ἐν μεγάροισι δ' BEFVW?XY?Z — καταβαίνει. ἐν μεγάροις δ' DGIJ?PQRU — καταβαίνων. μεγάροις δ' Sm. — κατάβαιν'. ἐν μεγάροις δ' Bg.² ut hoc sit: „ne nimis concupiscas in certamen descendere; multas iam partas habes victorias." Similiter olim idem sed alio sensu (= κατίβαιν' reprimere solet) coniceram, coll. P. IV, 30. 46. 163; O. X, 8. At non opus. Recte Sch. et Qε¹ καταβαίνειν ποιεῖ; Eε¹ καταβιβάζει. Etiam B,G,H,U,V,X, καταβαίνει] habent; ἐν autem solito more invectum est: cf. Sch. Germ. p. V; P. III, 102 etc. Nec participium desidero: cf. P. III, 53. Si quid gravius novarem, ἄλλῳ (sc. χρόνῳ) δ' scriberem. Sed

PYTHIA VIII.

μυχῷ τ' ἐν Μαραθῶνος, Ἥρας τ' ἀγῶν' ἐπιχώριον
80 νίκαις τρισσαῖς, Ἀριστόμενες, δάμασσας ἔργῳ.   115

τέτρασι δ' ἔμπετες ὑψόθεν   Στρ. ε'.
σωμάτεσσι κακὰ φρονέων,
τοῖς οὔτε νόστος ὁμῶς
ἔπαλπνος ἐν Πυθιάδι κρίθη,   120

vere offendit ὑπὸ χειρῶν. Id interpositum esse pro ὥστε ὑποχείριον εἶναι colligas e Sch. B Ro.; Sch. DGU etc. (non B) etiam ὑπὸ μέτρῳ (μέτρον) χειρῶν coniunctum proponit ut hoc metaphorice sit pro sub sua(m) potestate(m); qua iuncturā acceptā Tricl. sub conditionem servorum intelligit, quasi χεῖρες sint οἱ ὑπὸ χεῖρα, perperam. At haec ad verum perducunt, nam manifesto ὑποχείρων μέτρῳ ad modum oppressorum inferiorumque hominum scribendum est. Quod adde ad Lo. Parall. 210; cf. ad O. II, 63 et Hm. ad Soph. El. 1081. Neque aliud voluit significare Sch. B Ro. ἄλλοτε δὲ ὑποχείριον καὶ οἰκτρὸν καί ταπεινόν. || ἔχει U
79 ἀγὼν D — ἀγῶνα X. || extr. dist. plene BFZfa' Al. Ro. — non dist. rell. Illi (cum Sch.) non ad Heraea sola, sed ad tres ludos referebant νίκ. τρ. ut Ar. in singulis singulas victorias reportaverit. Fraudem facit δάμασσας quod pro δαμάσσαις accipiebant. || 80 νίκαις B,G,H,[c]f[a'?] Sm. Ox.* — νίκαισι BDEFGΠPQRUVWXYZ (β'?) Al. Ro:* — [ν]ικαῖσι U, — δίκαισι E, — νικᾷς Ht. male || τρισσαῖς mss. Al. Ro.* Hm. Bö.* — τρίταις Pw. Hy. Be.* — τρίσιν γ' Aw. pessime —,τρισσοῖς, Ht. non melius || ὦ'ριστ. (ὥριστ.) BDEFGΠPQUVWYZa'β' (ὥρ. DPX) Ro.* Hm.³* — [ὦ] ἄριστ. R? — ὥριστ. Xf Al. — ἄριστ. Zc Mi. Hy.²* Ht. (Zel ὦ) p. n. h. Cf. Metr. || δαμάσσαις B? — δαμάσαις B, Ro; (Sch. B Ro. καθυποτάξας) — δαμάσας PQac U. — δαμάσσας Gac Ht. — δάμασας DEF G,IQPcRXZ — δάμασσας GPcV[c]f[a'β'] Al. Ro.* cum Sch. U καθυκέταξας, Gel ἐνίκησας, Zel κατέβαλλες ἀνταγωνιστάς. || ἔργῳ] ἔργοις Ht. || extr. dist. plene BEFGIQVZf[a'] Ro.* — non dist. DU Al. Ex Sch. colligunt eum δαμάσσαις ἔργῳ τέτρασιν ἔμπετες habuisse, at Sch. non exprimit structuram verborum, sed nexum sententiarum exponit; referri enim τέτρασι non solum ad has tres victorias modo commemoratas, sed etiam ad Pythicam quartam. || 81 τετράσι DI || δ' ἔμπετες omnes (cf. ad O. IX, 16sq.). Cave e Sch. (ἐνέπεσεν) colligas eum legisse 3. personam. Causa errorum forma δάμασσας a librariis (qui vel αις invexerunt) male intellecta. || ὑψόθεν f Al. || 82 -τεσι X || κάκτα (κάτα) B? — καλὰ Pw. — Sch. ἧττον αὐτῶν φροντίζων — λογιζόμενος ἐκείνοις κακὰ Zel || non dist. BDEFIQUV[a'] Bö* — post σωμ. dist. Zf Al. Ro.* || 83 ὁμῶς omnes || 84 ἔπαλπνος mss. Al. Ro.* — ἐπ' ἀλπνός Bg.³ — Sch. Vet. προσηνής — Tricl. ἔπαλπνος καὶ ἡδεῖα καὶ προσηνής — Zel ἡδύς || ἐκρίθη XZb — om. Zª — κρήθη E

85 οὐδὲ μολόντων πὰρ ματέρ' ἀμφὶ γέλως γλυκὺς
ὦρσεν χάριν· κατὰ λαύρας δ' ἐχθρῶν ἀπάοροι
πτώσσοντι, συμφορᾷ δεδαγμένοι.   125

ὁ δὲ καλόν τι νέον λαχὼν   Ἀντ. ε'.
ἁβρότατος ἄπο μεγάλας
90 ἐξ ἐλπίδος πέταται
ὑποπτέροις ἀνορέαις, ἔχων   130
κρέσσονα πλούτου μέριμναν. ἐν δ' ὀλίγῳ βροτῶν

85 οὔτε Ht. ‖ πὰρ DEFI — πὰρ BG etc. — ἂψ Ht. — Sch. in BGHU Ro. περὶ solito vitio pro παρά ‖ 85sq. γλυκὺς ὦρσε B — γλυκὺς ὦρσε D EFGIPQRUVXZ/ Al. — γλυκὺς βάλεν α'β' (Tricl. c. gl. περιέβαλεν) — γλυκὺς ὦρσεν Ro.* — ὦρσεν γλυκὺς Pw. Be. — Sch. γλ. ἰκίνησε ‖ ἐχθρῶς Ht. — Sch. (B Ro.) alii ἐχθρῶν ex λαύρας, alii ex ἀπάοροι pendere volebant; hi ἐχθρῶν de inimicis adversariorum accipiebant; illi de ipsis victoris adversariis, ut οἱ ἀπ. πτώσσοντες eorum essent cives et cognati, perperam. ‖ ἐπάοροι E. — ἀπάορι f — ἀπ' ἄορι Al. — ἀπάοροι rell. — Sch. [D]GU (non B) ἀφωρισμένοι, κεχωρισμένοι; U μεμακρυσμένοι, ἀπηωρημένοι; Ζε¹ ἀπηωρισμένοι. — Sch.² B εὐλαβοῦνται καὶ φεύγουσι τοὺς ἐχθρούς. ‖ 87 πτησσ. R ‖ δεδαγμένοι Bg.² (cum Sch. BU Ro.* δακνόμενοι et Ζε¹ δεδηγμένοι) quod Bö. invehere nolebat praesertim ob Hom. Od. ν, 320 — δεδαϊγμένοι mss. Al. Ro.* — δεδαϊγμένοι [α'?] Hm. Bö.* — Ge¹ νενικημένοι. Cf. P. VI, 33. ‖ 88 τι καὶ νέον B. Ro; ‖ 89 -τητος PQ·R ‖ ἀπὸ Ecf (Mosch.) — ἐπὶ BDFGIPQRUVXZa' Al. Ro.* — Sch. BGHU Ro.* ἀπὸ μεγάλης ἁβρότητος καὶ εὐδαιμονίας ubi ἐπὶ correxerunt Sr. Bö. — ἔπι, (Hy.) Hm. Bö.* — ἄπο scripsi: cf. P. V, 7. ‖ Ζε¹ ὁ δὲ νίκην νέαν εὑρών, ἐπὶ εὐδαιμονίας μεγάλης ἐπιβαίνει, προσδοκᾷ γὰρ καὶ ἕτερόν τι μεῖζον τούτου. Similiter Tricl. ‖ vs. 89 cum praegressis coniung. Qf Al. Br. — cum sqq. VZ St.* Hy. Be. (Sch.?) Tricl. — ambigue BDEFIU Ro. Cp. Mr. Sm. Ox. ‖ 90 πετ.| τετ. IR — πεπ. UV? — πεπτ. XZ — Sch.¹ Tricl. Ζε¹ ὑψοῦται; Sch.² μετέωρος φέρεται ‖ 91 ὑπ. ἀν. cum sqq. coni. f Al. (Mosch.) St. — cum praegressis BQa' Sm.* (Sch. Vet. Tricl.) — ambigue DEFIUVZ Ro.* Nescio an hunc dativum iis adnumerem de quibus dixi ad O. I, 89, ut perplaceat lectio τέταται (cf. P. XI, 54; I. I, 49), ita: „qui recens aliquod decus nactus est; a magnae felicitatis fundamento profectus, spe excitatus tendit ad alata facinora (maiora), haec studia divitiis longe anteponens." ‖ -ρίαις U ‖ 92 πλούτου μέριμναν BDEFGII[P]Q[R]UVWXYZ[c]d[f] Ro.* Πy. Be.* (cum Sch.) — τέρψιν πλούτοιο α'β' Sm. Ox. (cum nota Tricl. τέρψιν πλούτοιο γράφε, ἵν' οἰκεῖον ᾖ τῷ μέτρῳ· εἰ γὰρ ἄλλως γράψεις, οὐκ οἰκείως ἔσῃ γεγραφώς.) — τέρψιν πλούτου Al. — πλούτοιο μέριμναν Aw. perperam — πλού-

τὸ τερπνὸν αὔξεται· οὕτω δὲ καὶ πιτνεῖ χαμαί,
ἀποτρόπῳ γνώμᾳ σεσεισμένον.

Ἐπ. ε'.

95 ἐπάμεροι· τί δέ τις; τί δ' οὔ τις; σκιᾶς ὄναρ   135
ἄνθρωποι. ἀλλ' ὅταν αἴγλα διόσδοτος ἔλθῃ,
λαμπρὸν φέγγος ἔπεστιν ἀνδρῶν καὶ μείλιχος αἰών.
Αἴγινα φίλα μᾶτερ, ἐλευθέρῳ στόλῳ   140
πόλιν τάνδε κόμιζε Δὶ καὶ κρέοντι σὺν Αἰακῷ

του μέρμηραν Hm.³ Ht. Cf. Metr. || μέρ.] ἡδονὴν Q¹ — εὐφροσύνην Z¹ (ad Tricl. pertinens) — φροντίδα Sch. || ὀλίγον V — ὀλίγῳ χρόνῳ Q (adscripta gl. ut vs. 68 in D) — ὀλίγω(ῳ) rell. (etiam X.Z)
93 om. τὸ D || καὶ ἐπιτνεῖ (sic) D || 94 ἀπ.] παρατρόπῳ U, || ἀπότροπον γνώμας Ht. — Sch. BU Ro. ἀηδεῖ τινι γνώμῃ καὶ πείρᾳ σεσεισμένον καὶ ἡττηθέν (U νικηθέν pro ἡττ.). Sch. [DG]U etc. τῇ παρὰ τρόπον καὶ παρὰ τὸ δέον ἐχθρᾷ γνώμῃ, οὐ κατὰ τὴν ἡμῶν δόκησιν. || 95 ἐπάμεροι. omnes — Eε¹ ὦ ἄνθρωποι (cum Sch.²) — Z¹ ἐφήμεροί ἐσμεν οἱ ἄνθρωποι — , ἐπάμερον. Bth. (Bö.) || Post ἐπ. plene dist. BEFGIQUXZfa' Al. Ro.* Sm.* — commate Mr. St. — colo Bö.* — non dist. DV || τί δέ τις I[a'] Mr. Sm.* (Mr. τις, Sm.* τις;) — τί δὲ τίς. BEFG Ro.* — τί δέ τίς VZ (τίς. Z) — τί δὲ τίς. f St. (St. τίς,) — τὶ δὲ τίς. Al. Ro; — τί δε τίς. DPQUX (om. dist. D) || τίσ δ' οὔ τις D — τὶ δ' οὔ τις· f || post οὔ τις non dist. DGEFIQV — dist. plene BUXZfa' Al. (B signo[:]) — commate Mr. — signo[;] Ro.* St.* || ὄναρ σκιᾶς α'β' (Tricl.) — σκιᾶς ὄναρ vett. Mosch. Al. Ro.* — σκιᾶς ὄναρ γ' Pw. Be. Cf. vs. 55 || 96 ἀνθρώποισι. f — ἄνθρωπος. Bö.* (cum Sch. [B?] Ro. ad N. VI, 4; Plut. de cons. 6.; Eustath. Il. 757, 32.) — ἄνθρωποι omnes mss. Al. Ro.* (cum Sch. Vet. et Tricl. ad h. l.; Sch. N. VI, 4 in D; Sch. Soph. Ai. 125; O. R. 1186). Reposui vulgatam (cum Ky. et Hm.?), invito Bö. Vir eximius, nostrae aetatis sensum magis quam antiquam simplicitatem librorumque fidem secutus confidentius de h. l. decrevit. Singularis (qui multo tumidior est) vel memoriae errori vel vitio debetur ut de Sch. Ro. ad N. VI, 4 e [B?]D apparet. Correptiones non minus singulares leguntur vss. (20). 47. 55. || pro διοσδ. dici debuisse θεοσθ. Tricl. existimat || ἔλθοι B, || 97 λαμπρῶν f || ἔπεστι φέγγος mss. (etiam fa') Al. Ro.* — φέγγος ἔπεστιν Hy.* — φέγγος ἐστὶν ἐπ' (Bg.²; voluitne ἀνδρῶν λαμπρὸν ἐπ' ἐστὶ φέγγος coll. O. VII, 76?) — φέγγος ἐπέσπεν Ht. — Sch. B Ro. λαμπρὸν φάος (GU φέγγος) ἔπεστι κατὰ τῶν ἀνθρώπων. Ft. πρὸς φάος ἐστὶν coll. P. IV, 286; N. X, 42. || καὶ μ.] εὐμ. Eᵃᶜ F || 98 αἰγίνα E || om. ϛόλῳ Gᵃ IUᵃ — non om. GᵐUᵇ rell. || 99 κομίζου β'ᵇ || δὶ Bö.* — διὰ α' Al. Hm. Bg.² — διῒ vett. et Mosch. Ro:* || διῒ κρέοντι, σὺν (om. καὶ) α'β' (Tricl. cum Z¹ σὺν τῷ βα-

100 Πηλεῖ τε κἀγαθῷ Τελαμῶνι σύν τ' Ἀχιλλεῖ.   145

σιλεύοντι διΐ καὶ τοῖς ἐξ αὐτοῦ ἥρωσιν) male — Sch. Vet. recte σὺν τῷ διΐ καὶ τῷ βασιλεῖ αἰακῷ καὶ τ. ἐξ αὐ. ἥ.
100 πηλεῖ καρίστῳ δὴ τελ. α'β' (cum nota Tricl. οὐκ ἀγαθὸν ὡς εἰπεῖν πηλεῖ τε καὶ ἀγαθῷ τελαμῶνι γράφειν, ἀλλὰ πηλεῖ καρίστῳ δὴ τελαμῶνι· οὕτω γὰρ ἔχει τὸ κῶλον οἰκείως πρὸς τὰ πρὸ αὐτοῦ) — πηλεῖ τε καὶ ἀγαθῷ τελ. BDEFGIIPQRUVWXZ — πηλεῖ τε κἀγαθῷ τελ. Y? *cf* (Mosch) Bö.* rectissime — πηλεῖ τε καρίστῳ δὴ τελ. Al. — πηλεῖ τε καρίστῳ τελ. Ro.* — πηλεῖ τ' ἐσθλῷ, καὶ σὺν τελ. Hm.³ Cf. Metr. — p. n. e. — Edd. principes veterem lectionem cum interpolata Tricliniana miscent; hinc vulgata. || ἀχιλλεῖ omnes

Subscr. ὕμνου τέλος ἀριστομένους αἰγινήτου. α' — nulla in rell.

ΠΥΘΙΟΝΙΚΑΙ Θ'.

ΤΕΛΕΣΙΚΡΑΤΕΙ ΚΥΡΗΝΑΙΩι

ΟΠΛΙΤΟΔΡΟΜΩι.

Strophae.

Epodi.

Inscr. om. BQ — ὁπλιτηδρ. XZ

Metr. Ep. 7 Bö.¹ disiunxit. Coniungi posse idem dicit Str. 1 et 2; esse tamen consociationem non magis probabilem quam Ep. 1. 2; nec Ep. 4 et 5 connectendos esse. — Hm.³ Str. 2 et 3 coniungi iubet: ⏑ — — — ⏑ — — ⏑́ | ⏑ ⏑ — ⏑ ⏑́ ⏑ ⏑ — ⏑ ⏑ — ⏒ ut silentium fiat post nonam syllabam, quae ideo et ancipitem mensuram et hiatum patiatur. — Tres vss. interpolationem metricorum experti: 1) Str. 1 Tricl. (et Sm.) quartam syl-

ΠΥΘΙΟΝΙΚΑΙ Θ'.

Ἐθέλω ` χαλκάσπιδα Πυθιονίκαν　　　　Στρ. α'.
σὺν βαθυζώνοισιν ἀγγέλλων
Τελεσικράτη Χαρίτεσσι γεγωνεῖν,
ὄλβιον ἄνδρα, διωξίππου στεφάνωμα Κυράνας·　　5
5 τὰν ὁ χαιτάεις ἀνεμοσφαράγων ἐκ Παλίου κόλπων ποτὲ
　　　　　　Λατοΐδας
ἅρπασ', ἔνεγκέ τε χρυσέῳ παρθένον ἀγροτέραν δίφρῳ,
　　　　τόθι νιν πολυμήλου　　10
καὶ πολυκαρποτάτας θῆκε δέσποιναν χθονὸς
ῥίζαν ἀπείρου τρίταν εὔηρατον θάλλοισαν οἰκεῖν.　　15

ὑπέδεκτο δ' ἀργυρόπεζ' Ἀφροδίτα　　　　Ἀντ. α'.
10 Δάλιον ξεῖνον θεοδμήτων

labam productam esse voluit, exceptis nominibus propriis vs. 1 et 101; 2) Str. 6 Mosch. a choriambo incipere et quinquies syllabâ augendum esse putavit, in errorem inductus vitio ἅρπασεν vs. 6, oblitus tamen vss. 64. 89. 114.; 3) Ep. 9 Mosch. ob vs. 25 a choriambo incipere ratus mutavit proximum vs. 50, neglexit reliquos ubi Pw. (Be.) eius vices gessit. — Denique in Ep. 3 Tricl. ob οἰκουριᾶν vs. 19 mutavit vs. 44, reliquos non attigit.

2 -νοις QU || ἀγγέλλων BEGIQᵇUd fᴾᶜᵃ'? St.²* (c. Sch. ἐγκωμιάζων et gl. F ὑμνῶν et Germ.) — ἀγγέλων DFQᵃ?[R]VXZc fᵃᶜ Al. Ro.* — ἀγέλων Qᵃ? — ἀγώνων P (c. gl. ἕνεκα) — αἰνέων α'?β' (periit haec vox in α') || 3 -άτει Eᵃᶜ?FᵃᶜIXᵃ — ἄτην R — ἄτη Mr. — ἄτη rell. || -τεσι VZ || 5 ἀνεμοσφάγων E.ᵃᶜ || -άγγων QRUZᵃᶜ || ποτὲ] τὲ F || 6 ἅρπασεν, vett. et Mosch. Al. Ro.* Ox. — ἅρπασ', [α'] Sm. Pw. Hy. Be.* Cf. Metr. || ἔνεικέ τε VW [α'?] Bö.* — ἔνεγκέ τε BDEFGIPQRU[α'?]β' Sm. Hy. Be.* — ἤνεγκέ τε XZ[c] f (Mosch.). Cf. Metr. et ad O. III, 14. Utram formam h. l. Tricl. probaverit non constat. Reposui vulgatam. || τόθι omnes (etiam V̄.) || νιν Bᵃᶜ?B.E.F.Gᵇ[P]QᴾᶜV.XZ f Ro:* (Bᵇ = Ur.?) — νον X. — νῦν BᴾᶜDGᵃG.IQᵃᶜU.Rcα'β' Al. — gl. Q καὶ αὐτὸν (sic) — Sch. αὐτὴν || πολυμάλου Δw. — πολυμήλου omnes rell. || 8 τριτάταν B EFVXZ Ro.* (Al. τρίτα τὰν) — τρίταν DE,GIIP[QUR]c[fα']β' Sm.* || θάλλουσαν X || 9 ὑπέδεκτ' οὖν α'β' — ὑπέδεκτο δὲ Sm. — ὑπέδεκτο δ' rell. (ὑπέδ. R; — ἰδεκτ' E,; ὑποδέκτετο B,). Cf. Metr. || -δίτη Bᵃ B,VXZ Ro; — δίτα Bᵇ[DEF]GI etc. || 10 ξεῖνον B[c] f[α'] Al. Sm.* — ξένον D EFGIPQRUVXZ Ro.* (Sch.?) || θεοδμήτων R — θεοδμάτων BDFᴾᶜGI [IPQR]U[c] f[α'β'] Al. Ro.* — θεοδώτων EFᵃᶜ — θεοδότων VWXYZ Sch. et Zˢˡ θείων. An fuerunt qui θεοσδότων (Hom. δωτήρ; Hes. ἀδώτης: Bu. I, 515, not. 28) legerent? || 10sq. θ. ὁ. cum praegressis coniungi iu-

PYTHIA IX.

ὀχέων ἐφαπτομένα χερὶ κούφᾳ·
καί σφιν ἐπὶ γλυκεραῖς εὐναῖς ἐρατὰν βάλεν αἰδῶ,   20
ξυνὸν ἁρμόζοισα θεῷ τε γάμον μιχθέντα κούρᾳ θ᾽ Ὑψέος
εὐρυβία·
ὃς Λαπιθᾶν ὑπερόπλων τουτάκις ἦν βασιλεύς, ἐξ Ὠκεα-
νοῦ γένος ἥρως   25
15 δεύτερος· ὅν ποτε Πίνδου κλεενναῖς ἐν πτυχαῖς
Ναῒς εὐφρανθεῖσα Πηνειοῦ λέχει Κρέοισ᾽ ἔτικτεν,   30

Γαίας θυγάτηρ. ὁ δὲ τὰν εὐώλενον   Ἐπ. α΄.
θρέψατο παῖδα Κυράναν· ἁ μὲν οὔθ᾽ ἱστῶν παλιμβά-
μους ἐφίλησεν ὁδούς,
οὔτε δείπνων τέρψιας, οὐδ᾽ ἑταρᾶν οἰκουριᾶν,   35

---

bent Hy. Hm.³ — cum sqq. BIZ*f* Al. Ro.* (Sch.) — non dist. DEFQU
V Hy.* ‖ 11 χερὶ B[EFRc]*f*[a´] Sm.* — χειρὶ DGIPQUVYZ Al. Ro.*
‖ κούφα Z¹ Sch. Al. Ro.* — κούφᾶ B — κούφα DEFPQ[R]UVWXY*f* —
κούφᾳ GIἸ?Zᵃa´ (Hy.) Be. Hm. Bö.* ‖ 12 ἐρατὰν] ἀρετὰν DG(Bᵇ?) ‖
13 -ζουσα X ‖ τε om. QR ‖ μιχθέντα BEF⁸ Sch. Hm. (coll. P. IV,
222 sq.) Bö.* — μιχθέντι DF¹GIPQRUVXZ[c*f*]a´ Al. Ro.* — (κούρᾳ τε)
μιχθῆν (Bg.²). Construe: γάμον, θεῷ τε κούρᾳ τε μιχθέντα, ξυνὸν ἁρμόζοισα
‖ κό...ᾶ B — κόρα(ᾳ) EFᵃᶜUᵃᶜ?VXZ — κούρα(ᾳ) DFᵖᵒI[PR]QU[c*f*a´]
Al. Ro.* Cf. ad O. VIII, 1 ‖ ὑψέως BPQU — ὑψέος DFFGI[R]VXZ[c]*f*
a´ Al. Ro.* (a´ c. gl. διὰ τὸ μέτρον) ‖ -βία GIᵃᶜZ (sed Zᵍˡ ου) — Fᵍˡ
δωρικὸν — p. n. h. ‖ 14 -θᾶν B.DEFGI[PQ]RUV,X,[a´] Ro:* (R δᾶν)
— θῶν VXZ — θάων [c]*f* Al. Ox. Cf. Metr. ‖ τε γένος EF ‖ 15 κλε-
ενᾶις EFI — κλεαιναῖς R — κλειεναῖς Zᵃᵒ (Zᵖᶜ νν) — κελενναῖς G — κλε-
ενναῖς B.DF,G,P[Q]U.V[Xc]*f*[a´] Al. Ro:* Est κλεεενναῖς. ‖ ἐν om. F. ‖
16 κρέοισ᾽ BDEFGI[ἸP?]QRUV[W]X[Y]Zα´[β´?] Ro. Br.* — κρείοισ᾽
[c]*f*(β´?) Al. Cp. Sm. Ox.* Non opus, ut in primo systemate, praesertim in
nom. pr. ‖ -εν EFG[c]*f*a´ Al. Ox.* — ε BDIPQRUVXZ Ro.* ‖ 17 γαίαι
D ‖ 18 ἡ μὲν X ‖ ἐφίλησεν BDEFGἸPQR[U]VWXYZ*f* Aw. Ah. Sw.²⁸
Bg.² Ht. — ἐφίλασεν [a´β´] Al. Ro.* Triclinii inventum. ‖ 19 libri οὔτε
δείπνων οἰκ. μεθ᾽ ἑταιρᾶν τέρψιας ‖ δείπνων [B]D¹E.Fᵖᶜ G¹I[PR]Q¹
V•UX.Z[c*f*a´] Al. Ro.* (cum par. Sch. BGU Ro.) — [δ]ειπνῶν F, — δεῖ-
πνον D•FᵃᶜG•Q•V¹ (Sch. [D]GU γρ. καὶ δεῖπνον quod non legitur in B
Ro.*) ‖ οἰκοριᾶν c*f* Al. (Mosch.) Sm. Ox.* — οἰκουριᾶν DEFGIPQ•RU
VWXa´ Ro.* (Ro. ρίᾶν) — οἰκουρίαν Q¹ — οἰκουριῶν B?F,G, Ro; ‖ ἑτα-
ρᾶν Z — ἑτιρᾶν s. ἑτυρᾶν Fᵃᶜ — ἑταιριᾶν Ro. Mr. — ἑταιρᾶν BDEFᵖᶜ

20 ἀλλ' ἀκόντεσσίν τε χαλκέοις
φασγάνῳ τε μαρναμένα κεράιζεν ἀγρίους
θῆρας, ἦ πολλάν τε καὶ ἡσύχιον   40
βουσὶν εἰρήναν παρέχοισα πατρῴαις, τὸν δὲ σύγκοιτον
   γλυκὺν
παῦρον ἐπὶ γλεφάροις
25 ὕπνον ἀναλίσκοισα ῥέποντα πρὸς ἀῶ.

κίχε νιν λέοντί ποτ' εὐρυφαρέτρας   Στρ. β'. 45
ὀμβρίμῳ μούναν παλαίοισαν
ἄτερ ἐγχέων ἑκάεργος Ἀπόλλων.

GI etc. Al. Cp.* ‖ οὔτε δείπνων τέρψιας οὐϑ' ἑταρᾶν οἰκουριᾶν Bg.² paraphrasten legisse existimat „ubi οἰκουρίαν rectius se haberet". Egregie. Recepimus Sch. lectionem, Moschopuli emendatione nunc repudiatā, etsi antea probabilis videbatur: cf. ad O. VIII, 1.

20 -τεσσιν [cfa'β'] Al. Sm. Ox.* — τεσι G,PQ?X, Ro.* — τεσσι B.DEFGIQ?RUVXZ Ro; Bd. ‖ **21** -μέναν D — μένας R ‖ κεράϊζεν [B] DFᴾᵖGI[I̱P]Q[R]UV[W]X[Y]Zα'[β'] Ro.* Hm. Bö.* (cum Sch. ἐπόρθει καὶ ἀνήρει) — κεραΐζειν EFᵃᵒc?f (Mosch.) Hy. Be.* — κεραΐζεν Al. — Non offendit correpta: cf. 16. Librarii quidam ad continuandum nexum verborum invitati μαρναμέναν et infinitivum scribebant, ut metro quoque consulerent. Verum nominativi absoluti 23 et 25 non de Pindari more sunt. ‖ **22** ἢ V ‖ ἡσ. VXZf — ἀσ. DQ — ἀσ. BEFGI[P]U[a'] Al Ro.* ‖ ἡσύχιαν (sic) Xᵇ ‖ **23** εἰρήναν DEFGIUα' — εἰρήνην BPQR Ro.* — εἰράναν VXZcf Al. Ox.* Cf. ad O. XIII, 7 ‖ -χοισα [α'] Al. Hy. Be.* — χουσα vett. Mosch. Ro.* ‖ **24** παῦρον ἐπὶ BDPᵉE.F.G.I[I̱PQR]U.[c]f α'[β'] Al Ro.* — ὕπνον ἐπὶ VWXYZ (Bg.²) casu ortum ut confusio vs. 19 ‖ γλεφ. V[W̄?] Hy.²* — βλεφ. BDE.F.G.I̱?PQRUXZ[c]fα' Al. Ro.* ‖ **25** ὕπνον ἀναλ. BDEFGI[I̱PQR]U[cf] Al. Ro.* — παῦρον ἀναλ. VWXYZ — ὕπνον ἀνλ. α'[β'?] Tricl. (ἀνλ. in litura) — παῦρ' ἀναλ. (Bg.²) ut et ipse olim, qui praeterea παῦρον ἀλ. coniecerem (coll. Hesych.); at non offendit solutio in primo tantum systemate. Vide ad 16. 21. et P. I, 17; V, 2. 29; N. III, 14; V, 6. 10. 12. ‖ -σκουσα F,R ‖ ante ῥέποντα dist. IQ Cp.* male, si (cum Pp. St.*) ἀναλ. ἐπὶ γλ. coniungi volunt — non dist. BDEF UVZf Al. Ro. Hy.* Recte Sch. Ln. Hy. ῥέπ. ἐπὶ γλ. consociant. ‖ ἀώ BEF ‖ **26** νιν omnes ‖ λείοντι α' Sm. — τε λέοντι Pw. — γε λέοντι Be. Cf. Metr. ‖ -τρα Q? ‖ **27** ὀμβρ. P[QR]UX[Yα'β'] Ro. Br.* Ox.* — ὀβρ. BDEFGI̱VWZ[c]f Al. Cp. Sm. Bd. Cf. ad O. VI, 101 ‖ μόναν I ‖ -οισαν omnes (σην Sm.) ‖ **28** ἔγχεος Sch.? At usus digammi apud Pindarum vetat.

PYTHIA IX.

αὐτίκα δ᾽ ἐκ μεγάρων Χείρωνα προσέννεπε φωνᾷ·
30 Σεμνὸν ἄντρον, Φιλυρίδα, προλιπὼν θυμὸν γυναικὸς καὶ μεγάλαν δύνασιν
θαύμασον, οἷον ἀταρβεῖ νεῖκος ἄγει κεφαλᾷ, μόχθου
    καθύπερθε νεᾶνις   55
ἦτορ ἔχοισα· φόβῳ δ᾽ οὐ κεχείμανται φρένες.
τίς νιν ἀνθρώπων τέκεν; ποίας δ᾽ ἀποσπασθεῖσα φύτλας

ὀρέων κευθμῶνας ἔχει σκιοέντων;   Ἀντ. β΄. 60
35 γεύεται δ᾽ ἀλκᾶς ἀπειράντου.
ὅσια κλυτὰν χέρα ϝοι προσενεγκεῖν

29 προσώνεπε Hy.²* — προσήννεπε V — προσήνεπε BDEFGIPQRU XZ[c]*fa'* Al. Ro.* (Z εἴνεπεν?) cf. P. IV, 97 ‖ **30** φιλυρ. B.DEFGIIPQ [R]UVWXYZ[α'?]β' Bg.* — φιλλυρ. E,[c]*f* Al. Ro:* — φειλυρ. F^(ac)? Cf. P. III, 1 ‖ καὶ θυμὸν c ‖ δύναμιν R ‖ **31** ὁποῖον F, ‖ οἷόν περ ἀτ. [c]*f* (Mosch.) Ox. Cf. Metr. ‖ νεῖκος [B]D¹E.F*GIUVXZ[*cfa'*] Al. Ro.* (Sch.² φιλοτιμίαν) — νίκος D*F¹PQR (F¹QR νίκ. Pr¹ δόξαν φέρει male); cum Sch.¹ νίκην; fraudem his fecit vocabulum recentioris Graecitatis; cf. Lo. ad Phr. 647 ‖ ἄγε R ‖ κεφαλᾷ] κραδίᾳ Sw.²⁸ At dativus est termini (O. I, 89) poeticus, recte a Sch.¹² agnitus (ἐπάγει τῇ ἑαυτῆς κεφαλῇ), ut a Ln. Po. Hy. Bö. Male Pp. St.* verterunt „certamen intrepido capite sustinere." — ἀτ. κ. poetice pro sibi intrepidae: O. VI, 60; VII, 70; P. XI, 35. ‖ νεᾶνις B?E ‖ **32** ἔχουσα B ‖ οὐκ ἐχείμαντει BF^(lll)F^(ac) Al. — οὐ κεχύμ. D — οὐ κεχείμανται rell. — Sch. ἐχειμάσθησαν. Possis οὐκ ἐχείμανθεν scribere. Vide Hm. ad Aesch. Pers. 569 ubi Pindarum suo schemate hic usum esse suspicatur. ‖ **33** νιν B.E.FG,I*U,VXZ[c]*f* Al. Ro:* — νιν μὲν U — μὲν DGI¹PQRα'β' Ky. — Sch. τίς δὴ ... αὐτὴν ‖ τέκε B,QR — τέκε B — τέκεν DEFGIUVXZ*fa'* Al. Ro:* (gl. α' αὐτὴν ἔτεκεν) ‖ ἀποσπασθ.] ἀποσπαρθ. Sch.¹? Pw. Hm.¹² — in Sch.¹ U est ἀποσπασθ. Ft. vitium est in Sch.¹ Ro. Cf. ad O. IX, 16 sq. ‖ φύτλης R ‖ **34** σκιόεντας Q^(ac) — σκιούντων D — Sch. συμφύτων corruptum videtur esse ‖ **35** ἀπειράτου B^(pr)QR — ἀπειράντου B^(ac)B,DEF etc. ‖ **36** ὅσια BEGIPQU Za'β' cum Sch.¹² et gl. E (δίκαιον) F (ὅσιον ὑπάρχει) P (ὅσιόν ἐστι) Z (δίκαιον δέ ἐστιν) α' (δίκαιον δέ ἐστιν ἄρα) Ox. Ky. Ht. — ὅσιον R — ὁσία DFVX[c?]*f* Al. Ro.* Hy. Be.* quod ut Homericum (Od. π, 423; χ, 412) praetulerunt, sed non est formula οὐχ ὁσίη ‖ κλυτὰν FVWZ[*cf*] Al. Ro.* (F^(ac) κλυτᾶν) cum Sch. — κλειτὰν BDEGIPQRU — δὲ τὰν α'β' (cum gl. τὴν ἐμὴν et nota Tricl. ὅσια δὲ τὰν χέρα γράφε. οὕτω γὰρ ἔχει πρὸς τὸ μέτρον οἰκείως. τὸ δὲ κλειτὰν οὐ καλόν) ‖ χέρα DGI[PR]QU[o]*fa'* Sm. Ox.* — χεῖρα [B]EFVXZ Al. Ro.*

ἦ ῥα, καὶ ἐκ λεχέων κεῖραι μελιαδέα ποίαν;
τὸν δὲ Κένταυρος ζαμενής, ἀγανᾷ χλαρὸν γελάσσαις
    ὀφρύϊ, μῆτιν ἑὰν   65
εὐθὺς ἀμείβετο· Κρυπταὶ κλαΐδες ἐντὶ σοφᾶς Πειθοῦς
    ἱερᾶν φιλοτάτων,   70
40 Φοῖβε, καὶ ἔν τε θεοῖς τοῦτο κἀνθρώποις ὁμῶς
αἰδέοντ', ἀμφαδὸν ἀδείας τυχεῖν τὸ πρῶτον εὐνᾶς.

                                            Ἐπ. β'.
καὶ γὰρ σέ, τὸν οὐ θεμιτὸν ψεύδει θιγεῖν,   75
ἔτραπε μείλιχος ὀργὰ παρφάμεν τοῦτον λόγον. κούρας
    δ', ὁπόθεν, γενεὰν

37 .ἦρα; B — .ἦρα FIa' (om. dist. Ia') — .ἦ ῥα, Z — .ἦ ῥὰ D? EGUX Ro. Br. Mr. (om. dist. DU) — , ἦ ῥὰ, Q — , ἦ ῥὰ Cp. — ; ἦ ῥὰ St.* — ἦ ῥὰ Hy. Πt. — .ἦ ῥὰ. f — .ἦρα. Al. — ἦ ῥᾶ V — , ἦ ῥα Hm. Bö.* — Fsi ἔφη — α's ἄρα et Sch. Tricl. ἄρα, φησίν, ὅσια κτλ. (cum Sch. Vet.). Librarios et grammaticos (Moschopulum maxime qui et ὁσία et ἦ ῥα ex Homero invexit) fefellit prava lectio κεῖρε(ν), ut interpretarentur „dixit et ... resecuit". Vet. Sch. et Tricl. ἦρα (ἦ ῥα) pro ἄρα in fine enunciati collocatum esse voluerunt, quos auctores secutus sum: cf. Hm. ad Soph. O. C. p. XIX. Locus ibi laudatus Arist. Pac. 892 eandem gratam negligentiam habet: an vero. ‖ κεῖραι DE.FGΠPQ[R]UVW̄?c?α'β' Sm. Hm. Bö.* (Sch.) — κεῖρε BX·Y̅? — κεῖρεν f Al. Ro.* Bd. Ox.* — κείρειν Xͫ|ᵇZ (c. gl. δρέψασθαι) ‖ μελιαδία BEE,¹F Ah. Sw.²⁸ Ht. recte μελιηδέα DE,²GI|P]QRUVXZ[cfa'] Al. Ro.* ‖ 38 χλαρὸν PQcf Al. (Mosch. cum Sch. Vet.) Pw. Hm. Bö.* — χλιαρὸν BDE.FG.IRUVXZa' (c. gl. Tricl. a' ἀντὶ μιᾶς) ‖ -άσσαις B Be. Bö.* — άσσας G̅ — άσσας G,Uf — άσας DEFΠPQRVWX.YZa'[β'] Al. Ro.* — άξας Pw. — άξαις Hy. ‖ 39 ἀμ.] ἀπᾶμ. cf Ox. Cf. Metr. ‖ κρυπτὸν I ‖ κλαΐδες B,IF··? X,Z[c]f Al. Cp. Br. Mr. St.²* — κληΐδες α' (cf. P. VIII, 4) — κλαΐδας Ro: — κλαΐδες BDE.FG.IPUVX — κλεῖδες Q — κλειαίδες R ‖ ἱερᾶν VZ·· ‖ 40 ἐν γε α'β' Non opus: cf. P. IV, 13 et ad O. XIV, 5 ‖ δ' ἀνθ. PQR Ro. male — καὶ ἀνθ. BEF — κἀνθ. DGIUVXZfa' Al. Cp.* — γ' ἀνθρώποις θ' Ky. ‖ -ποισιν V ‖ ὁμῶς omnes ‖ 41 ἀμφαδὸν B? DE.FGIPQRUVX.Zcfa' Al. Ro.* — ἀμφανδὸν (in nullo ms.) Sm. Ox.* Cf. ad P. II, 76 ‖ ἀδ. et ἀδ. iunctim EF — ἀδ. rell. ‖ τὸ πρ. DFGIQ UV — τοπρ. B?EXZfa' Al. Ro.* ‖ εὐνάς D ‖ 42 om. γὰρ PQRU. ‖ ψεύδει Bᵃ?B,DE.F[UVX]Z[c]f[a'] Al. Ro.* — ψευδεῖ BᵇGIQ — Gsi ἀντὶ τοῦ ψεύδους. Cf. O. XII, 6 ‖ θιγεῖν D — θιγεῖν F ‖ 43 ἔτραπε F ‖

PYTHIA IX. 257

ἐξερωτᾷς, ὦ ϝάνα; κύριον ὃς πάντων τέλος   80
45 οἶσθα καὶ πάσας κελεύθους·
ὅσσα τε χθὼν ἠρινὰ φύλλ' ἀναπέμπει, χὠπόσαι
ἐν θαλάσσᾳ καὶ ποταμοῖς ψάμαθοι
κύμασιν ῥιπαῖς τ' ἀνέμων κλονέονται, χὠ τι μέλλει,
χὠπόθεν   85
ἔσσεται, εὖ καθορᾷς.
50 εἰ δὲ χρὴ καὶ πὰρ σοφὸν ἀντιφερίξαι,

ἐρέω. ταύτᾳ πόσις ἵκεο βᾶσσαν   Στρ. γ'.
τάνδε, καὶ μέλλεις ὑπὲρ πόντου   90
Διὸς ἔξοχον ποτὶ κᾶπον ἐνεῖκαι·
ἔνθα νιν ἀρχέπολιν θήσεις, ἐπὶ λαὸν ἀγείραις

de παρφ. τ. λ. vide ad O. VII, 67 sqq. et 90 sq. ‖ κούρας omnes ‖ ὀπ.]
Z ὑπάρχει ‖ γενεὰς B, — γενεὰν E, — γενεὰν rell. — γενεὰ Hm.¹ (e
Sch.); cf. Bö. — γενεὰν rell. (etsi terminatio αν in B non bene legitur)

44 ὦ ἄνα κ. ὃς BDEFGIVX[c]ƒ Al. Ro.* (B ἄνα? G ἄναι?) — ὦ ἄναξ
κ. ὃς PQRZ — ὦναξ κ. ὅτις α'β' (cum nota ὅτις χρὴ γράφειν, ἵν' οἰκεῖον
ᾖ τῷ μέτρῳ). Cf. Metr. ‖ **46** ὅσσα BDGIUVXƒa' Al. Ro.* — ὅσα EFP?
QRZ ‖ χὠ. QUƒa' Sm.* — χὠ. Cp. Bö.²* — χ'ὠ. BDE etc. ‖ **47** ψαμμ.
DG⁻ᶜXZƒ Al. Ro.* — ψάμ. rell. Sm.* (V θάμ. s. θάμμ.?) ‖ **48** -σιν
recc. Ox.* — σι vett. Al. Ro.* ‖ χὠ, τι Cp. Bö.* — χὠ, τι ƒ Sm.* —
χ' ὠτι rell. ‖ χὠπόθεν Sm. Hm. Bö.* (Sm. χὠ.; Hm. Bö.¹ χῴ.) — χ' ὠ
τί ποτ' recc. (χὠ. ƒ) — hinc ὦτε ποτ' Ox.* male — χ' ὠτι πόθεν B
DE.FG.IPQRUXZ Al. Ro. (χὠ. PR Cp.) — χὠτι ποθὶ V̅ — χὄτι ποθεν
IY — χὄτι ποθινὸς W — Sm. et Bg.² antiquitus χὠπόθεν fuisse existimant. ‖ **49** ἔσεται IR ‖ **50** εἰ δὲ χρὴ καὶ B.DE.FG.IPQRU.VWXYZ
α'β' Ro; Hm. Bö.* (cum Sch.) — εἰ δέ γε χρὴ καὶ [c]ƒ Al. Ro.* — εἰ δὲ
γε χρὴ Hy.²* Cf. Metr. ‖ παρσοφῶ F — παρσοφὸν DE.I — nescio an
tertius casus praestet. ‖ -ίξαν D ‖ **51** ταῦτα EᵃᶜFᵃᶜU — ταύτας R ‖
ἵκεο Z ‖ βάσσαν BDE.F ‖ **52** ὑπὲρ πόντου BE.F[PQRVWXY]Z[cƒ]a'[β']
Al. Ro.* (Sch.) — ὑπερποντίου DG.IIU e quibus pendere Triclinianos ostendit nota α': οὐ χρὴ γράφειν ὑπερποντίου διός· οὐ γὰρ οἰκεῖόν ἐστι τῷ
μέτρῳ· ἀλλὰ ὑπὲρ πόντου κτλ. Cf. 67 ‖ **53** ἐνεῖκαι vett. et Mosch. Al.
Ro.* (-κε D*F) — ἐνείκειν α'β' — Zᵉ¹ κομίσειν — Sch. ἐνεγκεῖν. Tricl.
docte (Bu. II, 314) sed iniuria inf. aor. post μέλλω supplantatum ivit, ut
cum collega O. VIII, 32 ‖ **54** νιν omnes ‖ ἀρχέπολιν FE, Ro; — ἀρχίπολιν B.EGI etc. — ἀρχάπολιν D — cf. O. II, 7; P. II, 1 ‖ ναὸν Qᵃ ‖

ΠΥΘΙΟΝΙΚΑΙ Θ'.

55 νασιώταν ὄχθον ἐς ἀμφίπεδον· νῦν δ' εὐρυλείμων πότνιά
     σοι Λιβύα   95
δέξεται εὐκλέα νύμφαν δώμασιν ἐν χρυσέοις πρόφρων·
   ἵνα Ϝοι χθονὸς αἶσαν
αὐτίκα συντελέθειν ἔννομον δωρήσεται,   100
οὔτε παγκάρπων φυτῶν νήποινον, οὔτ' ἀγνῶτα θηρῶν.

τόθι παῖδα τέξεται, ὃν κλυτὸς Ἑρμᾶς   Ἀντ. γ'.
60 εὐθρόνοις Ὥραισι καὶ Γαίᾳ   105
ἀνελὼν φίλας ὑπὸ ματέρος οἴσει.
ταὶ δ' ἐπιγουνίδιον θαησάμεναι βρέφος αὐταῖς,

ἀγείρας [B]DEFG[P]QRUV[WY]XZ[c]fa'[β'] Al. Ro.* — ἀγήρας I — ἀγείραις Hy.* Cf. Ia. LXXXIII, 43
55 νησ. VXZcf || ante (non post) νασ. dist. Q malo — post (non ante) EIZf Al. Ro.* — non dist. BDFUV Hy.* || ἀμφίπ...ν B (literae interierunt) — ἀμφίπολον Q^ac ob intempestivam O. I, 93 recordationem — ἀμφίπεδον i. e. ἀμφοτέρωθεν τὴν πεδιάδα ἔχοντα (Zs¹ e Sch.) rell. et Q^pc; cf. ad P. I, 18; IV, 8. || λιβύη Q^ac || **56** δίξετ' Q || εὐκλεία cf Ox. (in f ἑαν); cf. Metr. — εὐκλέα [B]DEGI[P]QUV[a'] Ro.* Hy. Be.* — εὐκλεᾶ VZ Al. (Z ᾳ) — εὐκλεία R — εὐκλείαν F || πρόφρων utrubique distinctione seclusum QU — neutrâ parte D —. cum antecc. BEF etc. cum Sch. — possit cum sqq. iungi: cf. ad O. I, (26) 113. || αἶσσαν Z || **57** συντελέειν nullus Scholiastarum „legit" (sic Ox. confidenter, Ht. dubitanter) sed ita explicant συντελέθειν, ut hoc sit vel colere et gubernare (consummare), vel adiuvare (contribuere), vel pertinere, subiectum esse (tributo persoluto); nec ullus „legit" ἐννόμως (Ht.), sed ita explicant ἔννομον quod partim a νόμος (rite: εὐκόλως καὶ δικαίως) partim a νέμω et νομός (cum domibus et fructibus) videntur derivare || συντ. ἐν. virgulis interclusum in Sm. Ox. || **58** νήπηνον I — νήπεινον R || **59** παῖδα vett. Mosch. Al. Ro.* — κοῦρον α'β' (c. gl. παῖδα) — παῖδά γε Pw. Be. Cf. Metr. || ὃν om. D || ἑρμῆς R || **60** ὥραισι E. — ὥρεσι FR || γαίᾳ(α) B,?[c]f [α'] Al. Ro:* — γαῖα Q — γαῖ V — γαί' BF^pc — γᾶ GI — γᾷ, Z — γᾶ DEF^acPRU. — γᾱ, X — γῆ X, || **61** φίλης B || ὑπὸ] ἀπὸ Da' — ὑπὲρ U — Cf. O. V, 14 || μητ. I || **62** ταί δ' (ταῖδ') plurimi || θαησ. Bg.² Ht. egregie (Sch. θαυμάσασαι); cf. Sch. Germ. p. V — θᾶκ. B (Bs¹ rec. m. οὐ) — θηκ. DE^acF^pcG^sVW?XYZ Al. Ro.* — θησ. E¹E,F^acG¹I II? PQRU — κατθηκ. cf (Mosch.) Ox.* — ἐνθηκ. α'β' (Tricl. c. gl. θεῖσαι ἐν ἑαυταῖς) — ἀνθηκ. Sm. — Sch. GU [ἡ] θησάμενοι τοῖς ὄμμασιν vestigia verae lectionis prodit. Nec poeta bis τίθεσθαι posuisset. || αὐταῖς

PYTHIA IX.

νέκταρ ἐν χείλεσσι καὶ ἀμβροσίαν στάξοισι, θήσονταί
     τέ νιν ἀθάνατον,   110
Ζῆνα, καὶ ἁγνὸν Ἀπόλλων᾽, ἀνδράσι χάρμα φίλοις, ἄγ-
     χιστον ὀπάονα μήλων,
65 Ἀγρέα καὶ Νόμιον, τοῖς δ᾽ Ἀρισταῖον καλεῖν.   115
ὣς ἄρ᾽ εἰπὼν ἔντυεν τερπνὰν γάμου κραίνειν τελευτάν.

ὠκεῖα δ᾽ ἐπειγομένων ἤδη θεῶν   Ἐπ. γ´.
πρᾶξις ὁδοί τε βραχεῖαι. κεῖνο κεῖν᾽ ἆμαρ διαίτασεν·
     θαλάμῳ δὲ μίγεν   120
ἐν πολυχρύσῳ Λιβύας· ἵνα καλλίσταν πόλιν
70 ἀμφέπει κλεινάν τ᾽ ἀέθλοις.   125
 καί νυν ἐν Πυθῶνί νιν ἀγαθέᾳ Καρνειάδα

DE,FIQ[R]UV Bö.[2]* — · ἀυταῖς G — αὐταῖς BE?XZ[c]fa´ Al. Ro.* —
αὐταῖς Bg.[2] (coni. αὐτῷ). Coniungo τὸ αὐταῖς ἐπιγουνίδιον βρέφος duce Sch.
 63 -λεσι DGPQRUVXZ — λεσσι BEFI etc. || στάξοισι omnes —
F[el] αἰολικὸν || τέ νιν VXZcf Al. Ox.* — γέ νιν EF — τέ μιν BGIQRU
a´ Ro.* — μιν (om. τέ) B[b]D || 64 ζῆνα. I Al. — ζηνα, Ro. Br.* Sm.*
—, ζῆνα, f Cp. — . ζηνα Q — . ζῆνα, Z (c. gl. ὥσπερ e Sch. Vet.) — ζῆνα BD
EFUV St.[2]* Hy.[1] Be. Hm. Bö.* — , ζῆνα Hy.[2]* Reposui interpunctionem Ce-
porini. || -ωνα PQR || -σιν P || ἄγχιστον] ἄλπνιστον coni. Hm.[1] coll. I. IV,
12 (Bg.[3]) — Sch. BGU ἀκίνητον i. e. fidelem, assiduum (Ro. male εὐκ.)
confirmat vulgatam || ἄγχ. cum ὀπ. μ. coni. BEPQXZfa´ Al. Ro.* We.
(Rh. 2, 375) Hs. Ra.* (cum Sch.) — id. cum ἀν. χ. φ. coni. [D?] Hy.[2]
Hm.* — non dist. FGIUV — Interpunctionem a Heynio novatam, a Hm.[12]
defensam certatim convellerunt recentiores, quibuscum omnes ante Hy. ac
Hm. et edd. et intt. faciunt || ὀπ. F — ᾽όπ. B — ὀπ. rell. || μάλων Hy.
— μήλων mss. Al. Ro.* Bö.* || 65 ἀγραία B[1] || -σταῖα R — στεῖον
EF[ac] — στεῖον Z[1] || 66 ἄρ IQZf || ἔντυε BQ[ac] — ἔντυεν [DEF]GIQ[pc]
[UVX]Z etc. || 67 sq. ὠκεῖα . . . πρᾶξις B.E.Ffa´ Al. Ro:* (cum Sch. B
Ro.*) — ὠκεία . . . πρᾶξις VX.Z — ὠκεῖαι . . . πράξεις DG.IPQRU (cum
Sch. GU) e quibus Triclinianos pendere docet nota a´ ὠκεῖα δὲ πρᾶξις
γράφε, ἵνα τοῖς πρὸ αὐτοῦ κώλοις οἰκείως ἔχῃ τὰ κῶλα ταῦτα. Οἱ γὰρ (πρὸς
τὸ ὁδοί) ὠκεῖαι γράφοντες πράξεις, ἀγνοοῦσι τὰ μέτρα. Cf. 52 et de
Scholiorum cum textu, quem scriptum habebant, concordia: Sch. Germ.
p. XX. || 68 ἧμαρ E, || διαίτασε B — διαίτασεν [D]GI[VX]Z[a´] Al.
Ro.* — διαίτασε EFU — διέτασε PQR — διαίτησεν cf || 70 ἀμφέπειν E
|| 71 καὶ νυν [a´] Sm. Ox.* — καὶ νῦν B.DEFG.IPQRU.VX.Zf Al. Ro:*

υἱὸς εὐθαλεῖ συνέμιξε τύχᾳ·
ἔνθα νικάσαις ἀνέφανε Κυράναν, ἅ νιν εὔφρων δέξεται, 130
καλλιγύναικι πάτρᾳ
75 δόξαν ἱμερτὰν ἀγαγόντ' ἀπὸ Δελφῶν.

ἀρεταὶ δ' αἰεὶ μεγάλαι πολύμυθοι·   Στρ. δ'.
βαιὰ δ' ἐν μακροῖσι ποικίλλειν,
ἀκοὰ σοφοῖς· ὁ δὲ καιρὸς ὁμοίως   135
παντὸς ἔχει κορυφάν. ἔγνον ποτὲ καὶ Ἰόλαον
80 οὐκ ἀτιμάσαντά νιν ἑπτάπυλοι Θῆβαι· τόν, Εὐρυσθῆος
ἐπεὶ κεφαλὰν   140
ἔπραθε φασγάνου ἀκμᾷ, κρύψαν ἔνερθ' ὑπὸ γᾶν δι-
φρηλάτα Ἀμφιτρύωνος

Cf. ad O. III, 34 ‖ νιν (νὶν Ro. Br.) omnes ‖ αὐγάθεα E — ἀγάθεα F — ἀγαθέα rell. mss. Al. Ro.* (passim ἰᾶ et in Za' c. gl. ου). — ἀγαθέᾳ Mr.* recte (Sch. θείᾳ). Cf. ad P. V, 49 ‖ καρνιάδα(ᾶ) BDEFGIPQUVXZfa' (Za' cum ου supra) Al. Ro.* — καρνειάδα [R?]c? Sm.* (ft. in nullo ms.) 72 υἱός V?X ‖ εὐθαλλεῖ Sm.* — εὐθαλεῖ mss. Al. Ro.* Pw. Hy. Bc.* ‖ 73 νικάσαις Hy.²* — άσας B?G — άσας B?DFIUVXZ[c]ƒa' Al. Ox.* — ήσας EPQR Ro.* quae forma etiam vs. 97 et O. V, 8 in iisdem PQ aliisque optimis (ut A) legitur ‖ ἐνέφ. U? ‖ κυράνα V ‖ νιν omnes ‖ 75 δόξαν γ' ἱμ. Pw. Be. — δόξαν ἀν' ἱμ. Mi. Ex codd. nihil v. l. relatum est: cf. Metr. ‖ 'ἀγ. D ‖ 76 ἀεὶ [B]G,IQR Ro. Br. Mr. — αἰεὶ [B,] GZƒ [rell.] Al. Ro; Cp. St.* ‖ 77 βαιᾶ δ' G male ‖ 78 σοφοῖο B quod possit defendi: cf. O. XIII, 34 ‖ 79 ἔγνον (Ah.) Sw. (coll. P. IV, 120 et et Bu. G. G. II, 14) — ἔγνων B.DE.FG. etc. (omnes rell.) quod Moschopulus pro prima ps. sing. videtur accepisse, non male consulens vss. 91. 98 subsequentibus. Cf. 80. ‖ καὶ ante Ἰόλαον non corripitur: cf. ad O. IX, 98 ‖ 80 ἀτιμώσ. Bᵃ male ‖ νιν omnes — gl. EZ τὸν καιρὸν ‖ ἑπτ. V ‖ ἑπτ. θ. cum sqq. coni. (Novi quoque Iolaum ..., quem Thebae .... sepeliverunt) Al. ƒ? cui rationi haud ineptae (Moschopuleae?) adversantur Sch. Vet. (ἐγνώρισαν; id. Zˢ¹) et rell. mss. Ro.* ‖ -σθῆος [c]ƒ[a'] Al. Ro.* — σθίος BDEFGIPQRUVXZ — σθίως [B,]E,G,U,X, Ro; cf. O. II, 29. al. ‖ 81 ἔπραθε [DEF]IP[QUR] Sm.* — ἔπραθι BG — ἔπραθεν VXZ — ἔπραθεν ἐν cƒ Al. Ro.* Cf. Metr. Moschopulus fulcrum ἐν, quod persaepe casu e gl. in textum venit, h. l. interpolationi adhibuit, recordatus ft. pravae scripturae O. II, 63 ἐν χερὸς ἀκμᾷ ubi tamen idem grammaticus ἐν eiusmodi iure videtur repudiasse. ‖ ἔνερθεν U ‖ -λάτα] -λατ' QRU

σάματι, πατροπάτωρ ἔνθα Ϝοι Σπαρτῶν ξένος   145
κεῖτο, λευκίπποισι Καδμείων μετοικήσαις ἀγυιαῖς.

τέκε Ϝοι καὶ Ζηνὶ μιγεῖσα δαΐφρων   Ἀντ. δ'.
85 ἐν μόναις ὠδῖσιν Ἀλκμήνα
διδύμων κρατησίμαχον σθένος υἱῶν.   150
κωφὸς ἀνήρ τις, ὃς Ἡρακλεῖ στόμα μὴ περιβάλλει,
μηδὲ Διρκαίων ὑδάτων ἀὲ μέμναται, τά νιν θρέψαντο
                καὶ Ἰφικλέα·   155
τοῖσι τέλειον ἐπ' εὐχᾷ κωμάσομαί τι παθὼν ἐσλόν.
                Χαρίτων κελαδεννᾶν
90 μή με λίποι καθαρὸν φέγγος. Αἰγίνᾳ τε γὰρ   160
φαμὶ Νίσου τ' ἐν λόφῳ τρὶς δὴ πόλιν τάνδ' εὐκλεῖξαι,

82 σάματι πάρ, προπάτωρ Ηt. — σάματι πάρ τε πάτῳ Ηt. coni. (e Sch.)
|| σπαρτὸς Ε || 83 de dativo cf. ad O. I, 89; P. IV, 234sq. || -κήσαις B
Bö.* — σας omnes rell. || 84 τέκε οἱ (τέκέ οἱ) omnes mss. Al. Ro:* —
τέκε δ' οἱ Mi. Be. Hm.¹ (cum Sch. ἐγέννησε δὲ at nulla est in his apud
Sch. fides) — τέκε οἷ Bö.* (Hm.²) || 85 μόν' D cf. id. vitium P. III, 27
|| ὠδίσιν Eᵃᶜ E,FU Ro; || ἀλκμήνα DEFGI[PR]Qᵃ UVXᵇ Z[c]f[a'] Al. Ro.*
(FQ¹ -ῆνα; Xᵃ ἦτα) — ἀλκμᾶνᾶ B („ft. recte" Sw.³) — ἀλκμήνη R ||
86 κτησίμαχον (sic) XZ || 87 ἀνὴρ τίς D || περιβάλλει BEFGIIPQRU
Zᵃ'β' (R -λλοι; Zᵉ¹ ἐπιθήσει) cum Sch. BG? U Ro.* — παραβάλλει DX
Z[cf] Al. Ro.* Invito Moschopulo reposui id quod melius testatum est,
quod Tricl. probavit, quodque usu vocis στόμα (= vox, loquela; cf. N.
X, 19) et simili audacia O. I, 8; I. I, 32sq. defenditur. || 88 μηδὲ D Mr.
St.* — μὴ δὲ rell. mss. Al. Ro.* || διρκέων DPRVX Ro. || ἀὲ μ. Hm.
Bö.* (de qua forma ut Pindarica non prorsus constat; cf. Sw.¹ Bg.²) —
αἲ μ. Sm. — ἀεὶ μ. PQURVXZ[c]f Al Ro.* Ox. Hy. — αἰεὶ μ. BDEF
GI — ἐπιμ. α'β' (cum nota Tricl. ἐπιμέμναται γράφε, μὴ ἀεὶ μέμνα-
ται· οὕτω γὰρ ἔχει τὸ κῶλον ὀρθῶς, οὐκ ἐκείνως) — ἀναμ. Pw. Be. Aw. Ht.
— ἅμα μ. Bg.² coni. — p. n. h.; quod non multum probat || νιν omnes
|| θρέψατο B || 89 τοῖσιν E || ἐπευχᾷ c Al. Ox. — ἐπ' εὐχᾷ B.DEF etc.
cum Sch. (etiam f) || ἐσθλὸν Ra' || κελεδεννᾶν EFᵃᶜ — κελαδενᾶν I —
κελαδαννᾶν R || 91 φαμὶ mss. Al. Ro.* Sch. (φημὶ B,E,¹ Ro;) — φᾶτὶ (quod
rusticus Megarensis apud Arist. Ach. 771 pro φησὶ dicit) Sw.²³ infelicissimo
emendandi conatu. Friget φατὶ εὐκλεῖξαι pro εὐκλέϊξεν. Hic locus non
correctionis sed interpretationis indiget. Pindarus aut de suis carminibus
loquitur, aut e persona poetae, de Telesicratis victoriis. || νίσσου f Al.

σιγαλὸν ἀμαχανίαν ἔργῳ φυγών·   'Επ. δ'.
οὕνεκεν, εἰ φίλος ἀστῶν, εἴ τις ἀντάεις, τό γ' ἐν ξυνῷ
            πεποναμένον εὖ   165
μὴ λόγον βλάπτων ἁλίοιο γέροντος κρυπτέτω.
95 κεῖνος αἰνεῖν καὶ τὸν ἐχθρὸν
παντὶ θυμῷ σύν τε δίκᾳ καλὰ ῥέζοντ' ἔννεπεν.   170
πλεῖστα νικάσαντά σε καὶ τελεταῖς
ὡρίαις ἐν Παλλάδος εἶδον, ἄφωνοί θ' ὡς ἕκασται φίλ-
        τατον
παρθενικαὶ πόσιν ἢ   175

Ro.* — νήσου IR — νίσου rell. Ro; St.* || πόλιν τάν δ' (τᾶν, δ' D)] πόλιν τόν δ' (Di.) We. — πολίτας Ky. — gl. GZ τὴν κυρήννην || εὐκλεΐξαι] εὐκλεΐξεν Pw. Hy. — εὐκλεΐξας Hm.³ (ut φαμὶ interpositum esset, coll. P. III, 75) ingeniosissime, sed vulgatam Sch. et gl. confirmant: εὐκλέα καταστῆσαι (Sch.), εὖ. ποιῆσαι (gl. Z), τιμῆσαι (gl. F)
92 σιγαλὸν omnes || ἀμηχ· DE.FUVX.Zcf — ἀμαχ. [BG]I[PQRa'] Al. Ro.* || φυγών] φυγόντ' (θ') Pw. Be. (Di.). Nominativum abunde tuentur Scholia, nec eam deberi anacoluthiae (nam Hom. Il. β, 350 longe facilius est) cum Hm.³ existimo. Vide supra. || **93** οὕνεκεν B.DE.FG.IQU. Ro: — οὕνεκεν VX.Z[c]fa' Al. Cp.* — τοὔνεκεν Bg.² — διό Sch. et Z⁸¹, ut Eustath. διὰ τοῦτο pro οὕνεκα Homerico Il. ι, 505. Ft. est quoniam et apud Pind. et apud Hom. Vide ad O. XIV, 19 || εἰ φίλος E. || ξυνὸν U || πεποναμένον omnes || **94** ἁλίου Z — ἅλια Q || **96** σύν τε BDEF GI[I]PQRUV[X]Z[cf]a'[β'] Al. Ro.* (Di.) Aw. Ta. Ky. — σύν γε Bö.* quod ex WY eidem v. d. relatum est. Ego in nullo ms. reperi. Si Sch. verba ita traiicimus: πάντα τρόπον καὶ μετὰ δικαιοσύνης, i. e. προθύμως τε καὶ δικαίως, vulgata firmatur). || ἔννεπεν DGIVXZ recc. Al. Ro.* — ἔννεπε BE FPQRU || **97** νικάσ. BG.IVXZ[c]f Al. Ox.* — νικήσ. B,DE.FPQRU.X, Ro:* Cf. 73 || **98** ὡρ. V || ὡς Al. Ro.* — ὡς mss. St.* || ἑκάσται B. F*? Ht. — ἑκάστᾳ G — ἕκασται EᵖF*? IPR (Pᵍ¹ πᾶσαι) — ἕκαστα DEᵃᶜ F¹Q — ἑκάστα UVXZ recc. Al. Ro:* — Sch. B[G] ἑκάσται (U ἕκασται) τῶν παρθένων. Perinde est utrum singularem ut N. VII, 54 an qui h. l. meliores testes habet pluralem (Hom. Od. ι, 220) scribas. || εἶδον] Sch. et omnes ante Bö. intt. vidi explicant. Idem accuratiores libri (BEFGIf Al. Mr. St.*) maiore signo post εἶδον collocato exprimunt. Delevit Bö.* cum negligentioribus DQ?UVa'? Ro. Reduxi virgulam cum Cp. Br. Hy. Be. Cf. O.X, 100. Nec poeta voluit dicere „prout quaeque erat aut virgo aut nupta" (Bö.) sed „et [hoc vidi] quo tacito desiderio unaquaeque mulier astans te sibi exoptaret vel maritum vel filium." || **99** -νικῇ F* — αἱ γυναῖκες Zˢ¹ || ἢ] αἱ δ' Ht.

PYTHIA IX.

100 υἱὸν εὔχοντ᾽, ὦ Τελεσίκρατες, ἔμμεν·

ἐν Ὀλυμπίοισί τε καὶ βαθυκόλπου   Σπρ. ε΄.
Γᾶς ἀέθλοις ἔν τε καὶ πᾶσιν
ἐπιχωρίοις. ἐμὲ δ᾽ οὔ τις ἀοιδᾶν
δίψαν ἀκειόμενον πράσσει χρέος αὖτις ἐγεῖραι   180
105 καὶ παλαιὰν δόξαν ἑῶν προγόνων; οἷοι Διβύσσας ἀμφὶ
γυναικὸς ἔβαν
Ἴρασα πρὸς πόλιν Ἀνταίου, μετὰ καλλίκομον μναστῆ-
ρες ἀγακλέα κούραν·   185

100 υἱόν γ᾽ Pw. — υἱόν σ᾽ Be. ‖ 1 ἐν τ᾽ BDE.FG.QRUVX.Z Ro; — ἐν τ᾽ I — ἐν (sine τ᾽) recc. Al. Ro.* (an PR quoque?) ‖ -πίοις τε E.FG,VX.Z Ro; — πίοισί τε BDGI[PR]QU recc. Al. Ro.* ‖ 2 γᾶς Z ‖ πᾶσιν vett. [a´?] Al. Ro.* Hm. Bö.* — πάντεσσ᾽ cf β´? Ox. Hy. Be. ‖ 3 δ᾽ οὖν B?DEFGI[I]PQUV[W]X[Y]Z[c]fa´[β´] Al. Ro.* (οὖν in B vix potest legi) — δ᾽ οὐ B,R Ro; — δ᾽ ὧν Hm. Bö.* coll. O. III, 38 — Sch. nec δὲ nec οὖν nec οὐ exprimit, sed ita emendari potest διψώσῃ τῇ ᾠδῇ προστιθέντα (ἀκειόμενόν με καὶ θεραπεύοντα διψῶσαν ᾠδὴν τῷ θέλειν ὑμνεῖν ὑμᾶς), [οὐ] πράσσει τις ἐμὲ καὶ ἀναγκάζει ἔτι τοῦτο ὑπομεῖναι καὶ συμπεριλα-βεῖν τὴν τῶν προγόνων ὑμῶν δόξαν; ubi θεραπεύοντα διψῶσαν (om. ἡ) ex U sumptum est. Interrogatio „me vero nonne quis ... postulat?" fortior et ad nexum verborum accommodatior est quam ὧν et τις quae frigent. ‖ τίς DIa´ — τι Sm. — τοι et τιν Mi. — Tricl. in Sch. et τις et τίς legi posse dicit. ‖ ἀοιδᾶν δίψαν] ἀοιδὰν διψάδ᾽ Hm.³ Sw. e Sch. supra laudato, ingeniose. Sed videtur Sch. circumscribere magis quam ad verbum expri-mere textum. ‖ 4 αὖτις BDFFGI[PR]QU Ro.* — αὖθις VWXYZcf Al. (θι c) ‖ 5 παλαιὰν VWXYZcf Ox. Be. Hm.³ Sw. Bg.¹ Ht. — παλαιῶν BEFGI[I]QRUa´[β´] Ro.* Hy.²* — παλαιᾶν Al. — παλαιά Sm. — p. n. h. ‖ καὶ τεῶν δόξαν παλαιῶν coni. Bg.² ‖ δόξαν mss. et Sch. Al. Ro.* Ox. Be. Hm.³* — δόξα Sm. Pw. Hy. Hm.¹² Bö.* ‖ ἑῶν [c]f (Mosch.) Ox. Be. Hm.³* — τεῶν vett. et Tricl. Al. Ro.* Sm. Pw. Hy.* — Sch. ὑμῶν. Verum vidisse Moschopulum censeo. ‖ οἷον R ‖ -ύσας EFX,c — ύσσας E etc. ‖ 6 ἴρασα πρὸς Hy.²* rectissime ex Herod. et e Sch. (ubi tamen BE[G]U Ro. antea τὴν ἰράσσαν, ἴρασσα πόλις, postea [ex Phe-recyde] ἀπὸ ἰρασσῶν habent) — ἴρασσα πρὸς P — ἴρασσαν πρὸς BDE,¹² G.IQUVXZf Al. Ro.* (Mosch. ⌣ ⌣ — voluit; cf. Metr.) — ἴρασσαν πρὸς EFc — ἴρασαν πρὸς R — ἴρασαν ἐς α´β´ (c. n. Tricl. ἐς πόλιν γρ. διὰ τὸ μέτρον) Sm. — ἴρασσαν (om. πρός) Pw. Be. ‖ ἀνταίου cum πόλιν coni. Sch. Zf Ln. Pp. St.* quod reposui — non dist. BDEFIV Ro.* Be. — utrobique Al. — cum sqq. coni. Hy.³* ‖ μνηστῆρες X ‖ κούραν EF

τὰν μάλα πολλοὶ ἀριστῆες ἀνδρῶν αἴτεον
σύγγονοι, πολλοὶ δὲ καὶ ξείνων. ἐπεὶ θαητὸν εἶδος 190

ἔπλετο· χρυσοστεφάνου δέ fοι Ἥβας　　　Ἀντ. ε'.
110 καρπὸν ἀνθήσαντ' ἀποδρέψαι
ἔθελον. πατὴρ δὲ θυγατρὶ φυτεύων
κλεινότερον γάμον, ἄκουσεν Δαναόν ποτ' ἐν Ἄργει 195
οἷαν εὗρεν τεσσαράκοντα καὶ ὀκτὼ παρθένοισι, πρὶν μέσον
ἆμαρ ἑλεῖν.
ὠκύτατον γάμον· ἔστασεν γὰρ ἅπαντα χορὸν ἐν τέρμα-
σιν αὐτίκ' ἀγῶνος·　200
115 σὺν δ' ἀέθλοις ἐκέλευσεν διακρῖναι ποδῶν,

8 συγγενεῖς Ht. sine causa ‖ πολλοί δε EFI^pc — οἱ δὲ U ‖ ξείνων omnes ‖ 9 -άνου δέ οἱ BDEFGI[IP]Q[R]UV,α'[β'] Ro.* — άνου δὲ (om. οἱ) VWXYZ Al. — άνοιο δὲ (sine οἱ) [c]f Ox. quae Moschopuli correctio solo Veneto-Parisiensium vitio nititur ‖ ἥρας Q ‖ 10 -σαντα δρέψαι I ‖ 12 ἄκουσῖ B — ἄκουσεν VXZ recc. Al. Ro.* — ἄκουσε DE.FGIPQR U Ro; ‖ ποτ' BDEFGΠ?[PR]UV^b[α'β'] Ro:*: — τ' V[W?]X[Y?]Z — τε cf Al. prorsus ut vs. 109 ‖ 13 εὑρῖ B — εὗρεν V[X] recc. Sm.* — εὗρεν Al. — εὗρε DEFGIPQRUZ Ro.* — εὑρεῖν coni. Bg.² ut οἶον δαναον . . . εὑρεῖν ἄκουσεν consocietur atque apodosis vs. 117 οὕτω δ' ἐδίδου sequuntur. Scite, sed non tollit hoc invenustam vss. 112 et 114 initiorum homophoniam iteratumve γάμον; immo ὠκ. γ. post ἑλεῖν, explicationis gratia consulto repetitum ut transitus fiat ad sequentia fere ut P. II, 50 et 73 iterato θεός, et καλός, minus offendit. Quapropter post ἑλεῖν plene, post γάμον colo interpunxi. ‖ omnia miscet Ht. παρθένοισιν ὠκ. γάμον οἷς. | στάσεν ἅπ. χορὸν γὰρ τέρμ. αὐ. ἀγ. πρὶν μ. ἆ. ἐπελθεῖν ‖ om. καὶ VXZ^a ‖ -οισιν, Vα' Al. Ro. Aw. ‖ om. μέσον Y ‖ ἦμαρ V, ‖ ἑλεῖν GIP¹Q[R]Uα'[β'] Sm. Ox.* (P¹ ἑλεῖν) — ἑλθεῖν [B]DFFIP·VWXYZcf Al. Ro.* („ ex interpretatione" Pw. recte) — ἑλᾶν coni. Bg.² — Sch. minus accurate πρὶν τὸ μέσον τῆς ἡμέρας γενέσθαι, rectius gl. GZ λαβεῖν; cf. Aesch. Su. 365; diem assequi, tempus (occasionem) capere Latinorum, et familiaria nostra: nondum vesperam assecuti sumus. Carpere alienum est, nam inest in eo metaphora alia, ut in δρέψαι. ‖ 14 -σῖ B — σε DEFPQRTU — σεν GIVX^bZ recc. Al. Ro:* — σαν X^a ‖ χορὸν ἐν mss. Al. Ro.* (ἐν Al.) - χορὸν πρὸς Bg.¹ coni. Cf. Bg.² ad P. III, 6 ‖ 15 -λοισιν ἐκ. BDFGIPQRUXZ — λοισι ἐκ V — λοις ἐκ E recc. Al. Ro.* ‖ -ευσι vett. — ευσεν recc. Al. Ro.*

PYTHIA IX.

ἄντινα σχήσοι τις ἡρώων, ὅσοι γαμβροί σφιν ἦλθον. 205

οὕτω δ' ἐδίδου Λίβυς ἁρμόζων κόρᾳ   Ἐπ. ε'.
νυμφίον ἄνδρα· ποτὶ γραμμᾷ μὲν αὐτὰν στᾶσε κοσμή-
         σαις τέλος ἔμμεν ἄκρον, 210
εἶπε δ' ἐν μέσσοις ἀπάγεσθαι, ὃς ἂν πρῶτος θορὼν
120 ἀμφί ϝοι ψαύσειε πέπλοις.
  ἔνθ' Ἀλεξίδαμος, ἐπεὶ φύγε λαιψηρὸν δρόμον, 215
παρθένον κεδνὰν χερὶ χειρὸς ἑλὼν
ἆγεν ἱππευτᾶν Νομάδων δι' ὅμιλον. πολλὰ μὲν κεῖνοι
     δίκον

116 ἄντ.] ἤντ. B — ἄντ. DZ ‖ σχήσοι B[PR]QUa' Ro.* — σχείση Fac — σχοίση EFpc — σχήσει GIVXZcf Al. (Zsl λήψεται) — σχήσι D — Sch. ἣν ἂν βούλοιτο (U βούληται) ‖ τίς BDUVXa' Ro. -- τὶς Br. Mr. St. ‖ **17** οὕτως δίδου Q? R? U — οὕτως ἐδίδου PR? — οὕτω δ' ἐδίδου B. Ro:* — οὕτως δὲ δίδου DE.FG.V.X.Z — οὔτε δὲ δίδου U, — οὕτω δὲ δίδου Ia' f Al. non recte. Meliorem scripturam a B mutuata est altera ed. princeps, consulto, nam in hac parte carminum plerumque Aldinam exprimere solet. Sch. par. οὕτως οὖν in U, ubi vulg. σὺν καί ‖ ἁρμόξων Hy.²⁸⁴⁵ Schf. (vitio typ.) ‖ **18** γραμμᾶν V,X, — Sch.¹ dativo — Sch.² accusativo (sed dativo in U) ‖ αὐτὰν vett. Tricl. Al. Ro.* (Sch.¹ αὐτήν) — αὐτὸς cf (Mosch.) — Possis γραμμᾶν αὐτὰν (= ἐσχάτην) coniungere. ‖ ἴστασι E, — στᾶσι Z Al. ‖ κοσμήσαις B Ro.* recte ut vs. 117 — κοσμήσας G — κομίσας R — κοσμήσας DE.FI[IP?]QUVW?X[Y]Zcfa'[β'] ‖ **19** μέσοις B EFGacIPQRUVXZa' — μέσσοις DGpc[c]f Al. Ro.* ‖ ἀπάγεσθ', ὅς XZ (Zsl λαμβάνειν) — , ἀπάγεσθε, ὅς f — ἀπάγεσθαι ὅς rell. (sed in V male scr.) ‖ θορῶν BD — Zsl πηδήσας ‖ **21** ἔνθα δ' U, ‖ **22** κυδνὰν Ro. sola, vitiose? ‖ χερὶ χειρὸς BG[c]f Al. Ro.* — χειρὶ χειρὸς EFPQRV XZ — χερὶ χερὸς DIUa' — cf. similes corruptiones O. IX, 56 ‖ ἆγεν E FQpc[R]VXZ[c]fa' Al. Ro.* — ἆγεν BDGIPQacU ‖ ἱππευτᾶν Da' (gl. Tricl. τὸν ἱππικόν) non male — τᾶν rell. (τῶν X,) c. Sch.. τῶν ἱππικῶν Λιβύων ‖ δι'] δ' c ‖ πολλὰ μὲν [R?] Bö.* — πολλὰ μιν PU? — πολλὰ μιν B.DEutFGIQU?V.XZfa' [rell.] Al. Ro.* (gl. Za' αὐτόν) — πολλά μοι Ro; (U?) — Gsl ἤγουν ἐπ' αὐτὸν ἔρριπτον φύλλα καὶ ἄνθη καὶ στεφάνους ἐκ τῶν κλάδων. Possis νιν (ἔπι) vel οἱ; sin μὲν placebit, in Sch. Vet. par.. πολλὰ δὲ .... πολλὰ δὲ, prius δὲ in μὲν commutandum erit. Transitus ἀσύνδετος, cui per totum carmen poeta indulget, non offendit. De sententiis brevibus et abruptis in exitu carminum cf. ad O. IX extr. ‖ κείνην E• — κείνη Fpc (ft. hoc Ea?) — κεῖνοι E¹Fac?IZ [rell.] Al. Ro.* — Sch.

φύλλ' ἔπι καὶ στεφάνους·
125 πολλὰ δὲ πρόσθεν πτερὰ δέξατο Νίκας. 220

οἱ περὶ αὐτὸν ἱστῶτες; hinc δ' οἱ κύκλῳ (pro μὲν κεῖνοι) sumi possit, sed nihil novabo. ‖ δίκων Zᵇa' (c. gl. ἔβαλλον). An Tricl. hoc factum esse voluit ut (quod pro 3 ps. pl. habuit) ἔγνων 79? — δίκον vett. Mosch. Al. Ro.* — ἔρριπτον Sch.

24 φύλ' F ‖ ἐπί οἱ καὶ R — ἐπὶ, καὶ BEFVXᵐZf Al. Ro. — ἔπι, καὶ DI — ἔπι καὶ [P]QU. — ἔπι. καὶ a' — ὀπὶ καὶ X — ad O. VIII, 52 proposui φύλλ', ἐπὶ καὶ (insuper etiam) ‖ στεφάνοις Eᵃᶜ? ‖ **25** πολλὰ δὲ EQUV Ro. — πολλὰ δέ τε (γε) Pw. Be. — πολλὰ δὲ [B]DF[G]IXZf [a'] ‖ -σθι B — σθι IVXZ — σθεν DEFG[PR]QUf[a'] Al. Ro.* ‖ πτερὰ] παρὰ V ‖ δέξιτο Z cf. ad O. III, 27 ‖ Νίκας Bg.² recte et magis poetice — νίκας BEFGIPQRUa'β' Ro.* (cum Sch. BEGU Ro. etc.) — νίκαν D — νικᾶν VXZcf Al. (Mosch.) Ox.* quaesite; ex interpolatione nasuta? Zᵉˡ ἠγ. πολλοὺς καὶ ἄλλους ἀγῶνας ἐνίκησεν.

Subscr. τέλος τελεσικράτους. TU — ὕμνου τέλος τελεσικράτους. a' — nulla subscr. in BDEFGI etc.

ΠΥΘΙΟΝΙΚΑΙ Γ΄.

ΙΠΠΟΚΛΕΑι ΘΕΣΣΑΛΩι

ΠΑΙΔΙ ΔΙΑΥΛΟΔΡΟΜΩι.

Strophae.

Epodi.

Inscr. ἱπποκλεῖ Θ. παιδὶ δι. EFGΠPUVWXYZa´ — ἱπποκλίϊ Θ. δι. *f* Al. (in *f* ἳ in litura) — ἱπποκλίᾳ Θ. δι. [B?] Ro.* (quam formam Pindaricam fuisse Sch. Vet. dicit) — ἱπποκλέᾳ Θ. παιδὶ δι. Bö.* — de B n. n. — om. inscr. DDQ.

Metr. Ancipitis syllabae per totum carmen iuvenilis quaedam indulgentia et inconstantia regnat. Novem ancipites Böckhio, undecim mihi videntur esse statuendae. Nam in prima epodo omnes corripiendas esse existimo, etiam vs. 16 πέτραν ut 52 πέτρας. Non moverim igitur nec singulas breves 15. 17. 27, nec singulas longas 8. 25. (36). 49. 67. Sine causa igitur longam anacrusin invexerunt 13 (Hy.); 15 et 69 (Tricl. Sm. Hm.); 17 (Mosch. et plurimi edd.); 18 (Ox.); pessime autem 23 (Tricl.); 41 (Mosch.). Nec mutationes Hermannianae, quae in vss. 8 et 27 aequalitati mensurae consulunt, mihi probantur. — In Str. 6 Bg.² ob versum 60 metrum mutandum esse suspicatur, ita ⏑⏑−́⏑⏑−⏑⏑−⏕−́⏑⏑⏕, quae constitutio et invenusta est et omnium librorum fidei adversatur, cum praesertim vs. 60 ut corruptum esse existimemus ipso Scholio invitemur. —

Ὀλβία Λακεδαίμων· Στρ. α'.
μάκαιρα Θεσσαλία· πατρὸς δ' ἀμφοτέραις ἐξ ἑνὸς
ἀριστομάχου γένος Ἡρακλέος βασιλεύει.
τί; κομπέω παρὰ καιρόν; ἀλλά με Πυθώ τε καὶ τὸ
 Πελινναῖον ἀπύει
5 Ἀλεύα τε παῖδες, Ἱπποκλέᾳ θέλοντες
ἀγαγεῖν ἐπικωμίαν ἀνδρῶν κλυτὰν ὄπα. 10

γεύεται γὰρ ἀέθλων· Ἀντ. α'.

Vs. 28 ὣ unam brevem efficere cum Bö. (de Crisi § 31) puto; sed vs. 30 non puto syllabam ante στ corripi posse, verum in facillima Schmidii correctione θαυματᾶν acquiesco.

1 -δαίμων B¹B,ᵃV̄ᵉcf Be. Bö.* — δαῖμον B·B.¹DEFG.IPQRU.V¹X Zaʹ Al. Ro:* Hy. Aw. Bg.² cum Sch. — δαῖμων ὅ | **2** μάκαρα EZᵃᶜ || δ'] γὰρ E·Z· ex Sch. || 3 -κλέος mss. (Fᵃᶜ κλέους) Al. Ro.* Aw. Th. Bg.² — κλεῦς Bö. Di.* — α'ˢ¹ συνίζησις || 4 τί; κομπέω Hy. — τί· κομπέω E (cum Sch.¹?) recte, voluit enim τί interrogativum separari pro τί λέγω; de sententia Heynii — τὶ κομπέω D?f (Hm.) — τί κομπέω rell. mss. Al. Ro.* Hm. Bö.* (cum Sch.²) || παρὰ καιρὸν B.[DEF]GI etc. — πρὸς καιρόν. G, — ; κατὰ καιρόν; Be. Ht. (quibus hoc legisse videtur Sch.¹) — κατ' ἄκαιρον; Ah. Sw.¹²³ - gl. Z ἔξω τοῦ καιροῦ ἐκ τῶν τόπων τούτων αὐτὸν κοσμεῖν || ἡ πυθώ I || πελιναῖον DE.FQ?α'ὅ (cum Sch. E) πελιναῖον GIPRU (cum Sch. GU) — παλιναῖον B¹ — πελιναῖον B·[B,]VX Zf Al. Ro:* (cum Sch. [B] Ro.) || ἀπύεῖ (i. e. ειν) B ἀπύειν DᵃᶜIVᵇX [c]f Al. Ro.* cum Sch.¹ (supplebant Ln. Pp. St. „volunt" s. „hortantur") — ἀπύει Dᴾᶜ EFGPQ[RU]V·?Za'ὅ (cum gl. Z λέγει, προσκαλεῖται et cum Sch.²) Sm.* || 5 ἀλεύα G.Iᵃᶜ || τε] δὲ B,ᵃ (Ro; ἀλευάδαι, ἤ, ἀλεύα τε παῖδες. ἀλευάδαι παῖδες, ἤτοι κτλ.) || ἱππ.] καὶ ἱππ. E || παῖδ' ἐς Ah. contra mss. et Sch. || -κλέα BDEFPQUVXZf Ro.* St. (St. consociavit ἀπύειν ἱπποκλέα) — κλέα Ah. (DD. 146. 560) — κλέᾳ GIa'ὅ Al. Mr. Sm. Ox.* — Sch.² in BU Ro.* ἐπ' αὐτὸν τὸν ἱπποκλέα, ubi nunc (inde a Bö.) ἱπποκλέαν legitur. In Sch.¹ τῷ ἱπποκλέα Ro. ubi U τῷ ἱπποκλεῖ (de B n. n.); nunc τῷ ἱπποκλέᾳ scribitur. Licet dativus ἱπποκλέᾳ de forma obnoxius videatur, tamen non moverim structuram vere Pindaricam (cf. P. IX, 31. 75. et ad O. 1, 89) nec diserto Sch. Vet. testimonio de forma ἱπποκλίας refragor || θέλοντες mss. Al. Ro.* Th. Aw. Ah. Sw.²³ Bg.² — ἐθέλοντες (crasi illegitima) Bö. Di. Bg.¹ Sw.¹ Cf. ad O. II, 97 || 6 ἐπὶ κωμίαν DV· || ἀνδρῶν] νέων Sm. || κλυτὰν] κλυτᾶν Fᵃᶜ VU — κλυτὸν coni. Bg.² cui formae et 18 loci Pindarici fem. κλυτά testantes et reliqua huius poetae motio adiectivorum adversatur. Vide Metr. || ὄπα Fᵃᶜ

στρατῷ τ' ἀμφικτιόνων ὁ Παρνάσιος αὐτὸν μυχὸς
διαυλοδρομᾶν ὕπατον παίδων ἀνέειπεν.
10 Ἄπολλον, γλυκὺ δ' ἀνθρώπων τέλος ἀρχά τε δαίμονος
 ὀρνύντος αὔξεται· 15
ὁ μέν που τεοῖς γε μήδεσι τοῦτ' ἔπραξεν·
τὸ δὲ συγγενὲς ἐμβέβακεν ἴχνεσιν πατρὸς 20

Ὀλυμπιονίκα δὶς ἐν πολεμαδόκοις   Ἐπ. α'.
Ἄρεος ὅπλοις·
15 ἔθηκε καὶ βαθυλείμων' ὑπὸ Κίρρας ἀγὼν

8 στρατῷ τ' ἀμφικτυόνων omnes mss. cum Sch. (in V δ' pro τ', sed videtur δ' a sec. m. insertum esse; Sch. par. δὲ habet, non καί) Al. Ro; Cp.* — id. Ro. (sed ἀμφιτρυόνων) — id. (sed κτιόνων) Bö.* Bg. — ἀμφικτυόνων στρατῷ ϑ' Pw. Be. — στρατῷ περικτιόνων ϑ' Hm.³ Sw. Ht. — Vide Metr. ‖ ὁ om. PQ ‖ παρνάσιος DE,FRUVXZf Al. Bö.* (cum Sch. Ro. U) — παρνάσσιος BEGIPQa'ϱ' Ro.* (cum Sch. B). Vide ad O. IX, 43 ‖ 9 -δρόμων Bᵖᶜ — δρόμον s. δρομῶν Bᵃᶜ — δρόμαν FᵃᶜGᵃᶜZᵇa'β'ϱ' (in Tricl. ων supra αν) — δρομᾶν DEFᵖᶜGᵖᶜI[P]Q[R]UV[X]Zᵃf Al. Ro.* ‖ -πε. P ‖ 10 ὀρνύντος DEI ‖ 11 τεοῖς γε cf (Moschop.) Bö.* — τεοῖς τε Za'β'ϱ' (Tricl.) Bg.² Ht. — τεοῖσι (sine particula) V, Ro:* — τεοῖσί τε B.DE.FG.ΙΠ' QRUVWX.Y — τεοῖσι δὲ U, — Apud Sch. ὁ δὲ ἱπποκλέας, φησί, ταῖς σαῖς βουλήσεσιν in [BG]U legitur (in U ἱπποκλῆς), sed in Ro. ὁ ἱπποκλέας sine particula; cf. Sch. Germ. XX. Fulcrum inutile a Moschopulo et h. l. et P. VII, 10 pro τε invectum non delevi; sed nescio an utroque loco particula delenda sit, ut h. l. verum viderit Callierges. Nam vere non modo aliae eiusmodi particulae sed etiam τε passim inculcatur sine causa idonea; cf. vs. 38. An Pindarus τεός τε pro simplici τεός dixit, quae opinio videtur fuisse Triclinii? Cf. Latina tute, tuopte etc. Ky. (et Ht.) utroque loco τε .. δὲ consociari iubet; contra usum poetae. ‖ -εσί BG — εσιν F — ισσιν B, Ro; — ισσι Ro.* — ισι DEI[P]Q[R]UV.XZ recc. Al. Sm.* ‖ -ξῖ B — ξεν Be. Bö.* — ξε rell. ‖ 12 τὸ δὲ] τό τε Ra.¹ Ht. ‖ τὸ δὲ συγγενές, ἐμβ. ita dist. Bа' (cum gl. Tricl. κατὰ τὸ ἐκ γένους ἔμφυτον) idemque Mi. et Ra.² voluerunt, sed Sch. Vet. ἐμβ. per ἐπιβῆναι πεποίηκεν exprimit, nec distinguunt rell. ‖ -σιν recc. Al. Ro.* — σι vett. (Bg.²). Vide Metr. ‖ post πατρός plene interp. BIQa' ‖ 13 ὀλυμπ. mss. Al. Ro.* Hm. Bö.* — οὐλυμπ. Hy.²* ‖ -νίκαι Bᵇ — νίκαν I — νίκα Mr. — νίκα. f — νίκᾱ B — νίκα rell. (Tricl. ἡ ὀλυμπιονίκη, φησί, τουτέστιν ἡ νίκη ἡ ἐν ὀλυμπίᾳ ἐποίησεν αὐτὸν νικῆσαι ἐν ὅπλοις male) ‖ πολεμαδ. Fᵃᶜ?PQR Cp. St. ‖ 15 ὅπλοις. ἔθηκε καὶ BDE,G.Π[P]QRU.V.WX. YZ[c]f Al. Ox. Hm.¹² Bö.* Bg. (sine dist. BDEFGIQf Al. — cum dist. V

πέτραν κρατησίποδα Φρικίαν.   25
ἕποιτο μοῖρα καὶ ὑστέραισιν
ἐν ἁμέραις ἀγάνορα πλοῦτον ἀνθεῖν σφίσιν·

τῶν δ' ἐν Ἑλλάδι τερπνῶν   Στρ. β'.
20 λαχόντες οὐκ ὀλίγαν δόσιν, μὴ φθονεραῖς ἐκ θεῶν   30
μετατροπίαις ἐπικύρσαιεν. θεὸς εἴη
ἀπήμων κέαρ. εὐδαίμων δὲ καὶ ὑμνητὸς οὗτος ἀνὴρ γί-
νεται σοφοῖς,   35
ὃς ἂν χερσὶν ἢ ποδῶν ἀρετᾷ κρατήσαις

XZ Ox. etc.) — ὅπλοις ἔθηκε (om. καὶ) EF — ὅπλοις ἔνθηκε. καὶ α'β' (c. gl. Tricl. ἐνέθηκεν, ἐποίησε νικῆσαι; vide supra) — ὅπλοις θῆκεν, καὶ Ro. — ὅπλοις. θῆκεν καὶ Cp.* — ὅπλοισιν. θῆκε καὶ Sm. Hy. Be.* — ὅπλοις. θῆκεν δὲ καὶ (Bö.) Hm.³ Sw. Ht. Vide Metr. || - μωνα | ἀγὼν ὑπὸ κίρρας BEFGIPQRUVX.Z[c]f Al. Ro.* Ox. (ἀγών' U; ἄγων R?) — μων | ἀγὼν ὑπὸ κίρρας D — μων' ὑπὸ κίρρας ἀγὼν α'β' (Tricl.) Sm. Hy. Be.* — μων ὑπὸ κίρρας πέτρας | ἀγὼν Ht. Cf. de elisione ad O. VIII, 52.

16 κρατασ. E Cf. P. IV, 270 || φρυκίαν E c. gl. οἰονεὶ ὁ φρυκίας ὀλυμπιονίκης ὢν ἐγένετο πυθιονίκης (is ft. scripsit ὀλυμπιονίκαν cum I et consociavit ὀλ. φρικίαν ἔθηκε) — φροικίαν RQU — φροιμίαν R — φρικίαν [B]DF GIVXZ recc. Al. Ro.* Schol. patrem Hippocleae Phriciam fuisse refert. Equi hoc nomen esse visum Eustathio credunt ob Pr. § 16 p. 6; ubi ex Pindaro ἵππον κρατησίποδα laudatur; hoc probat Hm.³ Tu vide Ra. et Rh. IV, 547 || 17 ἕποιτο B.DE.FG.ΠQ[R]UVWXYZa'β' Bg.¹ Sw.²³ Ht. — ἔσποιτο [c] f (Mosch.) Al. Ro:* Bg.² Vide Metr. || 18 ἐν] ἂν' P solus — εἰν Ox. Vide Metr. || ἀμ. EF?Q — ἡμ. B, || σφῖσι I — σφίσι Bʳᶜ DGQRU — σφίσιν Bᵃᶜ EFVXZ recc. Al. Ro.* || 19 om. δ' G,WXZcf — habent δ' BDE.FGI[P]Q[RU]V.X,[a'β'] Al. Ro:* || 20 -γην QR Ro.? — γαν BDEFGI[PU]V[X]Z recc. Al. Ox.* || -σαιε Eᵃ?F — σαι I || εἴη mss. Al. Ro.* Bg.² (cum Sch.) — οἷος Hm.³ (Ky.) ingeniose — αἰεὶ Sw.²³ (Bg.) — ἔστιν Ht. Scholion ἀβλαβὴς καὶ ἀνόργητος ἐπὶ τοῖς αὑτοῦ κατορθώμασιν εἴη ὁ θεός in B a recentissima manu in margine allitum legitur; pertinet ad inepta additamenta recentiora. Nam nec θεός subiectum nec εἴη optantis est, sed θεός praedicatum, εἴη opinantis: „deus sit, si quis cor habeat doloris vacuum!" Sic Bg.² rectissime. Cf. ad O. III, 45 || οὗτος. ἀνήρ (sic) Al. Ro. || 22 γίνεται omnes mss. Al. Ro.* Bg.¹² — γίγνεται Bö.* || 23 ὃς ἂν χερσὶν BDFG[P]Q[R]UVXZ[c]f Al. Ro.* — ὃς ἂν χερσὶ E — ὃς χερσὶν Π — ὃς χείρεσσιν α'β' (Tricl.). Vide Metr. || κρατήσαις Bᵃ Bü.* — κρατήσας Bᵇ DEF etc. Al. Ro.* Ox.* — κράτησε Sm.

τὰ μέγιστ᾽ ἀέθλων ἕλῃ τόλμᾳ τε καὶ σθένει,
25 καὶ ζώων ἔτι νεαρὸν   Ἀντ. β'.
κατ᾽ αἶσαν υἱὸν ἴδῃ τυχόντα στεφάνων Πυθίων.   40
ὁ χάλκεος οὐρανὸς οὔ ποτ᾽ ἀμβατὸς αὐτῷ·
ὅσαις δὲ βροτέον ἔθνος ἀγλαΐαις ἀπτόμεσθα, περαίνει
          πρὸς ἔσχατον   45
πλόον. ναυσὶ δ᾽ οὔτε πεζὸς ἰὼν ἂν εὕροις
30 ἐς Ὑπερβορέων ἀγῶνα θαυματὰν ὁδόν.

παρ᾽ οἷς ποτε Περσεὺς ἐδαίσατο λαγέτας, Ἐπ. β'. 50

24 ὅλη B* — ἕλη(η) B^b DEFGI[U]V[X]Z recc. Al. Ro.* Ox.* — λάβη(η) PQR (e gl.?) quod defendit Ky. coll. O. X, 22; N. III, 31; I. IV, 62 - ἑλὼν Sm. — Sch. par. δέξηται ‖ τόλμᾳ] θράσει Sm. ‖ τε om. coni. Bg.² sed τε—καὶ rectissime se habet: cf. O. XIV, 5. Vide Metr. — τι ſpc — τε (τὸ) rell. omnes cum Sch. ‖ 25 νεαρὸν R ‖ 26 ἴδῃ(η) Ro.* Ox.* cum Sch. — ἴδοι BDEFGIIPQRUVWXYZſa'β' Al. — ἴδει c — ἰδὼν Sm. — ἴδεν Bd. ‖ 27 οὔποτ᾽ B.DEF etc. Al. Ro.* Bd Bö.* — οὔπω Sm. Ox. Hy. — οὔποτε Be. Hm.¹ — οὔπως Hm.² — Sch.¹ par. οὐκέτι μέντοι — Sch.² par. et Z^s¹ οὐκ ... μόνον. Vide Metr. ‖ ἀμβατὸς] ἐμβατὸς Q — ἅμα̊τ V ‖ αὐτοῖς B.DEFGI[I]ŮV[W]X[Yc]ſ Al. Ro.* Aw. Bg.² (cum Sch.¹) — αὐτῷ [P]Q[R]Za'β' Bö.* (cum Sch.² et gl. Z) ‖ 28 ὅσαις G, ‖ βροτέον [B.]DE.FGI[P]Q[R]UV.X.Z recc. Al. Ro.* Bd.* Bö.²* — βροτὸν Sm. Bö.¹ Th. Bg.¹² Ht. — βρότε᾽ (ἔθνη) Aw. — Sch. par. ambigue οἱ ἄνθρωποι. Cf. P. I, 56 ‖ verba ἀγλ. ἀπτ. π. πρ. ἐ. omittit U* ‖ ἀγλαΐας U^b ‖ -μεθα DEFGPQRU^b VXZſ — μεσθα [B]I?a' Al. Ro.* ‖ περ.] παρ. B* ‖ -νει BDEFGI[P]Q[R]U^b V[X]Z¹ Al. Ro.* -- νειν ſ — νοι Z^b a' (Tricl. cum gl. Z εἴθι ἔλθοι = utinam compleat). In Sch. ἔχει ὁ τὴν ubi U ἔχεις, τὴν quasi περαίνεις habuisset. ‖ 29 ἰὼν εὕροις ἐς BEF HPQRUVWXYZ* (om. ἂν) — ἰὼν εὕρης(ῃς) DG (om. ἂν et ἐς) — ἰὼν εὕροις ἐς Eust. Pr. § 12 --- ἰὼν ἂν εὕροις ἐς [c]ſ (Mosch.) Ox. Bö.* — ἰὼν εὕροις ἂν ἐς Z^b a'[β'?] (Tricl.) Al. Ro.* — ἰὼν εὕροις ἄν γ᾽ ἐς Pw.¹ Be. — ἰὼν εὕροις ἄρ᾽ ἐς Pw.² — ἰών τις εὕροι ἐς Hm.¹ Ht. -- ἰών κεν εὕροις ἐς Hm.² — Sch. par. εὕροις agnoscit; lemma ἐς habet, etiam in DG; ἂν solis interpolatis nititur. Tamen Moschopuli emendatio facillima videtur esse. ‖ 30 θαυμαστὰν mss. Al. Ro.* Ox. Hy. Hm. — θαυματὰν Sm. Bö.* — θαυμασίαν Be. -- θαυματὸν (ad ἀγῶνα pertinens) Bg.² coni. Vide Metr. et O. I, 28 ‖ 31 λαγέταν Pindaro non esse simpliciter βασιλέα concedet qui locos O. I, 89; P. III, 85; IV, 107 recte consideraverit. Vide Pind. p. 37 et notas ad Interpr. Germ.

ΠΥΘΙΟΝΙΚΑΙ Ι'.

δώματ' ἐσελθών,
κλειτὰς ὄνων ἑκατόμβας ἐπιτόσσαις θεῷ
ῥέζοντας· ὧν θαλίαις ἔμπεδον
35 εὐφαμίαις τε μάλιστ' Ἀπόλλων
χαίρει, γελᾷ θ' ὁρῶν ὕβριν ὀρθίαν κνωδάλων. 55

Μοῖσα δ' οὐκ ἀποδαμεῖ   Στρ. γ'.
τρόποις ἐπὶ σφετέροισι· παντᾷ δὲ χοροὶ παρθένων
λυρᾶν τε βοαὶ καναχαί τ' αὐλῶν δονέονται·   60
40 δάφνᾳ τε χρυσέᾳ κόμας ἀναδήσαντες εἰλαπινάζοισιν εὐ-
φρόνως.
νόσοι δ' οὔτε γῆρας οὐλόμενον κέκραται   65
ἱερᾷ γενεᾷ· πόνων δὲ καὶ μαχᾶν ἄτερ

οἰκέοισι φυγόντες   Ἀντ. γ'.
ὑπέρδικον Νέμεσιν. θρασείᾳ δὲ πνέων καρδίᾳ

32 δώματ' ἐσελθών [B]EFI[PU]QV[α'β'] Ro.* (in F ἰσ ἐλθών) — δώματ' ἐλθών DGR?XZ Al. — δώματα ἐλθών cf (Mosch.) || 33 κλειτὰς omnes || ἐπιτ.] ἐπὶ τ. E,F || -όσσαις BE,FV^{ac} W Ro.* — ὅσσας G — ὅσας PQR — ὅσσας B^bDEI]UV^{pc}XYZcfα'[β'] Al. || ἔμπεδος R || 35 -μίας D || 36 , γελᾷ] τ' ἑλᾷ E, — τελᾷ F^{ac} — γ' ἑλᾷ E^{ac}? — γαλᾷ D In Sch. ἥδεσθαι invenitur, non γελᾶν || θ'] δ' R || ὀρθιᾶν BDE.FRV.[Xc]f Al. Ro; Cp.* (cum Sch. Vet.) — ὀρθίαν G. — ὀρθιᾶν Ro. — ὀρθίαν I[P]QUZ[α'?] Pw. Hm. Bth. Bö.* — Schol. Triclinii: ἐγὼ ὀρθίων κνωδάλων φημὶ ... isne ὀρθίων legit? an κνωδάλων femininum esse voluit? Etiam Z^{gl} quae solet esse Tricliniana τῶν σκιρτώντων supra ὀρθίαν, quod ab ὀρθιᾶν ſt. graphice tantum diversum est. || 37 μοῦσα Al. || ἀποδημεῖ U, || 38 -ροισιν Ro.* — ροισι mss. Al. Sm.* || -ροις. ἅπαντα Ht. || παντᾷ GZ — πάντα α' (c. gl. πανταχοῦ) — παντᾶ BDEF etc. Cf. O. I, 116 || 38 δὲ χοροὶ τὲ D || 39 τ'] τε X || αὐλᾶς Q || δοκεῖται R || 40 δάφνη V,X, || εἱλ. Q || -ζουσιν BEFVXZ[cf] Al. Ro.* — ζοισιν DGI[PR]QU[α']β' Bö.* || εὐφρόνως mss. Al. Ro.* — εὐφρόνας „aliquando coniecit" Bg.² — Sch. par. σωφρόνως καὶ συνετῶς || 41 νόσοι vett. et Tricl. Ro.* — νοῦσοι cf Al. (Mosch.) Vide Metr. || ὀλόμ. EF^a — οὐλόμ. BDF^bGI etc. || 42 ἱερᾷ U || πόνων δ' ἄτερ καὶ μαχᾶν coni. Bg.² Vide Metr. || 43 οἰκέουσι EFR || 44 -σεῖα U, || om. δὲ E, || πνέω E^{ac}

PYTHIA X. 273

45 μόλεν Δανάας ποτὲ παῖς, ἁγεῖτο δ᾽ Ἀθάνα,   70
  ἐς ἀνδρῶν μακάρων ὅμιλον· ἔπεφνέν τε Γοργόνα, καὶ
      ποικίλον κάρα
  δρακόντων φόβαισιν ἤλυθε νασιώταις   75
  λίθινον θάνατον φέρων. ἐμοὶ δὲ θαυμάσαι

  θεῶν τελεσάντων οὐδέν ποτε φαίνεται   Ἐπ. γ'.
50 ἔμμεν ἄπιστον.
  κώπαν σχάσον, ταχὺ δ᾽ ἄγκυραν ἔρεισον χθονὶ   80
  πρώραθε, χοιράδος ἄλκαρ πέτρας.
  ἐγκωμίων γὰρ ἄωτος ὕμνων
  ἐπ᾽ ἄλλοτ᾽ ἄλλον ὦτε μέλισσα θύνει λόγον.

45 μολῖ BG — μόλε DEFIPQRU — μόλεν [VX]Z[c]ƒ[α'β'] Al. Ro.* | aut ποτὲ aut ποτί ƒ ‖ ἀγεῖτο D — ἀγεῖτο EFU**?VX** Al. — ἀγεῖτο B[G]I etc. ‖ ἀθήνα D? — ἀθανὰ F** — ἀθάνα BD?EF** etc. ‖ 46 ἔπεφνέ τε B — ἔπεφνέν τε [c]ƒ[α'β'] Ro:* — ἔπεφνέ τε B,D,E.FG,U,V.X.Z Al. — πέφνέ τε DGPQ.RU — πέφνε τὸ I Cf. O. II, 42 ‖ om. καὶ EF ‖ 47 φόβεσιν BI ‖ ἤλυθεν VXZ ‖ 48 δὲ om. (coni Bg.²). Vide Metr. ‖ θαυμάσαι mss. et edd. (ἄσαι I; ἄσοι U**?), cum gl. ὥστε passim et cum Sch.¹ in B Ro. —, θαυμάσια Pw. Be. —, θαύματα (Hm.²) — θαυματὸν Ra. (cum Sch.²; in U etiam Sch.¹ οὔτε θαυμαστὸν habet pro ὥστε θαυμάσαι) — θαυμάτων Ht. ‖ post θαυμ. non dist. BDEFGIQUVXZ[α'] Bö.* — post θαυμ. commate [c]ƒ St.* (St. „in admirando") — post θαυμ. plene (et ante ἐμοὶ aut commate aut nihil) Al. Ro.* Ln. Pp. („mihique admirationem.") — ante θαυμάσαι commate et post τελεσάντων commate Hm.² („etiamsi dii faciunt, ut mirari necesse sit"). Cf. ad P. IV, 146. Plena interpunctio vitium est Aldinae, in Ro. repetitum, ut vs. 22. ‖ 49 οὐδέ PQ R ‖ φαίνετ᾽ XZ ‖ 50 ἔμμεν᾽ V.X ‖ 51 κώπαν σχάσον B.DE. etc. (omnes; cum Sch. et gl. Z παῦσον) — Sch. Arist. Nub. 107. κώπαν ἤδη μοι σχάσαις et ibid. 740 κώπην σχάσας ‖ ἔρυσον PQ**α' (cum gl. Tricl. ἕλκυσον) — ἔρυσσον paraphr. Sch. in U — ἔρεισον IQ**VZ [rell.] Al. Ro.* (cum Sch. B Ro.) ‖ 52 πρῴρ. Bg.* πρώρ. rell.] ‖ -αθεν QR Ro.* — αθε BDEFGI[U]V[X]Z recc. Al. Sm.* ‖ χοιρ. [B]DE.FG.IXᵇZᵇ Al. Cp.* (cum Sch. BGV Ro.) — χειρ. PQRUV.Xªƒ Ro. (cum Sch. UX) — χερ. Zª — gl. α' τῆς ὑφάλου, τῆς τραχείας ‖ ἄλκαρ BE¹F¹G⁼ᵛ¹VX.Z•[c]ƒ Al. Ro.* — ἀλκὰν DE•ᵛ¹E,F•G.ΠPQRUZ¹α'β' (cum gl. Zα' τὴν οὖσαν βοήθειαν) — Sch.¹ Vet. ἀλέξησιν — Sch.² Vet. ἀλέξημα — Sch. Tricl. ἀλέξημα καὶ βοήθημα τῆς χοιράδος πέτρας ‖ 53 ἄωτον Ht. ‖ 54 ἐπ᾽ ἄλλοτε ἄλλον VZ — ἐπ᾽ ἄλλον τ᾽ ἄλλον E — ἐπ᾽ ἄλλο τι ἄλλον X — ἐπ᾽ ἄλ-

ΠΥΘΙΟΝΙΚΑΙ Ι'.

55 ἔλπομαι δ' Ἐφυραίων   Στρ. δ'. 85
ὄπ' ἀμφὶ Πηνειὸν γλυκεῖαν προχεόντων ἐμὰν
τὸν Ἱπποκλέαν ἔτι καὶ μᾶλλον σὺν ἀοιδαῖς
ἕκατι στεφάνων θαητὸν ἐν ἅλιξι θησέμεν ἐν καὶ παλαι-
τέροις,   90
νέαισίν τε παρθένοισι μέλημα. καὶ γὰρ
60 ἑτέροις ἑτέρων ἔρως ὑπέκνισε φρένας·

λοτ' ἄλλο I || ὦτε Bö.* — ὦτε GI — ὦστε (ὥς τε) BDEFPQR[U]VXZ [c]fa'[β'] Al. Ro.* || μέλισσα θύνει BDEFGI[P]Q[R]V[Xc]f Al. Ro.* — μέλλισσ' ἰθύνει U — μέλισσα ἰθύνει Z (gl. μεταφέρει) — μέλισσ' ἰθύνει a'β' (cum gl. Tricl. εὐθύνει, μεταφέρει et supra ἐκείνη γὰρ ἄλλοτε ἐπ' ἄλλο ἄνθος μεταπηδᾷ) **55** ἔλπ. DE? || **56** ὄπ' EF*cUac || πηνειὸν If Sm. Ox. Hy.* — πηνειὸν [B]DEFGQR[U]VXZ Al. Ro.* Pw. Be. — πηνεῖον α' (i. e. ει correpto) Tricl. || προχεόντων BDEFG[PRU]QV[Xcf] Al. Ro.* — ἐκπροχεόντων Z[α'?]β' (Tricl., ob πηνειὸν) — ἀδόντων Iac — προιόντων Ipc || **57** τὸν ἱπποκλέαν ἔτι F Sm. Hy. Be. Bö.* (cum Sch. Ro.) — τὸν ἱπποκλέα ἔτι BDEGIPQRUVXZfa' [rell. mss.] Al. Ro.* Ox. (cum Sch. in BGU) — τὸν ἱπποκλέα σ' ἔτι Hm.³ — τὸν ἱπποκλέα ποτὲ Ky. — πόθ' ἱπποκλέαν Ra. De articulo vide Rh. IV, 547—553. Textum non moverim cum praesertim a paraphraste expresse confirmari videatur, sed interpretatio difficilis est. — Ah. DD. 146 ἱπποκλεᾶ postulat. Cf. vs. 5 || καὶ om. f || **58** ἅλιξι I[U]α' Ro.* Hy. Be.* — ἅλιξι Q — ἄληξι DG — ἄλιξὶ B — ἅλιξιν E FV[c]f Al. Ox. — ἄληξιν X — ἄληξιν Z || ἐν καὶ α'β' (Tricl.) Hm. Bö.* (coll. O. VII, 27) — ἔν τε καὶ B (expuncto καὶ) — ἐν τε DEFGIPQRUV [X]Z[cf] Al. Ro.* Ox.* — (θησέμεν)αι καὶ Sm. — ἐν τ' αὖ coni. Hy. Hm.⁴ — ἐνί τε (Pw.) Be. — ἔμμεν Ky. (coll. O. VI, 33 et N. X, 48; fr. 164, 1). Sequimur Tricl. et Hm. || παλαιοτ. DGIQRUZ Al. Ro.* — παλαιτ. BEFPV[X] recc. Sm. Ox.* || -ροις mss. Al. Sm. Ox.* — ροισι Ro.* || **59** -σίν τε recc. Al. Ro.* — σί τε vett. || παρθένοις UVXZ Al. || **60** ἑτέροις ἑτέρων V, recc. Sm.* (cum Sch. Vet., ut videtur) — ἑτέροισιν ἑτέρων B.DE.FG.ΠVWXYZ Al. Ro:* — ἑταίροισιν ἑταίρων U — ἑτέροισιν ἑτέρου R — ἑταίροισιν ἑτέρου PQ || ὑπέκνισε Bö.* — ὑπέκνιξε Hm.¹² (qui Sch. ὑπεκίνησε interpretamentum vocis ὑπέκνιξε esse dicit, ut Sch. P. XI, 36 vulg. ἔκνισε per ἐκίνησε interpretetur) — ἐκν[ι]ξε B — ἐκνιξε DEFGIPQRUVXZ [rell. vett.] Ro.* (Bg.²) — ἐκνιξε γε [c]f (Mosch.) Al. Bd. Ox.* — ἐκνιξε τὰς Z·α'β' Sm. (cum gl. Tricl. ἀντὶ τοῦ ὑπεκίνησεν, ἠρέθισεν) — ἔκνιξε etiam Sch. Π. α, 469 et Etym. M. 379. 39 (ubi ἔκνιξεν ἔρως φρένας, sed M ἔκνιξε φρ. ἔρ.) — ft. Fac/pc ἔκνιζε — FG in gl. ἐκίνησε, G in Sch. par. ὑπεκίνησε habet; hinc ὑπέκνισε scribere possis. Vide Metr.

PYTHIA X.

τῶν δ᾽ ἕκαστος ὀρούει,   Ἀντ. δ´. 95
τυχών κεν ἁρπαλέαν σχέθοι φροντίδα τὰν πὰρ ποδός·
τὰ δ᾽ εἰς ἐνιαυτὸν ἀτέκμαρτον προνοῆσαι.
πέπαιθα ξενίᾳ προσανεῖ Θώρακος, ὅσπερ ἐμὰν ποιπνύων
         χάριν   100
65 τόδ᾽ ἔζευξεν ἅρμα Πιερίδων τέτραορον,
φιλέων φιλέοντ᾽, ἄγων ἄγοντα προφρόνως.

πειρῶντι δὲ καὶ χρυσὸς ἐν βασάνῳ πρέπει   Ἐπ. δ´. 105
καὶ νόος ὀρθός.
ἀδελφεούς τε ποταινήσομεν ἐσλούς, ὅτι
70 ὑψοῦ φέροντι νόμον Θεσσαλῶν
αὔξοντες, ἔνθ᾽ ἀγαθοῖσι κεῖται   110

61 ὀρούει] ὀρνύει U. || 62 κεν ἀρπ. D — κεν ἀρπ. rell. (-λέα R) — μὲν ἀρπ. Ht. — κ᾽ ἀμευσιεπῆ Bg.¹ (ex Eust. Pr. § 21 p. 10); vide Ky. et Sw.¹ || σχέθειν Q — σχέδει PR Ro.* — σχέθοι BDEFGIUV[X]Zcfa´ Al. Hy.²* (cum Sch. σχοίη ἄν) || τὰν] τὴν U || παρποδὸς DEF || 63 ἀτέκμαρτα I || 64 προσανεῖ B.DE.FG.IPQRUVX.Zf Al. Ro:* — προσηνεῖ V, — προσανεῖ [c?]a´ Sm. Ox.* || ὅπερ EFae? || ποιπνύων] πυπνοίων Q — πυκνίων R — πυκνοίων P — ποιμνίων Z (Zm ποιπνύων c. gl. ἐπιθυμῶν, κατασκευάζων) — gl. G περιέπων, ἐπιθυμῶν || 65 πιερίδαν R || 66 Tricl. φιλέων φιλέοντ᾽ ἄγων, ἄγοντα προφρόνως. (cum gl. φιλοῦντα ἐμὲ εἰς τοῦτο ἄγων, ἠγ. ἀγόμενον προθύμως. Ead. explicatio in Sch. Tricl.) — φιλέων φιλέοντ᾽. ἄγων ἄγοντα πρ. BZ Ro. — non dist. DEFIQUVf Al. || ‚ἄγοντ᾽ ἄγων πρ. coni. Bg.² Vide Metr. || 67 πειρ.] πυρ. Z || om. καὶ R || 69 ἀδελφεούς τ᾽ ἐπαιν. B.DE.FG.I[I]PQRUV Ro:* (-οὺς τ᾽ F; -νήμεν R) — ἀδελφεούς ἐπαιν. WXYZ — ἀδελφεούς τε ἐπαιν. [c]f Al. (Mosch.) Ox. Hy.¹ — ·κἀδελφεούς δὲ ἐπαιν. α´β´ (Tricl.) Sm. — ἀδελφεούς δὲ ἐπαιν. Be. — ἀδελφεούς δέ τ᾽ ἐπαιν. Hy. — ἀδελφεούς μὲν ἐπαιν. Bö.* — ἀδελφεούς καὶ ἐπαιν. Aw. — κἀδελφεούς μὲν ἐπαιν. Hm.³ Sw. Vide Metr. — ἀδελφεούς ἐπί τ᾽ αἰν. Bg.² — ἀδελφεούς δύ᾽ ἐπαιν. Ht. — Sch. τοὺς δὲ τοῦ Θώρακος ἀδελφοὺς ἀγαθοὺς ὄντας ἐγκωμιάσομεν ... Scripsi ἀδελφεούς τε ποταιν. (προσαιν.) „atque insuper laudabimus (laudemus) fratres" || ἐσθλούς Ra´ — ἐσλούς BDEF etc. || 70 νόμον] νόμων X — νόμους U || Θεσσαλὸν Q¹ — Θεσσαλᾶν R — Θεσσαλῶν P — Θεσσαλῶν Qs´v1 et rell. cum Sch. τοὺς τῶν Θεσσαλῶν νόμους || 71 ἔνθ᾽ U (cum Sch.¹ et Sch.²) quod reposui — ἐν R — ἐν δ᾽ Z — ἐν δ᾽ B.DE.FG.I[P]QV.Xf [a´ et rell.] Al. Ro:* De „bonis" vide Pind. p. 36 et Interpr. Germ. || κεῖται DGa G,I[P]Qpo?Ua´β´ (cum

18*

πατρώϊαι κεδναὶ πολίων κυβερνάσιες.

Sch. Vet. [D]GU etc., quod in [B?] Ro. omissum est, et cum Sch. et gl. Tricl. ἀντὶ τοῦ κεῖνται) Ro. Bö.* — κεῖνται B.E.FG^b Q^ac? RV[W]X[Y]Z[c]ƒ Al. Ro; Cp.* Schema etsi non certum tamen probabile est, ut P. IV, 246. Librarii ad rariora tollenda proclives.

72 -ώϊαι recc. Sm. Ox.* — ῷαι EZ Al. Mr.* — ῶαι BDFG etc. Ro.* ‖ -νήσιες R

Subscr. τέλος ἱπποκλέους. GT — ὕμνου τέλος ἱπποκλέους Θεσσαλοῦ. α' — nulla subscr. in [B]DEF etc.

ΠΥΘΙΟΝΙΚΑΙ ΙΑ'.

ΘΡΑΣΥΔΑΙΩ ΘΗΒΑΙΩ

ΠΑΙΔΙ ΣΤΑΔΙΕΙ.

Strophae.

[metrical scheme]

Epodi.

[metrical scheme]

Inscr. Θρ. Θρ. π. σταδιοδρόμῳ. G — id. (om. σταδ.) F — id. (om. παιδί) f — Θρ. Θη. π. σταδιεῖ. [B]EF^ac?IPUVXZa' Al. Ro.* — om. inscr. DQ

Metr. Bö. ep. 1 et 2; 5 et 6 consociari posse dicit. — Str. 4 Bö. ita descripsit *[metrical scheme]*; Hm³ *[metrical scheme]*; Bg.² *[metrical scheme]*. Postremam descriptionem numerorum nequeo probare; quadrat ea ad vs. 36 et 41, sed sexies editor ingeniosissimus ad novationes partim duras partim invenustas confugere cogitur; ad hoc ea nec (si recte sentio) bene sonat, nec reliquis numeris congruit. Hermannus, ut initiorum aequalitatem (auribus gratissimam) perficeret, tres vss. (quorum duo a n. pr. excusantur) 20. 25. 36 scite quidem sed nimia cum violentia mutavit. Me ut paullo aliter ac Bö. hunc versum constituerem, et traditum δή vs. 25 movit, et pulcriores qui videbantur numeri; denique etiam similitudo Ep. 2. et cognatus transitus a spondeo ad creticum in Ep. 5. — Iam duo tantum vss. 36 et 41 mutandi sunt, neque indigent nisi lenissimae medicinae.

ΠΥΘΙΟΝΙΚΑΙ ΙΑ΄.

Στρ. α΄

Κάδμου κόραι, Σεμέλα μὲν Ὀλυμπιάδων ἀγυιᾶτις,
Ἰνὼ δὲ Λευκοθέα ποντιᾶν ὁμοθάλαμε Νηρηΐδων,
ἴτε σὺν Ἡρακλέος ἀριστογόνου
ματρὶ πὰρ Μελίαν χρυσέων ἐς ἄδυτον τριπόδων
5 θησαυρόν, ὃν περίαλλ᾽ ἐτίμασε Λοξίας,

Ἀντ. α΄.

Ἰσμήνειον δ᾽ ὀνύμαξεν, ἀλαθέα μαντείων θῶκον,   10
ᾧ παῖδες Ἁρμονίας, ἔνθα καί νυν ἐπίνομον ἡρωΐδων
στρατὸν ὁμαγερέα καλεῖ συνίμεν,

1 ἀγυιᾶτις [B]DEFG**pc**IQ[R]UVα΄ϱ̄ Cp.* — ἀγυᾶτις G**ac** — ἀγυιάτις PXZf Al. Ro. ‖ 2 δὲ BDEFGIPQRUV[X]Zfα΄ϱ̄ Al. Ro.* Aw. Ky. Bg.² Ht. (cum Sch.) — τε c Bö.* (Bü: „τε post μὲν ponitur, ubi orationis articuli coniunguntur; δὲ vero, ubi disiunguntur et opponuntur." Non credo.) ‖ ποντιᾶν B — ποτνιᾶν U — ποντιᾶν rell. — Sch. B τῶν θαλαττίων νηρεΐδων (ubi θαλ. excidit in Ro.); θαλασσίων gl. GZ ‖ νηρηΐδων XZ[c]fα΄ϱ̄ϱ̄ Al. Ro.* — νηρεΐδων BDEFGIPQRUV ‖ 3 ἴτε] ἴστε E?(P teste Sm.) ‖ -κλέους α΄ϱ̄ ‖ ἀριστογόνου scripsi cum Sch. Vet. — ἀριστογόνῳ(ω) mss. et edd. cum gl. (Z) Tricl. τῇ ἄριστον γόνον καὶ υἱὸν ἐχούσῃ. Exquisitius et pulcrius videtur esse ἡρ. ἀριστογόνου μ. quam ἡρ. ἀριστογόνος μ. Formatum est ἀριστόγονος i. e. ὁ ὑπὸ τοῦ ἀρίστου θεοῦ γεννηθεὶς ut πρωτόγονος (O. X, 51 et apud alios poetas); χρυσόγονος (Aesch.); θεόγονος (Eur.); ἐπίγονος, σύγγονος (cf. Ra. in Ia. LXXVII, 396) al.) ‖ 4 ματρὶ ματέρι Pw. Hy. ‖ πὰρ [B]GQ[R]U[VX]Z[f]α΄ϱ̄ϱ̄ Al. Ro. Hm. Bö.* — παρ᾽ P — παρ DE.FI — παρὰ c Sm.* ‖ χρυσέαν [ἐς?] R ‖ χρ ἐς ἄδ. α΄ϱ̄ (Tricl.) Sm. Ox.* — χρ. εἰς ἄδ. BDEFGIPQUVXZ[c]f Al. Ro.* (cum Sch. ut videtur) — χρ. ἄδ. Bg.² (qui simul χρ. τ᾽ ἄδ. proponit). Vide Metr. ‖ 5 ὅν περ λαλλε τίμασε (sic) D ‖ περίαλ᾽ Z**ac**f Al. ‖ 6 -νειον EPQRU (cum Sch. U); cf. ad O. XIII, 78. — νιον [B]DFGI[VX]Z recc. Al. Ro.* (in Tricl. cum nota διὰ τὸ μέτρον) cum Sch. B Ro. ‖ ὀνόμ. I — ὠνύμ. α΄β΄ϱ̄ (Tricl.) — ὀνύμ. [B]DEF etc. ‖ ἀλαθεία D ‖ μαντείων BDEF?GIPQUα΄β΄ϱ̄ Ro.* (cum Sch. τῶν μαντευμάτων) quod reposui — μαντεῖον [VX]Z[c]f Al. Sm. Ox.* — μαντίων Hm. Bö.* — μαντικὸν Aw. male ‖ 7 καὶ νῦν vett. et Mosch. Al. Ro:* — νῦν (νυν, νὺν) καὶ α΄β΄ϱ̄ (Tricl. c. gl. δὴ supra νυν et cum signo correptae supra καὶ) — καὶ νυν Sm. Ox.* ‖ 8 ὁμαγερία scripsi — ὁμηγερέα BEFZ (forma Homer.) — ὀμυγερέα V — ὁμηγυρέα DGIPQRUX[c]fα΄ϱ̄ Al. Ro.* — ὁμαγυρέα Bö.* Substantivum ὁμάγυρις est I. VI, 46. Cf. O. IX, 96. I. III, 46; possis tamen in Aeolicis odariis O. IX et P. XI praeferre η pro ᾱ. ‖ συνίμεν [B]EFV[X]Y[c]f Al. Ro.* (cum Sch. Vet. et cum gl. F συνιέναι

PYTHIA XI.

ὄφρα Θέμιν ἱερὰν Πυθῶνά τε καὶ ὀρθοδίκαν   15
10 γᾶς ὀμφαλὸν κελαδήσετ' ἄκρᾳ σὺν ἑσπέρᾳ,

ἑπταπύλοισι Θήβαις   Ἐπ. α'.
χάριν ἀγῶνί τε Κίρρας,   20
ἐν τῷ Θρασυδᾷος ἔμνασεν ἑστιᾶν
τρίτον ἐπὶ στέφανον πατρῷαν βαλών,
15 ἐν ἀφνεαῖς ἀρούραισι Πυλάδα
νικῶν ξένου Λάκωνος Ὀρέστα.

δωρικόν) — συνέμεν DGIPRUa'β'ξ' (cum gl. Tricl. συνεῖναι; etiam gl. E εἶναι male)
9 πυθῶνα καὶ R male — πυθώ τε καὶ (possis πυθῶνι καὶ) Bg.² — πυθῶνά τε καὶ rell. Vide Metr. ‖ 10 κελαδήσετ' Hy.* (coll. O. VI, 24; VII, 17) — κελαδῆτε mss. Al. Ro.* — Sch par. ὑμνήσητε ‖ 11 -οισιν (Hy.) Hm.¹ — ησι I — οισι rell. (et Hm.² ut videtur) ‖ 13 Θρασυδαῖος α' ‖ ἔμνασεν mss. (-σαν ft. B,) Al. Ro:* Bg.² (Sch.¹ [εἰς?] μνήμην ἤγαγε; Sch.² et gl. Z ἀνέμνησε) — ἔμνασέ μ' Hm.³ Bg.¹ Sw. (scite quidem. sed contra Sch. et mss.) — ἄμνασεν Ky. Ht. (ex Sch.²) — ἄνδησεν coni. Bg.² ‖ ἑστιᾶν scripsi — ἑστίαν rell. ‖ 14 τρίτον mss. (ex W τρίτατον relatum est) Al. Ro; Be. Hm. Bö.* cum Sch. — τρίτος Ro.* ‖ ἐπὶ στ. (ἐπίστ. E; ἐπιστ. DFIP) mss. Al. Ro:* Bg.¹² Ht. — ἔπι στ. Hm.³ Sw. ‖ πατρῷαν scripsi ‖ -ῷαν UZ — ῴαν (ῳαν) rell. ‖ post βαλών plene dist. B — commate f a' Al Ro.* Bö. Hm.³* — non dist. DEFIQUV Hm.¹² Ky. ‖ 15 ἀρούραις E,X, ‖ 16 νικᾶν Hm.¹² Ky. Ht. (cum Sch.² ut videtur) — νικῶν omnes mss. et rell. edd. (etiam Hm.³) cum Sch.¹ ut videtur. Vix ullus locus reperiri possit, in quo genitivus in ῶν consensu mss. traditus sit pro genitivo in ᾶν. Nec Scholiastam² constat cum ἔμνασεν consociasse νικᾶν quod ab illo verbo remotissimum est; sed ft. hunc genitivum τῶν νικῶν subaudiri voluit, ut Sch.¹ τῶν πατρικῶν κατορθωμάτων eodem consilio videtur addidisse; nisi verba Sch.¹ corrupta esse (intruso glossemate νικῶν) eumque πατρῷαν νικᾶν consociare voluisse statueris. Sin autem alterutrum vere voluerint Scholiastae, nescio an nemo vel legens vel audiens tam disiuncta copulare potuerit, nedum ita, ut proximum ἑστίαν ab ἔμνασεν disiungatur et cum ἐπὶ consocietur, quod Ht. voluit. Antequam lector a se impetret ut hanc verborum collocationi vim inferat, aut acquiescet in emphatica notione verbi ἔμνασεν cum accusativo rei constructi (Ra. confert Eur. Alc. 878.) „memoriam renovavit Laris paterni" cum Ln. Pp. St. Sm. Bö. Ra. (et Sch.¹); — aut ἔμν. ἑστίαν στέφανον τρ. βαλών pro ἔμν. ἑστίαν στεφάνου τρίτον ἤδη βεβλημένου „admonuit Thebanos tertiae iam reportatae victoriae" dictum esse putabit (quae mea olim erat opinio); — nisi de sententia Ln.

ΠΥΘΙΟΝΙΚΑΙ ΙΑ΄.

Στρ. β΄.

τὸν δὴ φονευομένου πατρὸς Ἀρσινόα Κλυταιμνήστρας 25
χειρῶν ὕπο κρατερᾶν ἐκ δόλου τροφὸς ἄνελε δυσπενθέος,
ὁπότε Δαρδανίδα κόραν Πριάμου
20 Κασσάνδραν πολιῷ χαλκῷ σὺν Ἀγαμεμνονίᾳ 30
ψυχᾷ πόρευσ᾽ Ἀχέροντος ἀκτὰν παρ᾽ εὔσκιον

Ἀντ. β΄.

νηλὴς γυνά. πότερόν νιν ἆρ᾽ Ἰφιγένει᾽ ἐπ᾽ Εὐρίπῳ 35
σφαχθεῖσα τῆλε πάτρας ἔκνισεν βαρυπάλαμον ὄρσαι
χόλον;

et Ra. ἑστιᾶν ... πατρῴαν scripserit mecum, subaudiens τοὺς παρόντας, ambiguitatemque accentuum cunctos interpretes fefellisse statuens. Cf. Bu. I, 145. Potest vel sic πατρῴαν ab ἑστιᾶν longius remotum videri; quae vituperatio (Hermanni) non cadit in alteram, quam modo proposui, verborum constructionem. ‖ ὀρέστου R

17 τοῦ πατρός Ro; — πατρός (sine τοῦ) B. etc. ‖ 18 χερῶν omnes mss. (G χερᾶν) Al. Ro.* — χειρῶν Sm.* ‖ ὕπο DGI^{pca}΄ Bö.* — ὑπό rell. ‖ κρατ. DI[P]QRU recc. Al. Ro.* — καρτ. BEFVXZ — κάρτ. G ‖ -εράν BDGIV recc. Al. Ro.* (ἑράν Al.) — ερῶν EFQRUXZ ‖ ἐκ] καί Ht. ex Sch., sed Sch. non ad verbum haec exprimit ‖ 19 -νίδαν I^{ac}U ‖ κούραν U ‖ 20 κασάνδραν BPQVXZf Al Cp. Br. (cum Sch. BGU Ro.) — κάσανδρα R — κασάνδρα Ro. — κασσάνδρα DF — κασσάνδραν EGIUa΄ξ Mr.* (Vide Bö.) — οἰκτρότατα Hm.³ (existimans n. pr. glossatori deberi, ut nos de voce Ποσειδᾶν O. I, 26 suspicati sumus ad O. I, 113 extr.). Vide Metr. ‖ σύν om. VXZ^a Bg.² ("demisit ad Agamemnonem") — σύν habent [B]DEFGI[P]Q[R]UZ^{b|m}[c]f[a΄δ΄] Al. Ro.* (cum Sch.). Vide Metr. ‖ 21 πόρευσ᾽ BE^{ac}? Z^b a΄β΄ξ Bö.* — πόρευσιν DGIPQRU — πόρισεν I — πόρσυ΄ E^{pc}FV[X]Z^a[c]f Al. Ro.* (cum Sch. ἔπεμπε). Aoristum sensu plusquamperfecti praefero. ‖ 22 γυνή F ‖ νιν omnes ‖ ἆρ᾽ [B]IV[a΄ξ] Ro.* — ἆρ XZf Al. — ἆρ᾽ DEFIQU — Sch. [B] Ro. ἆρα ubi U ἆρα ‖ -νει᾽ I[a΄] Al. Sm. Ox.* — νεια [B]DEFQUVXZ Ro.* — νεῖ (νεια?) f ‖ 23 ἔκνισεν c?a΄β΄ξ Al. Hm. Bö.* — ἔκνισε vett. et f Ro.* ‖ ὄρσαι] ὤρσε PQ^{ac} R ‖ χόλον BDEFGI[PR]QUZ^{m}a΄ξ Al. Ro.* Pw. Hy. Be.* — λόχον V̄ XYZcf Ox. (W λίχον ex V̄ male lecto, nam V λόχον habet paullo neglegentius scriptum). Utrumque, ut passim faciunt, videntur miscere Sch.: ὥστε τὴν ὀργὴν ταύτην ἔχουσαν, βαρύτατον τὸ ἐπιχείρημα ἄρασθαι κτλ. Z^{ej} ἐργάσασθαι (ad ὄρσαι). Ft. λόχον citius repudiatum.

ἢ ἑτέρῳ λέχεϊ δαμαζομέναν
25 ἔννυχοι πάραγον κοῖται; τὸ δὴ νέαις ἀλόχοις 40
ἔχθιστον ἀμβλάκιον καλύψαι τ' ἀμάχανον

ἀλλοτρίαισι γλώσσαις·   Ἐπ. β'.
κακολόγοι δὲ πολῖται.
ἴσχει τε γὰρ ὄλβος οὐ μείονα φθόνον· 45
30 ὁ δὲ χαμηλὰ πνέων ἄφαντον βρέμει.
θάνεν μὲν αὐτὸς ἥρως Ἀτρείδας
ἵκων χρόνῳ κλυταῖς ἐν Ἀμύκλαις,

24 λέχεϊ δαμαζ. α'[β'] i. e. Tricl. (Hy.) Hm. Bö.* — λέχει δαμαζ. B FF Ht. — λέχει δαμαλιζ. DGI[I]PQRUV[WXY]Z[c]ƒ Al. Ro.* — τινι δαμαλιζ. Sm. — λέχρι δαμαλιζ. coni. Bg.² Cf. similem permutationem verborum cognatorum P. V, 113. || -ομένη R || **25** ἔννυχοι DEFGI[IPR]QU V?X[Y]Z[c?]ƒ[a'β'] Al. Ro.* Hm. Bö.* — ἔννυχον V?W — ἐννύχιοι B Sm.* — ἐννύχια Hm.³ || πάραγον (παράγον XZƒ Al. Ro.* πάραγον rell. mss. Hy.²*) omnes, excepto Sm. qui ἀπάγον correxit || κοῖται; τὸ δὴ κοιμήμασ' ὁ Hm.³ || τὸ δὲ Ipc I Pw. Be. Hy.* (idem ex WY refertur, quos non vidi) — τόδε, α'β' Tricl.) — τό, τι (ὁ, τι) Sm. — τὸ (omissā particulā) Bg.² — τὸ δὴ (τό, δὴ) B.DE.FGIac[P?]QRU.VX.Z[c]ƒ Al. Ro:* Ox. (Sch. et gl. G ὅπερ). Remoto commento Tricliniano (Pauwiano) scripsi τὸ δὴ quod et optimorum testium fidem habet et ad sententiarum nexum optime quadrat. Vide Metr. || **26** ἔχθ. mss. Al. Ro.* (ἄχθ. Iac) — αἰσχ. Hck. (Sch. G αἰσχρότατον ubi ἐχθρότατον B Ro. et U αἰχρότατον) || ἀμβλ. BEacFac Sw. — ἀμπλ. DEpcFpcGI[P]QRUV etc. Cf. ad O. VII, 25. || ἀμβλάκιον] ἀμπλακιᾶν Hck. — ,ἀμπλακίαν Ht. || ἀμήχ. DPQR Al. Ro.* — ἀμάχ. BE FGIUVXZƒ[a'] Be. Hy.* || **27** -τρίαισι] -τρίαις VXZ — τρίαισιν (Hy.) Hm.¹ — τρίαις ἐν Ht. Non opus. Dativum dativo exprimit Sch. || **28** δὲ] τὸ D || πολῖται DEUXZ || **29** ἴσχει γὰρ E, — κίσχει μέγας male Ht. — ἴσχει τε γὰρ rell. (et E). Positivus μέγας ex comparativo, qui obiecto additus est, ad subiectum subauditur, paullo aliter quam O. I, 104 ad ὕβριν ex insequenti κυριώτερον suppletur μᾶλλον. Vide notam l. l. || ὄλβου μεῖον φθόνον. Qac || **30** ἄφαντον [B]EFGIVXZ recc. Al. Ro.* — ἄφατον PQR* U (R¹ λον) — ἄφαντος D || βρέμει] βρύμει I — βρύει Ht. male. Egregie poeta humilia et vulgaria ingenia in occulto mussare dicit. || **31** θάνεν [α'] Pw. Hy. Be.* — θάνε vett. [c]ƒ Al. Ro:* || ἀτρείδας recc. Al. Sm. Ox.* — ἀτρεΐδας omnes vett. Ro.* || **32** ἵκων GI (cum Sch. G quod om. est in B Ro.) Bö.* — ἥκων Ua'β' (Tricl.) cum Sch. U — ἱκὼν BDEFPQ RV[X]Z[c]ƒ Al. Ro.* || κλυταῖς F[PRU]Q[VX]Z [recc.] Al. Ro.* — κλειταῖς BDEGI ft. recte: cf. vs. 48 || ἐν om. XZª — non om. rell. (et Zm)

Στρ. γ'.

μάντιν τ' ὄλεσσε κόραν, ἐπεὶ ἀμφ' Ἑλένᾳ πυρωθέντων 50
Τρώων ἔλυσε δόμους ἀβρότατος. ὁ δ' ἄρα γέροντα ξένον
35 Στρόφιον ἐξίκετο νέᾳ κεφαλᾷ,
Παρνασοῦ πόδα ναίοντ'· ἀλλὰ χρονίῳ σὺν Ἄρει   55
πέφνεν τε ματέρα θῆκέ τ' Αἴγισθον ἐν φοναῖς.

Ἀντ. γ'.

Ἦ ῥ', ὦ φίλοι, κατ' ἀμευσίπορον τρίοδον ἐδινήθην,

33 τ'] δ' Ht. — Sch. par. καί. Nexus hic est: „Ita quidem (μὲν [οὖν]) „periit Agamemno cum Cassandra, sed filius (ut modo dixi [vs. 17]) periculum evasit." || ὤλεσε QVXZ — ὄλεσσε rell. (α' cum gl. διὰ τὸ μέτρον) || ἑλέναν Q — ἑλένῃ B — ἑλάνα V, — ἑλένᾳ(α) B,DEF etc. || 34 ἔλυσσε c Al. Ox. — ἔσυλε Sm. || ἁβρότητος D — τατος rell. Coniungo ἔλυσε cum ἁβρ. i. e. ἔπαυσε cum Sch. St. Ra. || ὅ δ' (ὅδ') BEFGIX,fα' Al. Ro.* — ὁ δ' [DQV]Z Mr.* || γέροντα ξένον [c]fα'β' Al. Sm.* (idem ex W refertur; Al. ξένων) — ξένον γέροντα BDEFGI[I]QRUV.X.[Y]Z Ro.* || 35 νέα(α) κεφαλᾷ(ᾶ) mss. Al. Ro:* — , νέα κεφαλά, (Hy.) Δw. Bö.²* — Sch. et gl. (νέος ὢν ἔτι et ἔτι νεώτερος ὤν) aut nominativum legerunt aut dativum („invenili capite" St.) circumscribunt, qui magis poeticus est. || 36 παρνασοῦ BDEFUVXZfα' Al. Bö.* (cum Sch. BU Ro.) — παρνασσοῦ GIPQR Ro.* (cum Sch. G); cf. ad O. IX, 43 — Δελφὸν ὑπὸ Hm.³ || ἀλλὰ χρονίῳ Zᵖᵒ α'β' (Tricl.) Bö. Hm.²* — ἀλλὰ χρόνι B. (quod videtur esse χρόνῳ) — ἀλλὰ χρόνῳ(ω) DEFG.ΠPQRUVWXYZᵃᵒ Ro:* Hm.¹ Bg.² Ht. — ἀλλα γε χρόνῳ(ω) [c]f Al. Sm.* (Mosch.). Verum vidit Tricl.; vel ob vs. 32 displicet χρόνῳ iteratum. Sch. ἀλλὰ χρόνῳ ποτὲ ἡβήσας ... τῷ ξίφει ἀνεῖλε non ad verbum textum sequitur. Vide Metr. || 37 πέφνεν τε [c]f Al. Sm.* (Mosch.) — ἐπέφνέ τε VWXYZ — ἔπεφνε (sine τε) BDEFGI[I?]PQR?U Ro.* Be. — ἔκπεφνε α'β' (cum gl. Tricl. οὕτω διὰ τὸ μέτρον) || μρα QXZ — μητέρα P[c]f Ro.* — ματέρα BDEFGIV[α'] Al. Hy. Be.* || αἴγισθον P Ro. Cp. || 38 ἦ ῥ' B.ᵃV Ro;? Bö.* — ἄρ' E, — ἦ ῥ' Z — ἦρ' DEFPQR?Uf α'β' Al. Ro.* (c. gl. Tricl. ἆρα) — ἦ ῥ' B.¹G.IV,X. Ro;? Cp. Sm.* Bg.² Ht. Ra. (Ht. sequente signo interrogationis) — Sch.¹ in B Ro. ἄρα, ubi Bö. dedit ἄρα; Sch.² ναὶ δή. Cf. P. IX, 37 || φίλη Eᵃᵒ? FᵉPR — φίλοι [B.D]Eᵖᵉ F¹GI etc. || ἀμευσίπορον τρίοδον B.DE.FG.I[I]PQRUV[W]X.[Y]Z [cf] Al. Ro:* Bg.² (i. e. vett. et Mosch.) cum Sch. Vet.¹²³ (ubi B Ro. ἀμασίπ. passim) et cum Eust. Pr. § 21 p. 10 — ἀμευσίπορον τρίοδον γ' α' β' (Tricl.) Mi.¹ — ἀμευσιπόρου τρίοδου Mi.² — ἀμευσιπόρους (ος) τριόδους Hm.²³⁴ Aw. Sw. Ht. — κατ' ἀμευσίπορον τρίοδων coni Bg.² Cum δινεῖσθαι κατά τι saepius inveniatur (Hom. Od. ι, 153 et ll. ρ, 680 recte laudantur ab

ὀρθὰν κέλευθον ἰὼν τὸ πρίν· ἦ μέ τις ἄνεμος ἔξω πλόου 60
40 ἔβαλεν. ὡς ὅτ' ἄκατον εἰναλίαν.
Μοῖσα, τὸ δ' ἐτεὸν εἰ μισθῷ παρεχέμεν συνέθευ
φωνὰν ὑπάργυρον, ἄλλοτ' ἄλλᾳ ταρασσέμεν 65

ἢ πατρὶ Πυθονίκῳ   Ἐπ. γ'.

Aw.) et pluralis τρίοδοι (cf. Hesych. apud Bö. et Callim. h. in Cer. 115 apud Aw.), coniectura Hermanniana valde arridet. Sequor tamen traditionem cum Sm. et Bg.[2] ad P. III, 6. — Genitivus „per linguae leges non videtur ferri posse" (Hm.[4]). Non legitur genitivus apud Pindarum cum κατά consociatus nisi O. II, 59, ubi suo loco positus est. || ἰδινήθην B — ἰδινάθην rell. omnes (ἰδνάθην I; ἰδυνάθην R)
39 ὀρθὰν] θοὰν E, || τὸ πρὶν [B]DF[ac]IZ Al. Ro.* — τοπρὶν EF[pc]G QUVX fa' Bö.* || ἦ IQ Bth. — ἢ P — ἤ BD etc. cum Sch. || μέν E FPQ[ac]R — μὲ BDG.IQ[pc] etc. cum Sch. || 40 ἔβαλλεν U || εἰναλίαν Z[pc][c]fa' [r. r.] Al. Sm. Ox.* — ἐναλίαν vett. mss. Ro.* Cf. ad P. II, 79
41 τὸ δὲ τεὸν, [c]f Al. Ro.* Sm. Ox.* quae correctio Moschopuli ubique recepta est — τὸ δὴ τεὸν Pw. Be. (Hy.) — τό δ' (τὸ δ') ἐτεὸν BDEFGI I[P?]Q[R?]UVWXYZa'[β'?] St. Po. Bd. cum Sch. et gl. Tricl. ἀληθῶς; in a' etiam gl. ἀντὶ μιᾶς. Hi τὸ ἐτεὸν adverbialiter acceperunt (fere cum St. „Quod si vere") ut vs. 44 τό γε νῦν, ad modum Homerici εἰ ἐτεόν, et ταρασσέμεν pro τάρασσε „λείπει τὸ ὀφείλεις". Quos auctores secutus sum.
|| συνέθευ παρέχειν vett. mss. et Mosch. Al. Ro.* Bd. Ox. Hy. Bg.[2] (Bd. παρέχεν) — συνέθευ εὖ, παρέχειν a'β' (Tricl.) — παρεχέμεν συνέθεν (Hm.[1]) Hm.[3] Ky. recte — γε συνέθευ παρέχειν Sm. Be. Mi. Aw. Hm.[3] (non male; cf. Homericum εἰ ἐτεόν γε) — (οὐ μ.) τὺ συνέθευ π. Pw. — (εἰ δὴ μ.) σύνθευ π. Hm.[1] — (μισθοῖ)σι συνέθευ π. Bth. — συνετίθευ π. Bö.* non recte; nam longe praestat aoristus; etiam Sch.[1] εἰ συνέθου καὶ μισθὸν ἔλαβες et Sch.[2] εἰ... ὑπίσχου. Vide Metr. || 42 ὑπ' ἀργ. FUc Al. — ὑπάργ. coni. Sr. || ἄλλᾳ ταρασσέμεν (Hy.) Bö. Hm.[2]* — ἄλλοτ' ἄλλ' αὖ ταρ. Sm. — ἄλλοτ' ἄλλαν ταρ. Ht. — ἄλλοτ' ἄλλα | ταρ. Hm.[1] — ἄλλοτ' ἄλλῳ ταρ. Bth. — ἀλλ' ἄλλα χρὴ ταρ. Pw. male — ἀλλ' ἄλλοτε ταρ. Be. — (omisso ἄλλοτ') ἄλλα γε χρή ταρ. a'β' (Tricl.) — ἄλλοτ' ἄλλᾳ χρὴ ταρ. G — ἄλλοτ' ἄλλα χρὴ ταρ. rell. vett. et Mosch. Al. Ro.* Ox. Hy. Recte primus Sm. perspexit, χρὴ (e gl. in ordinem delapsum) delendum esse, nec id ex Sch. lectum esse apparet (vide supra). Sch.[1] ἄλλῃ (U ἄλλου); Sch.[2] ἄλλα. Apodosis ab ἄλλοτ' ἄλλᾳ incipit. Bö.[12] Th. φ. ὑπ. cum ταρασσ. coniungunt; sed φ. ὑπ. cum παρεχ. coniungitur in Sch. et in BQZfa' Al. Ro.* Hm. Di.* || 43 πύθον. a'β' (Tricl.) Pw. Be. Bth. Hm.[3] Bö.* — ἀθλον. Sm. — πυθιον. vett. et Mosch. Al. Ro.* Ox. Hy. Hm.[1] Mi. — de P n. n.
|| -νίκῳ BIa'β' Al. Mr.* Bö.* Hm.[23] — νίκω EFGQ[1]UV[X]Z[cf] Ro.[i]

ΠΥΘΙΟΝΙΚΑΙ ΙΑ'.

τό γέ νυν ἢ Θρασυδαίῳ·
45 τῶν εὐφροσύνα τε καὶ δόξ' ἐπιφλέγει.
τὰ μὲν ἐν ἅρμασι καλλίνικοι πάλαι   70
Ὀλυμπίᾳ ἀγώνων πολυφάτων
ἔσχον θοὰν ἀκτῖνα σὺν ἵπποις·

                                             Στρ. δ'.

Πυθοῖ τε γυμνὸν ἐπὶ στάδιον καταβάντες ἤλεγξαν
50 Ἑλλανίδα στρατιὰν ὠκύτατι. θεόθεν ἐραίμαν καλῶν, 75
δυνατὰ μαιόμενος ἐν ἁλικίᾳ.
τῶν γὰρ ἀνὰ πόλιν εὑρίσκων τὰ μέσα μακροτέρῳ
ὄλβῳ τεθαλότα, μέμφομ' αἶσαν τυραννίδων·   80

Sm.* Hm.¹ — νίκου Q*R cum Sch.² (τῷ πατρὶ τοῦ πυθιονίκου) — νίκων D — de P n. n. — Sch.¹ ambigue (περὶ τοῦ πατρὸς αὐτοῦ τοῦ πυθιονίκου) || post ταρ. plene dist. BFIV Al. Ox. Hy. — commate f Ro.* — non dist. DE QUZ a' Be. Hm. Bö.*
44 τό γε νυν Sm. Ox.* — τό γε νῦν mss. Al. Ro.* || 45 δόξα BEFV XZ || 46 τὰ μὲν ἐν Zᵖºa' (Tricl.) Sm. Hy. Be.* — τὰ μὲν γὰρ R cum Sch. — τὰ μὲν (om. ἐν) B.DEFG.IPQ.U.V.X.Zᵃᶜ[c]f Al. Ro:* Ox. — θαμάκις Ky. — τὰ μὲν ἅρ'? || ἅρματα V, || 47 ὀλυμπίαν Bö.* — ὀλυμπίας Sm. Ky. — ὀλυμπίᾳ γ' Aw. — ὀλυμπίᾳ (sine τ' Pw.) Be. recte; cf. ad O. XIII, 34 (Sch.¹ ut videtur ἐν ὀλυμπίᾳ) — ὀλυμπία τε Z — ὀλυμπίᾳ(ᾳ) τ' rell. — Ex Sch.² ἔσχον ὀλυμπιακὰς νίκας nihil potest colligi || πολύφατον B¹E*|v¹E,Fᵃᶜ?Rᵃᵒ — παλυφάτω Q, -- πολυφάτων B*D.E¹FᵖᶜG.I [P]QRᵖᶜUV.[X]Z recc. Al. Ro.* (cum Sch. et gl.) || 48 ἔσχον mss. Al. Ro.* Hm. Bö.* — ἔχον Hy.²* || θοαῖς Ht. (Ra.) — θοὰν rell. (cum Sch.) || 49 τε (τὲ BG)] δὲ Pw. Be. Ht. — Sch.¹ καὶ τῇ πυθοῖ δὲ; Sch.² (quae minus accurata est paraphrasis) δὲ || γυμνὸν BDEFGIVXZc∫[a'β'] Al. Ox. Hm. (coll. I. I, 23) Bö.* (cum Sch.) — γυμνοὶ PQR Ro.* Hy. Be.* || 49 sq. ἤλεγξάν γ' α'β' (Tricl.) — sine γ' vett. Mosch. Al. Ro.* (ἔλεγξαν Q; in V ἤλεγξαν omissum est) || 50 ἀραίμαν cf (Mosch.) — ἠρέ E, ἐραίμαν rell. (c. Sch.) || 51 ἐν ἁλίᾳ XZᵃᵒ — ἐν εὐδικίᾳ Hck. — ἐν ἁλικίᾳ(ᾳ) rell. (ἁλ. QV, — ἡλ. Zᵐ) cum Sch. || 52 ἀνὰ vett. Tricl. (c. gl. ἀντὶ μιᾶς) Al. Ro:* Aw. Hm.³ Bg.¹² — ἂν cf (Mosch.) Hm.¹² — ἂμ (Hm.¹²) Bö.* Vide Metr. || τὰ om. Bg.² Vide Metr. || μακροτέρῳ (om. σὺν) Sm. Hy. Be.* — μακροτάτῳ (om. σὺν) R?a'β' (Tricl. c. gl. πολλῷ) — μακροτέρῳ σὺν BVW?XY?Z[c]f Al. Ro.* Ox. — μακροτάτῳ σὺν DEᵘᵗ FGIPQR?U (idem ex WY refertur) — μάσσονι σὺν Bg.² — Sch. ἐπὶ πλεῖστον χρόνον θάλλοντα

Ἀντ. δ'.

ξυναῖσι δ' ἀμφ' ἀρεταῖς τέταμαι· φθονεροὶ δ' ἀμύνονται
55 ἄτᾳ, εἴ τις ἄκρον ἑλὼν ἡσυχᾷ τε νεμόμενος αἰνὰν ὕβριν 85

54 ξυναῖσι δ' BD[EFG]I[P]QUV,X,α'β' Ro.* (cum Sch. B Ro. περὶ ταῖς κοιναῖς δὲ καὶ συμμέτροις) — ξυναῖσι (om. δ') VW — ξυναῖσιν (om. δ') RXZcf Al. Ro; Be. (cum Sch. [G?]U et apud Bö.) non male || 54 sq. ἀμύνονται ἄτα QR Ro.* — id. (sed ἄτᾳ) Mr.* Bö.* (Ln.* „invidi suâ ipsorum noxa puniuntur"; Bö. „invidi coercentur damno") — id. (sed ἄται) Hm.³ Bg.¹ Sw. („invidae arcentur noxae") — id. (sed ἄτ') Ah. — ἀμύνοντα ἄτα P — ἀμύνοντ' ἄτα BDEFGI[I]UV[W]X[Y]Z[c]fa'[β'] Al. Ro; (B, etsi literis exesis, tamen idem habuisse videtur; sed D,E,G,Q,V,¹²X, ἀμύνονται solum habent, non addito ἄτα(ᾳ); cum iota subscripto ἄτᾳ in I solo inventum est et in B, ἄτᾳ ut videtur; in aliis ut in Zα' est ἄτᾱ, in G η supra) — ἀμυνοντ' ἄτᾳ Sm. Ox.* — ἀμύνονται· (εἰ γάρ τις) omissa voce ἄτᾳ Hm¹ („invidi praetereunt mediocrem sortem" coll. P. I, 45) — id. (sed ἀλλ' εἴ τις) (Bö.¹) — id. (sed „quo avertuntur invidi" et τᾶν εἴ τις) Hm.² — ἀμύνονται· (τᾶν εἴ τις) Th. — (φθονεροὺς δ') ἄμυν' Ἄτα· (τᾶν εἴ τις) Aw. — ἀμύνονται. τοῦτ' εἴ τις aliquando coniеci; etiam εἰ δή τις, εἰ δ' ὤν τις, τῷ δ' εἴ τις al. al. — ἀμύνοντ', εἰ τιμᾷς τις Ht. (Ra.) — gl. μάχονται (F) βλάπτονται (Z) μάχονται τῇ αὑτῶν βασκανίᾳ (α') cum Sch. Tricl. οἱ φθονεροὶ τῇ αὑτῶν ἄτῃ καὶ βασκανίᾳ ἀμύνονται καὶ μάχονται ἐκεῖνον, εἴ τις... i. e. „invidi obtrectatione sua lacessunt (ulciscuntur) bonos, si quis etc." ut et ἄτη et ἀμύνεσθαι active accipiatur; cum Sch. Vet.¹ nec multo aliter Sch. Vet.² nisi quod is passive ἄτῃ deque termino (cf. O. I, 89) intellexit „suo cum damno repugnant i. e. damnum faciunt (βλάπτονται, ita recte Sch. B Ro.), si quis etc." Scholia igitur id quod traditum est confirmant. Tamen nec ἄ|τᾳ inter duos versus distrahi, nec τᾳ. εἰ (τᾳ, εἰ — ται, εἰ) crasi coalescere potest. Vitium igitur antiquissimum fuerit necesse est, ut vel, quae Hm.¹ sententia erat, ἄται dittographiâ invectum esse, vel, quae mea, rarior aliqua aut vox aut forma in ἀμύνονται latere videatur, quemadmodum ἄμυντ' ἄτᾳ, τᾶν εἴ τις.... vel ἄνυντ' ἄταν (perficiunt sibi, i. e. lucrantur damnum; cf. Aesch. Pr. 700 et P. II, 91), τᾶν εἴ τις.... vel ἄνυντ' ἄτᾳ i. e. ὁδὸν εἰς ἄτην, cf. O. VIII, 8. Tamen tam incerta invehere non ausus sum, sed comma post ἄτᾳ posui cum Ifa' [r. r.]. Al. Cp. St. Bg.² (Sch. Vet.) — non dist. BDZ — plene EFGQUV Ro. Br. Mr. Sm.* (contra Sch. Vett. et Recc.) || 55 ἡσυχᾷ scripsi — ἀσυχᾷ Hm. Bö.* — ἀσύχαν Ht. — ἀσυχά Hy.²* — ἡσυχά Sm. Bd. (Hy.) Be. — ἡσυχίᾳ(α) BDEFGI|PQRU VWXYZ[c]f Al. Ro.* Ox.* — ἡσύχως α'β' (Tricl.) || αἰνὰν αἰῶν' Ht. — Sch. χαλεπὴν

ΠΥΘΙΟΝΙΚΑΙ ΙΑ'.

ἀπέφυγεν, μέλανος ἀν' ἐσχατιὰν
καλλίονα θάνατον τοῦτον γλυκυτάτᾳ γενεᾷ
εὐώνυμον κτεάνων κρατίσταν χάριν πορών.   90

ἅ τε τὸν Ἰφικλείδαν   Ἐπ. δ'.
60 διαφέρει Ἰόλαον

56 -γε̄. B — γεν. fa' [r. r.] Al. Ro* — γε DEF etc. ‖ μέλανος ἀν' (ἀν) (om. δ') Sm.* Th. Hm.³ — μέλανος δ' (om. ἀν') BE, Ur. — μέλανος δ' ἀν' DEFG.IPQRUV.X.Zfa' [rell.] Al. Ro.* Bg.² (gl. EF θανάτου; gl. Z τοῦ σκοτεινοῦ ᾅδου; DI ἀνισχ.; ex W μέλανοι δ' ἀν' refertur) ad quam vulgatam lectionem θανάτου subaudiverunt Ln. St. „nigrae [mortis] in ultimis finibus". Quod defendi possit schemate ἀπὸ κοινοῦ: cf. ad O. I, 104; VII, 51 — μέλανα δ' ἀν' Hm.¹² Bö.* — μέλανα δὲ, καλλίονα | ἐσχατιὰν, θάνατον κτᾶτο, Aw. — μέλος δ' ἀν' U, — μέλανος δὲ θανάτου, τοῦ ᾅδου, φησίν (Sch.² B Ro.) — Sch.¹ κατὰ τὴν τελευτὴν τοῦ θανάτου cum ἀπέφυγεν coniungit; is ft. θανάτου ad μέλανος subaudivit. ‖ 57 καλλίονα θανάτου ἐν γλ. B — καλλίονα θάνατον ἔσχεν ἐν γλ. DI Zpo? (in D ἔσχεν sine sp. et acc.) — καλλίω θανάτου ἔσχεν γλ. (sine ἐν) α'β' Tricl. — καλλίονα θάνατον ἔσχεν, γλ. Ro.* Hm.¹ (qui ante ἔσχεν vs. terminavit) — καλλίονα θάνατον ἐν γλ. EFGI[P?]QRUVW?XY?Zαο[c?]f Al. (UWX*Y κάλλιον ἀθάνατον); in E cum gl. λείπει ἐξεῦρε, omissionem verbi agnoscenti — καλλίονα θανάτου ἔσχεν, γλ. Sm.* — id. (sed ἔσχε) Th. — id. (sed ταύταν) Hm.³ — καλλίονα θάνατόν γ' ἔσχε, γλ. Bö.¹ — καλλίονα θάνατον σχέθεν γλ. Hm.² — id. (sed σχήσει) (Th.) Bö.² Di. Sw. Bg.¹ — id. (sed πάσχει) Ht. — (μέλανος ἀν' ἔσχ.) καλλύων ἀΐδα πότμον (γλυκὺν, ᾇ γενεᾷ).... πόρεν. coni. Bg.² Inter haec desperatissima perfugia me maxime invitat Hm.³ (excepto ᾇται); meum olim erat θάνατον σχών, καὶ, ita: „invidi autem [suo ipsorum cum] damno aggrediuntur (ulciscuntur, quasi suae inopiae in feliciores vindices) eum qui summum [felicitatis] consecutus tranquilleque degens gravem superbiam effugit, atrae [mortis] ad extremam [oram] pulcriorem mortem nactus, atque dulcissimae suboli bonae famae gratiam, opum praestantissimam, largitus." Sed nunc, animo mutato, duce Sch. e vestigiis librorum facilius supplementum lacunae quaesivi: τὸν μὲν (hanc mortem) vel σχεῖν νιν i. e. „ut liberi eum (hunc pulchriorem mortis finem) tenerent nobile decus, praestantissimam bonorum", sed in simpliciori θάνατον τοῦτον acquievi, suppleto ad μέλανος genitivo θανάτου: vide supra. Aliquando audaciora tentavi: μ. ἀν' (usque ad) ἔσχ. ᾅδου, καὶ θάνατον τοῦτον γλυκύτερον γενεᾷ.... πόρεν. ‖ γλυκύτατι V ‖ 58 κράτιστον B¹ — κρατίσταν B*D rell. (στην X,) Cf. ad O. III, 42 ‖ πορών omnes cum Sch. ‖ 59 τὸν] τ' XZa (non X⁵Zm) ‖ 60 de hac correptionis omissione vide notam ad O. IX, 112.

ὑμνητὸν ἐόντα, καὶ Κάστορος βίαν,
σέ τε, ϝάναξ Πολύδευκες, υἱοὶ θεῶν,
τὸ μὲν παρ' ἆμαρ ἕδραισι Θεράπνας,   95
τὸ δ' οἰκέοντας ἔνδον Ὀλύμπου.

62 τε, ἄναξ recc. Sm. Ox.* — τ' ἄναξ omnes vett. Al. Ro:* ‖
63 ἆμαρ F⁸⁸ ‖ Θεράπνας] Θεράπευας P? — Θεράποντας Qᵃᶜ R — Θεραπαίνας XZ⁸⁸ ‖ 64 δὲ οἰκ. Be. ‖ de participio vide ad O. I, 104 ‖ ἔνδον] ἔδος EF — ἐντὸς Hck. — gl. α' ἐντὸς τοῦ οὐρανοῦ

Subscr. τέλος Θρασυδαίου. TV — ὕμνου τέλος Θρασδαίου. α' — nulla subscr. in BD[EF]G etc.

ΠΥΘΙΟΝΙΚΑΙ ΙΒ'.

ΜΙΔΑι ΑΚΡΑΓΑΝΤΙΝΩι.

ΑΥΛΗΤΗΙ.

```
  – ́ ᴗ ᴗ – ᴗ ᴗ – – ́ ᴗ ᴗ – ᴗ ᴗ ≚ ,
  ́ ᴗ ᴗ – ᴗ ᴗ – – ́ ᴗ ᴗ – ᴗ – ≚
  – ́ ᴗ ᴗ – ᴗ ᴗ – – ́ ᴗ ᴗ – ́ ᴗ ≚
  ́ ᴗ ᴗ – ᴗ ᴗ – – ́ ᴗ – ᴗ ᴗ – ᴗ ≚
5 – ́ ᴗ ᴗ – ᴗ ᴗ – – ́ ᴗ ᴗ – ́ ᴗ ≚
  – ́ ᴗ ᴗ – ᴗ ᴗ – – ́ ᴗ – – ́ ᴗ ≚
  ́ ᴗ ᴗ – ᴗ ᴗ – ᴗ ́ ᴗ ≚
  ́ ᴗ – – – ́ ᴗ – – ́ ᴗ – ≚
```

Στρ. α'.

Αἰτέω σε, φιλάγλαε, καλλίστα βροτεᾶν πολίων,
Φερσεφόνας ἕδος, ἅ τ' ὄχθαις ἔπι μηλοβότου
ναίεις Ἀκράγαντος ἐΰδμητον κολώναν, ὦ ϝάνα,
ἵλαος ἀθανάτων ἀνδρῶν τε σὺν εὐμενείᾳ

Sphalmata multa hoc carmen habet vel in perbonis libris; cf. omissiones vss. 7—9; traiectiones verborum (in V potissimum) vs. 10 et 29—31. Etiam quaedam vitia ed. Romanae propria ut vs. 19. Cf. ad Metr. O. XIV.

Inscr. μιδ. ἀκρ. αὐλ. Cp. St.* — μιδ. αὐλ. ἀκρ. mss. Al. Ro. Br. Mr. — om. inscr. BDQ

1 σε om. PQ ‖ βροτεῶν D — βροτεᾶν V ‖ πολίων PQ — πόλεων R ‖ **2** περσ. f ‖ ὄχθους V ‖ ἔπι Sm.* — ἐπὶ rell. ‖ μαλοβ. Hy. ‖ **3** ἐΰδμητον scripsi — εὔδματον Sm. Ox.* — ἰς εὔδματον α'β' (Tricl.) — εὐδάματον I — εὔδματον BDEFGPQRUXXZf Al. Ro.* ‖ ὦ om. D ‖ ἄναξ PQR — ἄνασσ' Sm. — ἄνα [B]DEFGHIT[U]VXXYZ|c]efa' Al. Ro:* ‖ **4** hic versus non deest in β' ‖ θ' ἵλαος α'β' — ἵλαος G.IXXYZef Al. — ἵλαος [B.]DE.F[P]QRT[U]V ‖ τε om. I ‖ -νείᾳ(α) BDEFPQRU Ro.* — νίᾳ(α) [G]IVXXZefa' Al. Be.* (cum gl. Tricl. ἰωνικὴ συστολή). Cf. ad O. XIII, 78.

PYTHIA XII.

5 δέξαι στεφάνωμα τόδ' ἐκ Πυθῶνος εὐδόξῳ Μίδᾳ,   10
αὐτόν τέ νιν Ἑλλάδα νικάσαντα τέχνᾳ, τάν ποτε
Παλλὰς ἐφεῦρε θρασειᾶν Γοργόνων
οὔλιον θρῆνον διαπλέξαισ' Ἀθάνα·

Στρ. β'.

τὸν παρθενίοις ὑπό τ' ἀπλάτοις ὀφίων κεφαλαῖς   15
10 ἄιε λειβόμενον δυσπενθέϊ σὺν καμάτῳ,
Περσεὺς ὁπότε τρίτον ἄνυσσεν κασιγνητᾶν μέρος,   20
εἰναλίᾳ τε Σερίφῳ λαοῖσί τε μοῖραν ἄγων.

5 εὐδόξου μίδα EFR (cum Sch. B Ro. δέξαι τοῦ εὐδόξου μίδου ubi G ἰνδόξου μίδου et D ἰνδόξου μίδα) — εὐδόξῳ μίδᾳ Z** — εὐδόξῳ μίδᾳ BGI** Al. Mr. Sm. Ox.* — εὐδόξω μίδα DHI**QTUVXXYZr*efa' Ro.* St. (G** u ad μίδᾳ; Z** ου ad ξυ et da; a'** s ad ξυ, sed additâ gl. ἢ δέξαι σύμενῶς τῷ μίδᾳ). Tertium casum recte videtur defendisse exemplis et ut exquisitiorem restituisse Sm., etsi testes utrinque pares sunt. Pendet dativus e δέξαι, non (Hs.) e στεφάνωμα τόδ'. ‖ 6 νιν omnes ‖ -άδι R ‖ νικάσ. BDGI [P]Q[Ua'] Ro.* — νικήσ. EFVXXZef Al. Cf. O. V, 8 ‖ 7 ἐφ.] εὐφ. P Ro. ‖ -ρε] -ρε̄ B ‖ -σεῖα RT — σιᾶν I — σεῖαν Ro. ‖ γοργόνων [P] QRZ=a'[β'] Al. Ro.* (cum Sch.) — omittunt vocem γοργόνων BDEFGHIJ TUVWXXYYZ-cef ‖ 8 διαπλέξαισ' ἀθάνα BV Ro.* — id. (sed -αις) W — id. (sed -ασ') EFGIIX**Y?cf Al. — διαπλέξασθ' ἀ....... τον (ft. a. c. ἀθάνατον pro ἀθάνα, τόν) D — διαπλέξασα (omisso ἀθάνα) PQRU — διαπλέξασα ἀθάνα Zr* — δια (omisso πλέξαισ' ἀθάνα) XX**Z** (Z** διὰ) ‖ 9 παρθένοις VXXZ ‖ om. ὀφίων D** ‖ 10 ἄυε R — ά. ιε D ‖ -θεῖ fa' [r. r.] Al. Sm. Ox.* — θεῖ vett. mss. Ro:* ‖ σὺν καμ. δυσπ. V** ‖ 11 ὁ περσ. XZ** ‖ ante περσ. dist. BEFZ[a'] Cp.* Sm.* (cum Sch.) — post περσ. dist. cf Al. Ro. Ln. Pp. St. — neutro loco DQUV al. ‖ ἄνυσσεν Bö.* — ἄνυσιν ex β'* refertur; Pw. Hy. Be.* (cum Sch. Vet.³ ἀνυσθῆναι ἐποίησεν; cf. Hom. Od. ω, 71 „absumpsit") — ἄ|σε QR? — ἄυσεν cf Al. — ἄ|ῦσεν DI — ἄυσε P Ro. — αὔϋσε U — ἄυσε BE.FG, R?TV.XXYZ Cp.* — ἄ|ῦσεν GHa'[β'] Ox. Sm. (cum gl. Tricl. ἐπολέμησε, ἀπὸ τῆς αὐτῆς et cum Sch. Vet.² κατεπολέμησε; St. „debellavit")· Sch. Vet.¹ videtur transitive accepisse „clamare fecit", nisi is, cum Sch. Vet.⁴ (ἐκραύγασε), male interpuncta et intellecta structura, τρίτον μέρος subiectam esse voluit. Pw. de hoc loco bene meruit. ‖ -γνήταν Ro. ‖ 12 ἐναλία(α) σερίφῳ(ω) λαοῖσί τε B.DEFG.IPQRU.VX.XZa'[β'] Al. Ro:* (ἐν ἀλίᾳ U Sch.) — εἰναλίᾳ σερίφῳ λαοῖσί τε [c]f (Mosch.) Sm.* Bg.² — εἰναλίᾳ τε σερίφῳ ταῖσί τε (i. e. Gorgonibus) Hm.¹² (ut σέριφος suam mensuram teneret; Pw. paenultimam corripi posse dixerat) — id. (sed λαοῖσί τε) Bö.* obnoxiâ synizesi — id. (sed παισί τε) Aw. — id. (sed τοῖσί τε, i. e. Se-

ἤτοι τό τε θεσπέσιον Φόρκοι' ἀμαύρωσεν γένος,
λυγρόν τ' ἔρανον Πολυδέκτᾳ θῆκε ματρός τ' ἔμπεδον 25
15 δουλοσύναν τό τ' ἀναγκαῖον λέχος,
εὐπαράου κρᾶτα συλάσαις Μεδοίσας

Στρ. γ'.

υἱὸς Δανάας· τὸν ἀπὸ χρυσοῦ φαμὲν αὐτορύτου 30
ἔμμεναι. ἀλλ' ἐπεὶ ἐκ τούτων φίλον ἄνδρα πόνων
ἐρρύσατο, παρθένος αὐλῶν τεῦχε πάμφωνον μέλος,
20 ὄφρα τὸν Εὐρυάλας ἐκ καρπαλιμᾶν γενύων 35
χριμφθέντα σὺν ἔντεσι μιμήσαιτ' ἐρικλάγκταν γόον.

riphiisque) coni. Hm.² — id. sed αὐτοῖσι (αὐταῖσι) Bg.¹ — εἰναλίᾳ τε πέτρᾳ λαοῖσί τε Hm.³ Sw, — id. (sed τε νομᾷ) Ra. — id. (sed τ' ἐρίπνᾳ) Bg.² coni. — εἰναλίᾳ τε σερίφῳ λάϊνον (ἄγε μόρον.) Ht. (Ra.) temere. Ingeniosae sunt coniecturae Hm. Bg. aliorumque. Ex Sch. GU (quod in B Ro. aliter se habet) scripsi ἃ i. e. „eam (Medusam) perniciem insulae populoque (vel „eam insulae, insulanisque mortem") afferens". Displicet enim duplex τε in „insulae insulanisque" (ἓν διὰ δυοῖν), neque improbaverim audaciorem synizesin, ft. consulto admissam, ob lusum sonorum inter λάεσσι et λαοῖσι; cf. O, IX, 45 sq. Caeterum nec λάεσσι nec λαοῖσι exprimitur in Sch. Vet. ‖ . εἰναλίᾳ τε σερίφῳ λᾶος ἓ μοῖραν ἄγων ἤτοι τότε (Scripho saxeam is sortem attulit etc.) Ah. (refutatum a Hm.⁴ in dissert. a. 1845 edita)

13 ἤτοι τό τε D?EF[P]QR?α' Ro.* — ἤτοι τό τε BD?GIUV.X.XZf Al. — Sch. Vet. ναὶ γὰρ δὴ — Zε¹ ὄντως — ἤτοι τότε Ah. Ht. ‖ φόρκοι' ἀμαύρ. omnes mss. Al. Ro:* Bg.² (ἀμάβρ. Z) — φόρκοιο μαυρ. Hm. Bö.⁴ Cur poeta formam ἀμαυρόω praetulerit, nemo dixerit; ft. numerosior visa est ut vs. 21 ἐρικλάγκταν. Cf. I. III, 66; fr. 92; ad O. XIII, 34. ‖ -σε BG — σεν fα' [r. r.] Al. Ro.* — σε B,DE.FG,IPQRU.V.XXZ Ro; ‖ 14 λυγρότερον I ‖ τ'] δ' Ht. — Sch. καὶ ‖ — δέκταν R ‖ θῆκε B — θῆκεν DGI — θῆκε EF etc. ‖ τ' om. R ‖ 15 -σύνης D ‖ 16 εὐπαράον D ‖ κράτα BEQUV Ro. ‖ συλήσαις B — συλήσας G — συλήσας DEFIPQRUVXXZ[o]f Al. Ro.* — συλλήσας ά male (cum gl. Tricl. διὰ τὸ μέτρον) — συλάσαις Hy.²* — O. IX, 89 συλαθείς impedit quominus haec a συλάω derivemus ‖ 17 δανάης XXZcf ‖ φαμὲν] φάτις Hck. ‖ αὐτορύτου EFV^ao[c]fα' [r. r.] Al. Sm. Ox.* (cum gl. Tricl. διὰ τὸ μέτρον ἐν ῥ) — αὐτορρύτου BDGIPQRUV^ρo XXZ Ro.* ‖ 18 φίλων Gα? Ro. Br. Mr. — φίλον rell. mss. (et G^b) Cp. St.* ‖ πόνον Rª ‖ 19 ἐρύς. VR ‖ παρθένων R ‖ αὐλᾶν D^ao? Ro.* male — αὐλῶν mss. Al. Sm. Hy. Be.* ‖ τεῦχεν Ro.* — τεῦχε mss. Al. Sm. Ox.* ‖ 20 ἐκαρπαλιμᾶν (-λίμᾶν E; -λίμαν Qα'β') mss. Al. Ro.* ἐξ ἀρπαλεᾶν vel ἐκ πυρπαλαμᾶν Hck. — Sch. et gl. ἰσχυρῶν ‖ 21 ἐρικλέγκταν V — ἐρικλάγκτον I — ἐρικλάγητᾶν D?G ‖ Expl G; incipit §

PYTHIA XII.

εὗρεν θεός· ἀλλά νιν εὑροῖσ' ἀνδράσι θνατοῖς ἔχειν, 40
ὠνόμασεν κεφαλᾶν πολλᾶν νόμον,
εὐκλεᾶ λαοσσόων μναστῆρ' ἀγώνων,

Στρ. δ'.

25 λεπτοῦ διανισόμενον χαλκοῦ θαμὰ καὶ δονάκων,
τοὶ παρὰ καλλιχόρῳ ναίοισι πόλει Χαρίτων, 45
Καφισίδος ἐν τεμένει, πιστοὶ χορευτᾶν μάρτυρες.
εἰ δέ τις ὄλβος ἐν ἀνθρώποισιν, ἄνευ καμάτου 50

22 εὑρε̄ B — O. IX, 89 συλλαθεὶς impedit quominus haec a συλβω derivemus || εὗρε EFPQRSXZ — εὗρεν DIUVX recc. Al. Ro.* || μιν B -νιν B,DE.F etc. || εὗ.] εὗ. DV || -ροῦσα V,X, || ἐνθοῖσ' coni. Hek. || ἀνδράσιν Be. || θνητοῖς R || ἔχειν] ἔχε. ef (Mosch.) || 23 ὠνόμ.] κώνομ. cf (Mosch.) || -σῖ B — σεν cfa' [r. r.] Al. Ro.* — σε rell. vett. || πολλῶν Be Al. Ro.* — πολλᾶν DEFHI[P]QRST[U]VXYZ fa'β' Bö.* || νόμων Rpc — νόμον rell. || 24 εὐκλεᾶ Sm. Hy. Be.* — εὐκλέα B.DE.F etc. (omnes mss.) Al. Ro:* Bd.* — εὐκλέων Aw. || εὐκλ. cum praegressis coniunxit Hy.²* — cum sqq. QXf[a'] Al. Ro.* Bö. Hm.²* (cum Sch.) — ambigue BDEIUVZ || λαοσσόων B.DFI[PRU]QS Br.* Hy. Be.* (cum Sch.) — λαοσσόων E. — λαοσσόων Ro : Cp. — λαοσσόν VXXZ — λαοσσόον, cf Al. Ox. Aw. (comma ex f notavi; voluit secludere Mosch. εὐκλέα λαοσσόον) — om. P? || μναστῆρ' BDEF[a'β'] Al. Ro.* — μνηστῆρ' HIJTUVWXXYZoef (cum Eust. § 16 p. 8) — πρηστῆρ' PQS (lectio valde poetica) — πρηκτῆρ' R — Sch. ὑπόμνημα || 25 λευπτοῦ V || διανισόμ. B.DEFIPQRSU Bg.² — διανισσόμ. VXXZf [r. r.] Al. Ro:* Cf. ad O. III, 10 || θαμά BDE.FHI[P]STUa'β' Bö.* — θαμά QR — θ' ἅμα [VX]XY Z[c]ef Al. Ro.* Ht. (cum Sch. SU ut videtur; sed non cum Sch. B Ro.) || 26—32 in E a sec. m. recentiore additi sunt || 26 καλλιχόρῳ(ω) B.D ac|pc?E,FI PQacRS[c]fa'[β'] Al. Ro:* — καλλιχόρων U. — καλλιχώρῳ Dpc|ac?E²Q ac V.X.XZ — καλλίχορον Hm.⁵ Sw. — p. n. h. || ναίοισι B?Q[R?]SU[V X]Z[c]f[a'β'] Al. Ro.* — ναίουσι B,DE²FIP Ro; || πόλει VXXYZ[c]ef Al. Ro.* — πόλιν BDE²FHIPQRSTUa'β' Hm.³ Sw. („dativo πόλει (πόλι, πόλεϊ) abstinuisse videtur Pindarus" Sw.; ad ἀκροπόλει O. VII, 51 advertit Bg.²). Sch.¹ παρά (περὶ U Ro. B?) ὀρχομενῷ φύονται; Sch.² οἰκοῦσιν εἰς τὴν τῶν Χαρίτων πόλιν .... πόλιν δὲ Χαρίτων τὴν ὀρχομενὸν λέγει. Coniecturam Bg.² πόλι (quam probamus) possit adiuvare B ubi ν insolita figura utitur (ft. postea additum?). Formae similes saepius librarios fefellerunt: cf. O. I, 28; X, 13; P. III, 112 et Sch. Germ. p. VI. Hoc loco cum fuerit πόλῖ, eo facilior error, ut vel idem vel contrarius O. II, 6. — Codicem U sequi non ausi sumus || 27 καφισίδος BFI[U]XXZ Sm. Hy. Be.* (κασφ. I?) — καφησίδος PQSVa' Al. Ro.* — καφισσείδος E² — καφισσίδος DR[c]f Ox. — Sch. in B Ro. κηφισοῦ; in SU κηφισσοῦ. || -ται B — τᾶν rell. cum Sch.

οὐ φαίνεται· ἐκ δὲ τελευτάσει νιν ἤτοι σάμερον
30 δαίμων. τὸ δὲ μόρσιμον οὐ παρφυκτόν· ἀλλ' ἔσται χρόνος
οὗτος, ὃ καί τιν' ἀελπίᾳ βαλὼν
ἔμπαλιν γνώμας τὸ μὲν δώσει, τὸ δ' οὔπω.

29 ἐκ δὲ τελευτάσει νιν BE,FI[PR]QSU.V̄.XXZfa [rell.] Al. Ro.* Hy. Bö.²* Hm.³ (cum Sch.) — ἐκ δὲ τελεύσει νιν DE² — ἐκ δὲ τελευτάσει νυν (Hy.) Be. — ἐκ δ' ἐτελεύτασέν νιν Bö.¹ — αὖτε τελευτάσει νιν Ht. || ἤτοι Bö.* (coll. O. XIII, 61; P. IX, 22) Ah.; intelligo emphatice „vel hodie" — ἤτοι (ἤ τοι) mss. Al. Ro.* Sw. Bg.² Ht. (Sch.¹ ἤτοι σήμερον ἢ ὕστερον; Sch.² ἢ σήμερον ἢ αὔριον) de probabilitate, elliptice; ita Ln. Pp.* || Verba ἤτοι σάμερον δαίμων mero casu traiecta (inter χρόνος et οὗτος inserta) sunt in FV**; omnia suo loco posita sunt in BDE²I[P]QRSUVᵖᶜX XZfa' [rell.] Al. Ro.* Librarius codicis V numeris adiectis statim verba in locum suum retorsit. Lubrico igitur a mss., nullo a Sch. fundamento nititur qui cum Bg.² coniecerit εἰ δὲ τελευτάσει νιν, εἴσεται χρόνος δαίμων· τό γε μόρσιμον οὐ πᾳ φυκτόν· ἤτοι σάμερον οὗτος ὁ καί τιν ἀελπτίαν βαλὼν κτλ. || **30** τὸ δὲ QSa'β' Hm.³ Bg.¹ Sw. Ht. (cum Sch.) — τό γε D — τό γε B[E²]FIP[RU]VXXZ[cf] Al. Ro.* Bg.² || οὐ παρφυκτόν BF[PRU] Cp. Br. Sm. Ox.* — οὐ πάρφυκτον DE²QSa' Ro. Mr.* — οὐ πάρ φυκτόν Al. — οὐ πάρφυκτον I — οὐ πα (πᾶ) φυκτόν VXXZ**?f (Bg.² id. sed πᾳ) — οὐ παρ φυκτόν Z (videtur ρ insertum esse) — Sch. [D]SUetc. οὐ φευκτόν (om. in B Ro). — Cf. de παρ cum πᾳ confuso O. III, 38; porro de πᾳ I. V, 59; de ποι O. III, 4; P. V, 95. Non audeo movere παρφυκτόν, cum nec opus sit nec particulae praesto sint Sch. testes; etsi est quod placeat in πᾳ, sive hoc opinantis est sive vim negationis auget. || ἔσται B.D[E²F]I[PQRU]SV.XXZf [rell.] Al. Ro.* (cum Sch. BU Ro.) — ἔστι S, — ἔστιν in Sch. S quae sunt mera vitia huius codicis || **31** ὁ SV aliique Ro.* — ὁ BE²FPUXf Al — ambigue DI aliique — οὐ c || ἀελπίᾳ B? — ἀελπία PQS.U — ἀέλπίαν T? — ἀελπτίαν (Sᵇ = g) cef Bö.¹ ("aliquid inexspectatum, ἀελπτόν τι, obiiciens") — ἀελπτίᾳ Ia'β' Al. Mr.* Bö.²* — ἀελπτία DE²FHVXXYZ Ro.* — ἀελπτοις ἐμβαλών Aw. non male — Sch. par. ὅστις καὶ τὰ ἐν ἀελπιστίᾳ (ἀπιστίᾳ S) καταστήσας τὸ ἀνάπαλιν τῆς γνώμης καὶ ἐλπίδος videtur τινά pro neutro plurali accepisse. Intelligo dativum termini: vide ad O. I, 89; etsi correpta hoc solo loco thesis offendit. Coniicio ἀελπείᾳ; cf. Lo. ad Phryn. p. 570 || **32** τὰ μὲν R

Subscr. ὕμνου τέλος μίθα αὐλητοῦ α' — nulla in BDE²FIQSTUVX etc.
Subscr. Pyth. πινδάρου πυθιονίκαι. f — τέλος πυθίων. X — τέλος τῶν πυθίων. (Sᵇ = g) — τέλος πυθίων πινδάρου. ITXYZ (et ms. Angel.) — εἴληφα τέρμα πυξὶς ἡ τῶν πυθίων. U — τέλος ᾠδῶν πινδαρικῶν τῶν δεινοτάτων ᾧδε, τῶν ὀλυμπιονίκων τε καὶ πυθικῶν ἀγώνων. F — τέλος τῶν πυθίων ὕμνων πινδάρου. α — abesse videtur a BDE²Q al.

Expl. undecim libri EFHIJPQRSWY — Inc. lacuna in TX

NEMEONIKAI.

NEMEONIKAI A'.

ΧΡΟΜΙΩ ΑΙΤΝΑΙΩ
ΙΠΠΟΙΣ.

Strophae.

[metrical scheme]

Epodi.

[metrical scheme]

Ἄμπνευμα σεμνὸν Ἀλφεοῦ,   Στρ. α'.

Inscr. Nem. πινδάρου νεμεονῖκαι. *f* Al. Cp. — πινδάρου νέμεα. Za' Ro. Br.* **Inscr. Nem. I** om. BBD ‖ om. ἵπποις B Ro.* — ἅρματι Sm. Ox.* — ἵπποις UVXZ*g* Al. Bö.*

Metr. Nescio an creticus qui Ep. 1 versum claudit per se stare debeat, ita ut ἀφνεαῖς 15, προφρόνως 33, ἔδραμον 51, [ἐν]σχερῷ 69 separatum versum brevissimum efficiant. Nam vs. 51 et 69 correpta, 15 et 33 producta creticum antegreditur. Igitur anceps haec syllaba videtur esse. Asynarteti hoc esse luculentum exemplum Hm.² statuit. — In Ep. 3 Mosch. vs. 35 clausulam male exaequavit cum vs. 17 ubi χρυσέοισι legebat; vss. 53 et 71 non tetigit.

1 ἄμν. B — ἄμπν. B.B.D etc. ‖ σεμνοῖ' Sm. — σεμνοῦ Bd. — Thesis correpta in primo systemate non offendit. ‖ ἀλφειοῦ B¹,B,*g* — ἀλφεοῦ BB²,BBDU.VXZZ*dá* [rell.] Al. Ro:* Vide ad O. VII, 16; IX, 18; XIII, 78.

κλεινᾶν Συρακοσσᾶν θάλος Ὀρτυγία,
δέμνιον Ἀρτέμιδος,
Δάλου κασιγνήτα, σέθεν ἁδυεπὴς
5 ὕμνος ὁρμᾶται θέμεν
αἶνον ἀελλοπόδων μέγαν ἵππων, Ζηνὸς Αἰτναίου χάριν·
ἅρμα δ᾽ ὀτρύνει Χρομίου Νεμέα θ᾽ ἕργμασιν νικαφόροις
ἐγκώμιον ζεῦξαι μέλος. 10

ἀρχαὶ δὲ βέβληνται θεῶν   Ἀντ. α΄.
κείνου σὺν ἀνδρὸς δαιμονίαις ἀρεταῖς.
10 ἔστι δ᾽ ἐν εὐτυχίᾳ
πανδοξίας ἄκρον· μεγάλων δ᾽ ἀέθλων
Μοῖσα μεμνᾶσθαι φιλεῖ.   15
σπεῖρέ νυν ἀγλαΐαν τινὰ νάσῳ, τὰν Ὀλύμπου δεσπότας
Ζεὺς ἔδωκεν Φερσεφόνᾳ, κατένευσέν τέ ϝοι χαίταις, ἀρι-
στεύοισαν εὐκάρπου χθονὸς   20

                                                 Ἐπ. α΄.
15 Σικελίαν πίειραν ὀρθώσειν κορυφαῖς πολίων ἀφνεαῖς·

2 συρακουσᾶν Z -κουσσᾶν X — κοσσῶ[ν]g — συρρακοσσᾶν U — συρακοσσᾶν BBB etc. Cf. ad O. VI, 92 ‖ θάλλος U ‖ 3 ἀρτάμιδος St. Ox. ‖ 4 κασιγνήταν D, Ro; — κασιγνήτα B.BB etc. — κασιγνήτε X, ‖ ἁδ. D — δ᾽ ἁδ. U ‖ 7 νεμεά θ᾽ BB ‖ θ᾽ ἕργμασι BBB — θ᾽ ἕργμασι D — τ᾽ ἕργμασι D,U, — θ᾽ ἕργμασι UVXZZg Al. Ro.* — θ᾽ ἕργμασιν dα΄ Mr.* ‖ βέβληνται θεῶν B. etc. (omnes mss.) Al. Ro.* — βέβληνται, θεῶν (κείνου σὺν ἀνδρὸς, δαιμ. ἀρ.) Sm. male — βέβληνται θεῷ (= ὑπὸ θεοῦ) Da. Pw. (θεοῖς Ra.?) — βέβληντ᾽ ἐκ θεῶν Mi. (βέβληνται ἐκ θεῶν Ht.) ex par. Sch. sed ἐκ ibi interpretationis esse videtur. Cf. Hm. et Ra. in Ph. XIII, 245 sq. Le. ib. XIV, 58 sq. ‖ κείνου] κλεινοῦ Mi. ‖ 10 ἐν om. Z ‖ 11 μεγάλων B.BB.U.α΄[β΄] Al. Ro:* — μιγίστων DVXYZZcdg ‖ 13 ἔγειρε νῦν B.BB.D.U.VX.YZZcdg Ox. — νῦν ἔγειρ᾽ α΄β΄ϟ̈ Al. Ro:* Bd. — νῦν ἔγερ᾽ (= ἤγειρε) Sm. — ἔγρε νῦν Mi. (coll. Theocr. XXIV, 21; Il. β, 41; Soph. O. C. 1054) — ἐγείρέ νυν Hy. — σπεῖρέ νυν Be. Hm.* (ex Sch.) ‖ 14 -κεν cdg Al. Ro.* — κε vett. et Tricl. ‖ φερσ. BBBDUVX=ZZdα΄ Al. Ro.* Sm. Ox.* — περσ. X¹cg Mr. St. Bd. ‖ -φόνη Z ‖ -σῖ B — σε BBDU — σεν VXZZ recc. Al. Ro.* ‖ χαίταις BBBDUZα΄β΄ Al. Ro.* — χαίτας VXYZcg ‖ -ουσαν X

ὤπασε δὲ Κρονίων πολέμου μναστῆρά Ϝοι χαλκεντέος
λαὸν ἵππαιχμον θαμὰ δὴ καὶ Ὀλυμπιάδων φύλλοις
                    ἐλαιᾶν χρυσέοις   25
μιχθέντα. πολλῶν ἐπέβαν καιρὸν, οὐ ψεύδει βαλών.

ἔσταν δ' ἐπ' αὐλείαις θύραις   Στρ. β'.
20 ἀνδρὸς φιλοξείνου καλὰ μελπόμενος,   30
ἔνθα μοι ἁρμόδιον
δεῖπνον κεκόσμηται, θαμὰ δ' ἀλλοδαπῶν
οὐκ ἀπείρατοι δόμοι
ἐντί· λέλογχε δὲ μεμφομένοις ἐσλοὺς ὕδωρ καπνῷ φέρειν 35

16 μνηστ. X.dg || χαλκεντέος DUVa'β' Al. Ro.* (cum Eust. Pr. § 16 p. 6) — χαλκεντείοσ (τρίοσ?) B (male scriptum) — χαλ....... B$\overline{B}$ (qui non poterant legere terminationem vocis in B) — χαλκέντεον XYZZcdg Lo. (Parall. I, 245) — p. n. h. || 17 ὑπαιχμον Dgo || θαμὰ B.B$\overline{BD}$ Rᵖᶜ U.VXdg Ro:* (cum Sch.¹) — θ' ἅμα $\overline{D}$ᵃᵉ Zα'β'$\overset{γ}{δ}$ Al. Ht. Ra. (θ', ἅμα) cum Sch.² Multo sunt grandiora et numerosiora verba poetae, lectione θαμὰ non mutatâ. Languidum est et otiosum ἅμα primo loco positum. || δὴ καὶ] καὶ θάμ' Ht. male || -σέοισι BB$\underset{\sim}{B}$DUXZZ[c]dg Al. Ro.* Ox. — σέοις [V?α'β'] Sm. Bd. Hy. Be.* || ἐπέβαν καιρὸν οὐ BDVZ Ln. Bö.* — ἐπέβαν, καιρὸν οὐ Al. Ro.* (cum Sch.¹²) — ἐπέβαν καιρὸν, οὐ Pp. Hy. Be.* quod reposui; cf. ad O. I, 89 et P. XII, 31. Tricl. quidem τὸν δὲ καιρὸν οὐκ εἰς ψεῦδος κατηκάλωσα non idem voluit. || βαλών B.B$\underset{\sim}{B}$.DUVXZ[c]dgaʳᵒβ'ʳᵒ Ro.* — λαβών α'ᵃᵉβ'ᵃᵉ Al. || 19 ἐπαυλείαις Uc Al. Ro: Cp. — ἐπαυλίαις Br. Mr. — ἐπ' αὐλείοις B, — ἐπ' αὐλείαις B$\underset{\sim}{B}$ZZ [rell.] St.* — de B n. n. || 20 -ξένου ZZ || 21 ἁρμ. Z || 22 κεκόσμηται. θαμὰ δ' (ἃ δ') mss. Al. Ro:* — κεκόσμηταί θ' ἅμα δ' Ht. male || 23 δόμοι BB$\underset{\sim}{B}$DUVZ ʳᵒ [c]dg[α'] Al. Ro.* (cum Sch.) — ξένων B,B, — δή μοι XZᵃᵉ || 24 μεμφομένοις mss. Al. Ro:* (cum Aristarcho et cum Sch.¹⁶) — (μεμφόμενοι Sch.² legisse et λέλογχε schemate pro λελόγχασι accepisse credunt; sed is ft. nihil voluit dicere nisi λέλογχε μεμφομένοις ἐσλοὺς idem esse cum λελόγχασιν οἱ τοὺς ἐσλοὺς μεμφόμενοι) — μεμφομένοι' Ah. (et μεμφομένῳ; cf. Ph. III, 235; XVI, 56) contra mss. et Sch. || ἐσλὸς BB$\underset{\sim}{B}$DUVXZᵃᵉ Z[c]d Al. Ro.* Hy. (quod scriptum invenit Aristarchus et videtur in ἐσλοὺς commutasse) — ἐσλὸν g — ἐσλοὺς, Zʳᵒα'β'$\overset{γ}{δ}\overset{}{δ}$ (Tricl., Aristarchum, ut videtur, secutus) Bö.* — ἐσλῶς Sch.² Sm. Ox. — ἐσλός γ' Pw. Be. Ra.² || καπνῷ BB$\underset{\sim}{B}$DUVZᵐ Ro.* — καπνῷ α'β'$\overset{γ}{δ}$ Al. Mr.* (cum Sch.) — καπνὸν XYZc dg (cum Sch.⁶?) || Intelligo (cum Sch.⁴ cumque Aristarcho[?]) „Innata vero est (sortito evenit) iis qui bonos vituperare solent ars fumum [gloriae]

25 ἀντίον. τέχναι δ' ἑτέρων ἕτεραι· χρὴ δ' ἐν εὐθείαις
ὁδοῖς στείχοντα μάρνασθαι φυᾷ.

πράσσει γὰρ ἔργῳ μὲν σθένος,   Ἀντ. β'.
βουλαῖσι δὲ φρήν, ἐσσόμενον προϊδεῖν   40
συγγενὲς οἷς ἕπεται.
Ἁγησιδάμου παῖ, σέο δ' ἀμφὶ τρόπῳ
30 τῶν τε καὶ τῶν χρήσιες.
οὐκ ἔραμαι πολὺν ἐν μεγάρῳ πλοῦτον κατακρύψαις ἔχειν, 45
ἀλλ' ἐόντων εὖ τε παθεῖν καὶ ἀκοῦσαι φίλοις ἐξαρκέων.
κοιναὶ γὰρ ἔρχοντ' ἐλπίδες
                                                              Ἐπ. β'.
πολυπόνων ἀνδρῶν. ἐγὼ δ' Ἡρακλέος ἀντέχομαι προ-
        φρόνως,   50
ἐν κορυφαῖς ἀρετᾶν μεγάλαις ἀρχαῖον ὀτρύνων λόγον
35 τοῦδ'· ὅπα σπλάγχνων ὕπο ματέρος αὐτίκα θαητὰν ἐς
        αἴγλαν παῖς Διὸς   55

aquā [reprehensionis] restinguendi. Aliae aliorum artes. Non mea ista."
Scilicet inter peregrinos modo dictos etiam ingrati homines huius generis
fuerint. Vide Interpr. meam et h. l. et P. II, 73 sqq.

27 sq. non dist. BBUVZZ (Z eraso post συγγενὲς commate) Al. —
φρήν, ἐσσόμενον προϊδεῖν. συγγενὲς Dga' [al. r.] — φρήν ἐσσόμενον προϊδεῖν,
συγγενὲς ğ' Ra.* Ms.¹ Sw. Bg. — φρήν, ἐσσόμενον προϊδεῖν συγγενὲς, Ro.
Mr. — φρήν. ἐσσόμενον προϊδεῖν συγγενὲς, Cp. Br. Sm. Ox.* (in Sm.* colo
post φρήν) — φρήν, ἐσσόμενον προϊδεῖν, συγγενὲς Hy.²* — φρήν, ἐσσόμενον
προϊδεῖν συγγενὲς St. Bd. Hm. Bö.²* Ht. Hoc praefero ut magis concinnum
et poeticum. Cf. P. III, 106. 60. al. Non opus ad vs. 26 tam diserte
addere συγγενὲς οἷς ἕπεται, sed paucis tantum innatam esse futurorum pro-
spicientiam, summum prudentiae bonum, id dicere attinet. Nec aliter Sch.
— Οἷς ad homines recte retulit Hy.* (cf. P. III, 106). Olim male ad
σθένος et φρήν retulerant (Ln. „quae duo comitatur"); in Sch. pro ὡς cum
U ὧν legendum est; apud Tricl. ἐκείνοις ὧν ἐστι συγγενές. || 29 σέο δ' Β
|| -πων U. cum Sch. U (περὶ τῶν τρόπων καὶ τῶν βίων) || 30 τε om. ZZ
|| καὶ om. Z || 31 ἔρασαι Mi. || -ψαις a'b ğ'ğ'¹ Hy.²* — ψαι Al. — ψας
BBDUVXZZdga' a ğ'* Ro.* || 32 ἐξ.] βοηθῶν. τὰ ἀρκοῦντα διδούς. gl. Tricl.
|| κοινὰ Β || 35 ὡς ἐπεὶ mss. Al. Ro:* Sm. Ox. (in ğğ, ὡς cum gl. πῶς)
— ὡς, ἐπεὶ St. Hy. Bö.²* — τόν δ', ὅπως Be. — ὡς ἄρα Hm.¹ Bö.¹ —

NEMEA I.

ὠδῖνα φεύγων διδύμῳ σὺν κασιγνήτῳ μόλεν,

ὥς τ' οὐ λαθὼν χρυσόθρονον Στρ. γ'.
Ἥραν κροκωτὸν σπάργανον ἐγκατέβα·
ἀλλὰ θεῶν βασιλέᾱ
40 σπερχθεῖσα θυμῷ πέμπε δράκοντας ἄφαρ.

ὥς τ' ἄρα (Bö.¹ coll. O. XIII, 72) — ὥσπερ ἑκ Ky. (ex Sch.) — ὥς τί περ (Bö.¹) Ht. (indidem) — ὥς ποτε Ra. — De Sch. errant vv. dd. Legitur διηγήσομαι, φησὶν, ὅπως ἑκ τῆς μητρικῆς νηδύος ... in U (et ex Sch. Vet. repetitum in ğ) recte, ubi ὅπερ vitiose B Ro.*, ὥσπερ autem Beckii coniectura est, quam Hy. et Bö. tacite repetunt. Sic Sch. ad vs. 37 per καὶ ὅπως reddit ὥς τ'. Verius igitur quam ceteri de h. l. Be. iudicavit, cuius τόν δ', ὅπως acciperem, nisi τοῦδ' · ὅπως (ὅπᾳ?) praestare videretur ob περὶ αὐτοῦ et περὶ αὐτὸν in Sch. Vet. et ob similes locos P. VII, 9 sq.; N. IV, 71; VII, 21. 32; cf. ad O. VII, 90 sq. Sch.¹ ft. τοῦδ' cum ἀντέχομαι coniunxit. Possis etiam κεῖνος ὥς, οἷος ὤν; ἄρα et ποτε frigidiora et otiosiora videbantur, quam quibus confiderem. De ὅπᾳ et ὅπως pro ὅτι, ὡς obiectivo usurpato non est cur dubitemus; cf. O. X, 56. 57; Hom. Od. δ, 109. al. Vide etiam ποῖος et ὅσος composita vs. 61 sqq. Sch. nec ἐπεὶ nec αὐτίκα exprimit; hoc (collato O. VI, 43) ad facilem partum iure refert Ra. (Ph. XIII, 248.) || ὑπὸ UZğ' || Θαητὰν BBUVXZZ dg Al. Ro.* — Θηητὰν Da'ğ' || εἰς BBDUVXZZ — ἐς ᵹ[ega'] Al. Ro.* || διός] ζηνὸς ᵹg Vide Metr.

38 φευγὼν UV || 37 ὥς του τού B solus vitiose — ὥς τ' οὐ B et rell. mss. Al. Ro:* (cum Sch. Vet. a Tricl. repetit.) — ὥς γ' οὐ Pw.¹ — ὑπ' οὐ (et postea χρυσοθρόνου ἥρας) Pw.¹ Ah. (qui θρόνοι' scribit vss. Str. 1. et 2 in unum coniunctis) non male, sed contra Sch. et mss. consensum non accipiendum — „οὐ δή, οὐ μὰν, οὔπω vel simile quid" (Hy.) — οὔτοι Hm.² Aw. (Di.) — ὡς οὐ (Hm.²) Bö.²* At repetitio particulae rhetorica (cui dissimilis est iteratio I. II, 43 sqq.) displicet; ad hoc in ὥς τ' οὐ mss. et Sch. consentiunt. — Gl. Tricl. πῶς τε; an is ideo post φεύγων distinxit (ğ') ut hoc pro ἔφυγεν esset? an ideo superiore versu post ματέρος (α') ut ὑπὸ esset pro ὑπήν, ὑπῆλθε? Neutrum credo. || 38 -έβα [B]BDZ ᴾᵒ [α'] Cp.* — ἔβαν UVXZᵃᶜZcdg Al. Ro. Error ortus ex ᾱ ut vs. 4. || extr. comma ponunt Al. Ro.; id praeferunt Hm.¹ Ky. (cum Sch.?) — maiorem dist. habent mss. et rell. edd. || 39 βασίλεια BBDUVXZZ[c]dgğğ',ᴾᵒ Al. Ro:* — βασιλεία α'ğ',ᵃᶜ — βασιλὶς Sm. Be. Aw. — βασίλη Pw. (coll. Hesych. s. v. βασίλη) El. Bg.¹ (Bg.²) — βασίλεα (Sm.) (Hy.) — traiectis verbis καὶ βασίλεια θεῶν Hm.¹ ut pro ἀλλὰ substituatur καί; at de ἀλλὰ abunde constat — βασιλέα Bö. Hm.²* — Contra Bu. II, 427 vide Lo. in Proll. Path. p. 42 sqq.; ex eius ratione consequi videtur ut h. l. βασίλα scribamus.

τοὶ μὲν οἰχθεισᾶν πυλᾶν
ἐς θαλάμου μυχὸν εὐρὺν ἔβαν, τέκνοισιν ὠκείας γνάθους
ἀμφελίξασθαι μεμαῶτες· ὁ δ' ὀρθὸν μὲν ἄντεινεν κάρα,
πειρᾶτο δὲ πρῶτον μάχας, 65
δισσαῖσι δοιοὺς αὐχένων　　　　　　　　　　Ἀντ. γ'.
45 μάρψαις ἀφύκτοις χερσὶν ἑαῖς ὄφιας·
ἀγχομένοις δὲ χρόνος
ψυχὰς ἀπέπνευσεν μελέων ἀφάτων. 70
ἐκ δ' ἄρ' ἄτλατον δέος
πλᾶξε γυναῖκας, ὅσαι τύχον Ἀλκμήνας ἀρήγοισαι λέχει·
50 καὶ γὰρ αὐτά, ποσσὶν ἄπεπλος ὀρούσαισ' ἀπὸ στρωμνᾶς,
ὁμῶς ἄμυνεν ὕβριν κνωδάλων. 75

42 ὠκ.] ὀξ. Hck. ‖ 43 ὁ δ' (ὅδ') B.DXZ*dga'*ẞ' Al. Ro:* — ambigue UV — ὁ δ' Ḅ Mr. St.* ‖ ἄντεινε BBD — ἄντεινε B,UVXZ*g* Ro; — ἔντεινε U, — ἄντεινεν *da*'ẞ' Al. Ro.* ‖ 44 δισσοῖσι *g* ‖ 45 -ψαις BḄ Ro.* — ψας DUVXYZc*dga*'ẞ'ẞ' Al. ‖ ἀφίκτοις D ‖ ἰᾶς V ‖ 46 sq. ἀγχόμενοι δὲ χρόνῳ ψυχὰς ἀπέπνευσαν Bd. (Bg.²) Ht. Multo magis poetica vulgata: cf. Pw. Hy. Rs. et gl. Tricl. πολὺν γὰρ αὐτοὺς ἐκράτει χρόνον. ‖ ἀγχομένοις omnes (etiam D̄) ‖ χρόνος omnes — χρόμος (stridor) Schdt. (Rh. IV, 462) de spiritu intercluso morientium. ‖ 47 -σῑ B — σι ḄDU VXZ — σεν [c]*dga*'ẞ' Al. Ro.* ‖ 48 ἄρ *g* ‖ ἄτλᾶτον B. — ἄτλαντον Ro: ‖ δέος B.ḄD.UVᵖ°Zᵐᵃ'[β'ẞ']ẞ' Al. Ro:* (cum gl. Tricl. φόβος) — βέλος Vᵃᵃ XYZc*dg* Ox. Hm. Bö.* (Ra. Ph. XIII, 249) quae falsa scriptura nititur errore librarii V ut ἀμφιδεύματα O. I, 50. Ipse se a sphalmate revocavit, quod cum non animadverterent apographorum librarii, propagarunt errorem; ex iisdem pendent Moschopulei. Mireris vv. dd. (excepto Pw.) non vidisse tam βέλος ἄτλατον ἐξέπληξε obscurum, quaesitum, perversum esse, quam δέος ἄτλατον ἐξέπληξε facile, simplex, aptum. — Ex Sch. τοῦτο τὸ ἀνυπομόνητον κακόν nihil effici potest. — βλάβος Ht. (indidem) — (τάφος Rs.) ‖ 49 ἀλκμήνας omnes ‖ -γουσαι Z ‖ 50 ποσὶν U ‖ πόσσ' ἀπέδιλος Bg. in Ph. XVI, 601. Non opus. Vide de dativo in pedes, non pedibus valente ad O. I, 89 et XIII. 69. Profecto si esset pedibus, frigeret poeta neque excusaretur O. X, 65 allato, ubi ποσσὶ τρέχων emphatice dictum recte se habet. Argutius etiam Tricl. γυμνὴ οὖσα τοῖς ποσίν, ἤγουν ἀνυπόδητος. — Sch. Vet. BD αὐτοποδητί (U αὐτοποσὶ [δί?]). ‖ ὀρ.] ὀρ. V. ‖ -σαισ' BḄD.(Y?) Hy?* — σασ' UV.XZ[c]*dga*'ẞ'ẞ' Al. Ro:* ‖ ὁμῶς mss. Al. Ro.* Sm. Ox.* — ἔβωσ' (ἀμύνεν) Ma. — ὅμως St. Bd. Hm. Bö.* — Tricl. ὁμοίως τῷ ἡρακλεῖ, recte, cum Sch. Vet.² (par.). Nisi cum Fr.

Ἐπ. γ'.

ταχὺ δὲ Καδμείων ἀγοὶ χαλκέοις ἀθρόοι σὺν ὅπλοις
ἔδραμον·
ἐν χερὶ δ' Ἀμφιτρύων κολεοῦ γυμνὸν τινάσσων φάσγανον 80
ἵκετ', ὀξείαις ἀνίαισι τυπείς. τὸ γὰρ οἰκεῖον πιέζει πάνθ'
ὁμῶς·
εὐθὺς δ' ἀπήμων κραδία κᾶδος ἀμφ' ἀλλότριον.

55 ἔστα δὲ θάμβει δυσφόρῳ   Στρ. δ'. 85
τερπνῷ τε μιχθείς. εἶδε γὰρ ἐκνόμιον
λῆμά τε καὶ δύναμιν
υἱοῦ· παλίγλωσσον δέ ϝοι ἀθάνατοι
ἀγγέλων ῥῆσιν θέσαν.
60 γείτονα δ' ἐκκάλεσαν Διὸς ὑψίστου προφάταν ἔξοχον, 90
ὀρθόμαντιν Τειρεσίαν· ὁ δὲ ϝοῖ φράζε καὶ παντὶ στρα-
τῷ, ποίαις ὁμιλήσει τύχαις,

(et Sch. Vet.¹?) ὁμῶς ad caeteras feminas referre placeat, quibuscum una
expavescens Alcmena serpentes fugerit. Sed vereor ut hoc valeat ἀμύνειν.
51 σὺν ὅπλ. ἱδρ. ἀθ. BBDUVXYZc*dg* Ox. quod quis defendat coll.
P. III, 6 al., nisi praestat creticum disiungere, de qua re vide ad Metr. —
σὺν ὅπλ. ἀθ. ἱδρ. α'[β'ϑ']ξ' (Tricl.) Al. Ro.* — ἀθ. σ. ὁ. ἱδρ. Hm. Bö.*
— ἱδρ. σ. ὁ. ἀθ. Bg.¹² Ht. ‖ 52 χερσί VXZ ‖ κωλ. V?*g* ‖ γυμνοῦ
XYZ** ‖ τινάσσων (om. φάσγανον) BBDUVXYZ — τινάσσων φάσγανον
c?*dg* Ox.* (φ. τ. Ox. vitio operarum?) — ξίφος ἐκτινάσσων Zᵐᵃ'β'ϑ'ξ'
(Tricl.) Al. Ro.* Sm. — ἐκτινάσσων ξίφος St. Bd. — p. n. e. (Sch. ad
51. 52. desunt in BDTU Ro.*; etiam in retractatione Vett. Sch. apud
Tricl. eadem lacuna invenitur.) — Verum vidit Moschopulus. ‖ 54 καρδία
mss. Al. Ro.* Bd. Ox. — κραδία Sm. Hy. Be.* ‖ κᾶδος omnes ‖ extr.
expl. lacuna in T; Cf. ad P. XII extr. ‖ 56 τε om. *cg* ‖ οἶδε Β-
εἶδε B[T]UVXZ recc. Al. Ro.* — ἶ δὲ D ‖ 57 λῆμμα X.Z ‖ 58 πα-
λίγλωσσον B.D.[T]U Ro:* — παλίγλωσσον BV.X.Z*da*'ξ'. Al. — πολύγλωσσοι
g ‖ ὁ οἱ TU — δὲ οἱ Z — δὲ οἱ B [rell.] Al. Ro.* ‖ 60 ἐκκάλεσαν B**
DV,c?*dg* — ἐκάλεσαν B**B,BTUVX.Z (cum Sch. BTU; in Sch. D hoc
comma omissum est) — ἐκάλεσεν Ro:* (cum Sch. Ro.) — ἐκκάλεσε α'[β']ξ'
Al. Sm.* (cum gl. Tricl. πλησίον ὄντα αὐτοῦ ἐξεκάλεσε τοῦ οἴκου αὐτοῦ).
Novatione Tricliniana non opus erat. Pluralis commodissimum sensum prae-
bet. ‖ 61 δὲ οἱ VZ — δὲ οἱ Bö.* — δὲ οἱ B.BD[T]UV,X.[c]*dg*]a'ξ' Al.
Ro:* ‖ π. ὁ. τ. om. XZ*

ὅσσους μὲν ἐν χέρσῳ κτανών,   Ἀντ. δ´. 95
ὅσσους δὲ πόντῳ θῆρας ἀϊδροδίκας·
καί τινα σὺν πλαγίῳ
65 ἀνδρῶν κόρῳ στείχοντα τὸν ἐχθρότατον
φᾶσέ νιν δώσειν μόρον.
καὶ γὰρ ὅταν θεοὶ ἐν πεδίῳ Φλέγρας Γιγάντεσσιν μάχαν 100
ἀντιάζωσιν, βελέων ὑπὸ ῥιπαῖσι κείνου φαιδίμαν γαίᾳ
πεφύρσεσθαι κόμαν

62 ὅσους cg — ὅσσοις X ‖ κτανών] καταγών T⁼U ‖ 63 ὅσσας B ‖ δ' ἐν B.BD.[T]U.VXZcdga'g Al. Ro:* Ox. — δὲ Sm. Hy. Be.* Cf. Sch. Germ. p. V et ad O. VIII, 16. ‖ ἀνδροδ. U ‖ 64 καί τινα ... στείχοντα τὸν] χ' ὄντινα ... στείχοντα· τῷ (i. e. ᾧ) Pw. Mi. — καί τινι ... στείχοντι τὸν (Hm.¹² Bg.³) Ra. ‖ 65 ἀνδρῶν νόῳ στείχονθ' ὁδὸν ἐχθ. Ht. ‖ στείχ.] στίχ. α'g Al. (Tricl. cum gl. στείχοντα, πορευόμενον) ‖ τὸν ἐχθρότατον] τῷ ἐχθροτάτῳ Be. (Hm.¹²) Aw. — ποτ' ἐχθρότατον (Di.) — παν ἐχθροτάτῳ Ky. ‖ 66 φᾶσέ νιν mss. Al. Ro.* Bö.²* (c. gl. Tricl. ἔφησε αὐτὸν ἄνδρα) — φᾶσέν ἐν Hm.¹ — φᾶσι ἐν Bö.¹ — φᾶσίν ἐν Hm.² Cf. ad P. IV, 36 ‖ παῦσειν (πώσειν) μόρον Ah. (Ph. XVI, 56) accusativo τὸν ἐχθ. μόρον effectum indicante „ita ut pessimum fatum obiret." Possis etiam γεύσειν cum dupl. acc. ut Eur. Cycl. 149. ‖ μόρον mss. Al. Ro.* (Bg.²) Ra. (Tricl. c. gl. θάνατον) — μόρῳ Be. Di. Bö.²* Tantum constat, articulum τὸν vetare, ne τὸν ἐχθ. cum τινα (cum Bö.²*) consociemus (cf. Ky. Ra. et Rh. IV, 543. 549 sqq.), idemque confirmant Sch.¹⁸ Ad hoc Sch.¹ diserte testatur τινα ... στείχοντα pro τινι ... στείχοντι positum esse. Hinc proficiscentes vulgatam ita tantum tenere possumus, ut δίδωμι ut ἀναγκάζω cum duplici accusativo coniunctum esse statuamus pro εἰς τὸν ἐχθ. μόρον. Cf. O. VIII, 68; P. V, 10. Sin minus, aut cum Ah. παύσειν mecumve γεύσειν, aut cum Be. Aw. τῷ ἐχθ. μόρῳ vel cum (Hm.¹² Bg.²) Ra. τινι ... στείχοντι scribendum est, etsi neutrum a Sch. lectum esse apparet. Qui vero νιν (ἐν) dativum probaverit, is cum Hm.¹² (coll. Hom. Il. ι, 571) haec omnia non de Busiri et Antaeo, sed de Nesso ipsiusque Herculis morte dicta accipiet. Sed obstant Vett. Sch., καὶ γὰρ insequens, ordo narrationis. Nec convenire videtur mortis mentio laudibus Herculis. Vide Di. Accusativus subiecti in his enunciatis solet ita interponi, ut νιν interpositum est: cf. ad O. I, 104 ‖ 67 ὅτ' ἂν D (cum Sch. D) ‖ -σσιν ga'g Al. Ro.* — σσι vett. (et g) ‖ 68 αἰτιάζ. U — ἀντιάξ. (Bg.³) ‖ -ωσῖ B — ωσιν BV[c]dg Al. Ro.* — ωσι DTUXZa'g ‖ γαῖα T⁼Ud — γαῖαν D — γαῖα BVXZY^{ρο} d^{ρο} Ro.* — γαίᾳ [ga'g] Al. Mr.* — γαίας Bg.¹ Ht. — Sch. τὴν κόμην αὐτῶν (ita BDTU Ro.* quod cur Bö. in αὐτῆς

Ἐπ. δ'.

ἔνεπεν· αὐτὸν μὰν ἐν εἰρήνᾳ τὸν ἅπαντα χρόνον [ἐν] σχερῷ 105
70 ἡσυχίαν καμάτων μεγάλων ποινὰν λαχόντ᾽ ἐξαίρετον
ὀλβίοις ἐν δώμασι, δεξάμενον θαλερὰν Ἥβαν ἄκοιτιν καὶ
γάμον 110
δαίσαντα, πὰρ Δὶ Κρονίδᾳ σεμνὸν αἰνήσειν νόμον.

mutaverit, non intelligo) τὴν φαιδίμην συμφυρήσεσθαι τῇ γῇ ... ‖ πεφύρσεσθαι [B]BD*ḍ* [r. r.] Al. Ro.* — πεφυ ἐσθαι T — πεφυρήσεσθαι UV.X. Z — πεφυρήσασθαι T, — Z^ϵl μιχθῆναι — ξ᾽ϵl φυραθῆναι, μιχθῆναι ‖ om. κόμαν D
69 ἔνεπεν c*dg*a' Sm.* — ἔννεπεν B.BD.T.U.VX.Z Ro:* ‖ μὰν B — μαν Da ξ Ro:* (ξ᾽ϵl δὲ) — μὲν B,BD,T.UV.X.c*dg* — μεν Z ‖ εἰρήνᾳ(α) B.BD.T.UVXZ[c]*dga*'ξ Al. Ro:* — εἰράνᾳ Hy.²* (in nullo ms. ut videtur) ‖ **69**sq. τὸν ἅπαντα χρόνον σχερῷ | ἡσυχίαν καμάτων | μεγάλων BT^ϖ UVa'β'ξ'ξ Al. Ro. — id. (sed σχίρω) D — id. sed σχερῷ(ῷ) T^ao Z^m Cp.* — id. (sed χρόνον ἐν σχερῷ) Hm.² Bg.² — id. (sed χρόνον γ' ἐν σχερῷ) Aw. — id. (sed χρόνον ...... | ἡσ.) Ḅ (lacunâ admissâ) — id. (sed χρόνον σχεῖν | ἡσ.) XZ — id. (sed χρόνον σχεῖν ἀεὶ | ἡσ.) c*dg* (Mosch.) Ox. Ky. Bg.¹ (ἀσ.); at „σχερῷ exquisitius est quam ut non ab ipso Pindaro profectum sit" (Hm. Sw.) — id. (sed σχὶν ἀεὶ) Pw. Hy. Bc.* (ἀσυχ. Hy.²*) — id. (sed σχησέμεν) Ht. — id. (sed τ. ἅ. διάξειν χρ. ἀσ. s. πεδὰ σχεῖν χρόνον ἀσυχίας) Bg.¹ coni., quorum illud ex Sch. DTU hoc ex. Eust. Pr. 11 § 21 tueri possis — τ. ἅ. χρόνον καμάτων ἐν σχερῷ ἀσυχίαν μεγάλων Hm.¹ — καμάτων μεγάλων ἐν σχερῷ | ἀσυχίαν τὸν ἅπαντα χρόνον Bö.* — Ex Sch. ὅτι καὶ τοῦ λοιποῦ αὐτὸς ὁ ἥρ. ἐν εἰρήνῃ καὶ ἡσυχίᾳ διατελέσει (hoc B Ro. ubi διάξει DTU), ταύτην ἀμοιβὴν τῶν ἑαυτοῦ πόνων λαβὼν ... nihil certi efficitur. Triclinius ad σχερῷ, habet gl. καθεξῆς. Bergkium (et Hm.²) secutus sum; nescio tamen an scribi possit καὶ σχερῷ ita ut καὶ totius sententiae sit, ut est apud Sch. An κἂν σχερῷ fuit? — Dd. ἐνσχερὼ praefert. — Vide Metr. ‖ **70** ποινᾶν V, ‖ λαχόντ᾽ V ‖ **72** δὶι (δῖι vett.; δὶι et δὶι recc.) mss. Al. Ro.* Bg.² — δὶ Bö.* ‖ -νίδῃ g ‖ αἰνήσει BḄ — αἰνήσειν DTUVXYZ[c]*dga*'[β'ξ']ξ Al. Ro.* ‖ νόμον scripsi (ft. cum Sch. BD etc. σύννομον, sed certo) cum Sch. TU[VX?], (quae commata casu omissa sunt in BD Ro.) τὸ δὲ σεμνὸν αἰνήσειν ἀντὶ τοῦ εὐαρεστήσειν τῷ παρὰ θεοῖς νόμῳ. ἢ οὕτω· τὴν διανέμεσιν τὴν παρὰ θεοῖς ἐπαινέσειν. Alterum comma νομόν scribi maluit. — δόμον B¹ BDTUZ^Ro a'[β'ξ']ξ Al. Ro.* — γάμον B^a VXYZ^ac c*dg* — ἕδος (Hy.) — βίον (Bg.²). Nec δόμον ob δώμασι praegressum pondus habet, nec γάμον ob γάμον alterum proximum ferri potest. Orta vulgata ex ΑΙΝΗϹΕΙΝΟΜΟΝ ut in D ὀδόνιν N. II, 7 et ib. 23 ἐνεμία pro ὀδόν νιν et ἐν νεμίᾳ; cf. O. I, 6 etc. Hoc cum

ex Sch. TU in Sch. Germ. p. VIII emendabam, nesciebam idem iam olim coniecturâ Pauwii commendatum et a Mi. (p. 56) improbatum fuisse. Cf. etiam P. II 43 ubi Hu. apte laudat Propert. V, 11, 3 „infernas intrarunt funera leges" i. e. regna inferna. Novit idem Tricl.: ἤγουν ἐπαινέσει τὸν οἶκον τοῦ διός, εἰς ὃν τοιούτων ἀγαθῶν ἔτυχε, σύννομος γεγονὼς τοῖς οὐρανίοις θεοῖς. ἢ τὸν νόμον, ὃν ἔχει ζεύς, τοὺς ἀγαθοὺς τῶν ἀνθρώπων τιμῶν τε καὶ ἴσους τοῖς λοιποῖς θεοῖς ἀπεργαζόμενος.

Subscr. τέλος τῆς ά νεμέων ᾠδῆς εἰς χρόμιον αἰτναῖον. B — ὕμνου τέλος χρομίου αἰτναίου. α'ξ' — nulla in [B]DTUVXZ*dg*

ΝΕΜΕΟΝΙΚΑΙ Β'.

ΤΙΜΟΔΗΜΩ ΑΘΗΝΑΙΩ

ΠΑΓΚΡΑΤΙΑΣΤΗι.

```
 ⌣ ⌣́ ⌣́ ⌣ ⌣ – ⌣ ⌣́
 – ⌣́ ⌣ ⌣ ⌣ – ⌣ ⌣ – σ
 ⌣̄ σ ⌣́ ⌣ ⌣ – ⌣ ⌣̄ σ ⌣́ ⌣ ⌣ – –
 ⌣̆ ⌣ ⌣́ ⌣ ⌣ – ⌣ – ⌣̄ – ⌣́ ⌣ ⌣ – ⌣ – ⌣̄ σ ⌣́ ⌣ ⌣ – σ
5 ⌣́ ⌣ ⌣ – σ ⌣́ ⌣ ⌣ – σ
```

Ὅθεν περ καὶ Ὁμηρίδαι   Στρ. α'.
ῥαπτῶν ἐπέων τὰ πόλλ' ἀοιδοὶ
ἄρχονται, Διὸς ἐκ προοιμίου· καὶ ὅδ' ἀνὴρ
καταβολὰν ἱερῶν ἀγώνων νικαφορίας δέδεκται πρῶτον
                 Νεμεαίου   5

Inscr. om. [B?]BV*a* — τιμ. ἀθ. ἀχαρνεῖ παγκρατιεῖ: D*a'* — τιμ. ἀθ. ἀχαρνεῖ παγκράτιον: TU — τιμ. ἀθ. παγκρατιαστῇ. XZ[c]*fg* Al. Ro.* Cf. ad. O. XII. Inscr.

2 τὰ πολλ'' B — τὰ πολλ' BD — τὰ πολλὰ Z (cum Sch. B) — τὸ πολλ' (sic) TU — τὰ πόλλ' V Al. Ro.* — ταπολλ' X*dfg*[*a'*] Bö.* || ἀοιδοι Z — ἀοιδᾷ (Sch. BD Ro. ad I. IV, 63 vulg.) — ἀοιδοὶ rell. || 3 ὁ δ' BZ || 4 καταβολάν B — λὰν et λᾶν Β — λαν eraso accentu D — λὰν U [rell.] Al. Ro.* || ἱερᾶν [B]BD[T]UV Al. Ro.* Ox. — ἱρᾶν XZc*afga*'?β' — ἱερῶν [*a'*?] Sm. Bd. Ro. Hy. Be.* (in Z ω supra ᾶν) cum Sch. τῶν ἱερῶν ἀγώνων. Nescio an Pindarus in hoc carminum genere Aeolico ἡ ἀγών dicere voluerit, ut ἡ αἰών, ἡ τάρταρος, ἡ ἰσθμός. Nam ἀγών proprie de loco orbem s. ambitum significat, in quo complures congregantur; cf. O. X, 24. et θεῖον ἀγῶνα Homericum. Vide Lex. et Bö.[1] I, 434sqq. || πρῶτον BB DTUVX[Y]Z[c]*d*[*f*]*g* Ro.* (cum Sch. Vet. et Rec. νέμεα νικήσας πρῶτον) — πρῶτα α'β'*g*' Al (Tricl.) — πρώταν (Hy.) Bö.* Amans est poeta adverbii, non adiectivi pro adverbio positi. Cf. vs. 16. Non debet afferri Sch. TU τὴν καταβολὴν, τουτέστι τὴν πρώτην ἀρχὴν (rell. omittunt πρώτην), nec Tricliniana emendatio πρῶτα, ut πρῶτον convellatur. || νεμεαίου [B]D[T]UV Ro.* — νεμαίου BXZc*afa'* — νεμίου *g*

Mommsen, Pindar.   20

5 ἐν πολυΰμνήτῳ Διὸς ἄλσει.

ὀφείλει δ᾽ ἔτι, πατρίαν   Στρ. β΄.
εἴπερ καθ᾽ ὁδόν νιν εὐθυπομπὸς   10
αἰὼν ταῖς μεγάλαις δέδωκε κόσμον Ἀθάναις,
θαμὰ μὲν Ἰσθμιάδων δρέπεσθαι κάλλιστον ἄωτον, ἐν
                             Πυθίοισί τε νικᾶν   15
10 Τιμονόου παῖδ᾽. ἔστι δ᾽ ἐοικὸς

ὀρειᾶν γε Πελειάδων   Στρ. γ΄.

5 πολυμν. TUZ(B?) || 6 ὀφείλλει Hm.¹ || δέ τι B.ḄD.c̲a̲f̲ga'β' Al. Ro: Br. Mr. (cum Sch. Tricl.) — δ᾽ ἔτι [T.]U.V.X.[Y]Z Cp. St.* Utrum Sch. Vet. legerit non diserte apparet; Aristarchus autem de impersonali structura verbi ὀφείλει cum acc. c. inf. coniuncti, non vero de τι et ἔτι admonere voluisse videtur cum diceret ὡς ἂν εἴη τις· ὀφειλόμενον δέ τί ἐστιν, ubi credo δ᾽ ἔτι scribendum esse, ut sit „ad hoc debitum est." Sine dubio Vett. ἔτι legerunt. Cf. simile sphalma κάθοδον vs. 7 et P. V, 11. || πατρίαν B.Ḅ[D.T.]UV¹X[a'] Al. Ro:* — πάτριαν Z — πατριᾶν V, — πατρώαν V•c̲a̲f̲g. Recordatus videtur esse Mosch. loci similis P. VI, 45 et correptae in ἥρωα aliisque. Cf. N. IX, 14. — Sch. Vet. κατὰ τὰ ἴχνη τῶν πατέρων. Vide ad O. XIII, 78. || 7 κάθοδον νιν BḄT•U Ro. Br. Mr. — καθ᾽ ὁδόν νιν D — καθ᾽ ὁδόν νιν T♭[Vc̲a̲]fa' Al. Cp. St.* — καθ᾽ ὁδόν (om. νιν) g — καθ᾽ ὁδόν νιν XYZ || εὐθύπομπος BḄTUa'[β'] Ro.* Hy. (cum Sch. Vet. in U et apud Tricl.; ibi in D est ηδύπ. [fl. ἰθύπ.?]) — εὐθύποντος D — εὐθυπομπός V Al. Be. Bö.* (cum Sch. [B] Ro.) — εὐθυπεμπής XYZ — εὐθυπομπής c̲a̲fg (Mosch.) Ox. || 8 δίδωκε BDUVXYZdfg Hm. Bö.* -κεν Βα'[β'β'] Al. Ro.* || ἀθάναις omnes (-νας D) || 9 θαμὰ mss. Al. Ro.* (Ζεῖ συνεχῶς) — p. n. h. — ἅμα Ht. Ra. quod me arbitro hoc loco positum friget, ut N. I, 22 || πυθίοισί τι D || -σίν τι Vaf — σί τε BḄUXZ [rell.] Al. Ro.* Bd.* (Sch.¹ καί ... καί; Sch.² καί) — σὶ δὲ Sm. Ht. Non opus. Cf. O. VII, 12; P. XI, 2. || 10 παῖδ᾽ ἔστι δ᾽ BD.T?V — παῖδ᾽ ἐστι δ᾽ ḄZ= — παῖδα δ᾽ ἐστιν B, Ro; (mero sphalmate) — παῖδεσ] ἐστι V, — παῖδ᾽. ἐστι δ᾽ f[a'β'γ'] Al. Ro.* (δὶ f) — παῖδα. ἔτι δ᾽ Z — παῖδ᾽ ἔτι δ᾽ T?UX. — παῖδ᾽. ἔτι δ᾽ cdg — παῖς. ἐστι δ᾽ Ht. („licet in promptu sit παῖς reponere, parum tamen haec coniectura probabilis foret" Hm. assentiente Bö. et Ra.). Bg. nonnullos Vett. existimat ἀσυνδέτως scripsisse Τιμονόου παῖδ᾽ ἐστιν ἐοικός. Videntur potius omnes, duce Aristarcho, accusativum cum inf. ab impersonali ὀφείλει suspendisse. Nullus liber post νικᾶν interpungit. || δὲ οἰκός f — δὲ οἶκος (Sch. B Ro. ad N. I, 3) || 11 θερειᾶν γε

NEMEA II.

μη τηλόθεν Ὠαρίωνα νεῖσθαι.
καὶ μὰν ἁ Σαλαμίς γε θρέψαι φῶτα μαχατὰν   20
δυνατός. ἐν Τρωΐᾳ μὲν Ἕκτωρ Αἴαντος ἄκουσεν· ὦ Τι-
μόδημε, σὲ δ᾽ ἀλκὰ
15 παγκρατίου τλάθυμος ἀέξει.

Ἀχάρναι δὲ παλαίφατον   Στρ. δ´. 25
εὐάνορες· ὅσσα δ᾽ ἀμφ᾽ ἀέθλοις,
Τιμοδημίδαι ἐξοχώτατοι προλέγονται.
παρὰ μὲν ὑψιμέδοντι Παρνασῷ τέσσαρας ἐξ ἀέθλων
νίκας ἐκόμιξαν·   30

coni. Crates apud Sch. (Pw. Hy.) — ὀρείαν τὲ (Sch. B Ro. ad N. I, 3 ubi D ὀρείαν [om. τε], U ὀρείαν τε)
12 ὠαρίων᾽ ἀνεῖσθαι BBD Ur. — ὠαρίων ἀνεῖσθαι (Sch. B Ro. ad N. I, 3 ubi D νεῖσθαι in litura) — ὠαρίωνα νεῖσθαι TV Bö.²* (coll. I. III, 67) — ὀαρίωνα [v.] (Athen. XI, 490, F.) Bu. — ὠρίωνα v. UXZ (Sch. U ad N. I, 3) (ὠρ. Sch. B ad h. l. ubique; Sch. X quinquies) — ὠρίωνα v. [c]*d* *fga*'[β´ϑ´] Al. Cp.* (ὠρ. Sch. T ubique; Sch. X bis). Defendi ἀνεῖσθαι in Sch. Germ. p. VIII sq.; sed Sch.¹ πορεύεσθαι et Eust. νεῖσθαι ἢ κεῖσθαι adversantur; Sch.² ἐπέχειν (B Ro. cum Tricl.; ubi ἐπάγειν TU) ambiguum est, νεῖσθαι autem simplicius et maxime poeticum „incedere in coelo". ||
13 μᾶν D — μὴν *d* || μαχατὸν T*ac*? — μαχατὰν *g*´, || 14 τροίᾳ(α) mss. Al. Ro:* — τροίᾳ Sm. Ox.* — τρωΐᾳ (correptâ primâ) Bö.²* (de Crisi § 20 p. 314). Cf. ad O. XIII, 78. || μὰν B.BDT,U,VXZ*cdg* Ox. — μὲν [T]U [*f*]*a*´ Al. Ro:* Hy.* || ἄκουσεν ἐγεύσατ᾽ Ma. || -σε τιμ. (om. ὦ) a´ (gl. ὦ supra τιμ.) || vocativum cum antecc. coni. BBDZa´ Ro.* — cum sqq. VX[*c*]*dfg* Sm. Ox. Be. Bö.* — ambigue TU Al. Hy. || σὲ δ᾽ (σὺ δ᾽) BBDZᴾᵃ a´ Al. Ro.* — συ δ᾽ T — σὰ δ᾽ (σὰ δ᾽) UVXZᵃᶜ*cdfg* (in V est ᾳ; in c om. δ᾽?) || 15 παγκρατίου [B]BD[T]UVZᴾᶜ[a´β´] Al. Ro.* — παγκράτιον XZᵃᶜ*cdfg* || (om. τλα)θυμὸς D || 16 ἀχάρναι B.BZᴾᵃ a´[β´] Ro; (Sch. B Ro.) — ἀχάρναι [D]T.U.[VX]Zᵃᶜ[*cd*]*fg* Al. Ro.* (Sch. TU) || παλαίφατον BBDT.U.VX[Y]Z[*cd*]*fu*´[β´ϑ´] Al. Ro.* — παλαίφατοι *g* Bö.* — Sch. Vet. ἐξ ἀρχῆς in paraphrasi; ad calcem vero hoc additum est in [B] Ro. παλαίφατοι δὲ, ἀντὶ τοῦ· ἐξ ἀρχῆς λέγονται, sed ibi TU παλαίφατα, ἀντὶ κτλ. praestant, ut tribus illis verbis (ἐξ ἀ. λέγ.) Scholiasta adverbium (quod prorsus Pindaricum est: cf. ad O. VII, 47) exprimere voluisse videatur. Auctoritas codicis *g* nulla est. — Zᵉ¹ πάλαι ᾀδόμενον || 19 παρὰ μὲν a´[β´ϑ´] (Tricl.) Ro:* Pw. Hy. Be. — πὰρ μὲν B.BDTUV.X,Zᵐ — τὰ μὲν

20*

ΝΕΜΕΟΝΙΚΑΙ Β'.

20 ἀλλὰ Κορινθίων ὑπὸ φωτῶν

ἐν ἐσλοῦ Πέλοπος πτυχαῖς   Στρ. ε'.
ὀκτὼ στεφάνοις ἔμιχθεν ἤδη·
ἑπτὰ δ' ἐν Νεμέᾳ. τὰ δ' οἴκοι μάσσον' ἀριθμοῦ   35
Διὸς ἀγῶνι. τόν, ὦ πολῖται, κωμάξατε Τιμοδήμῳ σὺν
εὐκλέϊ νόστῳ·
25 ἀδυμελεῖ δ' ἐξάρχετε φωνᾷ.   40

XYZc*df*g Al. Ox. — τὰ μὲν ἐν (Pw. Hy.) Bg.¹ (Bg.²) — p. n. h. — Non „lemma Scholiorum" sed omnium bonorum librorum auctoritas vulgatae favet, licet παρὰ e πὰρ factum Triclinio debeamus. ‖ παρνασφ(ῶ) B, [c]*df* Al. Ro:* Bö.* (Sch. B) — παρνασσφ(ῶ) BB̥DTUVXZa' Hy.²* Cf. ad O. IX, 43 ‖ -μιζαν B̥ — μισαν Z** 20 ἀλλά] ἀντὶ τοῦ δὲ Sch. Vet. — ἀντὶ τοῦ καὶ Tricl. (laudans Hom. Il. x, 316) ‖ ὑπό] ὑπὸ V — ἡ ὑπὸ ἀντὶ τῆς παρὰ Sch. Vet. et Tricl. ‖ 21 ἐ λοῦ D (erasa litera secunda) — ἐσθλοῦ XZ — ἐσλοῦ [B]B̥[T]U [V] recc. Al. Ro.* ‖ πτυχαῖς mss. edd. (Sch. Vet. et Rec.) — πύλαις (Bg.²) quod male sonat ‖ 23 μάσσον' B.B̥DTᵇa'[β'?] St.* (cum Sch. et gl.) — μᾶσσον T*UVXZc*df*g Al. Ro.* — (μᾶσσον' Ox.) ‖ ἀριθμοῦ B¹B̥¹T*U¹VXZc*df*ga'ˢ Bö.* — ἀριθμῷ B*B̄*T¹U* Ro. Cp. Pw. Hy. — ἀριθμῷ Da'¹ Al. Br.* Be. — μείζονα ἢ ἀριθμεῖσθαι Sch. Vet. — μείζονα ἢ ἀριθμοῦ gl. Z ‖ 24 πολῖται B.B̥T.X.*d**f* Ro: Br. ‖ -ξετε δ' ‖ -μῳ BDTg*a'¹ Al. Br.* Hm. Bö.* — μῳ B̥UVXZ*df* Ro. Cp. Sm.* — μου a'ˢ (Bg.²). Ex Sch. Vett. non satis apparet quomodo haec construxerint, licet utrumque comma ita intelligi possit, ut τιμοδήμῳ(υ) pro genitivo, si non de forma attamen de significatione, acceptum fuerit. Disertius Triclinius Sch. Vet.¹ ita amplificat σὺν τῷ τιμοδήμῳ ἀπονοστοῦντι τοῦ ἀγῶνος, quae interpretatio videtur esse verborum τιμοδήμου σὺν εὐκλέϊ νόστῳ, idemque significat ου in Triclinianis supra ῳ scriptum. At durum videtur dativum a dativo suspendere, ut ille pro genitivo sit. Hm.* (coll. P. IX, 89 et I. VI, 20 sq.) κωμάζειν cum dativo τιμοδήμῳ coniungi iubet, at accusativus τόν paullo offendit, cum I. VI, 20 nullus sit accusativus in hac structura, nec constet reperiri eundem P. IX, 89. Esto tamen. ‖ post τιμ. virgulam ponit Hm.¹² — non dist. mss. edd. ‖ εὐκλεεῖ BB̥DTUVXZc*df*ga' Al. — εὐκλέϊ (in nullo ms.?) Ro.* ‖ 25 ἀδυμ. D Hy.

Subscr. τέλος τιμοδήμου. U — ὕμνου τέλος τιμοδήμου ἀθηναίου. a' — nulla in BB̥D etc.

Expl. TU quorum ille (T) fortasse olim plura continebat; hic (U), qui ex illo videtur originem traxisse, nunquam plura habuit.

ΝΕΜΕΟΝΙΚΑΙ Γ'.

ΑΡΙΣΤΟΚΛΕΙΔΗι ΑΙΓΙΝΗΤΗι
ΠΑΓΚΡΑΤΙΑΣΤΗι.

Strophae.

[metrical scheme]

Epodi.

[metrical scheme]

Ὦ πότνια Μοῖσα, μᾶτερ ἀμετέρα, λίσσομαι,   Στρ. α'.

Habet hoc carmen passim in mss. dialecticas correptiones, productiones, contractiones, quae aut alienae aut supervacaneae sunt; cf. vs. 2. 7. 10. 20. 24. 27. 34. 50. 83.

Inscr. om. [B?]B̲   Metr. Ep. 1 et 2 coniunxerat Bö.¹ — Ep. 2 loco indicato in duos dispescit Hm. quod fieri posse a Bö. conceditur.

1 ὦ om. BB̲V*dg* — ἀ Al. — ὤ B,D.XZ[c]eα' Ro:* Cf. O. XIV, 13. || μᾶτερ μοῖσα c — μοῦσα μᾶτερ D.Zα' — μοῖσα μᾶτερ [B.]B̲ etc. || ἀμ. c⁻⁻

ΝΕΜΕΟΝΙΚΑΙ Γ'.

τὰν πολυξέναν ἐν ἱερομηνίᾳ Νεμεάδι
ἵκεο Δωρίδα νᾶσον Αἴγιναν. ὕδατι γὰρ
μένοντ' ἐπ' Ἀσωπίῳ μελιγαρύων τέκτονες
5 κώμων νεανίαι, σέθεν ὄπα μαιόμενοι.
διψῇ δὲ πρᾶγος ἄλλο μὲν ἄλλου·   10
ἀεθλονικία δὲ μάλιστ' ἀοιδὰν φιλεῖ,
στεφάνων ἀρετᾶν τε δεξιωτάταν ὀπαδόν.

τᾶς ἀφθονίαν ὄπαζε μήτιος ἁμᾶς ἄπο·   Ἀντ. α'. 15
10 ἄρχε δ', οὐρανῷ πολυνεφέλᾳ κρέοντι θύγατερ,

2 πολιξ. Ro. || -ξείναν BBDVXZa' — ξέναν [c]d[eg] Al. Ro.* || ἱερομ.
e || -νείᾳ Al. || 3 δωρίδων VXZ || γὰρ om. D || 4 ἀσσωπ. cdeg Al. || μὴ γαρύων
D || 5 γέθεν D || σέθεν cum antecc. coni. e Al. (contra Sch. etc.) || 6
πρᾶγος] πρῶτος D. || 7 ἀεθλ. BBDVYa'β' Al. Ro.* Bg.² — ἀθλ. XZcdeg
Be. Hm. Bö.* (cum Sch. BD Ro.) || -νικία BBD St.* Hm. Bö.* (cum
Sch. BD) — νικία VXZ* (Sch. Ro.) — νικία Z¹cdg — νικία e — νει-
κίας Y? — νικίας α'β'[β'] Al. Ro.* Hy. Be.* Genitivum Triclinianum nisi
ut prosaicum recte expulisset Hm., etiam Sch. Vet. omniumque bonorum
librorum auctoritas convelleret. || μάλλιστ' D || 8 στέφανον [B || ἀρετᾶν
[B]BDZ^p[a'β'] Ro.* (cum Sch.¹²) — ἀρετάν VXZ^{ae}cdeg Al. || ὀπ. B.V
XZ — ὀπ. D [rell.?] Al. Ro.* || 9 ἀμ. BBcdeg Ro. — ἀκ. D — ἀμ.
VXZa'β' Al. Cp.* || 10 ἄρχε] ἄρδε D, (non D) || οὐρανῷ BD. Al. (cum
Sch. Eur. Hec. 674) Hm.²³ (coll. N. X, 58) quod reposui — νῶ B,BZ^pea'
(gl. Tricl. ῦ) — νύα VX.YZ^{ae}cdeg (Y ὦα?) — νοῦ Bö.* ||| -φέλᾳ Al.
Hm.²³ — φέλα mss. Ro.* (-ου Sch. BD bis in paraphr.) || ,οὐρανοῖο πο-
λυφίλα Bg.² || κρέοντι omnes (in D̄ est κρέοντι et ος supra ι) — κρέοισα
Bg.² et Ht, paraphrasten legisse opinantur, quia βασίλεια legatur in hoc
Sch.; sed hoc est vitium Ro. et D; in B est βασί̄ i. e. βασιλέως. Ari-
starchus et Ammonius Οὐρανῷ πολυνεφέλᾳ κρέοντι θύγατερ scribentes Musam
volebant appellari a Pindaro (ut a Mimnermo et Alcmane) filiam Urani re-
gis nubilosi, ut dativus pro genitivo esset; alii (Didymus?, paraphr.; Tricl.)
Iovis filiam, qui coelo nubiloso imperaret; hi aut οὐρανῷ πολυνεφέλᾳ geni-
tivo scripserunt, aut dativum pro genitivo positum vel potius dativum loci
(cum Hm. recte) statuerunt „filiam eius qui in coelo nubiloso regnat".
Mss. non distinguunt post κρέοντι (ut nec impressi ante Sm.), quod nihil
probat, cum vett. vocativos omnino non disiungere soleant. Sed Sch. veram
construendi viam ostendunt, nec video, quid lucremur, verbis οὐ. π. κρ. cum
ἄρχε ὕμνον consociatis, allocutioneque maxime poetica divulsa. Id recte sen-

NEMEA III.

δόκιμον ὕμνον· ἐγὼ δὲ κείνων τέ νιν ὀάροις
λύρᾳ τε κοινάσομαι. χαρίεντα δ᾽ ἕξει πόνον   20
χώρας ἄγαλμα, Μυρμιδόνες ἵνα πρότεροι
ᾤκησαν, ὧν παλαίφατον ἀγορὰν
15 οὐκ ἐλεγχέεσσιν Ἀριστοκλείδας τεὰν   25
ἐμίανε κατ᾽ αἶσαν ἐν περισθενεῖ μαλαχθεὶς

παγκρατίου στόλῳ· καματωδέων δὲ πλαγᾶν   Ἐπ. α'.

sit Bg.² cum interpunctionem a Sm. invectam tolleret. Multo haec structura venustior est quam si duplex dativus coniungatur N. II, 24.
11 δ' ἐκείνων mss. Al. Ro.* — δὲ κώμων Ma. — δὲ κείνων Bö.* || νιν scripsi — μιν (μεν g) rell. || 12 κοινώσ. mss. Al. Ro.* Bg.² — κοινάσ. Bö.* — κοίν᾽ ἀείσ. (Bg.² e par. Sch. κοινῶς ᾄσομαι) || ἕξεις (Hy.) Ra.¹² — ἕξει (ἕξει D*ͨ) rell. cum Sch. Vet. et Rec. || extr. non dist. mss. Al. Ro.* Sm.* (cum Sch.²³) — commate dist. St. (Hm.¹²) Ra.¹² (cum Sch.¹). Cf. Rh. IV, 555. Non de Iove sermo est, sed de Aegina. Hanc igitur puto appellari χ. ἄγ. (cum Sch.²³ Hy. Bö.?), non hymnum (Sch.¹ St. Hm.) nec victorem (Sm. Ox.); neque ab Hm. Di. etc. recte „Iupiter" ad ἕξει subauditur. Si quid subaudiendum esset, rectius ex νιν sumeretur nominativus. || 13 post ἄγ. dist. B.DZa'β' Cp.* — non dist. rell. || -δόνες B.D.Za'β' Al. Ro.* (Sch.) — δόνος VX.ḏg || πρότερον D, -εροι rell. (et D) || 14 ᾤκησιν g || ἀγορὰν] ἕδραν Ky. — ὁρμὰν s. ἀλκὰν Ra. (coll. Hom. Il. π, 155 sqq. at lupi cum Myrmidonibus comparati ab hoc loco alieni). Nihil movendum nec ob solutionem (vide ad P. IX, 25) nec ob insolentiorem vocis ἀγορά usum, quem Sch. confirmant. || 15 -χέεσσιν BBD — χιεσσιν V¹ — χισσιν V*X — χεσιν Z — χέεσσιν [c]ḏg[a'β'] Al. Ro.* Iniuria hanc vocem sollicitavit Ht.; vide Ra. in Ph. XIII, 251. || τεὰν BBVXZ*ͨ[c]ḏg Ro.* Hm. Bö.* (cum Sch. Vet.) — τὰν α'β'ǵ Al. (Tricl. gl. ταύτην) — ἐὰν Pw.¹ Hy. Bg.² Ra. — ϑ᾽ ἐὰν (γ᾽ ἐὰν) Pw.² — ϑείαν Ma. — νέαν Bss. — Sch. Vet. recte intellectus nihil agnoscit nisi τεάν. Non solum perversum sed etiam flaccum et inutile est illud quod certatim vv. dd. accipiunt ἐὰν κατ᾽ αἶσαν. Hoc ut possit esse „pro iusta parte a divino numine concessa" vel „suo iure", quomodo quaeso „pro viribus" esse potest? Multo et exquisitius et rectius expressum est τεὰν κατ᾽ αἶσαν i. e. „tuo numine", „tua lege", „tua ex laudis hymnorumque distributione aequa"; cf. O. IX, 42; VI, 102; N. VI, 13; fr. 4. || ὧν παλαιὸν ἀγυὼν' οὐκ εἰς ἔλεγχον Ἀ. ἰὼν ἐμίανε Ht. temere || 17 στοχάλῳ· ματοδέων Zᴾᶜa' Al. (cum gl. τῇ στάσει, ὁρμῇ et τῶν δεομένων ἄματος [ἄμματος?] καὶ δεσμοῦ) ex interpolatione metrica Tricl. (in Z est στόλῳ) — στόλῳ(ω). καματωδέων rell. (καματοδέων Ḅ; καμάτω δέων X*ͨZ*ͨ)

ἄκος ὑγιηρὸν ἐν βαθυπεδίῳ Νεμέᾳ τὸ καλλίνικον
                     φέρει.   30
   εἰ δ' ἐὼν καλὸς ἔρδων τ' ἐοικότα μορφᾷ
20 ἀνορέαις ὑπερτάταις ἐπέβα παῖς Ἀριστοφάνεος· οὐκέτι
                     πρόσω   35
   ἀβάταν ἅλα κιόνων ὑπὲρ Ἡρακλέος περᾶν εὐμαρές,

   ἥρως θεὸς ἃς ἔθηκε ναυτιλίας ἐσχάτας   Στρ. β'.
   μάρτυρας κλυτᾶς· δάμασε δὲ θῆρας ἐν πελάγεϊ   40
   ὑπερόχους, ἰδίᾳ τ' ἐρεύνασε τεναγέων
25 ῥοάς, ὅπᾳ πόμπιμον κατέβαινε νόστου τέλος,
   καὶ γᾶν φράδασσε. θυμέ, τίνα πρὸς ἀλλοδαπὰν   45

18 ἐν βαθυπεδίῳ(ἰω) BḄDZʳᵒa'β' Ro.* — ἐν βαθυπέδῳ XZᵃᵉ — ἐν βαθυπεδίῳ Al. — in V ita scriptum est ut ἐν βαθυπεδίῳ librarius voluisse videatur sed facile quis πέδῳ legere possit — ἐν γε βαθυπέδῳ(ψ) Y?c*d*?g Be. Hm. Bö.* Moschopuli emendatio deteriorum qui ex V prodierunt codicum vitio nititur. Cf. N. I, 69 et ib. 14. 38. 48. 72 etc. etc. Quapropter insolentius compositum a πεδίον factum non moverim, licet plerumque poetis ea magis convenerint quae a πέδον fiunt. || νεμέαν D || 19 δ' ὢν B.ḄD.V X.Z Ro: — δὲ ὢν [c]*d*?ga' Al. Cp.* (Sch. N. IX, 109 in BD Ro.) — δ' ἰὼν Hy.²* || ἔρδων B.ḄD[c]*d*ga' Al. Ro.* — ἔρδων V?XZ Bö.* || extr. plene dist. D — commate Al. Ro.* Ms.¹ Bg.² — non interp. BVZga' Hy.* (in B cum signo incipientis apodoseos[;] ante οὐκέτι). Obtempero. Cf. ad O. II, 56. || 20 -νέος scripsi ut (β ͞ται vs. 27) -νους BḄD — νεὺς VXZ*d* [r. r.] Al. Ro.* (-ανεὺς in Z) || οὐκ' ἔτι Ḅ — οὔ οἱ ἔτι Sm. Bg.¹ || πρόσω πόρσω (Sch. N. IX, 109 in BD Ro.) — προτέρω Hm. (ex Sch. περαιτέρω) || 22 -κε BḄDVXZ*d*g Mr. St. Hm. Bö.* — κιν α'[β'] Al. Ro.* Sm.* || ἐπέθηκεν (om. ἃς) D, || 23 κλυτὰς BḄV, Zʳᵒa' Ro.* — κλυτᾶς B, (etiam Sch. utrumque) — κλυτὰς, Al. St.* Genitivi accusativos amplexi pulcriores. || πελάγεϊ *d* Mr.* Hy. Be.* — πελάγει BDVXZ[c]ga' Al. Ro.* Ox. — πελάγεσϊ B͞ — πελάγεσιν Hm. Bö.* — τενάγεσιν (Bg.¹²) Ht. — Sch. generatim θαλάσσια θηρία. Pluralis errori librarii Ḅ debetur, qui archetypon B (minus clare eo loco scriptum) legere non poterat. || 24 ὑπέροχος. ἰδίᾳ τ' ἐρεύνασε BḄ,¹ ḄD.V̄.XZ — id. (sed ὑπερόχους) c*d*g Al. quam Moschopuli correctionem reposui, cum Aw. — id. (sed ὑπερόχως) B,ᵉa'[β'δ'] (Tricl.) cum Sch. Vet. — id. (sed ὑπέροχως) Ro:* — Sch. B τὸ δὲ, ἰδίᾳ τ' ἐρεύνασεν (ita D), ἔνιοι γράφουσι, διά τ' ἐρεύνασε (δία τ' ἐρ. D), διηρεύνησέ τε ἰδίᾳ (ita B; τὸ ἰδίᾳ D), ἀντὶ τοῦ ἀφ' ἑαυτοῦ κτλ. Hoc Sch. duce quod manifesto corruptum est textum mutaverunt:

ἄκραν ἐμὸν πλόον παραμείβεαι;
Αἰακῷ σε φαμὶ γένει τε Μοῖσαν φέρειν.
ἕπεται δὲ λόγῳ δίκας ἄωτος, ἐσλὸς αἰνεῖν·   50

30 οὐδ' ἀλλοτρίων ἔρωτες ἀνδρὶ φέρειν κρέσσονες. Ἀντ. β'.
οἴκοθεν μάτευε. ποτίφορον δὲ κόσμον ἔλαβες
γλυκύ τι γαρυέμεν. παλαιαῖσι δ' ἐν ἀρεταῖς   55
γέγαθε Πηλεὺς ἄναξ, ὑπέραλλον αἰχμὰν ταμών·
ὃς καὶ Ἰωλκὸν εἷλε μόνος ἄνευ στρατιᾶς,
35 καὶ ποντίαν Θέτιν κατέμαρψεν   60
ἐγκονητί. Λαομέδοντα δ' εὐρυσθενὴς
Τελαμὼν Ἰόλᾳ παραστάτας ἐὼν ἔπερσεν·

ὑπερόχος. διά τ' αὖτ' ἐρ. Hm.²² Ht. (id. Bg.¹ sed διὰ δ') — ὑπερόχος. διά τ' ἐξερ. Bö.* — ὑπερόχους ἰδίαν, ἐρεύνασέ τε πελαγέων (Bg.²). Tricl. gl. ἰδικῶς καὶ οὐ κατὰ παρακέλευσιν ἀλλὰ τῇ αὑτοῦ φιλοπονίᾳ (ex Sch. Vet.). Et αὖτ' et ἐξ abundat. Nimis tenuia et incerta sunt vestigia variae lectionis antiquae, quam ut textum movere liceat. || τεναγέων] πελαγέων (Bg.¹²) Ht. contra Sch. || 25 ὅπᾳ scripsi ut O. X, 10. 11 etc. — ὅπα (ὅπα Vg) mss. etc. || 26 φράδασε B.BD.Zᵣₒa'β' — φαίδησε Vᵃᵃ? — φραίδασε Vᵣₒ X Zᵃᵃ — φαιδησε Vᵃᵃ? — φάδασε Y — φράδασσε [c]ₐgg Al. Ro.* — Sch. BD φραδητὴν (Ro. φραδιτὴν) ἐποίησε καὶ δῆλην. Possit vera videri emendatio Moschopulea, ut inter φραδάζω transitivum et φραδάω intransitivum discrimen fiat, sed φραδάω apud Hesych. et Arcad. commemoratur, φραδάζω non item, ut illud pro transitivo usurpatum poetae concedam. Vide Lo. Techn. 218.
27 -βη (βη) mss. Al. Ro.* -βεαι Bö.* || 28 φαμὶ BBV[a'β'] Al. Ro.* — φημὶ DXZcg || μοισᾶν Bdᵃᵃ — μοῦσαν gⁱ || 29 ἄωθ' ὃς ἐσλὸς αἰνῆ. Ht. Vide Ra. in Ia. LXXVII, 394. || ἐσλὸν BBVᵃV, — ἐσλὸς DV¹XZ [c]ₐgga'[β'β'] Al. Ro.* St.²⁴ Sm.* (cum Sch. Vet.²) — ἐσλὸς St.¹² Pl. Co. PSt. — Tricl. gl. ἐσλούς. Accus. pl. omnia Sch. et Vett. et Recc.; ἐσλὸς pro nominativo habent Ht. Ra. || 30 οὐδὲ Z || κρέσονες D || 31 μάτ. D.XZᵃᵃ || ποτίφρον XZᵃᵃ || ἔλαβες mss. edd. Sch.² — ἔλαχες Sch.² || 33 ὑπέραλον dg Al. Ro. || τεμών Zᵃᵃ — καμών Ma. male || 34 κίαωλκον Ah. Cf. ad O. IX, 98. || εἷλε B — εἷλε BDVXYZdg Hm. Bö.* — εἷλεν a'[β'β'] Al. Ro.* || μοῦνος BBDVXYZ — μόνος [c]ₐgga'[β'β'] Al. Ro.* Adde hoc ad O. VIII 1 s. f. || 36 ἀγκόνησι Ma. || -δοντ' εὑρ. D, || 37 Ἰόλα BBDVXg Ro.* — Ἰόλα Z[a'] Al. Sm. Ox.* Dativus magis poeticus. || -σε vett. Mosch. — σεν Tricl. Al. Ro.*

ΝΕΜΕΟΝΙΚΑΙ Γ'.

Ἐπ. β'.

καί ποτε χαλκότοξον Ἀμαζόνων μετ' ἀλκὰν 65
ἕπετό ϝοι· οὐδέ νίν ποτε φόβος ἀνδροδάμας ἔπαυσεν
   ἀκμὰν φρενῶν.
40 συγγενεῖ δέ τις εὐδοξίᾳ μέγα βρίθει· 70
ὃς δὲ διδάκτ' ἔχει, ψεφηνὸς ἀνὴρ ἄλλοτ' ἄλλα πνέων
   οὔ ποτ' ἀτρεκέϊ
κατέβα ποδί, μυριᾶν δ' ἀρετᾶν ἀτελεῖ νόῳ γεύεται.

Στρ. γ'.

ξανθὸς δ' Ἀχιλεὺς τὰ μὲν μένων Φιλύρας ἐν δό-
   μοις, 75
παῖς ἐὼν ἄθυρε μεγάλα ἔργα, χερσὶ θαμινὰ
45 βραχυσίδαρον ἄκοντα πάλλων, ἴσα τ' ἀνέμοις 80

38 χαλκότοξον VXZ=dg Al. Hm. Bö.* — χαλκοτόξων B.BD.Zr=a'β'[ẞ'] Ro:* — χαιχότοξον X, — Sch. ambigue — Vide contrarium vitium vs. 24. ‖ 39 νίν scripsi — μιν(μίν) rell. ‖ ἀκμὰν VXZ¹dg Bö.* (ἀμμὰν Υ ortum ex κ in V male scripto) — ἀλκὰν BBDZ=a'β' Al. Ro.* (κἂν D; κἂν B) quod errore e vs. 38 iteratum est — αἰχμὰν (Hy.) — ἀνδρείαν Sch. par. ‖ 41 διδάκτ" B.B — διδαχτ' D.X.Z — διδάκτ' Xa' rell. ‖ ψεφεννὸς (Bg.²) Ht. (ex Et. M. 818, 33 cum Porson. Adv. 312) — ψεφηνὸς mss. et rell. edd. (cum Zonar. 1870) ‖ οὐδέποτ' V,X, ‖ ἀτρεκίϊ [g?] Sm.* - κεῖ BBVXZ[c]da' Al. Ro.* — μεῖ D (β'?) ‖ 42 μυριᾶν Ro. — μυρίαν a' Al. ‖ 43 ἀχιλεὺς [g?]B,=ᵒ? Mr.* -λλεὺς B.BD.V.X.Zda' Al. Ro:* ‖ 44 -ρε BBDVXZ Bö.* — ρεν a' Al. Ro.* ‖ , μεγάλα δ' ἔργα Bg.² (et postea πάλλων ἴσον ἀ. μ. λ. ἀγροτέροισιν ἐπράσσετο) — μεγάλα ἔργα rell. ‖ χερσὶ ad praecedentia, θαμινὰ ad sequentia ducant Za' Cp. (auctore Triclinio) — χερσὶ θαμινὰ cum praec. iungunt [B] Ro. Br.* — ead. cum seqq. iungunt Vg Al. Hy. Be.* — non dist. D ‖ θαμεινὰ VX ‖ 45 βραχυσίδαρον omnes cum Sch. ‖ 45sq. ἶσον τ' ἀνέμεισιν V,X, — ἶσον τ' ἀνέμοισιν ἐν μάχᾳ(q) λεόντεσσιν BBVXYZ — id. (sed ἀνέμοισί et λεόντεσσί) D — ἶσα τ' ἀνέμοισιν ἐν μάχᾳ(α) λέουσιν dg (Moschop.) — ἶσον τ' ἀνέμοις μάχᾳ λεόντεσσιν a'β' Al. Ro.* Ox. (Tricl.) cum gl. ταχέως — ἶσον ἀνέμοις: μάχᾳ λεόντεσσι δ' Sm. Bd. — ἶσα τ' ἀνέμοις, μάχᾳ λεόντεσσιν Be. — ἶσος ἀνέμοις. μάχᾳ λεόντεσσιν Hy. — ἶσα τ' ἀνέμοις μάχᾳ λεόντεσσιν Hm. (coll. O. VII, 47) Bö.* conciliantes Moschopuleam emendationem cum Tricliniana. — Recentiorum criticorum inventa non persuadent.

μάχᾳ λεόντεσσιν ἀγροτέροις ἔπρασσεν φόνον,
κάπρους τ' ἔναιρε, σώματι δὲ παρὰ Κρονίδαν
Κένταυρον ἀσθμαίνοντι κόμιζεν,
ἑξέτης τὸ πρῶτον, ὅλον δ' ἔπειτ' ἂν χρόνον·   85
50 τὸν ἐθάμβεον Ἄρτεμίς τε καὶ θρασεῖ' Ἀθάνα,

Ἀντ. γ'.

κτείνοντ' ἐλάφους ἄνευ κυνῶν δολίων θ' ἑρκέων·
ποσσὶ γὰρ κράτεσκε. λεγόμενον δὲ τοῦτο προτέρων   90
ἔπος ἔχω· βαθυμῆτα Χείρων τράφε λιθίνῳ
Ἰάσον' ἔνδον τέγει, καὶ ἔπειτεν Ἀσκληπιόν,

46 ἤπρασσε BḆDVZg -σσεν [c]dg[a'] Al. Ro.* ‖ 47 ἔναιρεν Al. Ro.* — ἄναιρε X^ac — ἔναιρε rell. Mr.* ‖ σωμάτια δὲ πὰρ κρ. κί.] B, — σώματι δὲ παρὰ κρονίδα] D, — σωμάτια δὲ, παρὰ κρ. κί. ἀσθμαίνοντα BB — id. (sed σώματι) D^ac Al. — id. (sed σώματα) D^roVX.Z^1[c]dga'^e Ro.* Di. Sw.* — σώματι δὲ παρὰ κρ. κί. ἀσθμαίνοντι a'^1g' (Tricl.) Sm. Hm. Bö. — id. (nisi ἀσθμαίνων ἐκόμ. habuit) legit (Sch. BD Ro.) — σώματα .. ἀσθμαίνων ἐκόμ. Ht. Ra. — Locupletiores testes secutus dativum recte reposuisse videtur Triclinius. ‖ 48 κόμιζε Z ‖ 49 τὸ πρ. BB[D]VXZ Mr. St. Hy. — τοπρ. [c]dga' Al. Ro.* Sm. Ox. Bö.* ‖ δ' ἔπειτ' ἂν B.[B]D.VXZ[a'] Al. Ro.* (Hy.^234 ἂν') — δ' ἔπειτα (om. ἂν) dg — τ' ἔπειτεν (coni. Bö.) Ht. ‖ 50 τὸν] τό γ' Hm.^1 ‖ ἐθάμβευν B.B^roD,VXYZ^ac — ἐν θάμβευν D — ἐθαμβεῦν B^ac — ἐθάμβεον cdg (Mosch.) Be. Sw. Bg. — ἐθάμβεεν Z^roa' (Tricl.) Al. Ro:* — Sch. Vett. ἐθαύμαζον. Vide O. III, 32. ‖ θρασεῖα ἀθ. Dg — θρασεῖ ἀθ. V — θρασεῖ. ἀθ. X^a ‖ ἀθάνα omnes ‖ 52 ποσσί γὰρ V ‖ κράτεσκε BBDVX.dg Bö.* — κρατέεσκε Z — κράτεσκεν a' Al. Ro.* ‖ πρότερον B^1B[D]V^1a' Al. Ro.* Hy. Be.* — προτέρων B^aV^aXYZ[c]dg Ox. Bö.* — p. B Ro. n. e., sed in D haec παρηκολούθηκα οὖν καὶ τοιούτῳ τινὶ λεγομένῳ λόγῳ ὅτι καὶ τὸν Ἰάσονα ἀνέθρεψεν ὁ Χείρων, quae ambigua sunt de πρότερον. ‖ 53 βαθυμῆτα B.BD^ac — βαθυμῆτα VXZ — βαθυμᾶτα D^ro[cdga']g' Al. Ro:* ‖ τραφὲ BB — τράφεν VXZa' Al. Ro.* — τράφε cdg Sm.* ‖ λιθίνῳ γ' BVXYZd — id. (sed ψ) cga'β' Ox. — λιθίνῳ δ' B — λιθίνῳ τ' Al. Ro.* Be. Hy. — λιθίνῳ (om. particula) D Sm. — id. (sed ψ) Bö.* — p. n. e. Ortum videtur γ' ex iota subscripto, nisi ab antiquis metricis interpolatum est. ‖ 54 Ἰάσων' D — Ἰάσωνα Z ‖ τέγει omnes (etiam D) ‖ ἔπει . τὸν B^1 — ἐπεῖ. τὸν B^a — ἔπει τὸν B — ἔπει τὸν D^ac — ἔπειτεν D^roVa'β'g' Hm.^23 Bö.* — ἔπειθεν Z^ro? — ἔπειτ' ἐν XYZ^accdg Al. Cp.* Ox. — ἔπει τ' ἐν Ro. — ἔπειτ' ἂν Sm. — ἔπειτά γ' Pw. Hy. — ἔπειτα δ' Hm.^1 ‖ ἀσκληπιόν(ὸν) mss. Al. Ro.* — ἀσκληπιον Bö.* Cf. P. III, 6.

55 τὸν φαρμάκων δίδαξε μαλακόχειρα νομόν· 95
νύμφευσε δ' αὖτις ἀγλαόκαρπον
Νηρέος θύγατρα, γόνον τέ ϝοι φέρτατον
ἀτίταλλεν ἐν ἁρμένοισι πάντα θυμὸν αὔξων· 100

ὄφρα θαλασσίαις ἀνέμων ῥιπαῖσι πεμφθεὶς Ἐπ. γ'.
60 ὑπὸ Τρωΐαν δορίκτυπον ἀλαλὰν Λυκίων τε προσμένοι καὶ
Φρυγῶν 105
Δαρδάνων τε, καὶ ἐγχεσφόροις ἐπιμίξαις
Αἰθιόπεσσι χεῖρας, ἐν φρασὶ πάξαιθ', ὅπως σφίσι μὴ
κοίρανος ὀπίσω

55 τῶν D¹D, — τὸν rell. ‖ -ξεν Bᵃᶜᵃ' Al. Ro.* — ξε B.BᵖᶜD.VX Zdg Hm. Bö.* ‖ μαλθακ. B.BD.VXZ — μαλακ. [c]dga' Al. Ro:* ‖ νομὸν BBᵖᶜDa'ᵖᶜ Ro.* Hy. Be.* (cum Sch. διανέμησιν; cf. ad N. I, 72) — νόμον BᵃᶜVX.Zcdg'ᵃᶜ Ox. Bö.* Paroxytonon ex V propagatum est. Bö. iudice multo praestat νόμον „viam et rationem". Vide P. V, 60. ‖ 56 αὖθις B.BD.V.X.Z[c]d[g]a'[β'ϱ'] Al. Ro.* — αὖτις Bö.* Cf. O. I, 66; P. IV, 273; IX, 104; N. IV, 70; VIII, 44; I. I, 39. ‖ ἀγλαόκολπον B¹B Bg.² Ht. — id. (sed vitiose κολνον) Vᵃ — ἀγλαόκαρνον V¹XZ¹dg (in g καρνοι) vitio ex V propagato — ἀγλαόκρανον Dᵖᶜ Bö.¹ (fontibus insignem) — ἀγλαόκαρπον BᵇDᵃᶜZᵖᶜᵃ'[β'ϱ'] Al. Ro.* We. Bö.²* — p. n. e. — ἀγλαοχάρτου (coll. Anth. Pal. tom. 2 p. 599.) Schdt. in Rh. IV, 462. Duae tantum antiquae lectiones exstant κολπον et καρπον; reliqua vitia sunt. De epithetis deorum cum difficile iudicium sit, nil novavi. Cf. We. apud Di. et O. IX, 20. ‖ 57 -ρίως BB Ro.* — ρέος rell. Al. Hy.²* ‖ θυγατέρα VXZ ‖ φερτάταν Sm. ‖ 58 ἀτίταλλεν, ἁρμ. Bᵃ' Al. Ro.* — id. (sine dist.) BV — id. (sed ἁρμ.) DXZ — ἀτίταλλέ γε, ἁρμ. d — id. (sed ἁρμ.) cg Ox. — ἀτίταλλεν ἐν ἁρμ. Sm. Bd. Hy.* ex Sch. (Y? non credo) — γ' ἀτίταλλεν ἐν ἁρμ. (Pw.) Be. ‖ πᾶσι Hck. Ht. — πάντα (παντα Z) rell. Illud male sonat; qui vero totum animum bonis artibus imbuit, is plus facere videtur quam qui omnibus bonis artibus eum erudit. Cf. ad O. IX, 16. ‖ 59 -σσίων dg — σσίαις B.BDVXZ[a'] Al. Ro:* ‖ 60 ὑπὸ τροίαν BBDᵖᵍᵃ' — ὑπὸ τροίαν Dᵃᶜ — ὑποτρωίαν V. — ὑπὸ τρωίαν X.Z Bö.²* — ὑπὸ τροίαν d Al. Ro.* Cf. ad O. XIII, 78. ‖ δορικτ. DZᵃᶜdgᵃᶜ ‖ λυκίαν XYZ¹ — λυκίων rell. cum Sch. ‖ 61 ἐγχεσφόροις B.B Ro; Cp.* Mr.* Ur. — ἐρχεσιμόροις Ro.* — ἐγχεσφόροις D.Vcdᵃ'β'ϱ' Al. Sm.* — ἐγχειφόροις g — ἐγχιφόροις XZ ‖ -ξαις B,D.Vα' Ro; Al. Mr.* — ξας BBVXZcdg Ro. Cp. ‖ 62 -πεσι D. — πισσιν d — πισσι rell. ‖ χεῖρας male cum sqq. coni. De Al. Hy. Be.* — recte cum antecc. BBα' Ro.* Hm. Bö.* — non dist. VX

NEMEA III.

πάλιν οἴκαδ᾽ ἀνεψιὸς ζαμενὴς Ἑλένοιο Μέμνων μόλοι. 110

τηλαυγὲς ἄραρε φέγγος Αἰακιδᾶν αὐτόθεν·   Στρ. δ´.
65 Ζεῦ, τεὸν γὰρ αἷμα, σέο δ᾽ ἀγών, τὸν ὕμνος ἔβαλεν 115
ὀπὶ νέων ἐπιχώριον χάρμα κελαδέων.
βοᾷ δὲ νικαφόρῳ σὺν Ἀριστοκλείδᾳ πρέπει,
ὃς τάνδε νᾶσον εὐκλέϊ προσέθηκε λόγῳ   120
καὶ σεμνὸν ἀγλααῖσι μερίμναις
70 Πυθίου Θεάριον. ἐν δὲ πείρᾳ τέλος
διαφαίνεται, ὧν τις ἐξοχώτερος γένηται,

     Ἀντ. δ´.

ἐν παισὶ νέοισι παῖς, ἐν ἀνδράσιν ἀνήρ, τρίτον 125
ἐν παλαιτέροισι μέρος· ἕκαστον οἷον ἔχομεν
βρότεον ἔθνος. ἐλᾷ δὲ καὶ τέσσαρας ἀρετὰς 130

Z*dg* Hy.¹ Bg.² (qui contra mss. et Sch. αἰθιόπισσ᾽, ἀθῆρας coniicit, coll. Hesych. s. v. ἀθήρ, ἐπιδορατίς.) ‖ φρασὶ BBDV.XZ¹[c]*dga*´ Al. Ro. Cp. St.* Bö.* — φρισὶ D,Z⁸ Br. Mr. Hy. Be.* Ur. ‖ μὴ om. α´ Al. — μοι Z — μὴ rell. ‖ ὀπίσσω BBVXZα´ — ὀπίσω [Dc]*dg* Al. Ro.*

63 μένοι *d*¹ — μόλοι rell. (et *d*⁸) ‖ extr. non dist. BBV — commate Ro. Mr. — plene rell. et Ur. ‖ 64 extr. non dist. (sed plene post ζεῦ) BBDα´ — commate (et plene post ζεῦ) [c*dg*] Mr.* — plene (non post ζεῦ) VZ — plene (et commate post ζεῦ) Al. Ro. Br. Be. Hm. Bö.* — plene utrinque Cp. ‖ 65 ὕμνον D ‖ ἔβαλλεν *da*´ ‖ 66 ἐπὶ cg — ὀπὶ rell. ‖ κλαδ. D — χιλαδ. Z ‖ 67 βοᾷ B**ᵃᶜ**V.**ᵃᶜ** (cum Sch.³) — βοά [B]Bʳᵒ DV.ʳᵒX.Z[c]*d*[*ga*´] Al. Ro.* (cum Sch.¹) ‖ νικηφ. D ‖ 68 εὐκλεῒ B.B DVXZα´ Ro:* — εὐκλέϊ c*dg* Al. Sm. Ox.* ‖ 70 Θεώριον *g*ᵃᶜ ‖ 71 extr. non dist. BB Be. — commate [α´] Ro. Pw. Hy.* — plene DVZ*g*. Cp.* St.¹⁸ PSt. Sm.* — colo St.²⁴ ‖ 72 ἐν δ᾽ ἀνδράσιν BBDX[c]*d*[*g*]α´β´[?] Al. Ro.* — id. (om. ἐν) V — ἐν δ᾽ ἀνδράσι Z — ἐν ἀνδράσιν Hm. Bö.* ‖ τρίτατος BB — τρίτατον DVXZ — τρίτανον Y — τρίτον [c]*dga*´[β´?] Al. Ro.* — τρίτος (Bg.²) ‖ 73 μέρος cum praec. coni. Zʳᵃ´ (Tricl.) Sm. Ox. Hm. Bö.* — cum sequentibus DXZᵃᶜᶜ[*dg*] (Mosch.) Al. Ro.* Hy. Be. (etiam Bg.² ἕκαστον coniiciens) cum Sch. ut videtur — ambigue (non dist.) BBV ‖ 74 ἐλᾷ δὲ καὶ omnes; de Ht. vide infra ‖ ἀρετὰς θνατὸς ἰὼν BB Ro. Br. Mr. — ἀρ. θν. αἰών Cp. — ἀρ. ὁ θν. αἰ. Sm. Be. Hm. Bg.² cum Aristarcho et Sch. par. (ὁ θνητὸς αἰών), recte: cf. Sch. Germ. p. IX. — ἀρετὰς μακρὸς αἰὼν DVXZ Ox. Ur. — ἀρετὰς μακρός τοι αἰὼν [c?]*dg*

75 ὁ θνατὸς αἰών, φρονεῖν δ᾽ ἐνέπει τὸ παρκείμενον.
τῶν οὐκ ἄπεστι. χαῖρε, φίλος. ἐγὼ τόδε τοι
πέμπω μεμιγμένον μέλι λευκῷ
σὺν γάλακτι, κιρναμένα δ᾽ ἔερσ᾽ ἀμφέπει 135
πόμ᾽ ἀοίδιμον Αἰολῇσιν ἐν πνοαῖσιν αὐλῶν,

'Επ. δ'.

80 ὀψέ περ. ἔστι δ᾽ αἰετὸς ὠκὺς ἐν ποτανοῖς, 140
ὃς ἔλαβεν αἶψα, τηλόθε μεταμαιόμενος, δαφοινὸν ἄγραν
ποσίν·
κραγέται δὲ κολοιοὶ ταπεινὰ νέμονται.

(Mosch.) male — ἀρετὰς ὁ μακρὸς αἰὼν α'β'γ'δ' (Tricl. cum gl. πολύς) Hy. Bö.* ‖ ἀμᾷ δρέπει τέσσαρας ἀρετάς. μακρὸς γὰρ αἰὼν φρονεῖν ἐνέπει τὸ π. Ht. temere
75 δ᾽ ἐνέπει VXZ — δ᾽ ἐνίπει B.ḄD. recc. Al. Ro.* ‖ παραχ. XZ
cg Ro. — παρκ. [B]Ḅ[D]V[da']g' Al. Cp.* ‖ 76 τὸ δέ τοι B.XZdg Ro:*
— δέ τοι (om. τό) Ḅ — τὸ δέ τι D — τόδε τοι V?[α'] St.* — τὸ δέ τοι
Al. ‖ 77 hic vs. om. in ordine in D suppl. in marg. ut „κείμενον" ‖
77—79 post πέμπω dist. nullus nec scriptus nec impressus — post γάλακτι
plene, non post ἀμφέπει B.D?Z Ro:* Th. Bg.¹ Ht. — neutro loco dist.
D?ḄV — iidem vett. (ḄḄDVZ) non dist. post ἀοίδιμον — post γάλακτι
plene et commate post ἀοίδιμον (sed non post ἀμφέπει) [cd]ga' Al. (id est
recc.) Ox. Hy. Be. — nullus igitur scriptus dist. post ἀμφέπει ut nec Sch.
— post γάλακτι commate et post ἀμφέπει commate Bö. Di. Sw. Bg.² —
Vide Schol. Germ. p. IX sq. — τόδε ad μέλι pertinet (vide Sch.) indeque
subaudiatur oportet ad πόμα. Appositio, quam edd. statuerunt, claudicat. ‖
77 μεμιγμένων dᵃᶜ ‖ μέλι om. XZᵃᶜ ‖ 78 δ᾽ ἔερσ᾽ g Al. Ro.* — δ᾽
ἔερσ᾽ d — δίερσ᾽ D — δ᾽ ἵερσ᾽ St. — δ᾽ ἱερσ᾽ B.Ḅ[VX]Z[α'] Sm.* ‖
79 στόμ᾽ coni. Bg. — πόμ᾽ rell. — D in Sch. ποιεῖ τὸ ποίημα ἀοίδιμον,
ubi B et Ro. τὸ πόμα ‖ αἰολίσιν B.ḄD.XZα'β' Ro; — αἰολοῖσιν gᵃᶜ —
αἰολῖσιν Vdgʳᵉ Al. Ro.* — αἰολῇσιν Bö.* ‖ πνοαῖς ḄḄD — πνοαῖσιν V
XZ recc. Al. Ro.* ‖ 80 ἐστί δ᾽ Ḅ — ἐστὶ δὲ Z ‖ ὠκὺς D ‖ ἐν omnes
(etiam D quod sciam) ‖ ποτανοῖς B.ḄVXYZ¹cdg Ox. Bö.* — πετανοῖς
DZ*α' (id est Triclinius) Al. Ro.* Hy. Be.* — ποταμοῖς Ro; ‖ 81 τηλό-
θεν BḄDVXZα' Al. Ro.* — τηλόθε d[cg] Sm. Ox.* (Mosch.) ‖ δαφοινὰν
XZcdg — δαφοινὸν BḄDVα' Al. Ro.* ‖ ποσί B — ποσί. ḄD — ποσίν
V — ποσίν. XZ recc. Al. Ro.* ‖ 82 κράγεται B.ḄDZ — κραγέται VX
recc. Al. Ro:* — κραυγέται (Bg.²)

NEMEA III. 319

τίν γε μέν, εὐθρόνου Κλειοῦς ἐθελοίσας, ἀεθλοφόρου λή-
     ματος ἕνεκεν   145
Νεμέας Ἐπιδαυρόθεν τ' ἀπὸ καὶ Μεγάρων δέδορκεν φάος.

83 κλεοῦς B.BD?V^ae? — κλεὸς Vp·X, — κλέος XZa'ǧ' — κλεοῦς
D?[c]*dg* Al. Ro.* Cf. ad O. XIII, 78. || ἕνεκε B — ἕνεκεν B etc. || **84** post
(non ante) νεμέας plene dist. B Ro. Br. — commate Cp. Mr.* — ante (non
post) id. plene a' commate *g* — non dist. DVZ Bö.* || post ἀπὸ plene a'
commate [B] Al. Ro.* — non dist. DZ rell. Hy.* Cur ἀπὸ scripserim vide
ad O. VIII, 48sqq. Pertinet ἀπὸ etiam ad Νεμέας et ad Ἐπ. ut ἐς O.
VIII, 47. || post μεγάρων dist. Cp. St.* — non dist. mss. Al. Ro. Br. Mr.
Bö.* || δέδορκε vett. -κεν recc. Al. Ro.*

Subscr. ὕμνου τέλος ἀριστοκλείδου αἰγινήτου. α' — nulla in rell.

Ultra hanc odam non novimus recensionem Moschopuleam. Explicant
enim N. III extr. quinque integerrimi huius interpolationis codices *cdefg*.
In *f* est subscr. τέλος πινδάρου.

ΝΕΜΕΟΝΙΚΑΙ Δ'.

ΤΙΜΑΣΑΡΧΩι ΑΙΓΙΝΗΤΗι

ΠΑΙΔΙ ΠΑΛΑΙΣΤΗι.

```
  ⌣ ⌒ ⌣ ⌒ ⌣ ⌣ – – ⌒ ⌣ ⌣ ≍
  ⌣ ⌒ ⌣ ⌒ ⌣ ⌣ ⌣ ≍
  – ⌒ ⌣ ⌒ ⌣ ⌣ – ⌣ ⌒ ⌣ ⌒ ⌣ ⌣ ≍
  ⌒ ⌣ ⌒ ⌣ ⌣ – ⌣ ⌒ ⌣ ⌒ ⌣ ⌣ – ⌣
5 ⌒ ⌣ ⌒ ⌣ ⌣ ⌒ ⌣ ⌣ – ⌣ ⌒ ⌣ ⌣ – ⌣ ≍
  ⌒ ⌣ ⌒ ⌣ ⌒ ⌣ ⌣ – ⌣ ⌣ ⌒ ⌣ ⌣ – ⌣
  ≎ ⌣ ⌣ ⌒ ⌣ ⌣ – ⌣ ≍
  ⌣ ⌒ ⌣ ⌣ – ⌣ – ⌣ – ⌣
```

Ἄριστος εὐφροσύνα πόνων κεκριμένων   Στρ. α'.
ἰατρός· αἱ δὲ σοφαὶ
Μοισᾶν θύγατρες ἀοιδαὶ θέλξαν νιν ἁπτόμεναι.
οὐδὲ θερμὸν ὕδωρ τόσον γε μαλθακὰ τεύχει

Inscr. om. [B?]BV — τιμ. αἰγ. παλ. DXa'ϛ'η' Al. Ro.* — τιμ. αἰγ. παιδὶ παλ. Bö.*

3 θυγατέρες B.BDVXa'ϛ'η' Al. Ro.* Ox.* (τέραις Ro;) — θύγατρες Sm. Hm. Bö.* ‖ ἀοιδᾶν V•• — ἀοιδαὶ rell. (c. gl. Tricl. συνίζησις) ‖ ἐθέλξαν νιν B••B, — ἐθίλξαν νιν B — θιλξάνιν D — θιλξάνιν D, — θέλξαν νιν B•[VXa'ϛ']η' Al. Ro.* (Sch.) — θέλξαν συν(απτόμεναι) Ra. in Ph. 13, 252 sq. Male Didymus νιν ad πόνους retulit, quocum nec νιν nec θέλγειν recte coniungitur; utrumque personae est, non rei. Ut hic medicus demulcetur ut veniat, sic Chiro P. III, 63 demulcetur ut tramittat medicum. Recte Sdt. ‖ 4 τόσσον γε B.BD. Ro. Cp. Ox. — τόσον γε [VXa'ϛ']η' Al. Br.* Hy. Be.* — τόσον τὰ (coll. O. I, 30; P. VIII, 6) Ht. Ra. ‖ τεύχει BBDVXXa'ϛ'ζ'η' Al Ro.* Sw. Bg.² Ht. (cum Tzetz. Chil. VII, 76; gl. Tricl. ποιεῖ; Sch. Vet. μαλακύνει) — τέγγει (Hy.) Be. Hm. Bö.* ex Plu-

NEMEA IV.

5 γυῖα, τόσσον εὐλογία φόρμιγγι συνάορος.
ῥῆμα δ' ἐργμάτων χρονιώτερον βιοτεύει,
ὅ τι κε σὺν Χαρίτων τύχᾳ
γλῶσσα φρενὸς ἐξέλοι βαθείας.

τό μοι θέμεν Κρονίδᾳ τε Δὶ καὶ Νεμέᾳ   Στρ. β'. 15
10 Τιμασάρχου τε πάλᾳ
ὕμνου προκώμιον εἴη· δέξαιτο δ' Αἰακιδᾶν
ἠΰπυργον ἕδος, δίκᾳ ξεναρκέϊ κοινὸν
φέγγος. εἰ δ' ἔτι ζαμενεῖ Τιμόκριτος ἀελίῳ
σὸς πατὴρ ἐθάλπετο, ποικίλον κιθαρίζων
15 θαμά κε, τῷδε μέλει κλιθείς,
ὕμνον κελάδησε καλλίνικον

tarcho (de Tranqu. 6: οὐδὲ θερμὸν ὕδωρ τοσόνδε τέγξει μαλθακὰ γυῖα, κατὰ Πίνδαρον, ὡς δόξα ποιεῖ πόνον ἡδύν. Aut corruptus hic locus est (nam adiectum ποιεῖ monstrare videtur et ipsum Pl. voluisse τεύχει s. τεύξει), aut memoria fefellit philosophum. Cf. 84.

5 γυῖα] γυίοις Ht. Ra. || τόσσον BḆ[Da'ϩ̱']ζ Al. Ro.* Hy.* — τόσον VXX̱X̱η' — ὅσσον Sm. Pw. Be. male. Iubet Hm. conferri Callim. in Ap. 94; in Del. 246. || 6 ἐργμ. D.η' || 7 ὅτι κε B¹BDζ'η' Al. Ro. — ὅ,τι κε α'β'ϩ̱' Cp.* — ὅτι περ B°X̱ — ὅ,τι περ VXX̱Y || 8 ἐξέλοι [B]BDV X[α']β'ϩ̱'η' [rell.] Al. Ro.* — ἐξέλῃ (Bg.²) cum Sch. τειχθῇ (B) τειχθῇ καὶ προαιρεθῇ (D) || 9 τό περ Bᵃ — τό μοι B¹B,BD.η' [rell.] Al. Ro:* (cum Sch.) — τῶ μοι Ah. in Ph. 16, 56 || δὶῖ (διῖ) mss. Al. Ro:* — Δὶ Bö.* — Διὶ Aw. Bg.² — ἀντὶ μιᾶς συλλαβῆς gl. Tricl. || 11 ὕμνον D°°? Ht. — ὕμνου rell. cum Sch. || προκώμιον mss. Al. Ro.* (c. Sch.); vide Ra. l. l. — ἐπικώμιον Ht. male, cf. Metr. s. f. || δέξατο δ' D, — δέξαιτο δ' rell. (τό δ' B,η'ᴘᶜ) || 12 εὔπ. B.BDVXX̱X̱α'ϩ̱'ζ'η' Al. Ro:* Bd. Ox. — ἠΰπ. Sm. Hy. Be.* || post ἕδος dist. BD[α'] Al. Ro.* — non dist. Vη' Ht. || ξεναρκεῖ BBDVXX̱X̱η' Ur. — ξεναρκέϊ α'ϩ̱'ζ Al. Ro.* Ra. l. l. — Ξεναρκέϊ Ht. — Sch. τῇ τοῖς ξένοις ἀρκούσῃ. Est instrumentalis. || 13 δ' ἔτι B.B[D] VXη'ᵃᵉ Ro:* — δὲ τι D,α'β'ϩ̱'η'ᴘᶜ Al. — Cf. ad O. VIII, 48sqq. et N. II, 6 || τιμόκρατος B,¹D, (in B, ft. τειμ.) — τιμόκριτος [B]B,ᵉη' [rell.] Al. Ro:* (cum Sch. BD Ro.) || ἀελίῳ scripsi — ἁλίῳ(ω) mss. et impressi || 14 σὸς] ὃς Pw. || ποικίλων Al. || 15 de dativo cf. O. I, 89 || 16 ὕμνον omnes scripti et impressi (cum Sch. utroque, ut videtur) — υἱὸν ingeniose (Bg.²) Ht. Ra. || κελάδησε] κελάδῃ σε conieci ex Sch.² (451, 37), collato de forma imperfecti N. V, 5 (Ah. D.A. 144) et de duplici accusa-

ΝΕΜΕΟΝΙΚΑΙ Ӟ Δ'.

Κλεωναίου τ' ἀπ' ἀγῶνος ὅρμον στεφάνων   Στρ. γ'.
πέμψαντα, καὶ λιπαρᾶν
εὐωνύμων ἀπ' Ἀθανᾶν, Θήβαις τ' ἐν ἑπταπύλαις,   30
20 οὕνεκ' Ἀμφιτρύωνος ἀγλαὸν παρὰ τύμβον
Καδμεῖοί νιν οὐκ ἀέκοντες ἄνθεσι μίγνυον,   35
Αἰγίνας ἕκατι. φίλοισι γὰρ φίλος ἐλθὼν
ξένιον ἄστυ κατέδρακεν

tivo P. IX, 38; Acsch. Ag. 181 al. || extr. plene dist. Bα' Ro. Br.* Bd.
— colo Sm. (St.¹ᵃᵗ·) Ox. — commate η' Cp. Pp. — non dist. [DV] Al.
Hy.* Fuerunt qui τε vs. 17 ad praegressa referrent (non ad insequens καί)
fortasse recte. Cf. ad O. XIV, 5
17 κλαιων. ζ' Cf. Metr. || τ'] ἠδ' Aw. male (voluit κλ. trisyllabum
esse) || 18 πέμψαντα BBDVα'β'ζ'η' Al. Ro.* Bg. Ht. Ra. (ft. cum Sch.²)
— πέμψαντος XXXY (Bö.) Ky. Sw. (cum Sch.¹) — πέμψαντι Pw. Cum
verba ita ut tradita sunt in mss. varias et diversas interpretationes recipiant
cumque genitivus πέμψαντος nec ad metri regulam prorsus accedat nec cum
Sch.² nisi argutius conciliari possit nec concinnitati periodi conducat, nihil
novare ausus et ab hoc genitivo et ab υἱόν et a meo κελάδη σε invehendo
mutandaque interpunctione abstinui. || ante καί plene dist. B — commate
η' Ro.* Hy.¹³⁵ — non dist. [DV] Al. Hy.²⁴ Bö.* Reduxi virgulam. ||
19 ἀθηνᾶν B.Β Ro:* — ἀθανῶν VX — ἀθανᾶν D.α'β'ζ'η' Al. Hy. Be.*
Vide ad O. VII, 38 || 19—38 in D a manu imperiti hominis exarati
sunt; hinc D² signavi || 19 D² om. τ' || -λαις X,¹ || extr. dist. mss.
Al. Ro.* (cum Sch.) — non dist. (Di.) Bg.² Ht. Ra. Est ut defendas
Dissenii (qui invenit et rursus improbavit) iuncturam οὕνεκά τε Θήβαις, sed
poeta amat in talibus variare structuram: cf. ad O. XII, 18 et O. VII, 89.
Sin virgula delenda est, hoc τε respondere videtur alteri vs. 17, ut oratio
inde a verbis Θήβαις τ' a secunda persona ad tertiam deflectat. || 20 οὕ-
νεκεν B.BD. (cum Sch. in B et Ro.) — οὕνεκ' Ro: — οὕνεκεν VX.XX
(cum Sch. in D) — οὕνεκ' α'β'β'ζ'η' Al. Cp.* Vide ad O. XIV, 19 ||
-ωνας V || 21 νιν omnes || 23 ξένιον BBDVXXXY — ξένιον α'β'ζ'η'
Al. Ro.* Cf. 49. || post ἄστυ dist. Ra. || κατέδρακεν BBDVXXX¹ Ur.
— κατέδραμεν X²α'β'ζ'η' Al. Ro*. quae scriptura interpolationis speciem
habet propter insequens πρός illatae vel mendum est ut P. II, 20 in ϑ' —
(ἦλθεν ξ. ἀ.) καταδραμεῖν (Bg.²) — κατέδραμ' ἔνθ' Ah. (ut hoc ἔντε sit
Doricum [D.D. 359] pro ἔστε et consocietur ἔστε πρός [usque ad]; neutrum
Pindari huiusve aetatis fuisse constat) — p. n. h. — Etsi vulgata explicari
potest (ut fecimus ad O. VIII, 48. 54), teneo omnium meliorum mss.
lectionem. Iunge κατέδρακεν ἐλθών „venit et conspexit"; πρός ex veniendo
suspensum est.

NEMEA IV.

Ἡρακλέος ὀλβίαν πρὸς αὐλάν.

25 ξὺν ᾧ ποτε Τρωΐαν κραταιὸς Τελαμὼν   Στρ. δ'. 40
πόρθησε, καὶ Μέροπας,
καὶ τον μέγαν πολεμιστὰν ἔκπαγλον Ἀλκυονῆ,
οὐ τετραορίας γε πρὶν δυώδεκα πέτρῳ   45
ἡρώάς τ' ἐπεμβεβαῶτας ἱπποδάμους ἕλεν
30 δὶς τόσους. ἀπειρομάχας ἐών κε φανείη   50
λόγον ὁ μὴ ξυνιείς· ἐπεὶ
ῥέζοντά τι καὶ παθεῖν ἔοικεν.

τὰ μακρὰ δ' ἐξενέπειν ἐρύκει με τεθμὸς   Στρ. ε'.
ὧραί τ' ἐπειγόμεναι·   55
35 ἴυγγι δ' ἕλκομαι ἦτορ νεομηνίᾳ θιγέμεν.

24 πρὸς] παρ' Ky. ‖ 25 ξὺν B.BD.VXXX[Y]α'[β']ς'ζ'η' Al. Ro:* — σὺν Bö.* Bis in hac oda quod traditum est ξύν tollere nolui, cum sonorum rationes toties nos fugiant. Cf. 31 et N. X, 40; XI, 12. ‖ τρωΐαν B.B·D.VX.α'ς'η' [rell.] Al. Ro.* St. Ox.* Bö.²* (de Crisi § 20; cf. ad O. XIII, 78) — Τροΐαν B·° — τροΐαν Mr. Sm. Bd. Pw. Hm. Bö.¹ ‖ κραταιὸς (Sm.) Bö.* (Hm.²) — κράτιστος Sm. — ὁ κρατερὸς Hm.² (coll. O. XIII, 81; N. VII, 26); cf. Metr. s. f. — καρτερὸς BBDVXα'ς'η' [rell.] Al. Ro.* — par. Sch. ὁ γενναῖος ‖ 27 -στὰν BBDα'ς'ζ'η' Al. Ro.* — στὴν B,D,VXXX Ro; ‖ 28 τετραωρ. Al. ‖ 29 ἐλὶ B — ἔλε BD — ἕλεν [VXα'ς']η' Al. Ro.* ‖ 30 τόσσους BBDVXXX Ro.* — τόσους α'ς'ζ'η' Al. Be. Hy.²* recte; cf. Metr. ‖ ἐών κε (ἐών κε) B.BD.VXXX Ro.* — ἐάν κε (ἐάν κε) α'ς'ζ'η' Al. (in α'ς'ζ supra ἐάν scriptum est ω, supra κε est ἄν) ‖ 31 ξυνιείς B.BD. VXα'ς' [rell.] Al. Ro:* — συνιείς η' Bö.* Cf. vs. 25 ‖ ἐπεὶ ῥέζοντά τι [B]BDVX.[α']ς'η' [rell.] Al. Ro.* (cum Sch.) — ἐπηρεάζοντά τι („vel ἐπεὶ ῥεάζοντά τι" Bg.²) Stob. (46, 12 = Serm. CLII p. 626. ed. Wech.) et Schol. Soph. (ad Electr. 1026) id est ὑβρίζοντα. Vox prosaica a laude victoris aliena. ‖ 32 -κε BBDVXXX — κεν α'ς'ζ'η' Al. Ro.* ‖ 33 ἐξενέπ. B.B D.α'ς'ζ'η' Al. Ro:* (ἐξ ἐνέπ. η') — ἐξεινέπ. VX.XX ‖ 35 νεομ. BBDVX XXY (Bö.) Sw.²⁸ Bg.⁹ — νομ. δ' — νουμ. α'β'ζ'η' Al. Ro.* ‖ νέᾳ μνείᾳ Ht. quod nec metro (etsi haud intolerabile) satis aptum est nec sententiae convenit. Recte Sch. (et B Ro. et ined. D) Bö. Ky. (cum omnibus intt. ante Di.) νουμηνίᾳ θιγέμεν coniunxerunt, quae poetica est sermonis quotidiani circumlocutio, ut μέσον ἆμαρ ἐλεῖν P. IX, 113. Nexus facillimus, nam δ' post ἴυγγι progredientis orationis est, et ad ἔμπα cum Sch. σὺν subau-

21*

ἔμπα, καίπερ ἔχει βαθεῖα ποντιὰς ἅλμα
μέσσον, ἀντίτειν᾽ ἐπιβουλίᾳ· σφόδρα δόξομεν   60
δαΐων ὑπέρτεροι ἐν φάει καταβαίνειν·
φθονερὰ δ᾽ ἄλλος ἀνὴρ βλέπων
40 γνώμαν κενεὰν σκότῳ κυλίνδει   65

χαμαιπετοῖσαν. ἐμοὶ δ᾽ ὁποίαν ἀρετὰν   Στρ. ς'.
ἔδωκε πότμος ἄναξ,
εὖ ϝοῖδ᾽ ὅτι χρόνος ἕρπων πεπρωμέναν τελέσει.   70
ἐξύφαινε, γλυκεῖα, καὶ τόδ᾽ αὐτίκα, φόρμιγξ,
45 Λυδίᾳ σὺν ἁρμονίᾳ μέλος πεφιλημένον
Οἰνώνᾳ τε καὶ Κύπρῳ, ἔνθα Τεῦκρος ἀπάρχει   75

diendum. Sensus est: „Prolixus esse carminis lege et temporis defectu
vetor. Atqui vehementer cupio stare promissis. Tamen igitur etsi...."
|| Ϟηγέμεν D²
36 ἔμπα.καί περ D.X — ἔμπα, καί περ XXα'[ϑ'] Hy.* — ἐμπαρκαίπερ
X, — ἔμπα καί περ B.BDV.ζη' Al. Ro.* — ἔμπα κείπερ Do. (teste Ra. in
Ia. 77, 248) — ἔμπα καὶ (i. e. κεὶ) περέχει Ah., deleta virgula. Cf. P. IV,
140 et Lo. ad Soph. Ai. p. 78. Neutro loco virgulam delere volui. ||
-τιᾶς VXXX || 37 μέσον D² || -λίαις VXXXY Ky. (coll. O. X, 41)
— λία(α) B.BD.α'β'ϑ'ζη' Al. Ro:* (cum Sch.). Ortum αις ex dittographia;
cf. Bö. || δόξωμεν BBDVXXX Ro.* — δόξομεν α'β'ϑ'ζη' Al. Sm.* || 40
κυλινδεῖ D || 41 χαμαιπετοῖσαν BBVXXX Ro.* Be. Bö.* — χαμαὶ πετοῖ-
σαν Dα'β'ϑ'η' Al. Hy. — χαμαὶ πεσοῖσαν ζ' (male; cf. ad O. IX, 16) ||
ἀρετὴν D, || 42 ἔδωκε? cf. O. VII, 61 || 43 οἶδα ὅτι η' || ἕρπων [B]D
VX[α']β'ϑ'η' Al. Ro.* — ἤρπαν B || 46 Οἰνόπᾳ Sm. Vide Metr. || τε,
καὶ [B] Ro.* Sm.* — τε καὶ [rell. mss.] Al. St. Be. Hy.** (recte, si poeta
Aeginam et Cyprum comprehendi voluit, cf. ad O. XIV, 5) || . ἔνθα B —
ἔνθα BDV Al. — , ἔνθα [α']η' Ro.* || ἀπάρχει BBDVXα'ϑ'η' [rell.] Al.
Ro.* St. Bd.* — ὑπάρχει B,D, Ro; Mr. Sm. („primus auctor regni est"
Sm.) — ἐπάρχει (Pw.) Ht. — ἀπ᾽ ἄρχει· (Bg.²) — ἀποικεῖ Ra. — Sch.
par. ἡγεμονεύει, quo cum interpretamento pauca quae de usu rarissimae
vocis ἀπάρχειν novimus congruunt. Nam Anth. Pal. 9, 189, 3 et Dionys.
A. R. 7, 73 extr. ἀπάρχειν de duce qui (quae) saltantibus praeit dictum
est. Hoc tenenti commodus videbitur sensus esse „quo (usu Homerico) tibi,
lyra, praeit Teucrus" ut lyra per metaphoram navigationem clarissimam
iterare iubeatur olim „Teucro duce et auspice Teucro" factam. Concinnius
hoc quam quod aliquando conieci ἀπᾶρχεν(ἀπαρχεν), etsi menda similia usu
veniunt; cf. P. IV, 30 et ad O. X, 8. Lemmati ὑπάρχει non multum tri-

NEMEA IV.

ὁ Τελαμωνιάδας· ἀτὰρ
Αἴας Σαλαμῖν' ἔχει πατρῴαν·

ἐν δ' Εὐξείνῳ πελάγει φαενναν Ἀχιλεὺς   Στρ. ζ'. 80
50 νᾶσον· Θέτις δὲ κρατεῖ
Φθίᾳ· Νεοπτόλεμος δ' Ἀπείρῳ διαπρυσίᾳ,
βουβόται τόθι πρῶνες ἔξοχοι κατάκεινται   85
Δωδώναθεν ἀρχόμενοι πρὸς Ἰόνιον πόρον.
Παλίου δὲ πὰρ ποδὶ λατρείαν Ἰαωλκὸν
55 πολεμίᾳ χερὶ προστραπὼν   90

buo, ut nec coniecturis aliorum neque (Hy.) Di. interpretanti „ubi peregre regnat".

47 -νίδας VXXX — νιάδας BBD etc. ‖ . ἀτὰρ BBDVXXX Ro.* — . αὐτὰρ α'β'ϱ'ζ'η' Al. — δ' ἀτερϑ' (Bg.²) — . ἀτὰρ δὴ (crasi) Ah. — Sch. γε μήν. Vide Metr. ‖ 48 πατρῴαν BBDVXa'η' Ro.* — πατρῴαν Al. Mr.* ‖ 49 ἐν δ' εὐξείνῳ(ω) B.BD.VX.XX Ro; Bö.* — ἐν δ' εὐξένῳ(ω) Ro.* Bd.* — ἐν εὐξένῳ α'β'ϱ'ϱ'ζ'η' Al. Sm. Be. — Asyndeton haud alienum; ad hoc ξείνιον recte in ξένιον mutavit Tricl. vs. 23 (cf. 37. 53. 55.). Tamen h. l. vett. et Bö. sequor, cum nomen proprium sit, et Pontus (quod Bö. recte observat) vulgo non Euxenus audiat, sed Euxīnus. Vide ad Metr. ‖ φαενὰν B — φαενναν Dη' [rell.] Al. Ro.* ‖ ἀχιλεὺς BBa'β'ϱ'ζ'η' Sm. Hy. Be.* — ἀχιλλεὺς DVXXX Al. Ro.* Bd. Ox. ‖ 50 νῆσον X ‖ 51 δ' ἀπείρῳ(ω) mss. Al. Ro.* Bg.² — δ' Ἀπείρῳ Mr. St.* Ht. (cum Sch. ut videtur) — δὲ | ἀπείρῳ (Bg.²) ut δια valeat „dja"; cf. ad O. II, 97. ‖ διαπροσία B ‖ 52 βουβώται AL ‖ 53 δωδώναθεν [B]D[VX]XXB' Ro.* — δωδωνάθεν B — δωδόναθεν α'ϱ'ζ'η' Al. Idem Tricl. non movit Γαδείρων vs. 69. ‖ ἀρχ. BBDVXXX[Y] Ro.* (cum Sch.) — ἐρχ. α'β'ϱ'ϱ'ζ'η' Al. Mi. Possis ἐρχομένῳ sed non opus. ‖ ἰώνιον BB Ro. Br. Mr. — ἰόνιον [DVXa'ϱ']η' Al. Cp. St.* ‖ 54 λατρείαν ἰαωλκὸν B.BD.a'β'ϱ'ζ'η' Al. Ro:* Bd.* — λατρείαν ἰαολκὸν VXXX — λατρίαν Ἰαωλκὸν Sm. Pindarus ft. λάτρειαν ϝιαωλκὸν scripserat; cf. de digammo ad O. IX, 98; de mensura et forma vocis λατρείαν ad O. XIII, 78. ‖ 55 πολεμίᾳ(α) χειρὶ BBDVX XX(ζ'?) Al. Ro.* — π. χερὶ α'β'ϱ'η' Mr. St.* — πολεμίαν χέρα Ka. ‖ προστραπὼν] πρὸς τραπὼν Po. — προτραπὼν (Hy.) Ah.¹ (coll. Hom. Il. ε, 700 „in fugam coniiciens") — παρτραπὼν Ht. (coll. Hesych. παρατρέψαι, παρενέγκαι, πορϑῆσαι) — περτραπὼν Ah.² („prosternens"). Scholiastae per πορϑήσας et νικήσας ἐν πολέμῳ διὰ τροπαίου mentem, non verba exprimunt. — Poeta „terram hostili manui advertere (admovere)" dixit pro „terrae hostilem manum advertere (admovere)" suo more de quo ad O. IX, 8 dispu-

Πηλεὺς παρέδωκεν Αἱμόνεσσιν,

δάμαρτος Ἱππολύτας Ἀκάστου δολίαις   Στρ. η'.
τέχναισι χρησάμενος.
τᾷ δαιδάλῳ δὲ μαχαίρᾳ φύτευέ οἱ θάνατον   95
60 ἐκ λόχου Πελίαο παῖς· ἄλαλκε δὲ Χείρων,
καὶ τὸ μόρσιμον Διόθεν πεπρωμένον ἔκφερεν·   100
πῦρ δὲ παγκρατὲς θρασυμαχάνων τε λεόντων
ὄνυχας ὀξυτάτους ἀκμὰν
τε δεινοτάτων σχάσαις ὀδόντων

tatum est. Est igitur hoc dictum ut O. I, 22 κράτει προσέμιξε δεσπόταν. Vulgatior usus Atticus verbi intransitivi προστρέπειν et προστρέπεσθαι ad suppliciter accedendum tralati non tollit proprium Pindari, ut pervulgare „advertere (animum)" non excludit „pedem ripae advertere" Virgilianum. Miror criticorum argutias.
56 -νισι ΒΒ̱ — νισσι DVXX̱X̱η' — νεσσιν α'β'ο̱'ζ' Al. Ro.* — gl. D τοῖς Θετταλοῖς (ex Sch.) || **58** χρησάμενος mss. Al. Ro.* (cum Sch. εἰς πρόφασιν τιμωρίας ἀποχρησάμενος et δολίᾳ τέχνῃ χρησάμενος) — χρησαμένης Sm. — χωσάμενος Mi. Ma. quam emendationem iam olim prolatam fuisse testatur Sch. Triclinianum τινὲς δὲ διορθοῦνται οὐκ ἀπιθάνως, ἀντὶ τοῦ χρησάμενος χωσάμενος γράφοντες· οἷον, χολωθεὶς ταῖς γοητηθείσαις ἐξ ἀκάστου τέχναις δολίαις (ex α'ο̱'). || **59** δαιδάλου B.ḆDVX.X̱X̱α'β'ο̱'ο̱'ζ' Al. Ro:* — δεδάλου η' — Δαιδάλου Sch. Mr. St. Bd. Bg.¹² Ht. — δαιδάλᾳ Sm. — Δαιδάλῳ Ox. Hy. Be. — δαιδάλῳ (Didymea emendatio apud Sch.) (Hy.) Hm. Bö. Aw. Di. Th. Sw.¹²² || δὲ] δε V || φύτευέ οἱ ḆḆ DVXX̱X̱[Y?]α'β'ο̱'ο̱' Bö.* — φύτευε οἱ η' — φύτευέν οἱ ζ' Al. Ro.* St.* — φύτευσέν οἱ Mr. — φίτευέν οἱ (Sm.) Hy. — φίτυσε ad normam plurimarum stropharum propius accessisset, sed est etiam vs. 91 brevis, et in proprio vs. 75 || **61** ἐκφ.] ἐφ. D || -ρᾶ B — ρε ḆDVXX̱X̱ Mr. St. — ρεν α'β'ο̱'ζ'η' Al. Ro.* Sm.* || **62** θρασυμαχᾶν ḆḆDVXX̱X̱Y Ro.* Bd. — θρασεομαχᾶν α'β'ο̱'ο̱'ζ'η' Al. Sm. Ox.* (ὧν super ᾶν et gl. Tricl. Θαρσαλέων εἰς μάχην) — τε θρασυ[μ]μαχᾶν (Sm.) — γε, θρασυ[μ]μαχᾶν vel θρασυνομαχᾶν Pw. — θρασυμαχάνων (coll. O. VI, 67) Hm. Bö.* — θρασέων μάχαν Aw. (non male) — θρασυμάχανος Bg.² (quod nec Scholio convenit nec sic collocatum orationi poetae) — θρασυμάχανον (et ἀκμὰν καὶ δειν.) coniicio. || **63**sq. ἀκμάν|τε] καὶ ἀ|κμὰν Sm. — , ἀκμὰν|καὶ Aw. — Coniungere hos versus voluerunt Bg. et Ah. sed mihi non persuaserunt. || **64** σχάσαις ḆḆα'β'ο̱'ζ'η' Al. Ro.* — σχάσας DVXX̱X̱

NEMEA IV.

65 ἔγαμεν ὑψιθρόνων μίαν Νηρεΐδων, Στρ. θ'. 105
εἶδεν δ' εὔκυκλον ἕδραν,
τᾶς οὐρανοῦ βασιλῆες πόντου τ' ἐφεζόμενοι
δῶρα καὶ κράτος ἐξέφαναν ἐς γένος αὐτῷ. 110
Γαδείρων τὸ πρὸς ζόφον οὐ περατόν. ἀπότρεπε
70 αὖτις Εὐρώπαν ποτὶ χέρσον ἔντεα ναός· 115
ἄπορα γὰρ λόγον Αἰακοῦ
παίδων τὸν ἅπαντά μοι διελθεῖν.

Θεανδρίδαισι δ' ἀεξιγυίων ἀέθλων Στρ. ι'.
κάρυξ ἑτοῖμος ἔβαν 120
75 Οὐλυμπίᾳ τε καὶ Ἰσθμοῖ Νεμέᾳ τε συνθέμενος,
ἔνθα πεῖραν ἔχοντες οἴκαδε κλυτοκάρπων

66 εἶδε δ' B.BD Ro; — εἶδ' D, — εἶδεν δ' [VXa'ϱ']η' Al. Ro.* || δ' εὔκυκλον ἕδραν, τᾶς mss. Sch. Al. Ro.* — δ' αὖ κύκλον ἰδρᾶν, ταῖς Ht. — δὲ κύκλον ἰδρᾶν, τὰς Ah. (multo melius quam Ht.) || 67 πόντου] χρόνου ζ' || 68 -ναν] -νεν D, (non D) || ἐς γενεὰς αὐτῷ(ῳ) BBDXX Ur. — ἐς γενεὰς αὐτῶ V — εἰς γενεὰς αὐτῷ XY — ἐς γένας αὐτῷ α'β'ϱ'δ'ϛ'ζ'η'¹ Al. Ro.* — ἐς γένος αὐτῷ(ῶ) η'ᵉ Ur. St.* — ἐγγενὲς αὐτῷ Ri. Ht. Ra. — ἐς γέρας αὐτῷ Pw. (Hy. Bö.) — ἐς γενεάν οἱ (Bö. coll. N. X, 14) — εἰς ἕνας αὐτῷ Bg.² („usque ad tertium diem" coll. Theocr. 18, 14; at hoc ad ἐφεζόμενοι si possit pertinere, ad δῶρα ἐξέφαναν vix potest) || extr. explicant sex libri familiae Parisino-Venetae VXXXXY nisi quod quatuor (VXXX) etiam fragmentum N. VI (34—46 = 57—74 vulg.) continent. In reliquo Pindaro tribus tantum fontibus uti licet: 1, Vaticano (BB); 2, Mediceo (D et in quibusdam DDDD); Triclinianis (α'β'γ'ϱ'δ'ϛ'ϛ'ε'ζ'η'). — Ibidem explicat fol. 198 in B et in D pag. 63, a || 69 Γαδέρων (Sm.) || post ζόφον comma habent B.D. || 70 αὖτις omnes || εὐρώπαν [B]Bα'β'ϱ'η' Al. Ro.* — εὐρώπην D — Εὐρώπαν Mr. St. Ox.* (cum Sch.) — Εὐρίαν Sm. — Εὐρώπας Bd. — εὐροπὰν (i. e. εὐρυσπὰν!) Pw. — εὔπορον Ky. — εὐρωπὰν Bg.² — Εὖρον ἂν Ah. (i. e. ἂν' Εὖρον, Euro adverso, versus Eurum). Proprium non removerim; cf. ad Metr. || post χερσὸν plene dist. BB || 73 -γύων B, — γαίων D, — γυίων [B]BD etc. || 74 κάρυξ B — κάρυξ D[α']ζ' Al. Ro.* — κάρης ζ' — κάρης ε' — κάρυξ Bδ' Sw.¹²³ Librarius codicis B signum productae in B non recte intellexit. || ἕτοιμος BBDα'ϱ'ζ'η' Al. Ro.* — ἑτοῖμος Bö.* || 75 ὀλ. BBDα'ϱ'η' Al Ro.* Ox.* — Οὐλ. Sm. Bü.* recte; vide ad Metr. — Erravi de hoc loco in annot. ad O. VIII, 1. || verba καὶ ἰ. ν. τε omittit η' || νεμέᾳ] ἀντὶ μιᾷς gl. Tricl.

οὐ νέοντ' ἄνευ στεφάνων, πάτραν ἵν' ἀκούομεν,
Τιμάσαρχε, τεὰν ἐπινικίοισιν ἀοιδαῖς
πρόπολον ἔμμεναι. εἰ δέ τοι
80 μάτρῳ μ' ἔτι Καλλικλεῖ κελεύεις

στάλαν θέμεν Παρίου λίθου λευκοτέραν· Στρ. ια'.
ὁ χρυσὸς ἑψόμενος
αὐγὰς ἔδειξεν ἁπάσας, ὕμνος δὲ τῶν ἀγαθῶν
ἐργμάτων βασιλεῦσιν ἰσοδαίμονα τεύχει
85 φῶτα· κεῖνος ἀμφ' Ἀχέροντι ναιετάων ἐμὰν
γλῶσσαν εὑρέτω κελαδῆτιν, Ὀρσοτρίαινα
ἵν' ἐν ἀγῶνι βαρυκτύπου

77 οὐ νέοντ' ΒΒD Ρᵒ Ur. Cp.* (Ur. gl. ἐληλύθασι adscripsit e Sch. οὐ νέον D ᵃᶜ — οὐ νέον γ' α'β'ϱ'ϱ̈'η' — οὔ, νέον γ' ε' — οὔ. νέον γ' ζ οὐ, νέων γ' Al. — οὐ νέων γ' Ro. ‖ . πάτραν νιν Β.Βα'β'ϱ̈'ε'ζ'η' St. Sch. Vet. et Rec.; gl. Tricl. αὐτὴν) — πάτρανιν Dᵃᶜ — πάτραν νιν Dᵖ , πάτραν νιν Ro. Br. —, πάτραν νιν Mr. — . πάτραν νὶν Cp. Sm.* —. τραν, νὶν Pw. —, πάτραν ἵν' Hm. Bö.* — . πάτραν σφιν Be. (Bg. vs. 78 ἐάν) ‖ 78 τεὰν omnes (εᵃᶜ τεᾶν) cum gl. Tricl. τὴν σὴν, συνί — σὰν Hm. — (ἐὰν Bg.³). — Pindarus ob σαρ proximum τεὰν prae ut ad O. IX, 16 indicatum est. Eandem ob causam I. VI, 50 τεαῖσι syllabum) scripsit. ‖ 80 μάτρωϊ μ' Β.ΒDα'ϱ̈'ζ'η' Al. Ro:* (cum gl.' συνίζησις) — μάτρω μ' D, — μάτρῳ μ' Hy.* — μάτρωι μ' Be. στάλαν omnes ‖ post θέμεν commate interpungunt B Ox. Hy. Be. — nius δ' Sm. (Sm. apodosin a Παρίου incipientem statuit) — non dist. Al. Ro.* Bd. Bö.* (sed in D plene post παρίου) ‖ extr. plene dist. B (cum Sch.) — colo Pw. Hy. Be. Ra. Bg.² Ht. — commate Dε'η' Al Bö.* Ellipsis apodoseos („audio", „faciam"), quam Sch. statuit, recte siderata ad idem redit cum anacoluthia Hermanno - Disseniana. C O. II, 99. ‖ 82 ὁ χρυσὸς (sine particula) mss. Al. Ro.* Bö.²* (cum — ὁ χρυσὸς δ' Bö.¹ Ht. — χρυσὸς μὲν (γὰρ) Ra.² ‖ 84 ἐργμ. ΒΒ ζ'η' Al. Ro.* — ἐργμ. Dε' ‖ 86 ὀρσοτρίαινα BBDα'β'ϱ̈'ϱ̈'ε'ζ'η' Al. R τριαίνᾳ Mr. — τριαίνα Cp. Br. St.* Cf. ad O. VIII, 48 ‖ 87 ἵν' ἐν Al. Ro.* — ὃς ἐν Ra. (Bg.²) — δὶς ἐν (Bg.²) — ἕνεκ' conieci (coll. I 33) quod fuisse haud mireris qui reprehenderent et expellerent; vide XIV, 19 et Steph. Thes. s. v. ἕνεκα. At vulgatam defendi posse cum et Hs. existimo. Opponitur enim locus ubi nunc mortuus commora ubi olim vivus victoriam reportavit.

NEMEA IV.

θάλησε Κορινθίοις σελίνοις·

τὸν Εὐφάνης ἐθέλων γεραιὸς προπάτωρ   Στρ. ιβ'. 145
90 ἀείσεται, παῖ, ὁ σός.
ἄλλοισι δ' ἄλικες ἄλλοι· τὰ δ' αὐτὸς ἄν τις ἴδῃ,
ἔλπεταί τις ἕκαστος ἐξοχώτατα φάσθαι.   150
οἷον αἰνέων κε Μελησίαν ἔριδα στρέφοι,

88 θάλλησε Sm. || -θίοισι BBD — θίοις recc. Al. Ro.* || 89 τὸν] τῶν (Bg.²) Ah. || 90 ἀείσεται, παῖ, ὁ σός. scripsi — ὁ σὸς ἀείσεται, παῖ mss. Al. Ro.* Bg.² (ι' ᵃᵒ ἀεισέ αι — ε' ᵖᵒ ἀείσε αι) — ὁ σός γ' ἀείσατο, παῖ. Pw. Be. Aw. — idem (sine γ') Hy. — ὁ σὸς ἄεισέν ποτε, παῖ. Hm.¹ — idem (sine ὁ) Bö. Hm.²* — ἀεισέ σοί ποτε, παῖ. Ht. (male; cf. ad O. IX, 16) — ὁμῶς ἀείσετ', ἐπεὶ (ἀλλοισιν ἄλικες ἄλλοι.) Ky. — (τῶν ...) ὁ σός γ' ἐπάϊσε, παῖ. (Bg.² „quas victorias lubenter Euphanes animadvertit") — σὸς ἄεισεν (ἄειδεν) τότε, παῖ. Ra. (audacis emendationis emendatio) — (τῶν ...) ὁ σὸς ἀσεῖτ' ἀΐων (i. e. ϝασεῖτ' pro ᾔσεται) Ah. — Futurum ἀείσεται constat a Scholiastis lectum esse, quippe cum et ipsum ἀείσεται repetant et ὑμνήσει ter in paraphrasi ponant; est etiam gl. Tricl. ὑμνήσει. Videtur ὁ σός vel ab imperito metrico traiectum; est enim αι in prima theseos dactylicae correptum N. V, 52 et in eadem voce παῖ O. IV, 6; vel casu a calce versiculi ad principium delatum. || 91 τὰ δ' αὐτὸς ἄν τις τύχῃ(η) B.BDa'β'g'ε'η' Al. Ro:* Ox.* — τῶν δ' αὐτὸς ἂν τυχίῃ Sm. — αὐτὸς δ' ἰδὼν ἁ τύχῃ Bd. (e Sch.¹ᵃ) — τὰ δ' αὐτὸς ἂν τύχε τις Pw. — τὰ δ' αὐτὸς ἀντιτύχῃ (ἂν τετύχῃ, ἄντα τύχῃ) Mi. (tertium scripsit Bg.²) — τὰ δ' αὐτὸς ἄν τι τύχῃ Be. — τὰ δ' αὐτὸς ἄν τις ἴδῃ Hm. Bö.* (ex Sch.¹ ἅπερ αὐτὸς εἶδε). — Vulgata e glossa τύχῃ θεασάμενος orta; nam ἅπερ δὴ ἄν τις τύχῃ θεασάμενος est paraphrasis Sch.³ (repetit. in Sch. Tricl.). — Sch.² ὅπως ἂν τύχῃ (λέγων) vulgatam videtur ante oculos habuisse. Possit scribi αὐτὸς τὰ δ' ἄν τις ἴδῃ. || 92 ἔλπεται Dη' Ro. || φάσθαι BBDa'ε'η' — φάσθαι Al. Ro.* || 93 οἷον B.B — οἷον (Aristarch.) α'β'g'ζ'η' Cp.ᵐ (cum Sch. Tricl.) — οἷον (Didym.) D Al. Ro:* — οἷαν (coni. apud Bö.¹) — οἵων Ah. („propter talia quae ipse vidi") || ἔριδα στ. [B]BD.α'β'g'ε'ζ'η' Al. Ro.* Bö.²* — ἔριδας στ. (Aristarch. et Didym.) Bö.¹ (cum Sch. Tricl.) in quo Pindarum non sensisse cacophoniam recte observat Bö. Cf. ad O. IX, 16. || στρέφοι] στρέφει ε'ᵃᵒ — στρέφοιν (Bg.²) Ah. (i. e. στρέφοιμι). Poeta, dum simulat se agere de unoquoque qui quae praesens viderit laudat, re vera de se ipso agens acerrimum se Melesiae defensorem et patronum fore profitetur, ut O. VIII, 53 sqq. ubi inspice notam. Videtur in vituperationem aemulorum occurrisse ob Melesiae amicitiam. Polemica saepius in exitu carminum collocantur, ut in O. II; P. II; N. VII. Errant qui haec ad Euphanem referunt.

ῥήματα πλέκων, ἀπάλαιστος ἐν λόγῳ ἕλκειν,
95 μαλακὰ μὲν φρονέων ἐσλοῖς,
τραχὺς δὲ παλιγκότοις ἔφεδρος.

94 ἐν] ὂν Hm. Cf. Rh. XVIII, 303 et ad O. II, 63. Intellige ὥστε ἐν λόγῳ (ὥσπερ ἐν ἱμάντι) δεθέντα ἕλκεσθαι; cf. N. VI, 36. || ἕλκειν B^{ac} B,BDa'β'ǧ'ǧ'ε'ζ'η' Ur. Bth. Bö. Hm.²* (cum Sch.) — ἕλκει B^{pc} Al. Ro.* Hm.¹ — de infinitivo cf. ad P. IV, 146. || 95 μαλθακὰ B.BD.a'β'ǧ'ε'ζ'η' Al. Ro:* — μαλακὰ Sm.* — cf. P. II, 83 sqq. || ἰσχροῖς D, — ἐσλοῖς rell. Cf. ad O. II, 19 || Sch. D ἀλληγορικὸν (pro ἀθλητικὸν) δὲ τὸ νόημα.

Subscr. ὕμνου τέλος τιμασάρχου αἰγινήτου: α' — τέλος. ζ' — nulla in [BB]Dε' etc.

ΝΕΜΕΟΝΙΚΑΙ Ε'.

ΠΥΘΕΑι ΑΙΓΙΝΗΤΗι

ΠΑΙΔΙ ΠΑΓΚΡΑΤΙΑΣΤΗι.

Strophae.

Epodi.

Στρ. α'.

Οὐκ ἀνδριαντοποιός εἰμ᾽, ὥστ᾽ ἐλινύσοντα ϝεργάζεσθαι
ἀγάλματ᾽ ἐπ᾽ αὐτᾶς βαθμίδος

Inscr. πυθέα παιδὶ αἰγινήτη, ᾠδή ε'. B — de B n. n. — πυθίῳ υἱῷ λάμπωνος παγκρατιαστῆ: Da'β'ℨ's'ζ'η' Al. Ro.* — id. (sed αἰγ. inserto) Sm. Ox. — π. αἰγ. παγκ. ἐν παισί. Hy. — π. αἰγ. παιδὶ παγκ. Bö.*

1 ὥστε α'η' — ὥστ' (ὥς τ') BB etc. || ἐλινύσοντ' ϝργ. BB Bd. — ἐλινύσοντ' ϝργ. Schol. ined. ad I. II, 46 (= 66) in D — ἐλινύσσοντ' ϝργ. D — ἐλλινύσσοντ' ϝργ. a'β'ℨ'ℨ'ℨ' (etiam Sch. in s') — ἐλλινύσσοντ' ϝργ. ε' Al. Ro. Cp. St. — ἐλλινύζοντ' ϝργ. η' — ἐλλινύζοντά μ' ϝργ. Br. Mr. — ἐλινύσσοντά μ' ϝργ. Ox. Hy.²* — ἐλινύσοντά μ' ϝργ. Sm. (Hy.¹) Be. Bö.* — μ' (interpo-

ἐσταότ'· ἀλλ' ἐπὶ πάσας ὁλκάδος ἔν τ' ἀκάτῳ, γλυκε
  ἀοιδά,
στεῖχ' ἀπ' Αἰγίνας, διαγγέλλοισ', ὅτι
Λάμπωνος υἱὸς Πυθέας εὐρυσθενὴς
5 νίκη Νεμείοις παγκρατίου στέφανον,
οὔπω γένυσι φαίνων τέρειναν ματέρ' οἰνάνθας ὀπώραν,

Ἀντ.
ἐκ δὲ Κρόνου καὶ Ζηνὸς ἥρωας αἰχματὰς φυτευθέν
  καὶ ἀπὸ χρυσεᾶν Νηρηίδων
Αἰακίδας ἐγέραιρεν ματρόπολίν τε, φίλαν ξένων ἄρ
  ραν·

latum ab imperita manu editoris Brubachiani; cf. Hy.³ praef. p. 40) nec in
est nec in Scholiis et ita supervacaneum ut vel noceat, quamquam aliis
ubi magis perplexa est constructio verborum, ut O. I, 104, pronominis r
titio apud infinitivum non offendit. Correxi in Sch. Germ. p. VII. ‖
ζεσθ' (sic) D
  2 om. D in ordine, sed additus in margine ut στίχοι κείμενοι (
5. vulg.) ‖ ἐστ. η' — ἐσταῶτα Sch. D ad Isthm. II, 66. ‖ πάσης B
Ro; — πάσας ᵟᵟη'[α'β'ε'ζ'] Al. Ro.* ‖ ὁλκ. η' ‖ γλυκεῖ' ἀοιδά B]
β'ᵟᵟᵟη' Sch. Sm. Bd. Hy.* — γλυκεῖ ἀοιδα ᵟ — omissum in ε'ζ' Al.
Ox. ‖ στεῖχ' BBD Co. Sm.* Hy. Be.* — στοίχ' α'β'ᵟᵟε'ζη' Al. Ro.⁴
‖ ὅτι [B]BDa'ᵃᶜ?β'[ᵟ]ε' Al. Ro.* — ὅτοι α'ʳᶜᵟᵟη' ‖ 5 νίκη BBD
Ro. Cp. Br. — νικῇ α'[β']ᵟᵟ¹[ε'] Schol. (Eustath. Pr. 11.) Al. Mr.* —
η'ʳᵉ — νικᾷ gl. α' — νίκη ᵟᵉ — νίκη (Hy.) Bö.* — νίκαν (... στεφ
Be. ‖ νεμίοις Al. Ro.* — νεμέοις St. — νεμείοις scripti Sm.* ‖ extr.
dist. B[B]D — plene dist. recc. Al. Ro.* — commate (Ln.*) Hm.
(cum Sch.) ‖ 6 γένυσι φαίνων B.BD. Hm.¹ Bö.* (cum Schol. qui pe
pium participio δεικνὺς reddit) — γένυι φαίνων Hm.² Ra. Ht. (Sch.
γενειάδι) — γένυσι φαίνεν Ro; — γένυς φαίνεν η' — γένυς φαίνεν α'β'ᵟ
Al. Ro.* — γένυς φᾶνεν Pw. Primum systema octies ab antistrophic
flectit; cf. O. VII. ‖ τερείναν B.B — τέρειναν Al. Ro.* η' [rell.?] [
τέρα BBDη' — ματέρ' [rell.] Al. Ro.* — ματρί (Bg.²) — ματίρ' d
esse non potest: cf. ad O. VIII, 52; Ra. in Ia. 77, 244; Fr. in Pl
36. ‖ οἰνάνθαν ὀπώρας Pw. (Bg.) Ra. Ht. — οἰνάνθας ὀπώραν rell.
II, 5. ‖ 7 χρυσεᾶν B — χρυσεᾶν BD Bö.* Schol. in D — χρυσέων
Al. Ro.* ‖ νηρεΐδων BBD — νηρηΐδων recc. Al. Ro.* ‖ 8 ἐγέραιρε
Ro; (cum Sch.) — ἐγέραιρεν α'β'ᵟᵟη' Al. — ἐγέραινεν ᵟε' — ἐγέραρε
(vitiose?). Cf. O. V, 5. ‖ ξείνων B.BD. Ro; — ξένων recc. Al. Rc

NEMEA V.

τὰν ποτ' εὔανδρόν τε καὶ ναυσικλυτὰν
10 θέσσαντο πὰρ βωμὸν πατέρος Ἑλλανίου
στάντες, πίτναν τ' εἰς αἰθέρα χεῖρας ἁμᾶ
Ἐνδαΐδος ἀριγνῶτες υἱοὶ καὶ βία Φώκου κρέοντος,

Ἐπ. α'.

ὁ τᾶς θεοῦ, ὃν Ψαμάθεια τίκτ' ἐπὶ ϝρηγμῖνι πόντου.
αἰδέομαι μέγα ϝειπεῖν ἐν δίκᾳ τε μὴ κεκινδυνευ-
μένον,
15 πῶς δὴ λίπον εὐκλέα νᾶσον, καὶ τίς ἄνδρας ἀλκίμους
δαίμων ἀπ' Οἰνώνας ἔλασεν. στάσομαι. οὔ τοι ἅπασα κερδίων
φαίνοισα πρόσωπον ἀλάθει' ἀτρεκής·

9 ναυσὶ κλυτὰν omnes scripti (in B̯ κλυτῶν?) Al. Ro.* Bg.² Schol. (cum Lo. Path. I, 556) — ναυσικλυτὰν Bö.* — vide ad O. VIII, 52. ‖ 10 ante παρ (πὰρ) non dist. BB̯Dη' Bö.* — plene dist. α' — commate [rell.?] Al. Ro.* ‖ πατέρος ἰλλ. omnes scripti Al. Ro.* — πατρός θ' ἰλλ. Sm. Hm.² Ht. Ra. — nihil moveo; cf. vs. 6. 12. ‖ 11 πάντις Schol. ad vs. 17. 21 corruptum pro στάντες quod est in omnibus scriptis et impressis ‖ πίτναν τ' ἰς BB̯D (ut videtur iunctim in B) — , πίτναντ' ἰς (plurimi iunctim ut videtur) α'β'ε̯'δ̯'ζ'η' Ox. — id. (sine dist.) Al. Ro.* — , πίτναν τ' ἰς St. Bd. — , πίτναντ' εἰς Sm. Hm.² — , πίτναν τ' εἰς Hy. Be.* — πιτνάντες ε' — πιτνάντες (τ' αἰθέρι χεῖρας, ἁμᾶ Ἐνδαΐδος τ' εὔγνωτες υἱοὶ) Ht. Ra. — Triclinius novam sententiam a πὰρ exorsus πίτναντ' voluisse videtur. De ἰς pro εἰς vide P. 11, 28; de medio πίτναντο ad P. I, 24. ‖ ἁμᾶ D ‖ 12 ἰνδαΐδεος D. (sed idem in Schol. ἰνδηΐδος) — ἰνδαΐδος B.B̯ recc. Al. Ro.* cum gl. Tricl. συνίζησις — Ἐνδᾳδος (ἀρ. sive 'ὠρ.) Hm.² ‖ ἀρίγνωτες mss. Al. Ro.* — ἀριγνῶτες scripsi. Cf. ad O. VI, 67. ‖ φώκου η'¹ ‖ 13 τοῦ τᾶς θεοῦ Sm. — ὁ τᾶς θεοῦ omnes rell. Cf. Rh. IV, 548 sq. ‖ ἐπὶ ϝρ. Cf. ad O. IX, 91. ‖ τὸν BB̯Dα'β'δ̯'ε̯'ζ'η' Al. Ro.* Ox.* — ὂν Sm. Bd. Hy.²* ‖ τίκατ' (sic) D ‖ 14 τ' οὐ μὴ Hm. — τι μὴ Ht. Ra. — τὸ μὴ ε'ζ — τί. μὴ D — τε, μὴ [B] Ro. Br. Mr. — τε μὴ rell. ‖ 15 δὶ D — δὴ rell. ‖ εὐκλέαν Ro.* — εὐκλέα scripti Al. St.* ‖ καὶ τίς BB̯D[α']ε̯'δ̯' Ro.* — καὶ τίς η' — καί τις Al. ‖ 16 ἀποινώσας Al. Ro.* Ox. — ἀποινώσαις Hy. Be. — ἀπ' οἰνώνας BB̯Dα'β'ε̯'δ̯'ϗ'ε'ζ'η' Sm. Bd. Bö.* (cum Sch.) — Absurdum vitium Aldinae Romana (ex Al. in hac parte impressa) propagavit. ‖ -σῖ. B — σι. B̯D — σιν. recc. Al. Ro.* ‖ 17 φαίνοισα omnes ‖ ἀλάθεια η' ‖ ἀτρεκές coni. Bg.² — ἀτερκὴς D — ἀτρὺκ (sic) ϗ' — ἀτρεκής. BB̯ etc.

καὶ τὸ σιγᾶν πολλάκις ἐστὶ σοφώτατον ἀνθρώπῳ νοῆσ(

Στρ.

εἰ δ' ὄλβον ἢ χειρῶν βίαν ἢ σιδαρίταν ἐπαινῆσαι πόλ
μον δεδόκηται, μακρά μοι
20 αὐτόθεν ἅλμαθ' ὑποσκάπτοι τις· ἔχω γονάτων ἐλαφ
ὁρμάν·
καὶ πέραν πόντοιο πάλλοντ' αἰετοί.
πρόφρων δὲ καὶ κείνοις ἄειδ' ἐν Παλίῳ
Μοισᾶν ὁ κάλλιστος χορός, ἐν δὲ μέσαις
φόρμιγγ' Ἀπόλλων ἑπτάγλωσσον χρυσέῳ πλάκτ
διώκων

Ἀντ.

25 ἁγεῖτο παντοίων νόμων. αἱ δὲ πρώτιστον μὲν ὕμνη(
Διὸς ἀρχόμεναι σεμνὰν Θέτιν

18 ἀνθρώπῳ BD[α']β'ϱ'δ'δ'ε'ζ'?η' Al. (Hy.) Be. Hm.¹² Bö.* — ἂν..
(sic) B̅ (cum legere non posset autographon Vaticanum) — ἀνθρώπων]
male — ἐν καιρῷ (Hm.¹² a Sch. lectum esse putabat) Ht. || 19 χ
B.BD. Ro; Hm. Bö.* — χερῶν recc. Al. Ro.* || σιδηρ. B?BDa'ϱ'
Al. Ro.* — σιδαρ. Hy.²* nullus scriptus, nam etiam B etsi festinantiu
que obtusius, tamen η scripsisse videtur. || δεδόκ. ε' || 19. 20 μακρά
αὐτόθεν BBD Hy. Hm.² — μακρά μοι δ' αὐτόθεν α'β'ϱ'δ'δ'ε'ζ'η' Al.
(Hm.¹) — μ. μοι δὴ αὐ. Bö.¹ Bg.² Ht. Ra. — μ. δὴ αὐ. Th. Bö.²¹
Hac sunt interpolatae lectionis emendationes. Cognita meliorum l
rum scriptura, iudicium Heynii et Hermanni optime confirmatur. Sc
μοι habent in paraphrasi; ἤδη, quod addunt, interpretationis est. Cf. I
|| 20 τίς. BB || ἔξω γοννάτων BBD — ἔχω γονάτων recc. Al. Ro.
ἐλαφρὰν BBDa'ϱ'δ'δ'.η'[ε'ζ'] Al. Ro.* Ox. Hy. Be. Hm.¹ (correpto αν) —
φρόν Sm. Bd. Bö. Hm.²* || ὁρμαὶ ε'ζ' — ὁρμὴν δ', — ὁρμάν rell.
Sch. ὥστε κούφως διὰ τῶν γονάτων ἐπὶ τὸ ἐξώτερον φέρεσθαι coniec
quando ὑπὲκ γονάτων ἐλάφρ' ἀνορμᾶν (sc. ἅλματα) i. e. „daturo saltus
les e genibus quasi profectos et subductos." || 22 κἀκείνοις BBDa'β'
ζ'η' Ro.* Sm. — κἀκ. Al. Mr. St. Bd.* — καὶ κείνοις Bö.* ||
BBDa'β'ϱ'δ'ε'ζ'η' Ro.* Ox. Be. — ἀεὶ δει Al. — ἄειδεν Sm. Bd. H
ἄειδ' ἐν Pw. Hm. Bö.* — Tricl. gl. est ἐν supra παλίῳ. Cf. ad O.
|| 23 ὁ om. Bᵃᵃ — habent ὁ Bʳᵉ B etc. || μέσσαις B.B Ro; Cp.
Ox. — μοίσσαις D. — μοίσαις α'β'ϱ'δ'ε'ζ'η' Al. Ro.* — μέσαις Sm. Bd
Be.*|| 24 πλάκτυ ε' || 25 ἀγ. Dϱ' || νόμων BBD St. Sm. Bd. Hy. Be
νομᾶν α'β'ϱ'δ'ε'ζ'η' Al. Ro.* Ox.

Πηλέα θ᾽, ὥς τέ νιν ἀβρὰ Κρηθεῒς Ἱππολύτα δόλῳ πε-
   δᾶσαι
ἤθελε ξυνᾶνα Μαγνήτων σκοπὸν　　　　　　　　　50
πείσαισ᾽ ἀκοίταν ποικίλοις βουλεύμασιν,
ψεύσταν δὲ ποιητὸν συνέπαξε λόγον,
30 ὡς ἄρα νυμφείας ἐπείρα κείνος ἐν λέκτροις Ἀκάστου 55

                                                   Ἐπ. β´.
εὐνᾶς· τὸ δ᾽ ἐναντίον ἔσκεν· πολλὰ γάρ νιν παντὶ θυμῷ
παρφαμένα λιτάνευεν. τοῦ δὲ ϝοργὰν κνίζον αἰπεινοὶ
   λόγοι·
εὐθὺς δ᾽ ἀπανάνατο νύμφαν, ξεινίου πατρὸς χόλον 60
δείσαις· ὁ δ᾽ εὖ φράσθη κατένευσέν τέ ϝοι ὀρσινεφὴς ἐξ
   οὐρανοῦ
35 Ζεὺς ἀθανάτων βασιλεύς, ὥστ᾽ ἐν τάχει

26 νιν omnes || ἀβρὰ D^{ech} || κρηθηῒς omnes scripti Al. Ro.* (cum Schol.) — θεὶς Hy.²* || ἱππολύτα omnes — ἱππολύτου fort. Schol. ubi ἡ ἀβρὰ Κρηθηῒς ἡ τοῦ ἱππολύτου θυγάτηρ legitur. || πεδῆσαι ι´ζ´ || 27 ἤθελε BBD Ro.* — ἤθελεν recc. Al. || ξυνεῦνα BB Ro.* — ξυνᾶνα Da´β´ξ´ϑ´η´ Al. Hy. Be.* cum Eust. Pr. 13 — ξυνῶνα ι´ζ´ || 28 πείσαισ᾽ B.BD^{ac}a´β´ ϑ´ϑ´η´ Al. Ro:* — πείσαι. D, — πείσας᾽ D^{ro} — πείσαισ᾽ ι´ζ´ || ποικί-
λοις BB Ro.* — λοι (sic) D — λοισι Al. — λοισιν a´β´ϑ´ϑ´ε´ζ´η´ || βουλεύ-
μασι BBD Ro.* recte? -σιν recc. Al. Bö.* || 29 συνέπαξε BB Ro.* —
συνέπλεξε Da´β´ϑ´ϑ´ε´ζ´η´ Al. — συνέπλασσε a Scholiaste lectum esse propter verba eius τὸ δὲ πλάσμα ἦν ψεύστης λόγος credunt. || 30 ὡς ζ´ — ὡς ε´ et rell. cum Schol. (ὅτι) || ἄρα scripti Al. Ro.* (cum Schol. Vet. et Rec.)
— ἆρα Bö.* || ἀκάστου BBε´ Ro.* — ἀκάστα Da´β´ξ´ϑ´ϑ´ζ´η´ Al. (in Tricl. ου supra) || 31 ἴσκε. BBD fortasse recte — ἴσκεν. recc. Al. Ro.* || μιν
omnes — νιν scripsi || θυμῷ(ῶ) omnes — μυθῷ (Ky.) || 32 - ευε. BBD
— ευεν. recc. Al. Ro.* || τοῦ δὲ, ὀργὰν omnes scripti (ὀργὰν D?) Al. Ro.* Hm.¹ cum Sch. (ut videtur) — τοῦ δέ τ᾽ ὀργὰν Hy.²* — τοῖο δ᾽ ὀργὰν Hm.²² — τοῦ μὲν ὀργὰν Bö.* — τοῦ δὲ θυμὸν Ky. — τοῦ δ᾽ ἄρ᾽ ὀργὰν Ra. Bg.² Ht. — τοῦ δ᾽ ὑπ᾽ ὀργὰν (Bg.²) || αἰπεινοὶ] gl. δεινοί ε´ || 33 ἀπανήνατο ε´ — ἀπανάνευτον B vitiose — ἀπόνατο δ´ — ἀπανάνατο B etc. || 34 δεί-
σαις BBD Hy. Be.* — δείσας a´β´ξ´ϑ´ϑ´ε´ζ´η´ Al. Ro.* || ὁ δ᾽ B.D.a´β´η´ Al. Ro:* — ὁ δ᾽ γ´ — ὁ δ᾽ B[ι´ζ´] Mr. St.* || εὖ φράσθη B.BD.a´β´ξ´ϑ´ϑ´ ζ´η´ Ro. Br. Mr. Ox. — ἐυφράσθη B,? ε´ — ἐφράσθη (in nullo ms.) Schol.? Al. Ro; Cp. St.* Hy. Be.* εὖ cum φράζεσθαι coniungit Hom. Od.

ΝΕΜΕΟΝΙΚΑΙ Ε'.

ποντίαν χρυσαλακάτων τινὰ Νηρεΐδων πράξειν ἄκι
τιν,

Στρ.
γαμβρὸν Ποσειδάωνα πείσαις, ὃς Αἰγᾶθεν ποτὶ κλειτ
θαμὰ νίσεται Ἰσθμὸν Δωρίαν·
ἔνθα νιν εὔφρονες ἶλαι σὺν καλάμοιο βοᾷ θεὸν δέκ,
ται,
καὶ σθένει γυίων ἐρίζοντι θρασεῖ.
40 πότμος δὲ κρίνει συγγενὴς ἔργων περὶ
πάντων. τὺ δ' Αἰγίνᾳ θεοῦ, Εὐθύμενες,
Νίκας ἐν ἀγκώνεσσι πίτνων ποικίλων ἔψαυσας ὕμνων.

Ἀντ.
ἤτοι μετ' ἀΐξαντα καὶ νῦν τεὸς μάτρως ἀγάλλει κε
ὁμόσπορον ἔθνος Πυθέας.

τ, 501. φ, 222 de singulis quae quis probe dispiciat; plerumque sine si
sic videtur habuisse Schol.
36 ποντιᾶν (Hy. Bö.) Be. Bg. Ht. — ποντίαν omnes scripti et
edd. — p. n. e. || νηρηΐδων Al. || πράξον D — πράξιν ε' || **37**
σειδάονα ε'ζ' Al. || -σας DᵖD, — σαις B.BDᵃᶜ recc. Al. Ro.* || ι
θεν D || κλυτὰν η' — κλειτὰ Dᵖᶜ || νίσεται BBDa'β'δ'δ'ε'ζ'η' Al
νίσσεται Ro.* (in nullo scripto, ut videtur). Cf. ad O. III, 10. || **3**
omnes scripti et impressi — μὲν (Hy.) Mi. — νιν scripsi — Hm.¹²
laudat Hom. Il. ν, 315; Od. λ, 570. || ἶλαι B.Ba'β'δ'δ'ε'ζ'η' Al.)
(Schol. in B et Ro.) — ἵλαι D. Sm.* (Schol. in D) || **39** ἐρίζοντι
recc. Ro.* — ἐρίζοντε B — ἐρίζωντι Al. || **40** συγγενὴς [B]B Ro.
συγγενὲς Da'β'δ'δ'ε'ζ'η' Al. (in a'δ'η' cum gl. ης) || πέρι ε' || **41** τύ
B, — τὺ δ' BBD recc. Al. Ro:* cum Schol. (σὺ δὲ ubi D omittit ε
θεᾶς B.BD.a'[β'δ'δ'[ε'ζ]η' Al. Ro.* Bd.* — θεοῦ Sm. Bö.* Hm.³
γίνα)θεν, ὦ Mi. („offendit ὦ" Hm.) — θεός Hm.¹ || **42** ἀγκώνεσσι c
— ἀγώνεσσι Schol.² (ubi est ἐν τοῖς ἀγῶσι τῆς θεᾶς νίκης, etiam in D
contuli hoc Scholion cum B) || πίτνων BB (Bg.²) recte — πιτνῶν Dή
Al. Ro.* Bg.² — πιτνῶν a'β'δ'δ' Bö.* — aoristum postulat Bö. ||
σας Ht. — ἔψαυσας rell. cum Schol. ἠδυνήθης πολλῶν || **43** ἤτοι B.BD.
ε'ζ'η' Al Ro:* — ἤτι δ' — ἤτοι Hy.²* — τόν τοι Ht. — οἴκοι Ra. |
ταίξαντα B.BD.a'β'δ'η' Al. Ro.* — μεταΐξας δ'δ' — μεταΐξας γε ε'

NEMEA V.

ἁ Νεμέα μὲν ἄραρεν μείς τ' ἐπιχώριος, ὃν φίλησ'
                             Ἀπόλλων·
45 ἅλικας δ' ἐλθόντας οἴκοι τ' ἐκράτει
Νίσου τ' ἐν εὐαγκεῖ λόφῳ. χαίρω δ', ὅτι   85
ἐσλοῖσι μάρναται πέρι πᾶσα πόλις.
ἴσθι, γλυκεῖάν τοι Μενάνδρου σὺν τύχᾳ μόχθων ἀμοιβὰν
                                      Ἐπ. γ'.
ἐπαύρεο. χρὴ δ' ἀπ' Ἀθανᾶν τέκτον' ἀεθληταῖσιν
            ἔμμεν.   90
50 εἰ δὲ Θεμίστιον ἵκεις, ὥστ' ἀείδειν, μηκέτι ϝρίγει· δίδοι
φωνάν, ἀνὰ δ' ἱστία τεῖνον πρὸς ζυγὸν καρχασίου,

μετ' ἀΐξαντα scripsi cum Ur. (Tr.? Sch.?) i. e. „post praegressum, festinantem", „post te qui primus in Victoriae amplexum irruisti". Cf. μετ' ἀμύμονα Πηλείωνα, nisi malis proprie, ut P. IX, 106; fr. 53 τρέχων μετὰ Πληιόναν; O. IV, 23; P. IV, 68 al.; ut suppleatur ἀΐσσων, i. e. τρέχων. ‖ μάτρως σ' (Bg.²) — μάτρως omnes rell. ‖ κείνου (i. e. Pelei) omnes. „Populus eadem cum Peleo stirpe ortus" Aeginetae sunt, quos ornat Pytheas. ‖ ἔθνος πυθίας omnes scripti Al. Ro.* Ht. quam scripturam alteri praeferunt Scholia Vetera — ἔθνος, πυθία. Mi. Bö.* quam alteram Scholiorum scripturam fuisse vv. dd. existimant.

44 ᾧ (Bg.²) — τῷ Ra. — ἁ omnes reliqui, cum Schol. ‖ ἄραρε B. BD. — ἄραρεν Be. Bö.* — ἄρηρε Ro; St. — ἄρηρεν α'[β']β̱ ϱ̱ ϛ̱'ζ'η' Al. Ro.* ‖ φίλησ' BBDα'[β']β̱ ϱ̱ ϛ̱'[ε'ζ']η' Al. Ro.* Ah. Sw. Bg.² — φίλασ' Bö.* ‖ 45 τε κράτει BB Ro.* Bd. Hy.⁸⁵ — τ' ἐκράτει Be. Bö.* — τε κρατεῖ D α'[β']β̱ ϱ̱ ϛ̱'?ϛ̱'ε'ζ'η' Al. Sm. Ox.* Hm. cum Schol. (νικᾷ). Cf. O. X, 8. ‖ 46 ἐν om. D, ‖ 47 hunc vs. om. B — non omittunt rell. sed in B ita scriptus est extremus in fol. 206 et scholiis proximus, ut facile librario Augustano scholion videri posset. ‖ ἐσλοῖσι omnes ‖ μάρνανται Aw. ft. recte. ‖ πέρι Bα'β'β̱ ϱ̱ η' Al. Ro. — πέρι D — πέρι [ε'ζ'] Cp.* ‖ 48 γλυκεῖάν B.B Ro: -κεῖαν D. recc. Cp.* cum Schol. ‖ συμπτυχᾷ Ht. ‖ ἀμοιβὰν D -βᾶν B — βᾶν B rell. cum Schol. ‖ 49 ἀθανᾶν B.BD Ro:* — ἀθανῶν D,α'β'β̱ ϱ̱ ϛ̱'ε'ζ'η' Al. ‖ τέκνον' (sic) ζ' ‖ ἀεθλ. BBD Ro.* Bg.² — ἀεθλ. [α']β'β̱ ϱ̱ ϛ̱'[ε'ζ']η' Hy.* ‖ ἔμεν BBDε'ρ°ζ' Al. Ro.* — ἔμμεν [α']β'β̱ ϱ̱ ϛ̱'ε'ᾳ°η' Sm. Hy.* ‖ 50 Θεμίστειον ε' Cf. ad O. XIII, 78 ‖ ὥστε η' ‖ post ῥίγει plene dist BBα'ϱ̱' Ro.* — commate D — non dist. β'ϱ̱'ε'ζ'η' Al. Bg.² — scripsi ϝρίγει (cf. frigere). Vide vs. 13. et N. III, 20 ‖ δίδου BBDα'β'ϱ̱ ϱ̱ ϛ̱'ε'ζ'η' Al. Ro.* — δίδοι Hm. Bö.* ‖ 51 ἀνὰ B.B — ἀνὰ (ἀνά) rell. ‖ ἱστία η'

πύκταν τέ νιν καὶ παγκρατίῳ φθέγξαι ἑλεῖν Ἐπιδαί-
 διπλόαν
νικῶντ' ἀρετάν, προθύροισιν δ' Αἰακοῦ
ἀνθέων ποιάεντα φέρειν στεφανώματα σὺν ξανθαῖς Χά-
 ρισσιν.

52 πύκταν ΒḆ Ro.* — πύκτα Da'β'ϱ̣'ϱ̣'ϱ̣'ε'ζ'η' Al. (cum gl. ου in etc.) || νιν omnes || παγκρατίῳ ΒḆ — τίου [Da'β'ϱ̣']ϱ̣'[ε'ζ']η' Al. Ro. τριπλόαν B Ro. — τριπενόαν Ḇ (non intellecto B festinantius scripto) διπλόαν B,D[α']β'ϱ̣'ϱ̣'[ε'ζ']η' Ro; Al. Cp.* (cum Schol. B Ro.; id omis in D) || **53** -οισι ΒḆDη' Al. Ro.* — οισσι δ' — οισιν [α']β'ϱ̣'[ε'ζ' Hy.* || **54** ἄνθεα ποιάεντα (sive ἰντα) B — id. sed ποιάεντα ḆDa'ϱ̣'ϱ̣'[ε' (in α' cum gl. συνίζησις) Al. Ro.* — ἀνθέων ποιᾶντα Hm. Bö.* — id. ποιάεντα Bg.² || ξὺν Al. — σὺν rell. || χάρισιν ΒḆDa'β'ϱ̣'ϱ̣'ε'ζ'η Ro.* Ox. Be. — σσιν Sm. Bd. Hy.*

Subscr. ὕμνου τέλος πυθία υἱοῦ λάμπωνος: α' — τέλος. ζ' — in BḆDε' etc.

ΝΕΜΕΟΝΙΚΑΙ ϛ'.

ΑΛΚΙΜΙΔΗι ΑΙΓΙΝΗΤΗι

ΠΑΙΔΙ ΠΑΛΑΙΣΤΗι.

Strophae.

Epodi.

Quattuor fuerunt de hoc carmine difficillimo disputationes Hermanni: 1789 (Hm.¹); 1809 (Hm.²); 1817 (Hm.³); 1844 (Hm.⁴). — Mea olim tentata in Rh. IV, 556—560 inveniuntur (Ms.¹); Rauchensteiniana in Ph. 13, 262 sq. — In ϛ' haec oda omissa est.

Inscr. ἀλκιμήδει. α'ζ' Al. — μίδει δ' — μίδ.. D — μίδῃ Ro.* — om. inscr. B — de B n. n.

ΝΕΜΕΟΝΙΚΑΙ ς'.

Στρ.

Ἓν ἀνδρῶν, | ἓν θεῶν γένος· ἐκ μιᾶς δὲ πνέομεν
ματρὸς ἀμφότεροι· διείργει δὲ πᾶσα κεκριμένα
δύναμις, ὡς τὸ μὲν οὐδέν, ὁ δὲ χάλκεος ἀσφαλὲς ο
    ἕδος
μένει οὐρανός. ἀλλά τι προσφέρομεν ἔμπαν | ἢ μέγα
5 νόον ἤτοι φύσιν ἀθανάτοις,
καίπερ ἐφαμερίαν οὐκ εἰδότες οὐδὲ μετὰ νύκτας | ἅ,
    πότμος
οἵαν τιν' ἔγραψε δραμεῖν ποτὶ στάθμαν.

Ἀντ.

τεκμαίρει | καί νυν Ἀλκιμίδας τὸ συγγενὲς ἰδεῖν
ἄγχι καρποφόροις ἀρούραισιν, αἵτ' ἀμειβόμεναι

---

3 ὡς (Hy.) ‖ ὁ δὲ] οὐδὲ Al. ‖ αἰεὶ mss. Al. Ro.* — αἰὲν Hm.
‖ 4 τί Ḅ — τι [B]D recc. Al. Ro.* (cum Sch.) ‖ 4 sq. ἔμπαν φυὰν ἢ |
νόον θνατοῖς Schol. Eurip. Med. 1214 ‖ ἔμπαν B.ḄD. Ro:* — ἔμπας ι
Al. Sm. Brevis non offendit; cf. ad Metr. ‖ 6 ἐφαμερίαν omnes ‖
νύκτας] κατὰ νύκτας Pw. — νυχίαν τίς Ht. — μεσονύκτι(ον τίς ἄμμι π
τίν') Ra. — Sch. Tricl. κατὰ τὴν νύκτα — gl. ᾧ' εἰς (νύκτας) ‖ ἄμμι
D[α']ẓ'ẓ'ẓ'[ζ'] Al. Ro.* — ἄμμι Sw. Ht. Ra.; idem ex β' refertur sed
credo hoc voluisse Triclinium, cum reliqui omnes ἄμμι habeant et gl.
Idem ἡμᾶς etiam Sch. Tricl. praestat, una cum accuratiore paraphri
Sch. Vet. Vide de collocatione huius accusativi ad O. I, 104. ‖ νύχ
ἄμμι πότμος, οὐδ' | ἄντιν' ἄρ' Hm.³ Vide ad Metr. ‖ 7 ἄν τιν' BBḌ
Al. — ἄντιν' α'ẓ'ẓ'ζ'ᵖᶜ Ro.* (gl. Tricl. ἥντινα) — id. (et δραμέειν) Hm.
οἵαν τιν' Hm.² Bö.* — ἂν σύμφυτον Hm.⁴ — αἶσαν τίν' Ah. — (
ἄντιν' (et ποτὲ pro ποτὶ) Bg.³ — , ἄντιν' (ἐνέγραψε) Ht. — De Hm
Ra. vide supra. ‖ 8 δὲ καὶ νῦν B.ḄḌ. Ro:* Ox. — δὲ νῦν ζ' — δί νυ
ẓ'ẓ'ẓ' (cum gl. δὴ sup. νυν); cf. ad O. III, 34 — δί νιν Al. — καί νυ
Bd. Hy. Bc.* — καὶ νῦν Pw. („praeferendum propter emphasin") ft. ι
vide Metr. ‖ ἀλκιμήδας ζ' — ἀλκιμίδα Ht. Ra. (iidem ante ἰδεῖν inte
gunt) — ἀλκιμίδας rell. cum Sch. Vet. et gl. Tricl. (ὥστε τὸ σ. ἰδεῖν
ad P. IV, 146 ‖ ante τὸ dist. Cp. Sm. Ox. — non dist. rell. ‖
. — ἴσον δ' Be. ‖ post ἰδεῖν plene dist. Pw. Hy. — commate ζ' A
Br.* Bd. — non dist. BḄD Cp. Sm. Ox. Hm. Bö.* ‖ 9 ante αἵτ'
dist. BḄζ' Ro. Di. Sw. — non dist. D (sed ante ἀρούραισιν plenι
commate Al. Cp.* Bg. Ht.

10 τόκα μὲν ὦν βίον ἀνδράσιν ἐπηετανὸν ἐκ πεδίων ἔδοσαν,
τόκα δ' αὖτ' ἀναπαυσάμεναι σθένος ἔμαρψαν. | ἦλθέ
                                        τοι   20
Νεμέας ἐξ ἐρατῶν ἀέθλων
παῖς ἐναγώνιος, ὃς ταύταν μεθέπων Διόθεν αἶσαν | νῦν
                        πέφανται   25
οὐκ ἄμμορος ἀμφὶ πάλᾳ κυναγέτας,

15 ἴχνεσιν ἐν Πραξιδάμαντος ἑὸν πόδα νέμων   Ἐπ. α'.
πατροπάτορος ὁμαιμίου.
κεῖνος γὰρ Ὀλυμπιόνικος ἐὼν Αἰακίδαις   30
ἔρνεα πρῶτος [ἐπεὶ δράπεν] ἀπ' Ἀλφεοῦ,

10 ἀνδρεσσιν BḆDa'§'ζ' [rell.] Al. Ro.* — ἀνδράσιν Hm. Bö.* ‖ ἐπηετανῶν Ro. ‖ ἐκ πεδίων BḆD Hm.⁴ Sw.²³ Bg.² — πεδίων (om. ἐκ) a'§'ζ' [r. r.] Al. Ro.* Ht. — Recte commentum Triclinianum removit Hm.⁴ nam „ἐπηετανὸν quattuor syllabis pronuntiandum est, ut Hes. Op. 605; Hom. hymn. in Merc. 113." ‖ **11** post ἔμαρψαν plene interp. BḆD[a']ζ' Al. Ro.* Hm. Bö.* — commate Pw. Hy. Be. ‖ **13** ἐν ἀγώνιος D ‖ **13** sq. νῦν τε πέφαντ' οὐκ ἄμμορος BḆ — id. (sed ἄμοιρος) D — νῦν πέφαντ' οὐκ ἄμοιρος a'§'ζ' [r. r.] Al. Ro.* — νῦν πέφανταὶ οὐκ ἄμοιρος Hm.¹ — id. (sed ἄμμορος) Hm.² Bö.* Ra. — νῦν τε πέφαται | οὐκ ἄμορος Hm.⁸ (ut πέφαται valeat εἴρηται et „participio iunctum verbum per copulam; vide ad Viger. p. 772.") — νῦν ὅτε πέφαντ' οὐκ ἄμορος Hm.⁴ (de locutione νῦν ὅτε vide ad O. X, 9 sqq.) — νῦν (γε) πέφαντ' οὐκ ἄμμορος Bg.² — νῦν ἐφάνη οὐκ ἄμορος Ht. ‖ **14** κυναγέτας cum antecedentibus coniungunt a'[§']ζ' Al. Ro. St. Sm.* — neutro loco interp. BḆD — cum seqq. Cp. Br. Mr. Bd. Ht. Ra. quae dispositio logica poetam minime decet; is enim verbis ἴχνεσιν κτλ. pergit in metaphora amplificanda, quam verbis οὐκ ἄμμορος κυναγέτας inchoavit. Scholiasta haec (ad prosae orationis modulum recte) transposuit. ‖ **15** aut ἐὸν aut ἰὸν BD — ἰὸν Ḇ etc. ‖ **16** ὁμαιμίου] ὁμαιχμίου Hm.⁴ Sw.²³ („iisdem exercitationibus dediti") — ὁμαίμονος Hck. — ὁμαισίου Ra. — Sch. simpliciter τοῦ ἑαυτοῦ πάππου. ‖ **17** -ονίκης [B,] Ro; — ὀνίκιος D — ὀνίκιος [BḆ]D, etc. ‖ **18** πρῶτος ἀπ' ἀλφ. mss. Al. Ro.* Ms.¹ — πρῶτος [ἐλαίας] ἀπ' ἀλ. Bö.* — πρῶτος [ἐνεγκὼν] ἀπ' ἀλ. Ky. — πρῶτος [ἑὐρρόου] ἀπ' ἀλφ. Hm.⁴ — πρῶτος [ἔνεικεν] ἀπ' ἀλφ. Bg.² Ra. — πρῶτος [ἐδρέψατ'] ἀπ' ἀλφ. Ht. — Ex Sch. νικήσας τοὺς προειρημένους στεφάνους nihil certi consequitur. Post varia tentamina a suspicione haplographiae profecta ut πρῶτος ἀπέδραπεν ἀπ' ἀλφεοῦ, ἀποσπάδι ἀπ', πρῶτος ἀπ' ἀλφεοῦ ἀποδραπών (cui favere possit quod omissiones eiusmodi in fine versuum usu veniunt

καὶ πεντάκις Ἰσθμοῖ στεφανωσάμενος,
20 Νεμέᾳ δὲ τρεῖς, | ἔπαυσε λάθαν
Σωκλείδᾱ, ὃς ὑπέρτατος
Ἁγησιμάχῳ υἱέων γένετο.

Στρ.

ἐπεί ϝοι | τρεῖς ἀεθλοφόροι πρὸς ἄκρον ἀρετᾶς
[25] ἦλθον, οἵτε πόνων ἐγεύσαντο. σὺν θεοῦ δὲ τύχᾳ
25 ἕτερον οὔ τινα οἶκον ἀπεφάνατο πυγμαχία πλεόνων
ταμίαν στεφάνων μυχῷ Ἑλλάδος ἁπάσας. | ἔλπομαι
μέγα ϝειπὼν σκοποῦ ἄντα τυχεῖν

ut O. X, 10; P. XII, 7; N. VI, 25 al.) substiti in his: πρῶτος ἀπὸ δ᾽
ὅτ᾽ ἀλφεοῦ; ἀπάρχεθ᾽ ὅτ᾽ ἀπ᾽ ἀλφ.; ἀπηύρεν (?) ὅτ᾽ ἀπ᾽ ἀ.; ἐπεὶ δ᾽
ἀπ᾽ ἀλφεοῦ. Nam postrema magis placuerunt ut lyrico fervore, qui co
nitatem cum audacia consociare solet, digniora, etsi ad certam persuasi
in talibus nequit perveniri. || ἀλφειοῦ Β^{so} — ἀλφεοῦ Β^{rcB} etc. C
O. VII, 16; IX, 18; XIII, 78.

19 πεντάκις] πέντε μὲν Ht. || Ἰσθμῷ B — Ἰσθμῶ B — Ἰσθμοῖ
— Ἰσθμοῖ recc. Al. Ro.* || **20** νέμεα ζ' Al. || τρίς, ἔπ. λ. mss. Al.
— p. n. e. — τρίς, λάθαν ἔπαυσεν Aw. — τρίς, κάππαυσε λ. (Bö.
τρεῖς, ἔπ. λ. Hm.⁴ (Bg.²) Ht. Me arbitro rectissima haec est versuum
iunctio, nam etsi protaxis voculae ποτὲ passim inveniatur (cf. O. VI:
tamen ea rarissima est, neque omnino in hac oda (ut in P. V) distα
res numeri mihi probantur. Inaequalitas structurae quae in τρεῖς ce
maxime Pindarica est; cf. O. VII, 86 (ab Hm.⁴ merito laudatum) ι
stra ad O. VII, 90. || **21** σωκλείδα. Bζ' Ro. Cp. Br. — δα BD Al.
α'δ' Mr. — δη δ' — δα, St.* Cf. ad O. XIII, 34. — Sch. D (Bö.
dationem confirmans) τὴν περὶ ἐκείνου λήθην ἔπαυσε ubi B νίκην ἔπαυ
tiose, Ro. νίκην ἐπαίνεσε inepte. || **22** ἀγησ. BDa'δ'δ' Al. Ro.* (cum
— ἀγησ. B Hm. Vide Metr. || -άχω BB Ro.* (Sch. [B] Ro. ἀχ
ἀχῳ Da'δ'δ' Al. Hm.² Bö.* (cum Sch. D ubi ω est, non ου; cumqu
Tricl. et gl. Tricl. τῷ ἀγ.). Cf. ad O. XIII, 34. || υἱῶν ἐγένετο BBJ
— υἱέων γένιτο α'δ'δ'ζ' Al. Sm.* De correptione diphthongi cf. ad O
78. || **23** ἐπεί οἱ B.a'δ' Rδ:* Ox. Hm.⁴ Sw.²³ Bg.² (cum Sch
emendato et intellecto) — ἐπεὶ οἱ BD.δ'? Al. St. Sm. Bd. Pw. F
Bö.* Ht. (contra Sch. et contra metrum) || **25** πλεόνων omissum
mss. Al. Ro.* (sed in a' gl. λείπει notat omissionem) — ex Sch. ι
Sm.* ||· **26** μυχῷ ἰλλ. B.BD. Ro:* — μυχῷ δ' ἰλλ. α'β'δ'δ'ζ' Al
Duplicem Vet. interpretationem repetit Tricl. in Sch. sed nihil dicit
|| Ω.π. D || **27** ἄντα σκοποῦ τετυχεῖν BB — ἄντα σκοποῦ τυχεῖν [B,]D
— τυχεῖν ἄντα σκοποῦ α'β'δ'ζ' Al. (in a' sup. τα est ἡ a sec. m.; in ξ

NEMEA VI.

ὥτ' ἀπὸ τόξου ἱείς· εὐθὺν' ἐπὶ τοῦτον ἐπέων, ὦ | Μοῖσ',
ἄγ', οὖρον
[30] εὐκλεῖα. παροιχομένων γὰρ ἀνέρων 50

Ἀντ. β'.

30 ἀοιδοὶ | καὶ λόγιοι τὰ καλά σφιν ἔργ' ἐκόμισαν,
Βασσίδαισιν ἅτ' οὐ σπανίζει· παλαίφατος γενεά,
ἴδια ναυστολέοντες ἐπικώμια, Πιερίδων ἀρόταις 55
δυνατοὶ παρέχειν πολὺν ὕμνον ἀγερώχων | ἐργμάτων

σκοποῦ) — τύχεν ἄντα σκοποῦ Sm. Bd. Hy. — σκόπου ἄντα τυχεῖν Mi. (Hy.) Hm. Bö.* (ex Sch.). Egregie. || extr. dist. plene α'ζ' Al. Cp.* — non dist. BBDϱ' Ro. Bö.* || 28 ὦ τ' BB Ro. — ὥτ' Ro; Cp. Br. Mr. Sm. Ox. (cum Sch. in Ro. [B]) — ᾧ τ' D Al. Pw. — ὥτ' α'β'ζ' Reizius Hy.* — ὥστ' St. Bd. || ἱείς. | B — ἱεὶς (ἱείς?). | B — ἱεὶς. | D — ἱεῖσ' | ϐ' — ἱεῖ | σ' ζ Al. Cp. Br. Sm.* — ἱεῖ, | σ' Ro. (vitiose) — ἱεῖ | σ'· Mr. — ἱεῖ | σ', α' St. — ἱείς· (Hy.) Be. Hm. Bö.* et „aliqui" (nescio qui, an Ln.?) apud Sm. (cum Sch. Vet. πέμπων) || εὐθὺν BBDa'β'ζ' Al. Ro.* Ox.* — εὐθυν' Sm. Bd. (Hy.) Be. Hm. Bö.* (cum Sch.). Vide O. VI, 103; VII, 34 || 28 sq. ἄγε | μοῖσα οὖρον ἐπέων εὐκλέα. | παροιχ. BBD Ro.* Ox. — id. (sed εὐκλί|α. παροιχ.) Be. — , ἄγε μοῖσα, | οὖρον ἐπέων | εὐκλέα. παροιχ. Hm.³ Ht. — , ἄγε, μοῖσα, | οὖρον ἐπέων εὐκλέα. παροιχ. Hm.⁴ — ἄγε | μοῖσ' οὖρον ἐπέων εὐκλέα. | παροιχ. α'β'ζ' Al — id. (sed ἐϋ|κλέα. παροιχ.) Hy. — , ἄγε | μοῖσα, οὖρον ἐπέων ἐϋ|κλέ'. ἄποιχ. Sm. Bd. — , ἄγε μοῖσα, | οὖρον ἐπέων εὐκλεᾶ. πα | ροιχ. Hm.¹ — ἄγε μοῖσα | οὖρον ἐπέων | εὐκλῇα. παροιχ. Hm.² (coll. Hom. Il. μ, 318 ἀκληεῖς) — ἐπέων, ὦ μοῖσ', ἄγ', οὖρον | εὐκλεῖα. παροιχ. Bö.* — ἐπέων, ἄγ', | οὖρον εὐκλί', ὦ μοῖσα. παροιχ. Aw. — ἄγε, μοῖσα, | οὖρον ἐπέων | ἐϋκλέ'. ἄποιχ. Ah. Sw. — , ἄγε, μοῖσα, | οὖρον ἐπέων εὐκλεῖα. παροιχ. Bg.² Vide ad Metr. || 30 ἀοιδοὶ omnes scripti Al. Ro.* (cum Sch.¹²) — ἀοιδαὶ Pw. Hm.⁴ Bg.² Ht. || καὶ λόγιοι BD recc. Al. Ro.* (cum Sch.¹²) Mi. — λόγιοί τε Hm.¹ — καὶ λόγοι B (cuius testimonium nil valet contra B ubi vox λόγιοι festinantius cum scripta esset facile primo obtutu λόγοι legi poterat) Hm.²³⁴ Bö.* || σφιν ζ' || ἔργα ἐκόμιξαν BD Ro.* (Pw.?) — ἔργα ἐκόμιζαν B (mendose ut λόγοι; cf. N. II, 19) — ἔργ' ἐκόμιξαν (Pw.?) Be. — ἔργ' ἐκόμισαν [α'β'ζ']β'ϐ' Al. Hy.²* — ἔργα κόμισαν Sm. Bd. — ἔργα ἐκόμισαν Ox. Hy.¹ || 31 βασσίδ. D — βουσιδ. Didymus — βασσίδ. BB etc. || παλαίφατος γενεά cum antecedd. coni. Bα'ζ' Ro.* — cum seqq. St.* — neutro loco [B]D Al. utrumque in Sch. || 32 πιεριδων ἀρόταις cum antecc. coni. [B]α'β'ζ' Cp.* (cum Sch.¹) — neutro loco BD Al. Ro. — cum seqq. St.* — ambigue Sch.² || 33 incipit fragmentum in VXXX quod in codice V incipit ultimum

[35] ἕνεκεν. καὶ γὰρ ἐν ἀγαθέᾳ
35 χεῖρας ἱμάντι δεθεὶς Πυθῶνι κράτησεν ἀπὸ ταύτ
| αἷμα πάτρας
χρυσαλακάτου ποτὲ Καλλίας ἀδὼν

Ἐπ. /

ἔρνεσι Λατοῦς, παρὰ Κασταλίᾳ τε Χαρίτων
ἑσπέριος ὁμάδῳ φλέγεν·
[40] πόντου τε γέφυρ' ἀκάμαντος ἐν ἀμφικτιόνων
40 ταυροφόνῳ τριετηρίδι Κρεοντίδαν
τίμασε Ποσειδάνιον ἂν τέμενος·
βοτάνα τέ νιν | ποθ' ἁ λέοντος
[45] νικάσαντ' ἔχε δασκίοις

folium. Vide vs. 44 et ad N. IV, 68 || παρέχει VXXX || om. πολὺ
|| ἐργμ. V? — ἐργμ. rell. (etiam X).

34 ἕνεκεν omnes || **35** ἱμαντωθεὶς Β.ΒDVX — ἱμάντι δε
α'β'ϟ'ζ' Al. Ro:* — Sch. D τὰ πυκτικὰ σκεύη μετὰ χεῖρας λε
ubi Ro. male τὰ πηκτά (B ft. τὰ πυκτά) || · ἀπὸ X — , ἀπ
Cp.* — ἀπὸ ΒΒ[DV] Al. Ro. Ox.* || αἷμα [BB]DX·[α'ζ']ϟ' Al.]
— ἅμα V? — ἅμα X¹ — αἵματι Hm.³⁴ || **36** χρυσαλακάτου ΒΒΙ
Hm.² Bö.* (cum Sch. Vet.) — χρυσαλακάτα α'β'ϟ'ϟ'ζ' Al. Ro.* Ox.
(cum gl. Tricl. ϟ in ultima) — χρυσαλακάτας Sm. Bd. (Hy.) — χρυσαλα
Hy. Hm.¹ — χρυσοπλοκάμου Hm.³⁴ (coll. Hom. hy. in Ap. 205) —
σεσκόμαις Ht. Vide ad Metr. || ἀδὼν ΒΒ Mr. — ἀδὼν D°°? — ἀδών
— ἀδὼν Al. Ro.* — ἀδὼν V Bö.* — ἀδὼν Xζ' St.* Hm. — ἀδὼν α'ϟ
(cum gl. Tricl. ἀρέσκων) — Sch. Vet. ἀρέσας in paraphrasi. Cf. a
VII, 18 || extr. male plene dist. Ro. Br. || **37** ἔρνεσσι VX || -λίαν
— λία ΒΒDζ' Al. Ro:* — λίᾳ [B,D,]α'β'ϟ'ϟ' Mr.* (cum Sch. Vet.) |
ἱσπερίοις D°° || ὁμάδῳ ΒΒDα'β'ϟ'ϟ'ζ' Al. St.* — ὁμάδω Cp. Br. — ὁ
V — ὁμαδῶ X — ὁμάδων Ro. Mr. || φλέγῃ ΒΒ — φλέγειν D°°
φλέγιν D°°Xα'β'ϟ'ζ' Al. Ro.* (cum Sch. Vet. et gl. Tricl.) || **39** τε
tunt ΒΒ — τὲ DX — τε [Va'β'ϟ']ζ' Al. Ro.* — p. n. e. || ἀμφικτ
ΒΒV Bö.* — ἀμφικτρόνων DXα'β'ϟ'[ζ'] Al. Ro.* || **40** τριετηρίδι |
τίδαν τίμασε. ΒΒDVX Bö.* (cum Sch. Vet.) — τριετηρίδι | τι
α'β'ϟ'ζ' Al. Ro.* Aw. Ms.¹ (cum gl. Tricl. τὸν καλλίαν) — τρ.
τιδᾶν (i. e. Corinthiorum) τιμ. Ra. (contra Sch. et mss.); cf. Ms
ad Metr. || **41** -δάνιον] — δώνιον X || ἂν] ἁ VX (in V cum gl. η) — ἂν
ἐν' Hy. || **42** νιν (νίν V Mr. St. Hy. Be.) omnes || πόθ' ἁ VXD, Al. Bö
ποθ', ἁ Β, — ποθ' ἁ ΒΒD etc. — πόα (Bg.²). Sch. Vet. ποτὲ τ
Vide ad Metr. et vs. 20 || **43** νικάσαντ' ἔρεψε δασκίοις ΒΒDVX —

NEMEA VI.

Φλιοῦντος ὑπ' ὠγυγίοις ὄρεσιν.

Στρ. γ'.

45 πλατεῖαι | πάντοθεν λογίοισιν ἐντὶ πρόσοδοι
νᾶσον εὐκλέα τάνδε κοσμεῖν· ἐπεί σφιν Αἰακίδαι
ἔπορον ἔξοχον αἶσαν ἀρετὰς ἀποδεικνύμενοι μεγάλας.
[50] πέταται δ' ἐπί τε χθόνα καὶ διὰ θαλάσσας | τηλόθεν
ὄνυμ' αὐτῶν· καὶ ἐς Αἰθίοπας
50 Μέμνονος οὐκ ἀπονοστάσαντος ἐπᾶλτο· βαρὺ δέ σφι
| νεῖκος ἔμπας

σαντ' ἔρεψ' ἀσκίοις α'β'ϱ'ζ' Al. Ro.* Bd.* (Al. ἔραψ' vitio) — νικάσαντ'
ἔρεφ' ἀσκίοις Sm. Hm.¹²⁸ Bö.* — νικῶντ' ἤρεφι δασκίοις Hm.⁴ Sw.²⁸ Ht.
— νικάσαντ' ἔρεφεν κάρα („sive πάλᾳ, sive νάπᾳ malis") coni. Bg.² Sch.
Vet. et νικάσαντ' et diserte δασκίοις tuetur. Utrumque numeris convenit,
sed ἔρεψε non item. Quare scripsi ἔχε ut P. IV, 79 ἐσθάς νιν ἔχεν. Vulgata ex glossa ἔστιψε (vide Sch.) orta, hinc per correctionem ἔρεψε.

44 ὠγυγίοις omnes scripti et impressi cum Sch. Vet. συμφύτοις καὶ ἀρχαίοις
ubi συμφύτοις ad δασκίοις pertinet de saltu arborihus condenso, ἀρχαίοις vero ad
ὠγυγίοις. Bg.² ὑλυγίοις coniecit (putans δασκίοις interpretationem fuisse vocis
ὑλυγίοις) allato Hesychio: ὑλυγίων] σκοτεινῶν, κακῶν, μακρῶν, ὀξέων, μεγάλων, quod mihi videtur alienum esse. || ὄρεσι. D — ὄρεσιν BBVXXXα'β'
ϱ'ζ' Al. Ro.* || expl. fragmentum in VXXX Vide vs. 33 et ad N. IV, 68
|| 45 πάντοθεν omnes || 46 τ' ἂν | δὲ Al. || σφισιν BBD — σφιν recc.
Al. Ro.* || 48 τηλόθεν (sine γ') [B]BD Ro.* Hy.²* Bö.* — τηλόθεν γ'
α β'ϱ'ζ' Al. Sm.* Hm.¹²³⁴ Vide ad Metr. || 49 ὄνομ' mss. Ro.* —
— οὔνομ' Al. — ὄνυμ' Be.* || 50 οὐκ ἂν ἀπον. B.BD. Ro; — οὐκ ἀπον.
α'ϱ'ζ' [r. r.] Al. Ro.* — οὐκ ἄναν. Bg.² coniicit ab aliis lectum fuisse ||
ἀπονοστάσαντος omnes — ἀπονοστήσαντος postulat Ah. (DD. 149) non sine
causa. Cf. N. XI, 26 et ad P. IX, 93. || ἐπᾶλτο mss. Al. Ro.* ad quam
formam ut ab ἐφάλλεσθαι factam a Bg.² laudatur Cram. Anecd. Ox. III,
397 — ἔπαλτο (v. l. apud Sch.) Sw. Ht. (cum Sch. ubi in BD ἐπάλθη legitur) || 50 sq. σφιν νεῖκος ἔμπεσ' ἀχιλεύς. χαμαὶ κάμβας BB — σφιν
νεῖκος ἔμπεσ' ἀχιλεύς] B, — σφι νεῖκος ἔντεσ' ἀχιλλεύς] D,ᵃᵒ — id. (sed
σφιν νεῖκος) D,ᵛᵒ — σφι νεῖκος ἔμπεσ' ἀχιλλεύς.] Ro; — σφιν νεῖκός ἔμπεσ' ἀχιλλεύς. χαμαὶ καββάς Da'β'ϱ'ζ' Al. Ro.* (in Al. σφι νεῖκος;' sine
dist. in a'β'ϱ' Al. Ro.; commate dist. in ζ' Cp.*; gl. Tricl. ἐνέπεσεν). Alii
aliter hunc locum emendaverunt; ego quod olim ex Scholiastae paraphrasi
ἐπέδειξιν, Hm.² Di. Ra.² ducibus, conieceram, nunc invexi; cf. N. XI, 14.
Sensus est: „Laudes Achillis vel apud Aethiopes celebratae sunt, tametsi
is contentionem iis maxime invisam ostendit." Glossema χαμαὶ expuli.

καββὰς Ἀχιλεὺς ἐπέδειξ᾽ ἀφ᾽ ἁρμάτων,

φαεννᾶς | υἱὸν εὖτ᾽ ἐνάριξεν Ἀόος ἀκμᾷ   Ἀντ. γ
[55] ἔγχεος ζακότοιο. καὶ ταύταν μὲν παλαιότεροι
ὁδὸν ἀμαξιτὸν εὗρον· ἕπομαι δὲ καὶ αὐτὸς ἔχων με-
λέταν·

55 τὸ δὲ πὰρ ποδὶ ναὸς ἑλισσόμενον αἰεὶ | κυμάτων
λέγεται παντὶ μάλιστα δονεῖν
θυμόν. ἑκόντι δ᾽ ἐγὼ νώτῳ μεθέπων δίδυμον ἄχθο
     | ἄγγελος βᾶν,

[60] πέμπτον γ᾽ ἐπὶ ϝείκοσι τοῦτο γαρύων

εὖχος ἀγώνων ἄπο, τοὺς ἐνέποισιν ἱερούς,   Ἐπ. γ
60 Ἀλκιμίδᾳ τό γ᾽ ἐπάρκεσεν

51 extr. non dist. BBD (St.) Hy. Be. Hm.² Ra.³⁴ — plene ζ᾽ Br. commate Al. Ro.* Bö.* || 52 -ζιν B Ro. Mr. — ξιν BDa'β'ξ'ζ' Al. Br. St.* Cf. vs. 30; ζ et ξ in antiquissimis mss. saepe figuram permuta: ft. B ξ voluit exprimere. || ἀοῦς αἰχμᾷ(ᾶ) mss. Al. Ro.* Bd.* Hm.¹ Tricl. cum gl. ambigua τῇ ὀξύτητι) — ἀόος αἰχμᾷ Sm. Hy. — ἀόος ἀ(Sm.) Bö.²* (cum Sch. Vet. τῇ ἀκμῇ τοῦ δόρατος) — ἀοῦς ἀκμᾷ B Hm.²³⁴ || 53 τάνδε Sm. Hy. — ταῦτα Pw. — ταύταν B.BD.a'β'ξ'ζ' Ro:* Bd. Ox. Hm. Bö.* Cf. ad Metr. || 54 ἀμ. B Ro. Cp. Br. E Bö.²* — ἀμ. [rell. mss.?] Al. Mr. St. Bd.* || 55 παρποδὶ D. Al. || BBD — αἰεὶ recc. Al. Ro.* || 56 omittunt παντὶ B ᵃ B (cum Sch.² ?) παντιός D — παντὶ B ᵇ recc. Al. Ro.ᵃ (cum Sch.¹) || 57 μεθέπων B.B Hm.² — μεθέπω Hm.¹ Ht. Errant qui Scholiastam participium non leg censent. || ἄγγελος ἔβαν mss. Al. Ro.* Hm.³⁴ Sw. — ἄγγελος βᾶν H Bö.* — ἄγγελός τ᾽ ἔβαν Hm.¹ — ἄγγελος ἐσβᾶν Bg.² — ἀγγελίας Vide ad Metr. || 58 πέμπτον ἐπὶ BBD Hm.³⁴ Ht. — πέμπτον ἐπ᾽ [a᾽: δ᾽[ζ] Al. Ro.* Bd.* Hm.¹ — τὸ πέμπτον ἐπ᾽ Sm. — πέμπτον γ᾽ ἐπὶ H Bö.* — πέμπτον τοι ἐπ᾽ Ah. Vide ad Metr. || τούτῳ D || 59 ἀνέπο ἱερούς ζ᾽ — ἀέθλοισιν ἱεροῖς Ht. — ἐνέποισιν. ἱερούς rell. || 60 κιμίδας τό γ᾽ ἐπάρκεσε κλειτᾷ(ᾶ) γενεᾷ(ᾶ). BBD Al. Ro.* Bd.* (ii ante τό γ᾽ plene dist.) — id. sed ἐπάρκεσεν recc. (in ζ᾽ -μήδας) — ἀλκιμίδα ἐπάρκεσε κλειτὰ γενεά. Sm. Hm.¹²³ Bö.* (Bö.* -κεσεν); coll. O. I, 57 — (sed ὅ τ᾽ pro ὅ γ᾽) Hm.⁴ Sw.²³ — . ἀλκιμίδα, τό γ᾽ ἐπάρκεσεν κλειτᾷ γ Ms.¹ (ut ἐπ. esset „sufficiebat" et ἀλκ. vocativus [cf. N. VII, 70], ii Scholiasta) — , ἀλκιμίδα τό γ᾽ ἐπάρκεσεν κλειτᾷ γενεᾷ. Aw. Bg.² („ nominativi forma Aeolica"); cf. Bö. de Crisi § 40 — , ἀλκιμίδα, τό γ᾽

NEMEA VI.

κλειτᾷ γενεᾷ· δύο μὲν Κρονίου πὰρ τεμένει,   105
παῖ, σέ τ' ἐνόσφισε καὶ σὲ, Πολυτιμίδα,
[65] κλᾶρος προπετὴς ἄνθε' Ὀλυμπιάδος.
δελφῖνί κεν | τάχος δι' ἅλμας
65 ἴσον εἴποιμι Μελησίαν,   110
χειρῶν τε καὶ ἰσχύος ἀνίοχον.

τ') ὑπάρκεσας κλειτᾷ γενεᾷ. (Bg.²) — ἀλκιμίδας ὑπάρκεσεν κλειτᾷ γενεᾷ. Ht. (vide supra). Teneo nunc vulgatam ferme integram cum Sch. (?) Aw. Bg.²
62 παῖ σε τ' ἐνόσφισε καὶ πολυτιμίδαν BB Bg.² Ht. (cum Sch. Vet.?) — παῖσέτ'ἐνόσφισε καὶ πολυτιμίδα D — παῖ. σε τ' ἐνόσφισε τιμίδαν α'[β'] ε'[ϛ']ζ' (cum gl. Tricl. ἤγουν τὸν υἱὸν τῶν τιμίων) — id. (sed παῖ, σ' ἔτ') Al. — id. (sed παῖ, σέ τ') Ro. Mr.* (Mr.* Τιμίδαν) — παῖδ' ἔτ' ἐνόσφισε τ. Cp. Br. Hm.¹² — παῖ, σέ τ' (σ' ἔτ'?) ἐνόσφισε, Τιμίδα, (Hy.) Mi. — ῥαῖσε σὲ καὶ Πολυτιμίδαν Ms.¹ quod vel ob sigmatismum (cf. ad O. IX, 16) intolerabile videtur esse, ut, si hoc fuit metrum, ῥαῖσε σε vel ῥαῖσ' ἔ τε (cf. O. IX, 14) multo praestarent — παῖ, σέ τ' ἐνόσφισε καὶ Πουλυτιμίδαν Bö.* cui formae et metrum et sonus et usus Pindari (cf. ad O. VIII, 1) obstant — id. sed οὐδὲ Πολ. Hm.³/⁴ — id. sed ἠδὲ Πολ. Hm.³/⁴ (Di.) — παῖ σ' ὅτ' ἐνόσφισε καὶ σὲ, Πολυτιμίδα, Hm.⁴ ingeniose. Sch. D ἀπεκρίθησαν (non ἀπεκρίθη) recte; idem Sch. Vet. ἐνόσφισε diserte agnoscit. Quod scripsi et a Sch. Vet. et a quarta Hermanni ratione proximum est; diffidenter tamen triplex σε in eodem versu admisi. || 63 ἥβας προπετὴς κλᾶρος Ht. || προπετής(ῆς) BBD Al. Ro.* — προπέτης α'ε'ζ' | ἄνθε'] ἔρνε' Hck. || οὐλυμπιάδος BB (de quo mendo vide ad O. VIII, 1 ubi adde h. l. et O. VIII, 85; N. III, 34) — ὀλυμπιάδος Da'ε'ζ' Al Ro.* — ὀλυμπιάδας Ht. || 64 δελφῖνι κε B.ᵃᵒ — δελφίνι κε B.ᵖ·BD. — δελφῖνί(νι) κεν α'ε'ζ' Al. Ro.* — δελφῖνι δὲ Ms.¹ Asyndeton tolli noluerim; cf. ad O. IX, 112. De nexu sententiarum (etsi nunc de vs. 60 cum Aw. et Bg.² statuo) exposui in Rh. l. l. || δ' ἅλμας B — δ' ἅλμας B — δι' ἅλμας (ἅλμα?) Da'ε'ζ' Al. Ro.* || 65 ἴσον εἴποιμι B.D Ro:* — εἴποιμι (omisso ἴσον) B — ἴσον εἴποιμι α'ε'ζ' Al. Sm.* — ἴσον φαμί (vel ὡς εἴποιμι) Ms.¹ — εἰκάζοιμι Bg.² dubitanter scripsit ex Sch.² ἀντὶ τοῦ ἴσον ἂν εἴποιμι κτλ. Vide ad Metr. || 66 χειρῶν BB Ro. Bö.* — χερῶν Da'ε'ζ' Al. Cp.*. || ἀνίοχον D

Subscr. ὕμνου τέλος ἀλκιμίδου αἰγινήτου. α' — τέλος.' ζ' — nulla in rell.

ΝΕΜΕΟΝΙΚΑΙ Ζ΄.

ΣΩΓΕΝΕΙ ΑΙΓΙΝΗΤῌ

ΠΑΙΔΙ ΠΕΝΤΑΘΛῼι.

Strophae.

[metrical scheme]

Epodi.

[metrical scheme]

Ἐλείθυια, πάρεδρε Μοιρᾶν βαθυφρόνων,   Στρ

Inscr. σ. al. πεντ. παι. D — id. (om. παιδί) ζ΄ — σ. al. πα α´ξ´ε´ Al. Ro.* — om. inscr. Ḅ[B?]

1 εἰλείθυια [B.ḄD. Ro; Br. Mr. St. — ἰλείθεια Al. — ἰλ α´ξ´ε´ζ´ Eb. Cp. Sm.* (-θυῖα Bd.) ‖ πάρεδρε μοι. B.ḄD, Sm.* Hm. (cum Sch. Vet.) — πάρεδρος μοι. Da´ξ´ε´.ζ´ Al. Ro:* Ox. Hy. — μοι εδρος Pw. Be. ‖ μοισᾶν B, Ro; — μοιρᾶν D, rell.

NEMEA VII.

παῖ μεγαλοσθενέος, ἄκουσον, Ἥρας, γενέτειρα τέκνων·
  ἄνευ σέθεν
οὐ φάος, οὐ μέλαιναν δρακέντες εὐφρόναν
τεὰν ἀδελφεὰν ἐλάχομεν ἀγλαόγυιον Ἥβαν.
5 ἀναπνέομεν δ' οὐχ ἅπαντες ἐπὶ ϝῖσα·
εἴργει δὲ πότμῳ ζυγένθ' ἕτερον ἕτερα. σὺν δὲ τὶν
καὶ παῖς ὁ Θεαρίωνος ἀρετᾷ κριθεὶς   10
εὔδοξος ἀείδεται Σωγένης μετὰ πενταέθλοις.

  πόλιν γὰρ φιλόμολπον οἰκεῖ δορικτύπων   Ἀντ. α΄.
10 Αἰακιδᾶν· μάλα δ' ἐθέλοντι σύμπειρον ἀγωνίᾳ θυμὸν
    ἀμφέπειν.   15
εἰ δὲ τύχῃ τις ἔρδων, μελίφρον' αἰτίαν
ῥοαῖσι Μοισᾶν ἐνέβαλεν· αἱ μεγάλαι γὰρ ἀλκαὶ

2 τέκνον D ‖ 3 οὐ φάος ἐκ μελαίνας δρακέντες εὐφρόνας Ht. ‖ εὐφροσύναν D — εὐφρόναν rell. ‖ 4 τεὰν ἐλάχομεν ἀδελφεὰν BB — τεὰν ἀδελφεὰν ἐλάχομεν D Ro.* (Hm.²) — id. sed ἀδελφὰν Sm. Hm.¹ (Hm.²) — τεὰν ἀδελφεὰν λάχομεν α'β'δ'ζ'ε' Al. (cum gl. Tricl. συνίζησις) Mi. ‖ 5 hunc vs. om. B ‖ ἐπ' ἶσα BD. — ἐπὶ ἶσα α'β'ε'ζ' Ro:* — ἐπὶ ἴσος Al. — ἐπὶ ἴσον β'? — ἐπὶ ἴσοις Be. — ἐπὶ ἴσας (Bg.²) — Paraphr. Tricl. ἐπίσης. ‖ 6 πότμῳ BBδ'β'ε'ζ' Ro.* St. Ox.* — πότμος D — πότμῳ (supra ν) α' (cum gl. ἤγουν ἡ εἱμαρμένη) — πότμῳ Al. Mr. Sm.* Hm. Bö.* ‖ ζυγόν|θ' BBDα'β'δ'β'ε'ζ' Ro.* Ox.* Hy.¹ — ζυγῶν|θ' ε'ες — ζυγόν|θ' ε'ρε Al. Br. — ζυγένθ' Sm.* Hm. Bö.* — ζυγοῦνθ' Wie. — ζυγόν (om. θ') Be. Hy.²* — ζυγοῖ θ' Bg.³ (ex Schol.) ‖ ἑτέρα Al. Ro. — ἕτερα mss. Cp.* ‖ de σὺν δὲ τὶν cf. ad O. IX, 16. ‖ 7 de ἀρετᾷ κριθεὶς vide ad O. I, 89. ‖ 8 εὔδοξος BB Ro.* — ἔνδοξος Dα'β'δ'β'ε'ζ' Al. (cum Sch.) ‖ πενταέθλοις BBD — πενταίθλοις rece. Al Ro.* ‖ 9 δορίκτυπον B¹B¹ — δορύκτυπον. D — δορικτύπων B·B·[α'B'[ε'ζ'] Al. Cp.* Bg.² — δορικτύπων Ro. (ex B male intellecto) — δορικτύπων Bö.²* — Paraphr. Schol. τῶν γενναίων. ‖ 10 δ' ἐθέλοντι omnes ‖ ἐγωνίας Ht. Vide Ky. et Ra. in Ph. 13, 426. ‖ 11 τύχῃ(η) τίς (τις) omnes — τύχᾳ τις Ma.¹ ‖ ἔρδων B.Bα'β'δ'β'ζ' Al. Ro:* — ἔρδων D.ε' Bö.² ‖ 12 ῥοαῖσιν β' — ῥοαῖσι rell. (cum Sch.²) — ῥοαῖσι Sch.¹? ‖ μοισᾶν ἔβαλε. ταὶ B Mr. St. — id. sine puncto BD — etiam B,D, Ro; ταὶ — μοισᾶν ἔβαλεν. ταὶ α'β'δ'ε'ζ' Ro.* — id. sine puncto Al. — μ. ἐνέβαλεν. Ταὶ Sm. Ox.* (ex Schol. Vet.) — μ. ἐνέβαλε. ταὶ Bd. Hm. Bg.² — μ. ἐνέβαλεν. αἱ (Hm.) Bö.* (coll. O. I, 57) — μ. ἐβάλετο· ταὶ cum dativo scopi? De medio cf. ad P. I, 24. 74; VII, 4.

σκότον πολὺν ὕμνων ἔχοντι δεόμεναι·
ἔργοις δὲ καλοῖς ἔσοπτρον ἴσαμεν ἑνὶ σὺν τρόπῳ, 20
15 εἰ Μναμοσύνας ἕκατι λιπαράμπυκος
εὕρηται ἄποινα μόχθων κλυταῖς ἐπέων ἀοιδαῖς.

σοφοὶ δὲ μέλλοντα τριταῖον ἄνεμον   Ἐπ. α′. 25
ἔμαθον, οὐδ᾽ ὑπὸ κέρδει βλάβεν·
ἀφνεὸς πενιχρός τε θανάτου πέρας
20 ἅμα νέονται. ἐγὼ δὲ πλέον᾽ ἔλπομαι
λόγον Ὀδυσσέος ἢ πάθαν διὰ τὸν ἁδυεπῆ γενέσθ᾽
Ὅμηρον.   30

ἐπεὶ ψεύδεσί ϝοι ποτανᾷ τε μαχανᾷ   Στρ. β′.

13 δέομαι D (ut videtur, negligenter scriptum) — δεόμεναι rell. ‖ 14 ἴσαμεν ἑνὶ σὺν τρόπῳ(ω) omnes mss. Al. Ro.* — l. ἐν ἴσον τρ. Pw. male — ἴσ᾽ ἅτε δέμας ἐμπρέπειν Ht. male — l. ἑνί γ᾽ ἐν τρ. Ra. dubitanter. Non opus. Scholia (quae in BD ut in Ro. leguntur) non confirmant coniecturas. ‖ 15 μνημοσύνας BBDa′β′ϱ′ε′ζ′ Al. Ro.* — Μναμοσύνας Bö.* Cf. ad P. IX, 93. ‖ 16 εὕρηταί τις ἄπ. BBDa′β′ϱ′ϱ′ζ′ Al. Ro.* Ox. — εὕρυταί τις ἄπ. (sic) ε′ — εὕρῃ gl. Tricl. — εὕρῃ τις ἄπ. Sm.* Hy. Be.* — εὕρηται ἄπ. Hm. Bö.* (cum Sch.¹²) ‖ 18 βλάβεν BB Bö. Hm.* (cum Sch.² ubi est ἐζημιώθησαν) — λάβεν D — βάλον α′β′ϱ′ϱ′ϱ′ε′ζ′ Al. Ro.* ‖ 19 ἀφνεός τε πενιχρός τε BBD Ro.* — ἀφνεὸς πενιχρός τε recc. Al. Sm.* ‖ 19 sq. θανάτου | παρὰ σᾶμα νέονται. BDa′ϱ′ϱ′ Ro.* — id. (sed σῆμα) ε′ζ′ — id. (sed σῶμα) Al. — id. (sed πέρι ut θ. π. dictum sit quemadmodum παρ᾽ Ἀΐδου (Hm.²) — θάνατον πάρα θαμὰ νέονται. Hm.² Bö.²* — θανάτου πέρας ἅμα νέονται Wie. Sw. Bg.² — θανάτου πέλας ἅμα νέονται. Ht. — ad σᾶμα est gl. Tricl. μνῆμα. — Paraphr. Vet. ὁμοίως τελευτῶσιν .... ὁμοίως τελευτᾷ. ‖ 20 πλέον B.BD.[α′?]ϱ′[ε′ζ′] Al. Ro.* Bd.* (cum Schol. [Vet. ut videtur et] Tricl.) — πλέον᾽ Sm. Bö.* ‖ ἔλπομαι D. Al. ‖ 21 ὀδυσσέως Al. — ὀδυσσέος rell. ‖ πάθαν BBD — πάθειν recc. Al. Ro.* ‖ ἀδ. D — ἀδ. rell. ‖ 22 ἐπεὶ ψεύδεσσί οἱ BB — ἐπεὶ ψεύδεσί οἱ D. Hm.²² Bö.* — ἐπεὶ ψεύδεσιν οἱ Sm.* — ἐπεὶ ψεύδεσίν οἱ α′β′ϱ′ϱ′ϱ′ζ′ — ἐπεὶ ψευδέσσιν οἱ Al. Ro.* Ox.* — ἐπεί οἱ ψευδέεσσιν Hm.¹ ‖ ποτανᾷ μαχανᾷ BBD[α′?] ϱ′ϱ′[ζ′] Al. Ro.* Ox.* Hm.¹ — ποτανᾷ γε μαχανᾷ Sm.* Hm.³ — ποτανᾷ τε μαχανᾷ Hm.² Bö.* (cum Sch.?) — ποτανοῖσι μαχανᾷ (Bö.¹ „aliquando coniecit" coll. P. VIII, 34) Ht. contra Scholiastam Veterem et Triclinium qui ποτανὴν μηχανὴν seorsum explicant, de poesi Homerica. De ipsius Ulixis mendaciis haec intelligit Fr. Dissentio.

NEMEA VII.

σεμνὸν ἔπεστί τι· σοφία δὲ κλέπτει παράγοισα μύθοις·
τυφλὸν δ᾽ ἔχει
ἦτορ ὅμιλος ἀνδρῶν ὁ πλεῖστος. εἰ γὰρ ἦν   35
25 ἓ τὰν ἀλάθειαν ἰδέμεν, οὔ κεν ὅπλων χολωθεὶς
ὁ καρτερὸς Αἴας ἔπαξε διὰ φρενῶν
λευρὸν ξίφος· ὃν κράτιστον Ἀχιλέος ἄτερ μάχᾳ   40
ξανθῷ Μενέλᾳ δάμαρτα κομίσαι θοαῖς
ἂν ναυσὶ πόρευσαν εὐθυπνόου Ζεφύροιο πομπαὶ

30 πρὸς Ἴλου πόλιν. ἀλλὰ κοινὸν γὰρ ἔρχεται   Ἀντ. β´.
κῦμ᾽ Ἀΐδα, πέσε δ᾽ ἀδόκητον ἐν καὶ δοκέοντα· τιμὰ δὲ
γίνεται   45

23 κλέπτοι s´ || **24** ἦν ẞ̱´ || **25** 'ἐὰν B.D Ro: Cp. — ἐὰν Ba´β´ẞ̱´ẞ̱´ Al. Br. Mr. St.* Ox.* — ἐὰν ε´ζ´ Bd. — Schol. Vet. ἔνιοι μὲν ἀνέγνωσαν ἐὰν δασέως, ἀντὶ τοῦ [τὴν] ἑαυτοῦ· βέλτιον δὲ ψιλῶς, ὡς καὶ Διονύσιος ὁ τοῦ Χαρμίδου. Post hoc sequitur ἄλλως. εἰ γὰρ ἦν τὴν οὖσαν καὶ δέουσαν ἀλήθειαν πάντας γινώσκειν κτλ. — ἒ τὰν Bü.* — ἒ τῶν Mo. — ἔτιὰν Ht. — Ambiguitatem spiritus in hoc vocabulo ἑός saepe adnotavimus. — gl. Tricl. τὴν ἀγαθὴν καὶ οὖσαν καὶ μὴ τὴν ἐκ πιθανότητος δοκοῦσαν ἀγαθήν. Derivatum hi putarunt esse ab ἑύς, ut ἑάων. || εἰδέμεν BBDa´β´ẞ̱´ẞ̱´ε´ζ´ Al. Ro.* Bd.* — ἰδέμεν Sm. Hm. Bü.* || **26** ἔπαξε B — ἔπαξε DB Ro.* Sm. Ox.* — ἔσπαξε D — ἔπαξεν a´β´ẞ̱´ẞ̱´ẞ̱´ε´ζ´ Al. Mr. St. Bd. || **27** ἀχιλλίως BBD Ro. Br. — ἀχιλίος ε´ζ´ Al. Cp. St. — ἀχιλέως Mr. — ἀχιλέος a´β´ẞ̱´ẞ̱´ Sm.* || **28** ξανθῷ μενέλα BB Br. — ξανθῷ μενέλα Dẞ̱´ε´ζ´ Ro.* — ξανθῷ μενέλᾳ a´ẞ̱´ẞ̱´ Al. Bö.* (cum gl. Tricl. τῷ μενελάῳ) cum Sch. Vet. et. Tricl. || **29** ἂν ναυσὶ BD̄ — ἂν ναυσὶ B — ἐν´ ναυσὶ s´ — ἐν ναυσὶ [a´ζ´]ẞ̱´ẞ̱´β´ Al. Ro.* (cum paraphr. Tricl.) — Cf. O. I, 41; XIII, 72 etc.; Eurip. Iph. A. 755. Exquisitius est ἂν quam ἐν. Vet. p. n. h. || ϑ. ἐν (ἂν) ν. cum sqq. coni. a´β´ẞ̱´ẞ̱´ε´ζ´ Mr. St. Be.* Hy. — cum antecc. Ox. — non dist. BBD Al. Ro.* Sm.* Bö.* || εὐθυπόρου BB — εὐθυπνόου D recc. Al. Ro.* (cum paraphr. Tricl.) — Vet. p. n. e. || ζεφύρειο D — ζεφύροιο BB rell. || πνοαί BB — πομπαί Bᵐ (exesis ferme literis, sed certum γρ. πομπαί) D recc. Al. Ro.* (cum par. Tricl.) — Paraphr. Vet. αἱ τοῦ ζεφύρου πνοαί. || **30** Ἴλεύ D — Ἴλου BB etc. || ἐρπετὸν κῦμ᾽ Ἀΐδαο πίσ᾽ Pw. (fluctus adrepens) || **31** κῦμ᾽ αἴδας. πίσε δ᾽ BBD Ro.* — κῦμ᾽ αἴδαο, πίσ᾽ (om. δ᾽) a´β´ẞ̱´ẞ̱´ε´ζ´ Al. Bd. (in s´ et Al. sine dist.) — κῦμ᾽ αἴδαο, πεδ᾽ Ri. Sm. — κῦμ᾽ Ἀΐδα, πέσε δ᾽ Ox.* || ἀδόκητ᾽ ἴσα (ἴσα?) καὶ Ra. non credo. || ἐν Hm. Sw. Ht. || δοκέοντι Ht. — δοκέοντα rell. || γίνεται B.BD. recc. Al. Ro:* Bg. Ht. — γίγνεται Bö.*

ὧν θεὸς ἁβρὸν αὔξει λόγον τεθνακότων
βοαθόων, τοὶ παρὰ μέγαν ὀμφαλὸν εὐρυκόλπου
μόλον χθονός· ἐν Πυθίοισι δὲ δαπέδοις   50
35 κεῖται, Πριάμου πόλιν Νεοπτόλεμος ἐπεὶ πράθεν·
τᾷ καὶ Δαναοὶ πόνησαν· ὁ δ᾽ ἀποπλέων
Σκύρου μὲν ἅμαρτε, πλαγχθέντες δ᾽ εἰς Ἐφύραν
ἵκοντο·   55

Μολοσσίᾳ δ᾽ ἐμβασίλευεν ὀλίγον   Ἐπ. β΄.
χρόνον· ἀτὰρ γένος αἰεὶ φέρεν
40 τοῦτό ϝοι γέρας. ᾤχετο δὲ πρὸς θεόν,
κτέαν᾽ ἄγων Τρωΐαθεν ἀκροθινίων·   60

32 αὐρὸν D — ἁβρὸν rell. ‖ ὧν ἂν αὔξῃ Schol. in BD — in textu omnes αὔξει et Ro. male in Schol. ὧν ἂν αὔξει ‖ ante (non post) τεθν. plene dist. a'ϱ'ζ' Cp. (cum Didymo) — utrinque plene ε' — neutro loco BBD Al. Ro. Br. St. Bd. Bö.²* — commate ante id. Mr. Sm. Ox.* — post id. plene Ht. ‖ **33** βοαθόων. B.BD. Ro: Br.* Bö. — βοαθόων (sine dist.) a'β'ϱ'ϱ'ε'ζ' Al. Cp. (cum Didymo) — βοᾷ θοῶν. Hy. — βοαθόον, Hm. Di. Sw. Bg. — . βοαθόων, Ht. ‖ τοὶ γὰρ μέγαν BD Ro.* Sm.* — τοὶ γάρ, μύγαν a'β'ϱ'ϱ'ε'ζ' — τοιγὰρ μέγαν B Al. St. — τοὶ παρὰ μέγαν Hm. Bö.* (ex Sch. Vet.) ‖ **34** ἔμολε B — ἔμολε BD recc. Al. Ro.* Ox.* — μόλεν Sm.* — Singularem a Didymo scriptum fuisse testatur Schol. Vet. — ἔμολον scriptura altera apud Scholiastam (Ante - Didymea?) — μόλον Hm. Bö.* ‖ πυθίοισι δὲ δαπέδοις BBD Sm. Hy. Be.* — πυθίοις δὲ δαπέδοις a'ϱ'ε'ζ' Al. Ro.* Bd. Ox. — πυθίοισι γαπέδοις Ht. ‖ **35** πριάμοιο πόλιν [BB] Ro.* — πριάμου πόλιν [Da'ϱ'ζ']ϱ' Al. Sm.* — πριάμουπολιν (sic) ε' ‖ νεοπτόλεμος omnes ‖ πράθε BB recc. Ro.* — πράθε D — παράθεν Al. ‖ **36** τᾷ (τᾷ) B.BD. Ro:* — τῇ (τῆς) a'β'ϱ'ϱ'ε'ζ' Al. ‖ πόνασαν Ah. D.D. p. 148. — πόνεσαν B, — πόνησαν BBD. recc. Al. Ro:* ‖ ὁ δ᾽ B a'ε'ζ' Al. Ro.* — ὁ δ᾽ BD Mr. St.* ‖ ἀποπλέων Al. ‖ **37** σκύρου [BB]D Ro.* — σκίρου a'β'ϱ'ϱ'ε'ζ' Al. ‖ ἅμαρτε. ἵκοντο δ᾽ εἰς ἐφύραν πλαγχθέντες BBDrec[a'?] Ro.* Be. Hm.¹ — idem (sed πλαχθέντες) Dac[a'?]β'ϱ'ϱ' [ε'ζ'] Al. Sm.* — id. (sed πλανηθεὶς) Hm.² — id. (sed πλάνητες vel πλανῆται) (Bg.³) — ἅμαρτε, πλαγχθέντες δ᾽ εἰς Ἐφύραν ἵκοντο· Bö.* ‖ **38** ἐν βασ. B.B[D,] Ro:* St. Bd.¹ — ἐμβασ.[D] recc. Al. Mr. Sm. Ox.* ‖ **39** αὐτὰρ Al. ‖ ἀεὶ Mr. — αἰεὶ rell. ‖ φέρῃ B — φέρε B — φέρει D — φέρειν Ro. Br. — φέρεν recc. Al. Cp. Mr.* — paraphr. Vet. ἔσχεν ‖ **41** κτέαν᾽ ἄγων BB Hm. Bö.* — κτέαν᾽ ἀνάγων Da'β'ϱ'ϱ'ε'ζ' Al. Ro.* Ox.* — εὖκτ᾽ ἀνάγων Sm.* — Vulgata ex αν supra ατ scripto orta. ‖ τρωΐαθεν

NEMEA VII.

ἵνα κρεῶν νιν ὑπὲρ μάχας ἔλασεν ἀντιτυχόντ' ἀνὴρ
  μαχαίρᾳ.

βάρυνθεν δὲ περισσὰ Δελφοὶ ξεναγέται.   Στρ. γ'.
ἀλλὰ τὸ μόρσιμον ἀπέδωκεν· ἐχρῆν δέ τιν' ἔνδον ἄλσει
  παλαιτάτῳ   65
45 Αἰακιδᾶν κρεόντων τὸ λοιπὸν ἔμμεναι
  θεοῦ παρ' εὐτειχέα δόμον, ἡρῶιαις δὲ πομπαῖς
  θεμισκόπον οἰκεῖν ἐόντα πολυθύτοις.
  εὐώνυμον ἐς δίκαν τρία ϝέπεα διαρκέσει·   70
  οὐ ψεῦδις ὁ μάρτυς ἔργμασιν ἐπιστατεῖ.
50 Αἴγινα, τεῶν Διός τ' ἐκγόνων θρασύ μοι τόδ' εἰπεῖν

φαενναῖς ἀρεταῖς ὁδὸν κυρίαν λόγων   Ἀντ. γ'. 75

BBD — τρω|ἴαθεν β'ᾶ['ζ] Ro.* Bd. Bö.²* (cum Eustath. Pr. 21.) —
τρω|ἴαθεν α' — τρω|ἴαθεν Al. — Τροἴαθεν Sm. Hm. Bö.¹ — Cf. ad O.
XIII, 78. || -θεν] — θὲν γ' Pw. Be. || 41 sq. ἀκροθινίων. | ἵνα B Sm.
Pw. Hy. Be.* — id. (commate dist.) Bd. — id (sine puncto) BD — ἀκρο-
θινίων τ' | ἵνα α'β'ᾶᾶ — ἀκροθινίων | θ' ἵνα ε'ζ Mr. St. — ἀκροθινίων
θ' | ἵνα Al. Ro.* Ox. || 42 νιν omnes || κρεώνιν Al. || ὑπὲρ Sm.* Ra.
— ὑπὲρ scripti Al. Ro.* Bö.* || ἄλασεν B || 43 βάρυνθε. D — βάρυν-
θεν rell. || περισσὰ δὲ BBDα'β'ᾶᾶᾶ Ro.* Ox. — περισσὰ (om. δὲ) ε'ζ
Al. — δὲ περισσὰ Sm.* Pw. Hy. Be.* || ξυναγέται B || 44 δ' ἔτι ε' —
δέ τι ζ' Al. — δέ τιν' rell. (etiam Schol. Tricl. in ε') || 45 τὸ λοιπὸν
[BB]D Ro.* [ε'?] cum Schol. in ε' — τολοιπὸν α'β'ᾶζ' Al. Bö.²* || 46
εὐτείχεα Dᾶζ' Al — εὐτυχία ε' (cum Schol. ε') Ro. — εὐτειχέα [rell.?]
Cp.* || 47 θεμίσκοπον [BB]D[α'ε'ζ']β'ᾶ Al. Ro.* Ht. — θεμισκόπον Lo.
Bg.² Sw.²* || πολυθύτης D || extr. plene dist. B Cp.* — commate
α'ᾶ ε'ζ' Ro. — non dist. BD Al. Hy. Bö.* || 48 post (non ante) ἐς δίκαν
interpungunt commate B ε'ᾶ Ro.¹ — iidem plene D Hm. Bö.* — ante
(non post) ἐς δίκαν interpunxerant Be. Hy.²* — neutro loco B,D,Ba'β'ᾶζ'
Al. Cp.* (cum Sch. Vet.). Optima igitur auctoritas mssorum (et Aristarchi)
Ceporini interpunctioni subscribit; non Heynianae nec Hermannianae. || 49
ψεῦδος ζ' || μάντις B·B̄¹ Ro.⸗ Cp.⸗ Br.⸗ — μάρτυς B¹B̄·Da'β'ᾶᾶ ε'ζ'
Al. Ro.* Vet. p. n. e. — Dj. Neopstolemum, Ht. Aeginam, Ra. Apollinem
testem esse existimat. Rectius Tricl. Pindarum intelligit. || ἔργμασιν BB
— ἔργμασιν D recc. Al. Ro.* || 50 αἰγινά τε αὖ (sic). ᾶ || ἐκ προγόνων
Ro; (vitium operarum) — ἐκγόνων B,BD, recc. Al. Ro.* (cum Sch.) ||
τοδ' B || 51 λόγων Hs. — λόγων omnes scripti et impressi.

οἴκοθεν· ἀλλὰ γὰρ ἀνάπαυσις ἐν παντὶ γλυκεῖα ϝέρ-
                                        κόρον δ᾽ ἔχει
καὶ μέλι καὶ τὰ τέρπν᾽ ἄνθε᾽ Ἀφροδίσια.
φυᾷ δ᾽ ἕκαστος διαφέρομεν βιοτὰν λαχόντες,
55 ὁ μὲν τά, τὰ δ᾽ ἄλλοι· τυχεῖν δ᾽ ἕν᾽ ἀδύνατον
εὐδαιμονίαν ἅπασαν ἀνελόμενον· οὐκ ἔχω
εἰπεῖν, τίνι τοῦτο Μοῖρα τέλος ἔμπεδον
ὤρεξε. Θεαρίων, τὶν δ᾽ ἐοικότα καιρὸν ὄλβου

δίδωσι, τόλμαν τε καλῶν ἀρομένῳ   Ἐπ.
60 σύνεσιν οὐκ ἀποβλάπτει φρενῶν.
ξεῖνός εἰμι· σκοτεινὸν ἀπέχων ψόγον,
ὕδατος ὦτε ῥοὰς φίλον ἐς ἄνδρ᾽ ἄγων

53 τερπνἄνθεα ἀφρ. B — τερπν᾽ ἄνθε᾽ ἀφρ. Bε´ — τέρπν᾽
ἀφρ. D$\breve{\xi}$ [rell.] Al. Ro.* || **54** δἕκαστος D — δ᾽ ἕκ. rell. || **55** τὶ
δ᾽ Bε — τά. (τά,) τὰ δ᾽ (τἀδ᾽) B¹BD etc. || δ᾽ ἓν Ro.* — δ᾽ ἓν
δ᾽ ἓν᾽ B — δ᾽ ἓν᾽ BD[α´ζ´]$\breve{\xi}$ $\breve{\xi}$ St.* — δ᾽ ἄνα Al. || **56** οὐδ᾽ ἔχω
— οὐκ ἔχω BBDα´[$\breve{\xi}$?]$\breve{\xi}$ ε´ζ´ Al. Ro.* Bö.* || **57** μοίρα BBD Ro. —
Mr. — μοίρα [recc.] Al. Cp. Br. St. Bd.* — Μοῖρα Sm. Ox.* || **58**
(non post) Θεαρίων interpung. plene BB Ro. — ante Θ. plene, p
commate Cp. Br. St.* — post (non ante) Θ. D Mr. (perperam it
τίνι μοίρᾳ τοῦτο τέλος ὤρεξε Θεαρίων) — utrinque plene α´$\breve{\xi}$´ε´ζ´ Al. ||
B.BD. recc. Al. Ro: Br: Mr. — τὶν δ᾽ Cp. St.* || ὄλβον B(ε´ao?) -
βου BD[α´ζ´]$\breve{\xi}$ $\breve{\xi}$ β´ Al. Ro.* || **59** ἀραμένῳ(ω) B.BD.α´$\breve{\xi}$ ε´ζ´ Al. Ro:*
— ἀράμενον Sm.* — ἀρομένῳ Hm.² Bö.* — ἐραμένῳ (Bg.²) Ra. |
ἀραμ. plene interpungunt B Ro. Cp. — non int. rell. || **60** ε
Hm. Bö.* — σύνεσις scripti Al. Ro.* (acc. pl.?) || ἀποβλάπτει Β΄
$\breve{\xi}$ $\breve{\xi}$ ε´ζ´ Al. Sm.* Hm. Bö.* — ἀποβλέπει Ro.* Ox.* (in nullo ms
sciam) — gl. $\breve{\xi}$´ ἡ γὰρ ἐπὶ κακῷ τόλμα βλάπτει. || **61** εἰμὶ σκοτειν
D.α´$\breve{\xi}$ $\breve{\xi}$´ Ro: Br: Mr. St. Bd. — εἰμί, σκοτεινὸν ε´ζ´ — id. sine d
— εἰμί, σκοτεινὸν Cp. Sm. Ox.* — εἰμί· κοτεινὸν Bö.¹ — εἰμί· σ
Bö.²* Κy. Ra.² — εἰμί. κελαινὸν (vel ἐρεβεννὸν) (Bg.²) — εἰμ᾽·
(σκοτεινὸν) Ht. — εἰμὶ κρυφαῖον Ra.¹ || ψόγον ὕδατος. ὦτε BB
(sed ὦτε) Ro. — ψόγον ὕδατος ὦτε Al. Pw. —. ψόγον ὕδατος ὦτε
ψόγον. ὕδατος ὦτε ε´ζ´ Hy.²* — id. (sed ὦτε) Cp.* (Br. ὦτι?) —
. ὦτε) Bø. — ψόγον, ὕδατος ὦτε Bö.* — ψόγον, ὕδατος ὦτε α´$\breve{\xi}$
$\breve{\xi}$, τε) $\breve{\xi}$´ cum gl. lκ τῆς ἐμαυτοῦ ψῶν λόγον πηγῆς et ὥσπερ δωρικῶς,
φέρω τοῦτο δηλονότι. || **62** ὡς D — ἐς rell.

NEMEA VII.

κλέος ἐτήτυμον αἰνέσω· ποτίφορος δ' ἀγαθοῖσι μισθὸς
    οὗτος.

ἐὼν δ' ἐγγὺς Ἀχαιὸς οὐ μέμψεταί μ' ἀνήρ   Στρ. δ'.
65 Ἰονίας ὑπὲρ ἁλὸς οἰκέων· καὶ ξενίᾳ πέποιθ'· ἔν τε δα-
    μόταις
ὄμματι δέρκομαι λαμπρόν, οὐχ ὑπερβλέπων,
βίαια πάντ' ἐκ ποδὸς ἐρύσαις, ὁ δὲ λοιπὸς εὔφρων
ποτὶ χρόνος ἕρποι. μαθὼν δέ τις ἂν ἐρεῖ,
εἰ πὰρ μέλος ἔρχομαι ψάγιον ὄαρον ἐννέπων.
70 Εὐξενίδα πάτραθε Σώγενες, ἀπομνύω

63 ἰτήτ. B Al. ‖ ποτίφρος D ‖ 64 ψεύσεταί με Ro; Br; (operarum vitium) — μέμψεταί μ' B.BD. recc. Al. Ro.* (cum Sch. Vet. et Tricl.) ‖ 65 οἰκέων] gl. συνίζησις Tricl. ‖ καὶ προξενία(ᾳ) BBD recc. Al. Ro.* — προξενία (om. καί) Hm. Bö.* — scripsi καὶ ξενία, collato O. IX, 83 et P. X, 64; quamquam Sch. de προξενίᾳ loquitur ‖ πέποιθ' ἔν τε BB Al. — πέποιθί τε D — πέποιθ'. ἔν τε recc. Ro.* ‖ 66 ὄμμασι ϛ'ϛ'ϛ'ε'ζ' Al. — ὄμματι B.BD. Ro:* — de α'β' n. l. ‖ ὑπερβλέπων scripsi ex Sch. Vet. — ὑπερβάλλων BBDa'ϛ'ϛ'ε'ζ' Al. Ro.* Bd. Ox. (cum gl. Tricl. ὑπερέχων δυνάμενος) — ὑπερβαλών (in nullo scripto ut videtur) Sm. Pw. Be.* ‖ 67 βία D, — βίαια D et rell. ‖ πάντα ἐκ BBD — πάντ' ἐκ recc. Al. Ro.* ‖ ἐρύσαις omnes et scripti et impressi ‖ 68 ποτί, B.B — ποτί, Ro. — ποτὶ D. recc. Al. Cp.* ‖ ἕρποι BBD. recc. Al. Ro.* (cum Sch. in BD) — ἕρπει Ro.sch vitiose ‖ δέ τις ἂν ἐρεῖ B.BD Ro.* — id. (sed ἐροῖ) a'ϛ'ϛ'ϛ' cum gl. εἴποι ἄν — id. (sed ἔροι) ε'ζ' Al. — δέ τις ἐρίει (Bö.¹) — (Hm. δ' ἂν ἐρίει rectius scribi dicit) — Schol. Vet. εἴποι ἄν ‖ 69 πὰρ BB?D — πὰρ recc. Al. Ro.* ‖ ψάγιον BBD? (vide Hesych. s. v. quem laudat Bg.²) — ψάγιον D?a'ϛ'[ε'ζ'] Al. Ro.* Hm.⁴ — ψάγιον δ' — ψόγιον Sr. Bö.* — ψαλλόν Ah. — in a' fortasse ε post ψ correctione ortum; in D ambiguum est utrum ἄγ an ἰγ voluerit. ‖ ὄαρον (sic) Al. ‖ ἐννέπων omnes ‖ 70 εὐξενίδα πάτραθε σώγενες. ἀπομνύω B.BD.a'ϛ'ϛ'ε'ζ' Al. Ro: St.* (in Tricl. St.* commate interpunctum) — id. sed σώγενες ἀπομνύω, Cp.* Bd. — Bg.² e Schol. verbis ὑπομνύω τῇ εὐξενίδα πατρί coniecit Scholiastam legisse ὑπομνύω, sed ibi D ἀπομνύω praestat. — Εὐξενίδι Σωγένους πάτρᾳ ἀπομνύω Ht. — τὶν δ' Εὐξενίδη πάτρᾳ τε τόδ' ἀπομνύω Ba. — Scholia tuentur vocativam σώγενες eademque εὐξενίδα, quod partim pro genetivo videntur habuisse, partim fortasse εὐξενιδᾶν scribendum esse censuerunt. Vocativus Aeolicus eos fefellit. Ne πάτρᾳ quidem a Scholiastis lectum esse constat, nam fortasse hi singularem formam πάτραθε ita interpretati sunt vulgari πάτρᾳ. ‖ 70—75 Be. verba inde ab ἀπομνύω usque ad

μὴ τέρμα προβὰς ἄκονθ᾽ ὥτε χαλκοπάραον ὄρσαι   105

θοὰν γλῶσσαν, ὃς ἐξέπεμψεν παλαισμάτων   Ἀντ. δ΄.
αὐχένα καὶ σθένος ἀδίαντον, αἴθωνι πρὶν ἀελίῳ γυῖον
ἐμπεσεῖν.
εἰ πόνος ἦν, τὸ τερπνὸν πλέον πεδέρχεται.
75 ἔα με· νικῶντί γε χάριν, εἴ τι πέραν ἀερθεὶς   110
ἀνέκραγον, οὐ τραχύς εἰμι καταθέμεν.
εἴρειν στεφάνους ἐλαφρόν· ἀναβάλεο· Μοῖσά τοι
κολλᾷ χρυσόν, ἔν τε λευκὸν ἐλέφανθ᾽ ἁμᾶ,   115

γλῶσσαν et verba inde ab εἰ πόνος usque ad πεδέρχεται ut seorsum interiecta disiunxit.
71 ὡς εἴ|τε ΒΒ — ὥσει|τε D — ὥσ|τε (ὡς|τε) α΄β̣΄ε̣΄ε΄ζ΄ Al. Ro.* — ὥτε Bö.* || 72 ἐξέπεμψας B.B̲ Ro:* Pw. Ra. — ἐξέπεμψε D.α΄.β̣΄β̣΄β̣΄.ε΄ζ΄ Al. Hm. (cum gl. Tricl. ἐξέβαλεν et cum Sch. Vet.) — ἐξέπεμψεν Bö.* — Etiam veterum nonnullos ἐξέπεμψας legisse apparet e Schol. Vet. extremo, ubi πρὶν ἀλ. γ. ἐμπ. exponitur πρὶν παλαῖσαί σε. || 73 ἀμίαντον Hck. — ἀδίαντον omnes rell. cum Schol. ἄνευ ἰδρῶτος; Ra. integrum explicat, collato I. IV, 51. || πρὶν B.B̲D. Ro:* (cum Sch. Vet.) — πρὸς α΄β̣΄β̣΄β̣΄β̣΄ε΄ζ΄ Al. (cum gl. Tricl. ἐν) || ἀελίῳ scripsi — ἁλίῳ ΒΒ — ἁλίω(ῳ) Da΄β̣΄β̣΄ ε΄ζ΄ Al. Ro.* — ἁλίῳ D, || 75 ἔα με sine dist. B.B̲D.α΄β̣΄ε΄ζ΄ Al. Ro:* Bd. Ht. — ἔα μὲ St. — ἔα με, Sm. Be.* — ἔα μὲ, Ox. — ἔα με. Hm. Bö.¹ — ἔα με· Bö.²* || γε, α΄β̣΄ε΄ζ΄ — γε B.B̲D Al. Ro:* || χάριν sine dist. BB̲Da΄β̣΄ε΄ζ΄ Al. Ro.* Sm. Ox.* — χάριν, Mr. St. Bd. Hm. Bö.* Ht. || τι, περ ἂν BB̲Da΄β̣΄ε΄ζ΄ Al. Ro.* — τι περ ἂν Mr. St. — τί περ ἄν γ᾽ Sm.* (Bd. τι) — τί περ ἂν Ox. Hy. — τι πέραν Hm. Bö.* || verba εἰ τι usque ad καταθέμεν uncis inclusit Cp. Br. || 76 ἀνέκραγον. BD Ro. St.³ Sm.* — ἀνέκραγον B̲ Al. — ἀνέκραγον, ε΄ζ΄ Cp. Br. Hm. Bö.* — ἀνέκραγον· Mr. St.¹²⁴ PSt. — ἀνέκραγον, οὐ τραχύς εἰμι, α΄ quam Triclinii interpunctionem suscepit Ht. ἀνέκραγον (οὐ τραχύς εἰμι) scribens || οὐ γὰρ τρ. B,D, Ro; ex Schol. ubi per γὰρ exponitur nexus — οὐ τρ. omnes rell. || 77 στεφάνους ἐλαφρὸν ἀναβάλλεο μοῖσά τοι sine dist. B.B̲D. Al. Ro. — στεφάνους· ἐλαφρὸν. ἀναβάλεο. μοῖσᾳ τοι α΄β̣΄ε΄ζ΄ (Tricl.) — στεφάνους. ἐλαφρὸν ἀναβάλλεο. μοῖσά τοι Cp. Br. — στεφάνους ἐλαφρὸν ἀναβάλλεο. Μοῖσά τοι Mr. St. — στεφάνους ἐλαφρὸν, ἀναβάλεο. Μοῖσά τοι Sm. — στεφάνους ἐλαφρὸν, ἀναβάλλεο. Μοῖσά τοι Bd.* — στεφάνους, ἐλαφρόν. ἀναβάλλεο. Μοῖσά τοι Pw. Hy.* — στεφάνους ἐλαφρόν· ἀναβάλεο· Μοῖσά τοι Bö.* de sententia Triclinii. — στεφάνους, ἐλαφρὸν ἀναβάλεο, Μοῖσα, καὶ (κολλᾶν) Ht. Ra. (κόλλα, non male) || 78 χαλκὸν ἐλέφαν θαμᾶ Ro. vitiose. —

NEMEA VII.

καὶ λείριον ἄνθεμον ποντίας ὑφελοῖσ' ἐέρσας.

80 Διὸς δὲ μεμναμένος ἀμφὶ Νεμέᾳ   Ἐπ. δ'.
πολύφατον θρόον ὕμνων δόνει
ἡσυχᾷ. βασιλῆα δὲ θεῶν πρέπει   120
δάπεδον ἂν τόδε γαρυέμεν ἀμέρᾳ
ὀπί· λέγοντι γὰρ Αἰακόν νιν ὑπὸ ματροδόκοις γοναῖς
                 φυτεῦσαι,

85 ἐμᾷ μὲν πολίαρχον εὐωνύμῳ πάτρᾳ,   Στρ. ε'. 125

λευκὸν ἐλέφανθ' ἁμᾷ BD recc. Al. Cp. Br.ᵐ Sm.* — χαλκὸν, ἐλέφανθ' ἁμᾷ Br. Mr. St. (sine dist. Br.) — De B ad marg. Mr. nihil notavi, sed vix credo in B esse χαλκόν. Ro. multa h. l. vitia habet sibi propria — p. n. e.
     79 λύριον Ro. Br. Mr. — λείριον B.BD recc. Al. Ro; Cp. St.* || ἱερσ. Dᶜʰ — ἔρσ. omnes rell. (et D) || 80 μεμνᾱμένος B — μεμναμένος rell. || 81 πολύφατον ὕμνων θρόον δ. BB Ro.* Ox. Hy. — id. sed ὕμνον D — πολυφάτων ὕμνων θρόον δ. α'β'ϱ̓'ϱ̓'ϱ̓'ε'ζ' Al (Pw.) Be. — πολυφάτων θρόον ὕμνων δ. Sm.* — πολύφατόν γ' ὕμνων θρόον δ. Pw. — πολυφάτων δόνει ὕμνων θρόον Mi. — πολύφατον θρόον ὕμνων δ. Hm. Bö.* — πολύφατον tuentur Scholia Vett. quod cum Mi. transpositione coniungas. || 82 ἡσυχῇ BBDα'β'ϱ̓'ϱ̓'ε'ζ' Al. Ro.* — ἡσυχῇ Bd.* — ἀσυχῇ Hy.²* — ἀσυχᾷ Hm. Bö.* || θεόν D, cum Schol. τὸν δὲ τὸν θεὸν βασιλῆα δία, — θεῶν rell. || 83 γάπεδον Hm.² Bö.¹ Ah. Sw.¹²³ — δάπεδον BBDα'β'ϱ̓'ϱ̓'ε'ζ' Al. Ro.* Hm.³ Bö.²* Bg. Ht. — Hm. ipse se ab errore suo revocavit, nam corripitur prima huius versus syllaba. || ἀν' Hy. — ἂν rell. — gl. Tricl. ἀνὰ || θευμερᾷ B?Bα'ϱ̓'ϱ̓'ϱ̓'ε'ζ' Al. Ro.* — θεμερᾷ D — θαμερᾷ fortasse B — θευμερᾷ β'(ϱ̓'?α'?) Mr. St. Ox. Hy.²* (in α' cum gl. ἡσύχῳ καὶ εὐπρεπεῖ) — εὐθρόᾳ Sm. — ἡμέρᾳ Bd. — θευμόρᾳ Pw. (Hy.¹) Be. — ἀμέρᾳ Hm. Bö.* — (γαρύεν) ἐφιμέρᾳ (vel ρῳ) (Bg.³) — θευμόρια (γαρύεν) (Bg.²). Orta confusio ex AMEPAI quod cum in HAMEPAI cessisset, deinde in ΘΑΜ. denique in ΘΕΤΜ. mutatum est. Vestigium fl. in B relictum. || 84 μιν B?BD recc. Al. Ro.* — νιν Bö.* euphoniae causa. — in B charta lacera est ut inter μ et ν vix discernas; videtur tamen esse μ. || ματροδόκοισι B — ματροδόκοισι BD Ro.· — ματροδόκοις [α'ε'ζ' N̄ Al. Cp.* || 85 ἰᾷ Hm. Bö.* Ra. — τεᾷ Pw. — ὑμᾷ (Hy.) Be. — ἐμᾷ(?) BBDα'ϱ̓'ϱ̓'ε'ζ' Al. Ro.* Ht. (cum Sch. et Tricl.) || πολίαρχον BDʳᵉ recc. Al. Cp. Sm.* (cum Sch. Vet.) — πολιάρχων Dᵃᶜ — πολύαρχον B Rō. Br. Mr. St.

Ἡράκλεες, σέο δὲ προπρεῶνα μὲν ξεῖνον ἀδελφεόν τ'.
  εἰ δὲ γεύεται
ἀνδρὸς ἀνήρ τι, φαῖμέν κε γείτον' ἔμμεναι
νόῳ φιλήσαντ' ἀτενέϊ γείτονι χάρμα πάντων   130
ἐπάξιον· εἰ δ' αὐτὸ καὶ θεὸς ἀνέχοι,
90 ἐν τίν κ' ἐθέλοι, Γίγαντας ὃς ἐδάμασας, εὐτυχῶς
ναίειν πατρὶ Σωγένης ἀταλὸν ἀμφέπων
θυμὸν προγόνων εὐκτήμονα ζαθέαν ἀγυιάν·   135

ἐπεὶ τετράοροισιν ὥσθ' ἁρμάτων ζυγοῖς   Ἀντ. ε'.
ἐν τεμένεσσι δόμον ἔχει τεοῖς, ἀμφοτέρας ἰὼν χειρός.
ὦ μάκαρ,

86 δεύεται B¹B, B̅ʳᶜ Ro; Br; cum Schol. Vet. (Didymo?) et Tricliniano, quae ἐπιδέεται et δεῖται in paraphrasi habent — γεύεται BªB, ¹B̅ᵃᵃ D. recc. Al. Ro.* cum Aristarcho et nostrorum Scholiorum diasceuasta cumque gl. Tricl. ἅπτεται κατὰ φιλίαν, ἤγουν ἀπολαύει. || 87 ἀνήρ. τί BB D Al. (B̲ om. dist.) — ἀνήρ, τί α'β̲'ε'ζ' Ro.* — Idem volunt Scholia Non-Aristarchea — ἀνήρ τι, Aristarchus Hm. Bö.* || γείτων Ro. — γείτον' rell. || ἔμμεν BBD Ro.* — ἔμμεναι α'β̲'ε'ζ' Al. Sm.* || 88 φιλήσαντ' ἀτενεῖ BB — φιμίσαντ' ἀτενεῖ D — φιλήσαντά γ' ἀτενεῖ α'β̲'ε'ζ' Al. Ro.* — φιλήσαντ' ἀτενέϊ Hm. Sw. Bg. — φιλάσαντ' ἀτενέϊ Bö. Di. Ht. ‖, γείτονι. B —, γείτονι, Ro. — γείτωνι Al. — γείτονι B̲D Hm. Bö.* cum Aristarcho — . γείτονι (, γείτονι) α'β̲'ε'ζ'ᵃ (cum Schol. uno qui ; γείτονι voluit, ut haec verba responderent quaestioni τί φαῖμέν κε) —, γείτονι; Cp. Br. St.* —, γείτονι· Mr. || 89 ἔστι, καὶ Ht. — αὐτὸν καὶ Mr. — αὖ τὸ καὶ D, — αὐτὸς καὶ Bᵃᵒ — αὐτὸ καὶ rell. || ἀνέχοι ε'ᵃᵒ Th. Bö.³ — ἀνήχει ε'ʳᵒ ἂν ἴχῃ D, — ἂν ἔχοι B.B̲Daʹβʹξ̲'ζ' Al. Ro:* Di.* — ὑπέχοι Ra. || 90 τί Ro. — τίν rell. || κ' ἐθέλοι BBDa'β'ξ̲'ξ̲'ε'ζ' Bö. Hm.²* (cum Sch. Vet.) — γ' ἐθέλει Hm.¹ — κ' ἐθέλει Al. Ro.* (Aldinae mendo propagato) — τ' ἐθέλοι Ht. || ἐδάμασας B (quae vix potest legi) — ἐδάμασας D Cp.* Hy.* (α'?ξ̲'?) — ἐδάμασσας BΒ̲'ε'ζ'* Al. Ro. Ox. || εὐτυχῶς (sine B̲BD Al. — εὐτυχῶς, α'β̲'ε'ζ' Ro.* —, εὐτυχῶς St.* (cum Sch. Vet.) || 92 εὐκτ. BBD Al. Ro.* Ox. — εὐκτ. α'[β̲'ε'ζ'] Sm.* Pw. Hy. Be.* || ἀγυιά BBD — ἀγυιάν α'[β̲']ε'ζ' Al. Ro.* || 93 ἔπει ε' — ἐπεὶ [rell.] Al. Ro.* || ὥσθ' B. Br; Be. — ὥς' B̲(D,] Ro; — ὤθ' D Hy.²* — ὥσθ' α'β̲' Al.(Hy.¹) — ὤ. θ' ε'ζ' — ὥσθ' Ro.* || 94 -σι BBD Al. Ro. Ox. — ἐσσι [recc.] Mr. Sm.* Pw. Hy. Be.* || χειρός [BB]α'β̲'ξ̲' ε'ζ' Al. Ro.* Ox. — χειρός D Sm.* Hy. Be.*

ΝΕΜΕΑ VII.

95 τὶν δ᾽ ἐπέοικεν Ἥρας πόσιν τε πειθέμεν   140
κόραν τε γλαυκώπιδα· δύνασαι δὲ βροτοῖσιν ἀλκὰν
ἀμαχανιᾶν δυσβάτων θαμὰ διδόμεν.
εἰ γάρ σφισιν ἐμπεδοσθενέα βίοτον ἁρμόσαις   145
ἥβᾳ λιπαρῷ τε γήραϊ διαπλέκοις
100 εὐδαίμον᾽ ἐόντα, παίδων δὲ παῖδες ἔχοιεν αἰεὶ

γέρας τόπερ νῦν καὶ ἄρειον ὄπιθεν.   Ἐπ. ε΄.
τὸ δ᾽ ἐμὸν οὔ ποτε φάσει κέαρ   150
ἀτρόποισι Νεοπτόλεμον ἑλκύσαι
ἔπεσι· ταὐτὰ δὲ τρὶς τετράκι τ᾽ ἀμπολεῖν
105 ἀπορία τελέθει, τέκνοισιν ἅτε μαψυλάκας, Διὸς Κό-
ρινθος.   155

95 ἥραν BBDa'β'ξ'ε'ζ' Al. Ro.* — Ἥρας Bth. Bö.* — p. n. e. || 96 γλαυκόπ. ε' || δύναται D, Ht. — δύνασαι D [rell.] Al. Ro.* (cum Sch.¹² etiam in D) || 97 ἀμαχανίαν a'ao(ζ'ac?) -νιᾶν a'ρoζ'ρo e'D [rell.] Al. Ro.* || δυσβά (om. των) D || θαμᾶ D — θάμα Ht. — θαμὰ [rell.] Al. Ro.* || 98 εἰ γάρ σφιν B Ro; Br; — εἰ, γάρ σφιν Ro.* — εἰ γάρ σφιν BD. — εἰ γάρ σφισιν Sm. — εἰ γάρ σφισιν St. Bd. — εἰ γάρ σφισιν [recc.] Al. Mr. Ox.* || ἐμπεδασθ. D || ἁρμόσαις omnes et altera paraphr. Schol. Vet. — ἁρμόσας prior par. || 99 γήρᾳ Βα'ξ' Al. Mr.* Ox.* — γήρα (sic) ξ' cum gl. ἤγουν τῷ γέροντι — γήρα BDa'ζ' Ro.* — γήραϊ Sm.* Hm. Bö.* || διαπλέκοις [BB]D[a'e']ξ' Al. Ro.* — διπλέκοις ζ' — διαπλέκοι Ht. — Tuentur Scholia διαπλέκοις. — διαπλέκειν praefert Bg. ut ἁρμόσαις sit optativus. || 100 εὐδαίμον᾽ ἐόντα BBD Ro.* — εὐδαίμονα ἐόντα a'β'ξ'ξ'e'ζ' Al. || αἰεὶ omnes || 101 ὄπισθεν BBa'ξ'ξ'e'ζ' Al. Ro.* St. Bd.* — ὄπισθι D — ὄπιθεν Mr. Sm. Pw. Be. Hy ²* || 103 ἑλκύσ᾽ Sm. — ἑλκύσαι rell. || 104 ἔπισσί. B — ἔπεσσιν B — ἔπισσι. a'ξ'e'ζ' Al. Ro.* — ἔπεσι D Hm.² Bö.²* — ἐπέισι. Hm.¹ — δὴ ἔπεσι. Bö.¹ || ταῦτα δὲ BDa'ξ'[e'ζ'] Al. Ro.* Ox.* Hm. — ταῦτα γε B (ex B male intellecto) — τειαῦτα δὲ Sm. — ταὐτὰ δὲ (aliqui apud Sm.) Bö.* cum Schol. Vet. (hi Scholiastae sunt, credo, „aliqui" quos Sm. laudat) — τὰ αὐτὰ δὲ Bd. || τετράκις τ' BBa' [rell.] Al. Ro.* Bd.* — τετράκις τ'. Sm. Hm. Bö.* || 105 τελίθει Ht. — τελίθει rell. (cum Sch. Vet.) || . τέκνοισιν, B — τέκνοισιν BD Al. — τέκνοισιν, a'e'ζ' Ro.* (cum Sch. Vet.?) — , τέκνοισιν St.* quam Stephani interpunctionem optimus codex B comprobat. || ἅτε B || μαψυλάκας BB D.a'β'ξ'ξ'e'ζ' Al. Ro:* Pw. (Hy.) Be, Bö.* — μαψιλάκας Co. Sm.* — gl. Tricl. ὥσπερ ὁ μάτην φλυαρηθείς. — μαψυλάκαις Sr. Bg. cum Lo. Parall.

p. 273, fortasse cum Schol. Vet. ὥσπερ παρὰ (παισὶ pro παρὰ D) νη-
τοῖς τέκνοις, ut vox νηπίοις respondeat textui μαψυλάκαις. — scripti nec
nec post μαψ. interpungunt, nec ante ἄτε, nisi quod ibi comma est in
Ro. Cp. Mr. et punctum in α' — comma post μαψ. invexit Sm. ‖ διο-
ρινθος B.D et bis inter Scholia in BD semel in Schol. Ro. (ὁ διοσκόριν-
— διὸσ διοσκόρινθος D, — διὸς κόρινθος Ḇα'.β'ϩ̱ϩ̱.ε'ζι' Al. Ro:* (et s.
in Sch. Ro. τὴν διὸς κόρινθον)

Subscr. ὕμνου τέλος συγενοῦς αἰγινήτου. α' — τέλος
rell. ‖ N. VII. et VIII. indistincta coniunguntur in D et in.
scholiis.

ΝΕΜΕΟΝΙΚΑΙ Η'.

ΔΕΙΝΙΔΙ ΑΙΓΙΝΗΤΗ

ΣΤΑΔΙΕΙ.

Strophae.

Epodi.

Στρ. α'.

Ὥρα πότνια, κάρυξ Ἀφροδίτας | ἀμβροσιᾶν φιλοτάτων,

Inscr. Δεινίᾳ υἱῷ μέγα, σταδιεῖ. α'β'δ'ε'ζ' Al. Ro.* — omissa in BBD (Schol. in B δεινίαν) — Δεινίδι ὑ. Μ. Αἰγινήτῃ. Sm.³ — Δεινίδι ὑ. Μ. στ. Sm.¹ Bd. — Δεινίᾳ ὑ. Μ. Αἰγ. στ. Οx.* — id. (sed Δεινίδι) Hy.¹ Be. — Δεινίδι Μέγα Αἰγ. στ. Hy.²* — Δεινίδι Αἰγ. στ. Bö.*

Metr. Str. 1. trimeter dactylicus fortasse cum sequenti versu copulandus est, propter vs. 40. αἰσ|σει. Non offendit: Κύπρῳ. ἵσταμαι vs. 18. 19. ubi hiatus et dativo et interpunctione defenditur. Cf. ad O. XIII, 34.

1 κάρυξ Β.[Β] recc. Al. Ro:* — κάρηξ δ' — κᾱρυξ D. Sw. Ht. || -σιᾶν [BB] Ro.* — σιῶν D — σίων α'ε'ζ' Al.

ἅτε παρθενηΐοις παίδων τ' ἐφίζοισα γλεφάροις,
τὸν μὲν ἀμέροις ἀνάγκας χερσὶ βαστάζεις, ἕτερον δ'
ἑτέραις. 5
ἀγαπατὰ δὲ καιροῦ μὴ πλαναθέντα πρὸς ἔργον ἕκαστον
5 τῶν ἀρειόνων ἐρώτων ἐπικρατεῖν δύνασθαι.

: α'.
οἷοι καὶ Διὸς Αἰγίνας τε λέκτρον | ποιμένες ... κό-
λησαν 10
Κυπρίας δώρων· ἔβλαστεν δ' υἱὸς Οἰνώνας βασιλεὺς
χειρὶ καὶ βουλαῖς ἄριστος. πολλά νιν πολλοὶ λιτά-
νευον ἰδεῖν·
ἀβοατὶ γὰρ ἡρώων ἄωτοι περιναιετάοντων 15
10 ἤθελον κείνου γε πείθεσθ' ἀναξίαις ἑκόντες,

Ἐπ. α'.
οἵ τε κρανααῖς ἐν Ἀθάναισιν ἅρμοζον στρατὸν 20
οἵ τ' ἀνὰ Σπάρταν Πελοπηϊάδαι.

2 παρθενηΐοισι παίδων τ' ἐφίζοισα B — παρθενηῒ παρθενῆσι παίδων τ' ἐφίζοισα B̄ (sic correctum) — παρθενίοισι παίδων τέφίζοισα D — παρθενίοισι παίδων τ' ἐφίζοισα a'β'ϱ'δ'ν'ζ' Al. Ro.* — id. (sed ἐφίζ.) ε'ᵃᵉ — παρθενίοισι καὶ παίδων ἐφίζοισα Sm.* — παρθενηΐοις παίδων τ' ἐφίζοισα Hm.* rectissime (confirmatum a B) — (omisso ἅτε) παρθένων παρηΐσιν παίδων τ' ἐφίζοισα coni. Bg. || βλεφάροις BBDᵃᵉa'ϱ'δ'ε'ζ' Al. Ro.* Bg.² — γλεφάροις (fortasse Dᵖᶜ) (Hy.) Bö.²* || 3 ἀμάρας ἀνάγκας D̄ — ἀμέρας (vel ἀμέρεις) ἀνάγκας Bᵃᶜ? — ἀμέροις ἀνάγκας BBᵖᶜa'β'ϱ'δ'ε'ζ' Al. Ro.* Bd. Bö.* — ἀμείροις ἀνάγκας Sm. — ἀμέροις Ἀνάγκας Ox. — ἀμέροις ἀν' ἀγκὰς Be. Hy.* — ἀμέροις ἀνάγκαις Hm.¹ (Bg.) — ἀμμοίροις ἀνάγκας Hm.² || 6 ποιμένος D vitiose || 7 ἔβλαστι B.BD.a'β'ϱ'δ'ε'ζ' Al. Ro:* — ἔβλαστιν Mr. St.* || διὸσ D, — δ' υἱὸσ D et rell. || οἰνώνας Al. || 8 νιν omnes || 9 καβοατὶ BB — καβοατὶ D — καὶ γὰρ ... ἀμάχητι paraphr. Vet. — ἀβοατὶ a'[β'β'δ'ϱ']ε'ζ' Al. Ro.* || ἄωτ' ἐκ Ht. — ἄωτοι omnes reliqui, nec est in paraphrasi ἐκ || 10 πείθεσθ' ἂν ἀξίαις· BBDδ' Al. Ro.* — πείθεσθ' ἂν. ἀξίαις, a' — πείθεσθ' ἂν, ἀξίαις, ϱ' — πείθεσθ' ἂν, ἀξίαις ε'ζ' — πείθεσθ' ἀναξίαις rectissime At. Be. Hm. Bö.* — πείθεσθαι ἀξίαις Hy.² || 11 κραναιαῖσ D — κραναᾶσ, D, || Ἀθάναισιν omnes || ἅρμοζον B — ἁρμόζον B — ἅρμοζον rell. || 12 σπάρτην BBD — σπάρταν recc. Al. Ro.* || πελοπηΐδαι BBDa'β'ϱ'δ'ε'ζ' Al. Ro.* — πελοπηϊάδαι Br.ᵐ Sm.*

ἱκέτας Αἰακοῦ σεμνῶν γονάτων πόλιός θ᾽ ὑπὲρ φίλας
ἀστῶν θ᾽ ὑπὲρ τῶνδ᾽ ἅπτομαι φέρων
15 Λυδίαν μίτραν καναχηδὰ πεποικιλμέναν,
Δείνιος δισσῶν σταδίων καὶ πατρὸς Μέγα Νεμεαῖον
ἄγαλμα.
σὺν θεῷ γάρ τοι φυτευθεὶς ὄλβος ἀνθρώποισι παρμο-
νώτερος.

Στρ. β΄.

ὅσπερ καὶ Κινύραν ἔβρισε πλούτῳ | ποντίᾳ ἔν ποτε
Κύπρῳ.
ἵσταμαι δὴ ποσσὶ κούφοις, ἀμπνέων τε πρίν τι φάμεν.
20 πολλὰ γὰρ πολλᾷ λέλεκται· νεαρὰ δ᾽ ἐξευρόντα δόμεν
βασάνῳ
ἐς ἔλεγχον ἅπας κίνδυνος· ὄψον δὲ λόγοι φθονεροῖ-
σιν·

13 γονάτων BD Sm. (Pw. Hy.) Be. Hm. Bö.* — γουνάτων a´β´ℨ´ℨ´ε´ζ´ Al. Ro.* Bd.* — de B n. l. Cf. ad O. VIII, 1. ‖ πόληός θ᾽ Mr. — πόλιός θ᾽ St. — πόλιός θ᾽ rell. ‖ 14 τῶν δε B,BD Ro. — τῶν δὲ D, — τῶνδ᾽ recc. Al. Ro.* — de B n. l. ‖ φίλων D — φέρων rell. (et D,) ‖ 15 μοῖραν D, — μίτραν rell. ‖ 16 δεῖνῖ ος B — δείνιος BD Bö.* — δεινίδος [B,D,]a´β´ℨ´ℨ´ε´ζ´ Al. Ro:* Hy. Be.* — Δεινία Ox. ‖ νέμειον B.Ḅ Da´β´ℨ´ℨ´ε´ζ´ Al. Ro.* — in margine a´ notatur (λείπει) defectus syllabae — Νεμεεῖον Br.ᵐ Ox. Be. — (Μέγαο) Νέμειον Sm. — Νεμεαῖον Pw. Hy.* ‖ 17 τοι φυτευθεὶς omnes scripti et impressi — φυτευθεὶς (om. τοι) B,D, Ro; — ἐμφυτευθεὶς paraphr. Schol. ‖ 18 ὥςπερ Da´β´ℨ´ℨ´ε´ζ´ Al — ὅς περ Ḅ — ὅσπερ B Ro.* (cum Schol. Vet.) ‖ καὶ τὸν κινύραν β´ (e glossa τὸν) — καὶ κινύραν a´ℨ´ℨ´ε´ζ´ Al. Ro. Cp. (in a´ℨ´ cum glossa τὸν) — καὶ κινύραν ℨ´ — καὶ κινύραν [BB]D Br.* ‖ ἔβρισε ℨ´ (male ut nom. propr. signatum) ‖ ποντίῳ D — ποντία(ᾳ) BB recc. Al. Ro.* ‖ 19 ἀναπν. D — ἀμπν. rell. ‖ γε Sm. — τε rell. ‖ 20 πολλὰ γὰρ πολλὰ BBDa´β´ℨ´ℨ´ε´ζ´ Al. Ro. Ox. — πολλὰ γὰρ πολλοῖς Sm.* — πολλὰ γὰρ πολλᾷ Pw. Hy. Be.* ‖ δόμεν B.BD (Pw.) Be. Hy.²* — δόμωσι a´β´ℨ´ℨ´ε´ζ´ Al. Ro.* ‖ 21 πᾶς γε Sm. Bd. ‖ ἅπας rell. ‖ post κινδ. plene [BB·´β´ℨ´] Ro. Mr. St. Be. Hy.² Sch. Hm. Bö.² (colo Mr. Hy.² Schf. Bö.*) (cum Sch. Vet.) — commate D·´ς´ Cp. Mr. Sm. Bd. Hy.¹⁵ — non dist. Al. Ox. Hy.³⁴ ‖ δὲ λόγοι B.Ḍ. Bö.* — omissa verba δὲ λόγοι a´β´ℨ´ℨ´ε´ζ´ Al. Br.ᵐ ‖ 21 sq. φθονεροῖς, εἰδώς, χειρ. Schol. ad Soph. Ai. 154 male.

ἅπτεται δ' ἐσλῶν ἀεί, χειρόνεσσι δ' οὐκ ἐρίζει.

Ἀντ. β'.

κεῖνος καὶ Τελαμῶνος δάψεν υἱὸν | φασγάνῳ ἀμφικυ-
λίσαις.   40

ἤ τιν' ἄγλωσσον μέν, ἦτορ δ' ἄλκιμον, λάθα κατέχει
25 ἐν λυγρῷ νείκει· μέγιστον δ' αἰόλῳ ψεύδει γέρας ἀν-
τέταται.

κρυφίαισι γὰρ ἐν ψάφοις Ὀδυσσῆ Δαναοὶ θεράπευ-
σαν·   45

χρυσέων δ' Αἴας στερηθεὶς ὅπλων φόνῳ πάλαισεν.

ἦ μὰν ἀνόμοιά γε δάοισιν ἐν θερμῷ χροΐ   Ἐπ. β'
ἕλκεα ῥῆξαν πελεμιζόμενοι   5
30 ὑπ' ἀλεξιμβρότῳ λόγχᾳ, τὰ μὲν ἀμφ' Ἀχιλεῖ νεοκτόνῳ

22 ἰλῶν ζ — ἐσλῶν omnes rell. ‖ αἰεὶ B.BD. Ro:* — ἀεί rec
Al. Sm.* ‖ -νεσι D — νεσσιν δ' — νεσσι BB δ' [rell.] Al. Ro.* (Scho
Soph.) ‖ ἐφίζει Hck. — ἐρίζει omnes scripti et impressi cum Schol. Ve
‖ 23 δάμεν B (male lecto autographo B) — δάψεν BD recc. Al. Ro.*
-ίσαις BBD Ro.* — ίσας δ' (et inter Schol. Vet. τὸ δὲ ἀμφικυλίσ
φασγάνῳ) — ίσαις α'β'δ'ε'ζ' Al. (in s' est ἀμφὶ κ.) — ίσαις Bö.²* ‖ 1
ἤ τιν' B.B Ro: Br. — ἤ τιν' Mr. — ἤ τῖν D — ἤ τιν' D, [recc.] Al. C
St.* — Sch. par. δή τινα et ναὶ δὴ τὸν ... — ἤ τὸν Ht. male. ‖ λάθ
D — λάθρα Al. — λάθα BB recc. Ro.* cum Schol. Vet. ‖ 24sq. και
χει τε λυγρῷ νείκει· ?BB — κατέχειν λυγρῷ νείκει D — κατέχει λυγ
νείκει (in δ νείκεϊ) recc. Al. Ro.* Ox. (Cp. et Br.ᵐ νίκει) — κατέχει λυγρῷ
νείκει Sm. Bd. Hy. Be.* — κατέχει ἐν λυγρῷ νείκει B? Hm. Bö.* rectissi
(cum Sch. Vet.) ‖ 25 ἀντίταχται D — ἀντέταται [rell.] Al. Ro.* — νέ
ται paraphr. Vet. Schol. et ἐστι alio loco (ubi πρόσεστι D) ‖ 26 ἐν ο
B,D, — non om. [rell.] Al. Ro:* ‖ ψάθοις D (sic) ‖ ὀδυσσῆ omnes
27 ὅπλων D (sic) ‖ πάλαισεν omnes — πάλησεν coni. At. e glossis He
chii ἐπάλησεν et παλησειε ductum ‖ 28 ἦ D, — ἤ rell. ‖ δαΐοισιν
— δαίοισιν B — δαίοισιν D — δαίοισιν recc. (cum gl. συνίζησις) Al. R
— δάοισιν Hm. Bö.* ‖ ἐν θερμῷ χροΐ omnes scripti et impressi — θί
ἐνὶ χροΐ Scholiastam legisse suspicatur Bg.;·ait enim θερμὰ δὲ ἕλκη
φλεγμαίνοντά φησι. Non credo. ‖ 29 ἕλκεα·ῥῆξαν omnes — ἕλκε' ἐρρή
(Sm.) Ro. Cf. ad O. IX, 91. ‖ πολεμιζόμενοι BBDα'β'δ'ε'[ε'ζ'] Al. Ro.*
(cum gl. Tricl. πολεμίζοντες) — πελεμιζόμενοι Wa. Bö. Sw.* recte (cum S
.) ‖ 30 ἀλεξιμβρότῳ D — ἀλεξιμβρότῳ(ω) [B]B rell. ‖ ἀχιλλεῖ ε'
Ro.* Ox. — ἀχιλεῖ BBDα'[β'δ']ε'ζ' Sm. Bd. Pw. Hy. Be.*

ΝΕΜΕΑ VIII.

ἄλλων τε μόχθων ἐν πολυφθόροις
ἀμέραις. ἐχθρὰ δ' ἄρα πάρφασις ἦν καὶ πάλαι, 55
αἱμύλων μύθων ὁμόφοιτος, δολοφραδής, κακοποιὸν ὄνειδος·
ἃ τὸ μὲν λαμπρὸν βιᾶται, τῶν δ' ἀφάντων κῦδος ἀν-
τείνει σαθρόν.

Στρ. γ'.

35 εἴη 'μή ποτέ μοι τοιοῦτον ἦθος, | Ζεῦ πάτερ, ἀλλὰ
κελεύθοις 60
ἁπλόαις ζωᾶς ἐφαπτοίμαν, θανὼν ὡς παισὶ κλέος
μὴ τὸ δύσφαμον προσάψω. χρυσὸν εὔχονται, πεδίον δ' ἕτεροι
ἀπέραντον· ἐγὼ δ' ἀστοῖς ἀδὼν καὶ χθονὶ γυῖα κα-
λύψαιν, 65
αἰνέων αἰνητά, μομφὰν δ' ἐπισπείρων ἀλιτροῖς.

Ἀντ. γ'.

40 αὔξεται δ' ἀρετά, χλωραῖς ἐέρσαις | ὡς ὅτε δένδρεον ἄσσει,

31 μόχθων πολυφθόροισιν ἐν BBD recc. (in δ' σι ἐν) Al. Ro.* — μόχθων πολυθρόοισιν ἐν Pw. — id. (sed πολυφόροισιν) Hm. — μόχθων ἐν πολυφθόροις Bö.* Sw. Ht. — μόχθων παμφθόροισιν ἐν Bg.² — p. n. e. || 33 αἰμυλίων BBD — αἰμύλων α'β'δ' Al. — αἰμύλων ε'ζ' Ro.* — Est ut defendas formam Homericam; cf. ad O. II, 97. — par. ἀπατητικῶν || ὁμόφυτος BB — par. σύμφυτος in]B] Ro., sed ibi in D σύμφοιτος legitur — ὁμόφοιτος D recc. Al. Ro.* || 34 δὲ ἀφ. B.BD. Ro; (ut vs. 14) — δ' ἀφ. recc. Al. Ro.* || ἀντείνει omnes (etiam D,) — συντείνει Ro; [B,] |¦ σαθρόν] par. εὐκατάακτος in BD ut in Ro. || 35 εἴσι μή ζ' — εἴη μή rell. || 36 ζωῆς Β — ζωᾶς [BD] recc. Al. Ro.* || -μην ΒΒ — μαν [D] recc. Al. Ro.* || κλέος μὴ τὸ BBD[α'?] Cp. Sm.* — κλέος· μὴ τὸ Ro. Br. — κλέος, μὴ τὸ Mr. St. — κλέα· μὴ τὸ β'δ'δ' Al. (sine dubio α' idem habet) — κλέα, μὴ τὸ δ'ε'ζ' || 37 χρυσὸν δ' εὐχ. B.B Ro; — χρυσὸν εὐχ. D recc. Al. Ro.* — χρυσίον εὐχ. D, || 38 ἀπέραντον omnes || ἀδὼν ΒΒ α'β'δ'δ' Ro.* (cum gl. Tricl. ἀρέσκων) — ἀδῶν D — ἀδὼν ε'ζ' St.* — ἀδὼν Al. Mr. Bö.* — in paraphr. Vet. est εὔχομαι ... ἀρέσαι καὶ τεθνάναι | γῆα D — γυῖα rell. || καλύψαι]μ' omnes scripti et impressi — καλύψαιν (Bg.²) || 40 αὔξεται δ' ἀρετὰ mss. Al. Ro.* Hy. Be.* (cum Sch.) — αὔξονται δ' ἀρεταὶ Sm.* || ἔρσαις δ' — ἕρσαις rell. || 40 sq. δένδρεον ἄσσει | σοφοῖς ΒΒ — δένδρεον ἄσσει, | σοφοῖς D — δένδρεον ἀίσ|σει σοφοῖς α'β' δ'δ' (cum gl. δένδρον et ὁρμᾶ) Sm. Bd. — δένδρον ἀίσ|σει σοφοῖς ε'ζ' Al. Ro.* Ox. Hy. — δένδρον ἀναίσ|σει σοφοῖς Pw. Be. Hm.¹ — δένδρεον ἄσσει | ἐν σοφοῖς Bö.*

ἐν σοφοῖς ἀνδρῶν ἀερθεῖσ᾽ ἐν δικαίοις τε πρὸς ὑγρὸν
αἰθέρα. χρεῖαι δὲ παντοῖαι φίλων ἀνδρῶν· τὰ μ
ἀμφὶ πόνοις
ὑπερώτατα· μαστεύει δὲ καὶ τέρψις ἐν ὄμμασι θέσθ
πιστόν. ὦ Μέγα, τὸ δ᾽ αὖτις τεὰν ψυχὰν κομίξαι
'Επ. γ

45 οὔ μοι δυνατόν· κενεᾶν δ᾽ ἐλπίδων χαῦνον τέλος·
σεῦ δὲ πάτρᾳ Χαριάδαις τε λάβρον
ὑπερεῖσαι λίθον Μοισαῖον ἕκατι ποδῶν εὐωνύμων
δὶς δὴ δυοῖν. χαίρω δὲ πρόσφορον
ἐν μὲν ἔργῳ κόμπον ἱείς, ἐπαοιδαῖς δ᾽ ἀνὴρ
50 νώδυνον καί τις κάματον θῆκεν. ἦν γε μὰν ἐπικώμι
ὕμνος
δὴ πάλαι, καὶ πρὶν γενέσθαι τὰν Ἀδράστου τάν
Καδμείων ἔριν.

41 ὑγρὸν BBDa'β'δ'ξ'ε'ζ' Al. Ro.* Ox. Hm. Bö.* (cum priori parap
Vet.; in altera est ὑγραῖς ἔρσαις; ea omissa est in D) — ὑγρὰν Sm.
Hy. Be.* || **42** ἀμφὶ B — ἀμφὶ Β etc. || **44** πιστά. ὦ μέγα. ΒΒ
, πίσταν ὦ μέγα. D — πίστιν, ὦ μέγα. α'β'δ'ε'ζ' Mr. — πίστιν ὦ μέγα
— πίστιν. ὦ μέγα Ro. — πίστιν. ὦ μέγα, Cp. Br. St.* — Schol.
ὦ μέγα ad sequentia ducit. — Ex Sch. Vet. apparet πιστόν legendum
non πίστιν quod a Pindari et Homeri oratione alienum est. || τεὰν
μὲν Ht. — τὸ δ᾽ αὖτις τεὰν omnes rell. || κομίξαι Β solito errore ||
τε λαῦρον ΒΒ — τέλαβρον D — τε λάβρον recc. Al. Ro.* — τ᾽ ἔλα
(Bg.²) || **47** ὑπερείσω Hm. — ὑπερεῖσαι omnes scripti et impressi
Schol. Vet. || δρόμων Ra. — ποδῶν omnes scripti et impressi cum S
Vet. || **48** δισσοδρόμων Ht. — δὶς δὴ δυοῖν omnes scripti et impres
πρόσφρων D, — πρόσφορον rell. || **49** εἶνεκ᾽ ἔργων Ht. — ἐν μὲν
omnes rell. || ἐπαοιδαῖς BBDa'β'δ'ξ'ε'ζ' Sm. Bd. Ox. Hm. Bö.*
Schol. Vet. et cum gl. Tricl. γοητείαις) — ἐπ᾽ ἀοιδαῖς Al. Ro.*
Be. (est merum sphalma Aldinae a Romana iteratum) || **50** νώδυνον.
α'ε'ζ' — νώδυνον καὶ rell. || ἦ γε μὰν Al. || **51** πάλαι. καὶ ΒΒα'
πάλαι, καὶ ε'ζ' Al. Ro.* — πάλαι καὶ D Bö.*

Subscr. ὕμνου τέλος δεινίου υἱοῦ μέγα. α'ξ' — τέλος. Dζ' —
subscr. in rell. — τέλος quod in D legitur nec ulli alii carmini adscri
in eodem codice invenitur, eo pertinet, quod N. IX. X. XI. teste Scho
Vétere κεχωρισμέναι φέρονται.

[ΝΕΜΕΟΝΙΚΑΙ Θ'.]

ΧΡΟΜΙΩ ΑΙΤΝΑΙΩ
ΑΡΜΑΤΙ.

```
   ´ ᴗ ᴗ – – ᴗ ᴗ – – ´ ᴗ – – ´ ᴗ –
   ´ ᴗ – – ´ – – – ´ ᴗ ᴗ – – – ´ ᴗ – – ´ ᴗ –
   ´ ᴗ ᴗ – – – ´ ᴗ ᴗ – – ᴗ ᴗ – – ´ ᴗ –
   ´ ᴗ – – ´ ᴗ – – – ´ ᴗ ᴗ – – ᴗ ᴗ – – ´ ᴗ –
5  – ´ ᴗ – – – ´ ᴗ – – – ´ ᴗ – –
```

Στρ. α'.

Κωμάσομεν παρ' Ἀπόλλωνος Σικυῶνοθε, Μοῖσαι,
τὰν νεοκτίσταν ἐς Αἴτναν, ἔνθ' ἀναπεπταμέναι ξείνων
       νενίκανται θύραι, 5
ὄλβιον ἐς Χρομίου δῶμ'. ἀλλ' ἐπέων γλυκὺν ὕμνον
 πράσσετε.

Inscr. om. in BD — om. in B̲ quoque, sed habet μονοστροφικὴ κῶλων ιβ'. ᾠδὴ θ'. — Χρ. αἰτ. ἅρ. α'β̲'ξ̲' — id. (addito δέκατον.) ζ' — (id. addito νεμέα ι'.) ι' — Vide de ι' et ζ' ad Inscr. N. V — ΧΡ. ΑΙ. ἅρ. ΜΕΛΟΣ Θ'. Al. — ΧΡ. ΑΙ. 'ΑΡ. ΕΙΔΟΣ. Θ'. Ro.* — id. (ΝΕΜΕΑ addito) Hy. — id. [ΝΕΜΕΟΝΙΚΑΙ Θ'.] Bö.*

1 κωμάσομεν (ω supra ο scriptum est) B — κωμάσομεν B̲ etc. ‖ σικυωνόθεν BB̲ Ro: — σικυωαθεν (ita expuncto ν; de accentu n. n.) D — σικυωνόθε α'[β']β̲'ξ̲'ε'ζ' Al. Ro. Mr. St. — σικυώνοθ. Cp. Br. Sm.* ‖ 2 εἰς BB̲a'ξ̲'ε' Al. Ro.* — ἐς Br.* Bö.* — de Dξ̲'ζ' n. n. ‖ νενίκανται B — νενίκανται rell. (de B n. n. nisi esse ibi κῶνται) ‖ ἔνθ' ἄρα πεπταμέναιν ξείνων ἕνεκεν ταῖν θύραιν corrupte Schol. ad Aristoph. Acharn. 127. ‖ 3 ἐς omnes ‖ πράσσεται D(ξ̲'?) — πράσσετε BB̲[α'ε'ζ']β̲' Al. Ro.*

[ΝΕΜΕΟΝΙΚΑΙ Θ΄.]
ΧΡΟΜΙῼ ΑΙΤΝΑΙῼ
ΑΡΜΑΤΙ.

```
  ´ ∪ ∪ – ∪ ∪ – ´ ∪ ∪ – – – –
  ´ ∪ ∪ – ∪ ´ ∪ ∪ – – – ∪ ∪ – – – ´ ∪ – – ´ ∪ ≍
  ´ ∪ ∪ – ∪ ∪ – – ∪ ∪ – – ´ ∪ ≍
  ´ ∪ ∪ – – ´ ∪ ∪ – ∪ ∪ – – ´ ∪ ∪ – – – ´ ∪ – – ´ ∪ ≍
5 – ´ ∪ – – ´ ∪ – – ´ ∪ – ◡
```

                Στρ. α΄.

Κωμάσομεν παρ' Ἀπόλλωνος Σικυωνόθε, Μοῖσαι,
τὰν νεοκτίσταν ἐς Αἴτναν, ἔνθ' ἀναπεπταμέναι ξείνων
          νενίκανται θύραι,   5
ὄλβιον ἐς Χρομίου δῶμ'. ἀλλ' ἐπέων γλυκὺν ὕμνον
          πράσσετε.

  Inscr. om. in BD — om. in B̦ quoque, sed habet μονοστροφική κώλων ιβ΄. ᾠδὴ θ΄. — Χρ. αἰτ. ἅρ. α΄ 𝔤 𝔤 — id. (addito δέκατον.) ζ΄ — (id. addito νεμέα ι΄.) ι΄ — Vide de ϛ΄ et ζ΄ ad Inscr. N. V — ΧΡ. ΑΙ. ἅρ. ΜΕΛΟΣ Θ΄. Al. — ΧΡ. ΑΙ. ῾ΑΡ. ΕΙΔΟΣ. Θ΄. Ro.* — id. (ΝΕΜΕΑ addito) Hy. — id. [ΝΕΜΕΟΝΙΚΑΙ Θ΄.] Bö.*

  1 κωμάσομεν (ω supra o scriptum est) B — κωμάσομεν B̦ etc. ‖ σικυωνόθεν BB̦ Ro: — σικυωνοθεύ (ita expuncto ν; de accentu n. n.) D — σικυωνόθε α΄[β΄]𝔤 𝔤 ϛ΄ ζ΄ Al. Ro. Mr. St. — σικυωνόθε Cp. Br. Sm.* ‖ 2 εἰς BB̦ α΄ 𝔤 ϛ΄ Al. Ro.* — ἰς Br. Sm.* — de D 𝔤 ζ΄ n. n. ‖ νενυκανται B — νενίκανται rell. (de B n. n. nisi esse ibi κάνται) ‖ ἔνθ' ἄρα πεπταμέναι ξείνων ἔνεκεν ταῖν θύραιν corrupte Schol. ad Aristoph. Acharn. 127.' ‖ 3 ἐς omnes ‖ πράσσεται D(𝔤 ?) — πράσσετε BB̦[α΄ϛ΄ζ΄]𝔤 Al. Ro.*

τὸ κρατήσιππον γὰρ ἐς ἅρμ' ἀναβαίνων ματέρι καὶ δι-
δύμοις παίδεσσιν αὐδὰν μανύει.
5 Πυθῶνος αἰπεινᾶς ὁμοκλάροις ἐπόπταις.

Στρ. β'.

ἔστι δέ τις λόγος ἀνθρώπων, τετελεσμένον ἐσλὸν
μὴ χαμαὶ σιγᾷ καλύψαι· θεσπεσία δ' ἐπέων καύχαις
ἀοιδὰ πρόσφορος.
ἀλλ' ἀνὰ μὲν βρομίαν φόρμιγγ', ἀνὰ δ' αὐλὸν ἐπ'
αὐτὰν ὄρσομεν
ἱππείων ἀέθλων κορυφάν, ἅτε Φοίβῳ θῆκεν Ἄδραστος
ἐπ' Ἀσωποῦ ῥεέθροις· ὧν ἐγὼ
10 μνασθεὶς ἐπασκήσω κλυταῖς ἥρωα τιμαῖς,

Στρ. γ'.

ὃς τότε μὲν βασιλεύων κεῖθι νέαισί θ' ἑορταῖς
ἰσχύος τ' ἀνδρῶν ἁμίλλαις ἅρμασί τε γλαφυροῖς ἄμ-
φαινε κυδαίνων πόλιν.
φεῦγε γὰρ Ἀμφιάρηόν τε θρασυμήδεα καὶ δεινὰν στά-
σιν

---

4 παίδεσσιν αὐδὰν BB recc. Al. Ro.* — παιδευσιν, αὐδὰν D — παί-
δεσσιν αὐχὰν (vel παίδεσσι καυχὰν) (Hm.) Ht. — παίδεσσ' ἀοιδὰν (Bö.)
|| μανύει BB Ro.* — μηνύει Da'[β']ρ'ξ'ε'ζ' Al. || 6 ἐσλὸν omnes || 7
μηδαμᾶ Hck. Le. — μὴ χαμαὶ omnes scripti et impressi cum Schol. Vet.
|| καλίψαι δ' — καλύψαι rell. || θεσπεσία δ' ἐπέων καύχας ἀοιδὰ πρόσφο-
ρος. B.Ba'β'ρ'ε'ρ°ζ' Cp.* Hy. — id. (sed θεσπέσια) D — id. (sed ἀοιδᾶ)
s'εο — id. (sed καύχης) D, — id. (sed ἀοιδὰ,) ξ' Al. Ro: — θ. δ' ἐπ.
καύχαις ἀ. π. Bd. (Hy.) Be. Hm. Bö.* Bg.² — θ. δ' ἐπ. καυχάς τ' ἀ.
π. Bg.¹ — θεσπισίαν δ' ἀρετὰν καυχᾶσθ' ἀ. π. Ky. — θεσπεσία δ' ἐπ.
καυχᾶσσ' ἀ. π. (Sw.) — θ. δ' ἐνέπειν καύχας ἀ. π. Ra.¹⁸ — θ. δ' ἀέθλων
καύχαις ἀ. π. Ht. — θ. δ' ἀρετᾶν καύχαις ἀ. πρ. Ra.⁹ — θ. δ' ἀγαθεὶς
καύχας ἀοιδὰ πρόσφορος. Le. (allato N. VII, 63) || 8 ἐπ' αὐτὸν ὄρσωμεν
BBD(a'?)β'ρ'ξ'δ'ξ'ε'ζ' Al. Ro. — ἐπ' αὐτὰν ὄρσομεν (a'? non credo) Cp. Br.
St. — ἐπ' αὐτὰν ὄρσομεν Mr. Sm.* || 9 ἱππείων BBD recc. Al. Ro.* —
ἱππίων Hm. Bö.* Cf. ad O. XIII, 78. || ἀέθλων BBDa'β'ρ'ξ'ε'ζ' Al. Ro.*
(ul Triol. cum gl. συνίζησις) — ἄθλων (in nullo scripto) Hy. Be.* || κο-
ρυφὰν D — κορυφὰν rell. cum Sch. Vet. || 10 μνασθεὶς et ἥρωα omnes ||
12 ἄμφαινε omnes || 13 ἀμφιάρηον] B,D, Ro; — ἀμφιάρηόν ποτε B —

πατρῴων οἴκων ἀπό τ' Ἄργεος· ἀρχοὶ δ' οὐκ ἔτ' ἔσαν
  Ταλαοῦ παῖδες, βιασθέντες λύᾳ.
15 κρέσσων δὲ καππαύει δίκαν τὰν πρόσθεν ἀνήρ.   35

ἀνδροδάμαντ' Ἐριφύλαν, ὅρκιον ὡς ὅτε πιστόν, Στρ. δ'.
δόντες Οἰκλείδᾳ γυναῖκα, ξανθοκομᾶν Δαναῶν ἔσσαν
  μέγιστοι. δὴ τόθεν   40
καί ποτ' ἐς ἑπταπύλους Θήβας ἄγαγον στρατὸν ἀνδρῶν
  αἰσιᾶν
οὐ κατ' ὀρνίχων ὁδόν· οὐδὲ Κρονίων ἀστεροπὰν ἐλελίξαις
  οἴκοθεν μαργουμένους   45

ἀμφιάρηον ποτὲ Β — ἀμφιάρηόν τε D recc. Al. Ro.* — ἀμφιάρην ποτὲ (Bg.²)
|| 14 πατρῴων BBD Ro.* — πατρώων Mr. St. Bd. Bö.* — πατρίων Sm.
Ox.* — πατέρων α'β'ϩ'ϱ'ϫ'ι'ζ' (cum gl. τῶν πατριχῶν, sic!) Al. || οὐκέτ'
B.D.α'β'ϩ'ϱ'ϫ'ι'ζ' Ro; — οὐκ τ' Ro. — οὐκ ἔτ' B Al. Cp.* || 15 καμπάνει
B, — καππάνει D. — καππαύει [BB recc.] Al Ro:* || μάχαν Ht. c. Schol
— δίκᾱν B. — δίκαν rell. || 16 ἀνδροδάμαντ' ἐρ. B (de spatio inter ν et τ n.
l.) — ἀνδροδάμαν τ' ἐρ. Ba'ϩ'ϫ' Hy. Bg.¹ — ἀνδρομάδαν τ' ἐρ. D — ἀν-
δρομέδαν τ' ἐρ. α'ι'β'ϩ'ϱ'ϫ'ι'ζ' Al. Ro. Br. Mr. (cum gl. Tricl. τὴν τοῦ τα-
λαοῦ θυγατέρα et cum signo nom. pr. supra ἀνδρ. in α'ϱ'ϫ'; iidem nullum
signum supra ἐριφ. habent) — ἀνδροδάμαντ' ἐρ. Cp. St.* Bö. Th. Di. Bg.²
Ht. — ἀνδροδάμαν δ' ἐρ. (Bg.) Sw.¹²⁸ Ra. || ὡς ὅτε B || 17 ἰοκλείδα
BB — οἰκλείδα Dβ'ϱ'ϫ'ι'ζ' Al. Ro.* — οἰκλείδα α' Al. Mr. St. — Ὀικλίδα
Sm. — Ὀικλείδα Ox. — Οἰκλείδα Bd. Be. Hy.* || ξανθοκόμαν B — ξανθο-
κομᾶν [rell.] Al. Ro.* || ἦσαν BBD recc. Al. Ro.* — ἔσσαν Bö.* || 17sq.
μέγιστοι· καί ποτ' ἐς | ἑ. θ. B recc. Cp.* Ox. — μέγιστοι καὶ ποτ' ἐς | ἑ.
θ. B — μέγιστοι καί ποτ' ἐς | ἑ. θ. D — μέγιστοι, καὶ ποτ' ἐς | ἑ. θ. Al.
— μέγιστον, καὶ ποτ' ἐς | ἑ. θ. Ro. — μέγιστοι. Καὶ ποτε | ἑπταπύλους
κριτὸν ἐς | Θήβας Sm. — μέγιστοι. καί ποτ' ἐς | ἑ. θ. | (ἀνδρῶν ἄγαγον
στρατὸν . . . . . . αἰσιᾶν | οὐ κ. ὁ. ὁ.) Pw. — μέγιστοι. καί ποτ' ἐς | . . . . . .
ἑπταπύλους | Θήβας Hy. — μέγιστοι. καί ποτ' ἐς | ἑ. θ. [λεπτῶν] Be. —
μέγιστοι τῶν τότε. | καί ποτ' ἐς ἑ. θή- | βας Hm.¹ — μέγιστοι. δὴ τόθεν
| καί ποτ' ἐς ἑ. θ. Bö. cum Hm.² Th. Di. Sw. — μέγιστοι. καί ποτ' ἐς |
ἑπταπύλους ἐθέλον θήβας (ἀγαγεῖν) Ky. — μέγιστοι. τουτάκι | καί ποτ'
ἑ. θ. Ra.¹ — μέγιστοι (λαγέται.) | καὶ ποτ' ἐς ἑ. θ. Bg.² (Ra.²) — μέ-
γιστοι δὴ τόθεν. | καὶ ποτ' ἐς ἑ. θ. Ht. (Ra.²) || 18 ἄγ. στρ. ἀνδρῶν, αἰ-
σιῶν BB — ἄγ. στρ. ἀν. (omisso αἰσιῶν) D — ἄγ. ἀν. στρ. αἰσιᾶν (sive
, αἰσιᾶν) α'β'ϩ'ϱ'ϫ'ι'ζ' Al. Ro.* Ox. — ἄγ. στρ. ἀνδρῶν, αἰσιᾶν Sm. Bd.
Hm. Bö.* — στρ. ἀγ. ἀνδρῶν, αἰσιᾶν Hy. || 19 ὀρνιχῶν D — ὀρνίχων BB
recc. Al. Ro.* || ἐλελίξαις omnes

20 στείχειν ἐπώτρυν', ἀλλὰ φείσασθαι κελεύθου.

Στρ. ε'.

φαινομέναν δ' ἄρ' ἐς ἄταν σπεῦδεν ὅμιλος ἱκέσθαι 50
χαλκέοις ὅπλοισιν ἱππείοις τε σὺν ἔντεσιν· Ἰσμηνοῦ δ'
ἐπ' ὄχθαισι γλυκὺν
νόστον ἐρεισάμενοι λευκανθέα σώμασι πίαναν καπνόν· 55
ἑπτὰ γὰρ δαίσαντο πυραὶ νεογυίους φῶτας· ὁ δ' Ἀμ-
φιάρῃ σχίσσεν κεραυνῷ παμβίᾳ
25 Ζεὺς τὰν βαθύστερνον χθόνα, κρύψεν δ' ἅμ' ἵπποις, 60

Στρ. ς'.

δουρὶ Περικλυμένου πρὶν νῶτα τυπέντα μαχατὰν
θυμὸν αἰσχυνθῆμεν. ἐν γὰρ δαιμονίοισι φόβοις φεύγοντι
καὶ παῖδες θεῶν. 65

εἰ δυνατόν, Κρονίων, πεῖραν μὲν ἀγάνορα Φοινικοστόλων

---

21 ἄρισ' Al. Ro. — ἄρ' ἰς rell. ‖ **22** ἱππείοις D ‖ ὄχθεσι D,a'β'ξ'
— ὄχθαισι [B.B]D's'ζ' Al. Ro:* ‖ **23** ἐρεισάμενοι B.BD,* Ro: — ἐρυ-
σάμενοι [D]D,¹a'(ῡ)[β's'ζ']β'ξ' Al. Ro.* (cum gl. Tricl. ἤγουν ποιησάμενοι.
ἤτοι ἀποθανόντες ἐκεῖ.). — Paraphr. Vet. ἀποθανόντες... πεσόντες αὐτόθι
τὴν οἴκοι ἀνακομιδὴν ἀπέθεντο θανάτῳ λυθέντες — ἐλισσάμενοι (Bd.) —
ἐρυξάμενοι Pw. Be. — ἐρυσσάμενοι Hm. (continentes, impedientes iter) Bö.*
— ἐρησάμενοι Ah. collato Homerico νόστον δίζηαι et provocans ad Bu. Gr.
2, 179 ubi affertur ἐρησαμένοις apud Pausan. 4, 12, 7; sed hae formae ad-
modum sunt dubiae; vide Sw.¹ — ἀπουράμενοι Ht. collato Scut. Herc. v. 173.
(Buttm. Lex. I, 77.) — ἀνανάμενοι sive ἀπωσάμενοι Ra. — Non opus est emen-
dando. ‖ λευκανθέα BBDa'¹β'ξ'¹ξ'¹ Sm.* cum Schol. Vet. — λευκὸν θέαν
(cum gl. λευκὸν τὴν θέαν) a's'β's'ξ'· (a' ft. a. c. λευκὰν?) — λευκοθέαν s'ζ'
— λευκανθέαν Al. Ro.* ‖ σώμασιν ἐπίαναν BB — σώμασι ἐπίαναν D —
σώμασ' ἐπίαναν a'β'ξ'[β']ξ's'ζ' Al. Ro.* — σώμασι πίαναν Hm.¹ Ky. Bg.²
— σώματ' ἐπίαναν Hm.² Bö.* (cum Sch.¹?) — σώματα, πίαναν Ht. ‖
24 νεογήους D — νεογυίους rell. ‖ ὁ δὲ B.BD. — ὁ δ' Al. Ro: Cp. —
ὁ δ' recc. Mr.* ‖ ἀμφιάρηι BBDa'β'ξ'¿'ζ' Al. Ro.* Bd.* — gl. Tricl.
συνίζησις et ἕνικα τοῦ ἀμφιάρεω. — Ἀμφιάρηι Sm. — Ἀμφιάρηι Hy. —
Ἀμφιάρῃ (Hy.) Be. Bö.* ‖ σχίσαις B¹B — σχίσι B*B, Ro; — σχίσιν
Da'β'ξ'ξ's'ζ' Al. Ro.* — σχίσσε D, — σχίσσεν (Hm.) Bö.* — Sch. Vet.
διέσχισε — gl. Tricl. ἔτεμεν. ‖ ταμβία D's'ζ' ‖ **25** τὰν omnes scripti et
impressi — γᾶς Hck. — γᾶν (βαθύστερνον, χθονὶ κρύψεν δ') Ra. e Scholio.
‖ κρύψε δ' BBD -ψεν δ' recc. Al. Ro.* ‖ **26** πείροις D (compendio syl-

NEMEA IX.

ἐγχέων ταύταν θανάτου πέρι καὶ ζωᾶς ἀναβάλλομαι ὡς
πόρσιστα, μοῖραν δ' εὔνομον 70
30 αἰτέω σε παισὶν δαρὸν Αἰτναίων ἐπάζειν,

Ζεῦ πάτερ, ἀγλαΐαισιν δ' ἀστυνόμοις ἐπιμῖξαι Στρ. ζ'.
λαόν. ἐντί τοι φίλιπποί τ' αὐτόθι καὶ κτεάνων ψυχὰς
ἔχοντες κρέσσονας 75
ἄνδρες. ἄπιστον ἔειπ'· αἰδὼς γὰρ ὑπόκρυφα κέρδει
κλέπτεται,
ἃ φέρει δόξαν. Χρομίῳ κεν ὑπασπίζων παρὰ πεζοβόαις
ἵπποις τε ναῶν τ' ἐν μάχαις 80
35 ἔκρινας ἂν κίνδυνον ὀξείας ἀϋτᾶς,

Στρ. η'.
οὕνεκεν ἐν πολέμῳ κείνα θεὸς ἔντυεν αὐτοῦ 85
θυμὸν αἰχματὰν ἀμύνειν λοιγὸν Ἐνυαλίου. παῦροι δὲ
βουλεῦσαι φόνου
παρποδίου νεφέλαν τρέψαι ποτὶ δυσμενέων ἀνδρῶν στί-
χας 90

labae οις pro compendio syllabae αν posito) — πεῖραν rell. ‖ -στόλον D
— στόλων rell. (et D,)
29 περι D — πέρι rell. ‖ 30 αἰτέω] συνίζησις gl. Tricl. ‖ παισὶ
BBD — παισὶν recc. Al. Ro.* ‖ 31 ὦ ζεῦ D — ζεῦ rell. ‖ ἀγλαΐαισι
B.BD. Ro; Mr. St. -σιν recc. Al. Ro.* Sm.* ‖ ἐπιμῖξαι scripsi Al. Ro.*
Ht. — ἐπιμῖξαι Sw. Bg.² ‖ 32 ἐντί τοι omnes scripti et impressi — εἰσίν
τοι (Bö. coni.) — ἔν τοι τίν (κεν?) coni. Hm. El. Doctr. Metr. 254. —
Schol. Vet. εἰσὶ γάρ σοι in paraphrasi. ‖ τε | BBD — | τ' recc. Al. Ro.*
‖ 32 sq. κρέσσονας, ἄνδρες | ἄνδρες. BB — κρέσσονας | ἄνδρες. rell. ‖ 33
ἔειπ' αἰδὼς BBD, — ἔειπ' αἰδός D — ἔειπ'. αἰδὼς [B,] recc. Al. Ro:*
Hm. Bö.* — ἔειπ'; αἰδὼς Hy.²* ‖ ὑπόκρυφα B.BD. recc. Al. Ro.* — ὑπὸ
κρύφα Bö.²* ‖ 34 ἃ BBD Ro.* cum Schol. Vet. (ἥτις) — ὃ a'β'₂'ẓ'ε'ζ'
Al. ‖ 35 ἂν BBD Al. Ro.* Hm. Bö.* — ἂν, a'β'₂'ẓ'ε'ζ' — ἂν' Be. Hy.²*
‖ αὐτᾶς Al. Ro.* — ἀϋτᾶς scripsi Mr.* ‖ extr. plene dist. [B]a'β'₂'ẓ'ε'ζ'
Al. Ro.* — non dist. BD PSt. — commate dist. Hy.²* ‖ 36 οὕνεκεν
B.BD, Ro: σ' — θ' ἕνεκεν D — οὕνεκεν [a']β'₂'ẓ'ζ' Al. Cp.* ‖ κεῖνα D
— gl. Tricl. ἡ ἀγαθὴ αἰδώς. ‖ 37 αἰχματὰν B etc. ‖ 38 παρποδίου (sic)
D — πὰρ ποδίου σ' — παρποδίου Al — παρποδίου rell. ‖ ποτὶ BBD St.*

[ΝΕΜΕΟΝΙΚΑΙ Θ'.]

χερσὶ καὶ ψυχᾷ δυνατοί· λέγεται μὰν Ἕκτορι μ
κλέος ἀνθῆσαι Σκαμάνδρου χεύμασιν
40 ἀγχοῦ, βαθυκρήμνοισι δ' ἀμφ' ἀκταῖς Ἑλώρου,

Στρ.

ἔνθ' Ἀρείας πόρον ἄνθρωποι καλέοισι, δέδορκεν
παιδὶ τοῦτ' Ἀγησιδάμου φέγγος ἐν ἁλικίᾳ πρώτᾳ·
δ' ἄλλαις ἁμέραις
πολλὰ μὲν ἐγκονίᾳ χέρσῳ, τὰ δὲ γείτονι πόντῳ φάσομ
ἐκ πόνων δ', οἳ σὺν νεότατι γένωνται σύν τε δίκᾳ,
λέθει πρὸς γῆρας αἰὼν ἁμέρα.
45 ἴστω λαχὼν πρὸς δαιμόνων θαυμαστὸν ὄλβον.

Στρ.

εἰ γὰρ ἅμα κτεάνοις πολλοῖς ἐπίδοξον ἄρηται
κῦδος, οὐκέτ' ἔστι πόρσω θνατὸν ἔτι σκοπιᾶς ἄλ
ἐφάψασθαι ποδοῖν.

cum Schol. Vet. (πρὸς τοὺς πολεμίους) — ποδὶ α'β'ϱ'ϱ'ε'ζ' Al. Ro.* (
gl. Tricl. ταχυτῆτι, σπουδῇ)
39 μὲν D — μὰν B — μὰν rell. || **39** sq. χεύμασι | ἀγχοῦ I
χεύμασιν. | ἀγχοῦ, Al. Ro. — χεύμασιν | ἀγχοῦ· (sive ἀγχοῦ.) [rell. sc
Cp.* — χεύμασιν | ἀγχοῦ, Bö.* || **40** βαθυκρημνοῖσι [B?B?D?ϱ'ι
Al. Ro.* Sm. Ox.* — βαθυκρήμνοισι [α']ϱ'ε' St. Bd. Hy.⁵ Bö.* || ἱλ
B — ἱλώρου [B,]B[D] recc. Al. Ro:* || **41** ἔνθ' ἀρείας πόρον BBD
ϱ'ε'ζ' Al. Ro.* — ἔνθ' Ἀρείας πόρον St. Ox. Hy. — ἔνθ' Ἀρειᾶς
Sm. Bd. — ἔνθα Ῥείας πόρον Be. — ἔνθ' Ἀρέας πόρον Bth. Bö.*;
ad O. XIII, 78. — ἔνθα Ῥέας πόρον (Bö.) Ht. || καλέουσι δ' — καὶ
rell. || -κε BBD — κεν recc. Al. Ro.* || **42** ἀγησιδάμῳ D — ἀγη
μου BB recc. Al. Ro.* || ἁλικ. omnes || ἡμ. BBD — ἁμ. recc. Al
|| **43** ἐν κονίᾳ(ᾳ) χέρσῳ [B]Daϱ'ε' Al. St.* — id. (sed χέρσῳ) [B,D
Ro: Cp. Mr. (cum Sch. Vet.?) — ἐγκονίᾳ χέρσῳ scripsi — ἐν κονίᾳ χ
Sch. Vet.? || **44** δὲ οἷ, σὺν B.¹ — δὲ οἷ, σὺν B.·B — δὲ οἱ σὺν
δέοι σὺν D, — δὲ οἷον, σὺν Ro; (ex duplici accentu codicis B male
lecto) — δ' οἷ (δ', οἷ) σὺν recc. Al. Ro.* || αἰὼν] ἰὼν Al. Ro. B₁
ἁμέρα α' Al. (sed α' cum gl. ἡ ἡμέρα αἰών) — ἁμέρα rell. || Post ἁμ
dist. BBDa'. Al. || **45** | ὄλαον D || **46** κτεάνοισι B.BD. — κτεάνοις
Al. Ro.* || ἐπί, δόξον D || **47** οὐκ ἔτι πόρσω B (sed s ita scriptu
ut sr legi possit) — οὐκ ἔτι πόρσω B — οὐκ ἔστι πρόσω D — οὐκέτ
πρόσω (sive οὐκ ἔτ' ἐστὶ πρόσω) α'β'ϱ'ϱ'ε'ζ' Al. — οὐκ ἔτ' ἐστὶ πόρσω

ΝΕΜΕΑ IX. 373

ἡσυχία δὲ φιλεῖ μὲν συμπόσιον· νεοθαλὴς δ' αὔξεται 115
μαλθακᾷ νικαφορίᾳ σὺν ἀοιδᾷ· θαρσαλέα δὲ παρὰ κρα-
τῆρα φωνὰ γίνεται.
50 ἐγκιρνάτω τίς νιν, γλυκὺν κώμου προφάταν, 120

ἀργυρέαισι δὲ νωμάτω φιάλαισι βιατὰν   Στρ. ια'.
ἀμπέλου παῖδ', ἅς ποθ' ἵπποι κτησάμεναι Χρομίῳ πέμ-
ψαν θεμιπλέκτοις ἅμα 125
Λατοΐδα στεφάνοις ἐκ τᾶς ἱερᾶς Σικυῶνος. Ζεῦ πάτερ,
εὔχομαι ταύταν ἀρετὰν κελαδῆσαι σὺν Χαρίτεσσιν, ὑπὲρ
πολλῶν τε τιμαλφεῖν λόγοις 130
55 νίκαν, ἀκοντίζων σκοποῖ' ἄγχιστα Μοισᾶν.

Bd. Hm.¹ Hy. — id. (sed οὐκέτ') Bö. Bg.² — οὐκ αὖτ' ἐστι πόρσω Sm. — οὐκ ἔτ' ἐστι πόρσω Ox. — οὐκ ἔξεστι (vel ἔνεστι) πόρσω Pw. — οὔπως ἐστὶ πόρσω coni. Hy. (Hm.³) Th. — οὐκ ἐστιν τὸ πόρσω Hm.² Bg.¹ — οὐκ εἶτ' ἐστι πόρσω Be. — οὐκ ἐστιν τι πόρσω Bö. coni. — οὐκ ἐστι πρόσω .. θνατὸν ἐτι sive οὐκ ἐστι πρόσω θνατὸν ... ἐτι Bö. coni. — οὐκ ἀνδρ' ἐστι πόρσω Ht. — ἀνδρ' οὐκ ἐστι πόρσω Ra. || θνατὸν ἐτι omnes

48 ἡσυχία δὲ, B.BD. Cp.ᵐ (cum Sch. Vet. ad h. l.) — ἀσυχία (Sch. Vet. ad N. V, 10 vulg. in D; ubi in Ro. [B?] est 'Ασυχία) — ἡσυχίαν α'β'ȥ'ȥ'ε'ζ' Al. Ro.* — ἀσυχίαν Be. Hy.²* — ἀσυχία Bg.² Ht. Ra. || 49 αὐδᾶ De'ζ' — ἀοιδᾶ(ᾷ) BBa'ȥ'ȥ' Al. Ro.* || θαρσαλέω B — θαρσαλέον [sine δὲ] Schol. Luciani Conv. 32. — λέα [B.D] recc. Al. Ro.* (cum Sch. Vet. et gl. Tricl. θαρραλεωτέρα) || κρατῆρα B.BD Ro; Ah. Sw.²ˢ Bg.² Ht. — κρητῆρα D, recc. Al. Ro.* — κρητῆρι Schol. Lucian. ll.; Orion. 35, 15 || γίνεται B.BD.α'β'ȥ'ȥ'ε'ζ' Al. Ro:ˢ Bg.¹² — γίγνεται Bö.* || 50 μιν omnes || προφάταν omnes || 51 ἀργυραίσσι D || 52 θεμιπλέτοις D || ἀμφὶ [BB]Da'β'ȥ'ȥ'ε'ζ' Al. Ro.* Ox. — ἅμα Sm.* Pw. Hy. Be.* (cum Sch.) || 53 λατοΐδα omnes || τῆς BB — τᾶς D recc. Al. Ro.* || ζεῦ πάτερ cum antecedentibus coniungit D — utrinque plene dist. Ro. — cum sqq. rell. || 54 ταύταν (sic) D || χαρίτεσσιν D -τεσσιν rell. || τιμαλφεῖν D — τιμάλφων Ht. — τιμαλφεῖν rell. — gl. Tricl. τιμᾶν ἐν λόγοις || 55 νικᾶν BBDa'β'ȥ'ȥ'ε'ζ' Al. Ro. Mr. (cum gl. Tricl. νικῶν) — νικᾶν Br. — νίκαν, (in nullo scripto) Cp. Br.ᵐ St.* || ἀκοντίζειν Ht. — ἀκοντίζων omnes rell. || σκοποῦ ἄγχιστα [BBa'ε'ζ'B?] Al. Ro.* — σκοποῦ. ἄγχιστα D — ποῖ' ἄγχιστα Ah. Ra. recte; cf. ad O. XIII, 34 quamquam etiam ἄγχιστα defendi possit — σκοποῖ τ' ἄγχιστα Ht. || μοισᾶν BBD recc. Al. Ro.* Ra. — μοῖσαν (apud Sch. Vet.) Ht.

Subscr. ὕμνου τέλος χρομίου αἰτναίου: α'ξ — τέλος ζ' — om. in rell.

[ΝΕΜΕΟΝΙΚΑΙ Ι΄.]

ΘΕΙΑΙΩ ΑΡΓΕΙΩ

ΠΑΛΑΙΣΤΗι.

Strophae.

Epodi.

Στρ. α΄.

Δαναοῦ πόλιν ἀγλαοθρόνων τε πεντήκοντα κορᾶν, Χάριτες,
Ἄργος Ἥρας δῶμα θεοπρεπὲς ὑμνεῖτε· φλέγεται δ᾽ ἀρεταῖς

Inscr. omissa in BBD — Θειαίῳ παιδὶ ἡλίου, παλαιστῇ. α΄β΄ϱ̄γ̄ ε΄ζ΄ Al. — Θειαίῳ παιδὶ Οὐλίου παλαιστῇ. Ro. — Θειαίῳ Ἀργείῳ παλαιστῇ. B5.*

1 ἀγλαοθρόνων B.BD. Ro; Hm. Bö.* — ἀγλαοθύκων α΄β΄ϱ̄γ̄ ε΄ζ΄ Al. Ro.* (cum gl. Tricl. ἐνδόξων) — ἀγλαοθρόνων (Bg.³) ‖ 2 ὑμνῆτε B — ὑμνεῖται D° — ὑμνεῖτε Ba΄β΄[ϱ̄]ε΄ζ΄ Al. Ro.* cum Sch. Vet. (ὑμνήσατε)

ΝΕΜΕΑ Χ.

μυρίαις ἔργων θρασέων ἕνεκεν.
μακρὰ μὲν τὰ Περσέος ἀμφὶ Μεδοίσας Γοργόνος·
5 πολλὰ δ' Αἰγύπτῳ τὰ κατέκτιθεν ἄστη ταῖς Ἐπάφου
παλάμαις·
οὐδ' Ὑπερμήστρα παρεπλάγχθη, μονόψαφος ἐν κολεῷ
κατασχοῖσα ξίφος.   10

Ἀντ. α'.

Διομήδεα δ' ἄμβροτον ξανθά ποτε Γλαυκῶπις ἔθηκε
θεόν·
γαῖα δ' ἐν Θήβαις ὑπέδεκτο κεραυνωθεῖσα Διὸς βέλεσιν 15
μάντιν Οἰκλείδαν, πολέμοιο νέφος·
10 καὶ γυναιξὶ καλλικόμοισιν ἀριστεύει πάλαι.

3 ἕνεκε D — ἕνεκεν [B]Ḇ recc. Al. Ro.* || 4 μακρὰ D — καθαρὰ D, — μακρὰ B.Ḇ recc. Al. Ro:* (cum Sch.) || τὰ] τοῦ Sm. || περσέ .. B (exesis literis) — περσέως B,ḄD. Al. Ro:* Ox. — περσέος recc. Sm. Bd. Hy. Be.* || 5 πολλὰ δ' Αἰγύπτῳ κατῴκισθεν, ἄστη, ταῖς ἐπάφου παλάμαις. B. (sed ἄστη fortasse accentu caret in textu, ubi integra linea blattis male habita est) — id. (sed sine interp.) D — id. (κατῴκισθεν ἄστη ταῖς) Ḇ — id. (sed ἐν αἰγ.) D, — id. (sed κατῴκισθεν ἄστη,) α'β' Ro.* Ox. Hy. Bg.² — id. (sine dist.) γ'ε'ζ' Al. — scripsi τὰ cum Bö.² et [κατ]έκτιθεν cum Hm.² || 6 ὑπε[ρμ]ήστρα B exesis literis (μ, non μν fuisse videtur) — ὑπερμήστρα B,Ḇ Ro; (et Schol. in B Ro.) — ὑπερμνήστρα D recc. Al. Ro.* (et Schol. in D semel) — ὑπὲρ μνήστρα D, (et semel in Schol. D) || παρεπλάγχθη [B.Ḇα'?β'?]D. Ro.* — παρεπλάχθη γ'ε'ζ' Al. || μονόψαφος Hck. (cum Schol. Vet. recte) — μονόψαφον rell. || κολεῷ(ῶ) BḆDα'β'²β̱'γ'ε'ζ' Al Ro.* (cum Schol. Metr. τὸ δὲ κολεῷ ἀντὶ τοῦ κολῷ κατὰ συνίζησιν) — κουλεῷ Hm. Bö.* || κατασχοῖσα [BḆDα'β'²β̱]γ̱' Al. Ro.* — κατασχοῦσα ε'ζ' || 8 κεραυνῷ θεῖσα Al. || βέλεσι BḆ Mr. St. Bd. Hy.²* — βέλιι D (nisi is quoque ισ scribere voluit; ε et ισ saepius vix possunt distingui; cf. N. IX, 47) — βέλεσσιν γ'ε' — βέλεσιν [α']β'²β̱'ζ' Al. Ro.* Sm. Ox.* Hm. Bö.* || 9 οἰκλείδαν [B]ḆDα'β'²β̱'γ'ε'ζ' Al. Ro.* (cum gl. Tricl. συνίζησις) — Οἰκ. Sm.* || πολέμοιο νέφος omnes scripti et impressi cum Schol. Vet. — π. γέρας Ra. — π. φάος Bg.² || 10 γυναιξὶ B.ḆDα' β'²β̱'(β̱'?)γ̱'ε'ζ' Al. Ro:* — γυναιξὶν Sm.* (in nullo scripto quod sciam, de γ̱', quem non inspexi, non recte, puto, Bö. relatum est) || πάλαι cum antecedentibus coniungunt Ba'β'²β̱'γ'ε'ζ'. cum Schol. Vet. — ambigue (sine distinctione) ḆD Al. Ro. — πάλαι cum sequentibus coniung. Cp.⁸ quae postea Ceporini interpunctio tollenda est.

[ΝΕΜΕΟΝΙΚΑΙ Γ.]

Ζεὺς ἐπ' Ἀλκμήναν Δανάαν τε μολὼν τοῦτον κατέφαν
λόγον·
πατρί τ' Ἀδράστοιο Λυγκεῖ τε φρενῶν καρπὸν εὐθείᾳ
συνάρμοξεν δίκᾳ·

Ἐπ. α'

Θρέψε δ' αἰχμὰν Ἀμφιτρύωνος. ὁ δ' ὄλβῳ φέρτατος
ἵκετ' ἐς κείνου γενεάν, ἐπεὶ ἐν χαλκέοις ὅπλοις
15 Τηλεβόας ἐναρόντος ὄψιν ἐειδόμενος
ἀθανάτων βασιλεὺς αὐλὰν ἐσῆλθεν,
σπέρμ' ἀδείμαντον φέρων Ἡρακλέος· οὗ κατ' Ὄλυμ-
πον
ἄλοχος Ἥβα τελείᾳ παρὰ ματέρι βαίνοισ' ἔστι, καλ-
λίστα θεῶν.

11 ἀλκμήναν B.ΒD.[α'β'ξ'ξ̄' Ro; Hy.²* — ἀλκμάναν ε'ζ' Al. Ro.* μολῶν BΒD — μολὼν D, recc. Al. Ro:* ‖ τὸν, D — τὸν ΒD[α'?]β'ξ' ε'ζ' Al. Ro.* — τοῦτον Sm.* (cum Schol. Vet.) — τὸν μὲν (Bö.) — πιστ (Bg.³) ‖ 12 πατρί τ' Β.ΒD[α']β'ξ'ξ̄'ε'ζ' Ro:* Hy.¹ Bö.* — πατρί τ'. — πατρί δ' Hy.²³ Schf. — πατρί δ' D, Hy.⁴⁵ (Bg.³) ‖ vox οὐθε omissa est in ε'ζ' ‖ συνάρμοξε̄ Β — συνάρμοξε D — συνάρμοξεν Β re Al. Ro.* ‖ 13 θρέψαι δ' ε' — θρέψεται δ' Al. — θρέψε τὰν δ' Sm. θρέψεν δὲ Ox. — θρέψε δ' rell. ‖ ὁ δ' ὄλβῳ(ω) φέρτατος ἵκετ' om scripti et impressi ‖ 14 ἐς κείνου D. recc. Al. Ro.* — ἐς κεῖνου ΒΒ post γενεὰν plene dist. Ba'β'ξ'ε'ζ' Al. Ro.* Hy.* Hm.² — non dist. ΒD commate ξ' Sm.* Hm.¹ Bö.* ‖ ἐπεὶ ἐν ΒΒD Sm. Pw. Hy.* — ἐπεὶ ἐν α'β'ξ'ξ̄'ε'ζ' Al. Ro.* Ox. ‖ χαλκέοις) συνίζησις gl. Tricl. ‖ 15 ἐναρόν- scripsi ex Sch. — ἔναιρε. τί οἱ ΒΒ — ἔναρε. τί οἱ D̄ — ἔναρεν. τί α'β'ξ'ξ̄'ε'ζ' Al. Ro. Mr. (aliquot Tricl. ut ε' ἔναριν, τί οἱ) cum gl. Tr ἐφόνευσεν ὁ ἀμφιτρύων. κατά τι. — ἐναρέν, οἱ Cp. Ox. Hy. — ἔναρεν. οἱ — ἐναρόντι Ri. Sm. Bd. — ἐναρέν τοι (sive γ' οἱ) Pw. — ἔναρεν, τῷ] — ἔναρεν· τῷ δ' Hm.¹ — ἔναρεν, καὶ οἱ (crasi) Bö.* — ἔναρεν, οἱ Hn — ἔναρεν, ἵν τ' (Th.) — ἔναρεν, τῷ δ' Ky. Ht. — ἐναρόντι οἱ ὄψιν (ἐναρίζοντι ὄψιν) Ra.¹² — ἐναρόντ' ὄψιν οἱ Ah. Sw.²³ Bg.³ ‖ 16 ἐσῆλ Β — ἐσῆλθε ΒD — ἐσῆλθε, Mr. St. Hy.²⁴ Schf. — ἐσῆλθεν. (α'?)ἐ — ἐσῆλθεν, ξ'ε'ζ' Ro. Cp. Sm.* Hy.¹²⁵ Be. Bg.² — ἐσῆλθεν Bö.* Ra. ‖ 18 τελείᾳ scripti Al. Ro.* St. Bö.* — Τελείᾳ Mr. Sz ‖ ματέρι ΒΒ — ματέρι D recc. Al. Ro.* ‖ βαίνοισ' omnes ‖ ἔστι Sz — ἐστὶ scripti Al. Ro.*

Στρ. β'.

βραχύ μοι στόμα πάντ' ἀναγήσασθ', ὅσων Ἀργεῖον ἔχει
τέμενος
20 μοῖραν ἐσλῶν· ἔστι δὲ καὶ κόρος ἀνθρώπων βαρὺς ἀντιάσαι·
ἀλλ' ὅμως εὔχορδον ἔγειρε λύραν,
καὶ παλαισμάτων λάβε φροντίδ'· ἀγών τοι χάλκεος
δᾶμον ὀτρύνει ποτὶ βουθυσίαν Ἥρας ἀέθλων τε κρίσιν·
Οὐλία παῖς ἔνθα νικάσαις δὶς ἔσχεν Θείαῖος εὐφόρων
λάθαν πόνων.

Ἀντ. β'.

25 ἐκράτησε δὲ καί ποθ' Ἕλλανα στρατὸν Πυθῶνι, τύχᾳ
τε μολὼν
καὶ τὸν Ἰσθμοῖ καὶ Νεμέᾳ στέφανον, Μοίσαισί τ' ἔδωκ'
ἀρόσαι,
τρὶς μὲν ἐν πόντοιο πύλαισι λαχών,
τρὶς δὲ καὶ σεμνοῖς δαπέδοις ἐν Ἀδραστείῳ νόμῳ.
Ζεῦ πάτερ, τῶν μὰν ἔραται φρενὶ σιγᾷ ϝοι στόμα· πᾶν
δὲ τέλος

19 ὅσων ἀργείων D — ὅσ ἀργεῖον δ' — ὅσων ἀργεῖον rell. || 20 ἐσλῶν omnes || ἔστι omnes || 21 ὅμως omnes || 22 ἄγων ε'ζ' Al. ||, χάλκεος B — χάλκεος rell. cum Schol. Vet. || 23 βουθυσίαν BBD Pw. Be. Hm. Bö.* — θυσίαν α'β'γ'χ'ι'ζ' Al. Ro.* Ox. Hy. — τὰν θυσίαν Sm. Bd. — Schol. Vet. τὴν τῆς (D τοῦ) θεοῦ θυσίαν || 24 οὐλία [BB] Ro.* cum Schol. Vet. in Ro. [B?] — ἀλία D — ἀλία α'β'γ'χ' Al. cum Tricl. gl. ὁ τοῦ ἡλίου παῖς Θειαίας — ἀλίου ε'ζ' — in Schol. D est ὁ τοῦ ἡλίου παῖς Θειαῖος || νικήσαις BBγ', — νικάσαις Da'β'γ'χ'ι'ζ' Al. Ro.* — νίκας γ'(?) || vs. 45 vulg. om. B || ἔσχι B — ἔσχι D — ἔσχεν recc. Al. Ro.* || Θειαῖος [B]D recc. Al. Ro.* (cum Sch. Vet. et Rec.) — Θεαῖος Hm. Bö.* Cf. ad O. XIII, 78. || εὐφρόνων B* Cp.= — εὐφρόνων B¹D recc. Al. Ro.* Ox.* (cum gl. Tricl. ἐπιχερδῶν) — Utraque scriptura in Schol. Vet. et in Schol. Tricl. memoratur. — δυσφόρων Sm. Bd. — δυσφρόνων Bg.² || 25 μολῶν BBD — μολὼν recc. Al. Ro.* || 26 Ἰσθμεῖ Ro. Br. Mr. || νεμέᾳ(α) omnes || . μοίσαισί τ' B.BD.a'β'γ'χ'ι'ζ' Al. Ro:* (cum Sch. Vet.) — μοίσαισιν (Hy.) Be. (Bg.) Ht — , μοίσαισιν || 28 νόμῳ(ω) scripti Al. Ro.* Hy.²* (cum Sch.) — νόμῳ Sm.* — (-είου) νομοῦ (Pw. Mi.) || 29 μὲν [BB]Da'(β'?)γ'χ'ι'ζ' Al. Ro.* Sm.* (ex Sch.) — μὲν γ' Pw.

[ΝΕΜΕΟΝΙΚΑΙ Γ´.]

30 ἐν τὶν ἔργων· οὐδ᾽ ἀμόχθῳ καρδίᾳ προσφέρων τόλμαι
παραιτεῖται χάριν· 5!

Ἐπ. β´

γνῶτ᾽ ἀείδω θεῷ τε καὶ ὅστις ἀμιλλᾶται περὶ
ἐσχάτων ἀέθλων κορυφαῖς. ὕπατον δ᾽ ἔσχεν Πίσα 6ι
Ἡρακλέος τεθμόν· ἀδεῖαί γε μὲν ἀμβολάδαν
ἐν τελεταῖς δὶς Ἀθαναίων νιν ὀμφαὶ
35 κώμασαν· γαίᾳ δὲ καυθεῖσα πυρὶ καρπὸς ἐλαίας 6
ἔμολεν Ἥρας τὸν εὐάνορα λαὸν ἐν ἀγγέων ἕρκεσιν παμ
ποικίλοις.

Στρ. γ

ἕπεται δέ, Θείαιε, ματρώων πολύγνωτον γένος ὑμετέ
ρων

30 ἔργω, ι´ — ἔργων. rell. ‖ ἀμόχθων ζ´ — ἀμόχθῳ(ω) rell. ‖ πρὸς φέρ
δ᾽ ‖ **31** γνῶτ᾽ ἀείδω θεῷ τε, | καὶ ὅστις B. — γνῶτ᾽ ἀείδω θεῷ τε | καὶ ὅς τις
— γνῶτ᾽ ἀείδω θεῷ τε | καὶ ὅστις D. — γνῶτ᾽ ἀείδω θεῷ τε, | χ᾽ ὥς τις α´β´ξ
ε´ζ´ Al. Ro.* — id. (sed χ᾽ ᾧςτις) Mr. St. Ox. Hy. — γνῶτ᾽ ἀείδω θεῷ τε, ᾽
ὅς | τις Pw. ‖ **32** ἀέθλων BBDa´β´ξ´ξ´ε´ζ´ Al. Ro.* (cum gl. Tricl. συνίζησις)·
ἄθλων Hm. Bö.* ‖ κορυφᾶς Sm. Pw. (cum Sch. Vet. ut videtur) — ᾽
ρυφαῖς rell. ‖ ὕστατον D — ὕπατον [BB recc.] Al. Ro.* — Sch. par. ᾽
δοξότατον καὶ ὑπερέχοντα ‖ ἔσχῖ B — ἔσχι BD — ἔσχεν recc. Al. Ro
‖ **33** post τεθμόν non dist. BD Al. — dist. (plene) recc. Ro.* (cum S.
Vet.) — utrum in B punctum sit necne non potest discerni ‖ ἀδε
omnes scripti et impressi — ἀδείᾳ (v. l. apud Sch. Vet.) (Ht. collato P.]
98) ‖ γε μὲν recc. Al. Ro:* — γέ μεν B — μὲν (sine γε) D — γε ᾽
D, — par. Sch. Vet. οὖν ‖ **34** τελεταῖς. B — τελιταῖς, B — τελει
D recc. Al. Ro.* (cum Sch. Vet.) — τελετᾷ (v. l. apud Sch. Vet.) (Ht.
δίς. α´β´ξ´ξ´ε´ζ´ Al. Ro. — δὶς BBD Cp.* ‖ νιν Bö.* — μιν BB B
(in Ro. μίν) — omissa vox in D — γάρ α´β´ξ´ξ´ε´ζ´ Al. — τὶν (Bε
— par. Sch. Vet. αὐτόν ‖ **35** γαίᾳ(ᾳ) δὲ καυθεῖσα(ᾳ) πυρί, BB[α´β´ξ´ξ´]
Ro.* — id. (sed Γαῖα) Ro; — id. (sed καυθεῖσα) B, — γαῖα δὲ καυθε
πυρί, D.ε´ζ´ (in D. sine dist.) ‖ **36** ἀγγέων θ᾽ ἕρ. (Bg.²) ‖ ἕρκεσι B
β´ξ´ξ´ε´ζ´ Al. — ἕρκεσιν Ro.* ‖ παμποικίλοις mss. Al. Ro.* (cum Sch.
— παγχαλκέοις a Sch.³ lectum fuisse Ht. suspicatur, perperam.
37 ἕπεται mss. Al. Ro.* (cum Sch.) — δίκεται Ra. (collatis P. I,
I. VII, 68) ‖ Θείαιε B.BD. recc. Al. Ro:* — Θεαῖε Bö.* Cf. ad
XIII; 78. ‖ ματρώων mss. Al. Ro.* Sm.* — ματρῴων Mr. St. ‖ π
γνωτὸν γένος scripti Al. Ro.* Bd.* (in D το pro τον) — πολυγνώτῳ γένει Sm.

ΝΕΜΕΑ Χ.

εὐάγων τιμᾷ Χαρίτεσσί τε καὶ σὺν Τυνδαρίδαις θαμάκις.

ἀξιωθείην κεν, ἐὼν Θρασύκλου
40 Ἀντία τε ξύγγονος, Ἀργεῖ μὴ κρύπτειν φάος   75
ὀμμάτων. νικαφορίαις γὰρ ὅσαις Προίτοιο τόδ᾽ ἱπποτρόφον
ἄστυ θάλησεν Κορίνθου τ᾽ ἐν μυχοῖς καὶ Κλεωναίων
πρὸς ἀνδρῶν τετράκις·

Ἀντ. γ᾽.

Σικυωνόθε δ᾽ ἀργυρωθέντες σὺν οἰνηραῖς φιάλαις ἀπέβαν,   80
ἐκ δὲ Πελλάνας ἐπιεσσάμενοι νῶτον μαλακαῖσι κρόκαις·
45 ἀλλὰ χαλκὸν μυρίον οὐ δυνατὸν
ἐξελέγχειν· μακροτέρας γὰρ ἀριθμῆσαι σχολᾶς·   85
ὅντε Κλείτωρ καὶ Τεγέα καὶ Ἀχαιῶν ὑψίβατοι πόλιες
καὶ Λύκαιον πὰρ Διὸς θῆκε δρόμῳ σὺν ποδῶν χειρῶν τε
νικᾶσαι σθένει.   90

---

38 χαρίτεσσί τε D ‖ καὶ | τυνδαρίδαις BBD Ro.* — καὶ | τυνδαρίδαισι α'β'ϱ'ϱ̌'ε'ζ' Al. Ox. — καὶ | σὺν Τυνδαρίδαις Sm. Bd. Hy. Be.* (cum Sch.¹²) ‖ θαμάκις,] θάμ'. ἐγὼ δ᾽ Ht. male ‖ **40** σύγγ. scripti Al. Ro.* Ox. Hm.¹² — ξύγγ. Sm. Bd. Hy. Be.* Cf. ad vs. 10. ‖ ἀργεῖ omnes ‖ **41** νικαφορίαισι B.BD. -ίαις recc. Al. Ro:* ‖ ὅσσοις D̄ — ὅσσαις D, — ὅσαις rell. ‖ ἱπποτρόφον ἄστυ τὸ. προί|τοιο θάλησι. BBD (sine dist. BD) — id. (sed θάλησεν. et sine dist. post τὸ) α'β'ϱ'ϱ̌'ε'ζ' Al. Ro.* Ox.* (in Ro. τὸ,) — id. (sed θάλλησεν.) Sm. Bd. — ἱπποτρόφον ἄστυ τὸ σόν, | Προίτι, θάλησιν. Hm.¹ — Προίτοιο τόδ᾽ ἱπποτρόφον | ἄστυ θάλησεν Bö. Hm.²* ‖ **43** -νόθεν δ᾽ [BB]Da'β'ϱ'ϱ̌'ε'ζ' Al. Ro.* — νόθε δ᾽ Sm.* — par. δὲ agnoscit ‖ -θέντες Β vitiose ‖ οἰνόταις D vitiose ‖ ἀπέβαν BB Da'β'ϱ'ϱ̌'ε'ζ' (Bö.) Sw. Bg. Ht. cum Sch. Vet. (ἀνεχώρησαν) et cum gl. Tricl. (ἀπῆλθον οἱ πρόγονοί μου,· et vs. 44 sup. πελλάνας gl. ἀπέβησαν) — ἐπέβαν (in nullo scripto)ᾳ Al. Ro.* (merum Aldinae vitium a Ro. iteratum) ‖ **46** -γχει. D —γχειν. D, et rell. ‖ -μῆσαι omnes ‖ **47** ὄντε] οὔτε D, ‖ **48** λύκαιον .ε' ‖ πὰρ omnes ‖ ἔθηκε BBD̄ ‖ θῆκεν α'β'ϱ'ϱ̌'ε'ζ' Al. Ro.* Sm. Ox.* — θῆκε Mr. St. Bd. Bö.* ‖ δρόμῳ.᾽ σὺν] δρόμοισιν Ra. — δαεῖσιν? ‖ ποδῶν τε χειρῶν [τε] νικ. BB̄ (de aliquo: τε non diserte notavi) — ποδῶν τε χειρῶν νικ. Da'β'ϱ'ϱ̌'ε'ζ' Al. — ποδῶν

[ΝΕΜΕΟΝΙΚΑΙ Γ´.]

Ἐπ. γ

Κάστορος δ᾽ ἐλθόντος ἐπὶ ξενίαν πὰρ Παμφάη
50 καὶ κασιγνήτου Πολυδεύκεος, οὐ θαῦμα σφίσιν
ἐγγενὲς ἔμμεν ἀεθληταῖς ἀγαθοῖσιν· ἐπεὶ
εὐρυχόρου ταμίαι Σπάρτας ἀγώνων
μοῖραν Ἑρμᾷ καὶ σὺν Ἡρακλεῖ διέποντι θάλειαν,
μάλα μὲν ἀνδρῶν δικαίων περικαδόμενοι. καὶ μὰν θεῶ
πιστὸν γένος.

Στρ. δ

55 μεταμειβόμενοι δ᾽ ἐναλλὰξ ἀμέραν τὰν μὲν παρὰ πατ
φίλῳ
Δὶ νέμονται, τὰν δ᾽ ὑπὸ κεύθεσι γαίας ἐν γυάλοις Θ
ράπνας,
πότμον ἀμπιπλάντες ὁμοῖον· ἐπεὶ
τοῦτον ἢ πάμπαν θεὸς ἔμμεναι οἰκεῖν τ᾽ οὐρανῷ

τε χερῶν τε νικ. Ro.* — ποδῶν, χειρῶν τε νικ. Sm. Hm. Bö.* — ποδ
χερῶν τε νικ. Ox. Hy. Be. || νικᾶσαι omnes
49 ἐλθόντων Sm. Bd. || ξενίαν B.BD. Pw. (Hy.¹) Be. Bö.*
ξεινίαν α´β´ξ´(ξ´?)ξ´ο´ζ´ Al. Ro.* Ox.* — ξεινοσύναν Sm. Bd. || π
scripti Al. Ro.* Ox.* — παρ᾽ Sm. Pw. — πὰρ Bd. Hm. Bö.*
παμφάη BBDε´ζ´ Ro. Cp. Br. Hm. Bö.* — παμφάη α´β´ξ´ξ´ Al. B
metaplastice, cum Sch. Vet. (et Tricl.) παρὰ τῷ παμφάη (ubi D π
φαίω) et cum gl. Tricl. τῷ προγόνῳ αὐτοῦ; in Sch. ad vs. 37
παμφάης rectus || 51 ἔμεν D — ἔμμεν᾽ Mr. || 52 εὐρυχόρου B.
recc. Sm. Bd. Pw. Hy. Be.* (cum Sch. D) — χώρου Al Ro.*
(cum Ro.sch) — de Bech n. n. || 53 μοιρᾶν Al. || θάλειαν BBDα´ε
ε´ζ´ Al. Ro. Br.* — θαλείαν Cp. Br.m (cum Sch. μοῖραν τῆς εὐωχίας
54 περικαδ. omnes || 55 . τὰν μὲν, παρὰ πατρὶ B ac (ubi per μὲν, παρὰ
traducta est) BD Cp.* (in BD Cp.* alia dist.) (cum Sch. Vet.) — τὰν
πατρὶ (om. παρὰ) ξ´? Ro. (in ξ cum gl. σὺν) — τὰν, πατρὶ (om. μὲν π
Bπα´β´ξ´ξ´(ξ´?)ε´ζ´ Al. (Al. sine dist.) || 56 διὶ (διϊ) scripti Cp.* Bg.
διὶ Al. Ro. — Δὶ Bö.* || νέμοντα. D || τὰν δ᾽ B — τὰν δ᾽ B Cp.
τὰν δ᾽ D recc. Al. — τὰν Ro. || ὑπὸκεύθεσι B (ita ut accentus suj
ἔπε mutatus aut deletus sit) — ὑπὸ κεύθεσι rell. || ἐν γυάλοις [BB]D
— ἐν γυάλοισι α´β´ξ´ε´ζ´ Al Ro.* — ἐγγυάλοισι δ᾽ || θεράπιας
Π´, ἀμπιπλάντες Bac — ἀμπίπλαντες ι´ — ἀμπιπλάντες BrcBD[α
ξ´ζ´ Al. Ro.*

εἵλετ᾽ αἰῶνα φθιμένου Πολυδεύκης Κάστορος ἐν πο-
  λέμῳ.   110
60 τὸν γὰρ Ἴδας ἀμφὶ βουσίν πως χολωθεὶς ἔτρωσεν χαλ-
  κέας λόγχας ἀκμᾷ.

Ἀντ. δ´.

ἀπὸ Ταϋγέτου πεδαυγάζων ἴδεν Λυγκεὺς δρυὸς ἐν στε-
  λέχει   115
ἥμενον· κείνου γὰρ ἐπιχθονίων πάντων γένετ᾽ ὀξύτατον
ὄμμα. λαιψηροῖς δὲ πόδεσσιν ἄφαρ
ἐξικέσθαν, καὶ μέγα ϝέργον ἐμήσαντ᾽ ὠκέως.   120
65 καὶ πάθον δεινὸν παλάμαις Ἀφαρητίδαι Διός· αὐ-
  τίκα γὰρ
ἦλθε Λήδας παῖς διώκων· τοὶ δ᾽ ἔναντα στάθεν τύμβῳ
  σχεδὸν πατρωΐῳ·

59 -δεύκευς Β̣ (ac. ft. κεος) ‖ κάστορος α´ ‖ **60** ἀμφι D ‖ βουσί B,BD. Ro; -σιν [B?] recc. Al. Ro.* ‖ -σι BḄDa´β´ϱ̱´ϱ̱´ε´ζ´ Al. Ro.* — σιν Mr.* ‖ λόγχης ε´ζ´ Al. ‖ αἰχμᾷ(ᾶ) BḄD recc. Al. Ro.* — ἀκμᾷ Pw. Be. (Hm.¹²?) Bö.* ‖ **61** ἀπό τ᾽ αὐγ. ζ´ (sic) — ἀπὸ ταυγ. Ro. — ἀπὸ ταὺγ. rell. ‖ πόδ᾽ αὐγάζων BD, Ro. Mr. (in B non satis compositae literae; est ζ perminutum ut paene oculos fugiat) — πόδ᾽ αὐγά ων Β̣ (cf. Bö.¹ I. p. XXIV et mea in An. V, 908.) — πεδαυγάζων Cp. Br̃. — ποταυγάζων St. — πέδ᾽ αὖ γάζων D — πεδαυγάζων α´β´ϱ̱´ϱ̱´ε´ζ´ Al. Sm.* ‖ Ἰδὲ B — ἴδε ḄD.α´β´ϱ̱´ϱ̱´ε´ζ´ Al. — ἴδεν Ro.* ‖ γλῦπεὺς (sic) D — λυγκεὺς rell. (et D,) ‖ **62** ἥμενος BḄD̄. — ἡμένος inter Schol. Vet. in BD (contra hanc scripturam disputat Didymus) — ἥμενον (Aristarch. Apollodor. Didym. apud Schol. Vet.) Cp. St.* Ht. Ra. — ἡμένως α´β´ϱ̱´ϱ̱´ε´ζ´ Al. Ro. Br. Mr. Be. Hy.²* (cum gl. Tricl. ους et καθημένους ὡς ἰλλοχῶν-τας; idem ἡμένως legitur in Sch. Vet. in Ro. male intrusum) — ἡμένους Bö.* — ἥμων Th. ‖ **63** . λαιψηροῖς B.ḄD.ε´ζ´ Al Ro.* — λαψαιροῖς α´ β´ϱ̱´ϱ̱´ ‖ πόδεσιν BḄD. — πόδεσι B, — πόδεσσιν recc. Al. Ro.* ‖ **64** ἔργον ἐμήσατ᾽ BḄ — ἔργον ἐμήσαντ᾽ D recc. Mr. (cum gl. Tricl. μνησθέν-τες ἐποίησαν) — ἔργου ἐμήσαντ᾽ (in nullo scripto) Ā1. Ro.* St. Ox. — ἔργον ἐμήσαντ᾽ Sm. Bd. Hy. Be.* — Schol. Vet. μέγιστον ἔργον κατεπρά-ξαντο Vide ad vs. 6. ‖ **65** : πᾶθον D — πάθον rell. ‖ **66** ἦλθεν ε´ζ´ — ἦλθε rell. ‖ στάθεν α´ϱ̱´ϱ̱´ — στάθιν rell. ‖ τύμβω BḄD ε´ζ´ Ro. Cp. — τύμβῳ α´ (sed cum gl ν) Al. Br.* — τύμβῳ (cum gl-ν) β´ϱ̱´ϱ̱´ ‖ πατρῴω BḄε´ Al. — id. (sed cum gl. ν) α´ — πατρώω Dζ´ Ho. Br. — id. (cum gl. ν) β´ϱ̱´ϱ̱´ — πατρῴῳ Mr. St. Ox. — πατρωΐῳ Sm. Bd. Hy. Be.*

Ἐπ. δ'.

ἔνθεν ἁρπάξαντες ἄγαλμ' Ἀΐδα, ξεστὸν πέτρον, 125
ἔμβαλον στέρνῳ Πολυδεύκεος· ἀλλ' οὔ νιν φλάσαν,
οὐδ' ἀνέχασσαν· ἐφορμαθεὶς δ' ἄρ' ἄκοντι θοῷ 130
70 ἤλασε Λυγκέος ἐν πλευραῖσι χαλκόν.
Ζεὺς δ' ἐπ' Ἴδᾳ πυρφόρον πλᾶξε ψολόεντα κεραυνόν·
ἅμα δ' ἐκαίοντ' ἐρῆμοι. χαλεπὰ δ' ἔρις ἀνθρώποις
ὁμιλεῖν κρεσσόνων. 135

Στρ. ε'.

ταχέως δ' ἐπ' ἀδελφεοῦ βίαν πάλιν χώρησεν ὁ Τυν-
δαρίδας,
καί νιν οὔπω τεθναότ', ἄσθματι δὲ φρίσσοντα πνοὰς
ἔκιχεν. 140
75 θερμὰ δὴ τέγγων δάκρυα στοναχαῖς

67 ἔνθεν οὖν ἁ. Sm. — ἔνθεν ἁ. rell. || 68 νιν omnes. Hoc confirmat νιν praegresso οὔ O. III, 45; P. VIII, 16. || 69 ἀνέχασαν BB — ἀνέσχασαν Da'β'ᵉ̣β̣ε'ζ' Al. Ro.* — ἀνέσχαξαν Pw. pessime — ἀνάχαξαν Mi. — οὐδέ τ' ἀνέσχασαν. ὀρμ. (Hy.) — ἀνέχασσαν Wa. Be. Hm. Bö.* || ἐφορμασθεὶς D, — ἐφορμηθεὶς [B,] Ro; — ἐφορμᾶθεὶς(θεὶς) BBD recc. Al. Ro.* || post (non ante) ἀκ. θ. dist. Bε'ζ' Ro.* Hm.* Bg. — ante (non post) id. Sm.* — neutro loco BDβ̣ε̣ St. Di. Sw. Ht. || γάρ ε' — δ' ἄρ' rell. || 70 λῦγκεὺς B — Λυγκέως Mr. St, — λυγκέος BD recc. Al. Ro.* Sm.* || 71 Ἴδα BBD. recc. Al. Ro: Cp. — Ἴδᾳ Mr. St.* cum Schol. Vet. || πλᾶξε B — πλᾶξι BD recc. Al. Ro.* — πλᾶξεν (sequitur οἱ μὲν) D, || ψιλόεντα D (sic) — ψολόεντα rell. cum Schol. Vet. || 72 ἁμᾶ δε κίοντ' BD — ἁμᾶ δὲ κρίοντ' B — ἁμᾶ δὲ κίοντ' α'β'ε̣β̣ε̣ Al. Ro. (cum gl. Tricl. οἱ δύο ὁμοῦ ἔκειντο) — om. hic va. (134 vulg.) in ε'ζ' — ἁμᾶ δὲ καίοντ' Cp.* Ox. — ἁμᾶ δὲ καίοντ' Hy. — ἅμα δὲ καίοντ' Sm. Bd. Be. Hm. Bg.² — ἅμα δ' ἐκαίοντ' Bö.* — Schol. Vet. ὁμοῦ δὲ ἐκαίοντο || ἐρῆμοι [BB]D[α'β̣ε̣β̣ε̣ Al. Ro.* — ἐρῆμοι Ah. Sw.* — om. ε'ζ' || κρασόνων D || 73 ἀλφεοῦ D — ἀδελφοῦ D, || ἐχώρησεν BB — χώρησεν [rell.] Al. Ro.* || 74 νιν scripsi — μιν omnes — καὶ δὴ αὐτὸν par. Vet. — μὲν? || τεθνεῶτ' D || φρίσσοντ' ἀμπνοὰς ἔκιχε. BB — φρίσσοντ' ἀναπνοὰς ἔκιχε D — φρίσσοντ' ἀναπνοὰς, κίχεν. α'β̣ε̣β̣ε'ζ' — id. sine dist. Al Ro.* Hy. — id. (sine dist. et κίχε) Mr. St. — φρίσσοντα πνοὰς ἔκιχεν. Sm. Hm. Bö.* — φρίσσοντ' ἀναπνοὰς ἔκιχεν. Bd. — φρίσσοντ' ἀναπνοὰς κίχεν. Ox. — φράσσοντα (sibi intercludentem) πνοὰς ἔκιχεν. Pw. Mi. (Hy.) Be. || 75 δὲ BBDα'β̣ε̣β̣ε'ζ' Al. Ro.* Bd. Ox. Hm.¹ — δὴ (in nullo scripto)

ὄρθιον φώνασε· Πάτερ Κρονίων, τίς δὴ λύσις
ἔσσεται πενθέων; καὶ ἐμοὶ θάνατον σὺν τῷδ' ἐπίτειλον,
    ἄναξ.   145
οἴχεται τιμὰ φίλων τατωμένῳ φωτί· παῦροι δ' ἐν πόνῳ
    πιστοὶ βροτῶν

Ἀντ. ε'.

καμάτου μεταλαμβάνειν. ὣς ἔννεπε· Ζεὺς δ' ἀντίος
    ἤλυθέ ϝοι
80 καὶ τόδ' ἐξαύδασ' ἔπος· Ἐσσί μοι υἱός· τόνδε δ' ἔπειτα
    πόσις,   150
σπέρμα θνατὸν, ματρὶ τεᾷ πελάσαις
στάξεν ἥρως. ἀλλ' ἄγε τῶνδέ τοι ἔμπαν αἴρεσιν
παρδίδωμ'· εἰ μὲν θάνατόν τε φυγὼν καὶ γῆρας ἀπεχθό-
    μενον   155
αὐτὸς Οὔλυμπον [νέμειν μέλλεις ἐμοὶ] σύν τ' Ἀθηναίᾳ
    κελαινεγχεῖ τ' Ἄρει,

Sm. Hy. Be.* — δ' ἐν(τέγγων) Mi. — δ' οὐ Hm.² ut poeta Castorem lacrumis maiorem finxerit — p. n. e. ‖ τέγγων BB St.* Hm.² — τέγων sive τάγων D — τέγκων α'β'γ'δ'ε'ζ' Al. Ro.* (cum gl. Tricl. βρέχων, στάζων) — στέγων Hm.¹ — στάζων Sw.

76 φώνασε omnes; cf. O. XIII, 65; Ah. DD. p. 148 et ad P. IX, 93 ‖ τίς Al. ‖ δὴ omnes ‖ 77 ἔσεται D. — ἔσσ. rell. ‖ πενθέων omnes, in Tricl. cum gl. συνίζησις. ‖ καὶ ἐμοὶ BBDa'β'γ'δ'ε'ζ' Al. Sm. Bd. Be. Hm. Bö.* — καί μοι (in nullo scripto) Ro.* Ox. Hy. ‖ ἐπίτελλον BB — ἐπίτειλον D recc. Al. Ro.* ‖ 78 ' ἂν πόνῳ D, — δ' ἐν πόντῳ D — δ' ἐν πόνῳ(ι) rell. — paraphr. ἐν et κατά ‖ 79 ὡς D — ὣς rell. ‖ ἤνεπε BBa'β'γ'δ'ε'ζ' Al. Ro.* — ἔνεπε D — ἔννεπε Hy.²* ‖ ἀντία ἤλυθεν οἱ BB — ἀντίος ἤλυθε οἱ Da' β'γ'δ'ζ' Bö.*; cf. O. VI, 28; I. V, 57 — ἀντίος ἤλυθεν οἱ ε'ζ' Al. Ro.* — ἤλυθεν ἀντία οἱ Hm. ‖ 80 ἐστί D. — ἐσσί rell. ‖ τόν δ' D — τόνδε δ' rell. ‖ 81 θνατῶν D* — θνατὸν [BB]D¹ recc. Al. Ro.* ‖ interpunxi cum Sch. et Cp.* ‖ πελάσαις BBD recc. Al. Sm. Bd. Pw. Hy. Bö.* — πελάσσαις Ro.* Ox. Be. ‖ 82 ἔσταξεν BBD — ἔσταξ' α'β'γ'δ'ε'ζ' Al. Ro.* Bd.* — ἔσταγ' Sm. — στάξεν (Pw.) Be. Hm. Bö.* ‖ ἀλλ' ἄγε D — ἀλλά γε D, — ἀλλ' ἄγε rell. ‖ ἔμπαν omnes scripti et impressi — ἔμπας coni. Bg. ‖ 83 παραδίδωμι. D, — παρδίδωμι. Al. — παρδίδωμ'. rell. ‖ 84 αὐτὸς Οὔλυμπον νέμειν μέλλεις ἐμοὶ σύν τ' scripsi — αὐτὸς ὄλυμπον ἐθέλεις | σύν τ' BBD — αὐτὸς, οὔλυμπον θέλεις | σύν τ' α'β'γ'δ' Al. (cum gl. marg.

[ΝΕΜΕΟΝΙΚΑΙ Γ.]

'Επ.

85 ἔστι σοὶ τούτων λάχος· εἰ δὲ κασιγνήτου πέρι
μάρνασαι, πάντων δὲ νοεῖς ἀποδάσσασθαι ἴσον,
ἥμισυ μέν κε πνέοις γαίας ὑπένερθεν ἐών,
ἥμισυ δ' οὐρανοῦ ἐν χρυσέοις δόμοισιν.
ὣς ἄρ' αὐδάσαντος οὐ γνώμᾳ διπλόαν θέτο βουλάν.
90 ἀνὰ δ' ἔλυσεν μὲν ὀφθαλμόν, ἔπειτα δὲ φωνὰν χαλκ
μίτρα Κάστορος.

Tricl. λείπει) — αὐτός, οὔλυμπον θέλεις νῦν οἰκεῖν, | σύν τ' ε'ζ'
αὐτὸς οὔλυμπον ἐθέλεις | σύν τ' Ro.* Ox. Hy. Bö.² Di. — αὐτὸς Οὐλ
πον κατοικῆσαι θέλεις | σύν τ' Sm. Th. — id. (sed ἐθέλεις, synizesi
tolerabili) (Bö.²) Bg.¹ ; cf. ad O. II, 97 — αὐτὸς Οὔλυμπον θέλεις οἰκ
ἐμοί | σύν τ' Bd. Hm. Sw. — id. (sed ἐμὶν) Be. — id. (sed ναίειν ἐμ
(Bö.) Bg.³ — αὐτὸς Οὔλυμπον νοεῖς οἰκεῖν ἐμοί | σύν τ' Ky. — αἰ
Οὔλυμπον συνοικεῖν μοι (sic!) ἐθέλεις | σύν τ' Ht. (Ra.) || ἀθηναῖα
— ἀθαναῖα D — ἀθαναίᾳ(α) α'ξ'ξ'ε'ζ' Al. Ro.* Cf. ad O. VII, 35
ἄρει Β — ἄρει [rell.] Al. Ro.*
85 τούτων (sine μὲν) BBD[α'?β']ξ'[ξ']ξ'ε'ζ' Al. Mi. Hy. Ht. (
Sch. Vet. ἔστι σοι τούτων μερίς) — μὲν τούτων (in nullo scripto
videtur) Ro.* — τῶν μὲν Hm.* || 86 μάρνασαι BBD recc. Al.
Bd. Hy. Be.* (cum Sch. Vet. διαμάχη) — μάρνασθαι Ro.* Ox.
tiose, ut μὲν vs. 85. || ἀποδάσασθαι [BB]D recc. Al. Ro.* Ox.
ἀποδάσσασθαι Sm. Bd. Hy. Be.* || ἴσον; B (de hoc signo vide a
VII, 97) — ἴσον Β — ἴσον D recc. Al. Ro.* Cf. ad O. IX, 98. ||
ὑπέρνεθεν BB — ὑπένερθεν D recc. Al. Ro.* || 88 χρυσέοις] συνίζησι
Tricl. || δόμησιν D || 89 ὡς D || δ' ἄρ' Β — ἄρ' (sine δ') B.D.
Al. Ro.* (cum Sch. Vet.) || αὐδάσαντος ΒΒ Cp.* — αὐδήσαντος D.
ε'ζ' Al. Ro. || γνώμᾳ BB[α'ζ']ξ' Al. Mr. Sm. Bd. Hy. Be.* (cum
Vet. et Tricl.) — γνώμα D·ξ' Ro.* St. Ox. Cf. ad P. III, 28. |
ἀνα δ' ἔλυσι Β. — ἀνα δ' ἔλυσι Β — ἀνὰ δ' ἔλυσε D. recc. Al.
— ἀνὰ δ' ἔλυσεν Sm.* || χαλκιομίτρα BBDα'ʳᶜξ'ξ' (credas etiam
δ') Al. Ro.* Ox. Pw. — χαλκομίτρα α'ᵃᶜε'ζ' Sm. Hm. Bö.* — gl. '
τοῦ χαλκὴν ἔχοντος ζώνην, ἤγουν τοῦ ἐχθροῦ — par. Sch. Vet. χαλκοι
Cf. ad O. VIII, 1; sed etiam ad P. I, 56; O. I, 23; II, 97.
Subscr. ὕμνου τέλος θειαίου παιδὸς ἡλίου: α' — τέλος. ζ' —
τέλος. sub Scholiis huius odae subscriptum est in D, tum in altera ρ
incipit οὐδὲ ὅλως etc. (Bö.¹ II, p. 510), ut N. XI quasi epimetri loco
sit. — nulla subscr. in rell.

[NEMEONIKAI IA´.]

ΑΡΙΣΤΑΓΟΡᾼ ΤΕΝΕΔΙῼ

ΠΡΥΤΑΝΕΙ.

Strophae.

$\_\cup\_\_\_\cup\cup\_\cup\cup\_\cup\_\cup\_$
$\_\cup\_\_\_\cup\_\_\_\cup\_\cup\cup\_\cup$
$\_\cup\cup\_\cup\cup\_\_\_\cup\_\cup\cup\_$
$\_\cup\_\_\_\cup\_\_\_\cup\_$
5 $\_\cup\cup\_\_\cup\_\_\cup\_\_\_\cup\cup\_$

Epodi.

$\_\cup\cup\_\cup\cup\_\_\_\cup\cup\_$
$\_\cup\_\_\_\cup\_\_\_\cup\cup\_\cup\_$
$\_\cup\cup\_\cup\cup\_\_\_\cup\_\cup\cup\_$
$\_\cup\_\_\_\cup\_\_\_\cup\_$
5 $\_\cup\_\_\_\cup\_\_\_\cup\_\cup\_$
$\_\cup\_\cup\_\_\_\cup\cup\_\_\cup\cup\_$

Παῖ 'Ρέας, ἅ τε πρυτανεῖα λέλογχας, Ἑστία, Στρ. α΄.
Ζηνὸς ὑψίστου κασιγνήτα καὶ ὁμοθρόνου Ἥρας,
εὖ μὲν Ἀρισταγόραν δέξαι τεὸν ἐς θάλαμον,

Inscr. om. BBD — ἀρισταγόρᾳ πρυτάνει τενεδίῳ υἱῷ ἀκεσίλα. α΄[β΄] ἔ*ζ*ε′ζ′ Al. Ro.* — ἀρ. τεν. πρ. Bö.* ǁ Vide ad N. V. Inscr. de ε′ζ′ — μέλος ια΄ Al. — εἶδος ια΄ Ro.* — [νεμ. ια΄] Bö.* ǁ Carmen a Didymo εἰς τὰ Παροίνια (ita BD Ro.) referebatur.

1 ἅ τι scripti Al. Ro. Bd. Hy.²* — ἅτι Cp.* — ἄγε Sm. Ox. — ἅ γε Hy.¹ Be. ǁ πρυτανεῖς D ǁ λελόγχυε′ Sm. — λέλοχας ε′ — λέλογχας rell. ǁ 2 κασιγνήτη BB — κασιγνῆτα D recc. Al. Ro.*

[ΝΕΜΕΟΝΙΚΑΙ ΙΑ΄.]

εὖ δ' ἑταίρους ἀγλαῷ σκάπτῳ πέλας,
5 οἵ σε γεραίροντες ὀρθὰν φυλάσσοισιν Τένεδον,

Ἀντ. α

πολλὰ μὲν λοιβαῖσιν ἀγαζόμενοι πρώταν θεῶν,
πολλὰ δὲ κνίσᾳ· λύρα δέ σφι βρέμεται καὶ ἀοιδά·
καὶ ξενίου Διὸς ἀσκεῖται Θέμις ἀενάοις
ἐν τραπέζαις. ἀλλὰ νῦν δόξαι τέλος
10 δυωδεκάμηνον περᾶσαί νιν ἀτρώτῳ κραδίᾳ.

Ἐπ. ο

ἄνδρα δ' ἐγὼ μακαρίζω μὲν πατέρ' Ἀρκεσίλαν,
καὶ τὸ θαητὸν δέμας ἀτρεμίαν τε σύγγονεν.

4 ἀγλαῷ σκάπτῳ πύλας BB — ἀγλαῷ σκάπτω πέλας D ϱ́ ϼ ͻ ε´ζ´ R
St.* — ἀγλαῷ σκάπτῳ πέλας α´β´ϱ̊ ϱ̊ α̊ Al. Mr. Hm. Bö.* (cum gl. Tr
λαμπρῷ) || 5 φυλάσσοισι BBD Ro.* — φυλάσσουσιν ϱ̊ — φυλάσσοι
[α´ε´ζ´]β´ Al. Pw. Hy. Be.* || 6 λοιβαῖς BBD — βαίσιν recc. Al. R
|| πρώταν D — πρῶτα ζ´ — πρώταν rell. cum Schol. Vet. || 7 δὲ ποι
B — δὲ κνίσα D — δ' ἐκ νίσα B — δὲ κνίσσα ε´ζ´ Al. Ro.* — δὲ κνίσα
α´ϱ̊ϱ̊[β´] Mr.* — δὲ κνίσᾳ Bg. Sw. Ht. Cf. O. VII, 84; I. III, 84.
σφισι B BD. — σφισιν α´β´ϱ̊ϱ̊α̊ (cum gl. ἐν αὐταῖς) — σφιν ε´ζ´ Al. R
(ubi ε´ male δ' ἰσφιν) — σφι Bü.* — Sch. Vet. αὐτοῖς || 8 Θέμις scri
Αἰ. Ro.* (cum Sch. Vet.) — Θέμις Bö.² * collato O. VIII, 21 sq. ||
νάοις BBDα´β´ϱ̊ϱ̊ϱ̊α̊ε´ζ´ (cum gl. Tricl. ἀδιαλείπτοις) Sm. Bd. Be. Hm. B
— ἀεννάοις Al. Ro.* Ox. Hy. (vitium Aldinae?) — αἰενάοις Pw. — S
Vet. διαπαντός || 9 σὺν δόξᾳ(ᾳ,α) scripti Al. Ro.* (cum gl. Tricl. τιμῇ
Sch. Vet. μετὰ δόξης) — συνδόξαν Bth. ingeniose — νιν δόξᾳ (et περᾶσ
vel σὸν, δόξᾳ (et περᾶσαι) (Bö.) — σοὶ δόξαι (Bg.²) — νῦν δόξαι scr
|| 10 δυωδ. B.BD.[α´?]β´ϱ̊ϱ̊α̊ε´ζ´ Al. Ro.* Ox. (Bü.) Bg.² (cum gl. T
συνίζησις) — δωδ. (in nullo scripto) Sm.* Pw. Hy. Be.* — δυοδ. (Pw.)
περᾶσαι σὺν B.BD recc. Al. Ro.* (in ϱ̊ et Sm. περᾶσαι, σὺν) cum
Tricl. τελέσοι — πέρασαι σὺν coni. Hy.¹ (intellecto αὐτοῖς, Aristageras
Symprytanibus) male — περάσειαν Be. (coni. Hy.²) pro quo etiam π
σειεν aut περάσειας vel melius etiam περάσαις ἐν scribi posse Bö.¹ addit
περᾶσαι σὺν D, (Bö.¹) Th. Aw. (intellecto δός) ut O. XIII, 109 —
(expulso priore σὺν, vide supra) Bö.¹ coni. Bg.² coni. — περᾶσαί νιν
tellecto δός) (Di.) Bsa. Ht. — περᾶσαι τ' ἐν Ky. — περᾶσαι σφιν Rs
καρδίᾳ(α) BBDε´ Ro.* — κραδίᾳ(α) α´ϱ̊ϱ̊ζ´ Al. Sm.* || 11 ἀγησίλαν
— ἀρκεσίλαν D recc. Al. Ro.* cum Schol. Vet. (etiam in B) || 12 ἀ
μίαν BBDϱ̊ε´ζ´ Al. Ro.* St.* cum Sch.¹³ — Ἀτρεμίαν α´β´ϱ̊ (cum
Tricl. τὴν ἀδελφὴν αὐτοῦ τοῦ πατρός et cum Sch.²) Mr. — ἀρτεμίαν

[NEMEA XI.]

εἰ δέ τις ὄλβον ἔχων μορφᾷν παραμεύσεται ἄλλων,
ἔν τ' ἀέθλοισιν ἀριστεύων ἐπέδειξεν βίαν·
15 θνατὰ μεμνάσθω περιστέλλων μέλη,   20
καὶ τελευτὰν ἁπάντων γᾶν ἐπιεσσόμενος.

                                              Στρ. β'.
ἐν λόγοις δ' ἀστῶν ἀγαθοῖσί νιν αἰνεῖσθαι χρεών,
καὶ μελιγδούποισι δαιδαλθέντα μεμίχθ' ἐν ἀοιδαῖς.
ἐκ δὲ περικτιόνων ἑκκαίδεκ' Ἀρισταγόραν
20 ἀγλααὶ νῖκαι πάτραν τ' εὐώνυμον   25
ἐστεφάνωσαν πάλᾳ καὶ μεγαυχεῖ παγκρατίῳ.

ἐλπίδες δ' ὀκνηρότεραι γονέων παιδὸς βίαν   Ἀντ. β'.
ἔσχον ἐν Πυθῶνι πειρᾶσθαι καὶ Ὀλυμπίᾳ ἀέθλων.
ναὶ μὰ γὰρ ὅρκον, ἐμὰν δόξαν παρὰ Κασταλίᾳ   30

ingeniose — Ἀρτεμίαν Ky. Ht. || σύγγονον omnes scripti Al. Ro.* Ox. Hm. — ξύγγονον Sm. Bd. Hy. Be. Bö.* non recte, nam eiusdem mensurae vs. 1 str. antistr. in eadem sede brevi utitur in primo tantum systemate. Prorsus eadem res est de vs. 2 epodi primae.

13 μορφᾷ(ᾷ) παραμέψεται ἄλλων BB — μορφᾷ(ᾷ) παραμεύσεται ἄλλων D recc. Al. Ro.* Sm.* Hm.² (Ma. § 358) (Di.) Sw. Bg. — μορφᾷ παραμεύσετ' ἄλλον Mr. — μορφᾷ παραμεύσετ' ἄλλων St. — μορφᾷ παραμεύσεται ἄλως (i. e. ους) Pw. (Hy.¹ collato P. II, 50) Be. Hm.¹ — μορφὰν παραμεύσεται ἄλλων Bö. Th. Di. — μορφᾷ παραμεύσεται ἄλλους Ht. — Sch.² τῷ εἴδει παρέρχεται ἄλλους || 14 -ξε BBDs' — ξεν α'ϛ'ϛ' Al. Ro.* || 17 ἀγαθοῖσί νιν scripsi — ἀγαθοῖς μὲν B.BD. Ro; (B, et Ro; sine μὲν) — ἀγαθοῖσι μὲν recc. Al. Ro.* — ἀγαθοῖσί μιν (Hy. Mi.) Hm. Bö.* || χρεῶν ξ' — χρεών rell. || 18 μελισδούποισι BB — μελιγδούποισι [rell.] Al. Ro.* || δαιδαλθέντα D || μελιζέμεν ἀοιδαῖς BBD recc. Al. Ro.* — μελίζεν ἀοιδαῖς Pw. Hm.² Be. — μέλειν ἐν ἀοιδαῖς Hm.¹³ Ht. || 19 περικτιόνων D. — περικτιόνων BB etc. || ἓξ καὶ δίκ' B — ἑκκαίδεκ' B [α'ϛ'] Al. Ro:* — ἑκκαίδεκ' D.s' || ἀρισταγόρας ξ' -ραν rell. || 20 νῖκαι BB [α'ϛ'ϛ']s'p. Sm.* — νῖκαι Dⁿts'ae Al. Ro.* || πατρ αυτ' D || 21 μεγαλαυχεῖ [B]BDa'β'ξ'[ξ']s'ϛ' Al. Ro.* Ox. (cum gl. Tricl. τῷ ποιοῦντι τοὺς νικητὰς μεγαλαυχεῖν καὶ ἐπαίρεσθαι) — μεγαυχεῖ (in nullo scripto) Sm. Bd. Pw. Hy. Be.* Possis μεγαυχῇ. || extr. voce παγκρατίῳ expl α'β'γ'ξ'ϛ'ϛ' Cf. ad I. III, 37. || vss. 22 et 23 omissi sunt in DDDDDs'ϛ' Al. (in Al. verba ἐλπ. δ' ὀκν. γονέων sola exstant) — non omissi in BB Ro.* || 23 ἀέθλων BB Ro.* Bg.³ — omnes rell. testes desunt — ἄθλων Bö.* || 24 ὅρκον Bae

[ΝΕΜΕΟΝΙΚΑΙ ΙΑ´.]

25 καὶ παρ' εὐδένδρῳ μολὼν ὄχθῳ Κρόνου
κάλλιον ἂν δηριώντων ἐνόστησ' ἀντιπάλων,

πενταετηρίδ' ἑορτὰν Ἡρακλέος τέθμιον   Ἐπ. β´. 35
κωμάσαις, ἀνδησάμενός τε κόμαν ἐν πορφυρέαις
ἔρνεσιν. ἀλλὰ βροτῶν τὸν μὲν κενεόφρονες αὖχαι
30 ἐξ ἀγαθῶν ἔβαλον· τὸν δ' αὖ καταμεμφθέντ' ἄγαν 40
ἰσχὺν, οἰκείων παρέσφαλεν καλῶν
χειρὸς ἕλκων ὀπίσσω θυμὸς ἄτολμος ἐών.

Στρ. γ´.

συμβαλεῖν μὰν εὐμαρὲς ἦν τό τε Πεισάνδρου πάλαι
αἷμ' ἀπὸ Σπάρτας· Ἀμύκλαθεν γὰρ ἔβα σὺν Ὀρέστᾳ
35 Αἰολέων στρατιὰν χαλκεντέα δεῦρ' ἀνάγων·   45

25 μολὼν B.DD (cum Sch. ad Inscr. in B) — μολὼν D.s´ζ´ Al. Ro:* (cum Sch. ad Inscr. in D Ro.); accentus in D ambiguus est || **26** κάλλιον s´ζ´ — κάλλιόν Al. — κάλλιον [BBDD]D Ro.* (cum Sch.) || δηρίων τῶν BB — δηριῶν τῶν DD — δηριώντων Ds´ζ´ Al. Ro.* || ἐνοστήσατ' error typogr. in Ro. in Sch. ad Inscr. — ἐνόστησ' BB Ro.* (cum Sch. ad Inscr. in BD) — ἐνοστήσαντ' dittographice D — ἐνεστήσαντ' D Al. — ἐνεστίσαντ' D — ἐνίστησ' ζ´ — ἀνόστησ' s´ || ἄν τι πάλιν Al. || **27** ἡρ. τέθ. omnes scripti et impressi — τέθ. ἡρ. (Bg.²) || **28** κωμάσαις. ἀναδ. B — κωμάσαις ἀναδ. BD — κωμάσ', ἀναδ. DDD Al. Ro. (ortum ex compendio syllabae αις in D male intellecto) — κωμάσαις ἀνδ. Bö.* — κωμάσας, ἀνδ. Cp.* Be. — , κωμάσαις ἀνδ. Hy. — κωμάσαις, ἀνδ. s´ζ´ Hm. recte. Confirmat hanc Ceporini distinctionem optimus codex B et Schol. ex D restitutum. || ἐν om. Cp.* Bd. — non omittunt scripti Al. Ro. Hy.* — ἐμ(πορφύροις) Sm. — ἐμ(πορφυρέοις) Ox. Recte se habet ἐν; cf. ad O. II, 63 et Rh. XVIII, 303. || **29** ἔρνεσιν DDD ρ´ — ἔρνεσιν [rell.] Al. Ro.* || τὸν μὲν om. Ro; — non om. rell. (at nec B,D,) || κενεόφ. BB [rell.] Sm. Bd. Hy. Be.* — κενόφρ. Al. Ro.* Ox. || αὖχαι omnes || **30** ἔλαβον BB — ἔβαλον DDDD ο´ζ´ Al. Ro.* — Sch. καλῶν ἀποτυχεῖν παρεσκεύασαν || ἄγαν, ἰσχὺν B Ro. — ἄγαν: ἰσχὺν D — ἄγαν ἰσχὺν. B — ἄγαν ἰσχὺν Al. Bö.* — ἄγαν ἰσχὺν, s´ζ´ Cp.* (cum Sch.) — de dist. DD n. l. || **31** παρέσφαλε B — αλεν BDDD — αλεν s´ζ´ Al. Ro.* || **32** ὀπίσω B — ὀπίσσω [B]D [rell.] Al. Ro.* || **33** λίαν B.BD.D [rell.] Al. Ro:* (cum Sch.²) — μὰν Pw. (Hy. Hm.) Bö.* — μάλ' Be. || **34** ἀμυκλαθεν [BBDD]DD Al. Ro.* — ἀμυκλάθεν s´ζ´ || **35** χαλκῆ τε (id. est χαλκίων τε, fort. vitiose pro χαλκι[ν]τέ id est χαλκεντέων) B — χαλκέων

καὶ παρ' Ἰσμηνοῦ ῥοὰν κεκραμένον
ἐκ Μελανίπποιο μάτρωος. ἀρχαῖαι δ' ἀρεταί

Ἀντ. γ'.

ἀμφέροντ' ἀλλασσόμεναι γενεαῖς ἀνδρῶν σθένος·
ἐν σχερῷ δ' οὔτ' ὦν μέλαιναι καρπὸν ἔδωκαν ἄρου-
ραι,   50
40 δένδρεά τ' οὐκ ἐθέλει πάσαις ἐτέων περόδοις.
ἄνθος εὐῶδες φέρειν πλούτῳ ῖσον,
ἀλλ' ἐν ἀμείβοντι. καὶ θνατὸν οὕτως ἔθνος ἄγει

Ἐπ. γ'.

μοῖρα. τὸ δ' ἐκ Διὸς ἀνθρώποις σαφὲς οὐχ ἕπεται 55
τέκμαρ· ἀλλ' ἔμπαν μεγαλανορίαις ἐμβαίνομεν,

τε B — χαλκεντίων DDDD.'ζ' Al. Ro.* Ox. Hy. Hm.¹ — χαλκεντία Sm. Bd. Be. Hm.² Bö.* — p. n. e. — Bg.² N. I, 16 comparat, recte. || δεῦρ' et δεῦρο mixta (vel δεῦβ') D || ἀνάτων (sic) DDD (in D punctis notatum τ) — ἀνάγων BB Al. Ro.* (cum Sch.¹²) — ἀνάγον ε'ζ' (Graeculus igitur ad αἷμα retulit ἔβα)

36 Ἰσμινοῦ DDD — Ἰσμηνοῦ BB ε'ζ' Al. Ro.* || 37 μάτρως B — μάτρῳος B — μάτρωος [rell.] Ro.* Sm.* — μάτρῳος Al. Mr. St. || 38 ἀμφέρονται, Mr. St. — ἀμφέροντ' rell. — Bg.² Sch. legisse putat ἀπφέροντ', quia ibi est in paraphr. ἀποφέρονται. || ἀλασσ. D — ἄλλασσ. rell. || 39 ἐν σχερῷ (B?)BDDD — ἐν σχερὼ ε'ζ' (voluit criticus Triclinianus ἐνοχερὼ quod commendat Hy., ut Hom. ἐπισχερώ) — ἐν χερῷ Al. Mr. St. — ἐν χερῶ Ro. Cp. Br. — ἐν σχερῷ Sm.* — Sch. ἐφιξῆς || 40 πάσ'ετέων (vitiose pro πάσ''ἑτέων i. e. πάσαις ἐτέων) B — πάσσαις ἐτέων Ro. — πάσαις ἐτέων BD rell. Al. Cp.* || περιόδοις BBDDD.'ζ' Al. Ro.* Ox. Hy. — περόδοις Sm. Hm.² Bö.* confirmatum ab Eustathio (Pr. 12, 1) alioque Grammatico (Cram. Ann. Oxx. IV, 309) — περ ὁδοῖς (Hy.) Be. Hm.¹ || 41 φέρειν ἴσον (omisso πλούτῳ) BB — φέρειν πλούτῳ(ψ) ἴσον DDD.'ζ' Al. Ro. Hy.* — φέρειν, πλούτῳ(ψ) ἴσον, Cp.* || 42 ἐναμείβοντι BDDDD — ἐν ἀμείβοντι B Al. Ro.* — ἀναμείβοντι ε'ζ' — Sch. ἐξ ὑπαλλαγῆς καὶ διαστήματος || οὕτω σθένος BBD [rell.] Al. Ro.* — οὕτω σθένος D — οὕτως ἔθνος (Hy. collato P. X, 28) Hm. Bö.* (qui addit N. III, 74) ex Schol. Vet. (καὶ τὸ τῶν ἀνθρώπων γένος τὸν αὐτὸν τρόπον) — οὕτω γ' ἔθνος Be. || 43 τὸ δ' B[BD[D] Cp. Be.* — τόδ' D ε'ζ' Al. Ro. Br. Mr. || οὐχ' D.D — οὐχ ε'ζ' [rell.?] Al. Ro.* || 44 τέρμα Ro; errore typogr. — τέκμαρ rell. (etiam B,D,) || ἕπεται, τέκμαρ ἀλλ' ita dist. ε' male || ἔμπας ε'ζ' — ἔμπαν [BBDD]D Al. Ro.* || μεγαληνορίην ἐμβ. ε'ζ' — μεγαλονο-

45 ἔργα τε πολλὰ μενοινῶντες· δέδεται γὰρ ἀναιδεῖ
ἐλπίδι γυῖα· προμαθείας δ' ἀπόκεινται ῥοαί.   60
κερδέων δὲ χρὴ μέτρον θηρευέμεν·
ἀπροσίκτων δ' ἐρώτων ὀξύτεραι μανίαι.

ρίαις ἐμβ. D[D?] — μεγαλορί" ἐμβ. D — μεγαλανορί" ἐμβ. Al. — μεγαλανορίαις ἐμβ. BB Ro.*
45 ἔργα τὲ BDDD ε'ζ' — ἔργα τε B Al. Ro.* — ἔργα τὰ Ht. perperam || 46 γυῖα omnes cum Sch. — λῆμα Ht. male || 47 θηρευέ μὲν (an ἔμεν' voluit?) D — θηρευέμεν rell. || 48 ἔρωτες ὀξύτεροι Ht. — ἐρώτων (ἐράτων DD) ὀξύτεραι omnes rell.

Subscr. N. XI. omissa est in omnibus.
Subscr. Nemeonicarum. om. videtur in [B?D]D[ε'ζ'] Al. — τέλος τῶν πινδάρου νεμέων. B — πινδάρου ἐπίνικοι νεμεονίκαις. D

ΙΣΘΜΙΟΝΙΚΑΙ. [a]

ΙΣΘΜΙΟΝΙΚΑΙ Α΄.

ΗΡΟΔΟΤΩ ΘΗΒΑΙΩ

ΑΡΜΑΤΙ.

Strophae.

[metrical scheme lines]

Epodi.

[metrical scheme lines]

Μᾶτερ ἐμά, τὸ τεόν, χρύσασπι Θήβα,   Στρ. α΄.

Inscr. Isthm. om. BBDD ς΄ ζ΄ — ὑπόθεσις Ἰσθμίων D — ΠΙΝΔΑΡΟΥ, ΙΣΘΜΙΑ. Ro.* — ΠΙΝΔΑΡΟΥ ΙΣΘΜΙΟΝΙΚΑΙ. Al. Sm. Ox. — ΙΣΘΜΙΑ. Hy. — ΙΣΘΜΙΟΝΙΚΑΙ. Bö.*

Inscr. Isthm. I om. BB — ἡροδότῳ Θηβαίῳ [D.]D — ἡροδότῳ Θηβαίῳ. ἅρματι τεθρίππῳ. D — ἠ. Θ. νέμεα η΄. ι΄ — ἠ. Θ. τρισκαιδέκατον. ζ΄ (de ι΄ζ΄ vide ad N. V, Inscr.) — Η. Θ. ΜΕΛΟΣ α΄. Al — Η. Θ. ΕΙΔΟΣ. Α΄. Ro.* — Η. Θ. ἅρματι. ΕΙΔΟC α΄. Sm.* — ΙΣΘΜΙΟΝΙΚΑΙ Α΄. ʽΗ. Θ. ΑΡΜΑΤΙ. Bö.*

Metr. Str. 3 (3 et 4 Bö.) coniunxi (ut I. IV), indicata diaeresi, cum Aw.

1 ἀμά, B — ἀμὰ Ḅ — ἐμὰ (ἐμὰ,) rell.

πρᾶγμα καὶ ἀσχολίας ὑπέρτερον
θήσομαι. μή μοι κραναὰ νεμεσάσαι | Δᾶλος, ἐν ᾇ κέ-
χυμαι.
[5] τί φίλτερον κεδνῶν τοκέων ἀγαθοῖς; 5
5 εἶξον, ὦ'πολλωνιάς· ἀμφοτερᾶν τοι χαρίτων σὺν θεοῖς
ζεύξω τέλος,

καὶ τὸν ἀκειρεκόμαν Φοῖβον χορεύων   Ἀντ. α'.
ἐν Κέῳ ἀμφιρύτᾳ σὺν ποντίοις
[10] ἀνδράσιν, καὶ τὰν ἀλιερκέα Ἰσθμοῦ | δειράδ'· ἐπεὶ στε-
φάνους 10
ἐξ ὤπασεν Κάδμου στρατῷ ἐξ ἀέθλων,
10 καλλίνικον πατρίδι κῦδος. ἐν ᾇ καὶ τὸν ἀδείμαντον
Ἀλκμήνα τέκεν

Ἐπ. α'.
παῖδα, θρασεῖαι τόν ποτε Γηρυόνα φρίξαν κύνες. 15

3 θήσομαι BB Ro.* Hy.* — θάσομαι DDD‚'ζ' Al. Mr. St.* — θάσσομαι DD ‖ νεμεσᾶσαι Bd. ‖ ἐν BBD. Ro.* — ἐν om. DDD‚'ζ' Al. — ἰφ' (Ra.) ‖ ἢ Ro; — ἇ(ᾇ) rell. (etiam D,) ‖ κέχυται B — κέχυμαι [BD]DDD‚'ζ' Al. Ro.* cum Sch. (πᾶς ἔγκειμαι et σπουδὴν εἶχον τῆς γρα-φῆς) — τέταμαι (Ht.) ‖ 3sq. non dist. nec ante nec post τί BBD Al — ante τί plene DD‚'ζ' Cp.* cum Sch. — ante τί plene D — κέχυμαί τι, Ro. ‖ 4 τοκήων s' Al. ‖ ἀγαθοῖο DDDD — ἀγαθοῖς [BB]‚'ζ' Al. Ro.* cum Sch. ‖ 5 ἆξον D ‖ ὦ πολλ. DD ‖ ἀμφοτέραν [B?]B Ro. Ox. Hy. - τέρῳν. [B.?] Ro; Cp.* (cum Sch.) — τέροις D.DDD Al. — τέραιν Pw. — τερᾶν Bö.* ‖ τοι [B.D.B] Ro.* — τῶν DD‚'ζ' Al. — Paraphr. Vet. ἀμφοτέρων τῶν χαρίτων τὸ τέλος ‖ θεοῖς. ζεύξω BB Ro. — θεοῖς ζεύξω D etc. Al. Cp.* ‖ 7 κέῳ(ω) [B.B] Ro:* — κείω(ῳ) D.DDD — κέω(ῳ) ‚'ζ' Al. ‖ ἀμφιρρύτα BB — ἀμφιρύτα D. — ἀμφιρύτῳ(ω) DDD‚'ζ' Al Ro:* — ἀμφιρύτα Bö.* — Paraphr. Vet. τῇ ἑκατέρωθεν περιρεομένῃ θαλάσσῃ (ex D) ‖ 8 ἀνδράσι BBDDD -σιν ‚'ζ' Al. Ro.* — τὴν BB — τὰν DD‚'ζ'TDD Al. Ro.* ‖ ἀλιερκέος Hm. -κία rell. (cum Sch.). Vide vs. 28 (32) et ad O. IX, 98; XIII, 34. ‖ 9 ἐξ ὤπασαν D,(?) — ἐξώπασεν Aristar-chei apud Sch. — ἐξ [ὤπασε] D — [ἐξ] ὤπασε BBDD [rell] Al. Ro:* — ἐξ ὤπασεν Hm. Bö.* ‖ ἐξαέθλων BBRo — ἐξ ἀέθλων B‛[D]DDD‚'ζ'] Al. Ro.* ‖ 10 τὸν om. ‚'ζ' — non om. τὸν [rell.] Al. Ro.* ‖ ἀλμήνα D — ἀλκμήνα [rell]. s' Al. Ro.* ‖ τέκε BBDD [rell.] Al. Ro.* — τέκεν Bö.* ‖ 11 κύνες DDD — κῦνες aut κύνεσ (ambiguo acc.) B — κύνες BD‚'ζ' Al. Ro.*

ISTHMIA I. 395

ἀλλ' ἐγὼ Ἡροδότῳ τεύχων τὸ μὲν ἅρματι τεθρίππῳ
    γέγας,
[15] ἀνία τ' ἀλλοτρίαις οὐ χερσὶ νωμάσαντ' ἐθέλω   20
ἢ Καστορείῳ ἢ Ἰολάοι' ἐναρμόξαι νιν ὕμνῳ.
15 κεῖνοι γὰρ ἡρώων διφρηλάται Λακεδαίμονι καὶ Θήβαις
    ἐτέκνωθεν κράτιστοι·   25

ἔν τ' ἀέθλοισι θίγον πλείστων ἀγώνων,   Στρ. β'.
καὶ τριπόδεσσιν ἐκόσμησαν δόμον
[20] καὶ λεβήτεσσιν φιάλαισί τε χρυσοῦ, | γευόμενοι στε-
    φάνων
νικαφόρων· λάμπει δὲ σαφὴς ἀρετά   30
20 ἔν τε γυμνοῖσι σταδίοις σφίσιν, ἔν τ' ἀσπιδοδούποισιν
    ὁπλίταις δρόμοις,

οἷά τε χερσὶν ἀκοντίζοντες αἰχμαῖς,   Ἀντ. β'.
[25] καὶ λιθίνοις ὁπότε δίσκοις ἵεν.

12 μέλος, Ht. — τὸ μὲν (τὸ μὲν,) omnes rell. ‖ 13 ἀνί' ἐν Ht. —
ἀνία τ' omnes rell. ‖ χερσὶ [BBJD¹ Mr. St.* — χερσὶν D*DDD*'ζ' Al.
Bo.* ‖ νωμεύσαντ' B ‖ 14 καστορείῳ γ' ἢ Ht. — id. (sine γ') omnes rell. —
Hiatus excusatur ι dativi eliso, ut passim. Vide ad O. XIII, 84. ‖ - άοι'
scripsi — άον rell. Vide ib. ‖ νιν ἁρμόζειν ἐν Ht. temere — ἐναρμόξαι μιν
omnes rell. — ἐφαρμόξαι μιν Sch.? (Bg.²) ‖ 15sq. τικνωθέντες κράτιστοι, εὖ τ'
ἀέθλοισι θίγον, πλείστων ἀγώνων καὶ τριπ. etc. (Bg.²) Ra. ‖ 16 ἐν τ' ἀέθλοισι
θίγον πλείστων omnes scripti et impressi cum Sch. — καὶ στεφάνοισι θίγον
landat Sch. I. IV, 18. vulg. quod ad hunc locum spectare et ft. καὶ στε-
φάνοις. θίγον ἱππείων ἀγώνων ..... γευόμενοι ἀέθλων legendum esse coni.
Bg.² — Vide etiam Ra. in Ia. 77, 255. ‖ 18 λεβήταισι BB -τεσσι D
Al. — τισι DDD — τισσιν ε'ζ' Ro.* ‖ γευόμενοι BB Ro.* cum Sch.
(μεταλαβόντες) — σευόμενοι DDDDε'ζ' — σεβόμενοι Al ‖ 20 γυμνοῖς
BBDDD — γυμνοῖσι ε'ζ' Al. Ro.* ‖ ἀσπιδοδούποισιν Bv*B Ro.* (Bᵃᶜ
ἀσπιδοδέπ. sive ἀσπιδοδόπ.) — ἀσπιδόσιν πᾶσιν (sive πασιν) D — ἀσπιδό-
σιν πασὶν DDD — ἀσπίδεσι πᾶσιν ε'ζ' — ἀσπίδεσσι (om. πᾶσιν) Al. ‖
‖ ὁπλίταις [BB]ε'ζ' Ro.* — ὁπλίτας DDDD Al ‖ interpunxi de senten-
tia Hagenae amici ‖ 21 οἷά τε [BB] Ro.* (cum Sch.) — οἷσ τε DDDD
Al. — ἦσι τὸ ε'ζ' ‖ αἰχμᾶς (Pw.) „Sch. legisse ex paraphrasi non satis
tuto colligas" Bg.² Recepit Ht. — αἰχμαῖς scripti omnes et rell. impressi
‖ 22 λιθίνοις ὁπότε δίσκοις ἵεν. BBD. Ro:* Bg.² — λιθίνοις ὁπότε δίσκοι-

ΙΣΘΜΙΟΝΙΚΑΙ Α'.

οὐ γὰρ ἦν πένταεθλιον, ἀλλ' ἐφ' ἑκάστῳ | ἔργματι
κεῖτο τέλος. 35
τῶν ἀθρόοις ἀνδησάμενοι θαμάκις
25 ἔρνεσιν χαίτας ῥεέθροισί τε Δίρκας ἔφανεν καὶ παρ'
Εὐρώτᾳ πέλας,

Ἐπ. β'

[30] Ἰφικλέος μὲν παῖς ὁμόδαμος ἐὼν Σπαρτῶν γένει, 4
Τυνδαρίδας δ' ἐν Ἀχαιοῖς ὑψίπεδον Θεράπνας οἰκέω
ἕδος.
χαίρετ'. ἐγὼ δὲ Ποσειδάωνι Ἰσθμῷ τε ζαθέᾳ

σιν ἴεν. DDDD Al. — λιθίνοις ὅτε δίσκοισιν ἴεν. ι'ζ' — Ammon. p. 4
λιθίνοις ποτ' ἀνὰ δίσκοισι — Eustath. ad Hom. Od. p. 1591, 29 (secundum
Tryphonem) laudat λιθίνοις ὁπόταν δίσκουσιν — λιθίνους ὁπότε δίσκους ἵε
Rw. — λιθίνοις ὁπότ' ἐν δίσκοις ἴεν Hm. Bö.* — λιθίνους ὁπότ' αὖ δίσκο
ἴεν. Ky. Bg.¹ — λιθίνοισι πέραν δίσκοις ἴεν. coni. Bg.² — λιθίνους ὁπό·
εὖ δίσκους ἴεν. Ht.
23 ἦ ἒ πένταθλον. BB — ἦς πένταθλον D — ἦς πένταθλον D,DD
Al. — ἦς πω πένταθλον. ε'ζ' — ἦν πένταθλον, Ro:* — ἦν πένταθλον ἓν
Mr.* — ἦν πενταθλιον, Bö * — ἦν πω πεντάεθλ' coni. Bg.² („duriusculu
foret") dubitanter — ft. epice ἦεν πενταέθλ' || ἔργματι BB Ro.* ·
ἔρματι D.DDD (ἔρ.) ε'ζ' (ἄρ.) Al. (cum Ammon. l. l.) || 24 ἀθρόοις [BB]
Ro:* — ἀθρόους DDDDε'ζ' Al. || ἀνδησαμένους ε'ζ' — αὐδησαμένοι ἀ
— ἀνδησάμενοι DD [rell.] Ro.* — ἀναδησάμενοι D, || θαμάκις] στεφά·
Ht. temere || 25 ἔρνεσι BBD Al. — ἔρνεσι DDD — ἔρνεσιν ε'ζ' Ro.*
ῥεέθροισί τε B — ῥεέθροισί τε Β Ro.* — ῥεέθροσί τε D — ῥεέθροσί
D,D(D?)D (τρ) ζ'ᵃᵃ — ῥεέθρεσσί τε ε'ζ'ro Al. || ἔφανε BBDDDDε'
Al. Ro.* — ἔφανεν Sm.* || aut εὐρώτα aut εὐρώται B — εὐρώτα BD
ε'ζ' Al. Ro.* Sm.* — εὐρώπα DD — Εὐρώτᾳ Mr. St. Bö.* Genitivi
voluit esse Sch., subaudito ῥεέθροις. || aut πύλας aut πέλας Β — πέ
[rell.] Al. Ro.* || inter 25 et 26 (= 29 et 30 Bö.*) in B verba Sx
οἰκείως ἐπὶ τῶν ἰδίων χωρίων ἀκοῦσαι: interposita sunt, quae B (qui Scho
transcribere noluit) cum pro textu haberet, iteravit. Vide mea in An.
908. Errore animadverso B a transcribendo destitit; explicat igitur cod
in vs. 26 (30) voce ἐὼν. || 26 ποσειδάωνι ἰσθμῷ(ῷ) BDDDDε'ζ' Al. Ro.* Sm
(in multis ante ἰσθ. dist.) — ποσειδάωνί τ' ἰσθμῷ Mr. St. Bd. Bg.² 1
— Sch. ἐγὼ δὲ τῷ ποσειδῶνι καὶ τῇ ἰσθμῷ τῇ θείᾳ καὶ τῷ ὀγχηστῷ ut
non video quo pacto triplex τε firmari possit, quod cum Ποσ. et Ἰσθ.
eosdem ludos pertineant alienius est. Bipartita oratio est, non tripart
Cf. ad O. XIV, 5; porro ad O. IX, 98; XIII, 34.

ISTHMIA I.

Ὀγχηστίαισίν τ' ἀϊόνεσσιν περιστέλλων ἀοιδάν
30 γαρύσομαι τοῦδ' ἀνδρὸς ἐν τιμαῖσιν ἀγακλέα τὰν Ἀσω-
πρδώρου πατρὸς αἶσαν   50

[35] Ὀρχομενοῖό τε πατρῴαν ἄρουραν,   Στρ. γ'.
ἅ νιν ἐρειδόμενον ναυαγίαις
ἐξ ἀμετρήτας ἁλὸς ἐν κρυοέσσᾳ | δέξατο συντυχίᾳ·
νῦν δ' αὖτις ἀρχαίας ἐπέβασε πότμος   55
35 [40] συγγενὴς εὐαμερίας. ὁ πονήσαις δὲ νόῳ καὶ προμά-
θειαν φέρει.

εἰ δ' ἀρετᾷ κατάκειται πᾶσαν ὀργάν,   Ἀντ. γ'.
ἀμφότερον δαπάναις τε καὶ πόνοις,
χρή νιν εὑρόντεσσιν ἀγάνορα κόμπον | μὴ φθονεραῖσι
φέρειν   60
[45] γνώμαις. ἐπεὶ κούφα δόσις ἀνδρὶ σοφῷ
40 ἀντὶ μόχθων παντοδαπῶν ἔπος εἰπόντ' ἀγαθὸν ξυνὸν
ὀρθῶσαι καλόν.

29 -σί τ' B(D?)DDD — σίν τ' ε'ζ' Al. Ro.* || -νεσσι [B] Al. Ro.* — νεσι DDDD — νεσσιν ε'ζ' Sm.* || πέρι DDDD Al. — περι [B]ε'ζ' Ro.* || 30 αἶγαν DD· — αἶσσαν D — αἶσαν [rell.] ε' Al. Ro.* || 31 πατρῴαν BDDε'ζ' Ro.* — πρῶαν DD — πατρῴαν Al. — πατρῴαν Mr.* || 32 ἅ νιν D, — ἅ νιν rell. || ἐρειδόμενον ναυαγίοις Sm. (suffultum naufragii tabulis) Bd. Bg.³ — ἐρειπόμενον ναυαγίαις Ht. — ἐρειδόμενον ναυαγίαις scripti Al. Ro.* Pw. Ox. Hy.* || 33 ἀμετρήτᾶς B — ἀμετρήτας rell. — Vide ad O. XIII, 84. || κρυόεσσα DDDD -ίσσα(ᾳ) Bε'ζ' Al. Ro.* || 34 αὖτις omnes | 35 πονήσαις B.D.DDDDε'ζ' Al. Ro: Cp. Sm. Hy.* — πονήσας Br. Mr. St. Bd. Ox. — πονάσαις Ah. Cf. ad P. IX, 93 || , νόψ, B | 36 ἀρεταί et ἀρεταῖ iunctim B. — ἀρετά et ἀρετᾷ iunctim Ro; — ἀρετᾷ(ᾶ) DDDDD — ἀρετά ε'ζ' Al Ro.* Hm. Ky. — ἀρεταί in Sch.¹ et Sch.² — ἀρετᾷ (Aristarch.) Sch.² Bö.* || κατάκειται scripti Al. Ro.* Hm. Bö.* — κατὰ κεῖται Hy. Kn. — καταδῇ τις Ht. || πᾶσιν ὀργᾶν Ky. — πᾶσαν ὀργάν rell. (cum Sch.) || 37 δαπάναισί τε B -νισί τε DDD — ναις τε ε'ζ' Al. Ro.* || Possit offendere brevis thesis in tertia antistropha, ut scribas δὴ καί; sed prorsus suo loco est τε καί: cf. ad O. XIV, 5. || 38 νιν omnes scripti et impressi — μιν in Sch. (etiam in Sch. BD) et in Ro; D,[B,] || -τε-σιν DDD(D?)D, — τεσσιν [B.]ε'ζ' Al. Ro:* || 40 παντοδάπων (D?)DDD -δαπῶν Bε'ζ' Al. Ro.*

ΙΣΘΜΙΟΝΙΚΑΙ Α'.

Ἐπ. γ'.

μισθὸς γὰρ ἄλλοις ἄλλος ἐφ᾽ ἔργμασιν ἀνθρώποις γλυ-
κύς,   65
μηλοβότᾳ τ᾽ ἀρότᾳ τ᾽ ὀρνιχολόχῳ τε καὶ ὃν πόντος
τράφει·
γαστρὶ δὲ πᾶς τις ἀμύνων λιμὸν αἰανῆ τέταται.   70
[50] ὃς δ᾽ ἀμφ᾽ ἀέθλοις ἢ πολεμίζων ἄρηται κῦδος ἁβρόν,
45 εὐαγορηθεὶς κέρδος ὕψιστον δέκεται, πολιατᾶν καὶ ξένων
γλώσσας ἄωτον.   75

ἄμμι δ᾽ ἔοικε Κρόνου σεισίχθον᾽ υἱὸν   Στρ. δ'.
γείτον᾽ ἀμειβομένοις εὐεργέταν
[55] ἁρμάτων ἱπποδρόμιον κελαδῆσαι, | καὶ σέθεν, Ἀμφι-
τρύων,
παῖδας προσειπεῖν, τὸν Μινύα τε μυχόν,   80
50 καὶ τὸ Δάματρος κλυτὸν ἄλσος Ἐλευσῖνα, καὶ Εὔβοιαν
ἐν γναμπτοῖς δρόμοις·

Πρωτεσίλα, τὸ τεὸν δ᾽ ἀνδρῶν Ἀχαιῶν   Ἀντ. δ'.
ἐν Φυλάκα τέμενος συμβάλλομαι.
[60] πάντα δ᾽ ἐξειπεῖν, ὅσσ᾽ ἀγώνιος Ἑρμᾶς | Ἡροδότῳ ἔπο-
ρεν   85

41 ἄλλος (om. ἄλλοις) B — ἄλλος ἄλλοις DDDD Al. — ἄλλοις ἄλλος
ς'ζ' Ro.* ‖ ἔργμασιν [B] Ro.* — ἅρμασιν DDς'ζ' Al. — ἅρμασιν DD ‖
-ποισι BDDDD Al. — ποις BPo(?)ς'ζ' Ro.* ‖ 42 μαλοβότᾳ Hy. — μη-
λοβότᾳ(α) omnes rell. ‖ de particulis τε — τε — τε — καὶ cf. ad O.
XIV, 5. ‖ τράφει B (Sw.ˢ) — τρέφει rell. ‖ 43 αἰανῆ fort. B — αἰανῆ
rell. ‖ 45 εὖ ἀγ. [BD]Dς'ζ' Al. Ro.* — εὖ ἀγ. D — de D n. l. —
εὖαγ. Pw. Hy.* ‖ δέχεται BDDDD[D]ς'ζ' Al. Ro.* — δέκεται Bö.* ‖
-ατῶν B — ατᾶν rell. ‖ γλώσσᾶς B Ro.* -σσης DDDDς'ζ' Al. ‖ 47
ἀμοιβομένοις DDD(D?) — ἀμειβομένοις B Ro.* — (ἀμειβόμενος refertur e
D) — ἀμειβομένους ς'ζ' Al. ‖ εὐεργέταν Bς'ζ' Al. Ro.* — εὐεργετᾶν DD
DD(D?) ‖ 48—50 de particulis καὶ — τε etc. cf. ad O. XIV, 5 ‖ 52
φυλακᾷ DD — φυλάκᾳ B — φυλάκα(ᾳ) rell. ‖ 53 ἔμπορεν B Ro. — ἔπο-
ρεν [D]DDD Cp.* — πόρεν ς'ζ' Al. — Possis ἡροδότοιο πόρεν ἵπποις, sed
non opus videtur emendatione, cum hiatus ferri possit; cf. ad O. XIII, 34.

ISTHMIA I.

ἵπποις, ἀφαιρεῖται βραχὺ μέτρον ἔχων
55 ὕμνος. ἦ μὰν πολλάκι καὶ τὸ σεσιγαμένον εὐθυμίαν
μείζω φέρει.

'Επ. δ'.

εἴη νιν εὐφώνων πτερύγεσσιν ἀερθέντ' ἀγλααῖς 90
[65] Πιερίδων ἔτι καὶ Πυθῶθεν 'Ολυμπιάδων τ' ἐξαιρέτοις
'Αλφεοῦ ἔρνεσι φράξαι χεῖρα τιμὰν ἑπταπύλοις 95
Θήβαισι τεύχοντ'. εἰ δέ τις ἔνδον νέμει πλοῦτον κρυφαῖον,
60 ἄλλοισι δ' ἐμπίπτων γελᾷ, ψυχὰν Ἀΐδα τελέων οὐ φράζεται δόξας ἄνευθεν. 100

54 ἵπποισιν ε'ζ' Al. — ἵπποις [rell.] D Ro.* ‖ 55 πολλάκις D -άκι rell. ‖ σισωπᾶμένον Bε'ζ' Al. Ro.* — σισωπάμενον D(D?)DD — σεσιγαμένον Hm. Ht. ft. recte; cf. ad O. XIII, 21. 87. ‖ 56 μιν omnes — νιν scripsi ‖ -γεσιν BD — γεσσιν D [rell.] Al. Ro.* ‖ ἀγλαΐαισι B — ἀγλααῖσι DDDD Al. Ro.* — ἀγλααῖς ε'ζ' Mr. St.* ‖ 57 πυθόθεν BDD DDε'ζ' Al. Ro.* — Πυθῶθεν Pw. Hm. Bö.* Cf. ad O. XII, 18. ‖ 58 ἀλφεοῦ omnes ‖ ἔρνεσι [B]ε'ζ' Al. Ro.* — ἔρνεσι DDDD (cum Sch. in D) ‖ 59 ἔνδον DDD ‖ 60 ἄλλοισι δ' ἐμπίπτων scripti Al. Ro.* — ἀλαοῖσι δ' ἐμπ. (Chrysipp. apud Sch.) Ro.ᵐ Br.ᵐ ‖ δόξαν D

Subscr. τέλος ζ' — nulla in rell.

ΙΣΘΜΙΟΝΙΚΑΙ Β'.
ΞΕΝΟΚΡΑΤΕΙ ΑΚΡΑΓΑΝΤΙΝΩ
ΑΡΜΑΤΙ.

Strophae.

```
  _´◡◡_◡◡_◡´◡__´◡⌣
  ´◡__´◡_´◡__´◡◡__◡◡_
  ´◡__´◡__´◡◡__◡◡_◡
  ´◡◡_◡◡_◡´◡_◡
5 ´◡__´◡__´◡_◡
```

Epodi.

```
  ´◡◡_◡◡__´◡◡_◡◡_◡´◡⌣
  ´◡◡_◡◡__´◡_◡
  ´◡__´◡_◡
  ´◡_◡´◡__´◡◡⌣
5 ´◡__´◡◡_◡◡_
  ´◡◠_´◡_◡
```

Στρ. α'.

Οἱ μὲν πάλαι, 'ὦ Θρασύβουλε, φῶτες, οἱ χρυσαμπύκων

Inscr. om. BD — ξεν. ἀκρ. D ε'ζ' Al. Ro.* — Θρασυβούλῳ Θηβαίῳ. (ficta ex principio carminis) D — ξ. ἀ. ἄρματι. Hy.* ‖ νόμια Θ'. ὁ τεσσαρεσχαιδέκατον. ζ' (cf. ad N. V, Inscr.) — ΜΕΛΟΣ β'. Al. — ΕΙΔΟΣ. Β'. Ro.*

1 φύντες Ro; (non in mss.) — φῶτες omnes rell. Lemma brevius in BD non habet verba φύντες ὅσοι χρ. quae perperam addidit Calliergus. ‖ ὅσοι BDDDD Ro.* — ὅσσοι ε'ζ' Al. — et Sm.* cum Schol. Aristoph. Pac. 696. (ubi χρυσάμπυκες ἐς δίφρον μοι συνανέβαινον ante Dd. legebatur)

ISTHMIA II.

ἐς δίφρον Μοισᾶν ἔβαινον κλυτᾷ φόρμιγγι συναντόμενοι,
ῥίμφα παιδείους ἐτόξευον μελιγάρυας ὕμνους,
ὅστις ἐὼν καλὸς εἶχεν Ἀφροδίτας
5 εὐθρόνου μνάστειραν ἀδίσταν ὀπώραν.

Ἀντ. α΄.

ἁ Μοῖσα γὰρ οὐ φιλοκερδής πω τότ᾽ ἦν οὐδ᾽ ἐργάτις· 10
οὐδ᾽ ἐπέρναντο γλυκεῖαι μελιφθόγγου ποτὶ Τερψιχόρας
ἀργυρωθεῖσαι πρόσωπα μαλθακόφωνοι ἀοιδαί.
νῦν δ᾽ ἐφίητι τὸ τὠργείου φυλάξαι 15
10 ῥῆμ᾽ ἀλαθείας [ὁδῶν] ἄγχιστα βαῖνον.

2 ἐν δίφρῳ B¹ — ἐς δίφρον Bª rell. ‖ μουσᾶν ε΄ζ΄ — μοισᾶν D [rell.] Al. Ro.* ‖ -τώμενοι B cum Sch. Arist. l. l. in Al. (ubi Venet. συναντωμέναις) — τόμενοι rell. ‖ **3** παιδείας „Sch. Arist." (ubi Veneti παιδίους et παιδία) — παιδίοις apud Plut. Pyth. Orac. p. 405, F (8, 127 Tauchn.) — παιδείους scripti Al. Ro.* ‖ μελιγήρυας Plut. l. l. — μελιγαρύας ε΄ζ΄ Al — μελιγάρυας rell. ‖ **5** μνάστειραν omnes ‖ ἀδίσταν DD — ἀδίσταν D — ἀδίσταν D — ἀδίσταν Bεζ΄ Al. Ro.* ‖ **6** μοῦσα B.D.DDD (cum Sch. Arist. l. l.) — μοῖσα ε΄ζ΄ Al. Ro.* ‖ φιλ. οὔ ποτ᾽ ἦν (Sch. Arist. l. l.) — οὐ φιλ. πῶ ποτ᾽ ἦν. B — οὐ φιλ. πω, τότ᾽ ἦν DDDD — οὐ φιλ. πω τότ᾽ ἦν ε΄ζ΄ Al. Sm.* — οὐ φιλ. πω, τότε ἦν Ro. — οὐ φιλ. πω τότε ἦν Cp. Mr. St. — φιλ. πώ, τότ᾽ ἦν D, (omisso οὐ) — Sch. Paraphr. ἡ γὰρ μοῦσα τὸ παλαιὸν οὔπω φιλοκερδής ἦν. ‖ ἐργά τις dupl. acc. DD ‖ **7** ἐπέρνατο B — ἐπέρνα τo D — ἐπέρναντο [DDε΄]Dζ΄ Al. Ro.* — Sch. ἐπιπράσκοντο — (οὐδὲ πέρναντο Hy.) ‖ μελίφθογγοι BDDDDε΄ζ΄ Al. Ro.* — om. (Sch. Arist. l. l.) — μελιφθόγγου (Hy.) Mi. Hm. Bö.* — p. n. h. ‖ ποτὶ Ht. — ποτὶ omnes scripti (cum Sch., ubi in BD est πρός, non πρὸ) et rell. impressi ‖ -χόραν DD — χόρης ε΄ζ΄ — χόρας [BDD] Al. Ro.* — Sch. πρὸς τῆς τερψιχόρης. ‖ **8** ἀγυρωθεῖσαι DDªD — ἀγυιρωθεῖσαι D¹ — ἀργυρωθεῖσαι [BD?]ε΄ζ΄ Al. Ro.* cum Sch. — ἀργυρωθείσας Ht. ‖ πρόσωπον coni. Bg.² — πρόσωπα rell. cum Sch. Cf. ad Metr. ‖ **9** νῦν δ᾽ ἐφίητι scripti Al. Pw. Mi. Hy.* (cum Sch.) — νῦν δὲ ἐφίητι Ro.* — νῦν ἐφίητι δὲ Sm.* ‖ τὠργείου Bε΄ζ΄ Ro.* — τ᾽ ὠργείου D.DDD Al. — γε τ. Pw. — τὸ Ἀρ. Mi. — τὸ τὠργ. Hy.* — τόγ᾽ Ἀρ. Aw. — Sch. par. τὸ τοῦ ἀριστοδήμου ῥῆμα — με τὠλκαίου coni. Bg.² (i. e. τὸ Ἀλκαίου ῥῆμα) ‖ **10** ῥῆμ᾽ ἀληθείας ἄγχιστα βαῖνον BDDDDD Al — ῥῆμ᾽ ἀληθείας καλῶς ἄγχιστα βαῖνον ε΄ζ΄ (interpolatio Byzantina contra Pindari usum; vide ad O. VII, 47) — ῥῆμα τῆς ἀληθείας ἄγχιστα βαῖνον Ro.* Sm.* (prava interpolatio Calliergi) — id. (sed ἀλαθ.) St. Hy. — ῥῆμ᾽ ἀλαθείας ὁδῶν ἄγχιστα βαῖνον Hm. (collato P. III, 103) Bö.* — id. (sed ἰᾶς ἁ. β.) Bth.

ΙΣΘΜΙΟΝΙΚΑΙ Β'.

Ἐπ. α'.

Χρήματα, χρήματ' ἀνήρ, ὃς φᾶ κτεάνων θαμὰ λειφθεὶς
καὶ φίλων.
ἐσσὶ γὰρ ὦν σοφός, οὐκ ἀγνῶτ' ἀείδω
Ἰσθμίαν ἵπποισι νίκαν,
τὰν Ξενοκράτει Ποσειδάων ὀπάσαις,
15 Δωρίων αὐτῷ στεφάνωμα κόμᾳ
πέμπεν ἀναδεῖσθαι σελίνων,

Στρ. β

εὐάρματον ἄνδρα γεραίρων, Ἀκραγαντίνων φάος.
ἐν Κρίσᾳ δ' εὐρυσθενὴς εἶδ' Ἀπόλλων νιν πόρε
ἀγλαΐαν·

— id. (sed θεᾶς) Aw. — id. (sed σκοποῦ ἀ. β. collato N. IX, 55) Bg coni. — id. (sed ἀνήρ ἀ. β.) coni. Bg.² (iubet me nunc Alcaeus dictu Argivi viri observare) — Sch. ἐγγὺς ἀληθείας βαῖνον, ut id quod tradit habemus legisse videatur, nisi quis putet eum habuisse φυλάξαν ῥῆμ' ἀλ θείας λέγειν ἀ. β. vel νῦν δ' ἐφίητι· τὸ τωργείου φύλαξαι ῥῆμ' ἀλαθείας λ γειν ἀ. β. ut Aesch. Suppl. 202 φυλάξομαι δὲ τάσδε μεμνῆσθαι σέθεν ἐφετμ
11 θ' ἅμα scripti Al. Ro.* Ht. — θαμὰ Bö.* || λείφθε (sic) S Bd. Ox. || 12 ἐσὶ DDD || οὐδ' Ht. — οὐκ rell. Est in D οὐ δὲ ἀγνωσ λέγω in paraphr. ubi vulg. οὐ γὰρ ἄγνωστον λέγω. || ἀγνῶτ' B.D (in S D) St.* — ἄγνωτ' D.DD·'ζ' Al. Ro.* Ht. — Sch. pars ἄγνωτ(α) p ἀγνῶτ(ι) (ita Ky.) scribi voluerunt. — Vide ad O. VIII, 52. Bö. ἀγν pro ἀγνῶτα ad νίκαν relato cepit. || nec ante nec post ἀείδω interp. B] St. Sm. Ox. Hm. Bö.* — post ἀείδω plene [D·'ζ'] Al Ro.* Hy. Ht. commate Mr. Bd. — ante ἀείδω distingui postulant Sch. pars, ut ex ἀε ad οὐκ ἀγνῶτα subaudiatur λέγω || 13 Ἰσθμίαν B[D?] Ro.* — Ἰσθμ DDDD·'ζ' Al. || 14 μὰν ε'ζ' — τὰν B — τὰν rell. || ὀπάσσαις DD· — ὀπάσαις B·'ζ' Al. Ro.* || 15 αὐτῷ στ. κόμᾶ B — id. (sed κόμᾳ; (fk. av p. c.?) DDDD·'ζ' Al. Ro. — id. (sed κόμαν) Cp.* — id. (sed κό Bö.* (cum Sch. ut videtur) — mss. voluerunt dativum, non accusativ cuius auctor est Ceporinus — αὖον στ. κόμᾳ coni. Bg.² de corona Isthn nicis propria, nam ξηρὸν σέλινον hi, ὑγρὸν vero Nemeonicae accipieb Est αὐτῷ in paraphrasi Sch. || 16 ἀνδεῖσθαι BDDDD·'ζ' Al. Ro.* H — ἀναδεῖσθαι Sm.* || 18 κρίσα(ᾳ) omnes || εὐρυσθενὴς omnes — αὐ ἄναξ Ky. coni. e Sch. ἐν τῇ κρίσᾳ εὐμενῶς ὁ ἀπόλλων ἐθέασατο τὸν ξ κράτην. Hoc Sch. om. in D || αὖ | ἀπ. μιν πόρεν ἀγλαΐαις καὶ π κλειναῖς ἐφ. χ. ἀ. ε'ζ' (interpolatio Byz.) — | εἶδ' ἀπ. μιν πόρε τ' ἀγλ

ISTHMIA II. 403

καὶ τόθι, κλειναῖς Ἐρεχθειδᾶν χαρίτεσσιν ἀραρώς,
20 ταῖς λιπαραῖς ἐν Ἀθάναις, οὐκ ἐμέμφθη
ῥυσίδιφρον χεῖρα πλαξίπποιο φωτός,

Ἀντ. β'.

τὰν Νικόμαχος κατὰ καιρὸν νεῖμ' ἀπάσαις ἀνίαις.
ὄντε καὶ κάρυκες ὡρᾶν ἀνέγνον, σπονδοφόροι Κρονίδα
Ζηνὸς Ἀλεῖοι, παθόντες πού τι φιλόξενον ἔργον·
25 ἀδυπνόῳ τέ νιν ἀσπάζοντο φωνᾷ
χρυσέας ἐν γούνασιν πίτνοντα Νίκας

Ἐπ. β'.

γαῖαν ἀνὰ σφετέραν, τὰν δὴ καλέοισιν Ὀλυμπίου Διὸς
ἄλσος· ἵν' ἀθανάτοις Αἰνησιδάμου

καὶ τόθι κλειναῖς ἐρ. χ. ἀ. B — id. (sed πόρεν) DDDD Al (in Al. τὸ θι)
— id. (sed πόρε) Ro.* — in Al. D est | εἰ δ' in D εἰ δ' in Ro. εἰ | δ'
in Cp.* εἰ | δ' — εἰδ' Ἀπ. μιν, πόρε τ' ἀγλαΐαν καὶ τόθι· κλειναῖς δ' Ἐρ.
χ. ἀ. Hy. — id. (sed νιν) Bö.* — εἰδ' Ἀπ. νιν πόρε τ' ἀγλαΐαν· καὶ τόθι
κλειναῖς τ' Ἐρ. χ. ἀ. Bg.³ (Ra.) — εἰδ' Ἀπ. νιν πόρε τ' ἀγλαΐαν· καὶ
τόθι, κλειναῖς Ἐρ. χ. ἀ. Ht. — καὶ τότε D, (sed Sch.¹² explicant καὶ τόθι
et coniungunt ea cum seqq.) — δ' post κλειναῖς [DD] si ex silentio conii-
cere licet. Credo δ' esse in nullo codice. Est τόθι relativum ut O. VII,
81; N. IV, 52 pro ὅπου, apodosi ex prioribus subaudita.
20 ἀθάναις omnes || 22 Νικομάχου Ht. — νικόμαχος rell. || νωμᾷ
πάσαις ἀνίαις BDDDDDε'ζ' Al. Ro.* (in D νῶμα) — id. (sed νωμᾷ) Mr.
— id. (sed νῶμα) St. — id. (sed νῶμε) Sm.* — νώμ' ἀπάσαις ἀνίαις Hy.
— νεῖμε π. ἀ. ε. νεῖμ' ἀπ. ἀν. Pw. Da. Hm. Bö.* — ὡς ἐνώμασ' ἀνίας
Ht. || 23 οὖτε D, — ὄντε rell. || ἀνέγνον B[D etc.]ζ' Al. Ro.* — ἀνέγνω
D — ἀνέγνον Ah. Sw. Bg. Ht. Cf. P. IX, 79. || 24 ἀρεῖοι ζ' — ἀλεῖοι
Al — ἀλείου Ro; Cp. St.* (cum Sch.¹⁵) — ἀλεῖοι B.D.DDDDε' Al. Ro.
Br. Mr. Hy.* (cum Sch.⁹) || ποθόντες D Al. || | πού τι B Ro. Br. Mr.
— | πού τι Cp. Sm.* — | που τὶ St. — | πού τοι DDD Al — | πού τοι
D — που | τοῦτο ε'ζ' || 25 τε νιν B — τέ νιν rell. || ἀσπάζονται Bᵉᵉ
-ζοντο Bʳᵉ rell. || 26 χρυσέας BD Sm. Ox.* (cum Sch.) — χρυσέοις DD
DD Ro.* Bd. — χρυσέοις τ' ε'ζ' Al || -σι BDDDD Al. — σιν ε'ζ'
Ro.* || πίτνοντα B Bg.³ Ht. — πίτνοντο DDDDD — πιτνῶντε ε'ζ' Al.
Ro. Br. — πιτνῶντα Cp. Mr.* Hy. — πιτνῶντα Ox. — πιτνόντα Bö.* —
Sch. προσελθόντα (ita Bö. cum D); ubi προσελθόντα B Ro. — Cf. N. V, 42.
|| 27 τὰν DDD — τὰν D — τὰν [Bε'ζ'] Al. Ro.* || καλέουσιν ε'ζ' -έοι-
σιν rell. || 28 ἄλσος DD Al — Ἄλτιν Villoison. Aw. || αἶνος. DD —
αἴτησο. ζ' — αἶνησο. rell.

ΙΣΘΜΙΟΝΙΚΑΙ Β'.

παῖδες ἐν τιμαῖς ἔμιχθεν.
30 καὶ γὰρ οὐκ ἀγνῶτες ὑμῖν ἐντὶ δόμοι
οὔτε κώμων, ὦ Θρασύβουλ', ἐρατῶν,   45
οὔτε μελικόμπων ἀοιδᾶν.

Στρ. γ'.

οὐ γὰρ πάγος, οὐδὲ προσάντης ἀ κέλευθος γίνεται,
εἴ τις εὐδόξων ἐς ἀνδρῶν ἄγοι τιμὰς Ἑλικωνιάδων.   50
35 μακρὰ δισκήσαις ἀκοντίσσαιμι τοσοῦθ', ὅσον ὀργὰν
Ξεινοκράτης ὑπὲρ ἀνθρώπων γλυκεῖαν
ἔσχεν. αἰδοῖος μὲν ἦν ἀστοῖς ὁμιλεῖν,

Ἀντ. γ'.

ἱπποτροφίας τε νομίζων ἐν Πανελλάνων νόμῳ·   55
καὶ θεῶν δαῖτας προσέπτυκτο πάσας· οὐδέ ποτε ξενίαν
40 οὖρος ἐμπνεύσαις ὑπέστειλ' ἱστίον ἀμφὶ τράπεζαν·   60
ἀλλ' ἐπέρα ποτὶ μὲν Φᾶσιν θερείαις,
ἐν δὲ χειμῶνι πλέων Νείλου πρὸς ἀκτάς.

29 de hoc ἐν cf. Rh. XVIII, 303; ad O. II, 63 || ἔμιχθε DDDD -χθεν Bs'ζ' Al. Ro.* || 30 ἀγνῶτες omnes || ὑμῶν in Sch. BD plus semel — ὑμῖν rell. || 31 hunc vs. om. D — non om. rell. (ut nec DDD) || 32 οὔτε μελικόμπων] οὐ μελιφθόγγων Hm.³ || ἀοιδῶν B - δᾶν rell. || 33 ἀ κέλ. B — ἀ μ κέλ. D — ἀκέλ. D.DD Al. — ἀ κέλ. s'ζ' Ro.* || γίνεται scripti Al. Ro.* Bg. Ht. — γίγνεται Bö.* || 34 ἅ τις s'ζ' — εἴ τις [rell.] Al. Ro.* || ἄγοι D — ἄγει vel ἄγοι B — ἄγοι rell. || 35 δισκήσαις omnes || ἀκοντίσαιμι B Ro.* — ἀκοντίσσαιμι DDDDs'ζ' Al. Bö.* || Nescio an sonus huius versus displiceat, etiamsi concursus syllabarum sigmatizantium vel hic vitatus est. Cf. ad O. IX, 16 sq. || 36 ξενοκράτης BDDD — ξεινοκ. Ds'ζ' Al. Ro.* Cf. ad O. II, 65. || aut ὑπὸ aut ὑπὲρ B — ὑπὶρ D — ὑπὲρ rell. || 38 ἱπποτροφίαις s'ζ' Al. Ro. -φίας [rell.] Cp.* || κομίζων Sm. Bd. (Hy.) — νομίζων rell. cum Sch. || -άνῳ(ω) DD DD — άνον [B]D,s'ζ' Al. Ro.* || 39 διαίτας B.D.DDDs'ζ' Al. Ro:* — δαίτας Mr. St.* cum Sch. (πανηγύρεις, ἑορτάς) — δαίτας? Cf. ad O. VIII, 52. || προσέπυκτο D.DDD — προσέπτυκτο [Bs']ζ' Al. Ro.* || ξενίαν BD. St.* (cum Sch.) — ξενίοις DDDs'ζ' Al. Ro.* || 40 οὔριος πνεύσαις (i. e. Xenocrates) Hm. (ad Eur. Hec. 1052) ex Sch.(?) || -σας D, — σαις rell. || ὑπέστειλεν ἱστίον BDDDD Al. Ro.* — ὑπέστειλ' ἱστίον s'ζ' Mr. St.* || 41 φ.ἀσιν θερίαις B (post φ litura) — φᾶσιν θερείαις DDDD Al. Ro. Mr. St. — φᾶσιν θερείαις s'ζ' Cp. Br. Sm.* || 42 πλέον B — πλέων rell.

ἘΠ. γ'.

μή νυν, ὅτι φθονεραὶ θνατῶν φρένας ἀμφικρέμανται ἐλ-
  πίδες,
μήτ' ἀρετάν ποτε σιγάτω πατρῴαν,   65
45 μηδὲ τούσδ' ὕμνους· ἐπεί τοι
οὐκ ἐλινύσοντας αὐτοὺς εἰργασάμαν.
ταῦτα, Νικάσιππ', ἀπόνειμον, ὅταν
ξεῖνον ἐμὸν ἠθαῖον ἔλθῃς.

|| ἀκτάν. B — ἀκτάν. DDDDε'ζ' — ἀκτάς. Al. Ro.* (in nullo scripto). — Sch. B τὸ δὲ νείλου πρὸς αὐγάς (supra αὐγάς ab ead. m. scriptum ἀκτάς; ubi D αὐγάς solum habet, Ro. αὐγὰς ἢ ἀκτὰς eadem ratione qua saepius editor suprascripta in ordinem scholiorum intexuit; indidem editor Romanus in textum Pindari ἀκτάς invexisse videtur. Pergit Sch. τινὲς μὲν τὰς τοῦ νείλου ῥύσεις (ῥήσεις D), τινὲς δὲ ὅτι ἀπὸ ἀνατολῶν ἡ ῥύσις αὐτοῦ γίνεται· διὸ καὶ θερμοτάτης καὶ ὑγιεινῆς κράσιως μετέχει τὸ χωρίον. Quae aut ita generalia sunt, ut nec ἀκτάν nec ἀκτάς nec αὐγάς confirment, aut aliam vocem, quae a ῥύσις propius absit, postulant. Nam haud credo Sch. de locutione ὑπ' αὐγὰς ἠελίοιο cogitasse, quasi P. „ad soles Nili" voluisset. Nec ἀγὰς vel ἀγὰν (P. II, 82.) veri simile est eum per ῥύσεις vertisse, quamquam etiam κύματος ἀγή dicitur. Sw. putat fuisse qui ἀγάς legerent. An εἴλαν? Id male sonat.

43 μὴ νῦν B.D.DDD Ro:* — μή νυν ε'ζ' Al Sm.* || θνατῶν omnes || -μονται DDDD — μανται [B]ε'ζ' Al Ro.* || possit -ται ειλπίδες scribi; vide Metr. || 44 σιγασω Ht. — σιγάτω rell. || πατρῴαν Al. — πατρῴαν scripti Ro.* — πατρῴαν Mr.* || 45 μὴ δὲ BDDDDε'ζ' Ro. Br. — μὴ δὲ Al. — μηδὲ Cp. Mr.* — μήτε Ht. || τοί γ' Hm. Aw. || 46 ἐλινύσοντας BDs Bd. Hy.* — ἐλινίσοντας D¹ — ἐλινύσσοντας DDDε'ζ' Al Ro.* Ox. — ἐλινύσσοντας Sch. inedit. D — ἐλινύοντας Sm. — ἐλινύσοντας Pw. Cf. ad N. V, 1. || εἰργασάμην BD,D [rell.] Al. Ro.* -σάμαν Bö.* || 47 ὅταν Bε'ζ' Al. Ro.* — ὅτ' ἂν DDDD || ἀπόνειμον ἐμὸν ξεῖνον εὖτ' Hm.² || 48 ξένον B — ξεῖνον rell.

Subscr. nulla in mss.

ΙΣΘΜΙΟΝΙΚΑΙ Γ'. [Γ'. Δ'.]

ΜΕΛΙΣΣΩ ΘΗΒΑΙΩ

[ΠΑΓΚΡΑΤΙΩι.]

Strophae.

```
  ‒‿–‒σ‒‿–‒σ‒‿–––‒‿–σ
  ‒‿––‒‿––‿‿–σ‒‿˘
  ‒‿–⌣–‒σ‒‿–σ
  ‒‿–‿‿‒‿–σ
5 ‒‿––‒‿––‒‿––‿‿––‒‿–σ
  ‒‿–––‒‿–σ
```

Epodi.

```
  –‒‿‿–‿‿–‒˘
  ‒‿‿––‿‿–σ
  ‒‿–σ‒‿˘
  –‒‿–‒
5 –‒‿‿–‿‿–σ‒‿–‒––‒‿–σ‒˘
  –‒‿‿––‒‿––‒‿––‒‿⌣–‒˘
```

Στρ. α'. D

Εἴ τις ἀνδρῶν εὐτυχήσαις ἢ σὺν εὐδόξοις ἀέθλοις

Inscr. om. BD[P]DD — μελ. Θηβ. (D ft. = β'?) ε'ζ' Al. — μ Θηβ. ἵπποις. Ro.* (cum Sch. Vet.) Bg.² — μελ. Θηβ. παγκρατίῳ. Bö.* νέμεα ι'. ε' — [εἶδος] ιε ον' ζ' (cf. ad N. V, Inscr.) — ΜΕΛΟΣ Γ. Al. ΕΙΔΟΣ. Γ.' Ro.* ‖ adhaerescit carmen praecedenti in D[P]DD — B lacuna inscriptioni patet.

Metr. Hm.ˢ (Opusc. VII, 133 sqq.) Ep. 5 et 6 dividit in binos
```
–‒‿‿–‿‿–‒| ‒‿––‒‿–σ‒‿––‒‿–σ | –‒˘
––‿‿–| ‒‿–σ‒‿––‒‿––‒‿–
```

1 -χήσαις B.D.DD[PD] ε'ζ' Al. Ro:* — χάσαις Ox. — χάσας Era in Chiliad. ‖ ξὺν? Cf. ad O. IX, 16.

ISTHMIA III. [III. IV.]

ἢ σθένει πλούτου κατέχει φρασὶν αἰανῆ κόρον,
ἄξιος εὐλογίαις ἀστῶν μεμίχθαι.
Ζεῦ, μεγάλαι δ' ἀρεταὶ θνατοῖς ἕπονται
5 ἐκ σέθεν· ζώει δὲ μάσσων ὄλβος ὀπιζομένων, πλαγίαις
   δὲ φρένεσσιν
οὐχ ὁμῶς πάντα χρόνον θάλλων ὁμιλεῖ.   10
                                                       Ἀντ. α'.
εὐκλέων δ' ἔργων ἄποινα χρὴ μὲν ὑμνῆσαι τὸν ἐσλόν,
χρὴ δὲ κωμάζοντ' ἀγαναῖς χαρίτεσσιν βαστάσαι.
ἔστι δὲ καὶ διδύμων ἀέθλων Μελίσσῳ   15
10 μοῖρα πρὸς εὐφροσύναν τρέψαι γλυκεῖαν
ἦτορ, ἐν βάσσαισιν Ἰσθμοῦ δεξαμένῳ στεφάνους, τὰ δὲ
   κοῖλα λέοντος
ἐν βαθυστέρνου νάπᾳ κάρυξε Θήβαν   20
ἱπποδρομίᾳ κρατέων. ἀνδρῶν δ' ἀρετὰν   Ἐπ. α'.

2 φρασὶν mss. Al. Ro.* Sm.* Hm. Bö.* — φρεσὶν Mr.* Hy. — φασὶν („ut aiunt") Erasmus, perperam ‖ ἰανῆ Ro. Br. ‖ 3 μεμῖχθαι Ah. Sw. Bg. Ht. qui laudunt Lo. Par. 410. 414. ‖ 5 φρένεσσιν [Bs']ζ' Al. Ro.* — φρένεσιν DDDDD ‖ 6 οὐχ' s' — οὐχ ζ' etc. ‖ vs. 9 et 10 vulg. locum permutaverunt in D — suo loco hi versus sunt in [BDD]D[D]s'ζ' Al. Ro.* ‖ 7 εὐκλεῶν δ' [B]DD[D]D ζ' Al. Ro:* Bd. — εὐκλεῶν (om. δ') D, — εὐκλέων δ' s' Sm. Ox.* — de B, n. l. ‖ post ἄπ. commate dist. B Ro. Br.* — plene Al. Sm.* — non dist. DDDD s'ζ' Cp. Lu. Pp. Bth. Bö.* (cum Sch.) ‖ ὑμνᾶσαι BDDDD s'ζ' Al. Ro.* — ὑμνῆσαι Hy.* Cf. ad P. IX, 93. ‖ ἐσλόν omnes ‖ 8 ἀγαναῖς s'ζ' Al. ‖ -τεσσι [Bs']ζ' Al. Cp. Br.= Mr.* Ox.* (Bö.) — τεσι DDD Ro. Br. — τεσσιν Sm. Bd. Bö.* ‖ 9 ἀέθλων BDDD s'ζ' Al. Ro:* Bg.² — ἄθλων Bö.* ‖ -σσω BD. Ro.* — σσῳ DD St.* ‖ 10 -σύνην B — σύναν DDD[D]s'ζ' Al. Ro.* ‖ 11 ante ἐν plene dist. B — non dist. D Al. Mr. St. — commate DD s'ζ' Ro.* Sm.* Bö.* — colo Hy. ‖ βάσαισιν B — βάσσαισιν DDD[D]s'ζ' Al. Ro.* ‖ δεξαμένῳ Bs'ζ' Mr.* — δεξαμίνω D Al. Ro.* — δεξαμένος DD — δεξάμενος D Pw. (Pw. στεφάνους τάδε, i. e. „nunc") ‖ post στεφάνους plene dist. B[D s'ζ'] Al. Ro. Br. — non dist. D Mr, — commate Sm.* — colo St. Hy.* ‖ 12 -νῳ Bg.² (ex Sch.) — νου mss. Al. Ro.* ‖ post νάπᾳ(ᾳ) plene dist. B Ro.* (cum Sch.) — commate s' Mr.* — non dist. DD ζ' Al. Hy.* ‖ κήρυξε B Ro. — κάρυξε DDDD s'ζ' Al. Cp.* ‖ extr. plene dist. Al. Ro. perperam

σύμφυτον οὐ κατελέγχει.
15 ἴστε μὰν Κλεωνύμου
δόξαν παλαιὰν ἅρμασιν· 25
καὶ ματρόθε Λαβδακίδαισι ξύννομοι πλούτου διέστειχον
τετραοριᾶν πόνοις.
αἰὼν δὲ κυλινδομέναις ἀμέραις ἄλλ᾽ ἄλλοτ᾽ ἐξάλλαξεν·
ἄτρωτοί γε μὰν παῖδες θεῶν. 30

Στρ. β΄. IV.

ἔστι μοι θεῶν ἕκατι μυρία παντᾶ κέλευθος·
20 ὦ Μέλισσ᾽, εὐμαχανίαν γὰρ ἔφανας Ἰσθμίοις
ὑμετέρας ἀρετὰς ὕμνῳ διώκειν·
αἷσι Κλεωνυμίδαι θάλλοντες αἰεὶ

---

15 κλειων. ε΄ζ΄ ‖ -νύμου] — νόμου D, (et Sch. D) ‖ 16 ἅρμασι mss Al. Ro.* — ἅρμασιν Hm. Bö.* ‖ extr. non dist. vett. Al. Ro. — plene [ε΄ζ΄] Cp. Br. Bd. Hy. — commate Mr. St. — colo Sm. Ox. Bö.* ‖ 17 -όθε Sm. Bd. Hy.* — ὅθεν B.D. etc. ‖ -αισι mss. Al. Ro.* Hm. — αισιν Bö.* ‖ σύννομοι (σύννομος Ro;) omnes (cum Sch.); ft. ξύννομοι scribendum est; cf. ad O. IX, 16. ‖ , πλούτου διέστιχον BDDDD· Ro.* — , πλούτῳ διέστιχον D¹ Pw. — πλούτου διέστιχον Al. Lo. Dd. Sw.²ˢ — πλούτου, διέστιχον ε΄ζ΄ Hy. (cum Sch²) — πλούτου διέστειχον Hm. Bö.¹ — πλούτῳ διέσχον καὶ Ht. ‖ πόνους Pw. ‖ 18 κυλινδόμενος „ft. Sch. (Bg.³) ‖ ἀλλ᾽ ἄλλοι τ᾽ B Ro. Br. — ἀλλ᾽ ἄλλοτ᾽ DDDD·ε΄ζ΄ Cp. Mr. ‖ -ξεν] -ξαν ε᾽ ‖ ἄτρωτοι γὰρ οὐ π. θ. Ht. ‖ 19 Novi carminis indicati est in B Ro.* Bg.² (in Ro.* Inscr. ΤΩ ΑΤΤΩ ΜΕΛΙΣΣΩ, ΕΙΔΟΣ. Δ [cum Sch. Metr. in B Ro. τοῦ τετάρτου εἴδους etc.; cf. Bö.¹ II, p. 521 not. 7; in D nulla metrica exstant] in B om. Inscr.) — coniunctio est i DDDDD·ε΄ζ΄ Al. (Hy.) Hm. Bö.* Fr. (in Triclinianis α΄β΄ etc. haec carmin non disiuncta fuisse ex adscripto ad vs. 55 στροφὴ τετάρτη apparet) ἔστι μοι B.D.DD Al Ro:* Bö.* — ἐστί μοι Mr. Sm.* — ἔστι δή μοι ε᾽ι — ἔστι μέν μοι Hm.² — ἔστι τοί μοι (μυρία παντᾶ κέλευθος θεῶν ἕκατι Hm. ‖ πάντα B Ro. — παντᾶ DDD[D]ε΄ζ΄ Cp. Cf. O. I, 116. ‖ 2 ὦ μέλισσ᾽ εὔμηχ. B Ro. — ὦ μέλισσ᾽. εὔμηχ. Cp.* — ὦ μέλισσ᾽ εὔμα; DDDD·ε΄ζ΄ Al. Hy.* ‖ -ανίαν] — ανίας „ft. Sch." (Bg.³) ‖ ἔφανες B DDDD·αο/ρε΄ζ΄ Al. Ro.* Ox. — ἔφανας ε᾽ρε/αο Hy.* — ἔφανας ἐν Sm. B ‖ 20sq. Ἰσθμίοις ὑμετέρας ἀρετὰς B Ro.* — omissa priora duo vocabu sunt in DDDDD ubi est solum ἀρετὰς — ἀρετάς. εὐφροσύναισι κλυταῖς ε᾽ Al (lacuna D male expleta) ‖ 22 αἱὰ Al. ‖ extr. dist. DDD[D·ε΄ζ΄] · non dist. B Ro.*

ISTHMIA III. [III. IV.]

σὺν θεῷ, θνατὸν διέρχονται βιότου τέλος. ἄλλοτε δ'
  ἀλλοῖος οὖρος
πάντας ἀνθρώπους ἐπαΐσσων ἐλαύνει.
                                                        Ἀντ. β'.
25 τοὶ μὲν ὦν Θήβαισι τιμάεντες ἀρχᾶθεν λέγονται
  πρόξενοί τ' ἀμφικτιόνων κελαδεννᾶς τ' ὀρφανοὶ
  ὕβριος· ὅσσα δ' ἐπ' ἀνθρώπους ἄηται   15
  μαρτύρια φθιμένων ζωῶν τε φωτῶν
  ἀπλέτου δόξας, ἐπέψαυσαν κατὰ πᾶν τέλος· ἀνορέαις
                          δ' ἐσχάταισιν
30 οἴκοθεν στάλαισιν ἅπτονθ' Ἡρακλείαις.   20
  καὶ μηκέτι μακροτέραν σπεύδειν ἀρετάν.   Ἐπ. β'.
  ἱπποτρόφοι τ' ἐγένοντο,
  χαλκέῳ τ' Ἄρει ϝάδον.
  ἀλλ' ἁμέρᾳ γὰρ ἐν μιᾷ   25
35 τραχεῖα νιφὰς πολέμοιο τεσσάρων ἀνδρῶν ἐρήμωσεν μά-
  καιραν ἑστίαν·

23 post θεῷ dist. Bε'ζ' Ro.* — non dist. DDDD Al. Hy.* ǁ θνατὸν BDε'ζ' Al. Ro.* — θάνατον DDD male ǁ βιότου (Sw.) Do. Sw.²³ Bg.² Ht. recte — βίου (sine τὸ) BDDDDD Al. — τὸ βίου ε'ζ' Ro.* (prava interpolatio) ǁ 25 ὦν B.ε'ζ' Al Ro:* — ὤ DDD — de D n. n. ǁ Θήβαισι mss. Ro.* — Θήβησι Al. ǁ extr. plene dist. B Ro. — commate ε'ζ' Cp.* — non dist. [DDDD Hy.* ǁ 26 πρόξενοί τ' omnes — malim, καὶ ξένοι τ' ǁ -δεννᾶς B Ro. — δεινᾶς Bd. — δεννᾶς DDDDε'ζ' Al Cp.* ǁ 27 extr. plene dist. DDD Al male — commate ε' Ro. Br. — non dist. [Bε'ζ'] Cp. Mr.* ǁ 29 δόξας δόξας DD ǁ -ρέαις BDD Cp.* (cum Sch.) — ρέας DDDε'ζ' Al. Ro. ǁ ἰσχ. distinctione cum ἀνορ. coniung. B Ro. (cum Sch.) — cum στάλ. Br. Sm. Ox. Hy. — utrinque disiung. Cp. — neutra parte DDDDε'ζ' Al. Mr.* Bö.* ǁ ἰσχαταῖσιν DD — ἰσχάταισιν rell. ǁ 30 -οθεν omnes ǁ -λαισι DDD ǁ extr. plene dist. BDDε'ζ' Cp. St.* — commate Ro. Br. Mr. Hy. — non dist. D ǁ 31 μαίνῃ δ' ἔτι μ. σπεύδων Ib. — ὦν μηκέτι μακρότερ' ἦν σπεύδειν Ht. ǁ 32 τ' ἐγ.] δ' ἐγ. ο' ǁ 33 χαλκείῳ(ω) BDDDDD Ro.* — χαλκέῳ(ω) ε'ζ' Al. Mr.* recte; cf. ad O. XIII, 78 ǁ τ' B Ro.* St.* — τε Mr. — omissa particula DDDD Dε'ζ' Al. ǁ aut ἄδον aut ἆδον in B — aut ᾷδον aut ᾴδων in D — ᾄδων DDDD — ἴαδον ε'ζ' (interpolatione prava) — ἄδον Al. Ro.* — ἄδεν Mr. — ἄδον St.* Cf. ad O. VII, 18. ǁ 35 -ωσε B — ωσε DDDD — ωσεν ε'ζ' Ro.*

ΙΣΘΜΙΟΝΙΚΑΙ Γ΄. [Γ΄. Δ΄.]

νῦν δ' αὖ μετὰ χειμέριον ποικίλων μηνῶν ζόφον χθὼν
            ὥτε φοινικέοισιν ἄνθησεν ῥόδοις   30

Στρ. γ΄.

δαιμόνων βουλαῖς. ὁ κινητὴρ δὲ γᾶς Ὀγχηστὸν οἰκέων
καὶ γέφυραν ποντιάδα πρὸ Κορίνθου τειχέων,   35
τόνδε πορὼν γενεᾷ θαυμαστὸν ὕμνον
40 ἐκ λεχέων ἀνάγει φάμαν παλαιὰν
εὐκλέων ἔργων· ἐν ὕπνῳ γὰρ πέσεν· ἀλλ' ἀνεγειρομένα
            χρῶτα λάμπει,   40
Ἀωσφόρος θαητὸς ὡς ἄστροις ἐν ἄλλοις·

Ἀντ. γ΄.

ἅ τε κεῖν γουνοῖς Ἀθανᾶν ἅρμα καρύξαισα νίκαν
ἔν τ' Ἀδραστείοις ἀέθλοις Σικυῶνος ὤπασεν.   45

36 verba μετὰ χειμέριον ποικίλων omissa sunt in D — non omissa in
BDDDDₑ'ζ' Al. Ro.* ‖ χειμερίων Ht. Ra.² ‖ ποικίλων] ποικίλον Hm. —
ποικίλα Ht. Ra.² — ποικίλως Ra.¹ — φοινίων Ky. ‖ ,. χθὼν B — . χθῶν
DD[D?] — , χθὼν DDₑ' Ro. Br.* Ox. — χθὼν Al. Cp. Sm.* Hy.* ‖
ἅτε B Ro.* Hy. — ἅτε, Ox. — ἅτε Pw. — ὥστε Sm. Bd. — ὥτε DD
DDₑ'ζ' Bö.* — ὥτε D Al. ‖ κίοισιν BDDDDD Bö.* — κείοισιν ε'ζ'
(male; cf. ad O. XIII, 78) — κίοις Ro.* St. — κίοισιν Al. Br.ᵐ Mr. Sm.*
‖ ἄνθησε B — ἄνθησεν Pw. Bö.* (optime, nisi malueris ἄνθησε ῥόδοις; cf.
ad O. IX, 91) — ἄνθησαν Cp. Br.ᵐ Mr.* (ex Sch.; ft. haec erat Chrysippi
lectio) — ἄνθος DDDDDₑ'ζ' Al. Ro. Br. — ἕστηκεν Hm.² — ἀνθάλλει
sive ἀνθαλεῖ (Bg.²). Haec inutilia. Verum vidit Pw. sine codicum ope
„quia ἑστία praecesserit". ‖ 37 In media voce κινη|τὴρ denuo incipiunt
α'β'γ'(ᵟ'); cf. N. XI, 21 ‖ -τήρ γε ε'ζ' — τήρ δὲ rell. ‖ ὀγκιστὸν DDD
‖ 39 πορῶν BD?DD — πορὼν D?D[α']ᵟ'ε'ζ' Al. Ro.* ‖ 41 εὐκλεῶν mss
Al. Ro.* Bd.* — εὐκλέων Sm. Hy.* ‖ ἀναγειρ. ζ' — ἀνεγειν. D — ἐνε-
γειρ. Al — ἀνεγειρ. B.D. etc. ‖ 42 ἄωσφ. Bα'β'ᵟ' Ro. Br. — ἀωσφ. ε'ζ
Al. Cp. Sm.* Bg.¹² — ἑωσφ. DDDD Mr. St. Pw. Hm. Sw. Ht. ‖ ὡς Ἱ
D[DD]D Al. Ro.* — ὡς α'β'ᵟ'ε'ζ' Mr.* ‖ 43 κεῖν B. Ro: — κ' εἶν Cp.¹
— κὴν DDα'β'ε'ζ' Bg.² (Ra.) — κὴν DD — κὴν D,γ' — κ' ἦν Al. —
κᾶν Bö.¹ — κὰν Bö.²* — καὶ (Bö.¹) ‖ ἀθηνᾶν B.D.Dα'β'γ'ᵟ'ε'ζ' Al. Ro:'
— ἀθηρᾶν DD — ἀθανᾶν Hy.* Cf. ad O. VII, 38 ‖ κηρύξ. mss. Ro.'
Sm. Ox. — κάρυξ. Al. Mr. St. Bd. Hy.* ‖ -αισα mss. Ro.* — ασα Al
‖ νίκᾶν BD (Sch.) — νικᾶν Dα'β' Al. Ro.* Bö.²* (cum Sch.²) — νικᾷ
γ'ᵟ' St.* — νίκαν DDₑ'ζ' (cum Sch.¹) quod reposui ‖ extr. dist. plen
Ro. — commate Cp.* — non dist. mss. Al. Bö.* ‖ 44 -σε BDD A

ISTHMIA III. [III. IV.]

45 τοιάδε τῶν τότ᾽ ἐόντων φύλλ᾽ ἀοιδῶν.
οὐδὲ παναγυρίων ξυνᾶν ἀπεῖχον
καμπύλον δίφρον, Πανελλάνεσσι δ᾽ ἐριζόμενοι δαπάνᾳ
                                χαῖρον ἵππων.   50
τῶν ἀπειράτων γὰρ ἄγνωτοι σιωπαί.

ἔστιν δ᾽ ἀφάνεια τύχας καὶ μαρναμένων,   Ἐπ. γ'.
50 πρὶν τέλος ἄκρον ἱκέσθαι·
τῶν τε γὰρ καὶ τῶν διδοῖ·   55
καὶ κρέσσον᾽ ἀνδρῶν χειρόνων
ἔσφαλε τέχνᾳ καταμάρψαι. ϝίστε μὰν Αἴαντος ἀλκὰν
                                φοίνιον, τὰν ὀψίᾳ
ἐν νυκτὶ ταμὼν περὶ ϝῷ φασγάνῳ μομφὰν ἔχει παίδεσσιν
                              Ἑλλάνων ὅσοι Τρώανδ᾽ ἔβαν.

Ro.* — σεν α'β'ǥ'ε'ζ' Ox. Hm.* ‖ extr. dist. plene ε'ζ' Al. Ro. Br. (cum Sch. Vet.¹ et Sch. Rec. in ε') — ante ὤπ. commate Cp. St.* (Sch.²) — neutro loco BDDDa'β'ǥ' Mr. Bö.* (Sch.²)
45 ἀοιδῶν B (ἔνιοι apud Sch. Vet.) Ht. recte — ἀοιδάν D — ἀοιδᾶν α'ǥ'ǧ'?ε'ζ' Al. Ro.* (Sch.) ‖ 46 οὐ δὲ B, ‖ παναγ. B.α'ǥ'ε'ζ' Al. Ro:* (β' id. omisso γ') — παηγη. D.DD — παναηρ. β' — παναγηρ. ǥ' ‖ ξυνῶν B. Ro; — ξυνᾶν D. recc. Al. Ro.* ‖ 47 -νεσι DDD ‖ δαπάναι Dε'∞ — δαπάνῃ ǥ' ‖ 48 ante σιωπαί virgulam ponunt ε'ζ' ‖ 49 ἔστι BDDD Ro; — ἔστιν α'β'ǥ'ε'ζ' Al. Ro.* ‖ verba καὶ μαρναμένων cum sqq. coniunguntur in ε'ζ' Al. Ro. (ǥ'?) — cum antecc. in B[DD] Cp.* ‖ 50 ἄκρον omittitur in B (Sch.¹ BD πρὶν ἐπὶ τέλος καὶ τὴν νίκην παραγενέσθαι; Sch.² in BD Ro. πρὶν ἢ [τὸ] τέλος γενέσθαι; Sch.³ in B Ro. (om. in D) πρὶν τὸ τέλος περιγενέσθαι) — ἄκρον habent rell. (a Calliergo etiam in Sch.¹ invectum) ‖ 51 τῶν τε γὰρ καὶ τῶν, διδοῖ τέλος. BDDD Al. (cum Sch. B Ro.) — id. (omisso τέλος) α'β'ǥ'ε'ζ' Mr. Hm. Bö.* (cum Sch.¹ D et cum Sch.³) — τῶν τε γὰρ, διδοῖ τέλος, (D?) Ro. Br. St. — τῶνδε γὰρ διδοῖ τέλος, Cp. Sm.* ‖ 52 κρέσον' DDD ‖ 53 ἔσφαλε BDDDρε Hm. Bö.* — ἔφαλε DDꝏ — ἔσφαλλε α'β'ǥ'ε'ζ' Al. Ro.* ‖ τέχνᾳ Ba'β'ǥ' (cum Sch. Vet.¹²; idem interpunctione ante τί. posita indicant α' ǥ? Cp.) Ln. — τέχνα DDDD Al. Ro.* ‖ -ψαισ' omnes — ψαι Sch. Cf. ad P. IV, 146 ‖ μὰν et μὰν iunctim B — μὰν [B,]α'[β'ǥ'ε'ζ' Al. Ro:* — καὶ D.DD ‖ ἀλκὰν B. Ro:* — ἀλκὴν DDDa'β'ǥ'ε'ζ' Al. ‖ φοίνιον omnes; cf. ad N. IX, 48. ‖ ὀψίαν DD (ex D male lecto) ‖ 54 μορφάν Al. ‖ παίδευσιν D — παίδευσιν D ‖ ὅσοι DDD ‖ τρώανδ' Da'β'γ'ǥ'ε'ζ' (Dρε i. e. ǧ) Al. Ro.* — Τρύαντ' Mr.* Bö.²* — Τροίανδ' Bö.¹ — τρώωνδ' D?DDꝏ ‖ ἔβαν D?DD

ΙΣΘΜΙΟΝΙΚΑΙ Γ'. [Γ'. Δ'.]

Στρ. δ'.

55 ἀλλ' Ὅμηρός τοι τετίμακεν δι' ἀνθρώπων, ὃς αὐτοῦ
πᾶσαν ὀρθώσαις ἀρετὰν κατὰ ῥάβδον ἔφρασεν 65
θεσπεσίων ἐπέων, λοιποῖς ἀθύρειν.
τοῦτο γὰρ ἀθάνατον φωνᾶεν ἕρπει,
εἴ τις εὖ ϝείπῃ τι, καὶ πάγκαρπον ἐπὶ χθόνα καὶ διὰ
πόντον βέβακεν 70
60 ἐργμάτων ἀκτὶς καλῶν ἄσβεστος αἰεί.

Ἀντ. δ'.

προφρόνων Μοισᾶν τύχοιμεν, κεῖνον ἅψαι πυρσὸν ὕμνων
καὶ Μελίσσῳ, παγκρατίου στεφάνωμ' ἐπάξιον, 75
ἔρνεϊ Τελεσιάδα. τόλμα γὰρ εἰκὼς
θυμὸν ἐριβρεμετᾶν θηρῶν λεόντων

55 -αxε B — αxε DDDD Al. Ro:* — αxεν α'β'₂'ε'ζ' Pw. Hy.* ‖ αὐτᾶν D ‖ 56 vs. 65 vulg. omissus est in D ‖ -σαις omnes ‖ ῥᾶβδον DDD Al. (cum Sch. D) — ῥάβδον [Βα'β'₂']ε'ζ' Ro.* — ῥαπτῶν Bd. ‖ -ασε BDDD Mr. St. — ασεν α'β'₂'ε'ζ' Al. Ro.* Sm.* ‖ 57 virgulam ante λοιποῖς reposui cum St.* et Sch.; cf. ad P. IV, 146 ‖ 58 ἔρποι DD Al. — ἕρπει B.D,α'β'₂'ε'ζ' Ro.* ‖ extr. commate dist. B?β'₂'ε' (ft. plures) Ro.* Ra. Sw.²² Bg.² (cum Sch.) — plene ζ' (suo more) Al. Di. Bö.²* Ht. Reduxi veterem interpunctionem, etsi post τι fortius distinguere nolui; nam prius καί continuat periodum, alterum vero χθόνα et πόντον coniungit. Hoc moneo ne quis καί . . . καί consociet, quod nec concinnum foret nec Pindaro satis usitatum; cf. ad O. XIV, 5. ‖ 59 εἴπῃ(η) mss. Al. Ro.* Sm.* — εἴποι Mr. St. ‖ 60 'έργμ. B — έργμ. α'β'₂'ε'ζ' Al. Ro.* — ἐργμ. DDD ‖ 62 verba καὶ μελίσσῳ cum seqq. coniungunt Ro. Ln. Br. Mr. St. (Sch.¹ — cum antecc. B?[α'₂']ε'ζ' Cp. Sm. Ox.* (Sch.²) — ambigue Al. Bd (B?) — de rell. n. l. ‖ 62—65 in B hi versus 76—79 vulg. (a στε. φάνωμ' usque ad ἀλώπηξ) bis scripti sunt ‖ 63 ἔρνεϊ D?DDε' ‖ τελεσιδε ε' male — σιάδα rell. [ζ?] (σιάδα β'₂') ‖ ante τόλμα non dist. Ro. soli ‖ τόλμᾳ(α) γὰρ εἰκὼς omnes scripti (nisi quod D ex compendio D male intellecto habet εἰκῶσ) Al. Cp.* Hm. Di.* — id. (sed male εἰκὼν) Ro. soli — id. (sed εἰκών) Mk. Bö.² — τολμᾶν γὰρ εἰδὼς Th. — τόλμαν ὁμοῖος Ky τόλμᾳ (τόλμαν) γὰρ οἷος Ra. — τόλμαν γὰρ εἰκὼς Ht. ‖ θυμὸν] θυμῷ Ky Ht. — θυμὸς Ra. ‖ θηρᾶν omnes scripti Al. Ro.* (gl. Tricl. ὦν) — θη ρᾶν St. („venari") — θηρῶν Hy. Bö.¹ Ky. Ra. Bg.² Sdt. (hoc a Scholia stis lectum esse, Bg.² ostendit); cf. vs. 45 — θηρᾷ (a Sch.² lectum ess Hy. credebat; assentitur Hm.) Hm. Th.* — θήρας Ht. ‖ λεόντων] ἱμάντο Ky. — πέφανται (Hm.) Sdt.

ISTHMIA III. [III. IV.]

65 ἐν πόνῳ· μῆτιν δ' ἀλώπηξ, αἰετοῦ ἅ τ' ἀναπιτναμένα
ῥόμβον ἴσχει.   80
χρὴ δὲ πᾶν ἔρδοντ' ἀμαυρῶσαι τὸν ἐχθρόν.

οὐ γὰρ φύσιν Ὠαριωνείαν ἔλαχεν·   Ἐπ. δ'.
ἀλλ' ὀνοτὸς μὲν ἰδέσθαι,   85
συμπεσεῖν δ' ἀκμᾷ βαρύς.
70 καίτοι ποτ' Ἀνταίου δόμους
Θηβᾶν ἀπὸ Καδμειᾶν μορφὰν βραχύς, ψυχὰν δ' ἄκαμ-
πτος, προσπαλαίσων ἦλθ' ἀνήρ   90
τὰν πυροφόρον Λιβύαν, κρανίοις ὄφρα ξένων ναὸν Ποσει-
δάωνος ἐρέφοντα σχέθοι,

Στρ. ε'.

υἱὸς Ἀλκμήνας· ὃς Οὐλυμπόνδ' ἔβα, γαίας τε πάσας 95
καὶ βαθυκρήμνου πολιᾶς ἁλὸς ἐξευρὼν θέναρ,
75 ναυτιλίαισί τε πορθμὸν ἀμερώσαις.
νῦν δὲ παρ' Αἰγιόχῳ κάλλιστον ὄλβον

65 vs. 79 vulg. omissus est in D ‖ 66 ἔρδ. B.ε'ζ' Al Ro:* — ἔρδ.
D DDa'β'ǧ' Bö.* ‖ -οντ' ἀμ. mss. Al. Ro.* Bg.² (cum Plut. de aud. poët.
c. 4) — οντα μ. Bö.* Cf. P. XII, 13 ‖ 67 ὠαριωνείαν (sic) ε'ζ' — ὠά-
ριωνείαν (paraphr. ε') ‖ 69 ἀκμᾷ Pw. (Hy.) Bö.* — αἰχμᾷ BDDa'β' Al.
Br.* — αἰχμᾶς ε' — αἰχμᾷ Dǧζ' Ro. Cp. — Sch. paraphr. κατὰ τοὺς
ἀγῶνας ‖ 70 καί τοι ποτ' BDaea'β'ǧ'ε' Al. Ro:* Sm.* — καίτοι ποτ' St.
— καί τοί ποτ' DD Mr. — καίτοι πότ' ǧ' (i. e. Dρο) ζ' Bü.* — καί ποτ'
B, ‖ 71 καδμειᾶν BDD Bd. (ft. recte; cf. O. X, 99 et ib. ad Metr.) —
καδμειιᾶν a'β'ǧ'ρ•ǧ'ε'ζ' Al. Ro.* (Pw.) (καδμειιᾶν ǧ') — καδμηιᾶν Mr. St.
Ox. Hy. — καδμειᾶν Sm. Pw. Hm. Bö.* Cf. I. IV, 27. ‖ μορφῆς DDD
— μορφὰν BD recc. Al. Ro.* (cum Sch.) ‖ ἀπὸ μάχει μορφᾶς | μὲν βρα-
χύς Hm.³ Cf. ad Metr. ‖ ἄκομπος B — ἄκαμπτος D etc. (cum Sch. ἀκα-
ταμάχητος) ‖ 72 ξείνων B.D.DD Ro; — ξένων recc. Al. Ro.* ‖ ποσειδ.
omnes ‖ -άονος ζ'¹ Al. ‖ ποσειδᾶνος σφ' ἐρέπτοντα Hm.²⁸ (coll. P. IV, 240)
Cf. ad Metr. ‖ 73 οὐλ. omnes; cf. ad O. VIII, 1 ‖ γαίας τε πάσᾱς B
(i. e. genitiv.; etiam in δ' η supra ultimum ας) ‖ 74 βαθυκρήμνον (Hy.
Th.) ‖ θέναρ B recc. Al. Ro.* — θέναι DD ‖ 75 πορθμοὺς Sm. —
πόντον Hck. — παθμὸν D — πορθμὸν rell. (Sch. τὴν ὁδὸν καὶ τὴν πορείαν)
‖ ἀμερώσαις omnes ‖ 76 αἰγιόχῳ διῒ BDDD — id. (om. διῒ) a'β'ǧ'[ǧ']ι'ζ'
Al. Ro.* (c. gl. Tricl. τῷ διῒ) — p. n. e.

ΙΣΘΜΙΟΝΙΚΑΙ Γ'. [Γ'. Δ'.]

ἀμφέπων ναίει, τετίματαί τε πρὸς ἀθανάτων φίλος, Ἥβαν
τ' ὀπυίει,   100
χρυσέων οἴκων ἄναξ καὶ γαμβρὸς Ἥρας.

Ἀντ. ε'. 105

τῷ μὲν Ἀλεκτρᾶν ὕπερθεν δαῖτα πορσύνοντες ἀστοὶ
80 καὶ νεόδμητα στεφανώματα βωμῶν αὔξομεν
ἔμπυρα χαλκοαρᾶν ὀκτὼ θανόντων,
τοὺς Μεγάρα τέκε ϝοι Κρεοντὶς υἱούς·
τοῖσιν ἐν δυθμαῖσιν αὐγᾶν φλὸξ ἀνατελλομένα συνεχὲς
παννυχίζει   110
αἰθέρα κνισᾶεντι λακτίζοισα καπνῷ,

85 καὶ δεύτερον ἆμαρ ἐτείων τέρμ' ἀέθλων   Ἐπ. ε'. 115
γίνεται, ἰσχύος ἔργον.
ἔνθα λευκωθεὶς κάρα
μύρτοις ὅδ' ἀνὴρ διπλόαν

77 ὀπύιι Ba'β'ϱ'ϱ̆'ε'ζ' Ro. — ὀπήει DD Mr. — — ὀπυίει Cp. Br. St.'
— ὀπυίει Al. || 79 ὕπερθι DDD — ὕπερθεν B.D, recc. Al. Ro:* Cf. a
O. XIV, 19. || 80 νεόδμητα scripsi — νεόδματα B — νεόδματα rell. (cur
Sch.) || 81 χαλκορᾶν (Sch. in B et Ro.) || 82 μεγάρα (Sch. B Ro.) Ro.
— μέγαρα Bac — μέγαρά D — μεταρά D — μεγάρα a'β'γ' — μεγάρ
Bϱϱ̆'ε'ζ' Al. Sm.* || οἱ τέκε BDpcDDDa'β'γ'ϱ̆'ε'ζ' Al. Ro.* (in B sin
accentu; in D οἱ a. c. omissum erat; in Al. οἱ τέ κε) — τέκε οἱ Mr. S
Bö.* — τέκεν οἱ Sm. Ox. — τέκεν οἱ Bd. Hy. || κρεοντὶς mss. Al. Ro.
Bd.* Pw. (-τὸσ ϱ̆'; — τῆσ D) — κρειοντὶς Sm. Bö.* Cf. ad O. XIII, 7!
|| υἱῆς DD || 83 δυθμαῖσιν B.D. optime; cf. Ah. D.A. 74 — δυσμαῖσ
DDDa'β'γ'ϱ̆'ε'ζ' Al. Ro:* || φλὸξ ἀνατελλ. BDDDD Ro.* (in DDD ἀνε
τελλ.; in D φλονξ [sic]) — φλόξ τις ἀντιλλ. a'β'γ'ϱ̆'ε'ζ' Al. (in Al. ἀι
τελομ.). Cf. ad Metr. || 84 αἰθέρα] ἀέρα Plut. de primo frig. 10 cu
Sch. Vet. 537, 27; sed αἰθέρα tuetur Sch. 537, 28. || κνισᾶεντι scrip
— κνισάντι B — κνισάντι DDDa'?β'ϱ̆'ε'ζ' Al. Ro. — κνισᾶντι Cp.* B
Sw. — κνισσᾶντι Hm. Bö.* Ht. (cum Plutarcho l. l.?) — Sch. κνισήεντι
paraphr.; ibid. κνίσα, κνίση. Cf. O VII, 84; N. XI, 7. || λακτίζοισα B{I
a'β'ε'ζ' Ro.* — λακτίζουσα DDϱ̆' Al. — πλακτίζοισα Hck. (contra Sch
|| 85 sq. ἐτείων ἀέθλων τέρμα γίνεται BDDDa'β'ϱ̆'ε'ζ' Al. Ro.* Ox. (et i
etiam B, Ro; ἐτείων ἀέθλων ubi D ἐτίων ἄθλων) — ἐτείων τέρμ' ἀέθλων S1
Bd. Pw. Hy. Bg. — idem (sed γίγνεται) Bö.* || 87 λευκανθὴς Hck. -
λευκωθεὶς omnes (cum Sch. στεφανωθεὶς)

ISTHMIA III. [III. IV.] 415

νίκαν ἀνεφάνατο καὶ παίδων τρίταν πρόσθεν, κυβερνατῆ-
ρος οἰακοστρόφου
90 γνώμᾳ πεπιθὼν πολυβούλῳ. σὺν Ὀρσέᾳ δέ νιν κωμά-
ξομαι, τερπνὰν ἀποστάζων χάριν.

89 καὶ παίδων τρίταν scripsi (de sententia Chrysippi) — παίδων τρίταν (sine particula et sine τὴν) B.D.DDD — παίδων τὴν τρίταν α'β'ℨℨε'ζ' Al. Ro:* — παίδων τε τρίταν Hm. Bö.* — καίδων καὶ τρίταν Hm. Sw.²² || -σθὶ B, — σθ: B.D.DD — σθεν [α'β']ℨε'ζ' Al. Ro:* || πρόσθε(ν) cum sqq. coniungunt [α']β'ℨε'ζ' — omnino non distinguunt B Al. Ro.* — cum antecc. Sch. Hy.* — de rell. n. n. || 90 γνώμᾳ ζ' — γνώμᾳ(α) rell. || πεπιθὼν omnes || πολυβούλῳ B[D?]De' Mr.* Pw. (Hy.) Hm. Bö.* — πολυβούλω [D?]DD[α'?]β'ℨ'[ζ'] Al. Ro.* Ox. Hy. — p. n. e. || σὺν ὀρσέᾳ(α) δέ νιν omnes || γνώμᾳ πίσυνος· πολύβουλ' Ὀρσέα, σὺν σοί δέ νιν Hm.³ (in quo iunctura σὺν σοί ferri nequit; cf. ad O. IX, 16) || κωμάζομαι B[α'β']ℨℨε'ζ' Al. Ro.* Bö.* (ft. ζ in B valet ξ, nam eadem litera aliâ figurâ utitur in ἐπιστάζων) — κωμάξομαι (B?)DDD (Abresch. in obss. misc. I, 89 ab Hy. indicatus) Hm. Sw. Bg. Ht. (cum Sch. ἀνυμνήσω) || τερπνοῖς D male || ἀποστάζων B Ro.* Hm.⁸ — ἐπιστάζων α'β'γ'ℨℨε'ζ' Al. (Hy.) Hm.¹² Bö.* (cum Sch. Vet. [ἐγκωμίοις (ita BD recte) ἐπιστάζων] et cum gl. Tricl. ἐπιφέρων) — ἐπιστοχάζων DDDD

Subscr. ὕμνου τέλος μελίσσου Θηβαίου. α'β'[γ'[ℨ' — τέλος. ζ' — nulla in [BDD]ℨ'ε'

ΙΣΘΜΙΟΝΙΚΑΙ Δ'. [Ε'.]

ΦΥΛΑΚΙΔΑι ΑΙΓΙΝΗΤΗι

ΠΑΓΚΡΑΤΙΩι.

Strophae.

Epodi.

Inscr. φυλ. αἰγ. παγκρατίῳ. α'β'ḍ'ǵ's'ζ' Al. Ro.* — de B n. n. om. Inscr. in Dγ'ḍ' ‖ νέμεα ια': s' — ις'ον ζ' (cf. ad Inscr N. V) ΜΕΛΟΣ δ. Al. — ΕΙΔΟΣ, Δ'. Ro. Cp. (Hy.) Hm. Bö.* — ΕΙΔΟΣ (cum Sch. Metr. in B Ro. τοῦ πέμπτου εἴδους etc.; om. Sch. Metr. in Br.* Bg.² Cf. ad l. III, 19.

Metr. Bö.¹ stropham in septem versus diviserat, Bö.²* rectius sex, coniunctis extremis duobus. Ego, diaeresi indicata, cum Aw. coniu utrosque, etiam vs. 3 ut in Isthmia I, de sententia Bergkii. Possunt quid

ISTHMIA IV. [V.]

Μᾶτερ Ἀελίου πολυώνυμε Θεία,   Στρ. α'.
σέο ϝέκατι καὶ μεγασθενῆ νόμισαν
χρυσὸν ἄνθρωποι περιώσιον ἄλλων· | καὶ γὰρ ἐριζόμεναι
[5] νᾶες ἐν πόντῳ καὶ ὑφ' ἅρμασιν ἵπποι   5
5 διὰ τεάν, ὦ 'νασσα, τιμὰν | ὠκυδινήτοις ἐν ἀμίλλαισι
        θαυμασταὶ πέλονται·

ἔν τ' ἀγωνίοις ἀέθλοισι ποθεινὸν   Ἀντ. α'.
κλέος ἔπραξεν, ὅντιν' ἀθρόοι στέφανοι   10
[10] χερσὶ νικάσαντ' ἀνέδησαν ἔθειραν | ἢ ταχυτᾶτι ποδῶν.
κρίνεται δ' ἀλκὰ διὰ δαίμονας ἀνδρῶν.
10 δύο δέ τοι ζωᾶς ἄωτον | μοῦνα ποιμαίνοντι τὸν ἄλπνιστον
        εὐανθεῖ σὺν ὄλβῳ,   15

etiam Str. 4 et Str. 5 consociari, sed melius videntur dispesci, cum poeta solutionem arseos trochaicae in principio versiculorum collocare soleat. — Ep. 4 Bö. ⌣ – ⌣ ⌣ ≚; Hm.² ⌣ – – – ⌣ ≚ quod multo suavius sonat, et vs. 52 libris commendatur.

1 ἀελίου B.D.α'β'γ'δ'ε'ζ' Al. Ro:* Sw.²⁸ Bg.² (cum gl. Tricl. συνίζησις) — ἀλίου Mr.* || 2 σέο ϝέκατι (Bg.²) recte (Sch.¹ σοῦ χάριν; Sch.² σοῦ εἵνεκα) — σοῦ γ' ἕκατι Ro; [B,?] — σέο γ' ἕκατι D. recc. Al. Ro.* || 3 ἐριζόμαι δ'ε' || 4 καὶ ἐν ἅρμ. [Βα']β'γ'ρ=[ε'ζ'δ'ε'ζ'] Al. Ro.* (β' ac καὶ ἐν καὶ ἐν ἅρμ.) — καὶ ἅρμ. D — καὶ ὑφ' ἅρμ. Bg.² Ra. (ex Sch. καὶ ὑπὸ τοῖς ἅρμ.) recte || 5 διὰ] διο D? || ὦ 'νασσα Βα'γ'δ'ε'ζ' Mr. — ὦ νασσα β' — ὠνασσα D Al — ὦ 'νασα Ro. — ὦ 'νασσα Cp. Bö.* — ὦ 'νασσα Br. St.* — ἄνασσα Aw. || ὠκυδινήτοις scripsi -νάτοις mss. Al. Ro.* Cf. ad P. IX, 93 || ἀμίλλαισ δ' || θαυμαστοὶ Cp. St. -σταὶ omnes rell. || 6 ἐν τ'] ἐν δ' Βd. || ποτεινὸν δ'ε' || 7 ἔπραξεν mss. Al. Ro.* (cum Sch.² 540, 21) — ἔπραξον ft. Sch.¹ qui ἐσχήκασιν in paraphrasi habet 540, 15; hoc Bg.² observat. || 8 χερσὶν δ'ε' || νικήσ. D — νικᾶσ. B — νικάσ. recc. Al. Ro.* Cf. O. V, 8. || -σαντ'] σαντις, ι' || ἐθείρας (Aw.); brevis thesis non offendit, ut in primo systemate || 9 δαίμονας omnes mss. Al. Sm.* (cum Sch. διὰ τοὺς θεούς) — δαίμονα Ro.* (vitio typoth.; Sw. δαίμονα φωτῶν coniicit) — δαίμονος (Hy; cf. P. IV, 279.) Aw. Ht. || 10 δύω B¹ Al. Ro:* — δύο B⁸[D] recc. Mr.* — de B,D, n. n. || ἄωτα Ht. Cf. Ra. in Ia. 77, 394. || μοῦνα Βα'? — μοῦνα [D!δ']ε'β'γ'ε'ζ' Al. Ro.* || ποιμαίνοντι τὸν ἀνέλπιστον BD Ro.ᵐ (cum Sch.¹; ft. etiam cum Sch.²; ita etiam Bk. An. I, 595, 15; Apost. II, 91; Arsen. 56) — id. (sed ἄλπιστον) Ro. St.¹ — id. (sed ἄλπνιστον) α'[β']γ'δ'ε'ζ' Al. Br. St.²* — ποιμαίνοντι

ΙΣΘΜΙΟΝΙΚΑΙ Δ'. [Ε'].

εἴ τις εὖ πάσχων λόγον ἐσλὸν ἀκούῃ.   Ἐπ. α'.
μὴ μάτευε Ζεὺς γενέσθαι· πάντ' ἔχεις,
[15] εἴ σε τούτων μοῖρ' ἐφίκαιτο καλῶν.
θνατὰ θνατοῖσι πρέπει.
15 τὶν δ' ἐν Ἰσθμῷ διπλόα θάλλοισ' ἀρετά,
Φυλακίδα, κεῖται, Νεμέᾳ δὲ καὶ ἀμφοῖν,
Πυθέα τε, παγκρατίου. τὸ δ' ἐμὸν
[20] οὐκ ἄτερ Αἰακιδᾶν κέαρ ὕμνων γεύεται·
σὺν Χάρισιν δ' ἔμολον Λάμπωνος υἱοῖς

20 τάνδ' ἐς εὔνομον πόλιν. εἰ δὲ τέτραπται   Στρ. β'
θεοδότων ἔργων κέλευθον ἂν καθαράν,
[25] μὴ φθόνει κόμπον τὸν ἐοικότ' ἀοιδᾷ | κιρνάμεν ἀντὶ πόνων.
καὶ γὰρ ἡρώων ἀγαθοὶ πολεμισταὶ
λόγον ἐκέρδαναν, κλέονται | δ' ἔν τε φορμίγγεσσιν
αὐλῶν τε παμφώνοις ὁμοκλαῖς

ἀνέλπιστον (om. τὸν) Cp. — ποιμαίνει βίον ἄλγιστον Ht. (ex Sch.³ τί οἰκτρὸν τῶν ἀνθρώπων βίον) || extr. plene dist. B[β'ζ'] Ro. Br.? — no dist. D Al. — commate α'β'γ'δ'ε' Cp. Mr.* — colo Hy.

11 πάσχων] Sch. 540, 34 πάσχει ubi D πάσχει || λόγῳ ἐσλὸς Hel || ἀκούῃ. B Cp.* — ἀκούῃ (sine dist.) Ro. — ἀκούῃ. Sm.* — ἀκούοι. M St. — ἀκούσῃ. Da'β'β'γ'δ'ε'ζ' Al. Bö.* — p. n. e. || 14 θνατὰ θνατοὶ B — θνατὰ θνατοῖς D — θνατὰ θνατοῖσι [α'β'δ']β'γ'δ'ε'ζ' Al. Ro.* (in θνατᾶ) — θνατὰ θνατοῖσιν Hm.² Aw. Cf. Metr. || 15 τί δ' ζ' — τ δ' (τὶν δ') rell. || θάλοισ' Al. || 16 , κεῖται Νεμέᾳ τε Ht. — κεῖται, νεμέᾳ(ᾳ) δὲ mss. Al. Ro.* cum Sch. (non dist. D) || extr. non dis mss. Al. — dist. Ro.* || 17 πυθέα τε BDβ'γ'δ'ε'ζ' Ro. Br. — πυθέα τ Cp. Sm. Ox. (vocativo) — πυθέα τε [α'β']β'γ' Al. Bö.* — πυθέα τε, M St. Bd. Hy. — πυθέα δὲ Ht. Reposui virgulam. Ex priori membro (du Seh. Pw. Hy.*) σοί τε ad Πυθέα τε subaudi, nisi cum Sdt. Pytheam solu pancratio vicisse statueris. || 18 γεύσεται Mi. || 19 -σι BD Sch. — σ recc. Al. Ro.* || δ' ἔμολον mss. Al. Ro.* Scholiastam ἔμολον καὶ legis Bergkius² existimat. || 21 κέλευθον ἔργων Hm.³(?) || ἂν recc. Al. Ro — ἂν B — ἀνὰ D || 22 φθονεῖ Pw. || ante ἀοιδᾷ comma habent S Bd. Ox. — post ἀοιδᾷ(ᾳ) mss. recc. Ro. Br. Mr. — non dist. BD Cp. E Hy.* || ἀοιδᾶς vel ἀοιδᾶν (Bg.²) || κιρνάμεναι BD — κιρνάμειν s' (ft. rect — κιρνάμεν rell. recc. Al. Ro.* || 24 vs. 33 vulg. omissus est in δ' || ἐκ

ISTHMIA IV. [V.]

25 μυρίον χρόνον· μελέταν δὲ σοφισταῖς   Ἀντ. β'.
   Διὸς ἕκατι πρόσβαλον σεβιζόμενοι·
[30] ἐν μὲν Αἰτωλῶν θυσίαισι φαενναῖς | Οἰνεΐδαι κρατεροί,
   ἐν δὲ Θήβαις ἱπποσόας Ἰόλαος
   γέρας ἔχει, Περσεὺς δ' ἐν Ἄργει, | Κάστορος δ' αἰχμὰ
   Πολυδεύκεός τ' ἐπ' Εὐρώτα ῥεέθροις.

30 ἀλλ' ἐν Οἰνώνᾳ μεγαλήτορες ὀργαί   Ἐπ. β'.
[35] Αἰακοῦ παίδων τε· τοὶ καὶ σὺν μάχαις
   δὶς πόλιν Τρώων πράθον, ἑσπόμενοι
   Ἡρακλῆϊ πρότερον,

δαναν BD Sm. Bd. Hy. Bö.* (cum Sch.) — ἐκίρδανον recc. Al. Ro.* Ox. Hm.¹ || verba φ. ἐν αὐλῶν τε omissa sunt in ǧ' || -εσιν BDǧ' Al. Ro.* — ἐσσιν [α'ǧ's']ǧ'ζ' Mr.* || αὐλῶν omnes, etiam Sch. 541, 19 ubi D recte habet κιθάραις καὶ αὐλῶν ταῖς ποικίλαις συμφωνίαις; ibi Ro. κιθάρα καὶ αὐλῶ, vitiose. || τ' ἐπαμφ. s'ᵃᵒ male || -ναις ǧ'ᵃᵒ male
26 ante πρόσβαλ[λ]ον plene dist. α'ǧ'ǧ' — commate s'ζ' — non dist. [B]D[ǧ'ǧ'] Al. Ro.* || πρόσβαλον B[Da']ǧ'ǧ'ǧ'ǧ' Sm. Bd. Hy.* — πρόσβαλλον s'ζ' Al. Ro.* Ox. || post πρόσβαλον commate dist. Hy. — non dist. rell. || extr. plene dist. [B]α'ǧ'ǧ'ǧ'ǧ's'ζ' Al. Ro.* Sm.* Bg.² Ra. — non dist. D Hy.* — colo Mr. St. recte (cum Sch.¹² ubi in D καὶ ἐν μὲν ταῖς τῶν αἰτωλῶν θυσίαις καὶ πανηγύρεσι 541, 27 legitur, quae mutila sunt in Ro.) || 27 ἐν μὲν [B recc.] Al. Ro.* (cum Sch.) — τὸν μὲν D || οἰνεΐδαι BD Bd. — οἰνείδαι recc. Al. Ro.* — οἰνεΐδαι Sm. Ox.* — οἰνειΐδαι Pw. — Cf. I. III, 71. || καρτεροί BD — κρατεροί recc. Al. Ro.* || 28 ἱπποσίας BD — ἱπποσόας recc. Al. Ro.* (Sch. ἱππικώτατος ubi D ὀπτικώτατος habet). Cf. O. III, 26; P. II, 65. || 29 -σεύς δ' BDa'ǧ'ǧ'ǧ'ǧ' — σεύς δ' s'ζ' Al. Ro.* Cf. ad P. VII, 18. || αἰχμᾷ s'ρ°?ζ' Al — αἰχμᾷ(ᾳ) rell. || πολυδεύκεός τ' BDa'[β'ǧ']ǧ'ǧ'ǧ's'ζ' Al. Ro.* Bg.² (cum gl. Tricl. συνίζησις) -δεύκους τ' Pw. Hm. Bö.* — δεύκης τ' Aw. || τ' ἐπιρώτα (sic) D |' 30 οἰνώρα ǧ' || 31 Ex Sch. ... τρόποι τῶν αἰακοῦ παίδων ἀνυμνοῦνται nimis cupide collectum est a Bg.² hos grammaticos non habuisse τε. Paraphrastes verba αἰακοῦ παίδων τε ut hendiadyoin circumscribit. || 32 πράθον ἐσπόμ. B Ro. Bö.* (B 'ἐσπ.) — πάθον ἑπόμ. D — πράθον. ἐσπόμ. [a'ǧ'ǧ'ǧ's'ζ' Al. — πράθον, ἐσπόμ. Op.* Bg.² — ἔπραθον σπόμ. Bg.¹ Cf. I. V, 17. || 33 ἡρακλεῖ πρότερον BD — ἡρακλῆϊ πρότερον α'[β'ǧ's']ǧ'ǧ'ζ' Al. Ro.* — ἡρακλῆϊ πρῶτα μὲν Hm.² Aw. (nescio an προφρόνως vel πρυτανῷ praestet) — ἡρακλῆϊ τε πρότερον (Bg.²?) — ἡρακλεῖ τε πρότερον Ht. Sch. τὸ μὲν πρότερον ... τὸ δὲ δεύτερον

καὶ σὺν Ἀτρείδαις. ἔλα νῦν μοι πεδόθεν·
35 λέγε, τίνες Κύκνον, τίνες Ἕκτορα πέφνον,
[40] καὶ στράταρχον Αἰθιόπων ἄφοβον   50
Μέμνονα χαλκοάραν· τίς ἄρ᾽ ἐσλὸν Τήλεφον
τρῶσεν ἑῷ δορὶ Καΐκου παρ᾽ ὄχθαις.

τοῖσιν Αἴγιναν προφέρει στόμα πάτραν   Στρ. γ'. 55
40 διαπρεπέα νᾶσον· τετείχισται δὲ πάλαι
[45] πύργος ὑψηλαῖς ἀρεταῖς ἀναβαίνειν. | πολλὰ μὲν ἀρ-
                                                τιεπὴς
γλῶσσά μοι τοξεύματ᾽ ἔχει περὶ κείνων
κελαδέειν· καὶ νῦν ἐν Ἄρει | μαρτυρήσαι κεν πόλις Αἴαν-
                            τος ὀρθωθεῖσα ναύταις   60

34 ἀτρείδαισιν BD -δουσ (sic) ẞ'? — δαις α'[β']ẞ'ẞ'?ẞ'ε'ζ' Al. Ro.*
|| παιδόθεν D || **35** ἕκτορα πέφνον omnes; cf. O. II, 81 || **37** χαλκοάραν
ẞ' — χαλκοάραν rell. cum Sch. — χαλκοαρᾶν (Bg.²) || τίς γὰρ [B]Da'ẞ'
ẞ'[ẞ']ẞ'ε'ζ' Ro. Mr. St. — τίς γὰρ Al. Br. — τίς δ' ἄρ' Cp. — τίς ἄρ'
Sm.* — Sch. τίς δὲ || ἐσλὸν omnes || **38** τρῶσεν ἑῷ(ῶ) δορὶ καΐκου παρ'
ὄχθαις BDε'ζ' Al. Ro.* (cum Tzetz. Lyc. 250) — id. (sed ὄχθαις) α'ẞ'ẞ'
ẞ'ẞ' (ex β' δουρὶ relatum est; non inspexi β') — τρῶσαι δορὶ καΐκου π. ὄ.
Tzetz. apud Cram. An. Ox. III, 379, 7 — τρῶσαι ἑῷ δορὶ καΐκου π. ὄ.
Tzetz. in Sch. Antehom. p. 20 — τρῶσι δορὶ καΐκου πρὸς ὄχθαις Tzetz.
apud Matranga An. 606 — ᾧ δορὶ τρῶσε παρ᾽ ὄχθαισιν καΐκου Hm.¹ —
id. Sw.²² (sed ἑῷ) — τρῶσεν ἑῷ δορὶ Μυσίαις παρ᾽ ὄχθαις Hm.¹² (Aw.)
— τρῶσεν ἑῷ δορὶ ὄχθαις πὰρ Καΐκου Aw. (turpissimo hiatu) — τρῶσε Καΐ-
κου ἑῷ δούρει π. ὄ. Bg.¹ — τρῶσεν ἑῷ δόρι ἀμφ' ὄχθαις Καΐκου (Sw.) —
ῷ δορὶ τρῶσε Καϊκείοις παρ᾽ ὄχθαις Bg.² — τρῶσ᾽ ὀλόῳ δορὶ Καΐκου παρ᾽
ὄχθαις Ht. — Sch. ἔτρωσε τῷ ἑαυτοῦ δόρατι τοῦ τῆς Μυσίας ποταμοῦ Καΐ-
κου παρὰ τὰς ὄχθας videtur tueri vulgatam. De insolita mensura proprio-
rum vide ad P. XII, 12. || **39** προσφέρει D, (ft. etiam D) || **39** sq. στό-
μα νᾶσον διαπρεπέα πάτραν Hm.² || **40** διαπρεπέα omnes (cum gl. Tricl
συνίζησις) || πάλιν B — πάλαι [D.a'ẞ'ẞ']ẞ'ẞ'ε'ζ' Al. Ro:* (cum Sch. ἐ
πολλοῦ) || **41** ὑψηλᾶς ἀρετᾶς Ht. (ex Sch.² non recte) — ὑψηλαῖς ἀρεταῖ
omnes rell. (cum Sch.¹; idemque voluit Sch.²) — ὑψηλὸς a Sch.¹ lectur
fuisse credit Bg.³ Cf. ad P. IV, 146. || **42** -ματα ἔχει D, || 'κεῖνον Ec
Br. — κεῖνον Mr. St. — κεῖνον ẞ' — 'κείνων Al. — κείνων B[Da'ẞ'ẞ']ẞ'ε'ζ
Ur. Cp. Sm.* — p. n. e. || **43** κελαδῆσαι mss. Al. Ro.* Ox. Hy. — κε
λαδέμεν Sm. (Pw. Hy.) Hm.¹ — κελαδέειν Bd. Bö. Hm.²* — κελαρύσε
(ingeniose) Bg. Sw. Ht. — par. Vet. n. e. — gl. Tricl. ὑμνῆσαι, ᾆσαι

ISTHMIA IV. [V.]

ἐν πολυφθόρῳ Σαλαμὶς Διὸς ὄμβρῳ   Ἀντ. γ'.
45 [50] ἀναρίθμων ἀνδρῶν χαλαζάεντι φόνῳ.
ἀλλ' ὅμως καύχημα κατάβρεχε σιγᾷ· | Ζεὺς τά τε καὶ
                              τὰ νέμει,   65
Ζεὺς ὁ πάντων κύριος. ἐν δ' ἐρατεινῷ
μέλιτι καὶ τοιαίδε τιμαὶ | καλλίνικον χάρμ' ἀγαπάζοντι.
                 μαρνάσθω τις ἔρδων   70

[55] ἀμφ' ἀέθλοισιν γενεὰν Κλεονίκου   Ἐπ. γ'.
50 ἐκμαθών· οὔτοι τετύφλωται μακρὸς
μόχθος ἀνδρῶν· οὐδ' ὁπόσαι δαπάναι
ἐλπίδων ἔκνισ' ὄπιν.

verba καὶ νῦν ἐν om. β' || ἐν om. ᵃ'ᵃ' — habent ἐν rell. || ἀρεῖ BD.α'ξ'?
ᵃ'ᵃ'ᵃ'ε'ζ' Al. Ro:* (Al. ἐνάρεῖ) cum gl. Tricl. συνίζησις — ἄρει ᵃ'? Sm.*
|| κῖ B — κεν Da' etc.
44 πολυφθόνῳ ᵃ' — πολυφόρῳ ᵃ' — πολυφθόρῳ [BD]ᵃ'ᵃ'ε'ζ'[α'] Al.
Ro.* (cum Sch.) || 45 συναρίθμων Hm.ᵃ — ἰσάριθμ' ἀνέρων Hm.ᵃ (cum
Sch.ᵃ?) — ἰσαρίθμων (Bg.ᵃ) Ht. (cum Sch.ᵃ 543, 5?) — ἀναρ. mss.
Al. Ro.* (cum Sch.¹) || 46 κατάβραχε σιγᾷ. Al. — κατάβραχέσιν. (sic)
D — κατάβρεχε σιγᾷ(ᾶ). BD,[α'ᵃ']ᵃ'ᵃ'ᵃ'ε'ζ' Ro.* — κατάβρεχε σιγᾷ. (Sw.)
|| τὰ δὲ καὶ τὰ B — τάδε καὶ τὰ Da'[β']ᵃ'[ᵃ']ᵃ'ᵃ' Ro.* — τάδε καὶ τάδε
ε'ζ' Al. — τά τε καὶ τὰ Bö.* — Sch. καὶ τὰ ἀγαθὰ καὶ τὰ φαῦλα (ita D)
— cf. ad O. XIV, 5 || 47 de hoc ἐν vide Rh. 18, 303 || 48 τοιαῖδε τι-
μαί B Bd. — τοιᾶδε τιμᾷ Ht. (Bg.ᵃ; cum Sch.¹⁴) — τοιᾶδε τιμαί D, —
τοιαίδε τιμαί D recc. Al. Ro:* (cum Sch.²ᵃ) || μαρνάσθω δέ τις BD. Ro;
— μαρνάσθω τις [α'β']ᵃ'ᵃ'ᵃ'ᵃ'ε'ζ' Al. Ro.* (in ᵃ'ᵃ'ᵃ'ε' τίς) cum Sch. Vet.
|| ἔρδων B — ἔρδων Da'ᵃ'ᵃ'ᵃ'ε'ζ' Al. Ro.* St.* — ἔργων D, — ἔρδων
Ro; Mr. Bö.* || 49 -οισι B — οισιν [Da'ᵃ']ᵃ'ᵃ'ᵃ'ε'ζ' Al. Ro.* || 50 οὔτι
ᵃ' — οὔτοι D Al.? PSt. Bö.* — οὔ τοι [Bᵃ'ᵃ']α'ᵃ'ε'ζ' Ro.* || 51 post
οὐδ' virgulam habent Hy.²⁴ Ht. — non dist. rell. || extr. dist. commate
B Cp.* Bd. Hs. Ky. Bg.¹ Sw. Ht. — non dist. D[α'β']ᵃ'ᵃ'ᵃ'ᵃ' Al. Ro. St.
Sm. Ox.* Bg.ᵃ || 52 ἐλπίδων Ba'[β']ᵃ'ᵃ'ᵃ'ᵃ'ε'ζ' Al. Ro.* — ἐκπίδων D —
ἐλπίζων ε' || post ἐλπ. dist. commate Sm. Ox.* Bg.ᵃ Sdt. (cum Aristar-
cho) — non dist. mss. Al. Ro.* Bd. Hs. Ky. Bg.¹ Sw. Ht. || ἐκνιξ' ὄπιν.
B Ro. Br. Hm.ᵃ Aw. (Ur. ἀντὶ τοῦ ἔκνιξεν) cum Sch. Vet. — ἐκνιζ' ὄπιν.
Da'[β']ᵃ'ᵃ'ᵃ'ᵃ'ε'ζ' (gl. Tricl. ἐλύπουν et ἐπιστροφήν; id. in Sch. Tricl) Al.
Mr. — ἐκνισ' ὄπιν Cp. St.* — ἐκτὸς ὄπις. Ht. — Sch. partim ἔκνιξ(ε) ἐπὶ
scribentes explicant „non laesi voce sed celebravi eos" (Aristarch.); partim
(ἔνιοι, et Didymus?) ἔκνιξ(ε) ὄπιν legentes omni distinctione sublata, cum

αἰνέω καὶ Πυθέαν ἐν γυιοδάμαις 75
[60] Φυλακίδᾳ πλαγᾶν δρόμον εὐθυπορῆσαι,
55 χερσί δεξιὸν, νόῳ ἀντίπαλον.
λάμβανέ ϝοι στέφανον, φέρε δ᾽ εὔμαλλον μίτραν,
καὶ πτερόεντα νέον σύμπεμψον ὕμνον. 80

nostris mss. et cum Triclinio et Stephano, schemate Pindarico explicant τὸ μέλλον ὀπίσω ἔσεσθαι ἵκνισαν καὶ ἐλύπησαν. Quos secutus sum. Sensus est „non involutus est caecis tenebris diutinus labor virorum, non est, quamvis maximi sumptus futurae victoriae curam molestia affecissent (acuissent)." Οὐδ᾽ cum pondere iterat negativam apodosin; ἵκνισ᾽ s. ἵκνιξ᾽ est aoristus sensu plusquamperfecti.

53 γηοδ. D — γυοδ. D, ‖ 54 -κῖδα Ba'ϱ'ϱ'ϱ'ϱ'ϛ'ζ' Al. Ro.* Bd. (ου supra in a'ϱ'ϱ') — κῖδαν D — κίδᾳ Sm Ox.* — Tricl. genitivum explicat allato Eurip. Phoen. 934; Vet. par. n. e. ‖ πλαγαῖς Ht. — πλαγᾶν rell. cum Sch. ‖ -πορῆσαι Ro. — πορῆσαι mss. Al. Cp.* (cum Seh.) ‖ extr. non dist. B Al. Ro. St.²⁴ PSt. Bö.* — plene a'ϱ'ϱ'ϱ'ϱ' Ox. — colo Hy. — commate ε'ζ' Cp.* St.¹³ Sm. Bd. Ht. — Tricl. (a'ϱ'ϱ'ϱ'ϱ') verba ἐν γυιοδάμαις Φ. πλαγᾶν virgulis utrinque interclusa sic construxit: ἐν ταῖς γυιοδάμαις τῶν πληγῶν τοῦ φυλακίδου, perperam. ‖ 55 δεξιὸν cum antecc. coni. Ba'ϱ'ϱ'ϱ'ϱ'ϛ'ζ' Ro.* Ht. (cum Sch.) — cum sqq. Hm. Bö.* — non dist. Al. Bg.² (Bg.² coniicit δεξιόν τε νόῳ ἀντ.). Sensus est „manibus habilem, mente haud indoctiorem" et ἐν γυιοδάμαις seorsum (vide Sch.) „inter pugnatores", totum vero illud ἐν γυιοδ. Φ. πλ. δρ. εὐθυπορῆσαι „quod Phylacidam artem pancratiasticam praeeundo docuit." Hm. mirum in modum haec discerpsit, ut et χερσί sic collocatum claudicaret, et δεξιὸν νόῳ ἀντίπαλον frigidissime consociaretur, omni oppositionis acumine sublato. ‖ νόῳ] νόων D ‖ ἀντίπαλλον ϱ'ϱ' ‖ 57 νέον B Ro.* — νόον D — νόῳ(ω) a'β'ϱ'ϱ'ϱ'ϱ'ϛ'ζ Al. Ro.ᵐ (cum gl. Tricl. ἤγουν κατὰ νοῦ καὶ συνέσεως); pendent Tricliniani ex vitio codicis D ut saepe — p. n. e. ‖ σύμπεψον B

Subscr. ὕμνου τέλος φυλακίδου αἰγινήτου: a'ϱ' — τέλος τῶν πινδάρου νεμεονίκων: ε' — τέλος. | πινδάρου νεμεονῖκαι ∶ ζ' — nulla in [BDϱ'ϱ'ϱ']γ' — de subscr. ε'ζ' vide notam ad Inscr. N. V. Sequitur in ε'ζ' Inscriptio πινδάρου ἰσθμιονῖκαι.

ΙΣΘΜΙΟΝΙΚΑΙ Ε'. [ς'.]

ΦΥΛΑΚΙΔΑι ΑΙΓΙΝΗΤΗι

[ΠΑΓΚΡΑΤΙΩι.]

Strophae.

Epodi.

Inscr. trium carminum Isth. V. VI. VII πινδάρου ἰσθμιονῖκαι: ι'ζ' (cf. ad Inscr. N. V)

Inscr. Isth. V om. BDγ'ϙ' (in D hoc carmen antecedenti adhaerescit; cf. ad Inscr. Isth. III. VI et Germ. Sch. p. XI) — φυλακίδᾳ πυθίᾳ εὐθυμένει μάτρωΐ, ἰσθμια: α'ϙ' — id. (sine ἰσθμια) ϙ'[ϙ'?]ι'ζ' Al. Ro.* — φυλακίδᾳ (ἐν παισί) Hy. — φυλ. αἰγ. παγκρ. Bö.* ‖ ἰσθμια α': ι' — εἶδος πρῶτον.

ΙΣΘΜΙΟΝΙΚΑΙ Ε'. [ς'.]

Θάλλοντος ἀνδρῶν ὡς ὅτε συμποσίου   Στρ. α'.
δεύτερον κρατῆρα Μοισαίων μελέων
κίρναμεν Λάμπωνος εὐαέθλου γενεᾶς ὕπερ, ἐν Νεμέᾳ μὲν
                      πρῶτον, ὦ Ζεῦ,   5
τὶν ἄωτον δεξάμενοι στεφάνων,
5 νῦν αὖτε Ἰσθμοῦ δεσπότᾳ

ζ' (cf. supra) — ΜΕΛΟΣ. ς' Al. — ΕΙΔΟΣ. Ε'. Ro. Cp. (Hy.) Hm. Bö.* — ΕΙΔΟΣ ς'. Br.* Bg.² (cum Sch. Metr. in B Ro. τοῦ ἕκτου εἴδους etc.; desunt Metr. in D). Cf. ad Isth. III, 19.

Metr. Bö.¹ Str. 3 et 4 in unum versum coniunxerat atque Ep. 4 loco indicato in duos separaverat. Ancipites non multae in hac oda, nec (ut plerumque) in primo systemate (cf. ad I. III, 19), sed semel (ut videtur) brevis in nom. propr. vs. 63 et semel longa vs. 72. Sustuli enim singulas breves vs. 29 et 36. — Str. 7 arsis prima semper, arsis tertia quater soluta est (bis, in primo systemate tantum, correpta, ubi Sm. et Hm.² solutam reponunt). Offensioni sunt τὶν ἄωτον vs. 4 et γὰρ ἦλθον vs. 57; cf. ad O. VI, 28; N. X, 79.

2 κρατῆρα BDa'.[β']β'γ'δ'ε'ζ' Al. Ro.* Ah. Sw. Bg.² (cum Sch. Vet. [et ad h. l. et ad Inscr. Isth. IV p. 539, 15] et cum Sch. Tricl.) — κρητῆρα Hm. Bö.* Ht. Cf. ad P. IX, 93 ‖ μοισέων omnes scripti Al. Ro.* Ox. (cum Sch. Tricl.) — Sch. Vet. μουσικῶν — Μοισᾶων Sm. — μοισείων Bd. Pw. (Hy.¹) — Μοισαῖον (Hy.² coll. N. VIII, 47; I. VII, 62) — μοισαίων Hy.²* — Μοισαίων Bö.* ‖ 3 κίρναμεν scripti Al. Ro.* Bö.* — κιρνάμεν Hy.²³⁴⁵ Schf. (vitio typ.?) cum Sch. Vet. et Rec. — κιρνάμεναι (Sch. Vet. ad I. IV, Inscr. ubi D κιρνάναι; de B n. n.) ‖ post κίρν. dist. recc. — non dist. BD Al. Ro.* ‖ εὐαέθλου scripsi — εὐάθλου omnes ‖ 4 τὶν ἄωτον α'β'γ' (cum nota Tricl. ἐξέτεινε τὸ τίν. in α'ᵐ) — τὶν ἄωτον BDγ'δ' Ro.* Ah. Sw. (cum Sch. Vet. σοί) — τίν' ἄωτον ε' — τίν ἄωτον ζ' Al. — τεῖν, ἄωτον (Sm. soluta arsi) — τίν γ' ἄωτον Pw. Hm. Bö.* Bg. Ht. (Ht. τίν γ',) ‖ δεξάμενο στ. β'δ' — δεξαμένου (sc. Λάμπωνος) Hs. ‖ 5 νῦν αὖτ' (αὖ τ') ἐν Ἰσθμοῦ δ. BD.α'[β']β'ᵣₒγ'δ'ε'ζ' Al. Ro: Br: Mr. PSt; (cum Sch. Tricl.; in γ' αὐτῷ ἐν Ἰσθμοῦ; in δ'ε' ἐνισθμοῦ) — gl. Tricl. in α'γ' εὕρηται καὶ χωρὶς τοῦ σ — νῦν αὖτ' ἐν Ἰσθμῷ(ῷ), δ. (Sch. Vet.?) Cp. St.* (St.* Ἰσθμῷ quae Ceporini emendatio etiam in lemma Scholiastae in Ox;* invecta est) — νῦν αὖτε Ἰσθμῷ δ. Hm.¹ — νῦν αὖτις Ἰσθμοῦ δ. Bö.* — νῦν αὖτε Ἰσθμοῦ δ. Hm.³ Aw. (cum Sch. Vet. ut videtur) — νῦν αὖ τίν, Ἰσθμοῦ δ. Bg.³ Ra. — νῦν αὖτε δ' Ἰσθμοῦ δ. (Bö.¹) Ht. Aut Ceporinum aut Hermannum sequere. ‖ δεσπότᾳ B — δεσπότα δ'ε'ζ' Ro. Br. — δεσπότα, Bg.² —, δεσπότα Cp. — δεσπότᾳ α'β'γ'δ' Al. Mr.* Bö.* (cum Sch. Vet. et Rec.) —, δεσπότᾳ Sm.* — δέσποτα D

ISTHMIA V. [VI.]   425

Νηρείδεσσί τε πεντήκοντα παίδων όπλοτάτου
Φυλακίδα νικῶντος. εἴη δὲ τρίτον   10
σωτῆρι πορσαίνοντας Ὀλυμπίῳ Αἴγιναν κατὰ
σπένδειν μελιφθόγγοις ἀοιδαῖς.

10 εἰ γάρ τις ἀνθρώπων δαπάνᾳ τε χαρεὶς   Ἀντ. α'.
   καὶ πόνῳ πράσσει θεοδμήτους ἀρετάς,   15
   σύν τέ οἱ δαίμων φυτεύει δόξαν ἐπήρατον· ἐσχατιαῖς
                  ἤδη πρὸς ὄλβου
   βάλλετ' ἄγκυραν θεότιμος ἐών.
   τοίαισιν ὀργαῖς εὔχεται   20
15 ἀντιάσαις ἀΐδαν γῆράς τε δέξασθαι πολιὸν
   ὁ Κλεονίκου παῖς· ἐγὼ δ' ὑψίθρονον
   Κλωθὼ κασιγνήτας τε προσεννέπω ἕσπεσθαι κλυταῖς 25
   ἀνδρὸς φίλου Μοίρας ἐφετμαῖς.

   ὔμμε τ', ὦ χρυσάρματοι Αἰακίδαι,   Ἐπ. α'.

6 νηρηΐδ.B Ro. Br.* Ox. Pw. — νηρεΐδ. [D] recc. Al. Cp. Sm.* Hy.*
|| -εσσί τε Al. || 7 -κίδᾳ Mr. male || τρίτατον Sm. Hm.² Cf. Metr. || 8
πορσαίν. BD. Ro:* — προσαίν. α'[β'?]β'β'β'β'ε'ζ' Al. (gl. α' πρὸ εὐφροσύνας
κατασκευάζοντας) || -οντα β'β' || κατα | σπένδειν Ba'[β']β'β'β'β' Al. Ro.*
Ky. (cum Sch. Vet.) — κατα | σπεύδειν D (ft. κατὰ) (etiam Sch. D semel
σπεύδειν habet) — κατα | σπένδοιεν ε'ζ' male — gl. β' εὐφραίνειν ὡς ἐν θυ-
σίαις — κάτα | σπένδειν Bö.* (etiam hoc apud Sch. Vet.) Cf. O. I, 57;
P. IV, 211; O. XIV, 14. Pulcrius cuniunctum κατασπένδειν, ut O. X, 99
καταβρέχειν, quod recte laudat Ky. || 11 -δμάτους omnes scripti et impressi
(B δμᾶτους); cf. ad O. III, 7; P. IX, 93 || 12 φιτεύει β'β' || ἐσχατιαῖς
B Mr.* Ht. (cum Sch.¹ qui textum ad verbum exprimit) — ἐσχατιᾶς Ro.*
— ἐσχατιάς Da'β'β'β'β'β'β'ε'ζ' Al. Bö.* (ft. cum Sch.² sed ea est generalis
expressa paraphrasis) || ὄλβον β'ʳⁿβ' || 15 -σας D — σαις BD, recc. Al.
Ro:* || 16 ὑψίθρονον αὖ Sm. Hm.² Cf. Metr. || 17 προσεν|νέπω, σπέσθαι
κλυταῖς BD — id. (sed κλυταῖσιν) a'[β']β'β'β'β'ε'ζ' Al. Ro.* Bd.* — ποτι|
ενέπω, σπέσθαι κλυταῖς Sm. — προσιν|νέπω ἕσπεσθαι κλυταῖς Pw. Hy.*
(Pw. etiam ποτεννέπω) — id. (sed ἐψέσθαι) Bg.¹; cf. ad I. IV, 32 — par.
Sch. inf. aor. habet || 18 ἐφετμᾶς β'β'β'β'ζ' (sphalmate, ut in Ro. vs. 12)
|| ante ἐφ. dist. recc. (ne quis id cum Μοίρας coniungat) || 19 ὔμμε B
(ambiguo spiritu) — ὑμί D. — Υμμί Ox. — ὔμμε β'β' Ro:* Sm. — ὕμμε
a'β'β'ε'ζ' Al. Mr. St. Bd. Hy.*

20 τέθμιόν μοι φαμὶ σαφέστατον εἶναι
   τάνδ᾽ ἐπιστείχοντα νᾶσον ῥαινέμεν εὐλογίαις.   30
   μυρίαι δ᾽ ἔργων καλῶν | τέτμηνθ᾽ ἑκατόμπεδοι ἐν σχερῷ
                                                κέλευθοι
   καὶ πέραν Νείλοιο παγᾶν καὶ δι᾽ Ὑπερβορέους·
   οὐδ᾽ ἔστιν οὕτω βάρβαρος οὔτε παλίγγλωσσος πόλις,   35
25 ἅτις οὐ Πηλέος ἀΐει κλέος ἥρωος, εὐδαίμονος γαμβροῦ
                                                θεῶν,

   οὐδ᾽ ἅτις Αἴαντος Τελαμωνιάδα   Στρ. β´.
   καὶ πατρός· τὸν χαλκοχάρμαν ἐς πόλεμον
   ἆγε σὺν Τιρυνθίοισι πρόφρονα σύμμαχον ἐς Τρωΐαν ἥρωσι
                                                μόχθον   40

20 ἔμμεν (Bö.²) Sw.¹²² — εἶναι omnes scripti et rell. impressi ‖ **21** ἐπιστείχοντι B^b Bd. (cum Sch. Vet. ut videtur; B^b est manus rec.) — ἐπιστείχοντα B^a rell. ‖ **22** μυρίων D, — μυρίαι D rell. (cum Sch.) ‖ ἐν σχερῷ BD Ro.* (ἐν σχερῷ Mr.*) — ἐνσχερὼ Ro. — ἐν χερῷ Al. — ἐν χερῷ α´β´γ´δ´ε´ζ´ (cum gl. καθεξῆς) — Sch. Vet. κατὰ τὸ ἑξῆς φέρουσαι; Sch. D ἐφεξῆς ‖ 22sq. vs. 32 et 33 vulg. om. in δ´ ‖ **23** πέραν νείλοιο D Al. Cp. Br.ᵐ St.²* — πέρανείλοιο B — πέρα νείλοιο α´.β´γ´δ´ε´ζ´ Ro. Br. Mr. St.¹ (ita etiam Sch. Vet.). Cf. O. I, 6; N. I, 72. ‖ παγᾶν B Ro.* — παγῶν D recc. Al. ‖ **24** ἐστὶν Mr. ‖ οὔτε] οὐδὲ Soh. ‖ παλίγλωσσος B Ro. ‖ **25** πηλέως [B] Ro. Br.* Pw. Hm.¹² — πηλέος D recc. Al. Cp. Br.ᵐ Sm.* Bö.* (cum gl. Tricl. συνίζησις) ‖ ἀΐει Hm.* (ex Sch. Vet. κατ ἀκούει; hinc Ln.* „audierit"; Th. monet fuisse olim ἀεἴει) — ἀΰει Ro Cp. Br. — ἀΰει BDa´[β´γ´]δ´ε´ζ´ Al. Br.ᵐ Mr.* (Tricl. cum gl. ἀκούει) ‖ εὐδαίμονος cum antecc. consociant α´β´γ´δ´ε´ (Tricl.) Ln. Mr. (cum Sch. I ἥρωος εὐδαίμονος καὶ γαμβροῦ τῶν θεῶν) — cum sqq. B Ro.* St.* — non dist. D Al. — ambigue (nec ante nec post εὐδ. sed ante ἥρωος) ε´ζ´ ‖ **26** ἥτις Ro; — ἅτις D, et rell. ‖ -νιάδου δ´ — νιάδου δ´ — νιάδα rell. (gl σὺν in α´β´γ´) ‖ **27** ἐς omnes ‖ **28** ἆγε D — ἆγε [B]α´ etc. ‖ τιρυνθ. Bl Ro.* — τυρινθ. α´β´γ´δ´ε´ Al. — τιρινθ. ε´ζ´ ‖ -ίοισιν δ´ Aw. — ἰοισι BDa´ etc. ‖ πρόφονα β´γ´ (ligatum φρ in B) ‖ ἐς τροίαν BD Al. Ro.* S —, ἐς Τροΐαν Mr. (cum Sch. Vet.) — ἐς Τροίαν, Sm. Bö.¹ Ht. — ἐς τροίαν α´β´γ´δ´ — ἐς Τροΐαν, ε´ζ´ Bd.* — ἐς Τρωΐαν, Bö.²* Cf. ad O. XII 78. ‖ ἥρωσι BD Sm.* — ἥρωσιν α´β´γ´δ´ε´ζ´ Al. Ro.* ‖ μόχθων, S (Hm.¹²) — μόχθων BDβ´ Al. Cp. Sm. Bd. Bö.¹ Ht. — μόχθον, ε´ R Br. Mr. Ox. Hy. Bö.²* — μόχθον. α´ζ´β´γ´δ´

ISTHMIA V. [VI.] 427

Λαομεδοντείαν ὑπὲρ ἀμπλακίαν
30 ἐν ναυσὶν Ἀλκμήνας τέκος.
εἷλε δὲ Περγαμίαν, πέφνεν δὲ σὺν κείνῳ Μερόπων   45
ἔθνεα, καὶ τὸν βουβόταν οὔρεϊ ἴσον
Φλέγραισιν εὑρὼν Ἀλκυονῆ σφετέρας οὐ φείσατο
χερσὶν βαρυφθόγγοιο νευρᾶς   50

35 Ἡρακλέης. ἀλλ᾽ Αἰακίδαν καλέων   Ἀντ. β΄.
ἐς πλόον [τοῦτον] κύρησεν δαινύμενον.
τὸν μὲν ἐν ῥινῷ λέοντος στάντα κελήσατο νεκταρέαις
                                   σπονδαῖσιν ἄρξαι   55
καρτεραίχμαν Ἀμφιτρυωνιάδαν,

29 λαμ. (Sm.) Pw. Hm.¹² Aw. — λαομ. rell.; cf. ad P. XII, 13 ||
-τειᾶν (Bg.²) scripsi; cf. ad O. XIII, 78 et Metr. — τιᾶν Ky.* (ex Sch. Vet.) — τίαν scripti Al. Ro.* (cum Sch. Tricl.) || ὑπὲρ. ạ̈β̈ || ἀμπλ omnes; cf. ad O. VII, 25 .|| -κιᾶν Ky.* (ex Sch. Vet.) — κίαν rell. (cum Sch. Tricl.) || **30** ἐν ναυσὶν (sine dist) BD Al. Cp. Bö.* — , ἐν ναυσὶν, α᾽ — . ἐν ναυσὶν. β᾽ — ἐν ναυσὶν, ε᾽ζ᾽ — . ἐν ναυσὶν, ạ̈β̈γ̈ — , ἐν ναυσὶν Ro. Br.* || ἀλκμήνας (ἀλμ. ạ̈β̈) omnes; cf. ad P. IX, 93 || **31** εἷλε BD. Ro; Sm.* — εἷλεν α᾽β̈γ̈δ̈ε᾽ζ᾽ Al. Ro.* || πέφνεν recc. Al. Ro.* — πέφνε B — πέφνε D || 31 sq. μερόπων | τ᾽ omnes scripti et impressi ante Bö.² — μερόπων (sine τ᾽) Bö.²* || **32** τὸν om. D || οὔρεϊ omnes scripti Al. Ro:* (etiam D, c. gl. Tricl. συνίζησις) Bö.* — οὔρει (Hy.) Hm.¹ Ht. Vide Metr. || ἴσον (cf. ad O. IX, 98; XIII, 34) scripsi — ἶσον BD. — ἴσον recc. Al. Ro:* || **33** εὑρὼν ạ̈β̈ || ἀλκυονῇ σφετέρας οὐ scripsi cum (Hy.) Bg.² (consensu Sch. Vet.) — ἀλκυονῆ, σφετέρας δ᾽ οὐ Ra. et rell. (B recc. Ro.* Sm.* plene dist. — colo Mr. St. — D Al. non dist. — Hy.* commate) || ἀλκ. D,Dech — ἀλφ. ạ̈ ? — ἀλκ. rell. (et D) || **34** χερσὶ BD — χερσὶν recc. Al. Ro.* || **36** ἐς πλόον τοῦτον κύρησεν δαινύμενον scripsi duce Sch.; possis etiam κάρυσσε μοῦνον δαινυμένων — ἐς πλόον, κήρυσσε δαινυμένων. B — ἐς πλόον κύρησε δαινυμένων. D — ἐς πλόον, κύρησε πάντων δαινυμένων. α᾽β̈γ̈δ̈ε᾽ζ᾽ Al. Hm.¹ Bö.* (nonnulli om. dist.) — id. (sed κήρυσσε) ε᾽ Ro. Br. — id. (sed κήρυξι) Cp. Ln. Br.ᵐ Mr.* (St. ante ἐς πλόον distinguens „navigationem indixit voce praeconis") — id. (sed κάρυξι et sine dist.) Hy. — id. (sed κάρυσσε) Hm.² Aw. („Aeacidam ad expeditionem se vocare indicabat") — ἐς πλόον κήρυξεν ἀστῶν δαινυμένων. Pw. (Hy.) || **37** στάντα] πάντα D, || καλῆσ. ạ̈β̈ || -αντο Al. || σκευδ. D || **38** κρατ. Da᾽ Al. — κατ. ạ̈ — καρτ. [B]e᾽ [rell.] Ro.* || -νιδαν B — νιάδαν [Da᾽β̈γ̈δ̈ε᾽ζ᾽ Al. Ro.*

ΙΣΘΜΙΟΝΙΚΑΙ Ε'. [ς'.]

ἄνδωκε δ' αὐτῷ φέρτατος
40 οἰνοδόκον φιάλαν χρυσῷ πεφρικυῖαν Τελαμών,
ὁ δ' ἀνατείναις οὐρανῷ χεῖρας ἀμάχους   60
αὔδασε τοιοῦτον ϝέπος· Εἴ ποτ' ἐμᾶν, ὦ Ζεῦ πάτερ,
θυμῷ θέλων ἀρᾶν ἄκουσας,

νῦν σε, νῦν εὐχαῖς ὑπὸ θεσπεσίαις   Ἐπ. β'.
45 λίσσομαι παῖδα θρασὺν ἐξ Ἐριβοίας   65
ἀνδρὶ τῷδε ξεῖνον ἀμὸν μοιρίδιον τελέσαι·
τὸν μὲν ἄρρηκτον φυάν, | ὥσπερ τόδε δέρμα με νῦν περιπλανᾶται

39 ἄνδωκε omnes (sine acc. ὃ ὃ') || **41** ὁ δ' ἀ'ντείνας Β — ὁ δ' ἀντείνας D.a'ὃ ὃ' ὃ' ὃ' Al. Ro.* Ox. (Ro.* [ὃ ὃ'] ὁ δ') — ὁ δ' ἀντιτείνας β' ε' ζ' (ζ' ὁ δ') — ὁ δ' ἀνατείνας Sm. Bd. Pw. Hy.* — ὁ δ' ἀνατείναις Bö.* ft. non recte; cf. Ia. 83, 43 et ad P. IV, 100 || οὐρανῷ] cf. ad O. I, 89 || **42** αὔδασε τοιοῦτόν τι ἔπος. BD Ro.* Bd. Ox. — αὔδασε τοιοῦτόν τ' ἔπος α'β' ὃ'ὃ'ὃ'ὃ'ε'ζ' Al. (ὃ' ποῦ τὸν pro τοιοῦτόν) cum gl. τι (Tricl.) Sm. — αὔδ. τοιοῦτον ἔπος Hy. (Hm.¹) Ah. Sw.²³ (Bg.²) cum Sch. Vet. (τοιοῦτον ἐφώνησε λόγον) — αὔδ. τοιοῦτόν γ' ἔπος Pw. Hm.¹² Bö.* — αὔδ. τοιοῦτον λόγοι Ky. — τοιοῦτον ἐξαύδασ' ἔπος Ht. || ἐμᾶν scripsi — ἐμὰν mss. Al. Ro.* Vide infra. || **43** θυμὸν D || θέλων mss. Al. Ro.* Th. Aw. Ah. Bg.¹ — ἐθέλων Bö.* Cf. ad O. II, 97. Bö.¹ ad P. I, 62 de hac re professus est; Hm.² contra eum ad N. X, 84 (157). || ἀρᾶν scripsi cum Sch. Vet. (τῶν ἐμῶν εὐχῶν), coll. Hom. Il. ο, 378; ψ, 199; Od. δ, 767; Aesch. Sept 267 (249) al. — ἀρὰν mss. Al. Ro.* — εὐχὰν (Sm.). Non opus. Pindarus Homerum sequitur; cf. Bu. G.G. II, 118. || ἀκούσαις Mr. male — ἀκουσας omnes rell. || **44** νῦν σε νῦν scripti Al. Ro.* — νῦν σε, νῦν Ox.¹ || θεσπεσίαν BDa'β'ὃ'ὃ'ὃ'ὃ'ε'ζ' Al. Ro. Br. inepte — θεσπεσίαις Cp. Mr.¹ (cum Sch. Vet. θείαις) — gl. a'ὃ' θείαν ἀρᾶν. ἢ ἐπιτεταμένην. || **45** λίσσομαι παῖδα BD Al. Ro. Hy.* — λίσσομαι, παῖδα recc. Cp.* || extr. plen dist. Ro. || **46** ἀνδρὶ τοῖδε ξεῖνον ἀμόν, μ. τ. Β — ἀνδρὶ τόνδε κεῖνον ἀμὸ μ. τ. D — ἀνδρὶ τῷ καὶ ξεῖνον ἀμόν μ. τ. (an τῷ ἠδὲ synizesi?) Sch. Vet.(i — ἀνδρὶ τῷ δε, ξεῖνον ἀμόν μ. τ. a'β'?ὃ'ὃ'ὃ'ὃ'ε'ζ' Hm. Bö.* (in ὃ' πῷ δε; i ὃ'ε'ζ' τῷ δε; in ὃ'β'? plene dist. post ἀμόν) — ἀνδρὶ τῷδε, ξεῖνον ἀμό μ. τ. Cp.* Aw. — ἀνδρὶ τῷδε, ξείνῳ ἀμῷ, μ. τ. (Po. Hy.) ft. recte; cf. s miles errores vs. 36. 42. 43. 44 — ἀνδρὶ τῷδε ξυνόδαμον μ. τ. (Bg.² col O. IX, 44) ingeniose — ἀνδρὶ τῷδ', ὃν ξεῖνον ἵκον, μ. τ. Ht. || **47** τὸν μὲ τὼς μὲν Ht. || ft. ἄρρηκτον; cf. ad O. IX, 91 || τὸ δέρμα ε'ζ' Al. — τόι δέρμα [BDa'β'ὃ'ὃ'ὃ'ὃ']ὃ' Ro.* — τόδε δέρμ', ὃ (Pw.) || με νῦν περικλ. St

θηρὸς, ὃν πάμπρωτον ἀέθλων κτεῖνά ποτ' ἐν Νεμέᾳ· 70
θυμὸς δ' ἑπέσθω. ταῦτ' ἄρα ϝοι φαμένῳ πέμψεν θεὸς
50 ἀρχὸν οἰωνῶν μέγαν αἰετόν· ἀδεῖα δ' ἔνδον νιν ἔκνιξεν
χάρις,

εἶπέν τε φωνήσαις ἅτε μάντις ἀνήρ·   Στρ. γ'. 75
Ἔσσεταί τοι παῖς ὃν αἰτεῖς, ὦ Τελαμών,
καί νιν ὄρνιχος φανέντος κέκλετ' ἐπώνυμον εὐρυβίαν
Αἴαντα, λαῶν
ἐν πόνοις ἔκπαγλον Ἐνυαλίου.   80
55 ὣς ἄρα ϝειπὼν αὐτίκα
ἕζετ'. ἐμοὶ δὲ μακρὸν πάσας ἀναγήσασθ' ἀρετάς·

egregie — μίμνοι περιπλ. BD Ro. Br. — μίμνοι. περιπλανᾶται. α'β'γ'γ' ¹
Al (in γ'γ' -νᾶτε; in Al. om. dist. post μίμνοι; in γ' gl. περιλαμβάνει με)
— μένει. περιπλανᾶται δ' — μίμνον περιπλ. ε'ζ' — μίμνειν περιπλ. γ'* Cp.
Br.ᵐ (cum gl. γ' μένειν) — μίμνειν πλ. Mr.
48 ὄν] ὃς Mr. || ἀέθλων BD recc. Al. Ro.* Sm.* Bg.³ — ἄθλων
(in nullo scripto) Mr. St. Bö.* || 49 -ψᾶ B — ψα D — ψεν recc. Al.
Ro.* || 50 al δεῖα Al. — αἰδεῖα Ro. Br. — ἀδεῖα scripti Cp. Mr.* || νιν
Bö.* — μιν scripti Al. Ro.* || -ξε BD — ξεν recc. Al. Ro.* St.* —
ζεν Mr. — gl. γ' ἔνυξεν || 51 -πῖ B — πί D — πιν recc. Al. Ro.* ||
φωνήσαις scripti Al. Ro.* Bö.* — φωνάσαις Hy. Cf. ad P. IX, 93. || 52
ἔσαιταί D. || verba ὃν αἰτεῖς om. D. || ὦ om. Ro. Br. || 53 νιν omnes
|| κέκλευ (κέκλε') Ln.(?) Pp.(?) Pw. Hy. — κέκλετ' omnes rell. (cum Sch.
Vet.) || ἐπώνυμον, (ut sup. Al. appositionis sit) Cp.* Fr. — ἐπώνυμον (sine
dist.) scripti Al. Ro. St.* cum Schol. Vet. qui aut εὐρυβίαν omnino non
legit, aut εὐρυβίαν λαῶν videtur iunxisse. Distinguitur ante λαῶν in ser.
et impr. || 54 sq. Ἐνυαλίου θεός· ὣς ἄρ' εἰκὼν Ht. Non opus. Scholia-
sta, nisi forte ὁ θεός ad κέκλετ' subaudiri voluit, Εὐρυβίας Αἴαντα, habuit.
Sic confidentius scriberem, si Εὐρ. esset cognomentum Iovis, ut Εὐρύοπα.
Scripti et impr. εὐρυβίαν al. || 55 ὣς ἄρα Ba'ᵉᶜⁱζ' Al. Ro.* — ὣς ἄρα Bö.*
— ὣς ταῦτα (Sm.) || 56 μακρὰν Ro. — μακρὸν rell. (et Ro;) || πάσας
ἀγήσασθ' ἀρετᾶς. BD,a'¹β'ᵍ'δ'ε'ζ'ζ' Al. — id. (sed ἀγ.) D — id. (sed'ἀγ.)
ι' — id. (sed ἀρετάς.) a'ᵉ — πάσας ἀγήσασθαι ἀρετάς. (in nullo scripto)
Ro.* — gl. Tricl. ἡγ. διηγήσασθαι, ὁδηγὸν γενέσθαι — Sch. Vet. διηγήσε-
σθαι πάσας ... ἀρετάς — π. διηγ. ἀρ. Pw.¹ — π. τοι ὀγ. ἀρ. Pw.² Mi.³
— π. ἀφαγ. ἀρ. Pw.³ — π. ἀναγ. ἀρ. Mi.² Hm. Bö.* (coll. N. X, 19 ubi
Sch. idem διηγήσασθαι in paraphrasi habet)

ΙΣΘΜΙΟΝΙΚΑΙ Ε'. [ς'.]

Φυλακίδα γὰρ ἦλθον, ὦ Μοῖσα, ταμίας
Πυθέα τε κώμων Εὐθυμένει τε, τὸν Ἀργείων τρόπον. 85
εἰρήσεταί πᾳ δ' ἐν βραχίστοις.

60 ἄραντο γὰρ νίκας ἀπὸ παγκρατίου   Ἀντ. γ'.
τρεῖς ἀπ' Ἰσθμοῦ, τὰς δ' ἀπ' εὐφύλλου Νεμέας,
ἀγλαοὶ παῖδές τε καὶ μάτρως· ἀνὰ δ' ἄγαγον ἐς φάος
οἵαν μοῖραν ὕμνων,   90
τὰν Ψαλυχιδᾶν δὲ πάτραν Χαρίτων
ἄρδοντι καλλίστᾳ δρόσῳ,
65 τόν τε Θεμιστίου ὀρθώσαντες οἶκον τάνδε πόλιν   95
θεοφιλῆ ναίοισι. Λάμπων δὲ μελέταν
ἔργοις ὀπάζων Ἡσιόδου μάλα τιμᾷ τοῦτ' ἔπος,

57 -κίδα scripti Al. Ro.* — κίδᾳ Mr.* || γάρ τ' Sm. Bd. — γὰρ rell. vide Metr. || ἦλθον ὦ μοῖσα BD Pw. Hm. Bö.* (cum Sch. Vet.) — ἦλθον μοῖσα α'β'ᵍ'ᵍ'ᵍ'ᵍ'ε'ζ' Al. Ro.* Ox. Hy. — ἤλυθεν Μοῖσα Sm. Bd. Mi (Hy.) — ἦλθον ὡς Μοισᾶν Ht. || 58 πυθία BDβ'ᵍ'ᵍ'ᵍ'ᵍ'ε'ζ' Al. Ro.* (cum gl. Tricl. συνίζησις) — πυθίᾳ α' Mr.* || τε τὸν, ἀργείων τρόπον Β — τε τὸν ἀργείων τρόπον D — τε τὸν ἀργείων τρόπον. δ' Al. — τε. τὸν ἀργείων τρόπον. α'ζ' (in ζ τὲ) — τε, τὸν ἀργείων τρόπος, ᵍ' — τε, τὸν ἀργείων τρόπον. ᵍ'ᵍ' (cum Sch. Vet.) — τε, ἀργείων τρόπον. Ro. — τε, τὸν ἀργείων τρόπον, ε' (a. c. τῶν) — τε. τὸν ἀργείων τρόπον Cp.* (Br. Mr. τε,' — τε, τὸν Ἀργείων τρόπον Ht. (apodosis) — τε, καὶ (, τὸ δ') Ἀργείων τρόπον,? || 59 πᾳ δ' ἐν scripsi (cum Sch. Vet.) — που κὰν Β Ro:* (Fr.) (Cp.* κ'ἐν) — πα κ'ἐν D.ᵍ'ᵍ' (Pw. Hy.) Bö.* — πᾳ κ'ἐν β' — πᾳ κ'ἐν α'ᵍ'ᵍ' — που (πα) κὰν (pro καὶ ἐν) Hy. coni. — πως ἐν (Di.) — πάντ' ἐν (Bg.¹) Sw — πᾶν ἐν Bg.¹² — ὄπισιν Ht. male || 61 τρεῖς, ἀπ' Ἰσθμοῦ, τὰς δ' Bg.¹ || εὐφύλλου Β ligata erroris causa || 62 μάτρως. ἀν δ' ἀγ. [B]Da'ᵍ'[β ᵍ'ᵍ'ᵍ'] Al. Ro. (cum gl. Tricl. et Sch.¹ in Ro.) — id. (sed ἀν δὴγ. ε'ζ' — id. (sed ἀν δ' ἀγ.) Cp.* — μάτρως. ἀνὰ δ' Sm. Bd. Hm.¹² Bö.* — μάτρως ἀνάγ. (Hm.²) — Sch.² (et Sch.¹ in D?) videtur μάτρως legisse. || οἵαν ὅσσων Ht. (contra Sch.¹²) || 63 ψαλυχιαδᾶν [B]Da'β'ᵍ'ᵘ'ᵒ ᵍ'[ᵍ']ᵍ'ε'ζ' Al. Ro. Ox. Pw. Hm.¹ Bg.² (cum Sch.² in Ro. [B?]D et cum Sch.¹ in D) - ψαλυχιδᾶν Sm. Bd. Hy. Bö.* (cum Sch.¹ in Ro. [B?]) — ψαλυχαδᾶν ᵍ' ωο ψαλυχαδᾶν Hm.² || 65 τά'ντε ᵍ' — τὰν δὲ Al. — τάνδε rell. || 66 να ουσι (in nullo scripto) Hm. Bö.* — ναίουσι BDa'ᵍ'ᵍ'ᵍ'ᵍ'ε'ζ' Al. Ro.* δὲ B — δὲ D. Ro:* (cum Sch.) — om. δὲ in α'β'γ'ᵍ'ᵍ'ᵍ'ᵍ'ε'ζ' Al.

ISTHMIA V. [VI.]

υἱοῖσί τε φράζων παραινεῖ, 100

ξυνὸν ἄστει κόσμον ἐῷ προσάγων· Ἐπ. γ'.
70 καὶ ξένων εὐεργεσίαις ἀγαπᾶται,
μέτρα μὲν γνώμᾳ διώκων, μέτρα δὲ καὶ κατέχων·
γλῶσσα δ' οὐκ ἔξω φρενῶν. | φαίης κε Μένανδρον ἐν
ἀεθληταῖσιν ἔμμεν 105
Ναξίαν πέτραις ἐν ἄλλαις χαλκοδάμαντ' ἀκόναν.
πίσω σφε Δίρκας ἁγνὸν ὕδωρ, τὸ βαθύζωνοι κόραι
75 χρυσοπέπλου Μναμοσύνας ἀνέτειλαν παρ' εὐτειχέσιν
Κάδμου πύλαις. 110

68 -σί τε B — σῖν τε ξ̄ — σι (σί) τὲ (τε) rell. || 69 ἄστεῖ BD
α'β̣'β̣'β̣'β̣'ε'ζ' Al. Ro.* Ox. (cum gl. Tricl. συνίζησις) — ἄστει Sm. Bd. Pw.
Hy.* || extr. plene dist. [D]α'[β̣'β̣'ε'ζ'] Cp. Bd.* Bg.² (cum Sch.?) —
non dist. B β' Ro. Br. — commate [β̣'] Al. Mr. St.¹ PSt. Bü.* — colo
St.²³⁴ Sm. (quos secutus eum) || 70 ξείνων BD. recc. Al. Ro:* Ox. —
ξένων (in nullo scripto) Sm. Ox. Pw. Hy.* || 72 Scripsi φρενῶν. Φαίης
κε (δὲ) Μένανδρον ἐν ἀεθλ. pro φρενῶν· φαίης κε νιν ἄνδρασιν οθλ. Cf. N.
V. 48, etsi Scholia haec ad Lamponem referunt. || νιν omnes — τὸν (Hy.)
|| ἄνδρ' ἐν ἀθλ. BD. Al. Ro.* Ox. — ἄνδρα ἐν ἀθλ. α'β̣'β̣'β̣'β̣'[β̣'?]ε'ζ'
(c. gl. Tricl. τὸν ἀλείπτην μένανδρον. εἶναι ἔξοχον) — ἄνδρ' ἐν αἰθλ. Sm.
Bd. Pw. Hy. — ἀνδράσιν ἀθλ. (Hy.) Hm. Bö.* — id. (sed ἀεθλ.) Bg.²
|| -ταῖσιν] -ταῖς D, || extr. comma ponunt [B] α'β̣'β̣'β̣'[β̣']β̣' Cp. Br.
Sm.* — punctum ε'ζ' Al. — non dist. D Ro. St. Hy.* || 73 χαλκο-
δάμαντ' [B]β'β̣'β̣'[β̣'] Mr. St. Bd. Bö.* — χαλκοδάμαν τ' Da'β̣' Pw.
male — . χαλκοδάμαντ' Al. Ro. — , χαλκοδάμαντ' ε'ζ' Cp. Br. Sm. Ox.
— , χαλκοδάμαν Hy. (Ht.) Cf. ad N. IX, 16. || 74 σφε omnes scripti et
impressi (et bis in Sch. Vet. αὐτούς; etiam gl. Tricl. ποτίσω αὐτοὺς τοπι-
κῶς, ἀντὶ τοῦ ὑμνήσω) — γε Etym. M. (673, 22) et Cram. An. Par. III, 15,
29; inde Bg.² colligit fuisse qui ἢ (σε) legerent || μνημ. omnes || εὐτύχ.
ε' Al. Cp. — εὐτείχ. rell. || -ισι scripti Al. Ro.* — εσιν Pw. Hy.*

Subscr. ὕμνου τέλος φυλακίδου πυθία: α'ξ̄' — τέλος: ζ' — nulla in
[BD]β'γ'[β̣'β̣'β̣'ε']

ΙΣΘΜΙΟΝΙΚΑΙ ϛ'. [Z'.]

ΣΤΡΕΦΙΑΔΗι ΘΗΒΑΙΩι

ΠΑΓΚΡΑΤΙΩι.

Strophae.

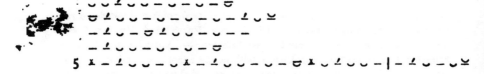

Epodi.

Inscr. om. in BD𐅵ζ' (in D et ζ' hoc carmen cum antecedente coniunctum est, cruce tamen in D appicta; cf. ad Inscr. Isth. III. V et Germ. Sch. p. XI) — στρ. Θη. παγκρ. α'𐅵ζ' Al. Ro.* ‖ Ἰσϑμια β': ϛ' — , δεύτερον. ζ' (cf. ad Inscr. N. V et Isth. V) — ΜΕΛΟΣ ϛ'.|Al. — ΕΙΔΟΣ, ΕΚΤΟΝ. Ro. Cp. (Hy.) Hm. Bö.* — ΕΙΔΟΣ Z'. Br.* Bg.³ (cum Sch. Metr. in B Ro. τοῦ ἑβδόμου εἴδους; in D Metrica desunt). Cf. ad Isth. III, 19.

Metr. „Coniungi possunt Str. 3 cum 4 ita — ⏑ — ⏑ — ⏔ ⏑ ⏑ ⏑ — ⏑
— ⏓ — ⏑ ⏑ — ⏑ — ⏑ — ⏔ (sed interpunctum est in ἀντ. α' β' γ'), et
Ep. 3 cum 4 aut ita — ⏑ ⏑ ⏑ — — ⏑ ⏑ ⏑ — ⏑ — ⏑ — ⏔ aut ita

ISTHMIA VI. [VII.]

Τίνι τῶν πάρος, ὦ μάκαιρα Θήβα,   Στρ. α'.
καλῶν ἐπιχωρίων μάλιστα θυμὸν τεὸν
εὔφρανας; ἦ ῥα χαλκοκρότου πάρεδρον
Δαμάτερος ἀνίκ' εὐρυχαίταν
5 ἄντειλας Διόνυσον; ἢ χρυσῷ μεσονύκτιον νίφοντα δεξα-
        μένα | τὸν φέρτατον θεῶν,   5

ὁπότ' Ἀμφιτρύωνος ἐν θυρέτροις   Ἀντ. α'.
σταθεὶς ἄλοχον μετῆλθεν Ἡρακλείοις γοναῖς;   10
ἢ' ἀμφὶ πυκναῖς Τειρεσίαο βουλαῖς;
ἢ' ἀμφ' Ἰόλαον ἱππόμητιν;
10 ἢ Σπαρτῶν ἀκαμαντολογχᾶν; ἢ' ὅτε καρτερᾶς Ἄδρα-
        στον ἐξ ἀλαλᾶς | ἄμπεμψας ὀρφανὸν   15

– ⌣ ⌣ – ⌣ ⌣ – ⌣ ⌣ – ⌣ ⌣ – ⌣ – ⌣ (sed obstat analogia carminis; cf. interpunctionem Ἰπ. β')." Bö. — Aw. Ep. 3 et 4, Ep. 6 et 7 coniunxit; Str. 5 in duos separavit, loco indicato. — Ancipites sat multae et bene firmatae (quas Sm. expellere voluit) neque exceptiones ad primum systema vel ad nomina propria restrictae sunt. Solutae arses nullae; quare αἰσχίονα vs. 22 ab huius carminis ingenio alienum est.

I aut Θήβα aut Θήβη B — Θήβα rell. || 3 ἦρα B Al. Ro: — ἢ ῥὰ D.a'β'ϱ'δ'ϱ'ϱ's'ζ' (cum gl. Tricl. ἆρα) — ἢ ῥα Cp.* || 5 ante ἢ puncto dist. mss. Cp. Br. — commate δ'? Al. Ro. Bö.* — colo Mr. St. — signo interrogationis Sm.* (recte) || 6—8 verba Ἀμφιτρ. usque ad ἢ ὅτ' incl. omissa in ζ' haplographia || 6 -τρύονος ϱ'ϱ' || θηρέτροις B — θυρ. D. recc. Al. Ro: || ἐν θυρ. ἀμφ. D, || 7 -κλείοισι Sm. solus || 8 ἢ', id est ἠέ, scripsi, omisso ὅτ' (cf. ad O. XIII, 34) — ἢ ὅτ' (ἢ ὅ τ' in a') mss. Al. Ro:* Ox.* (cum Sch. Vet.) — ἢ (om. ὅτ') Bd. — ἤ ποτ' Sm. solus — ἤτ' (i. e. ἤτοι) Bg.² Ra. — ἢ ῥ' Ht. (Ra.) || ἀμφὶ τειρεσίαο πυκιναῖς β. [B]D.a'β'ϱ'δ'ϱ'ζ' (in a'ϱ' -άο) Al. Ro.* Ox. — id. (sed πυκναῖς) s' — ἀμφὶ τειρεσία. Ro; — ἀμφὶ Τειρεσίαο β. Sm. — ἀμφὶ Τειρεσία πυκιναῖσι β. Bd. — ἀμφὶ πυκιναῖς Τειρεσίαο β. Pw. — id. (sed πυκναῖς) (Pw.) Hy.* || 9 ἢ' scripsi, omisso ὅτ' — ἢ ὅτ' (ἢ ὅ τ' in a') mss. Al. Ro.* Ox.* — ἢ (om. ὅτ') Sm. Bd. — ἤτ' (i. e. ἤτοι) Bg.² Ra. — ἢ ῥ' Ht. (Ra.) — p. n. e. || 10 ἢ' ὅτε scripsi — ἢ ὅτε omnes (ἢ ὅ τε in a') || καρτ. B[D,] Ro:* — κρατ. Da'β'ϱ'δ'ϱ's'ζ' Al. — de ϱ' n. n. || verba ἀδρ. ἐξ ἀλ. (vs. 15 vulg.) om. ϱ'ϱ' — non om. BD.a'β'[ϱ'ζ']s' Al. Ro:* (ἐξαλ. in s') || ἂν πεμψας B — ἄμπεμψας Dϱ' Al. Ro.* — ἄμπεψας s'ζ' — ἄνπεμψας a'β'ϱ'δ'ϱ' — ἄππεμψας (Bg.² „Sch. fort."; in Sch. par. est ἀπέπεμψας)

Mommsen, Pindar.   28

ΙΣΘΜΙΟΝΙΚΑΙ ς'. [Ζ'.]

μυρίων ἑτάρων ἐς Ἄργος ἵππιον; Ἐπ. α'.
ἢ Δωρίδ' ἀποικίαν οὕνεκεν ὀρθῷ
ἔστασας ἐπὶ σφυρῷ
Λακεδαιμονίων, ἕλον δ' Ἀμύκλας   20
15 Αἰγεῖδαι σέθεν ἔκγονοι, μαντεύμασι Πυθίοις;
ἀλλὰ παλαιὰ γὰρ
εὕδει χάρις· ἀμνάμονες δὲ βροτοί,

ὅ τι μὴ σοφίας ἄωτον ἄκρον   Στρ. β'. 25
κλυταῖς ἐπέων ῥοαῖσιν ἐξίκηται ζυγέν.
20 κώμαζ' ἔπειτεν ἀδυμελεῖ σὺν ὕμνῳ
καὶ Στρεψιάδᾳ· φέρει γὰρ Ἰσθμοῖ

11 ἑτάρων εἰς [B]Da'β'ģ'ǯ'ǯ'ǯ'ε'ζ' Al. Ro.* Pw. — ἑτάρων ἐς (vel, ἰς) Sm.* — Sch. Vet. στρατιωτῶν (ita D recte) εἰς ‖ ἵππειον ε' (cf. ad O. XIII, 78) — ἵππιον [rell. mss.] Al. Ro.* — Sch. ἱππικόν ‖ 12 οὕνεκεν ὀρθῷ scripsi — οὕνεκ' ὀρθῷ BD (in B ubi charta lacera est et male habita, videtur esse ἰόνεκ' vel ἰόνεκι) — οὕνεκ' ὀρθῷ Ro. — οὕνεκα ὀρθῷ α'β'ģ'ǯ'ǯ'ǯ'ζ' Al. Br.= (c. gl. Tricl. ὅτι) — οὕνεκα ὀρθῷ ε' — ἡνίκ' ὀρθῶ(ῷ) Cp.* Bd. (ex Sch. Vet. ubi est ὅτε) — ἡνίκα ὀρθῷ Sm. Ox. Pw. — ἀνίκ' ὀρθῷ Hy. — ἀνίκ' ἄρ' ὀρθῷ (Hy.) Hm.¹² Bö.¹² Di. Bg.¹ Sw.¹²³ — ἀνίκα ὀρθῷ (Sm.) Aw. — οὕνεκεν ὀρθῷ Th. Bg.² Ra. — ἀνίκ' ἂν' ὀρθῷ Ht. ‖ 13 ἵστασαν ģ', (cum gl. Tricl. ἔστησαν in ģ') — ἔστασας ģ' et rell. (cum Sch. Vet. in paraphr. στῆναι παρεσκεύασας et cum Sch. Tricl. ἀπειργάσω) ‖ 15 αἰγεῖδαι B Ro.* Bd.* (cum Sch. Vet.) — ἀργεῖδαι (inter Sch. Vet.) — Αἰγμίδαι Sm. — αἰδεῖσθαι Da'β'ģ' ģ'ǯ'ǯ'ε'ζ (cum gl. ὥστε in α'ģ; cum Sch. Tricl. retr. ὥστε τοὺς Λακεδαιμονίους αἰδεῖσθαί σε in ε') ‖ πυθίοισιν. BD — πυθίοις. recc. Al. Ro.* ‖ 16 γὰρ omnes scripti et impressi — μὲν (Sch. Hom. Il. ξ, 211) — p. n. h. ‖ 17 εὕδει D.ε' ‖ post χάρις plene dist. BD[a'?]ģ'ǯ'ǯ'ǯ' Al. Ro.* — colo ε'ζ' St. — commate Bd.* Reduxi colon. ‖ extr. plene dist. ģ' Ro. Br. — non dist. B Al. — commate [rell.?] Cp. Mr.* ‖ 18 ὅτι μὴ BD recc. Al. Ro. — ὅ, τι μὴ Cp.* — ὅταν (ὅτ' ἂν D) μὴ Sch.¹ — τούτου ὅπερ ἂν μὴ Sch.² (ubi D ὅτι μή) — τούτου ὅ τι μὴ (D ὅτι μή) Sch.³ ‖ 19 ζυγέν. B — ζυγὴν. α'β'[ģ'ε'] Cp.* — ζυγέν. ģ' — ζυγὴν. ε' — ζυγὸν Al. Ro. — ζυγέν Dģ'ǯ' ‖ extr. expl. α'β'γ'ǯ'ǯ'ǯ'ǯ' — inc. DDDD — cf. I. III, 37; N. XI, 21; Praefat. p. XXX sqq. et XLII sq. ‖ 20 κώμαξ' ε'ζ' ‖ ἔπει τ' ἐν B — ἔπειτ' ἐν D.DDDD Ro:* (cum Sch. Vet. in [B] Ro.) — ἔπειτ' ἄρ ε' — ἔπειτ' ἄρ ζ' — ἔπειτ' ἄρ' Al. Cp.= Br.= Sm.* — ἔπειτει Pw. Bö.* Cf. P. IV, 211. ‖ 21 -άδᾳ. B — άδα. Mr.* — αδα. DDDI Dε'ζ' Al. Ro.* (Al. om. dist.)

ISTHMIA VI. [VII.] 435

νίκαν παγκρατίου, σθένει τ' ἔκπαγλος, ἰδεῖν τε μορφάεις·
ἄγει τ' ἀρετὰν | οὐκ αἰσχίω φυᾶς. 30

φλέγεται δὲ ἰοπλόκοισι Μοίσαις,   'Αντ. β'.
μάτρωΐ θ' ὁμωνύμῳ δέδωκε κοινὸν θάλος,
25 χάλκασπις ᾧ πότμον μὲν Ἄρης ἔμιξεν,   35
τιμὰ δ' ἀγαθοῖσιν ἀντίκειται.
ἴστω γὰρ σαφὲς, ὅστις ἐν ταύτᾳ νεφέλᾳ χάλαζαν αἵματος πρὸ φίλας | πάτρας ἀμύνεται   40

22 νικᾶν ε' || ante σθένει plene dist. BDε'ζ' Ro.* St.²* — colo Bö.²* — commate Mr. St.¹ Sm.* — non dist. DDD Al. — de D n. n. — p. n. e. || . ἰδεῖν τε μορφάεσσ', B — . ἰδεῖν τε, μορφάεσσ' D. — id. (sed ισσ') DD — . ἰδεῖν τε, μορφάεσσ', D — id. (sine virgula) D Ro; — . ἰδεῖν τε μορφόεσσ' ε'ζ' — , ἰδεῖν τε μορφάεσσ' Al. — , ἰδεῖν τε, μορφάεσσ' Ro. Br. — , ἰδεῖν τε μορφάεσσ', Mr. — . ἰδεῖν τε μορφάεις. Cp. Br.ᵐ (optime) — , ἰδεῖν τε μορφαείς, St. Bd. — , ἰδεῖν τε μορφάεις· Sm.* Aw. (recte) — ἰδεῖν τε μορφάεις Bö.* — p. n. e. || ἀρετὰν BDD DD Al. Ro.* (cum Sch.² et ft. etiam cum Sch.¹) — ἀρετὰ ε'ζ' (hi... infelix emendandi conatus ob μορφάεσσ', quem si perficere voluisset, salte... ἄγει ϝ' i. e. „eum" scribere debuisset) || αἰσχίω ε'ζ' Th. (cum Sch.²) — αἰσχίονα Bth. (vide Metr.) — αἰσχυον Al. — αἰσχιον B Ro.* (in B charta fusca et mollis; scriptura pessime habita; saepe diffluxit atramentum) — αἰσχθιον DDDDD — Sch.¹ οὐχ ἧττόν ἐστιν ἡ γνώμη τοῦ κάλλους, quod ambiguum est. || φυοῦς DD || **23** δὲ ἰοπλόκοισι Bg.² Ra. (cf. O. VI, 30) — δ' ἰοπλοκάμοισι omnes scripti Al. Ro.* Bd. — δ' ἰοβοστρύχοισι Sm. Ox.* || **24** μάτρῳ θ' BD.DDDD Ro; — μάτρωϊθ' Ro. — μάτρωΐ θ' ε'ζ' Al. Cp.* Bd.* (cum Sch. Vet.) — πάτρωΐ θ' Sm. (contra Sch.; vide Metr.) || δέδωκε κοινὸν θάλος scripti et impressi (in DDD κοῖ" in D κοῖν" scriptum) — δέδωρκε κοινὸν (coll. N. III, 84; IX, 41) vel δέδωκε καινὸν θάλος (Hy.) — Sch. τὴν τῆς νίκης εὐδοξίαν τε καὶ ἡδονὴν παρέσχετο || **25** χάλκασπις cum antecc. coniungunt [B]ε'ζ' Al. Ro.* St.¹⁴ PSt. — cum sqq. [DDD] St.² Sm.* — neutra parte dist. D St.² — de Sch. Vet. n. l. || ἄρης B Ro.* (cum Sch.) — ἄρ' DDDDD Al. — ἄρ ε' — ἄρ ζ' || -ξεν mss. Al. Ro.* — ξεν Bö.* || **26** τιμά et τιμᾷ iunctim B (etiam in Sch. utrumque) — τιμᾷ DDDDDζ' — τιμὰ ε' Al. Ro.* || **27** ὅστισ Bε'ζ' Al. Ro.* (Ro. Al. ὅς τις Br. ὅς τισ) — ὅστις D, — ὅτισ DDD — ὅ τις D || ἐνταῦθα PSt.* — ἐνταῦτα Mr. — ἐν ταῦτα Al. — ἐν ταύτα(ᾳ) mss. Ro:* St.* || χαλάζαν αἷ. πρὸ φίλας Pw. — χαλάζας αἱματοῦντα φίλας Ht. (contra omnes mss. et Sch.) || πρός mss. Al. Ro.* Ox. Hy. — πρὸ Sm. Bd. Pw. Bö.* || ἀμείρεται Pw. || extr. non dist. BDDDDD — dist. ε'ζ' Al. Ro.*

28*

λοιγὸν ἀμπεπαλὼν ἐναντίῳ στρατῷ,   Ἐπ. β'.
ἀστῶν γενεᾷ μέγιστον κλέος αὔξων
30 ζώων τ' ἀπὸ καὶ θανών.
    τὺ δέ, Διοδότοιο παῖ, μαχατὰν
αἰνέων Μελέαγρον, αἰνέων δὲ καὶ Ἕκτορα   45
Ἀμφιάρηόν τε,
εὐανθέ' ἀπέπνευσας ἁλικίαν

35 προμάχων ἀν' ὅμιλον, ἔνθ' ἄριστοι   Στρ. γ'.
ἔσχον πολέμοιο νεῖκος ἐσχάταις ἐλπίσιν.   50
ἔτλαν δὲ πένθος οὐ φατόν· ἀλλὰ νῦν μοι
Γαιάοχος εὐδίαν ὄπασσεν
ἐκ χειμῶνος. ἀείσομαι χαίταν στεφάνοισιν ἁρμόσαις.
ὁ δ' ἀθανάτων | μὴ θρασσέτω φθόνος.   55

28 ἀμπεπαλὼν Homericum scripsi — ἀμύνων BDDDDD ε'ζ' Al. Ro.* (dittographice) — ἐξελάων (Sm.) — ἄρ' ἀμύνων (ἐξαμύνων) Pw. — ἀντενά-γων (ἀντί ἄγων) (Hy.) — ἀμείβων Ma. — ἀντιτίνων Hm.¹² Bö.¹ — ἀντιαμείψων (αἰνὸν ἀμεύων) ἀντίῳ Aw. male — ἄντα φέρων Th. Bö.²* — , ἀντιάσαις Ht. (qui λοιγὸν cum ἀμύνεται coniungit et N. I, 68 laudat) — Sch. ἐναντίον φέρων — possis αὖτε φέρων ‖ ἐν ἀντίῳ DD ‖ 29 ἀστῶν γενεᾷ cum antecc. consociant BDDDDD — ambigue Ro. (utrinque comma) — ἀστῶν cum antecc., γενεᾷ cum sqq. coni. Cp.* („exitium a civibus depellens") — ἀστῶν γενεᾷ cum sqq. coni. ε'ζ' Al. Hy.* (cum Sch. Vet.) recte ‖ αὔξων γ. μ. κλ. ἀστῶν Ht. non male. ‖ αὔξων. B Ro. — αὔξων, ε'ζ' Cp. Br. Sm.* — αὔξων DDDDD Al. Mr. St. Hy.* (in D αὔζων in D αἴζων) — αὔξειν Pw. ‖ 30 ἀπὸ B (ut saepe in tmesi) — ἀπὸ DDDDD ε'ζ' Cp. St.* Hm. Bö.* (, ἀπὸ Bd.) — ἄπο Al. Ro. Br. Mr. Hy. Ht. (cum Sch. Vet.?) ‖ θανῶν DDDD ‖ 32 αἰνέων μ. αἰνέων mss. Al. Ro.* (Pw.) Bö.* — αἰνείων μ. αἰνείων Sm.* Cf. ad O. XIII, 78 et Metr. ‖ 33 ἀμφιάρηόν τε Bö.* — ἀμφιάραόν τε BDε'ζ' Al. Ro.* Sm.* — ἀμφιάραον τ' Mr. St. — ἀμφίαρον τε DDD — ἀμφίφαρον τε D — p. n. e. — ἀμφὶ πατρῴᾳ γᾷ Ht. (ex Sch. ut ait). Cf. ad P. IX, 93. ‖ 35 ἄριστοι BD Ro.* St.* — ἄριστον DDDD ε'ζ' Al. Mr. ‖ 36 ἔχον (Sm.). Vide Metr. ‖ ἐσχάταις ἐπ' ἐλπίσ.. B — id. (sed σιν.) ε'ζ' — ἐσχάτοισιν ἐπ' ἐλπίδιν (sic) DDD DD — ἐσχάτασιν ἐπ' ἐλπίδι Al. — , ἐσχάταις ἐλπίσιν. Ro:* ‖ 37 ἔτλαι B[D]ε'ζ' Al. Ro:* — ἔθλαν DDD ‖ 38 γεάοχος D Al. — γαιάοχος B [DD]DDε'ζ' Ro.* Cf. ad O. XIII, 78. ‖ εὐδίαν DDD ‖ ὄπασιν DDD — ὄπασσεν BDε'ζ' Al. Ro.* ‖ 39 ἁρμόζων BD.DDDD ε'ζ' Al. Ro.* (cum

ISTHMIA VI. [VII.] 437

40 ὅ τι τερπνὸν ἐφάμερον διώκων,   Ἀντ. γ'.
ἕκαλος ἔπειμι γῆρας ἔς τε τὸν μόρσιμον
αἰῶνα. θνάσκομεν γὰρ ὁμῶς ἅπαντες·
δαίμων δ' ἄϊσος· τὰ μακρὰ δ' εἴ τις   60
παπταίνει, βραχὺς ἐξικέσθαι χαλκόπεδον θεῶν ἕδραν.
ὅ τοι πτερόεις ἔρριψε Πάγασος

45 δεσπόταν ἐθέλοντ' ἐς οὐρανοῦ σταθμοὺς   Ἐπ. γ'. 65
ἐλθεῖν μεθ' ὁμάγυριν Βελλεροφόνταν
Ζηνός. τὸ δὲ πὰρ δίκαν
γλυκὺ πικροτάτα μένει τελευτά.
ἄμμι δ', ὦ χρυσέα κόμα θάλλων, πόρε, Λοξία,   70
50 τεαῖσιν ἀμίλλαισιν

Sch.²³) — ἁρμόσαις Sm. Hm. Bö:* (cum Sch.¹ ubi ἁρμόσας). Cf. ad O. XIV, 24 || ὅ δ' DDDD — ὅ δ' [B]ι'ζ' Al. Ro:* || θρασσέτω BD[D] DDς' Al. Ro:* — θρασσέτο D — θρασέτω D,ι' (ft. recte) — Sch.¹ ταραττέτω — Sch.² συνθρανέτω. Cf. ad O. VI, 97. || extr. commate dist. BDDDDD Mr.* (cum Sch.¹²) — non dist. Di. Sw. Ht. Ra. — plene interp. ι'ζ' Al. Ro.* Bg.² Fr. (cum Sch.³) recte
40 ὅτι scripti vett. et Sch.² (ft. etiam Sch.¹ ubi est εἰ) Al. Ro.* — ὅ τι ι'ζ' Hy.²* (cum Sch.⁵) || ἐφάμερον BD Ro.* (cum Sch.¹²³ ubi adverbium adverbiis redditur; cf. ad O. VII, 47) — ἐφάμερος DDDDDι'ζ' Al. (ob ἕκαλος minus gratum) — ἐπάμερον? Cf. P. VIII, 95. || διώκων. ἕκαλος B Ro. — διώκων, ἕκαλος Cp.* (cum Sch.) — διώκων ἕκαλος, ι'ζ' — διώκων ἕκαλος DDDD Al. Hy. || 41 ἔπειμι B Ro.* (cum Sch.¹²³) — ἐπεί μιν DDDDD Al. — , ἔπεισι ι'ζ' || γῆρας. ἔς τε τὸν BDD — γῆρας, ἔς τε τὸν Ro.* (cum Sch.²) — γῆρας ἔς τε τὸν DD Pw. Bö.* (ἔστε τοι D) — , γῆρας ἔς τε τὸν Hy. (cum Sch.³ ut sit schema, de quo cf. ad O. I, 104) || μόρσιμα DD — μόρσιμον, Al. || 42 ὅμως DDD — ὁμῶς Bι'ζ' Al. Ro:* (cum Sch.) || 43 ἄϊσος Bd. Pw. Hy.* (cum Sch.¹) — ἄϊστος scripti Al. Ro:* (cum Sch.²) || 44 βραχύς δ' D, — βραδύς Sm. — βραχύς D et rell. (cum Sch.) || ὅ τοι (Sw.¹) B Sw.²³ Bg.² Ra. (cum Sch. ὅ γὰρ δή) — ὅ δὲ (Hy.) („non male" Bö.¹) Aw. — ὅτι DDDDDι'ζ' Al. Cp. Br.ᵐ Bö.* („quandoquidem" Ln. Bö.; „quia" Pp.) — ὅτι Ro. Br.* Ht. („quum" St.; „quandoquidem" Sm. Ht.) — ὅ τι Hy. || ἔριψε? Cf. ad O. IX, 91. || 45 ἐθέλοντισ οὐρανοῦσ σταθμοῦσ (sic) DDDD — id. (sed τ' ἐς) Al. — ἐθέλοντ' ἰσ οὐρανοῦ σταθμούς Bι'ζ' Ro.* || 46 ὁμάγ. omnes || 47 παρδίκαν DDDD || 49 ἄμμι δ' omnes scripti Al. Ro:* Bö.* — ἄμμιν δ' Sm.* Cf. Metr. || 50 τεαῖσιν omnes scripti et impressi (etiam

ΙΣΘΜΙΟΝΙΚΑΙ ς'. [Ζ'.]

εὐανθέα καὶ Πυθόι στέφανον.

Hm.²) — σαῖσιν (Hy.) Hm.¹ — σαῖς ἐν Mi. (non male, ai τιαῖς ἐν). Cf. ad N. IV, 78; O. IX, 16.

51 ἰνανθέα DDD ‖ πυθοῖ scripti Al. Ro.* Bd.* — πυθόϊ Sm. Aw. Bö.²* (cum Choerobosco Bk. An. III, 1202) — πυθόθεν Pw. — πύθιον Hm.¹² (coll. P. X, 26) Bö.¹ Th. — ἐν πυθοῖ Bth. (hiatu)

Subscr. τέλος. ζ' — nulla in rell.

ΙΣΘΜΙΟΝΙΚΑΙ Ζ'. [Η'.]
ΚΛΕΑΝΔΡΩ ΑΙΓΙΝΗΤΗ
[ΠΑΓΚΡΑΤΙΩι.]

Carmen hoc magis etiam quam superius corruptum est, ut fit in calce librorum. Cf. ad O. XIV; P. XII; N. XI. — Optimus codex B mutilatus est; cf. ad vs. 15. 41. 53. — Scholia Vetera inde a vs. 17 (37 vulg.) edidimus olim ex D (et laciniis B) in An. IV, p. 129—133.

Inscr. om. BD (in D exiguo spatio ab Isthm. VI diremtum) — κλ. αἰγ. D[D]εʹζʹ Al. Ro.* — κλεάνδρῳ: D — κλ. αἰγ. [παγκ.] Hy.* ‖ Ἴσθμια γʹ: εʹ — τρίτον. ζʹ (cf. ad Inscr. N. V) — ΜΕΛΟΣ ζʹ. Al. — , ΕΙΔΟΣ Η'. Ro.* Bg.² — ΙΣΘΜ. Ζʹ. (Hy.) Hm. Bö.* (cum Sch. Metr. in B Ro. τὸ ἦ εἶδος [ὄγδοον Ro.]; in D metrica non leguntur). Cf. ad I. III, 19.

Metr. Multa sunt in hoc carmine (ut in O. V) singularia, et de numeris et de vocabulorum usu ac mensura. — Arses multae solutae; ancipites, exceptis clausulis, vel paucae vel nullae. Cf. ad O. II, 15. — Vs. 1 et 2 coniunxerunt Aw. et Bg.¹; et ipse esse asynartetum credo; subianxi alterum priori. Cf. ad vs. 11. — Vs. 5 in duos dispescit Th., in tres Aw. — Idem Aw. vs. 8 et 9 coniungit.

ΙΣΘΜΙΟΝΙΚΑΙ Ζ'. [Η'.]

Κλεάνδρῳ τις ἁλικίᾳ τε λύτρον   Στρ. α'.
    εὔδοξον, ὦ νέοι, καμάτων,
πατρὸς ἀγλαὸν Τελεσάρχου παρὰ πρόθυρον ἰών, ἀνεγει-
         ρέτω
κῶμον, Ἰσθμιάδος τε νίκας ἄποινα, καὶ Νεμέᾳ·   5
5 ἀέθλων ὅτι κράτος ἐξεῦρε. τῷ καὶ ἐγώ, καίπερ ἀχνύ-
         μενος
θυμόν, αἰτέομαι χρυσέαν καλέσαι   10
    Μοῖσαν. ἐκ μεγάλων δὲ πενθέων λυθέντες
μήτ' ἐν ὀρφανίᾳ πέσωμεν | στεφάνων,   15
μήτε κάδεα θεράπευε· παυσάμενοι δ' ἀπρήκτων κακῶν
γλυκύ τι δαμωσόμεθα καὶ μετὰ πόνον·
ἐπειδὴ τὸν ὑπὲρ κεφαλᾶς   20
10 καὶ Ταντάλου λίθον παρά τις ἔτρεψεν ἄμμι θεός,

ἀτόλματον Ἑλλάδι μόχθον. ἀλλ' ἐ-   Στρ. β'.

---

1 τις B Sm. Ox.* — τίς DDD ε'ζ' — τὶς D Al. Ro.* — τις, Bd. ‖ ἀλικίᾳ(α) τε (τὲ) mss. Al. Ro.* (cum Sch. καὶ τῇ ἡλικίᾳ αὐτοῦ) — ἀλικία τι Ht. male ‖ 2 ὠνέοι Al. Ro.* (Ln. „comparet"; Pp. „emat") — ὦν νέοι D — ὦ νέοι rell. Mr. St.* — p. n. h. ‖ 3 πρόθυρον [B]D ε'ζ' Ro.* (cum Sch.) — πρόθυμον DD¹DD Al. ‖ ἀγειρέτω [B]D[DDD] Al. Ro.* Pw. Hy. — , ἀγειρέτω ε'ζ' Mr. St. Ox. — συναγειρέτω Sm. — ἐπαγ. (Bg.²) — διεγειρέτω Bd. — ἀνεγειρέτω Hm. Bö.* (coll. O. VIII, 74; I. III, 41) — Sch.¹ καταγέτω — Sch.² ἐγειρέτω ‖ 4 κώμων B solus ‖ 4. 5. ἄποινα καὶ νεμέᾳ. ἀέθλων ὅτι Β ε'ζ' et similiter Ro.* Ox. (cum Sch.²) — ἄποινα, καὶ Νεμέᾳ ἀέθλων ὅτι Bd. Bö.²* — id. (sed ἄποινα· καὶ) Pw. — ἄποινα καὶ νεμίᾳ ἀέθλων. ὅτι D — ἄποινα καὶ νεμέᾳ ἀέθλων ὅτι [D] Al. Hy. Bö.¹ (cum Sch.¹) — de DD n. n. = 7 κάδεα B — κάδια rell. ‖ ἀπρήκτων [B.DD] ε'ζ' Al. Ro:* — ἀπρήκτῳ DD — ἀπράκτων D, Sw.²³ Vide ad P. V ante Inscr. et IX, 93. ‖ καλῶν D male ‖ 8 δαμωσώμεθα Al. ‖ 9 ἐπεὶ δὴ D ‖ τὸν) τὴν (Sch. ad vs. 12 vulg. in D) ‖ 10 καὶ τ. λ. scripsi — τοῦ τ. λ. Sm. Bd. — δὴ τ. λ. (Sm.) — γε τ. λ. [B] Al. Ro.* (cum Sch. [BD] Ro. ad vs. 12 vulg.) — τε τ. λ. DDDDD ε'ζ' Al. — λ. γε τ. Bg.¹ — p. n. h. γε — cf. ad Metr. ‖ ἄμμι omnes ‖ κεφαλᾶς γ' | ἔτρεψε Ταντάλοιο πόρα λίθον τις ἀ. θ. Aw. ‖ 11sq. ἀλλ' ἐ|μοὶ scripti Al. Ro:* Aw. Bg.¹ (recte; cum Sch. ἐμοὶ δὲ) — ἀλλά | μοι Bö.¹²* Bg.² Ht. Vide ad Metr.

ISTHMIA VII. [VIII.] 441

μοὶ χάρμα μὲν παροιχομένων
καρτερὰν ἔπαυσε μέριμναν· τὸ δὲ πρὸ ποδὸς ἄρειον ἀεὶ
σκοπεῖν 25
χρῆμα πᾶν. δόλιος γὰρ αἰὼν ἐπ' ἀνδράσι κρέμαται,
15 ἑλίσσων βίου πόρον· ἰατὰ δ' ἐστὶ βροτοῖς σύν γ' ἐλευ-
θερίᾳ 30
καὶ τά. χρὴ δ' ἀγαθὰν ἐλπίδ' ἀνδρὶ μέλειν·
χρὴ δ' ἐν ἑπταπύλοισι Θήβαις τραφέντα 35
Αἰγίνᾳ Χαρίτων ἄωτον | προνέμειν,

12 δεῖμα μὲν παροιχομένων B.D.D[D]DD·'ζ' Al. Ro.* Ox. — χάρμα μὲν παροιχομένων scripsi (cum Sch. ut videtur, nisi is καρτερὰν τ' ἐπ. legit, ut θεός subaudiri possit); construe μέριμναν παροιχομένων „praeteritorum recordationem" — δεῖμα μὲν παροιχομένων Bd. Pw. Hy.* || 13 καρτερὰν omnes — p. n. h. An ex Scholiasta δεῖμα μὲν π. χάρμα νῦν ἔπαυσε μέριμνάν τε· τὸ πρὸ ποδὸς κτλ. scribendum est? || μέριμναν σ' Al. || ἄρειον αἰεί | χρῆμα πᾶν. B — ἄρειον αἰεί | χρῆμα πᾶν. D.D[D]D[D σ'ζ'] Al. Ro.* Bd.* — ἀρήϊόν ἐστ' ἀεὶ | χρῆμα πᾶν. Sm. (Pw. et Mi. similiter) — ἄρειον ἀεὶ πέλει | χρῆμα πᾶν. Hm.¹² Bö.¹ Aw. — ἄρειον ἀεὶ σκοπεῖν | χρῆμα πᾶν. Th. Di. Bö.²* (ex Sch.¹ σκοπεῖν καὶ εὖ διατιθέναι et Sch.² προβλέπειν) egregie; nam omissiones omnium maxime locorum in versiculorum clausulas incidunt, ut ad N. VI, 18 (ubi adde velim hoc exemplum) exposuimus. — id. (sed χρῆμά 'στιν.) Ht. male; cf. N. XI, 48 et ad O. VII, 56 || 15 βιότου πόρον [B]D[DD] D Al. Ro.* — βίου πόρον σ'ζ' Sm. Pw. (Hy.) Hm. Bö.* — βίου ὅρον (Sch. D bis) — βίου ῥόον (Ht.) — Sch. par. τὴν ὁδὸν τοῦ βίου || λαλά δ' DD — ἰατά δ' BD.D Al. — ἰατά δ' Ro.* — Sch. ἀλλ' ὅμως ... φορητά || ἐστὶ mss. Al. Ro.* — ἐστι Sm.* || τά. B Ro.* — ταόν. (ταόν,) D DDDD·'ζ' Al. || χρὴ δ' ἀγ. ... χρὴ δ' ἐν] δεῖ δ' ἀγ. ... χρὴ δ' ἐν (Hy.) — ἐν δ' ἀγ. ... χρὴ δ' ἐν Hm.¹ („ἐν est simul" Hm.¹) — id. (sed ἔτι δ') Bth. — Sch. bis προσήκει δέ || μέλειν.] hac voce expl. folium 281 codicis B ubi non leguntur sequentia (χρὴ δ' ἐν usque ad πεδίον vs. 40); sine dubio folium integrum quod olim haec continebat nunc amissum est; cf. ad vs. 41 || δ' ἐν ἑπτ.] δὲ ἑπτ. Cp.¹² || 15 sq. τραφέντ' αἰγίνα DDDD — τραφέντ', αἰγίνα σ' Cp. — τραφέντ'. αἰγίνα ζ' Al. Ro. Br. — τραφέντ', Αἰγίνᾳ Mr. St. — τραφέντα, Αἰγίνᾳ Sm.* (Hy.* sine dist.) || 16 de mensura vocis Αἰγινα vide ad Metr. et vs. 11 || προσνέμειν in Sch. par.

ΙΣΘΜΙΟΝΙΚΑΙ Ζ'. [Η'.]

πατρὸς οὕνεκα δίδυμαι γένοντο θύγατρες Ἀσωπίδων
ὁπλόταται, Ζηνί τε ϝάδον βασιλέϊ·   40
ὃ τὰν μὲν παρὰ καλλιρόῳ
20 Δίρκᾳ φιλαρμάτου πόλιος ᾤκισσεν ἁγεμόνα·

σὲ δ' ἐς νᾶσον Οἰνοπίαν ἐνεγκὼν   Στρ. γ'. 45
κοιμᾶτο, δῖον ἔνθα τέκες
Αἰακὸν βαρυσφαράγῳ πατρὶ κεδνότατον ἐπιχθονίων· ὃ καὶ
δαιμόνεσσι δίκας ἐπείραινε· τοῦ μὲν ἀντίθεοι   50
25 ἀρίστευον υἱέες υἱέων τ' ἀρηΐφιλοι παῖδες ἀνορέᾳ
χάλκεον στονόεντ' ἀμφέπειν ὅμαδον·   55
σώφρονές τ' ἐγένοντο πινυτοί τε θυμόν.
ταῦτα καὶ μακάρων ἐμέμναντ' | ἀγοραί,

17 πατρὸς οὕνεκα cum antecedentibus coniungit Pp. — non dist. DD Al. Ro. — πατρὸς cum antecedentibus (οὕνεκα cum sqq.) coni. D — π. οὔ. cum sqq. coni. ϛ'ζ' Cp.* (cum Sch.) || οὕνεκα D.DDD — οὕνεκα σ' — οὕνεκα ζ' Al. Ro.* — Sch. ὅτι δή — cf. ad O. XIV, 19 || θύγατρες ϛ'ζ' Sm. Bd. Hy.* — θυγατέρες DDD[D] Al. Ro.* Ox. (Pw.) — De D, (ut compendio scr.) n. 1. || ἀσωπίδων θ' DD[D]DD ϛ'ζ' Al. Ro.* Hm.¹² Bö.¹ Th. Aw. — id. (om. θ') (Pw.) Hy. Bö.²* (cum Sch. ut videtur) — id. (sed γ') (Pw.) || 18 ὁπλόταται ϛ'ζ' Al. Ro.* (cum Sch.) — ὁπλότατα DD[D]DD || τε ἅδον Sm. Bd. Pw. Hm.¹² Bö.* — θ' ἴαδον ϛ'ζ' — τ' ἴαδον (Ht.) — θ' ἄδον DD[DD]D Al. Ro.* Cf. ad O. VII, 18. || βασιλῇϊ scripti Al. Ro.* Ox.* — βασιλέϊ Sm. Bd. Hm. Bö.* || 19 ὃ τὰν DDD Cp. Br. St.* — ὃ, τάν, σ' — ὃ, τὰν ζ' Al. Mr. — ὅταν Ro. — ὅτ' ἂν D, — Sch. ὅστις ζεὺς τὴν || 20 ᾤκισσεν ϛ'ζ' Ro.* — ᾤκισεν D — ᾤκισσεν DD — ᾤκισσεν Al Mr.* | ἁγ. ϛ'ζ' Al. Ro.* — ἀγ. DDDD || 21sq. ἐνεγκὼν | κοιμᾶτο DDDDD ϛ'ζ' Al. Ro.* Sw. Bg.² Ht. (cum Sch. διακομίσας συνεκοιμήθη) — ἐνεγκών, κοιμᾶτο D, — ἔνεγκε, κοιμᾷ τε Hm.² (de forma consentio; cf. ad O. III, 14) — ἄγων ἐκοιμᾶτο Bg.¹ — ἔνεικ' ἐκοίμα τε (Bg.¹). Cf. ad Metr. || 22 ὅταν. ἔνθα ϛ'ζ' male — , δῖον ἔνθα (. δῖον ἔνθα D) rell. (cum Sch.) || ἔνθα τίκες omnes || 23 ὃ καὶ mss. Al. Ro. Cp. Sm.* — ὃς καὶ Br.* || 24 ἐπείραινε ϛ'ζ' Al. Ro.* — ἐπέραινε DDD — ἐπέραινε DD || 25 υἱῶν Sm. Bd. || στονόεντα τ' | ἀμφ. DDDD — στονόεν|τ' ἀμφ. ϛ'ζ' Al. Ro.* || ὅμαδον ϛ'ζ' Al. Ro.* — ὅμαδον DDDD

ISTHMIA VII. [VIII.] 443

Ζεὺς ὅτ᾽ ἀμφὶ Θέτιος ἀγλαός τ᾽ ἔρισας, Ποσειδᾶν,
       γάμῳ,   60
ἄλοχον εὐειδέα θέλων ἑκάτερος
ἐὰν ἔμμεν· ἔρως γὰρ ἔχεν.
30 ἀλλ᾽ οὔ σφιν ἄμβροτοι τέλεσαν εὐνὰν θεῶν πραπίδες, 65

ἐπεὶ θεσφάτων ἐπάκουσαν. εἶπε δ᾽   Στρ. δ΄.
 εὔβουλος ἐν μέσοισι Θέμις,
εἵνεκεν πεπρωμένον ἦν φέρτερον τεκέμεν ἄνακτα πατρὸς
       γόνον   70
ποντίαν θεόν, ὃς κεραυνοῦ τε κρέσσον ἄλλο βέλος

27 ἔρισας DDDD (Hy.) (ut πoσ. vocativus sit) — ἐρίσας ς'ζ' Al. Ro.* St. Sm. Ox. Pw. Hy. Hm.¹ — ἔρισαν Bd. (Hy.) Hm.² Bö.* (cum Sch. [ut videtur] ubi illud videtur exprimi per ἐφιλονείκησαν) || ποσειδῶν ς' — ποσειδᾶν D [rell.] Al. Ro.* || 28 εὐειδέα θέλων mss. Al. Ro.* — εὐειδέα ἐθέλον Hm.¹ — εὐειδέ᾽ ἐθέλων Bö. (ft. recte, ut O. VI, 83 μ᾽ ἐθέλοντα). Traditum movere nolui; cf. ad vs. 22 et ad O. II, 97. || 29 ἐὰν ζ' — ἐάν ς' — ἐὰν D [rell.] Al. Ro.* || ἔμμεν. ἔρως ς'ζ' St.² Bd. Hy.* — ἔμμεναι. ἔρως DDDD Al. Cp.¹² — ἔμμεν᾽. ἔρως Ro. Br. Mr. St.¹²⁴ PSt. Sm. Ox. || ἔχεν. (Sm.) Pw. Hy.* — ὅλιν. ς'ζ' (cf. P. II, 80) — ἴσχεν. D.DD[D?] Al. Ro.* — Sch. κατεῖχεν. Cf. ad O. II, 70. || 30 ἀλλ᾽ οὔ σφιν Dς'ζ' Al. Ro.* — ἀλλάσφι D, — ἀλλ᾽ αἰσφὶ D — ἀλλ᾽ αἱ σφι DD || 31 θεσφάτων ἐπάκουσαν ς'ζ' Hm.³ Aw. Th. Sw.²³ Bg.³ — θεσφάτων ἤκουσαν DD[D]DD Al. Ro.* Bd.* Hm.¹ — θ. ἀκόυσαν Pw. male — θ. ἄρ᾽ ἄκουσαν Mi. — θ. *ἤκουσαν Bö.² Di. — θ. ἐσάκουσαν Sm. — θ. ὅπ᾽ ἄκουσαν Hm.² Bg.¹ Ht. — θ. συνίεσιν (. ἔειπεν δ᾽) Bö.¹ — θέσφατ᾽ ἄϊον (· ἔννεπεν γὰρ) Ky. — Sch. τῶν μεμοιραμένων κατήκουσαν || εἶπε δ᾽ mss. Al. Ro.* Sw.²³ Bg.³ Ht. (cum Sch.) — εἶπεν δ᾽ Th. — εἶπεν Bö.² Di. — de Bö.¹ et Ky. vide supra. Cf. ad Metr. || 32 εὔμαλος (sic) DD || 33 εἵνεκεν D Al. — οὕνεκεν Do. — εἵνεκεν rell. — p. n. h. Cf. ad O. XIV, 19 et ad Metr. || φ. τεκέμεν ἄνακτα πατρὸς γόνον scripsi — φ. γόνον ἄνακτα π. τεκεῖν mss. Al. Ro.* Bd.* — φ. γόνον ἄρ᾽ ἄνακτα π. τ. Sm. — φ. γόνον γ᾽ ἄν. π. τ. Pw. — φ. γόνον ἄν. πατέρος τ. Mi. — φ. γόνον οἱ ἄν. πατρὸς τ. Bö.* — φ. πατέρος ἄν. γόνον τ. Aw. (non male) — φ. γόνον *ἄν. πατρὸς τ. Bg.² — φέρτερόν οἱ γόνον ἄν. π. τ. (Bg.² „si admittenda longa syllaba") — ποντίαν φέρτερον ἄνακτα πατρὸς θεόν | οἱ τεκεῖν γόνον, ὃς Ht. male, adversante metro

ΙΣΘΜΙΟΝΙΚΑΙ Ζ'. [Η'.]

35 διώξει χερὶ τριόδοντός τ' ἀμαιμακέτου, Ζηνὶ μισγομέ-
ναν 75
ἢ Διὸς παρ' ἀδελφεοῖσιν. ἀλλὰ τὰ μὲν
παύσατε· βροτέων δὲ λεχέων τυχοῖσα
υἱὸν εἰσιδέτω θανόντ' ἐν | πολέμῳ, 80
χεῖρας Ἄρεΐ τ' ἐναλίγκιον στεροπαῖσί τ' ἀκμὰν ποδῶν.
τὸ μὲν ἐμόν, Πηλέϊ γάμου θεόμορον
ὀπάσσαι γέρας Αἰακίδᾳ,
40 ὄντ' εὐσεβέστατον φάτις Ἰωλκοῦ τράφειν πεδίον·

ἰόντων δ' ἐς ἄφθιτον ἄντρον εὐθὺς Στρ. ε'.

35 χερὶ ε'ζ' Sm. Bd. Pw. Hy.* — χειρὶ D D D D Al. Ro.* ‖ ζηνὶ μισγ. ε'ζ' Sm. Bth. — διῒ (διὶ) μισγ. D.D[D]DD Al. Ro.* Bd.* (Sch. ἤτοι .. Διὶ) — Διί τε (Διῒ τε) Hm. Bö.* — ft. Διῒ συμμισγ. cf. Hom. Il. β. 753; P. IX, 72 al. ‖ διὸς παρ' mss. Al. Ro.* — Διός περ Mi. (Hy.) — Διός γ' ἐν (Aw.) — δίοισιν Ht. Iam Bö.¹ „παρ' offendit" ‖ -φεοῖσιν D.DDε'ζ' Al. Bö.* — φεοῖσι D — φεοῖς D — φοῖσιν Ro.* ‖ τυχοῦσα mss. Al. Ro.* — τυχοῖσα (Hy.) Hm. Bö.* ‖ **36** υἱὸν εἰσι δέ τω (sic) Al. — υἱὸν εἰσιδέ τω Ro. Br. ‖ θανόντ' ἐν | ε'ζ' Cp. Sm.* — θανόντα ἐν | DDDD Al. — θανόντα | ἐν Ro. Br.* ‖ **37** ἀρεῒ | χεῖρας ἐναλ. DDDDD Al. Ro.* Ox. — ἀρεῒ | χέρας ἐναλ. ε'ζ' Sm. Bd. Pw. Hy. — χεῖρας Ἀρεῒ ἐναλ. Hm.¹² — id. (sed Ἄρεος) Bö. coni. sed ipse refutat — χεῖρας Ἀρεΐ τ' ἐναλ. Bö.¹²* — καὶ Ἄρει χέρας ἐναλ. (Aw.) male ‖ **38**sq. Πηλέϊ γάμου θεόμορον | ὀπάσσαι γέρας Αἰακίδᾳ Hm.² Aw. Th. — Π. γέρας θ. | ὀ. γάμου Al. (Hm.²) Ky. Bg.¹² Ht. — Πηλέϊ θεόμορον ὀπάσαι | γάμου Αἰακίδᾳ τὸ γέρας Bö.¹² Di. Sw. — id. (sine τὸ) Hm.¹ — πηλεῖ θεά|μοιρον ὀπάσαι γάμου αἰ|ακίδα γέρας D.D[D]DD Al. Ro. — id. (sed θεόμοιρον) ε'ζ' Ox. (Pw.) — id. (sed πηλέϊ θεόμοιρον) Cp.* — Πηλεῒ θεύ|μοιρον ὄπασε γά. Al. γέ. Sm. („meum votum destinavit" male) — id. (sed ὄπασα „dedi") Bd. — id. (sed ὀπάσαι) Hy. — Πηλέϊ θεύ|μοιρον γάμου ὀπάσαι Al. γέ. Pw. ‖ **40** ὄν|τ' εὐσ. φασὶν Ἰαωλκοῦ τρ. D.DDDD (cum Sch.) — id. (sed φάσ' Ἰαω.) ε'ζ' Al. (ε' φάσ' Ἰαολ. Ro.* φασ') — ὄν|τε εὐσ. φασ' Ἰαωλκοῦ τρ. Ro.* Ox. Hy. — ὂν | καὶ εὐσ. φασ' Ἰαωλκοῦ τρ. Sm. Bd. — ὄν τε φασὶν εὐσ. ἰωλκοῦ τρ. Pw. Hm.¹ — ὄντ' εὐσ. φάτις ἰωλ. τρ. (Bth. Hm.³) Bö.* ‖ τράφειν mss. Al. Ro.* Hy.* (cum Sch. τρέφειν) — τραπεῖν Bd. Ox. Pw. — τραφεῖν Hm.¹ ‖ **41** inc. folium 282 (ultimum, mutilatum) codicis B — cf. ad vs. 15 ‖ εὐθὺς mss. Al. Ro.* — εὐθὺ Hm.² Bg.¹ (ft. recte; cf. ad O. I, 71 et ad Metr.) — p. n. h.

ISTHMIA VII. [VIII.]   445

Χείρωνος αὐτίκ᾽ ἀγγελίαι·   90
μηδὲ Νηρέος θυγάτηρ νεικέων πέταλα δὶς ἐγγυαλιζέτω
ἄμμιν· ἐν διχομηνίδεσσιν δὲ ϝεσπέραις ἐρατὸν
45 λύοι κεν χαλινὸν ὑφ᾽ ἥρωϊ παρθενίας. ὡς φάτο Κρονί-
   δαις   95

ἐννέποισα θεά· τοὶ δ᾽ ἐπὶ γλεφάροις
νεῦσαν ἀθανάτοισιν· ἐπέων δὲ καρπὸς   100
οὐ κατέφθινε. φαντὶ γὰρ ξύν᾽ | ἀλέγειν
καὶ γάμον Θέτιος ἄνακτα. καὶ νεαρὰν ἔδειξαν σο-
   φῶν   105

στόματ᾽ ἀπείροισιν ἀρετὰν Ἀχιλέος·
ὃ καὶ Μύσιον ἀμπελόεν
50 αἵμαξε Τηλέφου μέλανι ῥαίνων φόνῳ πεδίον,   110

γεφύρωσέ τ᾽ Ἀτρείδαισι νόστον,   Στρ. ε΄.

42 [χει]ρῶνος B — χείρωνος rell. || 43 μὴ δὲ ε᾽ Al. Ro.* Sm. Ox. — μηδὲ [rell. mss.?] Mr. St. Hy.* || -ρέως mss. (D -έω) Al. Ro.* — ρέος Bö.* || 44 ἄμμιν omnes || -δισι DD — δισσι D, [BD]Dε᾽ζ᾽ Al. Ro.* — δισσιν Bö.* || δὲ ἑσπέραις ε᾽ζ᾽ Al. Ro.* — δ᾽ ἑσπέραις BD.DDD (in D δ᾽ ἑσπ.) || 45 κε B — κεν [DD]DDε᾽ζ᾽ Al. Ro.* || ἥρωϊ ἥρωϊ Al. || φάτο DD Dε᾽ας || κρονίδας Br. Mr. male || ἐννέποισα ε᾽ζ᾽ Al. Ro.* (in ε᾽ας ft. ἠνέπ.) — ἐνέποισα BDDDD || τοὶ δ᾽ mss. Al. Ro. Br. Mr. — τοὶ δ᾽ Cp. St.* || γλεφ. BD.D[D]DDε᾽ζ᾽ Al. Ro.* Ox.* — βλεφ. (in nullo scripto) Br.m Mr.* || 46 κατέφθιε (Th.) ||, συναλέγειν B — συ|ναλέγειν DDDDDε᾽ζ᾽ Al. Ro.* (in DD σὺ|ν in Dε᾽ας σύ|ν) — id. (sed συν|αλ.) Sm.* — ξύν᾽ ἀλέγειν Hm. Bö.* (i. e. κοινά, ξυνά, una) egregie; vide ad Metr. — κύμ᾽ ἀλέγειν (i. e. κόημα) Schdt. male — νῦν ἀλ.? cf. N. XI, 9 — p. n. e. || 47 γά-μ.. B — γάμου ε᾽ζ᾽ — γάμον [DDDD]D Al. Cp.* — γάμον. Ro. || ἄνακτα BDD[D]DD Al. Ro.* (cum gl. B τὸν Δία) — ἄνακτε ε᾽ζ᾽ Sw. Ra. (ft. recte) — ἄνακτι Ky. (non male) — ἄκασκα Schdt. (ex Eust. Pr. § 21) male — ἄνακτας (Bg.²) — p. n. e. || καὶ | νέἀνέδειξαν BDDDD (cum Sch.¹) — καὶ | νέαν ἔδειξαν D,Dε᾽ζ᾽ Al. (cum Sch.²) — καὶ | νέαν ἀνέδειξαν Ro.* Bd.* — καὶ | νεαρὰν ἔδειξαν Sm. (Pw. Hy.) Hm. Bö.* || 48 στόμα D, — στόματ᾽ ἀπείροισι B — id. (sed σιν) DD[D]DD Sm. Bd. Pw. Hy.* (cum Sch.¹²) — στόματ᾽ ἀπείροις Ro.* Ox. — στόμασ᾽ ἀπείροισιν ε᾽ζ᾽ — στόμασ᾽ πείροισιν Al. — στόματ᾽ ἀοιδαῖσιν Ht. temere || ἀχιλέως B — ἀχιλλέος DDDρ᾽ Al. Ro.* Bd. Ox. — ἀχιλέος [D?]ζ᾽ Sm. Pw. Hy.* || 49 ὃ καὶ omnes || 51 γεφύροσέ τ᾽ D, — γεφύρῳ σέ τ᾽ Al. || ἀτρεΐδαισι BD.DDDDε᾽ζ᾽

Ἑλέναν τ' ἐλύσατο, Τρωΐας
ἴνας ἐκταμὼν δορί, ταί νιν ῥύοντό ποτε μάχας ἐναριμ-
βρότου
ἔργον ἐν πεδίῳ κορύσσοντα, Μέμνονός τε βίαν   115
55 ὑπέρθυμον, Ἕκτορά τ', ἄλλους τ' ἀριστέας· οἷς δῶμα
Φερσεφόνας   120
μανύων Ἀχιλεύς, οὖρος Αἰακιδᾶν,
Αἴγιναν σφετέραν τε ῥίζαν πρόφαινεν.
τὸν μὲν οὐδὲ θανόντ' ἀοιδαὶ | ἔλιπον,   125
ἀλλά ϝοι παρά τε πυρὰν τάφον θ' Ἑλικώνιαι παρθένοι
στάν, ἐπὶ θρῆνόν τε πολύφαμον ἔχευαν.
ἔδοξ' ἄρα καὶ ἀθανάτοις,   130

Al. Ro.* Pw. — ἀτρείδαισι (Bd.) Hy. Bö.* — ἀτρείδαισι (Bd.) Hm.¹ || νόστον D.[DDD]D Al. Ro.* (cum Sch.) — νό... B — νοῦσον ε'ζ'
52 τρωΐας mss. Al. Ro.* Bd. Ox. Pw. (Hm.¹) Bö.²* — Τροίας Sm. Hy.* Ht. — Τροίας Hm.¹ Cf. ad O. XIII, 78. || 53 ἴνας ζ' Ro.* (cum Sch.) — .. ας Β — ἴνας Dε' Al. — ἴνας DDD || νιν scripsi cum Aw. — μιν omnes rell. || ῥύοντο mss. Al. Ro.* — Sch. ἐρρύοντο καὶ ἐκώλυον — ἐρύοντο (Bö.¹). Cf. ad Metr. et O. XIII, 78. || ποτε μάχας ε'ζ' Sm. Bd. Hy.* — ποτ' ἐκ μάχας [B]D.D Al. Ro.* Ox. Pw. — π' ἐκ μάχας DD || ῥυονθ', ὁπότε μ. ἰ. ἰ. ἐν π. κορύσσοιτο (Bg.²); Sch. participium tuetur. || μαχὰς ε' — μάμας (sic) DD || ἐν ἀριμβρότου D — ἐν ἀναριμβρότου DD — ἐναριμ..... B (hac voce expl. fol. ultimum codicis praestantissimi) — ἐναριμβρότου ε'ζ' Al. Ro.* (cum Sch.) || 54 κορύσσοντι ε'ζ' Al. Ro. — κορύσσοντα [DDD]D Cp.* (cum Sch.) — κορύσσοιτο (Bg.²) vide supra. || 55 περσ. D.D(DD]Dε'ζ' Al. Ro.* — φερσ. Bö.* (coll. O. XIV, 21; P. XII, 2) || ἀχιλεὺς ε'ζ' Al. Sm. Ox.* — ἀχιλλεὺς DDDD || de mensura vocis Αἴγιναν cf. ad Metr. || τε ῥίζαν ε' Mr.* (cum Sch.) — τὲ ῥίζα Dζ' — τὲ ῥίζαν DDD — τερίξαν Al. Ro.* — τερίξαν ✶ (asterisco) Br. || πρόφαινε mss. Al. Ro.* - νεν Bö.* || 56 οὐδὲ (Bö.¹ Di.) Bö.²* — οὔτι D.DDDDε'ζ' Al. Ro.* Sw.²³ (cum Sch.) || ἀοιδαὶ | ἔλιπον (hiatu) D.DI DD Hm.¹ Bö.* (cum Sch.) — ἀοιδαὶ | ἔλιποντ' ε'ζ' Al. Ro.* (interpolatione metrica ut O. VII, 62) — ἀοιδαὶ | ἔλιπόν γ' Da. Hy. — ἀοιδαὶ γ' ἔλιπο Hm.² (ft. recte; cf. ad Metr.) || 57 Ἑλικωνίδες Hck. || 58 στάν (Hy.) Mi Hm. Bö.* — ἴσταν mss. Al. Ro.* — ἴσαν Pw. — Sch. ἴστησαν || ἐκ Hm.² || ἐπεὶ θρῆνον εὔφαμον Sm. — ἐπὶ θρόον τε πολ. Pw. || ἔχευα mss. Al. Ro.* Bd.* — ἔχεαν Sm. Hm. Bö.* — Sch. ἐνέβαλον. Cf. ad O XIII, 78 et P. VIII, 85. || 59 ἔδοξ' ἄρα καὶ ἀθ. Sw.²³ Bg.² (ex Sch

60 ἐσλόν γε φῶτα καὶ φθίμενον ὕμνοις θεᾶν διδόμεν.

τὸ καὶ νῦν φέρει λόγον, ἔσσυταί τε　　　　Στρ. ζ'.
　　Μοισαῖον ἅρμα Νικοκλέος
μνᾶμα πυγμάχου κελαδῆσαι. γεραίρετέ νιν, ὃς Ἴσθμιον
　　　　　　　　　ἂν νάπος　　　　135
Δωρίων ἔλαχεν σελίνων· ἐπεὶ περικτίονας
65 ἐνίκασε δή ποτε καὶ κεῖνος ἄνδρας ἀφύκτῳ χερὶ κλο-
　　　　　νέων.　　　　140
τὸν μὲν οὐ κατελέγχει κριτοῦ γενεὰ
πατραδελφεοῦ· ἁλίκων τῷ τις ἁβρὸν　　　　145
ἀμφὶ παγκρατίου Κλεάνδρῳ | πλεκέτω
μυρσίνας στέφανον. ἐπεί νιν Ἀλκαθόου τ' ἀγὼν σὺν
　　　　　τύχᾳ
ἐν Ἐπιδαύρῳ τε νεότας δέκετο πρίν.　　　　150

— ἴδοξ' ἄρα καὶ ἀθ. D̲. (cum Sch.) — ἴδοξ' ἄρα δ' ἀθ. D̲D̲D̲D̲ Al. — ἴδοξεν ἄρα δ' ἀθ. ι'ζ' Ro.* — ἴδοξεν δ' ἄρα αθ. Hm.¹ Aw. (hiatu intolerabili) — ἴδοξεν δ' ἄρ' ἐν ἀθ. Hm.² — ἴδοξ' ἄρα τόδ' ἀθ. Bö.* Ht. 60 ἰσλόν γε φ. Ro.* (cum Sch. τὸν ἀγαθὸν ἄνδρα) — ἰς λόγον γε φ. D̲D̲D̲D̲ ι'ζ' Al. ‖ θεᾶν ι'ζ' Al. Ro.* (cum Sch. τῶν μουσῶν) — θεᾶν D̲D̲D̲D̲ — cf. ad O. VII, 44. ‖ 61 φέρει] ἔχει Hck. ‖ λόγος Sch.²? ‖ ἔσυτ. D ‖ λόγον. Ἔσσυται δὲ Sm. ‖ 62 νικοκλέος D̲D̲D̲D̲ Bö.* -κλέους ι'ζ' Al. Ro.* ‖ 63 γεραίρετέ νιν scripsi — id. (sed μιν) Bth. Bö.* — γεραίρεταί μιν D̲ D̲D̲D̲D̲ — γερᾶραι τέ μιν ι'ζ' Al. Ro.* Bd.* (cum Sch. ut videtur) — γεραρέ τε μιν Sm. Mi. (Hy.) — γεραιρέ τε μιν Hm.¹² — γεραιρέμεν θ' (Aw.) ‖ ἂν νάπος Hm. Bö.* (coll. P. V, 36; I. III, 12) egregie — ἀνάπο (vel ἂν ἀπί) D̲ — ἀνάπι D̲ — ἀναπο D̲ — ἄναξ D̲ — ἂν ἀπὸ Al. Ro.* — ἂν πέδον ι'ζ' ‖ 64 ἔλαχεν ζ' Hy.* — ἔλαχε D̲D̲· Al. Ro.* ‖ -κτίονας mss. Sm. Bd. Hy.* — κτίονας Al. Ro.* Ox. ‖ 65 ἐνίκασε omnes ‖ κἀκεῖνος mss. Al. Ro.* (κᾶκ. Mr.*) — καὶ κεῖνος Bö.* ‖ ἀφύκτῳ [D̲?]ι'ζ' Cp. Br.ᵐ — ἀφύκτῳ Mr.* — ἀφύκτι D̲D̲D̲[D̲?] Al. Ro. Br. — ἀφίκται coni. Br.ᵐ — p. n. e ‖ χερὶ ι'ζ' Al. Ro.* — χειρὶ D̲ — χειρεὶ D̲D̲ — χεῖν ισ D̲ ‖ τὸν μὲν ι'ζ' Al. Ro.* — τὸ μὲν D̲D̲D̲D̲ ‖ γενεὰ ι'ρζ' Cp. St.* — γενᾶ ε'εε — γενεᾶν D̲D̲(D̲)D̲D̲ (in D̲D̲ νέαν) Al. Ro. Br. Mr. ‖ 67 νιν omnes ‖ ἀλκαθόου τ' ι'ζ' Al. Ro.* — ἀλκάθου τ' D̲ — ἀλκάτου τ' D̲D̲D̲ — p. n. e. ‖ 68 ἐν ι'ζ' Al Ro.* (in s' est ἐν') — εἰ D̲D̲D̲D̲ ‖ δέκετο πρίν Hm.¹ Bö.* — πρὶν ἰδέκτο mss. Al. Ro.* — πρὶν ἰδέκαθ' (ὂν) Hm.² Aw.

ΙΣΘΜΙΟΝΙΚΑΙ Ζ'. [Η'.]

τὸν αἰνεῖν ἀγαθῷ παρέχει·
70 ἥβαν γὰρ οὐκ ἄπειρον ὑπὸ χειᾷ καλῶν δάμασεν.

69 παρέχει [D̲?]ε'ζ' Al. Ro.* — παρέχειν D̄D̄[D̲]D̲ ‖ 70 ὑπὸ χει|ᾷ καλῶν ε'ᵇζ' Al. Ro.* (ε'ᵇ ὑπόχει|ᾷ) — id. (sed χει|ᾷ) Mr.* — ὑπὸ χία|πω καλῶν, D (nisi legendum est χόα) — ὑπὸ χία-|πω καλῶν. D̲ — ὑπο χια|πω κλῶν, D̲ — ὑπόχια | πω καλῶν, D̲ — p. n. e.

Subscr. τέλος πινδάρου. D̲ζ' — τέλος. D̲D̲ Al. — nulla in rell. ‖ Sequuntur decem versus (fr. 4) in DD̲D̲D̲D̲ — omittuntur iidem in ε'ζ' Al. Ro.*

FRAGMENTA SELECTA.

FRAGMENTA PINDARI SELECTA.

Numeri et supra et in exteriore margine scripti designant locos, quibus haec fragmenta in maiore Boeckhii editione posita sunt; ii qui in interiore margine collocati sunt, ad alteram Bergkii editionem spectant; asterisco ea fragmenta notata sunt quae sine poetae nomine inveniuntur.

I.
ΙΣΘΜΙΟΝΙΚΑΙ.

ed. Bg.¹
2

ed. Bö.¹
1

1

⏑́⏑⏑–⏑–⏑́–⏓
–⏑́⏑–⏑–⏑–⏑́–⏑̆
⏑⏑́–⏑–⏑⏑–⏓

Αἰολίδαν δὲ Σίσυφον κέλοντο
ᾧ παιδὶ τηλέφαντον ὄρσαι γέρας
ἀποφθιμένῳ Μελικέρτᾳ.

2.

⏑́–⏑́⏑⏑–⏑⏑–⏑⏑̆
ὅστις δὴ τρόπος ἐξεκύλισέ νιν.

4.

⏑́⏑–⏑⏑́––⏑́⏑––⏑́⏑⏑̆
–⏑́⏑–⏑⏑́⏑⏑–⏓
–⏑́⏑⏑–⏑⏑–
⏑́⏑––⏑́⏑⏑–⏑́⏑⏑̆

5 ⌢⏑⏑–⏑–⏑́⏑–⏓
⏑́⏑–⏑⏑–⏑–⏑́⏑–⏑́⏑–⏑́⏑⏑⏑
–⏑́⏑–⏑⏑⏑–
–⏑́⏑–⏑⏑́⏑––

29*

Κλεινὸς Αἰακοῦ λόγος, κλεινὰ δὲ καὶ ναυσικλυτὸς
Αἴγινα· σὺν θεῶν δέ νιν αἴσᾳ
Ὕλλου τε καὶ Αἰγιμιοῦ
Δωριεὺς ἐλθὼν στρατὸς ἐκτήσατο.
5 τὰ μὲν ὑπὸ στάθμᾳ νέμονται
οὐ θέμιν οὐδὲ δίκαν ξείνων ὑπερβαίνοντες· οἷοι δ᾽
ἀρετὰν
δελφῖνες ἐν πόντῳ, ταμίαι τε σοφοὶ
Μοισᾶν ἀγωνίων τ᾽ ἀέθλων.

II.
ΥΜΝΟΙ.

ed. Bö.¹   1. 2.   ed. B₍
5. 6.   6. 7

— ´ ⏑ — — ´ ⏑ ⏑ — ⏑ ⏑ —
— ´ ⏑ — — ´ ⏑ ⏑ — ⏑ ⏑ — —
— ´ ⏑ — — ´ ⏑ ⏑ — ⏑ ⏑ —
´ ⏑ — — ´ ⏑ ⏑ — ⏑ ⏑ ⌣
5 — ´ ⏑ — — ´ ⏑ ⏑ — ⏑ ⏑ — ⌣
´ ⏑ — — ´ ⏑ ⏑ — ⏑ ⏑ — ´ ⏑ ⏑ — ⏑ ⏑ — ⌣

Ἰσμηνὸν ἢ χρυσαλάκατον Μελίαν,
ἢ Κάδμον, ἢ σπαρτῶν ἱερὸν γένος ἀνδρῶν,
ἢ τὰν κυανάμπυκα Θήβαν,
ἢ τὸ πάντολμον σθένος Ἡρακλέος,
5 ἢ τὰν Διωνύσου πολυγαθέα τιμάν,
ἢ γάμον λευκωλένου Ἁρμονίας ὑμνήσομεν . . . . . ;

             *   *   *

Πρῶτον μὲν εὔβουλον Θέμιν οὐρανίαν
χρυσέαισιν ἵπποις Ὠκεανοῦ παρὰ παγᾶν
Μοῖραι ποτὶ κλίμακα σεμνὰν
ἆγον Οὐλύμπου λιπαρὰν καθ᾽ ὁδὸν
5 σωτῆρος ἀρχαίαν ἄλοχον Διὸς ἔμμεν·
ἁ δὲ τὰς χρυσάμπυκας ἀγλαοκάρπους τίκτεν ἀλα-
θέας Ὥρας.

ΥΜΝΟΙ.   453

ed. Bg.²   4.   ed. Bö.¹
9   8

.... ´ ᴗ ᴗ
_ ´ ᴗ _ _ ´ ᴗ _ _ ´ ᴗ ᴗ _ ᴗ ᴗ _
.... τοῦ θεοῦ
ἄκουσε Κάδμος μουσικὰν ὀρθὰν ἐπιδεικνυμένου.

                            5.*
10
_ ´ ᴗ _ _ ´ ᴗ ᴗ _ ᴗ ᴗ _
_ ´ ᴗ _ _
ὃς καὶ τυπεὶς ἁγνῷ πελέκει τέκετο
ξανθὰν Ἀθάναν.

                            6.*
11   10
_ ´ ᴗ _ _ ´ ᴗ ᴗ _ ᴗ ᴗ _
Κείνων λυθέντων σαῖς ὑπὸ χερσίν, ἄναξ.

                            7.
12   11
_ ´ ᴗ _ _ ´ ᴗ ᴗ .....
Ἄμμων Ὀλύμπου δέσποτα.

                            8.
13   12
´ ᴗ ᴗ _ ᴗ ᴗ _ _ ´ ᴗ _ .....
Πότνια θεσμοφόρε χρυσάνιον.....
    Ad Proserpinam.

                           12.
14   16
ᴗ ´ ῀ ᴗ _ ´ ᴗ _
´ ᴗ ᴗ .....
Ἐν ἔργμασι δὲ νικᾷ τύχα,
οὐ σθένος.

———————

    Ad Hymnos etiam fr. 171 (inc. 69) pertinere relatum est; ft. etiam
    fr. 173 (inc. 70).

———————

FRAGMENTA SELECTA.

III.
ΠΑΙΑΝΕΣ.

ed. Bö.¹   ed. Bg.²
24   29

Ἀμφιπόλοισι μαρνάμενον μοιρᾶν περὶ τιμᾶν ἀπο-
λωλέναι.

De Neoptolemo Delphis occiso.

25   2.   30

Χρύσεαι δ' ἐξ ὑπεραιέτου
ἄειδον Κηληδόνες.

De Delphico templo.

29   6.   35

Δωδωναῖε μεγάσθενες, ἀριστότεχνα πάτερ,

33   10.   39

Τί δ' ἔλπεαι σοφίαν ἔμμεναι, ᾇ ὀλίγον τοι
ἀνὴρ ὑπὲρ ἀνδρὸς ἰσχύει;
οὐ γὰρ ἔσθ' ὅπως τὰ θεῶν βουλεύματ' ἐρευνάσει
βροτέᾳ φρενί· θνατᾶς δ' ἀπὸ ματρὸς ἔφυ.

IV.
ΔΙΘΥΡΑΜΒΟΙ.

44   2.   50

ΔΙΘΥΡΑΜΒΟΙ. 455

Ἀλόχῳ ποτὲ θωραχθεὶς ἔπεχ' ἀλλοτρίᾳ
Ὠαρίων.

ed. Bg.²   3.   ed. Bö.¹
53   45

Ἴδετ' ἐν χορόν, Ὀλύμπιοι,
ἐπί τε κλυτὰν πέμπετε χάριν, θεοί,
πολύβατον οἵτ' ἄστεος ὀμφαλὸν θυόεντα
ἐν ταῖς ἱεραῖς Ἀθάναις
5 οἰχνεῖτε πανδαίδαλόν τ' εὐκλέ' ἀγοράν·
ἰοδετᾶν λάχετε στεφάνων
τᾶν τ' ἐαριδρέπτων λοιβᾶν, Διόθεν τέ με σὺν ἀγλαᾷ
ἴδετε πορευθέντ' ἀοιδᾷ δεύτερον
ἐπὶ κισσοδέταν θεόν,
10 τὸν Βρόμιον, τὸν Ἐριβόαν τε βροτοὶ καλέομεν. γόνον
ὑπάτων μὲν πατέρων μελπέμεν
γυναικῶν τε Καδμειᾶν ἔμολον.

456 FRAGMENTA SELECTA.

Ἐν Ἀργείᾳ Νεμέᾳ μάντιν οὐ λανθάνει
φοίνικος ἔρνος, ὁπότ᾽ οἰχθέντος Ὡρᾶν θαλάμου
εὔοδμον ἐπαΐωσιν ἔαρ φυτὰ νεκτάρεα.
15 τότε βάλλεται, τότ᾽ ἐπ᾽ ἀμβρόταν χέρσον ἐραταὶ
ἴων φόβαι, ῥόδα τε κόμαισι μίγνυται,
ἀχεῖ τ᾽ ὀμφαὶ μελέων σὺν αὐλοῖς,
ἀχεῖ τε Σεμέλαν ἑλικάμπυκα χοροί.

ed. Bö.¹ 46   4.   ed. Bg.² 54

— ‿ ∪ — ∪ ∪ — ∪ ∪ — ∪ ∪ — ⌣
— ⌢ ∪ — ∪ ‿ ∪ — ‿ ∪ — ∪ ∪ — ∪ ∪

Ὦ ταὶ λιπαραὶ καὶ ἰοστέφανοι καὶ ἀοίδιμοι,
Ἑλλάδος ἔρεισμα, κλειναὶ Ἀθᾶναι, δαιμόνιον πτο-
λίεθρον.

47   5.   56

‿ ∪ — — ‿ ∪ ∪ — ∪ ∪ — — ‿ ∪ — —
‿ ∪ — — ‿ ∪ — — ‿ ∪ ∪ — — ∪ ∪ —

Πρὶν μὲν εἷρπε σχοινοτένειά τ᾽ ἀοιδὰ διθυράμβων
καὶ τὸ σὰν κίβδαλον ἀνθρώποισιν ἀπὸ στομάτων.

48   6.   57

. . . . . . — ‿ ∪ —
— ‿ ∪ ∪ — ∪ ∪ — — ‿ ∪ —
‿ ∪ — — ‿ ∪ ∪ — ⌣
‿ ∪ ∪ — ∪ ‿ ∪ — — ‿ ∪ — —

σοὶ μὲν κατάρχειν,
μᾶτερ μεγάλα, πάρα ῥόμβοι κυμβάλων,
ἐν δὲ κεχλάδειν κρόταλα,
αἰθομένα δὲ δᾷς ὑπὸ ξανθαῖσι πεύκαις.

49   7.   58

∪ ∪ ‿ ∪ — ∪ ‿ ∪ — ‿ ∪ —
∪ ∪ ‿ ∪ ∪ — ∪ — ‿ ∪ — ∪ ∪ — — ⌣
— ‿ ∪ ∪ — ‿ ∪ — ‿ ∪ — ‿ ∪ — ⌣
‿ ∪ — ∪ ⌣

Σὲ δ᾽ ἐγὼ παρ᾽ ἄμμιν αἰνέω μέν, Γηρυόνα,

ΠΡΟΣΟΔΙΑ. 457

τὸ δὲ μὴ Διΐ φίλτερον σιγῶμι πάμπαν. οὐ γὰρ
ἐοικός,
ἁρπαζομένων τῶν ἐόντων, καθῆσθαι παρ' ἑστίᾳ,
καὶ κακὸν ἔμμεναι.

ed. Bg.²   8.   ed. Bö.¹
59   50

Τὰν λιπαρὰν μὲν Αἴγυπτον ἀγχίκρημνον.

60   9.   51

–⏑⌣–⏑––⏑⌣–̑⏑⌣

Ἦν ὅτε σύας τὸ Βοιώτιον ἔθνος ἔνεπον.

52   11.   53

Τρέχων δὲ μετὰ Πληιόναν, ἅμα δ' αὐτῷ κύων
[λεοντοδάμας.]
De Orione.

133   15.   57

–⏑⏑––⏑⏑–⏑⌣
–⏑⏑–⏑̑⏑––⏑̑⏑––
–́⏑⏑........

Ὁ ζαμενὴς δ', ὁ χοροιτύπος,
ὃν Μαλεάγονος ἔθρεψε Ναΐδος ἀκοίτας
Σειληνός.

Böckhius hoc fr. inter Dithyrambos retulit, Bergk. inter incerta.

Bergk. fr. 225 et 196 (inc. 122 et 96) Dithyrambis adnumeravit.

V.

ΠΡΟΣΟΔΙΑ.

1.

64. 65.   58

–́⏑––́⏑⏑––
–́⏑––́⏑⏑––
–́⏑––⏑⏑–́⏑⏑–́⏑⏑––
–́⏑––́⏑⏑⏑⏑–́⏑––́⏑⏑–⏑⏑–⌣
5 –́⏑⏑––⏑⏑––
––́⏑–––́⏑⏑–

458   FRAGMENTA SELECTA.

‐⏑⏑−−‐⏑⏑−−‐⏑⏑−⏑⏑−−
‐⏑⏑−⏑⏑−−‐⏑⏑−⏑⏑−−

Stropha.

Χαῖρ', ὦ θεοδμήτα, λιπαροπλοκάμου
παίδεσσι Λατοῦς ἱμεροέστατον ἔρνος,
πόντου θύγατερ, χθονὸς εὐρείας ἀκίνητον τέρας,
  ἅντε βροτοὶ
Δᾶλον κικλήσκοισιν, μάκαρες δ' ἐν Ὀλύμπῳ τηλέ-
  φαντον κυανέας χθονὸς ἄστρον
5 . . . .
 . . . .
 . . . .
 . . . .

Antistropha.

 . . . .
 . . . .

ἦν γὰρ τοπάροιθε φορητὰ κυμάτεσσιν παντοδαπῶν
  τ' ἀνέμων
ριπαῖσιν· ἀλλ' ἁ Κοιογενὴς ὁπότ' ὠδίνεσσι θύοισ'
  ἀγχιτόκοις ἐπέβαινεν,
5 δὴ τότε τέσσαρες ὀρθαὶ
πρέμνων ἀπώρουσαν χθονίων,
ἂν δ' ἐπικράνοις σχέθον πέτραν ἀδαμαντοπέδιλοι
κίονες. ἔνθα τεκοῖσ' εὐδαίμον' ἐπόψατο γένναν.

ed. Bö. 59   2.   ed. Bg 66

⏒‐⏑⏑−⏑⏑−⏒‐⏑⏑−−⏑⏑−⏒
‐⏑⏑−−‐⏑⏑−−‐⏑⏑−⏑⏑−−

Τί κάλλιον ἀρχομένοισιν ἢ καταπαυομένοισιν,
ἢ βαθύζωνόν τε Λατὼ καὶ θοᾶν ἵππων ἐλάτειραν
  ἀεῖσαι;

Aeginetis in Aphaeam.

60   3.   67

ΠΑΡΘΕΝΙΑ.

```
  ⏓ ⏑ ⏓ ⏑ ⏑ ⏑ – – ⏑ – –
  ⏓ ⏑ ⏓ ⏑ ⏑ – ⏑ ⏑ – ⏑ – ⏑ – ⏝
  ⏓ ⏑ ⏑ – ⏑ ⏑ – ⏓ ⏑ ⏝
5 ⏑ ⏓ ⏑ –
  ⏓ ⏑ ⏑ – ⏑ ⏑ –
```

... Πρὸς Ὀλυμπίου Διός σε,
χρυσέα κλυτόμαντι Πυθοῖ,
λίσσομαι Χαρίτεσσί τε καὶ σὺν Ἀφροδίτᾳ
ἐν ζαθέῳ με δέξαι θρόνῳ
5 ἀοίδιμον
Πιερίδων προφάταν.

<small>Ad Prosodia fr. 93 (scol. 7) retulit Bg.; cf. etiam fr. 292.</small>

VI.
ΠΑΡΘΕΝΙΑ.

ed. Bg.¹   **2.**   ed. Bö.¹
71   63

```
  ⏓ – ⏓ ⏑ ⏑ – – ⏓ – ⏓ ⏑ ⏑ – ⏑ –
  – ⏓ ⏑ ⏑ – ⏑ ⏑ – ⏓ ⏑ ⏑ – ⏑ ⏑ – ⏝
```

Ὦ Πάν, Ἀρκαδίας μεδέων, καὶ σεμνῶν ἀδύτων
                         φύλαξ,
Ματρὸς μεγάλας ὀπαδέ, σεμνᾶν Χαρίτων μέλημα
                         τερπνόν.

74   **3.**   64

Τὸ σαυτοῦ μέλος γλάζεις.
<small>De Pane.</small>

72   **5.**   66

```
  ⏓ ⏑ ⏑ – ⏓̆ ⏑ – ⏑ ⏓ ⏑ ⏑ – ⏑ ⏑ –
  ⏑ ⏑ ⏓ ⏑ ⏑ – ⏑ – ⏝
```

Ὦ μάκαρ, ὅν τε μεγάλας θεοῦ κύνα παντοδαπὸν
καλέοισιν Ὀλύμπιοι.
<small>De eodem.</small>

77. 78.   **9.**   70

```
  . . . . . . – ⏓ ⏑ – –
  – ⏓ ⏑ – ⏓ ⏑ ⏑ – ⏓ ⏑ – – ⏑ ⏑ – ⏑ ⏑ –
  ⏓ ⏑ – – ⏓ ⏑ ⏑ – ⏑ ⏑ – – ⏓ ⏑ – –
```

– ⏑ ⏑ – ⏑ ⏑ – ´ ⏑ – – ´ ⏑ – ⏑ ...
...... δινηθεὶς ἐπῄει
γᾶν καὶ θάλασσαν καὶ σκοπιαῖσιν μεγάλαις ὀρέων
ὕπερ ἔστα
καὶ μυχοὺς δινάσσατο βαλλόμενος κρηπῖδας ἀλσέων.
καί ποτε τὸν τρικάρανον Πτώου κευθμῶνα κατ-
έσχε ...

De Apolline. In eodem carmine Tenerum poeta dixerat
ναοπόλον μάντιν δαπέδοισιν ὁμοκλέα.

... – ⏑ ⏑ – ´ ⏑ ⏑ – ⏑ ⏑ – –

VII.
ΥΠΟΡΧΗΜΑΤΑ.

ed. Bö.¹
71

1.

ed. Bg.²
81

Σύνες ὅ τοι λέγω, ζαθέων ἱερῶν ὁμώνυμε πάτερ,
κτίστορ Αἴτνας.
Ad Hieronem.

72

2.

82

Νομάδεσσι γὰρ ἐν Σκύθαις ἀλᾶται Στράτων,
ὃς ἁμαξοφόρητον οἶκον οὐ πέπαται·
ἀκλεὴς δ' ἔβα τῶνδε ....
Ex eodem, ut videtur, ad Hieronem carmine.

73

3.

83

Ἀπὸ Ταϋγέτοιο μὲν Λάκαιναν

ΥΠΟΡΧΗΜΑΤΑ. 461

ἐπὶ θηρσὶ κύνα τράφειν πυκνώτατον ἑρπετόν·
Σκύριαι δ' ἐς ἄμελξιν γλάγους
αἶγες ἐξοχώταται·
ὅπλα δ' ἀπ' Ἄργεος· ἅρμα Θηβαῖον· ἀλλ' ἀπὸ
        τᾶς ἀγλαοκάρπου
Σικελίας ὄχημα δαιδάλεον ματεύειν.

Ex eodem ad Hieronem carmine.

ed. Bg.² 84   4.   ed. Bö.¹ 74

Ἀκτὶς Ἀελίου, τί, πολύσκοπε, μηδομένα, μᾶτερ
        ὀμμάτων,
ἄστρον ὑπέρτατον ἐν ἁμέρᾳ κλεπτόμενον,
ἔθηκας ἀμάχανον ἰσχὺν ποτανὰν ἀνδράσιν,
καὶ σοφίας ὁδόν, ἐπίσκοτον ἀτραπὸν ἐσσυμένα,
5 ἐλαύνεις τι νεώτερον ἢ πάρος;
ἀλλά σε πρὸς Διὸς ἵππους ζαθέας ἱκετεύω
ἀπήμον' ἐς ὄλβον τράποιο Θήβαις, ὦ πότνια, παγ-
        κοινον τέρας.
πολέμου δ' εἰ σᾶμα φέρεις τινός, ἢ καρποῦ φθί-
        σιν, ἢ νιφετοῦ σθένος ὑπέρφατον,
ἢ στάσιν οὐλομέναν, ἢ πόντου κενέωσιν ἀνὰ πέδον,
ἢ παγετὸν χθονός, ἢ νότιον θέρος ὕδατι ζακότῳ
        διερόν,

462   FRAGMENTA SELECTA.

ἢ γαῖαν κατακλύσαισα θήσεις ἀνδρῶν νέον ἐξ ἀρ-
χᾶς γένος,
ὀλοφύρομαι οὐδὲν ὅ τι πάντων μέτα πείσομαι.
Ex carmine de solis defectu.

ed. Bö.¹   5.   ed. Bg.²
75   85

⏑ _́ ⏑ _ _́ ⏑ _ _
⏑ _́ ⏑ _ _́ ⏑ _ _́ ⏑ _ _ _ _̑ ⏑ _ _ _
⏑ _́ _́ ⏑ _́ ⏑ ⏑ _ …

Θεοῦ δὲ δείξαντος ἀρχὰν
ἕκαστον ἐν πρᾶγος εὐθεῖα δὴ κέλευθος ἀρετὰν
ἑλεῖν,
τελευταί τε καλλίονες.

76   6.   87

_̑ ⏑ _ _ _̑ ⏑ _ ⏑ _ _́ ⏑ _ _
_ _́ ⏑ ⏑ _ ⏑ _ _́ ⏑ _ _ ⏑ _

Γλυκὺ δ' ἀπείροισι πόλεμος· πεπειραμένων δέ τις
ταρβεῖ προσιόντα νιν καρδίᾳ περισσῶς.

77   7.   88

⏑ _̑ ⏑ _ _́ ⏑ ⏑ _ ⏑ ⏑ _ _́ ⏑ _́ ⏑ _ _ _
_́ ⏑ _̑ _́ ⏑ _ _ ⏑ _ _́ ⏑ ⏑ _ ⏑ _ _
_ _́ ⏑ ⏑ _ _ _́ _ _́ . . . . . .

Ἐνέπισε κεκραμέν' ἐν αἵματι. πολλὰ δ' ἕλκε'
ἔμβαλε νωμῶν
τραχὺ ῥόπαλον, τέλος δ' ἀείραις πρὸς στιβαρὰς
σπάραξε πλευράς,
αἰὼν δὲ δι' ὀστέων ἐρραίσθη.

78   8.   89

⏑ _́ ⏑ _ _́ ⏑ _́ ⏑ ⏑ _
Λάκαινα μὲν παρθένων ἀγέλα.

82   12.*   93. 94.

⏑ _́ _́ ⏑ _́ ⏑ ⏑ _ _ _

ΕΓΚΩΜΙΑ. 463

Ὁ Μοισαγέτας με καλεῖ χορεῦσαι.
* * *
Ἄγοις ὦ κλυτὰ θεράποντα Λατοῖ.

Inter Hyporchemata numerandum est fr. 228 (inc. 125).

VIII.
ΕΓΚΩΜΙΑ.

ed. Bg.²   ed. Bö.¹
95   83

–́ ⏑ – – –́ ⏑ – – –́ . . . . . .

Βούλομαι παίδεσσιν Ἑλλάνων . . . . . .
Ad Theronem.

96   2.   84

–́ ⏑ ⏑ – [⏑] ⏑ – – –́ . . . . . .
–́ ⏑ ⏑ – –́ ⏑ – – –́ ⏑ – – . .
–́ ⏑ ⏑ – –́ ⏑ – – ⏑ ⏑ – ⏒
–́ ⏑ ⏑ – – – –́ ⏑ – ⏑̆

Ἐν δὲ Ῥόδον . . κατῴκισθεν . . . . .
ἔνθ᾽ ἀφορμαθέντες ὑψηλὰν πόλιν ἀμφινέμονται,
πλεῖστα μὲν δῶρ᾽ ἀθανάτοις ἀνέχοντες,
ἕσπετο δ᾽ ἀενάου πλούτου νέφος.
Ad eundem.

97   3.   85

–́ ⏑ – ⏒ –́ ⏑ ⏑ – – ⏑ ⏑ –
–́ ⏑ ⏑ – – ⏑ ⏑ – –

Ὀλβίων ὁμώνυμε Δαρδανιδᾶν,
παῖ Θρασύμηδες Ἀμύντα.
Ad Alexandrum Amyntae f. regem Macedonum.

98   4.   86

. . . . . – ⏑ – –́ ⏑ – – –́ ⏑ – –
–́ ⏑ ⏑ – ⏑ ⏑ – –́ ⏑ – – –́ ⏑ –
– –́ ⏑ ⏑ – –́ ⏑ ⏑ – –

Πρέπει δ᾽ ἐσλοῖσιν ὑμνεῖσθαι καλλίσταις ἀοιδαῖς·

τοῦτο γὰρ ἀθανάτοις τιμαῖς ποτιψαύει μόνον
[ῥηθέν]·
θνάσκει δ' ἐπιλασθὲν καλὸν ἔργον.

IX.
ΣΚΟΛΙΑ.

ed. Bö.¹ 87   1.   ed. Bg 99

Stropha prima.

⏑ ⏑ – ⏑ ⏑ ⏑ – ⏑ ⏑ – – – – ⏑ – – – ⏑ – –
– ⏑ – – – ⏑ ⏑ – – ⏑ – – – ⏑ – ⊻
– ⏑ ⏑ – ⏑ ⏑ – – – ⏑ ⏑ – ⏑ ⏑ – ⏑ – ⏑ – – – ⏑ – –
– ⏑ – ⏑ – ⏑ ⏑ – ⏑ ⏑ –
–͡⏑ – – – –͡⏑ – ⏑ – – ⏑ – –
– ⏑ ⏑ – ⏑ – – ⏑ – – – ⏑ – – – ⏑ ⏑

Πολύξεναι νεάνιδες, ἀμφίπολοι Πειθοῦς ἐν ἀφνεῷ
    Κορίνθῳ,
αἴτε τᾶς χλωρᾶς λιβάνου ξανθὰ δάκρη θυμιᾶτε,
πολλάκι ματέρ' ἐρώτων οὐρανίαν πτάμεναι νόημα
    ποττὰν Ἀφροδίταν,
ὔμμιν ἅ τ' ἄνωθεν ἀπαγορίας
ἔπορεν, ὦ παῖδες, ἐρατειναῖς ἐν εὐναῖς
μαλθακᾶς ὥρας ἀπὸ καρπὸν δρέπεσθαι. σὺν δ'
    ἀνάγκᾳ πᾶν καλόν.

Epodus prima.

– ⏑ – – – ⏑ ⏑ – – ⏑ – – – ⏑ –
– – ⏑ ⏑ – ⏑ ⏑ – – – ⏑ – – ⏑ ⏑ –
⏑ – ⏑ – – – ⏑ – –
. . . . .
. . . . .

Ἀλλὰ θαυμάζω, τί με λεξοῦντι Ἰσθμοῦ δεσπόται
τοιάνδε μελίφρονος ἀρχὰν εὑρόμενον σκολίου
ξυνάορον ξυναῖς γυναιξίν.

. . . .
. . . .
. . . .
   Primi versus secundae strophae initium.
Διδάξαμεν χρυσὸν καθαρᾷ βασάνῳ . . . . .

Epodus alia.

Ὦ Κύπρου δέσποινα, τεὸν δεῦτ᾽ ἐς ἄλσος φορ-
βάδων
κουρᾶν ἀγέλαν ἑκατόγγυιον Ξενοφῶν τελέαις
ἐπάγαγ᾽ εὐχωλαῖς ἰανθείς.
. . . .
. . . .
. . . .
   Ex Scolio Xenophonti Corinthio scripto.

ed. Bg.²   2.   ed. Bö.¹
100   88

Strophae.

_ ⏑́ ⏑ ⏑ _ ⏑ ⏑ _ ⏑́ ⏑ _ _ ⏑́ ⏑ ⏑ _ ⏑ ⏑ ⏒
⏑́ ⏑ ⏑ _ ⏑ ⏑ _ _ ⏑́ ⏑ ⏑ _ _ ⏑́ ⏑ _ _ ⏑́ ⏑ _
_ ⏑́ ⏑ _ _ _ ⏑́ ⏑ ⏑ _ ⏑ ⏑ _ ⏒
⏑́ ⏑ _ ⏑́ ⏑ _ ⏒ ⏑́ ⏑ _ _ _ ⏑́ ⏑ _

Epodi.

_ ⏑́ ⏑ _ _ ⏑́ ⏑ ⏑ _ _ ⏑ ⏑ _ _ ⏑́ ⏑ ⏑ _ _ ⏑ ⏑ _ _
⏑́ ⏑ ⏑ _ ⏑ ⏑ _ _ ⏑́ ⏑ _ ⏒
⏑́ ⏑ ⏑ _ ⏑ ⏑ _ ⏑ ⏒

Stropha.

Χρῆν μὲν κατὰ καιρὸν ἐρώτων δρέπεσθαι, θυμέ, σὺν
ἁλικίᾳ·
τὰς δὲ Θεοξένου ἀκτῖνάς τις ὄσσων μαρμαριζοίσας
δρακεὶς
ὃς μὴ πόθῳ κυμαίνεται, ἐξ ἀδάμαντος
ἢ σιδάρου κεχάλκευται μέλαιναν καρδίαν

Antistropha.

Ψυχρᾷ φλογί, πρὸς δ' Ἀφροδίτας ἀτιμασθεὶς ἑλι-
κοβλεφάρου
ἢ περὶ χρήμασι μοχθίζει βιαίως, ἢ γυναικείῳ
θράσει
ψυχὰν φορεῖται πᾶσαν ὁδὸν θεραπεύων.
ἀλλ' ἐγὼ τᾶσδ' ἕκατι κηρὸς ὣς δαχθεὶς ἕλᾳ

Epodus.

ἱρᾶν μελισσᾶν τάκομαι, εὖτ' ἂν ἴδω παίδων νεό-
γυιον ἐς ἥβαν.
ἐν δ' ἄρα καὶ Τενέδῳ Πειθώ τε ναίει
καὶ Χάρις υἱὸν Ἀγησίλα.

Theoxeno Tenedio.

ed. Bö.¹   3.   ed. Bg.²
89   101ᵃ

$\cup\cup--\cup\cup-\cup\cup\perp\cup--$
$\perp\cup---\perp\cup---\cup\cup-\cup\cup-\cup--$
$\perp\cup---\perp\cup-\cdot\cup\cup--\perp\cup\simeq$

Ὦ Θρασύβουλ', ἐρατᾶν ὄχημ' ἀοιδᾶν
τοῦτό τοι πέμπω μεταδόρπιον. ἐν ξυνῷ κεν εἴη
συμπόταισίν τε γλυκερὸν
καὶ Διωνύσοιο καρπῷ καὶ κυλίκεσσιν Ἀθαναίαισι
κέντρον.

Thrasybulo Xenocratis f. Agrigentino.

90   4.   105

$\cup\cup--\cup\cup-\cdot$
$\perp\cup-\perp-\perp\cup\cup\simeq$
$\cup\cup\perp-\widehat{\cup\cup}-\perp\cup\simeq$

Χάριτάς τ' Ἀφροδισίων ἐρώτων,
ὄφρα σὺν χειμάρρῳ μεθύω,
Ἀγάθωνι δὲ καλῷ κότταβον.

ΣΚΟΛΙΑ.

5.

```
_ ⏑ _ _ _ _ _ ⏑ ⌣
_́ ⏑ _ _ _ _́ ⏑ _
_ ⏑ _ _ _́ ⏑ _    _́ ⏑ _ _́ ⏑ _
```

Τὸν ῥα Τέρπανδρός ποθ᾽ ὁ Λέσβιος εὗρεν
πρῶτος ἐν δείπνοισι Λυδῶν
ψαλμὸν ἀντίφθογγον ὑψηλᾶς ἀκούων πηκτίδος.
  Ad Hieronem.

6.

```
_́ ⏑ _ _ _́ ⏑ _ _́ ⏑ ⏑ _
_ _́ ⏑ _ ⏑ _́ ⏑ _ _
```

Μηδ᾽ ἀμαύρου τέρψιν ἐν βίῳ· πολύ τοι
φέρτιστον ἀνδρὶ τερπνὸς αἰών.
  Ad eundem.

7.

```
_ _́ ⏑ _ _ _ ⏑ _ _ ⏑ ⌣
_́ ⏑ _ _ . . . . .
```

```
_ ̣_́ ⏑ _ _ _ ⏑ _ _ _
_ _́ ⏑ ⏑ _ ⏑ ⏑ _ _ _ _ _ ⏑ ⌣
_́ ⏑ _ _  _ _ ⏑ . . . . . .
```

Κείνῳ μὲν Αἴτνα δεσμὸς ὑπερφίαλος
ἀμφίκειται·

  *

Ἀλλ᾽ οἷος ἄπλατον κεράιζες θεῶν
Τυφῶν᾽ ἑκατοντακάρανον ἀνάγκᾳ, Ζεῦ πάτερ,
εἰν Ἀρίμοις ποτέ.
  „Ex eodem, ut videtur, carmine." Bö. — Bg. haec fr. ad Proso‑
  dia retulit.

8.

```
. _́ ⏑ _ _ _́ ⏑ ⏑ _ ̆ ⏑ _
_ _́ ⏑ _ σ _́ ⏑ _
```

30*

Δείπνου δὲ λήγοντος γλυκὺ τρωγάλιον
καίπερ πέδ' ἄφθονον βοράν.

Ad Scolia etiam fr. 236 (Inc. 133) a Bg. refertur.

X.
ΘΡΗΝΟΙ.

ed. Bö.
95

ed. Bg.
106. 107

Τοῖσι λάμπει μὲν μένος ἀελίου τὰν ἐνθάδε νύκτα
κάτω

φοινικορόδοις τ' ἐνὶ λειμώνεσσι προάστιον αὐτῶν
καὶ λιβάνῳ σκιαρῷ καὶ χρυσέοις καρποῖς βέβριθεν.
καὶ τοὶ μὲν ἵπποις γυμνασίοις τε, τοὶ δὲ πεσσοῖς,
5 τοὶ δὲ φορμίγγεσσι τέρπονται, παρὰ δέ σφισιν
εὐανθὴς ἅπας τέθαλεν ὄλβος·
ὀδμὰ δ' ἐρατὸν κατὰ χῶρον κίδναται
αἰεὶ θύα μιγνύντων πυρὶ τηλεφανεῖ παντοῖα θεῶν
ἐπὶ βωμοῖς.

Ex fine alius strophae huius carminis haec supersunt:

Ἔνθεν τὸν ἄπειρον ἐρεύγονται σκότον
βληχροὶ δνοφερᾶς νυκτὸς ποταμοί . . . . .

2.

ΘΡΗΝΟΙ.

Ὀλβίᾳ δ᾽ ἅπαντες αἴσᾳ λυσίπονον [μετανίσσονται]
τελευτάν.
καὶ σῶμα μὲν πάντων ἕπεται θανάτῳ περισθενεῖ,
ζωὸν δ᾽ ἔτι λείπεται αἰῶνος εἴδωλον· τὸ γάρ ἐστι
μόνον
ἐκ θεῶν· εὕδει δὲ πρασσόντων μελέων, ἀτὰρ εὑ-
δόντεσσιν ἐν πολλοῖς ὀνείροις
δείκνυσι τερπνῶν ἐφέρποισαν χαλεπῶν τε κρίσιν.

3.

Ψυχαὶ δ᾽ ἀσεβέων ὑπουράνιοι
γαίᾳ πωτῶνται ἐν ἄλγεσι φονίοις
ὑπὸ ζεύγλαις ἀφύκτοις κακῶν·
εὐσεβέων δ᾽ ἐπουράνιοι νάοισαι
μολπαῖς μάκαρα μέγαν ἀείδοντ᾽ ἐν ὕμνοις.

4.

Οἷσι δὲ Φερσεφόνα ποινὰν παλαιοῦ πένθεος
δέξεται, ἐς τὸν ὕπερθεν ἅλιον κείνων ἐνάτῳ ἔτεϊ
ἀνδιδοῖ ψυχὰν πάλιν.
ἐκ τᾶν βασιλῆες ἀγαυοὶ καὶ σθένει κραιπνοὶ σο-
φίᾳ τε μέγιστοι
ἄνδρες αὔξοντ᾽· ἐς δὲ τὸν λοιπὸν χρόνον ἥρωες
ἁγνοὶ πρὸς ἀνθρώπων καλεῦνται.

5.

```
. . . . . . . . – – –
– – – – ◡ ◡ –
```
. . . . εὐδαιμόνων
δραπέτας οὐκ ἔστιν ὄλβος.

6.

```
– ◡ – – – ◡ – – – ◡ – – – ◡ –
```
Πέφνε δὲ τρεῖς καὶ δέκ᾽ ἄνδρας· τετράτῳ δ᾽ αὐτὸς
πεδάθη.

8.

```
– ◡ ◡ – ◡ ◡ – – –
– ◡ ◡ – – ◡ ◡ –
– – ◡ ◡ – ◡ ◡ –
```
Ὄλβιος ὅστις ἰδὼν ἐκεῖνα κοίλαν
εἶσιν ὑπὸ χθόνα· ϝοῖδεν μὲν βιότοιο τελευτάν,
οἶδεν δὲ διόσδοτον ἀρχάν.

De Eleusiniis.

XI.
ΕΞ ΑΔΗΛΩΝ ΕΙΔΩΝ.

Τί θεός; ὅ τι τὸ πᾶν.

2.

```
◡ – ◡ – ◡ – ◡ – – ◡ – ◡ =
```
Θεὸς ὁ τὰ πάντα τεύχων βροτοῖς καὶ χάριν ἀοιδᾷ
φυτεύει.

3.

```
◡ – ◡ – ◡ – – –
– – ◡ – – –
◡ – – – ◡ – ◡ – ◡ – ⊻
```

ΕΞ ΑΔΗΛΩΝ ΕΙΔΩΝ.

Θεῷ δὲ δυνατὸν ἐκ μελαίνας
νυκτὸς ἀμίαντον ὄρσαι φάος,
κελαινεφέϊ δὲ σκότει καλύψαι καθαρὸν
ἀμέρας σέλας.

ed. Bg.²
120

4.

ed. Bö.¹
107

≖ – – – ◡ ◡ – ◡ –
– ◡ – – – ⌣ –
– ◡ – – ◡ ⌣ ◡ – ⏒

Κεῖνοι γάρ τ᾽ ἄνοσοι καὶ ἀγήραοι
πόνων τ᾽ ἄπειροι, βαρυβόαν
πορθμὸν πεφευγότες Ἀχέροντος.

De diis.

121

5.

108

Ἐλασίβροντε παῖ Ῥέας.

Ad Iovem.

122

6.

109

Θεῶν ἄτε πλέον τι λαχών.

De eodem.

123

9.

112

. . . . . – ◡ – – – ◡ ◡ – –
– – ◡ – – – ◡ ◡ – ◡ ◡ ⏒
– ◡ – . . . .

Πῦρ πνέοντος ἅ τε κεραυνοῦ
ἄγχιστα δεξιὰν κατὰ χεῖρα πατρὸς
ἵζεαι.

De Minerva.

124

11.

114

Ἐν χρόνῳ δ᾽ ἐγένετ᾽ Ἀπόλλων.

125

12.

115

– – – ◡ – – – ◡ – – – ◡

Ὀρχήστ᾽ ἀγλαΐας ἀνάσσων, εὐρυφάρετρ᾽ Ἄπολλον.

FRAGMENTA SELECTA.

ed. Bö.¹ 116   13.   ed. Bg.² 126

⏑ − ⏑ − ⏑ − − ⏑ ⏑ − − ⏑ ⏑ − −

Κατεκρίθη δὲ θνατοῖς ἀγανώτατος ἔμμεν.
De Apolline.

118   15.   127

− ⏑ − ⏑ − − ⏑ ⏑ − − ⏑ −

Μαντεύεο, Μοῖσα· προφατεύσω δ᾽ ἐγώ.

119   16.   128

Μοῖσ᾽ ἀνέηκέ με.

125   22.   130

− ⏑ ⏑ − ⏑ ⏑ − ⏑ − ⏑ ⏑ − − ⏑ ⏑ ⏒
⏑ − ⏑ − ⏑ ⏑ −

Δενδρέων δὲ νομὸν Διόνυσος πολυγαθὴς αὐξάνοι,
ἁγνὸν φέγγος ὀπώρας.

126   23.   131

⏑ − ⏑ − ⏑ ⏑ − ⏑ − ⏑ ⏑
⏑ − ⏑ ⏑ ⏑ − − ⏑ − ⏑ − ⏒
⏑ − ⏑ ⏑ ⏑ − − ⏑ ⏑ − − −
− ⏑ − − − − ⏑ − ⏑ ⏑ −

Ἐλαφρὰν κυπάρισσον φιλέειν,
ἐᾶν δὲ νομὸν Κρήτας περιδαῖον.
ἐμοὶ δ᾽ ὀλίγον μὲν γᾶς δέδοται, ὅθεν ἄδρυς·
πενθέων δ᾽ οὐκ ἔλαχον οὐδὲ στασίων.

127   24.   132

⏑ − ⏑ − ⏑
⏑ ⏑ − ⏑ − − ⏑ − ⏑ ⏑ − − − ⏑ − ⏒
⏑ − ⏑ − ⏑ ⏑ − ⏑ −
⏑ − ⏑ − ⏑ . . . .

Τί δ᾽ ἔρδων φίλος
σοί τε, καρτερόβροντα Κρονίδα, φίλος δὲ Μοίσαις,
Εὐθυμίᾳ τε μέλων εἴην,
τοῦτ᾽ αἴτημί σε.

ΕΞ ΑΔΗΛΩΝ ΕΙΔΩΝ. 473

ed. Bg.² 134   25.   ed. Bö.¹ 128

‑́ ⏑ – ⏑ ‑́ ⏑ ⏑ – ‑́ ⏑ ⏑ – ⏑ ⏑ – –

Ὦ τάλας ἐφάμερε, νήπια βάζεις χρήματά μοι διακομπέων.

Silenus Olympo Phrygi.

135   26.   129

‑́ ⏑ ⏑ – ⏑ ⏑ – – ‑́ ⏑ –

Ταῖς ἱεραῖσι μελίσσαις τέρπεται.

Fortasse de Proserpina.

136   29.   132

– ‑́ ⏑ – ‑́ ⏑ ⏑ ‑́ ⏑ – ⏖

Ἀνδρῶν δικαίων χρόνος σωτὴρ ἄριστος.

137   30.   133

⏖ ‑́ ⏑ – – ‑́ ⏑ – ‑́ ⏑ ⏑ – – ⏑ ⏑ – –

Ἄνακτα τῶν πάντων ὑπερβάλλοντα χρόνον μακάρων.

138   31.   134

. . . . – –
⏖ ‑́ ⏑ – – ‑́ ⏑ ⏑ – ⏑ [⏑ –] . . .
. . . . οἱ μὲν
κατωκάρα δεσμοῖσι δέδενται . . . . .

140   34.   137

– ‑́ ⏑ ⏑ – – ‑́ ⏑ – ‑́ ⏑ ‑́ ⏑ ⏑ – –

Ἀλλαλοφόνους ἐπάξαντο λόγχας ἐνὶ σφίσιν αὐτοῖς.

De Oto et Ephialte.

141   39.   142

Φιλόμαχον γένος ἐκ Περσέος.

142   43.   146

‑́ ⏑ – – ‑́ ⏑ – ‑́ ⏑ – –

Ἰσοδένδρου τέκμαρ αἰῶνος λαχοῖσαι

De Hamadryadibus.

143   44.   147

‑́ ⏑ ⏑ – – ‑́ ⏑ ⏑ – ‑́ ⏑ ⏑ – ⏑ ⏑ – ⏖

FRAGMENTA SELECTA.

– ⏑ ⏑ – – ⏑ – ́ ⏑ ⏑ – ⏑ – –
– ⏑ ⏑ – ⏑ – – ⏑ – ́ ⏑ ⏑ – ⏑ – –
– – ́ ⏑ – – ́ ⏑ ⏑ . . . . . .

Ἀνδροδάμαντα δ' ἐπεὶ Φῆρες δάεν ῥιπὰν μελια-
        δέος οἴνου,
ἐσσυμένως ἀπὸ μὲν λευκὸν γάλα χερσὶ τραπεζᾶν
ὦθεον, αὐτόματοι δ' ἐξ ἀργυρέων κεράτων
πίνοντες ἐπλάζοντο.
   De Centauris.

ed. Bö.   **45.**   ed. Bg.²
148   144

[– ́] ⏑ – ⏑ – ⏑ – ⏑ – –
– ́ ⏑ ⏑ – ⏑ ⏑ – – ́ ⏑ – – ́ ⏑ ⏑ – ⏑ ⏑

. . ὁ δὲ χλωραῖς ἐλάταισι τυπεὶς
ᾤχεθ' ὑπὸ χθόνα Καινεὺς σχίσαις ὀρθῷ ποδὶ γᾶν.

150   **47.**   145

. . . . [– ́ ⏑] – ⏑ – ⏑ ⏑ – ⏓
– ́ ⏑ – ⏑ ⏑ ⏑ – – ⏑ – ⏓
– ́ ⏑ – ⏑ – ⏑ – ́ ⏑ ⏑
– ⏑ ⏑ – – ̑ ⏑ – – ́ ⏑ – – – ⏑ ⏓

Δοιὰ βοῶν
θέρμ' ἔδει ἀνθρακιὰν στέψαντα πυρίπνοά τε
σώματα· καὶ τότ' ἐγὼ σαρκῶν τ' ἐνοπὰν
εἶδον ἠδ' ὀστέων στεναγμὸν βαρύν·
ἦν δὲ ϝιδόντα διακρῖναι πολλὸς ἐν καιρῷ χρόνος.
   De Hercule.

151   **48.**   146

. . . .
– ̑ ⏑ – – ́ ⏑ ⏑ –
– – ́ ⏑ ⏑ ⏑ – ⏑ – –
⏑ – ́ ⏑ – – ́ ⏑ ⏑ – ⏑ ⏑ ⏓
5 ⏑ – ́ ⏑ – – ́ ⏑ ⏑ – ⏑ ⏓
⏑ – ́ ⏑ – ⏑ – ̑ ⏑ – – ́ ⏑ – ⏑ – –
⏑ – ́ ⏑ – ⏑ – ́ ⏑ ⏑ – – – ́ ⏑ –
⏑ – ́ – – ́ ⏑ ⏑ – ⏑ ⏑ – – ́ ⏑ –

ΕΞ ΑΔΗΛΩΝ ΕΙΔΩΝ.

.... κατὰ φύσιν ...
νόμος ὁ πάντων βασιλεὺς
θνατῶν τε καὶ ἀθανάτων
ἄγει δικαιῶν τὸ βιαιότατον
5 ὑπερτάτᾳ χειρί. τεκμαίρομαι
ἔργοισιν Ἡρακλέος· ἐπεὶ Γηρυόνα βόας
Κυκλωπίων ἐπὶ προθύροις Εὐρυσθέος
ἀναιτήτας τε καὶ ἀπριάτας ἤλασεν.

49.

ἄλλο δ' ἄλλοισιν νόμισμα, σφετέραν δ' αἰνεῖ δίκαν
ἕκαστος.

51.

Πάντα θύειν ἑκατόν.
De Lusitanis.

54.

.. κατὰ μὲν φίλα τέκν' ἔπεφνεν
θάλλοντας ἥβᾳ δυώδεκ', αὐτὸν δὲ τρίτον ....
Fortasse de Hercule Neleum et filios occidente.

55.

Οὐ Πηλέος ἀντιθέου μόχθοις νεότας ἐπέλαμψεν
μυρίοις;
πρῶτον μὲν Ἀλκμήνας σὺν υἱῷ Τρώϊον ἂμ πεδίον

476   FRAGMENTA SELECTA.

καὶ μετὰ ζωστῆρας Ἀμαζόνας ἦλθεν, καὶ τὸν Ἰά-
σονος εὔδοξον πλόον
ἐκτελέσσαις εἷλε Μήδειαν ἐκ Κόλχων δόμων.

ed. Bö.⁽ 57. ed. Bg.¹
160 150

⏑ ⏜ ‒ ‒ ‒ ‒ ‒ ‒ ⏑ ⏕

Σύριον εὐρυαίχμαν διεῖπον στρατόν.
De Amazonibus.

164 61. 154

⏔ ‒ ⏑ ‒ ‒ ⏔ ‒ ⏑ ‒ ‒ ⏜ ⏑ ⏕
‒ ‒ ⏑ ‒ ‒ ‒ ⏑ ‒ ‒ ⏑ ⏕

Πεπρωμέναν ἔθηκε μοῖραν μετατραπεῖν
ἀνδροφθόρον· οὐδὲ σιγᾷ κατερρύη.
De Oedipo.

165 62. 156

. . . . ‒ ⏑ ‒ ⏑ ⏑ ⏕
‒ ⏑ ⏑ ‒ ⏑ ‒ ⏑ . . . . . .

. . . . . . αἴνιγμα παρθένου
ἐξ ἀγριᾶν γνάθων . . . .
De Sphinge.

166 63. 158

. . . . ‒ ⏑ ‒ ⏑ ‒
‒ ‒ ⏑ ‒ ‒ ⏑ . . . .

. . . . . . δ' οὐδὲν προσαιτέων
ἐφθεγξάμαν ἐπὶ . . . .
Praecedentis fragmenti antistrophum.

167 64. 155

⏑ ‒ ⏑ ‒ ‒ ‒ ‒ ‒ ‒ ⏑ ‒

Τροχὸν μέλος· ταὶ δὲ Χείρωνος ἐντολάς.
De Achille apud Chironem educato.

168 65. 157

‒ ‒ ⏑ ‒ ‒ ⏑ ‒ ‒ ‒ . . . . .

Ἐν δασκίοισιν πατήρ· νηλεεῖ νόῳ δ' . . .
De Peleo Achillis patre; ex eodem, quo prius, carmine.

ΕΞ ΑΔΗΛΩΝ ΕΙΔΩΝ.   477

ed. Bg.¹   66.   ed. Bö.¹
159   169

⏑́ ⏑́ — — ⏑́ — — ⏑́ ⏑ ⏑ ⌣

Νόμων ἀκούοντες θεόδμητον κέλαδον.
De Cadmo et Harmonia, vel de Peleo et Thetide.

160   67.   170

. . . . . ⏑ — ⏑́ ⏑ — ⏑ ⏑ — ⏑́ ⏑ ⌣
— ⏑́ ⏑ . . . .

        Ὑφαίνω δ' Ἀμυθαονίδαις ποικίλον
ἄνδημα.

161 et 18   68. 69.   172 et 171

⏑́ ⏑ — — ⏑ — ⏑́ ⏑ — — ⏑́ ⏑ ⌣
⏑́ ⏑ ⏑ — — ⏑ — ⏑́ ⏑ — ⏑́ ⏑ —
⏑́ ⏑ — — ⏑́ ⏑ — ⏑́ ⏑ — —
⏑́ ⏑ — ⏑́ ⏑ — ⏑ —
5 ⌣ ⏑́ ⏑ — — ⏑́ ⏑ — — ⏑́ ⏑ — ⏑́ ⏑ — —
⏑́ ⏑ ⏑ — — ⏑ — ⏑́ ⏑ — ⏑ ⏑ —
⏑́ ⏑ — — ⏑́ ⏑ — ⏑́ ⏑ —

161 Μὴ πρὸς ἅπαντας ἀναρρῆξαι τὸν ἀχρεῖον λόγον·   172
    ἔσθ' ὅτε πιστοτάτα σιγᾶς ὁδός· κέντρον δὲ μάχας
 18 ὁ κρατιστεύων λόγος. | Ἀλλοτρίοισιν μὴ προφαίνειν   171
                        τίς φέρεται
    μόχθος ἄμμιν· τοῦτό γέ τοι ἐρέω·
 5 καλῶν μὲν ὦν μοῖράν τε τερπνῶν ἐς μέσον χρὴ
                        παντὶ λαῷ
    δεικνύναι· εἰ δέ τις ἀνθρώποισι θεόσδοτος ἄτα
    προστύχῃ, ταύταν σκότει κρύπτειν ἔοικεν.
    Fr. 171 ad hymnos pertinet.

19   70.   173

. . . . ⏑́ ⏑ —
⏑́ ⏑ — ⏑́ ⏑ — — ⏑́ ⏑ — ⏑ ⏑ —
⏑́ ⏑ — ⏑́ ⏑ ⏑ — ⏑́ ⏑ — ⏑ ⏑ — ⏑́ —
⏑́ ⏑ — ⏑́ ⏑ ⌣

        Ὦ τέκνον,

ποντίου θηρὸς πετραίου χρωτὶ μάλιστα νόον
προσφέρων πάσαις πολίεσσιν ὁμίλει· τῷ παρεόντι δ'
ἐπαινήσαις ἑκὼν
ἄλλοτ' ἀλλοῖα φρόνει.

Amphiaraus Amphilocho. — Hoc fr. cum antecedente ad hymnos retulit Bg.

71.*

[‒ ⏑ ⏑] ⏑ ⏑ ‒ ‒ ‒ ⏑́ ‒ ‒ ⏑ ‒ ‒ ⏑́ ‒ ‒
. . . . Ὁ γὰρ ἐξ οἴκου ποτὶ μῶμον ἔπαινος κίρ-
ναται.

72.

⏑́ ⏑ ⏑ ⏑ ‒ ‒ ⏑ ‒ ⏑ ‒ ‒
⏑́ ⏑ ‒ ⏑
Ὦ πόποι, οἷ' ἀπατᾶται φροντὶς ἐπαμερίων
οὐκ ἰδυῖα.

De Eriphyla Amphiarai uxore.

74.

⏑́ ⏑ ⏑ ‒ ⏑ ⏑ · ⏑̆ ⏑ ‒ ‒ ⏑́ ⏑ ‒ ‒
⏑́ ⏑ ⏑ ‒ ⏑ ⏑ · ⏑̆ ⏑ ‒ ‒ ⏑
Ὃς Δολόπων ἄγαγε θρασὺν ὅμιλον σφενδονᾶσαι,
ἱπποδάμων Δαναῶν βέλεσι πρόσφορον.

De Phoenice.

76.

Ὑπερμενὲς ἀκαμαντόχαρμαν Αἴαν.

81.

⏑̆ ⏑ ‒ ⏑́ ⏑ ⏑ · ‒ ⏑́ ⏑ ⏑
ἔτι δὲ τειχέων ἀνακηκίει καπνός.

Fortasse de Troia.

82.

‒ ⏑́ ⏑ ‒ ⏑́ ⏑ ‒ ⏑́ ⏑ ‒
ⵉ ‒ ⏑́ ⏑ ⏑ ‒ ‒
Αὐτόν με πρώτιστα συνοικιστῆρα γαίας
ἔσδεξαι τεμενοῦχον.

ΕΞ ΑΔΗΛΩΝ ΕΙΔΩΝ.

83.

_ ᷃ ⏑ _ _ _ ᷃ ⏑ _ _ _ ᷃ ⏑ ⏑ _ ᷃ ⏑ ⏒

ἥρωες αἰδοίαν ἐμίγνυντ' ἀμφὶ τράπεζαν θαμά.

87.

᷃ ⏑ _ _ _ ᷃ ⏑ _ _ _ ᷃ ⏑ _ _ _ ᷃ ⏑ ⏑ _ _ _ ⏒

Φθέγμα μὲν πάγκοινον ἔγνωκας Πολυμνάστου Κο-
λοφωνίου ἀνδρός.

93.

[⏊] ⏑ ⏑ _ ⏑ ⏑ _ _ ᷃ ⏑ ⏑ _ _ ⏑ _ _
_ ᷃ ⏑ ᷃ ⏑ ⏑ _

. . Ὅθι παῖδες Ἀθαναίων ἐβάλοντο φαεννὰν
κρηπῖδ' ἐλευθερίας.

De pugna ad Artemisium.
Hoc cum fr. 225 (inc. 122) ad Dithyrambum pertinere Bg. existimat.

94.

_ ᷃ _ ᷃ ⏑ ⏑ _ ᷃ ⏑ ⏑ _ ᷃ ⏑ ⏑ _ ⏒

πανδείμαντοι μὲν ὑπὲρ πόντιον Ἑλλας πόρον ἱρόν.
De Xerxis exercitu.

95.

_ ᷃ ⏑ _ _ ᷃ ⏑ ⏑ _ . . . .

Ἁ Μιδύλου δ' αὐτῷ γενεά . . . .

96.

_ ᷃ ⏑ _ ⏒ ᷃ ⏑ _ ⏒

Κεῖ μοί τιν' ἄνδρα τῶν θανόντων.
De Pythea Aeginete.

98.

᷃ ⏑ _ _ _ ⏑ ⏑ _ ᷃ ⏑ _ _ ⏑ _ _

Αἰολεὺς ἔβαινε Δωρίαν κέλευθον ὕμνων.

101.

. . . . _ ᷃ ⏑ _ _ _ ᷃ ⏑ ⏒
⏑ ᷃ ᷃ ⏑ _

. . . . Δελφοὶ θεμίστων [ὕμνων] μάντιες
Ἀπολλωνίδαι.

FRAGMENTA SELECTA.

102.

```
. . . . . . ´ ⏑ ⏑ – ⏑ ⏑ – –
– ´ ⏑ ⏑ – ´ ⏑ – – ´ ⏑ ⏑ – ⏑ ⏑ – ´ ⏑ –
```
...... πενταετηρὶς ἑορτὰ
βουπομπός, ἐν ᾇ πρῶτον εὐνάσθην ἀγαπατὸς ὑπὸ
σπαργάνοις.

De Pindaro ipso in Pythiis nato.

ed. Bö.¹   103.   ed. Bg.²

```
´ ⏑ – – ´ ⏑ – – ´ ⏑ ⏑ – ⏑ ⏑ – –
´ ⏑ – – ´ ⏑ – – ´ ⏑ ⏑ –
´ ⏑ – – ´ ⏑ – –
– ´ ⏑ – – ´ ⏑ ⏑ – ⏑ ⏑ – – ´ ⏑ ⏑ – ⏑ ⏑ – – ´ ⏑ –
´ ⏑ ⏑ – – ´ ⏑ ⏑ – –
```

Κεκρότηται χρυσέα κρηπὶς ἱεραῖσιν ἀοιδαῖς·
εἶα τειχίζωμεν ἤδη ποικίλον
κόσμον αὐδάεντα λόγων·
ὃς καὶ πολυκλειτάν περ ἐοῖσαν ὅμως Θήβαν ἔτι
         μᾶλλον ἐπασκήσει θεῶν
καὶ κατ' ἀνθρώπων ἀγυιάς.

104.

Εὐάρματε χρυσοχίτων, ἱερώτατον ἄγαλμα, Θήβα.

106.

Λιπαρᾶν τε Θηβᾶν μέγαν σκόπελον.

107.

Ὦ ταλαίπωροι Θῆβαι.

Fragmentum suspectum Böckhio.

108.

Μελιγαθὲς ἀμβρόσιον ὕδωρ
Τιλφώσσας ἀπὸ καλλικράνου.

110.

ΕΞ ΑΔΗΛΩΝ ΕΙΔΩΝ.

Ἔνθα βουλαὶ μὲν γερόντων καὶ νέων ἀνδρῶν ἀρι-
στεύοισιν αἰχμαί,
καὶ χοροὶ καὶ Μοῖσα καὶ Ἀγλαΐα.
De Sparta.

111.
Οἵ τ' ἀργείλοφον πὰρ Ζεφυρίου κολώναν . . . .
De Locris Epizephyriis.

112.
_ ´ ⌣ _ _ ´ ⌣ _ _ ´ ⌣ _ ⌣ _
´ ⌣ _ _ _ ´ ⌣ _ _ ⌣ ⌣ ⌣
⌣ ´ ⌣ _ ⌣ ´ ⌣ _ _ ´ . . . . . .

Αἰγυπτίαν Μένδητα, πὰρ κρημνὸν θαλάσσας,
ἔσχατον Νείλου κέρας, αἰγιβάται
ὅθι τράγοι γυναιξὶ μίσγονται . . . . . .

113.
. . . . . . _ _ ´ ⌣ _ _ ´ ⌣ _
. . . . . . Λευκίππων Μυκηναίων προφᾶται.

114.
_ ´ ⌣ _ ´ ⌣ _ ´ ⌣ _
´ ⌣ _ ´ ⌣ _ ´ ⌣ _ ⌣ ⌣ _ ⌣ _
⌣ ´ ⌣ _ ´ ⌣ _ _ ´ ⌣ _ ⌣ ⌣ _

Ἄνδρες τινὲς ἀκκιζόμενοι Σκύθαι
νεκρὸν ἵππον στυγέοισιν λόγῳ κτάμενον ἐν φάει·
κρυφᾷ δὲ σκολιοὺς γένυσιν ἀνδέροισιν πόδας ἠδὲ
κεφαλάς.

115.
Καὶ λιπαρῷ Σμυρναίῳ ἄστει . . .
Certam ob causam malit Σμυρναίων Boeckhius.

118.
_ ´ ⌣ ⌣ _ ⌣ ⌣ _ _ ´ ⌣ _ ´ ⌣ _ _ ´ ⌣ _
´ ⌣ _ _ ´ ⌣ _ _ ´ . . .

Ἀρχὰ μεγάλας ἀρετᾶς, ὤνασσ' Ἀλάθεια, μὴ
πταίσῃς ἐμὰν
σύνθεσιν τραχεῖ ποτὶ ψεύδει . . .

482 FRAGMENTA SELECTA.

ed. Bö.¹ 222   119.   ed. Bg.² 190

.... [–́] ⏑⏑ – ⏑⏑ – ⏓
–́ ⏑ – – –́ ....
.... παρὰ Λύδιον ἄρμα
πεζὸς οἰχνεύων ....

223   120.   191

–́ ⏑ – – –́ ⏑ – –́ ⏑ ⏑ – – –́ ⏑ – [– –́] ⏑ – ⏓
Ταρτάρου πυθμὴν πιέζει σ' ἀφανοῦς σφυρηλάτοις
.. ἀνάγκαις

Coniectura Böckhii πιέσει ob sigmatismum displicet.

224   121.   192

⏑ ⏑ –́ ⏑ ⏑ – ⏑ –́ ⏑ ⏑ –
– –́ ⏑ ⏑ – ⏑ –
Μανίαις τ' ἀλαλαῖς τ' ὀρινόμενοι
ῥιψαύχενι σὺν κλόνῳ.

225   122.*   55 A

–́ ⏑ ⏑ – ⏑ ⏑ –́ ⏑ –
–́ ⏑ – ⏑ – ⏑ ⏔
–́ ⏑ ⏑⏔ – ⏖ –́ ⏑ ⏑ ⏓
Κλῦθ', Ἀλαλὰ Πολέμου θύγατερ,
ἐγχέων προοίμιον·
ἀμφύετ' ἄνδρες τὸν ἱερόθυτον θάνατον.

Hoc esse initium Dithyrambi in Athenienses Bg. suspicatur. Vide fr. 193 (inc. 96). — Schneidewino non videtur esse Pindaricum.

227   124.   193

[–́] ⏑⏑ – ⏑⏑ – –́ ⏑ –
Ἀτελῆ σοφίας καρπὸν δρέπειν.

De physiologis.

228   125.   86

⏑ –́ –́ ⏑ – –́ ⏑ – ⏑ ⏑ –
⏑ –́ –́ ⏑ –́ ⏑ – ⏑⏑ – ⏑⏑ – – –́ ⏑ –
⏑ ⏖ –́ ⏑ ⏔ ⏑ ⏖ ⏖ ⏑ –

ΕΞ ΑΔΗΛΩΝ ΕΙΔΩΝ.

Τὸ κοινόν τις ἀστῶν ἐν εὐδίᾳ τιϑεὶς
ἐρευνασάτω μεγαλάνορος Ἀσυχίας τὸ φαιδρὸν φάος,
στάσιν ἀπὸ πραπίδος ἐπίκοτον ἀνελών,
πενίας δότειραν, ἐχϑρὰν κουροτρόφον.

<small>Hoc fr. ad Hyporchemata pertinet.</small>

126.

Ἄγαν φιλοτιμίαν μνώμενοι ἐν πόλεσιν ἄνδρες ἤ
στάσιν, ἄλγος ἐμφανές.

127.

⏑´⏑⏑—–´⏑⏑—
´⏑

Κακόφρονά τ᾽ ἀμφάνη πραπίδων
καρπόν.

128.

Φϑόνον κενεοφρόνων ἑταῖρον ἀνδρῶν.

129.

⏑⏑´⏑—´⏑—⏑˘
´⏑⏑—⏑⏑⏑—⏑
⏑´⏑⏑—⏑⏑—⏑
⏑⏑´⏑⏑—⏑⏑—⏑

Πότερον δίκᾳ τεῖχος ὕψιον
ἢ σκολιαῖς ἀπάταις ἀναβαίνει
ἐπιχϑόνιον γένος ἀνδρῶν,
δίχα μοι νόος ἀτρέκειαν εἰπεῖν.

130.

⏑´⏑——⏑⏑—´⏑—⏑—⏑⏑˘
´⏑—⏑⏑——´⏑⏑——´⏑—⏑

Γλυκεῖά ϝοι καρδίαν ἀτάλλοισα γηροτρόφος συν-
 αορεῖ
ἐλπίς, ἃ μάλιστα ϑνατῶν πολύστροφον γνώμαν
 κυβερνᾷ.

132.

—´⏑—⏑´⏑——⏑⏑——´⏑—⏑

31*

FRAGMENTA SELECTA.

Σοφοὶ δὲ καὶ τὸ μηδὲν ἄγαν ἔπος αἴνησαν πε-
ρισσά.

133.

Εἴη καὶ ἐρᾶν καὶ ἔρωτι χαρίζεσθαι κατὰ καιρόν·
μὴ πρεσβυτέραν ἀριθμοῦ δίωκε, θυμέ,
πρᾶξιν.

Pertinere videtur ad Scolia (in Theoxenum).

134.

Γλυκύ τι κλεπτόμενον μέλημα Κύπριδος.

136.

Ἁνίχ' ἀνθρώπων καματώδεες οἴχονται μέριμναι
στηθέων ἔξω, πελάγει δ' ἐν πολυχρύσοιο πλούτου
πάντες ἴσιε νέομεν ψευδῆ πρὸς ἀκτάν·
ὃς μὲν ἀχρήμων, ἀφνεὸς τότε, τοὶ δ' αὖ πλου-
τέοντες

* *
 *

. . . . . ἀέξονται φρένας ἀμπελίνοις τόξοις δα-
μέντες.

De compotatione.

137.

. . . Οἳ δ' ἄφνει πεποίθασιν.

ΕΞ ΑΔΗΛΩΝ ΕΙΔΩΝ.

138.

.... τῶνδε [γὰρ] οὔτε τι μεμπτὸν
οὔτ᾽ ὧν μεταλλακτὸν .. ὅσσ᾽ ἀγλαὰ χθὼν
πόντου τε ῥιπαὶ φέροισιν.

139.

. . . Ἀελλοπόδων μέν τιν᾽ εὐφραίνοισιν ἵππων
τίμια καὶ στέφανοι, τοὺς δ᾽ ἐν πολυχρύσοις θα-
                              λάμοις βιοτά·
τέρπεται δὲ καί τις ἐπ᾽ οἶδμ᾽ ἅλιον ναῒ θοᾷ
σῶς διαστείβων . . . .

140.

... Διὸς παῖς ὁ χρυσός·
κεῖνον οὐ σὴς οὐδὲ κὶς δάπτει,
δάμναται δὲ βροτέαν φρένα κάρτιστον κτεάνων.

141.

Καὶ φέρονταί πως ὑπὸ δούλειον τύχαν
αἰχμάλωτοι, καὶ χρυσέων βελέων
ἐντὶ τραυματίαι . . . .

486 FRAGMENTA SELECTA.

ed. Bö.¹ 246   143.   ed. Bg.² 209

⌣ ˊ ˊ ⌣ ⌣ − ⌢ ⌣ − ⌣ ⌣
⌣ ⌣ ˊ ˊ . . . .

Ἴσον μὲν θεὸν ἄνδρα τε φίλον [θεῷ]
ὑποτρέσσαι . . . .

247   144.   210

. . . . ⌣ ⌣ ˊ ⌣ ⌣ − ⌣ − ⌣ − −
ˊ ⌣ − ˊ ⌣ − ˊ ⌣ ⌣ − ⌣

. . . Ὁπόταν θεὸς ἀνδρὶ χάρμα πέμψῃ,
πρὸς μέλαιναν κραδίαν ἐστυφέλιξεν.

248   145.   211

Οὖτις ἑκὼν κακὸν εὕρετο.

250   147.   212

[ˊ ⌣] ⌣ − ⌣ ⌣ − − ˊ ⌣ − − ˊ ⌣ ⌣
ˊ ⌣ ⌣ − ⌣ ⌣ − ˊ ⌣ − ⌣

. . Νέων δὲ μέριμναι σὺν πόνοις εἰλισσόμεναι
δόξαν εὑρίσκοντι· λάμπει δὲ χρόνῳ
ἔργα μετ' αἰθέρα λαμπευθέντα . . . . .

252   149.   213

. . . . ˊ ⌣ ⌣ − − − −
ˊ ⌣ ⌣ − ˊ ⌣ − ⌣ ⌣ − ⌣ − ⌣

. . . Τιθεμένων ἀγώνων
πρόφασις ἀρετὰν ἐς αἰπὺν ἔβαλε σκότον.

253   150.   214

− ˊ ⌣ − ⌣ ˊ ⌣ ⌣ − ⌣ ˊ ⌣ − −
ˊ ⌣ − ⌣ ˊ ⌣ ⌣ − ⌣

Νικώμενοι γὰρ ἄνδρες ἀγρυξίᾳ δέδενται
οὐ φίλων ἐναντίον ἐλθεῖν.

254   151.   215

ἐπὶ λεπτῷ δενδρέῳ βαίνειν.

ΕΞ ΑΔΗΛΩΝ ΕΙΔΩΝ.

152.

⏑ ⏑ –́ ⏑ . . . .

Τόλμα τέ νιν ζαμενὴς καὶ σύνεσις πρόσκοπος
ἐσάωσεν.

153.

–́ ⏑ . . . .

Σχήσει τὸ πεπρωμένον οὐ πῦρ, οὐ σιδάρεον
τεῖχος.

154.

Πιστὸν δ᾽ ἀπίστοις οὐδέν.

155.

'Υφ᾽ ἅρμασιν ἵππος,
ἐν δ᾽ ἀρότρῳ βοῦς· παρὰ ναῦν δ᾽ ἰθύει τάχιστα
δελφίς·
κάπρῳ δὲ βουλεύοντα φόνον κύνα χρὴ τλάθυμον
ἐξευρεῖν . .

156.

. . . . ἁλίου δελφῖνος ὑπόκρισιν . .
τὸν μὲν ἀκύμονος ἐν πόντου πελάγει
αὐλῶν ἐκίνησ᾽ ἐρατὸν μέλος.

157.

488 FRAGMENTA SELECTA.

φιλάνορα δ' οὐκ ἔλιπον βιοτάν.
De delphinis.

ed. Bö.¹ 158. ed. Bg.²
261   222

_ ´ ∪ _ _ ´ ∪ _ _
∪ ´ ∪ _ _ ´ ∪ _

Ὄπισθε δὲ κεῖμαι θρασειᾶν
ἀλωπέκων ξανθὸς λέων.

262 159. 223

´ ∪ _ _ ´ ∪ _ _ ´ ∪ _
∪ ´ ´ [–] . . . .

Ἔνθα καὶ ποῖμναι κτιλεύονται κάπρων
λεόντων τε.

265 162. 224

Ἰάχει βαρυφθεγκτᾶν ἀγέλαι λεόντων.

266 163. 129

. . . . σ ´ ∪ _ _ ´ ∪ _
σ ´ ∪ _ _ ∪ ∪ _ . . . .

. . . . Μελισσοτεύκτων κηρίων
ἐμᾷ γλυκερώτερος ὀμφά.

269 166. 225

Μὴ σιγᾷ βρεχέσθω.

278 175. 304

´ ∪ ∪ _ ∪ ∪ _ _

Ξεινοδόκησέ τε δαίμων.

280 177. 226

Ποτίκολλον ἅτε ξύλον ξύλῳ.

285 182. 321

Ὑψικέρατα πέτραν.

286 183.* 230

∪ ´ ∪ _ _ ´ ∪ ∪ _ ∪ ∪ _

ΕΞ ΑΔΗΛΩΝ ΕΙΔΩΝ.

Μελιρρόθων δ' [ἀνθέων] ἕπεται πλόκαμοι.

[188.]

.....⏑ _́ ⏑
_́ ⏑ _ _ _́ ⏑ ⏑ _ _́ ⏑ ⏑ _ _́ ⏑ [_ ⏑]
.....φὰν δ' ἔμμεναι
Ζηνὸς υἱοὶ καὶ κλυτοπώλου Ποσειδάωνος.

De Pirithoo et Theseo.

[Prosod. fr. 5]

Μεμναίατ' ἀοιδᾶς.

[Thren. fr. 10]

_́ ⏑ _ _ _́ ⏑ _ _ _ ⏑ ⏑ _ _́ ⏑ _ _
_́ [⏑ _] _́ ⏑ ⏑ _ ⏑ [⏑ _] _ _́ ⏑ _ _ ⏑ [⏑ _] ⏑ ⏑ ‿
_́ ⏑ [_ _ _́ ⏑ ⏑] _ _ _ ⏑ ⏑ _ _́ [⏑ ⏑ _]
[_́ ⏑ _ ⏑] _́ ⏑ ⏑ _ _
5 _́ ⏑ _ _ _́ ⏑ _ ⏑ ⏑ _ _
_́ ⏑ ⏑ _ ⏑ [⏑] _ ⏑ _́ ⏑ ⏑ _ _ ⏑ ⏑ _ [_ _́ ⏑ _]
[_́ ⏑] _ _ [_́] ⏑ ‿
_́ ⏑ _ _ _́ ⏑ _ ⌒ _́ ⏑ ⏑ _ _ _ _ _́ ⏑ _ _ _́ ⏑ ‿
_́ ⏑ _ ‿ _́ ⏑ _ _ _́ ⏑ ‿

Ἐντὶ μὲν χρυσαλακάτου τεκέων Λατοῦς ἀοιδαὶ
ὥ[ριαι] παιανίδες· ἔντι [δ' ἐπαντ]έλλοντος ἐκ[ε]ῖ
συ[άρου] στέφανον
ἐκ Διὸ[ς παίδων μετα]μαιόμεναι· τὸ δὲ κοίμισαν
τ[ετό]ρ[ων]
[κᾶδος ἀμφὶ] σώματ' ἀποφθιμένων.
5 ἁ μὲν ἀρχέταν Λίνον αἴλινον ὑμνεῖ,
ἁ δ' Ὑμεναῖον[, ὃν] ἐν γάμοισι χροϊζόμενον [νύμ-
φας λέχει]
[μοῖρα] πάμπρωτ[ον] λάβεν,
ἐσχάτοις ὕμνοισιν· ἁ δ' Ἰάλεμον ἰοβόλῳ νούσῳ
πεδαθέντα σθένος,
υἱὸν Οἰάγρου [τε] χρυσάορ' Ὀρφέα.

idem aliter:

_́ ⏑ _ _́ ⏑ ⏑ _ _ ⏑ ⏑ _ _ _́ ⏑ _ _

FRAGMENTA SELECTA.

≘ [⌣ –] – ≘ ⌣ ⌣ – ⌣ [⌣ –] – ≘ ⌣ – [– ≘] ⌣ ⌣ ≅
≘ ⌣ [– – ≘ ⌣ ⌣] – ⌣ ⌣ – ⌣ ⌣ – ⌣ ≘ [⌣ – – ≘ ⌣ ≅]
[≘ ⌣ – –] ≘ ⌣ ⌣ – ⌣ ⌣ –
≘ ⌣ – ⌣ ≘ ⌣ ⌣ – – ⌣ ⌣ – – cett.

Ἐντὶ μὲν χρυσαλακάτου τεκέων Λατοῦς ἀοιδαὶ
ὤ[ριαι] παιανίδες· ἔντι [δ' ἐπαντ]έλλοντος αἱ κίσ-
   σου στέφανον
ἐκ Διω[νύσου μετα]μαιόμεναι· τὸ δὲ κοιμίσαν τρ[ί-
   τον Μοῖσαι μέλος]
[δεῖξαν υἱῶν] σώματ' ἀποφθιμένων,
ἁ μὲν ἀχέταν Λίνον αἴλινον ὑμνεῖν,
ἁ δ'. . . . .

ed. Bö.¹ [294]   [inc. 189]   ed. Bg.² 139

. . . – – ≘ –
≘ ⌣ ⌣ – ⌣ ⌣ – ≅

Πίτναντες θοὰν
κλίμακ' ἐς οὐρανὸν αἰπύν.
De Oto et Ephialte.

[295]   [inc. 190]*   180

. . . – – – ≅
≘ ⌣ ⌣ – ⌣ ⌣ – ≘ ⌣ – – – –
– ≘ . . .

Οὔτοι με ξένον
οὐδ' ἀδαήμονα Μοισᾶν ἐπαίδευσαν κλυταὶ
Θῆβαι.

[296]   [inc. 191]   189

οὐ ψεῦδος ἐρίξω.

[297]   [inc. 192]   199

≘ ⌣ ⌣ – ⌣ ⌣ – – ≘ –

Ἐλπίσιν ἀθανάταις ἁρμῷ φέρονται.

[298]   [inc. 193]   227

– ≘ ⌣ ⌣ – – ⌣ –

Ἁ μὲν πόλις Αἰακιδᾶν.

ΕΞ ΑΔΗΛΩΝ ΕΙΔΩΝ.

ed. Bg.² 229   [inc. 194]   ed. Bö.¹ [299]

Πρόφασις βληχροῦ γίνεται νείκεος.

263   [inc. 195]   [300]

ἀμεύσεσθαι Νάξιον Τίσανδρον.

290   [inc. 196]   [301]

ἱππείοις ἔντεσι μεταΐσσων . . .

Emendanda.

In textu. O. I, 100 στεφανῶσαι pro στρεφ. — O. VI, 62 ὄσσα et P. IV, 89 ἄναξ pro ϝόσσα et ϝάναξ — O. VII, 45 κόρᾳ et O. XIII, 51 αὐτᾷ pro κόρα et αὐτᾶ — O. XIII, 65 et N. X, 76 φώνησι pro φώνασι — O. XIV, 17 Ἀσώπιχον pro Ἀσώπιον — P. IV, 139 φρένες pro Φρένες — P. IX, 93 πεποηημένον — N. VI, 50 ἀπονοστήσαντος

In notis. pag. 31, lin. 4 lege 372 pro 272 — 91, 7 sqq. ut indicatum est in Annot. Crit. p. 138 — 129, 7 ab inf. lege F ὑχον pro Fύχον — 166 et 170 lege LXXXIII pro LXXX — 376, 14 ἔναρεν pro ἔναριν

In annot. crit. pag. 4, lin. 14 lege 13 pro 17 — 9, 10 ab inf. 78 pro 32 — 11, 17 P. pro N. — '36, extr. ϛ'ζ' pro ϛ'υ' — 45, 15 lege X, 78 pro XI, 81 — ib. 16 lege 71 pro 73 — 69, 6 lege 9 pro 19 — 82, 10 LXXXIII pro LXXX — 95, 7 ab inf. scribe [ου pro o] — 128, 20 usquedum pro usque — 166 ἥ` quater pro ἤ` — 173, 13 scribe 67 pro 62

BEROLINI, APUD WEIDMANNOS (I. REIMER)

TYPIS CAROLI SCHULTZII,
Kommandantenstr. 72.

ANNOTATIONIS CRITICAE

SUPPLEMENTUM

AD PINDARI OLYMPIAS

SCRIPSIT

CAR. IOH. TYCHO MOMMSEN
GYMN. MOENOFRANCOF. DIRECTOR

OLYMPIA I.

10 Molesta quinquaginta amplius codicum enumeratione opus esse videbatur, ut refutarentur ea quae editores quidam de hoc loco male edocti disputant. Accusativum enim non solum optimi mss. praestant, sed nullum alium casum Sch. Vett. ADU etc. legerunt, quum quaererent utrum ἱκομένους subiecti loco ad κελαδεῖν pertineret an potius per enallagen casuum cum αὐδάσομεν copulandum esset. Neque alium casum explicavit Sch. Thom. Iam quum explicandi causa nominativus suprascriptus esset, devenit in quorundam vett. mss. textum, unde pendet recensio Moschopulea. Hic grammaticus non sine aliqua probabilitate dativum nominativo praeposuit, quanquam non decrevit, sed in Commentario perpetuo et nominativum et dativum explicavit. Hinc mss. quoque Moschopuleorum inter utrumque casum fluctuatio orta est; Triclinius autem dativum praetulisse videtur. Quodsi tertius casus in duobus vett. (quos amici meum in usum inspexerunt) et in duobus Thom. invenitur, aut interpolatione (in RΣΠ passim manifesta) factum est aut vitiosa ea est scriptura. Hm. igitur recte monuerat ἱκομένους cum κελαδεῖν coniunctum multo magis poeticum esse quam ceteras lectiones. Quod idem V.Cl. postea ad dativum Moschopuleum tuendum attulit Homericum ψυχὴ Τειρεσίαο, χρύσεον σκῆπτρον ἔχων, nec perinde est, quum σοφῶν μητίεσσι non sit mera circumscriptio personae, nec lyricae dictioni aptum, quae anacoluthias eiusmodi non amat.

Alexandrinorum dissensio non de lectione erat, sed de verborum structura. Ambigebant utrum, distinctione maiore post κελαδεῖν posita, Κρόνου παῖδα per appositionem ad Ἑστίαν applicandum esset, audaci prosopopoeia; an, distinctione deleta,

Annotatio Critica. 1

obiectum esset verbo κελαδεῖν. Contra illos disputat Thom. Κρόνου παῖδ' οἱ μὲν πρὸς τὸ ἑστίαν συντάττουσι, ληροῦντες κτλ. (quae in Tricl. immutata leguntur), de sententia veterum (Didymi?), quorum verba (in aliis traiecta et male aucta) ita exhibet A: Κρόνου παῖδ' ἐς ἀφνεάν. ἑστίαν ὅτι τὸ ἱπποτροφεῖν πλουσίων. τὸ δὲ ἐκομένους ἀντὶ τοῦ παραγινόμενοι λέγει. τῇ γὰρ αἰτιατικῇ ἀντὶ τῆς ὀρθῆς χρῆται. ὅπερ οὐκ οἶμαι λόγον ἔχειν. ἔστι μὲν οὖν καὶ τὴν ἑστίαν δέξασθαι Κρόνου [παῖδα], καθότι πρόκειται. βέλτιον δὲ οὕτω δέξασθαι· εἰς τὴν τοῦ Ἱέρωνος ἐλθόντας ἑστίαν, τὸν τοῦ Κρόνου παῖδα Δία ὑμνεῖν. πιθανώτερον γάρ, τῆς νίκης Ὀλυμπιακῆς οὔσης, τὸν Ὀλύμπιον Δία παρὰ τῷ Ὀλυμπιονίκῃ ὑμνεῖσθαι. Unde colligimus hos Alexandrinos traditam accepisse distinctionem post κελαδεῖν maiorem, sed — nam verba ὅπερ οὐκ οἶμαι λόγον ἔχειν non Thomae sunt sed vett. alicuius, puto Didymi vel Didymeorum diasceuastae — non sine causa et prosopopoeiam „Saturni filiam opulentam, beatam Hieronis Ἑστίαν" et verbis ὅθεν — κελαδεῖν a reliqua oratione interclusis participii enallagen improbasse. Vere in A et in Ro. ita distinctum est μνήσεσι, κελαδεῖν. Κρόνου παῖδ' ἐς ἀφνεάν et in OUΘм similiter; plurimorum interpunctio aut (ut in DFQΣΦf Ald.) nulla est, aut (Vμ' etc.) nostrae convenit, quam primus dedit Ceporinus.

23 Vulgatum accusativum non invenimus nisi in libris interpolatis. Interpolationem testari videtur gl. marg. Z οὕτω χρὴ τὸ κῶλον τοῦτο γράφειν διὰ τὸ μέτρον, nisi haec ad vs. 24 pertinent. Omnes meliores libri et genitivum et formam ab ἱππιο incipientem praestant; in U supra ιο gl. vet. ἡ δευτέρα ἀπὸ (lege αἱ δύο ἀντὶ) μιᾶς βραχείας, de qua re cf. ad O. II, 97. Vett. igitur eam lectionem tradunt. quae testibus Sch. AB „nonnullorum" Alexandrinorum, Didymo antiquiorum, fuit; Byzantii autem quod accusativum dederunt, de sententia Didymi vel Aristonici fecerunt. In quo mihi quoque acquiescendum esse videtur, quanquam, ut metrum sibi constet, vs. 52 Moschopulea emendatione ἄπερα opus est, et Συρακοσίων βασιλεύς usui poetae melius convenire videtur quam Συρακόσιος βασιλεύς (cf. exempla a Ky. allata et Nem. V, 27). Sed hoc poetice dictum esse potest ut Ὀλύμπιος ἡγεμών, Ἀργεία αἰχμά, Ἑλλὰς στρατός. ad similitudinem aliorum Μοισαῖον ἅρμα, Αἰάντιος βωμός, Κυπρία μαχά, Δεινομένεις παῖ. Ergo vs. 81. et 110. ut traditam lectionem moveamus non persuadet Ky. Caeterum ἱππιαχ- etiam in Sch. AU (in B non leguntur haec) apparet, nisi

quod in U semel ἱπποχαρμᾶν inveni. Συρακόσιον cum δεσπόταν iunctum (Sw.) vel ideo displicet, quod vett. critici nihil eiusmodi intellexerunt, sed τὸν ἑαυτοῦ δεσπόταν interpretati sunt, et de sequentibus verbis quaesiverunt utrum Hiero rex Syracusanus an Aetnensis appellari debuerit.

24 In Sch. Vet. ubi Ro. Q aliique Θέτιδα habent, ABU Θέμιν, ut ex nonnullorum poetarum s. mythologorum opinione non Thetis, sed Themis humerum Pelopis comederit.

28 Iam Alexandrini utrum θαύματα (θαῦμα τά?) an θαυματά scriberent dissidebant. Moschop. non solum in textu θαῦμα scripsit sed idem explicavit in Comm. ὄντως ἔκπληξις τὰ πλείω τῶν πραγμάτων, idemque gl. Tricl. (Thom?) ὄντως ἔκπληξις ὑπάρχει indicat. Sed gl. Mosch. est ὄντως ἄξια θαύματος κατὰ πολύ, quod ad θαυματά pertinet. Germ. utrumque explicat; Eustath. et Io. Gramm. θαυματά ex Pindaro laudant. — Ad φάτις pertinet gl. ἡ φήμη, quae non solum in NQUΦ supra φάτις sed etiam in Σz supra φρένας adscripta legitur, ut in his textui repugnet; eodem pertinet altera gl. ἱστορίας in NO et tertia φρένας in FN, in quo ultimo codice tres glossae adscriptae sunt. — Altera lectio φρένας interpolatione, opinor, in deteriores quosdam vett. et Thomanos invecta est. Tricliniana notula εὑρέται ἔν τινι παλαιῷ τόδε. ἔστι κρεῖττον. in μ'ν' ita collocata est ut ambiguum sit utrum ad θαῦμα τὰπολλά an ad φρένας referatur. — In mss. igitur duae tantum lectiones reperiuntur, φάτις in vett., φρένας in recc. Nam vulg. Ro. φρένα in nullo est scripto; φάτιν quod Bö. ex Sch. invexit in nullo nisi quod Z (ex eodem fonte haustum) , supra ς posuit; φάψας in O a. c. vitiose; φασὶ v. l. in marg. A ita

γράφεται καὶ φασί. ἐν τῷ συντά[γματι] γὰρ συντάσσεται καὶ τὰς φάτις· συντάσσεται δὲ καὶ φασίν, ἀντὶ τοῦ λέγουσιν.

Id quo pertineat ostendit Sch. ABCD etc., si mecum restituas, ita Καί πού τι καὶ βροτῶν φάτις. τὸ σαφὲς· καὶ δὴ οἱ λόγοι εἰσὶ τῶν ἀνθρώπων, φασίν, οὕτωσὶ, ποικίλαν λόγων τεχνάσμασιν εἰς τὸ ἀπατῆσαι τοὺς ἀκούοντας πεποικιλμένοι, ὑπὲρ τὸν ἀληθῆ λόγον ἐξαπατᾶν δύνανται. Ibi φασίν est in A Ro.. sed φασὶν in BOU. Hic interpres, accusativo τοὺς ἀκούοντας ad ἐξαπατῶντι subaudito, βροτῶν μῦθοι iunxit, et aut φασὶν scripsit aut (quod veri similius est) nominativum φάτις pro φάτις ἐστὶν i. e. φασὶν dictum esse voluit, quocum consentit gl. φήμη. Iam pergit Sch. ἔνιοι δὲ φάτις ἀντὶ τοῦ φρένας τῶν ἀνθρώπων ἀπατῶσιν οἱ ψευδεῖς λόγοι. Legitur ibi φάτιν in ABU, φασίν in AI, sed neutrum verum esse puto. Nam non de lectione sed de interpretatione loqui videtur grammaticus, ex qua nonnulli accusativum φάτις i. e. φάτιας cum βροτῶν copulatum de verbo ἐξαπατῶντι pendere voluerint. φάτις autem quo iure φρένας significare dixerint nos latet, sed eodem redit gl. Hesych. δόξα, neque aliud sensisse videtur Sch. P. III, 112 cum ἀνθρώπων φάτις γιγνώσκομεν per ἡμεῖς οἱ ἄνθρωποι, i. e. δόξας (opiniones) ἡμῶν exponeret, mira sane verborum structura. Hinc orta est gl. φρένας, qua arrepta textum sanasse sibi visi sunt Byzantii. Simili ratione gl. marg. A φασίν pro lectione vendidit, cum interpretamentum esset nominativi φάτις. — Scholia igitur, recte intellecta et emendata, nihil exhibent lectionis nisi quod in omnibus mss. habemus φάτις, cuius formae ambiguitas interpretes vexavit, ut φάτις P. III, 112 et πόλις O. X, 17. Accusativum esse crediderim φάτις, correpta ultima (cf. Buttm. Gr. Gr. I, p. 186. 206.), et aut δόξας aut ἱστορίας significare. Iam si θαυμαστά legis, hoc dicit poeta: Sane mirabilia multa, et est etiam ut supra veram narrationem mendaciis exornatae fabulae hominum sermones (opiniones) fallant. — Si θαῦμα, ita: Sane admirandi saepenumero et aliquando etiam, puto, garriendi cupiditatem hominum fabulae supra veram narrationem mendaciis exornatae decipiunt — Sed hac ratione transitus a miraculo modo narrato minus commodus. — Durior et magis perplexa esset structura, si (cf. Hm. Op. VI, 35.) φάτις pro nominativo vel sing. vel plur. acciperes, ut τοὺς ἀκούοντας subaudires. Ht. φρασίν invexit, nimis confidenter. Cur metro mutato φάτις stare non possit, vs. 115. ostendit.

29 In BD etc. (non in A) invenitur paraphr. δεδαιδαλμένοις ψεύδεσι καὶ ποικίλοις, in Σ gl. πεποικιλμένοις. Sed nominativum, qui longe praestat, et rell. mss. et Sch. AB supra laudatum tuentur. Cave coniicias δεδαιδαλμένῳ — μύθῳ, quod pulchrae periodi vim everteret.

41 Ex CDFNPQ coniicias χρυσίαις καὶ ἐν (ἂν') ἵπποις, hyperbato pro καὶ ἂν' ἱ. χ. Sed et optimi libri καί omittunt, et si quid movendum, Sm. coniecturam χρυσίαισί τ' ἂν' cum Ox. Hy. Be. Ky. accipere praestat ut faciliorem. Vide etiam O. VIII, 71 simili modo κ male intrusum in V. Olim χρυσίαισί σ' ἂν' conieceram quod nunc vel ob sigmatismum (cf. O. IX, 17.) displicet. Nec melius nuper χρυσίαισιν ἂν' ἵπποις θ' coniectum est.

48 Scholia Vetera (AU etc.) εἰς ὕδωρ ἀκμαίως ζέον, εἰς θερμὸν,

κατὰ μέλη τεμόντες, ἐμβεβλήκασιν. Et quod ἀμφὶ ὕδωρ minus recte dictum est, et repetitio eiusdem praepositionis vs. 50 facit ut Byzantiorum commentum metricum reiiciamus. Sine dubio ΕΠ ex ΕΙΣ corruptum. Poeta εἰς ante vocalem, ubi longa syllaba opus est, sexies admittit.

50 Librarius codicis V quum primo impetu ἀμφιδεύματα scripsisset, statim ab errore se revocavit, suprascripto τ et addito accentu, ut sit ἀμφὶ δεύτατα. Idem vs. 8 male πολύφαμος pro πολύφατος scripserat. W errorem repetiit, ἀμφὶ δεύματα scribens, correctionis immemor, quam meliora eiusdem libri apographa XYZ recte attenderunt. Apud Athen. ll. δινρα i. e. δεύτερα codd. ABP, unde Ht. δαιτρὰ portiones, quod invexit, firmare non poterat, nam Athenaeus hoc Pindari loco utitur, ut apud antiquos secundas mensas usuvenisse ostendat. Glossemata rarissimae vocis δεύτατα in aliis alia: ὕστερα. μεμερισμένα A τὰ εἰς πολλὰς μερίδας διατμηθέντα FN λεπτότερα P σμικρότατα Π μικρότατα k εἰς μικρότατα v (ex Comm. Mosch.) ἔσχατα Z χεῖρας. πόδας. καὶ κεφαλὴν U τὰ περιβεβρεγμένα τῷ ὄντος τοῦ λίβητος ὕδατι ἐν ᾧ ἥψοντο Z^bΣμ'ν' Etiam Sch. diversa interpretamenta habent (vide etiam Germ. Sch. p. 7), sed A hoc solum comma: καὶ τὸ τελευταῖον ἐν ταῖς τραπέζαις παραθέντες καὶ μερίδας ποιήσαντες βιβρώκασιν. Quae quum antiquissima huius loci interpretatio esse videatur, pluris est quam reliquae. Primum eo nos ducit ut τραπέζαισί τ' ἀμφὶ iungamus. Pindarus dativum et accusativum promiscue huic praepositioni iungit, ut ἀμφὶ Πηνειόν et ἀμφ' Ἀχέροντι vel nullo vel saltem perexiguo discrimine dicat. Igitur quum plerumque ἀμφὶ τράπεζαν inveniatur, nulla tamen offensio est in ἀμφὶ τραπέζαις. Deinde Sch. A (et gl. ὕστερα) δεύτατα adverbii loco positum et κρεῶν διδάσαντο (ut κρεῶν μοῖραν παρατίθεναι, κρεῶν ὀπτῆσαι) partitivo quem dicunt genitivo dictum esse indicat, ut dii postremo (zuletzt, am Ende gar) carnium portiones distribuisse et comedisse dicantur, quod mihi simplicissimum et toti narrationis tenori atque dignitati aptissimum esse videtur. Cave autem ne cum Athen. δ' scribas, nam τε-τε dichotomiae est, quum duo sint quae maledici evulgant, et dissecta membra coctaque esse, et (secundo loco) distributas carnes comesasque. Nam ut mittam ea quae contra librorum auctoritatem invecta sunt (ἀμφίδευτα τὰ Pw. δεῦτα τὰ Boiss. δεύματα Bö. Di.): si secundae mensae fercula (Sch. Athen.) intelligerentur, ubi sunt primae? si extremitates

(Sch. Hm.), nisi consulto obscurior oratio est, cur κρεῶν adiectum? — vide Sw. — si ultima carnium frusta (Rs.), quomodo hoc cum διδάσαντο concordaret, ad quod quum transitus a coquendo fieret, potius prima frusta memorata esse exspectares? nam postquam cocta sunt, prima distribuuntur. Peiora multo sunt reliqua: **sanguine stillantia** (Sch.), **aqua fervente circummadentia** (Thom. Tricl.), **minutim confecta** (gl.), vel adverbialiter **frustatim** (Mosch.), quae partim foeda, partim humilia et inania, et ob κατὰ μέλη proximum molesta sunt, nedum ulla derivandi analogia explicari possint. Contra δεύτατος i. e. **postremus**, non **extremus**, et Homeri usu et aliarum linguarum exemplo comprobatur. — Tonosin ἄμφι perspicuitatis causa invexi, contra regulam.

53 Sch. A nihil nisi κακηγόρος; Sch. Vett. rell. (U etc.) et hoc et κακηγόρους agnoscunt. Thom. κακηγόρος practulisse videtur (ut in voce πανήγυρις); Mosch. κακηγόρους dedisse; Tricl. κακηγόροις, perperam. — De nominativo κακάγορος loqui videtur comma Sch. Vet. (om. in A) οἱ κακήγοροι οὐδὲν λελόγχασιν ἢ ἀκέρδειαν, sive ἀκέρδεια neutraliter accipiens, sive cum P ἀκέρδειαν scribens, invito metro. — Sunt in hoc carmine insolentiora quaedam dialectica quae in Sch. magis quam in mss. testata utrum argutiis Grammaticorum debeantur, qui hoc potissimum carmen alienis a Pindari usu formis illatis vexaverint, an genuina potius et propter maiorem quam huic odae impenderint curam melius servata sermonis Pindarici vestigia sint, an huic soli carmini paucisque similibus propria, aliis diiudicandum relinquo. Nostrum est Pindarum quantum per metrum licet ad antiquissimorum librorum fidem edere, quos h. l. cum Bö. secuti sumus.

59 In Comm. Mosch. legitur ἀπάλαμον, sed ibi in uno Tricl. (μ') suprascriptum est , et in Sch. et in lm.; in altero (γ') ἀπάλαμον est utroque loco. — Correctio haec videtur esse metrica nec omnibus perinde Byzantiis probata, qui memores erant doctrinae Prisciani I, 30 aliorumque. Apud Hesiod. Op. 20. ἀπάλαμον legitur, nisi ibi quoque ἀπάλαμνον (cum mss., nisi fallor) scribatur. Alibi semper ἀπάλαμνος. Correptionum licentia apud utrumque poetam summa.

60 Structura verborum ἀφαιρεῖσθαι, ἐρημοῦν (P. III, 97), al. cum dupl. acc. notissima. Ita κλέπτειν τινά τι, vel simpliciter κλέπτειν τινά (sive **privare deos** est sive **clam diis** P. III, 29. N. VII, 23.) recte dictum est, κλέπτειν τινός τι sine exemplo. Mosch.

iunxit νίκτας ἀμβροσίαν τε ἀθανάτων. Sch. Vett. nulla ad h. vs.
servata sunt. Genitivi poetici ut κεφαλᾶς βαλεῖν, εὐφροσύνας ἀλᾶται
non prorsus eiusdem generis sunt, quum ad rem pertineant, non
ad personam.

60 κλίψαις] γρ. καὶ κλίψαις. τὸ εὐκτικὸν ἐστὶ μετοχῆς gl. A —
κλίψαις] ἤτοι κλίψας. τῶν δωριέων δὲ τοῦτό ἐστι τὸ προστιθέναι τὸ
ῑ. gl. E — κλίψαις] αἰς αἰολικόν gl. Q.

64 Nec θέσαν metricae, nec θέσσαν grammaticae legi congruit
(quamquam θέσσαντο = εὔξαντο N. V, 10. eiusdem stirpis esse videtur; cf. Buttm. Lex. 2, 111 et Sch. Ap. Rh. I, 824); ἰθέσαν autem
(Sw. Bg.) insolitam arsis solutionem infert; ἀφθίτους θῆκεν (Ht.)
plane alienum; κτίσσαν (Sw. usu Aeschyleo; cf. O. IX, 45) et θῆσαν (nutriverunt, Ah. et Bg.) aliquanto meliora. Genuina scriptura
quum lateat et paraphr. vet. non exstet, aut istas coniecturas accipe, aut meam θέσαν νιν, cuius interpretamenta ἰθέσαν(θέσαν) et αὐτόν
antiquitus in ordinem irrepserint. Leguntur τίθεν, στάν, ὗρλαν, alia.
Parechesis et collocatio eiusmodi auribus gratissima et maxime
Pindarica est, sed δῶκεν — θέσαν (θῆσαν, κτίσσαν, θῆκεν) homoeoteleuton odiosum.

64 τι non solum PA, sed omnes vett. et Thom. omittunt,
excepto R qui cum interpolatis facere solet. — Ergo vulg. Al. Ro.
ἕλπεταί τι λαθέμεν, quam a Bö. reductam ab omnibus editoribus
nunc scribi video, in nullo, quantum scio, ms° invenitur, nisi olim
fuit in pessimo ω´, ubi τι λα μεν est, charta cum literis absumpta.
— Moschopulus quum ἕλπεται λαθέμεν et in metrum peccare videret, et grammaticae legi (cf. Lob. ad Phryn. p. 751) adversari
putaret, non solum λαθέμεν invenisse, sed etiam ieiunum illud τι
inculcasse existimandus est. Solutam magis quam lyricam orationem decet τις-τι, et multo credo praestat omissio obiecti, ut
ἔρδων sit quaecunque facit (mit seinen Thaten), quam ἔρδων τι
si quid facit (mit einer That), etsi etiam τι λαθέμεν ullo modo
latere iungi possit. Scribe λελαθέμεν, ut γεγωνέμεν, ἀνωγέμεν. Haplographiae hoc genus creberrimae, ut O. II, 47 in D τυγχανέμεν
pro τι τυγχανέμεν; ib. 53 aut δέ aut δαί vocis δεδαιδαλμένος omissum in 12 mss. (ut I, 28 in 9 mss.); ib. 58 in septem vett. τᾶ διός
pro τᾶς διός etc. etc. Etiam vs. 24 εὐάνορι (in CD etc.) pro ἐν
εὐάνορι eodem redit. Omnino hoc vitiorum genus latissime patet.

71 ἄγχι δ᾽ interpolationi debetur. Asyndeton ἐγγὺς ἐλθών
(coni. Bg.³) ferri posset, sed diserte contra faciunt Sch. AB

ἀντὶ τοῦ τε τὸν δὲ παρέλαβεν. Nescio an pro ἐγγύς (quod ab ἐν γυίοις non recte derivatur, Lob. Path. I, 143) ἐγγύ dici potuerit, ut est in compositis multis, ad similitudinem formarum τουτάκι, τετράκι, πολλάκι et ut ὄπιθεν, quod si Lobeckium audis primitivum est, unde factum ὄπισθεν. An εὐθύ praestet? quo sensu est εὐθὺς ἰὼν P. IV, 148; cf. Buttm. Gr. Gr. 2, p. 366 sq.

75 Alterius Sch. verba in U ita restituta sunt εἴ σοι κεχα-. ρισμένος ἐστὶν ὁ γάμος οὗτος ὁ τῆς Ἱπποδαμείας; in AB ὁ γ. οὐ. omissum. Hic de futuris Pelopis et Hippodamiae amoribus cogitavit, prior de praeteritis Neptuni et Pelopis, ubi ABU εἰ χάρις (A χάριν) ἐραστῇ πρὸς ἐρώμενον.

76 Notulam Sch. [D]U etc. ὄγχος οἰνομάω ἁρμάτιος τὸ ἅρμα ἤκουσεν (unde Bg.² ὄντος lectum esse coniicit) om. AB.

80 ἐρῶντας Moschopuli commentum est, cui assentitur Tricl. notula οἱ μνηστῆρας γράφοντες οὐκ ἴσασι τὰ περὶ μέτρων. χρὴ τοίνυν ἐρῶντας γράφειν, ἵν' οἰκεῖον ᾖ τὸ κῶλον τῇ στροφῇ. Similis spondeus (pro iambo praemissus) O. X, 25 ieiuno commento metrico expulsus est; cf. etiam O. II, 99. X, 48. 90. ubi τιμάσαις et θνάσκοντι leguntur initio versus ⏑ ‒ ‒ ⏑ ⏑ ‒ ⏑ ‒ . Bg. coni. ματῆρας, ingeniose. cf. Hesych. s. v. ματήρ, ματεῖ etc.

82 Sch. prius ex ABU ita restitue ἐν δὲ τοῖς ἀνθρώποις, οἷς ἐξ ἀνάγκης τὸ θανεῖν, διατί δὴ κτλ. Sch. alterum AB οἷς ἀποθανεῖν ἀνάγκη vulgatam firmare videtur. Alioqui οἷς ἐν ἀνάγκῃ coniiceres, ut ἐν δυνατῷ.

82 Rarissimam formam τά non solum A et Greg. Cor., sed etiam tres optimi et vetustissimi libri AB¹C^ac praestant, in A cum gl. κατὰ τί. Vulg. τί non est in A, sed in B·C^p·D rell. Sch. interpretamenta et τί et διατί. Ca. in St.ᵃ „Annotant Grammatici τά pro τί poni a Doribus, et proferunt Pindari locum τά κί τις κτλ. Verum ibi hodie τί legitur, non τά; quod tamen non facile censuerim esse mutandum." Meum est optimis testibus parere. Megarensis apud Aristoph. Ach. 757. quaestio est τὰ μάν; pro τί μήν; agnita in Scholiis et a Greg. Cor. p. 236. et ipso responso τί δ' ἄλλο; ἄττα et ἄσσα pro τινά ad idem etymon redeunt, praefixo ἀτ (ετ·), Buttm. Gr. Gr. I, 301; quod etiamsi fuerunt qui a τινά ducerent et τά a τίνα (Ah. D. D. 277), tamen τά pro τί usu venisse constat, ut h. l. τά, etsi fortasse a τίνα factum est, pro τί usurpatur.

86 ὢν non solum P, sed omnes vett. et Thom. cum Al.

AD OL. I. 9.

omittunt (nisi quod in Z ὧν alieno loco inculcatum esse video, ita οὐδ᾽ ἂν ἀκράντοις ἐφάψατ᾽ ἔπ.), nec est in paraphr. AB. Habent ἐφάψεται O*ac* et O, ἐφάψατο B, (in fine lemmatis, ubi vocalis in elisione posita plerumque scribitur) ἐφίψατ᾽ FM ἐφαψάτ᾽ D ἐφίψατ᾽ V ἐφ[ά]ψ[α]τ᾽ X ἐφάψετ᾽ Z ἐφάψατ᾽ A.BCELNPQ[R]UO*ro* cum rell. — Vulg. ὧν (quae in solis recc. [14] invenitur; in ϛ΄ οὖν; in ω΄ ἀ vitiose) Moschopulus invexit, metri causa. Restitue ἐφάψατο, omisso ὧν, ut aut geminari digamma statuas, aut, quod praefero, versum dividas, hoc metro – ⌣ ⌣ ⌣ – ⌣ – ⌣ – ⌣ – ⌣ ⌣ ⏓ | ⌣⌢ ⌣ – ⌣ ⌣ – ⌣ – , nisi malis ⌣ ⌢ – ⌣ ⌣ – ⌣ – , nam reliquae bases non sunt solutae.

87 Moschopulus, ut χρύσεον primam producere posset, expulso τι, praepositionem ἐν dativo praefixit. Auribus hoc quidem non ingratum, sed procul dubio falsum, quum tale ἐν a Pindari consuetudine et aetate abhorreat; cf. ad O. II, 63. Paraphr. Sch. τι-καί.

89 Paraphr. Sch. AB ἥτις Ἱπποδάμεια ἔτεκε (ubi A om. ἔτεκε). Singulares quidem correptiones in hoc carmine, ut γαρύεν, κακαγόρος, ft. φάτις pro φάτιας, ἀπάλαμνον. Sed donec probetur correptionem Aeolum, de qua cf. Ah. D. Ae. p. 109, tam late in quibusdam Pindari carminibus patere, ut etiam ᾱ nominativi femininum corripi licuerit, suspectum erit quod consensu librorum meliorum traditum habemus. Bg.² ἰλὼν-ἔτεκεν (τίκτετο) coniecit, quod ft. praestat utrique emendationi Byzantinae et ei quam ipse tentabam τίχ᾽ ἅ, quae solutionem tollit.

89 Germanam lectionem iure suo reposuit Sw. Dativo enim pro genitivo utitur poeta, ut post θιγγάνειν, ἅπτεσθαι, ἐφάπτεσθαι, πέλας, ἀγχοῦ, ἄγχι, ἶδον, σχεδόν. Nec multo distant φύντ᾽ ἀρετᾷ natum ad virtutem, ἀρετᾷ κριθείς ad virtutem fato electus (non „virtute spectatus"), μετοικεῖν ἀγυιαῖς Καδμείων migrare ad vicos Thebanorum; Ἀλφεῷ καταβαίνειν, et (P. VIII, 32) μέτρῳ καταβαίνειν ad Alpheum descendere, ad modum (et modestiam) deprimere, ut Ἀλφεοῦ πόρῳ κλιθείς; ποσσὶν ὀρούειν ἀπὸ στρωμνᾶς in pedes desilire a cubili ut erecta staret, ἀνὰ δ᾽ ἔπαλτ᾽ ὀρθῷ ποδί in pedes erectos exsiluit. Quibus exemplis certioribus addas quae magis ambigua sunt ἀελπίᾳ βαλών in desperationem coniiciens (P. XII, 30), et ft. οὐ ψεύδει βαλών non in falsa iaculatus, cum Sch. uno (εἰς ψεῦδος, N. I, 18), ut quae generalioris usus sunt, οὐρανῷ in coelum (I. V, 41 = VI, 60) aliaque, mittam; denique Ζεύς (Ἀμφιτρύωνος) ἄλοχον μετῆλθεν Ἡρακλείοις γοναῖς ad generationem Herculis (I. VI, 7 = VII, 10). In his

omnibus dativus termini est quem quis sive animo sive corpore petat; quod genus nonnulla reperies apud Matth. Gr. Gr. § 401, 3. Reputa Graecum dativum ex locativo quem dicunt ortum esse huiusque primitivae potestatis apud antiquissimos plurima vestigia deprehendi, ut locum denotet ubi quid sit et quo quid contendat, tum simplex, tum praepositioni iunctus. cf. ad P. IV, 235.

99—116 desunt Scholia A. Vacua est integra pagina in A (fol. 185, b.); eadem in apographo A omissa esse (ubi tres paginae vacuae sunt, teste Schneidero in App. Pind. Suppl. p. 58) sponte intelligitur.

100 Paraphr. B primum ἑκάστῳ τῶν ἀνθρώπων, tum (bis, cum Mosch. Comm.) παντὶ ἀνθρώπῳ. Ei scripturae quam Tricl. praetulit adversatur codd. auctoritas. Genitivus et hiatum (incommodum, etsi in dativo propter ῖ furtivum tolerabilem) removet et exquisitior est, ut πᾶς Ἑλλάνων Soph. O. C. 597.

104 ἅμα καὶ omnes veteres libri et Thomani praestant. Quod cum traditum esset alii aliter emendaverunt. Ego nec Moschopuleum ἄλλον ἢ cum Er. Smidio, nec Triclinianum ἄλλον καὶ cum Callierge, nec Hermannianum ἀλλὰ καὶ cum Di. et Sw., nec Bergkianum μᾶλλον ἤπερ ἢ cum Ht. probo. Ἄλλον καὶ sententiae tantum, non metro aptum est recte explorato; reliquae autem coniecturae particulas inculcant quae τὶ excipientes et a Pindari usu (nam in I. VII, 35 τὶ-ἢ coniectura illatum est) et ab huius periodi concinnitate alienissimae sunt.

Interpretamenta Thomana sunt καὶ δὴ καὶ et ἢ, Mosch. ἄλλον (καὶ?), Germ. ἅμα καί. In Sch. Vett. tres paraphrases leguntur 1. πεπίστευκα δὲ καὶ πίπεισμαι ἀκριβῶς, μηδένα μ ι (μὴν U) ὅτι φίλον τῶν νῦν ἀνθρώπων ἐγκωμιάσαι τοῖς ὕμνοις, ἀμφότερα ἔχοντα, καὶ ἐπισήμονα τὰ κατὰ ψυχὴν καὶ σώματος ἰσχὺν τούτου ἀνδρειότερον. 2. πιστεύω δὲ μηδένα ἄλλον ποιητὴν ἐπισήμονά τι εἶναι καὶ ἀνδρεῖον, καὶ οὕτω δύνασθαι τοὺς φίλους ἐγκωμιάζειν, ὥσπερ ἐμαυτόν. 3. πεπίστευκα δὲ, ὅτι οὐδένα ὕμνησα ἀμφότερα ἔχοντα, ἐμπειρίαν τε καὶ ἄλλον (ἄλλην O τε καλῶν καὶ coni. Bg.².) δύναμιν. Tertia non legitur in B ut nec quarta, quae etiam generalior est nihilque novi affert.

Hos interpretes non τὶ-ἢ sed τὶ-καί legisse manifestum est. Nec ex 2. et 3. efficias ἄλλον olim lectum esse, quod secunda interpretationis causa adiicit. Tertia, quae generalior et ft. recentior est, ad verba poetae cognoscenda nihil valet. Prima sola et accurata est et sententiam bene intellexit. Eadem positivum gradum ἤ_ρεν qui comparativo respondeat agnoscit, rectissime. Poetica enim et maxime lyrica dictio saepe bina dichotomiae membra ita complectitur, ut prius altero compleat, utque in semel dictis acquiescat, ubi bis dici oportebat logice, brevitatis studiosa. Hoc de praepositionibus notissimum est (Lob. ad Soph. Ai. p. 249 sq.), sed teneatur velim hoc schematis ἀπὸ κοινοῦ genus et Pindaro frequentius esse quam caeteris et latius etiam patere. Quid quod vel tria membra ita iunxit? O. VIII, 47, ubi ἥπιγεν ἰλαύνων copulanda sunt ut ἵκετ᾽ ἰλαύνων, ἵκετο σπεύδων, et Hom. ἔσσυτ᾽ ἐπειγομένη. Quod qui negarunt fieri posse, quanta sit lyricae orationis vis sylleptica vel potius analeptica parum perspexerunt. Eiusdem generis est οὔτε in altero membro positum, in priore omissum (P. III, 30. VI, 48. X, 29. 41. N. VI, 6); et δὲ (P. III, 90. IX, 65. I. III, 11.), ἕτερος (N. VIII, 37), εἴ τις (P. IX, 93), ex quibus ad prius dichotomiae membrum ὁ μὲν, ἕτερον, τις (ut vel Hom. Il. 14, 342) subaudienda sunt. Nec multo aliter alia, ut instrumentalis (N. III, 68), participium (N. XI, 63), accusativus (fr. 171), alteri membro cum inserta sint tamen utrique inserviunt. Ergo etiam positivum ἤρεν insequenti comparativo optime suppleri confido, et videntur mihi qui μᾶλλον ἤρεν commendant non vitium sed id quod proprium fervoris lyrici ornamentum est tollere.

Scribe ἄμμι καί. Ut O. IX, 106 pro ἄμμι optimi quique corruptum aut ἄμμα (ACDN*OZ) aut ἁμέρα (B) aut ἄμι (E) exhibent, ita hoc loco factum est de omnibus libris. Nam cum olim AMEKAI exaratum esset, sequente καί, corruptio facillima. Quae etsi antiquissima fuerit, tamen fortasse nondum usu venerat, quum primus Sch. μὲ in paraphrasi poneret, et verba ad ipsum Hieronem referre non dubitaret. Πέποιθα - ἡμᾶς μὴ δαιδαλωσέμεν est Nunquam profecto celebravimus, ut Ἡσίλον (sq. ἁμετέρας) χείρωτα ζόειν Utinam Chiro viveret. Accusativus igitur subiecti ad infinitivum post πέποιθα (i. e. constat, certum est) adiectus non offendit, praesertim mutato numero, immo et inter media obiecta collocatus pulcerrimus, et ad omnem ambiguitatem removendam necessarius est. Quid ii legerint qui haec verba male ad alios poetas retulerunt, dubium est; fuerit vel ἄμμα καί vel ἄλλον καί, sed ἄμι vel ἐμί non fuit.

104. 105. Ambrosianus solus et καιριώτερον et δαιδαλωσέμεν habet. Illud (quod repetit A), si καίριος poetica audacia a re ad hominem translatum est, ut sit potentiâ opportunior, effi-

cacior (an Macht trefflicher, schlagfertiger?) exquisitius est quam κυριώτερος (an Macht entscheidender, herrlicher?), eique non male conveniunt interpretamenta ἀνδρεῖος, δραστήριος, δυνάμενος ὁ βούλεται συντελεῖν (quamquam haec ambigua sunt), et facilius καιρ. in κυρ. quam κυρ. in καιρ. abire potuisse censeas. — Hoc mirum in modum tuetur Sch. Vet. et in prima paraphrasi (ὅτι — ἐγκωμιάσαι) et in tertia (ὅτι οὐδένα ὑμνήσω), neque eorum interpretatio cum futuro δαιδαλωσέμεν conciliari potest. Ne secunda quidem paraphr. (et Thom. altera) futuro interpretatur, sed infinitivo praesentis, quasi ita accepisset infinitivum aoristi. Etiam gl. passim κοσμῆσαι, ὑμνῆσαι. Sed aliud comma Sch. Vet. et Mosch. κοσμήσειν, nec potest negari, α in A saepius (ut vs. 96.) inveniri, ubi αι esse debebat. Quin ex A (cum Zq Sch. U) δαιδαλωσαίμεν relatum est, ut scrupulum iniiciat, an idem in A scriptum sit, ubi α et αι hinc inde vix possunt dignosci. Nec ἄμεν in his infinitivi aor. I formis videtur reperiri, sed rarissima quae exstant exempla (ut ἀξέμεν Il. ω, 663 et καταξέμεν ζ, 53) non α, sed ε in commissura habent. Nihil igitur moveo, sed notasse satis habeo. Progressus orationis is esse videtur, ut poeta, quum in vss. 100 sqq. de rebus praesentibus (et praeteritis?) agat, non ante vs. 108 sq. ad futuras descendat; quocum consentiret inf. aoristi (sive in ἄμεν, sive in ἔμεν terminatus), sed non inf. futuri.

106—117 Non solum Sch. A sed etiam Sch. B desunt, ut in hac extrema parte optimorum librorum auxilium in Scholiis desideretur. In B folium intercidisse videtur.

107 Sch. Vett. (emendata c mss. in Sch. Germ. p. 10) non solum κῆδος sed etiam τεαῖς et ἔχων agnoscunt, sed de constructione verborum dissident. Partim priora de aliis poetis dicta esse opinati, dativo, si recte assequor, instrumentali s. locali: „deus, patronus „meus, prospicit mihi, tuis in studiis equestribus et bellicis (nam „ea mihi carminum materiem praebent), habens hanc mei curam." Alii verba ad Hieronem referentes, dativo a μήδεσθαι suspenso, „deus, patronus tuus, prospicit tuis studiis, habens hanc tui curam." Alii denique, verbis ad eundem Hieronem relatis, dativo commodi: „deus, patronus tuus, in felicem studiorum tuorum eventum hanc „(quam semper tenet) curam meditatur, ut semper sis quod modo „dixi omnium et peritissimus et fortissimus." Quae vett. rationes (repetitae fusius in Thom.) quum Hermanno duplici vitio laborare viderentur, et quod ἔχων frigeret, et (altera) quod μήδεσθαι da-

tivo iungi non posset; elegantissime *ἐκὼν* coniecit, et (quod iam Hy. cum Mosch. maluerat) dativum cum *ἐπίτροπος*, accusativum *τοῦτο κῆδος* cum *μήδεται* copulavit. Postea vero *ἐκὼν* misit, et *μήδεται ἔχων* (cum eodem Mosch.) i. e. „habet meditaturque" iunxit, eadem structura dativi. Ubi nonnihil offensionis relinquitur in *ἔχων*, quum quae Attici e familiari sermone receperunt ut *ληρεῖς ἔχων* i. e. *ἐν τούτῳ ληρεῖς* (ba ſchwatʒeſt bu) a Pindaro aliena sint. Nec Pindarum dativo termini post *μήδεσθαι* uti potuisse negaverim; cf. ad vs. 89. Quod si suum cuique verbo obiectum est, *ἔχων* (initio versus collocatum) emphatice dictum esse videtur, ut sit nunquam mittere, bene tenere, codemque referri *εἰ δὲ μὴ ταχὺ λίποι*. Bö. ad *μήδεται αὐτάς* subaudit, Di. *μήδεται* absolute positum esse putat. Utrumque durum. Minus etiam recte novissimus editor ex Thomano male lecto et intellecto *ἰαῖσι* elicuit, nam verba *ἐν τιαῖς καὶ ἰδίαις μερίμναις* hoc volunt: in „tuis et tibi propriis" studiis, nihil aliud. Nec si voluisset quod non voluit: „in iis studiis quae et tua sunt et mea (poetae)" id ex mente quorundam interpretum absurdum fuisset. Sed omnino ex Sch. Recc. de vett. librorum scriptura coniecturam facere non licet nisi diserte isti se diversa a vulgatis legisse proferunt. Quo nomine ille editor aliquoties peccavit.

113. *ἐπ*' non solum in AIPY sed in omnibus vett. et Thom. omissum est, nisi quod *ἐν ἄλλοισι* V solus praestat, quod ex gl. ortum, nisi fallor; gl. U est *ἐν*. — Vulg. *ἐπ' ἄλλοισι*, quam omnes recc. praestant, a Moschopulo ex Sch. Vet. *ἐπ' ἄλλοις δὲ πράγμασιν εἰσὶν ἄλλοι μεγάλοι* ductam esse existimes, nisi illa verba ab ipsis Byzantiis profecta sunt, cum in iis quos consului vett. (ut in U) omissa sint. Germ. paraphr. (quae ante Moschopuli interpolationem conscripta est). *ἐν* habet, non *ἐπί*. Simplex dativus sententiae optime convenit, ut recte sensit Di. Quanquam *ἐπί* ferri potest, si pro *ἐν* dictum esse accipias, ut *ταύταις ἐπὶ συντυχίαις* P. I, 36, *ἐσλοῖσιν ἐπ' ἀλλοτρίοις* ib. 84. (cf. P. V, 119. L I, 47); ita *ἐπ' ἄλλοισιν* interpreteris „in alia rerum conditione" (unter andern Umſtänden, bei andern Lagen). Nam cum *ἐσλὰ ἐπ' ἐσλοῖς πίμπτει ἐπὶ εἴκοσι* et similia ab hoc loco aliena, Dissenianum vero „super aliis" ne Graecum quidem sit, quae relinquuntur „coram aliis alii magni" et Hermannianum (et Sch. l. l.) „aliis alii superbiunt" Pindaricis exemplis firmari nequeunt. — Fortasse *ἐπ*' recte omissum est. Vs. 55. *τρίμαται*, vs. 84 *ἀπέστων* facili negotio

in τίμασαν et πάντων mutari possunt. Vs. 26 ft. Ποσιδᾶν, quod initio vs. abundare si non claudicare videtur, e gl. proximi versiculi irrepsit pro epitheto aliquo Clothus (ut πρόφρων) quod vehementer desideramus. In praecedentibus μεγασθενὲς Γαιήοχος consuetudini poetae magis conveniret quam μεγασθενὲς γαιήοχος Ποσειδᾶν.

OLYMPIA II.

2 Errores eiusmodi in membris aequalibus creberrimi, nec est ut ob Dion. Hal. I, 20, ubi ἀνὴρ olim Graecis digamma habuisse refertur, vel propter lectionem Eusebianam fr. 33 Bö. = 39 Bg. ὀλίγον τι ἀνήρ, coniicias τίνα ἄνδρα. Quamquam asyndeton non ineptum esset — Horat. I, 12, 3 climax est, non anticlimax, ideoque fortius asyndeton tertio loco aptissimum — tamen etiam δ' in trichotomiae parte tertia invenitur.

3 Gl. A τὸ τοι περισσόν. ἡ πίσα εἰς ἣν κατάγει ὁ Ζεύς. Ex hac glossa non multum consequitur de ἢ (ἅ), nam eadem in eodem libro vs. 30 ad ἤτοι adscripta legitur περισσὸν τὸ τοι; quamquam articulus bene se haberet ut O. III, 9 ἅ, τι πίσα, et iusto fortius ἤτοι h. l. esse videatur. Plerumque enim ἤτοι est profecto (II, 30. XII, 13. XIII, 84. P. XII, 13. N. V, 43.) quod ab h. l. alienum est, ubi nempe esse creditur. In paraphr. Vet. non est particula. Vide an ἅ τοι scribendum sit. Quum ἤτοι tritissima vett. grammaticorum locutio esset, ἢ τοι facillime in ἤτοι abire poterat, ἅ τοι non item. Igitur Dorica forma prius in communem cesserit quam haec in ἤτοι.

4 Ex. Sch. A ἀκροθίνια πολέμου: ζηνόδοτος μετὰ τοῦ ι γράφει ἀκροθίνια (ita enim in A lemma exaratum est, nec quidquam v. l. adscripsi ex A) male collegerunt quidam fuisse qui ἀκροθόνια legerent, quae vox nihili est. Idem vitium O. X l. l. bis in I inter Scholia legi refertur, sed meliores libri ibi et in textu et in lemmate ἀκρόθινα scribunt, et in Scholiis (ABU) id voce ἀκροθίνια explicant. Quin ex Sch. Rec. ad hunc locum relatum est ἀκροθίνια ibi pro ἀκρόθινα „in uno librorum" scriptum esse; mei Sch. Rec. testes (Σμ'ν') et illo et duobus aliis locis nihil variant.

Ἀκροθίνια vel solorum Vratislaviensium librorum vel ad summum etiam Ambrosiani vitium est, qui ῑ et ῐ passim confusa ostendit, ut Sch. ad vs. 168 vulg. ῐτ pro ῑτ habet. Manifestum enim est diversitatem scripturae Alexandrinae ad terminationem vocis pertinere, ut vs. 97 de κρύφιον et κρύφον, ubi Sch. Ἀρίσταρχος χωρὶς τοῦ ῑ γράφει κρύφον. Critici Postzenodotei (credo idem Aristarchus) metrum respicientes ἀκροθίνια reposuerunt, quod non sine analogia formatum esse ostendit Lobeck. Parall. I, p. 197.

5 Asyndeton quod vim oppositi augeret non offenderet, nec displiceret, ὅτοι in εἴ τοι mutato, apodosis. Sed et Sch. consecutionem particularum μὲν-δὶ-δὶ agnoscere videntur, et forma τιτρακρία alias non invenitur, quamquam hinc inde in mss. apparet, ut Soph. Trach. 506. Apud Pindarum ᾱο in hac voce bis coalescit P. X, 65. I. III, 17, ut h. l.; bis vulgari mensura ᾰο P. II, 4. N. IV, 28.; semel (N. VII, 93) τῑτρᾱο. audacter; cf. Ah. D. D. p. 200.

6 Distinctum est post ἐπί (non ante idem) in tantum non omnibus libris (ut in ABNOU etc.) nisi quod in nonnullis a sec. tantum manu (ut in DH et puto G) et in aliis neutro loco (ut in DᵃEFrᵏʰⁿ/τ). Ante (non post) ἐπὶ ex solo Σ diserte enotavi; ft. idem in C, nihil enim ad Sw.³ adscripsi. Ad ἐπί gl. φωνῇ A μ'ι'κ'Z ὑμνητίον μολπᾷ P ὑ. ἐν λόγοις Σμ'ν' ἐνδίχεται ἐν μέλεσιν ὑμνεῖν Mosch. (et gl. Z) et cruce sign. in μ'ν' ἐν μέλεσι π διὰ φωνῆς λαμπρᾶς c Sch. Vet. non habet paraphrasin. G solus gl. ὅπως. καθώς. Germ. paraphr. utrumque, ita εἰς τὸ γεγωνητέον καὶ ὑμνητέον τοιοῦτον. καὶ τὸ ἐπὶ ἀντὶ τοῦ ὅπως καὶ καθά. ἢ τῇ ἐμμελεστάτῃ. ἅρματι. Ad δίκ. ξίνον Sch. AB non exstat, sed ex [D]GI (gl. Z) hoc τὸν μετὰ δικαιοσύνης τοὺς ξένους ὑποδεχόμενον et Mosch. (et gl. Z) δίκαιον ὄντα κατὰ τὴν φιλίαν τῶν ξένων quae gl. est cruce sign. in μ'ν' porro gl. U ξενοδόχον φίλον gl. OZ φίλον. Ex his colligitur plurimos atque optimos libros legisse γεγωνητέον ἐπὶ δίκαιον ξίνον. Haec vulgata duplici vitio metrico laborare videtur, quod in ἐπί non excusatur sequenti δι (vel dj) ut Homericum ἔτι δὴν et similia, sed ξίνον ferri potest, versu diviso. Nec multum offendit γεγωνεῖν ἐπί. cf. ποτὶ τρίχα O. X, 65. — Diversa tamen fuerit aliorum (veterum puto) grammaticorum opinio, quam lectio ὅτι et gl. G atque paraphr. Germani indicant. Hi γεγωνητέον, ὅτῃ (ὅτῳ) δίκαιον ξίνον, scripsisse videntur, quod non intelligo quid sibi velit, nisi possit esse „quousque valet lex hospitum" i. e. per totam

Graeciam, quod quamquam durum est, tamen sententiae aptum; cf. N. III, 25. — Si cum Hm. ὅπιν vel quod postea idem praetulit ὅπῑ (dativo) scribimus, ut hoc substantivum genitivo ξίνων iunctum adverbialiter ad δίκαιον appositum sit, nimis ea videtur esse artificiosa verborum structura. Longe credo praestat accusativus substantivi qui sequentibus ἔρεισμα et ἄωτον respondeat, ut Thero praesidium amicorum, propugnaculum urbis, decus maiorum appelletur. Iam accusativi ὅπιν, ἔρεισμα, ἄωτον activam, genitivi ξίνων, ἀκράγαντος, πατέρων passivam vim habent. Thero tuetur hospites, defendit urbem, decorat gentem suam. Cuius clarissimi prooemii Horatium memorem fuisse censeas, ita exorsum „Maecenas, atavis edite regibus, o et praesidium et dulce decus meum", ut verborum τίνα θεόν etc. in illo „Quem virum aut heroa..." Nec (quum vis genitivi ad hanc vocem ὅπις adiecti ambigua sit) Theronem ita ὅπιν δικαίαν ξίνων appellari opinor, ut sit venerabunda observantia quam merito hospites sentiant, sed ut (audacter et pulchre credo) ipse sit „iusta hospitum reverentia" i. e. praesidium amicorum. Caeterum utrum ὅπι an ὅπιν scribas, de antiqua scriptura nihil admodum interest, quum utrumque olim ὅπῑ fuerit. Conieci igitur ὅπιν δικαίαν ξίνων in Sch. Germ. p. 12. In idem fere ante me incidisse video Ht. qui δίκαιον masculine dictum esse existimat propter Theronem. Quod quo pacto fieri possit non video. Sed est apud Aesch. Sept. 607 δικαίους λιτάς in chorico. Pindarus autem P. IV, 280 (ubi Sch. et mss. inter δικαίαν et δικαιᾶν fluctuant) et hoc et plurima alia hoc genus adiectiva simplicia ut maxime mobilia tractat. Attamen sunt quae excipiantur, ut (praeter βάρβαρος) minus mobilia ἡσύχιος et ἡσύχιμος (quae primitivum ἥσυχος sequuntur), ἀοίδιμος, ἵλαος, ἐτήτυμος, σιγαλός, (ft. δαίδαλος N. IV, 59) δυνατός, φοίνιος (ἀλκά φοίνιος ἄιωττος i. e. αἴας, quod tamen non credam ad sensum esse dictum), μοιρίδιος, δούλιος. Sunt etiam quorum motio fluctuet, ut ἄμερος (N. VII, 83 et VIII, 3), ἰλαφρός (N. V, 20 et fr. 126, 1), ft. etiam δίδυμος (P. IV, 209), quibus cur non addiderim ἱερῆμος vide ad O. XIII, 88. Quo pacto stare possit quod scripsi (cum Bö.¹, sed aliter intellecto loco), quamquam nihil eiusmodi, ne ξίνων quidem, ex Sch. sive Vett. sive Recc. comprobari potest. Et Ky. ἐν ὁπί et meum ὀπίδα (quod ex ambiguo quodam codicis O ductu inter δ et ἴκαιον vix firmetur) nunc displicent. Ingeniose Bg.² coni. γιγνωντί' ἐνοπᾷ δικαιόξενον | versu diviso.

AD OL. II.

7 Illud ττ quomodo optimis libris irrepserit, nisi olim in textu fuerit, non assequor. Cf. N. VII, 35. 61. O. I, 59. — Distinctionem ante ὀρθόπολιν (quanquam in plurimis libris invenitur) recte sustulerunt Mr. Bö.*, assentientibus [B]CD—E. Claudicat epitheton ab ἄντον separatum et turbat nexum inter πατέρων et pronomen relativum οἵ.

10 Sch. A μόρσιμος: οὐχ᾽ ὁ μεμοιραμένος, ἀλλ᾽ ἀντὶ τοῦ δίμοιρος (ita A). μοιρηγετ** ὀλβιόδαιμον. βούλεται δὲ λέγειν ὅτι ὁ βίος αὐτοῖς ἐπηκολούθησεν ἐκ πεπρωμένης τινός, τὴν εὐδαιμονίαν αὐτοῖς καὶ τὴν χάριν ἐπιπέμπων ἐπὶ ταῖς γνησίαις αὐτῶν ἀρεταῖς. In Sch. BO U etc. ἐπιπέμπων ταῖς, omisso ἐπί.

15 Lege πεπρωμένον et vs. 35 πατρώϊον. Formae a πατρ incipientes paullo tantum frequentius (35) corripiuntur Pindaro, quam producuntur (29). Reduplicata autem ante mutam cum liquida syllaba, 14 locis producitur, 12 corripitur, si recte dinumeravi. Prioribus addi possunt formae similes πιφρίκοντας et κιχλάδοντας. Eandem mensuram habet πεπρωμένον P. IV, 61 in collisione creticorum. Rarissimae sunt hoc genus productae apud tragicos ut in arsi trimetri Soph. El. 358 κικλῆσθαι. — Qui de epodi versu primo a me in Annal. Antiqu. 1847. n. 114 cretico metro restituto dubitat, is bene reputet, quanta sit carminum Pindaricorum in rebus metricis diversitas. Est autem huius carminis lex et natura inconstantia de solutione arseos. Str. Ant. 3 sextam arsin semel non solutam, novies solutam; rursus Epod. 4 quartam arsin semel solutam, quater non solutam habet; deinde Str. Ant. 5 ex nostra lectione semel (vs. 52) solutam, novies non solutam; porro Str. Ant. 6 quintam arsin bis solutam, octies non solutam; denique Epod. 1. (de quo agimus) quartam arsin ter solutam, bis vero non solutam praestat. — Etiam de corripienda aut producenda ante mut. c. liqu. syllaba haec oda solito inconstantior est, cf. ἴσλῶν vs. 19 cum ἴσλῶν vs. 97 et 63 ἴσλοί; αἴθλοις vs. 43 cum αἴθλων vs. 13. Talia maxime in ea carmina cadunt quae, ut potissimum Aeolica, corripiendi licentia abundant, ut O. XI. P. II. VI. VIII. N. IV. VI. VII., sed ne Dorica quidem ab hac inconstantia abhorrent, ut O. VII, 35 τέχναισιν, ib. vs. 50 τέχναν pronunciandum est; cf. O. XIII, 29 et 40; 35. et 53. 61; P. III, 66. et 81; N. X, 15. et 33. 51; I. II, 14 et 36. Eadem mensurae inaequalitate tragici passim consulto utuntur, ut in responso repetitionem eiusdem vocis acuant. Vide quomodo Aesch. Pr.

966 sqq. λάτρεία; et λατρεύειν; Soph. El. 320 sq. 'οκνεῖν et 'οκνφ, ib. 522 sq. καθυβρίζουσα et 'ὕβριν; Eurip. Med. 905 sq. δακρύων et δάκρυ adhibuerit. Eandem rem apud Anglorum poetas scenicos observavi; cf. Prolegg. ad Romeum et Juliam Shakespearii p. 110. 120. — Sed talia ut eristica a Pindaro aliena sunt.

19 Hermanni opinioni ἰθλός Pindaricam formam fuisse codd. nec hoc nec alio loco subscribunt. In ἀττ' hoc loco ἰστλῶν legitur, ft. consulto, ut correptio primae syllabae a στλ. (quod initio vocis στλεγγίς ponitur) veniam petat. Equidem formam Doricam ἰσλός ut ubique ab optimis libris testatam cum Bö. ubique retinui, etiamsi correptio ante μν, πτ, σκ (vide ad vs. 7) facilius excusatur quam ante σλ. Nam ut nec Pindarus nec alius ullus poeta quod sciam ante σβ, σδ, σκ, στ brevem corripit, ita magis etiam ante σμ et σλ producatur necesse est, nt in θεσμός, δυσμή, κόσμος, δεσμός, πίσμα, κεκασμένος. Quae ut etiam primā correptā si placeret adhibere posset, Pindarus formis dialecticis, ut τεθμός, δυθμή (vindicatum a nobis e Vaticano secundo Isthm. III, 83 ubi longa est prior syllaba) usus est. Id si persequimur praeceptum, Pindarus non tribus his locis (O. II, 19. P. III, 66. N. IV, 95) tantum sed ubique ἰθλός scripsisse censendus est. Confusio formarum duplicium notissima, ut in μαλακός et μαλθακός; sed obsoleta forma ἰθλός nusquam invenitur, ut, si unquam exstitit, e libris nostris ob alteras duas ἰσλός doricam et ἰσθλός atticam dudum evanuisse videatur.

22 Lectio ἀναβάς', cui gl. ὑψωθεῖσα (PU), προκόψασα, ἀναβίβασα τὸν ἄνθρωπον (O) — cf. Sch. Germ. p. 13 — respondent, et metro repugnat, et facile ex literarum $\bar{κ}$ et $\bar{β}$ in multis mss. similitudine originem traxerit. Ad alteram lectionem, in qua optimi libri cum recc. consentiunt, pertinent gl. ἄνωθεν (AG), πόρρω ἐγ ἄνω ἐξ ὕψους (B), εἰς ὕψος. μακρὰν γὰρ τὸ ὕψος (C), ἀνίκαθεν ἀφ' ὕψους (E¹), τοῦτο δηλοῖ τὸ ἀνεκάς ἀντὶ τοῦ προστιθεὶς καὶ αὔξων καὶ μεγεθύνων (E²), ἄνω εἰς ὕψος (DΣkμ'ν' al.), ὑψόθεν (N), εἰς παράτασιν χρόνου μακρὰν (Mosch.); Sch. A ἄνωθεν. ἢ ἄνω et ἄνω αὐξήσει; Sch. BD etc. εἰς ὕψος. In Q ad v. 1. ἀνεκάς adscripta legitur gl. ὑψωθείς. Schol. Arist. Vesp. 18. ἀντὶ τοῦ ἄνω πάνυ ἑκὰς καὶ εἰς ὕψος. Erotian. Lex. Hippocr. p. 50. Franz. ἀνεκάς ἀντὶ τοῦ ἀνωτάτω· σύγκειται γὰρ ἐκ τοῦ ἄνω καὶ τοῦ ἑκάς, de qua etymologia cum Lobeckio (Pathol. I p. 629) dubitavit Sw. in Philologi III p. 118 sqq. Idem non sine probabilitate ἀνακάς scribendum esse existimat ex

Hesych. s. v. ἀνάκανδα et ἄνακας, ut ad ἀνά pertineat et ἄνω significet. Ad Moschopuleam interpretationem „in diutinam temporis continuationem" (an voluit esse wieder einmal im Laufe der Zeit, περιπλομένων ἐνιαυτῶν?) non habeo quod addam nisi ei quaecunque de huius vocabuli usu comperta habemus adversari.

25 sqq. Bg.² coniicit Ζώσιν μ. ἐν Ὀλ. ἀποθανοῖσαν βρομῷ | κεραυνοῦ τανυέθειρα (accusativo) Σεμέλαν φάτις· | φιλέοισιν δὲ Μοῖσαι. expulsis verbis φιλεῖ δέ μιν (νιν) Παλλὰς αἰεί. — Spurium hunc versum (φιλέοιστι δὲ μοῖσαι) esse iam Alexandrinus Aristophanes iudicavit, Sch. AB testibus. Possent Musae inferri ut μοῖσαι δὲ καὶ μάλα, πατὴρ δὲ παῖς θ' ὁ κισσοφόρος, sed nihili et haec et alia pericula esse credo. Constat mihi illa verba imitatoris esse.

30 sq. Bg.² existimat Sch. fortasse legisse ἤτοι βροτῶν γε θανάτου πεῖρας οὔτι κέκριται. Ht. scripsit οὔτοι βροτῶν κέκριται | πείρας οὔτι θανάτου. sed ἤτοι (ἦτοι) diserte testantur Sch. Pro θανάτου coniicit καμάτου Schdt. sed mss. et Sch. θανάτου confirmant. Id quod scripsi βροτῶν γε πέρας οὐ | κέκριταί τι θανάτου et bonorum mss. lectionem πέρας servat et (nostris auribus, quibus γε κέκριται semper offensioni fuit) melius sonat. Similiter ope codicis B cacophoniam sustulimus O. VI, 62. — In U Sch.¹ ita incipit ἤτοι βροτῶν γε κέκριται. τὸ ἤ τοι ἀντὶ τοῦ δή ... Sch.² πέρας οὔ τι θανάτου. οὐδὲ τοῦτο ... Non diserte exprimitur γε in Sch. Vet. Codex B fere idem quod vulg., nisi quod verba ἄδηλον etc. omisso γάρ et omisso ἀνθρώποις praestat. In A n. e. p.

32 Sch. A τὴν δὲ ἡμέραν θυγατέρα τοῦ ἡλίου ἔφη (sc. Pindarus) ἐναντίως Ἡσιόδῳ. ἐκεῖνος γάρ φησιν· αἰθήρ τε καὶ ἡμέρα ἐξεγένοντο, καθὸ ἐκ τῆς ἐπὶ τῆς αὐτῆς [ἡμέρας νυκτὸς] ἡμέρα γεννᾶται. Ubi nihil novavi nisi quod ἡσιόδῳ (vel si placet ἡσιόδου) pro ἡσίοδος scripsi; et haplographiâ quod excidisse videtur reposui. Ἡ ἐπὶ τῆς αὐτῆς ἡμέρας νὺξ est nox quae suum quemque diem antecedit, ut dies e gremio noctis oriri videatur.

35 Ex Sch. B uno οὕτω δή (ita mss., non δὲ) ἅτι πατρῷον. ὃν τρόπον κατὰ τῶν προγόνων τῶν περὶ τὸν θήρωνα κατέχει τὸν εὔφρονα πότμον ἡ τύχη, καθάπερ τὸ πατρῷον (U τῶν πατρῴων) κατέχει, τουτέστι τῶν καδμίδων, coniicias fuisse qui ᾷ τοπατρῷον s. ἅτι πατρῷον legerent, sc. ἐστὶν s. κατέχει, et postea ἐπί τι (ἐπὶ δὴ) pro ἐπί τι. Possis emendare καθάπερ τὸν πατρῷον κατέχει, τουτέστι τὸν τῶν Καδμιδῶν. Hic interpres ita intellexisse videtur verba: Sic Parca, ut paternum est, horum laetam fortunam in media opulentia divi-

nitus nata continet (retinet), affertque etiam malum adversum alio tempore (vel: rursus profugum alio tempore).

36 Θιέρτῳ σὺν ὄλβῳ optimi mss. ut AB cum praecedentibus iungunt, cum Sch. Recc., quae vulgata ante Hy. obtinuit. Eodem nunc inclinat Bg.² Alii pauci (ut CF) cum sequentibus copulant, cum Hy.* Plurimi aut omnino non distinguunt, aut utrobique ambigue. Etiam paraphr. Sch. Vet. ambigua est.

43 Utraque de lectione iam a vett. gramm. disputatum est, sed ita ut reconditiorem formam passivam ἐριπόντι traditam invenisse videantur, quam partim defendant partim cum Homerica forma commutare malint. Vide Böckh. de Crisi § 38 p. 113 = 373.

45 Ita omnes vett. in ιιδαι consentiunt, ut O. VII, 93 in ἐρατιίδαι; cf. O. I, 23. Etiam Sch. B (ἀδραστίδαι et) ἀδραστιδῶν. Quod Byzantii metri causa pro ιι̃ scripserunt tueri videtur Sch. A ita ἀδραστι. ιδῶν (sic) δὲ εἴπει κατὰ τὸ πληθυντικόν ἀντὶ ἑνικοῦ ἀδραστίδος. μιᾶς γὰρ ἐγίνετο τῆς ἀργείας ὁ Θίρσανδρος. οὐ δεῖ περισπᾶν τὸ ἀδραιίδαι (sic). εἴρηται γὰρ ἀπὸ τοῦ ἀδραστίδις, δαναιίδες. Haec utut corrupta sunt, cum Sch. B vulg. composita, vett. grammaticos 'Aδραστιδῶν iussisse ostendunt.

46 Plurimi mss. Didymeam lectionem ἔχοντι ῥίζαν. πρέπει solam exhibent, quam Hm. et ob frigidum additamentum ὅθεν σκ. ι. ῥίζαν et ob abruptum transitum stare non posse verissime monuit. Optimam Aristarchi scripturam ἔχοντα (de qua nunc abunde constat, quamquam Sch. A non minus corruptum est quam editum A), quam aliquot libri ut v. l. supra notaverunt, quamque Sm. (ex P?) reposuerat, critici recentiores deserere non debebant. Vide Bg.² Caeterum ἔσχοντι solus A, non A. Aristarchus dixerat ὅθεν ἔχοντα ῥίζαν πρέπει τὸν αἰνησιδάμου κτλ. idem esse quod ὅθεν ἔχοντι ῥίζαν πρέπει υἱῷ αἰνησιδάμου κτλ. Id Didymus ita intellexisse videtur quasi Aristarchus Pindarum dicere iussisset: „hinc originem ducere apparet filium Aenesidemi", participio pro infinitivo usurpato; quamquam haec structura non ad verbum impersonale, sed ad personale tantum (ἔχων ... πρέπει [conspicuus est] ὁ αἰνησιδάμου) accommodata fuisset. Obiecit igitur, in hac structura claudicare infinitivum (ὥστε) τυγχανέμεν. At Aristarchus πρέπει absolute cepit pro oportet, sequente accusativo cum infinitivo.

50 In Sch. Vet. ubi vulg. est κοινὰ ἤγαγον ἄνθεα, mei libri (BU) κοινὰ ἤγ. ἄ. Si ita intelliguntur haec verba, ut frater Theronis Pythiis solus, uterque vero Isthmiis vicerit, est σχῆμα ἀπὸ

κοινοῦ, de quo ad O. I, 104 dictum est. — gl. A τὸ γὰρ πάλαι (cod. πολλά) οὐκ ἤκαμπτον οἱ ἵπποι ἰξ (cod. ζ) καμπτῆρας (cod. καμπτούς), ἀλλὰ δαδεκα. — Distinctum est ἀδελφιόν, ἰσθμοῖ τε κοιναὶ χάριτες in optimis ut in ABGHNr; sed ἀδελφιὸν ἰσθμοῖ τε, κοιναὶ χάριτες, in Tricl. (μ'ν'τ'aᵇHᵇS); in aliis (CEOQV etc.) neutro loco, ut nec in plurimis Moschopuleis.

52 Glossae: δυσφροσύναν] ἀθυμίαν A | λύπην NO | ἡ τὴν μωρίαν Oᵇ | τῶν ἀλγεινῶν Z (pertinet ad interpolatam lectionem) || δυσφορὰν] δυστυχίαν, δυσφροσύνην Σ — Uno Thomano codice (Σ), qui interpolatione passim infectus est, excepto, omnes meliores libri in δυσφροσύναις παραλύει consentiunt. Moschopulus et transpositionem et genitivum δυσφρόνων invexit, quem gl. recc. τῶν ἀλγεινῶν (in q Z, ubi gl. ad recc. pertinent) τῶν λυπηρῶν et Comm. Mosch. ἐλευθεροῖ τῶν ἀλγεινῶν exprimunt. Sch. A τὸ δὲ τυχεῖν. τὸ τυχεῖν πειρώμενον ἀγω[νίας] καὶ λύπην λύει καὶ τὴν ἀθυμίαν ἐκβάλλει[.] τῷ [γὰρ] ἀποτυγχάνοντι κοινὸν ἔγκλημα ἡ ἄνοια καὶ ἡ ἀφροσύνη. ὁ νοῦς πρῶτον μὲν τὸ πειρᾶσθαι ἀγῶνος παρέχει κάματον τοῖς ἀγωνιζομένοις, ὕστερον δὲ πόνων λύσιν καὶ εὐκλειαν ἔχει. Sch. B τὸ δὲ ἐπιτυχεῖν καὶ νικῆσαι ἀποπειρώμενον ἀγῶνος τῶν δυσκόλων φροντίδων τῶν ἐπὶ τῇ νίκη ἀπολύει. cui tria alia commata addita sunt in [DC] GOU etc. haec 1. οὕτως ἐπιτυχών, οὐκέτι ἐν ἀγωνίᾳ ἐστί, παρόσον ἄφρονας μὲν λέγουσι τοὺς ἀγωνιζομένους, τοὺς δὲ νικήσαντας οὐκέτι. 2. ἢ οὕτω· τὸ πειρώμενον τοῦ ἀγωνίσματος τυχεῖν, λύσιν ποιεῖ τῆς ἀφροσύνης, ὥσπερ τὸ μὴ νικᾶν (ita U) ἄφρονα ποιεῖ. 3. ἢ οὕτω· τὸ νικῆσαι δὴ, φησί, τὸν ἀγωνιζόμενον, παράλυσιν ποιεῖ τῆς ἀφροσύνης καὶ [τῆς om. U] λύπης. δύναται δὲ καὶ κυρίως κεῖσθαι ἡ ἀφροσύνη, ἵν' ᾖ· ὁ νικήσας νομίζεται ἐκτὸς ἀφροσύνης εἶναι. κρίνουσι γὰρ [καὶ om. U; in O est οὐ pro καὶ] τὸ εὖ βεβουλεῦσθαι διὰ τὸ ἐλθεῖν ἐπὶ τὸν ἀγῶνα. — Manifestum est in postremo commate de diversa vocis ἀφροσύνη potestate disputari, utrum ἀκύρως pro λύπη an κυρίως pro μωρία valeat. Eadem disparitas in Sch. A occurrit. Haec viam corruptionis ostendunt. Nam cum aut ἀφροσύναν aut ἀφροσύνας traditum haberent, alii id pro δυσφροσύναν s. τὰς δυσφροσύνας, i. e. λύπην, alii vero proprie acceperunt. Rursus alii (ut A) ἀφροσύναν quartum singularis, alii (ut B) secundum pluralis casum esse existimabant, ut ἀφροσυνᾶν παραλύει idem esset quod Hesiodeum ἐλύσατο δυσφροσυνάων Theog. 528. Possit etiam diversitas casuum ad ἀφροσύνας acc. pl. et ἀφροσύνας gen. sing. trahi, sed minus bene. Hinc orta glossa δυσφροσύναν vel δυσφροσύνας s. δυσφροσυνᾶν

(i. e. *δυσκόλων φροντίδων*) expulit germanam scripturam. Recte autem A et D, 3 extr. de crimine stultitiae videntur interpretari. Trita est opinio veterum de infelici pro stulto, felici pro sapiente habito; cf. interpp. ad Ol. V, 16; eandemque sententiam Pindarus protulit P. VIII, 73 sq. *εἰ γάρ τις ἐσλὰ πέπαται μὴ σὺν μακρῷ πόνῳ, πολλοῖς σοφὸς δοκεῖ πεδ' ἀφρόνων*. Genitivus aut sing. aut plur. (cf. Hom. Od. π, 278. ω, 457) praestat accusativo, ut sit: Obtinere victoriam eum qui certaminis periculum facit ab ineptiis i. e. a reprehensione stultitiae liberat. Arsis quidem alias non est soluta in hac sede, quamquam vs. 92 *ἐλυθῆ* scribi potest. Vide ad vs. 15. Gu. Dindorfius *παραλύει δυσφρονᾶν* proposuit, quod Sw. et Bg. acceperunt, collato Hes. Theog. 102 *δυσφρονιᾶν ἐπιλήθεται*. Cui coniecturae ingeniosae obloquitur Lobeck. Path. I p. 423 sqq., eaque debili fundamento emendationum Byzantinarum nititur, quum Sch. B ambiguum sit et cum lectione *ἀφροσυνᾶν* conciliari possit.

54 In interpretatione Theotisca olim erravi: „Sie ist es bie wilderen Kummer bändiget tief", secutus Thierschium et primum Sch. Vet. comma. Hoc autem non inter genuina Vaticana sed adsiticium est et recentius. Sch. AB recte haec de cura pulchrarum rerum venatrice intelligunt, quam virtus et opulentia menti subiiciant.

56 *νιν (μιν)*] gl. vet. *τὸν πλοῦτον — τὸν πλοῦτον μετὰ τῆς ἀρετῆς — τὸν σὺν ἀρεταῖς πλοῦτον — καὶ αὐταῖς* (sic) *τήν τε ἀρετήν καὶ τὸν πλοῦτον. ἢ νῦν καὶ αὐτὸν τὸν πλοῦτον. διχῶς γὰρ* [νι]*νόηται* (s. *νοεῖται*). (haec A). — *τὸν τῆς ἀρετῆς πλοῦτον*. gl. Mosch.

56 Nullus bonorum librorum *ἔχει* legit, nullus coniecturas vv. dd. *εἴγε* (Bö.²), *εὖ δὲ* (Ra. Hm.), *ἐν δὲ* (Ta. Sw.), *οἶδε* (Bg.) confirmat. Nec nisi a recentioribus grammaticis (ut ab Eust. p. 714, 63. cf. gl. N *ἐστὶν. ἢ ἔχει*.) participium *ἔχων* h. l. pro verbo finito poni creditur. In eandem sententiam quum olim disputavi (Pind. p. 80 sqq.) et nuper (Germ. Sch. p. 15 sq.), nunc ut animum mutarem persuasit God. Hermannus, qui (ad Aesch. Ag. 404) optime docet participio ita tantum finiri posse protasin, ut sit pro *si quis talis est qui*, omisso *ἐστιν*, quod recte dicit ab hoc loco alienum esse. Idem *εἰ δέ νιν ἔχων τις. οἶδεν τὸ μέλλον* sententiae quoque perversitatem aliquam continere observat. P. III, 80 longe aliter et simplicissime dictum est. — Omnes vett. paraphrastae verba *εἰ — οἶδεν* iunxerunt, huiusque protaseos apodosin extrinsecus ali-

cunde quaesiverunt. Quod duplici modo fecerunt. Aliis δὶ vim suam retinet, ut sit progredientis orationis, apodosis autem mente subiiciatur οὐκ ἂν αὐτῷ τις ἀδικίαν ἐχρήσατο (B), vel χρῆσθαι αὐτῷ πρὸς εὐσέβειαν δεῖ (D). Similiter Hermannus: „Volebat dicere, si quis opes virtute temperatas possidens sortem intuetur eorum qui propter bene facta diis cari sunt, is ita utitur divitiis ut hic Thero. Sed delatus ad descriptionem illius beatorum sortis, pro apodosi, quae sequi debebat, aliam liberius conformatam (vs. 89) substituit ἔπεχε νῦν σκοπῷ τόξον et quae sequuntur." Sed talis anacoluthia huic dicendi generi minus apta est. Alii vero δὶ vel prorsus abundare vel pro δή positum esse credentes apodosin verba proxima ἀστὴρ ἀρίζηλος etc. esse statuebant, quae exceperit protasis εἰ δὶ i. e. εἰ δή, si quidem (aber nur dann wenn). Id sententiae aptissimum. Nam tum demum vera est lux opulentia, quum quis futuras malorum poenas respiciens ea non abutitur religiose. Sch. A ἀστὴρ ἀρίζηλος. ὁ τοιοῦτος πλοῦτος ὁ μετὰ ἀρετῆς ἀστὴρ ἀρίζηλός ἐστι καὶ ἐτυμ[ώτατον] ἀνδρὶ φέγγος. Hoc recte dicit A; nec audiendus est Ht. Pergit autem εἰ δὲ νιν ἔχων. ἤτοι καθόλου καὶ ὁλοκλήρως ἐξαιρετίον τὸν δὲ συνδεσμόν, ἢ μεταληπτίον εἰς τὸν δή. ὁ γὰρ λόγος τοιοῦτος· ὁ μετὰ τῆς ἀρετῆς πλοῦτος ἀστὴρ ἀρίζηλος καὶ ἀληθινώτατον ἀνδρὶ φέγγος, εἰ δή τις αὐτῷ χρήσηται εἰς δέον καὶ οὐκ εἰς ἀδικίαν, κατατιθέμενος τὴν δύναμιν αὐτοῦ, ἀλλὰ τουναντίον εἰς δικαιοσύνην. Haec non sunt mutila in fine, ut Bö. ait, sed integra. Vide Schneider. in App. Pind. Suppl. p. 64; ubi idem ἐξαιρετίον bene emendavit. Nam illa A ita corrupta exhibet ἤτοι καθόλου καὶ ὁ λό κλ κλ ἐξαίρετον. τὸν. — Idem valet δὶ (scilicet, nämlich) vett. Scholiastis O. IV, 22 ubi diserte dicunt ὁ δὲ ἀντὶ τοῦ γάρ. Quo sensu quamquam εἴ γε facilius esset, tamen testimoniis tam disertis firmatum εἰ δὴ non moverim. Nec magis hoc offendat, quam δὶ in apodosi ut O. III, 43; cf. de simili δὶ ad priora relato Hm. ad Soph. Antig. 527. 1181. Sin aliter videtur lectori benevolo, anacoluthiam amplexus caveat sibi ab εἴγε, quod lyricae elocutionis non est.

59 sq. Quatuor fuisse videntur obscurorum verborum interpretationes veteres. Duae de palingenesia, ita. .Alteri (B, 76, 10—19. A, 77, 2—5) ἐνθάδε cum ἀπάλαμνοι, αὐτίκα cum θανόντων, κατὰ γᾶς cum ἀλιτρά, ἐν τᾷδε Διὸς ἀρχᾷ cum δικάζει, mira verborum contorsione, iungentes, hoc voluerunt: Ii qui hic (in terra) insuperabili mente scelesta usi sunt, statim post mortem

(illic, in Orco) poenas luunt; quae vero sub terra peccata sunt, ea (postquam revixerunt) sub hoc Iovis imperio iudicat deus aliquis (non infernus, sed Olympius) infestam sententiam dicens. — Alteri (duce Aristarcho, Sch. A, 75, 35 sq. Sch. AB 76, 34—36) inverso ordine idem voluerunt: Mortuorum incurabiles mentes (i. e. qui ne apud inferos quidem pure vixerunt) in terra statim (simulac remissae sunt) puniuntur; qui vero in terra peccaverunt, apud inferos iudicantur et puniuntur. Quae sententia et αὖτις (Ra.) requirere videtur, et nexum sententiarum incommodum praestat, quum post οἶδεν τὸ μέλλον non de reviviscentium punitione terrestri, sed primum de mortuorum punitione apud inferos dictum iri exspectetur. — Restant duae interpretationes, quae palingenesiam mittunt. Quarum altera est Chrysippi plane singularis: A mortuis (θανόντων pro ὑπὸ θανόντων usurpato) in terra alii puniuntur scelerati (ut Clytaemnestra ope Agamemnonis daemonis s. spectri); alii vero sub terra iudicio inferno damnantur. Quae alienissima est. Altera vero simplicissima (A, 75 extr.) non duas peccatorum partes facit, sed verbis τὰ δ' ἐν τᾷδε κτλ. idem iudicium infernum accuratius describi statuit, quod prioribus verbis poeta generatim indicaverit. Eodem redit quod nonnulli τὰ δὲ ἀλιτρὰ pro τὰ γὰρ ἀλιτρὰ dictum esse voluerunt (A, 76 extr. ubi haec non debebant cum sqq. misceri). Hi ἐνθάδε ad τὸ μέλλον retulerunt ut sit ἐν τῷ ὑστέρῳ χρόνῳ, ubi iam αὐτίκα optime se habet; nec fortasse ἀπάλαμνοι φρένες iis scelerati*) animi sed ἀμήχανοι valebat, ut esset: „statim post mortem inopes hominum mentes poenas luere eorumque delicta (non scelera) humana a subterraneo aliquo arbitro iudicari." Facio cum his ἁπλουστέρον ἀκούουσιν, etsi sunt quae Aristarcheae rationi (non reliquis) faveant, ut usus adverbii ἐνθάδε Platonicus. cf. fr. Thren. 1. Sed non sequitur ἐκεῖ, immo ἐν τᾷδε Διὸς ἀρχᾷ quod opponitur praecedenti ἐνθάδι. [Sin κατὰ γᾶς ei opponitur, ut fr. Thr. κάτω?] Mihi autem poeta vs. 57—60 punitionem malorum, vs. 61—67 remunerationem bonorum ita persequi videtur, ut haec omnia ad solum Orcum pertineant; tum vero (postquam vs. 67. verbis τοὶ δ' etc. priora [57—60] respexit) novam rem exordiri et ad summam beatitudinem, quae tribus vitis exactis obtineatur, describendam pergere. Neque video cur scelestorum poenas (easque redivivo-

---

*) gl. marg. E ἄδικοι μακραὶ ἀσύνεται. αἱ ὑπὸ τῶν μωρῶν φρενῶν ἐργασίαι.

rum postquam in Orco peccarunt) ad opulentos homines commonendos proferre maluerit, quam generaliorem de humanarum rerum brevitate et inopia sententiam, ut in illo pulcherrimo θνατά μεμνᾶσθαι περιστέλλων μέλη καὶ τελευτὰν ἁπάντων γᾶν ἐπισσόμενος. De ἀρεταῖς rectissime statuit Ky. Nec divitiarum nec victoriarum (ἀρετῶν) ulla brevem dominum sequetur. Tum de iis tantum agitur, quae bene facta sint, quae secus. Ita omnia perspicua, progressui orationis apta, tantoque poeta digna evadunt.

59. 60. Ex Sch. A τὸν τῆς τιμωρίας λόγον σωματοποιεῖ. ἐνταῦθα δαίμονα τὴν ἀνάγκην, ἣ (cod. ᾗ) τὰς ἁμαρτίας λέγουσιν οἱ ἀκούοντες (ii qui de re audiunt, iudices quaestionis?), nisi λόγον. σωματοποιεῖ ἐνταῦθα scribendum est, colligas fuisse qui scriberent δικάζει τις ἐχθρᾷ Λόγον φράσας Ἀνάγκᾳ, ut Intellectus esset iudex quaestionis, qui divae Necessitati peccata diceret peccatoresque traderet. Quod si voluerunt, id certe alienum est. Sch. B δικάζει τις (sc. Ἅιδης) ἐχθρᾷ, λόγον φράσας, Ἀνάγκα (sc. διδούς) legisse videntur.*) Personatam necessitatem abiecerunt Byzantii; Moschopulus genitivum invexerat, dativum Tricl. (cum Thom.) reduxit. Nominativus ἐχθρὰ ἀνάγκα, quem Ht. reposuit, non habet quo nitatur, nisi paucorum mss. (ut et M φράσας') consensum. A quod inter nominativum et dativum fluctuat non magni facio, quum saepe (ut antiquissimi facere solent) de accentu peccet.

61 sq. Ex his constat duas tantum lectiones, deductis vitiis, exstare: alteram traditam ἴσαις δὲ (δ' ἐν) νύκτ.... ἴσαις δ' ἐν ἁμ. sed aut simpliciter aut dupliciter corruptam, intruso ἐν e glossa, ut saepe; alteram ἴσον δὲ νύκτ.... ἴσα δ' ἐν ἁμ. temere Scholiorum ope a Moschopulo suppositam Triclinioque probatam. Reliquae scripturae multiformes alterutrius corruptiones sunt et misturae. Scribe ἴσαις δὲ νύκτ.... ἴσαις δ' ἁμ. arseos solutione non admissa, ea lege, de qua disputavimus ad vs. 15. Scholion Vetus

A ἴσον ἡμῖν τοῖς ζῶσι χρόνον ἐπιβάλλει (cod. ἐπιθάλλει) ὁ ἥλιος καὶ τοῖς καθ' ᾅδου δικαίοις.

B ἴσον ἡμῖν αὐτοῖς χρόνον ὁ ἥλιος ἐπιβάλλει καὶ τοῖς ἐν ᾅδου δικαίοις.

tantum abest ut emendationem Moschopuleam tueatur, ut verbis ἴσον ἡμῖν χρόνον etc. poetica illa ἴσαις νύκτ... ἴσαις δ' ἁμ. etc.

---

*) cf. marg. E τῇ ἀνάγκῃ φησὶ παραδίδονται οἱ ἀσεβεῖς, ἥ ἐστιν ὑποχθονία θεά.

breviter exprimere videatur. Veteres igitur nihil aliud intellexerunt nisi apud inferos quoque ut apud mortales solem interdiu lucere atque eadem dierum noctiumque spatia obtinere, sed vitam beatis minus esse laboriosam. Consentaneum est, quum ἀπονίστερον comparativus ad mortales spectet, etiam ἴσαις ad eandem comparationem pertinere. Sed Moschopulo aliter visum est. Is primus de continuo qui per dies noctesque beatis luceret sole cogitavit, perperam. Hoc recte perspexit Rauchenstein, quamquam eidem viro praestantissimo vulgatam defendere conato non assentior. Ex altero membro ad prius cave ἅλιον ἔχοντες subaudias, sed contrarium potius οὐκ ἔχοντες, vel σελήνην, vel generalius aliquid ut χρόνον, ut sit schema ἀπὸ κοινοῦ (cf. ad O. I, 104) et dativus temporalis. Nisi malis: „sol sive oriens sive occidens dies noctesque efficit; habent inferi solem ita ut easdem noctes eosdemque dies efficiat, quos superi habemus" — dativo modali sive terminali. Acutissime igitur eandem inferorum conditionem definit, quam fr. Thren. 1 verbis τοῖσι λάμπει μὲν μένος ἀελίου τὰν ἐνθάδε νύκτα κάτω disertius describit, ut sol, qui superis occidat, inferis oriatur, et vice versa. Fefellisse videtur Moschopulum falsa lectio διέχονται, falsius etiam cum αἰεὶ et ἅλιον coniuncta; nam etsi idem ea expulsa νίμονται substituit, tamen haesit aliquid hoc genus: „solem semper vident, etiam noctu." — Caeterum gl. E^m ἐπεὶ ἐν ταῖς νήσοις τῶν μακάρων ἀεί ποτε ἐναυλίζονται, εἰκὸς περιλάμπειν ἐν αὐτοῖς τὸν ἥλιον διηνεκῶς eodem redit quo tendit Moschopulus. — Distinctio mssorum fluctuat ita ut haesitasse appareat librarios quomodo verba construerent, cum διέχονται ad iuncturam ἅλιον διέχονται invitaret: — post ἔχ. dist. Z Al. (non dist. ACEOV aliique) — ante ἔχ. et post ἰσολοί B — post ἀπονίστερος NQq — et post et ante ἀπ. DFS.

63 Ambrosianus χοι supra δίχονται habet, id est glossa δίχονται, optime. Vestigium germanae scripturae fortasse servavit Palatinus, δὶ supra (vel δὶ ante) διέχονται adscripto. Omnes reliqui veteres (etiam geminus Palatini Mediceus [Q]) et Thomani in vitio διέχονται conspirant, nam RD^bG^bW^mZ^{mb}Δ^b, qui νίμονται habent, interpolatis adnumerandi sunt. — Intellige δίχονται aut capiunt carpunt, aut accipiunt (mercedem); non ferunt patienter, quod ad rem ingratam pertinet. Illud capiunt ut praeferamus et γλυκὺν ἐλὼν βίοτον P. II, 76 et Scholia Vetera persuadent: ἀπο-

νίστιρον ἡμῶν*) διάγουσι τὸν χρόνον A ἀπονίστιρον διάγοντις B. —
Ex Sch. Vet. et e proximo νίμονται (66) temere arrepto — non
magis considerate quam ἴσον-ἴσα e Sch. Vet. ἴσον — vulgatam
procudit Moschopulus, qui id tamen recte sensit, nec videndi
notionem, ob ἥλιον, huic loco convenire, nec de videndo locutos
esse veteres interpretes. Sola Germani paraphrasis διέρχονται ex-
primit. Nunc quum praestantissimus et vetustissimus codex prae-
claram Wüstemanni coniecturam confirmavit, reliqua editorum pe-
ricula — δράκησαν Bö. διδόρκαν (διδόρκαντι βίον) Hm. δρέπονται
Geel. δράκονται (δρίκονται) Bg. — ad unum omnia cadunt, ut et
traiectum διέρχονται ἴσλοί quod ante me (Schol. Germ.) iam Ahl-
wardtio in mentem venisse video, insolita in his numeris cor-
reptione diphthongi.

63 Explosa quidem est vulgata Moschopulea, sed est quod
offendat in altera lectione ἐν χερὸς ἀκμᾷ. Ubi tandem ἐν ita sim-
plici dativo praefigitur? Excepto I. I, 25 ὁπότ' ἐν δίσκοις ἵν ubi
ἐν coniectura parum probabili invectum est, quaecumque e Pindaro
afferuntur exempla, ut ἐν χερσὶν ἐδάμασσε πώλους P. II, 8 — ἐν
λόγῳ ἕλκων N. IV, 93 — ἐν ἐρατεινῷ μέλιτι I. IV, 53, re accuratius
pensitata alius generis sunt. Nam talibus imago inest habena-
rum, vinculorum, potus potu commixti; vide singulos locos lau-
datos. Imago autem tenendi „inter manus", vinciendi, miscendi
aliena est ab ἐν χερὸς ἀκμᾷ ταράσσειν χθόνα, nam ut ipsa illa
iunctura acies manus per se offendit, ita non sine perversitate
aliqua solum, quod manu subruitur, cogitari potest in acie ma-
nus esse vel intra aciem manus versari, ut gladius est in
manu Amphitruonis N. I, 52, et pulli versantur quasi inter manus
eius qui habenas tenet P. II, 8. Nec magis aptus est huius prae-
positionis usus modalis, ut sit pro, secundum; nam ἀκμὴ χειρὸς
aut extrema manus aut fortis est, non lex vel norma aliqua, ea
quae huic legi subiecta sunt amplexa. Neque hoc ἐν referri
potest inter illa ἐν ὀφθαλμοῖς ἰδεῖν et similia, quibus eadem am-
plectendi notio subest, nam ea quae conspicimus, audimus, ca-
pimus, iam esse in oculis, auribus, manibus nostris informantur,
ut prolepsis insit pariter atque in illo ἐν πυρὶ καίειν. Neque ad-
verbialia ἐν δυνατῷ, ἐν βραχεῖ (id est intra ambitum eorum

---

*) ita A, non ἡμῖν, ut Ạ.

quae fieri possunt, verborum brevium) sufficiunt ut ταράσσειν ἐν χ. ἀ. ostendant valere „strenue subruere."

Desideratur genitivus instrumenti ad simplicem dativum adiectus ut in illis ἀκμᾷ ἔγχεος ζακότοιο ἐνάρεξεν Ἄορος υἱόν N. VI, 54 et τὸν ἵτρωσεν χαλκέας λόγχας ἀκμᾷ N. X, 60 et P. IX, 81 φασγάνου ἀκμᾷ ἔπραθεν Εὐρυσθῆος κεφαλάν. Scribe ἔγχεος ἀκμᾷ. Ἔγχυς, obsoletum derivati ἐγχειρίδιον primitivum, adde sodes ad ea quae Lobeck. Parall. I, 208. collegit. Eodem Scholia redeunt. Nam τῇ ἀκμαζούσῃ χειρί recentius interpretamentum est, nec reperitur nisi in additiciis codicum DU etc. Ambrosiana (A) et Vaticana (B) non ita sed de aratro, hasta, aere loquuntur, quod quid sit, nunc demum intelligimus. Sch. A χερός (scr. ἔγχερος) δὲ ἀκμῇ ἀντὶ τοῦ τῷ χαλκῷ νῦν. καθὸ καὶ Ἀρίσταρχος. ἔνιοι δὲ (ἐγ)χερος ἀκμῇ ἀντὶ τοῦ τῇ αἰχμῇ (cod. insubide ἀκμῇ), οἱ ἀλληγορικῶς ἀκούονσιν. etc. — Sch. B τινὲς δὲ χερὸς ἀκμᾷ τὸ ἄροτρον ἢ τὸ δόρυ, quod ex τινὲς δὲ ἔγχερος ἀκμὰν οὐ τὸ ἄροτρον, ἀλλὰ τὸ δόρυ corruptum esse existimo. Apparet enim duas tantum (non tres) fuisse veterum sententias: alteram de aratro s. vomere aratri (τῷ χαλκῷ), ut ταράσσειν χθόνα proprie dictum sit de solo subvertendo; alteram vero de hasta, ut translate de motu bellico. Inter illos Aristarchum et Didymeorum diasceuasten fuisse constat; hi ἔνιοι sive τινὲς qui fuerint nescimus, sed iidem non potuerunt aratrum inferre quod contrariae opinionis est. Relinquitur Sch. B ἐν χερὸς ἀκμᾷ: τῷ καρπῷ τῷ ἐπὶ (B ἀπὸ) τῆς χειρός, ubi pro καρπῷ ex A χαλκῷ substituendum esse censeo, cum haec de Aristarchi sententia, quam collector Scholiorum amplectitur, disputata sint. Occurratur Aristarcho stivam, non vomerem aratri manu teneri, ut ἔγχυς potius ligo vel integrum aratrum fuerit quam vomer, collato deminutivo ἐγχειρίδιον, quod ex parte ansae vel capuli totum instrumentum significet. Male autem grammatici finxerunt adiectiva ἐπιχειρίδιος (Aesch. Suppl. 22 substantivum est) et περιχειρίδιος. Occurratur nobis mirum esse huius vocis ἔγχυς ne minimum quidem in Vett. Lexicis vestigium deprehendi.[*)] Utut est, ex hac Alexandrinorum dissensione, quae ad interpretationem, non ad

---

[*)] cf. tamen Lexx. s. v. ἐγχειρογάστορις et de ἀχείρητος Soph. O. C. 698 (id est ἀχειρούργητος) Ritschl in Progr. Bonn. 1862, XII. ad quod addas videri ἐγχειρέω et ἐπιχειρέω ab ἔγχειρ et ἐπίχειρ formari, ut αὐλέω ab αὐλός, γειτονέω a γείτων, ἐπισκοτέω ab ἐπίσκοτος.

lectionem pertinet, cave colligas fuisse qui ἔγχιος vel ἴντιος scripserint. Nec placeret ἰῦ χιρὸς ἀκμᾷ. — Antiquum N in talibus vocibus haud raro vel in mss. pro Γ invenitur, ut O. IV, 7 uno A excepto omnes meliores libri ἱκατον | κιφάλα praestant et N. VII, 38 similiter ἰν βασίλευν vett. pro ἰμβ. cf. Bu. I, 21, not. Fortasse idem vitium accidit N. IX, 43, ut pro ἰν κονίᾳ χἰρσυ — nam Κόνιος suspectum est — scribas ἰγκονίᾳ. Cf. N. III, 35. Sed N. X, 56 malim ὑποκευθίσι ἰν γυάλοις scribere, duce Scholiasta, quam ὑπὸ κευθίσι ἰγγυάλοις. Caeterum quum serae Graecitatis esset ἰν χιρὶ τύπτειν τινά pro χιρὶ τ. τ., et ἴγχειρ vox diu desueta, nihil mirum est librarios ἰν χιρὸς ἀκμᾷ et scripsisse et pro simplici instrumentali habuisse.

65 Sciendum est non solum ἀλκᾷ χιρῶν sed etiam formam κινάν interpolationi deberi. Quinquies forma κινός apud Pindarum legitur, semel tantum — omnium librorum consensu — κεινός O. III extr. Possit ἰαν synizesi proferri, sed anacrusis h. l. novies longa est. An olim κενϝός, στενϝός, ξίνϝος fuit?

65 Sch. Vaticanum (B) non exstat ad τιμίοις θεῶν, sed in additamentis (DG etc.) hi partim dii inferni (Pluto, Proserpina) cum Moschopulo, partim οἱ τιμωρούμενοι ὑπὸ (sic U pro ὑπὲρ) θεῶν intelliguntur. Ambrosiana (A) ambigue τοῖς τιμωμένοις θεοῖς, quod credas esse eos qui a diis honorantur, ut Aeacum, Minoa — cum Dissenio; vel simpliciter bonos. Nisi malis idem τιμωμένοις etiam in altero commate D pro τιμωρουμένοις scribere. De οἵ τινες, id est quicunque, facio cum Sw. (contra Ra.), ut non pertineat ad τιμ. θεῶν. Vide an τίμιοι θεῶν ii mortales intelligantur, qui antea a diis honorati (τιμώμενοι) postea vero puniti (τιμωρούμενοι) sint, ingrati, ut Tantalus O. I. Ita verba τοὶ δ' sqq. ad τιμίοις θεῶν referuntur et concinnior est orationis progressus.

67 Sch. AB praeter ἀπροσόρατον saepius commemorant ἀπρόσοπτον. Sed multo magis friget „inexspectata poena" quam id quod sensibus obiectum est „inaspicabilis poena". τοῖς δ' haud credo olim lectum esse: „his sanctis hominibus (vel „diis") intolerabilem poenam [illi] sustinent" — quanquam Sch. A ita intelligi possint — nam subiecto opus est.

68 ἰκχίω ab ἴχω non video quo pacto recte formari possit, nisi sit pro ἰκχίω dialecticum, ut ἴδοντες et ἰδύνα pro ὄδοντες, ὀδύνη Aeolica; ῥέργανον pro ὄργανον Doricum. Sch. AB et glossae ἴχουσιν interpretantur; sed Sch. B etiam ὑφίστανται καὶ βαστάζουσιν.

Forma autem ὀκχίω et ipsa rarissima ab ὀχίω videtur geminatione aspiratae Aeolica factum esse, ut ὄκχος, Σατφώ, Πιτθεύς et nostrae linguae voces similes apfel etc. Callim. Iov. 23 πολλὰς δὲ Μέλας ἄκχησεν ἀμάξας, ubi olim ἄχησεν legebatur. Idem ὀκχῖ habet, ut Pindarus ὄκχος, quod Aeolium fuisse Grammatici testantur. Vide Steph. Thes. Hae voces tam sunt rarae ut credas ἰκχίοντι meram esse corruptionem ineptam, quoniam ἐκ-χίω notum, ὀκχίω non item.

68 Hoc loco prima fit palingenesiae mentio, quam quidam non recte ad vs. 61 sqq. retulerunt. Vita iustorum in Orco vitae mortali simillima, sed contemplativa sine labore. Superior autem beatorum ordo vita splendidissima et quasi divina fruitur. — Numerum ternarium quaeras quomodo poeta acceperit. Sex vitas si statuit, postrema apud inferos fuerit necesse est, ut'inde ad beatorum insulas perveniant. Hoc displicet. Vide an binas tantum terrestres, singulas intermedias infernas statuere voluerit. — A, εἰς τρίς:

70 Byzantii Scholio AB ἐτελείωσαν, ἤνυσαν, ἐπορεύθησαν recte usi esse videntur, quamquam in Vaticanis (B) etiam bis ἐστάλησαν legitur, ut in gl. Ambrosiani (A) ἀπιστάλησαν. Correpta ante στ syllaba alibi non invenitur: vide tamen ad I, 59. II, 7. 19. Ligatae σθ, στ, σπ, σχ saepissime cum simplicibus θ, τ, π, χ confunduntur in mss., ut in ἴχι et ἴσχι, ἔπιτο et ἴσπιτο, ὄπιθεν et ὄπισθεν. — Veteres interpretes Iovis viam cam interpretantur quam Iupiter animis ad beatorum insulas faciendam praecipit. Iis haec verba valent: pervenerunt ad insulas beatorum supremi numinis voluntate.

71 Forma accusativi in ος O. I, 53 a Sch. Vet. agnoscitur, N. I, 24 ab Aristarcho memoratur, utroque loco in optimis mss. invenitur. Nostro loco nec agnoscitur in Scholio, nec invenitur in libris melioribus, excepto Gottingensi. Haud facile diiudicaveris utrum νᾶσον an νᾶσος scribere praestet. Triclinii notula lectionem νάσους (quae in nonnullis Moschopuleis reperta est) impugnat, non veterem νᾶσον quae in metrum non peccat. Scholiorum auctoritas et ipsa inter νᾶσος et νᾶσον fluctuat. Tamen ad illud inclino quod ex docta tantum correctione proficisci poterat, cum hoc facile ab indocta originem acceperit, praesertim quum recentiores scriptores etiam de una beatorum insula loquantur, ut Lucian. Ver. Histor. 2, 6. Anth. Pal. VII, 609. (cf. Herod. 3, 26 et Hesych. Phot. s. v. Μακάρων νῆσος.)

72 Ex sola quam habemus paraphrasi vetere (Vaticana) ἐν

αἷς νήσοις πλησίον οὔσαις τοῦ Ὠκεανοῦ αἱ πλεῖσται καὶ ἡδεῖαι αὖραι τέρπουσι πνέουσι, nisi minus ea fuit accurata, elicias ἔνθα μαλακαὶ ταῖς ὠκεανίδας αὖραι περιπνέουσιν.

73 Duo Scholia Vetera exstant; alterum (Ambrosianum): διι- στειλεν ἀπὸ τῶν δένδρων τὰ κατὰ τὴν γῆν βλαστήματα. ἄνθη ἀπὸ δένδρων· ἐλαίας, μυρσίνης, κισσοῦ. καὶ τάδε ἄνθη· ἴα καὶ*) κρόκος. τὰ μὲν γὰρ ἀπὸ στελέχους καὶ χωρὶς ὕδατος ἀνθεῖ, τὰ δὲ χαμαίζηλα ἐπαρδευόμενα διατηρεῖται θάλλοντα καὶ ἀκμαῖα. Hoc est: „distinguit poeta inter arbores et humiles plantas. Sunt enim flores ab arboribus, ut olivae, myrti, hederae. Sunt vero etiam flores violae et crocus. Atqui qui e trunco arboris crescunt, etiam sine aqua florent, humiles autem irrigatione indigent." Grammaticus cum poeta duas florum partes facit. Hinc emenda alterum Scholion (Vaticanum), omisso δὲ ante ἐκ τῶν δένδρων, ita: τὰ μὲν ὄντα ἐκ τῆς γῆς, τὰ ἐκ τῶν δένδρων τῶν ἐν τῇ χέρσῳ· τὰ δὲ ἐκ τῆς τῶν ὑδάτων ἀπορροίας τρεφόμενα, οἱονεὶ ῥόδα, ὑάκινθος, ἴα· ταῦτα γὰρ ὕδατι τρέφεται**) ut tria florum genera removeantur. — Est σχῆμα ἀπὸ κοινοῦ et anacoluthia facilis; nam ad χερσόθεν ex altero membro φερόμενα subaudiendum est.

75 Lectio igitur vulgata ὅρμοισι τῶν χέρας ἀναπλέκοντι καὶ στεφάνοις nec satis a codicum auctoritate tuta est, et duplici vitio laborat, abundantia et defectu. Abundantia, nam ὅρμοι a στεφάνοις vel paullo vel nihil diversi. Defectu, nam si manus implicantur coronis, cur non potius capita? — Argutius etiam Scholion Thomanum κεφαλάς subaudiri iubet. — Optimi ὅρμοισι τῶν χέρας ἀναπλέκοντι καὶ στεφάνους praestant. Id nonnulli veterum et Moschopulus cum ἀντιπτωτικῶς dictum esse putarent, et ὅρμους et χερσὶν passim suprascriptum esse videmus, quasi poeta ὅρμους καὶ στεφάνους ἀναπλέκοντι χερσίν, id est manibus (instrumentali), dicere voluisset. Ubi ut inauditam ἀντίπτωσιν mittam, vel ipse instrumentalis admodum friget, nec tollitur abundantia. Alii (Thomas, Triclinius) ad στεφάνοις scribendum confugerunt. Quibus argutiis spretis aut στεφάνους servandum et cum gl. F de capite intelligendum est, ut στ. h. l. sit στεφάνη εὔχαλκος Homerica, pars pro toto; aut στεφάνας, κεφαλάς, κροτάφους scribendum est. Ipse olim χερίδας ἀμπλέκοντι coniiceram, nunc vero Hm°. assentior. Scholia nihil

---

*) ita A quod male transcriptum in A est ἴσαν.
**) ubi O ὕδασι τέρπονται U ὕδασι τέρπεται.

novi afferunt. Est in iis et στεφάνους interpretamento κεφαλάς expressum, et ἀντίπτωσις indicata. Tamen κεφαλάς melius sonat, auribus meis.

75 Quamquam ἐν in quibusdam vett. et in omnibus de quibus constat Moschopuleis omissum est, tamen noli praeferre βουλαῖσιν ὀρθαῖσι. Et hoc male sonat, et ἐν in talibus legitimum — vide P. I, 62. II, 69 — et ita interiectum maxime Pindaricum est.

76. 77. Olim huic loco non infuisse nomen Saturni non solum veterum librorum consensus, sed etiam Alexandrinorum docet dissensio utrum Iupiter an Saturnus is sit qui Rhadamanthum sibi assessorem habeat. Sch. A πόσις. ὁ μὲν ἀρίσταρχος πόσις γράφει ὁ πάντων καὶ τὸν δία ἀκούει συμπότην εἶναι τοῦ ῥαδαμάνθυος· ὁ δὲ δίδυμος ἐπὶ τοῦ κρόνου καθιστᾷ τὸν [λόγον*)....] πατὴρ πάντων ὁ κρόνος, ἕτοιμον καὶ ἀχώριστον ἔχει πάρεδρον, πόσις ὢν ῥέας, παῖς δὲ τῆς ὕπατον ἐχούσης θρόνον**). τῆς πίσης γὰρ τῶν τιτάνων ....***) οἳ γῆς εἰσὶν υἱοί. θρόνον δὲ αὐτοῦ μέγιστον εἰλῆφθαι ὡς πάντα φέρουσαν καὶ τοῦ κόσμου νομιζομένην εἶναι θεῶν τροφόν, ὡς καὶ ὁ ποιητής· ζείδωρος ἄρουραν. ἔνιοι πόσιν ἤκουσαν τὸν συμπότην: Sch. B ὃν πατὴρ ἔχει ἕτοιμον. τὸν δίχα τοῦ κληθῆναι ἐλθόντα, ὅπως ῥαδάμανθυν ὁ πατὴρ πάντων κρόνος, ὁ τῆς γῆς παῖς, ὁ ἀνὴρ τῆς τὸν ὕπατον ἐχούσης θρόνον ῥέας, ἕτοιμον καὶ ἀχώριστον ἔχει πάρεδρον. Is Didymum sequitur. At nec quid Didymus scripserit nec quid Aristarchus constat. Aristarchea lectio, Gerhardo iudice, erat πόσις ὁ παῖς ὤν, ita: [Jupiter] terrae pater ... compotor (Rhadamanthi) filius Rheae —; Didymea, Böckhio iudice, tradita antiqua, omisso παῖς, ita: [Saturnus] pater omnium, Telluris [filius], maritus Rheae ... Quodsi summi illi critici ita scribere atque ita interpretari locum voluerunt, incredibilia sane et subabsurda protulerunt. Bergkio iudice Aristarchus aut ὃς πατὴρ ἔχει .... πάρεδρον πόσιος, ὁ πάντων 'Ρέας ὕπατον ἐχοίσας παῖς θρόνον voluit, aut ὃν πατὴρ πάντων ἔχει ἕτοιμον αὐτῷ πάρεδρον πόσιος, ὢν παῖς 'Ρέας ὑπέρτατον ἐχοίσας θρόνον. — De his et ipse multa tentavi, nulla quae nunc satisfaciant. Tantum mihi constat hosce criticos non potuisse metrum negligere

---

*) cod. καθιστᾶ τὸν χρόνον ὀνομάσας πατὴρ πάντων ὁ κρόνος. ἕτοιμον
**) cod. χρόνον compendio scriptum.
***) cod. τιτάνων χρόνος. οἳ ubi iterum χρόνος compendio scriptum est, Fortasse θρόνον, τῆς πίσης. πίσα γὰρ τῶν τιτάνων ὁ θρόνος, οἳ vel τῶν τιτάνων, οἳ

ad instar Zenodoti; cf. ad vs. 4. 97. — Corruptus textus, corrupta scholia. Sed duo quae aliena sunt fortasse aliunde inculcata, dico παῖς ἕιας e vs. 12 ab iis qui haec ad Iovem retulerunt, ὁ πάντων πατήρ e vs. 17 ab iis qui eadem ad Saturnum. Scripturus eram ut in optimis traditum est, omisso παῖς quod ex antiqua parepigraphe ortum esse videtur, et admisso ὑπέρτατον pro ὕπατον. Ita nec „Telluris filius" nec „Rheae filius" nec „Saturnus" diserte nominatur. Sed quamquam γᾶς a metro huius carminis excusationem habebit (vide ad vs. 15), tamen πατήρ γᾶς multis nominibus offendit, de Saturno Telluris filio, ut dubitantur invexerim πατήρ χθονός in quod olim incidi. Nota γῆς in optimo codice inveniri, non γᾶς. Si Διός reposueris, omnis ambiguitas remota erit. Bergk ὃν πατὴρ ἔχει παῖς ὁ Γᾶς ἑτοῖμον πάρεδρον πόσις ὁ πάντων .... Possis etiam παῖς ἑτοῖμον Αἴας πάρεδρον. ... Sed in utroque πατήρ absolute positum ingratum.

85 Φωνάντ' ἀσυνέτοισιν lemma Ambrosianum, quam vocabulorum divisionem cave opineris fuisse Aristarchi propter Sch. Ambr. ὁ δὲ Ἀρίσταρχος οὕτω διαγρα.... Nam Scholiastes aut vulgatam divisionem Aristarcho deberi indicat, aut διαγράφει ei non dividit valet sed perscribit. Sch. enim non de hac re sed de ἐς τὸ πᾶν agens Aristarcho tribuit interpretationem in vulgus, in usum vulgi, cum adversarii eius — quibus Moschopulus astipulatur — ad perfectum harum rerum quas tracto intelligentiam interpretarentur. Bö. cum Aristarcho facit, recte.

86 Sch. B ὁ φύσιν πρός τι ἔχων, sed ibi U aliique φύσει. Etiam A bis dativo reddit φυᾷ quod omnes mss. praestant.

86 Noli putare παγγλώσσιαι reponi posse ut sit pro παγγλώσσοι, nam κόραξ non est commune, etsi forma παγγλώσσιος maxime mobilis apud Pindarum non offenderet; nisi quis velit a casu recto παγγλωσσίας repetere. Sed distinctione mutata scribi potest μαθόντες δὲ, λάβροι παγγλωσσίᾳ κόρακες ὣς, ἄκραντα ... Sch. B ambiguum est. Mssorum distinctio ita fluctuat: . λαῦροι, παγγλωσσίᾳ κόρακες. ὣς A et similiter N Cp. , λάβροι παγγλωσσίᾳ κόρακες ὣς, B Sm. (sed Sm. non dist. in fine) , λάβροι παγγλωσσίᾳ κόρακες ὣς E Ro. , λάβροι, παγγλωσσία, κόρακες ὣς, S λάβροι παγγλωσσίαι (σία B. σσία) κόρακες ὣς, CDFQU , λάβροι παγγλωσσίᾳ, κόρακες ὣς O λάβροι παγγλωσσίᾳ, κόρακες ὣς, Γ Tricl. , λάβροι παγγλωσσίᾳ, κόρακες ὣς, Mr. St. Ox.*

87 Dualem γαρύετον cum omnes mss. tum grammatici etc.

ut traditam lectionem agnoscunt; cf. Aristid. II, 38. Theophylact. Ep. VII. 12. Greg. Cor. 218; etiam Sch., etsi quidam (Sch. A et τινὶς in Sch. B) dualem h. l. non recte positum esse dicunt. Sed quid hi vel num aliquid substituerint non dicunt. Supra γαρύετον gl. Α τὸ ἐνικὸν ἀντὶ πληθυντικοῦ γαρύουσιν, quod ἐνικὸν aut sphalma librarii est pro δυϊκὸν aut γαρύεται scribi postulat, schemate Pindarico. Medium γηρύομαι absolute sine accusativo aliis poetis frequens, non ipsi Pindaro, nam I. I, 34 futurum medium γαρύσομαι cum accusativo coniunctum et per se alius generis est. Utut est, defensorem dualis non nactus est inter vett. interpretes nisi sero (inter additicia Sch. DGIU etc.), ubi Bacchylides et Simonides illo duali indicari dicuntur. Id conciliatriculam artem redolet. In Sch. B alteruter tantum adversarius memoratur, modo Bacchylides, modo Simonides; in Sch A ambo quidem, sed non ita ut grammaticus dualem inde tueri sustineat. Dawes γαρύμεν (Hy.) coniecit quod unius Sch. B verbis confirmari creditur quae satis ambigua sunt (et fortasse corrupta) οἱ φύσει χρώμενοι λαμπροί· οἱ δὲ μαθόντες ἄκραντα γαρύειν ἥσσονές εἰσι τῶν καθ᾽ αὑτοὺς ὅ, τι δήποτε μαθόντων ἢ ἐπισταμένων. τὸ δὲ γαρύετον κακῶς. Legitur quidem in U τὸ γὰρ γαρύετον κακῶς τινὲς λέγουσιν εἰρῆσθαι, quasi ad corroboranda priora adiectum. Is si γαρύμεν scripsit, hunc Infinitivum e μαθόντες pendere volebat, iungens λάβροι π. κ. ὡς εἰσι πρὸς ὄρνιχα, mira verborum contortione. Sed ft. (in illo Scholio) γαρύοντες pro γαρύειν scribendum est.

Dualis verbi tum demum pluralem subiecti excipere potest, quum ex tota orationis perpetuitate manifestum est de duobus agi, ut Hom. Il. δ, 453, vel quum alio pacto excusatur confusio numerorum, ut Od. θ, 48 sq., ubi vide Nitzsch. Nemo enim ad Buttm. Gr. Gr. I, 133 sq. 399 sq. de hoc genere dicendi tuto provocabit. Inaudita autem haec esset obscuritas, ponere primum μαθόντας omnes sciolos, tum praedicato hanc subiecti notionem generalem ad duos restringere, de quibus nihil aliud dictum est. Nam de pari corvorum, ut Il. θ, 185 duo memorantur equorum paria, vix potest cogitari, quamquam ea unica foret huius dualis excusatio, ut apud imitatores Alexandrinos similia de corvis (Arat. 968) et monedulis (ib. 1028) dicta reperies.

Schema Pindaricum non facile removebitur. Quod Attici postea arctioribus limitibus circumscripserunt ita ut neutrius generis substantiva collectivo intellectu cum singulari verbi copulari deberent, id olim paululum fluctuasse videtur, ut etiam apud plurales collectivos generis non neutrius admitteretur. Ita μαθόντις sunt genus totum sciolorum, ut O. X, 6 ὕμνοι sunt genus totum canticorum, quorum numerum infinitum quasi in unum coarcet insequens verbum τίλλιται, ut hoc loco infinitam sciolorum turbam verbum γαρύιται. Quod schema fuerint qui reprobarent et, duali supposito, inimicorum mentionem inculcarent. Nam de toto loco, maxime de grammaticis lites suas invidiosas poetae imponentibus, facio cum Thierschio viro in paucis candido.

Huic generi proxima sunt παλάσσιτο (post quinque plurales, quorum primus tantum neutrius generis est) Il. ρ, 387 et θέρμιτο ib. ψ, 380 (post singularem et dualem). cf. Matth. § 304. not. 1.

Ht. γαρυῖται scribit substantive, cuius formae exempla desidero.

91 Sch. A ἐπὶ σκοπὸν τὴν ἀκράγαντα τείνας τὸν λόγον ne credas postulare accusativum. Est enim hoc de eorum sententia dictum qui σκοπόν urbem, non victorem cogitari volebant; quos refutat Sch. B τίνα βάλλομεν; δηλονότι τὸν σκοπόν, τὸν νικηφόρον. μήποτε δὲ βέλτιον ἀκούειν σκοπὸν τὴν ἀκράγαντα. καὶ γὰρ ἐπιφέρει· ἐπί τοι ἀκράγαντι (ita B, sed U ἀγράγαντα) τανύσας. ἐκ δὲ τούτου σημαίνει τὸν εὔκαιρον καὶ εὔστοχον λόγον. Vult enim urbem locum esse quo dirigantur sagittae, ipsum vero scopum Theronem, ut Agrigentum versus in Theronem mittantur. Aliud Sch. B ἐπὶ τῇ ἀκράγαντι τῇ πόλει τοῦ Θέρωνος in paraphrasi habet. Hi omnes non de casu, sed de interpretatione disputant. Dativus post ἐπί (ut O. VIII, 48. P. I, 7. IV, 36. IX, 12. 25. N. X, 71. I. VII, 14) poeticus est terminalis, de quo vide ad O. I, 89. Cui in prosa grammaticorum substitui accusativum haud mireris. Nec τα-τα auribus gratum.

91 Hoc τάνυσον glossa est in multis, in aliis πέμψον, ἔκτεινον. Plurimi vett. pro optativo τανύσαις habentes imperativis ἐπίτεινον (A), ἐπάνελθε (B) utuntur in paraphrasi. Alii autem pro participio ἐπὶ σκοπὸν τὴν ἀκράγαντα τείνας τὸ τόξον, μεθ' ὅρκου λέγω (cod. λέγων) τὸ ἀληθὲς καὶ ἀποφανοῦμαι (A). Quos Thomas M. secutus est, τανύσας scribens, sed recc. Byzantii deseruerunt.

92 Falsa scriptura αὐδάσομεν irrepsit paucis ex sequenti ἡ pro genuino αὐδάσομαι, quod omnia Sch. et gl. paraphrasi exprimunt. Quodsi τανύσαις participium est, αὐδάσομεν apud Pindarum vix ferri potest, etsi tragicis hac anacoluthia uti licuit; cf. Hm. ad Aesch. Pers. 851. Pindarus dicturus erat „Directis Agrigen-

tum versus telis feriam Theronem", sed ab imagine regressus dixit αὐδάσομαι κτλ. Id multo magis poeticum est quam: „Dirigas Agrigentum tela. Dicam Theronem."

92 Ad ἐνόρκιον gl. καὶ μετὰ ὅρκου A; ἔνορκον, ἐνώμοτον, ἀληθέστατον, διώμοτον alii — Sch. A μεθ' ὅρκου λέγων τὸ ἀληθὲς [καὶ] ἀποφανοῦμαι — ἀποφανοῦμαι μεθ' ὅρκου τὴν ἀλήθειαν — ὄμνυμι ὅρκον ἀληθέστατον — Sch. B ὄμνυμι ἔνορκον (non ἐνόρκιον) ἀληθέστατον — Erat quum dubitationem moveret forma ἐνόρκιος, ut ἐθ' ὅρκιον, ἐν ὁρκίῳ λόγον ἀλαθῆ νόῳ s. ἐν ὁρκίῳ λόγῳ ἀλαθῆ νόον, ἐνώμοτον, ἐν ὅρκιον (hyperbato) tentarem. Sed quum reputo ἐνόρκιον esse id quod dignum est eius qui ἔνορκος (iureiurando obstrictus) est, nihil moveo.

93 Ambrosianus optime confirmat Schmidii coniecturam. In Vratislaviensi apographo (A,*) γε omissum est negligentia librarii, nam in lemmate Ambrosiano (A,) est γε. Scholia praepositiones addunt in paraphrasi ἀπὸ (A utroque loco) πρὸ ὅλων (B) ἐφ' (Mosch.), unde Hm. γ' ἐπ' ἐτέων coniecit. — Si quid periit, potius γ' ἀπ' ἐτέων scribendum est. Sed recte se habet genitivus eo sensu quem indicant scholia, ut sit vel feit (cf. Aesch. Ag. 288) vel im Laufe von (cf. Hom. Il. λ, 690 τῶν προτέρων ἐτέων); vide Matth. Gr. Gr. 377. b. c. Caeterum Sch. (quae non exprimunt γε) iungunt μήτε μεγαλοφρονέστερον, μήτε εὐεργετικώτερον, μήτε συνετώτερον (A) εὐεργετικὸς καὶ συνετὸς καὶ μεγαλόφρων οὗτος (Addit. DGU etc.) quasi tria Pindarus in Therone laudasset, non duo. Sed alio loco Sch.: πρὸ ὅλων ἑκατὸν ἐτῶν ... μηδὲ ἄλλον εἰς εὐεργεσίαν τῶν φίλων πρόχειρον ἢ πρὸς ἐπίδοσιν χρημάτων ἀφθονέστερον (B) καὶ φιλικὸν ἄνδρα καὶ μεταδότιν χρημάτων εὐεργετικώτερον λέγει τὸν Θήρωνα (A) Haec duo legimus, tria illa frustra quaeruntur.

97 Etiam P. II, 69 θέλων in omnibus libris, utroque loco ita, ut metro conveniat θέλων, non ἐθέλων, nam h. l. arsis in rell. non soluta est. Crasin illegitimam iure damnat Ahrens (de Cr. et Aph. p. 17.) et h. l. et P. X, 5. ἱπποκλέᾳ ἐθέλοντες et I. V, 43 θυμῷ ἐθέλων; idque confirmant mss. qui utroque loco in θέλοντες et θέλων consentiunt. Hi quatuor loci sufficiunt, ut participium θέλων Pindaro vindicemus. Quintus ft. addendus est N. X, 84, ubi eadem crasi admirabili κατοικῆσαι ἐθέλεις a quibusdam scribitur. Sed κατοικῆσαι Schmidii coniecturae debetur, nam in omnibus bonis libris solum est ἐθέλεις (mutilo versu), cui in θέλεις mutato aliquot interpolati (ς'ν') addunt τῶν οἰκέων. Sed etiam ἐθέλων legitur (N. 3, 79.

4, 89. I. 6, 45.), ut O. 6, 83 μ' ἐθέλοντα quod in omnibus libris traditum est non moveam, ut nec N. VII, 10 δ' ἐθέλοντι 90 κ' ἐθέλοι I. I, 15 νωμάσαιτ' ἐθέλω. — Cf. O. VIII, 85 ubi omnes mss. ἔργα θέλοι.

97 Aristarchea lectio κρύφον τι id est κρύψιν τι in recc. tantum invenitur. Omnes vett. et Thomani lectionem Non-Aristarcheam κρύφιόν τι praestant. Vide an πόσιος, ἀκροθίνια, κρύφιον non tam ignorantia et incuria numerorum quam ea persuasione nitantur licuisse Pindaro (ut Homero in quibusdam licuit) syllabas ιο, ια etc. ita proferre, ut unam brevem efficiant, quasi sonis sj, nj, fj inter binas vocales interiectis absque effectu positionis, ut in Latinorum qu, id est kw. Cf. gl. codicis Caesarei (U) de ἱππιοχάρμαν O. I, 23; et θιός P. I, 56.

Ad Aristarchum lectionem ἐσλῶν καλοῖς pertinuisse ex Sch. B (et A, ubi bis sine nomine auctoris repetitur Aristarchea interpretatio) abunde constat. Nam in Sch. B κρύψιν θέλων θεῖναι τοῖς τῶν ἐσθλῶν καλοῖς ubi vulgo ἐσθλῶν κακοῖς legitur (a Callierge male invectum de sententia Tricl.), e G et I ἐσθλῶν καλοῖς a Bö. repositum est, idemque est in OU, ut et in B ἐσλῶν καλοῖς. — Alteri quid legerint minus certum est. Nam ex altero Sch. B ἐσλόν neutrali sensu et τό demonstrative acceptum elici potest, sed non κακοῖς, quod inter vetera omnino non apparet. Immo ab his ἐσλόν καλοῖς ἔργοις pro [τό] τῶν καλῶν ἔργων ἐσλόν acceptum esse coniicias, ita: obscurare id quod bonum est in honestis [Theronis] operibus. Sed nescio an integra lectio Non-Aristarchea ea fuerit quam plurimos optimosque libros nostros occupare videmus κρύφιόν τι θέμεν ἐσλόν κακοῖς ἔργοις obscurare bonum (virum?) malis operibus. Cui suam quum opposuisset Aristarchus κρύφον τι θέμεν ἐσλῶν καλοῖς ἔργοις obscurationem facere honestis bonorum operibus, assensumque non tulisset recentiorum Alexandrinorum (Didymi?), Moschopulus κρύφον tantum Aristarcheum (aut adiectivum aut substantivum) probavit, sed utrum ἐσλῶν καλοῖς cum illo an ἐσλόν κακοῖς cum reliquis scriberet haesitans, utrumque et in textu posuit et in Commentario suo interpretatus est, ita θέλων διὰ τό θορυβῆσαι κρύφον ποιῆσαι (ἀντὶ τοῦ κρύφιον, τουτέστι κεκρυμμένον, ἄδοξον) τόν ἀγαθόν (ita recte a) διὰ τῶν κακῶν ἔργων. ἢ ἀφανισμόν ποιῆσαι τοῖς καλοῖς ἔργοις τῶν ἀγαθῶν ἀνθρώπων. Tricl. denique κρύφον τι θέμεν ἐσθλῶν, κακοῖς ἔργοις scripsit i. e. obscurationem facere bonorum, malis operibus.

Haec videntur esse huius loci fata. Tu sequere Aristarchum. Friget profecto κακοῖς prae καλοῖς. At articulus τὸ offendit in hac interpretatione. Vide an τὸ valeat τοῦτο, τὰ τοιαῦτα, et pendeat ex infinitivo λαλαγῆσαι ut κρύφον ab altero infinitivo θέμεν, referaturque ad αἶνον vel ad omnia quae praecedunt, i. e. talia nugari, hariolari. Cf. O. IX, 83 μὴ νῦν λαλάγει τὰ τοιαῦτα. Hm. θέμεν τὸ λαλαγῆσαι θέμεν τι κρύφον construit, ut utrique praedicato obiectus sit dativus ἐσλῶν καλοῖς ἔργοις.

Ad μάργων ὑπ' ἀνδρῶν cum Bö. profectus subaudio. Quidam editor temere totum locum sic constituit ἀλλ' αἶνον ἐλᾷ κόρος οὐ δίκᾳ συναντόμενος· ἀλλὰ μάργων γὰρ ἀνδρῶν τὸ λαλαγῆσαι, ἐθέλειν κρύφον τι θέμεν ἐσλῶν καλοῖς ἔργοις. Quaeritur quid Pindari restet, si ita omnem lapidem movemus.

98 De ἐπεὶ recte disputat Mosch. τὸ ἐπεὶ ἁρμόζεται τῇ ἐννοίᾳ πρὸς τὸ φίλοις εὐεργέταν. τὸ δὲ ἀλλ' αἶνος μέχρι ἔργοις διὰ μέσου παρεμβατικώτερον εἴρηται. Id festinanter legenti et audienti cuivis manifestum est, nec ἔπι. ψάμμος (Bg.²) iuvaret sed tardaret intellectum. A solus περιφεύγει scribit, cum Sch. ἐπεὶ δὲ μετρεῖν ψάμμον ἀδύνατον, καὶ τὰς εὐεργεσίας τοῦ θήρωνος μετρεῖσθαι ἀδύνατον. Is igitur ἐπεὶ δὲ etc. protasin, κἀκεῖνος etc. apodosin cepisse videtur, me arbitro perperam. An δὲ περιφεύγει habuit?

99 Mihi hic locus similis esse videtur periodo admodum poeticae O. I, 8 — 7. (cf. N. IV, 82 sq.). Volebat enim dicere ἐπεὶ τίς ἂν φράσαι δύναιτο (i. e. quis enim enumerare possit), sed interiecta imagine dicit ἐπεὶ ψάμμος κτλ. Iam ut O. I, l. l. imago subito interiecta et vera apodosis particulis μηκέτ' — μὴ δὲ copulantur, ita h. l. vera protasis imagini interpositae particulâ καί commodissime iungitur. Et hoc me retinet et aliud quominus Byzantiorum emendationem ἐκεῖνος accipiam. Nam ea forma hoc solo loco apud Pindarum legi postulat. Obstant quinquaginta amplius loci in quibus aut κεῖνος aut κἀκεῖνος (a Bö. in καὶ κεῖνος mutatum) traditum est. Quodsi καὶ κεῖνος ob numeros scribi non potest, καὶ οὗτος vel tale quid reponendum est. At multa sunt in hoc carmine praeter consuetudinem de metro instabilia, etsi ancipites alias nullae, si exceperis vs. 65 ubi κενεάν traditum est. Idem huic versui accidisse videtur quod O. I, 80, ubi pro antibacchio μναστῆρας frigidus amphibrachys ἐρῶντας a metricis suppositus est. Metrum fortasse utroque loco non est ⏑ –́ ⏜ ⏑, sed ⏒ –́ ⏑ ⏜.

OLYMPIA III.

1 Glossa O et Sch. BOU etc. ἀρίσαι; Sch. A προσηνεῖς τῇ ᾠδῇ γινίσθαι; gl. QU⁵ Σκμ'ν' et Comm. Mosch. ἀρίσκειν. Cf. ad O. VII, 17.

3 Versus 5—11 vulg. bis scripti sunt in C; ideo inter C et C¹ distinctum est.

4 Illud τοι quod in solo codice C (non C¹) est (sphalma), exprimitur in Sch. CDIU etc. ita οὕτω γάρ που ἡ μοῦσα ἐπῆλθέ μοι. Sed in Sch. AB (et in Comm. Mosch.) nulla invenitur particula. Sch. A (quod in A omissione mutilatum est) οὕτω μοι (non μὲν) παρίστη ἡ μοῦσα ἵνα τοῖς διοσκούροις ἀρίσῃ. ἢ οὕτω μοι παρίστη ἡ μοῦσα καὶ ἔρχεται, ὥστι δωρίδι διαλέκτῳ νεοποίκιλον ἐπαγγεῖλαι ὕμνον. Sch. B μοῖσα δ᾽ οὕτω μοι παρίστα. οὕτω μοι παρίσταχι μοῦσα, ἰὰν (ita Vaticanus B et editio Romana, sed παρίστη ἡ μοῦσα ἰὰν OU; apud Bö. est παρίστη ἡ Μοῦσα, ἵνα quod unde ductum sit, nescio, ft. ex IG?) τοῖς διοσκούροις ἀρίσω. ἢ οὕτω μοι ἐρχίσθω ἡ μοῦσα, ὥστι μι δωρίδι διαλέκτῳ νεοποίκιλον ἐξαγγεῖλαι ὕμνον. Ex his apparet Pindarum nec τοι (quod sensu cassum est), nec που (quod tenue) nec τοι (quod cum corroborare videatur sententiam, re vera frigidum est) scripsisse, sed aut οὕτω μοι παρίσταχι aut οὕτω μοι παριστάχοι. Ad optativum ducit ἐρχίσθω Sch. B, estque is et ad οὕτω et ad infinitivum ἐναρμόξαι aptissimus. Forma insolentior παριστάχοι corruptioni οὕτω μοι παρίστα μοι occasionem obtulerit; hinc emendatione inficeta vulgatum τοι π. μοι et non multo melius τοι π. μοι profectum sit. Ad παρίσταχι ducunt ἔρχεται A et παρίστηχι B; cf. P. VIII, 70 sq. κώμῳ Δίκα παρίστακι. Est οὕτω in utraque interpretatione ambiguum. Optativo iunctum aut ad priora referri potest („ut omnia bona a favore Tyndaridarum exspecto, ita") aut absolute accipi, ut in illo „Sic te diva potens Cypri" et in Italorum „così cresca il bel lauro!", ut sit utinam; cf. Matth. § 513. 4. Krüg. § 54. 4. not.

5. Cum praesenti perfecto coniunctum οὕτω aut sub hac condicione, aut eo consilio ut placeam, aut simpliciter in hac re, in hoc meo desiderio valeat, sed magis placet optativo iunctum. Pulcrior sic et vivacior oratio. Ne offendat homophonia οι — οι — οι, etsi nostro sensui molestior est, cf. Lobeck.

Parall. I, 53 sq. et in tribus arsibus deinceps positum *αι* I. V. 52; quo pacto, si alio nomine stare posset, non displiceret Byzantiorum emendatio *ἀνθεῖ ἱσται* O. XI, 10. Tantum constat aut „Sic Musa mihi adstat" aut „Sic adstet mihi Musa" praestare vulgatae „Sic profecto adstitit mihi Musa". Longe credo a vero aberrasse editorem novissimum, cum pro *οὕτω ποι* primum *ἀντωπός* reponeret, tum *ἀντωπῷ* emendaret, denique in adverbium *ἀντωπόν* excurreret.

4 Thomas cum *Δωρίῳ* scriberet fortasse *ἁρμονίᾳ* subaudiri voluit.

6 In tmesi librarii passim accentus omittunt.

7 Est cur praeferas *θεόδμητον*, cum a *δίμω* formatum esse videatur. Ut hic Moschopulus, ita O. VI, 59 Triclinius *ᾳ* scripsit. P. I, 61 duo codd. *ᾳ* praestant, sed P. IX, 10. I. V, 10 omnes in *ᾱ* consentiunt, quae scriptura optimorum mss. est O. VI. P. I. Hoc loco Vaticanus *ᾳ*; is etiam vs. 1. 4. 12. 13. formam melius servavit quam Ambrosianus.

9 In Sch A etiam *γεγώνειν*, accentu Aeolico, scribi refertur. De infinitivo vett. intt. constabat, qui ex antecedente *πράσσοντί μι* h. l. *πράσσει μι* subaudiri iubent. Estne hoc *μι* ad infinitivum additum perspicuitatis causa, ut *ἄμμι* ad *δαιδαλωσίμεν*, O. I, 104.?

10 *θεόμοροι*] Sciendum est contractionem in talibus a Moschopulo invectam a Triclinio rursus sublatam esse. Recte. Vide ad N. IV, 35. et Ah. D. D. 214 sq. 219 sq. qui solutionem antiquioris Doridis esse ostendit. Pertinet hoc ad synizesin scriptura non expressam, ut in *ἀεθλος*.

10 *νίσεται*] Cf. O. III, 36. VI, 99. P. V, 8. XII, 25. N. V, 37. Optimi libri ubique simplex *σ* scribunt et *ι*, M solus ter *νισ*, quae scriptura etiam in lapidibus optimae aetatis invenitur. Thomani inter *νισ, νισσ, νησ, νησσ* fluctuant. Moschopulus vero eam grammaticorum legem secutus, quae *νίσσομαι* praesens, *νίσομαι* futurum scribi iubebat, h. l. et III, 36. VI, 99. *νισσ* invexit, idque III, 36. VI, 99. cum Triclinio. Sed P. V, 8. et XII, 25. Mosch. et Tricl. *νισσ* exhibent, quam scripturam etiam deteriores vett. O. III, 36. VI, 99. P. V, 8. XII, 25 praestant. Uno tantum loco (N. V, 37) ab interpolatione puriore omnes libri (exc. Ro.) in *νισ* consentiunt. Quodsi id sequimur quod vetustissimi libri servarunt, ubique *νισ* cum Bg. scribendum est. Scriptio *νισσ* sola Perusini libri et Scholiastae Homerici auctoritate firmatur.

De ī producto in hac voce constare videtur: cf. Buttm. Gr. Gr. 2, 249. Pott. Etym. Forsch. I, 207.

10 ἀοιδαὶ] Ex Aug. (Σ) et Leid. (a) noli suspicari fuisse qui ἀνθρώποισιν οἴμαι scriberent.

12 De numero Hellanodicarum Sch. A ὅτι τὸ μὲν πρῶτον δώδεκα, τὸ δὲ τελευταῖον δέκα. In codice est τὸ μὲν ᾱ ιβ. (non β̄).

12 Scholia AB et Scholia Recc. iungunt ὑψόθεν γλεφάρων. Vide Ta.

14 Doridis est ἤνεγκα; cf. Ah. D. D. 352. De epica forma non prorsus constat apud Pindarum. O. XIII, 64 ἤνεγκ' in omnibus libris, ut I. VII, 21 ἐνεγκών et P. IX, 37 προσενεγκεῖν. Fluctuant libri P. IX, 6, sed ita ut optimi quique BDEFGPQRU ἤνεγκε; XZ cum Mosch. ἤνεγκε; soli VW [cum Tricl.] ἔνεικε habeant. Constant sibi mss. in epica forma O. IX, 59. ἔνεικε(ν) et P. IX, 53 ἐνεῖκαι (Tricl. ἐνείκειν), itemque P. V, 59 in ἀπένεικεν (ἔπεν.) nisi quod in optimo B fortasse a pr. m. illud in ἀπήνεγκεν mutatum est, si recte enotavi. Haud credo Pindarum modo ἤνεγκε, ἐνεγκεῖν, ἐνεγκών, modo ἔνεικε, ἐνεῖκαι dixisse (Bö. in N. Cr. ad P. IX, 6.) sed librarios (ut in μὲν) ad Homerica procliviores fuisse itaque ἤνεικα passim pro rariore ἤνεγκα Pindaro imputasse. Hunc ab Homerico usu deflexisse constat, nam Homericum non solum ἤνεικα est, sed etiam ἐνεικέμεν et ἐνείκοι (aor. 2).

14 In Leidensi codice (a) legitur notula κατὰ πλεονασμὸν [τοῦ] ᾱ γίνεται ἀμφιτρυωνιάδας, διὰ τὸ μέτρον. τὸ γὰρ ἀκόλουθον ἀμφιτρυωνίδας ἐστίν. Raro talia in Moschopuleis inveniuntur (cf. Germ. Sch. Praef. p. XVIII. ubi huius notulae oblitus eram), sed sine dubio totum hoc notularum genus ad Moschopuli potius quam Triclinii novationes referendum est. Parendum est h. l. Byzantiis; cf. Buttm. G. G. 2, 435. et I. V, 35.

15 Primum systema fortasse excusat brevem. Contra vs. 36 ubi opus est longa, omnes fere libri in εὐλ. consentiunt. Vide ad O. VIII, 1.

15—17 In his tria observanda sunt. Primum plenam post ἄθλων interpunctionem confirmari et distinctione optimorum mss. et Sch. A δᾶμον ὑπερβορέων. ἀπὸ ἄλλης ἀρχῆς. ὑπόνοιαν ἔχει ὡς τοῖς ἄνω συνηρτημένον, i. e. „Incipit novum enunciatum. Mente supplendus est nexus cum praegressis." Etiam alterum systema vs. 30 terminatur sententiā. — Tum post λόγῳ quod in quibusdam plene distinctum est, nihil indicare, nisi participiale enunciatum a reliquis esse separandum. — Denique praesens αἰτεῖ recte reductum esse a Byzantiis, quamquam id aoristo exprimitur ᾔτησε in Comm. Mosch. et gl. ἰζήτει passim ut in QZ. Eustathius (ab auctore Comm. Mosch. dissentiens, quamquam fuerunt qui hunc commentarium Eustathii esse putarent.) cf. Germ. Sch. p. XVII.) et Thom. (cum glossatoribus aliquot) αἴτει substantive pro ἰνδιαιτήματι, κατοικητηρίῳ accipiunt. Quae sententia de commenticia voce αἶτος explosa est a Bö. Nec melius ἄλτει (ob insequens ἄλσει) ex cod. laud. coniectum est. In Sch. Vett. non exstat totius structurae paraphrasis. De toto loco cf. Fr. in Philologo, vol. 15, p. 30.

18 Duo commata σίφανόν τ' ἀριστᾶν interpretari videntur, ita κοινὸν πᾶσιν φύτευμα καὶ σίφανον τῶν ἀριστᾶν et κοινὸν γενέσθαι φύτευμα τοῦ τε ἄλσους τοῦ διὸς καὶ σίφανον τῶν τὴν ἀρετὴν ἐχόντων ἀνδρῶν. Ita U, addens ἤγουν σίφανον τῶν νικώντων, sed vulg. τοῦ διὸς καὶ τῶν σιφάνων τῶν ἀρετὴν ἐχ. ἀ. et O τοῦ διὰ τῶν σιφάνων τὴν ἀ. ἐ. ἀ. In B scholia ad h. l. non exstant. In A corruptum prius comma ita legitur κοινὸν πᾶσιν ἀνθρώποις φύτευμα καὶ σίφανον ἀρετὴν τῷ διί. Ingeniosa est Bg. coniectura, sed e Sch. non potest firmari.

19 Triclinius αὐτῷ πατρί ita coniunxit ut dativus ex dativo penderet (i. e. τῷ αὐτοῦ πατρί), non cum ἀντίφλιξι, quod simpliciter idem exponit τὸν τῆς ἑσπέρας ὀφθαλμὸν διαφανῆ ἐποίησεν. Moschopulus αὐτῷ i. e. ὑπ' αὐτοῦ (τοῦ ἡρακλέος) „graeco" quem dicunt dativo intellexerat; τῆς ἑσπέρας adverbialiter, vesperi; ἀντίφλιξι i. e. λαμπρῶς ἀντίθηκε, sc. δεδυκότος τοῦ ἡλίου, quasi in locum solis. Eadem fere explicandi ratione Thomas usus est (ubi in Σ non est αὐτῷ καὶ ὑπ' αὐτῷ, sed αὐτοῦ καὶ ὑπ' αὐτοῦ); nec aliter Sch. B τοῦ πατρὸς αὐτοῦ διός sub finem Scholii; omittuntur autem verba ἤδη γὰρ αὐτῷ, τῷ ἡρακλεῖ, initio eiusdem scholii in B. Horum aliquot αὐτῶ doricum genitivum esse existimarunt. Sed Sch. A rectius αὐτῷ cum ἀντίφλιξι iunxit, ita χρυσάρματος μήνη τὸν αὐτῆς ὀφθαλμὸν ἑσπέρας ἀντίφλιξιν αὐτῷ, τουτέστι πανσέληνος [ἦν]. Attamen plurimi libri non distinguunt inter αὐτῶ et πατρί, ne A quidem. Enotavi interpunctionem (plenam) ex solis Uq.

25 πορεύειν] Optimae auctoritati parendum est. Cf. O. I, 3 γαρύειν. Fortasse πορεύειν h. l. primitivi πέρειν (cf. Pott. Et. F. 1, 264. 2, 329 sq.) vices sustinet, ut sit intransitivum (fahren). Eiusdem stirpis est obsoletum πιπαρεῖν P. II, 57 i. e. zu Wege bringen.

AD OL. III. 43

Similiter O. V, 24 ἐξαρκίων, si Mosch. recte accepit pro ἐξαρκού-
μενος.

25 ὅρμα] Iam lis celeberrima de rebus metricis, quatenus ad
hunc locum referebatur, diiudicata est. Nam de ὅρμα postquam
in optimo codice inventum est nemo dubitabit. Neque aliud quid-
quam Sch. A legisse manifestum est εἰς σκυθίαν ὁ θυμὸς αὐτὸν
παρώρμησεν et τότε δὴ ὁ θυμὸς παρώρμησε τὸν ἡρακλέα ἐπὶ
τὴν ἱστρίαν γῆν πορεύεσθαι de sententia eorum qui ἱστρίαν νιν lege-
bant. Ambiguum est Sch. B διὰ τοῦτο παραγενέσθαι προεθυμήθη
(ita B, δ. τ. τοίνυν προεθυμήθη καταγενέσθαι O δ. τ. τοίνυν πρ. με-
ταγενέσθαι U) εἰς τὴν γῆν τοῦ ἴστρου ποταμοῦ, εἰς τὴν σκυθίαν, sed
id tam aptum est ad θυμὸς ὅρμα νιν quam ad θυμὸς ὅρμαινε
(scil. οἱ) exprimendum. Immo perversum est dicere molitur s.
agitat (mihi) animus ut me mittat, nam licet θυμὸς ὅρμαινε
ferri posset ut ἄλλα δή οἱ κῆρ ὅρμαινε φρεσὶν ᾗσιν et similia apud
Homerum, tamen tali infinitivo iungi non potest. Nec si πορεύειν
intransitive dictum acceperis, ὁρμαίνειν accusativo νιν iungi potest,
ut sit incitare. Nam ὁρμαίνειν nec Homero nec Pindaro (O.
VIII, 41. XIII, 81) aliter usurpatur atque ita ut sit rem animo
volvere, moliri, sed nusquam παρορμᾶν τινά vel κινεῖν (gl. in
aliquot codd. est ἐκίνει). Verum ὁρμᾶν de excitando et aliis
poetis et Pindaro ponitur cum accusativo personae O. X, 20 sq.
ἀνὴρ ὁρμάσαι (evehere, excitare potest) φύντ᾽ ἀρετᾷ ποτὶ πελώριον
κλέος ut Hom. Il. ζ, 338 νῦν δέ με παρειπούσ᾽ ἄλοχος μαλακοῖς
ἐπέεσσιν ὅρμησ᾽ ἐς πόλεμον. Cf. πόλεμον ὁρμᾶν pugnam concitare
Od. σ, 375. Rectissime igitur veteres θυμός νιν ὅρμα πορεύειν (i. e.
πορεύεσθαι) acceperunt dictum ut infra vs. 40 ἐπεὶ θυμὸς ὀτρύνει
φάμεν et XIII, 11 τόλμα μοι γλῶσσαν ὀρνύει λέγειν. Iidem igitur
πορεύειν intransitive accipere non dubitabant, quod quamquam ex-
emplis firmare non possumus tamen his auctoribus credendum est,
praesertim cum analogia verborum νωμᾶν, στρεφᾶν etc. (quod Di.
recte indicavit) et ipsa significationis intransitivae natura accedat.
Scite enim semasiologi observarunt intransitivam notionem in mul-
tis verbis fuisse primitivam, nec mirum, in tanto harum literarum
naufragio tenuissima hoc genus vestigia singulis tantum poetarum
locis deprehendi. Ne Mosch. quidem aliter cepit πορεύειν, quam-
quam is corruptum ὅρμαινε recte interpretatur ἐφρόντιζε. ΩΡΜΑ:ΙϹΤ
(vel ΟΡΜΑΙ:ΙϹΤ, si fuerit ὁρμᾷ ut αἰτεῖ vs. 17.) male resolutum est in
plerisque, ut ἔπι O. II, 6, quae corruptio (vel prava emendatio ob

hiatum excogitata) traxit coniecturam *ἰστριανήν*, nam ii qui *ὅρμαιν* legebant et recte de pensitando intelligebant nec in perversam structuram *πορεύειν νιν* i. e. mittere cum delabebantur, non habebant quo accusativum *νιν* referrent, quoniam ad dativum *νιν* confugere nolebant. Nota vero hoc *ἰστρίην* in B tantum, non in A, ut v. l. memorari, idque per se nihil probabilitatis habere. Etenim quamvis *ἰσριανός* et *ἰσριανός* etiam aliunde notum sit, Pindarus tamen *ἰστριανάν* scribere debuisset, quod quis credat iam ante Alexandrinorum aetatem itacistico vitio ex *ἰστριανήν* in *ἰστρίαν νιν* vel *ἰστριανιν* corruptum fuisse? — Superest ut de Aristarchea lectione moneam. Is *πορεύειν* pro *πορεύεσθαι* cum reliquis accepit, sed *θυμὸς ὅρμα* absolute et intransitive, cui structurae Homericus usus favet, qui et *ὁρμᾶν* et *ὁρμᾶσθαι* saepius dixit, sequente infinitivo, ut *ὕμνος ὁρμᾶται θέμεν* N. I, 5. Tum scripsit *ἰστρίαν νιν* idque cum *ἴνθα* etc. coniunxit. Est quod placeat in hac lectione, nam collocatio verborum vere Pindarica est. Sed et *γαῖαν* nude positum, et omissio dativi *οἱ* in *θυμὸς ὅρμα* displicet. Nec minus Pindaricum est non solum sententiam ex fine antistrophes in initium epodi pertrahere (cf. *ἀγλαόκωμον* vs. 6), sed etiam tali parechesi uti, qualis est *ἰστρίαν νιν*. Cf. O. I, 64. Per antiquam traditionem ΙϹΤΡΙΑΝΙΝ utrumque licebat intelligere. Ht. Aristarchea lectione accepta *βορείαν* pro *πορεύειν* invexit, non male, sed contra librorum et Scholiorum testimonia. Idem *ὅρμα* reposuit, quod iam Bö. de Crisi § 6 p. 273. indicaverat. Pronunciatio vocalis in elisione positae, quam nunquam prorsus obmutuisse confido, in fine versus intolerabilis est. Nec credam Graecos *ὅρμαιν*᾽ protulisse ut *ταῖν*. Omnium autem ineptissima ratio ea est quam h. l. codices sequuntur, ut poeta epodum a *ν᾽ ἰστρίαν* exorsus sit, Johannes Sachsius alter vel Hieronymus Iobsius. Cf. P. IV, 9.

27 Quum vicies in omnibus libris *δίξατο, ἰδίξαντο* etc. inveniantur, paucorum (quamvis bonorum) librorum fide formam *δέξιτο* accipere non audeo, etiamsi *δύσιτο, βήσιτο*, aliaque ut *οἴσειν, ἀλέξειν* Pindaro quoque frequentantur.

29 Soluta arsis est vs. 10, nisi *θιόμοροι* ad solam scripturam pertinet; *χρυ* anceps est. Sed composita a *χρυσε* incipientia nec apud Homerum nec apud Pindarum inveniuntur. Vide tamen O. VIII, 1. et II, 97. Sch. A *ἐκαλεῖτο δὲ ἡ ἔλαφος κερβυῖα*. (non *κερβία*). Ad marg. A legitur cerua adscriptum, alio atramento.

31 *πνοιαῖς*] Pluralem plurali reddunt Sch. A (et Comm. Mosch.)

ὄπισθεν τῶν πνοῶν. Bö. propter O. VI, 60 φάμας ὄπισθεν vulgatam non moverat, sed vide ad O. I, 89.

31 βορέας] Contra ᾱς faciunt quae Ah. D. D. 225 attulit, et Sch. ad hunc locum (DGU etc., non AB). Synizesis ferri possit, ut in τετραορίας.

31—33. τάν -τόθι -τῶν, consimili enunciatorum initio, demonstrative accipiuntur. De τάν Sch. dissentiunt, est enim in A ἥντινα, in B ταύτην. — τόθι ambiguo ἴνθα exprimitur in B, in Mosch. ὅπου. — τῶν in A exprimitur demonstrativo τούτων, in B καὶ .... αὐτῶν, sed in Comm. Mosch. ὧν. — Plerique codd. et post ψυχροῦ et post σταθείς pleno interpungunt, sed post σταθείς comma habet Γ (cum Sm. Ox. Be.), nihil BEFUΣ*knq* Al. Reduxit plenam distinctionem Hy. — Post ψυχροῦ soli EVn omittunt distinguere, solita negligentia.

34 Encliticum νυν per totum Pindarum (O. XI, 81. P. III, 66. IX, 73. N. VI, 8. I. II, 43) Byzantiis debetur; in vett. semper (quamquam h. l. de EF enotare neglexi) νῦν scribitur. Nec unquam νυ legitur apud hunc poetam.

35 Emendaverunt βαθυζώνοισι διδύμοις Pw. Be. Hm.[1] διπλόαις παίδεσσι Bg.[2] Moschopulus qui O. X, 51 pro νώνυμον (νώνυμος) quod invenit νώνυμος invexit (cum Tricl.) et O. I, 59 ἀπάλαμον pro ἀπάλαμνον, de voce δίδυμος aliter sensit, ut μ geminaret. Tricl. autem υ produci posse opinabatur. Ter decies δίδυμος apud Pindarum legitur, δίδυμμος s. δίδυμνος hoc solo loco, nam O. XIII, 21 coniectura tantum illatum est.

36 Alienum ab hoc loco imperfectum; est aoristus, sensu plusquamperfecti. Etiam Sch. AB aoristo ἐπίτρεψεν exprimunt.

38 His testibus obtemperantes πα scribere non dubitamus; cf. Ah. D. D. 369. Byzantii πᾶ s. πᾷ in πα mutaverunt, ut νῦν in νυν (cf. 34). Confirmatur particula Sch. A ἐμὶ δὲ ὤν. ἐμὶ δὲ οὖν πῶς (quod ex A [male transcripto aut male intellecto vocis οὖν compendio] ἐμὶ δὲ ὅπως relatum est) et Sch. marg. B ἐμὶ δ' ὤν παί. ἀμφότεροι οἱ σύνδεσμοι πληρωματικοί. καὶ ἐν τῷ Θήρωνί τ' ἐλθὼν ὁ τί. i. e. non solum ὤν et πα vacare (cf. gl. NP), sed etiam τ' ante ἐλθών (de qua re vide notam sequ.). Saepenumero enim grammatici, ubi non utique necessariae sunt particulae, sed colorem tantum aliquem orationi addunt, talia proferunt, nec minima in his causa est, ut particulas spurias esse putemus. Non recte igitur fecit, qui ἔμπα pro ὤν πα supposuit, nec multo melius πᾷ

ex deterioris notae libris et ex paraphrasi Moschopulea διηγείρω, vel πᾶς (ex nullo libro) invectum est. Et perversum et frigidum est πᾶς θυμὸς subiectum, quum N. V, 31. πολλὰ γάρ μιν παντὶ θυμῷ παρφαμίνα λιτάνευεν neminem offendat. Opinationis esse τφ eoque a poeta ad εὐίππων διδόντων T. prospici rectissime cognovit Ra., cui iure suo addit Sw., proprie hoc ad verba sequentia ὅτι πλείσταισι κτλ. pertinere. Pindarus dicit: „Tyndaridae igitur, opinor, cum praecipue ab Emmenidis culti sint, iis nunc victoriam dederunt." Hoc ornatius eloquitur totaque periodo iam a principio mente comprehensa τφ ita traiicit ut ad sequentia prospiciat. Fere idem valet τφ in illo τὸν Ἀργείων τρόπον εἰρήσεταί πφ κ᾽ ἐν βραχίστοις, i. e. puto, persuasum habeo, spero.

39 Offensi locutione Ἐμμενίδαις Θήρωνί τι — cf. Τρῶές τι καὶ Ἕκτωρ Lobeck ad Ai. 310. et annot. Sw. — erant qui τι vacare dicerent, quo dempto, aut nihil dixit poeta, aut Ἐμμενίδα Θήρωνί γ᾽ ἐλθεῖν scribere debebat.

42 αἰδοιέστατος] Inveniuntur passim huius attractionis exempla aliquot apud Homerum, Theocritum, Menandrum al., ut in Latino „dulcissime rerum"; cf. Matth. Gr. Gr. 459. Bernh. Synt. p. 439. Krüg. Gr. Lat. § 294. not. 5.

43 Optimis libris et Scholiis νῦν δὲ: ἀντὶ τοῦ ἤδη (A); νῦν δὲ (B Ro.) obtemperandum esse cum Sw. censeo. Ponitur δὲ in apodosi ita ut apodosis simul opponatur priori membro, ut in illo οἵηπερ φύλλων γενεή, τοίη δὲ (hinwiederum, aber antiquum) καὶ ἀνδρῶν et in altero Homerico εἰ δέ κε μὴ δώωσιν, ἐγὼ δέ κεν αὐτὸς ἕλωμαι. Est I. V, 44 in simili apodosi νῦν σε, νῦν. δὲ saepius deinceps positum non offendit: cf. P. I, 99.

44 Invenitur N. IV, 81 τάλαν I. III, 30 τάλαισι(ν) in omnibus (qui exstant, paucis) libris. Rursus moneri possit, ὑψηλός, μῆλα etc. Pindarica esse, et esse etiam O. III, 4 ποσίγηλον in A,. Dum certiora afferri potuerint, ego nihil novabo.

45 Scholia Vetera ambigua sunt, sed videntur μήν (μάν), non μιν (νιν) legisse. Nam Sch. A πρόσω τῶν ἡρακλείων πηλῶν adverbialiter, Sch. B τὸ τοιοῦτο vel τὰ ἀδύνατα ex prioribus subaudiri iubere videtur. Convenit huic loco οὐ μήν, ut sit non vero, profecto non, οὐ fortius, ut apud Homerum Il. μ, 318; ν, 414 et saepius. — Quodsi olim h. l. νιν scriptum esset, non facile explicares vitium antiquissimorum codicum μήν; rursus, si hoc verum, μάν esse debuisset, nec nisi longo circuitu inde oriri potuisset μιν, indeque,

emendatione, *νιν* Doricum. Haeremus igitur, utrum *οὔ νιν* an *οὐ μάν* a Pindaro profectum esse existimemus. Sed est aliqua in illo pronomine ambiguitas. *Νιν* Pindaro semel sine dubio ad neutrum *δέρμα* redit P. IV, 243, licentia epica, nam in Iliade passim *μιν* ad *τόξον*, *δέπας* etc. refertur. Sed id ab hoc loco alienius; nemo enim, quum in praecedentibus verbis de hominibus agatur, *νιν* non ad homines, sed ad *τὸ πόρσω* (cum gl. Q) referre poterit. Quivis hoc de *σοφῷ* sive *ἀσόφῳ* aut de ipso Therone*) valere intelliget. Hinc, puto, orta est falsa quorundam veterum interpretatio. Nam qui *μιν* ad *ἄσοφον* pertinere opinabantur, *κεῖνος* ad *σοφόν* retulerunt, ita: Non hunc (qui ulterius procedere vult) imitabor. Utinam ille (qui intra fines mortalium manet, ut Thero) sim! Commendatur igitur lectio *οὐ μήν* (*μάν*) eo quod minus est ambigua. Nec mirum *μήν* et *μάν* confusa esse, quum Homerus in Iliade utraque forma promiscue utatur. Mi. *οὐ μή* ad sensum bonum sed a Pindaro alienum. — Caeterum optativus *κεινὸς εἴην* est per me licet vocer stultus! (mag ich ein Thor sein!) quod fortius et exquisitius est quam *κεινὸς ἂν εἴην* (ich wäre wohl ein Thor). Non probo Ht. *οὔ μιν διώξω κεῖσ' ὃς εἴη* i. e. non eum persequar qui eo vadat. Forma *εἴη* i. e. *ἔλθοι*, *ἴοι* non est Pindarica.

OLYMPIA IV.

Inscr. In A est gl. adscripta *ὁ Ψάμμις τοῦ Ψαμμίδος*. Etiam in Sch. A (*Ψαμμίδι. ὁ Ψάμμις*) legitur, ut *Ψαμμίδος* et *Ψάμμις* in Sch. A ad vs. 39 vulg. — F in subscr. huius odae *Ψάμμιδι* et O. V, 23 F*ac* et F, *Ψάμμι* habent. — Sed frequentior in Sch. AB etc. est forma *Ψαῦμις*, quamquam de genitivo etc. nulla est constantia; legitur enim in Scholiis AB modo *Ψαύμιος*, modo *Ψαύμιδος*. Cf. ad O. IV, 10. V, 3. 23.

---

*) Ad Theronem μιν Hm. retulit, collato O. I, 113 sqq. Sed est offensio aliqua in *οὐ διώκω* si hoc non ad proximum *ἄβατον* sed ad priora *πρὸς ἐσχατιάν* etc. retuleris. Tamen sic *νιν* explicarem, si acciperem.

6 Non utique requiritur ὦ idemque in Comm. Mosch. et in paraphrasi AU fortasse non lemmatis sed interpretationis est. Glossa solita vocativorum est ὦ. Legitur tamen ὦ O. II, 12, in simili nexu.

7 ἵππον] τὴν gl. A. In margine C γρ. καὶ ἵππον. ἔστι δὲ ὄνομα ὄρους, de quo aliunde nihil notum est. — Glossa N πίεσμα, βάρος; idem apud Mosch. et Germ.; eodem facere videtur πιέζει P. I, 19 et Aesch. Prom. 367 ἱπούμενος ῥίζαισιν Αἰτναίαις ὕπο. In quo loco Aeschyleo cod. Viteb. ἱπούμενος, alii vero ἱπνούμενος habent, sed nostro loco nullus (quantum scio) ἱπνόν. Etiam apud Hesych. et Photium ἱππούμεν et ἱππούμενος inveniuntur, π male geminato; cf. G. Herm. ad Aesch. l. l.

Sed ἶπος quid valeat non prorsus liquet. Sch. A τὴν παγίδα τὴν ἀνεμόεσσαν; cf. Hesych. ἶπος (scr. ἱποὺς), τὸ ἔμπιπτον τοῖς μυσὶ ξύλον; Eustath. et Polluc. ἡ παγὶς τῶν μυῶν, ἡ μυάγρα; Phrynich. ἡ παγίς. Unde patet Sch. A Aetnam non onus, sed muscipulam Typhonis intellexisse. — Etiam generaliori sensu et Aeschyleum et Pindaricum locum explicaverunt grammatici, ut Eustath. ἱποῦν ῥῆμα τὸ βλάπτειν παρὰ Αἰσχύλῳ, ut idem valeat quod Homericum ἴψασθαι, i. e. φθεῖραι, βλάπτειν. Ita ἶπον h. l. Thom. et Tricl. βλάβην, τιμωρίαν, κόλασιν explicant, de sententia vetustiorum interpretum, ut videtur, nam pergit Sch. A αἴτια δὲ πόλις καὶ ὄρος σικελίας ὅπου κολάζεται ὁ τυφών. A vero proximam esse credo Dammii opinionem, ἶπον proprie esse id onus in muscipula quo mus opprimatur et collidatur, deinde metaphorice et in genere esse onus quo quis prematur vel coerceatur. At si ἴπω vel ἴπτω respondet nostro wippen (Pott. E. F. 1, 259), prima significatio cadit in lignum quo tacto et summoto concidit lapis caudexve, indeque etiam tota muscipula ita (Wippe) appellari potest a parte potiore. Imagini, dicas, huic non bene convenit epitheton ventosae, sed hoc minus etiam convenit notioni oneris. ἶπος est etiam oculorum affectio per quam illi nunquam quiescunt, sed tremule subinde nictant semper instabiles; cf. Lex. s. v. ἴππος. Ft. etiam ἶπος] μάστιξ. Hesych. (cf. Anglorum a whip, de tremulo et nutante flagelli motu) male confusum est cum ἵππος] λιμένος ὄλεθρος, un dos d'âne, cautes submarina. — Utrumque (i. e. et ἶπος morbus, et ἶπος scutica) ad radicem wippen redire videtur.

8 Ter δίκεν, sexies δίξαι apud Pindarum invenitur. Byzantii

si verum viderunt, δίξαι antiquitus e glossa in textum abierit necesse est. Ferri posse δίξαι ad vs. 9 additum, ut vs. 17 λόγον ad vs. 18 pertractum, Bg. observat. Iam vero anceps erit anacrusis. Caeterum δίκεν in G nullius fidei est scriptura, nam est a rec. man. in gl., eaque solet esse Tricliniana.

9 Inter Scholia B legitur ὁ δὲ τὶ συνδεσμὸς περιττός. In paraphrasi ita construuntur haec verba, ut θ' non curetur, nisi quod in uno commate est τὸ δὲ ἐξῆς· χαρίτων τ' εὐρυσθενίων ἕκατι, ubi τ' omittitur et ἡ οὕτως praefigitur in U. Sed hoc credo nihil aliud est nisi infelix et artificiosa iunctura verborum χαρίτων ἕκατί τι cum χρον. φ. ευρ. ἀρ., ita ut construatur τόνδε κῶμον, ὀλυμπιονίκαν τι καὶ ἕκατι χαρίτων χρονιώτατον φάος εὐρυσθενίων ἀρετᾶν (ita Ra. quoque de Sch. statuit), aut lacunosum scholion est et hunc in modum intelligendum εὐρυσθενίων τ' ἀρετᾶν, i. e. χρ. φάος χαρίτων τι εὐρυσθενίων τ' ἀρετᾶν ἕκατι. — Utut est de scholiastarum interpretatione, tu aut cum A γ' scribe, aut cum Bg.² digamma, omissa particula, olim scriptum indeque confusionem natam esse suspicare. Aut enim ΓΕ casu infelici in multis libris in ΤΕ transierat antequam elidendae vocales in scriptura omissae sunt; aut ϝ olim hic scriptum peperit diversitatem scripturae recentioris, quae tamen Alexandrinorum aetate iam usu venerat. Consulto nemo inseruerit θ', quo omisso nihil difficultatis remanet.

10 ἥκει (ἵκει)] ὁ κῶμος gl. A ὁ ὕμνος gl. EZ. Post πισάτιδι vs. 11. plene dist. A. Ipse olim ita distinxi ψαύμιος γὰρ, ἥκει ὀχίων ὃς ἐλαίᾳ στεφανωθεὶς πισάτιδι, κῦδος ὄρσαι σπεύδει καμαρίνα (vel καμαρίνᾳ sc. ὁ κῶμος).

Tria h. l. quaeruntur 1, ψαύμιος utrum substantivum an adiectivum sit; 2, genitivus ὀχίων quo sensu positus sit; 3, ὅς utrum ad chorum an ad victorem pertineat. — Sch. A ψαύμιος γὰρ: ἀντὶ τοῦ· ἥκει γὰρ ἀπὸ τῶν ὀχίων ὁ ψαύμιος ὕμνος, ὃν δέξαι, ὦ Ζεῦ. ἢ οὕτως· ὁ τοῦ ψαύμιος ὕμνος ἐλαίᾳ στεφανωθεὶς παραγίνεται τῇ πατρίδι, δόξαν περιποιῶν τῇ καμαρίνῃ. Priorem interpretationem referre videtur gl. A ψαύμιος] ἡ εὐθεῖα ὁ ψαύμιος et ἥκει] ὁ κῶμος. Hi adiectivum ceperunt ψαύμιος. Neque hoc absurdum. Nam poetica sunt et maxime Pindarica talia adiectiva, ut αἰάντειον (αἰάντιον) βωμόν O. IX extr., nisi malis esse patronymicon: „ein Pfaumide kommt er". — Simplicius esset ψαύμιος genitivum aptare ad alterum genitivum ὀχίων, nisi ita ὅς utrum ad chorum an ad ipsum Psaumin referres ambiguum esset. Caeterum dissensio illa grammaticorum non tangebat genitivum ὀχέων. Etiam Sch. D ἐκ γὰρ τῶν ὀχημάτων τοῦ ψαύμιος ἦλθεν ὁ ὕμνος, ὅστις ψαῦμις κτλ. genitivum ὀχέων eadem ratione explicat, sed ἐς ad ipsum victorem refert. Nec aliter gl. Ο ἔρχεται ἀπὸ τῶν. — Solum Sch. B aliter ψαύμιος γὰρ ἵκει. ἵκει γὰρ ἐπὶ τῶν ὀχέων τοῦ ψαύμιος. τίς; ὁ ὕμνος, ἐλαίᾳ στφανωθείς κτλ., sed illud ἐπὶ mei quidem omnes (BOU) praestant, alii vero, ut I Böckhianus, ἀπὸ. Inter Sch. A etiam hoc legitur πισάτιδι κῦδος: τῇ ἑαυτοῦ πατρίδι [.] διήκει γὰρ τῶν ὀχέων τοῦ ψαύμιχος (sic) ὕμνος· ὃν δίξαι, ὦ Ζεῦ· ὡς ἐλαίᾳ στφανωθείς ὁ ψαύμιχος (sic) τῇ ἑαυτοῦ πατρίδι στέφανον καὶ δόξαν θέλει περιποιήσασθαι. Quod nisi manifesto corruptum esset (facile enim ἀπὸ exciderit), cum iis facere videri posset, qui ἵκει ὀχέων idem esse putaverunt quod ad currum venit (pertingit, circumdat eum manu quasi tenens), inaudita structura verborum, nam εὖ ἥκειν χρημάτων, βίου etc. plane aliena sunt. — Deinde ὀχέων ἵκει vehi curribus (vel ut ait Sch. B venit curribus vectus) nec Graecum est nee huic loco satis aptum. — „Psaumia enim venit curruum [pompa], quae etc." id mihi maxime videtur et poeticum esse et perpetuitati orationis convenire. Quod si ita genitivum a poeta capi malis, ut a curribus venire dicatur quae in honorem curulis victoriae venit, nihil impedio. Id quasi perinde est. — Si displiceat adiectivum, cum Hm. Moschopulo (et Tricl.) adsentiendum est ἕνεκα τῶν ἁρμάτων τοῦ ψ. interpretanti; sed distinctione paullo immutata: „Psaumidis enim venit, curruum; is qui etc. — Sed iter quum faciat comus, simplicissimum est, quaerere, quo pergat? unde veniat? itaque ὀχέων capere (ut ἀπὸ συμφαλίων τειχέων O. VI, 99.), ut supra dictum est, a curuli victoria.

15 Byzantii productam syllabam esse volebant propter ταί vs. 6. Sed recte se habet tradita scriptura ξενίαις, ut vs. 4. altera ξείνων.

18 Scholion A ita: ἅπερ ἀντὶ τοῦ εἴπερ ἡ πεῖρα ἤλεγξε καὶ τὸν ἐργάτην, unde coniicias ἅπερ i. e. prout. Sed paraphr. B in BU al. ἥτις (omisso καὶ), ubi alii mss. ut O ὅτι praestant. Pindarus pronomen ὅσπερ non nisi ter (P. III, 100. VIII, 39. N. VIII, 18) admisit ubi spondeum efficit. P. X, 64 trochaeum efficit, ut O. I, 30, ubi codd. fluctuant. Omnino hoc pronomen vitasse videtur.

22 In A, signum [;] ex compendio particulae δὲ ortum esse

videtur, nam, etsi asyndeton ferri potest, Sch. AB diserte testantur τὸ δὲ ἀντὶ τοῦ γάρ.

24 Sch. A οὗτος ἐγώ: τὸ οὗτος ἐγὼ ταχυτᾶτι δεικτικόν (cod. δοτικόν): Sch. D (quod non exstat in B) εἶπε δεικτικῶς· οὗτος ἐγώ.

27 Lectio Ambrosiana confirmare videtur coniecturam Bg.[1] θαμάκι, cui formae respondent τουτάκι, τετράκι, πολλάκι Pindarica. Ambigua est gl. A ἤγουν παρὰ τὸν χρόνον πολλάκις καὶ παρὰ τὴν ἡλικίαν πολιοῦταί τις — si recte legi —; alia gl. A ἀλικίαις] ἐν ταῖς hunc dativum corroborat. Sch. A πολλάκις τις νέος ὢν πολιοῦται καὶ παρὰ τὸν τῆς ἡλικίας ἐοικότα χρόνον genitivum tueri, sed et ipsum simplex καί et adverbium θαμάκι referre videtur. Paraphr. B non exstat. Pluralis non ineptus, nam ἡλικία Pindaro de qualibet aetate usurpatur (P. IV, 157. N. IX, 42), ut ὁ ταῖς ἡλικίαις πρέπων χρόνος generali sensu recte dici possit. Sed ἐοικώς plerumque absolute ponitur et ab Homero et a Pindaro, ut sit **iustus, decens**. — Nos textum damus ut in optimo libro traditum habemus, πολιαὶ ad 26 addito, hoc metro $\stackrel{x}{\smile}\smile\stackrel{x}{\smile}\smile\perp\smile-$ vs. 27.

OLYMPIA V.

3 Duplex τι (et rhedae et victoris dona) offensioni fuisse videtur Triclinio, qui prius expulit, metro repugnante. Paraphr. A καί — καί, B τι — καί.

4 Vett. igitur quartum casum, invito metro, posuerunt, fortasse de sententia Artemonis Pergameni. Is enim Arethusam in prioribus invocari putans quum Camarinam Syracusanorum urbem esse diceret, sic intellexisse videtur: „Arethusa, tuam urbem Camarinam" (ut est in Thomano Scholio p. 119, 15), ubi aut acc. neutr. plur. καμάρινα (formam de hoc oppido alias non notam), aut metrico vitio καμαρίναν legerit necesse est. — Recte Aristarchus vocativos coniunxit, ut a principio Camarina invocaretur. Quod amplexus Moschopulus (cf. 119, 28) καμάρινα signavit, cui assentitur Hm.; Tricl. καμάρινα maluisse videtur, etsi eius recensionis libri καμαρίνα praestant.

5 Imperfectum ἠγέραιρε (B ἠγέραιρον) etiam in Sch. Vet. legitur; idemque alii imperfecto (νίκη) coniunctum N. V, 8 in omnibus mss. est, ubi aoristus solius Ro. fide nititur. — Sch. B al. L ἐκόσμησε, Mosch. ἐτίμησε in paraphrasi.

5 sq. μεγίσταις cum βουθυσίαις iungunt aoqxZᵇ et Comm. Moschop. διὰ βουθυσιῶν μεγίσων καὶ δι' ἁμίλλων κτλ.; cum ἑορταῖς Sch. Thom. et A hac distinctione: ἑορταῖς θεῶν μεγίσταις. ὑπὸ βουθυσίαις. ἄθλων τε πεμπταμέροις ἁμίλλαις ἵπποις. ἡμιόνοις τε. μοναμπυκίᾳ τε.; idemque iungere videtur paraphr. B βουθυσίαις ὑπὲρ ταῖς ἑορταῖς τῶν θεῶν ταῖς μεγίσταις, unde Bg. collegit hos interpretes ὑπὸ scripsisse idque ad ἑορταῖς retulisse. Non credo. Bg. πεμπταμέρων ἁμίλλαις et πεμπαμέρων ἁμίλλων coniicit; Ky. ἐπὶ pro ὑπό; Ht. ἑορταῖς θεῶν μεγίστων ὑπὸ βουθυσίοις; sed nulla est nec in Sch. nec in mss. diversitas scripturae, nisi quod G τε ante μον. omittit; Fᵃ μοναμπυκίαις τε, A, μοναμπυκίας γε. Hoc erroris arguit ipsum sch. A καὶ ἵπποις καὶ ἡμιόνοις καὶ μοναμπυκίᾳ, ὅ ἐστι κέλητι. De totius loci structura facio cum Böckhio.

6 Ambrosianum hoc est ἄθλων τε πεντάμετρος. ὅτι πεντάμετρος ἢ πενθήμερος ὁ ἀγὼν λέγεται. Coniicias hoc vitium e πεντάμεροις ortum esse. Communia et Dorica πίντε, πίνταθλον etc. duodecies amplius apud Pindarum inveniuntur; Aeolia πέμπε, πεμπάεθλον etc. nusquam. Quodsi haec oda genuina est, Pindarus πενθαμέροις s. πενταμέροις (cf. P. VIII, 95 ἑκάμεροι) scripsisse censendus est. Quamquam psilosis incerta est: cf. Ah. D. D. 38—40. D. Ac. 29.

9 Margo Medicei codicis (E) haec habet: γρ. εὐηλάτων, ἔνθα αἱ ἱππηλασίαι γίνονται. Magis quidem εὐήλατος huic loco proprium esse videtur (ut Homer. ἱππήλατος), sed imago σταθμοὶ πέλοντες minus convenit equitationi, nisi σταθμοί sint ipse hippodromus, quod non credo. Εὐήρατος vox Pindarica est (O. VI, 98. P. IX, 8 de Libya), et recte affertur simile epitheton generalius ἐξ ἐρατῶν ἄθλων N. VI, 12.

11 Duplex , cum Tricl. scribendum esse videtur, testibus Eusebio et Syncello; cf. Hist. Gr. Fr. p. 438., ubi Apollodorus de immani bellua (ζῶον ὀνόματι Ὠάννην) ex Babyloniorum fabulis narrasse refertur. Cui cum Babylonii dei marini speciem tribuerent ab eoque literas, varia genera artium, omniaque bona humana repeterent, fortasse is daemon Orientalis cum Minervae cultu confusus est, ut h. l. Ποταμόν τε Ὤαννιν scribi possit. Sch. A ὅανον.

ἀθνᾶς ἱερὸν ἐπίσημον ἐν καμαρίνῃ: an fuit ἄλσος τὸ τιὸν Ποταμοῦ τι
'Ωάννου? an τὸ τιὸν Ποταμοῦ τι Ὤαννον? Sch. BC etc. de fluvio
Camarinaeo Oani referunt, de quo nihil aliunde compertum esse
videtur. Caeterum distinctio A ἀείδει μὲν ἄλσος ἁγνὸν τὸ τιὸν πο-
ταμόν τι ὄανον. ἐγχωρίαν τε λίμναν καὶ σεμνοὺς ὀχετούς. ἵππαρις
οἷσιν ἄρδει σρατόν. facit ut οἷσιν non solum ad flexus sinuosos flu-
minis (vid. Hy.) referamus, sed etiam ad lacum Camarinaeum,
per quem Hipparis in mare exeat. Non quatuor deinceps, sed
bina enumerantur loca. Lacus autem ille a fluvio effectus co-
gitatur.

13 ὑψίπυργον tanquam lemma inter media scholia Ambrosiana
positum veram lectionem servavisse, vulgatam vero e gl. proximae
vocis (ταχέως, ὑπόγυιον) natam esse censerem, nisi exquisitior vide-
retur ὑψίγυιον vulgata. Eandem exprimit al. l. Sch. A ὑψίγυιον
ἄλσος. ὑψηλὸν ἀπὸ τῆς γῆς. ἔχον μακροὺς κλάδους. τουτέστι ξύλα
μακρὰ οἷς λακτίζουσι (de stipitibus demissis et inculcatis?) καὶ ὀρο-
φοῦσι τοὺς θαλάμους. Quanquam utrum ὑψίγυον (a γύης?) an ὑψί-
γυιον ille grammaticus explicare voluerit ambiguum est, nec satis
liquet quomodo „membris altum" idem esse possit quod „altis
tabulamentis exstructum". Ft. duo confusa sunt in Sch. A et ᵃ
ante ἔχον addendum, ut priora ad lectionem ὑψίγυιον pertineant.
Sch. Thom. etiam ὑψιγυίων legi posse innuit. Rell. Sch. CD etc.
μεγάλας οἰκίας, τόπον πόλυν καὶ ὑψηλόν, ὑψίγυα ἄλση τοὺς οἴκους
φησί — nimis sunt generalia quam ut inde quidquam efficiatur.

14 Exquisitius et pulcrius ὑπό cave ne spernas Byzantios cri-
ticos secutus. Pindarus dicit cives quasi e profundo inopiae gre-
mio ad lucem emersisse, ut N. I, 35 de Hercule nascente σπλάγ-
χνων ὕπο ματέρος θαητὰν ἐς αἴγλαν μόλεν. Quis ἀπό vulgare si
scriptum invenisset in ὑπό adeo poeticum mutasset? — cf. O. VI,
43. — Hy. aliique (Bg.³) κολλᾷ δὲ coniicientes hunc versum non
ad Hipparin sed ad ipsum Psaumin referunt, qui templa aedifi-
canda cum redemisset, nunc ob curulia studia illud officium ali-
quamdiu intermisisset itaque in invidiam civium occurrisset. Sed
nihil eiusmodi vett. cognitum erat, qui partim (Didym.) haec verba
de lignis intellexerunt secundo flumine demissis deque urbe amnis
ope sic celeriter instaurata commercioque reducto, partim (Aristarch.)
de laterculis ex fluminis alluvie coctis quibus contignationem do-
muum adstruxissent ut urbs hac amnis ope celeriter effloruisset.
Mihi de toto loco Bö. (cum Di. Sw.) persuasit. Verba κολλᾷ τε

κτλ. ita dicta sunt, ut de integra urbe quam de aliquot aedibus melius accipiantur. Deinde verba ὑπ' ἄμ. κτλ. nimis sunt tumida et quasi invidiosa de homine dicta. Anacoluthon, quo poeta a relativa structura in orationem rectam transit, non offendit.

16 Ambrosianum hoc est κινδύνῳ κεκαλυμμένος. κεκαλυμμένος πρὸς τὴν νίκην. ἄδηλος γάρ ἐστιν αὕτη τοῖς ἀγωνιζομένοις. — Pro κεχαλασμένον l. l. D κεχαλασμένων praestat. Utrumque alienum. Nam χαλᾶν et καλύπτειν contraria sunt; cf. Soph. El. 1460. — κεκαλυμμένον omnes rell. idemque exponit Sch. [B]CD etc., unde Ox. perperam collegerunt lectionem κεκαλυμμένῳ. — Grammatica lege κεκαλυμμένος ad πόνος et ad δαπάνα relatum post verbum μάρναται recte se haberet, praesertim apud poetam qui vel Alcmanico schemate usus est. Sed ἔργον sine epitheto frigeret. P. hoc dicit: Omnes labores et sumptus in re grandi periculosi sunt. Ἔργον est terminus laboris victoria, periculis circumdatus, obtectus, occultatus.

16 Scripsit εὖ δὲ ἔχοντες Bö.[1] Coniecit idem εὖ δὲ τυχόντες. Porro εὖ δὲ τυχών τις σοφός κ. π. ἴδοξιν Ky. — εὖ δὲ λαχόντες s. εὖ δ' ἔχοντες Bg. — οἱ δὲ τυχόντες Ht. Paraphrasis Ambrosiana haec est: εὐδαιμονήσαντες δὲ καὶ σοφοὶ καὶ λόγιοι τοῖς πολίταις ἴδοξαν εἶναι. — Paraphr. B[CD] etc. 1) εὖ δὲ πράξαντες οἱ τῆς ἀρετῆς ἀντιποιούμενοι, ὅ ἐστιν ἐπιτυχόντες, καὶ σοφίας δόκησιν ἔχουσιν. 2) οἱ γοῦν εὐδαιμονήσαντες καὶ καλῶς διάξαντες κατὰ τὸν βίον, ἤδη που καὶ σοφοὶ καὶ λόγιοι ἴδοξαν εἶναι παρὰ τοῖς πολίταις. Haec scholia et δὲ (quod perpetuitati orationis optime convenit, ita: multi quidem periculis obruuntur, quibus vero contigit etc.) confirmare videntur, et aoristi participium aliquod ante oculos habuisse. Coniicias igitur τυχόντες vel λαχόντες olim h. l. scriptum fuisse, nisi malis ἑλόντες. Confunduntur passim ἕλι et ἔχι; ἑλεῖν autem ex quorundam opinione olim digamma habuisse videtur, quod ab eius poetae qui hoc carmen composuit dialecto fortasse non alienum fuit. cf. P. I, extr. et al. l. νίκην, στέφανον, ἄκρον ἑλεῖν.

18 Ἰδαῖον ἄντρον] Ex Ambrosiano scholio (in A non melius servato quam in Α) manifestum est, ne apud Alexandrinos quidem constitisse, quale antrum Idaeum h. l. intelligendum sit, sed Aristarcho vel potius eius discipulo Demetrio Scepsio Eliacum fuisse visum esse, quod a Cretico nomen traxerit. Tanto magis nobis in incerto manebit, utrum Byzantiorum vulgatam, quae Ἰδαῖον prima brevi postulat, quamque perboni quidam mss. commendant, an

potius cum Bö. elisionem amplectamur, insolito spondaeo, qui a nom. pr. excusari potest, ut Ἀρχεστράτου O. X, 99.

19 E Sch. Vet. paraphrasi Λυδίαις εὐρυθμίαις colligas fuisse qui Λυδίοις ἐναύλοις scriberent; sed est etiam inter Sch. διὰ λυδίου μελῳδίας, et ἐν in talibus usitatissimum, ut N. III, 79. Cf. Rh. XVIII, 304.

22 Optimi quidam mss. (ut A) τελευτὰν ab iis quae sequuntur separant. Sch. Vett. et Recc. εὔθυμον cum γῆρας iungunt. Recte.

24 Sch. A de dativo κτεάτεσσιν ut Dorica forma disputat. cf. Lobeck. Paral. p. 176 et Ah. D. D. 230. — Invenitur apud P. et κτίανον et κτίαρ, hoc rarius nec nisi in carminibus maxime Aeoliis ut N. VII. P. II.

OLYMPIA VI.

3 Sch. A ὥσπερ ἄλλοι ἀρχόμενοι ἔργου κοσμοῦσι τὰ πρόθυρα, οὕτω κοσμήσωμεν καὶ ἡμεῖς τὸ προοίμιον.

6 Paraphr. Vett. et Recc. ἂν habent. Vide O. I, 82.

7 Sch. B coniungunt genitivum cum participio ἐπικύρσας, male. Vide Bö.

10 ἐν saepius male additum est, e glossa; brevis thesis primi systematis licentia excusatur. Paraphr. B utroque loco παρά habet.

14 gl. B ὀνόματα τῶν ἵππων δίας καὶ θόας consent. cum Sch. A.

15 πυρᾶν νεκρῶν τελεσθέντων omnes mss. (nisi quod νεκρᾶν k⁰⁰ νεκρῶν πυρᾶν ῥ τελεσθέντων C) et nihil aliud a Sch. lectum esse manifestum est. Ne offensioni quidem fuit Vett. interpretibus genitivus ἑπτὰ πυρᾶν ab altero genitivo νεκρῶν suspensus; Thomas M. primus in eo offendit, recte explicans δέον ἑπτὰ πυρῶν τελεσθεισῶν εἰπεῖν, τελεσθέντων εἶπε πρὸς τὸ νεκρῶν, οὕτω· τελεσθέντων δὲ νεκρῶν ἑπτὰ πυρῶν, ἀντὶ τοῦ νεκρῶν γεγονότων ἑπτὰ καύσεων. Idem iudicaverat Paraphr. B τελεσθέντων] ἐπισωρευθέντων, καταριθμηθέντων (ubi O καταρρυθμηθέντων), nec aliud legit Sch. B ὅτι συνηθροίσθησαν οἱ τῶν ἑπταπύλων (ita BU etc. cum Ro.) νεκροὶ ἐν Θήβαις καὶ ἐγένοντο ἑπτὰ πυρκαϊαί. et Sch. AB diserte disputat de ἑπτὰ πυραῖς. Eandem structuram sequitur Mosch. τῶν νεκρῶν γὰρ δὴ τῶν ἑπτὰ

πυρκαϊῶν τελεσθέντων, ἤγουν συναχθέντων καὶ ἀποκαταστάντων ἐπὶ τῷ δεηθήσεσθαι τῇ πυρᾷ. Nullus igitur nec Vett. nec Byz. πυλᾶν legisse; at Vett. τελεσθέντων non de mortuis igne absumptis, sed, generaliore sensu, de componendis mortuorum corporibus (bereiten, beschicken) accepisse videntur. Recte, opinor. Ht. τελεσθεισῶν scribit.

17 ἀγαθὸν καὶ Gottingensis, ut signetur syllaba positione producta.

19 πάρεστι] thesis anceps in primo systemate; cf. O. VII. N. V. VIII. I. I al.

19 De ὢν et ὂν inde ab antiquissimo usque ad recentiores fluctuant libri. Displicet repetitio participii. — Caeterum hic locus inter luculentissima et utilissima diversae interpolationis criteria numerandus est. Traditum οὔτε δύσερις ἐὰν οὔτ' ὢν (ὂν) φιλόνεικος ἄγαν scite aliquis mutato δύσερις in δύσερις emendavit; quae scriptura quamvis debili a mss. fundamento nitatur tamen recte reposita est, ut O. IX, 80 εὐερσιπής pro εὐερσιπής cum Byzantinis et perpaucis vett. mss. — Moschopulus οὐ φιλόνεικος ἐὰν, οὔτ' ὢν (ὂν) δύσερίς τις ἄγαν emendaverat, traiectis verbis et inserto τις (ut τι O. I, 64 eiusdem critici manu infelici), idemque exprimit paraphrasis Commentarii Moschopulei ita οὔτε φιλόνεικος ὢν οὔτε τις ἄγαν σκληρὸς εἰς ἔριν. — Quo improbato Triclinius οὐ δύσερίς τις ἐὰν οὔτ' ὢν φιλόνεικος ἄγαν scripsit; nam hoc in Triclinianis vel Semi-Triclinianis (ut bc) legitur, non in Moschopuleis (de Lips. codice solo dubitari potest). Eodem refertur notula Tricliniana (in α'μ'ι'ξ' etc.): νῦν πάρεστι γράφει διὰ τὸ μέτρον, καὶ οὐ δύσερίς τις· εἰ δ' ἄλλως γράφεις, οὐκ ὀρθὸν ἔσται. Quamquam νῦν πάρεστι et τις a Moschopulo accepit, eiusdem critici transpositionem verborum vituperavit. Regressus igitur est ad veterem lectionem novissimus criticus. Cf. Sch. Germ. p. 26. not. 2. — Vetus Paraphrasis BOU est οὔτε δύσερις οὔτε φιλόνεικός τις πάνυ ὢν; in A nihil nisi hoc ἐγὼ οὐκ ἂν φιλόνεικος καὶ ὁμόσαιμι etc. Lectiones δύσερις (in Moscuensi primo et margine Leidensis secundi) et νῦν ἐστί (in decimo Vaticano) experimenta videntur esse ab ignobilioribus criticis profecta; ea tamen caeteris praestant.

25 ἵκωμαί τι πρὸς ἀνδρῶν καὶ γένος omnes mss. (nisi quod unus Mosch. (a) γένους) idemque gl. (ut B τὸ καὶ περισσόν) et Sch. AB agnoscunt. Id tantum ambigunt utrum hyperbato καὶ dictum sit pro καὶ πρὸς τὸ τῶν προγόνων γένος, an abundet. Id enim suo

more dicunt abundare, quod non utique necessarium est. Ex horum mente omitti quidem poterat καὶ, sed grata abundantia additum est, hoc sensu: ut ne longius moremur pergere quo pergendum est („nun enblich", „boch auch"). Ht. τ' ἴϑ,ος pro τι πρὸς coni.

27 Apud Sch. Vet. nunc legitur ἐπιδείξαντο ex I a Bö. repositum; sed haec vox (aut ἐπιδείξαν, ita U) omissa est in B Ro. — In textu omnes δίξαντο. — Sch. A extr. γράφιται καὶ ἐπιδείξαντο τοὺς στεφάνους οὓς ἔλαβον, quod ad solam Scholiorum scripturam pertinere Bö. censuit.

27 Ambigas utram formam scribas, inf. perfecti qui est in optimo ms°. et videtur commendari inf. aoristi in Paraphr. DU etc.; an inf. praesentis a πίτνημι qui vulgatus est et commendatur paraphr. B. Legimus N. V, 11 πίτναν χεῖρας, sed N. IX, 2 ἀναπιπταμέναι ... ϑύραι. Cf. Lobeck. ad Buttm. G. G. II, 270.

28 Omnes igitur vett. Thom. Mosch., de quibus constat, omittunt particulam. Tricliniani soli addunt γ'. Vide ad vs. 33 sq. De paucis ut bclmϑ' non diserte relatum est. Coniectura Böckhii σάμερόν μ' ἐλϑεῖν haud improbalis est; nam μ et ν cursive scripta simillima, ut vulg. ft. e σάμερό μ' ἐλϑεῖν orta sit. Sed Sch. AB nec μι nec γι paraphrasi exprimunt, immo Sch. A quod dicit ἑαυτὸν λέγει ὁ ποιητής, ἀντὶ τοῦ, σχολάσω τῷ ὕμνῳ, indicat με ab eo non lectum fuisse. Nam si hoc legisset, superfluum fuisset monere ἑαυτὸν λέγει ὁ ποιητής. Omissionem particulae defendit Bg.² ad P. III, 6. Vide an Pindaro brevem ante ἐλϑεῖν producere licuerit. Legitur enim I. V (VI), 57 γὰρ ante ἦλϑον in thesi quidem, sed in antistrophicis longâ.

30 Sch. B τὴν ἰοπλόκαμον, ἀπὸ μέρους τὴν (ita B recte) καλήν. Not. Tricl. (α'μ'ν') οἱ γράφοντες ἰοπλόκαμον ἀγνοοῦσι τὰ μέτρα, de sententia Moschopuli. Contra Byzantiorum emendationem vel id facit quod P. nec βόστρυχος simplici nec compositis ab eo factis utitur. Mirum est I. VI, 23 eandem vocem ἰοπλόκαμος eadem mensura in omnibus mss. inveniri; quamquam P. I, 1 suâ mensurâ utitur. Estne geminandum κ ut in πίλεκκον? cf. ἀκκιζόμενοι fr. 217, 1; etiam supra vs. 24 ὄκχον pro ὄχον insolitum. Omnino ἰοβόστρυχος vereor ut tam bene possit componi quam ἰοπλόκαμος, ἰοπλόκος, nam ἴον et πλέκειν ad unum notionum genus pertinent, ἴον et βόστρυχος (βοτρύς) non item. Etiam εὐβόστρυχος, χρυσοβόστρυχος non sunt nisi recentium poetarum epitheta; contra ἰοπλό-

καμος, λιπαροπλόκαμος, ἑρασιπλόκαμος, καλλιπλόκαμος et Pindari et aliorum veterum.

31 Sch. B Ro. τὴν ὠδῖνα τὴν ἑαυτῇ δοκοῦσαν παρθενίαν, ubi IU al. τὴν ἐν τῇ δοκούσῃ παρθενίᾳ. Sch. A καθ᾽ ὃ ἰδόκει ἔτι παρθένος εἶναι.

33 sq. Omnes igitur, quod sciamus, vett. Thom. Mosch. omittunt particulam. Tricliniani soli (et Semi-Tricliniani, ut ο'k[bcp]) addunt fulcrum. Vide ad vs. 28.

37 Ceporini distinctio usque ad recentissimos editores obtinuit; esse hanc opinionem Moschopuli, ex Comm. apparet (ἐν τῇ ψυχῇ κατασχὼν σὺν φροντίδι ὀξείᾳ), quamquam vix unus alterve ms. ita distinguit. Sch. Vet. (et A et B) hoc nomine ambigua sunt.

40 Singularem P. habet P. IV, 244 κεῖτο λόχμᾳ, pluralem O X, 30 λόχμαισι ὑπὸ Κλεωνᾶν, quod disiungunt interpretes: „in fruticetis sub Cleonis". — Dativus accuratior quam genitivus, quamquam hic casus, si Thom. M. audis, Atticis usitatior fuit quam dativus post ὑπό, ut in illo οἱ ὑπὸ χθονός apud tragicos. Est vero infra vs. 43 genitivus ὑπ᾽ ὠδῖνος aptissimus, ideo minus etiam h. l. placet. Leguntur ὑπ᾽ ἀγκῶνος O. II, 83 et ὑπ᾽ Αἴτνας XIII, 107, sed in his fortasse genitivum poeta pro dativo admisit ut hiatum vitaret; ad hoc ὑπ᾽ ἀγκῶνος ita cogitatum est ut prominerent supra cubitum sagittae. Genitivus post ὑπό alibi non invenitur, ubi simpliciter quietem indicat, ideoque O. X, 30 ὑπό cum λόχμαισιν iungo. — Neque accusativo hic locus est, ut vult Moschopulus. Is Pindaro post ὑπό positus motum significat (P. IX, 81. N. III, 60), etiam P. X, 15 βαθυλείμων᾽ ὑπὸ Κίρρας ἀγὼν πίτρων, ubi certamen moveri (sich hinbewegen) cogitatur sub rupem.

42 Interpolationem Byzantiorum recte sustulit Ky. Caeterum non tam est metathesis particulae τε (de qua disputat Sch. A) quam ex eo genere de quo ad O. I, 104 dictum est, ut sit pro πραΰμητίν τ᾽ Ἐλείθυιαν παρίστασι, παρίστασί τε Μοίρας.

53 Forma a γεννάω ducta, quam Ambrosianus praestat, ab huius loci metro aliena est, cum recte se habeat P. V, (69) 75. Contra Ahrentis lectionem omnium mss. consensus facit.

53 sq. Eiecto γάρ legi possit ἀλλά | ἐκρύπτετο, duce Ambrosiano. Nisi fortasse huic versui accidisse credas quod P. IV, 211. 212 (ἂν | ἤλυθον) et O. I, 57 (ὑπὲρ | κρίμασι), ut praepositionem a verbo separare voluerit poeta. Particula γάρ in omnibus mss. est, nisi quod in D ab eadem manu postea inserta est. Vide utrum

imperfectum ex plusquamperfecto corruptione ortum sit, an hoc ex illo. Paraphr. Vet. non exstat.

54 Inter ἀπείρατος infinitus et ἀπείρατος inexpectus recte distinxit Böckhius.

55 Reposui τι καί ex optimo libro; cf. ad O. XIII, 85. s. f. et XIV, 5.

55 Zenodotus pro vulg. lectione βιβρεγμένος aliud quid scripsit; quod quid fuerit ex mutilo Sch. A (ubi excidit scriptura Zenodotea) non liquet. Vix credas Zenodotum nihil aliud egisse nisi ut dialecticam formam βιβραγμένος communi substitueret; is sine dubio audaci imagine βρέχειν ἀκτῖσι offensus gravius aliquid molitus erat.

58 ἀλφεῷ καταβάς] de dativo cf. ad O. I, 89.

59 Lectionem Ambrosianam, utut primo obtutu arridet (collatis P. I, 61. XII, 3. I. V, 11), re accuratius perpensa non accipio. Nam rariorem formam in epitheto Delum ornante consulto posuisse videtur poeta, ut fr. 58, 1. Nec facile credas Θεοδμάτας coniectura invectum. Vide Lo. ad Soph. Ai. 175. et Parall. Gr. Gr. p. 455 sq.

62 Nota indicationem digammi hiatusve in optimo codice A πατρία: ὅσσα Cola eiusmodi persaepe in B supra picta inveniuntur ubicunque metrica offensio esse videbatur, eaque maximam partem a vet. m. (pr.), ut h. l. in B legitur μετάλλασε᾽ τί μιν. Digamma etiam saepe fluctuatione spiritus indicatur, ut h. l. ὅσσα et supra ἱᾷ in quibusdam. Sero video h. l. digammo non opus esse nisi P. πατρίᾳ voluerit, Aeolice. Debebam igitur aut πατρίᾳ ϝόσσα scribere, aut πατρία ὅσσα.

62 Coniecerat μεταλλάσαντί ἱν Hm.[1]; inde μετάλλασαντί νιν (respondit patris vox quaerenti eam) fortiter defensum est a Ra. Tum coni. μεταυδασίν τί μιν Bg. Denique recepit μεταλλάσαντι᾽ ἄτερθε Ht., hiatu. Tantum e Scholiis constat veteres nihil aliud legisse nisi μετάλλασίν τε νιν, quod a μεταλλᾶν factum exprimunt per ζητεῖν et ἐπιζητεῖν, sed haesitasse, utrum Apollo an Iamus sit ὁ ἐπιζητήσας. Ad Iamum ἴνιος Alexandrinorum retulerunt, quod et ob supplendum subiectum durum, et si cum Sch. intelligis „Iamus autem quaesivit ex eo quis esset" alieno loco intrusum et supervacaneum videtur. Possis, hoc sensu, intelligere: „Statim respondit vox paterna — eamque filius secutus est (er ging ihr nach) — ita", ut his paretur transitus ad insequens ἴκοντο. iussumque patris ἵμεν φάμας ὄπισθεν iam primam vocem, unde vene-

rit, indagando exsequi coeperit filius. Sed hoc nimis quaesitum est. — Rectius plurimi vett. haec verba ad Apollinem pertinere censuerunt. Sch. A ἰδίως κέχρηται τῇ λέξει. μεταλλῆσαι γάρ ἐστι τὸ ζητῆσαι ἀπὸ τῶν μετάλλων, νῦν δὲ ἐπ' οὐδενὸς τοιούτου τέτακται, ἀλλὰ ἀντὶ τοῦ ἐφθέγξατο καὶ προσεῖπεν αὐτόν. Cui quod B addit καὶ οἱονεὶ ἐφιλοφρονήσατο alienum esse videtur, nam μεταλλᾶν non est bewillkommnen, begrüßen, sed potius bescheiden, er= wiedern, versetzen, sensu etymologico, ut idem sit quod ἀπαλ- λάσσω totaque locutio referat Homericum ἀπαμείβετο φώνησέν τε. Quae veterum interpretatio multo praestat artificiosis reliquis (quamquam exempla vocis μεταλλᾶν ita usurpatae desiderantur), eandemque Heynii et Buttmanni (Lexil. I, 140) mentem fuisse video. Nam si cum Bö. capis „vox paterna respondit ei et curavit eum" (quod ambigua verba Sch. B minime comprobant), vel cum Hm.² (Em.) et advocavit eum ad se, adscivit eum (ut secum abduceret), vel cum Di. et quaesivit eum (in tenebris, vox!), haec et a verbo μεταλλᾶν et ab ordine sententiarum totiusque loci simplicitate aliena sunt. Immo aut ita accipe generaliter, ut modo dixi, und beschied ihn, aut proprie und prüfte ihn, ut Apollo exploraverit an filius vocem dei vaticinam audire et sequi invisum possit, exemplo artis futurae, i. e. πεῖραν ἔλαβε μαντικῆς ἐν αὐτῷ. Simile quid sensisse videtur Em., quum „An πειρᾶν?" adscriberet.

62 Vaticanum hoc est τὸ δὲ ἑξῆς λεγόμενον ἐφθέγξατο ὄρσο τέκος ·:· ὄρσο τέκνον δεῦρο. ταῦτα παρ' Ἀπόλλωνος πρὸς Ἴαμον. — Compara I. V, 30 ἀλκμήνας τέκος, in fine versiculi ut h. l. Omnino τέκνον, prima correpta, quamquam semel admissum habemus in carmine licentia pleno (N. VII, 105), Atticorum magis quam lyricorum poetarum est, nec decet Doriensium numerorum gravitatem. Cf. Sch. Germ. p. V.

64 Nullus codex ἀελίβατον. Utramque etymologiam h. l. grammatici Pindarici proponunt, aut ab ἀλιτεῖν aut ab ἥλιος illam vocem derivantes, illud ἐφ' ἧς τὸν βαίνοντα ἔστιν ἀλιτεῖν διὰ τὸ ὕψος (ut Schol. Il. XV. et Et. Gud.), hoc ἐφ' ἧς ἀνατέλλων πρῶτον ὁ ἥλιος βαίνει nec male sic definitur celsa rupes cuique montanae regioni assueto. Sed notandum est non inveniri formam ἠελίβατος, ut nec h. l. ἀελ. cf. Buttm. Lex. II, 182. Lobeck. Path. p. 305. 372. Oppiani πελάγεσσιν ἐν ἠλιβάτοις cum ἀβάταν ἅλα Pindari componi potest.

67 Legitur forma ἄσιγμος poetica Soph. O. R. 58 et in mss. tragicorum passim. Apud Pindarum I. III, 48 in paucis qui exstant mss. ἄγνωστοι invenitur, iidemque inter eos sunt qui h. l. στ habent. ἀγνώς et ἀριγνώς alibi occurrunt, sed etiam ἀρίγνωτον P. IV, 95. et πολύγνωτον N. X, 37 in omnibus mss.; cf. καυτῆρα (ubi duo mss. καυστῆρα) P. I, 115 et καυθείσα N. X, 35. Constantior igitur poeta fuisse videretur, si ἄγνωτον et ἀγνώς dixisset, ut dixit ἀρίγνωτος et ἀριγνώς (quod omissum a Lobeck. Parall. p. 260 addas e N. V, 12). Elmsleius formas ἀσίγμους tragicis vindicaturus erat. Hm. (ad Soph. O. R. 361. O. C. 1360) γνωτός et γνωστός, κλαυτός et κλαυστός sensibus distinguit. De toto loco uberrime disserit Lo. ad Soph. Ai. p. 315 sq.

68 Insolentiorem formam patronymici (cf. Buttm. G. G. II, p. 438) tuentur et mss. et Sch. τὸ τῶν ἀλκαϊδῶν βλάστημα; eademque in Sch. I. IV, 110 (τοῖς ἀλκαΐδαις) legitur.

68 sq. Codicum inter δ' et ϑ· fluctuatio auget suspicionem (Bg.²) particulam (quae turpiter abundat) e digammo vocis ἱερτάν ortam esse. cf. ad O. IV, 9.

70 αὐτῷ] gl. FΣ τῷ Ἰάμῳ gl. O τῷ Ἰάμῳ ἢ τῷ ἡρακλεῖ. Nec αὖ nec ἂν in paraphr. vet. exprimitur, sed Ambrosianus Byzantiorum emendationem confirmat.

70 — 72 Hermanni opinio non solum Scholiis sed etiam optimis mss. confirmatur, ut ἵπεσθαι cum quarto casu iungatur (N. X, 37 ubi tamen vide multifaria et virorum doctorum et mea indocti tentamina). Parendum est his auctoribus, non Moschopulo et Böckhio, qui sententias illas distinxerunt. Quamquam ferri potest asyndeton, non est necessarium, nec ὄλβος et κλέος ex adverso poni voluit poeta, sed ὄλβος summam felicitatem celeberrimae gentis complectitur. — Cum δ' isti inculcatum invenirent, distinctione opus erat. Hinc vulgata distinctio facile explicatur, in qua (etsi deleto δ') tamen haesit Moschopulus.

71 ἐξοῦ] Vide Lob. Pathol. I, p. 603. et O. II, 38.

72 ὄλβος, omisso δ'] Duo praestantissimi codices (cum Sch. AB) tuentur vulgatam Moschopuleam, quam metrica ratio postulat et structura verborum.

74 μῶμος ἐξ. omisso δ'] Particula quae metrum turbat omnes codices occupat et priori quoque paraphrasi B irrepsit; sed altera B et paraphr. A eam recte omittunt. Asyndeton quod Hermanno aliisque alienum visum est huic loco magis aptum est, ut in sen-

tentia generali positum, quam vs. 72 ubi res gestae narrantur. Non enim opponuntur haec (μῶμος etc.) praegressis (τεκμαίρει etc.), sed ipse μῶμος φθονεόντων magnae et publicae gloriae indicium est, eodem sensu, quo dicta sunt illa ἅπτεται δ' ἐσλῶν ἀεί, χειρόνεσσιν δ' οὐκ ἐρίζει et κρέσσων γὰρ οἰκτιρμοῦ φθόνος alia. Id non recte copulantes et omnino ἀσυνδετοφόβοι illud δ' interposuerunt. Error profectus est a τεκμαίρει χρῆμ' ἕκαστον, quod cum pro sententia generali („omnem hominem sua facta qualis sit demonstrant" vel „omnia ex facto comprobantur") haberent, insequentia quoque perperam intellexerunt. Pindarus hoc dicit. „Iamidae summa felicitate fruuntur. Virtute sua intrant in viam conspicuam. Id omnia docent, ut Invidia, quae semper consequitur victorem." Rectissime ad χρῆμ' ἕκαστον (res omnis) O. IX, 104 laudaverat Böckhius, quem Di. deserere non debebat.

75 πρώτοις] In tanta testimoniorum parilitate praefero id quod paullo exquisitius esse videtur. Parechesis non offendit. Cf. ad O. III, 4. s. f.

75 76 Fulcrum γ' Triclinio debetur, ut vs. 28. 33 sq. De Vaticano non diserte enotavi, sed non credo ibi legi γ', nisi sit a sec. m., quae passim Tricliniana intulit.

76 Ambros. οἷς ἂν .... ἐπιστάζει εὐκλεᾶ (ubi Vratisl. ἐπιστάζεω εὐκλεᾶν praestare refertur). Paraphr. Thom. et Comm. Mosch. στάζει; gl. et idem Comm. παραγίνεται; gl. F ἐπέρχεται; gl. Σ προσερεῖ. — Sch. B[CD]U etc. prius οἷς ἂν .... παράσχῃ; Sch. B alterum ἐπεὶ οἱ νικῶντες δοκοῦσιν εὐειδεῖς εἶναι. ἐπιχαρίτους ποιεῖν τοὺς νικῶντας ∶∶ quod in [CD]U etc. ita scriptum est: ἐπεὶ οἱ νικῶντες δοκοῦσιν εὐειδεῖς εἶναι. τὸ δὲ ποτιστάξει, ἐπιχαρίτους ποιήσει τοὺς νικῶντας. Praesens recte reposuisse videntur Byzantii.

77 Gl. k est ὄρους ἀρκαδικοῦ; in Comm. Mosch. ὑπὸ τοῦ ὄρους τῆς κυλλήνης. At mera sunt librariorum sphalmata ὄρος, ὄρους (ὄρους), ὄρει (ὄρει). Ad dativum in tali nexu inclinat usus Pindari: cf. ad vs. 40. Veram lectionem ὄρεις firmat Sch. A cum κυλλήνης explicet τῆς ἀρκαδίας. Tamen N. VI, 46 φλιοῦντος ὑπ' ὠγυγίοις ὄρεσιν magis proprie dictum est. Sed metaplasmum vocis ὄρος alias non novimus, nimisque barbara videntur dialectica id genus (cf. Ah. 1, 236. 2, 230), ut Pindarum ὄρεις vel ὀρέοις pro ὄρεσιν scripsisse putemus, ut δένδρεις et δένδρεσιν, ὄχοις et ὄχεσιν al.

80 Ambigit Thomanum Scholion, utrum τιμᾷ sit tertia persona verbi, an dativus substantivi ad quem schemate ἀπὸ κοινοῦ

adhibito e prioribus ἔχει subaudiatur, ut sit pro ἔχει ἐν τιμᾷ. Cui dubitationi aliquid veri inest, quoniam et claudicans videri potest in hoc nexu τιμᾷ verbum, et languidum ἔχει subauditum. Possis etiam ἔχει — τιμᾷ (dat.) iungere, ut ad hoc praedicatum tres accusativi referantur. Lectio Ambrosiana ad Ἀρκαδίας εὐάνορα τιμάν perducat criticum, ut hoc sit pro εὐάνδρων καὶ τιμηέσσαν Ἀρκαδίαν. Paraphr. B (A non exstat) verbum τιμᾷ agnoscere videtur τὸν ἑρμῆν τὸν τῶν ἀγώνων δεσπόζοντα καὶ τὰς μερίδας τῶν ἄθλων κεκληρωμένον, τὸν (ubi κατὰ sequitur in U, credo pro καὶ) τὴν Ἀρκαδίαν τιμῶντα; Moschop. τιμᾷ pro verbo accipere non dubitavit, estque id de deorum favore usitatum.

82 In his verbis primo obtutu duo offendunt, primum hiatus γλώσσᾳ ἀκόνας, tum aliqua imaginis perversitas, quum non cogitatio cotis, sed cos ad linguam sit ut eam acuat, vel potius ne hoc quidem recte dictum sit; nam cos non est in lingua ut acuat, sed lingua in cote ut acuatur. Prior offensio tollitur si genitivum γλώσσας scribis cum Paraphr. A (ἐπὶ γλώττης) et B (ἐπὶ τῆς γλώσσης); nam recentiores demum interpretes dativos habent (Thom. ἐπὶ γλώττῃ, Mosch. ἐπὶ γλώσσῃ). Possis etiam inverso ordine scribere λιγ. ἀκ. cum Bg. et Ht.; vel provocare ad Ὀρθωσίᾳ ἔγραψεν O. III, 32, veniamque horum dativorum (eliso ι) ab Homero petere, nisi malueris ab arsi, quae excusatio mihi non sufficit. Sed relinquitur altera offensio. Omnia nuper mihi sanari posse videbar, si scriberem ἐπιγλώσσοι' ἀκόνας, ea elisione, qua O. XIII, 34 Θεσσαλοῖ' ἐπ' et N. IX, 55 σκοποῖ' ἄγχιστα opus esse persuasum habeo, etsi invitis grammaticis. Sed quum ἐπίγλωσσος ἀκόνη non possit esse cos cui lingua tamquam novacula superimposita est, sed ea quae linguae ita convenit ut acuere possit, non omnem video difficultatem ita removeri. Iam si cum Schol. Vet. intelligis: „Habeo novam quandam cogitationem — acuit (incitat) me (s. eam) instar cotis stridulae — quae mihi lubenti adrepit sub flatibus (tibiarum) pulcre sonantibus, hanc: Metopa etc." (fere cum Th. Worte des tönenden Wetzsteins), genitivus ἀκ. λιγ. insigni breviloquentia positus est pro „in modum cotis stridulae", multo ille audacior, quam quae id genus hinc inde reperiuntur: cf. Matth. G. G. § 316 f. et Hm. ad Vig. p. 890 sq. Paullo melius erit, si a Vett. intt. dissentiens iunxeris πνοαῖς λιγυραῖς ἀκόνας, nam ne hoc quidem ad intelligendum facile est. Sin cum Bö. (et Sch. B alio) δόξαν ἔχω τιν' lyricâ audaciâ dictum esse putamus

pro δοκεῖ μοὶ εἶναι ἐπὶ γλώσσῃ ἀκόνη λιγυρά, ut sit genitivus obiectivus (eine Vorstellung von einem tönenden Wetzstein), hoc et perplexum est, et friget *тіпа*. Quare redeo ad id quod olim ad hunc locum adnotavi. „Poeta non sine ingeniosa iucunditate loquitur, Göthius alter. Debebat dicere prosa oratione: venit in mentem (buccam) rei maxime idoneae. Dixit autem: ecce, venit in linguam species (imago) quaedam cotis stridulae, quae mentem meam lubentem acuat, ut dicam. Vel ita ad verbum accuratius: Ich habe — auf der Zunge! — (statt: vor Augen!) eine Art von Trugbild eines klingenden Wetzsteins, welches an mich den willigen heranwandelt mit (sive zu) schön rauschenden Klängen. δόξα dictum est sensu Aesch. Cho. 1044, cf. Hm. ad Suppl. 754." Dativus καλλ. πτ. fortasse termini est, de quo vide ad O. I, 89; eum ad res musicas, non ad aquas Metopae pertinere Veterum consensus fidem facit. Nec ex unius Sch. (AB) verbis [προσ]ίλκεταί με ἡ μετώπη cum Ht. collegerim, huic grammatico καί μ' ἰθ. pro ἅ μ' ἰθ. lectum fuisse interpunctione post πνοαῖς sublatâ. Haud melius nuper quidam ᾆ — προσέλκει. Nam. Sch. B διὰ τὴν οἰκειότητα οὖν .. τὴν πρὸς ἐμὲ τῆς μετώπης, ὅτι (ita B, rell. ἥτις) Θήβης μήτηρ τῆς ἐμῆς πατρίδος, ἕλκεταί με ἡ μετώπη ἀρχὰς οὖσα et quae his respondent in A ... προσέλκεταί με ἡ μετώπη ὑμεῖν σι διὰ τὴν οἰκειότητα. ἀρχὰς γάρ. ἐγὼ δὲ Θηβαῖος κτλ. tantum abest ut accurata sint verborum Pindaricorum circumscriptio, ut sententiam tantum generaliter exprimant. Ἕλκεσθαι igitur interpretationis causa addidisse videntur hi grammatici, quum μετώπη ad priora appositum esse crederent. Nam si imaginem speciei adrepentis tollis, relinquitur nudus sensus: allicit me Metopa.

83 προσέρπει] παρακινεῖ gl. EF προσβαδίζει gl. V προσέρχεται gl. Σ ἐγείρει gl. k. — Quamquam omnes veteres libri cum Thomanis et Moschopuleis lectionem προσέρπει praestant, tamen altera, προσέλκει, quae est in Triclinianis, ipso Triclinio vetustior esse videtur. Nam varia lectio in G et E supra scripta a vet. m. ad saec. XIII pertinet. Scholia et glossae eandem scripturae disparilitatem produnt. Paraphr. B προσέρπει καὶ προσπίπτει (cum dativo), eodemque spectant gl. προσβαδίζει, προσέρχεται (cum Thom. ἐπέρχεταί μοι). Sed aliud comma B (quod etiam in A legitur) habet ἡ ἀκόνη ἡ παροξύνουσά με καὶ παρορμῶσα, quamquam hoc ad solam cotem referri potest; et Sch. A προσάγει, παροξύνει diserte ita positum ut sit explicatio vocis προσέρπει vel potius προσέλκει;

eodemque redeunt gl. παρακινῖι, ἐγείρει (et paraphr. Mosch. ἕλκει); fortasse etiam B ἕλκεταί με ἡ Μετώπη quod in A sic scribitur προσίλκεται μὲ ἡ μετώπη. Possis contra monere interpretamenta illa προσάγει etc. ita accipi posse, ut προσίρπει με factitive dictum sit pro: iubet me accedere, movet me ut accedam, eiusdemque generis esse glossema προσίλκει, quod Byzantii genuinae scripturae supposuerint. At hoc si voluissent veteres interpretes, sine dubio disertius (ut προσβιβάζει, προσίρπειν ποιεῖ) locuti essent. Accedit quod C et E (praefixo γράφεται καὶ) hanc notulam a glossis probe distinguunt. — His perpensis duplicem huius loci traditionem antiquitus fuisse existimo. Προσίλκει tamen, ob insolitam structuram verbi προσίρπειν (einen anschleichen) iam ab Alexandrinis propositum, Pindari esse non credo.

86 Futurum futuro reddunt Sch. Vett. et Recc. (etiam gl. A γεύσομαι, πίω [sic]), nisi quod deteriores quidam mss. (ut Σk) gl. πίω praestant. Neque certa exempla praesentis πίομαι allata sunt, nec cum Meinekio (fr. com. III, 515 cf. II, 668) praesens πίνομαι, quod apud scriptores aetatis Alexandrinae bis repertum est, Pindaro imposuerim. Fortasse futurum ita posuit, ut ubicunque victores canat se semper Thebarum quoque memorem esse dicat; cf. P. IX, 87 sq. I. V(VI), 74 πίσω σφε Δίρκας ἁγνὸν ὕδωρ κτλ. Id Sch. indicant, ut A καὶ ταύτην εἰς τὸν ὕμνον συλλήψομαι. Nam omnino poeta nunc id agit ut se Boeotum a crimine feritatis defendat. Ad quod transiturus „Est aliqua, inquit, inter hos Arcades et Thebanos necessitudo, neque silebo me esse Thebanum, cum carmina pangam."

88 Sch. Ambros. Iunonem Partheniam τὴν σαμίαν ἥραν (quod Vratisl. A male in σαλαμίαν mutavit) intelligit, cum Heynio.

91 Sch. A ἐπισήμων καὶ ἄγαν εὐφήμων. — Possis ex A ἀγαφθέγγων coniicere, nisi ob ἐριπλάγκται γόοι P. XII et βαρυφθεγκτᾶν λεόντων fr. 265 malis ἀγαφθεγκτᾶν. Sed nihil movere praestat. Forma ἀγάφθεγκτος agnoscitur in VV. LL.

92 Cf. Buttmannum ad Platon. Menon. Excurs. 1. qui cum Arcadio aliisque grammaticis εἶπον signari iubet; contra Bö. (cum Aelio Dionysio) εἶπόν (de Crisi § 41). — Sch. A ambigue 'Αρίσταρχος· τοῖς κατὰ τὸν χρόνον εἰπεῖν ἐπικελεύων (voluitne ἐπικελεύων?) τῶν τε συρακουσίων μεμνῆσθαι καὶ τῆς ὀρτυγίας. — In B p. n. e. — Comm. Mosch. et gl. PQ εἰπί.

92 συρρακουσᾶν MNO (quod adde ad v. l.). Formam in ‑οσ, ubi

longa syllaba opus est, ubique tuetur Vaticanus; cf. O. VI, 6. N. I,
2. P. III, 70. Idem recte O. VI, 18 κοσίῳ cum paucis aliis. Sequior illo
libro in rebus dialecticis vel ipse Ambrosianus, qui (cum MO)
ubique vulgarem formam in ουσ praestat, etiam ubi brevi opus erat.
Fluctuant alii, ut C, et vel ipsi Byzantii h. l. et vs. 6 vulgarem,
N. I et P. III formam in οσσ probaverunt. Vide Bö. ad O. VI, 6.
et P. I, 73. II, 1. O. I, 23 praeter locos supra laudatos.

95 De forma Δήμητραν vide Bu. G. G. I, 203. Lo. Parall. 142.
543. Pathol. II, 194. not. Lud. Dindorf. in Steph. Thes.

95 λευκίππους τε θυγατρὸς ἑορτάς ne scribam (ut P. IX, 83
λευκίπποισι Καδμείων ἀγυιαῖς), movent me et Scholia AB Thom.
quae quid sit λευκιππος κόρη recte explicant, et usus Pindaricus
qui exquisitiorem singularem ἑορτή tenere solet. Pluralis de uno
festo tempore legitur O. V, 5. P. VIII, 66.; singularis passim.

97 Sch. A μὴ θραύσοι: ἐπιγινόμενος χρόνος τὸν ὄλβον αὐτῶν μὴ
θραύοι. τουναντίον δὲ αὐτοὶ (an ἄλλοι voluit?). τοῦτο γὰρ τινες
συνεκδέχονται μὴ ταράσσοι: — Haec utut mutila sunt, tamen in-
terpretationis tantum, non lectionis diversitatem produnt. — Sch.
B μὴ θραύσοι καὶ ἀφανίσοι — Comm. Mosch. (Hm. scripturae fa-
vens) μὴ κοιμίσαι, μὴ ἀφανίσαι.

Legitur I. VI (VII), 39 ὁ δ' ἀθανάτων μὴ θρασσέτω φθόνος
ὅ, τι κτλ. in vulg. et mss. nisi quod D, ε' ibi θρασέτω praestant.
Ibidem Sch. B Ἀρίσταρχος ἐπὶ τοῦ ἐρεθίζειν ἀκούει. τάττεσθαι δὲ
φησι καὶ ἐπὶ τοῦ ταράττειν. μὴ οὖν, φησὶν, ὁ (ubi D φησὶ με ὁ unde
coni. φησὶν, ἐμὲ ὁ) ἐκ θεῶν ταραττέτω φθόνος..... ἢ οὕτως· ὁ δὲ
παρὰ τῶν θεῶν φθόνος μὴ συνθραυέτω...

Eadem igitur in I. VI(VII) invenitur de θρασσέτω interpreta-
tionis diversitas, quae in O. VI de θραύσοι. Tantum ex his con-
stare videtur idem in utroque loco scribendum esse, sed utra
forma Pindaro tribuenda sit, nec veteres compertum habuisse vi-
dentur nec nobis liquet. Cognata sed tamen diversa sunt θράσσω
(i. e. ταράσσω) et θραύω: cf. Lobeck. apud Buttm. G. G. II, 297.
Parall. p. 403. Technol. 12. Pathol. I, 219. Ad Atticum θράσσω
ducit Aristarchi auctoritas, quae forma, omissa geminatione θράσοι,
pepererit cum θραύω confusa vulgatam θραύσοι. Nisi utroque
loco θραύσοι et θραυσέτω vel θράσοι et θρασέτω fuerit, cuius formae
ambiguitas duplicis interpretationis causa exstiterit. An nova forma
fuit Pindarica, ab Attico θράττω diversa, θράσω, e stirpe ταρ et

AD OL. VI. 67

ἀσάω conflata? Evertendi et laedendi notio optimo convenit utrique loco.

99 στυμφαλίων] ἀρκαδικῶν. gl. B.
99 ποτινισόμενον] Cf. ad O. III, 10.
100 Paraphr. B καταλιπόντα. Acquiescendum est in emendatione Byzantina. An λίποντ'? cf. Ah. DD. 184. Ex Sch. nihil diversae scripturae apparet, sed quo sensu Pindarus μάτερα εὐμήλοιο Ἀρκαδίας dixerit, ambigunt. Veteres enim μ. ά. Stymphalum μητρόπολιν ἀρκαδίας intellexerunt, quo accepto priores Byzantii οἴκοθεν et ἀπὸ στυμφ. τυχ. ποτινίσεσθαι et μητ. ἀρκαδίας λείπειν perinde esse dixerunt. Abs qua opinione dissentiens ultimus Scholiasta (Tricl.?) μητέρα ἀρκαδίας ita accepit ut ἄνθρωπος αἰθιοπίας pro αἰθίοψ, ut sit mater Arcadica, perperam. — Cur metropolis h. l. dicatur Stymphalus (Bö.), (aut quid sit quod mater Agesiae Stymphali relicta esse dicatur, audaci genitivi usu, Hm. Gd.) nescimus et semper, credo, nesciemus.

100 Sch. A κατὰ χειμερίαν νύκτα. Sch. B ἐν χειμῶνι καὶ νυκτί. — Haec praepositionem tueri videntur. Alienum est τ', nec γ' in paraphr. A exprimitur, sed δὲ solum.

101 Diversae formae σκήπτω, σκίμπτω, σκίμπω, κίμπω; cf. Steph. Thes. Excluditur κίμπω (cf. Lob. Pathol. I, 126) ab hoc loco vel ipso metro; σκίμπτω ut Pindaricum commendatur altero loco P. IV, 224 ubi omnes mss. σκίμψατο. Usitatior forma σκήπτω in A ut saepius. Amantissimus poeta literarum ita ad sonum augendum interpositarum, πλειστόμβροτος, ἐναρίμβροτος al. Cf. ad P. III, 58.

102 Paraphr. AB non exstat, sed B, est φιλίαν δέσποτα ποττόμεθα. — Moschopuleam interpunctionem recte sustulit Heynius.

103 Disputat Sch. A de πόσις pro vocativo accipiendo, sed non de ποτ.

103—105. Paraphr. A δίδου οὖν, ὦ πόσειδον, ὦ πόσις ἀμφιτρίτης, εὐπλοῆσαι καμάτων ἐκτὸς ἐόντα, quasi εὐθῦναι vel εὔθυν' ἢ legisset. Offendit etiam ποττόμεθον ultima producta, quod Bö. de metris p. 128 caesura defendit. Possis scribere δέσποτα ποττόμεθ', εὐθῦναι δὲ πλόον, quamquam forma ποττόμεθος non invenitur nisi apud recentiores poetas. Sed vulg. tuetur Sch. B σὺ δὲ ὁ δέσποτα ποττόμεθον, ἄνερ τῆς ἀμφιτρίτης, πάρεχε τῷ ἀγυιέᾳ εὐθὺν πλοῦν καὶ ἄκμητον .... καὶ τῶν ὑμῶν ὕμνων τὸ ἄνθος καὶ τὸν καρπὸν εἰς δόξαν ἔπαιρε. Ita vulg. Sch. B sanatur ad fidem cod. U. Nec ἡμῶν ὕμνων δ' ἄεξ' praestat vulgatae ὑμῶν δ' ὕμνων ἄεξ' κτλ. Cf. Bg.² ad P. III, 6.

OLYMPIA VII.

Inscr. Initium Scholii Veteris de tempore huius carminis deque inscriptione eiusdem in templo Minervae Lindiae non est in Sch. AB, sed in D (indeque repetitum in Comm. Moschop.). Ubi nota in mss. non legi λινδίας sed aut λητναίας (Uaμ'ν') aut σιληναίας (O Ro.) quod Meursio aliisque iubentibus editores in λυνδίας mutaverunt.

1 In primo systemate saepe breves theses et anacruses quae in reliquis longae, ut 2 vs. ἀμπέλου 4 vs. νεανία. cf. N. V. P. I al. Quinquies ἀφνεός apud Pindarum legitur; semel (in fr. 87, 1) ἀφνειᾷ iterum in thesi quae brevem admittit. Cf. vs. 16.

2 Explosa est transpositio Tricliniana. Quae lectio non est in Moschopuleis libris. Est igitur Triclinianorum librorum criterium. Omnino tenendum est ea tantum non omnia falsissima esse quae Triclinio propria sunt. Multa quae Moschopulus dedit aut recta aut scite tamen invenit.

2 Hesychius inter καχλάζει et καγχλάζει probe distinguit, quamquam ab eadem stirpe formata sunt.

4 Verba οἶκ. οἶκ. πάγχ. commatibus inclusa habet Ambrosianus.

5 Lectio Ambrosiani ut VI, 5 ᾧ supra ᾧ voluit signare genitivum Doriensem. Dativus fortasse praestat, ut tanto clarius fiat, verba συμπ. τι χάριν non pendere e τιμάσαις, sed per se stare idemque valere atque τοῖς τε συμπόταις χαρισάμενος. Idem quodammodo confirmat Sch. B. (in Ro. male auctum) συμποσίῳ] ἀντὶ τοῦ ἐν συμποσίῳ. ὅπως δόξῃ καὶ χαριστικός τις εἶναι παρὰ τοῖς πίνουσι ∴ Verte: cum convivii in gratiam, tum affinitatem honorans. Ita zeugma χάριν — τιμάσαις removetur, quod alios interpretes vexavit.

7 ἄεθλ. Vide eosdem quatuor optimos codices proximo versu νιν solos pro μιν praestare et vs. 12 ἐν non omittere.

8. 9 Interpolatio Tricliniana refertur a Detlefseno ex L (qui codex inter optimos est) ita φρενὸς γ' sed sine dubio ei illud γ' a manu correctoris illatum est. Indidem O. I, 10 idem liber interpolationem traxisse videtur. Alia interpolatio est in Parisino quarto (X).

10 Moschopuli scripturam εὐλυμπίᾳ non probavit Triclinius;

fort. recte, nam lege primi systematis anacrusis anceps est, et brevis esse potest in antistropha, ut est in stropha. De Vaticano primo (z) fortasse male relatum est, ut de utroque Augustano (Σk) et Gottingensi (G).

12 Lectioni lemmatis Ambrosiani non tantum tribuo, quamquam eam praetulit Ht. et h. l. et N. II, 19 ubi omnes mss. θαμά μὲν praestant. Plurimi et optimi etiam h. l. in θαμά consentiunt, nisi quod in quibusdam est Doricus accentus, qui alienus est. Vide Böckhium. — Ra. (in Ja. LXXVII, 389) ἅμα praefert.

12 Interdum , paragogicum male additum est: cf. 36. 53. 65.

13. 14. Triplex invenitur scriptura in Sch. B (non in A) 1) τὰν ποντίας ὑμνίων παῖδ' ἀμφιτρίτας, ἀελίοιό τε νύμφαν, ῥόδον, — 2) τὰν ποντίαν ὑμνίων, παῖδ' ἀφροδίτας ἀελίοιό τε, νύμφαν ῥόδον, — 3) τὰν ποντίαν ὑμνίων παῖδ' ἀφροδίτας, ἀελίοιό τε νύμφαν, ῥόδον. Altera est Asclepiadis lectio, nam mss. (BOU) ibi ἀφροδίτας καὶ ἡλίου (non ἀμφιτρίτας κ. ἡ.) habent et τὸν γὰρ ἥλιον αὐτῆς (sc. ἀφρ.) ἐρασθῆναι καὶ ἐν αὐτῇ νήσῳ [συμ]μιγῆναι. Contra hanc opinionem disputat insequens Scholion (Didymi?), quod tertiam lectionem sequitur. Ea est vulg. et omnium mss. (nisi quod ἀφροδίτας C,O,V,). Primae lectionis auctor latet. Etiam dist. mss. ad tertiam lectionem pertinet nisi quod quidam (ut AZ) τὰν ποντίαν non cum παῖδ' sed cum ῥόδον consociant.

15 Forma εὐθύμαχος est apud Simon. fr. 166, 1. 194, 1.; altera εὐθυμάχης hoc solo loco invenitur; posterior paraphr. B εὐθύμαχον.

16 Ter et decies ἀλφεός apud Pindarum legitur, ἀλφειός hoc solo loco. Et ferri potest brevis in thesi primi systematis, et, si ἀλφειῷ scripseris cum plurimis, utrum penultima corripi possit annon, quaeritur. Cf. vs. 1.

18 Victoriam Pythiam non Damageti, sed Diagorae fuisse testantur Scholiastae, quamquam nihil de ea aliunde constat. Si καὶ παρὰ κασταλίᾳ πατέρα γε scriberetur, paullo concinnior sententiarum ordo evaderet.

18 Glossae et Scholia: ἀρέσκοντα in AFOQΣk et Tricl. paraphr. BF etc. ἀρέσαντα — ἀριστόν (s. ἀριστὸν γεγονότα) gl. P et gl. Mosch. et Comm. Mosch.

Et de spiritu et de accentu fluctuant libri ut h. l. ita O. III, 1. P. II extr. VI, 51. N. VI, 41 (37). VIII, 38. Sch. Vett. magis sibi constant interpretamentis ἄρισαι et ἀρίσας, quorum auctoritas contra scripturam ἄδον (αἰδῶν) et ἄδων facere videtur, quamquam

Vett. Lex. formas praesentis ἀδῶ (quam Thom. praetulit) et ἄδω exhibent. In participio aoristi II saepius notio praeteriti temporis obliterata est, ut P. VI, 51 ἄδων (ἀδών) est addictus, deditus, adiective. Eodem redire videtur Hesych. Γαίδουσα, ἴδιος. Possint formae eiusmodi comparari cum ἄσμενος, ἄρμενος etc. (Buttm. Gr. 2, 19) quae exuta participiorum natura in adiectiva abierunt. — Pindarus aoristo ἄδων bis utitur (I. III, 33. VII, 18) ubi similis est mss. fluctuatio. — Denique P. I, 29 omnes mss. ἀνδάνων, nullus ἀνδάνειν. Omnino ad psilosin meliores ubique testes perducunt, ut ἀδεῖν, ἀδών (ἄδων), ἀνδάνειν, donec melius probetur, scribendum esse censeam, fere cum Bö. Not. Crit. p. 454.

20 In Florentino codice (a) est ἐμβόλ et supra ὁ legitur ω, supra hoc ω est οι, ut nescias, utrum ἐμβόλω an ἐμβόλῳ infra, ἔμβολοι an ἐμβόλοι supra scribere voluerit. Scripturam ἐμβόλων nonnulli pro genitivo Dorico habentes ν supra posuerunt; indidem nata corruptela ἐμβόλων in aliis, et gl. c ἐμβασίας, et vulg. Ro. Schol. Vet. ἐμβόλου. Dativum tuentur duo optimi: A ubi gl. est τῷ εὐθυτάτῳ τόπῳ, et B qui non solum in textu sed etiam in paraphr. Sch. ἐμβόλῳ scribit. Insolentior post πίλας dativus librarios editoresque ad genitivos videtur pellexisse. — Nomen promontorii nonnulli Vett. statuerunt, sed iidem non videntur movisse dativum. — Ex Sch. A autem colligi potest fuisse qui ἔμβολον scriberent, insulae Rhodi epitheton, et ἀσίας εὐρ. cum πίλας coniuncto. Nam Theotimum εὔβολον scripsisse ex Sch. A coniectura emendato colligitur quidem, sed non recte. Sch. A hoc est Θεότιμος δὲ ἐν τῷ περὶ τοῦ Νείλου ὄρου ἱστοριῶν διὰ τοῦ ῡ (cod. μ̄, non ῡ) γράφει ἔμβολον, καὶ οὕτω προσαγορεύεσθαι διὰ τὸ ἐν καλῷ τόπῳ κεῖσθαι τὴν νῆσον. καὶ ἡμεῖς ἐν τῇ συνηθείᾳ φαμὲν ἔμβολα (cod. ἔμβολοι) διακεῖσθαι τὰ πράγματα, ὅταν ἦ καλῶς διακείμενα (cod. διακειμένοις), ὥστε τὴν μεταφορὰν ἀπὸ τῶν ἁλιέων εἶναι. ἢ ὅτι ἐν ἐξέχοντι τόπῳ κεῖται. ἢ ὥσπερ τρίηρει οὖσα ὁμοία, καὶ ἀσίας εὐρυχώρου πίλας οὖσα. Apertum est haec omnia esse de lectione ἔμβολον ut Rhodi epitheto disputata. Comprobat Schol. Theotimi lectionem usu populari, quo si quid fausti nobis obtigerit id ἔμβολον (wie in den Wurf gekommen, geschlichen) piscatorum more appellemus. Teste autem Polluce τὰ ἐμβόλια s. ἐμβόλιμα retia parva vocabantur. Haec significatio quum esset sermonis popularis, paene tota evanuit e libris nostris. Εὔβολος quidem felix iactu est, sed imagine ab aleatoribus potius quam a piscatoribus desumpta. — Quo pacto tres videntur fuisse

vett. scripturae 1) ἰμβόλῳ (cuneo, rostro, lingua terrae Asiaticae) 2) Ἐμβόλῳ n. pr. promontorii cum sacello ut Sunion Atticae 3) ἴμβολον epitheton Rhodi, diversae (vide Sch. A extr.) interpretationi idoneum. — Deinde in Sch. Thomano-Tricliniano (cui Moschopulea crux male praefixa est apud Bö. p. 164, 12—20) duplex refertur scriptura Ἐμβόλου et Ἐμβόλῳ et prout scribas duplici modo construuntur verba, aut ut genitivus ἀσ. ιυρ. ex genitivo Ἐμβόλου pendeat et Ἐμβ. sit pars Asiae, aut ut sit ἐν Ἐμβόλῳ πίλας τῆς ιυρ. ἀσ et Ἐμβ. sit Rhodi. Sed genitivum a Pindaro scriptum esse a Thoma quoque male intellecto ω creditum est, ut a Callierge aliisque. Etiam Mosch. genitivo reddit apud Bö. p. 162, 10. — Denique de interpretatione id differunt Vaticana propria (Sch. B) ab Additamentis (Sch. DJOU etc.), quod illa ἴμβολον vel totam Lyciam (Cariam) vel partem Lyciae (Cariae), haec vero Rhodi partem Lyciae (Cariae) oppositam intelligunt. Eadem igitur in his est locorum indicandorum disparilitas, quae est apud Thomam. Saepe enim huic accidit ut Vetera non tam repetat et coniungat quam confundat. — Tu vide an P. ἴμβολον scripserit, et diversitas scripturae ex ΕΜΒΟΛΟΝΑΙΟΝΤΑC orta sit. Πίλας cum tertio casu N. XI, 4 legitur (quamquam ibi ante Tricl. iota subscr. omissum erat), sed nihil mirum si etiam cum secundo copulasset Pindarus, ut Homerus Od. XV, 257. Ita ἀγχοῦ cum dativo, ἄγχιστα saepius cum genitivo, ἄγχι et ἰνδον cum utroque casu coniungit.

21 τοῖσιν (τοίνυν)] χάριν τῶν Comm. Mosch.; κατὰ χάριν gl. ͭ; τοῖσι καὶ τούτοις gl. Tricl.; paraphr. A (et prior B) non exprimit particulam, sed B altera habet βούλομαι οὖν τοῖς ἐξ ἀρχῆς οὖσιν ἀπὸ τλ. ῥοδίοις κτλ., ubi οὖν interpretandi causa adiectum esse videtur, quum hi Scholiastae οἱ ἐξ ἀρχῆς ὄντες ἀπὸ Τληπολέμου casu recto dicendum fuisse opinentur, ut τοῖσιν non possit abesse, ad quod alter dativus ὑρ. ιυρ. γε. apponatur. Sed etiamsi cum Bö. verba ἐξ ἀρ. ἀ. τλ. cum διορθῶσαι λόγον iunxeris, tamen τοίνυν frigebit prae τοῖσιν, quod et exquisitius est et pulchrius = quibus. Legitur τοίνυν passim ut O. VI, 27. P. V, 40.

22 ἀγγίλων scripserunt qui ob ἀμπίλου vs. 2 brevi hic thesi opus esse putaverunt; idemque paraphr. Mosch. in a habet (ἀγγίλων ἄγουν διακοσύμενος). Triclinius noluit correptam esse penultimam, nam is, ne vs. 2 eadem syllaba corripiatur, verba traiecit.

25 Sch. A Astydamiam, matrem Tlepolemi, ab Homero (Il. β, 658) Astyochen, a Pherecyde Astygeniam vocatam esse narrat,

patremque eius (Homero) Phylantem fuisse; ab aliis vero matrem Tlepolemi afferri Antigonam, patrem Tlepolemi Phylantem. Pergit ita ἐνταῦθα δὲ ἀμύντορος αὐτήν (sc. τὴν τοῦ Τλ. μητέρα) φησὶν ὁ πίνδαρος. ἡσίοδος δὲ καὶ σιμωνίδης ὀρμένου (cod. ὀρμενοῦ)· εἰκὸς δὲ ὅτι ὁ πίνδαρος παρὰ τῶν κατὰ τὴν πόλιν λογίων ἤκουσεν ἀμυντορίδας εἶναι τοὺς ῥοδίους ματρόθεν: — Verba signata exciderunt in apographo A ubi Bö. lacunâ animadversâ ὅτι interposuit. Lucramur novum sed pertenue fragmentum Simonidis. Achaeo (Acusilao?), teste Sch. B, Ormenus erat avus Amyntoris, Homero (Il. ι, 448. κ, 266) pater Amyntoris; Hesiodo et Simonidi, ut ex hoc loco compertum habemus, Ormenus, non Amyntor, pater Astydamiae. De Ormenio urbe Thessaliae cf. Apollod. II, 7, 7, 6; de Ormenidis Ez. Spanh. ad Callim. h. in Cer. 76.

25 φρήν Dorice facit φρασί(ν). cf. Ah. D. D. p. 118. Legitur octies apud Pindarum. Semel tantum (P. III, 59) omnes mss. in φρεσὶ(ν) conspirant, semel omnes (at pauci exstant) in φρασὶν (I. III, 2), ut tantum non omnes in eadem forma N. III, 62(59), ubi in duobus (D,Z•) est φρεσί. Quinquies (O. VII, 25. P. II, 26. III, 108. IV, 109. 219.) fluctuant codices, sed ita, ut ubique si non plurimi, tamen optimi mss. φρασίν praestent. A (qui in reliquis locis periit) hoc loco O. VII φρασίν; B quinquies φρασί, bis φρεσί; F semel φρεσί, quinquies φρασί; eademque fere ratio est in EGV. Palatino-Caesariani et deteriores Parisino-Veneti ad communem formam procliviores sunt, ut PQ semel tantum φρασί, quinquies vero φρεσί praestent. Ne recentiores quidem sibi constant. Idem igitur in hac voce observare licet quod in ceteris rebus dialecticis, optimos et vetustissimos fontes plus dialecti servare, sed ne eos quidem constanter omnibus locis, magis magisque subrepente communium formarum usu. Hinc proficiscenti multum sane dialecti apud Pindarum temporis iniuria periisse videbitur.

25 ἀμπλακίαι A[BCD]EF etc., i. e. omnes ut videtur mss. Quater haec vox apud Pindarum invenitur, sine diversitate scripturae, quantum scio (O. VII, 25. P. II, 30. III, 13. I. V, 29), nisi quod P. II, 30. III, 13 Guelferbytanus a. c. ἀμβλ. habuit; sed O. VIII, 67 in Q ἀμβλακών et P. XI, 26 in BE^ac F^ac ἀμβλάκιον legitur, ubi in reliquis videtur esse ἀμπλακών et ἀμπλάκιον. Constat hunc Dorismum in lyrica oratione usitatum fuisse ex fr. Archilochi 65 (75 = 41) ἄμβλακον et Ibyci 16 (24 = 51) ἀμβλακών. Cf. Ah. D. D. p. 83. 410. Buttm. G. G. II, p. 59. 112 not. Steph. Thes. s. v. ἀμβλακίσκω. Credam

idem valere de ἀμπλακία Pindarico, quum de ἀμβλακόν quoque et ἀμ-βλάκιον in mss. nostris vetustae scripturae vestigia fere obliterata sint.

26 Formam hyperdoricam quatuor isti libri Thomano-Tricliniani non possunt tueri.

26 Pro τοῦτο δ᾽ in G^b ἔστι δ᾽ a recentissima manu suppositum est, perperam.

27 ὁ καὶ νῦν in G^b ab eadem rec. m. pro ὅ,τι νῦν suppositum est.

27 ἐν καὶ] Fortasse Vaticanum primum (z) et Augustanum primum (k) permutavit Bö. — Sch. A ὅπερ νῦν τι καὶ κατὰ τὸ παρὸν δυστύχημα φερόμενον πρὸς τὸ τέλος λυσιτελήσει quam si urges paraphrasin, quae non habet καί, coniicias ὅ,τι, νῦν ἐγκάς, τελευτᾷ i. e. „id quod nunc in profundo latitans (an: nunc deprimens?) postea utilissimum sit." Vox rara ἐγκάς a Galeno in Lex. Hippocr. explicatur ἐν βάθει. Sed aut traditam lectionem νῦν ἐν καὶ aut νῦν τ᾽ ἐν καὶ ante oculos habuit Sch. B καὶ τὸ τοιοῦτον γνῶναι ἀδύνατόν ἐστι· τὸ ποῖον; ὁποῖόν τι (ita cod.) νῦν καὶ ἐπὶ τοῦ παρόντος βέλτιστόν ἐστι, καὶ ἐν ὑστέρῳ οἶον, εἰ καὶ ἐν τῇ τελευτῇ ἕξει τις καλόν. Id est: „quale non solum nunc et praesenti, sed etiam futuro tempore optimum sit; scilicet, num quis etiam in fine bonum retineat." Idem brevius altera paraphr. B τὴν παροῦσαν καὶ τὴν μέλλουσαν εὐδαιμονίαν ἀμήχανόν ἐστιν εὑρεῖν. Ut exile Calliergis vel alius Graeculi recentissimi commentum καὶ ἐν (hiatu) mittam, friget vel ipsum Hermanni εἰ κἄν (quamquam concinna structura) prae traditae lectionis pondere, et sono et verborum positione gravissimo. Καὶ est und auch. Vide de sensu et collocatione huius particulae Hauptii libellum (Obss. Crit. p. 58 sq.) a Sw. laudatum, cum nota Sw. Ad totius carminis finem satis quidem fuisset dicere id quod exprimit Sch. A „hominibus saepe quae mala esse videntur, in bona convertuntur", sed nunc generalius aliquid et magis ambiguum dicere in animo erat, ita „Errores hominum innumeri. Nemo scit num quae nunc bona videantur bene sint eventura; nec quae nunc mala, num male." Non solum de caecitate animi ira concitati loquitur, sed etiam ad alterum mentis errorem prospicit, quod Tlepolemus suae ipse fortunae ignarus est. Sunt enim innumeri hominum errores. — Quin si Pindarus illa verba τοῦτο δ᾽ etc. ita dicere voluisset, ut ad solam irae caecitatem spectarent, repugnaret sibi ipse, nam re vera caedes illa Tlepolemo postea bonos effectus habuit.

29 Schol. Thom. βαλών in paraphr.; de sententia huius grammatici (cum Bu. Sw. Ht.) ϑινών scribendum esset; estque aoristus huic loco aptissimus. Sed Lobeck. Theocr. XXII, 66 (ubi ϑίνων praesens est) in contrariam partem attulit. Vide de ἄδων s. ἀδών vs. 18. et cf. N. V, 42.

30 ἴκται· ἐν] Non multum interest utrum scribamus; teneo vulgatam auctore A.

32 Ad παρέπλαξαν pertinet nota Moschopulea ἀπὸ τοῦ πλάζω, τοῦ πλανῶ, et similis nota in Bodl. β et γ (bc); — ad παρέπλαγξαν paraphr. A παράγουσιν — par. B διασφάλλεσϑαι ποιοῦσιν — gl. O bcl παρεπλάνησαν — paraphr. Mosch. (et gl. cruce signata in μ'ν') ἐξήνεγκαν τοῦ ὀρϑοῦ — gl. k (et gl. Tricl. in μ'ν') ἐξήγαγον τοῦ καϑεστηκότος

33 Tres recentes ἐξ ἀδύτου ναῶν iungere videntur et distinctione post ναῶν collocata (αμ'ν' Al. Ro. Mr. St.) et gl. Tricl. (μ'ν') τοῦ μὴ πολλοῖς εἰσβατοῦ νεώ (scr. νεοῦ in μ'αο'ν' — νεῶ in μ'νο'). Perperam. Sch. B ἰϑύνειν καὶ ὁρμᾶν διὰ πλοίων. Ante ναῶν dist. ABO^b Σ Sm. sq. — neutro loco [C]DEFGUVZΠk[nq]o Cp. Bö. sq. — post πλόον Q

34 E vett. mss. apparet alios de imperativo εὔϑυνε (εὔϑυναι) alios de infinitivo εὐϑῦναι cogitasse, de adiectivo εὐϑὺν vel paucos vel neminem. Tenuis igitur huius esset scripturae auctoritas, nisi duplicem lectionem testari videretur Sch. B εὐϑὺν· ἐς [ἀμ]φισφάλασσον] οἱ μὲν ἀντὶ τοῦ εὐϑῦναι, οἱ δὲ ἀντὶ τοῦ εὐϑέως. Sed duo alia commata Sch. B aut infinitivum (ὥστε ... ἰϑύνειν καὶ ὁρμᾶν) aut imperativum (ὁ δὲ νοῦς· εὐϑῦναι, ita B, sed IOU al. εὐϑύνετε) habent. Vide an εὐϑέως in Sch. B corruptum sit et εὐϑυνε potius scribendum. Nam ea vere lectionis disparilitas in multis mss. apparet, altera non item. Eodem redit gl. Σ ἐξ εὐϑείας ποιήσασϑαι ἢ ποίει. Byzantiorum tamen quorundam (Thomae vel Tzetzis) hanc opinionem (εὐϑὺν ἐς scribi oportere) fuisse, refutatio Triclinii demonstrare videtur: οὐ χρὴ γράφειν εὐϑὺν πρὸς τὸ πλόον ἀσύντακτον γὰρ τοῦτο· ἀλλὰ στέλλε ἢ στέλλου. οὕτω γὰρ ἔχει ὀρϑῶς. Nec immerito hanc structuram verborum vituperat Triclinius, quae non satis defenditur allato O. VI, 103 εὐϑὺν δὲ πλόον ... δίδοι (ubi nota A praestare εὔϑυνε πλόον), nam h. l. vehementer desideramus infinitivum post εἶπε, nec sine duritie poeta dixisset: edixit cursum directum, ubi quivis lector expectaret iussit cursum dirigi. Iam cum vocem εὐϑύνειν penultimam correptam

habere potuisse — quamquam hoc interdum fit ante liquidas, Aeolismo, ut in vocibus κέρα, ἴταρος (cf. Ah. D. A. p. 101), οἰκεριᾶν P. IX, 19 — exemplis comprobare nequeamus, immo εὐθύνει semper apud Pindarum ῠ longum servet; vetustam huius loci labem glossa in textum intrusa exstitisse suspicor. Quodsi ὄρεται (O. IV, 12. P. XI, 23) vel ἄρεαι (Aesch. Ag. 47. Pers. 795) ναῶν πλόον scripserat, id recte glossa εὐθύναι s. ἰθύνειν καὶ ὁρμᾶν διὰ πλοίων expressum est. Sic emendatus magis credo hic locus legentibus acceptus erit.

35 Probatur mihi maxime colon cum Mr. et H. Stephano. Minorem distinctionem Heynius invexerat.

35 sq. Böckhii ratio (de Crisi § 21): „voluit incisionem esse, quam habet in omnibus epodis, excepta quarta" vix sufficiat; nam si P. in quarta ἑπτὰ σοφά | τατα scripsit, cur h. l. non ἴνθα ποτ' ἤ|βρεχε scribere potuit?

37 ἀνίχ'] Sunt ista potius elisionis non scriptae quam psiloseos Aeolicae vestigia.

38 Pindarus ἁρματηλάτας, διφρηλάτας de hominibus sed etiam βοηλάτας διθύραμβος translate ut ξεναπάτας βασιλεύς, βιατὰς νόος. Quo sensu quamquam quodammodo ferri possit χαλκηλάτας πέλεκυς, ut sit χαλκοτύπος, de instrumento fabri ferrarii: tamen praestat χαλκήλατος ut sit χαλκότευκτος de securi ahenea quali utuntur ad victimas mactandas. Cf. σφυρηλάτοις ἀνάγκαις fr. 226.

38 Etiam N. X, 84 duo optimi ἀθηναία. Derivata forma (non paragogica: cf. Lob. Parall. p. 299 sq.) apud P. videtur η retinere, ut apud tragicos; sed primitiva ἀθάνα quater in omnibus mss. invenitur, qua forma etiam tragici utuntur, vel in trimetris. — De urbis nomine fluctuant mss.: N. IV, 19 in optimis, I. III, 43 in omnibus ἀθηνᾶν legitur; N. V, 49 in melioribus ἀθανᾶν in deterioribus ἀθανῶν; N. II, 8 et I. II, 20 omnes ἀθάναις praestant; O. VII, 86 et IX, 88 longe optimi et plurimi ἀθάναις; N. VIII, 11 omnes et O. XIII, 37 omnes uno excepto ἀθάναισι(ν); P. VII, 1 omnes uno excepto ἀθάναι; fr. 45, 4 libri Dionysii Hal. ἀθήναις sed fr. 46 plurimi qui versum laudant celeberrimum ἀθᾶναι. Recte igitur ubique Dorica forma reposita est. — De nomine populi eadem est mss. inconstantia. P. I, 76 (ubi desunt optimi AB) utrinque boni testes, sed N. X, 34 omnes in Dorico ἀθαναίων consentiunt; contra fr. 89, 3 cod. Athenaei ἀθηναίοισι; fr. 196 apud Plutarchum ἀθηναίων. Sed etiam in hoc adiectivo Doricam formam retinuimus.

Sin ἀθηναία non est substantivum paragogicum sed potius forma adiectiva, nulla causa esse videtur cur P. de dea ἀθηναία, de hominibus ἀθαναῖοι dixerit. Sed in talibus accidentibus usûs arbitrium est, non rationis. Constat enim poetis dcam modo ἀθάναν Dorice, modo ἀθηναίαν cpice (et antiquo Attico usu) appellatam esse. Etiam apud Theocr. 5, 23 ἀθηναίαν est in cod. Lips. (cum aliis mss. sine dubio), rccte, opinor, quod adde ad Ah. D. D. 134.

38 Paraphr. AB ἀνίδωκεν ἐκ τῆς κορυφῆς. Quartus casus cum κατά coniunctus apud P. saepissime, secundus semel tantum (O. II, 59 κατά γᾶς sub terra) invenitur, nam in P. XI, 38 idem coniectura illatus est.

39 Hoc igitur loco Dorica parectasis debili fundamento nititur; ἀνορ. firmat paraphr. AB ἀνορούσασα καὶ ἔκδηλος γενομένη.

41 Cf. ad O. VI, 101. In U ita distinctum est φαντὶ μβροτος δαίμων ὑπ.

44 Kayserus ὡς τᾷ θιῷ vel ὅπως θιῷ coniicit, innixus Vaticano Scholiastae ὅπως τῇ θιῷ θυσίας πλήθοντα βωμὸν ἐναργῆ κτίσειαν, unde eum θιῷ in suo exemplari legisse, ἂν non invenisse appareat. Nimis confidenter haec posuit vir praestantissimus. Nam apud Scholiastas nulla in his rebus constantia est, ut et hoc loco fluctuant dc θιῷ et θιᾷ, sed ita ut θιᾷ in melioribus mss. sit, et alio loco (O. XIII, 72), ubi poeta θιᾶς habet, in Sch. est ἡ θιός. Pindarus utraque forma utitur; θιός plerumque, θιά praeter illos duos locos bis in I. VII (VIII); vs. 60 θιᾶν (i. c. τῶν μουσῶν) fortasse perspicuitatis causa positum est; vs. 45 nulla causa est cur θιά quam θιός dicere maluerit. De N. V, 41 θιᾶς non constat, quamquam idem in Scholio repetitum est. Theocritus in Idylliis semper formam θιά habet.

44 Paraphr. Vaticana in ipso B ita legitur τοῦτον τὶ πηξάμενοι ἐπιθύειν. τὴν τε ψυχὴν τοῦ πατρὸς αὐτῆς διὸς τέρψαιεν καὶ κτλ., ubi in U est ἐπιθήσειν pro ἐπιθύειν. Ro. idem ediderat quod B habet; Hy. πηξάμενοι ἐπιθύσαντες τήν τι dedit. — Sed participium aptissimum est nec audeo ob liberiorem usum qui hinc inde occurrit (ut αἰδῶ καλύψαι P. IV, 146; cf. Matth. Gr. Gr. § 532, d.) infinitivum reponere. — Caeterum mirum est etiam insequens verbum ἰάνειν in quibusdam mss. infinitivi formam induisse. Schol. Thomanum (quod edidi in Sch. Germ. p. 34) demonstrat fuisse qui „cum plurimis mss." ἰᾶναι scriberent, quamquam quae ille **Magister**

de ὡς ἂν et cum infinitivo et cum verbo finito constructo dicit, aperte falsa sunt.

46 Sch. A ἡ ἐκ τῆς προμηθείας αἰδώς. id. οἱ τὴν προμήθειαν ἐπιστρεφόμενοι. id. ἔνιοι ἀναγινώσκουσι περισπωμένως αἰδῶς τῆς αἰδοῦς. id. προμηθέως αἰδῶς] ἡ προμήθεια τοῖς ἀνθρώποις αἰτία ἀγαθῶν καὶ ἀρετῆς γίνεται[.] προμηθέως αἰδὼς τὸ προτηρεῖν (cod. προσήκειν) τὸ μέλλον. id. ἡ πρόνοια. — Sch. B ἡ περὶ τὰ πράγματα πρόγνωσις. id. αἰδὼς ἡ ὑπάρξασα εἰς τὴν θεὸν ἡ ἐκ προμηθείας καὶ τῆς προγνώσεως. — gl. F ἡ πρόγνωσις. gl. E ἡ πρόγνωσις τῶν πραγμάτων. gl. Q et N^b ἡ προμήθεια. — Additamenta Sch. Vet (DU etc.) ἡ αἰδὼς δὲ τοῦ Προμηθέως. Comm. Mosch. τοῦ Προμηθέως, τουτέστι τῆς προβουλεύσεως, τὸ αἰδέσιμον, ἤτοι ἡ αἰδὼς ἡ ἐπομένη τῷ Προμηθεῖ, περιφραστικῶς ἀντὶ τοῦ Προμηθεὺς ὁ αἰδέσιμος. gl. μ'ν' (Moschop.) et Z τῆς προβουλεύσεως. gl. q ἡ αἰδὼς ἡ ἐπομένη τῷ Προμηθεῖ. gl. n ἡ εὐλάβεια τοῦ Προμηθέως, ἀντὶ τοῦ Προμηθεὺς ὁ αἰδέσιμος. gl. N^a ὁ προμηθευτικὸς ἀνήρ. Thom. Mag. προμηθέως] τουτέστιν ὁ μετὰ τοῦ προβιβουλεῦσθαι ποιῶν τι ὁμοῦ τι κατορθοῖ τοῦτο καὶ ἡδονὴν ἔχει ἅτε κατορθωκώς· τὸ δὲ αἰδὼς Προμηθέως λέγει, διότι πᾶς ὁ χρώμενος προμηθείᾳ οἱονεὶ τὸν Προμηθέα αἰδεῖται καὶ τιμᾷ.

Ex his Scholiis et glossis efficitur, Ambrosiana et Vaticana propria, i. e. Scholia vere antiqua, non diserte loqui de Prometheo et nihil afferre nisi appellativa, sed inde ab Additamentis recentioribus omnes interpretes loqui de Prometheo ipso. Deinde fuisse apparet qui severioris Doridis (fortasse ne antiquae quidem; cf. Ah. D. D. 153 sq. 204. 238.) genitivum αἰδῶς male inveherent, ut haud raro grammatici etiam ω pro ου in genitivis inculcant. Iidem quomodo verba poetae construxerint non liquet, nisi fortasse ita, ut casu recto fingerent ἡ προμηθὴς αἰδώς, hoc sensu: „Minerva autem magnam Rhodiis s. Heliadis virtutem et gaudia, quae sunt circumspectae religionis [praemia], comparavit." collato O. XIII, 16 πολλὰ δ' ἐν καρδίαις ἀνδρῶν ἔβαλον Ὧραι πολυάνθεμοι ἀρχαῖα σοφίσματα. de artis sollertia Heliadis data. Ad Minervam etiam haec retulisse videtur Vaticanum comma illud quod supra laudavi ἡ αἰδὼς ἡ ὑπάρξασα εἰς τὴν θεόν, sed hic grammaticus, cum intelligeret „reverentia Minervae magnam Rhodiis virtutem virtutisque praemia multa paravit", quomodo προμηθέος explicaverit, non apparet, nisi fortasse adiectivum (pro προμήθεος) esse putavit, genere epicoeno. Alii utrum genitivum neutrius (τὸ προμηθὲς Thucyd.) an ipsius προμηθεύς appellativi statuerint, et si fecerunt quo iure fecerint, haud decernam. Si vertas „reverentia dei tutoris" vel „deae tutricis", serae Graecitatis est περμηθεύς tutor, curator ad quam significationem loci Aeschylei Su. 700. Pr. 86 munire viam videntur, sed non perficiunt. Tantum constat generalem sententiam eiusmodi: „Cura deorum religiosa multa bona hominibus affert" toti narrationi optime convenire. Quod si poeta ita extulit ut „deorum curam" artem Prometheam appellare voluerit, de hoc heroe ut sacrificiorum instauratore et inventore loqui videtur. Iam „reverentia Promethei" non est reverentia aliorum erga Prometheum ut prudentiae principem (Ra.), sed reverentia deorum quam Prometheus homines primus docuit

ἐκ τοῦ δ' ἀθανάτοισιν ἐπὶ χθονὶ φῦλ' ἀνθρώπων
καίουσ' ὀστία λευκά θυηέντων ἐπὶ βωμῶν. (Hesiod. Th. 557sq.)

Quamquam Heliadarum sacrificia non „ardent", sed id ipsum fortasse poeta indicaturus erat, eos Prometheae deorum reverentiae non prorsus memores fuisse. G. Hermannus (Aesch. Prom. 86) ad P. V, 25 Ἐπιμαθέος θυγάτηρ Πρόφασις provocavit. Adde O. VIII, 81 Ἑρμᾶ δὲ θυγατρὸς Ἀγγελίας. Ideo tamen non scripserim Αἰδώς nec hoc voluit Hm. — Ht. ἐν δ' ἀρετὰ ... αἰδῶς, perverse, nam ut dici possit „virtus parat praemia s. gaudia", non potest dici „virtus iniicit hominibus praemia religionis circumspectae".

47 Sch. A ἀπροσδόκητον Sch. B ἴδιον Glossae ἄσκοπον, ἀπροσδόκητον, ἀσημείωτον, ἀπροσόρατον. Nihilominus in emendatione Schmidiana acquiescendum esse videtur. Insequens ϱ vocis ῥίφος male duplicatum errorem eo faciliorem reddidit. Hom. Il. ϱ, 75 θέμις ἀκίχητα διώκων. Soph. Ai. 197. ἀτάρβηθ' ὁρμᾶται, in chorico, ubi vide Lobeck. Adiectiva similia hunc adverbialem pluralis usum amant, praesertim cum verbis eundi copulata. Est eorum quaedam cum superlativis cognatio, qui et ipsi in τος terminant. Sic N. VIII, 4 ἀγαπατά. P. II, 81 ἀδύνατα. O. II, 87 ἄκραντα, sed etiam alia multa ut φθονερά, χαμηλά, ἄπορα (sc. ἐστι), περισσά, κοῦφα, κενά, ξυνά, μακρά, πολλά, ἴσα, καλά, κακά. Frequens etiam singularis. Est ἄφαντον P. XI, 30 ut βαθύ adverbialiter P. II, 79 et ταχύ N. I, 51; παλαίφατον N. II, 16; ὄρθιον saepius. In universum lyricorum dictio adverbiorum in ως ab adiectivis in ος formatorum usum ut humilem declinat. Nusquam καλῶς (Homero perinde rarum; cf. Od. β, 63), κακῶς (Homero non inusitatum), ἄλλως, ἴσως etc. apud Pindarum obvia sunt, nec memini me alia legisse atque ὁμοίως P. IX, 81 (78). ἐτύμως O. VI, 77. ἱλα-

φρῶς P. II, 93. ἰξόχως O. IX, 69. In his quatuor locis (si ὁμοίως exceperis, ad analogiam adverbii ὁμῶς formatum) semper longa syllaba (bis ante vocalem) requiritur, ut non minus parcus in adverbiis talibus admittendis fuisse videatur, quam in solutae orationis praepositione εἰς pro ἐς. Sed saepe habet ταχέως, ὠκέως, πάντως, εὐφρόνως, προφρόνως, εὐσεβέως, similia. Porro ipsis adiectivis pro adverbiis uti solet, communi licentia, ut in πρῶτος, ὕστερος, ἴκηλος etc. Deinde Dorica ratione formatis ut ἡσυχᾷ, ᾷ, κοινᾷ. Denique locutionibus innumeris ut ἐπὶ ἴσα, τὸν Ἀργείων τρόπον, ἡσυχίᾳ, ἀταρβεῖ φρενί, ἀταρβεῖ κεφαλᾷ, poetarum lege. Sed tritissima fugit.

48 Invertit saepe lyrica audacia obiecta. Ut Pindaricum est dicere διδόναι ἄνδρα ὕμνοις pro διδόναι ὕμνους ἀνδρί, ita h. l. ὁδὸν παρέλκειν ἔξω φρενῶν dixit pro φρένας παρέλκειν ἐξ ὁδοῦ. — ὁδόν] gl. μέθοδον, τρόπον passim. παρέλκει] παρατρέπει gl. AB et Mosch.; παρασύρει gl. Tricl.

50 Sch. A καὶ γὰρ αὐτοὶ Sch. B καὶ γὰρ οἱ ῥόδιοι ubi vulg. (et O) male καίτοι pro καὶ habet, et U καὶ οὗτοι γὰρ οἱ ῥ. Glossae οἱ ῥόδιοι, οὗτοι, οἱ τοῦ ἡλίου παῖδες passim. Comm. Mosch. καὶ οὗτοι γὰρ — Est merum vitium καίτοι.

50 αἰθούσας] τῆς αἰθομένης καὶ λαμπρᾶς A τῆς καυστικῆς, ἀπὸ τοῦ αἴθειν B Veteres igitur αἰθούσας participium praesentis verbi intransitivi (Soph. Ai. 286.) αἴθειν esse credidisse videntur. Tamen ambigi potest an alia ratione derivatum sit, ut αἴθων (gen. αἴθωνος) et αἰθός adiectiva. Nam αἰθούς formatum ab αἶθος, i. e. aut „speciem ignis praebens" aut „igni repletus", recte facit femininum αἰθοῦσα, gen. αἰθούσας, nec ibi ου in οι transit Doridi, sed severiori in ω, dum mitior ου servat. Tres autem perboni libri mss. h. l. αἰθούσας scribunt; reliqui αἰθούσαις, ubi ς est fortasse pro σς, ut vs. 71. ἔσεσθαι in omnibus non interpolatis pro ἔσσεσθαι. Pindarus autem quamquam talium formarum amantissimus est, non contractas relinquere solet ut μελιτόεσσαν, σκιόεντων, Ὀπόεντα. Sed est n. pr. Τιλφώσσας fr. 211.; ἀεις contractum habes P. II, 10 αἰγλᾶντα; in aliis contrahitur quidem, sed solute scribitur. Quodsi ab αἰθύεις h. l. derivanda est forma, αἰθᾶσσας scribenda est, cum Bg.[1] Sed nec hoc nec αἰθόσσας, nec αἰθούσας confirmant mss; nec αἰθύεις, αἰθοῦσα ullo alio loco invenitur. Cf. P. III, 69.

51 ρ⁰ κείνοις οἱ μὲν etc. (om. ζεὺς) nihili est; nam ρ⁰ a Neograeca manu est, quae antiquum codicem Moscuensem refecit.

Nullus ms. Mingarellianam emendationem habet, nam Moschopulei omnes κείνοις quidem, sed non addito ὁ, neque Moschopulum hoc addere voluisse ostendit Comm. Mosch., ubi ὁ Ζεὺς subaudire iubemur. Eadem erat Triclinii sententia in cuius mss. est id quod etiam Mosch. dare voluit κείνοισι cum gl. ὁ Ζεὺς δηλονότι. Corruptio vett. mss. similis est O. II, 76 sq. ubi nomen proprium, quo omisso textus obscurior videbatur esse, e glossis in ordinem inculcatum est. Bipartita cum sit proxima personarum indicatio πατρί τι — κόρᾳ τι, facile inde lector „patrem" repetat. Nec ξανθὰν ἀγαγὼν νεφέλαν potest is alio referre quam ad Nubium Congregatorem. Nec idem immemor erit Homerici versus καί σφιν θεσπέσιον πλοῦτον κατέχευε Κρονίων (Il. β, 670). Nec quispiam Graecus, si pluat, Iovem pluere nescit. Haec ut omissionem subiecti quodammodo excusent, tamen vix sufficerent ut emendationem κείνοις ὁ sperneremus, nisi aliud accederet. Solennis enim est apud lyricos omissio in priore dichotomiae membro. Ut in P. III, postquam vs. 87. et 88 Peleus et Cadmus memorati sunt, vs. 91. in illis

, ὁπὸ δ' Ἁρμονίαν γάμεν βοῶπιν,
ὁ δὲ Νηρέος εὐβούλου Θέτιν παῖδα κλυτάν.

ex insequenti ὁ δὲ ad priora verba ὁ μὲν, ita h. l. ex insequenti αὐτὰ δ' ad priora ἡ s. αὐτὸς subaudiendum est. Mingarellii igitur emendatio ut simplex et ingeniosa, ita utique falsa est, quum removeat id quod lyricae dictioni proprium est ornamentum. Cf. ad O. I, 104. Ex An. Ox. Cram. III, p. 172, 3. quod allatum est τοῖς Ῥοδίοις ὁ Ζεύς, ὥς φησι Πίνδαρος, ξανθὰν ἀγαγὼν νεφέλαν πολὺν ὗσε χρυσόν nihil probat, ne id quidem, hunc grammaticum Ζεὺς etiam in suo Pindaro legisse interpolatum.

52 αὐτά] αὕτη paraphr. Sch. A malo.

52. 53. Haesitarunt multi librarii utrum casum signarent. Possit ferri genitivus quem explicat Schol. Thom. ineditum τὸ ἐπιχθονίαν πρὸς τὸ τεχνῶν, ὡς ἂν ἐπιχθονίαν οὐσῶν (consulto a Tricl. non repetitum), sed accusativum confirmant Schol. A et B cum gl. Mosch. κατὰ πᾶσαν.

56 De hoc loco multi multa protulerunt, sed id recentiores tantum disceptarunt, utrum μείζων subiecto attributum an de eodem praedicatum sit, i. e. utrum poeta de μείζων σοφία dicere voluerit quod ἄδολος τελέθει, an de ἄδολος σοφία quod μείζων τελέθει. Veteres omnes comparativum praedicativum esse putaverunt. Recte.

AD OL. VII. 81

Nam ipse comparativus comparando aliquid de aliqua re praedicat, ut in talibus κρέσσων γὰρ οἰκτιρμοῦ φθόνος — οὐδ' ἀλλοτρίων ἔρωτες ἀνδρὶ φέρειν κρέσσονες — κουφότεραι γὰρ ἀπειράτων φρένες — σὺν θεῷ φυτευθεὶς ὄλβος ἀνδρὶ παρμονώτερος — ζώει μάσσων ὄλβος ὀπιζομένων (ubi μάσσων verbi est) — ἀπροσίκτων ἐρώτων ὀξύτεραι μανίαι N. XI, 48 ubi vide notam. Ea enim est natura sententiae generalis, ut iudicium si non ad omnia tamen ad plura extendat, quod apud Pindarum praecipue fit ipsis comparativis. Ii si cum positivis in eodem enunciato copulantur, semper sunt potiores et quasi regnant. Quo nomine de nostro loco errasse video Böckhium, Thierschium, Welckerum, si fas est dicere de tantis viris quorum paucos nunc similes, pares nullos habemus. — Sed tria in hac sententia etiam Vett. Pindaricis ambigua esse non sine causa videbantur: 1) utrum ἄδολος subiecto simpliciter attributum sit, an pro ἄδολος οὖσα vel ἀδόλως ad verbum μείζων τελέθει pertineat. 2) utrum δαέντι sit pro δαέντος, μαθόντος, artificemque bene doctum significet; an iudicantis sit de arte. 3) utrum καί per traiectionem ad δαέντι pertineat, an ad ἄδολος, an denique totius sententiae sit ut quasi abundet. Hac si nugae sunt, bonae aetatis sunt, Alexandrinorum, qua Rhodiorum sacra ἄπυρα adhuc fiebant. Nam et haec μέχρι νῦν facta et illa proferunt Sch. A. — Caeterum ἄδολος non valet his Vett. **fraudis expers**, sensu ethico, sed **naturalis, infucata, non temperata**, vini instar, quasi poeta ingenium mero comparaverit quod doctrinae aqua temperetur. Vertunt vocem φυσική (gl. ABqn), ἄκρατος (ZΣ al.), εὐφυής, alii ἁπλῆ, φανερά. Neque aliter Thom. et Mosch. De praestigiis Telchinum nullus Veterum cogitavit. Ht. qui de ἄδολος Veterum opinionem recte exposuit, non debebat tamen, ut firmaret coniecturam ἀδόλου, afferre Scholion Thomanum, in quod genitivus et ipse coniectura Heynii et Valckenarii illatus est. Neque hoc ἀδόλου neque ἀδόλως ullus Vett. scripsit; ἀδόλως etiam alio nomine displiceret: vide ad vs. 47. Si quid movendum est, potius σοφίαν quosdam legisse censeas, nam Sch. AB μαθόντι σοφίαν habent, et alio loco B τῷ μεμαθηκότι τὴν σοφίαν, ubi D aliique ἡ σοφία. Quo accepto sensus erit: Ei, qui et ipse (καί, ut illi) sapientiam (artem) callet, ingenua (innata) maxima esse videtur. Neque aliter interpretor vulgatam: Cordato viro non doctrinâ parata, sed innata ars et ipsa maxima videtur esse, ut ea, quam Rhodii non didicerunt, sed a diis dono acceperunt. Ad iudicium aliorum de arte Rhodiaca transitus fit verbis ἢν δὲ κλέος βαθύ. Quanquam vett. interpretes omnes doctrinam et ingenium h. l. sibi opponi existimabant, ut contrarium elicerent: Etiam ingenitae sollertiae doctrinā opus est.

58. χθόνα δατ. fortasse propter Homericum δατεῦντο, δατέοντο (nusquam ιδ.); nam caesura non est causa omissi augmenti; cf. epod. 1. 2. 5.

62 μιν, omnes, ut P. III, 45 καί ῥά μιν in omnibus mss. Potest utroque loco μὲν scribi. An Homericum usum poeta in hac iunctura vocabulorum sequitur? Vide mea in Ia. LXXX, 44 sqq.

64 ἄμπαλον] ἀκλήρωτον B quae glossa pertinet ad vs. 62. ἀκλήρωτον. Traiectae hoc loco sunt aliae quoque glossae, ut ad μιν vs. 62 adscriptum est αὐτὸν τὸν Δία, quod pertinet ad alterum μιν vs. 64. — Sch. A mutilum ἔμελλον ἀνακληροῦν ἐξ ἀρχῆς καὶ ποιεῖν τὰ κεκληρωμένα τοῖς θεοῖς et ἀνακλήρωσιν γενέσθαι καὶ τὸν ἀναδασμόν | Sch. B ἀνακλήρωσιν ποιῆσαι, ubi O aliique ἀνακλήρωμα π. | πάλον ἐκ δευτέρου ποιῆσαι Thom. | ἀναμερισμὸν θεῖναι Comm. Mosch. | Glossae et hae et aliae, ut ἀνάπαλον A ἄλλον κλῆρον P | Substantivum ἄμπαλος (formatum aut ab ἀναπάλλω ut ἀναπάλη, aut a πάλος ut ἀνακίλαδος, ἄνοδος a κέλαδος, ὁδός) tueri videtur Inscriptio Melitaea nuper reperta, ex qua L. Dindorf in Thes. Steph. haec laudat τὰς δὲ δαμοσίαν χώραν, τούς τι Κοράνδας καὶ τὰν Φυλιαδόνα, μὴ ἀποδόσθων Μελιταεῖς, ὥστι πατρώαν ἔχεν τὸν πριάμενον, πολιτευόντων Πηρίαν μετὰ Μελιταίων, ἀλλὰ κατ' ἄμπαλον μισθούντα[ν], καθὼς καὶ τὸ πρότερον. Ubi Ussing, qui hunc titulum edidit, κατ' ἄμπαλον voluit esse per licitationem, nisi est „nova agrorum divisione elocanto". Etiam Eustathius ἄμπαλος] ὁ ἐκ δευτέρου πάλος s. κλῆρος i. e. si venia sit verbo, resortitio. Testibus his et rationibus Kayseri obtemperans reiicio ἄμ πάλον Böckhianum, quod quivis legens coniungeret, ut Hesiodeum ἄμ πέλαγος. Nam in tmesi ἀνὰ dicitur, non ἄμ. Nec propter glossam Ambrosianam ἄμπαλιν θέμεν (sc. κλῆρον) invexerim. Glossa illa aut vitiosa scriptura pro ἀνάπαλον, nam ο et ι in hoc literarum cursivarum genere facillime permutantur; aut generalior retractationis indicatio est. Sin ἀνάπαλον cum Bö. invitis Scholiastis adiectivam formam esse credimus, non absonum erit e prioribus κλῆρον s. τὴν κλήρωσιν subaudire. Nam πάλον ἀνάπαλον τιθέναι ad similitudinem formularum forensium ut δίκην ἀνάδικον ποιῆσαι, i. e. litem denuo iudicari et iudicium nullum esse iubere, bene

dictum esset. Quo etiam gl. A ἀνάπαλιν et B ἀ[να]κλήρωτον possint adhiberi. Nec formula illa κατ' ἄμπαλον comprobat substantivum, sed adiectivum continere potest, ut κατ' ὀρθόν, κατὰ μικρόν, κατ' ὀλίγον. — Caeterum πάλον ἀνατιθέναι non potest defendi locutionibus ἀνατίθεσθαι γνώμην, δόξαν etc., quae a metaphora diversa proficiscuntur, dico a ludo latrunculorum in quo quis motum suum recipit et retractat, latrunculo in pristinum restituto. Talia formam mediam flagitant.

66 πολύβοσσον ex Sch. B male intellecto (nam ἐν τῷ βυθῷ explicationi verborum ἔνδον τῆς θαλάσσης inservit) ortum esse videtur. Idem Sch. B recte explicat πολύβοσκον ἀνθρώποις] πρὸς ἀνθρώπων [βίον] χρησιμωτάτην. Gl. B ad ἀνθρώποις est καταχρηστικῶς πᾶσι τοῖς ἀλόγοις ζώοις, quae pertinet ad μήλοις, traiecta. Vide ad vs. 64. notam.

67 δὲ tuetur Aristarchi paraphrasis apud Sch. AB. In hac thesi brevis syllaba ferri non potest. Recte igitur Moschopulus ἐκλίνουσιν δ' scripsit.

ἐκ initio vocum antiquitus ita scribi solebat, ut ε apice tantum notaretur.

67—70. Sch. A 'Ἀρίσταρχος· ἐκλίνουσι δ' ὁ Ἥλιος παραχρῆμα τὴν μὲν Λάχεσιν ἐπιχειροτονῆσαι τῷ λόγῳ, τοὺς δὲ θεοὺς ὀμόσαι (cod. ὀνομάσαι) μὴ δὲ παραινεῖν μὴ δὲ πεῖσαι τὸν Δία περὶ τῆς μελλούσης φαίνεσθαι χώρας ὑπ' αὐτοῦ:- id. Sch. B sine nomine Aristarchi, et τοὺς δὲ θεοὺς ὀμόσαι μηδένα παρεριεῖν (παραιρεῖν U — παραινεῖν O) μηδὲ παραπεῖσαι...

Sch. A in paraphrasi generaliore διὸ τὴν Λάχεσιν ἐκλίνουσιν αὐτῷ ἐπικρῖναι τὴν 'Ρόδον· τοὺς δὲ θεοὺς ὀμόσαι (cod. rursus ὀνομάσαι) πεποίηκε (sc. ὁ Ἥλιος) μηδένα παραιρεῖν (ita cod.) μὴ δὲ ἀναπεῖσαι τὸν Δία γινομένης τῆς χώρας [φανερᾶς] ἄλλῳ τινὶ δοθῆναι αὐτήν.

Ex his apparere videtur Aristarchum παρφάμεν de persuadendo intellexisse (nam παραινεῖν sine dubio vera lectio est), atque ex prioribus ita infinitivum suspendisse, ut argumentum iuris iurandi contineat. Sed quomodo priora illa legerit et construxerit, non liquet, utrum θεοὺς δ' ὅρκον δόμεν s. θέμεν habuerit, an ad traditum θεῶν δ' ὅρκον μέγαν cum Moschopulo γενέσθαι suppleverit, an θεοὺς ὀμόσαι, an aliud quid. Nam noluisse eum accusativum ὅρκον a κελεύω pendere mihi constat, quod cum per se durissimum fuisset, ita distractum inter proximos infinitivos nemo intelligeret. Vereor etiam ut Graecum sit ὅρκον κελεύειν. Infinitivi quidem saepius obiiciuntur substantivis actionis, ut aliis ita Pindaro. Cf. O. II, 92 τικεῖν ab ἐνόρκιον λόγον suspensum; P. I, 36 ἵστασθαι a δόξαν, aliaque. Hoc nomine ὅρκον, μὴ παρφάμεν non offenderet.

Comm. Mosch. ... ὅρκον δὲ θεῶν μέγαν γενέσθαι, μὴ παρφάμεν, ἤγουν μὴ ἄλλο τι βουλεύσασθαι αὐτούς, ἀλλὰ.... Id gl. Mosch.

Sed ab hac verborum structura omnes nostri mss. dissentiunt, cum nullus, ne ipsi quidem Moschopulei, ante μὴ παρφάμεν distinguant. Eodem facit glossa optimorum παραβῆναι in BNP (et Tricliniana in Zμ'ν') et gl. παραλογίσασθαι in A cum altero Sch. AB (Didymi, nisi fallor) μὴ ἀπατῆσαι, μὴ παραλογίζεσθαι (ita B), τουτέστιν ἐπικυροῦν τὸν τῶν θεῶν ὅρκον, τοῦτο δὲ ὡς ὠμομοκότων αὐτῶν φυλάξειν τὴν ἐν τῇ θαλάσσῃ κρυπτομένην νῆσον. His astipulatus est Triclinius de sententia Thomae M. ἐκ τοῦ εἰπεῖν θεῶν ὅρκον μὴ παρφάμεν δείκνυσι ὡς οὐ μόνον τὰς χεῖρας ἀνέτεινεν ἡ Λάχεσις, ἀλλὰ καὶ ὤμοσε τὸ τῆς Στυγὸς ὕδωρ. ὅρκος γὰρ ἦν τῶν θεῶν τὸ τῆς Στυγὸς ὕδωρ. Qui cum παρφάμεν ὅρκον iungerent, structuram verborum facilem habebant, et cum παρα fraudis esse statuerent, poterant uti locutione simillima P. IX, 43, ubi παρφάμεν τοῦτον λόγον est falsum hoc dicere. Is autem qui falsum iurat, peierat.

Duplex igitur huius fuit loci interpretatio; altera Aristarchi et Moschopuli; altera [Didymi], Thomae, Triclinii. Ne illis quidem δ' movere placuit, pro quo Ht. θ' invexit.

Germanus priora interpretamenta more suo amplificat, diversa miscens, μηδένα παρφάμεν καὶ παραιρεῖν μὴ δὲ παραπεῖσαι καὶ παραλογίσασθαι καὶ ἀπατῆσαι καὶ παραβῆναι τὸν Δία κτλ.

Accedit ultimum Sch. B χεῖρας ἀντεῖναι, ἀντὶ τοῦ χειροτονῆσαι ποιῆσαι, κατὰ μετωνυμίαν. Hic grammaticus χειροτονίαν deorum Parcae monitu factam intelligere videtur, ut ἀνατεῖναι vim habeat factitivam, ut aiunt. Idem fortasse ad ὅρκον infinitivum ἀναδιδόναι ex ἀνατεῖναι subaudiebat, ita ut dii essent ii qui vota susciperent cum Iove, non Lachesis cum Iove. Quod ita fortasse cogitandum est, ut Parca approbationem auspicetur, cui astipulantur dii, verba gestusque iuris iurandi concipientes. Didymo vero iuramenta deorum ut praegressa cogitari videntur, quorum fidem Parca solemni modo sanciat et comprobet. Triclinio denique sola Lachesis manus porrigit et iuramentum facit, pro diis, opinor.

70 Glossa Triclinianorum repugnat eorundem lectioni φανερὸν et videtur pertinere ad scripturam φαεννὸν s. φαεινόν.

71 Sch. A μερίδα γενέσθαι et Sch. B (ad haec verba respiciens)

AD OL. VII. 85

εἰς ἰδίαν μοῖραν confirmare videntur trium optimorum librorum lectionem. γέρας Pindaro est honor, victoria, praemium virtutis singularis; μέρος pars debita, portio (Antheil). Ita I. VII, 39 γάμου γέρας est honor s. praemium nuptiarum; sed P. III, 98 εὐφροσύνας μέρος portio felicitatis, simpliciter; ut pars debita O. VIII, 77. Non tam proprie Sol Rhodum ut praecipuum donum accepisse dicitur, cum antea neglectus nunc debitum sibi λάχος accipiat. Unde in plurimos Pindari libros γέρας venerit, nescio, nisi nasutioris grammatici cura factum est, qui ultra poetam sapere sibi videbatur. Cf. de Hom. Od. λ, 534 μοῖραν καὶ γέρας ἐσθλόν Dammii Lex.

71 Ex eodem fonte haustum credas τελευταθεν, cui γρ. i. e. γράφεται praefixum est in B ut alteri lectioni μέρος, utrique a glossis probe distinctae. Intransitivum τελευτᾶν s. τελεῖν nec Homerus novit nec Pindarus; quae ellipsis (nam inde oritur hic usus verbi derivati) et de moriendo et de terminando Aeschyli est ceterorumque Atticorum. Scholia ambigua sunt, nam BCE τελευταθεν] ἐτελειώθησαν. ἐτελειώθησαν δὲ τούτων τῶν λόγων τὰ κεφαλαῖα, ἐν τῇ ἀληθείᾳ πεσόντα passivum passivo reddunt, sed A τελεύτασαν δὲ λόγων: ἀντὶ τοῦ ἀληθῆ ἐποίησαν τὰ δόξαντα. ἐτελειώθη δὲ τούτων κτλ. .... πεσόντα aut diversa miscet, ut priora illa ἀντὶ .... δόξαντα ad activum τελεύτασαν exceptum obiecto κορυφάς .... πετοῖσαι (dii verba sua rata fecerunt) spectent; aut intransitivum τελεύτασαν et vulgatam lectionem ante oculos habuit, ut verba ἀληθῆ ἐποίησαν τὰ δόξαντα generalem tantum totius sententiae valorem exhibeant, verba minus accurate exprimant quam sequentia ἐτελειώθη κτλ. — Plerique sine dubio τελεύτασαν intransitive ceperunt, nam in glossis (et in Sch. Recc.) ἐτελειώθησαν, ἐτελέσθησαν, ἐτελεύθησαν, ἐπληρώθησαν καὶ οὐ παρεβάθησαν (παρέβησαν) supra τελεύτασαν inveniuntur. Caeterum ambigas quid sit quod Triclinius contra Moschopulum de κορυφαί disputet; articulum, ait, cave ne ante κορυφαί suppleas; nisi fortasse Tricl. (et Thomas) κορυφαί praedicati esse voluit, ut οἱ λόγοι subiectum mente addatur: „illi sermones terminaverunt ita ut eorum cacumina in veritatem (immiscerentur)" Artificiose. — Pindarus amat formas in θεν et εν desinentes, quarum unam vindicavimus O. I, 64. Ellipsis autem aegre fertur in metaphora. Nam ut dici possit „κορυφαί terminantur", tamen non sine aliqua perversitate dicetur κορυφαί ter-

minant sc. viam. Toti autem locutioni imago subest turris s. montis cuius pars summa (ἄκρον) nubibus immiscetur.

74 Fortasse huic quoque epodo diaeresis restituenda est, ita ἔνθα σοφώτατα μιχθεὶς τίκεν ‖ ἑπτά ῥόδῳ | ποτὶ νοήματ' etc. Qua traiectione admissa (facili ea, nam σοφώτατα et ῥόδῳ ποτὶ alterum sub altero exarata sunt, ut locum permutare potuerint) epodos aliter dividere visum est, ut versu 15 Ῥόδον, εὐθύμαχον (Ambros. lect.) 35 νομόν, ἔνθα ποτε 55 φέρον. ἐν δὲ κλέος 75 τίκεν ἑπτά Ῥόδῳ 95 ἰδὼν εὐθυπορεῖ nec cum priore nec cum sequenti versu copulentur sed seorsim scribantur, brevi versu epod. 3. intercalato longioribus, ut in Str. Antistr. 3.

77. 78. Sch. Vett. in BIU (et rell. mss.?) ut diversam scripturam afferunt ὧν εἷς μὲν Κάμειρον πρεσβύτατον. Sed haec lectio eadem est quam in mss. nostris invenimus; nam non multum interest quod NX cum Additamentis Sch. Vatic. (τῶν δύο πρεσβύτερον) et gl. Tricl. (προγενέστερον Λίνδου καὶ Καμείρου) comparativum pro superlativo habent. Quapropter editor Romanus in ista scripturae diversitate apud Sch. Vet. πρεσβύτατος (de suo?) dedit, idque, quamquam cum sequente τι non congruit, tamen quodammodo eo confirmatur quod Cercaphus in Heliadarum recensu, qualis in B et Tricl. invenitur, primo loco nominatur (secundo in A), eodemque facit Comm. Mosch. ἀφ' ὧν εἷς μὲν ὁ πρῶτος Κέρκαφος τὸν Κάμειρον ἐγέννησε καὶ πρεσβύτατον τὸν Ἰάλυσον, ἐπιρρηματικῶς ἀντὶ τοῦ καὶ τὸν Ἰάλυσον πρώτιστα ἐγέννησε, καὶ τὸν Λίνδον, quasi ambas opiniones conciliaturus.

Olim mihi diversitas illa ita se habere videbatur, ut quod nunc legimus correctione Alexandrinorum invectum sit, cum aliquando ἐν τοῖς ἐδαφίοις fuerit ὧν εἷς μὲν Κάμειρος (sc. ἦν). πρεσβύτατον δὲ Ἰάλυσον ἔτεκεν (sc. ὁ Ἥλιος), Λίνδον τε. ut hi tres non nepotes sed filii Solis fuissent, quod, cum critici traditis fabulis non convenire viderent, in vulgatam scripturam mutassent. Sed contra moneas, Scholiastam in eo esse ut vulgatam lectionem exponat cumque post finem disputationis factum ὡς εἶναι τούτους υἱωνοὺς καὶ οὐ παῖδας Ἡλίου ita pergentem διὸ καί τινες γράφουσιν etc. eam scripturae diversitatem allaturum esse quae ad perspicuitatem cognationis addat, ut si πρῶτος pro εἷς μὲν a quibusdam legi voluerit, nec facile eum id pro diversa lectione proferre potuisse quo prior disputatio nitatur, quamquam hoc passim fit in Scholiis. Quae post allatam scripturae diversitatem sequuntur ὥστε τὸν λόγον εἶναι τοιοῦτον· ἀφ' ὧν τῶν Ἡλίου ἑπτὰ παίδων εἷς Κέρκαφος ἐγίννησε τοὺς προκειμένους ὥστι τὴν ἀπὸ προθέσιν ἔξωθεν λαμβάνειν ἡμᾶς utrum acceptâ istâ diversitate an ad priorem disputationem respicienti disputata sint non liquet. Ad hoc si olim fuissent qui tres illos Cercaphidas Solis filios fecissent, id procul dubio et clarius dictum esset et aliis quoque auctoribus constaret.

Sin vere πρεσβύτατος nonnulli praetulerunt, τε proximum mutaverint oportet, fortasse τίκ', Ἰάλυσον ἐπὶ τῷ, Λίνδον τ'. (cf. N. VI, 60) vel ἕτερον, pro ἐπὶ τῷ (Hom. Il. XII, 93. XVI, 179) vel simile quid scribentes. Mirum est nec A nec B loqui de Ialyso primogenito, quamquam non sine audacia filiorum ordo inversus est. Displicet ἕτεκεν repetitum; ft. e vs. 75 inculcatum. De mensura penultimae vocis Ἰάλυσος e consensu Dion. Perieg. 505 constare videtur. Etiam vulg. sic mutata ὡς εἷς μὲν Κάμειρον πρεσβύτατον τίκ', Ἰάλυσον ἕτερον, Λίνδον τ'. planiorem filiorum recensum praestaret. Sed nihil mutamus.

78 ἕκαστος ἔχει Sch. B; praesens non ingratum est, sed ἔχον tenendum.

79 Paraphr. A διαδασσόμενοι τριχῇ τὴν γῆν τὴν πατρῴαν, καὶ τὴν μοῖραν τῶν ἀστῶν, dist. codicis E, Comm. Moschopuleus confirmant interpunctionem Böckhianam.

81 τόθι circumscribitur in Comm. Mosch. diserte ὅπου, relative. Additamenta D etc. αὐτόθι οὖν et ἔνθα; Thom. diserte ἐνταῦθα; demonstrative. Schol. B ἔνθα, ambigue. Schol. A non habent paraphrasin. τόθι relativum est N. IV, 52; τότε demonstrativum vs. 41.

83 Paraphr. B ὡς θεοῖς, ubi U πῶς; ὥσπερ θεοῖς, vulg. ὥσπερ θεοῖς. Haec defendunt singularem lectionem Ambrosianam. Tamen est quod placeat in vulgata. Ut Homero (θεὸς δ' ὣς τίετο δήμῳ) ita Pindaro θεός pro θεός τις in talibus dicitur, ut O. XIII, 50 Σίσυφον πυκνότατον παλάμαις ὡς θεόν. Paraphr. A deest. In A ὥσπερ θεοῖς, in DNOZΣaoq Al. Ro. Br. ὥσπερ θεῷ cum sequentibus copulatur; perperam. BV idem recte cum prioribus coniungunt. CEFQU omnino non interpungunt; utroque loco μ' Cp. sq.

85 Mirum in modum metro repugnat Thomana lectio, quam Scholion (editum in Germ. Sch. p. 36) ἐν πολλοῖς καὶ παλαιοῖς βιβλίοις inventam esse testatur. Hanc Thomae notam Triclinius de industria omisit. Paraphr. B non exstat; in A traiecta et lacunosa haec τῶν ἄνθεσι: ἐκ τῶν τλαπολεμίων εἰς τὰ τλαπολέμια οὗτος

ἐνίκησι τετράκις εὐτυχίων. Mosch. vulgatam explicat, in qua nullam offensionem video.

85 Femininum ἰσθμός diserte testantur Sch. B et O. VIII, 48. N. V, 37. I. I, 32 cum paraphrasi Sch. B ad I. I, 32. Aut negligentiae aut malae sedulitati debetur, quod unus optimus et alter mediocris h. l. masculinum praestant, ut O. VIII, 48 ποντίῳ in C scribitur.

86 Noli praeferre κρανααῖσιν ἀθάναις. Amat poeta praepositionem ita interpositam, ut O. II, 75 βουλαῖς ἐν ὀρθαῖσι.

89 Fugit editores nostros vulgatam Βοιώτιοι esse nullius fidei lectionem, quippe quam soli interpolati cum Comm. Mosch. praestent. Emendatio haec est lectionis Βοιωτῶν quae in plurimis vett. invenitur. Sed duo praestantissimi codices alia suppeditant, Parisinus βοιωτίας, Ambrosianus βοιωτίαν. Prius verum esse duxi in praef. ad Schol. Germ. p. IV., nunc video longe melius esse alterum indeque facile explicari corruptum βοιωτῶν. Pindarus ut vulgarem formam vitaret adiectivum pro substantivo posuit, „der Böotischen", ut P. IX, 99 est παρθενική pro παρθένος. Vide egregiam disputationem Lobeckii in Paralip. p. 305., ubi se nescire ait utrum Βοιώτιος ἀνήρ in vetere oraculo adiective dictum sit ut homo Romanus an substantive ut βασιλεὺς ἀνήρ. Cf. eundem in Proll. Path. p. 500 et Path. I, 438. Neque ad dicendum facile est utrum Pindarus hoc sibi poetica audacia sumserit, an popularis sermonis imitatione, ut apud nostros poetas „die Schwebischen" legitur atque Ἀχαρνικοί, Λακωνικοί Aristophanea, et „Italici" aliaque. Quod Pindarus alias inter Λυδός et Λύδιος distinxit, quodque ἥρως Λυδός, ἄνδρες Αἰτωλοί, Ἀρκάδες cett. dixit, non impedit quominus etiam adiectivas formas pro substantivis usurpare potuerit. Suppetit similis corruptela P. I, 78 ubi tantum non omnes libri Μῆδοι praestant. Quod cum in metrum peccaret (ut h. l. βοιωτῶν), Triclinius Μῆδοι μὲν invexit, sed verum viderat Moschopulus Μηδείοι scribens, quam scripturam duo vett. libri Medicei nunc egregie confirmant. Est etiam Simonideum Μηδείων ἀνδρῶν. Quo collato Βοιώτιοι de personis usurpatum poetarum proprium fuerit, ut Βοιωτοί est solutae orationis. — Iam quum Βοιωτίων genuina lectio sit, altera quae est in codice Parisino Βοιωτίας emendationis speciem ostendit. Ex eodem optimo Ambrosiano emendari potest Scholion. Nam ubi apographon Vratislaviense φασι habere refertur, quod sensu cassum est, archetypon βασί praestat, i. e. Βασίλεια, quae Lebadeae celebrata esse e Sch. B constat.

90 Traditum erat πιλλανα τ' αίγινα τι diverso accentu signatum sed a Scholiastis pro nominativis habitum. Quum autem nominativum Αἴγινα ultimam brevem habere, metrum vero longam postulare viderent, duplici ratione haec sanare studuerunt critici: Byzantii traiectione Αἴγινα Πιλλάνα τι, Bergkius αἴγινα glossema censens ita Πίλλανα τ' Οἰνώνα τι. Utraque simplex est et ingeniosa emendatio, sed vereor ut acum tetigerit. Priori recte obiicitur, Πίλλανα cum altero loco O. XIII, 105 contra usum vulgarem ultimam brevem habeat, vix casu factum esse potuisse ut h. l. eadem mensura tradita esset, et Πίλλανα, non Πιλλάνα videri fuisse elocutionem Pindaricam. Ad hoc particulâ τι in hoc recensu (quanquam Homerica exempla aliquot afferuntur) apud lyricum poetam aegre caremus. Alteri nihil obiici potest nisi sumptionem eam esse traditae lectioni contrariam. Sed ut Böckhianum Πιλλανά τ' Αἰγίνα τι (acri codicis Parisini iudicio confirmatum) unice verum habeant lectores, attendant velim quomodo haec progrediantur: „Argivumque aes novit eum — inque Arcadiâ opera — et Thebis — certaminaque legitima Boeotorum." In his ante καὶ Θήβαις maiorem, post ea verba minorem pausam esse suspicor.*) Nam Thebani ludi ad Boeotios pertinent; Argiva atque Arcadica, Peloponnesiaca ambo, arctius cohaerent quam Arcadica cum Thebanis. Haec igitur cum paulo liberius copulata essent ita: und dann in Theben! — und all die Spiele der (übrigen) Böoter! — (ubi ὁ ἀγών potius quam ἔργα ad „Thebis" subintelligendum est), perrexit similiter ita: und Pellene! — und wie er sechsmal in Aegina siegte! —

Interpretes veteres cum verba καὶ Θήβαις arctius cum antecedentibus coniungerent propter commune subiectum ἔργα, dativum Αἰγίνα male intellexerunt et pro nominativo habuerunt. Nec ad mensuram vocis Πίλλανα attenderunt, quum Πιλλάνη in vulgus notum esset. Hinc factum est ut plurimi mss. πιλλάνα τ' αἰγινά τι scriberent. Attamen, ut fit, aliqua verae scripturae vestigia in paucis iisque optimis resederunt, qui utroque loco dativum signarunt. Solus Parisinus et structuram et mensuram recte dignovit.

---

*) ante (non post) κ. Θ. dist. plene BCEFGV*k*? — post (non ante) id. plene ADOXa^{ac}noq Ro. Cp. Br. — id. (sed colo) Hy. — id. (sed commate) Mr. St. Bö.* — ante id. commate, post id. plene NZa^b — Utroque loco plene UΣ*k*?μ'ν' Al. — id. (sed duplici colo) Sm. Ox.

Nemo autem animadvertisse videtur, quam ingrata ex parilitate casuum ambiguitas oriatur, ut nescias, num Diagoras sexies in Aegineticis ludis tantum, an in Pellenensibus et Aegineticis sexies vicerit, an denique senas utrinque victorias reportaverit. Sed si Πίλλανά τ'· Αἰγίνᾳ τε νικῶνθ'· ἑξάκις scriptum erat, quispiam vel legens vel audiens de Aegineticis tantum victoriis sex agi intelligebat.

Sic poeta et prudenti consilio ab errore audientium, et iusto pulchri sensu imbutus a tumoris vituperatione cavit. Profecto non facile erat, quum undecim certaminum loca nominanda essent, aut putidum recensum, aut inanem magniloquentiam effugere. Vide quam scite inde ab initio orationem variaverit. Modo locum, modo victoriam, modo numerum victoriarum aliter profert; modo hac, modo illa structura utitur, dissimilis ille Pindaro Berolinensi, qui belle et excelse sibi loqui videbatur in illo de Russis

> die verbunden waren mit allen, die
> am Mäotischen, Kaspischen, Finnischen
> Sunde wohnen, den rauhen
> Samojeden, den Ostiaken,
> und dem Tartar am Sangarfluß.

Idem cum Magnum Regem, meliore Pindaro dignum, praedicaret, non, ut noster de Diagora, sanctis pro eius felicitate et timidis precibus laudum agmen coëgit, sed modestiam victoris eo in fine carminis extulit, quod „se ipsum divina cum tranquillitate intueri omnium triumphorum summus esset triumphus." Quamquam quae ille de Musa sua non venali addit, virum probum ostendunt. At honesta illa et frigida magniloquentia quantum a vero poeta distat!

Böckhius in libello de Crisi de Laconicae urbis cognominis appellatione Πίλλανα admonet, quae olim Achaicae quoque fuerit. Kayserus Αἰγίνᾳ τε νικᾶν coniicit et cum seqq. ita iungit, ut Diagoras Megaris et Aeginae senas victorias reportaverit. Eodem sensu Rauchensteinius νικῶνθ' dici potuisse censet, ita ut λέγει αὐτὸν ἡ λιθίνη στήλη e seqq. subaudiatur. Hoc (etsi schemate, de quo ad O. I, 104 diximus, defendi potest) durissimum, illud non necessarium est. Nec quidquam de sex victoriis Megaricis traditum habemus. Ne Bergkii quidem coniectura Οἰνώνα ab ambiguitatis crimine libera est. — Caeterum non solum editores recentissimi sed etiam nonnulli librarii haerebant quo νικῶνθ'· ἑξάκις referrent; in FV ante (non post) idem, in E utrobique, pleno distinctum est. Plurimi mss. ut BCDGQUX aliique recte post (non ante) νικῶνϑ᾽ ἑξάκις pleno distinguunt; in A ita πολλάκι τ᾽ αἴγινά τε, νικῶνϑ᾽ ἑξάκις· ἐν, quasi „sexies" etiam ad Pollenam pertineret.

90 sq. ἑτέρου solus optimus codex habet; idem solus δ᾽. Reliqui omnes, quod sciam, ἕτερον et τ᾽. De particula nihil confirmationis est in Scholiis. Vulgatae ἕτερον favet Sch. A στήλη ἥτις οὐχ᾽ ἕτερον λόγον ἔχει ἐγκεκολαμμένον ἢ ὅτι νενίκηκε Διαγόρας, quamquam ἕτερον correctum est, sed non fuisse videtur a. c. ἑτέρου. Ambrosianae astipulatur Sch. B φησὶν οὖν ὅτι καὶ ἐν Μεγάροις ἡ λιϑίνη ψῆφος οὐχ ἑτέρου τινὸς οὕτως ἐγκεκολαμμένον φέρει τὸ ὄνομα ὡς τὸ τοῦ Διαγόρου. Quodsi ἑτέρου poeta scripsit, λόγον ἔχει quo sensu dixerit, ambigi potest. Non crediderim esse hoc Herodoteum rationem s. curam habere alicuius vel rei vel hominis, nec Platonicum intellectum habere alicuius rei, sed aut narrationem famamve, aut simpliciter verbum continere de eo. Iam dixeris perinde esse utrum quartum an secundum casum scripserit. Id secus est. Nam exquisitior est genitivus multo, opinor, et aliis locis munitus ut λόγος Ἐρεχϑίος ἀστῶν, λόγος Αἰακοῦ παίδων, λόγος Ὀδυσσέος, λόγος βοαϑόων. Qui eo magis placet, quod ipsa columna loquebatur genitivo ΔΙΑΓΟΡΑ. Habebat igitur vox lapidea λόγον Διαγόρα, ut Homeri volumina continent λόγον Ὀδυσσέος. Quod reputanti ieiuna videbitur vulgata ἕτερον quae facillime pro ἑτέρου irrepere poterat. Id si acceperimus, etiam δ᾽ accipiamus oportet, non quia nobis melius esse videtur, sed quia ex meliore fonte descendit.

Omnino huius vocabuli λόγος ambiguitatem passim interpretes fefellisse video. Cuius apud Pindarum quatuor sunt differentiae.

    1. sermo; sermones mali (ut N. VIII, 21) bonique (laudes): Rebe.

    2. narratio, fama: Sage.

    3. dictum, proverbium, oraculum, sententia: Spruch.

    4. res de quo sermone agitur: Thema.

Quarta ex altera et prima ita pendet, ut, cum hae saepe in ipsius poetae sermonem vel narrationem cadant, etiam ad notionem carmen et carminis materia deflectantur. Sed nusquam est nec ratio, nec respectus, nec proportio, nec causa, generatim. Ita P. II, 66 ποτὶ πάντα λόγον ἐπαινεῖν non est omni ratione laudare, sed in omni re vel dicendi materia; eademque mihi videtur esse sententia verborum P. IV, 132 πάντα λόγον θέμενος σπουδαῖον i. e. omnem dicendi materiam gnaviter disponens. Cum demonstrativo copulatum est id quod modo dictum est O. IX, 35. P. IV, 59. 116. IX, 43; O. IV, 17 aut proverbium aut id quod nunc dicturus sum; etiam N. X, 11 etsi trahi potest ad oraculi notionem, mihi potius id quod modo dixi valet. — Utut hoc vel illo loco ambiguum est quam potissimum notionis differentiam poeta informaverit, generaliorem usum aut non novit aut non voluit adhibere. Non adversantur enim loci sex, quorum unus est P. II, 66 supra laudatus. En reliquos: O. I, 28 ὑπὲρ τὸν ἀληθῆ λόγον non est (ut quidam aiunt) supra verum, generatim, sed supra veram narrationem; O. VI, 90 ἀληθέσιν λόγοις, quod a quibusdam Vett. (B¹ et Mosch.) κατὰ τὸν ἀληθῆ λόγον i. e. ἀληθῶς expositum esse video, est vera quam modo ostendi arte. Nam vera qui narrat, is verus poeta Pindaro. Ut O. I, 28 ad fabularum veritatem, ita haec verba O. VI, 90 ad musicam artem in Sch. AB² recte referuntur, quamquam vero hominum iudicio posse verti largior. P. I, 35 ὁ δὲ λόγος .... δόξαν φέρει non est „Quae ratio" sed aut hoc quod modo dixi aut hoc dictum, proverbium. — Succurrunt haec omnia quinto loco O. II, 22 et ultimo I. VII, 61. In illo ἕπεται δὲ λόγος Καδμείαις κούραις non est proportio, ratio, sed simpliciter meus poetae sermo sequitur nunc Cadmi filias i. e. transeo nunc ad eas; vel, si malis cum Sch. ἕπεσθαι esse convenire, convenit id quod modo dixi filiabus Cadmi. Recte Sch. AB² et Mosch. οὗτος ὁ λόγος, male B¹ αὐτὸς ὁ λόγος ut a dicendo abstractum sit. N. X, 37 est ἕπεται in simili transitu. — Altero loco I. VII tantum abest ut τὸ καὶ νῦν φέρει λόγον sit (Dissen.) „hoc et nunc rationem habet", ut sit „hoc et nunc meum poetae sermonem s. cantum adfert, dirigit, trahit. Paullo aliter Bö. (ad P. VIII, 38), credo, ita intellexit. „huic et nunc convenit id quod dicturus sum". Optime de utroque iudicavit Thiersch, acuto ille pulchri sensu praeditus, cum illic „es bewährte sich des Wortes Sinn", hic „was auch jetzt die Weise begehrt" redderet. Fr. 178 κυριώτερον ἐς σοφίας λόγον de Palamede Pindarus dixisse fertur, sed si ἐς σ. λ. valet „sapientiae respectu", Aristidis ea sunt rhetoris, non Pindari.

92 Pindarici adiectivorum usûs immemores erant, qui Ὀλυμ-

AD OL. VII. 93

πιονίκαι personae esse volebant et a τεθμόν separabant. Horum opinionem, quam refert sed iure suo impugnat Sch. A, tamen amplexus est Moschopulus. Idem fraudem fecit Germano, qui etiam ineptius κατὰ τὸν τεθμὸν τοῦ ὕμνου explicavit. Verum viderant Sch. AB cum Triclinio. — Nota glossas Vaticanas passim ea habere, quae scholia Ambrosiana praestant, ut h. l. τεθμόν] περιφραστικῶς τὸν ὕμνον gl. B et Sch. A et vs. 97 παρὰ τὸ ὁμηρικὸν μὴ δὲ γένος πατέρων αἰσχυνέμεν gl. B et Sch. A.

97 Ambrosianus rursus solus genuinam formam ἴχρεον servavit. Nam Pindari quoque est χρῆσιν P. IV, 6 χρησθὲν O. II, 39 ut vel Epicharmi ἀποχρέω. Vide Ah. D. D. p. 131 contra veterem opinionem (Buttm. G. G. 2, 327 sq.). Omnes reliqui (ut videtur) ἴχραον, in B cum gl. ἐπῆλθον, unde causam erroris cognoscimus. Scilicet alterum verbum χράω, χραύω ex Homerico στυγερὸς δὲ οἱ ἔχραε δαίμων i. e. ἐπιβάρησεν, ἐπῆλθεν male invexerunt. Triclinius a reliquis interpretibus dissentiens ἐξ ἀγαθῶν iungi et ad res bene factas referri posse indicat ut sit ἐξ ἀγαθῶν πραγμάτων, ὀρθῶς κρίνουσαι, de sententia Thomae M., ut videtur. Sed Sch. [A]B et Mosch. recte ἐξίχρεον iungunt, quo poeta utitur ut ἐκδιδάσκειν, ἐκμανθάνειν, ἐνδόσθαι, ἐκτελευτᾶν, ἐκφέρειν. Erat funditus imbutus (edoctus) hac veritate. Talia rara esse nihil mirum, nam sunt inventionis poëticae. Tamen post eum eodem verbo usus est Sophocles (O. C. 87) non sine aliqua vi et acerbitate: funditus me Apollo omnia mea mala edocuit.

98 Etiam Sch. AB στ scribunt, non τ; ut A ἐραστίδας et ter ἐραστιδῶν; B passim ἐραστιίδης et ἐραστιδῶν. Suspectum mihi ut Byzantiis et Ἐραστιδᾶν et N. VII, 35 Νεοπτόλεμος, quamquam nominum proprium usui aliqua conceditur licentia. στ et τ non solum omnino ad permutandum facilia, sed etiam στ eo facilius increbuit ob ἐραστής, ἐραστός. De ἐραστός vide Steph. s. v. et Lobeck. Parall. p. 272. Tamen sciendum est τ emendationis esse Byzantinae, de qua constabit, si gentem illam ab Erato Herculis f. Argivorum rege nomen duxisse constiterit. Sed haec ex nimis tenuibus vestigiis conciliata sunt ut persuadeant lectori.

94—98 De huius loci interpunctione et mss. fluctuant et Scholia dissident. Nam Sch. AB verba ἐπὶ — εὐθυπορεῖ cum antecedentibus, σάφα — ἴχρεον cum sequentibus coniunxerunt, ut his poeta se ipsum adhortatus esset, suppleto ὦ θυμί, quod O. II, 89 et N. III, 26 in quaestione legitur, et saepius a Scholiastis subauditur, ubi poeta se alicuius rei admonere videtur. Hoc diserte indicat B signo[;] ante μή posito, quo in optimis libris apodosis a protasi distingui solet; idemque QUVZaoq volunt. In plurimis ut in A utroque loco plene interpungitur, quod ambiguum est. Contrariam distinctionem G et E praestant. — Moschopulus distinctionem Sch. AB sequitur, sed de interpretatione dissentit, verba σάφα — Καλλιάναχτος ad Iovem referens. — Nostrates priora ad Diagoram, altera ad Iovem retulerunt, de sententia Triclinii. Recte, opinor, nam asyndeton offenderet, ut si isti verum vidissent, σάφα δαείς δ᾽ scribendum fuisset.

In sequentibus Sch. A¹ τὸ κοινὸν σκ. ά. K. simpliciter exponit τοὺς προγόνους, quod Thomas fusius explicat; minus recte Sch. B cum Moschopulo τὸ κοινὸν καὶ διάδηλον τοῖς πολλοῖς.

Verba Ἐρατιδᾶι τοι σὺν χαρίτεσσιν nullus nec Vett. nec Recc. Scholiastarum aliter iungit atque cum sequentibus.

100 διαθύσσουσιν praesenti redditur: ὁρμῶσιν gl. BΣ διατίθεται Sch. B et fortasse πτίσι Sch. A; sed futuro ὁρμήσουσιν et τραπήσεται a Moschopulo. — αἰθύσσοντες] ὁρμῶντες Hesych. παραθύσσει P. I, 87 a Schol. B ὁρμήσῃ redditur. παραίθυξε O. X, 73. Amare videtur huius stirpis vocabula Pindarus ut maxime exquisita et rara. Vide Lexica, etiam s. v. ἀναιθύσσω. Significatio inter movendum, concutiendum, splendendum (flimmern, flidern) fluctuat.

OLYMPIA VIII.

1 Librariis quibusdam fraudem fecerunt composita recentiorum poetarum a χρυσο- incipientia (ut VI, 57 in N), ut librariis Eurip. Ion. 1085; cf. O. I, 23.

1 In thesi primi systematis ferri potest Ὀλυμπία correptâ primâ. Epico more productum Οὐλυμπ- — undecies nunc legitur apud P., de sententia criticorum Byzantiorum, qui ubicunque numeri longam postulare videbantur ου pro ο invexerunt. Nam vetus traditio eis non admodum favebat, quum octies vett. mss. consensu ὀλυμπ- praestarent. Nec aliter Thomani, nisi quod hoc

uno loco O. VIII. inter utramque formam fluctuant. Moschopulus qui epicae productionis auctor exstitit, semel tantum dissensum tulit Triclinii, O. VII, 10 ubi anceps est anacrusis. Ter tantum omnes vett. mss. *οὐ* tradiderant, O. III, 36 et I. III, 73 in arsi trochaica, et N. IV, 75 in anacrusi alibi semper longa. Consensu, nam quod O. III, 36 duo mss. (NO) *ὀλ.* scribunt, id negligentiae eorum insigni tribuendum est. De aliis vocibus, quae eandem mutationem patiuntur, ut κούρα, μοῦνος, νοῦσος, οὖρος, οὐλόμενος, γούνασι, δουρί, δούρατα, multo fuit traditio constantior. Quae quum semel et vicies apud poetam inveniantur, nullo tamen loco ita ut in omnibus vett. mss. communem formam traxerint, immo in quindecim (tribus, qui in thesin incidunt, inclusis) eam ne unus quidem codex praestat, in sex reliquis*) pauci. Ad hoc tantum non omnes *οὐ* postulant, ut in arsi necessarium. — Differt igitur ab his exemplis quod de formis Ὀλυμπ- et Οὐλυμπ- traditum habemus. Omisso N. X, 84 qui mutilus est, restant septem loci. Ex quibus duos recte sanasse videntur Byzantii O. XIII, 88 et P. IV, 214 ubi prima syllaba in arsi est; de reliquis, ubi sive in thesi est sive in·anacrusi, est ut dubitemus, praesertim quum omnes non solum nominis proprii excusationem, sed etiam primi systematis vel veniam vel normam habeant. Sunt enim hi O. III, 15. V, 2. VIII, 1 in thesi; IV, 8. VII, 10 in anacrusi. Id enim pronius ad fidem est consulto quam casu aliquo vel peculiari librariorum ad ὀλυμπ- praeferendum propensione factum esse. Nec sufficiat dicere plurima hoc genus cadere in Olympia, quae, si ad optimos fontes adscendimus, non magis minusve corrupta esse inveniuntur quam reliqua carmina. — Nec cum Hm. N. X, 6 κουλιῷ in thesi primae strophae positum, nec cum Bö. N. VI, 64 Πουλυτιμίδαν invexerim, utrumque sine libris.

Contrarium vitium — *οὐ* pro *ὀ* — aliquoties accidit, ut O. IX, 56 κούραι traxit vocem κουρᾶν in omnibus vett. mss., cum deberet esse κορᾶν; et P. IX, 19 οἰκουριᾶν, quod Moschopulus recte in οἰκοριᾶν Aeolicum mutasse videtur, ut et Schmidio visum est, quamquam improbaverat Triclinius.

De ἀρχαίᾳ σημασίᾳ, cui non tantum tribuerim quantum hodie usu venit, vide ad N. X, 62. Lineola certe et consonantibus gemi-

---

*) Cf. O. VI, 17 δοpὶ A; P. X, 41 ὀλόμενον EF⁰⁰; P. IX, 27 μόναν I; P. VI, 21 ὄρεσι PQ Bo.; P. IV, 103 κόραι et IX, 13 κόρᾳ nonnulli.

nandis et vocalibus producendis antiquitus supra picta fuerit, qua neglecta multa in libros nostros devenerunt vitia, ut N. X, 84.

2 ἀλαθείας cum sequentibus coniungit U^b cum prioribus reliqui. Dissident autem Sch. A^1 et Sch. B (A^2) ita, ut ille μᾶτιρ ἀλαθείας et δίσπων· ἄιθλων iunxerit, veritate ad iudicium certaminis relata, quae luxata est verborum structura; hic δίσπων· ἀλαθείας et μᾶτιρ ἄιθλων iungens veritatem ad oraculum Iamidarum retulerit. Posteriorem opinionem et mss. omnes distinctione produnt, et Thom. Mosch. Tricl. sequuntur, idemque Bö. cum rell. edd. voluit. Rursus hi de matre certaminum ita inter se discrepant, ut Vett. cum Thom. et Tricl. de omnium certaminum praestantissimo, Mosch. vero cum nostris edd. de genetrice victoriarum interpretentur.

2 Dissentiunt inter se Vett. et Recc. quo sensu poeta παρα dixerit. Dicunt alii redundare praepositionem, alii esse eam cum διός coniungendam, alii idem esse quod ἀποπειρῶνται. In his omnibus aliquid veri inest, nam mihi παρα videtur deminuendi vim habere et modestiae esse ut εἴ τιν᾽ insequens. Cf. εἴ τι παραιθύσσει P. I, 87. Audacis hominis esset πειρᾶσθαι τοῦ Διός, sed παραπειρᾶσθαι modesti, „periculum facere de Iove explorando" (ein= mal einen Versuch machen mit der Erforschung des Zeus). Nam non est explorare simpliciter. Recte Papius in Lexico einen leichten Versuch machen.

4 Distinctionem post λόγον ab Hy. invectam nullus tuetur ms., exceptis DE, sed ne hi quidem de Heynii sententia, immo hi voluerunt (ut est in F) λόγον. ἀνθρώπων πέρι. μαιομένων perspicuitatis causa, ne anastrophen lector praetermittat. Omnes rell. non post λόγον, sed aliquot (ut AN) post πέρι interpungunt, eodem consilio.

8 Callierges insolitam huic loco curam impendit. Fortasse quominus Byzantios sequeretur deterruit eum et forma inaudita πληρίοντας et ingenua quam in Scholl. Recc. legerat interpolationis confessio Tricliniana οὐ χρὴ ἄνται [δὲ] γράφειν οὐδὲ εὐσεβείας, [οὐδὲ λιταῖς], ἀλλὰ πληρίονται καὶ εὐσεβίων καὶ λιταί. οὕτω γὰρ ἔχει πρός τε τὴν σύνταξιν καὶ τὸ μέτρον ὀρθῶς. οὐ μόνον δὲ ταῦτα, ἀλλὰ καὶ πολλὰ ἕτερα ἐκαινοτομήθη τῇ σοφωτάτῃ Μοσχοπούλῳ κἀμοί, ὡς ἐξετάζων εὐρήσεις, ἀνοικείως ἔχοντα πρὸς τὸ μέτρον. Confugit igitur Editor Romanus ad codices quibus utebatur BH indeque ἄνται δὲ recepit, de suo tamen duplicans ς; indidem λιταῖς recepit;

ex interpolatione autem admisit *εὐσεβίων*, omisso tamen *δ'*. Sic mistam ille lectionem exhibuit. Caeterum illa notula quae sit ratio et auctoritas correctionum Byzantinarum probe ostendit. Triclinius enim de omnibus eis quae ante ipsum Moschopulus novaverat hisce notis breviter admonuit lectorem, passim etiam sua prae Moschopuleis commendans, sed plurima illius inventa sua faciens. Cf. Sch. Germ. p. XVIII; 64, 3 et in notis passim.

Moschopulus emendationem suam ad coniecturam Asclepiadis applicavit. Is enim legit *ἄνεται* ... *λιταί*, schemate Pindarico, quod Beckio et Hm. persuasit. De Asclepiade vide Bö.[1] II, p. XV sq. Huius grammatici opinionem convellerunt alii, Didymus puto maxime, unde factum est, ut nostri libri vett. *λιταῖς* praestent. Li vero quomodo verba construxerint et intellexerint quaeritur. Primum ex Thomanis et Vaticanis propriis (cf. Germ. p. 38 sq.) apparet ambigi, utrum *ἀνδρῶν* ex *εὐσεβείας* an ex *λιταῖς* pendeat, id est utrum *ἄνεται δὲ πρὸς χάριν εὐσεβίας ἀνδρῶν, λιταῖς* an *ἄνεται δὲ πρὸς χάριν εὐσεβίας, ἀνδρῶν λιταῖς* melius sit. Deinde utrum *εὐσέβεια* et *λιταί* eorundem sint, an *εὐσέβεια* aliorum, aliorum vero *λιταί*. Si aliorum, *εὐσέβειαν τῶν ἀγωνιζομένων, λιτὰς* vero *τῶν Ἰαμιδῶν* esse manifestum; si eorundem, utrum interpretantium an consulentium oracula, non item. Si illud, poeta de Iamidarum tantum piorum precibus loquitur; si hoc, generalior est sententia de omnibus qui piis precibus oraculum adeunt. Deinde quo sensu verbum *ἄνεται* constructum sit; utrum *ἡ ἀρετὴ, τὰ ἔμπυρα, τοῦτο* aliudve*) subaudiendum et *τελειοῦται ἡ μαντεία εἰς χάριν (ἕνεκα) τῆς εὐσεβείας* intelligendum sit; an *ἄνεται λιταῖς* impersonaliter dictum sit pro *τελειοῦνται λιταί*, de sententia Asclepiadis, sed dativo servato. Si prius, utrum *ἄνεται* sit *ἀναδίδοται ἡ μαντεία* (Thom. zu Stande kommen, de illo oraculo non alienum) simpliciter, an *πληροῦται, τελειοῦται* (in Erfüllung gehen) emphatice. Denique quid sit *πρὸς χάριν*.

Tanta est huius loci ambiguitas ut Oedipo vel Asclepiado altero opus esse videatur. At ipsa ambiguitas pro argumento sit. Nam specialia is qui loquitur diserte eloquatur oportet, generalio-

---

*) Video quosdam adeo incidisse in *οὗτοι οἱ μαιόμενοι* e prioribus supplendum, schemate furtivo, quod nemo sanus intelligere potest. Gl. A *τελειοῦνται* nihil hoc adiuvat, nam est ea e Scholio Asclepiadis temere addita, ut saepe in glossis.

Annotatio Critica.

ribus vero semper aliqua ambiguitas inest, nisi perpetuitatem orationis respicias. Cf. O. VII, 56. P. II, 17 etc. etc. Si de Iamidis loqui voluisset, id expressius, opinor, protulisset poeta. Porro transitum generalioribus verbis facere solet; est autem h. l. ab exordio ad ipsius victoris res transiturus. Quem transitum ita instituit ut de precibus generaliter locutus ipse preces pro choro recipiendo faciat, suum de precandi effectu praeceptum exemplo comprobans. Relinquamus igitur vatum preces, de quibus Scholiastae et glossatores Böckhio et Kaysero persuaserunt. Relinquamus etiam Thierschium, qui Iovem subaudivisse videtur precibus interrogatorum satisfacientem; quod ut de sententia minime˜ineptum est, ita vereor ut Graecum sit. Nam etsi P. Θεὸς ἀνύεται τέκμαρ dixerit (P. II, 49), medio ἄνεσθαι (eoque cum dativo constructo) quemquam usum esse exemplis, quod sciam, commonstrari nequit.

Fateor me semper adhuc ἄνεται λιταῖς impersonaliter accepisse (cum Di. et Sw.) fit perfectio precibus, dativo commodi, non instrumentali. Nunc quum nullum veterum interpretum verba ita construxisse videam, eiusdemque structurae rarioris (Ma. § 297, ann. 2; Kr. § 52. 3, 6; 4, 5) exempla Pindarica me legisse non meminerim, erroris me arguo. Iam e prioribus subiectum repetatur necesse est.

Usu verborum ἄνω, κατάνω etc. accuratius pensitato, diversa misceri apparet a lexicographis, qui αὔξειν et φθίνειν (ἀφελεῖν), ἀποτελεῖν (πληροῦν) et καταπαύειν, ἀναλίσκειν coniungunt. Nam aliud esse videtur ἄνω [et ἄνυμι] unde factum est ἀνύω, ut ἰλκύω ab ἔλκω (cf. Lob. Path. I, 324); aliud ἄνω (et ἄνυμι) derivatum ex priore, praefixo ἀ- eoque cum altero ἀ confuso, ut ἀμέλγειν, ἀμείρειν, ἀμύνειν aliaque non pauca. De etymo, si proximum ἄν-ε-μος adhibere licet, metaphora navigantium subest, ut ἄνειν proprie fuerit expedire vento secundo, ἀ-άνειν (ἀπ-άνειν) contrarium admodum i. e. vento a cursu depellere, vel vento dispellere. At de hac re videant Etymologi. De significatione tantum mihi constat, ἄνω, ἄνυμι, ἀνύω esse efficere, perficere, iuvare (flott machen, fördern); et intransitive vel passive proficere, prospere succedere, expedit (von Statten gehen, flott sein); sed ἄνω [ἄνυμι, κατάνω] dissipare, consumere, deminuere, corripere (iter), finem facere, et passive desinere, elabi. Primitivi ἄνω tenuissima tantum vestigia supersunt, ut in illo Homerico Il. σ, 473 ὅππως ἔργον ἄνοιτο (et in altero Oppiani imitatoris ὁπόταν ἔργον ἄνηται) et in paucis aliis exemplis quae aut recentiora aut magis dubia sunt. Sed tritum est ἀνύω de operibus cuiusvis generis et οὐδὲν ἀνύεις nihil proficis (Du kannst es nicht blasen ioci causa compara). Alterum vero, ἄνω, paullo frequentius, sed tamen poetis proprium. Homerica sunt τὰ πολλὰ κατάνεται, νὺξ ἄνεται, χρόνος ἄνυτο Theocriti, Herodoti ἀνόμενον ἔτος, recentiorum epicorum κατανομένων ἐνιαυτῶν, ἀνομένων ἐτέων, νέον ἤματος ἀνομένοιο, in quibus ἄνω de opibus quae absumuntur, et de tempore quod elabitur dictum est. Item ἤνον ὁδόν Hom. Od. γ, 496 non est **perfecerunt iter, sed corripiebant viam i. e. accelerabant iter,** nam Pisistratus et Telemachus nondum pervenerunt Lacedaemona; similiter summa audacia lyrica Aesch. Ch. 788 ἀνομένων βημάτων desinentium gressuum; nec aliter Arist. Vesp. 369 τοῦτο μὲν πρὸς ἀνδρὸς ἔστ' ἄνοντος εἰς σωτηρίαν quod non eius est qui perficit iter ad salutem, sed qui accelerat iter naviter, qui vult perficere iter ad salutem. Is autem locus qui sine dubio tragicorum magnificentiam imitatur etiam verbo ἄνω ellipsin vocis ὁδόν vindicat. Atqui is cui via corripitur, accelerat iter et in eo est ut perficiat; ut per itineris metaphoram ad idem redeat ἄνω, quod ἀνύω videtur a primo initio significare. Ita ἄνειν ὁδόν est **accelerare iter,** ἀνύειν ὁδόν **perficere iter.** Licuit autem subaudire ὁδόν apud utrumque verbum.

Ergo Pindaro quoque ἄνεται scil. ὁδός est **deminuitur s. corripitur i. e. acceleratur via, non perficitur via,** nec, omisso ἔργον, perficitur opus. Iam nulla fuit ambiguitas et hoc voluit poeta: **Corripitur autem via ad gratiam (i. e. praemium) pietatis virorum precibus,** i. e. Precando homines ocius praemia pietatis attingunt; piorum hominum precibus ocius dii satisfaciunt.

De reliquis verbis nulla est mssorum fluctuatio. Genitivum εὐσεβίαν, quem Callierges veteri scripturae inculcavit, nec ullus vett. librorum praestat (nam de V male relatum erat, et quod in G εὐσεβείαν a recentissima manu suprascriptum idemque in Σ correctione invectum est, nihil probat), nec ab ullo Scholiasta vetere lectum esse effici potest. Nam quod in B¹ est τοῦτο τὸ εὐσεβῆς, id manifesto ex εὐσεβείας corruptum est, quum in eodem commate repetatur χάριν τῆς εὐσεβείας. Est autem genitivus εὐσεβίιας exquisitior et, si χάρις est praemium, magis aptus quam εὐσεβίων. Hoc εὐσεβίων ita tantum optime posuisset Pindarus, si cum ἀνδρῶν λιταῖς coniunctum esse voluisset. Sed πρὸς χάριν absolute positum frigere videtur nec defenditur O. I, 75 collato, ubi ad notam locutionem ἐς χάριν facile σου suppletur. Sed nostro loco χάρις videtur esse χάρις εὐεργίων gratia pro beneficiis ·relata, ut χάρις φίλων ἀντὶ ἔργων P. II, 17. Occurrit Soph. Trach. 993 sq.

ὦ Κηναία κρηπὶς βωμῶν,
ἱερῶν οἵαν οἵων ἐπί μοι
μελέῳ χάριν ἤνυσας (ὦ Ζεῦ)

Pindarus enim dixerat gratiam a diis pro (sacris et) precibus referri mortalibus. Cui quasi opponere videtur Sophocles acerbe: Qualem mihi pro tantis sacris gratiam retulisti! Possit hoc quidem iis favere qui ἄνυται vertunt perficitur, et vel Thierschio qui Iovem subaudit. Quo pacto etiam ἤνυσω apud Sophoclem (quod pro ἤνυσας traditum est) defendas allato Pind. P. II, 49.

Denique causam non video cur εὐσεβίαις λιταῖς cum Ht. scribamus. Nam id ab ultimo Sch. lectum esse non magis manifestum est quam a primo εὐσεβίων. Immo apparet hunc grammaticum λιταῖς a reliquis separasse et verba πρὸς χάριν τῆς τῶν ἀνδρῶν εὐσεβίας pro dativo instrumentali ταῖς εὐσεβίαις accepisse, quod etiam διὰ τῶν εὐσεβιῶν vel διὰ τῆς εὐσεβίας exponere potuisset. Est enim Atticis poetis πρὸς χάριν τινός fere idem quod ἕνεκά τινος vel dativus instrumentalis, ut Eurip. Med. 538 πρὸς ἰσχύος χάριν opponitur simplici dativo νόμοις. Sed hoc frigidum et a Pindaro alienum esse existimo. — Invenitur λιταῖς substantivum etiam alibi apud poetam.

De mensura penultimae in voce εὐσέβεια vide Bö. Gr. Trag. Princ. p. 264 sq.

11 Stephani coniecturam ἔσπετ' optimi mss. comprobant; brevis thesis in hoc systemate non offendit. Sch. AB in paraphrasi habent: ἂν παρακολουθήσῃ (A), ἂν ἐπακολουθήσῃ (B). Inde nihil efficitur.

16 Moschopuli commentum ὃν μὲν ἐν exprimit Comm. Mosch. (in aqμ') ὃν μὲν, ἤγουν ἔστι μὲν ὅς, τουτέστι σὲ, ἐν τῇ νεμέᾳ πρόφατον, τουτέστιν ἔξοχον κτλ. quod mutilatum est in nostris editionibus. Idem probavit Tricl. adiecta notula διὰ τὸ μέτρον τοῦτο.

Mss. vett. inter ὃς σὲ μὲν ἐν et σὲ μὲν ἐν fluctuant. Scholia Vetera non diserte agnoscunt pronomen relativum. Immo Vaticana, nisi solito negligentiora fuerunt, γενεθλίῳ. σὲ μὲν ἐν (quod est in textu eiusdem Vaticani aliorumque) ante oculos habuerunt. Ambrosiana generaliora sunt, ut nihil certi ostendant, nisi fortasse γενέθλιος lectum fuisse pro γενεθλίῳ.

Potest quidem omitti pronomen, et ὁ Ζεύς ad θῆκε suppleri. Sed et minus sic est concinna oratio, et versus eodem loco quo nexum eiusmodi desideramus numeris laborat. Nec ὅς glossam fuisse veri simile est, quae postea in ordinem recepta sit, quum ea potius fuisset οὗτος ὁ Ζεύς vel ὁ Ζεύς. Alioqui non displiceret coniectura Ahrentis (Ph. XVI, 52) γενεθλιδίῳ· σὲ μὲν Νεμίᾳ πε. qui recte observat, syllabam brevem post interpunctionem minus offensionis habere. Longius a libris recedunt aliorum emendationes, ut Kayseri ἔκφαντον σὲ μὲν ἐν Νεμίᾳ, et Bergkii, qui inter εὐφύλλῳ σὲ μ. ἐν Ν. et γενέθλιος ἀμφ᾽ ἀέθλοις. σὲ μὲν ἐν Ν. lectoribus optionem facit. Apud ambos enim offensionem habet πρόφατον, quod Byzantii pro πρόφαντον metri causa invexerunt. Constat scholiastas veteres adiectivum huius generis legisse, quum in paraphrasi ἐπιφανῆ, ἐπίσημον, ἔνδοξον habeant. Nec tam confidenter de πρόφατον pronunciaverim, cum in nonnullis adiectivis quae in φατος terminant „vis verbi penitus evanuerit" (Lo. Techn. 106). Incidi olim et ipse in προφανῆ, sed praestat nihil movere et iudicium Byzantiorum sequi, quorum lenissima est medicina. Vide etiam Ht.

Admisso pronomine emendationes Bth. ὅς μὲν σ᾽ ἐν et Bö.[1] ὅς σ᾽ ἐν μὲν thesin longam praestant. Hyperbaton in illa inauditum, in hac tolerabile fortasse. Sed mihi persuasit Hm., ὅς σ᾽ ἐν μὲν Νεμίᾳ non ad hyperbaton sed ad anacoluthiam revocandum esse, ut poeta pergere voluerit πὰρ Κρόνου δὲ λόφῳ νῦν Ἀλκιμίδοντα, sed oratione paullo immutata oppositionem inverterit. Altera Bö. emendatio ὅς σὲ μὲν (om. ἐν) ob exilem sonum quibusdam displicuit nec meas aures titillat, etsi brevis in thesi huius systematis ferri potest. Ἐν saepius inculcatum est*), quod huic loco eo facilius accidere potuit, quum μὲν praecederet. Tamen ἐν Νεμίᾳ coniungere solet P., ut O. XIII, 94. N. II, 23. III, 18. I. V, 3. 48. Nescio an scribam γενέθλιος (γενεθλίῳ)· ὃ σὲ μὲν ἐν Νεμίᾳ, quae scriptura et omissionem pronominis et corruptelam ὅς explicat,

---

*) Ad Sch. Germ. p. V, ubi tria exempla praepositionis ἐν male in textum inculcatae afferuntur (O. II, 61 sq.; P. III, 36; N. III, 46 sq.) adde alia quaedam: (O. IX, 8;) P. I, 35; III, 102; IV, 64; VIII, (11). 28. 78; (IX, 81;) N. I, 63.

forma rariore expulsa. Illud ὁ *) Vatic. recte reddidisset ὁ Ζεύς, si cepit demonstrative. Soluta arsis in primo systemate passim admittitur, ut ter in N. V (6. 10. 12.); cf. P. IX, 25. Sed eae trochaicae arses sunt, non dactylicae; atque offendit eo magis insequens brevis. Meis tamen auribus vel sic gratius quam ὅς σὶ μὶν Νεμίᾳ. Insequenti versu si cum optimis παρά pro πὰρ scripseris, eandem solutionem habebis, sequente brevi. Eadem brevis est vs. 20. 42. Omnino haec oda leviores numeros habet.

20 Ambr. ita distinguit accuratissime . ἔργῳ τ᾿ οὐ κατ᾿ εἶδος ἐλέγχων; ἐξένεπεν κρατίων πάλᾳ; δολιχήρετμον Αἴγιναι πάτραν. Vide de usu signi[;] ad O. VII, 94 sqq. Hm. κρατίων πάτραν δ. αἰ. πάλᾳ. Alii aliter transposuerunt. Non opus. Vide ad vs. 16 s. f.

23 Veteres non ὅτι vel ὅ,τι, sed ὅθι legerunt, quae rarior vox in vulgatiorem cessit, ut vs. 16 ὁ in ὅς abiisse coniecimus. Gl. AQ ὅπου; paraphrasis praestat ὅπου bis in Vatic., semel in Ambros.; ἔνθα bis in Vat.; ἐν τῇ πόλει in Ambr. Sex testes a collusionis suspicione liberi sufficiant. Unum tantum Ambr. comma ἐὰν habet in paraphrasi, quod ambiguum est. — Porro πολύ] τὸ πλῆθος gl. AZι' et ita etiam Sch. non adverbialiter sed substantive (πολύ τι, ὄχλος) quod vix credas hos analogiâ τοῦ τὸ πολύ τῶν Ἀργείων falso adhibitâ intellexisse. — Deinde utrum πολλά an πολλᾷ legerint non liquet; gl. A πολλαχοῦ, quod etiam in una alterave paraphrasi recurrit; ut nec utrum ῥέποι (ῥέπῃ), an ῥέπον, an ῥέπει. gl. A ὁρμᾷ, ἤγουν οἱ μὲν εἰσι πονηροί, οἱ δὲ ἀγαθοί, δύσκολον δὲ ἐστιν ἐν ὀρθῷ λογισμῷ διακρῖσαι αὐτούς· τοῦτο δὲ ποιοῦσιν οἱ Αἰγινῆται. — Denique διακρῖναι quod in optimo codice est cum Sch. B consentit, ubi septem infinitivi aoristi illi exprimendo inserviunt; sed in A Sch. διαγινώσκειν et ipsum διακρίνειν, in Mosch. (gl. et Comm.) τοῦτο διοικεῖν, in Tricl. τοῦτο γνώσειν.

Utut est de lectione, tantum constat, veterum huius loci intellectum toto coelo diversum fuisse ab eo qui inde ab Hy. nostris editoribus placuit. Heynio enim hoc ad peregrinorum negotia et causas, in quibus ius saepe varium, incertum et obscurum sit, referri visum est. Veteres de ingenti hominum multitudine, hospitum civiumque, Aeginam confluentium cogitaverunt. Diversa profecto studia etiam causas mercatorias comprehendunt, sed ad has solas nullus veterum verba retulit, ut generaliora, de omnibus

---

*) Cf. P. I, 74; II, 50; XII, 31; I. VII, 23. 49.

civitatibus populosis atque industriis quas non sine magna prudentia aequa lege moderere. Nam, ut Scholiasta unus addit, inter peregrinos etiam perditi homines multi; malos punire, bonos tueri, id in tanta turba qualis in Aeginam confluebat difficile. Tamen vel sic singula diverse accipi possunt, aut generaliter 1) ubi multum aliquid est et multiplex, id aequa lege ordinare difficile est; aut 2) ubi multa sunt et multifariam vergentia studia hominum, ut Aeginae; aut 3) ubi multa est et multifariam ingruens hospitum turba, suum cuique tribuere difficile est, de φιλοξενίᾳ. — Ab his aliquanto dissentit unus interpretum ὅπου ἐστὶν ὄχλος, ἐνταῦθα τὸν κατοικοῦντα ὄχλον τῶν συμφερόντων τι νοῆσαι χαλεπόν (B) vel ἐν ᾗ πόλει πολὺς [ὄχλος], ἐν ταύτῃ τὸν κατοικοῦντα κτλ. (A). Hic verba ad democratiae iniquitatem retulisse videtur, aut ita 4) ubi multum et multifariam praeponderans (εἶτον) est vulgus, non sunt iusti in hospites; aut ita 5) ubi quod multum est etiam multo (vel multis in rebus) praeponderet (überwiegen darf) etc. Ubi iniqua est partium civilium ratio ut plebis lanx praeponderet, ibi etiam in hospites aequitas deficit. Rectissime. Nam vulgus semper odio habet peregrinos. Pindarus, qui ubique sibi hoc nomine constat, non sine aliqua ambiguitate (ne disertius reprehendat Athenienses) sed tamen ita ut amici intelligant, Aeginetas admonet ne λάβρον στρατόν (P. II, 87) praeponderare sinant. Non sine causa sollicitus erat, nam triennio post insula ab Atheniensibus, ope popularis factionis, capta est. Iam omnia optime cohaerent. Vide de totius carminis consilio Interpretationem Germ. ad vs. 28. 74 sqq. etsi tunc cum aliis de verbis ὅθι γὰρ κτλ. erravi. Causae mercatoriae omnem huius loci splendorem obscuraverant.

25 Interpunctionem recte sustulit Ceporinus cum omnibus Sch. Qua sublata quo καὶ referendum sit quaeritur. Dissenius: „etiam hanc insulam" ut Olympia est columen hospitum omnigenorum. Quo nihil potest cogitari alienius. Quippe totum locum male intellexerant ab Heynio inde. Poeta versatur in comparandis Graecorum virtutibus hospitalibus. Dicit Aeginetas esse hospitales κατ' ἐξοχήν. Indicat futuram esse hospitum repudiationem vel in ipsa Aegina, gliscente plebis impotentia. Igitur non sine acerbitate addit καὶ, quasi Aeginam mox e numero hospitalium civitatium exclusum iri praevidens. Adhuc enim hoc inter caetera stat hospitalitatis praesidia, non semper stabit fortasse. Id quivis lector senserit necesse est. Gravissimi sane poeticae pulcritudinis atque

ethici vigoris apud Pindarum inimici exstiterunt, qui talia ab eo abiudicare voluerunt.

31 In versibus Euphorionis apud Sch. A codex Ambr. οὐκ ἀβοήθητα περὶ κρήδεμνα δεμόντες (non, ut Vratisl. ἀβοήθητοι πρὸς κ. δ.) ubi Gh. correxit οὐκ ἀβοήθητοι κρήδ. δίμ. omisso περι. Fortasse οὐκ ἀβόητα περὶ κρ. δ. servata caesura, id est οὐκ ἀκλαυστα non indefleta moenia cf. Ja. Anth. IV. p. 265. App. Epigr. 200, 1 ἤλυθες οὐκ ἀβόατος nisi malis hoc dictum esse de clamore pugnantium circa moenia Troiae.

32 Inf. fut. τεύξειν post μέλλοντες invexerunt Moschopulus et Triclinius; est etiam gl. Mosch. κατασκευάσειν et in Comm. Mosch. ἐπιτεύξειν. Sed Thomani cum vett. τεύξαι. Cf. Lo. ad Phryn. p. 745sq. Bö. de Crisi § 26. Dubitationem id facit de istis libris (ΓΔΣ etc.) Thomae Magistro tribuendis; cf. Sch. Germ. p. XIX. Sed longe plurima persuadent ut libros illos Thomanos esse censeamus, etiam id quod Thomam vel pauca vel nulla novasse silentio Triclinii (cum tamen Moschopuli mentionem faciat — vide ad vs. 8) indicatur. Is igitur id quod apud Atticos cum Phrynicho ut ἐσχάτως βάρβαρον convellit, tamen Pindaro concessisse videtur, sed recentiores Byzantii e Pindaro quoque sustulerunt. Cf. λασί- μεν post ἔλπεται ab iisdem interpolatum O. I, 64.

36 λαῦρος in tribus optimis ABE saepius invenitur quam λάβρος. Tamen (nisi duo olim vocabula fuerint) λάβρος (quod correpta prima legitur N. VIII, 46) rectius scribitur, ut etiam τοῖς ἀκριβιστέροις visum est Eustathii tempore. Vide Lex. et Lo. Path. I, 298.

37 νέον adverbialiter accipiunt Sch. Vat., et hoc valore idem cum antecedentibus coniungitur in Comm. Mosch.; Sch. Add. (D etc.) dicunt aliis id loco adverbii εὐθύς fuisse, alios vero idem cum πύργον adiective consociasse „novam in turrim". — In A non exprimitur νέον in paraphrasi. — Νέον adverbium poeticum esse mihi constat, sed nescio an cum ἐσαλλόμενοι coniungendum sit, ut in illo Homerico de Thetide ἡ δὲ νέον παρὰ πατρὸς ἐρισθενέος Κρονίωνος ἐρχομένη, κατ' ἄρ' ἕζετο ... i. e. „cum recens (simulac) venisset, consedit". Nam non id agit poeta ut dicat serpentes, simulac moenia constructa essent, insiluisse, sed, cum haec constructa essent (quod recens factum esse dicere non attinebat), simulatque insiluissent, statim duos relapsos esse, unum vero obtinuisse. Possit igitur participium praesentis temporis eo consilio

hic positum videri, ut Pindarus schemate Homerico uti voluerit: „Recens assaltantes tres, deciderunt duo, unus vero rem obtinuit" i. e. „Simulac tres insiluerunt, statim etc". Neque aliud fortasse Sch. Vett. cum *εὐθέως καὶ παραχρῆμα* et *εὐθύς* interpretarentur in mente habuerunt. Iam Moschopulus caeteris errorem pracivisse videbitur.

38 *γε* ante *τρεῖς* in A ortum esse videtur e nota numeri *γ* male inculcata, ut *ι* ante *πίτυλον* I. I, 26 in B.

38 *κάπιτον* etiam Br. — *κάππισον* St.³ PSt. (*κάπιππον* St.⁶). — Triclinianum *κάπιτον* non intelligo, nisi tertiam dualis praesentis voluit esse pro *κατιπίτιτον*, sed nec praesens *πίτω* usitatum nec huic loco conveniens est. Saltem *καπίτην* pro *κατιπιτίτην* scribendum fuisset, at ne hoc quidem de mensura tueri possit N. VII, 35, nec id removebit tertiam plur. *βάλον*. — Singularem formam *κάπιτον* etiam Sch. A confirmat ad verbum textum exprimens: *ἀκαταλλήλως εἶπεν. ἰδεῖ γὰρ εἰπεῖν, γλαυκοτέρων δὲ δρακόντων εἰσαλλομένων οἱ β' κάπιτον, ἧς δὲ ὄρουσι βοήσας* ... ubi B *οἱ δύο μὲν κατέπιτον, ὁ δὲ ἧς ἀνόρουσι*. Constat autem de *κάββαινων* Alcmanico fr. 29 (34), nam is versus ab Hephaestione (76) pro exemplo purorum creticorum affertur. Nec mirum est et ibi *καββαίνων* in omnibus (?) et h. l. *κάππιτον* in multis mss. inveniri. Cetera exempla non admodum certa, sed addit fidem gl. Hesych. *κάπισι] κατίπισιν*; nam ibi *π* simplici opus est (ft. etiam *κάπιτι* scribendum), quoniam haec gl. inter *καπιμβαφίζων* et *καπίτις* memoratur, et ab altera gl. *κάππισι] κατίπισι* quae inter plura vocabula *ππ* habentia recensetur diversa fuisse videtur. Vide Ah. DD. 356. (DA. 213). — Hoc statuere minus periculosum, quam, quod cuidam in mentem venisse video, consociare *ψυχάς* cum *ἀτυζομένω, βάλον* vero cum *κάπιτον*, ut serpentes „fossam iaculati essent" (i. e. in eam incidissent!). Illud enim si paucos tamen nonnullos testes eosque locupletes habet, hoc utique nullos, ne sensum quidem communem et pulchri. Immo *βαλεῖν ψυχάς* de serpentibus ingeniosissime dictum est ut *ῥίπτειν*, ad similitudinem cutis proiectae, quemadmodum *βάλλειν τοὺς ὀδόντας*, et O. I, 58 *λίθον κεφαλᾶς βαλεῖν* = excutere, *ἀποβαλεῖν*. — Omnino autem hoc carmen frequentiores et audaciores correptiones habet.

39 *αὖθι δ'* (quod Pw. [Hy.] in *αὖθί τ'* mutandum esse censebat) in *αὐτίκ'* temere mutatur ab Ht. — Poeta saepe singula tantum ab epicis mutuatus est. Cf. ad P. V init. — Etiam adver-

bia αὐτοῦ et αὐτόθι singulis tantum locis leguntur apud Pindarum: P. VI, 37; N. IX, 32.

39 Sch. A ἀτυζόμενοι. ἢ ταραττόμενοι. ὅμηρος, πατρὸς φίλου ὄψιν ἀτυχθείς. ἢ περὶ τὴν ἄτην, τουτέστιν ἐν ἄτῃ ἐγίνοντο. ἀπίθανον γὰρ πιμπαζόμενοι. Ita extremam vocem emendaveris coll. Hesych. ἀτυζόμενος] λυπούμενος, ἐκπλησσόμενος et πιμπαζόμενοι] ἐπιστρεφόμενοι, ἐκπληττόμενοι, μεριμνῶντες. Minus probabilia sunt mihi γὰρ. βέλτιον δὲ [τὸ] πρότερον. (debebat hoc dicere Sch., nam ἄτυζ. non est ab ἄτη factum) vel γὰρ, πιμφίδας πιμπόμενοι. In codice legitur γὰρ πιμίοιπότιμ̊: — Dualem plurimi tuentur, pluralem Byzantii maluerunt, non sine consensu quorundam vel optimorum codicum. Sed nolui reponere pluralem, cum e corruptione facilius quam dualis oriri potuerit. — Male nonnulli codd. δατιζομένω scribunt, in C cum gl. διαμερισθέντες. Scilicet is de δαΐζεσθαι, δατεῖσθαι, δαταίεσθαι somniavit.

39 ψυχὰς βλάβεν (coll. Il. π, 60) coni. Ah. in Ph. XVI, 52 addens „eadem corruptela N. VII, 18 pro βλάβεν plerique libri βάλον exhibent, unus λάβεν, per quod a βλάβεν ad βάλον transitum est." Paullo aliter rem se habere ostenditur l. l. Nam λάβεν corruptela, βάλον vero coniectura est Byzantina. — Pessime Aw. πνοιὰς βάλον, non Pindarum, sed interpolationem metricam grammaticorum emendans, de qua vide Bö. de Crisi § 34.

40 Reposui ἀνόρουσι ex optimo codice Vaticano, non obloquente Ambrosiano. Minus accurata est interpretatio εἰσῆλθεν, si hoc voluerunt esse ἦλθεν εἰς τὴν πόλιν. Nec si ἐσόρουσι legeris, hoc voluit poeta esse irrupit in urbem. Tres dracones per murum intrare conantur (ἐσαλλόμενοι); duo recidunt; unus insilit vel assilit (ἀνόρουσι) in murum; ibi clamorem edit; ibi conspicitur ab Apolline. Cf. Hom. Il. λ, 273; Od. γ, 1; et paullo diversum O. VII, 39 ἀνορούσαισ' (prosiliens) ὑπερμάκει βοᾷ. Videtur glossa ἐσῆλθε et antecedens ἐσαλλόμενοι traxisse lectionem vulgatam, quam non solum optimi mss. ignorant sed etiam ingratus sonus (cf. O. IX, 16 sq.) atque invenusta eiusdem praepositionis iteratio obnoxiam faciunt. — βοάν. ad sqq. trahit distinctio Vat. B; ft. cum uno Sch. B (195, 16); contra faciunt omnes rell. — Codicem z ex quo refertur βοάξας ego non vidi.

41 Videntur de ἀντίον ὁρμαίνων dissentire Scholiastae. — Ambr. et adsiticia Vat. (195, 35) exponunt οὐχ ὑπερέθετο στοχάσασθαι,

ἀλλ' ἐξ ἐναντίας ὁρῶν [ἔτι] εἶπε*) i. e. ex coram [adhuc] conspecto coniiciens dixit". — Sch. Vat. propria (196, 7) διαλογιζόμενος, διανοούμενος ... ἐναντίον καὶ ἀδέξιον**) θεασάμενος ... i. e. adversum s. infaustum animo volvens; quae verbis mutatis exprimit Moschopulus (195, 31), et ipse pro θεασάμενος addens σκοπῶν. — Apparet hos grammaticos non de ὁρμαίνων, sed de ἐναντίον tantum dissidere. Nam utrique ὁρῶν et θεασάμενος (σκοπῶν) perspicuitatis causa addiderunt, non quo ὁρμαίνων sic interpretari vellent. Id nullus dubitavit quin „deliberare" valeret et „ex deliberatione coniicere", usu Homerico. Neque aliter intellexerunt ὁρμαίνων interpretes inde a Ln. usque ad Hy. — Non recte igitur Ht. (qui de notione vocis ὁρμαίνων recte admonuit) εἰσορῶν pro ὁρμαίνων invexit. — Iunge τέρας cum ἔνισπε ὁρμαίνων, non cum ὁρμαίνων solo. Ut in Hom. Od. ἔνισπε est „nominatim indica", ita h. l. ὁρμ. ἐν. est „explicavit et edixit coniectando". Eundem huius loci intellectum produnt Tricliniani (μ'ς'), commate ante τέρας posito (et codex V voce τέρας virgulis utrinque disiuncta), ne quis τέρας cum solo ὁρμαίνων consociaret. — De ἐναντίον eis assentior qui „coram conspectum" interpretantur. Apollo enim non duos tantum, sed tres dracones videt: cf. ad vs. 40.

43 Ponderanti, non numeranti testes ὡς praeferendum videatur. Etiam Sch. B (196, 12) ὡς explicat. Sed Mosch. οὕτως, quod vivacius videtur esse.

44 In Doricis O. VI et P. IV βαρύγδουπος, in Aeolico-Lydiis O. I. N. IV βαρύκτυπος legitur. Hoc carmen O. VIII inter Dorica et Lydia fluctuat, nec offendat brevis thesis: cf. vs. 42.

45 sq. Scite, sed contra mss. et Sch. auctoritatem, Ah. in Ph. XVI, 52 ἄγξιται (urgebitur) καὶ τερτάτοις (i. e. τριτάτοις D. A. 56. 128) coniecit; male Ht. ἀρχίταις καὶ τίτρασιν γ'.

46 ἄρα quod Bö. edidit de sententia Hermanni ad Aristoph. Nub. 142. 1028 (ubi hoc etiam extra quaestionem poni ostenditur) etiam Moschopulus scribere voluit, nam 197, 9 in melioribus mss. (ut in a) ἄρα, non ἄρα legitur. Cf. etiam Hellerum in Ph. XIII, 98.

---

*) Ita AU Ro.; in A omisso ἔτι; in U Ro. στοχάζεσθαι. In U Ro. quae sequuntur ὡς δὲ συνέβαλε τὸ σημεῖον, καὶ οἰκείως ἔνεκεν (om. in A) eiusdem interpretationis sunt. — Ro. haec sine dubio ex H hausit.

**) Sic [G]U; ἄδοξον B Ro.

47 De structura verborum monui ad O. I, 104. Eandem rationem secutus Sch. B *εἰς* et ad Ξάνθον et ad Ἀμάζονας subaudiri iubet. Consentit etiam Sch. A (ubi καὶ εἰς τὰς Ἀμάζονας casu omissum esse apparet) et Comm. Mosch. — Male Ht. θεὸς .... ξανθός, ἤπυγεν ... scripsit, lyricam audaciam pessumdans.

48 De tonosi vocis Ὀρσοτρίαινα vide O. I, 40. 73. P. II, 12; N. IV, 86 et Lo. Par. I, 185. Si Homeri usum Pindarus secutus est, nom. -τριαίνα acc. -τριαίναν scripsisse existimandus est; si Aeolicum morem, retraxisse accentum; si Doricam rationem (Ah. DD. § 30 sq.), acutum a penultima non removisse. Quod credas h. l. voluisse indicare Sch. B, consensu paucorum sed optimorum librorum O. I, 40. 73. O. VIII, 48.

48—52 Dativum cum ἐπί coniunctum non solum optimi libri habent sed etiam Sch. Vett. magis quam accusativum tuentur. Ambigua quidem interpretamenta A εἰς ἰσθμόν et B¹ ἐπὶ ἰσθμοῦ τοῦ παραθαλασσίου, sed diserte iteratur dativus τῇ ἰσθμῷ in B² eundemque casum Thomas et Germanus agnoscunt (Sch. Germ. p. 42). Accusativum exprimit Moschopuleus Commentarius.

Etiam usus poetae dativo favet. Est quidem **accusativus termini post ἐπί** et apud omnes scriptores pervulgatus, nec Pindaro inusitatus, ut P. III, 69; IV, 203; licet saepius ponatur de actione, ad quam quis accedit, et de hominibus quos quis adit, quam de loco, quo quis pergit. — Cum autem **genitivus termini post ἐπί***) a Pindari magnificentia alienus fuisse videatur, **dativus termini** tantum non poetarum proprius est, nec infrequens Pindaro. Cf. ad O. II, 91, ubi adde fr. 73, 2; 254. Quodsi h. l. accusativum dativo a multis librariis suppositum esse videmus, id aut eadem ratione cum Ol. II, 91, ob solutioris orationis usum, aut ob διεράδ' insequens, quod διεράδα esse intelligebant, fecisse videntur. De dativo igitur ne minima quidem dubitatio relinquitur.

Sed quaeritur de structura verborum. Si διεράδ' accusativum διεράδα esse credimus, ille casus non sine dura, invenusta, obscura

---

*) Nisi hanc iuncturam semel (fr. 151, 7) admisit, ubi, coniectura haud improbabili ἀναιρεῖται in ἀναιτήτας mutato, poeta ἤλασε βόας ἐπὶ προθύρων = ad vestibula (ad similitudinem locutionis ἐπὶ οἴκου ἀπελαύνειν) dixisse existimatur. Alibi semper de loco ubi quid est; semel de tempore (O. VII, 76); vide etiam P. VIII, 89. Fortasse ille Genitivus termini ut in ἐπὶ ἵππου βαίνειν familiaris sermonis est, nec mireris eum a Sch. ad interpretationem adhiberi.

anacoluthia cum prioribus coniungi potest. Construuntur quidem verba eundi passim apud poetas cum simplici accusativo, etiam apud Pindarum, ut ἐλϑεῖν O. XIV, 20; P. IV, 51. 134; I. III, 70; μολεῖν O. IX, 71; N. X, 36; οἴχνεῖν fr. 45, 3; ἱκέσϑαι N. III, 2; ἐξικέσϑαι P. XI, 35; I. VI, 44; προσέρπειν O. VI, 83; καταβαίνειν P. IV, 55; N. III, 25; ἐλϑόντα καταδραμεῖν N. IV, 23; ἀναδραμεῖν O. VIII, 54; sed nec verbum eundi simplex praegreditur, nec ingrata ambiguitas evitatur, cum lectores facilius aut δεῦρο καὶ Κορίνϑου δειράδα aut δειράδα ἐποψόμενος consociarent quam accusativum δειράδα parili cum ἐπ' Ἰσϑμῷ ποντίᾳ valore syntactico acciperent.

Haec et anacoluthia et ambiguitas tollitur, si δειράδ' pro δειράδι accipere licet. Dativus enim non habet quo referatur nisi ad antecedens ἐπί.

Antiqui lectores et auditores bene noverunt utrum poeta dicere voluerit. Nam vocalis in elisione posita et audiebatur et, puto, scribebatur olim,*) de qua re vide quae contra Wolfium acutissime disseruit Ahrens in libello de Crasi et Aphaeresi p. 1 sq. Furtivae vocalis prolatio pausa sequente aliquanto facilior redditur. Hinc factum est, ut optimi poetae et Pindarus praecipue pausam maiorem minoremve post elisionem admittere consuescant. Nam rhetoricum, non rhythmicum intervallum efficiebat ut rhetoricae, non rhythmicae syllabae lenissimo quasi afflatu pronunciandae locus daretur. Bene auditu distinguebant μοῖσ(α), ἄγ(ε), οὖρον a μοῖσά γ(ε) οὖρον (N. VI, 29); Πηλία τ(ε), ὥς τε a Πηλίαν, ϑάς τε (N. V, 26); ἦ μ(ε) ὅστι ab εἰμ(ι) ὅστι etc. Nihil ad lyrica statim recte intelligenda plus contulit quam haec summissa furtivarum vocalium enunciatio. Verba enim vel audacissime traiecta ita saepe paullulum separabantur. Duo exempla e multis sufficiant: 1) P. X, 15 ἔϑηκε καὶ βαϑυλείμων' ὑπὸ Κίρρας ἀγὼν πέτραν κρατησίποδα Φρικίαν ubi βαϑυλείμων ἀγὼν quivis audiens copulasset, si vocalis α prorsus obmutuisset, sed hac vocali lenissime pronunciata pausulaque insuper de hyperbato admonitus βαϑυλείμων(α) a proximis separare et cum πέτραν coniungere debebat, 2) N. V, 1 ὥστ' ἐλινύσοντα ἐργάζεσϑαι ἀγάλματ' elisione ultimae vocis ὥστε vocalis insequens participium magis separatur quam coniungitur cum ὥστε, pausa propter ε furtivum interposita; pertinet autem non ad pro-

---

*) Exempla elisionis non scriptae permulta in optimis mss. suppetunt, ut O. IX, 28. 29. 44; XIII, 7. 17. 50. (83) etc.

ximum ἐργάζεσθαι ut subiectum, sed insequenti obiecto attributum est, de more poetarum traiectum. — Hoc non cadere in permulta alia elisionis exempla, ut in omnia quae compositorum similitudinem referunt (κατ' αἶσαν, καθ' ὁδόν etc. etc.), per se intelligitur. Sed etiam divisio lyricis in elisione usitatissima, ut in illo P. IX, 68 κεῖνο κεῖν' ἆμαρ alterum κεῖν(ο) obiectum verbi, prius vero voci ἆμαρ attribuendum esse videatur, et nec P. IX, 124 φύλλ' ἔπι sed potius φύλλ(α), ἐπί (multa folia, insuper etiam corollas), nec N. III, 84 Νεμέας Ἐπιδαυρόθεν τ' ἄπο καὶ Μεγάρων sed potius τ', ἄπο καὶ scribendum sit, ea lege schematis ἀπὸ κοινοῦ, de qua ad O. I, 104 disputatum est, et traiecto καί. — Omni autem elisione cum augeatur pondus syllabae antecedentis, ut in nostro Lieb' und Güte cum Liebe und Güte comparato, non absurdum est quod veteres librarii non solum reliqua monosyllaba sed etiam δ' (non δἰ) encliticis adnumeraverunt. Velut si P. IV, 270 legitur ἐσσὶ (mss. ἐσσί) δ' ἰατὴρ ἐπικαιρότατος, nemo sanus dividet ἐσσὶ | δ' ἰατὴρ sed ἐσσὶ δ' | ἰατὴρ, iam δὲ pronunciatum fuerit necesse est, sed sine accentu, igitur acuitur ultima paroxytoni antecedentis. Hoc diserte moneo quia omnes fere vett. libri et Tricliniani hanc tonosin exhibent; vulgatam perpauci vett. (F et X) cum plurimis Moschopuleis. Non nisi passim hoc in varia lectione notavi. Sufficiat admonitio. — Tardantur numeri his pausis furtivis et augetur eorum magnificentia, pondere notabili in syllabas, quae elisionem trahunt et quasi absorbent, incidente. Quod ut sentias, recte pronuncia illud poetae divini

    Ahi **quanto** a dir qual era è cosa dura
    Questa selva sel**vaggia** ed aspra e forte,
    Che nel pensier rinuova la paura.
    Tanto è amara, che **poco** è più morte.

etsi Italorum et Franco-Gallorum quam nunc sequuntur pronunciandi ratio aliquanto differt ab ea quam antiquam et Graecam et Romanam fuisse confido.

Ut redeat unde digressa est disputatio, Pindari auditores ut bene noverunt, utrum P. I, 67 et O. XIII, 110 τέλει an τέλεῖ, P. II, 36 ἵκοντα (ἱκόντα) an ἵκοντο, P. V, 75 Καρνεῖε an Καρνεῖα, P. VII, 6 αἰῶν an αἰῶνι, P. VIII, 68 τὶν an τοα, N. II, 6 et IV, 13 δ' ἔτι an δὲ τι dicere voluerit; — ita h. l. probe sciebant utrum δυράδα an δυράδι voluerit, cum praesertim (verbis ita consociatis) pausa ante ἐποψόμενος rhetorica pronunciandae vocali occasionem praeberet.

Utcunque autem antiquae pronunciationis memoria obliterata est, tamen nescio an nonnihil Scholiastarum testimonio concedendum sit. Vetustissima Ambrosiana diserte confirmant διιράδα (198, 5), nec refragantur Vaticana licet mutila et corrupta sint (197, 28 sqq.). Nemo ante Germanum dativum διιράδι diserto testimonio comprobat.

Accedit quod certa exempla ultimae literae ι in dativis tertiae declinationis elisae apud Pindarum reperiri nequeunt. Si apud Homerum non multa, apud Atticos poetas perpauca exempla suppetunt, Pindaro ea licentia ut concedatur idonea causa non est, ut nec aequali Aeschylo. Cf. Hm. ad Pers. 852; Lo. ad Soph. Ai. 802; Hm. ad Soph. O. C. 1436; Tr. 675; Ma. Gr. Gr. § 44. Nam O. IX, 112 ante Sm. nemo δαίθ᾽ pro δαιτί scripserat, neque illud exemplum, etiamsi rectâ emendatione creatum esset, multum probaret, cum semel sibi hoc lyricus poeta ad similitudinem Homerici (Il. δ, 259) ἐν δαίθ᾽, sequente pausa, sumere potuisset, quae analogia ad nostrum locum non pertinet.

Ut igitur verisimile est Pindarum ἐπ᾽ Ἰσθμῷ ποντίᾳ scripsisse, ita veri etiam similius est eum διιράδ᾽ voluisse esse διιράδα. Hic accusativus commodissime cum ἐποψόμενος consociatur, ante quod perpauci vett. ut NO (cum accuratioribus recc. αοꝗμ᾽ Cp. Mr.*) interpungunt, omittunt interpungere ABCDEFQVZΘΣπρ΄ο᾽ Al. Ro. Br.

Nemo autem cum Thoma M. δαῖτα κλυτάν ad Κορίνθου διιράδα explicationis causa appositum esse credat, sed omnes amplectantur potius ingeniosam Bergkii coniecturam δαιτικλυτάν. Compositi vestigia ostendunt Sch. AB, etsi in utroque mutilata: διῦρ᾽ ἵπποις: διῦρο εἰς τοσοῦτον (sic) τόπον ἐν αἰγίνη τὴν τὰς θυσίας αὐτῷ καὶ τὰς τιμὰς ἐνδόξως τελοῦσαι (A ubi ante τὴν lemma δαιτατλυτάν excidisse videtur); — ὁ δὲ ὀρσοτριαίνης Ποσειδῶν ἐπὶ [τοῦ om. B] Ἰσθμοῦ τοῦ παραθαλασσίου*) ὅς ἐστι πλησίον τῆς Κορίνθου ἐπείγετο θιάσασθαι**) τὴν τὰς θυσίας αὐτῷ καὶ (τὴν male addit B) τὰς (hoc

---

*) Hinc Bg.² colligit Sch. genitivum legisse. Vide supra p. 108 not.

**) Nulla h. l. lacuna est in B sed terminatur linea. Ft. τὴν Κορίνθου δειράδα excidit, ft. τὴν ἑορτὴν, ft. plura, ut τὴν τῆς Κορίνθου δειράδα, πορευόμενος εἰς τὴν ἑορτὴν .... vel (cum Bg.²) ἐθέλων τὴν Κόρινθον. Si hoc Scholio vel sic vel aliter restituto pro fundamento uti liceret, multa hariolari possemus, ut πὰρ Κ. δ. (cf. O. IX, 3), κὰκ Κ. δ. quod Homero non male sonabat (cf. O. IX, 87; N. X, 17; I. V, 8), ἐποψάμεν ἐς δαῖτα κλ. (cf. Suid. ὄψα, εἶδον et tritam locutionem ἐς δαῖτα, ἐς θῆρος etc.), sed nihil eiusmodi,

τάς om. U) τιμάς ἰνδόξως τιλοῦσαν (B). Praetuli autem δαιτάκλυτάν a rariore forma Homerica δαίτη derivatum ut δαίτηθεν, cum hoc et exquisitius sit et a vulgata scriptura propius absit, eodemque redit δαῖταν in MZ^ac quod ex δαιτᾶ ortum esse videtur. Possit quidem δαίτα κλυτάν arridere, ut δαῖτα vitiosa tonosi utatur, quemadmodum αἴσα pro αἶσα IX, 42 aliaque hoc genus plurima vel in optimis inveniuntur. Sed eadem motio est feminini in ναυσικλυτάν N. V, 9, aliisque (cf. O. VI, 59; IX, 33). Neque (si cui illa motio triplex displiceat) intercedam quin haec andronymica sint, a ναυσικλυτής et δαιτηκλυτής facta, ut ὀρεσσιβάτης. Cf. etiam Lo. Path. p. 555 sqq. Sed etiam δαιτηκλυτός recte formatum est, ut στιφανηφόρος a στιφάνη, non a στίφανος; de quibus compositorum formis vide Lo. ad Phryn. 649 sqq. Nam si dixeris δουρικλυτός aliorumque analogiam ad δαιτικλυτός potius invitare debuisse, respondebo sonum aliorum qualia sunt ὀνομάκλυτός, ἀγάκλυτός (quamquam aliter haec facta sunt) perinde ad δαιτάκλυτός formandum invitare potuisse. De insolito composito ab accusativo δαῖτα facto nemo cogitabit nec δαῖτα ad κλυτάν pertinere existimabit quemadmodum κάρη ad κομόωντας, cum hoc nec venustum nec h. l. perspicuum fuisset.

52 ἐποψάμενος si quis ob Sch. B θιάσασθαι et ob gl. Thom. et Tricl. (Thom. autem disparilia componit) scribendum esse existimet, hanc quidem formam rarissimam tueri possit fr. 58 ant. 8 (vide Steph. Th. v. ἰφοράω et Lo. apud Bu. 2, 259), sed obstat nexus et ordo sententiarum. Nam sive ἀποπίμπων καὶ ἐποψ. sive (ut N. XI, 44 sq.) ἐπ' Ἰσθμῷ καὶ ἐποψ. διερ. coniunxeris, in utraque structura „postquam inspexit" perversum est. Altera mihi iunctura probabilior videtur ut planities Isthmi cum arce saltuque Corinthiaco consulto componatur; cf. I. I, 9. Arx Corinthi quam late in Isthmum prospiciat nemo non meminerit, cui, ut mihi olim, illas regiones visere contigit. Haec duo, terra planissima a mari ad mare se extendens et mons ille a latere supereminens, peculiarem illius loci indolem efficiunt. Male Q δεῦρο καὶ K. διεράδα coniungit; δεῦρο esse „in Aeginam" omnia Sch. et gl. testantur. Non credo poetae esse intellectum minus accuratum (Hs.) „Graeciam versus."

54 Coniecturis ἀνέβριχον (Ht.) et ἀνίδραπον ὕμνον (Ah. in Ph.

---

me iudice, ullam fidem habebit. Neque ex isto Sch. coniecturam facere licet, quomodo Vett. verba poetae consociaverint.

XVI, 53) non opus est. Mss. omnes et Sch. ἀναδραμεῖν κῦδος testantur, quod poetica imagine niti videtur ut N. IV, 23 καταδραμεῖν ἄστυ (ita enim cum Sch. coniungo, consentiente metro). Illic victor decurrit ad urbem, hic poeta recurrit ad gloriam Melesiae. Utrumqne a certantibus sumptum, qui a meta decurrunt et ad eandem recurrunt. Sch. A dicit alios hoc de recurrendo minore ad maiorem natu, alios vero simpliciter de digrediendo ab athleta ad aliptam accepisse. De accusativo cum verbis eundi consociato supra dixi ad vs. 48; cf. etiam ad P. V, 72. — Genitivum Μελησία Triclinius scripsit cum Comm. Mosch. (199, 12), sed Thomas (198, 30) videtur dativum praetulisse. Vett. Sch. non liquet utrum dativum omnes (sed diversa potestate aut commodi aut poetica licentia pro genitivo), an etiam genitivum voluerint. Credo eos voluisse dativum scribere, etsi plurimi mss. iota non subscribunt, quae negligentia inde a s. XIII ingruebat; vetustiores tamen (AB) recte addunt. — Non magis constat de ὕμνων s. ὕμνῳ, nec e Sch. nec e mss. In A^ac erat ὕμνῖ, nunc est ὕμνῖ post correctionem quae a pr. m. est (in A nulla est m. sec.) sed alio tempore alioque atramento facta. Pro Sch. B² εἰ δὲ ἐκ τῶν ὕμνων τοῦ Ἀλκιμέδοντος ἐπὶ τὸ τοῦ Μελησίου κῦδος ἀνέδραμον, ὃ ἔσχεν ἐξ ἀγενείων, μηδείς μοι φθονείτω in A¹ leguntur haec εἰ δὲ ἐγὼ ἐκ τῶν ὕμνων τῶν ἀγενείων ἐπὶ τὸ τοῦ Μελησίου κῦδος ἀνέδραμον, μηδείς*) φθόνον μέμψαιτό μου, quae accuratius textum deformare videntur. Vat. igitur Scholiasta ft. ὕμνων pro ἀπὸ τούτων τῶν ὕμνων cepit, ita „si ab his Alcimedontis laudibus ad gloriam Melesiae, quam ex imberbibus reportavit, digredior"; Ambr. ft. ἀγ. ὕμνων coniungens (ut Ὀλυμπιονίκαν ὕμνον) simplicius ita: „si ex his imberbium victorum laudibus ad [similem] Melesiae gloriam recurro (ascendo)". Neque impedio quin hi genitivum Μελησία legisse censeantur, quamquam certum non est. — Sed Sch. B¹ εἰ οὖν καὶ αὐτὸς τῷ μελησίᾳ τὸν ὕμνον ἐφαρμόζων ἐπὶ τὴν δόξαν αὐτοῦ ἀνέδραμον, ἣν ἔσχεν ἐξ ἀγενείων non videtur consistere cum genitivo ὕμνων, sed aut ὑμνῶν aut vulgatum ὕμνῳ circumscribere. Etiam Sch. A² εἰ δ' ἐγὼ, φησὶ, τὸ γινόμενον τῷ Μελησίᾳ ἐκ τῶν ἀγενείων κῦδος ἀνέδραμον τῷ ὕμνῳ τοῦ Ἀλκιμέδοντος ἀφέμενος οἷον παραβὰς ἦλθον ἐπ' αὐτόν dativo calculum

---

*) Cod. μὴ δὲ εἰς ut dubites utrum illud quod scripsi (quod intellectum loci invertit, ut φθόνος sit pro φθόνου ἔγκλημα) an potius μηδείς εἰς φθόνον i. e. ὑπὸ φθόνου, propter invidiam, voluerit.

Annotatio Critica.

adiicit, nec credo hoc emendari debere ita ἀνέδραμον, τῶν ὕμνων τοῦ (cod. in Sch. h. l. ut persaepe omittit iota subscr.). Idem habet Sch. B² μηδείς μοι φθονείτω, εἰ εἰς τὸ γεγενημένον τῷ Μελησίᾳ ἐξ ἀγενείων κῦδος ἀνέδραμον τῷ ὕμνῳ, ἀποσχόμενος (B ὑπόσχ.) τοῦ Ἀλκιμίδοντος. Nec aliter Mosch. εἰ δὲ ἐγὼ διὰ τοῦ ὕμνου εἰς τὸ κλέος ἀνατρέχω τοῦ Μελησίου τὸ ἐξ ἀγενείων. Nihil igitur novavi.

De numero, loco, genere victoriarum Melesiae diversa quae a Sch. traduntur vel refellere vel conciliare difficile est. Tantum constat nullum Vett. Intt. dubitasse quin poeta de ipsius Melesiae victoriis loqui voluerit, etsi nescimus qua hoc auctoritate adiuti crediderint. Fuerunt qui unam victoriam Melesiae statuerent, qui duas, qui tres. Qui unam, eis aut ἔπειτα pro δὴ (A) aut οἱ ἔπειτα ἄνδρες „viri futuri" i. e. imberbes videntur fuisse. Opinio Triclinii (199, 30 sqq.; ft. cum Thom. et Mosch. 199, 12 sqq.) de tribus aliptae victoriis nititur Sch. A² ubi idem numerus indicatur. Hi vs. 54 sq. Olympicam Melesiae inter pueros victoriam commemorari existimabant. Vide Inscr. — Utut est, nobis de talibus rebus (quas audientes bene noverunt) nunquam prorsus liquebit. Vide Epist. ad Fr. p. 26—29.

58 Pro μάχαν cum de certamine gymnico inusitatum videretur Ky. μίτα coniecit, coll. P. V, 88 et N. VII, 8; Ra. ἔχειν; Sw. λαχεῖν scripsit; Ht. μίτα (a Ky. mutuatus) et praeterea τάν N. γ. ὁ. ἰ. κλυτάν χ. τάν τ'... Denique non male Fr. (in Ph. XV, 31) interpunctionem mutavit: τὰν δ' ἔπειτ', ἀνδρῶν μάχαν, ἐκ (iam Bg.² μάχαν, ἐκ)*) et Ah. (in Ph. XVI, 53) ἀνδρῶν μάλα proposuit, ut ἄνδρες μάλα opponerentur ἀγενείοις. — Bö. κατά ad μάχαν subaudiri voluerat; Di. μάχᾳ scribi. — Occursabat aliquando ἔχειν pro μάχαν scribere „quodque decus inter viros habebat", ut τάν relativa potestate uteretur. — At cum mss. et Sch. B**) in voce μάχαν consentiant, quis hercle, in tantis rerum Melesiae tenebris, inventis huius generis fidem habebit? quis exploratum iri putabit, quo peculiari temperamento usus poeta ingeniosus hoc pancratiastarum certamen „virorum proelium" appellare voluerit? Semper is in victoriarum recensu summae et brevitati et varietati studet.

---

*) Addo ad notas nec post χάριν nec post μάχαν interpungi in BEC O; in FNQV plurimisque post χάριν tantum. — Post ἔπειτ' in nullo ms. distinguitur, quod sciam.

**) Sch. A hanc vocem non exprimit. Ad ἔπειτα est gl. F ὁράω; ad μάχαν gl. E ἔσχεν.

Ponit igitur audaciora, eaque brevissime exprimit. Cf. ad O. VII, 90. — Venit etiam in mentem schematis ἀπὸ κοινοῦ, ita: „Nam*) Nemeae quoque hanc dixerim gloriam perinde [ex imberbibus] reportatam; alteram vero postmodo reportatam e pancratio virorum proclium [appellaverim]." Sin quid mutandum est, sola Kaysori coniectura aliquam probabilitatem habet.

59 ἐκ π.] Sch. B bis παγκρατίῳ reddit; semel ἐκ τοῦ παγκρατίου. Sch. A hoc non exprimit; Sch. Thom. ἐκ παγκρατίου.

63 περ. ἀλλ. omnes cum antecedentibus coniungunt.

64 Comm. Mosch. in mss. αqμ' etc. et Sch. A² distinctione indicant, verba ἐξ ἰ. ἀ. cum antecc. esse consocianda; sed diserte Sch. A¹ [et B ut videtur] haec cum sqq. coniungit.

65 Böckhii coniecturam νῦν γὰρ (cui ipse parum tribuit) Ht. recepit; idem ἕλεν pro ἑλών scripsit. Sed γὰρ e gl. in textum et lemma Ambrosiani venisse videtur; Sch. Vet. τοίνυν, quod non posuisset, si γὰρ legisset; Comm. Mosch. μὲν repetit. — Sch. Vett. partim περιποίησι (AB) s. ἤνεγκε (A) ad γέρας subaudiri, partim ἑλών pro ἕλεν accipi (A; cf. ad O. II, 56), partim ἔστιν ad αὐτῷ suppleri (B) iubent. Quam tertiam opinionem Moschopulus et edd. nostri inde a Ln. et Pp. probaverunt; Ta. collato P. IX, 4. Rectius cum A ex antecedente φέρειν suppleatur ἤνεγκεν ut magis concinnum et poeticum. Nexus est: Melesias optime scit quo modo puer sibi gloriam parare possit. Nunc quidem [non solum sibi sed etiam] ei decus [paravit] Alcimedon tricesimâ victoriâ reportatâ. Facile esset αὐ τῷ scribere, sed non opus est. Testatius foret e Sch. A [DG]U Ro. αὐτῶν reponere, sed in B est νίκας αὐτῷ ἐδίξατο τριάκοντα. Cf. Sch. Germ. p. 42.

67 De ἀμβλακὼν cf. ad O. VII, 25.

---

*) Hoc γάρ refertur ad εἰ ἀνέδραμον „si celebravero". Illico enim facit id quod modo dixerat se facturum esse, ad laudes Melesiae excurrens. Omnia pervertens Sdt. existimat vs. 54 protasin esse apodoseos vs. 65 νῦν μὲν κτλ., verbis vs. 55—64 interiectis. Isti orationi Oedipo opus coniectore fuisset, qui Sphingi interpres fuit, Prodico autem ut poetam a crimine obscuritatis defenderet. Obscuritas in rebus est, quae nos latent, non in verbis poetae. Quare si quam de his verbis coniecturam facere licet, id potius sumere oportet, Melesiae laudes, ut Atheniensis, ad „bonos" sensu Theognideo pertinentis, quibusdam Aeginetis invisas fuisse, idemque h. l. significari quod vs. 21—29 de gliscente iam adversus „peregrinos" odio indicaverat. Eodem redire potest quod vs. 53 „non eadem omnibus grata esse" his laudibus praemittitur.

67sq. Ht. δ' delevit, atque ex Sch. Vett. et hoc collegit et unum τύχας, alterum ἀνορίαν legisse. Neutrum sine specie: Sch.¹ B (201, 11) τῆς τοῦ δαίμονος εὐτυχίας καὶ τῆς ἀνδρείας τῆς ἰδίας οὐ διαμαρτών(τῶν BU) ... ubi U rectius τῇ τ. δ. εὐτυχίᾳ (etsi omisso ι); Sch.² BU etc. ὅστις τῆς τοῦ δαίμονος εὐτυχίας οὐχ ἁμαρτήσας, οὐκ ἀποτυχὼν δὲ οὐδὲ τῆς ἰδίας ἀνδρείας ἐνίκησεν. Sch.¹ A ὅστις ἀλκιμίδων, τύχῃ μὲν ἀγαθῇ δαίμονος χρησάμενος, ἀνδρείας οὐ διαμαρτὼν(τῶν cod.), ἐν τίτρασι παίδων ἀπεθήκατο γυίοις, νόστον ἔχθιστον, τουτέστιν δ' ἐποίησε παῖδας οὐχ' ἡδίας οἴκαδε ἀπονοστήσειν, τῆς νίκης στερήσας, ὡς δ' παῖδας αὐτοῦ καταβεβληκότος. Sch.² A ἀπεθήκατο τοῖς γυίοις (cod. υἱοῖς) τῶν ἀνταγωνιστῶν τὴν ἰδίαν δύναμιν, τουτέστιν ἀπὸ τοῦ παρακολουθοῦντος τὸ ἐνίκησε δ', καὶ ἐποίησεν αὐτῶν τὸν νόστον ἔχθιστον. Fere eadem, sed paullo explicatius, edita sunt ex B¹² etc. (201, 12 sqq. et 20 sqq.) — Textus A accurate distinguens: ∥ ὃς τύχα μὲν δαίμονος. ἀ|νορίας δ' οὐκ ἀμπλακών; | ἐν τίτρασι παίδων ἀπεθήκατο γυίοις ∥ νόστον ἔχθιστον. καὶ ἀτιμοτέραν | γλῶσσαν. καὶ ἐπίκρυφον οἶμον. protasin terminari signo[;] indicat. — Contra illa testimonia nemo cum Ht. delebit δ' quod facile casu excidisse potest in Sch.¹ A et quo deleto vereor ne Pindarus in prosam delabatur. Neque τύχας a Sch. lectum esse, sed genitivum ab eo ad structuram prosaico more exaequandam adhibitum esse censeo. Nec apparet (quod idem v. d. putat) Sch. AB legisse ἀνορίαν, οὐκ ἀμπλακών, ἐν ... Videntur enim interpretes Vett. partim, accusativum αὐτὴν e prioribus subaudientes, zeugma statuisse: ἀπεθήκατο ἐν τίτρασι παίδων γυίοις αὐτὴν (τὴν αὐτοῦ ἀνορίαν) καὶ ἐπέθηκεν αὐτοῖς νόστον κτλ. Non male, etsi νόστον accusativum remotioris obiecti (Ma. § 410) habere praestaret; cf. P. V, 10. (72?); N. I, 65 (?). Ἀποτίθεσθαι autem his auctoribus non est removere a se (Bö. Di.) sed deponere a se, defungi. Ut O. X, 39 νίκος ἀποθίσθαι est defungi certamine, sustinere certamen et Hom. Il. ι, 492 κρατερὴν ἀποθέσθαι ἐνιπήν defungi vituperatione, omittere eam, ita h. l. ἀπεθήκατο ἀνορίαν volunt esse defunctus est robore suo, exhausit robur i. e. totum impendit in tria puerorum corpora ut iis pararet reditum invisum etc. — Mosch. (201, 3) ab his dissentiens (me iudice, non recte) ἀπεθήκατο idem esse dicit cum ἐπέθηκε, ft. cum Sch.¹ A sed is quoque post γυίοις plene distinguit. Comma post γυίοις (quod reduxi) est in perpaucis ut in [B]Z Ro. Br. Mr.

69 γλῶτταν] Atticae formae passim invectae inveniuntur, ut h. l. in Triclinianis et P. V, 55 in Ro.*

AD OL. VIII.

75 Ht. e Sch. Βλιψιάδαις ἴπι, νίκαν sibi extundere visus est, ex qua scriptura „et ipsa corrupta" ἰπὶ νίκᾳ eliciens hoc in textum invehit. Nihil in Sch. reperiet sobrius lector, nisi verbis τὸν τῶν χειρῶν καρπόν, ὅς ἐστιν ἡ νίκη sat male circumscribi poeticam locutionem χειρῶν ἄωτον ἐπίνικον. Quousque tandem....

76 Sch. B καθὸ οἱ νικῶντες ἐλιθοβολοῦντο ubi D recte ἐφυλλοβολοῦντο; A καθὸ οἱ φυλλοφοροῦντες. Est quod placeat in scriptura Q: cf. P. IX, extr. Sed altera Vett. opinio, φυλλοφόρους ἀγῶνας a δωρίταις etc. ita distinguendos esse ut in illis frondeae coronae auferrentur, facit ut frondifera certamina recte dicta esse existimemus. Cf. etiam ἄεθλα χρυσοστίφανα vs. 1. — Sch. B 203, 9 ἱερῶν simpliciter.

78 Genitivo ἱεδομένων non opus est nec eum habent Sch. Ἔστι non copula est, sed Est cum pondere praefixum, verba autem κὰν νόμον ἑρδόμενον (si ita scripseris) exprimunt sententiam relativam ὃ κατὰ νόμον ἕρδεται. — Videtur Sch. B [καὶ] ἔννομον legisse, non κατὰ νόμον in illo: ἔστι δὲ καὶ τοῖς τετελευτηκόσιν ἔννομον καὶ δίκαιον μέρος ἀποδιδόμενον, τὸ τῶν ἐπαίνων λέγεις; Sch. A minus explicate καὶ τοῖς ἀποθανοῦσι μεμέρισται καὶ οἱ ἀποθανόντες κοινωνοῦσι τῆς τῶν ἐγκωμίων γραφῆς. Credo igitur poetam id quod dicere voluit „Est aliqua etiam mortuis (debita) pars laudis, quae rite persolvatur" ita expressisse καὶ ἔννομον ἦ. i. e. „et quae rite persolvatur." Si ἔννομον voluit, id adiectivum esse potest ut P. IX, 57; sed etiam adverbium prorsus Pindaricum est: cf. ad O. VII, 47. — Cum Hm. Bö.* faciunt gl. B κατὰ νόμον; gl. Σ κατά; Sch. Rec. (Mosch.) κατὰ νόμους, et tonosis in optimis mss., fortasse recte.

83 Commentum metricum Moschopuli ὅς σφιν ἅπατι Ζεὺς γίνει a Bö., praeeunte Hermanno, explosum est; etiam omissionem paragogici Böckhianam in σφι optimi duo cum aliis egregie confirmant; cf. N. VI, 52 (59); XI, 7. — Notabile est ὅ, vetusta in quibusdam scripturae diversitas, quod si quid valet, aut pro ὅ, τι accipiatur, aut (si pro ὅτι est) non ante ὁ sed ante λιπαρὸν virgula ponatur. Sch. Vett. ambigua sunt. — Ὀλυμπίᾳ cum antecc. consociatum diserte enotavi ex FGμ'ν'ο', idem Sch. B (203, 30) et Comm. Mosch. (204, 10) fieri iubent, cum Sch.[1] A ut videtur; de Sch.[2,3] A mutilis et corruptis*) non liquet. — Utrinque interpunctio est in n, nulla in DOUVΣo.

---

*) Ubi in B etc. est Καλλίμαχος δὲ θεῖος, in A[2] legitur Κ. δὲ εἷς τῶν συγγενῶν.

85 De θίλω et ίθίλω cf. Bö.¹ ad P. II, 69; Hm.² ad N. X, 84 (= 157); mea ad O. II, 97.

87 ἄγων] Sch. B διάγων καὶ φυλάττων — Sch. A ἐπάγων. Saepius ἄγειν de Parca, sed cum obiecto personae: O. II, 10; P. V, 71; N. XI, 42; fr. 6. Sed ut alii passim dicunt ἄγειν πόλιν, πολιτείαν = δεσπόζειν, ita etiam Pindarus ἄγειν de vita usurpare potuit. Attamen ἔχων quoque bene se haberet ut O. VI, 79 de cura et custodia divina. Utrumque de Parca O. II, 35 sqq. Difficilis optio est.

88 Sch. A ὁ Ζεὺς ἐπάγων ἀπήμαντον βίον, αὐτοὺς τὶ ἄξει (sic, non αὔξει) καὶ τὴν αἴγιναν.

OLYMPIA IX.

2 Etiam Sch. A corruptum est: ὁ τρίπλοος κεκλαδώς: ὁ μετὰ πλήθους κελάδων (sic). ἡ (sic) πληθύνει τὰ μέλη: — Et haec et alia merae sunt corruptelae, ut fit in vocibus rarioribus. Vide Sch. B et P. IV, 179; fr. 48, 3; Steph. Thes. s. v. χλάζω et Bu. G. G. II, 326 qui huic vocabulo propriam turgendi notionem vindicat.

3 ὄχθον] Longa thesi baseos (quam in Z et apud Sm. invenimus, indicatam etiam in B) non opus est. Saepe παρά cum accusativo a Pindaro coniungitur de loco ubi quid vel est vel fit, ut infra vs. 17; X, 101; P. I, 67. 79; III, 78; IV, 74; N. IV, 20; V, 10; X, 48; I. VII, 3.

8 Primo obtutu est ut defendas id quod in optimis libris est, μέλισσιν. Nam si ἐπιμίσσθαι est impertire, dare, tradere, distribuere, c. dativo personae et accusativo rei constructum, simplicius est dicere „ab arcu Musarum [iaculatus] trade Iovem et Olympiae collem his carminibus" quam „ab arcu Musarum trade eos hisce Musarum telis." Est autem in utralibet lectione poetica inversio, ut non sive tela sive carmina Iovi et Olympiae, sed Iupiter et Olympia telis carminibusve impertiantur.

Quae inversio lyrica maxime Pindarica est. Compara κράτει προσίμιξε δεσπόταν O. I, 22 et similia multa O. I, 90; P. IX, 72; N. I, 17; II, 22; IV, 21; I. III, 3; — Κύκνον θανάτῳ πόρεν O. II,

82 cui similis est emendatio N. I, 66 *νιν δώσιν μόρῳ; — ἴδωκ´ Απόλλων θῆρας αἰνῷ φόβῳ* P. V, 56; *ἀπὸ δ´ αὐτὸν ἐγὼ Μοίσαισι δώσω* P. IV, 67; *φῶτα ὕμνοις διδόμεν* I. VII, 60 et similia N. III, 11. 68; I. I, 16; II, 19; VI, 39; — etiam *ἐν* ad dativos adiecto (cf. Rh. XVIII, 303) O. I, 90; X, 82; P. XI, 37; I. II, 29.

Atqui his omnibus subest cogitatio „traditur aliquis aut felici aut infelici condicioni", gloriae potissimum, victoriae, floribus, corollis, carminibus, Musis, instrumentis musicis. Quare in *βέλεσσιν* displiceat nova telorum metaphora cum altera quae ab arcu sumitur confusa. Nam quod aliter expressum et collocatum ad augendam vim orationis confert, ut O. I, 1—7, id sic permixtum facere videtur ut utriusque metaphorae vis elidatur. Quodsi poetam urgere fas est, perversum est quod dicit „Ab arcu Musarum distribue Iovem telis". Tolerabilius saltem, si ab imagine iaculandi ad locutionem supra dictam „traditur is qui canendus est carminibus" deflectere voluisset. Cf. I. II, 3. Igitur *μέλεσσιν* praestaret.

Verum si *ἐπινέμεσθαι* non cum St. Hy. (Bö.?) de impertiendo s. distribuendo intelligimus (quo sensu activum apud Homerum invenitur), sed cum omnibus reliquis inde ab Alexandrinis usque ad Ln. Pp. Sm. Ox. (ad quos Di. rediit) de accedendo, invadendo, petendo: accusativus est termini, dativus vero instrumentalis. Iam rectissime se habet *βέλεσσιν* Schmidianum, nam „ab arcu pete Iovem sagittis" satis concinnum est. Notio principalis illius verbi medii cum accusativo coniuncti est dispergendi se et diffundendi per aliquem locum. Ita rumor (Aesch. Ag. 484 ubi *πόλιν* subaudiendum est), incendium (Herod. 5, 101 *πῦρ ἐπινέμεται πόλιν*), pestilentia (Thuc. 2, 54 *νόσος ἐπινείματο Ἀθήνας*) sparguntur. Quam imaginem h. l. significatam explicatius retractat Pindarus (ut assolent poetae) vs. 21 *ἐγὼ δέ τοι φίλαν πόλιν μαλεραῖς ἐπιφλέγων ἀοιδαῖς*. Sensus igitur est: „Occupa hisce carminum sagittis ab arcu Musarum (incendii instar) Iovem et Olympiae collem, anime vates!" i. e. copiosius dic de iis."

Eandem verborum structuram Sch.[3] B et gl. ABF *ἔπελθε*, *ὑμνησον* testantur, et Sch.[1] B *τὸ δὲ ὅλον τροπή. τόξῳ μὲν γὰρ τὴν ποίησιν, βέλεσι δὲ τὰ ἐγκώμια παραβάλλει* etiam *βέλεσσι* agnoscere videtur, licet hoc etiam ad vs. 11 possit referri. Sed in Sch.[2] B et in Sch. A *ἐπινεμήθητι τοῖς ὕμνοις τὸν Δία* et in Sch. C *τοιοῦσδε ποιήμασι* leguntur quae ad alteram lectionem *μέλεσσι* videntur pertinere. Hi utram constructionem et significationem verbi *ἐπινέμε-*

σθαι probaverint, non apparet. Sin „distribuere" active intellexerint, haec ratio neque exemplis firmata et multo minus nervosa et poetica est quam quae supra indicabatur. Quam tenenti tamen opus non est emendatione Schmidiana, nam etiam „Pete Iovem carminibus ab arcu Musarum" optime se habet, cum vs. 11 sqq. eadem imago ita continuetur et amplificetur, ut lectio βέλεσσι aliquid huic amplificationi praeripere videatur. Ipse lector decernat.

9 τὸ etiam per Sch. ὃ et ὅπερ firmatur.

14 Homericum κλειτός rarius apud Pindarum quam κλεινός et κλεεννός. Saepius hae formae permutantur ut vs. 19.

16 Aestheticae correctionis speciem habet Thomanorum scriptura μεγαλόδωρος.

14 αἰνήσαις optativum habuit Mosch. ἐπαινέσον, ὑμνῆσον explicans. — In commate Ambrosiano*) Scholiasta si non de grammatica diaeresi, sed de rhetorica diastole loquitur, dicere voluit αἰνήσαις non debere (ut alio loco dicit) συνηρτημένον legi, sed ἀπὸ ἄλλης ἀρχῆς (cf. p. 96; 11). — Vulgata Vett. Vaticana etc. nec optativo nec imperativo exprimunt vocem αἰνήσαις, sed plurimorum codicum interpunctio eodem redit. — Simillima ambiguitas O. II, 91, ubi pars Vett. participium (τανύσαις) statuunt; de nostro loco non constat dissensisse Scholiastas. Quod fidem addit Böckhium (quem vide) recte optativum praetulisse. Asyndeton non offendit, ut nec vs. 47 ἔγειρ᾽ ἐπέων κτλ. nec vs. 80 εἴην εὑρησιεπής κτλ.

16. sq. Mirabiliter huic loco accidit ut duae virorum doctorum coniecturae unius quo nunc primum uti licuit codicis fide comprobentur. Nam quod Böckhius e Sch. Vat. (211, 14) βρύει δὲ καὶ αὔξεται ταῖς ἀρεταῖς ταῖς τῆς νίκης ἡ Ὀποῦς, ἔν τε τῇ Κασταλίᾳ πηγῇ ἐν Πυθοῖ, καὶ ἐν τοῖς τοῦ Ἀλφειοῦ ποταμοῦ, τουτέστιν ἐν τῇ Ὀλυμπίᾳ praeclare emendaverat ἀρεταῖσιν, | ἔν τε Κασταλίᾳ, id vere invenitur scriptum in Ambr. A (nisi quod λια ibi est, omisso

---

*) αἰνήσαις ὃ καὶ υἱόν: τῇ διαιρέσει οὕτω τὸ αἰνήσαις. ἐχόμενον δὲ τὸ ῖ. τοῦτο δὲ τὸ ῖ προσενεκτέον ἐγκλήσει. καὶ δασύνοντας. ἵνα σημαίνῃ ἐπαινέσας αὐτὴν τὴν Ὀποῦντα καὶ τὸν υἱὸν δὲ αὐτῆς τὸ[ν] ἐφάρμοστον. καθὸ πατρὶς αὐτοῦ ἐστί. δύναται δὲ καὶ τὴν ἡρωΐδα λέγειν. υἱὸν δὲ τὸν Ὀποῦντα: Ubi δασυντέον et ἐγκλίσει (sc. εὐκτικῇ optativo) scribendum esse videtur, ut sensus sit: „ὃ cum optativo consociandum est". Iam sibi ipse repugnat Sch. illato participio ἐπαινέσας, pro quo ἐπαινέσαις (opt.) scribendum est. An ille a falsa diastole αἰνῆσαι σὺ cavere voluit? an αις pro ας diaeresin appellat? et ἔγκλησις est „vis accusativi"?

iota) cum gl. supra ἔν τε notata γρ. καὶ ἴσον τὲ Κασταλίᾳ, quae est reliquorum mss. scriptura. Rursus quod Bergkius in altera editione (ex ipsius procul dubio viri ingeniosissimi coniectura) posuit ἀρεταῖσιν, σόν τι, Κασταλία, id mirum in modum confirmatur Scholio Ambrosiano παρά τι τὸ σὸν ῥέεθρον κάστα. καὶ τὸ τοῦ ἀλφειοῦ, quod ad fidem apographi Vratislaviensis (211, 20) παρά τι τὸ ἴσον ῥέεθρον Κασταλίας καὶ τὸ τοῦ Ἀλφειοῦ editum habemus. Quod si vere est in illo apographo, librarius peccavit, nam archetypon et τὸ σὸν clarissime scripsit, et ῥέεθρον, Κασταλία, καὶ videtur voluisse, quoniam κάστα. non secundi, sed primi quintive casus compendium est, vocativos autem a reliqua oratione in mss. non separari constat. — Tres igitur Alexandrinorum huius loci non interpretationes sed lectiones videntur fuisse. Id clarius elucet ex integro Ambrosiano, si, quod insignite non tam corruptum quam omissione lemmatum confusum et mutilatum est, ita recte restituimus: θάλλει δ' ἀρεταῖς: ἢ [ἔν τι,] ὅπως θάλλῃ ταῖς ἀρεταῖς ἔν τι Πυθοῖ καὶ Ὀλυμπίᾳ. [ἢ ἴσον·] τὸ δὲ ἴσον ἀντὶ τοῦ κοινῶς*). [ἢ σόν τι, τουτέστι] παρά τι τὸ σὸν ῥέεθρον, Κασταλία, καὶ τὸ τοῦ Ἀλφειοῦ: — Haec quum antiquitus diversa fuisse videantur, quarta ft. scriptura latet in Vaticano (211, 18) θάλλει δ' ἀρεταῖς] ἡ Ὀποῦς θάλλει ταῖς ἀρεταῖς τῆς Κασταλίας, ἀντὶ τοῦ τῆς Πυθοῦς. Sed nec liquet quid ille si Κασταλίας legit pro ἴσον scripserit, et ft. ipsum ἔν τι Κασταλίᾳ legit atque de ἀρεταῖσιν tantum monere voluit, non esse virtutes Opuntis, sed splendores Pythii certaminis, quibus Opus floreat.

Noviciis coniecturis**) κράναν Κασταλίας (Ky.), ἀεὶ Κασταλίαν (Ra.), ἴσον Κασταλίᾳ παρ' Ἀλ|φειοῦ τι (Ht.), ἴσον Κασταλίας τι πὰρ (Ah. in Ph. XVI, 53) missis, spretaque vulgata (quae metrum videtur turbare), quaeritur, utrum ἔν τι an σόν τι legamus? Illud melius et expressius firmatum habemus, hoc vivacius et ad

---

*) Vulgatam etiam Comm. Mosch. (210, 28) ἐπίσης τε ἐν τῇ Κασταλίᾳ ... καὶ exprimere videtur, etsi ad ἔν τι quoque possit referri. Sed huic Sch. Rec. non multum tribuo.

**) ἀρεταῖς ἴσ|σον Κασταλίᾳ Tricl. dederat cum nota δύο σσ εἰς τὸ ἴσσον χρὴ γράφειν, ἵν' εἴη τὸ ῑ μακρόν. ἔνθα δὲ ἔστιν ἕν, βραχύ ἐστιν (ex μ'ν'); Sm.* ἀρεταῖς ἴ|σον καὶ Κασταλίᾳ Sm.*; Hy. Be.* ad vulgatam redierunt, sed Pw. Κασταλίαν elegantius legi arbitrabatur, cui Hy. addebat, venturum esse qui Κασταλίας mallet. Vaticinatus est de Kaysero.

vulgatam explicandam aptius videtur esse, ac locis similibus P. IV, 89. 175; I. I, 55 abunde commendatur.

Tamen alio nomine cadit coniectura ἀριταῖσιν, σόν τι. Nam cum tot vocabula in σα, σᾳ, σαν, σᾶν, σαι, σας, σαις, σι, σιν, σὶ, σιν, σον, σω, σων etc. terminentur, tot alia a σα, σι, ση, σι, σο, συ, σω incipiant, ut poeta centies αἴνησι σοφόν, πολλοῖσι σύν, τοῖσί σι etc. copulare potuisset, sexies tantum, nisi fefellit observatio, admisit. Atqui ne haec quidem sex exempla a corruptelae suspicione libera sunt. Nam N. XI, 10 πιράσαι σὺν manifesto corruptum est; adeo enim praepositionis σὺν repetitio molesta, ut mihi cum Sw. perplaceat νιν coniectura Dissenii. Porro I. III, 17 Λαβδακίδαισιν σύννομοι eo loco invenitur qui totus de genuitate suspectus est, ut suo loco apparebit. Denique O. I, 61 ἁλίκισσι συμπόταις a duplici sigma excusationem habebit, si quidem etiam a ζ et ξ incipientes syllabae aliquoties cum alteris sigmatizantibus concurrunt, ut O. II, 86; XIII, 83; P. IX, 91; N. V, 54; I. VII, 47. Restant tria: O. VI, 5 sq. Πίσᾳ, | συνοικιστήρ; P. IV, 217 ἐκδιδάσκησιν σοφὸν Αἰσονίδαν; N. IX, 54 κελαδῆσαι σὺν Χαρίτεσσιν, quae sana videntur esse (excepto P. IV, 217 ubi vide notam) sed sonum Pindaro inusitatum habent. Esto tamen, nihilo minus concursus ille syllabarum a simplici sigma incipientium rarissimus est. Poeta aut verba traiicit aut dialectico τ utitur, ut ἐπαινέοντι συνετοί (P. V, 100), πτώσσοντι συμφορᾷ (P. VIII, 87), ἐντὶ σοφαῖς (P. IX, 39) etc., ut sigmatismum effugiat. Quem quam caute vitaverit, vel eo manifestum est, quod ne interposita quidem particula τε vel δὲ sigmatizantia coniungere solet. Non dicit σὺν δὲ σοί, σὺ δὲ σάφα, σύν τοι σοί κεν, Ἀγησία σοί, — sed σὺν δὲ τίν, τὺ δὲ σάφα, σύν τοι τὶν κεν, Ἀγησία τίν*). Plerumque duabus pluribusve syllabis sigmatizantia distinentur, et si unâ, consonantium pondere cacophoniam minuere solet (καὶ, τὸ, τά, νῦν etc.); ut vel εὐτυχήσαις ἢ σὺν (I. III, 1) et ὁ σὸς ἀίσσεται (N. IV, 90) offensioni sint. Illud autem in spuria carminis parte legitur, hoc aperte corruptum est. Neque aliam ob causam O. XIII, 39 ἀμφιάλοισι Ποτειδᾶνος; P. VIII, 81 τέτρασι δ᾽ ἔμπετες ὑψόθεν; O. VII, 72 πιτοῖσαι; P. V, 47 πιτόντισσιν videtur scripsisse poeta, qui sine ulla haesitatione sae-

---

*) E contrario non τύ τοι sed σύ τοι, non τέ τιν τιμᾷ sed τέ σοι τιμᾷ, non ἔστι τὶν μὲν τῶν sed ἔστι σοὶ μὲν τῶν; quamquam iuncturas τε τῶν, τό τε etc. minime declinavit. Cf. I. III, 55. 77. — Fr. 223 πιέζει σ᾽, non πιέσει σ᾽ scribendum est.

pissime Ποσιδᾶν (ft. etiam O. XIII, 5), πίσι[ν], πισῶν, πίσωμεν et P. VIII, 21 ἵπισι scripsit, ubi gl. Palat. recte οὐχὶ ἵπιτι observat, nam nulla erat rarioris formae eligendae causa phonetica. Fortasse etiam P. IV, 101 θαῤῥήσαις, non θαρσήσαις posuit, etsi in uno eodemque vocabulo non omnino vitare potuit sigmatismum; cf. σισιωπαμένον, σισιγαμένον, σισίχθον᾽, αὐδάσαισα etc. Attamen P. IX, 33 non praetulerim ἀποσπαρθεῖσα lectioni vulgatae ἀποσπασθεῖσα „propter κίβδηλον σάν" cum Hermanno. Nam parechesis illa diversa est ab ea quam Pindaro male sonuisse constat. Ab aliis autem homophoniae generibus haud alienus est; vide Bö.¹ I, 295 sqq; Rh. IV, 564 sqq; ad O. III, 4. Velut concursum desinentis et incipientis eiusdem consonae non fugit, sed amavit potius talia: τοῖς σοφοῖς, ἐκ Κρόνου, ἐν Νεμέᾳ, αἰνήσειν νόμον, θίλξαν νιν, θίν νιν etc.*)

Quae reputanti non solum σόν τι utut arridet, sed etiam aliae coniecturae non paucae improbandae videbuntur, tota vero de formarum dialecticarum apud Pindarum usu quaestio aliter instituenda. Euphonia autem si vel ad $\bar{α}$ et $\bar{η}$, ad $\overline{αις}$ et $\overline{ας}$, ad μεν et νιν pertinet, multo ea optio difficilior fit et incertior, nam nihil magis lubricum et obnoxium est quam nostrum de sonorum priscorum suavitate iudicium.

Relinquitur dubitatio de praepositione ἐν quam Ky. non sine causa movit. Homericum ἐν ποταμῷ (Od. ε, 466; Il. σ, 521; ω, 351) non est „prope fluvium" sed „in fluminis alveo" sicco ut Graeciae. Pindarica ἐν πόντῳ, ἐν πελάγει, Καφισίδος ἐν τεμένει non sunt „prope mare", „prope lacum", sed „in mari", „in lacu". Nec prorsus simile est Τερπωνίδος ἐν προχοαῖς λίμνας (P. IV, 20; cf. Hom. Od. λ, 242 ἐν προχοῇς ποταμοῦ) quia sermo est de navi „in aqua" fluitante; magis etiam alienum N. XI, 9 ἀσίδοις ἐν τραπέζαις. De terris, insulis, urbibus, portis, montibus, campis ἐν frequentissimum, sed de fluviis et fontibus ἐπί et παρά usitata, ἐν non item. — Ne ἐν τι adverbiale (simulque) statuas, vide Hm. ad Soph. El. 703, etsi ἴσον (ἴσον) huius ἐν interpretatio esse potuisset. Sin ἔν τι ... καὶ idem esset cum Latino et ... et, recte quidem scriberetur ἔν τι Κα-

---

*) Versum Euripideum ἔσωσά σ᾽, ὡς ἴσασιν Ἑλλήνων ὅσοι (Med. 476) eo irrisit Plato Comicus (ἡμᾶς ... ἔσωσας ἐκ τῶν σίγμα τῶν Εὐριπίδου apud Mk. Fr. Com. 2, 626) quod sex a simplici sigma exorsae syllabae, quarum quinque ferme deinceps positae sunt, in uno eodemque senario intolerabiles videbantur. Fortasse nihil aliud Lasus Hermioneus Pindarum docuit quam hoc sigmatismi genus vitare. De σᾶν κίβδηλον vide fr. 47 et ad O. XII, 16.

σταλίας παρὰ (Κασταλίαν πάρα), sed dativus Κασταλίᾳ offenderet. — An praepositio ἲν insolita rectione de fonte usurpata offisioni erat Veteribus, ut ἴσον et σόν reponerent? — Particula τι tertio loco (ut in παρὰ Ἀλφιοῦ τι) posita tolerabilis est; cf. P. IV, 295.

Si tamen ἴσον verum esse crederem, aut ἴσον Κασταλίας παρὰ Ἀλφιοῦ τι ῥέιθρον scribendum esse censerem aut Κασταλίαν Pauwianum.

18 Nota Böckhii scripturam παρὰ Ἀλφιοῦ in nullo ms. inveniri, Byzantinam vero παρ' Ἀλφιοῦ ab optimis quibus confirmari. Attamen Bö. verum vidisse puto. Cf. ad O. VII, 16; XIII, 78. — Hm. asynartetos statuit. — Ht. ut vs. 7 et 8 Str. coniungere posset, dimidium versuum traditorum summa cum temeritate interpolavit: 63 μιν συνώνυμον; 73 ἔμβαλ', ὥς τιν' ἔμφρον' ἰδόντ' ἂν μαθεῖν; 91 δόλῳ τ' ἀπτῶτι; 101 διδακτοῖς ... ἀρετὰς κλέος τ' ὄρουσαν. Idem de more suo vs. 19 ἄντα scripsit; cf. Ra. in Ia. LXXVII, 393 sq.

22 Sch. A (ex A mutilum apud Bö.) μαλεραῖς: ταῖς λαμπραῖς, παρόσον τὸ πῦρ λαμπρὸν καὶ μαλερὸν λέγεται· ὡς ἐκ μὲν τοῦ ἐπιθίτ[ου] τὸ πῦρ δηλοῦσθαι, ἐκ δὲ τοῦ πυρὸς τὸ λαμπρόν. ὁ δὲ τρόπος μετάληψις. λαμπρὰς (cod. λαμπρὸς) δὲ τὰς ᾠδὰς διὰ τὸ διικνεῖσθαι ὡς (hoc ὡς est in A) τὸ πῦρ. ὁ δὲ Δίδυμος ἀντὶ τοῦ μαλακαῖς. καὶ γὰρ ἑτέρωθι μαλακοφώνους τὰς ᾠδάς φησιν: — Unde quod quendam a Didymo μαλακαῖς lectum esse suspicari video, falsus est, nam id ab illo grammatico non lectum, sed intellectum fuit, ut μαλεραὶ ἀοιδαί de significatione responderent μαλθακοφώνοις ἀοιδαῖς (I. II, 8). Eandem inter μαλερός et μαλακός cognationem etymologicam spectare videtur Hesych. μαλεραὶ φρένας, ἀσθενεῖς καὶ ξηράς. Nusquam vero notio teneritatis et mollitiei convenire videtur. — Vide de hac imagine ad vs. 8.

24 In Sch. B 212, 15 post νίκης ·:· sequitur καὶ ναὸς ὑποπτίρου. ἐγρ[άψαμεν]·:· — An diversitas scripturae olim fuit? — De παντᾷ cf. O. I, 116.

25 πέμψω etiam Sch. Germ. et Thom. et Comm. Mosch.

28. 29. Elisionis olim scripturâ non expressae nonnulla in hoc carmine vestigia deprehenduntur, ut in O. XIII. — Cf. ad O. VIII, 48 sqq.

29 ἀντία solo Calliergis sphalmate nititur; ἀντίον omnes boni libri habent. Pindarus Homeri exemplum secutus utroque adverbio utitur, nec quidquam obstaret, quin adiectivum h. l. cum ge-

nitivo coniunctum esse censeremus, ut in ἄντιος ἦλθε θεῶν, nisi adverbia in his apud Pindarum frequentiora essent.

30 Nescio an Sch. AB πότ' ἂν legerint: „Alioqui, quando tandem..?" i. e. „Alioqui nunquam..."

31 Sch. A ἐν τῇ Πύλῳ. Sch. BU παρά (Ro. περὶ) τὸν Πύλον. Genitivus loci post ἀμφὶ alienus est.

31. 32. Poeta, si ἤριτι et ἤριτιν scribere voluisset, Ποτιδᾶν (credo) praetulisset (vide ad vs. 16 sq.). Imperfectum etiam Sch. confirmat. At euphonicam rationem, quae eum ad μιν scribendum invitaverit, non video, nisi Homericam formam vox Homerica πολεμίζων s. πελεμίζων traxerit.

32 Thierschius primus auctor fuit coniecturae πελεμίζων. Scholia nihil aliud videntur legisse quam πολεμίζων; etsi non diserte hunc locum exprimunt sed generaliore verbo μάχεσθαι utuntur. Attamen facili permutatione rarior vox πελεμίζων expulsa esse potest, ut N. VIII, 29 ubi e Sch. B (διακινοῦντες) manifestum est in textu fuisse πελεμιζόμενοι ὑπὸ λόγχᾳ, i. e. [δια]κινούμενοι, repulsi, ut rectissime explicat Aristarchus. Vox πελεμίζειν exponitur διασαλεύειν, βίᾳ κινεῖν, παλαμῇ κινεῖν. Sin τόξον πελεμίζων (curvando concutiens) scripsisset, comparari posset Hom. Od. φ, 125 τρὶς μὲν μιν (τόξον) πελίμιξεν ἐρύσσεσθαι μενεαίνων, quod ad σκύταλον τινάσσειν et οὐχ ἀκινήταν ῥάβδον ἔχειν melius conveniret quam τόξῳ πελεμίζων (concutiens, repellens). — Est quidem πολεμίζειν quoque ab Homero inde, etiam de μονομαχίᾳ, usitatum, sed semper generalius de pugnando ponitur, ut I. I, 50, non addito telo. Generalior illa notio a nostro loco aliena est.

33 Femininam positionem h. l. metri causa admisit poeta, ut ἀβάταν ἅλα N. III, 21; ἀμετρήτας ἁλός I. I, 37; νεοκτίσταν Αἴτναν N. IX, 2.

34. Sch. [DG] U etc. (214, 25, et Comm. Mosch. ib. 31) εἰς τὸν κοῖλον τόπον τοῦ ᾅδου. Utrum glossae speciem habet, πρός an εἰς? Credo illud potius. Nec facile diversa genera mss. in εἰς conspirarent, nisi olim in textu fuisset. Vide Schol. Germ. p. V sq.

38 σοφία in optimi codicis lemmate tam est notabile quam P. V, 63 εὐνομίην in quibusdam perbonis. Utrumque carmen epicae linguae vestigia compluria ostendit. Cf. vs. 5. 31. 35. 52.

43 Septies apud Pindarum Παρνασ[σ]ός et Παρνάσ[σ]ιος leguntur: O. IX, 43; XIII, 102; P. I, 39; V, 39; VIII, 20; X, 8; XI, 36.; — sed semel tantum (P. VIII, 20) mss. sibi constant in σ simplici

scribendo; in reliquis (exceptis FN) summa est librorum inter σ
et σσ fluctuatio. — Duplex σ A in solo ubi exstat loco (nostro)
habet; duplicationem etiam GO[P]Q sexies exhibent, eidemque
favet C qui ter duplicat, semel vero non duplicat. — Simplex
σ F et N constanter exhibent, sexies D (semel σσ), quinquies B
(semel σσ; praeterea O. XIII, 102 σσ p. c. in textu), quinquies U
(bis σσ). Etiam Moschopulei quinquies σ habent, bis inter σ et σσ
fluctuant. — Pari fere numero EV et Tricliniani modo σ modo σσ
scribunt. — Vide Steph. Thes.

43 Exquisitior dualis participii cum plurali verbi coniunctus
(usu notissimo), quam pluralis participii, etsi idem est in Sch. A
ἰλθόντες; Sch. B καταβάντες; gl. passim κατιλθόντες. — Etiam dualis
κτ. in Sch. exprimitur plurali ἐποιήσαντο. — Cf. ad O. VIII, 39.

45 Rectissime se habere videtur scripturâ optimorum librorum
indicata lectio κτισάσθαι, quod non magis aures offendit quam
ἴσσισθαι. Medio Pindarus bis utitur: O. X, 25 et fr. 4, 4 ubi est
ἐκτίσσατο. Nam bene quidem dicitur κτᾶσθαι, ut de opibus, servis,
uxore, domo apud Homerum, ita de argenteis phialis quas equi
victoriâ acquisiverint apud Pindarum (N. IX, 25); sed admodum
insolenter de liberis „quaerendis". Dicas insolenter cum hi pa-
rentur liberi, insolenti quoque vocabulo locum dari. Sed Scholiastae
Vett. nihil eiusmodi indicant. Reddunt simpliciter ἐποιήσαντο (B)
et ἐποίουν (A), excepto Moschopulo, qui κτησάσθην, inquit, ἤγουν
ἐκτήσαντο, ἴσχον. Suo igitur iure Mr. et St.* κτισάσθαν invexe-
runt, nisi quod σ duplicare debebant. Simplex σ etiam O. X, 25;
P. I, 62; IV, 7 in perbonis libris invenitur, et in quibusdam etiam
η, non minus male quam O. XIII, 80 in omnibus fere bonis libris
κτῆσιν pro κτίσιν legitur. — Cf. etiam κτίζειν pro ποιῆσαι quod non
solius Aeschyli idioma (Sch. ad Eum. 17) sed apud alios quoque
poetas frequentatum est.

46 ὀνύμασθεν non ausim scribere auctore C ob dissensum
ceterorum et P. XII, 23 ubi omnes in ὀνόμασι[ν] consentiunt. Alio
loco (P. I, 38) codices fluctuant inter ὀνυμαστάν et ὀνομαστάν, suntque
boni testes utrinque. Fr. 279 ex verbis grammatici non apparet
Pindarum feminino ὀνομακλύτα usum esse. Quinquies autem ὄνυμα
et ὀνυμάζω inveniuntur, non solum in Aeolicis sed etiam in Dori-
cis, ut communis forma non habeat quo nitatur praeter hunc lo-
cum et P. XII, 23.

47 ἐπίων .. οἶμον] gl. P ὕμνων ... ᾠδόν; Sch. B² τὴν ὁδὸν ....

τῆς μυθολογίας (et similiter Mosch.); Sch. A τὸν ὕμνον; Sch. B¹ (sub textu). Hi omnes legerunt οἶμον s. οἴμον, sed de interpretatione dissederunt. Alii οἶμον viam esse censuerunt ut οἶμος ἐπέων per metaphoram dictum esset quemadmodum O. I, 110 ὁδὸς λόγων; alii οἶμον expressius pro οἴμη Homerico i. e. ᾠδή, unde προοίμιον et φροίμιον derivata sunt, positum esse volebant ut in illo Callimachi Φοίβου δὲ λύρης εὖ εἰδότας οἴμους, cf. N. IX, 3 ἐπέων γλυκὺν ὕμνον; alii denique οἶμον cum Homerico οἰμάω s. οἰμάω i. e. ὁρμάω contendebant, ut idem esset cum ὁρμή (impetus) vel, ridiculo errore, cum ὅρμος (portus). — Nec aliud legit Thomas: λιγὺν εἶπε πρὸς τὸν ὕμνον; is enim cum οἶμον ἐπέων „viam verborum" interpretaretur, animadverti volebat, epitheton non ad „viam" sed ad „viam verborum" i. e. hymnum referri. — Gedikianam coniecturam, a Hm.² aliisque repudiatam, a Bö. iterum defensam de Crisi § 41, non Scholiastae auctoritas, sed similitudo imaginum P. IV, 3 et N. VI, 29 (et Hom. Od. γ, 176; δ, 357) commendare videtur. Attamen causam non video cur rariorem vocem infelici casu in textum Scholiaque venisse putemus. Ambigi potest, utro spiritu signemus οἶμον. Praefero asperum et facio cum eis qui hanc vocem cum ῥοίμη, οἴμη (cantus) componunt.

52 Antiquae vulgatae Moschopulus, novae Triclinius auctor exstitit. Utraque emendatio bona, sed Tricliniana a vett. mss. propior.

55 Soli EF formam Ἰαπετιονίδες a Byzantiis probatam confirmant, ut P. I, 78. — Cf. O. XIII, 5. 59; P. IX, 71.

56 Vulgatam Triclinianam emendare conatus Heynius (de sententia Pauwii?) genitivum Doricum φερτάτω Κρονιδᾶν (i. e. Iovis) proposuerat, quo accepto Hm.¹ (ex Q) καὶ pro τε (quod ab imperito metrico profectum) scribi iussit („vestri maiores, quorum primi nati sunt e puellis gentis Iapeti, et Iove" et πρίν = „olim"). Eodem fundamento usus Bö., duas Protogenias statuens, monuit pluralem φερτάτους Κρονίδας ad gentem Iovis paternam a gente Iapeti materna distinguendam recte adhibitum esse; Hm.² lectionem probans (cum Th.) utrumque pluralem, et κορᾶν et φερτάτων Κρονιδᾶν, ad singulas personas retulit, ut una tantum Protogenia et unus tantum Iupiter intelligi deberet, addens: „Neque enim, si Pindarus gentem Saturniam intelligi voluisset, nomine φερτάτων esset usus, quod nimis usitatum de Iove est, quam ut ad omnem gentem Saturniam trahi possit." Non multo aliter Sch.

Vet.*) et Di., qui Hm.² et Bö. ita conciliat, ut una tantum Protogenia, Opuntis filia, intelligatur, pluralis autem **gentem** significet, non poeticus sit pro singulari. — Novam interpretationis et lectionis viam iniit Hm.³ (1847), collato Hesiodo apud Strabonem VII, p. 321 sq., unde κοράν τι φιρτάτων Λιλίγων scribendum et ante πρίν virgulam ponendam esse censuit. Sensum enim esse „Horum (Laorum) et filiarum nobilissimorum Lelegum filii regnarunt in Locride indigenae (omnes enim ab iactis lapidibus orti) perpetuo, prius quam Opus a Iove et Protogenia Elea natus esset." — Suam emendationem ipse emendavit Hm.⁴ (1848, literis ad Sw. datis, cf. Praef. ad Sw.⁵), pro κοράν τι scribens κόραι τι, postquam Sw. in Nu. Go. (1848 p. 665 sq.) censuram libelli Hermanniani egit, ubi is (Sw.) παμφιρτάτων coniicit. Voluerunt, ut videtur, ipsos „Lapideos" „filios filiasque nobilissimorum Lelegum" appellari, ut vera fabulae intelligentia, errore vulgi notato, ita significaretur. — Hanc viam persecutus Bg.² (Λοκριδᾶν), Θρονιδᾶν, Κυνιδᾶν proponit pro Κρονιδᾶν, „videri enim nomen gentis delitescere, ad quam Epharmostus quoque stirpem retulerit; Protogeniae (i. e. non Opuntis, sed Deucalionis filiae) eiusque mariti posteros dici Locris imperasse, usque Opuntis filia ascita alienus sanguis genti admixtus sit." — Porro Ht. omnia movit: ἀρχᾶθεν, Ἰαπετιονίδες Φύτλας· κοῦροι 'κύρους τε φιρτάτων ...., πρίν ... et praestantissimorum Saturniorum filii semper indigenae reges **erant**, antequam ....; „fuisse enim, etiam ante compressam Opuntis filiam, Iovem huius gentis auctorem, per Protogeniam Deucalionis, et per Amphictyonem". — Denique vulgatam antiquam (i. e. mss. et Hm.¹² Bö.) defendunt novissimi interpretes Fr. et Sdt. Ille κιίνων et φιρτάτων Κρονιδᾶν consociari iubet, admodum contorta structura ver-

---

*) Gl. A κοῦροι] πατέρες et κουρᾶν] τῶν νέων videntur ad πρόγονοι pertinere; κούρων δὲ 218, 23 alieno loco in A insertum nihil probat. Rectius gl. Q κουρᾶν] ἀπὸ τῆς κόρης. Omnes enim Vett. de κουρᾶν pro τῆς κόρης, τῆς Πρωτογενείας et de φιρτάτων Κρονιδᾶν pro Διός posito, poetica licentia, consentiunt. — Iidem certatim πρίν pro adverbio accipiunt, excepto Ambrosiano, ubi non leguntur ea quae edita sunt (ex B) 219, 23 sqq. — In A φύτλας· κοῦροι κουρᾶν. καί interpungitur, in F post κουρᾶν solum. Verba κοῦροι κουρᾶν etiam a Sch. Vet. uno ut seorsum interposita accipi videntur. Comm. Mosch. 219, 19. 20. corruptum esse credo et τῶν κορῶν τε τῶν τε ἀρίστων Κρονιδῶν ac postea καὶ τοῦ ἀρίστου scribendum. Nam duplex τε ille Byzantius invexerat.

borum, ut (si recte intelligo) a „Lapideis" et ab Iove oriundi dicantur maiores Epharmosti, „Lapidei" vero primum et ipsi per Pyrrham (quidni etiam per Deucalionem?) ab Iapeto descendisse et iam diu indigenae reges Locridis fuisse, priusquam Iupiter sese genti immisceret. — Hic, insciens Gurlittum*) recoquens, satis confidenter haec omnia ad indigenarum regum Locrensium seriem nobis prorsus ignotam refert, qui ante Opuntem fuerint, aurea aetate, cum diis et hominibus (teste Schillero) laetissima connubia essent. Talia nec refelli possunt nec probari. — Ego de loco vexatissimo non decernam, sed de variis interpretum opinionibus hoc teneo: 1) Rationes (Hm.¹) Bö. Hm.² solas et mss. et Scholiorum fidem habere nec nisi eo laborare quod πρίν et sic collocatum adverbium esse non potest et non „olim" sed „ante hoc tempus de quo agitur" significat, quod ab hoc loco alienum est; 2) Coniecturas Hm.³⁴ Sw. Bg.² utut per se ingeniosas nullam probabilitatem habere, non solum quod expressum mss. et Scholiorum testimonium contra facit, sed etiam quia earum fundamentum est absurda interpolatio Tricliniana, cui explicandae editores ante Hm. et Bö. inanem operam navabant; sed optime meruisse Hm.³ quod asyndeton durissimum et πρίν prorsus ineptum convellerit; 3) Veri aliquid inesse in novissimis explicationibus, inprimis in Hartungiana, modo ne novationi indulgeas 'κύρουν, sed mihi re accuratius perpensa**) magis probabile visum fuisse, καὶ φιρτάτων Κρονιδᾶν non ad Iovis amores anteactos sed ad hos ipsos cum Opuntis filia (Protogenia, ut arbitror) de quibus nunc sermo est referri. Id ita cum sequentibus conciliari potest, ut verba πρίν κτλ. ad proxima tantum ἐγχώριοι βασιλῆες ἦεν pertineant et maior pausa fiat post Κρονιδᾶν. Iam sensus est: Maiores vestri et maternâ gente Iapetidae fuerunt, et paternâ a Saturniis oriundi; qui quidem proavi iam dudum indigenae reges fuerant, vel priusquam id quod modo de Saturniis significavi factum est, ut Iupiter,

---

*) Gu. enim (in vulgata Tricliniana haerens) olim (nam postea iure optimo sententiam mutavit) „Lapideos" cum „filiabus Saturniorum" innocentissime concubuisse et Locrorum reges procreasse existimavit, priusquam, re inversa, Iupiter Opuntis filiam gravidam fecisset.

**) Olim ita intellexeram: Reges indigenae non solum ex Iapetidarum sed etiam ex ipsa Saturnia stirpe per Protogeniam Deucalionis iam antea descendebant, quam iterum Saturnius eidem genti sese immisceret atque Opuntis filiam a se compressam Locro collocaret.

Annotatio Critica.

compressa Opuntis filia, genti sese admisceret. Sententiam meam me etiam apud Fr. reperisse gaudeo, cui tamen de primorum verborum structura assentiri non possum. De hoc loco non coniectando sed interpretando opus esse mihi quoque persuasum est.

Caeterum non mirum est κουρᾶν in omnibus vett. inveniri ut χιιρὶ χειρός P. IX, 122 pro χιρὶ χειρός. Disparilitas autem formarum in figura etymologica non magis offendit quam Ζηνὶ... ἡ Διός (ita enim scribendum est) I. VII, 35.

58 Explosa est Byzantiorum interpolatio τὰν παῖδ´, quam Moschopulus Triclinio probaverat. Nota formas syncopatas θυγατρός, θυγατρί, θύγατρα semper apud Pindarum habere paenultimam positione productam, non sine causa. — Esto hoc inter exempla pausae consulto post elisionem admissae (de qua re modo disputavimus), nam interiecta sunt verba ἀπὸ γᾶς Ἐπειᾶν inter θύγατρα et Ὀπόεντος. — Solutam arsin quam duo optimi libri exhibent cum huius carminis consuetudine non congruit.

58. Sine dubio Moschopulus et bene ἕκαλος per λάθρα exposuit, et recto ἀναρπάσαις ἕκαλος coniunxit, nam ἕκαλος est tacite, clam: Hom. Il. Θ, 512; Od. ξ, 478. Atqui raptum clam parentibus fieri dicere attinebat, cum „per otium", „sine ulla molestia", „placide" (Bu. Lex. I, 144 sq.) μιχθῆναι nec dicere referret, et ferme ridiculum esset, si Locrum nimis in hac re otiosum fuisse reputamus. — Sch. Vett. 219, 25 ambigua.

59 Pindaricum ft. ἴνεγκεν erat: cf. ad O. III, 14.

60 Recte Moschopulus πότμον ἐφάψαις seorsum accipit „morte admota" (Bö.). — Tricliniani cum Di. πότμον ὀρφανὸν γενεᾶς videntur consociare; est gl. Tricl. θάνατον ἐνεγκών[.] ποταπόν[;] ἐστι. ἐρημίνον παιδὸς διαδόχου. — Sch. A ambigua sunt; Sch. B (219. 26 sq.) cum Moschopulo consentire videntur. — Ht. μὴ 'πολίτοι μιν κτλ.

61 ἔχεν Bö. praeeunte Hermanno reposuit.

64 De commento Hartungiano vide ad vs. 18.

65 Vitium ὑπέρβατον est in Mr. St.[1] Pl. Co. (non in St.[234] P St.). — Notabilem lectionem optimi codicis reposui, consentiente Sch. B. ὑπερφυᾶ καὶ μέγαν καὶ τῷ εἴδει καὶ τοῖς πράγμασιν. — Comm. (et gl.) Mosch. ὑπερβολικῶς θαυμαστόν. — gl. Tricl. ἐξοχώτατον (ut Thom.). — paraphr. A n. e. — Notissima sunt ὑπερφυής, ὑπερφύομαι, ὑπερφύς de excellentia; sed nec ὑπέρφατος nec ὑπέρφυτος inveniuntur, nisi quod apud Dion. Halic. (VI, 156. Tauchn.) ex Pin-

daro ηφιτοῦ σθίνος ὑπέρφατον laudatum habemus (fr. 74 (84), 8). Incertum igitur manebit, utrum Sch. ὑπέρφατος pro ὑπερφυῶς μέγας i. e. „incredibiliter (supra quam dici potest) magnus" intelligens hoc per ὑπερφυᾶ καὶ μέγαν minus accurate expresserit, an ὑπέρφυτον legens hoc simplicius per ὑπέρφυτον καὶ μέγαν circumscripserit. — Cf. ad O. VIII, 16.

66 Ex Ω λαῶν refert Hm.

68 Poetam in recensu orationi variandae maxime studuisse indicavimus ad O. VII, 90 et alibi passim.

69 Interpolaverunt νία Byzantii ut trochaica basis esset, licet iidem non moverint μίχθη vs. 59, ubi Sm. ad modum interpolatorum barbaram formam μίχθε invexit. — De΄ forma adverbii ἐξόχως vide ad O. VII, 47.

69 Sch. B ἐτίμησεν ὑπὲρ πάντας τοὺς ἐποικοῦντας ξένους; ita enim pro ἐνοικοῦντας scribendum esse videtur. Ἔποικος in cantico apud Soph. El. 182 „peregrinam (servam)" significat; alibi (O. C. 506; Aesch. Pr. 411 in cantico, adiective) „vicinum", ut videtur; h. l. advenas intelligi ex totius loci tenore manifestum est. — Ἐπί c. gen. coniunctum ab hoc loco alienum est: cf. ad O. VIII, 48.

73 sq. De commento Hartungiano vide ad vs. 18.

76 Synthesin in ἐξ οὗ et hoc genus aliis Moschopulus probavit: cf. ad O. VI, 71.

76 Ht. γ᾽ υἱός. — „Latet sub γόνος vox rarior. Hesych. ἴννους, παῖδας. Idem ἰννός (ὕννος), γιννός de pullo s. hinnulo habet. Permutantur ι̃ et ο̃ passim in cursiva antiqua: cf. ad O. II, 4. Fuerit aut ῥῖνος aut ῥίννος (olim ῥίνος scriptum); digamma in γ abiit. Ft. γίννος olim non de manco et debili, sed de parvo tantum mulo: Plin. 8, 44, 69 § 174." Haec prius adnotaveram, quam Ahrentem V. Cl. in Ph. XVI, 53 idem paullo ante me (1860) coniecisse cognoscerem. — Cf. Lo. Path. I, 92; Mk. Fr. Com. 2, 669.

78 De forma ταξεῖσθαι quinque librorum satis bonorum auctoritate commendata vide Sw.[1] in Add. et Corr. ad P. IV, 103; coll. P. I, 26. ubi vide notam explicatiorem.

79 Falsa sed notabilis est forma δαμασιμβρότας, ut χαλκελάτῳ O. VII, 38; licet hoc a recto in ας exeunte duci possit, illud non item.

80 Constructio in Vat. aut duplici infinitivo γενοίμην διαπαντός δυνάμενος εὑρίσκειν λόγον (ita B) καὶ διηγεῖσθαι πρᾶξιν, aut duobus adiectivis per καὶ ligatis οἷαν λόγων κανοπρεπῶν εὑρετὰς ἐπὶ τῷ διηγεῖσθαι καὶ πρόσφορος ποιητικῇ Μούσῃ καὶ τρόπῳ Μουσῶν ἁρμοδίῳ

explicatur. Sed Ambros. accuratius γενοίμην διαπαντὸς εὑρίσκειν δυνάμενος τρόπους. ἐκδιηγεῖσθαι τὰς πράξεις τῶν ἀρχαίων. — Porro de πρόσφορος Vat. εὐεπίφορος ἐν ποιήμασιν, ἐπιτήδειος, ἱκανός: Ambros. κατάλληλος ἐν ποιητικῇ. ἐπιτήδειος. αἴτιος. — Hi interpretes non tangunt imaginem ἀνηγεῖσθαι ἐν δίφρῳ Μουσῶν sed ita disputant quasi ἀναγεῖσθαι sit pro διηγεῖσθαι et πρ. ἐν μ. δ. seorsum „poeticae rationi convenienter". Videtur dicere: „Sim inventor verborum ad agmen caeterorum poetarum ducendum idoneus." Aut enim hoc voluit (praevehi aliis), aut „revehi ad veteres fabulas, quas nova ratione tractat." Non crediderim ἀναγεῖσθαι valere „ulterius provehi" (Di.) nec facio cum Bö. „utinam sim carminum inventor promptus, ut apte procedam*) in curru Musarum." — Possit ita „Sim semper aptus verborum inventor, revehendo [ad veteres fabulas aliis viam monstrans]". — Etiam sequentia recte exponit Ambrosianus: εἴη μοι τολμᾶν, καὶ ἀποκινδυνεύειν διαπλάσσοντι (ita A recte) τὰ τοιαῦτα. — Quibus omnibus poeta non tam transitum ad sequentia parare quam terminare voluit veteres fabulas. Cf. vs. 48. Similiter Ht.

83 Scripturam meam ex lemmate et textu optimi libri concinnavi, consentiente (quod mirum est) Aldina. Quod me non sine haesitatione fecisse videbis vs. 99. Et nescio an citius illud αἰεί per διαπαντός Scholiorum AB confirmari crediderim, cum et alieno loco in paraphrasi vs. 80 appareat, et saepius a grammaticis ad generaliorem sententiae alicuius naturam significandam addatur. Vide ad O. XI, 10. Sensus illius scripturae esse potest, dativo termini, „ad epulum et ad victoriam veni" ut sit ἐν διὰ

---

*) De sententia Triclinii, cuius glossae sunt: ἐφευρετικὸς τοιούτων ἱστοριῶν — ἐποχεῖσθαι, προέρχεσθαι εἰς τὸν τοῦ ἐφαρμόστου ἔπαινον — ἁρμόδιος τῇ παρούσῃ ὑποθέσει, ἤγ. τῇ ποιήσει. — Veteres sequitur Moschopulus (gl. et Comm.) εἴθε εἴην καινῶν ἐπῶν εὑρετής, ὥστε ἀναγεῖσθαι, ἀντὶ τοῦ διηγεῖσθαι, τὰ περὶ τούτων δηλονότι, πρόσφορος, ἤγουν ἐπιτήδειος γενόμενος, ἐν δίφρῳ τῶν Μουσῶν, ἀντὶ τοῦ ἐν ὑψηλῇ ποιήσει, ἣν αἱ Μοῦσαι δωροῦνται. — Lectioni Thomanae respondet Scholion Thomanum εἴθε τοιαύτας ἱστορίας εὑρίσκοιμι, ἵνα ἐποχούμενος τῷ παρὰ τῶν Μουσῶν δοθέντι μοι δίφρῳ, λέγω δὲ τῇ ποιητικῇ, ἁρμοδίως τῇ παρούσῃ ὑποθέσει, ποιῶμαι τοὺς λόγους .... τοῦ δὲ Ἐναγεῖσθαι τὸ Ἐν πρὸς τὸ δίφρῳ συναπτέον, οὕτως· ἐν τῷ δίφρῳ τῶν Μουσῶν ἡγεῖσθαι καὶ προέρχεσθαι. Triclinius, excepto ἐν, Thomam secutus est. — Explicationi Triclinianae possit favere κῦδος ἀναδραμεῖν O. VIII, 54, si hoc sit „transire ad".

δυοῖν, cui explicationis causa adduntur verba τιμάορος 'I. Λ. μίτραις. Erat cum τ' delendum esse existimarem, ut esset „ad hospitalem (i. e. hospitis) gloriam veni", collato I. V, 57 ubi in verbis φυλακίδᾳ γὰρ ἦλθον... ταμίας producta est vocula γάρ ante ἦλθον ob causam nobis ignotam. — Veteres autem haec verba de προξενίᾳ intellexisse constat. Ipsum vero προξενία vocabulum nec apud Homerum nec apud Pindarum invenitur, nisi N. VII, 65 ubi καὶ προξενίᾳ πίποιθ' traditum, sed aut (cum Hm.*) καὶ, aut (quod praefero) προ delendum est. Atqui ξενία et bis apud Homerum (in extrema Odysseae parte) et ter apud Pindarum legitur (O. IV, 15; P. X, 64; N. X, 49). Videtur igitur ξενία, cuius in optimo codice apparent vestigia, h. l. recte se habere, etsi πρόξενος cum saepius apud Aeschylum, tum apud Pindarum semel (I. III, 26) legitur. — Sch. B διὰ τὴν προξενίαν... καὶ τὴν ἀρετὴν τοῦ λαμπρομάχου (similiter A 224, 32 sqq.) ubi verba καὶ τὴν ἀρετὴν in U omittuntur — Moschop. ἐπὶ προξενίᾳ δὲ ἀντὶ τοῦ χάριν τῆς προξενίας.... καὶ χάριν τῆς ἀρετῆς... — Tricl. ἐν φιλίᾳ [καὶ] αὐτῇ τῇ πρὸς Ἐφάρμοστον νίκῃ..At sive προξενία sive ξενία legis, cum sequitur ἀρετᾷ τ', duriusculum videtur.

84 Sch. A λαμπρομάχου: τὰ β μία ἐστὶ περίοδος. μίτραισι δὲ ταῖς (non ταῖσι) νίκαις: — Cf. vs. 89 et O. X, 21. De his Scholiis celeberrimis vide Bö.¹ II, 1, 243 et de Crisi § 5; Hm.³ p. 9 (1847) meamque Ep. ad Fr. p. 5. 35.

85 ἔργον] νίκην Mosch. — πάλην Tricl. — Vett. generalius exprimunt ἐνίκησαν. — Cum accusativo coniungitur κρατεῖν, superaro, P. IV, 245; N. V, 45; X, 25; — ft. eodem sensu cum accusativo rei et genitivo personae O. VII, 51, licet aliter ea verba construi possint. — Si ἔργον κρατεῖν poeta dixit, hoc est potiri opere certaminis, i. e. victoriâ; sin ἔργον κρατεῖν, hoc dictum est ut κρατεῖν ἀγῶνα, νικᾶν νίκην, in certamine vincere, cui advocari possit τίχναν κρατεῖν O. VII, 53. Atqui ἔργον non est certamen simpliciter, sed, ut O. VII, 88; XIII, 37 (O. V, 15; N. VIII, 49), de praemio certaminis dicitur, ut de opera agonistica passim. Nec P. VIII, 80 ἔργον est certamen sed virtus, strenua opera; I. III, 86 poetica translatione ipsum certamen appellatur ἰσχύος ἔργον, opus roboris. Igitur me quidem arbitro genitivus praestat. Nam ἔργον si nihil esset nisi „in certamine", ita inter μίαν et ἀν' ἀμέραν collocatum quam maxime frigeret. — Cf. O. VII, 88 et alio nomine ib. 90.

85 χάρμη Homericum, h. l. de laetitia ex victoria ludicra percepta vel potius de ipsa victoria ludicra usurpatum, non multo insolentius est quam μάχη de pugna agonistica O. VIII, 58. Neque hoc fugit Veteres; Sch. B¹ (nam ἄλλως 225, 14 recte omittunt BU al.) χάρμαι γὰρ νῦν ἀντὶ τοῦ χαραὶ καὶ ἡδοναὶ, καθ᾽ Ὅμηρον δὲ αἱ μάχαι; Sch. B² ἤτοι μάχαι (de pugna agonistica ut O. VIII, 58?), ἢ χαραὶ καὶ νῖκαι. — In Ambrosiano, ubi χάρμα legitur (in textu et in margine), Sch. ἔπειτα χάρμα: νῦν ἀντὶ τοῦ χαρά. Ὅμηρος δὲ ἐπὶ τῆς μάχης. οἱ δὲ περὶ Ἴβυκον καὶ Στησίχορον χάρμην τὴν ἐπιδορατίδα φασίν: — Etiam apud Pseudo-Phocylidem (110) μήτε κακοῖς ἄχθου, μήτ᾽ οὖν ἐπαγάλλεο χάρμῃ hoc de laetitia. Pluralis apud Homerum non exstat, sed bis apud Lycophronem. Χάρμα neutrum de victoriis Pindaro frequentatur. Tamen nihil movendum esse existimo, etsi dualem reponere facillimum esset, et posset vel defendi ἄλλαι (sc. νῖκαι) ἐγένοντο χάρμα (nom. sing. „gaudium"). Simili corruptione in A τάδε pro τὼ δὲ legitur. — Paraphr. B καὶ ἄλλαι δὲ χαραὶ ἐγένοντο habet, diserte addens, ἐγένοντο χάρμαι in sqq. subaudiendum esse, ubi in A pertinaci vitio recurrit ὑπακουστέον δὲ τὸ χάρμα. — Cf. O. XI, 5.

89 Heynianam omissionem particulae δ᾽ Ambrosianus (cum paucis aliis) comprobat, et in textu et in lemmate clarissimi Scholii τὰ β̄ μία ἐστὶ περίοδος, ubi in A (ut vs. 84) β̄ omissum est. In eodem Scholio et οἷον (θαυμαστικῶς) et οἷον (μόνον) scribi posse dicitur. Psilosin nullus quod sciam ms. exhibet, eamque ineptam esse dicit Sch. B qui praeterea δὲ in paraphrasi habet. — Si οἷον exclamantis est, fortior, si comparantis, ferme necessaria est omissio particulae. — De iunctura versuum in A vide meam Ep. ad Fr. p. 34 sqq.

89 Ahrens: „cum exuvias puerorum dedicasset, i. e. lanuginem primum cultro tonsam; cf. Anth. Pal. VI, 198. 161", σῦλα == σκῦλα.

91 Fuerit ἐξύρεψεν, correptâ ante mutam cum liquida syllabâ, ut ἀπορρηγνύμεναι P. IV, 198; ἔρεπτον ib. 240; ἐξερείψαι ib. 264; ἀπέρειψεν P. VI, 37; et inter voces ὀρθαῖσι ῥεαδαμάνθυος O. II, 75; ὁ δὲ ῥεαδάμανθυς P. II, 73; ὑπὸ ῥεπαῖσι N. I, 68. Non minus frequenter hac syllabae positione productae inveniuntur: ἄρρηκτον I. V, 47; ἔρειψι I. VI, 44; porro δὲ ῥεέψαις P. I, 45; μηκέτι ῥέγει N. V, 50; ἐπὶ ῥεηγμῖσι N. V, 13; ἵλκεα ῥέξαν N. VIII, 29, et fortasse πολλὰ ῥέιποι O. VIII, 23. et I. III, 36 ἄνθεσι ῥέδοις.

91 sq. Ht. δόλῳ τ᾽ ἀπτῶτι laudans librum suum de Partt. I, 116 sqq.

93 ὅσσα] gl. F θαυμαστικόν. — Sch. A¹ σὺν βοῇ τῇ τῶν θαυμα-
ζόντων — Sch. A² μετὰ πάσης βοῆς παρόντι αὐτῷ ἐπήχουν πάντες
καὶ ἐθαύμαζον — Sch. B μεθ' ὅσης βοῆς... μεθ' ὅσων ἐπαίνων...
βοᾷ δὲ ἀντὶ τοῦ μεγάλῃ βοῇ· τὸ γὰρ ὅσσα, θαυμαστικῶς. — Ii qui
ὅσσα i. e. φήμη substantivum esse voluerunt, comparare poterant
λιτὰς θυσίας et λιτὰς σπονδάς (O. VI, 78; P. IV, 217) similiaque
Latina (ut „proelia pugnas", „turbas lites") de quibus agit Lach-
mannus ad Lucr. 2, 118.

94 In B supra λλ vocis κάλλιστα signum[:] metricae offen-
sionis invenitur. — Mira est lectio a κάλλος cum nota correptae
syllabae primae.

95 Pro τὰ δὲ Ht. ἃ δὲ.

96 De πανάγυρις et πανήγυρις vide ad P. XI, 8.

97 Sch. D ad Nem. X, 82 ὁπότε εὐδιανόν ubi B ἐπεὶ ὁπότε
εὐδιανόν habet. Apparet hunc versum e memoria minus accurate
laudatum esse.

98 Erat cum ex Sch. B μαρτυρεῖ δὲ τῇ αὐτοῦ ἀνδρείᾳ ὁ τοῦ
Ἰολάου τάφος ἐν Θήβαις colligerem hos αὐτοῦ legisse et hunc geni-
tivum cum ἀγλαΐαισιν coniunxisse. Sed cum illa sunt nimis am-
bigua tum haec habet Ambrosianus: συνδίκοις: σύμψηφος. σύμφωνος.
τὸν τῶν ἡρακλείων δὲ ἀγῶνα βούλεται δηλῶσαι. παρὰ γὰρ τῷ κοινῷ σήματι
ἀμφιτρύωνος καὶ Ἰολάου ἄγεται*) τὰ ἡράκλεια. ὁ δὲ νοῦς οὗτος· σύμφωνος
δὲ τῶν προειρημένων ἀγώνων καὶ τὰ Ἰόλεια (ita). ἡ δὲ μεταφορὰ ἀπὸ τῶν
ἐν τῷ ἀγῶνι συνδικούντων ἀλλήλοις**). τύμβον δὲ λέγει τὸ κενοτάφιον: —

98 Ante Ἰ in nominibus propriis Ἰάλυσος, Ἰλιάδας, Ἴολκος, Ἰσθ-
μός, Ἰωλκός (ut mittam certo digammatum Ἰδαῖος O. V, 18) aliqua
consonans fuisse videatur consideranti exempla O. VII, 78; IX, 112;
(P. IV, 188;) P. IX, 79; N. III, 34; (N. IV, 54;) I. I, 9. 16. 32. Cf.
etiam de ἴσος N. VII, 5; X, 86; XI, 41; I. V, 32; de ἴδιος O. XIII, 47
et vide Bö.¹ ad O. VII, 2 et Metr. p. 310 sq. Expl. p. 217. Sed
etiam syllabae φ et ψ passim non corripiuntur ante vocalem; cf.
ad O. XIII, 34.

99 De ἰνάλιος vide ad P. II, 79. — Cf. etiam ad O. II, 65.

99 Additamentum μέμικται, prava recordatione versiculi O. I,

---

*) Nota praesens; in B est ἐπετελεῖτο. Quippe Vaticana recentiora
sunt Ambrosianis.

**) cod. συνδιοϊκούντων ἀλλήλοις (non ἀλλήλων), i. e. post corr. συν-
δικούντων cum v. l. συνδινούντων.

91 in ἀγλααῖσι μέμικται exeuntis huc delatum, rursus aliquam solius Ambrosiani cum Thomanis convenientiam prodit, ut et fidem lectionis αἰεί vs. 83 labefactet.

100 De novatione Hartungiana vide ad vs. 18.

102 Optimam Bergkii V. Cl. coniecturam confirmat optimus codex Ambrosianus. Vulgatum ὄρουσαι ἀνελίσθαι aut e gl. aut e dittographia ortum, quod cum in metrum peccare viderent Mosch. et Tricl., proximum arripientes, ὄρουσαι ἰλίσθαι scripserunt. Interpretamenta sunt περιποιῆσαι B περιποιήσασθαι U etc. λαβεῖν A — Ob vs. 83 et 89 nota vitiosam Aldinae scripturam ἀνεῖσθαι.

103 Accedit quod δὲ invenitur in paraph. Sch. AB (229, 6), etsi omittitur δὲ in Sch. BU etc. 229, 3. Est ἄνευθι etiam prosae recentioris affectatae.

103 sq. Adde hanc productionis notam in B ad Sch. Germ. XXIII.

107 Etiam Sch. AB etc. σοφίαι μὲν legisse apparet.

109 Nescio an Pindarus sigmatismi causa (cf. 16 sq.) θαρρέων praetulerit. — Caeterum θαρσῶν exemplum esto scripturae Moschopuleae ut θεύμορος; cf. ad O. III, 10.

109 Reposui coniecturam Ahrentis ingeniosissimam; qui Hesych. ἀρύει, ἀντὶ τοῦ λέγει; ἀρύουσαι, λέγουσαι, κελεύουσαι; ἀρύσασθαι, ἐπικαλέσασθαι; ἤρυσεν, ἐβόησεν; Et. M. 134, 12 ἀρύειν, ὅπερ ἐπὶ τοῦ καλεῖσθαι ἔταττον καὶ μάλιστα οἱ Συρακούσιοι ἀρύετ' ἂν φύζειν· ἀντὶ τοῦ ἐπικαλεῖσθαι καὶ ἐφέλκεσθαι laudat et conferri iubet γαῖα, αἶα; γίννος, ἵννος (vs. 76). Idem v. d. etiam ὄρθια γάρυσαι proponit l. l. — Caeterum B etiam in textu (ubi nunc charta perforata est) olim ὄρουσαι habuisse veri simile est. — Interpretamenta Sch. B ἀναβόησον et βόησον; Sch. A φώνησον; Mosch. βόησον; Thom. et Tricl. μετὰ βοῆς ὕψωσον; gl. N. μεγάλυνον. — In B etiam hoc legitur ἢ πρὸς ἑαυτὸν λέγει ὅτι ἄρ μνησα ἐξίως; est enim hoc Vetus Scholion; vide Sch. Germ. p. 47. — Rarissima vox ἀρύεσθαι ab hoc loco aliena videtur esse.

110 Causam non video cur Moschop. et Tricl. δαιμονίως dederint; cf. ad O. VII, 47.

111 Interpunctio fluctuat: γεγάμεν. εὔχειρα δεξιόγυιον. ὁρῶν|τ' ἀλκάν. A[M?] — γεγάμεν εὔχειρα. δεξιόγυιον. ὁρῶν|τ' ἀλκάν. BCEπμ' — γεγάμεν εὔχειρα. δεξιόγυιον ὁρῶν|τ' ἀλκάν. GOZ — γεγάμεν εὔχειρα δεξιόγυιον. ὁρῶν|τ' ἀλκάν. Nq. — γεγάμεν εὔχειρα. δεξιόγυιον. ὁρῶν|τ' ἀλκάν. a — γεγάμεν εὔχειρα δεξιόγυιον ὁρῶντ' ἀλκάν. DFPQVXΘ — omnino nulla in UΣ — Sciendum est Scho-

liastas ὁρῶντ' pro ὁρῶντα habuisse; exponunt enim βλέποντα ἀνδρεῖον (B 230, 36) sive βλέποντα ἀνδρικῶς (A ib. 34) idemque circumscribit B 230, 21. Quare merum vitium esse videtur quod in gl. A βλέπτων (sic) ἀνδρικὸν ἢ θαρσαλέως invenitur; nam cum τ' sequentem versiculum inciperet, videntur glossatores oscitanter solum ὁρῶν explicasse. Scripturae Hermannianae (ad Eur. Iph. Aul. 1127), δεξιόγυιον ὁρῶν τ(ε) ἀλκὰν Αἰάντειον ἐν δαιτὶ Ἰλ. ν. s. β. nullum inter Scholia certum vestigium deprehendo. Atqui ut O. VIII, 52 ita h. l. antiquos nec auditores nec lectores Pindari latuit utrum ὁρῶντα an ὁρῶν τε dicere voluerit. Porro consensu tradita est particula τ' post Αἰάντειον. Denique δεξιόγυιον ὁρῶν ἀλκάν non magis ad ἐπιστεφάνωσι βωμόν pertinet quam δαιμονίᾳ εὔχειρα. Iure igitur suo nunc Hm. ad ὁρῶντα rediit. Sed quod idem V. Cl. distinctionem post δεξιόγυιον tolli iubet, non assentior. Sch. recte tria membra faciunt. Asyndeton autem duplex praestat simplici.

112 Primum tenendum est pronomen relativum in nullo bono codice reperiri, tum δαιτὶ in omnibus, δαιθ᾽ quae elisio dativi apud Pindarum inaudita est (cf. ad O. VIII, 52) in nullo, deinde et bonos quosdam libros et Scholiastas AB diserte testari, nomen Aiacis h. l. non ab Οἰλ. (ὀῖλ.) sed ab Ἰλ. incepisse. Vocalem autem ante compluria eiusmodi nomina hiatum non fecisse supra observatum est ad vs. 98. Quorsum id spectet, utrum ad digammi usum*), an ad aliud quid, equidem non diiudicaverim. Sed res ita se habet.

Pronomine relativo opus non est.**) Amat Pindarus carmen brevi sententia concludere, quam quasi epimetri loco addit, nec semper hae clausulae, ut h. l., particulis***) cum antecedentibus copulantur. Vide exitum odarum O. III; XIII; P. V; I. III; V. Quin mihi potius frigere haec videntur, addito pronomine, siquidem res facta cum generalioribus illis εὔχειρα etc. parum recte per ὅς composita fuisset.

Sch. A non habet pronomen relativum in paraphrasi sed recta

---

*) Credas Ὀϊλεύς et Ϝίλευς digammata fuisse, ut ϝός et ἑός, ϝεῖπε et ἔειπε etc. Tamen in textu cautius et P. IV, 188 Ἰωλκόν et h. l. Ἰλιάδα scripsissem.

**) Neque alio nexu, ut si quis metro invito sed facili et expedita structura ἐπιστεφανῶσαι legere vellet.

***) H. l. τε valet „praeterea", „denique" ut passim quemadmodum O. VII, 78. Cf. ad O. XIV, 5.

oratione rectam exprimit: αἰάντειον βωμὸν ἕστιφι νικῶν ἐν δαιτὶ ... τοῦ ὁιλίως*) παιδός.**) Sch. B (cuius solito fusior et generalior circumscriptio est) interpretationis causa cum adderet ὅστις ἀνὴρ καὶ. Moschopulus inde***) confinxit vulgatam δαιτὶ ὅς τ' Ἰλιάδα νικῶν eamque Triclinio probavit. Peius etiam Sm., δαίθ᾽ invehens, importunam elisionem Pindaro obtrudit.

Duo praeterea Moschopulus novavit, alterum non sine probabilitate, quod Αἰάντειον in Αἰάντιον commutavit, ut ἵππειος in ἵππιος — de qua re vide ad O. XIII, 78 — ; — alterum male, quod γε δαιτὶ pro τ' ἐν δαιτὶ scripsit. Hoc enim et a legitimo praepositionis usu testibusque Scholiastis firmatum est et metro recipitur ut vs. 56 καί, ubi idem grammaticus non minus male τε interpolavit. Caeterum τε δαιτὶ ego non reperi nisi in a^ro idemque a Sm. ex h refertur. Moschopulum γε, non τε voluisse, et eo apparet, quod, cum inferret pronomen ὅστε, alterum particulae nexum tollere voluisse existimandus est, et ex ipsius paraphrasi quae solum ὅστις, non καὶ ὅστις habet.

Duae igitur huius loci scripturae fuerunt; altera vett. et Thom. ἀλκάν. Αἰάντειόν τ' ἐν δαιτὶ Ἰλιάδα; altera Mosch. et Tricl. (cum Al. Ω[Ϙ]) ἀλκάν, Αἰάντειόν γε δαιτὶ ὅστ' Ἰλιάδα. Reliquae diversitates merae videntur esse corruptelae. Οἰλιάδα, quod Böckhio ex VΣakn relatum erat, nec in his est nec in ullo alio quem ipse vidi.

Cadunt igitur, me quidem iudice, omnes quae duodenarium numerum explent virorum doctorum coniecturae.†) Genitivus Αἰ-

---

*) cod. Ἰολίου·

**) Idem Thomas (230, 14) expressit, cuius puriores libri cum vett. faciunt. Quare Thomam illius pronominis auctorem fuisse non credo, nam Al. Ω(Ϙ?) ab interpolatione recentiore non sunt liberi.

***) cf. Ep. mea ad Fr. 22. 18 sq.

†) De Th. Ky. Sw. non recte retuli. Th. (1820) sequitur Hermannianam rationem primam (1817 prolatam). Ky. (1840) δαιτὶ ὅτ' scribit, synizesi, et νικῶντ', non νικῶν; ab Hermanniana altera (1822) nihil mutatus nisi Αἰαντέων. Kayseriano invento astruens Ra. (1845) ὁρῶντ' ἀλκὰν Αἰαντέαν, ἐν δαιτὶ ὅτ' scribi posse existimat; ipse tamen, ὅς genuinum ratus ὁρῶντ᾽ ἀλκάν, Αἰαντέων ἐν δαιτὶ ὅς 'Ιλ. scribit, sed fortasse rectius elisionem δαίθ᾽ se habere addit. Sw.¹ ὁρῶντ᾽ ἀλκάν, Αἰαντέων τ' ἐν δαίθ᾽ ὅς scripserat, sed postea (Sw.²ª) Rauchensteinium secutus est. — Tertiam rationem Hm. 1847 protulit.

ἀντίον minime placet, non solum quod omnes mss. et Scholiastae expresse accusativum comprobant, sed etiam quoniam hi accusativi Αἰάντειον et βωμόν commodissime ita collocati sunt, ut totam clausulam utrimque terminent.

OLYMPIA X.

Inscr. Bö. non sine probabilitate, sed certis quibusdam erroribus argumentationis admixtis, Ol. X et XI transposuit, praeeuntibus Mingarellio et Gurlitto. Meum est Pindarum talem edere, qualem in optimis libris traditum habemus, iis exceptis, quae falsa esse constat. Cur de illa traiectione carminum mihi non prorsus constet vide ad vs. 9 et O. XI. Inscr.

Metr. Dedi excepto initio Str. 6, schema Böckhianum. — Str. 1 extr. creticus non solvitur vs. 70, si mecum Ἀλιρραθίου legis. Cf. tamen coniecturas vs. 64 et 70. — De initio Str. 6 vide ad vs. 25 et ad. O. I, 80. — In Epodo plura incerta sunt. Possit dividi Ep. 1 $\smile \acute{-} \smile \widehat{-} \acute{-} \smile \smile - \mid \smile \acute{-} \widehat{-} \smile \smile -$ ut etiam πρόσω vs. 55. teneas. Omnino haec numerorum definitio suavior (si recte sentio) quam vel Böckhiana vel Bergkiana; haec est $\smile \acute{-} \smile \widehat{-} \acute{-} \smile \smile - \acute{-} - \widehat{-} \smile \smile \underline{\smile}$. Ep. 3 Bergk ita descripsit $- \smile - \widehat{-} \smile - \acute{-} \smile \smile - \infty - \smile \underline{\smile}$. Nescio an potius vs. 57 ab anapaesto (ἀκρόθινα) incipiat, sic $\infty \acute{-} \widehat{-} \smile - \acute{-} \smile \smile - \infty - \smile \underline{\smile}$. Ep. 4 et 5 coniungi possunt. Ep. 8 et 9 ita definivit Bg. $- \acute{-} \smile \smile - \smile \smile - \smile \widehat{-} \acute{-} - \mid \underline{\smile} \acute{-} \acute{-} \smile \widehat{-} \acute{-} \smile - \acute{-} \smile \smile \underline{\smile}$. Mihi hi potius numeri constituendi videntur esse $- \acute{-} \smile \smile - \smile \smile \underline{\smile} \mid \smile \acute{-} \smile \underline{\smile} \mid \infty \acute{-} \acute{-} \smile \widehat{-} \acute{-} \smile - \acute{-} \smile \smile \underline{\smile}$ ut seorsum efferantur gravissima epitheta πελώριον, ἀλώσιος, ἀγώνιον, χλιδῶσα (δή), ἀναιδίᾳ; atque ut extremi versus principium idem sit cum principio vs. tertii ($\infty \acute{-}$), abs qua licentia non abhorret vs. 99 $- \acute{-} \smile -$ pro $\smile \smile \acute{-} \smile -$ in nomine proprio. Qua divisione admissa Epodus **undecim versus** habebit. — Hm.² (1847) multa novavit. Primum Ep. 8 et 9 aliter divisit: $- \acute{-} \smile \smile - \smile \smile - \smile \widehat{-} \acute{-} \smile \smile - \acute{-} - \parallel \smile \widehat{-} \acute{-} \smile - \acute{-} \smile \smile -$, legens vs. 62 ἅρμασιν et satis audaci verborum traiectione

admissa vs. 104 sq. ἅτε Γανυμήδει ἀναίδητον πότμον; dubitansque an de priore horum versuum (cum et ipse septendecim syllabas haberet) locutus esset Sch. A ad πελώριον vs. 21. Tum Ep. 3 et 4 aliter descripsit $- \overset{\prime}{\smile} \smile \overset{\frown}{\smile} \overset{\prime}{\smile} \smile \overset{\frown}{\smile} \overset{\prime}{\smile} \smile \overset{\prime}{\smile} \smile - \smile \smile - \overset{\prime}{\smile}$
$\smile \smile - - \parallel \smile \smile \overset{\prime}{\smile} \overset{\frown}{\smile} \smile - -$ ideoque Κυκνίᾳ (15), πολυκτέανον (36) sine synizesi, παῖδ᾽ (99) scribit, et non satis probabiliter cum vs. 57 βωμοῖσιν ἀκρόθινα διελὼν ἔθυέ τε πεντακτυρίδα τ᾽ ἕστασεν ἱορτάν (eiectis verbis ὅπως ἄρα) tum vs. 78 ἀρχαῖς ἱπόμενοι δὲ προτέραις ἔτι νῦν ἐπωνυμίαν χάριν ἀλκᾶς ἀγεράχου coniicit. Denique idem Vir Summus, initio Str. 6 spondeum vs. 48 et vs. 90 removere cupiens, illic ἀγάλλων pro τιμάσαις, hic θανόντι pro θνάσκοντι proposuit. Vide supra.

2 Ante πόθι plene dist. BQ commate Aμ' aliique cum plurimis impressis. Non dist. rell. mss. Di. Sw. Ht.

2 In fragm. Soph. Triptol. apud Sch. 238, 14 in BU εἰ δ᾽ ἐν φρενὸς δέλτοισι τοὺς ἐμοὺς λόγους legitur; in A οὐδ᾽ αὖ φρενὸς ubi ex Ạ οὐδ᾽ αἱ φρενός relatum est. Scribitur nunc Θὶς δ᾽ ἐν φρενός.

3 Sch. B 238, 25 et 239, 1 utramque iuncturam vocativi ὦ Μοῖσ᾽ praestare videtur.

6 Gl. A ἐπίπληξιν, τὴν ποιοῦσαν ἀλιταίνειν εἰς τοὺς ξένους καὶ τοὺς φίλους. Recte. — Tricl. (ad Sch. B accommodatum) τὴν ἁμαρτάνουσαν εἰς τοὺς ξένους καὶ τὴν ἐπινεχθησομένην μοι ὡς ἀλιτοῦντι καὶ ψευδομένῳ περὶ τοὺς φίλους.

8 Emendationem Böckhianam tuentur corruptiones similes, ut P. IV, 46 τίκτει in optimis est pro τίκτε; cf. P. IV, 26. 30. 163; etiam O. VI, 41; P. VIII, 78; N. IV, 47; V, 22. 45. al.

9—12. Alia tentamina γε τόκος ἀνδρῶν Ky.[1] Fr. Ms.*) Sdt. — γε τόκος. ἄθρει Ra. — τόκος. ἄθρησον Ky.[2] — τόκος. ὁρᾷτ᾽ ὦν Sw.[23]; cf. Wi. in Ph. VI, 668. — τόκος ἵνα. τῷ νῦν ψᾶφος ἑλισσομένα „quare age nunc cura ut calculus per abacum volutus aeris alieni acervum destruat" Bg.[2] Ego id quod scripsi ex Sch. A corrupto hausi. Leguntur enim 240, 12 haec ὁ δὲ ὀφείλων ἐπάδων (ita Ạ; ex A enotavi „aut ἐπάδων aut ὀπάδων") τόκον ἄμεμπτος γρ. quae confusa videntur esse e verbis Scholiastae ὁ δὲ ὀφείλων ἀποδοὺς τόκον ἄμεμπτος (sc. ἐστιν) atque notula critica ἐπάδων (ὀπαδῶν) γράφεται. Iam aut ὀπαδῶν (ὀπαδίων) i. e.

---

*) in Sch. Germ. p. VI ubi oblitus eram Kayseri et Palatini C et nondum legeram Friederichsii disputationem in Ph. XV, 33 sq.

„comitans" aut ipsum ἐπᾴδων (i. e. demulcens, θέλγων) scribendum erit. Illud antiquam corruptionem facilius explicat, nam ΘΝ et ΟΠ ac vetustae ligatae ϑν et ὀπ in quodam literarum genere simillimae sunt. Verissime Hm² verebatur „ne lateret hic literarum similitudine obscuratum epitheton". Videtur enim τόκος frigere sine epitheto, genitivus autem, sive ἀνδρῶν sive θνατῶν scribis, aut obscurus et perversus aut cum ἐπιμομφὰν coniunctus supervacaneus; articulus vero, etsi ita defendi possit ut hoc decimum carmen τόκος appelletur (cf. mea in Rh. IV, 550), minime necessarius, et, si τόκος est O. XI, alienissimus esse. Neque γε post ἐπιμομφὰν recte collocatum est, neque hoc γε lemmate Ambrosiano ubi idem post ὅμως δὲ apparet, comprobatur; lemmati γε e glossa adscriptum est, vel e v. l., nam ὅμως γε haud displiceret. Nihil igitur tribuendum est neque invento Byzantiorum neque ei quam certatim arripuimus scripturae Semi-Byzantinae γε τόκος ἀνδρῶν. — Non rectius Ra. aliique ἄϑρει vel simile quid reposuerunt. Nam Sch. A B*) expresse testantur ellipticam sententiae νῦν ψᾶφον etc. rationem, quam post luculentissimas Scholiastarum et God. Hermanni**) Tafeliique expositiones ab interpretibus***) non intellectam esse mireris. Subest enim locutio rarior νῦν ὅτι pro ἔστιν ὅτι de qua satis constat, et ὅπᾳ Pindaricum est pro ὅπως (cf. 56. 57 et ad N. I, 35), ut νῦν ὅπᾳ coniunctum respondeat locutioni ἔστιν ὅπως†). Sensus est: „Est quomodo lapillum volu-
„tatum fluens unda auferat; [est vero] etiam quomodo commune
„verbum [nostrum poeticum]††) in amici gratiam [restrictum] per-
„solvamus" i. e. „Unda, quae lapillum in ripam eiecit, ipsa optime scit quomodo eundem rursus auferre possit. Sic poesis mea vituperationem quam contraxit nomenque quod fecit ipsa optime scit quomodo depellat atque expediat, communi vatum sermone

---

*) B 240, 15 sqq. et B ib. 26 sqq. quae etiam in A leguntur.

**) ad Viger. p. 919. et (1817) in ed. Hy. collatis locis Aeschyleis Sept. 711 et Suppl. 638; Soph. Ai. 802; Horat. „Est ut viro vir" etc.

***) Excepto Schneidewino, qui ad Scholiastarum interpretationem imaginis regressus est. Sed quod κατακλύζει et ὅπα δὲ coniicit, non assentior.

†) Licet Sch. (AB νῦν οὖν σκοπήσωμεν, ὅπως) ellipsin ita potius explicet, ut „Nunc ut" fere idem valeat cum exclamatione „Utinam nunc" subaudito „vide", „cura" „age" etc. Quo sensu cohortativo ὅπᾳ (ὅπως) accipitur ab Ah. Sw. Fr.

††) de λόγον video errare Kayserum aliosque; cf. ad O. VII, 90 sq.

nunc in solius amici (amicorumve) gratiam persoluto". Poeta haec non explicare sed pro sua breviloquentia ingeniosa contrahere voluit. Quapropter recte Scholiastae et h. l. et ad N. I, 24 saepiusque observant, imaginem solam prolatam esse, rem vero, ad quam imago spectet, non expressam. — Quaecunque in hac verborum conformatione exquisita sunt atque ipsa novitate et alacritate lectorem captant, pessumdedit Ht. cum scriberet τόκος ὁπάτως νῦν, ψᾶφον ἑλισσομέναν ὅταν κῦμα κατακλύσσῃ ῥίον, ὅταν τι κτλ. Orationis vigori vel ii qui ἄθρει etc. addunt aliquid videntur detrahere. — Quodsi recte scripsimus τόκος ὁπαδῶν, superest quaerere, utrum carmen intelligatur. Credo undecimum parvum, quocum maius decimum restituetur, ut caput cum usura, quae illud comitatur. Nullum autem aliud carmen quam parvum undecimum, quod maiori epimetri loco additum esse reor, unquam nomine Τόκου appellatum fuisse, utriusque carminis Inscriptio ostendit, de qua Bö. Vir Summus egregie fallitur. Nam ἀρχὴ τόκου et ἀρχὴ ἐργοτίλους in codice Parisino [V] opponuntur subscriptionibus τέλος τόκου et τέλος ἐργοτίλους in eodem codice [V] aliisque, ut ἀρχὴ Πινδάρου, ἀρχὴ Πυθίων etc. subscriptionibus τέλος Πινδάρου, τέλος Πυθίων etc. Tantum igitur abest ut ἀρχὴ τόκου „prooemium alius carminis quod τόκος appellatur" significet, ut illud ipsum odarium τόκον appellatum fuisse confirmet. Cf. Sch. Germ. p. XV sq.

13 Nexum hunc esse existimo. „Facile debitum carmen Musa mea amicis persolvere potest. Nam multae sunt Locrorum laudes". Possis quidem eo referre κοινὸν λόγον ut sit „communis omnium Locrorum fama" sed hoc mihi minus aptum videtur eo loco positum, ubi omnino de se suaque arte loqui videtur. — Insolentiorem formam accusativi pluralis πόλις pro πόλιας multam Veteribus interpretibus molestiam creasse apparet; hinc tres scripturae apud Sch. Vett. ἀτρέκειαν πόλις, ἀτρεκείᾳ πόλις, ἁ τραχεῖα πόλις, quae perinde in metrum peccant, ortae. Vulgata metro sufficit, sed iam olim videtur numerorum causa excogitata esse. Cf. ad O. I. 28, et P. III, 112.

10 extr. et 12 ext. interrogationis signa primus posuit Philippus Melanchthon, post hunc Sm. Ox. Hy.[1] Be. Gu. Bö.[1,2] Di. Bg. Sw.[1] Quaestionem directam ab ὅπα alienam esse viderunt St. Bd. Hy.[2] Hm.[3] Th. Aw. Ta. Ky. Ah. Ra. Sw.[2] Bg.[3] Ht. Fr. — Caeterum non solum Ht. sed iam Ln. Po. Bth. Ky. satis dure haec verba νῦν, ψᾶφον, cum antecedentibus coniungebant, ut Ln. „Nunc foenus

quaerimoniam restinguet, quando (ubi) inundans fluctus etc." quae ratio simillima est Kayserianae et Hartungianae. — Plurimi interpretes (St. Bd. Hy.²) ellipsin verbi ἴδωμεν, σκοπήσωμεν cum Sch. Vet. statuebant; de aliis vide supra ad vs. 9.

15 Κύκνεια Hm.¹²⁸ (1798. 1809. 1817) — Κυκνεία Hm.⁴ (1847). Vide ad Metr.

20 sq. Ky. θήξαις δὲ φυᾷ κρατερὸν ποτὶ πιλώριον ὅρμασι κλέος coll. O. IX, 100. — Ra. θήξαις δὲ φυὰν ἀκόνᾳ vel θήξαις δί μιν ὦτ' ἀκόνᾳ coll. I. V, 73. Non opus. Lectionem a Ceporino et Heynio e Sch. Vet. (B) erutam optimi (non plurimi) mss. confirmant. — θήξαι δέ κε φύντ' ἀρετᾷ π. π. ὁρμᾶσαι Ht. contra mss. et Sch. — Lectionem interpolatorum ὅρμασι Bg.¹ reduxerat, de sententia Ta.

21 Sch. A πιλώριον: τὰ β̄ μία ἐστὶ περίοδος ιζ̄ συλλαβῶν. „Notula eximia". Vide ad O. IX, 84. 89.

21 Pluralem παλάμαις in optimo codice paucisque aliis inventum nescio an quis praeferat, coll. Ζηνὸς παλάμαι (P. II, 40), παλάμαις Διός (N. X, 65) etc. Sed singularem tuentur Sch. BC etc. et σύν τινι μοιριδίῳ παλάμᾳ O. IX, 26; cf. P. I, 44.

22 χάρμαν Ht. coll. O. IX, 86. At χάρμα de victoria non solum I. IV, 54 sed etiam P. VIII, 64; N. III, 66.

23 Scriptura ΑΑ (vitiosa, ut arbitror) non persuadet fuisse qui ἐτέων legerunt, sed fuisse videntur qui ἔργων προπάντων cum ἄκοντι coniungerent. Vide Sch. Germ. p. 50.

25 Postquam Böckhius de hoc loco desperavit*) diu critici ab emendandi periculis deterriti sunt, donec primus Kayserus (1840) locum iterum aggressus est, quem secuti Bergkius (1842) et Rauchensteinius (1844 et 45) rectam emendandi viam ingressi optime quidem meruerunt sed tamen opus non perfecerunt. Quin Bergkius secundis curis (1853) a scopo aberravit, ut et ipse erravi in Sch. Germani (1861) p. 51. Egregie autem cum G. Hermannus, interpolationem „Triclinianam" defendens, falsus erat

*) Vir Summus primum (1811) cum Pw. et Hy. bonorum librorum lectionem βωμὸν ἐξάριθμον Ἡρακλέης pro vetusto glossemate ex O. V, 5 petito habuit quod „vel ante Sch. Vet." libros invaserit, sed nihilominus etiam interpolatae lectioni diffisus (ob hiatum, etsi is tolerabilior esset, et ob dialecticam formam βίη) neminem dicit inventurum esse quid Pindarus scripserit. — Tum (1822) § 25 p. 325 „hunc locum adhuc exspectare eum qui emendet".

(1847*) tum maxime Hartungus (1855), interpolatoris interpolatorem agens, praeeunte Ahlwardto.**) Hos ut mittere liceat, caeterorum rationes breviter percensebo. — Ky. ἔθυχ' ἐξάριθμον Ἡρακλῆς expulso βωμῷ ut vocis σάμωτι glossemate, et pro ἐκτίσατο substituto ἰθ᾽χ', coll. fr. 252 et O. III, 22. — Bg.¹ (Ra.¹) πατὴρ ἐξάριθμον ἐκτίσατο de ipso Iove qui filium certamina Olympia instituere iusserit; esse incommodum Herculis nomen (statim infra vs. 30 repetitum) atque non minus incommodum medium verbum nam requiri potius ἔκτισεν ut O. VI, 69. — Ra.² τὰ πρῶθ' ἐξάριθμον ἐκτίσατο; rarissimam formam mediam non esse sollicitandam; voluisse Pindarum hic tradere qui fuisset ab initio numerus certaminum ab Hercule institutus; periisse igitur significationem temporis antiquissimi et initii quod oppositum esset illi rationi quae Pindari aetate constitisset. — Bg.² σταθμῶν' Ἡρακλῆς ἐκτίσατο; ex σταθμῶν' factum esse σταθμός commune, huic appositum fuisse βωμὸν, hoc coniunctum βωμός σταθμός corruptela abiisse in βωμόν σ' ἀριθμόν, hinc fluxisse traditam lectionem; ad formam σταθμῶν' redire Hesychii glossam σταθμότες] Ὀλυμπί — Ms. (Sch. Germ.) regressus ad Kayserianam emendationem ἴδρυσ' ἐξάριθμον Ἡρακλῆς expulsis glossematibus βωμός (βωμῷ) et ἐκτίσατο quorum hoc sede, illud lectione fluctuans corruptelam prodat.

Sic nodum in scirpo quaesivimus. Multo res simplicior erat. Ambrosianus ostendit nomen ἡρακλῆς explicationis causa***) male additum fuisse post ἐκτίσατο, ubi adhuc in tribus optimis inveni-

---

*) Putabat vir immortalis, βωμόν ex interpretatione tumuli Pelopis, ἐξαριθμον autem ex glossemate vocis ἐξήριτον ortum esse, nec „Triclinium" peccasse nisi dialecto sola, cum βίη Ἡρακλέος scriberet. — Nihil credo tribuendum esse mss. qui inter ἐξ. et ἐξ. fluctuant, nam vetustius est expressum Sch. Vet. testimonium de ἐξάριθμον.

**) Aw. „alterum Scholiastam ἰσχύς legisse" putabat. In eundem errorem incidit 35 annis post Hartungus, sed, quae eius est confidentia, in textum invexit ἰσχύς Ἡρακλέος. Scilicet hi viri docti non intellexerunt, βίη Ἡρακλέος non Triclinii sed Moschopuli commentum esse, atqui Scholion laudatum ad Moschopuli Commentarium perpetuum pertinere, igitur consentaneum esse textum βίη Ἡρακλέος per interpretationem ἰσχύς Ἡρακλέος explicatum esse. Fraudem ne faciat notula Tricliniana (ut fecit vel Hermanno), vide Sch. Germ. p. 64, not. 3. — Id autem inter illius et nostrae aetatis hariolatores videtur interesse, quod illi aliquanto saltem modestiores fuerunt. Verum qui probe quaerit, non vult semper videri invenisse.

***) de sententia Rauchensteinii Co. I, 31.

tur, cum reliqui veteres idem ante ἰκτίσατο interpolatum exhibeant. Ostendit etiam βωμῶν insolentius cum adiectivo ἰξάριθμον coniunctum perperam cessisse in βωμῷ et βωμόν. Verum igitur est quod olim conieci, sed tum, quoniam structurae βωμῶν ἰξάριθμον audaciori diffidebam, palam facere non audebam[1]). Apparet rectissime Kayserum ἰξάριθμον Pindaro e Sch. Vet. vindicasse, verissime etiam Bg.[1] de otiosa nominis Herculis additione admonuisse, optime denique Ra.[1] (in Comm. I, 30 sq.) de more poetae disputasse de quo nomina in exitu sententiarum proferantur, collatis O. VII, 13 sq.; P. XI, 15 sqq.; I. III, 71 sqq.; P. X, 12 sqq.; Horat. Od. III, 4, 64 sqq. — Sed omnes critici id πρῶτον ψεῦδος commiserunt, quod βωμῶν (βωμῷ, βωμόν), disertissimo Scholiorum et omnium bonorum librorum testimonio comprobatum, citius, numerorum causa missum fecerunt. Alterum ψεῦδος inde suspensum erat, quod (post Kayserum) ἰξάριθμον ad sex certaminis genera (cf. 64—72), non cum Sch. ad sex aras geminas, quae „circulum" illum nobilem et circumdabant et formabant, redire voluerunt. Apponam Scholiorum testimonia:

A² βωμῶν (et βωμόν) 'ἰξάριθμον: ἐν τοῖς ἐξ βωμοῖς δώδεκα²) [θεοῖς] ἡρακλ[ῆς] ἔθυεν, περὶ ὧν εἴπαμεν. ἐξ γὰρ βωμοὺς ἔκτισεν ἡρακλ[ῆς], ἡνίκα τοὺς ποσειδῶνος παῖδας ἐφόνευσε, κτίστον καὶ εὔρυτον. τῷ (et τό) γὰρ δοκεῖν ἦσαν ἄκτορος καὶ μολιόνης: —

A¹ ὂν ἀρχαίῳ σώματι: τὸ αὐτό ἐστι τό τι μνημεῖον (8. μνῆμα) τὸ τοῦ πίλοπος καὶ ὁ βωμός οὐ τὸν ἕτερωθι μόνον ὁ πίλοψ, παρ' ἕτερωθι δὲ ὁ βωμός: — Hoc corruptum emendatius legitur in

B¹ ὂν ἀρχαίῳ σώματι παρ πίλοπος βωμῷ. τὸ μνῆμα [τοῦ] πίλοπος, τὸ αὐτὸ τῷ βωμῷ. οὐ γὰρ ἕτερωθι μὲν ὁ πίλοψ, ἕτερωθι δὲ ὁ βωμός· ἀλλ' ἐν καὶ [τὸ] αὐτὸ χωρίον ἐστί, σῆμα καὶ βωμός. ἰξάριθμον³) δὲ, ἐπὶ τῶν ιβ⁴) Θεῶν, ἐξ βωμοὺς κατεσκεύασεν. [B²] ὁ δὲ νοῦς·⁵) ὅν τινα ἀγῶνα πλησίον τοῦ ἀρχαίου σώματος καὶ τάφου. ἐξ βωμῶν⁶) ἀριθμὸν ἔχοντα,⁷) ἱδρύσατο καὶ κατεσκεύασιν⁸) ὁ⁹) Ἡρακλῆς, ἡνίκα κτλ.

---

1) Vide Ep. ad Fr. p. 8 not. extr.   2) cod. A διδώ^x
3) ἐξάρ. E=F   4) δώδεκα EF
5) ὁ δὲ νοῦς B Ro. — 'Αρχαίῳ σάματι] F—'Άλλως· [ἀρχαί]ῳ σάματι. E — ἄλλως. τῷ σώματι. U   6) βωμῶν BE Ro. — βωμὸν F
7) ἔχοντα, ἕκτον βωμὸν ἱδρ. BEFU Ro.* (Hy. ἔκτ. β. uncis includit; Bö. delet).   8) κατεστήσατο ἧρ. EFU —   9) [ὁ] om. EF.

Hinc facile colligi potest fuisse qui βωμῷ scriberent, hac fortasse cum distinctione ἀρχαίῳ σώματι, πὰρ Πίλοπος βωμῷ, ἰξάριθμον κτλ. ut πὰρ Π. βωμῷ explicationis causa additum esset et ἰξάρ (de altaribus) ad ἀγῶνα pertineret; ubi hiatum excusare posset dativus in ωι exiens, de qua re vide ad O. XIII, 34. Sin videretur singularis potius Scholia (et A¹ et B) male invasisse, ut in A¹ bis οἱ βωμοί et in B bis βωμῶν scriberes, haec sumtio nimis audax esset. Sunt potius B¹ et B² male confusa, ut B¹ et A¹ βωμῷ, B² et A² βωμῶν et legisse et explicavisse videantur. Illud autem ἇκτον βωμόν, quod in B² infarsum deprehendimus, infelix videtur esse Scholiorum cum textu (βωμόν) conciliandorum periculum.

Ex his tria efficias: 1, hos Scholiastas aut βωμῷ aut βωμῶν legisse; 2, omnes legisse ἰξάριθμον; 3, omnes hoc epitheton non ad sex certaminis genera sed ad sex altaria retulisse.

De ἰξάριθμος non est ut dubitemus. Plurima quidem composita a voce ἀριθμός sic formata recentioris aetatis sunt, sed ἀνάριθμος et τοσουτάριθμος iam apud Pindarum et Aeschylum etc. inveniuntur. Videtur autem maxime poeticus ille genitivus, lyrica audacia ad similitudinem locutionum χρόνος ἀνάριθμος ἡμερῶν (Soph. Tr. 247) applicatus, de quibus vide Ma. Gr. Gr. § 339. Cf. etiam P. IX, 58.*) — 'Αγών autem proprie est „area rotunda", ut ἀγορά (der „Ring"); cf. ἀγώνιοι θεοί i. e. duodecim Olympii apud Aeschylum (Ag. 499. Suppl. 175. 209. 318. 341.). Interpretes cum ἀγῶνα de certamine intelligerunt, tanto magis in audaci genitivo βωμῶν explicando haeserunt. — De forma ἱκτίσσατο compara O. IX, 45 et omnino de mediae formae usu Pindarico vide ad P. I, 24. — De spondeo pro trochaeo ad O. I, 80. Facile esset ἱδρᾶν vel (ad ἀγῶνα appositum) ἱδράν coniicere, sed non opus est novatione.

Unum restat. Mos est poetae, non solum ut nomina in exitu sententiarum proferantur (Ra.), sed omnino subiecta in fine longarum periodorum collocare, ut poeta vi quadam peculiari audientium animos suspensos teneat. Cf. I. V, 30. 35. 40. 62; fr. 58, 5—8; O. X, 34; XII, 6; XIII, 17; P. II, 41; XII, 17; N. V, 12; I. I, 30 sq.; VII, 10. Neque animadvertisse videntur vv. dd., quamquam id bene legenti hos numeros cuique obvium est, qua cum arte persaepe lyricus poeta gravissima arsi ad certas quasdam

---

*) Addi potest fortasse πλῆθος τοσουτάριθμον ἀνθρώπων apud Aesch. Pers. 427; nisi malueris β. ἰξ. ἀγ. explicare cum Herm. ad Vig. 891.

orationis partes efferendas usus sit. Ut h. l. nomen Ἡρακλίης primam syllabam post sedatiora metra summa cum vi elatam habet, ita N. XI, 16 novum illud et ingeniosum γᾶν in eandem primam vehementioris rhythmi dactylici arsin incidit, ut ipso tono quasi feriat et percutiat audientem. Vide etiam Epist. ad Fr. l. l. et ad N. XI, 16.

33 Solum Thomanum Scholion (244, 28) συμμαχοῦντες οὗτοι Αὐγείᾳ ἔν τινι τόπῳ τῆς Ἤλιδος λοχήσαντες τοῦ στρατοῦ τὸ πλεῖστον διέφθειραν confirmat coniecturam Heynianam ἥμενοι. Omnes mss. cum Sch. B¹ (245, 25) et Comm. Mosch. (ib. 31) lectionem ἥμενον tuentur, neque quidquam de Molionidarum insidiis apud Pausaniam (II, 15; V, 2) et Apollodorum (II, 7, 2) expresse traditum habemus. Ambiguum etiam Sch. B² (246, 3; cf. 245, 5) cui simile est quod solum in A legitur (246, 8 sq.) nisi quod ibi ἐφόνευσαν est pro ἀπέκτεινεν. Quare nescio an recte Ky. et Ht. ἥμενον reposuerint, quod Ht. („tranquille in convallibus Elidis per inducias considentem") rectius quam Ky. („ita inclusum ut nullum daretur effugium") intelligere videtur. — Hm. (de dial. Pind. p. 12) ἀμμένον scribi voluit, coll. I. III, 30.

40 Cf. ad O. VIII, 68.

41 sq. De ἀβουλίᾳ et ἀντάσαις Byzantiorum emendationes fere videntur esse accipiendae. Cf. P. VIII. 59.

46 Conieci aliquando διέκρινε, δάπεδον δ' ἐν κύκλῳ.

51 Adverbium νώνυμνον prorsus Pindaricum est (cf. ad O. VII, 47) nec sine causa placebat Böckhio. At Sch. Vett. 249 12 sqq. nec quidquam de hac lectionis diversitate produnt, et verba τοπρότερον γὰρ οὐδεμίαν εἶχε προσηγορίαν, ἕως ἐβασίλευσεν ὁ Οἰνόμαος, ἀλλὰ κρημνός οὖσα (sc. ἡ χώρα) καὶ ἀοίκητος ἐξέκειτο τοῖς πολλοῖς ὑετοῖς καὶ ὄμβροις. (B) ad νώνυμνος potius referri videntur. Sch. A (ib. 19 sq.) ambiguum est. Thomanum autem (ib. 25 sqq.) νώνυμνον (sc. μέρος) et ἃς genitivum (sc. χώρας) simul profert, de structura sine dubio falsus. Vett. id tantum ambigebant, utrum verba βρέχετο π. ν. de veris nivibus an metaphorice de silentio ignobili (cf. I. IV, 51; fr. 269) intelligi debeant. Quae altera opinio et cum νώνυμνος adiectivo factitivo quod dicunt et cum adverbio νώνυμνον conciliari potest, ita ut νώνυμνον βρ. π. ν. idem sit cum βρ. πολλᾷ ἀνωνυμίας νιφάδι.

52 Cf. ad O. XIII, 103.

53 sqq. Ht. ὁ δ' .... χρόνος τόδε σαφανὲς ...

58sq. Ht. πρῶτα. νικαφορίαισι δὲ τίς δὴ ....

63 Ky. ἀμώνιον ἄλιξιν θέμενος εὖχος ἔργῳ καθελών; (coll. Hesych. v. μωνιόν) „victor reddit vana quae adversarii speraverunt" — Ht. ἀγῶνα μὲν ἐν δόξᾳ θέμενος, εὖχος δ' ἔργῳ καθελών; — Neutro opus.

Sch. A ἐν δόξᾳ[1]) θέμενος: ἀντὶ τοῦ ἔνδοξον νομίσας τὸ νικῆσαι, τουτέστι συλλαβὼν τὴν εὐχήν, ἢ [τὸ] καύχημα ἀνταγωνιστοῦ καθελὼν διὰ τοῦ ἔργου. ἢ οὕτω· τὸ ἀγώνιον εὖχος δόξαν θέμενος καὶ ἔργῳ καθελὼν αὐτό.

Sch. BU etc. ἀγώνιον ἐν δόξᾳ[2]) θέμενος.[3]) τὸ ὑπέρβατον, ἀγώνιον εὖχος καθελὼν τὸ τοῦ ἀνταγωνιστοῦ καὶ τὴν νίκην, τὴν αὐτοῦ[4]) εὐχήν, ἔργῳ.[5]) ἢ οὕτω· συλλαβὼν τὴν εὐχήν, ὅ ἐστι τὸ καύχημα τὸ τοῦ ἀνταγωνιστοῦ, καθελὼν διὰ τοῦ ἔργου.

Sch. A [DG] IU (251, 15). [ἐνδόξως][6]) μὲν αὐτὸς ἀγωνισάμενος[7]), τὸ δὲ [τοῦ] ἀνταγωνιστοῦ κλέος καθελών[8]).

Sch. Thom. ἐν δόξᾳ θέμενος] θέμενος ἐν τῷ ἔργῳ αὑτοῦ δόξαν καὶ τιμήν, καθελὼν καὶ καταβαλὼν εὖχος ἀγώνιον, ἤτοι τὸν ἀνταγωνιστὴν αὐτοῦ, καὶ οὐκ ἐάσας νικῆσαί τι καὶ καυχήσασθαι.

Comm. Mosch. ἐν δόξῃ θέμενος ἑαυτὸν δηλονότι, καθελών, ἀντὶ τοῦ ἑλών, ἤτοι λαβὼν καύχημα ἔργῳ, τουτέστι δι' οἰκείας νίκης, δι' οἰκείων ἀνδραγαθημάτων.

Tricl. ἐν δόξᾳ θέμενος] θέμενος ἑαυτὸν δηλονότι ἐν δόξῃ καὶ τιμῇ καθελὼν καὶ καταβαλὼν τὸ εὖχος τοῦ ἀνταγωνιστοῦ, ἤτοι κτλ. (rell. fere ut Thom.; Tricl. enim retractavit Thomanum, de suo contra eum addens οἱ γράφοντες ἐν δόξαν οὐ καλῶς γράφουσιν).

Apparet rectissime criticos Byzantinos ad veterem scripturam ἐν δόξᾳ regressos esse, quam cum in multis vett. in ἐν δόξαν corruptam inveniret, Thomas hoc mira verborum contortione explicare studuerat. Nam aliud et multo facilius hyperbaton esse videtur, quod Sch. B significat, dico εὖχος ἀγώνιον non cum ἐν δόξᾳ θέμενος sed cum καθελών consociandum esse. Idem significant mss. FZ a'b μ'ν'ο' qui (cum Cp.) verba ἐν δ. θέμενος utrinque separant

---

[1]) cod. ἔνδοξα.   [2]) cod. B ἐν δόξᾱ.
[3]) Ἀγώνιον εὖχος. τοῦτο ὑπέρβατον. U — Ἀγώνιον εὖχος. ἀγώνιον, ἄδοξον θέμενος. τὸ ὑπέρβατον pessime Ro. (lemma B et lemma U miscens). Illud ἄδοξον θέμενος ft. solius Calliergi commentum est cui non debebat fidem habere Ky.   [4]) ἑαυτοῦ U
[5]) Post ἔργῳ in U Ro. male ἀποβαλών inculcatum est; volebant hi καταβαλών.   [6]) ἐνδόξως in A omissum est, recte?   [7]) ἀγωνούμενος A
[8]) κλέος καθελών]. εὖχος καὶ καύχημα καθελὼν καὶ καταβαλών. U

distinctione. Reliqui non distinguunt, nisi quod pauci (ut Gς) post εὖχος interpungunt, et N post ἀγώνιον solum.

De scriptura igitur non est cur dubitemus. De interpretatione dissident veteres et recentiores. Possis oppositionem quaerere inter δόξα (Vorstellung) et ἔργον (That), ut ἐν δόξᾳ τίθεσθαι sit mente informare (P. I, 36)*) et ἔργῳ καθαιρεῖν manu consequi, iam ἀγώνιον εὖχος est laus agonistica generatim. Sin ἀγ. εὖχος est adversariorum gloria, eadem oppositio ita adhiberi potest, ut, ἐν δόξᾳ τίθεσθαι intelligatur „ad vanam speciem reducere", cf. de δόξα ad O. VI, 82 et τιθεὶς ὕβριν ἐν ἄντλῳ P. VIII, 11. Sed Sch. A ad faciliorem interpretationem „laudem agonisticam [et] magni ratus [et] strenue consecutus" invitat. Tantum constat explicationem Böckhio-Dissenianam ἐν δόξᾳ idem esse quod „gloriose" et per se frigere, nec nisi semel in Additamentis recentioribus Scholiorum indicatam reperiri. Nec cum plurimis Sch. ἐν δόξᾳ θέμενος ita a reliqua oratione separabimus, ut ἑαυτὸν διὰ τῶν νικῶν (gl. Tricl.) suppleamus. Gl. Mosch. ποιήσας, ἑαυτὸν δηλονότι.

64 Sch. A τὸ εὐθὺ οὖν μὴ ἴσχον καμπὴν**) καθάπερ ὁ δίαυλος. Hinc etiam, admissa solutione arseos, εὐθύτονον ἂν scribi possit. Sed acquievi in coniectura Hermanno-Thierschiana. εὐθύτονον N. Olim Hm.¹ εὐθύδρομον cum Sm.

70 Ad σᾶμ' adscripta est gl. τὸ σῶμα in P porro ibidem ὁ ἁλιρόθιος — ad σῶμ' in N περίφρασις, sed in eodem (et in O) ad ἁλ.] δηλονότι ὁ ἁλιρόθιος σῆμος — in C* gl. ὁ σῆμος — Θ gl. τῆς αὐτοῦ πατρίδος et σημεῖον ὅτι ὁ ἁλιρόθιος περιφραστικῶς — Praeterea de loco difficillimo ad ea quae in Rh. IV, 548 et ad Sch. Germ. p. 55 sq. disputavi non habeo quod addam, nisi ex gl. Tricl. ἀνεκηρύττετο τὸ τῆς βολῆς σημεῖον non recte a quibusdam collectum fuisse, recentiores etiam σᾶμα ᾔδετο scribere voluisse. Nam in Triclinianis duae glossae sunt, quarum prior (ἀνεκηρύττετο) supra ᾔδετο posita est et ad hoc pertinet; altera vero (τὸ τῆς βολῆς σημεῖον) sub ᾔδετο et supra σκοπόν exarata ad hoc pertinet. — Id autem Didymeae interpretationi (quam secutus sum) „signum Neptuni, i. e. tridens quem Mantinenses in curru et clypeo gestare solebant"

---

*) In idem video incidisse Emperium „animo concipiens, sperans". (apud Sw.¹) Olim ita intellexeram „victoriam Olympicam, quam primi strenue reportaverant, omnibus posteris gloriosam facientes".

**) cod. ἴχων κάμπ .... (ft. κάμπτειν p. c.)

maxime obstat, quod ipsum victoris nomen vehementer desideramus. Scholia percensere longum est. Sciant lectores me neque in Ambrosianis neque in Vaticanis (collatis cum BEFGQU etc.) quidquam auxilii reperisse. — Olim Σᾶμ' Ἁλιρρόθιι, σύ vel ἵπποις σύ δὶ ... Σᾶμ' Ἁλιρρόχθιι (s. Ἁλιρρόθιι s. Ἁλιρρόθιι παῖ) coniéceram. Nunc nihil mutavi nisi quod metri causa Ἁλιρρωθίου pro Ἁλιρρωθίου scripsi. — Böckhii coniecturam ob articulum (vide Rh. l. l.) sequi non audebam.

71 Asyndeton his verbis Scholiastae Ambrosiani expresse testatum habemus: εἶτα ἀφ' ἑτέρας ἀρχῆς· ἄκοντι φράστωρ ἔλασι σκοπόν. Cf. ad O. III, 15—17. Plenissima interpunctio vs. 70 extr. optima est.

78 ἐπωνυμίας Ht.

82 De hoc ἐν cum ἀρεφότα copulato vide mea in Rh. XVIII, 303; pertinet ad structuram verbi διδῆναι.

94 Vide Sch. Germ. p. 56 not.

105 Πότμον cum ne unus quidem mssorum meliorum habeat, scripsi μόρον. Legitur quidem πότμος sensu vocis θάνατος semel apud hunc poetam (I. VI, 25). De Hm.² vide ad Metr.

OLYMPIA XI.

Inscr. Hoc odarium τόκος audiebat, quia, teste Scholiasta (BU etc.; A non exstat), epimetri loco una cum maiore antecedente, ut usura cum sorte, sero mittebatur. Etsi de tempore quo ambo carmina simul missa sint nihil certi statuere possumus, tamen cum Hermanno (1847) debitum anno quarto, i. e. proxima post victoriam reportatam Olympiade, persolutum esse suspicor. „Illa autem senis puero sibi nato gaudentis comparatio (O. X, 86 sqq.) non ad aetatem victoris, sed ad diutinam dilationem promissi carminis videtur esse referenda."

Metr. De Ep. 1 vide ad vs. 13.

4 Possit ferri participium πράττων (cf. ad O. II, 56 et Hm. ad Aesch. Ag. 404), sed optativum confirmant Scholia. Nimis confidenter in Sch. Germ. p. 16 not. participium probavi.

4. 5 Ht. *πράσσῃ, μελίγαρυν ἐς ὕμνον, ὑστέρων ἀρχὰ λόγων, τίλ-λεται καὶ* — Hy. interpunctione schema Pindaricum amovere studebat, ita „hymni sunt laudum posteriorum semina, per eosdem hymnos maxima fides fit praeclare factis." Quod fieri non posse sponte intelligitur. Schema diserte testantur Scholia (A 233, 25 et Thomano-Tricl. 233, 26 sqq.), singularem vero *ἀρχά* ex optimo codice reponendum esse censui, consensu Sch. A et B¹ (233, 1) atque Sch. B² (233, 6), etsi pluralem exhibent Sch. B³ (233, 3) et Comment. Mosch. (233, 10). Nam sive *τίλλεται* copulae est (*γίνονται*) sive emphatice „crescunt, nascuntur", ut *ὑστέρων ἀρχὰ λόγων* et *πιστὸν ὅρκιον μ. ἀ.* ad subiectum *μελ. ὕμνοι* illustrandum apposita sint, in utrâque verborum structurâ schematis durities singulari *ἀρχά* praeeunte levari videtur. Verbum enim aut ad appositionem quam dicunt aut ad praedicatum attractione applicatur. Venit etiam in mentem tertia verborum constructio „so sprosst in lieblichen Liedern ein Anfang künftiger Reden auf und eine sichre Bürgschaft für grosse Thaten" ut verum subiectum esset *ἀρχά* et *ὅρκιον* ad quod praemissum *μελιγάρυες ὕμνοι* referretur.

8 Byzantiorum *ἄγκειται* confirmat Sch. paraphr. *ἀνάκειται*. Est *ἐγ* et *ἀγ* in multis libris vetustioribus distinctu difficillimum. Alienum *ἔγκειται* ab h. l.

10 Possit quis desiderare asyndeton et *θεοῖ* scribere; cf. ad O. XIII, 34. — De hoc versu iam in Sch. Germ. p. III sq. et in Epist. ad Fr. p. 22—24 disputavi. Moschopulus, qui auctor est lectionis vulgatae, *ἴσαι* ex Scholiis Veteribus coniectura videtur adscivisse; Sch. *διαπαντός* ad generalem illius sententiae naturam designandam addidisse; cf. Sch. Vet. ad O. IX, 120 (223, 25); XIV, 7 (Sch. Germ. p. 67); P. I, 134 (307, 18) etc. — Exitum huius versiculi mutilum esse probabile est, nam cum insolito longior esset (cf. Epist. ad Fr. p. 37), librarii in angustias adducebantur, ut in gemino vs. 4 ubi extremam vocem *ὕμνοι* modo minutissimis literis adscribebant, modo (ut in AN) cum proximo versu iungebant, ut vs. 19 in *τὸ γάρ*. Solebant librarii ante novam sententiam maiorem lacunam admittere, qua praeeunte facile h. l. *ὁμῶς ὢν* excidere poterat ut *δὴ τόθεν* N. IX, 17. Primum *ὢν* solum excidit quo omisso iam ambigere coeperunt ad utram partem *ὁμῶς* pertineret iunxeruntque male cum prioribus. Hinc illud *ὁμοίως ὥσπερ καὶ σὺ νενίκηκας* (omissum in D) et *ἴσως καὶ τῷ αὐτῷ τρόπῳ* apud Sch. Vet. — In Sch. A neutrum horum ineptorum inter-

pretamentorum legitur, etsi omissio est in A ut in plurimis vett. Aut igitur perantiquo tempore videntur extrema verba in archetypo plurimorum veterum periisse, aut similis causa similem effectum habuisse, ut vel qui e diverso fonte manarunt mss., in eodem vitio consentirent. Nescimus quidem unde sua hauserint CNO sed scimus hos libros persaepe cum optimis quibusque ABE etc. consentire, passim etiam solos optima habere, in universum ab interpolationis suspicione liberiores esse. Nexui autem sententiarum convenientissimum est ὁμῶς ὄν, si ὁμῶς non simul, sed pariter significat, ut attento lectori apparebit collatis O. VIII, 56; P. VIII, 83; IX, 40; I. III, 6; VI, 42; cf. etiam Sch. ad P. V, 74 vulg. Nam cum antea poeta generatim de diversis hominum desideriis, tum de victoribus qui carminum laude, deinde de Olympionicis qui Pindaricorum carminum laude indigeant, locutus sit: iam ad ipsum Agesidamum transiens „Sic igitur, inquit, nunc quoque et tu vicisti et ego te canam." Hoc satis mihi videtur esse concinnum et intellectu facile. Non possum mihi persuadere Pindarum ὁμοίως scripsisse idque cum prioribus coniunxisse, cum hoc et per se quam maxime frigeret, et nec durum illum transitum ἴσθι νῦν mitigaret nec de forma satis Pindaricum esset, quamquam semel (P. IX, 78) admisit. Profecto ἐπεί non magis claudicat quam illud quod viros doctos nunc certatim amplecti miror prosaicum ὁμοίως. In tali transitu ne Pindari quidem breviloquentia a particulis cumulandis abstinet: cf. P. IV 64; I. VII, 65. al. al. Paraphr. Sch. ἴσθι δὴ οὖν (om. δὴ in D). Lemma in Q ἴσθι οὖν.

13 In epodis rhythmi Dorici levioris nullam offensionem habet creticus singularis praefixus, ut nec O. VIII. ep. 7; N. XI, ep. 6; I. IV (V), ep. 4.; nec in hac ipsa epodo vs. 15. Admissa igitur lectione optimi codicis Ambrosiani ep. 1 et ep. 8 simillimi sunt, nisi quod ille creticum additum habet. Sch. ambigua, ut (BDNQU etc.) τὸν κόσμον τὸν διὰ τοῦ στεφάνου κελαδῆσαι. λέγει δὲ, τὸν ὕμνον ἀναβοῆσαι τῆς καλλιστεφάνου ἐλαίας. Reliqua etiam generaliora sunt, ut (ABDU etc.) χρυσέας ἐλαίας σε κόσμον δεξάμενον (D δεχόμενον κόσμον, BU δεχόμενον); et (ADU) κελαδῆσαι δὲ τὸν κόσμον τῆς νίκης σου. — Ambigua nec satis apta est huic loco praepositio ἐπί. Eam cum κελαδῆσαι consociavit Bö.; sed Th. et Di. pro „praeter", „insuper ad" acceperunt; utrique autem κόσμον cum Sch. de carmine intellexerunt. Ἐπὶ cum dativo de additione ad aliquid passim invenitur: O. II, 11; VIII, 84; N. VI, 60; sed est etiam occa-

sione alicuius rei oblata", nostrum „bei", ut O. XIV, 16; P. I, 36. 84; V, 111¹); I. I, 26. 47. Appropinquat igitur in talibus ἐπὶ ad significationem „propter", ut possit respondere hoc ἐπὶ interpretationi Scholiasticae διά. Sed poetica dictio lyrica ἀμφὶ c. dat. iunctum eo sensu maxime cordi habuit, ut O. IX, 14; P. I, 80; II, 62 multisque locis aliis. Atqui ἐπὶ glossa praepositionis ἀμφὶ poeticae, non poeticam ἀμφὶ glossa prosaici ἐπί esse potuit. Ergo ἀμφὶ praeferendum est quod omnem ambiguitatem tollit. Iam poeta „ornamentum"; inquit, „circa coronam canam", i. e. „cin-„gam coronam ludicram coronâ poeticâ". Nota Scholiastam supra laudatum aut nihil dicere aut διὰ τὸν στίφανον dicere debuisse. Nam hymnus non potest dici „ornamentum per coronam", sed aut „decus propter coronam" aut „decus supra coronam".

16 ἵνθα demonstrative accipiunt edita Sch. Vett. (AB) et Recc. eademque post συγκωμάξατ' plenius interpungunt. Sed ex Sch. A inedito quamvis corrupto intelligas fuisse qui ἵνθα relative caperent ὁ δὲ λόγος οὗτος. τὴν ἐπιζεφυρίαν γενεὰν ὑμνῶν, ὅπου συγκωμάζονται [αἱ μοῦσαι],²) ἐγγυήσομαι ἀφίξεσθαι³) εἰς στρατόν, μήτε ἄξινον, μήτε καλῶν ἄπειρον, ἀκρόσοφον⁴) δὲ καὶ αἰχμητὰν ἀφίξεσθαι, τουτέστιν εἰς ἄκρον ἐληλυθότα σοφίας: — quod melius conciliari possit cum hac interpunctione: τῶν [δ'] Ἐπ. Λ. γ. ἀλέγων, ἵνθα συγκωμάξατ', ἐγγυάσομαι, μή [μιν?], ὦ Μοῖσαι κτλ. — Sed post ἀλέγων tantum non omnes plene distinguunt.

17 Quaeritur utrum μή μιν poetae melius sonaverit an μή νιν. Parechesin eiusmodi ut plures voces deinceps positae a μ incipiant non fugit poeta. — Ht. μή μίν non male. Sed quod idem v. d. haec verba ad promissionem longioris carminis retulit, dubito num recte fecerit.

17 φυγέξεινον non in solo z invenitur sed in optimis praeterea quattuor veteribus quos saepe solos genuinam poetae manum servasse multi loci docent. Igitur a Bö. (de metr. p. 280) dissentiens ξει reposui.

19 τι an δὴ? Utrinque boni testes. τι non solum optimi mss. sed etiam Thomanum Scholion (in mss. [Σ] ubi [235, 17] non

---

¹) ubi ἐπὶ et ἀμφὶ coniunguntur: ἐπ' ἔργοισιν ἀμφί τε βουλαῖς ut synonyma.

²) cod. συγκωμάζονται μέν σε et ft. ἐγγυήσωμαι. An hoc loco ὑμᾶς vel αὐτὰς vel αὐτόν excidit?

³) ἀφανίζεσθαι cod.   ⁴) cod. ἀκρ. σοφὸν

εἰς ἀκρόσοφον δὲ καὶ αἰχμητήν sed καὶ ἀκρόσοφον καὶ αἰχμητήν legitur) exhibent, δὲ non solum Byzantii praetulerunt sed etiam duo praestantissimi veteres EF offerunt cum paraphrasi supra edita Ambrosiana, ubi ipsum δὲ expressum est, cumque Additam. ad Vat. (235, 2) ἀλλὰ πάντων καλῶν πεπειραμένον, quae verba in B non leguntur. Haec quidem interpretationis esse possunt. Nam ferri posse videtur τι pro δὲ positum post μή .... μή δ', ut τι post οὔτι cum peculiari quodam oppositionis pondere („potius") et apud poetas et apud solutae orationis scriptores invenitur, quamquam Pindaricum exemplum non habeo in promptu. — Credas coniunctionem adversativam omissam esse, ut τι respondeat καὶ insequenti, quam iuncturam in oppositione aptissimam esse ad O. XIV, 5 demonstravimus.

21 οὐδ' in Ambrosiano est cum hoc Scholio οὐδ' ἐρίβρομοι λέοντες· καὶ τούτοις ὑπακουστέον, ὅτι οὐδὲ οἱ Λοκροὶ τὸ συγγενικὸν μεταβεβλήκασιν, ἀλλ' εἰσὶν ὃν τρόπον ἐξ ἀρχῆς αἰχμηταί, καὶ τῶν προδεδηλωμένων ἀρετῶν μετέχοντες ἐκ φύσεως καὶ ἀπαρχῆς οἱ τοιοῦτοι: —quae (non multo diversa a Sch. B 235, 25 sqq.) consulto ad οὐδέ explicandum addita videntur esse. Nam si „nec adeo" s. „nedum" leones (quales Locrenses sunt) dicere voluit, non male levi quadam anacoluthia οὔτ' — οὐδ' adhibuisset; cf. Hm. ad Soph. O. C. 1141. Nolui igitur spernere quod ex optimo fonte videtur manasse, licet etiam vulgatum οὔτ' — οὔτ' bene se habeat, subaudito οὐδὲ Λοκροί. — Ht. διαλλάξαιντ' ἄν. Non opus. Cf. O. III. extr.

OLYMPIA XII.

Tria sunt in hoc carmine solius Ambrosiani fide reposita, quorum unum certum est: σ' vs. 16; duo vero probabilia sed non certa: τύχᾳ vs. 2 et δίκα vs. 18. — Praeterea in eodem codice prope singulari memorabilia quaedam sed non incorrupta de victoriis Ergotelis inveniuntur, unde vulgata Scholia emendari possunt.

Inscr. Δολιχεῖ quod in Ambrosiano novemque aliis libris maximam partem Thomanis legitur, respuere nolui, quia huic formae, quae alias non videtur reperiri, analogia favet inscriptionis σταδιεῖ O. XIV. P. XI. N. VIII, etsi mss. O. XIII praestant σταδιεδρόμῳ, ut omnes et scripti et impressi P. IX ὁπλιτοδρόμῳ et P. X διαυλοδρόμῳ. Invenitur etiam παγκρατεῖ in quibusdam bonis libris in Inscr. N. II, in aliis ibidem παγκρατίον et παγκρατιαστῇ (quod omnes exhibent N. III. et V; cf. etiam O. VIII); sed παγκρατίῳ, quod Isth. III. IV. V. VI. VII legimus, Byzantiis tantum auctoribus debetur. Quaeritur utrum hi dativi σταδίοῖ, δολιχεῖ etc. a σταδιεύς facti sint, an adverbii locum teneant, ut πανδημεί etc.

De tempore victoriarum Pythicarum quas Ergoteles reportaverit deque computatione Pythiadum eximie quidem in Expl. p. 205—209 disputavit Böckhius, sed nescio an duo Virum Summum fefellerint. Primum quod, cum Scholistam h. l. calculum Pythiadum male ab Ol. 49, 3 deduxisse statueret, hunc grammaticum non vidisse credidit, insequentem (τὴν ἑξῆς) post O. 77, 1 victoriam Pythicam non potuisse in eo carmine commemorari quod ipso hoc anno O. 77, 1 scriptum sit. Deinde quod, cum in Vratislaviensi Scholio Pythias 25, in vulgato Pythias 29 memoraretur, haec ita composuit, ut Ergotelem bis, et Pyth. 25. (= Ol. 72, 3) et Pyth. 29 (= Ol. 76, 3) vicisse faceret. Debet potius eo proficisci disputatio quod nulla apud Scholiastas veteres duplicis victoriae Pythicae mentio exstat. Scholion B (261, 6) .. ἠγωνίσατο ἑβδομηκοστὴν ἑβδόμην Ὀλυμπιάδα καὶ τὴν ἑξῆς Πυθιάδα εἰκοστὴν ἐννάτην ut repugnantia coniungens magis emendandum est ex Sch. A infra textum laudato, quam vice versa hoc ex illo. Non recte igitur ex apographo A quod dicitur habere καὶ τὴν ἑξῆς κθ', πυθιάδι δὲ κε', Böckhius emendavit Ὀλυμπιάδα μὲν ἐνίκησεν οζ', καὶ τὴν ἑξῆς κθ' Πυθιάδα, Πυθιάδα δὲ καὶ κε', καὶ Ἴσθμια ὁμοίως (261, 13), sed potius in A οη' pro οθ' et κθ' (κη'?) pro κε' scribendum est, ita Ὀλυμπιάδα μὲν ἐνίκησεν οζ', καὶ τὴν ἑξῆς οη' [Ὀλυμπιάδα], Πυθιάδα δὲ κθ' καὶ Ἴσθμια ὁμοίως, et Sch. B lenissima medicina restituendum ἠγωνίσατο ἑβδομηκοστὴν ἑβδόμην Ὀλυμπιάδα καὶ τὴν ἑξῆς [Ὀλυμπιάδα], Πυθιάδα δὲ εἰκοστὴν ἐννάτην. Ita omnia recte se habent, neque his repugnat Sch. B 265, 1 quod ad vs. 18 laudavimus. Nam consentaneum est duplicis victoriae Olympicae clarissimae mentionem fieri ad Inscriptionem Olympici carminis, etsi altera nondum parta fuit, cum hoc carmen scribebatur, sed mirum si duplex victoria Pythica apud Inscriptionem commemorata fuisset, cum eo ipso loco ubi poeta illud δίς posuisset altum fleret grammaticorum silentium. Hinc probabile fit alteram Ergotelis victoriam Olympicam in Ol. 78 incidisse. Reliqua vide infra ad vs. 18.

2 Germani Sch. ἀμφιπόλει ἢ ἐν μέρει λόγου [καὶ] ῥῆμά ἐστιν, ἀντὶ τοῦ σῶζε· ἢ β΄ μέρη λόγου, ἵν᾽ ἦ περὶ τῇ πόλει antiquam scripturae diversitatem exprimit, quam mss. quoque ac dissensio inter Sch. B¹ et B² ostendunt. Hiatus quidem in Ἰμέρα εὐρυσθενί᾽ defendi potest aliorum dativorum exemplo (cf. ad O. XIII, 34), sed elisio illa ferme intolerabilis est (vide ad O. VIII, 52), neutrum vero admodum optabile. Rectius ii, qui ἀμφί seiunctum esse volebant, aut Ἰμέραν (Ἰμέρας) εὐρυσθενί᾽ ἀμφὶ πόλιν scripsissent, ut ἀμφί o. acc. constructum esset circa, propter (quemadmodum N. I, 54; I. VI, 9) vel simpliciter de (ut P. II, 15; VIII, 69), aut saltem Ἰμέρᾳ εὐρυσθενεῖ ἀμφὶ πόλει, correpta ante vocalem diphthongo. At licet istarum scripturarum vestigia in BC (ft. etiam in A) compareant, hae videntur esse conciliationes genuinae scripturae, correctione in illos mss. illatae. Cum Hermanno „plane persuasum habeo, Pindarum scripsisse Ἰμέραν εὐρυσθενί᾽ ἀμφιπόλει: quod et Scholiastae veteris [B¹] auctoritate confirmatur, et a prosodiae elegantia commendationem habet." Cui apte Bö. addit Py. IV, 158 et 271, recte etiam laudans ex Sch. B¹ Homericum χρύσην ἀμφιβέβηκας. Vide plura apud Ta.

Minus certum est an recte vulgatam Σώτειρα Τύχα Ambrosiano fidem habentes in Σώτειρα, τύχᾳ commutaverimus. Invenitur Τύχη σωτήρ apud tragicos (Aesch. Ag. 664; Soph. O. R. 80); frequens est Τύχη τῆς πόλεως in nummis et alibi, quamquam de Fortuna apud Himerenses culta nihil compertum est; multus fuisse videtur Pindarus in Fortunae laudibus (cf. ad fr. 13—16 Bö.) quam inter Parcas retulisse dicitur a Pausania VII, 26, 3. Scholiastae longe plurimi et Vett. et Recc. cum haec tum sequentia de Fortuna omnia humana moderante dicta esse referunt, ut Sch. A [261, 17*); 262, 15**)] et disertis verbis Sch. B² (paraphrastes) ἱκετεύω οὖν σε, ὦ τοῦ Διὸς τοῦ Ἐλευθερίου παῖ Τύχη Σώτειρα, σώζουσα, περὶ τῆς μεγαλοσθένους πόλεως τῆς Ἰμέρας καλουμένης (261, 30) idemque Sch. B postea (262, 25. 26). Ii autem qui cum illo para-

---

*) quod corruptum hinc inde Scholion, ita in A διὰ δὲ τοῦ προοιμίου εὔχεσθαι (sic) ἀεὶ τὴν ἡμέραν ἐλευθέραν εἶναι καὶ ἀνυπότακτον ἄλλοις φανερὸν δὲ καὶ διατοῦτο τὴν τύχην προσαγορεύειν. καὶ (sic) Διὸς ἐλευθερίου παῖδα. ἣν καὶ παρακαλεῖ ἀμφίπυλιν (sic) τὴν ἡμέραν nec melius in A scriptum, satis probabiliter restituit Böckhius.

**) ἐπεὶ καὶ αἱ νῆες τύχῃ τινὶ κινοῦνται. ὁμοίως δὲ καὶ αἱ δημηγορίαι γίνονται.

phraste ἀμφὶ πόλει disiunxerant, non poterant quin Σώτειρα Τύχα coniungerent. — Unicum Sch. B¹ cum optimi codicis A scriptura τύχᾳ facere videtur: τὴν Εἰρήνην Ἐλευθερίου Διὸς ὑποτίθεται θυγατέρα, διὰ τὴν ἐνοῦσαν τοῖς εἰρηνεύουσιν ἐλευθερίαν. ἔστι δὲ ὡς τὸ Χρύσην ἀμφιβέβηκας*). Ubi lectorem videre oportet eosdem qui ἀμφιπόλει verbum agnoverint ab alteris quos Τύχα legisse constat videri seorsum sensisse exordiumque de Pace intellexisse. Id ita fieri poterat ut ambiguam vocem Σώτειρα ad Pacem referrent et τύχᾳ legerent. Aliis aliorsum hoc epitheton valere, aliis ad Libertatem, ad Tranquillitatem (cf. P. VIII, 3), ad ipsam Μοῖραν, aliis vero ad Fortunam redire poterat „Servatrix", ut Scholiastae Ambrosiano, qui haec omnia ad Fortunam revocat, etsi quintum casum Τύχα non videtur habuisse. Id a nostro sensu alienius est quam ab antiquo, dicere „Servatrix [Fortuna], tuere urbem fortunā." Est autem hoc τύχᾳ i. e. feliciter, cum felicitate, maxime Pindaricum; cf. N. X, 25. [VII, 11]; P. VIII, 53.

Hinc colligimus vetustiorem lectionem fuisse Ἱμέραν εὐρυσθενεῖ ἀμφιπόλει (ἀμφιπολεῖν), Σώτειρα, τύχᾳ, recentiorem Ἱμέρα εὐρυσθενεῖ (εὐρυσθενεῖ) ἀμφὶ πόλει, Σώτειρα Τύχα, e scripturis ἱμέρᾳ .. ἀμφὶ, πόλει .. τύχᾳ et ex vocativo Σώτειρα ad Fortunam relato ortam.

6 ψευδῆ omnium librorum et Scholiorum consensu reposui, etsi P. IX, 42 ψευδεῖ, quod quidam pro ψεύδει praestant, vitiosum est. Generalius videtur esse quod dicit „percurrentes fallacia irrita" quod possit ita accipi ut μεταμώνια rhetorica sit iteratio et cumulatio notionis ψευδῆ. At Sch. A ψευδῆ pro substantivo habuit: τὰ ψευδῆ μεταμώνια εἶπεν, ἀντὶ τοῦ ψευδῆ μετέωρα αἰρόμενα, i. e. fallacia quae irrita sunt. De duobus synonymis coniunctis vide ad O. IX, 93; N. VI, 54.

14 Alludit ad hoc proverbium plus semel Aeschylus, non solum Eum. 848—853 sed etiam Ag. 1642; Pers. 756.

16 Ecce palmariam Iacobsii coniecturam optimi codicis auctoritate confirmatam. Solam dubitationem, quae restat, sigmatismus movet. Nam etsi non fit concursus sibilantium (cf. ad O. IX, 16), tamen ea proxima sunt, ut P. IV, 67 Μοίσαισι δώσω. Cf. fr. 255. Hic locus scripturis Κνωσσίας et ἄμερψι σ' probatis aliquanto melius sonaret, sed forma ἄμερψι vix potest defendi.

18 Pausaniae quidem verba Ἐργοτίλης .. ὁ Φιλάνορος δολιχοῦ

---

*) 261, 28. — ἀμφὶ, βέβηκας B   ἀμφὶ βέβηκας U

δύο ἐν Ὀλυμπίᾳ νίκας, τοσαύτας δὲ ἄλλας Πυθοῖ καὶ ἐν Ἰσθμῷ τε καὶ Νεμείων ἀνῃρημένος .. non solum duplicem Olympicam Ergotelis victoriam, sed etiam duplicem Pythicam, duplicem Isthmiam, duplicem Nemeaeam referunt, sed Scholia Vetera de duplici Pythica victoria tacent (vide supra ad Inscr.) neque commemoratur ea ante Moschopulum (265, 8). Id profecto permirum esset, si Scholiastae verba Pindari καὶ δὶς ἐκ Πυθῶνος ante oculos habuissent, cum praesertim iidem, ut supra demonstratum est, Olympicae victoriae duplicis haud obliti essent. De hac duplici satis constat, de alteris Pythica et Isthmia deque duabus Nemeaeis ex solo Pausania. Vidimus poetam occasione primae Olympicae oblata Ol. 77, 1 recte Pythicam et Isthmiam nuper (Ol. 76, 3) partas commemorasse; nescimus quas vir Himeraeus post Ol. 77, 1 victorias reportaverit, nisi quod alteram Olympicam in Ol. 78 incidisse probabile est. Quamquam igitur in rebus huiuscemodi semper aliqua remanet dubitatio, quae nulla foret, si aequales novissemus quot tum et quales victorias Ergoteles nactus fuisset cum haec oda scriberetur*), tamen Ambrosianum δίκα utpote cum Scholiastarum silentio egregie consentiens accipere non dubitamus. Accedit quod prior Pythica victoria, quam e Scholiis male conciliatis duodeviginti annis ante Ol. 77, 1 partam esse credunt, per se valde improbabilis est. Nam si quando hoc acciderit ut unus vel alter cursor per tantum temporis spatium pedibus valeret (Bö. Expl. p. 206), „una hirundo", ut nostrum ait proverbium, „non facit aestatem". — De δίκα, nec per se ab huius poetae consuetudine singulis Homericis uti abhorret, et diligit ille maxime orationis in victoriarum recensu et brevitatem et varietatem. Significat autem h. l. victorem per Delphos corona redimitum incessisse eamque ex illa urbe domum reportasse. — Cf. O. IX, 93; XIII, 94—96; P. V, 98; XII, 5 (στεφάνωμα τόδ᾽ ἐκ Πυθῶνος); N. III, 84; IV 19; X, 43 sq.; — I. I, 65 (Πυθῶθεν) al. De trium membrorum iunctura quae particulis — καί — τε fiat, vide ad O. XIV, 5. Nec male se habeat virgula ante Ἰσθμοῖ collocata.

Hoc loco explicat (neque unquam plura continuit) optimus omnium codicum Pindaricorum Ambrosianus.

---

*) Vide mea in Epist. ad Fr. p. 28.

OLYMPIA XIII.

5 Formam Pindaricam Ποσιδᾶνος ex paucis sed optimis libris reposui, praeeunte H. Stephano. Idem feci vs. 39. non sine consensu librorum, quamquam illo vs. 39 vereor ut recte fecerim, ob proximam syllabam a σ incipientem, de qua re ad O. IX, 16 expositum est.

6 Commentarius Moschopuleus κασιγνῆται et ἀσφαλὴς Δίκα et ὁμότροπος exprimit. Sch. Vet. sine dubio mutilum est: ἐν γὰρ ταύτῃ τῇ κορίνθῳ οἰκεῖ ἡ εὐνομία καὶ ἡ (ἡ om Vatic.) ἀδελφὴ αὐτῆς ὁμότροφος εἰρήνη. quasi de duabus tantum Horis ageretur; Vaticanus etiam in versu Hesiodeo τε post δίκην omittit, ita

Εὐνομίην τε δίκην. καὶ εἰρήνην τεθαλυῖαν.

Sed si quid ex ambigua illa paraphrasi colligere fas est, ea et nom. sing. κασιγνήτα et ὁμότροφος ante oculos habuit. Ex alterius Scholiastae Vet. verbis βάθρον δὲ πόλεων (ita Vatic.), ἀντὶ τοῦ ἐφ᾽ ᾧ πᾶσα πόλις ἀσφαλῶς βέβηκεν aliqua certe cum probabilitate coniici potest, ei βάθρον πολίων ad indolem Iustitiae describendam appositum fuisse, ut et ipse ἀσφαλὴς Δίκα legerit. Is idem sensisse videtur cum Moschopulo, qui et ἀσφαλὴς per ἡ ἀσφαλείας ποιητικὴ et τὸ βάθρον, ἤγουν ἡ ἀσφάλεια, τῶν πόλεων explicavit. Latet enim in voce βάθρον notio ἀσφαλείας, nec sine abundantia βάθρον ἀσφαλὲς compositum fuisset. Cum Kaysero igitur statuo ἀσφαλὴς quod in omnibus bonae auctoritatis libris traditum habemus epitheton esse Iustitiae idque minus quam si ad βάθρον apponeretur otiosum, immo elegans et venustum. Porro singularem κασιγνήτα qui legit et ad solam Iustitiam retulit — ut Sch. Vet. — eidem synonymi quale est ὁμότροφος altera soror indigere videbatur.*)
— Versus ita restitutus non solum locupletissimorum testium fidem habet sed etiam, me arbitro, simplicioris et nervosioris orationis commendationem. Nam vel ὁμότροπος ut maxime generale paullulum languet. Nec duali numero hic locus accommodatus, cum ad complectendas Iustitiam et Pacem easque ut par sororum Euno-

---

*) De qua re aliter visum est Kaysero (ut Sm. et Ht.) qui ὁμότροφος non de sorore, sed de ipsa re proprie intellexit, ut pax simul nutriatur, ubi Leges et Iustitia valeant.

miae ex adverso collocandas nulla sit causa. Sola igitur Iustitia inter has tres sorores uberioribus epithetis ornata est, vel, si ταμία scribis, sola Eunomia iis caret.

Recte autem singularum Horarum recensum excipit pluralis παῖδες, qui ad tres simul relatus minus aptus fuisset, si iam in praecedentibus verbis κατίγνηται ad duas tantum pertinuisset.

7 Scripsi εἰρήναν ut P. IX, 23; N. I, 69 ex optimis libris. Cf. τιθήνα P. I, 20; ἀπήνα P. IV, 94; O. V, 3; Ἀλκμήνα, Μυκῆναι, ἱερμηνεύς, θρῆνος al. Ah. DD. p. 134. ad α ubique „Doridi, si non Pindaro" vindicandum inclinare videtur. De Ἀθήναια et Ἀθάνα vide ad O. VII, 38. De tota re nondum actum est, sed tantum constat liquidas potissimum apud Pindarum ad praegressas vocales emolliendas valere. Idem in multis linguis usu venit.

7 Tentavi nonnulla ad duram synizesin ταμίαι ἀνδράσι — quam ad elisionis licentiam potius revocarim — tollendam; ut obsoleta substantiva (ταμοί = ταμίαι? νομοί = νομεῖς?) expulsa glossemate ταμίαι; ταμίαι τινὶ aliaque. Sed ταμίαι ἀνδράσι πλούτου tam prorsus videtur esse Pindaricum — etsi nulla h. l. vetus paraphrasis servata est, — ut nihil novare praestet. — Hermannus in dissertatione anno 1847 edita, versu diviso, ταμίαι | ἀνδράσι πλούτου | scribit; vs. 15. aut ἱεροῖς | εἰν ἄθλοισιν | cum Byzantiis aut ἀμφ᾽ ἄθλοισιν de suo, collatis tribus locis similibus N. II, 17; I. I, 50; IV, 55; — vs. 29 (30) δρόμον. οὐκ | ἀντιβόλησιν | et vs. 37 (38) τρία μὲν | ἔργα ποδαρκής | cum iisdem interpolatoribus; vs. 51 (53) non accipit quidem eorundem (non solius Triclinii) inventum τὸν γάμον sed suum commendat θεμίναν | οἱ γάμον αὐτᾷ, |; rursus vs. 59 (61) σφετέρου | μὲν πατρὸς ἀρχὰν | probans cum Byzantiis facit; vs. 73 (76) [reiecto eorundem commento ὅπως τί οἱ] de suo χρήσιος. | ὥς τί οἱ αὐτὰ | scribit pro χρήσιος. ὥς τί οἱ αὐτὰ; vs. 81 (84) [repudiata interpolatione Byzantina ἴλαβεν] particulam μὲν de suo addit ita ἴλε μὲν | Βελλεροφόντας |; deinde vs. 95 (99) in pristina coniectura permanens δὴ | ἀμφοτέρωθεν | dividit; denique vs. 103 (107) (ubi Byzantii τε pro τ᾽ dederant) novam proponit ὅτα δὲ | Ἀρκάσι μάσσω. | — Novem igitur versus particulis aliisque additamentis supervacaneis interpolantur, ut uni vs. 7 exaequentur, quoniam ibi ταμίαι ἀνδράσι vel elisione vel synizesi non recte coaluerit. Cui Viri Summi errori admirabili (cf. Bö. de Crisi § 33 p. 357 sqq.) cum omnes libri non contaminati adversentur, singula refutare nihil attinet. — Ah. aut (de Cr. Aph. p. 17) ιαι coalescere

in unam syllabam synizesi (ut χρυσίῳ, δενδρέῳ) aut (ib. p. 19) ut mihi quoque visum erat, ai h. l. elidi existimat, collato loco Hom. Il. λ, 272 ὣς ὀξεῖ' ὀδύναι δῦνον μένος 'Ατρείδαο. Reliqua exempla incerta sunt: cf. Bu. Gr. Gr. I, 126. et Lo. ad Soph. Ai. p. 152. — An de sola Pace haec valent, ut ταμιᾷ (pro ταμίᾳ Aeolicum) scripserit? Utinam paraphrasin veterem haberemus! Νίμιᾷ vs. 33 confirmat animum, ut ταμι' scribam, et Buttm. Gr. Gr. I, 140. Analogia enim a masculino ταμίας femininum ταμία descendere postularet. Cf. Κύκνειᾷ O. X, 15 et ad O. XIV, 19.

9 ἐθέλοντι ne dubitato ad Horas referre, quamquam pars vett. intt. et novissimus editor ad Corinthios haec spectare existimant. Nam ita poeta ab Horarum, quae Corinthi sedem ceperint, mentione ad singula earum dona transitum parat, ut eas in universum superbiae, satietati, audaciae adversari et haec mala a suis propellere dicat, a negatione ad affirmationem pergens.

10 „Ferocia mater Satietatis" iam vett. interpretibus offensioni fuit, praesertim cum aliis poetis Satietas mater Ferociae vocaretur ita ut satietas propriorum cupiditatem alienorum procrearet. Hinc factum est ut multi codices boni, distinctione post Κόρον inserta, ante Κόρου deleta et glossa θυγατέρα*) addita, verba torquerent. Eandem structuram Moschopulus et Germanus paraphrasi exprimunt, perperam, nam ματέρα non addito genitivo absurdum. Vide ad Germ. Sch. p. 58. Pindaricam rationem referre videtur oraculum apud Herod. VIII, 77

Δῖα Δίκη σβέσσει κρατερὸν Κόρον, Ὕβριος υἱόν.

Nec male poeta morum ferocitatem, quae artium liberalium fastidium et neglectum gignat, e regione Eunomiae collocat, quae studiorum liberalium curam et amorem alat et foveat. — Possit placere θρασύθυμον (Maneth. 4, 529 θρασύθυμα μιμηνότες) prae θρασύμυθον ut generalius: hoc a Rec. Schol. (et gl. rec. ut ἡ τὴν θρασύλογον) diserte agnoscitur, a Vet. non item. Nam et Sch. Vet. τὴν θρασεῖαν ambiguum, nec gl. F τὴν ἀλαζόνα et gl. Σ θρασεῖς γὰρ οἱ ἄδικοι certi quicquam demonstrant. Utraque vox rarissima; θρασυκάρδιος frequentius.

12 Εὐθεῖα utrum (nom. sing. fem.) ad τόλμα an (accus. plur. neutr.) ad λίγεων (cf. Buttm. Gr. Gr. I p. 248) poeta pertinere voluerit

---

*) quam Ht. in textum invexit, soluta arsi, temere. Nec melius quod H Stephanus olim coniecerat, φθόρου pro Κόρου.

quaerebant Vett. intt., non sine causa. Nam εὐθεῖα λέγειν et καλὰ φράσαι videntur sibi respondere.

15 Triclinius, qui in praecedentibus γ' solito more interposuit, h. l. Moschopuli commentum ὑπερελθοῦσιν repudiavit et ad pristinam lectionem ὑπερελθόντων regressus est. Paraphr. Vet. dativum νικηταῖς γενομένοις habet, alius Scholiasta Vetus ὑπερελθόντων schemate pro ὑπερελθοῦσιν dictum esse contendit. Hinc orta est glossa οὖσι in quibusdam vett. mss. Quibus interpretamentis usus textum interpolavit Moschopulus, ut O. I, 104; II, 55; XI, 10 etc. Eiusdem igitur grammatici Commentarius perpetuus in libris Moschopuleis (abclmn ^{et} qs) dativum ὑπερελθοῦσιν, ἤγουν νικήσασιν exhibet (p. 269, 22 sq.) quae verba in ultimae recensionis libris (μ'ν' Ro.) in genitivum ὑπερελθόντων, ἤγουν νικησάντων commutata invenimus, de sententia Triclinii. Recte etiam Thomas Mag. (p. 270, 4 sqq.) genitivum defendit, ut ad ἀγλαΐαν pertinentem. Vide Ht.

15 De ἐν ἄθλοις vide ad vs. 7.

20 Poeta ft. ἱππείοις (ἱππίοις) voluit, ut in primo systemate. Vide ad vs. 78 et 79.

20 Nescio an μέτρα generaliora sensu accipiam, ut Hesiod. Op. et D. 607 (648)

δείξω δή τοι μέτρα πολυφλοίσβοιο θαλάσσης

de modis ac rationibus navigandi diversis, ut Pindarus de modis ac rationibus domandi et frenandi equos eosque ad currum iungendi loqui voluerit. Ἐν in talibus non alienum, nam equi sunt quasi in helcio et frenis; cf. ad O. II, 63 et P. II, 8. Putarim igitur μέτρα ἵππων ἐν ἵπποις διθέντων „die Arten und Weisen des Fahrens mit Rossen im Geschirr" intelligenda esse, non ipsorum frenorum demensionem (Bö.). Similiter Erasmus Schmidius hunc locum interpretatus est; nec multo aliter Hoynius, qui ad Aesch. Choeph. 794 provocat, moderamina equorum per frenum intelligit. Dissenius vim moderatricem (στόμιον) freni; Hartungus ipsa frena, quae ad currum eiusque arma accedant. At vox μέτρον Pindaro saepius generaliorem sensum verbalem continet (ut vs. 46) de iusta agendi et sentiendi mensura, eundemque μέτρα habent I. V, 71. ut fr. 74, 1 ἐμαῖς θέαις μέτρ' ὀμμάτων de iustis modis ac rationibus videndi. Actionem igitur et rationem potius quam rem significat.

21. Epodi vs. 5 et 6 cum Bö.¹ in unum coniunxi, sed numeris paullo aliter descriptis. Bö.¹ enim ita

≤ ◡ – – ≤ ◡ – – ≤ ◡ ◡ – ◡ ◡ – ◡ ◡ – ≤ ◡ – – ≤ ◡ –

eos disposuerat, ego vero sic

≤ ◡ – – ≤ ◡ – – ≤ ◡ ◡ – ◡ ◡ – ≤̃ ◡ – ≤ ◡ – – ≤̃ ◡ –

ut trimeter dactylicus catalecticus, qui in toto carmine frequentissimus est, a cretico excipiatur; similiter creticus trochaeos praecedit initio ultimi vs. str. et epod. Nec licentia aliqua in arsi solvenda offendat in carmine quod (ut O. II) in aliis quoque hoc sibi sumit. Qua ratione vs. 21 servatur lectio optimorum βασιλῆα δίδυμον ἐπίθηκ' nisi quod δίδυμνον vel δίδυμμον scribendum est, quae mutatio etiam O. III, 35 quamquam a nullo libro bono commendata tamen prorsus necessaria erat. Vs. 43 cum duobus codicibus Medicois qui ab interpolationis suspicione liberi sunt (fere ut P. I, 78) epica forma πολίεσσι probata omnia sana sunt. Vs. 65 particulam δὲ ut post ἄγε inseramus et ipsa huius nexus commoditas et Scholiorum Veterum auctoritas admonere videtur. Vs. 87 nihil moveo nisi quod pro suspecta forma διασυπάσομαι (de qua ne I. I, 63 quidem mihi constat) communem διασιωπάσομαι repono*), etsi uno tantum codice (interpolato, Lipsiensi) assentiente. Vs. 109 ἀλλά quod traditum est conservo, nec quidquam noverim quod melius huic loco conveniat. Nil aliud Scholiastae Veteres videntur legisse. — Ita ad persanandas epodos lenissimam mihi medicinam adhibuisse videor, nec multam dubitationem movet, in pausa exeuntis sententiae gravissima, et producta syllaba finalis vocis ἰδίμεν vs. 109, et non correpta vocis βασιλεῦ vs. 65. — Offerunt quidem et haec indicia et exitus sententiae vs. 87 speciem versus sic terminati; sed hac divisione admissa vs. 109 ἀλλά, quod mihi utique retinendum esse videtur, movendum est. Numerorum tamen venustas in hac divisione (Bö.² Hm.²) maxima est, estque in ἐπίθηκ' et in reliquis anapaestis singularis vivacitas, quae bellicam totius carminis indolem praecipue decet. Quaeritur quidem, quantum in his aurium nostrarum consuetudini tribuendum sit. Id enim quo diu assuevimus (praesertim in poetis, ubi omnia ad sensum pertinent) diligere solemus.

21 Frigere videntur verba ἐν δὲ κτλ. post quaestiones istas

---

*) Posset quidem ista forma servari, si violentius mutare vellemus, ut διὰ δ' ἐγώ σοι μόρον σωπάσομαι, quod est cur placeat.

fervidas et concitatas. Scripti libri omnino carent signis interrogationis, ut et editi vetustiores. H. l. signa interrogationis a Cp. et St.² primis invecta sunt, ita, ut verba ἐν δὲ κτλ. ab ea excluderentur. Aliter visum est Scholiastae Veteri qui ποῦ δὲ ἡ μουσικὴ ἀνθεῖ καὶ τὰ πολεμικὰ ἀλλαχοῦ; et Germano ἐν τίσι δὲ ἀνθεῖ ὁ ἄρης ὁ ἐν ταῖς οὐλίαις αἰχμαῖς τῶν νέων ἀνδρῶν; ἐν ὑμῖν δηλονότι. Hi quaestionem usque ad finem epodi continuarunt. Est in talibus levis, credo, anacoluthia, nam debebat poeta aut permanere in quaestione „ubi tandem" — „ubi tandem", aut adiungere participium absolutum „ibi florente Musa, ibi florente Marte" — Neutrum facit. Omnia haec a vs. 18 usque ad 22 extr. uno tenore concipit, quamquam in ultimo membro interrogandi formam mittit. Ita igitur distinxi.

23 Permultae sunt in hoc carmine elisiones in optimis libris praetermissae. Quae non tam librariorum delicta quam genuinae scripturae antiquae vestigia habuerim. Ex eodem fonte etiam vitia quaedam manarunt, ut ἐπίθηκεν et ἐπίθηκε δ' (pro ἐπίθηκ') vs. 21 in bonis quibusdam mss. Cf. ad O. VIII, 52.

23 Satis temere εὐρὺν pro εὐρὺ Ht. ad P. I, 72 (39) proponit. Nam ἄναξ cum apud Pindarum passim digammo uti videatur (P. IV, 89. XI, 62. XII, 3.), cur non eodem uti posse videatur ἀνάσσω? Nec ὃ 'νασσα contrarium probat, nam cum digamma ubique etiam obmutescere potuisse constet, cur non vocalis insequens cum ω coalescere potuit? Et ἄναξ saepissime Homero in hiatu positum est et ἀνάσσω aliquoties, ut Il. β, 643. ἐτίταλτο ϝανασσέμεν.

24 ἀφθόνητος. Cf. O. XI, 7. De ᾱ et η in talibus vide Ah. D. D. p. 148 sqq.; Germ. Schol. p. XXII sq.; ad P. IX, 93.

28 Sch. B καὶ προσδέξαι Comm. Mosch. ἀπόδεξαι δὴ Verba δέξαι δή οἱ, ἀντὶ τοῦ δέξαι παρ' αὐτοῦ ex additiciis Sch. [DG]IU etc. repetita sunt.

29 Vide ad vs. 7. De duplici negatione cf. Bö. Eam Moschopulus exprimit, Vetus Paraphrastes non item.

33 ἀντιξοῦν est ἀντικεῖσθαι, ἐναντιοῦσθαι, testibus et lexicis et Scholiis plurimis, ut ἀντίξουν ἀντίπαλον oppositum τῷ συμμάχῳ. Erant qui contrariam quoque vim huic voci tribuerent (ut ἀντίξουν quidam etiam ἁρμόζον exponebant), quorum nugae etiam inter Sch. Vet. memoratae non tanti sunt ut eos εὖ κἀντιξοῦν vel simile quid legisse recte coniiciamus; cf. Germ. Sch. p. 61. — Sin-

AD OL. XIII. 165

gularis aeolicâ formâ videtur esse Νιμιᾶ; vide ad vs. 7 de ταμιᾶ;
et ad O. X, 15 de Κύκνιᾶ; ft. etiam πάτριᾶ ρίσσα O. VI, 62.

34 Traditus est h. l. genitivus Thessalicus, tradita etiam, ut
passim in hoc carmine (vide ad vs. 23), elisio neglecta. Geminus
locus est P. XII, 13, ubi omnes φέρκοι᾽ ἀμαύρωσι[ν] tradunt,
nullus, quod Hm. Bö. invexerunt, φέρκοιο μαύρωσιν. Nec multo
distat P. I, 39 ubi in omnibus bonis libris δάλοιο ἀνάσσων invenitur,
quod Moschopulus in δάλου ἀνάσσων mutavit. Id propter digamma
vocis ἀνάσσω quamvis probabilius esset quam quod idem h. l. in-
vexit (et Triclinio probavit) Θεσσαλοῦ ἱπ', tamen assensum non
tulit Triclinii, qui δάλοι᾽ ἀνάσσων (poterat vel δάλοιο ᾽νάσσων) dedit,
quod Bg. et Ht. receperunt. Quartus locus est N. IX, 55 ubi
traditum quod est in omnibus (pauci exstant) mss. σκοποῦ ἄγχιστα
in σκοποῖ ἄγχιστα mutari iussit Ah. in Ph. III, 235 idque Schnei-
dewino et Rauchensteinio*) probavit. Ita etiam I. I, 16 ἰολάοι᾽
ἐναρμόξαι et I. VII, 39 (Böckhii scripturâ acceptâ, non Hermanni)
γάμοι᾽ αἰακίδᾳ τὸ γέρας scribi debebat, pro traditis genitivis com-
munibus ἰολάου et γάμου. Hac lege etiam O. XIV, 20 σεῖ᾽ ἕκατι
(quamquam digamma hiatum mitigat, si σεῦ legimus), et — si
Triclinium emendare operae pretium esset — O. VII, 2 ἀμπίλοι᾽
ἔνδον defendi possent; item I. I, 37 ἀμιτρέιτοι᾽ ἁλός pro ἀμιτρέιτας
ἁλός, nisi certa quaedam adiectivorum compositorum trifariam mo-
torum exempla suppeterent; vide ad O. VI, 59. VIII, 52 et cf. O.
III, 26. IX, 33. P. III, 100. V, 76. VII, 20. N. III, 2. 21. V, 9.
IX, 2. I. I, 8 etc.; de quo genere licentiae poeticae rectissime
contra Elmsleium disputavit G. Hermannus in Op. III, 216 sq. —
At ex duobus illis locis O. XIII, 34 et P. I, 39 constat mihi duos
vel tres reliquos modo laudatos emendari debere. Patitur igitur
genitivus ille epicus elisionem apud hunc poetam hiatûs impatien-
tem, quamquam idem in adiectivis aliam legem sequitur, cum
formae femininae in ᾱς et melius sonare et antiquo usu et analo-
giâ excusari videantur. Nec σκοποῖ ἄγχιστα Graecis auribus
magis intolerabile fuisse opinor quam γένοι᾽, οἷος P. II, 70 vel
ὅλοι᾽. ἐγώ Eurip. Med. 1330.

Nescio an his adnumerem hiatum N. VI, 22 (24) συκλεῖδαι ὅς,

---

*) Idem Ah. Ph. XVI, 56 proposuit μεμφομένοι᾽ ἐσλοὺς N. I, 24. et
(fere cum Pauwio) N. I, 37 χρυσοθρόνοι᾽ Ἥρας.

ut scribam συκλείδα', eliso ο genitivi. Quamquam vel pausa mitigat hiatum, ut O. XIII, 65.

Porro dativos in ῳ et ᾳ exeuntes passim in tali hiatu obvios eiusdem generis esse existimo. Collegi haec exempla: O. III, 30 ὀρθωσία ἠγραψεν et O. VI, 82 γλώσσᾳ ἀκόνας, quibus loci supra laudati N. VI, 22 emendatio Tricliniana συκλείδα ὅς accedit et ft. O. IX, 83 ἀρετᾷ ἦλθον; XII, 2 ἱμέρα εὐρυσθενεῖ ἀμφὶ πόλει; XIII, 41 Τερψία ἴψοιτ'; P. V, 10 εὐδίᾳ ὅς; XI, 47 ὀλυμπίᾳ ἀγώνων ubi vide notas meas; — porro O. IX, 98 αὐτῷ Ἰολάου; N. VI, 23 ἀγησιμάχῳ υἱῶν; I. I, 16 καστορείῳ ἤ; I. I, 61 ἠροδότῳ ἔπορεν; ft. P. I, 70 υἱῷ ἐπιτελλόμενος; quibus exemplis adderem O. IX, 91. 92. (δόλῳ ἀπτῶτι) si hos versus in unum coniungerem. Pindarus igitur, qui epicae dictionis licentiâ parce ac sapienter utitur, etsi ab ι dativi singularis elidendo (quae elisio vel apud Homerum rarissima est), se abstinuit (nullum enim certum exemplum Pindaricum exstat; cf. ad O. VIII, 52), tamen, quo ille multo frequentius (praecipue in arsi) usus est elisionis genere, ut ῳ et ᾳ (η) — id est ω' et α' (η') — hiatum non facerent, aliquoties in arsi uti non dubitabat, et semel adeo in thesi trochaica (I. I, 16)*).

Denique I. I, 16 ἢ Ἰολάου et I. VI, 10 ἢ ὅτε ad elisionem vocalis ι revocari possunt. Plena forma est ἠέ. Ut si apud Homerum Il. α, 145 legas

ἠ' Αἴας, ἠ' Ἰδομενεύς, ἠ δῖος Ὀδυσσεύς,
ἠὲ σύ, Πηλείδη.....

ita illis locis ἠ' Ἰολάου et ἠ' ὅτε scribatur.

De toto hoc hiatus genere mihi persuasum est, excusationem non tam ab arsis dactylicae licentia quam a natura terminationum ab elisione proxima repetendam esse. Nam cum eadem lex ad omnia huius hiatus exempla valere videatur, ob O. III, 30. XIII, 34. N. IX, 55. I. I, 16 non potest ea repeti ab arsis dactylicae vi et natura. Quatenus hoc ad Homerum pertineat, aliis videndum est.

His genitivis et dativis particulaque ἤ exceptis, duobus tantum locis, si recte attendi, N. III, 34 καὶ Ἰωλκὸν in trochaica et I. VII, 56 ἀοιδαὶ ἔλιπον in dactylica arsi non corripitur longa ante vocalem vocalis. Possit emendari altero loco ἀοιδαί γε λίπον, nam γε illo loco aptissimum; prior locus, ut iam Bö. ad O. VII, 2 in-

---

*) His similis est hiatus quem inveximus P. III, 106 ἐπιβρίσῃ, ἴηνται.

dicat, fortasse, ut novem alii, ob digamma vocis Thessalicae Ἰωλκός, in censum non venit.

Sunt etiam aliquot loci ob hiatum qui proprie sic appellatur, ut brevem vocalem altera vocalis excipiat, emendandi. Quorum e numero duo tantum, quae in carmine O. V (11. et 16) leguntur, insuperabiles, quos mittimus, cum carmen illud ft. non sit genuinum. De his autem (quos Bö. in libro III de metris tractavit p. 310 sq.) non habeo quod addam, nisi quod generatim tria de omni hiatu observavi.

1. Tota de hiatu quaestio non in numerorum sed in vocabulorum natura vertitur. Petenda est excusatio aut ab exitu prioris vocis per elisionem, aut ab initio alterius per digamma aliosve sonos praepositivos. Veri hiatus tam pauca exempla sunt, ut ferme nullus esse videatur.

2. Ante vocalem ι in quatuor nominibus propriis Ἰάλυσος (O. VII, 78), Ἰόλαος (O. IX, 98; P. XI, 60; I. I, 16), Ἰσθμός (I. I, 9; I, 32; fr. 87, 8; ft. etiam V, 5) Ἰωλκός (N. III, 34; ft. etiam P. IV 188), sonus qualiscunque fuit hiatum tolerabiliorem videtur fecisse. Cf. ad O. IX, 98 et de ἴδιος XIII, 47.

3. Notabilis est in quibusdam locis rariorum hiatuum concursus, ut in carmine Isthmiaco primo quantumvis brevi tamen sex exempla hiatus inveniuntur, quin vs. 16. triplex, tum vs. 9. 32. 61.

Paullo aliter haec tractat Bö. I p. 101 sqq. 383., excusationem hiatus, excepto digammo, etiam ab arsi rhythmica et ab interpunctione rhetorica repetens. De correptione longarum in media voce cf. ad vs. 78. 79., inter binas voces ad O. XIV, 2.

36 Sch. B et Ro. κατὰ δὲ τὴν πυθίαν, διαύλου καὶ σταδίου τιμὴν ἔλαβε, ubi Bö. κατὰ τὴν πυθίαν δὲ, διαύλου κτλ. edidit; hoc δὲ omitti in U notavi. — Etiam in exitu versiculi μηνός τί οἱ apud Scholiastam Vet. κατὰ δὲ τὸν αὐτὸν μῆνα κτλ. vertitur. Utroque loco τ᾽ non moveam, cum patris victoriae a filii victoriis paullo distinctius separentur, si semel tantum vs. 34 δὲ interpositum est. Sed vs. 39 in optimo codice Thomano θ᾽ non male scribitur pro δ᾽, quamquam nulla est in his vel norma vel necessitas.

39 De Ποτειδᾶνος vide ad vs. 5.

39—41. Hic locus et de genuina scriptura dubitationi obnoxius est, et ut vulgo scribitur ambiguitate structurae laborat.

ANNOTATIO CRITICA

De lectione tria quaeruntur: 1, utrum nomina propria Τερψία et Ἐριτίμῳ an appellativa τέρψις et ἐρίτιμοι scribere praestet; 2, utrum θ' post Τερψία (τέρψις) adiiciendum sit annon; 3, utrum futurum ἴψονται an aoristus ἕσποντο an denique praesens ἕπονται scribendum sit.

Ad 1. Et paucorum mssorum vestigia et Scholia Vetera persuadent, appellativa ista e propriis orta esse errore librariorum et rerum personarumque ignoratione. Nimis expresse de hac Xenophontis stirpe Scholiasta loquitur quam ut haec ad inania grammaticorum commenta redire credas. Nam quamquam duplex stemma proponit

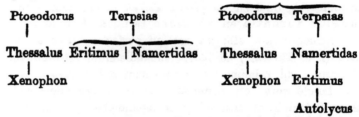

ut de cognatione non prorsus constitisse appareat, tamen duorum cognatorum nomina (Namertidas et Autolycus) haud facile ex suo capite et ingenio sumpserit.

Ad 2. Origo lectionis (cui θ' addidisse videntur recentiores) facilius credas explicari si θ' olim post τερψία scriptum τέρψις fuerit, ita progrediente corruptionis decursu ΤΕΡΨΙΑΘ — ΤΕΡΨΙΑΣ ΤΕΡΨΙΕΣ. Contra moneri possit, probabilius esse τι olim fuisse scriptum quam θ. Auget difficultatem quod duo vel tres perboni libri γ' (γε) post τέρψις praestant. Mihi videtur delenda esse particula (fere ut O. IV, 9), quae et traditionis fide atque auctoritate laborat et ambiguitate quâdam ac perversitate structuram afficit. Nec in Scholiis ante Germanum duplex τι memoratur. Est enim mera corruptio Sch. B μακρότεραι καὶ πλείους ἀκολουθοῦσι καὶ ἐπιτερπεῖς ὕμνοι καὶ μέγιστοι., ubi alii (ut HTU) μακρότεραι τέρψις. αἱ πλείους ἀκολουθοῦσι νῖκαι ἐπιτερπεῖς καὶ ὕμνοι μέγιστοι.

Ad 3. Codices consensu futurum praestant, ut et inter Sch. Vet. ἴψονται repetitur, sed paraphr. Vet. praesens ἀκολουθοῦσι offert. Id Moschopulus habet ἴψονται, ἀντὶ τοῦ ἕπονται, ἤγουν ἀκολουθοῦσιν. Aliud Scholion quod aut Thomae aut Triclinii est ἴψονται] ἠκολούθησαν αὐτῷ τῷ Θεσσαλῷ. ἔστι δὲ τὸ ἴψονται ἀντιχρονισμός, ἢ τὸ μέλλον μαντευό-

AD OL. XIII.   169

μενος λέγει. τούτου δὲ ὄντος ζῶντα νοήσαις τὸν πτοιόδωρον. gl. Σ ἠκολού-
θησαν αὐτῷ τῷ Θεσσαλῷ. gl. Mosch. ἕπονται. Paraphr. Germ. γενή-
σονται. Recte autem Sch. Vet. ἵψονται non solum de futuro sed
etiam de praesenti tempore intelligere videtur, ut insequens
δηρίομαι eidem non praesens tantum est sed etiam futurum. Sunt
enim haec ἐξ παραλλήλου posita, ut ad vs. 43 demonstrabo. Non
accipiemus igitur nec Bothii coniecturam ἵσποντ' nec Pauwii
ἵψοντ' (quae tamen Bothianae praestat; cf. Hesych. ἵψατο, ἠκο-
λούθησεν), nisi gravioribus rationibus cogentibus, quae ad interpre-
tationem pertinent.

De interpretatione tria quaeruntur: 1, quae sit verborum
structura; 2, quid sit μακρότεραι ἀοιδαί, utrum nimis longa, an
longius durantia an uberiora carmina; 3, quid sit ἕπομαι.

Structura aut elliptica est aut perfecta. Illud si statuimus,
αὐτῷ (i. e. Thessalo) ad ἵψοντ' subaudiendum est tanquam verum
obiectum, cui primum adiungendi sunt dativi Τερψίᾳ τε Ἐριτίμῳ
τε, deinde vero toti enunciato σὺν Πτοιοδώρῳ adnectendum est.
Quae Schmidii et Dissenii ratio stemmatis quidem quod Sch.
tradunt consensu commendatur, sed duritie et obscuritate laborat:
„Sequantur (secuta sunt) una cum patre [Thessali] Ptoeodoro
[eum, Thessalum] et Terpsiam et Eritimum longiora carmina."
Nemo hoc poterat vel legens vel audiens intelligere.

Sin perfecta est verborum constructio, poeta non loquitur de
Thessalo et tribus aliis, sed de Ptoeodoro, Terpsia, Eritimo tantum.
Iam duplex via construendi patet. Verbum ἕπομαι aut cum dativis
Τερψ. et Ἐριτ. consociatur ut his praemittatur σὺν Πτ. π. adverbiali-
ter (Böckhii ratio), aut cum σὺν copulatur, ut deinceps carmina
et Ptoeodorum patrem et Terpsiam Eritimumque prosequi dicantur (Tafel, Heimsoeth, Schneidewin). Altera mihi, ut verum fa-
tear, satis inconcinna et minime poetica videtur esse structura,
nam aut σὺν ad Τερψ. et Ἐριτ. subauditum invenustum est aut
iunctura verbi ἕπεσθαι cum simplici dativo confusa cum altera
rariore (ἕπ. sq. σύν) molesta. Ipsa autem verborum collocatio per-
suadet ut ne praeposita illa σὺν Πτ. π. cum reliquis coniungamus.
Permaneo igitur in priore verborum iunctura, cum Böckhio, etsi
vehementer desidero, cum eodem, verba Πτοιοδώρῳ σὺν πατρὶ ad
patrem Terpsiae et Eritimi referri posse. Böckhius autem cum
a Scholiorum auctoritate discedere non ausus esset, Hartungus
ausus est, non sine causa observans esse etiam inter ipsos Scho-

liastas Veteres aliquam de cognatione discrepantiam et dubitationem. Utut est, ϑ' post Τεϱψία cum deleveris, quod pertenui mssorum fundamento nititur, tota constructio aliquanto minus ambigua erit. Iam quivis legens nisi stemmate genealogico expresse admonitus haec de duobus cognatis Xenophonti aequalibus eorumque de patre Ptoeodoro dicta accipiet, non de patre (Thessali) Ptocodoro, (patruo Thessali) Terpsia, (filio s. nepote huius patrui) Eritimo; quae summe foret artificiosa atque obscura enumerandi ratio.

Etiam μακϱότεϱαι cum Bö. et Ht. de longius durantibus intelligo, cf. P. XI, 52. Denique futurum ἴψονται ita teneo, ut horum Oligaethidarum laudes Isthmiacae diutius duraturae esse dicantur. Uberiores si vellet poeta intelligi μακϱότεϱαι, nihil aliud diceret atque „de his victoribus nunc quidem breviter agi„tur, alio loco aliter fusiusque disseretur." Sed id ab horum verborum nexu alienum. Comparat poeta Oligaethidarum decora cum aliis, dicit igitur et diutius eorum permansuras esse Isthmias laudes, et Pythias Nemeaeasque plures esse quam multorum aliorum. Tum demum a nimia laude se revocat (vs. 47). Quodsi iam vs. 40 contrahenda sibi vela esse diceret, oppositionis vim infringeret. Igitur μακϱότεϱαι non valet, me arbitro, „nimis longa".

Nec supervacaneum videatur monere lectores, in tali loco, qui de rebus atque personis prorsus ignotis agat, non id quod certum sed tantum quod probabile sit effici posse. Vide Epist. ad Fr. p. 28.

43 Vide ad vs. 21. — Nec Hm.² πολίεσσι nec Bg.² πόλισιν ut accipiam persuadeor. Haec enim est summa verborum ornatissimorum. „Oligaethidarum victoriae aliarum et multarum gentium victorias excedunt." Quo progressus est poeta ab illo „hosce vel tres vel quatuor Oligaethidas diutius duratura carmina prosequentur quam alios." In utroque comparatio inter Oligaethidas et alios victores instituta est; rursus in utroque de laude poetica post victoriam futura sermo. — Vide etiam ad vs. 39 sqq.

44 gl. B ϑαλασσίων, πολιῶν, ad πο[ν]τιᾶν adscripta. Cf. O. I, 71.

45 sqq. Totius loci contextus perspicacior, si Pindarum, quod plus semel factum esse constat, h. l. Hesiodi civis sui memorem fuisse putamus. Is enim O. et D. vs. 639 (694) ait

μέτϱα φυλάσσεσϑαι. καιϱὸς δ' ἐπὶ πᾶσιν ἄϱιστος.

ubi Ascraeus id agit ut ne quis nimia onera navi lucri cupiditate permotus imponat itaque integram navim demergat. Haec cum memoriâ teneret Pindarus, facile ad res nauticas devenire poterat, ideoque ἴδιος ἐν κοινῷ στολείς hinc aptum est, ut ne nimium privatae laudis onere navim poeticam deprimat, sed etiam Corinthi recordetur etc. Dicit enim „Ego igitur, quamquam huius carminis navim [privatâ] laude onerare, lege Hesiodeâ, vetamur, tamen, quum etiam civis vestes evectus (vel: etsi privatus evectus) publicas merces agam, non fallam spem eorum ad quos devenio, de Corinthi laude. Has merces imponam et divendam oportet. Nostro sensui fortasse γαρύσω οὐ ψευδόμενος ἀμφὶ Κορίνθῳ melius conveniret, quam γαρύων οὐ ψεύσομαι, nisi hoc coniunctum sentias pro οὐ σιωπάσομαι. Nam hoc vult „celebrabo Corinthum prudentiae et bellicae virtutis causa." Quo fundamento posito ad singula de Sisypho, Medea etc. enarranda pergit. — Vox ἴδιος (de cuius digammo vide Bö.) Vett. Scholiastis et glossographis (συγγενής gl. Τ τοῖς ἐξ ὑμῶν gl. OZ al.) non privatus sed civis cognatus valebat. Etiam N. VI, 33 ἴδιος est proprius, non privatus. Tamen cum opponi sibi videantur ἐν κοινῷ et ἴδιος (ut apud Homerum ἴδιος et δήμιος, et ut saepe apud Platonem aliosque ἴδιος et κοινός), Scholiastas egregie falli credas. — Particula δὲ aptissima, cum eius sit, qui eandem sententiam continuat, autem; γὰρ alienissimum est.

Ceterum quantumvis de generalibus huiuscemodi sententiis nihil decernere praestet, tamen hoc adiiciam. Si et μέτρον et καιρός*) abstracta atque moralia sunt, infinitivus νοῆσαι qui interpretes recentiores vexavit subiecto καιρός uti possit, ita „Apta est in unaquaque re moderatio, temperantia vero ad considerate agendum maxime idonea." Vereor autem ne haec de infinitivo argutius contra Böckhium (qui idem esse ait cum ἄριστόν ἐστι νοῆσαι καιρός) moneantur, cum infinitivi adiiciendi magna sit apud Pindarum aliosque poetas licentia. Cf. N. IV, 94 et Rh. XVIII, 303; porro P. IV, 146; XI. 26; I. IV, 45 etc. Videtur „Optima opportunitas attenta" dici posse pro „Optima opportunitas quae attendatur", hoc autem pro „Optimum attendere opportunitatem", infinitivo νοῆσαι pro ὥστε νοεῖσθαι posito; qualis conversio multis linguis

---

*) „Die besonnene Wahl des Rechten zur rechten Zeit, der Tact." Est hoc sensu καιρός synonymon μέτρου s. μέτρων et Pindaro et Hesiodo, sed valet etiam „opportunum tempus." Compara nostrum vuoc, vuogq.

communis est. — Scholion [DG]IU etc. [non in B] cum Heimsoethio ita ἄριστός ἐστι καιρός, νοῆσαι τὸ μέτρον i. e. τὴν συμμετρίαν. Eodem sensu in H supra νοῆσαι] τὸ τῆς συμμετρίας adscriptum est.

49 ἐν „ut bellum gestum in armis" Di., bene. Cf. ad O. II, 63. et Rh. XVIII, 303 sq. Inest metaphora; incedit πόλεμος virtutum heroicarum quasi armis tectus. Male Ht. πόλεμόν τ', ἐν ἡρωΐαις ἀρεταῖσιν οὐ ψεύσομ' ἀμφὶ Κορίνθῳ σίσυφον etc. i. e. „inter heroicas virtutes non silebo respectu Corinthi Sisyphum" omnes nervos et iustam membrorum aequalitatem praecidens. Recte vetustiores intt. σίσ. et μηδ. per appositionem ad priora obiecta (μῆτιν τι πόλεμόν τι) applicata esse existimabant, ut exempla; vel ut γαρύων subaudirent, quod paullo durius sed de summa re perinde est. Gl. N ad σίσυφον est οὐ ψεύσομαι, gl. C γαρύων πάλιν. Omnes et scripti et editi (excepto Ht.) post Κορίνθῳ (plenius plurimi) interpungunt.

50 Quomodo οὐ ante σίσυφον bonis quibusdam (sed non optimis) libris irrepserit, e glossâ vocis Κορίνθῳ pro genitivo habitae recte explicavit Bö. Indidem ortum Κορίνθου in duobus mss.

51 Vide ad vs. 7. „Si quid mutandum esset, scriberem αὐτάν." Bö.[1] — Mss. nihil eiusmodi praestant quod certum sit, nam Urbinati (R), qui αὐτήν habet, e deterioribus libris veteribus cum sit, non multum tribuo.

55 Dialecticam formam τάμνειν e quatuor libris bonis reposui: cf. Germ. Sch. p. XXII. Est O. XII, 6 τάμνοισαι in omnibus bonis (excepto Vaticano), sed P. III, 68 omnes in communi forma τέμνων consentiunt.

57 κομίζοντες de conatu (vide Ta. Di.) iam a veteribus intt. capitur, ut a Moschopulo ζητοῦντες κομίσασθαι et gl. Palatini tertii θέλοντες κομ. — Rell. praesens praesenti reddunt. — Hck. κομίξοντες, male.

58 τοῖσι Bö. recte „coram Graecis (Danais)" de Diomede (Il. ζ, 144 sq.), cuius immemor Scholiasta fuerit necesse est, cum durissime „apud Troianos" vel „coram Lyciis i. e. Troianis" exponeret. — δὲ quod praecedit Sch. pro καί dictum accipiunt; est pergentis a generalioribus ad singula.

65 Sch. Vet. ἄγε δή οὖν (U om. δή) δίχου τοῦτον τὸν χαλινόν. Vide ad vs. 21.

65 φάνασι] Cf. N. X, 76 et de hac aliisque formis hyperdoricis

ad P. IX, 93. Non ausus sum φώνησι reponere, sine libris, sed Pindaricum φώνασι fuisse non credo.

66 ἀργᾶντα] Sch. Vet. εὐθαλῆ καὶ μέγαν; gl. F πίονα; gl. ΟΤΣ λευκόν. — ἀργὸν] gl. recc. περιφανῆ, εὐτραφῆ. — Solutio arsis in hoc carmine non admodum offendit; cf. ad vs. 21. 78. Tonosis ἀργᾶντα ex antiqua scriptura ἀργάεντα relicta esse videtur, ut φωνᾶντα Ο. II, 85 in Ambrosiano primo, ἀλκᾶντας Ο. IX, 72 et P. V, 67 in multis perbonisque libris. Et Scholia Vetera diserte ἀργᾶντα agnoscunt, et Eustathius (vide Bö. Bg.) ter ἀργᾶντας ταύρους e Pindaro laudat. Quae singularia vocabula ita copulata ad alium locum Pindari atque ad hunc ipsum quem legimus pertinere veri dissimile est.

62 Accentum vocis κυάνωγις ad fidem optimi libri Vaticani mutavi. Nescio quo pacto vulgata tonosis κυαναυγίς defendi possit.

69 Compara I. VI, 12 Δωρίδ᾽ ἀποικίαν ... ὀρθῷ ἕστασας ἐπὶ σφυρῷ, ubi ἐπὶ ὀρθῷ σφυρῷ terminum actionis significat ut h. l. simplex dativus.

73 Vide ad vs. 7.

76 Kayseri coniecturam optime confirmat Mediceus quintus (E). Eodem redit δαί aliorum librorum. Etiam O. VI, 23 pro ᾇ τάχος in optimis est αἷ τάχος. Moschopulus e Schol. Vet. paraphrasi (vel ex gl. inde orta) ὡς temere arripuit. Cf. O. II, 55. XI, 10. al.

78 Sine haesitatione Moschopuli correctioni καρταίπου᾽ obtempero. Etiam I. V, 38 in nonnullis libris κρατεραίχμαν invenitur et O. XIII, 91 κρατύνειν in multis; cf. O. IX, 100. Apud Hippocratem καρτεραύχην legitur et ab Hesychio καρταίνω offertur pro κρατέω. — Hesiodea ἀνόστεος (polypus) O. et D. 494 (524); πεντόζος (manus) ib. 687 (742); ἴδρις (formica) ib. 723 (778); Aeschylea μύωψ (i. e. οἶστρος) Suppl. 292; ἄναυδοι παῖδες τᾶς ἀμιάντου (pisces maris) Pers. 572; ἡ ἀνθεμουργός (apis) ib. 615 aliaque hoc genus vocabula aut popularis sermonis sunt aut sacerdotalis, ad quem Scholiasta ducit Delphorum hoc bovis nomen proprium fuisse testatus. Orientalem colorem consulto ita orationi impertiri G. Hermannus observat ad Aesch. Pers. 572; sed sunt etiam popularia eiusmodi et iocularia nomina ut ἀηδώ(ν), luscinia; κερδώ, vulpes; καλλίας, simia etc.

78 Tres tantum scripturae in codicibus obviae ἀναρύη (vett. et Thom.), ἀνερύη (Moschop.), ἀνερύη (ἀν᾽ ἐρύη) (Tricl.); eadem ratio tripertita apud Scholiastas obtinet, ut suam quisque lectionem exprimat. —

Scripturas editorum αὐερύη, αὐρύη, αὖ ἐρύη nullus meorum mss. praestat, nisi quod fortasse Leidensis alter (Moschopuleus) αὐερύη correctione invexit. Quamobrem Böckhio hoc „in plurimis" Oxoniensibus idem „in omnibus" libris inveniri dicentibus nescio an fidem derogare liceat, praesertim cum αυ et αι a collatoribus in legendis codicibus minus exercitatis facile confundantur. — Glossae sunt σφάξεις (N), σφάξῃ (O), θυσίαν ποιῆται (P), θύσῃ (H) in vett.; ἀνατρέπῃ, σφάζῃ, θύῃ in recc. — Schol. Vaticanum (B) ἀναρύῃ δὲ, ἀντὶ τοῦ σφάζεις, ἀπὸ τοῦ παρακολουθοῦντος. ὡς ὅμηρος. αὖ ἔρυσαν μὲν πρῶτα. Idem paulo aliter collocatum est in [D]HTU etc. κραταίποδ' ἀναρύῃ] ὡς ὅμηρος· αὖ ἔρυσαν μὲν πρῶτα..... ἀναρύῃ δὲ σφάζῃ, θύῃ, ἀπὸ τοῦ παρακολουθοῦντος. — Editor Romanus illa Vaticana (de suo ut videtur) mutavit ita αὐερύῃ δὲ ἀντὶ τοῦ σφάζεις. ἀπὸ etc., ut Pindarum Homero exaequaret. At vetera lexica (Hesychii; Eupol. apud Suid.) etiam ἀναρύειν pro σφάζειν, αὖ ἐρύειν (αὐερύειν) Homerico usurpatum esse contendunt, neque dissentire videntur huius loci Pindarici interpretes. Quare acquiescendum esse in eo quod optimi libri testantur visum est, etsi ρύω inusitatum est pro ἐρύω. Hm. cum Triclinio facit, sed soluta arsis memet non offendit; vide ad vs. 21. 66. — Vide etiam Germ. Sch. p. 64.

78. 79. γαιαόχῳ et ἱππίᾳ reposui ad fidem optimorum librorum; illud epitheton nunc Doederl. in Gloss. Hom. p. 54 (vide Nitzsch. in Ph. XII, 10 sqq.) ad γαίω (γάω, laetor) revocat; id si verum, e eo minus aptum est. Homerus semper γαιήοχος, primā longā, Hesiodus Theog. 15 γαιήοχον primā correptā, ut h. l. Pindarus. Tantum constat formas γεωμόρος, γεωγράφος non recte ad ε huius formae defendendum adhiberi. Eadem ratione P. IV, 233 αἰόλει scripsi (cum Ro. Be. Hy.) non ἰόλει (cum Bö.*). De qua voce vide Bu. Lexil. II, 78 sqq. Gr. Gr. II, 164; Annal. Lips. 1826 num. 276. pag. 2201. Retinui etiam ἰχνεύων P. VIII, 35. At haec latius patent.

De correptione vocalium longarum ante vocales in mediis vocabulis vide Valck. ad Phoen. Eur. 1475; Bu. in Mus. Antiqu. II, 386; in G. G. I, 46 sq. II, 417. 446.; Ma. § 23, b; de Pindarica prosodia Hm. de dial. Pind. p. 9 sq.; Bö. I, p. 289. 424. 492; cf. 438. 459.; de Crisi § 20. 29; Ah. D. A. 79 sq. 100 sqq.; D. D. 184 sq. 187 sqq. 378 sq.

Quinquaginta vel saltem quadraginta loci in censum veniunt:

1. ει corripitur in ἱππείῳ O. I, 101; ἵππειον P. II, 12; ἱππείαν P. VI, 50; ἱππείων N. IX, 9; fortasse etiam in Ἱππείᾳ O. XIII, 79; [Ἵππειον I. VI, 11.] — λατρείαν N. IV, 54; [fortasse etiam in νυμφείαν P. III, 16]. — Αἰάντειον O. IX, 112; [fortasse etiam in Λαομεδοντείας I. V, 29.] — Κλειούς N. III, 83; ft. etiam in Καδμεῖοι N. IV, 21. — Ἀρείας N. IX, 41. — βατείᾳ O. VI, 54; δουλείας P. I, 75; συμπνείᾳ P, XII, 4; εὐσεβείας O. VIII, 8. — μαντείων P. XI, 6; Ἰσμήνιον P. XI, 6. — Θείαιος N. X, 24; Θείαις N. X, 37.

2. αι corripitur in Γαιαόχῳ O. XIII, 78; αἰόλει P. IV, 233; ft. etiam in Κλεωναίου N. IV, 17.

3. ευ corripitur in ἰχνεύων P. VIII, 35; ἴχνευαν I. VII, 58.

4. οι corripitur in τοιαῦτα P. VIII, 55; ft. etiam in ποίᾳ (herba) P. VIII, 20; παντοίων N. V, 25.

5. ῳ corripitur in πατρῴων N. IX, 14.

6. υι corripitur in υἱῶν N. VI, 23.

7. ω corripitur in ἥρωας P. I, 53; ἥρωα P. III, 7; ἥρως P. IV, 58; ἡρωίαις N. VII, 46; ft. etiam in ἥρωας N. IV, 29. — Τρωΐας I. VII, 52; [Τρωΐᾳ N. II, 14;] (Τρωΐαν N. III, 60;) IV, 25; [I. V, 28;] Τρωΐαθεν N. VII, 41.

8. α corripitur in τετραόροισιν N. VII, 93; ft. in Ἀωσφόρος I. III, 42 ut cum ω coalescat.

9. ι corripitur saepius, ut in Ἰοχίαιρα P. II, 9; μητίονται P. II, 92; Ἴαμος O. VI, 43 (producitur ib. 71); πιαίνων P. IV, 150; ἀνίαισι N. I, 53 (producitur P. IV, 154); ἀνιαραῖς O. XII, 11; ἀνιαρότατον P. IV, 288; Κρονίων P. III, 57; IV, 23; N. I, 16; IX, 28; X, 76 (producitur P. I, 71; N. IX, 19); nisi Ἴαμος, ἀνία, Κρονίων diversi generis sunt.

10. υ corripitur in ῥύονται I. VII, 53.

Quaeritur num in eis quae sub 1. 2. 3 recensentur recte ab editoribus nostris diphthongus expulsa sit. Obloquitur enim tantum non omnium veterum codicum auctoritas. Purissimi quique libri ubique haec per diphthongum scribunt, exceptis locis tribus uncinatis. Nam P. III, 16 omnes boni libri νυμφιδίαν offerunt; I. V, 29 pauci qui exstant in Λαομεδοντίαν; I. VI, 11 iidem (excepto Tricliniano ι) in Ἄργος Ἵππιον consentiunt, quae forma in ιος terminata cognomenti propria videri posset, nisi O. XIII, 79 omnes non interpolati Ἱππείᾳ Ἀθάνᾳ praestarent. Est etiam codicum fluctuatio inter Ἰσμήνιον et Ἰσμήνιον P. XI, 6 sed illa forma, ut in temonico, praestat. In reliquis exemplis bis tantum pauci

vett. diphthongum non agnoscunt, dico O. I, 101 duo ἱππίῳ (CO^ac);
P. XII, 4 septem εὐμενίᾳ ([G]IV[WXY]Z); porro tres Thomani ἱππίᾳ
O. XIII, 79*); unus deterior βαρίᾳ O. VI, 54; pauci deteriores κλεός
(κλίος) N. III, 83. Ne interpolatores quidem sibi constant. Intacta
relinquunt omnes μαντείων, αἰόλει, ἰχνεύων, sed consentiunt in correctione ἱππικῷ, Αἰάντειον, Κλεοῦς (?), βαρίᾳ, εὐμενίᾳ (gl. Tricl. Ἰωνικῇ συστολῇ), εὐσεβίων (cum notissima interpolationis confessione),
Ἰσμήνιον (gl. Tricl. διὰ τὸ μέτρον), Γανόχῳ. Longius progressus est
Moschopulus, qui δουλίας et deae cognomen Ἱππίᾳ scripsit O. XIII,
78, simplex vero possessivum ἵππιον P. II, 12 et ἱππίαν P. VI, 50;
quid de N. IX, 9 et I. VI, 11 statuerit et num formas λατρείαν et
Ἀρείας probaverit nescimus, nam ibi desunt exemplaria Moschopulca. Triclinius, ut assolet, antiquae traditioni pronior, non solum ἱππίᾳ, ἵππιον (P. II, 12), ἱππίαν, ἱππίων, δουλείας, λατρείαν,
Ἀρείας, Θηαῖος, Θηαῖν, [ἰχνεων] non movet, sed etiam I. VI, 11 —
si ex retractato codice (ε') coniecturam facere licet — Ἵππιον invehit.
Idem modo Τροίαν etc. modo Τρωΐαν etc. probavit, sed Moschopulus N. III, 60 Τρωΐαν invexit; Triclinius N. IX, 14 πατρῴων inepta
correctione πατέρων expulsum esse voluit.

Satius igitur duxi haec omnia ad idem licentiae prosodiacae
genus revocare nec movere antiquiorem scripturam, sed (exemplo
Triclinii) signum correptae syllabae supra notare. Homerus, etsi
ἱππιοχαίτης et ἱππιοχάρμης habet, tamen nusquam ἵππιος dixit, sed
ἵππειος passim. Quodsi apud Atticos poetas ἵππιος non infrequens
est ut nec εὐσεβίας aliaque similia, de his non decerno, utrum ab
initio prosodiace et graphice tantum, an phonetice etiam et intellectu ab ἵππειος et εὐσεβείας diversa fuerint, sed apud Pindarum,
si locupletiores testes consulimus, nulla causa est cur diphthongos
obmutuisse credamus Sin ad intellectum haec Pindaro quoque pertinuerunt, ut inter posessivum Θεμίστιος (O. I, 12) et andronymicum
Θεμίστιος (N. V, 50; I. V, 65) distinxit, putaverim O. XIII, 78 Ἱππίᾳ et I. VI, 11 Ἵππιον sed in reliquis sive longa sive brevi opus
est ἵππιος scribendum esse. Ego vero de hac voce Triclinium (excepto O. I, 101 ubi ille cum Mosch. intolerabile adiectivum in ιος
exiens probavit) secutus sum, sed de meo dedi Λαομεδοντείαν, collato Etym. M. 296, 52. Idem tamen λάτριον O. X, 28 ob λατρείαν
N. IV, 54 movere nolui, cum diversa illius adiectivi potestas ft.

---

*) Iidem O. XIII, 65 ἵππιον scribunt ubi penultimâ longâ opus est.

diversae formae causa fuerit. Nec movi traditum ἱέρια (ἱερία) P. IV, 5, cum N. I, 39 synizesis fieri videatur in βασίλια (βασίλια), etsi libri βασίλεια offerunt.

De tota re admodum difficili adeundus est Lobeckius in egregia disputatione ad Soph. Ai. v. 108. Nobis pauca de Pindaro delibare liceat quae ex diligenti librorum inspectione metrique cognitione redundarunt.

Omnino hic poeta dilatationis epicae quâ ει pro ε ante vocales ponere licebat, parcissimus cultor exstitit. Metusiastica semper ei in ιος terminantur, nunquam in ειος. Semper χρύσιος, χάλκεος, ἀργύρεος, σιδάρεος, κυάνεος, βόεος (de corio), νεκτάρεος, πορφύρεος, (κρόκεος,) φοινίκεος, βρότεος dicit, nunquam χρύσειος etc.; hinc fit, ut nec Pausaniae codicibus fr. 25 χρύσειαι exhibentibus quidquam tribuendum sit (vide Bg.*) nec quod veteres Pindari libri I. III, 33 χαλκείῳ habent, invito metro, et singuli passim similia praestant.**) Haec menda esse septuaginta locorum consensu evincitur. Non minus igitur stabilis est terminatio ιος in his quam in στερεός, κενεός, ἀγάθεος, δαιδάλεος, κερδαλέος, ἁρπαλέος, θαρσαλέος; παρδαλία, ἀνορέα; ut in epectasi ἀδελφεός, δινδρεον etc. Immo haec omnia ad synizesin vocalium εο et εα inclinant, ut vel in ipsis primitivis υἱός, θεός et in νεαρός. Eandem legem sequi videntur oxytonon ἀφνεός et nomen fluminis Ἀλφεός, quae vicies ita collocata inveniuntur ut metrum brevem penultimam vel postulet vel saltem admittat. Nec codices refragantur**). Porro in nominibus propriis ut Ὀρσίας et Πυθίας sic Αἰνίας, Αὐγίας, Βορίας et quater Ὑπερβόρεοι, etsi fuerunt qui Ὑπερβόρειοι praeferrent (cf. Steph. Thes. et Lo. Parall. 220); ut Τεγία, Νεμία, Μιδία sic Μαντινία dixit codicum et metri consensu. Denique non admisit diastolen s. parenthesin κλεῖος, κλείω, πτείω, πλείω, πλείονα, ῥείω, ut nec πνοιά, ῥοιά, sed semper dixit κλέος, κλέω, πτέω, πλέω, πλέονα, πνοά, κατάπνοά, ἄμπνοά,

---

*) Velut O. X, 15 χάλκειος Δ; O. I, 87 χρύσειον CO; P. IV, 4 χρυσίων Fac; ib. 234 βοείοις E, F, G,; I. III, 36 φοινικείοισιν ιζ' — omnia metro invito. Cadunt eodem nomine coniecturae Sm. νεαυίᾳ O. VII, 4 et αἰνείων I. VI, 32.

**) Bis plurimi diphthongum scribunt, sed Ambrosianus recte ε habet (O. VII, 1. et 16); septem locis pauci tantum mss. diphthongum praestant, dico O. I, 10. 20. 92; VIII, 9; IX, 18; N. I, 1; VI, 18; ter in singulis libris ἀλφιῶ et ἀλφιοῦ legitur O. II, 13; VI, 58; VIII, 9; novies omnes in ιος consentiunt O. III, 22; V, 18; VI, 34; X, 48; XIII, 34; N. I, 15; VII, 19; P. XI, 15; I. I, 66; hinc fr. 87, 1 et 239, 4 emendanda sunt.

Annotatio Critica. 12

εὐθύπνοος etc., excepto uno loco O. III, 31 ubi πνοιαῖς optimi et plurimi mss. exhibent, consentiente metro, etsi penultimâ in thesin trochaicam incidente ferri potest πνοαῖς quod EFMR*° exhibent.¹) Sed de ἀκιόμενος P. IX, 104 constat. Tamen omnino lyricum poetam ab epica huiuscemodi dilatatione alienum fuisse manifestum est, cum praesertim Doricis numeris formae graviores quales sunt χρύσιος, χάλκιος, Ἀλφειός, Αἰνίας etc. aptissimae fuissent. Hinc colligitur non recte Böckhium P. IX, 16 (cum Mosch. Cp. al.) et I. III, 82 (cum Sm.) traditas formas Κρίοισ᾿ et Κριοντὶς in Κρίοισ᾿ et Κριοντὶς commutavisse, cum utrubique per theseos trochaicae (et P. IX, 16 etiam per primi systematis) ac nominis proprii licentiam vulgata ferri possit. Nec eundem v. d. N. VI, 30 (33) εὐκλεῖα scribentem pro εὐκλέα (recte Ah. Sw. εὔκλι᾿ ἀπ.) sequor; similiter Moschopulus P. IX, 56 propter falsam metri cognitionem εὔκλεια scribens erravit.²)

E contrario nomina propria Ἀρείας, Θειαῖς, Θιαῖος, Κλειοῦς correptâ diphthongo uti videtur voluisse, ut et cteticum Αἰάντειος. Nulla apud hunc poetam ctetica a propriis facta in ιος exeunt, cum Κυκνία O. X, 15 et Νεστόρειος P. VI, 32 ipso metro convellantur, ut Ἰαπετιονίδες O. IX, 55 quod exceptis EF omnes vett. habent. Multa vero per ιος derivantur ut Ἀδράστειος, Ἄρειος, Δεινομένειος, Ἡράκλειος, Κάρνειος, Καστόρειος, Ξενάρκειος, Ὠαριώνειος; his non solum Κύκνειος et Νεστόρειος sed etiam Αἰάντειος et Λαομεδόντειος addantur oportet, nisi quod haec penultimam corripiunt. Porro Μήδειοι P. I, 78 et quae in ethnicorum numerum transierunt Ἀργεῖοι, Ἀλεῖοι, Καδμεῖοι, agonisticum Νέμεια; Ἐπειοί et nomen fluvii Πηνειός. Deinde ab appellativis ducta αὔλειος, δούλειος, οἰκεῖος, θεμιστεῖος, παιδεῖος, γυναικεῖος; ἔτειος, ὄρειος, θέρειος; ἀκίεδειος et ἀγβιειος; μείων et ἀρείων; substantiva periectica vel temenica πρυτανεῖον, μναμεῖον, μαντεῖον, hoc semel correpta penultima, ut et Ἰσμήνειον; feminina προμάθεια, ἀλάθεια, ἀτρέκεια, ὑγίεια, ἀφάνεια quibus correpta penultima accedunt βάτεια (hoc accentu?)³) δούλεια (hoc ac-

---

¹) Aliis locis pauci per vitium diphthongum praestant, ut O. II, 72 παραπνείουσιν A; XIII, 87 πνειούσαν N; VI, 83 πνοιαῖς CNO; P. III, 103 πνοιαί CMV.XX*°. Immo vel in his fit synizesis ut in πνέον P. IV, 225.

²) Sui generis est μεθομήρεος fr. 18, si recte relatum est.

³) Fortasse haec vox ab abstractis ad periectica deflexit quemadmodum nostra Waldung, Holzung; ut sit „spinetum", „dumetum".

centu?) εὐσέβεια, εὐμένεια*); propria Ἀστυδάμεια, Ἱπποδάμεια, Ἰφιγένεια, Ἰφιμέδεια, Κυπρογένεια, Πρωτογένεια, Μήδεια, Ὑψιπύλεια, Φαρμάκεια; Λακέρεια et ft. Μινύεια; simile adiectivum σχοινότενεια. Nusquam femininae adiectivorum positiones εὐθεῖα, γλυκεῖα etc. nec per ια scriptae nec correptâ penultimâ usurpatae inveniuntur. — Alia ctetica et ethnica multa per ιος formantur ut Ποσειδώνιος**), Ἀπολλώνιος, Ἀγαμεμνόνιος, Ἑλλάνιος, Ἑλικώνιος, Ἀταβύριος, Βοιώτιος, Αἰγύπτιος, Ὀγχήστιος, Στυμφάλιος etc.; ἐναγώνιος, ἀγώνιος, μεταμώνιος, ἐπιχθόνιος, ἐπαυχένιος, δαιμόνιος; quemadmodum εὐδαιμονία, εὐτυχία, ἱερομηνία, νεομηνία, μεγαλανορία, εὐανορία aliaque multa quae nusquam nec ε nec ει habent.

In his nulla est formarum instabilitas nisi quod passim ηι de more epico pro ει admittitur, ut in ἀρήιος, μεραμήιον, Καρνήιον, μαντήιον. Apparet igitur, si qua est codicum mss. fides, Pindarum non minus systoles Ionicae quam diastoles sive parentheseos epicae infrequentem fuisse atque omnino suam cuique vocabulo terminationem servavisse, non inter binas ternasve fluctuasse. Discrimen in singulis non formae sed mensurae est.

In tanta constantia pauca tamen adiectiva vere diversas formas et intellectus videntur induisse: τέλειος et τέλεος, λάτριος et λάτρεος, νύμφιος et νυμφίος, παρθένειος (ήιος) et παρθένιος. Si Homerum (qui τέλεος non novit) atque Pindaricorum ἔτειος, ὄρειος etc. (quae nunquam per ιος formantur) analogiam sequimur, Pindaro quoque τέλειος vindicandum est. At rarum est hoc adiectivum apud Homerum, in hymnis autem utraque forma apparet ut apud ceteros. Obstat praeterea codicum consensus de forma Ionica τελέαν P. VIII, 24 (exceptis E⁻ᶜF qui τελίαν praestant) et quod satis probabili coniectura O. XIII, 110 τελέαν e Sch. restituimus, tum quod fr. 87, 12 (99, 15 Bg.²) metrum τελέαις εὐχωλαῖς videtur postulare etsi apud Athenaeum τελείαις invenitur, denique fr. 67 (75 Bg.²) χορευτὴν τελειότατον. Ter in omnibus τέλειος penultimâ

---

*) Sed male N. III, 7 Moschopulei ἀθλονικεία scribunt, nec melius unus Thomanus O. VIII, 14 εὐπραξείας. Etiam O, VII, 99; X, 76; P. I, 38 terni codices vocem θαλία male per diphthongum scribunt.

**) Id male per diphthongum scribitur O. X, 26 in BMXxy recte per ι in ceteris, ut in omnibus O. V, 21; N. VI, 42; cf. Lo. ll. p. 114. — Etiam Θεμίστειον N. V, 50 male in ει — De Ἀπολλώνιος et Ἀγαμεμνόνιος omnium mss. consensus est.

longâ legitur: P. I, 67; IX, 89; N. X, 18, ubi in Ζεῦ τέλειε et in τελείᾳ ματέρι hoc adiectivum activa potestate utitur, fortasse etiam tertio loco, ut τέλειον ἐπ' εὐχᾷ sit ὁ τελεῖ τὴν εὐχήν. Altera forma[1]) semper passivam notionem habet. Sic λατρείαν N. IV, 54, quod in omnibus mss. invenitur[2]), correptâ mediâ, activam significationem videtur habere pro λατρεύουσαν de persona[3]), sed λάτριον O. X, 28 (ubi in nullo ms. est λάτρειον) passivam vel neutralem „ministerialis" de mercede servitutis. — Aliud discrimen inter νύμφειος et νυμφίος obtinet, quorum illud rei, hoc personae est. Recte igitur se habet νυμφείαις εὐναῖς N. V, 30 et νυμφίον ἄνδρα P. IX, 118 sed aliena est coniectura Moschopuli P. III, 16 τράπεζαν νυμφίαν, ubi potius pro antiquo mendo νυμφιδίαν altera forma νυμφείαν, correpta media, reposuerim. Denique simile discrimen inter adiectivum παρθενήιοις (γλεφάροις) N. VIII, 2 et andronymicum ('Ήρας) Παρθενίαν O. VI, 88 obtinere videretur, nisi O. VI, 31 παρθενίαν ὠδῖνα et P. XII, 9 παρθενίοις κεφαλαῖς in omnibus mss. (ει in nullo) legeremus, ut et genitivum substantivi παρθενίας I. VII, 45. Pindaricum igitur videtur fuisse παρθένιος, sed semel Homericum παρθενήιος a poeta admissum est. — De ἵππειος et Ἵππιος supra dictum est. Videtur poeta in voce ἵππειος ut in ἥρωα etc. et Τρωία etc. correptionis amantissimus fuisse. Longam penultimam ἵππειος ter habet O. XIII, 20. 65; N. IX, 22, etsi O. XIII, 20 brevis ferri potest. — Est etiam vicissitudo formarum in voce βασίλεια, nam βασίλειαι O. XIV, 3 legitur, sed βασιλεῖα (βασιλεία) vel potius βασίλα[4]) N. I, 39 satis probabili coniectura pro βασίλεια repositum est. — In aliis formarum vicissitudinibus multo liberior fuit Pindarus, ut in ξένος et ξεῖνος, κοινός et ξυνός, κλεινός et rarius κλεεννός, κενεός et semel κεινός, πεῖρας et πέρας, χειρός et χερός etc.; μοῦνος et μόνος (cf. ad O. VIII, 1); ft. εἱλίσσω fr. 250. Traditio de solo ἰνάλιος metricae necessitati refragatur; cf. ad O. II, 65 et P. II, 79. — Inter αἰεί et αἰί

---

[1]) Quae fortasse ita metusiasticorum speciem habet, ut id significet quod τέλους plenum est. Compara ἀφνεός, βρότεος.

[2]) In eodem carmine vett. saepius ει male pro ι exhibent; cf. vs. 13. 23. 49. 55; ut et ω pro ο vs. 37. 53. Hinc proficiscenti vs. 54 λατρίαν scribendum est.

[3]) Nisi poeta λάτρειαν ϝιαωλκόν scripsit, ad andronymicorum similitudinem ut σχοινοτένειαν. De digammo vide ad O. IX, 98.

[4]) Idem poeta ubique Φερσεφόνα habet, nusquam Φερσεφόνεια sive Περσεφόνεια, nisi quod I. VII, 55 in libris est Περσεφόνας.

multa est codicum fluctuatio. Sunt qnae persuadeant ut ubique αἰεί (αἰὶν, αἰί) scribamus et ubi prima longa opus est αἰεί. Sed omnino digammi in media voce collocandi parcissimus fui, quia huius novationis limites non facile reperiuntur. Non scripsi κλί-σος, ναῶν, βοῶν, ἄσισος, ἄιδεις, ἑκάσεργος, sed tria tantum ἀέσαν, ἰύσαχία, κλαΐδας invehere ausus sum, ubi in ipsa codicum traditione antiquae scripturae vestigia superesse videbantur.

79 G. Hermannus: „εὐθὺς nihil ad rem confert, displicetque etiam propter praegressum ᾇ τάχιστα. Id igitur cum cod. Pal. ἐγγὺς scribendum." Adde quod contraria permutatio fortasse O. I, 71 obtinet. Scholiastae Veteris τότε δὴ nimis ambiguum est quam quod vulgatam εὐθὺς tueri possit; nemo dixerit utrum τότε δὴ ab interprete adiectum sit an voci εὐθὺς exprimendae inserviat. Tantum constat ἐγγὺς non expressum esse in Sch. Vet.

80 δὴ in solo Mediceo secundo omissum cum invenerim cumque a Sch. Vet. bis agnoscatur, reposui. — Mosch. πληροῖ suum e glossis arripuisse videtur; cf. gl. T πληροῖ γὰρ ὁ θεὸς καὶ τὰ παρ' ἀνθρώποις ἀπαγορευθέντα πράγματα. Vide Germ. Sch. p. 65. et O. VIII, 8. — τίλλει Hermannianum quominus accipiam ipsorum locorum quos e Pindaro laudat natura me retinet; nam excepta locutione O. II, 70 ὁδὸν ἔτειλαν (ἴστειλαν in non interpolatis) Pindaro non τίλλειν sed τίλλεσθαι (O. I, 76. XI, 6. P. IV, 257) usurpatur, τελεῖν vero activum passim; vide Bö. — Erat cum scripturam optimorum librorum καὶ τὰν παρ' ὅρκον καὶ τὰν παρ' ἐλπίδα κούφαν κτίσιν non recte a Moschopulo in καὶ τὰν παρ' ὅρκον καὶ παρὰ ἐλπίδα κ. κτίσιν mutatam esse existimarem, sed duplici potius vitio antiquam lectionem laborare, cuius vestigia in Scholiis deprehendere mihi videbar. Sch. B¹ ἐπιτελοῦσι δὴ καὶ παρέχουσιν οἱ θεοὶ καὶ τὰ νομιζόμενα ἀδύνατα, περὶ ὧν ἄν τις καὶ τὴν ἐλπίδα δι' ὅρκων ἀπαγορεύσῃ.... Sch. B² δύναται δὲ θεὸς τελέσαι καὶ τὸ μεθ' ὅρκου ἀδύνατον νομιζόμενον εὐχερῶς (ubi alii cum Ro. extrema sic habent νομιζόμενον εἰς περίπτωσιν, οἷον εὐχερὲς. et U νομιζόμενον εἰς περίπτωσιν. Ἄλλως. οἷον, εὐχερὲς.). Ex his coniiciebam τὰ olim in textu fuisse et παρά, hiatu ante digamma vocis ὅρκος (cf. Bu. Gr. Gr. I, 31; II, 464) tolerabili, et solutâ arsi (cf. ad vs. 21. 66. 78.), idque imperiti metrici curâ in τὰ παρ', hoc vero in τὰν παρ' transcriptum fuisse, ita

τελεῖ δὲ θεῶν δύναμις καὶ τὰ παρὰ ϝόρκον καὶ παρὰ ϝελπίδα (sive
καὶ τὰ παρ' ἐλπίδα) κούφαν κτίσιν.

„perficit autem deorum potentia vel ea quae praeter iusiu-
„randum praeterque spem esse creduntur tanquam facilem
„effectionem."
ut κούφαν κτίσιν esset obiectum quod hodie factitivum appellare so-
lent grammatici. — Verum enim vero quum a Sch. B² οὐχὶ τὰν
ἐξ ἐπιορκίας ἀλλὰ καὶ εὐόρκως ἀπελπισθεῖσαν diserte τὰν confirmari,
et reliqua Scholia, si κτίσιν de more Aeschyli generaliori sensu
accipere liceat, non dissentire videam, cum praesertim etsi ad in-
telligendum paulo difficilior tamen multo magis concinna et poe-
tica videatur esse proleptica adiectivi κούφαν attractio, redeo ad
emendationem Moschopuli atque explicationem Dissenii. — Possis
quidem hunc versum permutatis vocibus τελεῖ et κτῆσιν cum reli-
quis de metro exaequare, ita

κτῆσιν δὲ θεῶν δύναμις καὶ τὰν παρ' ὅρκον καὶ παρὰ ἐλπίδα κού-
φαν τελεῖ

quae scriptura et servat optimorum librorum lectionem κτῆσιν et
κούφαν arctius cum τελεῖ coniungit. Sed quum κτῆσιν (etsi ita col-
locatum commodum sensum praestat) non diserte in Sch. B appa-
reat, paraphrasis vero generalior ad κτίσιν (effectionem) magis
quam ad κτῆσιν (possessionem) apta esse videatur, non audeo verba
traiicere. Vide τὰν eodem modo inculcatum omnibus vett. mss.
P. I, 77.

80 Fulcrum γ' est in solis Triclinianis, ut semper fere.

81 Vide ad vs. 7. Moschopulus ἔλαβε ex Scholiis adscivit.

82 Vide Germ. Sch. p. 65. — τελεῖ non a sec. m. in Vati-
cano est, sed (cum in textu tum in lemmate) supra scriptum a
vetere manu prima. Porro γλυυ (γλυυϊ) omnes boni codd. nec re-
fragatur lemma Sch. Vet. quippe quod a Calliergo in γλυυ mu-
tatum est; idem lemma apud Bö. quod γλυυσιν scribitur, vitio
operarum tribuendum esse videtur. Deinde γλυυ non solum
Guelf. sed etiam Aug. A mihi praestare visus est; sed Leid. B.
a sec. m. et Caes. E γλυυ' habent, quod si Triclinius voluit re-
ponere, duplici nomine falsus est; cf. O. III, 25; et O. VIII, 52.
IX, 112. XIII, 34. — Ceterum qui comma post πραΰ (vel post
φάρμακον, ut πραΰ adverbialiter caperent; cf. ad O. VII, 47) inse-

---

*) Etenim Sch. B¹³ circumscribere videtur verbis τὰ νομιζόμενα etc.
notionem vocabuli κτίσιν (effectio, res effecta, res efficienda) recte. Absur-
dum est additamentum εἰς περίκτησιν ex falsa lectione κτῆσιν ortum.

rebant idemque post γίνου tollebant, Φάρμακον (πραὐ) cum ἄλι co-
pulabant, τείνων (τεῖνον) cum ἵππον. Sch. B καὶ δὴ ἐκ τούτων ὁ γενναῖος
βιλλιροφόντης μετὰ σπουδῆς ἔλαβε τὸν χαλινὸν, καὶ τὸν πτερωτὸν ἵππον
(τὸν πήγασον) ἐχαλίνωσε. τοῦτο γάρ ἐστι τὸ, τείνων (supra τεῖνον) ἀμφὶ
γένυι. πραὺ δὲ, τὸ [πρα]ὔνον καὶ ἡμερῶν, ὡς ἀντιφάρμακον ἰατρικόν.
λέγει δὲ τὸν χαλινόν. Vetus igitur interpres eadem ratione verba
construxit, nisi quod supra scripto τεῖνον indicavit, posse etiam
participium ad Φάρμακον applicari, quod, cum in reliquis haec
thesis longa sit, vix largiemur. — Moschopuli Commentarius verba
coniunxit ut nostri interpretes faciunt, recte, nam τείνων, quod cum
χαλινόν consociatum facile intelligitur, cum ἵππον non sine perversi-
tate ad idem rediret. Exempla saltem verbi τείνων ita usurpati
desidero.

83 Imperfectum tueri videntur interpretamenta Sch. Vet.
ἐπειρᾶτο — ἐγυμνάζετο — ἐπετέρπετο — ἐποιεῖτο — ἐμάχετο. De-
scribit potius quam narrat poeta.

85 G. Hermannus ἐρήμων scribendum esse dicit quia „ἐρήμου
„eo loco positum, quo, quoniam ψυχρᾶς praecesserit, non exspecte-
„tur aliud epitheton aetheris, invenustissimum sit."· Recte qui-
dem hoc dicit, sed non opus est emendatione. Est enim a casu
recto ἡ ἐρῆμος (sive τὸ ἐρῆμον, ut Hom. Il. ι, 140?) αἰθέρος ψυχρᾶς.
De huius deserti κόλποις agitur, ut imago de cavo recessu eo
magis apta sit. Interpungit U αἰθέρος ψυχρᾶς, ἀπὸ κόλπων ἐρήμου,
Sch. Vet. ἐρήμου adiectivum habet, perperam; pro adiectivo ex-
spectares ἐρήμας: cf. O. I, 6 et ad N. IX, 43. — Poetae in-
genia mutabilia, neque ulla causa impedit quominus idem qui
uno loco de „aethere deserto" locutus sit alio loco de „aetheris
frigidi deserto" loqui possit. — Sed cur idem alio loco αἰθέρος
ἐρήμας alio vero αἰθέρος ἐρήμου dixerit, numeris ad neutram for-
mam invitantibus, nulla est causa. Philippus Melanchthon ψυχρᾶς
ἐρήμου i. e. frigidae solitudinis coniunxerat: collocatio ver-
borum mihi magis quam Philippo favet.

86 Participium βάλλων de conatu coeptaque re accipi potest,
ut καὶ prius etiam, καὶ alterum atque valeat, ita: „Cum hoc
„equo olim quoque, cum in eo esset ut Amazonidum agmina
„feriret, etiam Chimaeram atque Solymos interfecit." Nam pri-
mum Chimaeram, tum Solymos, postremo loco Amazones vicit
Bellerophon: Hom. Il. ζ, 179 — 186. Aut ita construo ut ἀμαζονίδων
στρατὸν καὶ χίμαιραν καὶ σολύμους obiecta sint verbi finiti ἔπεφνεν,

verba αἰθέρος .... βάλλων (i. e. iaculatus) primo membro interposita sine obiecto pro μετίωρος ὤν. Id videntur significare ⊖ Al. Cp. commate ante ἔπεφνεν collocato. Alterutrum ut magis concinnum et poeticum praefero finito verbo, nam nec imperfectum βάλλων placet nec βάλεν metro admittitur. Ambigas quidem quid Sch. Vet. ante oculos habuerit, cuius hae duae in Vaticano exstant paraphrases. 1, μετὰ δὲ τοῦ ἵππου ὤν, ἢ σὺν αὐτῷ ποτε, καὶ τὸν στρατὸν τῶν ἀμαζόνων, τὸν ἐκ τοῦ αἴρος τοῦ ἐρήμου (καὶ τῶν ψυχροτάτων τόπων τῶν ὑπερβορέων, ἤτοι τῶν ἐν σκυθίᾳ· κρυώδης γὰρ καὶ δυσχείμερος), μετίωρος ὤν, ἀνῄρει καὶ ἐνίκα. (quae non recte discerpta sunt in vulg. ed.). 2, ἐνίκησε δὲ σὺν αὐτῷ καὶ τὴν πυρίπνουν χίμαιραν, καὶ τοὺς σολύμους ἀνεῖλε. — Quodsi paraphrastes verbum pro verbo reddidit, is βάλλων γυναικεῖον στρατόν, καὶ χίμαιραν πῦρ πνέουσαν (sc. ἔβαλεν), καὶ σολύμους ἔπεφνεν legit, quod admodum invenustum esse reor. Sed id velim lectores intelligant, non posse Bellerophontem Amazones ferientem et Chimaeram et Solymos interfecisse perhiberi, ut, verbi causa, Caesar Pharnacem superans et Gallos et Pompeium superasse dici non potest. — Omnino καί — καί, binis membris aequalibus seorsum coniungendis adhibitum, non admodum frequens est nec Pindaro nec aliis poetis; cf. O. VII, 94 καὶ ποτ' ἀστῶν καὶ ποτὶ ξείνων; IX, 23 καὶ ἀγάνορες ἵπποι καὶ ναός (θᾶσσον); P. IV, 152 ἀλλὰ καὶ σκᾶπτον μόναρχον καὶ θρόνος ᾧ etc.; N. VII, 53; X, 26; I. I, 7 sqq. In his paucis exemplis (quibus innumera opponi possunt quae τε — καί et permulta quae τε — τε exhibent) bina opposita ita manifesto coniunguntur ut quasi unam notionem efficiant. Quae ratio minime cadit in nostrum locum, ubi nulla est nec oppositio nec coniunctio naturalis. — Sed O. VI, 55, ubi de ambobus unius floris coloribus agitur, τε καί ad fidem Ambrosiani codicis reponere non dubitavi. Sunt enim radii violae (Gelveigeli, Goldlack) non solum flavi (albicantes) sed etiam fusci (nigricantes). Hi duo tantum colores exstant, non tertius vel quartus. De τε — καί vide plura ad O. XIV, 5.

87. Vide ad vs. 21.

88 Dialecticum ἵκωνται, quod Bö. invexit, auctoritate Parisini G confirmavi; unus tantum locus P. I, 98 restat ubi, si exstaret Vat. B, fortasse δίκωνται testatum haberemus. Falsus sum in Germ. Sch. p. XXII. — ἀρχεῖαι commentum solius Triclinii esse apparet; in εὐλύμπῳ, quod Moschopulo acceptum referimus, acquiescendum est; cf. ad O. VIII, 1.

92 Moschopulus μοίσαισι quod invenit in μοίσαις, εἴκων in ἵκων commutavisse videtur. Illud recte. De hoc fortasse Scholion Vetus persuasit Moschopulo, etsi ambiguum est.... εἴκων] οὐ γὰρ ἦλθον δι' ἄλλο τι, ἀλλὰ ταῖς μούσαις ἐπίκουρος καὶ ὑπηρέτης, ἵνα τοὺς κορινθίους τούτους τοὺς ἀπὸ τῆς φατρίας τῆς ὀλιγαιθίδος καλουμένης ὄντας ἐπαινέσω καὶ τὰ πραχθέντα ὑπ' αὐτῶν ἐν τῷ ἰσθμῷ καὶ τῇ νεμέᾳ. Moschopulus igitur εἴκων, ἤτοι ὑπείκων, ὑπηρετῶν exposuit, quocum glossae ὑποτασσόμενος (F), ὑπακούων (Σ) consentiunt. Nostrum ἱκών quod post Morelianam cum Pauwio invexit Heynius nec e Sch. Vet. praesidii quidquam accipit (nisi quod gl. Palatini est ἱκών) nec e mss. (nam Leid. A casu potius hoc scripsisse censendus est, est autem codex infimae notae). Moschopulea forma sine exemplo est, etsi εἴκων non absurdum, „cedens imperio", „sub imperio", quasi suae artis impulsu abreptus. An ἵκων s. ἱκών scribendum est, prima brevi, ut P. II, 36, ubi Bö.² (cum Bth.) ἱκόντ' pro ἵκοντ' (nihil aliud traditum est) scripsit, ut ἱκών ἔβαν ἐπίκουρος pro praedicato iungenda sint? An denique ῥίκων forma dialectica fuit pro εἴκων? At digammi scribendi nulla h. l. causa fuit; nec talium correptionum exempla suppetunt. Videant alii.

94 sqq. Ἔξορκος inde ab Hm. pro adiectivo acceptum est. Sch. Vet. παύρῳ δ' ἔπει θήσω [δ' ἐπιθήσω Β]. ἀντὶ τοῦ ἐν ὀλίγῳ καὶ συντόμῳ λόγῳ διάδηλα καὶ φανερὰ πλεῖστα πράγματα καὶ ἁθρόα [ἐπιθήσω καὶ addit B] ποιήσω. ἤτοι ἐν ὀλίγῳ φανερὰ τὰ πολλὰ ποιήσω, ἀληθὴς δὲ περὶ τούτων καὶ ἐξαίρετος ὅρκος ἔσται. ὀμνύειν δὲ βούλεται ὡς ἀληθεύων ἐν τοῖς ἐπαίνοις. Ἄλλως. ἰδίως ἔφη ἔξορκος, ἢ ἀντίορκος.*) ὀμόσω οὖν αὐτός, φησί, τοὺς ἀπὸ τῆς φατρίας ὀλιγαιθίδος ἑξηκοντάκις (ἑξήκοντα Β) νενικηκέναι ἀμφοτέρωθεν, τουτέστιν ἔν τε ἰσθμῷ (ἰσθμοῖ B) καὶ νεμέᾳ κεκηρῦχθαι αὐτούς. βοᾷ κάρυκος (κήρ. B) ἐσλοῦ] λείπει τὸ ἀνεκήρυξεν αὐτούς, ἢ τοῦ κήρυκος γλῶσσα (βοᾷ pro γλ. B) ἑξηκοστὸν νικήσαντας. ἑξηκοντάκις γὰρ ἀμφοτέροις τοῖς ἀγῶσιν, ἰσθμίοις καὶ νεμείοις, ἀνεκηρύχθησαν οἱ ὀλιγαιθίδαι, λ' ἐν ἑκάστῳ ἀγῶνι.

Ex his duo videntur colligi posse 1) ἔξορκος (ut ἐξάγγελος, ἐξαπάτη) sive ὅρκος (praecedente ἐξ i. e. ἐκ τούτων τῶν ἀγώνων) pro substantivo fuisse nonnullis saltem veteribus; 2) ἐπέσσεται iisdem non ad subiectum βοά sed ad ἔξορκος s. ὅρκος pertinuisse, ad βοά autem praedicatum ἀνεκήρυξεν αὐτούς subauditum fuisse.

Hoc si componimus cum scriptura quam traditam habemus,

---

*) Haec inde ab ἰδίως in U omissa sunt.

isti ita locum legisse atque intellexisse videntur: „Brevi autem
„verbo dicam plurima, veraxque mihi testis [huius dicti] aderit,
„sexagies autem utrinque vox praeconis."*)

In quo offendimus eo maxime quod testis iurisiurandi (quo
narrationem suam poeta confirmat) alius (Iupiter?), alius vero
videtur praeco esse, cuius vox dictum poetae testata sit. Sin δή
pro δ' vel ἑξηκοντάκις pro ἑξηκοντάκι δ'**) scribimus, vox dulci-
loqua boni praeconis verax est dicti Pindarici testis. Nam ὅρκος
est proprie non iusiurandum, sed id quod iurantes obtestamur, ut
in Homerico illo ὁ δέ τοι μέγας ἔσσεται ὅρκος et in Pindarico καρ-
τερὸς ὅρκος ἄμμιν μάρτυς ἔστω Ζεύς (P. IV, 167). Quid vero ἔξορκος
sit, dubium. Nam nec hoc vocabulum nec ἀντίορκος (quo Sch.
Vet. utitur, nisi ἢ ἀντὶ τοῦ ὅρκος voluit) apud scriptores Graecos
inveniri silentio lexicographorum constare videtur. Nec satis tuto
ex ἐξορκόω et ἐξορκίζω (i. e. iure iurando obstringere) con-
iectum est, ἔξορκος adiectivum esse, quod valeat iuratus (Bö.) vel
adiurans (Hm.). Nec praeco cur iuratus fuerit, manifestum;
nec quidquam eiusmodi senserunt veteres huius loci interpretes;
hi omnes de poeta iureiurando ea quae protulerit affirmaturo lo-
quuntur. Quanquam igitur, ut in re dubia, nihil decernimus, ta-
men liceat cum aliquatenus permanere in interpretatione vetusta,
tum proponere coniecturam, utrumque δ' ut deleatur ita:
'Ἰσθμοῖ τά τ' ἐν Νεμέᾳ παύρῳ ἔπεϊ θήσω φανερ' ἀθρό', ἀλαθής τέ μοι
ἔξορκος (ἐξ ὅρκος B) ἐπέσσεται ἑξηκοντάκι ἀμφοτέρωθεν ἀδύγλωσσος βοὰ
κάρυκος ἐσλοῦ.

Paullo concinnius, si verba 'Ἰσθμοῖ τά τ' ἐν Νεμέᾳ prioris senten-
tiae παύρῳ etc. partem faciunt, nec opus est durâ constructione,
qua illa cum prioribus coniungi solent — aut „quod attinet ad
Isthmia et Nemea" (Bö.) aut „ad Isthmia et Nemea [profectus]"
(Sdt.). Dicit hoc: „De Isthmiis et Nemeis facinoribus paucis de-
„fungar, atque sexagies utrinque audita vox praeconis adstipula-
„bitur mihi." Hoc ornatius dictum pro: „Ne multa, sexagies vi-
„cerant, de quo numero praeconis vocem obtestor."

Structuram quominus agnoscerent vett. interpretes, δ' iam

---

*) Nisi (quo ducit Sch.²) aut δή aut nullam particulam legentes hoc
voluerunt „veraxque hoc iusiurandum dabo: sexagies utrinque dulciloqua
vox boni praeconis [eos victores renunciavit]."

**) De hac crasi constat; cf. Bö. Nott. critt. p. 420. Ah. de Cr. et Aph.
p. 3; est autem δή in tali nexu maxime Pindaricum; vide Hm.

olim impedimento fuerit oportet. Id quum passim pro δέ scriptum inveniatur, hoc δή Hermanianum retinui.

Etiam Recc. consentiunt: Comm. (et gl.) Mosch. καὶ ὅρκος ἔσται ἐμοί et gl. Tricl. ἐξαίρετος ὅρκος. — De γάρ (quod Moschopulus a Sch. Vet. surripuit) actum est. Cf. ad vs. 7.

Thomanum (etsi non magni facio) idem vult: ἤγουν εἰ ὅρκῳ χρήσομαι ὡς κατὰ ἀλήθειαν καὶ οὐ πρὸς χάριν ἐπαινῶ αὐτὸν, ἀληθεύσω. Is igitur verba ἔξορκος ἐπίσσεται seorsum accepit pro „haec tam „confidenter proferre possum, ut si vel iureiurando firmarem, non „metuerem ne peierarem."

Omnes mss. meliores plene post ἐπίσσεται distinguunt.

99 sq. δ' (quod Bö. invexerat sine libris), percommodum et in quibusdam mss. atque apud Scholiastam testatum est, ut non adducar ut moveam. Deleatur potius δ' post νῦν vs. 100.

101 Excepto uno omnes mss. boni articulum ante γενέθλιος inserunt. In reliquis arsis non est soluta.

102 ὑπ' cunctanter reposui ex tribus. Cf. vs. 107. P. I, 64. N. VI, 46. al. et ad O. Vl, 40. 77.

103 Duo optimi codices alter Vaticanus (B) et Parisinus septimus (C) scripturam praestant, quae hucusque latuit vel potius obscurata evanuit. Nam Sch. Vet. in Vaticano codice haec habet τὰ δ' ἐπ' ὀφρύϊ παρνασίᾳ] ἀντὶ τοῦ τὰ δὲ ἐν Δελφοῖς πύθια. ἐκ τοῦ παρακειμένου ὄρους λέγει. ὅ ἐστι πυθία ἐξάκις. καὶ ἐν ἄργει δὲ . καὶ ἐν Θήβαις. ἀλλὰ καὶ ἐν ἀρκαδίᾳ ὅ[πως δίσπ]ότης γίνει τοῦ στεφάνου, ὁ βωμός ἐστι μάρτυς ὁ τοῦ λυκαίου διὸς καὶ ἡ ἐκεῖ ἀγομένη πανήγυρις· ἐκεῖ γὰρ νικήσας ἐστέφθη. Eadem in Ro. Br. PSt. Ox. Be. leguntur (nisi quod in his lemma paullo explicatius, dico ἐν ἄργει θ' ὅσσα addita sunt, et quod ἀλλὰ καὶ ἐν ἀρκαδίᾳ δὲ ὅπως scribitur); sed Be. (I, 498) locum ita constituit ἐν Δελφοῖς πύθια (ἐκ τοῦ παρακειμένου ὄρους λέγει τὰ ἐπ' ὀφρύϊ παρν., ὅ ἐστι Πύθια) ὁσάκις, καὶ ἐν etc.; idem Be. in lemmate δ' ὅσσα pro θ' ὅσσα scribit, quod vitium Hy. iteravit. Idem Hy. (tacite) invexit ὅ ἐστι Πύθια. ὅσα τ' ἐν Ἄργει δὲ καὶ ἐν Θήβαις ἄλλα. καὶ ἐν Ἀρκαδίᾳ δὲ etc., quae repetita apud Böckhium inveniuntur, sine nota. Caesareus eodex (U) ὅ ἐστι πύθια: τὸ δὲ ὅσσα τ' ἀρκάσιν, ἀντὶ τοῦ καὶ ἐν ἀρκαδίᾳ δὲ ὅπως etc. — Gott. in textu detritam chartam, sed maiorem ante . . . .'ν Ἄργει δ' lacunam habet, quam quae unâ literâ ε commode expleatur. Mediceus quartus (Q) vocem ἄργει in litura positam ostendit. — Ex his (praesertim cum ἐξάκις illud

coniecturis tantum Beckio-Heynianis e Sch. Vet. expulsum esse videatur) colligo ϑ᾽ ὅσσα (δ᾽ ὅσσα) glossema eiiciendum et ἐξ (sc. νίκας) ἄρατο (ἄρατο) reponendum esse, quae insignis quidem sed neque invenusta neque inaudita breviloquentia est. In Sch. Vet. ft. ita scribendum est τὰ δ᾽ ὑπ᾽ ὀφρύϊ Παρνασίᾳ ἐξ ἄρατο] ἀντὶ τοῦ, τὰ δὲ ἐν Δελφοῖς Πύθια· ἐκ τοῦ παρακειμένου ὄρους λέγει· ὅ ἐστι, Πύθια, ἐξάκις ἐνίκησεν. ἐν Ἄργει δὲ καὶ Θήβαις ἄλλα· καὶ ἐν Ἀρκαδίᾳ δὲ κτλ. ut iubeamur ad ἐξ subaudire νίκας ἐνίκησεν, ad ἐν Ἄργει καὶ Θήβαις supplere ἄλλα. — Sin autem in vulgata acquieveris, quomodo illud ἐξ ἄρατο poetico sermone tam conspicuum explicabis? Legitur ἐξάρατο (ἐξάρατο potius, ab ἀείρω) loco O. IX, 10 qui toto coelo diversus est, nisi quod ibi de ἀκρωτηρίῳ Ἄλιδος agitur, ut h. l. de ὀφρύϊ Παρνασίᾳ. Haecne ut compararet (quamvis diversissima) aliquis ad O. XIII alterum locum in pervetusti exempli margine adscripsit? Indene Scholiorum ἐξάκις interpolatum? At Parisini codicis consensus (ubi ob ὁμοιοκατάρκτον omissum videtur ἄρ[ατο] et scriptum ἄρ[γει]) me quidem a tali suspicione magis magisque avertit, ut ὅσσα potius vulgatum e glossa invectum esse censeam. Sane optabile esset has res aliquanto maiore cum fiducia exploratas habere; sed vereor ut unquam ad liquidum perduci possint. Nostrates quidem haec omnia de Oligaethidarum victoriis dicta esse existimant; veteres non de his sed passim de ipso Xenophonte loquuntur; quodsi ἐξ ἄρατο Pindarus scripsit, sequentia ad Xenophontem pertinere apparet;

103 Quod scripsi Ἀρκάσιν ἄσσον commendatur quidem eo quod facile vox rarior ἄσσον cum vulgatiore ἀνάσσων confundi poterat, cum praesertim ad hoc ἀνάσσων, quod glossemati insequentis vocabuli ἄναξ inserviebat, oculi facile aberrarent. Sed duplicem interpretationem ἄσσον admittit. Aut cum Ἀρκάσιν copulandum ut N. IX, 40 Σικυωνόθρον χεύμασιν ἀγχοῦ (cf. ad O. I, 89), ut sit „propius ab Arcadibus" (quam ab Argivis et Thebanis) i. e. „apud Arcades" ornatius a poeta expressum, fere ut N. XI, 4 ἑταίροι ἀγλαῷ σκάπτῳ πίλας est „amicorum qui adsunt" circumscriptio poetica; aut ἄσσον μαρτυρήσω iungendum, coram testari, eâ abundantiâ, qua saepius Graeci utuntur, ut v. c. σχεδόν, O. I, 74. X, 52. P. V, 38 (43) similem in modum redundat. Cf. P. XII, 27; N. VII, 49. — Paraphrasis Vetus supra laudata aut nimis generalis est quam quae certum auxilium ferat, aut ita a nostra traditione aliena ut textum inde comminisci hariolationis

potius quam divinationis sit. — Ἀρκάς ἀνάσσων et ab aliis merito repudiatum est et ab ipso G. Hermanno ut „arcessitum, cum praesertim iam Λυκαίου ἄναξ audacius dictum sit." Sed quod vir eximius nunc proponit Ἀρκάσι μάσσω, non magis persuadet, quippe iam ob similem vocem μάσσον' vs. 109 incommodum. Reliqua pericula cum aliorum Ἀρκάσιν ἄθλοις (Ky.), Ἀρκάσιν ἔργα (Ra.), Ἀρκασιδαισιν (Bg.¹), Ἀρκάσι πράχθη (Bg.²), tum mea Ἀρκάσιν αὐτοῦ, Ἀρκάσι ναίων, Ἀρκάσιν ἄρχων et ἰσλῶν sive ιλιῶν pro ἄναξ (ut et ἀνάσσων et ἄναξ glossemata vocis ἄρχων fuerint) nunc parum probabilia esse censeo. Omnia movit, nihil promovit, si quid video, Hartungus, cum scriberet τά τ' ἐν Ἀρκάσιν ἔργα μαρτυρῆσαι Λυκαίου βωμός ἂν ἔξ. — Nihil quidem Schol. de βωμῷ Λυκαίου ἄνακτι, sed hoc tam prorsus poeticum est ut non facile mittamus. Cf. Aesch. Pers. 387. 389.; estque, puto, ib. 95 ἀνάσσων πηδήματος is qui saltum regit (saltûs capax est).

105 De mensura nominis Πίλλανα cf. ad O. VII, 90. — Interpunxi post τι et post Μίγαρ' et vs. proximo post Ἐλευσίς, nam haec est enumeratio, ubi singula deinceps nominantur. Alienum τι — καί eo sensu de quo ad O. XIII, 87 et XIV, 5 dictum est.

109. ἰδίμεν] ἀριθμεῖν Ht. — ἰδεῖν U,² — Vide ad vs. 21. — Inventum Pauwianum ἄνα (quod ipse Pw. et Bö. Hm.² Th. Ta. Di. vocativum „o rex" esse voluerant) Kayserus pro exhortativo „surge" habuit et post ποσίν plene interpungi iussit, quod Bg. et Ht. probaverunt. Simile est ἄγε vs. 65.

De brevitate sententiarum in exitu carminum usitata monui ad O. IX, extr.

Sch. Vet. B et Ro. ἀλλὰ κούφοισιν ἐκνεῦσαι ποσίν: εἶπε τοῦτο πρὸς ἑαυτὸν παρακελευόμενος ἀποδραμεῖν (U ἐκδρ.) ἀπὸ τούτων καὶ καταπαῦσαι τὸν ὕμνον. ἐπαύσατο γὰρ τῶν ἐπαίνων καὶ περὶ ἑαυτοῦ λέγει, ὅτι χρὴ ἀποστῆναι κούφοισι ποσὶν ἀνεπαχθῆ φανέντα. δίδου μοι οὖν, φησίν, ὦ Ζεῦ, τελεστικωτάτην τὴν παρὰ σοῦ αἰδῶ τε καὶ εὐτυχίαν, ἐξ ἧς ἐστι τέρπεσθαι καὶ ἥδεσθαι, ἤτοι αἰδέσιμόν με ποίει καὶ τιμῆς ἄξιον: ἢ οὕτως· αἰδεστικούς τε ἢ (sic B pro τε καὶ) αἰδεσίμους αὐτοὺς ποίει ἐπιμελῶς προεξάμενος: Pro verbis signatis [DG]U τελείαν αἰδῶ exhibent. Non facile adducor ut in Scholio ὦ Ζεῦ τελεστικώτατε cum Bö. substituendum esse credam, sed videntur mihi potius librarii recordatione notissimi carminis (Ζεῦ τέλει', αἰεί κτλ. P. I, 67) falsos esse. Fuerit olim in textu τελείαν, etsi hoc ut in Ἵππνος aliisque (cf. ad vs. 78. 79.) servari nequit, cum synizesi opus sit. Cf. P. VIII, 24 (non 25); P. IV, 5 al.; N. I, 39 ubi libri βασιλεια habent pro βασιλεια. Poeta hoc dicit: „Iupiter, da mihi integram verecundiam, i. e. reprehensione carentem, in quam venirem si modum excederem iustoque longiore victoriarum enumeratione invidiam excitarem. Da mihi vero etiam dulcem bonorum copiam, qua dignus sum propter hanc modestiam." Id quod sibi precatur, sic etiam urbanissimo victori ut futurae felicitatis condicionem ac pignus commendat. Exhortationem sui ipsius cum pia prece connectit vox τελεσαι. Loquitur de victoris rebus, sed e persona poetae, ut saepe.

OLYMPIA XIV.

Inscr. Audiunt et pater et filius Phormionis Asopius apud Thuc. I, 64, 1; III, 7, 1. 2. Cuius patris nomen apud Pausaniam Asopichus est I, 23, 12, perperam, ut videtur. Nescio tamen an unius codicis (quamvis perboni) Medicei quinti (E) auctoritati nimium tribuerim, cum Vaticana quoque Scholia bis Ἀσώπιχος habeant (294, 27. 37). Ἀσώπιος etiam alibi invenitur, in nummis, sed Ἀσώπιχος forma hypocoristica in Boeotio homine nihil offensionis habet; cf. Lo. Prol. Path. p. 336 sqq. Exstat idem nomen Asopichi in inscriptione Lebadeae reperta C. I. 1575, 9; praeterea nomina Boeotica in ιχος desinentia frequentissima, ut Orchomeniorum Myrichi, Thersandrichi; Hermaichi 1579. 1593, 7. Cf. Ἰσμήνιχος in Arist. Acharn.; Μελάντιχος, Σάμιχος, Καβίριχος, Καρδίχος, Ὁμολώϊχος, Σωσίχα, Ἐγειρίχα in titulis Boeoticis. — De Orchomeno tunc cum haec oda scribebatur Erchomeno appellata mihi cum Cavedonio viro doctissimo et amicissimo satis constat, etsi obsoleta forma in solis ϟq reperitur.*) — Quare utriusque nominis formam recentiorem librarii antiquitus videri possint de suo invexisse. — De tempore omnes meliores codices (cum Sch.

---

*) Cf. Bö. Oec. civ. Ath. II, 384; Expll. Pind. p. 222; Corp. Inscr. I, p. 722, A. — Mionnet Suppl. vol. III p. 516. al. al.

BU etc.; Sch. Thom.; Tricl.) in Ol. 76 consentire videbis; Ol. 77 in Moschopuleis tantum paucisque Thomanis invenitur.

Metr. In dulcissimi carminis numeris cum multa incerta sint, unum tantum movere ausus sum versum quintum. Nescio autem an octavi haec sit mensura

$$\check{\times}\ \cup\ \bar{\cup}\ \smile\ -\ \bar{\diagup}\ \cup\ \smile\ -\ \cup\ \underline{\cup}$$

ut tradita scriptura utrubique servari possit

οὐδὲ (οὔτι) γὰρ θέαι σεμνᾶν Χαρίτων ἄτερ
σεῦ ἕκατι. μελαντειχία νῦν δόμον

et synizesis fiat in θέαι. Sollicitare vocem consensu traditam μελαντειχία, quae cum vetustiorum poetarum ac praecipue cum huius poetae (P. I, 27 μελαμφύλλοις) consuetudine congruit, invehere formam compositi (ut videtur) recentiorem vix licet. Antistrophicum autem est σεμνᾶν alteri spondeo λαντει, quod non fortuitum esse censeas. Probabilior quam μελαντειχία est coniectura Ky. Rg.[1] ἀγυιᾶν, etsi ad hoc quoque scribendum nulla nisi metrica ratio invitat. — Porro de nono versiculo optio est utrum in stropha dialecticam formam κοιρανέοντι expellere an in antistropho aut ἴθι aut (quod per est invenustum) ἴλθ' pro ἴλθι invehere malimus. Incidit in Scyllam qui vult vitare Charybdin. Medium κοιρανέονται non displiceat: „moderantur suas inter se saltationes epulasque", etsi exempla huius formae non suppetunt. Cf. ad P. I, 24 et P. III, 78, ubi codd. inter μίλποντι et μίλπονται fluctuant, et ib. 81, ubi e contrario δαίοντι pro δαίονται scribendum duximus.

Omnino in hoc carmine multa sunt quae, quantum intelligo, ad liquidum perduci nequeant. Non dissimile veri est fuisse nostrorum mss. autographon ultimum lacerati codicis folium (Bö. Hm.[2]), quod cum de I. VII constat, tum aliquatenus etiam ad P. XII et N. XI pertinet. Quippe haec volumina seorsum vulgata esse de Olympiis certum, de reliquis generibus credibile est.

1 Scripturam Κᾱφισός, Κᾱφίσιος etc. et optimi aliquot codd. et Inscriptiones probant. Verum vidit Moschopulus. Cf. titulos Boeoticos in C. I. et ad P. IV, 46; XII, 27 notas.

2 „Nisi Bekkerum, accuratissimum virum, latuit varians lectio, „dum ad meam editionem conferebat codicem, Vatic. agnoscit λα-„χοῖσαν." Haec Böckhius. Non licuit retractare codicem illum (z̄), sed nullus dubito quin z̄ cum reliquis consentiens λαχοῖσαι praestet. Voluerunt nihil aliud nec Vett. nec Recc. Correptas autem ante vocalem vocales longas, etsi saepius in dactylicis

tamen passim etiam in aliis numeris offendimus, ut P. V, 68; VIII, 96, ubi non opus est emendatione, etsi N. VIII, 25 non venit in censum. Eodem redit Λυδῷ 'Ασώτιχον vs. 17, correpta ῷ longa. Dissentio paululum a Bö. I, p. 102 sq.

5 Ingens est male invectarum particularum in Pindari mss. copia, quoniam ad huiuscemodi interpolationes lyrica breviloquentia et ἀσυνδετοφιλία praecipue invitabat. Exaequavimus igitur vs. 5 et 17, utrinque expulso γάρ, quod etiam O. VIII, 65 optimo codici male irrepsisse vidimus, cum ἀσύνδετον utroque loco orationi convenientissimum et prius γάρ ob vicinum γάρ, vs. 8 iteratum, summolestum esse videretur. Probantibus utroque loco γάρ cum Hm²ª, puto, σὺν γὰρ ὔμμιν et Λυδῷ γὰρ 'Ασ. scribendum est, blandissimo verborum numerorumque sono. — At de τε eodem versu invecto, licet aliquatenus codicum auctoritate firmetur, est ut dubitemus. Quaeritur num τε καί huic loco conveniat. Nam ut persequamur ea quae supra (ad O. XIII, 87) inchoata reliquimus, haec particularum iunctura ad ea appositissima est quae communi oppositionis cuiusdam vinculo continentur. Quare apud Pindarum haec potissimum per τε καί coniunguntur: terra mareque P. I, 14; N. VI, 50; [I. III, 73 sq.] — mors et vita I. VI, 30 — dii hominesque P. IV, 13; IX, 40; fr. 151, 3 — Iuppiter et divi O. VII, 58 — pax et bellum P. VIII, 3 — agere et pati P. VIII, 6 — nunc et olim P. V, 109 — deus ludorum moderator et homines ludorum participes N. X, 31 — pugilatus et quinquertium N. V, 52 — sumptus et labor I. I, 42; V, 10 — musica et cantus P. VIII, 31 — bona et mala (τά τε καὶ τά) O. II, 53; N. I, 30; I. III, 51; IV, 52 — Opulentia et hominum favor (duo summa bona) O. II, 10 — divitiae et honor P. II, 59 — sacrificium et certamen (duo gravissima in ludis) O. VII, 84 — mors et senectus N. X, 83 — ius et iniuria O. II, 16 — fortitudo et sapientia O. XI, 19; fr. 255 — pulcritudo et fortitudo O. IX, 65 — animus et robur P. X, 24; N. I, 57 — fortuna et fama N. I, 32 — laetitia et fama P. XI, 45 — divites et liberales N. IX, 32 — artis peritissimus et potentissimus O. I, 104 — Peleus et Cadmus (par beatissimum hominum) O. II, 78 — par fratrum P. IV, 142. 174 — viris (nautis) navibusque inclyta insula N. V, 9 — mater et filia fr. 59, 2 — filii et avunculus (propinqui) I. V, 62 — vos et proavi vestri P. VII, 17 [N. VI, 64?] — ipse (equorum dominus et moderator) et equi O. VI, 14 — ipsi (cives) et civitas O. VIII, 88 —

AD OL. XIV. 193

flavi et purpurei radii (ambo in uno eodemque flore conspicui) O. VI, 55 — vates et miles O. VI, 17 — nec prece nec pretio adeptus fr. 151, 8.

Eiusdem notionis binos terminos coniungit τε καί in τρεῖς τε καὶ δέκ' ἄνδρας O. I, 79; Hom. Od. ξ, 20 etc., notissimo Graecismo. Cui similis ratio est in πολλάν τε καὶ ἡσύχιον .. εἰρήναν P. IX, 22, figura grammatica. Etiam alia magis ad ἓν διὰ δυοῖν inclinant: χειρῶν τε καὶ ἰσχύος ἀνίοχον N. VI, 69 — φεῦγε γὰρ ᾿Αμφιαρηόν τε θρασυμήδεα καὶ δεινὰν στάσιν N. IX, 13 — ἀνδρῶν τ' ἀρετᾶς πέρι καὶ ἑμφαρμάτου διφρηλασίας O. III, 37 — Πίσας τε καὶ Φερενίκου χάρις O. I, 18 — Syracusae et Ortygia O. VI, 92.

Porro ea in quibus non naturalis est oppositio sed quae ob certam quandam causam opposita cogitantur ut Hyllus et Aegimius fr. 4, 3 — Gratiae et Venus fr. 60, 3 — Gratiae et Tyndaridae N. X, 38 — Diana et Minerva N. III, 50 — Thebae et Sparta N. XI, 33—36; I. I, 25 (29) — Aegina et Cyprus N. IV, 47 — Corinthus et Cleonae N. X, 42 — Isthmia et Nemeaea victoria I. VII, 4.

Comprehensio binorum membrorum passim augetur praefixo ἀμφότερον (ἀμφότερα) O. I, 104; VI, 17; I. I, 37 (42).

Hinc patet τε in quattuor locis supra laudatis iniuria sollicitatum esse: O. I, 79; VI, 55; XI, 19; P. IX, 40; — e contrario I. V, 31, ubi nulla fit inter Μερόπων ἔθνεα et ᾿Αλκυονῆ vel oppositio vel coniunctio expressa, τ' (quod etiam aliis rationibus convellitur) eo magis displicet.

Noluerim tamen ignorare lectores, opposita etiam per simplex τε aut simplex καί — de duplici nemo dubitabit — posse coniungi. Velut N. 1, 57 „animus et robur" per τε καί copulantur, sed idem per simplex καί coniunctum videbunt P. IX, 30; ac si I. 1, 37 (42); V, 10 „sumptus et labor" per τε καί coaluit, idem per τε simplex copulatum est O. V, 15; cf. τὰ καὶ τά P. VII, 22; τῶνδε κείνων τε O. VI, 102. Verum in his oppositio quidem est sed ea non exprimitur particulis. Exempla huius τε simplicis sunt O. II, 43 sq.; VI, 97; VII, 10. 12; VIII, 19; IX, 43. 66. 94; X 37; XII, 4; P. IV, 182. 245; V, 111; XII, 4; N. III, 19. 51; IV, 67; VII, 19. 50: X, 48; I, III, 28.; — simplicis καί O. V, 1; IX, 28; P. V, 60; IX, 63; N. VII, 31; VIII, 8; I. IV, 5 al. Teneatur autem, in his locis etiam τε καί suo loco positum fuisse, si poeta sic voluisset.

Amplificatur illa binorum per τι καί iunctura tertio membro addito. Exemplnm esto O. III, 8 ubi primum lyra ct tibiae communi instrumentorum musicorum notione continentur, tum quasi ultro additur „verborum compositio." Quamobrem aliter interpungam ac nostris editoribus ὀλιγοδιαιρετικωτάτοις placuit, dico

O. III, 8. φόρμιγγά τε ποικιλόγαρυν καὶ βοὰν αὐλῶν, ἐπέων τε θέσιν

P. IV, 148 μῆλά τε γάρ τοι ἐγὼ καὶ βοῶν ξανθὰς ἀγέλας ἀφίημ',
ἀγρούς τε πάντας, τοὺς ...

P. X, 4 Πυθώ τε καὶ τὸ Πελινναῖον ...., Ἀλεύα τε παῖδες

N. III, 60 ἀλαλὰν Λυκίων τε ... καὶ Φρυγῶν, Δαρδάνων τε, καὶ

N. IV, 8sq. Κρονίδᾳ τε Δὶ καὶ Νεμέᾳ, Τιμασάρχου τε πάλᾳ

N. IV, 75 Οὐλυμπίᾳ τε καὶ Ἰσθμοῖ, Νεμέᾳ τε

I. III, 73 γαίας τε πάσας καὶ βαθυκρήμνου πολιᾶς ἁλὸς ἐξευρὼν
θῖνας, ναυτιλίαισι τε πορθμὸν ἀμερώσαις

fr. 107 κεῖνοι γάρ τ' ἄνοσοι καὶ ἀγήραοι, πόνων τ' ἄπειροι

nam in his compluribusque aliis pausam mihi videor maiorem ante tertium membrum persentiscere, quam inter primum et secundum. Eodem pertinet τε tertio loco post simplex τε adiectum O. VII, 78; post simplex καί O. XII, 18; P. X, 59. Inservit haec particula persaepe addendis corollariis, ut recte per ad hoc, etiam, denique exprimatur.

Diversa ab his ea sunt exempla in quibus τε seorsum aliquam orationis partem cum antecedentibus connectit. Hic pausa inter τε et καί fiat necesse est, quod nescio an saepius quam in nostra editione factum est virgulis significare oporteat, ut in illis.

O. X, 62 χείρεσσι, ποσίν τε, καὶ ἅρματι

P. V, 65 Λακεδαίμονι, ἐν Ἄργει τε, καὶ ζαθέᾳ Πύλῳ

P. IV, 49 τότε γὰρ μεγάλας ἐξανίστανται Λακεδαίμονος, Ἀργείου τε
κόλπου, καὶ Μυκηνᾶν

Etenim omissâ virgulâ species orationis ἀσυνδέτως bipartitae atque alterius membri subdivisi eiusque partium per τε καί copulatarum exoritur, quae ratio dura et a consilio poetae plerumque aliena est. Quippe enumerationis haec sunt. Omnino multigenae sunt in enumerando particularum iunctura. Tria membra, ut supra, per | — τε — καί consocientur O. VI, 95; X, 13—15 (?). 62; P. IV, 49; V, 65; VI, 6 (ubi tertium effertur addito μάν); XI, 9; N. III, 84; VII, 78; per | — τε — τε O. II, 12; V, 7; VI, 5; N. IX, 34; I. V, 57; per | — καί — καί O. VIII, 47. 69; P. II, 87; per τε — καί — καί fr. 89; per τε — τε — τε I. VII, 54; quattuor per τε —

τι — τι — καί I. I, 48; per τι — καί — τι — καί N. III, 60 sq.;
per | — τι — τι — καί O. V, 11; per | — τι — τι — τι O. V,17; —
quinque per | — καί — τι — καί — τι (καί) P. VIII, 100; I. I, 52
— 57; — sex (septem) per | — καί — [τι] — τι — καί — τι —
καί P. IV, 194—196; — undecim (duodecim, tredecim) per | —
(τι) — καί — τι — τι — καί — καί — τι — τι — καί — τι — τι —
(καί) O. XIII, 102—108; undecim per | — τι — τι — καί — τι —
τι — καί — τι — τι — τι — τι O. VII, 84—90. — In his passim
quaeritur, utrum vel καί — καί vel τι — τι vel τι — καί complexu
quodam ligare an utramque particulam seorsum informare prae-
stet; aliis verbis, quantum poetae subdivisionis, quantum vero di-
rectae quae singula deinceps adiiciat enumerationis esse voluerit.
In universum hoc teneatur alia aliis locis apta esse*). Tum ubi
iam primo cuique membro particula inhaereat, primi et secundi
complexum fieri, ad quem adglutinetur tertium, ut supra de τι — καί
— τι demonstratum est, et vel quartum, ut in illo I. I, 48.

μηλοβότα τ' ἀρότα τ', ὀρνιλόχῳ τε, καὶ ὃν πόντος τρέφει

ubi pastor et agricola seorsum praecedunt, tum adiectus est auceps,
deinde piscator. Non credo orationem esse ἀσυνδέτως bipartitam,
ut utraque pars subdivisa sit. Omnino poetam magis cumulatio
decet quam logica subdivisio velut in altero I. V, 57 sq.

Φυλακίδα γὰρ ἦλθον, ὦ Μοῖσα, ταμίας,
Πυθέα τε, κώμων, Εὐθυμένει τε·

ad Phylacidam primum adiicitur Pytheas deinde Euthymenes, non
quo Pytheas et Euthymenes comprehendantur ut Alcmenae Le-
daeque filii P. IV, 171 sq. aliaque multa quae particulis τι — τι
seorsum continentur. Quibus rationibus permotus aliquoties, ubi
τι et καί, τι et τι, καί et καί separanda erant, virgulam interposui,
ut O. VII, 78. 88; XIII, 105. Potuissem plura hoc genus novare,
ut in illo P. IV, 194 sqq. ... Ζῆνα, καὶ ἀκυπόρους

κυμάτων ῥιπὰς ἀνέμων τ' ἐκάλει, νύκτας τε, καὶ πόντου
κελεύθους,
ἄματά τ' εὔφρονα, καὶ φιλίαν νόστοιο μοῖραν.

---

*) Nam esse etiam asyndetis locum in his legitimum uno exemplo al-
lato manifestum erit — P. II, 42 sq.:
ἄνευ ϝοι Χαρίτων τίκεν γόνον ὑπερφίαλον,
μόνα καὶ μόνον, οὔτ' ἐν ἀνδράσι γερασφόρον οὔτ' ἐν θεῶν νόμοις.
ubi tres partes sunt ἀσυνδέτως compositae, quarum secunda et tertia subdi-
visa est in bina membra Cf. P. IX, 63 sqq.; N. III, 72 sq.; fr. 63, 2.

ubi nulla videtur esse subdivisio nisi in κυμάτων ἀνέμων τε. Nam cum νύκτας τε καὶ πόντου κελεύθους per se possit esse ἐν διὰ δυοῖν, id hoc loco ob asyndeton in medio recensu incommodum est. Pindarus in talibus polysyndeti amantissimus est. At satis excursum esto.

Regredienti ad O. XIV et aequabilem adiectivorum per τε καί iunctorum naturam reputanti coniectura Hermanniana τά τε τερπνά καὶ τὰ γλυκέα „et iucunda et dulcia" quam alioqui palmariam censeas minus probabilis esse videbitur. Ipse non sine causa (1817) γε pro τε scripsit, quamquam postea (1847) ad τε recurrit. Illud γε et per se appositissimum est et eo magis aptum erit cum γάρ expuleris. Sed Sch. videtur comprobare τε καί. Legitur in B μεθ᾽ ὑμῶν γάρ, ὦ χάριτες, τὰ ἐπιτερπῆ τε καὶ ἡδέα γίνεται καὶ συμβαίνει τοῖς ἀνδράσι, καὶ εἴτε (lege εἰ τις?) σοφός, ὡς Ὅμηρος, δι᾽ ὑμᾶς πᾶσι διαμόνιμος διαπαντός. ἀγλαὸς δὲ νῦν ὁ ἀνδρεῖος. αἱ γὰρ τρεῖς ἀρεταὶ δι᾽ ὑμᾶς*), ἡ σοφία, τὸ κάλλος, ἡ ἀνδρεία. In hoc Sch. si τε non cum proximo καί sed cum insequenti καὶ εἴτε consociandum est, hoc ait Sch. „Vestra ope, gratiae, non solum omnia iucunda et dulcia hominibus eveniunt, sed etiam si quis sapiens est poeta ad instar Homeri vestra causa immortalis est." Quamobrem non sine causa Bg. καὶ σοφός scripsit, ut prius τε huic καί responderet. Tamen cum neutra particula in mss. inveniatur, tenuibus particulae τε vestigiis exceptis, illud τε — καί a Scholiasta explanandi causa additum esse puto. Atqui videntur istae particulae satis esse prosaicae.

7 τις quod tertio membro insertum est, pertinet etiam ad utrumque praegressum, ut ἀπό N. III, 84 et ἐς O. VIII, 47. Cf. notas ad O. I, 104; VII, 51.; — et τις in priore membrorum duorum omissum P. IX, 93.

8 Hm.[3] etiam οὐδὲ γὰρ δίχα σεμνᾶν Χαρίτων θεοί proponit. Ex Sch. de οὐδὲ s. οὔτε nihil apparet, sed possit quis ex Sch. B οὔτε δαῖτας, ἀντὶ τοῦ· οὔτε τῶν εὐωχιῶν καὶ θυσιῶν, ἀλλὰ καὶ τῶν ἐν οὐρανῷ πάντων, π[ροστατ]οῦσι καὶ κρατοῦσιν αἱ Χάριτες suspicari, vitium in θεοί latere (θεοσίπταν, περισεμνᾶν, ποτε σεμνᾶν) ut ea quae ante ἀλλά leguntur, ad hominum saltationes atque epulas pertineant. Aldina et 7 mss. (ΘΛΣapo o᾽) ἐν οὐρανῷ cum sqq. consociant.

---

*) Pro his αἱ γὰρ ἐπιχαρεῖς δι᾽ ὑμᾶς supra ante πᾶσι inculcant deteriores libri, iidem διαμόνιμοι scribunt. Perperam.

9 Vide ad Metr. — Sch. B Ro. Κοιρανίοντι χορούς. ἤ, τοι ὑπὸ τὴν ἐξουσίαν ἔχοντι τοὺς χοροὺς, ἢ βασιλεύουσι τῶν χορῶν κτλ. ubi ἴχουσι est in [G? U? T?] Bö. ed.

12 sqq. De x^b (quod Z signandum erat) cf. Praef. p. XX sq.

13 In paraphr. Sch. Vet. ᾧ legitur.

14 Sch. B¹ (paraphr.) κρατίστου confirmat (294, 5). Corruptum videtur esse Sch. B² (294, 16) οὐχ᾽ ὅτι κρατίστους ἴχουσι παῖδας, ἀλλ᾽ ὅτι αὐταὶ (ita) κράτισται παῖδές εἰσι· νέαι γάρ· αἱ κράτισται τῶν παίδων τῶν κρατίστων θεῶν........ (charta periit), ubi extrema in [U] ed. παίδων τῶν θεῶν. ἢ τῶν κρατίστων θεῶν.

15 Sch. Vet. 294, 18 sq. omissionem verbi γίνεσθε confirmat. Accepi tamen Bergkii coniecturam.

17 De Λυδῷ vide ad Metr. Hm.¹ recte comparat Σκύθην οἶμον Aesch. Pr. 2 possuntque hoc genus multa apud poetas inveniri ut τεθμὸν Ὀλυμπιονίκαν O. VII, 92; ποίᾳ Παρνασίδι Δωριεῖ τε κώμῳ P. VIII, 20. Cf. Ma. § 429, 4. Lo. ad Ai. 1188. Contrarium vide O. VII, 89; id multo rarius est.

17 Recedo nunc ad Ἀσώπιχον. Vide ad Inscr.

17 sq. De hoc ἐν, quod ad instrumentorum musicorum sonum vocem quasi amplexum refertur, vide O. II, 63 et Rh. XVIII, 304. Exempla Pindarica septem reperi: O. V, 19; VII, 12; P. II, 69; V, 97; N. III, 79; I. IV, 27; etsi his ft. non adnumerandum est quartum P. V, 97 ut nec O. VI, 7. — Amplificata imagine et ad abstractiora translata μελίται quoque cantores cingere dicuntur. Est quasi ἓν διὰ δυοῖν, nam „meditatio" ad carmen Lydio modo componendum refertur. Ideo tamen non credo Λυδίαις ipsum subaudiendum esse.

18 De Vaticano secundo (non tertio), nostro B, non accurate retulit Bg.² — Habet ille liber τὶ in textu, omittit particulam in lemmate; de hoc tantum loquitur Reslerus iu Ph. IV, 526.

19 Determinatio formarum ἕνεκα(κεν), εἵνεκα(κεν), οὕνεκα(κεν), τούνεκα(κεν) satis difficilis est. Quaeritur de tribus: de exitu harum vocum, de initio et spiritu, de vi et intelligentia syntactica. Tredecim loci Pindarici in censum veniunt.

Terminationibus κα(κ᾽) et κεν poeta ut libet pro necessitate numerorum utitur. Ubi brevi opus est, ponitur κα ante consonas (O. II, 5; I. VII, 17), κεν ante vocales (P. IX, 93; N. IX, 36). In elisione bis κ᾽ habemus O. XIV, 19 et N. IV, 20; nam κεν quod illic duo Thomani, hic omnes vett. mss. (et Sch.) praestant, a metro redarguitur. Verum ubi tertia syllaba longa est sequente consona, κεν bis in omnibus codicibus invenitur N. VI, 35 et I. VII, 33, sed fluctuant mss. inter κα, κε, κεν O. I, 99, et si recte iudicaverunt Byzantii κα ante πρ positionem facit O. I, 65 in τούνεκα προῆκαν, nam in omnibus non interpolatis τούνεκα(κά) οἱ προῆκαν invito metro legimus. Porro in clausula versiculi, altero versu a simplici consona incipiente, ter κεν in plurimis, κε in perpaucis sed bonis libris inventum est, dico O. XI, 12 in BDEF; N. III, 83 in B; N. X, 3 in D. Clausula rhetorica, sequente interpunctione plenissima, post κεν est in locis supra memoratis O. I, 99 et N. VI, 35; quorum prior κα exhibet in BR*n*, κε in AEFQVXZ**Π, κεν in [A]CDNOU etc. Possis igitur suspicari, codicum BDEF auctoritati fidem habens, cum in clausula κε tum in positione ante duplicem consonam O. I, 65 τούνεκα προῆκαν scribendum esse, ut in eodem Vaticano (B) ὅθι σπέρματος legitur O. II, 46; μιθ´ιαθι στρατόν O. X, 66; et in IVXZ πρόσθι πτερά P. IX, 125. At Vaticanus in his indeclinabilibus, quae proschematismum patiuntur, ad omittendum ν paragogicum inclinat ubi hac litera ad positionem faciendam opus est. Velut in Vaticano leguntur τηλόθι (O. I, 94 cum aliis), πιδόθι (O. VII, 65 in clausula), ἵκαθι (O. X, 7 cum optimis AE), θιόθι (O. XII, 8 in clausula), πρόσθι (I. III, 89 cum D), ubi metro requiruntur τηλόθιν, πιδόθιν, ἵκαθιν, θιόθιν, πρόσθιν; ut P. IX, 125 (πρόσθιν), I. III, 79 (ὕπερθιν), ubi alii codices θι pro θιν exhibent. E contrario idem Vaticanus aliquoties ν male addit, ut habet ille cum aliis multis ἀντρόθιν (P. IV, 102); τηλόθιν (N. III, 81), Σικυωνόθιν (N. IX, 1; X, 43); ματρόθιν (I. III, 17), quemadmodum alii mss. ἀπάτερθιν (O. VII, 78), πρόσθιν (O. X, 31), πάροιθιν (P. II, 60), πρώραθιν (P. X, 52), ὄπισθιν (fr. 261), ubi metrica ratio ἄντροθι, τηλόθι etc. postulat. Atqui omissio consonae paragogicae cum in talibus exceptionis, epectasis vero regulae esset; ad male addendum quam ad perperam omittendum librarii procliviores erant. Nihilominus in clausulis versuum atque in positione ante σπ, στ, πτ, ζ etc. ν illud a Pindaro non abiectum fuisse fidem faciunt cum Ambrosiani*) aliorumque codicum auctoritas O. II, 46; VII, 65; IX, 19; X, 66; XII, 8; P. IX, 125; tum consensus omnium mss. in clausulis ante consonas simplices P. III, 52; VIII, 81; I. IV, 38; ante duplices P. IV, 192.

---

*) Ambrosianus semel tantum in hoc mendorum genus incidit: O. X, 7.

et N. III, 64; in positione ante στ I. III, 30; — denique quod in ipso Vaticano O. IX, 19 ὅθι στιφάνων et P. IX, 125 πρόσθι πτερά ambigua sunt utrum apex nasali quae dicitur terminationi signandae ut vel in antiquissimis libris usu venire notum est; an productioni indicandae inserviat, ut in aliis huius libri locis quos attigi in Sch. Germ. p. XXIII. Debet autem apex in his, ut videtur, de nasali accipi, nam est etiam ante simplicem consonam in lemmate eiusdem Vaticani πρόσθι κυβερνατῆρες I. III, 89, ubi in textu πρόσθι legitur. Omissio igitur vitii causa fuit. — Licet autem scribendum esset ὅθι στιφάνων, ὅθι σπέρματος, πρόσθι πτερά etc., hinc minime consequeretur etiam τούνεκι πρόηκαν, ἕνεκε | κόσμου etc. Pindarica fuisse. Lobeckius recte dicit (Path. 2, 155) formam ἕνεκε (de qua vide Steph. Thes.) non eam habere antiquitatis speciem ut hinc ἕνεκεν ortum videri possit. Nec si ἕνεκε in illis poeta voluisset, causa fuisset, cur O. II, 5 et I. VII, 17 eadem forma uti noluisset. — Similius quidem veri esset O. I, 65 τούνεκεν πρόηκαν scribere ut P. IV, 192 ὕπερθεν | χρυσέαν et I. III, 30 εἴκοθεν στάλαισιν, si ἕνεκα et ἕνεκεν eandem cum istis proschematisticis legem sequi sciremus.*) Sed Homericus usus (Il. α, 574; θ, 428; π, 18; υ, 21; φ, 380. 463) ἕνεκα in positione ante duplicem consonam tenet et videtur Byzantiorum iudicium de O. I, 65 comprobare. De exitu versus ex Homero iudicare non possumus, quoniam clausula hexametri heroici has voces non admittit.

Quod ad collocationem praepositionis attinet, nota Pindarum nunquam ἕνεκα(ν) primo loco posuisse, sed ἕκατι passim; e contrario Homerum ἕνεκα quidem praeposuisse genitivis aliquoties: Il. α, 94. 574; Od. λ, 549; ε, 344, sed ἕκατι (quod ter in Odyssea sed non in Iliade legitur) non item.

De spiritu voci οὕνεκα praefigendo non video ullam dubitationem motam esse. At psilosin mei tantum non omnes optimi codices exhibent. Vaticanus (B) ubicunque exstat οὕνεκ' et οὕνεκεν scribit: O. XIV, 19 cum duodecim aliis; P. IX, 93 cum septem optimis cumque Romana; N. IV, 20 et IX, 36 cum gemino Au

---

*) Sic ἕνεκεν ξυνήν Orph. Arg. 95 libri nonnulli, et plerique 830 κέρδους ἕνεκεν σφετέροιο; Orac. Sib. p. 597 ed. Gall. τοῦ δ' ἕνεκεν στενοβούλε quos locos subministravit Thesaurus. — De Atticorum usu vide Lo. Path. 2, 174 ubi assentitur Dindorfio in fine senarii οὕνεκα (non οὕνεκεν), vel proximo versu a vocali incipiente, scribi iubenti.

gustano et Mediceo, addicente Romana et consensu Scholiastae. Parisinus (C) in solo hoc loco (in rell. non exstat C) et Mediceus (D) ubique *οὕν.* habent, etiam I. VII, 17, ubi periit Vaticanus. Genus Parisino-Venetorum (V etc.) et Byzantii ubique asperum exhibent, in hoc loco O. XIV, 9 cum aliquot melioribus auctoribus ut ENT. Omnes autem loci extra ambitum codicis Ambrosiani inveniuntur. — Quin pro *τοὕνεκα* O. I, 65 in *μ'ν'* (Triclinianis) ubi lemma Scholii Recentis (Moschopulei) affertur*), *οὕνεκα* legimus; porro *εἵνεκεν* I. VII, 33 in deteriore codice D et in Aldina, denique O. XI, 12 *ἕνεκεν* in C et *ἕνεκα* in E^{pc}. — Scimus apud Atticos poetas *οὕνεκα* passim pro *ἕνεκα* usurpari, quod, si vere illa particula ex *οὗ ἕνεκα* composita est, non magis absurdum videtur esse quam psilosis coniunctionis in codicibus Pindaricis obvia. — Auget confusionem quod I. VII, 33 contra grammaticorum praecepta (vide Steph. Thes.) *εἵνεκεν* pro *ὅτι* „quod" videmus esse usurpatum. — Denique *οὕνεκεν* P. IX, 93 demonstrative accepit Scholiasta Vet. (*διό*) et Tricl. gl. (*διὰ τοῦτο*), quod in *τοὕνεκεν* mutare Bergkio visum est.**)

Quarum et formae et notionis vicissitudinum explanandarum video viam triplicem.

1. Ab Homerico usu proficiscendum est, ubi *ἕνεκα* et *εἵνεκα* praepositio non confunditur cum *οὕνεκα* coniunctione relativa, neque hoc cum *τοὕνεκα* demonstrativo, nisi ita ut „Quare" et similia Latina initio enunciatorum pro „Ideo" ponuntur: Il. *ι*, 505, ubi Eustathius *οὕνεκα* per *διὰ τοῦτο* ad sensum explicat; quam H. Stephani interpretationem unice veram et ad Pind. P. IX, 93 adhibendam esse (me non dissentiente) iudicant Editores Thesauri III, 1059. — Formae *οὕνεκα* et *τοὕνεκα* contractione ex *οὗ ἕνεκα* et *τοῦ ἕνεκα* ortae sunt, nec *τοὕνεκα* solum sed etiam *οὕνεκα* coronidem postulat. Apex in codd. Pindari non spiritus lenis est sed coronis; vide similem codicum fluctuationem de *χὠπόσαι* (*χώπ.*), *χώ, τι* (*χἄ τι*), *χὠπόθεν* (*χώπ.*) P. IX, 46. — Quaecunque Homeri regulam migrant ut rationi repugnantia per abusum dicta sunt, et Attica

---

*) Hoc lemma nec Moschopuli est nec ipsius Triclinii, sed diasceuastarum generis compilati, de quibus dixi in Sch. Germ. p. XVIII.

**) Eadem est gl. Tricl. ad οὕνεκεν N. IX, 36 (Ln. „ergo") ubi Sch. Vet. recte *ὅτι.* Sch. O. XIV, 9 *διότι;* N. IV, 20 *διὰ τί; ὅτι...;* I. VII, 17 *διὰ τοῦτο... ἐπειδή;* ib. 33 non diserte particula a Sch. expressa est.

praepositio οὕνεκα (quae cum familiaris sermonis negligentia atque abundantia increbuisset ad novam coniunctionem simili contractione formandam [ἰθ·ούνεκα][1]) perduxit) et ἕνεκα (εἵνεκα) coniunctio relativa, in sex vel septem Pindari et poetarum Alexandrinorum locis[2]) obvia, quem abusum merito iam Apollonius Dyscolus in Callimacho aliisque reprehendit.

2. Οὕνεκα et τούνεκα non e contractione orta sunt sed ad correlativa pertinent, et sibi opponuntur ut ὄφρα et τόφρα, ἦμος et τῆμος, ἡνίκα et τηνίκα. Coronis igitur a τούνεκα aliena est. Hanc veterum quorundam grammaticorum et Lobeckii[3]) sententiam multa sunt quae commendent. Nulla enim causa apparet cur in his tantum contractio fiat nec in τούνεκα, μούνεκα aliisque aeque usitata sit; porro cur Homerus, qui σεῦ ἕνεκ' et Ἀλεξάνδρου ἕνεκ' plus semel dixit, τοῦ ἕνεκ' et οὗ ἕνεκ' pro τούνεκεν et οὕνεκεν dicere noluerit, curque solutae formae ut. οὗ εἵνεκα, τοῦ εἵνεκεν non inveniantur. Deinde si contractio esset, θούνεκα potius ut in φροίμιον, θάτερον etc. dicendum fuisset. Pindarici autem mss. in χὤτι etc. P. IX, 46. 48 non lenem spiritum (coronidem), sed aut duplicem, aut unum asperum habent; igitur in οὕνεκα coronidem sic signasse non videntur. E contrario ut in ὄφρα et ἦμος ita in οὕνεκα relativum leni spiritu uti potuit. — Haec ratio formam melius videtur explicare, sed abusum syntacticum non tangit.

3. Formae ϝένεκα, ἕνεκα, ἵνεκα, εἵνεκα, οὕνεκα (οὕνεκα)[4]) dialectice tantum diversae sunt, primitus eiusdem valoris adverbia fuerunt, fortasse accusativi obsoleti ut πρόϊκα[5]) una cum αὐτίκα et ἡνίκα. Iam, ut fit in huiuscemodi formarum vicissitudine, aliae alium in usum conversae sunt. Gravissimo tono utebatur adverbium cum in relativae coniunctionis naturam cederet, levissimo cum praepositionis speciem indueret. Relativa autem potestate ad οὕνεκα astricta inde (non ex οὕνεκα) sive analogiâ sive compositione (id iam perinde videtur esse) ortum est demonstrativum τούνεκα s. τούνεκα. Verum in aliis dialectis antiquae parilitatis memoria re-

---

[1]) Semel apud Aesch. Pr. 330; apud Sophoclem et Eurip. saepius.
[2]) Addo e Lex. quosdam mss. Aesch. Prom. 345; Suppl. 185; — Arist. Pac. 210; Lys. 74; — ft. etiam Dem. 59, 39.
[3]) Aglaoph. p. 498; ad Soph. Ai. 123.
[4]) Ft. ϝένεκα in ϝόνεκα transiit, ut dialectica sunt Κόρκυρα, ὀρράτω; inde οὕνεκα (οὕνεκα) factum ut μοῦνος.
[5]) Ht. Cas. p. 48; Kühner Gr. Gr. § 365, 3.

sedit. Non solum adverbialis s. casus natura primitiva passim elucet*), sed etiam εἵνεκα et ὕνεκα aliquoties ad sententias connectendas provecta et gravissima forma οὕνεκα apud Atticos passim ad praepositionis munus depressa non magis vitia sermonis lumine ac ratione cassa quam incultae originis vestigia esse videbuntur, familiari sermone servata.**)

Videant doctiores. Interim ψιλότητα vocis optime apud Pindarum testatam respuere nolui.

19 Vix fortuito tot bonos libros in ά ct proparoxytono Μινύεια consentire putaverim. Est quidem solum certius exemplum Κύκνειᾷ Ο. Χ, 15, ut et Πέλλανα Ο. ΧΙΙΙ, 105; VII, 90.; reliqua ambigua sunt. Cf. O. I, 89; VI, 62; XIII, 7. 33; XIV, 9. Cf. Λακέρειαν P. III, 34. et similia ad O. XIII, 78 allata.

20 Cf. ἄνευ ϝοι P. II, 42; εὖ εἴπῃ I. III, 59; ft. εὖ ϝοῖδ' N. IV, 43; εὐϝαχία, εὐϝεργέταν etc.; οὖ ϝοι P. II, 83; σεῦ ϝίνεκ' Hom. Il. γ, 206; cf. ζ, 356; ω, 28. Hinc sonum σεῦ ϝίνεκι Pindaro acceptum fuisse existimo. Parechesis, inter ευ, ευ et digamma admissa, similis est ei de qua ad O. IX, 16 dictum est.

20 21 De μελαντειχία et ἰληθί vide ad Metr.

22 Vaticanam scripturam ἀγγελίαν Κλεοδάμῳ, ὄφρ' ἰδοῖσ' non repudiaverim ob correptam in thesi trochaica longam vocalem ante vocalem. Vide ad vs. 2˙ et 17. Commodior est verborum constructio si πατρὶ Κλεοδάμῳ coniungitur, quam vulgata „Fer patri nuntium, ut, si Cleodamum videris, dicas ..." Nam „pater" et „Cleodamus" unus et idem homo est. Exoritur autem, probata lectione Vaticani, altera ambiguitas, utrum ad ἰδοῖσ' subaudias Κλεόδαμον, ut sit „postquam occurristi ei", an ἰδοῖσ' (quod facilius est) cum υἱόν coniungas, ut Echo testis ocularis victoriarum dicatur fuisse: „ut spectato filii certamine edocta dicas (patri), eum (filium) vicisse." Hoc satis concinnum videtur esse. Sch. Vet. (294, 37)

---

*) Ut in ἀμφὶ σούνεκα Soph. Ph. 554, quod nostro „von meinetwegen" (familiari sermone quo utimur) respondet.

**) Lo. Path. 2, 350 vs. Arist. Eccles. 658 affert, ubi interroganti cuidam τοῦ γάρ, τάλαν, οὕνεκ' ἔσονται; respondet alter πολλῶν ἕνεκεν, πρῶτον δ' ἑνὸς εἵνεκα δήπου, nihilque mutandum esse dicit, etsi causa disparilitatis appareat nulla. Recte. — Theocriti οὕνεκα(ὥνεκα) semel XI, 28 (30) praepositionis vice fungitur, sed ὁθούνεκα(εν) XXV, 76. 140 (bis) in Pseudo-Theocriteis tantum legitur. — De Homerico usu vide Nitzsch ad Od. α, 60; ι, 216. de Sophocleo Ellendt in Lex.

non diserte exprimit Κλεόδαμον ἰδοῖσ', sed cum hac lectione conciliari potest; Rec. Mosch. (295, 5) et disertius etiam Thom. Tricl. (ib. 14 sqq.) accusativum Κλεόδαμον confirmant. Posset is a metrico videri illatus esse, nisi vulgata quandam ingeniosae audaciae speciem haberet, quam in hoc potissimum carmine ob unius Vaticani scripturam removere non ausus sum. — Oblitus sum in notis dicere Hm.² ὄφρα ἰδοῖσα cum Schmidio ad Homerici sermonis normam plene scripsisse, praesertim cum modo praecesserit ἐρασίμολπε ἰδοῖσα, ideoque vs. 10 emendasse ἐπουρανίων. — De attractione υἱὸν εἴπῃς, ὅτι ... vide Ma. Gr. Gr. § 416, β, annot. 1. et ad N. IV, 16.

22 In H est νέαν et supra γρ. νέαν ἀντὶ τοῦ νέον. Νέον „nuper" prosae quidem melius conveniat; nobis poeticum illud νέαν ... χαίταν, quod postremam sententiam optime utrinque terminat, utique tenendum est. Agnoscit idem Sch. Vet. 295, 1; nam verba καὶ νεώτερον ὄντα ἐν τῇ ἐνδοξοτάτῃ Ὀλυμπίᾳ ἐστέφθαι τοῖς τῆς ἀθλήσεως στέμμασι τὰς κόμας τὰς νεωτέρας αὐτοῦ· ἀπὸ μέρους δὲ τὸ τῆς ἡλικίας νέον λέγει. (nisi conciliationem scripturarum νέον et νέαν continent, ut ad P. I, 93; II, 14; XI, 23), hoc sibi volunt: „poeta, comam tantum iuvenilem appellans, teneram pueri aetatem significat, ut pars sit pro toto." Cf. P. XI, 35 et ibi Sch. — Femininum νέος a Pindarico adiectivorum usu alienius et h. l., ut ambiguum, minus aptum.

23 In Schemate Bö. (et nostro si operae paruissent) vs. 11 est – ⌣⌣ ⌣ – – ⌣́ ⌣ –; Hm. voluit esse – ⌣́ ⌣ ⌣ – – ⌣́ ⌣ ⌣ – fortasse recte, ut prima in Ἀπόλλωνα producatur.

24 Mirabilia de hoc carmine (quod Goethio nostro, Herdero aliisque in deliciis fuit) nuper protulit Leopoldus Schmidt. Nobis semper odarium lautum, tersum supraque quam dici potest elegans et rotundum visum est. Contrarium vir ille doctus sensit. Videtur sibi videre poetam si hoc odarium integrum carmen esse voluisset in amoeno Gratiarum horto iusto diutius ambulantem „pensi" male memorem fuisse. Scilicet „pensum" eius fuisse Asopichum laudare, peccasse igitur quod nihil de eo explicatius dixerit. Potuisse quidem hanc brevissimam odam alterius maioris esse praenuntiam, ut de O. XI creditum est. Sed ne huic quidem coniecturae satis congruere Gratiarum invocationem, nec vs. 18 ἀείσων scriptum esse sed ἀείδων. Non perfectam esse clausulam carminis, desiderari enim subiectum verbi activi ἐστιφάνωσι pro quo poeta

si id ad victorem redire voluisset mediam formam scripsisset. Imaginem quoque de aliis certaminum desumptam obscuram esse ut explicatione aegre careat. Denique metrum Pythicae secundae simile et ad longius carmen appositissimum esse. Esse igitur fragmentum. — Liceat unum refellere quod aliquam veri speciem habet. Poeta de corona, quam sibi ipse victor imponit, plerumque media forma στιφανοῦσθαι et ἀναδῖσθαι utitur, sed rarius etiam activa. Ut loci στιφάνωμα πίμπιν ἀναδῖσθαι σιλίνοις (I. II, 16), ἀνδησάμινος κόμαν ἐν ἔρνισιν (N. XI, 28), ἀνδησάμινοι θαμάκις ἔρνισιν χαίταις (I. I, 28) non impediunt quin δάφνᾳ τι χρυσίᾳ κόμας ἀναδήσαντις ἰλαπιναζοισιν ιὐφρόνως (P. X, 40) et ἀείσομαι χαίταν στιφάνοισιν ἁρμόσαις (I. VI, 39) dicat, ita quod quinquies medio στιφανοῦσθαι utitur non intercedit quin semel activo utatur. Omnino reflexiva et reciproca quae dicuntur notiones saepissime aliis vocibus exprimuntur cum verbo activo. Compara ἐν φρασὶ πάξαιτο (N. III, 62): ἀλλαλοφόνους ἐπάξοντο λόγχας ἐν σφίσιν αὐτοῖς (fr. 137); θυμὸν ἐκδόσθαι πρὸς ἥβαν (P. IV, 295) cum ἐνίπαξαν ἕλκος ἰᾷ καρδίᾳ (P. II, 91); ἔπαξι διὰ φρινῶν λευρὸν ξίφος (N. VII, 26); ἰαίνει καρδίαν (P. I, 11); λαοτρόφον αἴτιαν τιμάν τιν' ἰᾷ κεφαλᾷ (O. VI, 60); ἀταρβεῖ νεῖκος ἄγει κεφαλᾷ (P. IX, 31); διδοῖ ψᾶφον περ' αὐτᾶς (P. IV, 265) et innumera alia. Nam multae locutiones ad eundem intellectum pertinent, ut multae viae Romam. Perversam artis poeticae imaginem sibi informant qui unam tantum vel vocem vel locutionem uni loco aptam esse opinantur, magis etiam perversam humanae facultatis artisque criticae qui hanc vocabulorum proprietatem a magistellis undevicesimi post Christum natum saeculi sic indagari posse arbitrantur, ut, cum plurima poetae dicere licuerit, nunc nihil nisi hoc vel illud „debuerit" vel „potuerit" dicere. Miror hercle aestheticos viros qui haec sibi usus observatione, artis iudicio, aurium terminatione videntur exputare posse. Navigant in mari omnium maxime turbido ut periculum sit ne cum suis quisque oraculis demergatur. Quod ne in nostris quidem poetis efficere licet. Fallimur enim sensu pulchri, quem carmina illa nocturna versata manu versata diurna excoluerunt, ut ne minimam quidem particulam nobis eripi patiamur traditaque una cum vitiis manifestis ut pulcherrima persentiscamus. Sin poetam ipsum modestiorem suis consulueris, is hoc vocabulum ob causam urbis incognitam et incredibilem positum, illud a se ipso (fortasse in peius) mutatum, tertium (quod admirati sumus) operarum vitio ortum esse ostendet. — Quod si fallax est in nostra ipsorum lingua pulchri iudicium, quanto hoc in peregrina ac vetere fallacius. Quanto cautiores debemus esse in reprehendendis eis quae tradita accepimus! quanto tenaciores bonorum quae habemus in eisque exquirendis et intelligendis diligentiores! quanto in artem nesciendi propensiores! — Sin de huius odarii laudibus falsi sumus, cum Volgango Goethio errasse non pigebit.

Terminantur hac oda codices fere quinquaginta, dico unus vetustorum (N), Thomanorum familia secunda et tertia, Moschopulcorum familia altera numerosissima, Triclinianorum tertia. De singulis vide recensum codicum in Praefatione.

Lightning Source UK Ltd.
Milton Keynes UK
UKHW021139210219
337655UK00006BA/759/P